明總部

主編：虞萬里

編纂人員：葉舟 陳磊 秦蓁 劉海琴
王健 陳煒祺 高明 虞思徵

《明總部》提要

本總部下設九十部，所涉及時代爲明朝時期，包含上起明太祖、朱升、劉基，下迄何騰蛟、李定國等歷史人物。現存相關史籍數量繁多，編纂中盡可能廣泛收録，同時作了必要的甄别取捨。

本總部各部下設綜述、雜録、藝文三緯目。綜述以《明史》本傳及《明實録》中所載傳記爲核心，同時兼采周駿富所編《明代傳記叢刊》中所收録傳記、行述、碑記等爲基本資料，以資料權威性爲次序編排。此外，鑒於帝王傳記資料較少，故將使用文獻適當擴大至《編年分典》中已使用之正史本紀及《明實録》中的部分内容，並兼采其他别史之本紀等資料。

雜録分備録、備論兩部分。備録主要收録别傳、筆記、年譜及方志和詩文總集中之小傳等；備論主要包括《明史》本傳中之評語及其他相關傳記中贊語、評曰、史臣曰等内容，詩文中的謚議、祭文、詔制等，詩文序跋與詩話詞話之評述，以及後人評論文字。其排列均以作者出生年代之先後爲序。

藝文所收材料以詩歌爲主，主要參考嚴遂成《明史雜詠》、尤侗《擬明史樂府》等，并酌情收入各家别集、總集中相关作品，其排列均以作者出生年代之先後爲序。

目録

明太祖部

綜述

《太祖實録》卷一　大明太祖聖神文武欽明啓運俊德成功統天大孝高皇帝姓朱氏，諱元璋，字國瑞，濠之鍾離東鄉人也。其先帝顓頊之後，周武王封其苗裔於邾。春秋時，子孫去邑爲朱氏，世居沛國相縣。其後有徙居句容者，世爲大族，人號其里爲朱家巷。高祖德祖、曾祖懿祖、祖熙祖累世積善，隱約田里。宋季時熙祖始徙家渡淮，居泗州。

父仁祖，諱世珍，元世又徙居鍾離之東鄉。勤儉忠厚，人稱長者。母太后陳氏生四子，上其季也。方在娠時，太后常夢一黄冠自西北來，至舍南麥場取白藥一丸，置太后掌中，有光，起視之，漸長。黄冠曰：「此美物，可食。」太后吞之，覺，以告仁祖，口尚有香氣。明日，上生，紅光滿室。時元天曆元年戊辰九月十八日子丑也。自後，夜數有光，鄰里遥見，驚以爲火，皆奔救，至則無有，人咸異之。常遘疾，抱之佛寺，寺無僧，復抱歸。見室東檐下一僧面壁坐，顧仁祖曰：「來。」乃以手撫摩上頂，旦日疾遂愈。後復疾，仁祖念前夢之異，欲俾從釋氏，不果。既而徙居鍾離之西鄉，後遷太平鄉之孤莊村。太后常謂仁祖曰：「人言吾家當生好人。今吾諸子皆落落不治産業。」指上曰：「豈在此乎？」及上稍長，姿貌雄傑，志意廓然，獨居沉念，人莫能測。既就學，聰明過人。事親至孝，侍奉左右不違意。一日黎明，仁祖坐於東室檐下，上侍側。有道士長髯朱衣，持簡排垣柵，直入遽揖仁祖曰：「好箇公公，八十三當大貴。」仁祖初見道士突入，頗不悦，聞其言異，乃留之茶，道士不顧而去。既出門不見，時莫知所謂。及上即位，追上尊號，推其年數，適符其言。

歲甲申，上年十七。值四方旱蝗，民饑，疾癘大起。四月六日乙丑，仁祖崩，九日戊辰，皇長兄薨。二十二日辛巳，太后崩。上連遭三喪，又值歲歉，與仲兄極力營葬事。既葬，念仁祖太后常許從釋氏，乃謀於仲兄，以九月入皇覺寺。僅五十日，寺僧以食不給，散遣其徒，遊四方。上遂西遊至合淝界，遇兩紫衣人欣然來就，約與俱西。數日，上忽病寒熱。兩人解衣覆上身，夾侍而卧，調護甚至。病少差，復强起行。行數日，至一浮圖下，兩人者辭去，謂上曰：「姑留此，待我三日。」後三日，疾愈，兩人亦不至，上心異之。及行至六安，逢一老儒，負書篋，力甚困。上閔其老，謂曰：「我代翁負。」老儒亦不讓。偕行至硃砂鎮，共息槐樹下，老儒謂上曰：「我觀貴相非凡，我善星曆，試言汝生年月日爲推之。」上具以告。老儒默然良久曰：「吾推命多矣，無如貴命，願慎之。今此行利往西北，不宜東南。」因歷告以未然事甚悉。上辭謝之。老儒别去，問其邑里姓字，皆不答。上遂歷游光、固、汝、潁諸州，凡三年。時泗州盜起，列郡騷動，復還皇覺寺。上所居室夜復數有光，僧皆驚異。

《明史》卷一《太祖紀一》　太祖開天行道肇紀立極大聖至神仁文義武俊德成功高皇帝，諱元璋，字國瑞，姓朱氏。先世家沛，徙句容，再徙泗州。父世珍，始徙濠州之鍾離。生四子，太祖其季也。母陳氏。方娠，夢神授藥一丸，置掌中有光，吞之寤，口餘香氣。及産，紅光滿室。自是，夜數有光起。鄰里望見，驚以爲火，輒奔救，至則無有。比長，姿貌雄傑，奇骨貫頂。志意廓然，人莫能測。

至正四年，旱蝗，大饑疫。太祖時年十七，父母兄相繼殁，貧不克葬。里人劉繼祖與之地，乃克葬，即鳳陽陵也。太祖孤無所依，乃入皇覺寺爲僧。逾月，遊食合肥。道病，二紫衣人與俱，護視甚至。病已，失所在。凡歷光、固、汝、潁諸州三年，復還寺。當是時，元政不綱，盜賊四起。劉福通奉韓山童假宋後起潁，徐壽輝僭帝號起蘄，李二、彭大、趙均用起徐，衆各數萬，並置將帥，殺吏，侵略郡縣，而方國珍已先起海上。他盜擁兵據地，寇掠甚衆，天下大亂。

十二年春二月，定遠人郭子興與其黨孫德崖等起兵濠州。元將徹里不花憚不敢攻，而日俘良民以邀賞。太祖時年二十五，謀避兵，卜於神，去留皆不吉。乃曰：「得毋當舉大事乎？」卜之吉，大喜，遂以閏三月甲戌朔入濠見子興。子興奇其狀貌，留爲親兵。戰輒勝。遂妻以所撫馬公女，即高皇后也。子興與德崖齟齬，太祖屢調護之。

秋九月，元兵復徐州，李二走死，彭大、趙均用奔濠，德崖等納之。子興禮大而易均用，均用怨之。德崖遂與謀，伺子興出，執而械諸孫氏，將殺之。太祖方在淮北，聞難馳至，訴於彭大。大怒，呼兵以行，太祖亦甲而擁盾，發屋出子興，破械，使人負以歸，遂免。

是冬，元將賈魯圍濠。太祖與子興力拒之。

十三年春，賈魯死，圍解。太祖收里中兵得七百人。子興喜，署爲鎮撫。時彭、趙所部暴横，子興弱，太祖度無足與共事，乃以兵屬他將，獨與徐達、湯和、費聚等南略定遠。計降驢牌寨民兵三千，與俱東。夜襲元將張知院於横澗山，收其卒二萬。道遇定遠人李善長，與語大悦，遂與俱攻滁州，下之。

十四年冬十月，元丞相脱脱大敗士誠於高郵，分兵圍六合。太祖曰：「六合破，滁且不免。」與耿再成軍瓦梁壘，救之。力戰，衛老弱還滁。元兵尋大至，攻滁，太祖設伏誘敗之。然度元兵勢盛且再至，乃還所獲馬，遣父老具牛酒謝元將曰：「守城備他盜耳，奈何舍巨寇戮良民？」元兵引去，城賴以完。

十五年春正月，子興用太祖計，遣張天祐等拔和州，檄太祖總其軍。太祖慮諸將不相下，秘其檄，期旦日會廳事。時席尚右，諸將先入，皆踞右，太祖故後至就左。比視事，剖決如流，衆瞠目不能發一語，始稍稍屈。議分工甓城，期三日。太祖工竣，諸將皆後。於是始出檄，南面坐曰：「奉命總諸公兵，今甓城皆後期，如軍法何？」諸將皆惶恐謝。乃搜軍中所掠婦女縱還家，民大悦。元兵十萬攻和，拒守三月，食且盡，而太子秃堅、樞密副使絆住馬、民兵元帥陳埜先分屯新塘、高望、雞籠山以絶餉道。太祖率衆破之，元兵皆走渡江。三月，郭子興卒。時劉福通迎立韓山童子林兒於亳，國號宋，建元龍鳳。檄子興子天叙爲都元帥，張天祐、太祖爲左右副元帥。太祖慨然曰：「大丈夫寧能受制於人耶？」遂不受。然念林兒勢盛可倚藉，乃用其年號以令軍中。

夏四月，常遇春來歸。五月，太祖謀渡江，無舟。會巢湖帥廖永安、俞通海以水軍千艘來附，太祖大喜，往撫其衆。而元中丞蠻子海牙扼銅城閘、馬場河諸隘，巢湖舟師不得出。忽大雨，太祖喜曰：「天助我也。」遂乘水漲從小港縱舟還，因擊海牙於峪溪口，大敗之，遂定計渡江。諸將請直趨集慶。太祖曰：「取集慶必自采石始。采石重鎮，守必固，牛渚前臨大江，彼難爲備，可必克也。」六月乙卯，乘風引帆，直達牛渚。常遇春先登，拔之。采石兵亦潰。緣江諸壘悉附。

諸將以和州饑，争取資糧謀歸。太祖謂徐達曰：「渡江幸捷，若舍而歸，江東非吾有也。」乃悉斷舟纜，放急流中，謂諸將曰：「太平甚近，當與公等取之。」遂乘勝拔太平，執萬户納哈出。總管靳義赴水死，太祖曰「義士也」，禮葬之。揭榜禁剽掠。有卒違令，斬以徇，軍中肅然。改路曰府。置太平興國翼元帥府，自領元帥事，召陶安參幕府事，李習爲知府。時太平四面皆元兵。右丞阿魯灰、中丞蠻子海牙等嚴師截姑孰口，陳埜先水軍帥康茂才以數萬衆攻城。太祖遣徐達、鄧愈、湯和逆戰，别將潛出其後，夾擊之，擒埜先並降其衆，阿魯灰等引去。

十六年春二月丙子，大破海牙於采石。三月癸未，進攻集慶，擒兆先，降其衆三萬六千人，皆疑懼不自保。太祖擇驍健者五百人入衛，解甲酣寢達旦，衆心始安。庚寅，再敗元兵於蔣山。元御史大夫福壽力戰死之，蠻子海牙遁歸張士誠，康茂才降。太祖入城，悉召官吏父老諭之曰：「元政瀆擾，干戈蜂起，我來爲民除亂耳，其各安堵如故。賢士吾禮用之，舊政不便者除之，吏毋貪暴殃吾民。」民乃大喜過望。改集慶路爲應天府，辟夏煜、孫炎、楊憲等十餘人，葬御史大夫福壽以旌其忠。

秋七月己卯，諸將奉太祖爲吴國公。置江南行中書省，自總省事，置僚佐。貽書張士誠，士誠不報，引兵攻鎮江。徐達敗之，進圍常州，不下。九月戊寅，如鎮江，謁孔子廟。遣儒士告諭父老，勸農桑，尋還應天。

十七年夏四月丁卯，自將攻寧國，取之，别不華降。十二月己丑，釋囚。

十八年春二月乙亥，以康茂才爲營田使。三月己酉，録囚。

冬十二月，胡大海攻婺州，久不下，太祖自將往擊之。石抹宜孫遣將率車師由松溪來援，太祖曰：「道陿，車戰適取敗耳。」命胡德濟迎戰於梅花門，大破之，婺州降，執厚孫。先一日，城中人望見城西五色雲如車蓋，以爲異，及是乃知爲太祖駐兵地。入城，發粟振貧民，改州爲寧越府。辟范祖幹、葉儀、許元等十三人，分直講經史。戊子，遣使招諭方國珍。

十九年春正月乙巳，太祖謀取浙東未下諸路。戒諸將曰：「克城以武，戡亂以仁。吾比入集慶，秋毫無犯，故一舉而定。每聞諸將得一城不妄殺，輒喜不自勝。夫師行如火，不戢將燎原。爲將能以不殺爲武，豈惟國家之利，子孫實受其福。」庚申，胡大海克諸暨。是月，命寧越知府王宗顯立郡學。三月甲午，赦大逆以下。丁巳，方國珍以温、台、慶元來獻，遣其子關爲質，不受。

冬十月，遣夏煜授方國珍行省平章，國珍以疾辭。十一月壬寅，胡大海克處州，石抹宜孫遁。時元守兵單弱，且聞中原亂，人心離散，以故江左、浙右諸郡兵至皆下，遂西與友諒鄰。

二十年春二月，元福建行省參政袁天禄以福寧降。三月戊子，徵劉基、宋濂、章溢、葉琛至。

夏五月，徐達、常遇春敗陳友諒於池州。閏月丙辰，友諒陷太平，守將朱文

遜，院判花雲、王鼎，知府許瑗死之。未幾，友諒弑其主徐壽輝，自稱皇帝，國號漢，盡有江西、湖廣地，約士誠合攻應天，應天大震。諸將議先復太平以牽之，太祖曰：「不可。彼居上游，舟師十倍於我，猝難復也。」或請自將迎擊，太祖曰：「不可。彼以偏師綴我，而全軍趨金陵，順流半日可達，吾步騎急難引還，百里趨戰，兵法所忌，非策也。」乃馳諭胡大海擣信州牽其後，而令康茂才以書給友諒，令速來。友諒果引兵東。於是常遇春伏石灰山，徐達陣南門外，楊璟屯大勝港，張德勝等以舟師出龍江關，太祖親督軍盧龍山。乙丑，友諒至龍灣，衆欲戰，太祖曰：「天且雨，趣食，乘雨擊之。」須臾，果大雨，士卒競奮，雨止合戰，水陸夾擊，大破之，友諒乘別舸走。遂復太平，下安慶，而大海亦克信州。

初，太祖令茂才給友諒，李善長以爲疑。太祖曰：「二寇合，吾首尾受敵，惟速其來而先破之，則士誠膽落矣。」已而士誠兵竟不出。丁卯，置儒學提舉司，以宋濂爲提舉，遣子標受經學。

二十一年春二月甲申，立鹽茶課。己亥，置寶源局。三月丁丑，改樞密院爲大都督府。元將薛顯以泗州降。戊寅，國珍遣使來謝，飾金玉馬鞍以獻。却之曰：「今有事四方，所需者人材，所用者粟帛，寶玩非所好也。」

秋七月，友諒將張定邊陷安慶。八月，遣使於元平章察罕帖木兒。時察罕平山東，降田豐，軍聲大振，故太祖與通好。會察罕方攻益都未下，太祖乃自將舟師征陳友諒。戊戌，克安慶，友諒將丁普郎、傅友德迎降。壬寅，次湖口，追敗友諒於江州，克其城，友諒奔武昌。分徇南康、建昌、饒、蘄、黄、廣濟皆下。

二十二年春正月，友諒江西行省丞相胡廷瑞以龍興降。乙卯，如龍興，改爲洪都府。謁孔子廟。告諭父老，除陳氏苛政，罷諸軍需，存恤貧無告者，民大悦。袁、瑞、臨江、吉安相繼下。二月，還應天。鄧愈留守洪都。癸未，降人蔣英殺金華守將胡大海，郎中王愷死之，英叛降張士誠。處州降人李祐之聞變，亦殺行樞密院判耿再成反，都事孫炎、知府王道同、元帥朱文剛死之。三月癸亥，降人祝宗、康泰反，陷洪都，鄧愈走應天，知府葉琛、都事萬思誠死之。是月，明玉珍稱帝於重慶，國號夏。

二十三年二月壬申，命將士屯田積穀。

士誠將吕珍破安豐，殺劉福通。三月辛丑，太祖自將救安豐，珍敗走，以韓林兒歸滁州，乃還應天。

夏四月壬戌，友諒大舉兵圍洪都。

秋七月癸酉，太祖自將救洪都。癸未，次湖口，先伏兵涇江口及南湖觜，遏友諒歸路，檄信州兵守武陽渡。友諒聞太祖至，解圍，逆戰於鄱陽湖。友諒兵號六十萬，聯巨舟爲陣，樓櫓高十餘丈，綿亘數十里，旌旗戈盾，望之如山。丁亥，遇於康郎山，太祖分軍十一隊以禦之。戊子，合戰，徐達擊其前鋒，俞通海以火礮焚其舟數十，殺傷略相當。友諒驍將張定邊直犯太祖舟，舟膠於沙，不得退，危甚。常遇春從旁射中定邊，通海復來援，舟驟進水湧，太祖舟乃得脱。己丑，友諒悉巨艦出戰，諸將舟小，仰攻不利，有怖色。太祖親麾之，不前，斬退縮者十餘人，人皆殊死戰。會日晡，大風起東北，乃命敢死士操七舟，實火藥蘆葦中，縱火焚友諒舟。風烈火熾，煙焰漲天，湖水盡赤。友諒兵大亂，諸將鼓譟乘之，斬首二千餘級，焚溺死者無算，友諒氣奪。辛卯，復戰，友諒復大敗。於是斂舟自守，不敢更戰。壬辰，太祖移軍扼左蠡，友諒亦退保渚磯。相持三日，其左、右二金吾將軍皆降。友諒勢益蹙，忿甚，盡殺所獲將士。而太祖則悉還所俘，傷者傅以善藥，且祭其親戚諸將陣亡者。八月壬戌，友諒食盡，趨南湖觜，爲南湖軍所遏，遂突湖口。太祖邀之，順流搏戰，及於涇江。涇江軍復遮擊之，友諒中流矢死。張定邊以其子理奔武昌。

九月，還應天，論功行賞。先是，太祖救安豐，劉基諫不聽。至是謂基曰：「我不當有安豐之行，使友諒乘虚直擣應天，大事去矣。乃頓兵南昌，不亡何待。友諒亡，天下不難定也。」壬午，自將征陳理。是月，張士誠自稱吴王。

冬十月壬寅，圍武昌，分徇湖北諸路，皆下。十二月丙申，還應天，常遇春留督諸軍。

二十四年春正月丙寅朔，李善長等率羣臣勸進，不允。固請，乃即吴王位，建百官。以善長爲右相國，徐達爲左相國，常遇春、俞通海爲平章政事，諭之曰：「立國之初，當先正紀綱。元氏闇弱，威福下移，馴至於亂，今宜鑒之。」立子標爲世子。二月乙未，復自將征武昌，陳理降，漢、沔、荆、岳皆下。三月乙丑，還應天。丁卯，置起居注。庚午，罷諸翼元帥府，置十七衛親軍指揮使司，命中書省辟文武人材。

夏四月，建祠，祀死事丁普郎等於康郎山，趙德勝等於南昌。

二十六年春正月癸未，士誠窺江陰，太祖自將救之，士誠遁，康茂才追敗之於浮子門。

太祖還應天。二月，明玉珍死，子昇自立。三月丙申，令中書嚴選舉。

夏四月乙卯，襲破士誠將徐義水軍於淮安，義遁，梅思祖以城降。濠、徐、宿三州相繼下，淮東平。甲子，如濠州省墓，置守冢二十家，賜故人汪文、劉英粟帛。置酒召父老飲極歡，曰：「吾去鄉十有餘年，艱難百戰，乃得歸省墳墓，與父老子弟復相見。今苦不得久留歡聚爲樂。父老幸教子弟孝弟力田，毋遠賈，濱淮郡縣尚苦寇掠，父老善自愛。」令有司除租賦，皆頓首謝。辛未，徐達克安豐，分兵敗擴廓於徐州。夏五月壬午，至自濠。庚寅，求遺書。

秋八月庚戌，改築應天城，作新宮鍾山之陽。辛亥，命徐達爲大將軍，常遇春爲副將軍，帥師二十萬討張士誠。御戟門誓師曰：「城下之日，毋殺掠，毋毀廬舍，毋發丘壟。士誠母葬平江城外，毋侵毀。」既而召問達、遇春，用兵當何先。遇春欲直擣平江。太祖曰：「湖州張天騏、杭州潘原明爲士誠臂指，平江窮蹙，兩人悉力赴援，難以取勝。不若先攻湖州，使疲於奔命，羽翼既披，平江勢孤，立破矣。」甲戌，敗張天騏於湖州，士誠親率兵來援，復敗之於皂林。九月乙未，李文忠攻杭州。

十二月，韓林兒卒。以明年爲吳元年，建廟社宮室，祭告山川。所司進宮殿圖，命去雕琢奇麗者。

二十七年春正月戊戌，諭中書省曰：「東南久罹兵革，民生凋敝，吾甚憫之。且太平、應天諸郡，吾渡江開創地，供億煩勞久矣。今比户空虛，有司急催科，重困吾民，將何以堪。其賜太平田租二年，應天、鎮江、寧國、廣德各一年。」二月丁未，傅友德敗擴廓將李二於徐州，執之。三月丁丑，始設文武科取士。

夏四月，方國珍陰遣人通擴廓及陳友定，移書責之。五月己亥，初置翰林院。是月，以旱減膳素食，復徐、宿、濠、泗、壽、邳、東海、安東、襄陽、安陸及新附地田租三年。六月戊辰，大雨，羣臣請復膳。太祖曰：「雖雨，傷禾已多，其賜民今年田租。」癸酉，命朝賀罷女樂。

秋七月丙子，給府州縣官之任費，賜綺帛及其父母妻長子有差，著爲令。己丑，雷震宮門獸吻，赦罪囚。庚寅，遣使責方國珍貢糧。八月癸丑，圜丘、方丘、社稷壇成。九月甲戌，太廟成。朱亮祖帥師討國珍。戊寅，詔曰：「先王之政，罪不及孥。自今除大逆不道，毋連坐。」辛巳，徐達克平江，執士誠，吳地平。戊戌，遣使致書於元主，送其宗室神保大王等北還。辛丑，論平吳功，封李善長宣國公，徐達信國公，常遇春鄂國公，將士賜賚有差。癸卯，新宮成。

冬十月甲辰，遣起居注吳琳、魏觀以幣求遺賢於四方。丙午，令百官禮儀尚左。改李善長左相國，徐達右相國。辛亥，祀元臣余闕於安慶，李黼於江州。壬子，置御史臺。癸丑，湯和爲征南將軍，吳禎副之，討國珍。甲寅，定律令。戊午，正郊社、太廟雅樂。

庚申，召諸將議北征。太祖曰：「山東則王宣反側，河南則擴廓跋扈，關、隴則李思齊、張思道梟張猜忌，元祚將亡，中原塗炭。今將北伐，拯生民於水火，何以決勝？」遇春對曰：「以我百戰之師，敵彼久逸之卒，直擣元都，破竹之勢也。」太祖曰：「元建國百年，守備必固，懸軍深入，餽餉不前，援兵四集，危道也。吾欲先取山東，撤彼屏蔽，移兵兩河，破其藩籬，拔潼關而守之，扼其户檻。天下形勝入我掌握，然後進兵，元都勢孤援絶，不戰自克。鼓行而西，雲中、九原、關、隴可席卷也。」諸將皆曰「善」。

甲子，徐達爲征虜大將軍，常遇春爲副將軍，帥師二十五萬，由淮入河，北取中原。胡廷瑞爲征南將軍，何文輝爲副將軍，取福建。湖廣行省平章楊璟、左丞周德興、參政張彬取廣西。己巳，朱亮祖克温州。十一月辛巳，湯和克慶元，方國珍遁入海。壬午，徐達克沂州，斬王宣。己丑，廖永忠爲征南副將軍，自海道會和討國珍。乙未，頒《大統曆》。辛丑，徐達克益都。十二月甲辰，頒律令。丁未，方國珍降，浙東平。張興祖下東平，兗東州縣相繼降。己酉，徐達下濟南。胡廷瑞下邵武。癸丑，李善長帥百官勸進，表三上，乃許。甲子，告於上帝。庚午，湯和、廖永忠由海道克福州。

《明史》卷二《太祖紀二》 洪武元年春正月乙亥，祀天地於南郊，即皇帝位。定有天下之號曰明，建元洪武。追尊高祖考曰玄皇帝，廟號德祖；曾祖考曰恒皇帝，廟號懿祖；祖考曰裕皇帝，廟號熙祖；皇考曰淳皇帝，廟號仁祖；妣皆皇后。立妃馬氏爲皇后，世子標爲皇太子。以李善長、徐達爲左、右丞相，諸功臣進爵有差。丙子，頒即位詔於天下。追封皇伯考以下皆爲王。甲申，遣使覈浙西田賦。是月，天下府州縣官來朝。諭曰：「天下始定，民財力俱困，要在休養安息，惟廉者能約己而利人，勉之。」二月壬寅，定郊社宗廟禮，歲必親祀以爲常。丁未，以太牢祀先師孔子於國學。戊申，祀社稷。壬子，詔衣冠如唐制。

三月辛未，詔儒臣修女誡，戒后妃毋預政。

秋七月辛卯，將還應天，諭達等曰：「中原之民，久爲羣雄所苦，流離相望，故命將北征，拯民水火。元祖宗功德在人，其子孫罔恤民隱，天厭棄之。君則有罪，民復何辜。前代革命之際，肆行屠戮，違天虐民，朕實不忍。諸將克城，毋肆

焚掠妄殺人，元之宗戚，咸俾保全。庶幾上答天心，下慰人望，以副朕伐罪安民之意。不恭命者罰無赦。」丙申，命馮勝留守開封。閏月丁未，至自開封。

八月己巳，以應天爲南京，開封爲北京。庚午，徐達入元都，封府庫圖籍，守宫門，禁士卒侵暴，遣將巡古北口諸隘。壬申，以京師火，四方水旱，詔中書省集議便民事。丁丑，定六部官制。己卯，赦殊死以下。將士從征者恤其家，逋逃許自首。新克州郡毋妄殺。輸賦道遠者，官爲轉運，災荒以實聞。免鎮江租税。避亂民復業者，聽墾荒地，復三年。衍聖公襲封及授曲阜知縣，並如前代制。有司以禮聘致賢士，學校毋事虚文。平刑，毋非時決囚。除書籍田器税，民間逋負免徵。蒙古、色目人有才能者，許擢用。鰥寡孤獨廢疾者，存恤之。民年七十以上，一子復。他利害當興革不在詔内者，有司具以聞。壬午，幸北京。改大都路曰北平府。徵元故臣。癸未，詔徐達、常遇春取山西。九月癸亥，詔曰：「天下之治，天下之賢共理之。今賢士多隱巖穴，豈有司失於敦勸歟，朝廷疏於禮待歟，抑朕寡昧不足致賢，將在位者壅蔽使不上達歟。不然，賢士大夫，幼學壯行，豈甘没世而已哉。天下甫定，朕願與諸儒講明治道。有能輔朕濟民者，有司禮遣。」

二年春正月乙巳，立功臣廟於雞籠山。丁未，享太廟。庚戌，詔曰：「朕淮右布衣，因天下亂，率衆渡江，保民圖治，今十有五年。荷天眷祐，悉皆戡定。用是命將北征，齊、魯之民饋糧給軍，不憚千里。朕軫厥勞，已免元年田租。遭旱民未蘇，其更賜一年。頃者，大軍平燕都，下晉、冀，民被兵燹，困征斂，北平、燕南，河東、山西今年田租亦與蠲免。河南諸郡歸附，久欲惠之，西北未平，師過其地，是以未遑。今晉、冀平矣，西抵潼關，北界大河，南至唐、鄧、光、息，今年税糧悉除之。」又詔曰：「應天、太平、鎮江、宣城、廣德供億浩穰。去歲蠲租，遇旱惠不及下。其再免諸郡及無爲州今年租税。」庚申，常遇春取大同。是月，倭寇山東濱海郡縣。二月丙寅朔，詔修元史。壬午，耕耤田。三月振陝西饑。夏四月乙亥，編《祖訓録》，定封建諸王之制。五月癸卯，始祀地於方丘。

秋七月，己亥，鄂國公常遇春卒於軍，詔李文忠領其衆。八月己巳，定内侍官制。諭吏部曰：「内臣但備使令，毋多人。古來若輩擅權，可爲鑒戒。馭之之道，當使之畏法，勿令有功，有功則驕恣矣。」癸酉，《元史》成。是月，命儒臣纂禮書。九月辛丑，召徐達、湯和還，馮勝留總軍事。癸卯，以臨濠爲中都。戊午，征南師還。

冬十月壬戌，遣楊璟諭明昇。甲戌，甘露降於鍾山，羣臣請告廟，不許。辛卯，詔天下郡縣立學。是月，遣使貽元帝書。十一月乙巳，祀上帝於圜丘，以仁祖配。十二月己丑，大賚平定中原及征南將士。

三年春正月癸巳，徐達爲征虜大將軍，李文忠、馮勝、鄧愈、湯和副之，分道北征。二月戊子，詔求賢才可任六部者。

夏四月乙丑，封皇子樉爲秦王，棡晉王，棣燕王，橚吴王，楨楚王，榑齊王，梓潭王，杞趙王，檀魯王，從孫守謙靖江王。徐達大破擴廓帖木兒於沈兒峪，盡降其衆，擴廓走和林。五月丁酉，詔守令舉學識篤行之士。己亥，設科取士。丁未，詔行大射禮。戊申，祀地於方丘，以仁祖配。丁巳，詔開國時將帥無嗣者禄其家。是月旱，齋戒，后妃親執爨，皇太子諸王饋於齋所。六月戊午朔，素服草屨，步禱山川壇，露宿凡三日，還齋於西廡。辛酉，賚將士，省獄囚，命有司訪求通經術明治道者。壬戌，大雨。壬申，李文忠捷奏至，命仕元者勿賀。謚元主曰順帝。癸酉，買的里八剌至京師，羣臣請獻俘。帝曰：「武王伐殷用之乎？」省臣以唐太宗嘗行之對。帝曰：「太宗是待王世充耳。若遇隋之子孫，恐不爾也。」遂不許。又以捷奏多侈辭，謂宰相曰：「元主中國百年，朕與卿等父母皆賴其生養，奈何爲此浮薄之言，亟改之。」乙亥，封買的里八剌爲崇禮侯。丙子，告捷於南郊。丁丑，告太廟，詔示天下。辛巳，徙蘇州、松江、嘉興、湖州、杭州民無業者田臨濠，給資糧牛種，復三年。

秋七月，中書左丞楊憲有罪誅。八月乙酉，遣使瘞中原遺骸。

冬十月丙辰，詔儒士更直午門，爲武臣講經史。辛巳，貽元嗣君書。十一月壬辰，北征師還。甲午，告武成於郊廟。丙申，大封功臣。進李善長韓國公，徐達魏國公，封李文忠曹國公，馮勝宋國公，鄧愈衛國公，常遇春子茂鄭國公，湯和等侯者二十八人。己亥，設壇親祭戰没將士。庚戌，有事於圜丘。辛亥，詔户部置户籍、户帖，歲計登耗以聞，著爲令。乙卯，封中書右丞汪廣洋忠勤伯，御史中丞劉基誠意伯。十二月癸亥，復貽元嗣君書，並諭和林諸部。甲子，建奉先殿。庚午，遣使祭歷代帝王陵寢，並加修葺。己卯，賜勳臣田。壬午，以正月至是月，日中屢有黑子，詔廷臣言得失。

四年春正月丙辰，李善長罷，汪廣洋爲右丞相。丁亥，中山侯湯和爲征西將軍，江夏侯周德興、德慶侯廖永忠副之，率舟師由瞿塘，潁川侯傅友德爲征虜前將軍，濟寧侯顧時副之，率步騎由秦、隴伐蜀。庚寅，建郊廟於中都。丁未，詔設

科取士連舉三年，嗣後三年一舉。二月甲戌，幸中都。壬午，至自中都。三月乙酉朔，始策試天下貢士，賜吳伯宗等進士及第、出身有差。乙巳，徙山後民萬七千户屯北平。

秋七月辛酉，傅友德下成都，四川平。乙丑，明昇至京師，封歸義侯。八月甲午，免中都、淮、揚及泰、滁、無爲田租。

冬十月丙申，征蜀師還。十一月丙辰，有事於圜丘。庚申，命官吏犯贓者罪勿貸。是月，免陝西、河南被災田租。十二月，徐達還。

五年春正月癸丑，待制王禕使雲南，詔諭元梁王把匝剌瓦爾密。禕至，不屈死。乙丑，徙陳理、明昇於高麗。甲戌，魏國公徐達爲征虜大將軍，出雁門，趨和林，曹國公李文忠爲左副將軍，出應昌，宋國公馮勝爲征西將軍，取甘肅，征擴廓帖木兒。靖海侯吳禎督海運，餉遼東。衛國公鄧愈爲征南將軍，江夏侯周德興、江陰侯吳良副之，分道討湖南、廣西洞蠻。

夏四月戊戌，始行鄉飲酒禮。五月，詔曰：「天下大定，禮儀風俗不可不正。諸遭亂爲人奴隸者復爲民。凍餒者里中富室假貸之，孤寡殘疾者官養之，毋失所。鄉黨論齒，相見揖拜，毋違禮。婚姻毋論財。喪事稱家有無，毋惑陰陽拘忌，停柩暴露。流民復業者各就丁力耕種，毋以舊田爲限。僧道齋醮雜男女，恣飲食，有司嚴治之。閩、粵豪家毋閹人子爲火者，犯者抵罪。」六月丙子，定宦官禁令。丁丑，定宫官女職之制。癸巳，定六部職掌及歲終考績法。乙巳，作鐵榜誡功臣。

冬十月丁酉，馮勝師還。是月，免應天、太平、鎮江、寧國、廣德田租。十一月辛酉，有事於圜丘。甲子，征南師還。是月，召徐達、李文忠還。十二月甲戌，詔以農桑學校課有司。辛巳，命百官奏事啓皇太子。庚子，鄧愈爲征西將軍，征吐番。壬寅，貽元嗣君書。

是年，瑣里、占城、高麗、琉球、烏斯藏入貢。高麗貢使再至，諭自後三年一貢。

六年春正月甲寅，謫汪廣洋爲廣東參政。二月乙未，諭暫罷科舉，察舉賢才。壬寅，命御史及按察使考察有司。三月癸卯朔，日有食之。頒《昭鑒録》，訓誡諸王。戊申，大閱。壬子，徐達爲征虜大將軍，李文忠、馮勝、鄧愈、湯和副之，備邊山西、北平。甲子，指揮使於顯爲總兵官，備倭。

夏四月己丑，令有司上山川險易圖。壬辰，擴廓帖木兒遣兵攻雁門，指揮吳均擊却之。是月，免北平、河間、河南、開封、延安、汾州被災田租。

秋七月壬寅，命户部稽渡江以來各省水旱災傷分數，優恤之。壬子，胡惟庸爲右丞相。八月乙亥，詔祀三皇及歷代帝王。

冬十月辛巳，召徐達、馮勝還。十一月壬子，擴廓帖木兒犯大同，徐達遣將擊敗之，達仍留鎮。甲子，遣兵部尚書劉仁振真定饑。丙寅，冬至，帝不豫，改卜郊。閏月乙亥，録故功臣子孫未嗣者二百九人。壬午，有事於圜丘。庚寅，頒定《大明律》。

是年，暹羅、高麗、占城、真臘、三佛齊入貢。命安南陳叔明權知國事。

七年春正月甲戌，都督僉事王簡、王誠，平章李伯昇，屯田河南、山東、北平。靖海侯吳禎爲總兵官，都督於顯副之，巡海捕倭。二月戊午，修曲阜孔子廟，設孔、顔、孟三氏學。是月，平陽、太原、汾州、歷城、汲縣旱蝗，並免租稅。

八月甲午朔，祀歷代帝王廟。辛丑，詔軍士陣殁，父母妻子不能自存者，官爲存養。百姓避兵離散或客死，遺老幼，並資遣還。遠宦卒官，妻子不能歸者，有司給舟車資送。九月丁丑，遣崇禮侯買的里八剌歸，遺元嗣君書。

冬十一月辛未，有事於圜丘。十二月戊戌，召鄧愈、湯和還。

八年春正月癸酉，命有司察窮民無告者，給屋舍衣食。辛巳，鄧愈、湯和等十三人屯戍北平、陝西、河南。丁亥，詔天下立社學。是月，河決開封，發民夫塞之。二月甲午，宥雜犯死罪以下及官犯私罪者，謫鳳陽輸作屯種贖罪。癸丑，耕耤田。召徐達、李文忠、馮勝還，傅友德等留鎮北平。三月辛酉，立鈔法。辛巳，罷寶源局鑄錢。

夏四月辛卯，幸中都。丁巳，至自中都。免彰德、大名、臨洮、平涼、河州被災田租。罷營中都。五月己巳，永嘉侯朱亮祖偕傅友德鎮北平。六月壬寅，指揮同知胡汝平貴州蠻。

秋七月辛酉，改作太廟。壬戌，召傅友德、朱亮祖還，李文忠、顧時鎮山西、北平。戊辰，詔百官奔父母喪不俟報。

冬十月丁亥，詔舉富民素行端潔達時務者。壬子，命皇太子諸王講武中都。十一月丁丑，有事於圜丘。十二月戊子，京師地震。甲寅，遣使振蘇州、湖州、嘉興、松江、常州、太平、寧國、杭州水災。是月，納哈出犯遼東，指揮馬雲、葉旺大敗之。

是年，撒里、高麗、占城、暹羅、日本、爪哇、三佛齊入貢。

九年春正月，中山侯湯和，潁川侯傅友德，都督僉事藍玉、王弼，中書右丞丁玉，備邊延安。三月己卯，詔曰：「比年西征燉煌，北伐沙漠，軍需甲仗，皆資山、陝，又以秦、晉二府宮殿之役，重困吾民。平定以來，閭閻未息。國都始建，土木屢興。畿輔既極煩勞，外郡疲於轉運。今蓄儲有餘，其淮、揚、安、徽、池五府及山西、陝西、河南、福建、江西、浙江、北平、湖廣今年租賦，悉免之。」

夏四月庚戌，京師自去年八月不雨，是日始雨。五月癸酉，自庚戌雨，至是日始霽。六月甲午，改行中書省爲承宣布政使司。辛丑，李文忠還。

秋七月癸丑朔，日有食之。是月，蠲蘇、松、嘉、湖水災田租，振永平旱災。元將伯顔帖木兒犯延安，傅友德敗降之。八月己酉，遣官省歷代帝王陵寢，禁芻牧，置守陵户。忠臣烈士祠，有司以時葺治。分遣國子生修嶽鎮海瀆祠。閏九月庚寅，以災異詔求直言。

冬十月己未，太廟成，自是行合享禮。丙子，命秦、晉、燕、吴、楚、齊諸王治兵鳳陽。十一月壬午，有事於圜丘。戊子，徙山西及真定民無産者田鳳陽。十二月甲寅，振畿内、浙江、湖北水災。己卯，遣都督同知沐英乘傳詣陝西問民疾苦。

是年，覽邦、琉球、安南、日本、烏斯藏、高麗入貢。

十年春正月辛卯，以羽林等衛軍益秦、晉、燕三府護衛。是春，振蘇、松、嘉、湖水災。

夏四月己酉，鄧愈爲征西將軍，沐英爲副將軍，率師討吐番，大破之。五月庚子，韓國公李善長、曹國公李文忠總中書省、大都督府、御史臺，議軍國重事。六月丁巳，詔臣民言事者，實封達御前。丙寅，命政事啓皇太子裁決奏聞。

秋七月甲申，置通政司。是月，始遣御史巡按州縣。八月庚戌，改建大祀殿於南郊。癸丑，選武臣子弟讀書國子監。九月丙申，振紹興、金華、衢州水災。辛丑，胡惟庸爲左丞相，汪廣洋爲右丞相。

冬十月戊午，封沐英西平侯。辛酉，賜百官公田。十一月癸未，衛國公鄧愈卒。丁亥，合祀天地於奉天殿。十二月乙巳朔，日有食之。丁未，録故功臣子孫五百餘人，授官有差。

十一年春正月甲戌，封皇子椿爲蜀王，柏湘王，桂豫王，楧漢王，植衛王。改封吴王橚爲周王。己卯，進封湯和信國公。是月，徵天下布政使及知府來朝。二月，指揮胡淵平茂州蠻。三月壬午，命奏事毋關白中書省。是月，第來朝官爲三等。

五月丁酉，存問蘇、松、嘉、湖被水災民，户賜米一石，蠲逋賦六十五萬有奇。六月壬子，遣使祭故元嗣君。己巳，五開蠻叛，殺靖州指揮過興，以辰州指揮楊仲名爲總兵官，討之。

冬十月甲子，大祀殿成。十一月庚午，征西將軍西平侯沐英率都督藍玉、王弼討西番。

十二年春正月己卯，始合祀天地於南郊。甲申，洮州十八族番叛，命沐英移兵討之。丙申，丁玉平松州蠻。二月戊戌，李文忠督理河、岷、臨、鞏軍事。乙巳，詔曰：「今春雨雪經旬，天下貧民困於饑寒者多有，其令有司給以鈔。」丙寅，信國公湯和率列侯練兵臨清。

秋七月丙辰，丁玉回師討眉縣賊，平之。己未，李文忠還掌大都督府事。八月辛巳，詔凡致仕官復其家，終身無所與。

冬十一月甲午，沐英班師，封仇成、藍玉等十二人爲侯。庚申，大寧平。十二月，汪廣洋貶廣南，賜死。徵天下博學老成之士至京師。

十三年春正月戊戌，左丞相胡惟庸謀反，及其黨御史大夫陳寧、中丞涂節等伏誅。癸卯，大祀天地於南郊。罷中書省，廢丞相等官，更定六部官秩，改大都督府爲中、左、右、前、後五軍都督府。二月壬戌朔，詔舉聰明正直、孝弟力田、賢良方正、文學術數之士。發丹符，驗天下金穀之數。戊辰，文武官年六十以上者聽致仕，給以誥敕。三月壬辰，減蘇、松、嘉、湖重賦十之二。壬寅，燕王棣之國北平。

夏四月己丑，命羣臣各舉所知。五月甲午，雷震謹身殿。乙未，大赦。丙申，釋在京及臨濠屯田輸作者。己亥，免天下田租。吏以過誤罷者還其職。壬寅，都督濮英進兵赤斤站，獲故元豳王亦憐真及其部曲而還。是月，罷御史臺。命從征士卒老疾者許以子代，老而無子及寡婦，有司資遣還。六月丙寅，雷震奉天門，避正殿省愆。丁卯，罷王府工役。丁丑，置諫院官。

秋八月，命天下學校師生，日給廩膳。九月辛卯，景川侯曹震、營陽侯楊璟、永城侯薛顯屯田北平。乙巳，天壽節，始受羣臣朝賀，賜宴於謹身殿，後以爲常。丙午，置四輔官，告於太廟。以儒士王本、杜佑、龔斆、杜斆、趙民望、吴源爲春、夏官。是月，詔陝西衛軍以三分之二屯田。安置翰林學士承旨宋濂於茂州，道卒。

十四年春正月戊子，徐達爲征虜大將軍，湯和、傅友德爲左、右副將軍，帥師討乃兒不花。命新授官者各舉所知。乙未，大祀天地於南郊。壬子，罷天下歲造兵器。癸丑，命公侯子弟入國學。丙辰，詔求隱逸。二月庚辰，覈天下官田。三月丙戌，大赦。辛丑，頒《五經》《四書》於北方學校。

秋八月丙子，詔求明經老成之士，有司禮送京師。辛巳，徐達還。九月壬午朔，傅友德爲征南將軍，藍玉、沐英爲左、右副將軍，帥師征雲南。

冬十月癸丑，命法司録囚，會翰林院給事中及春坊官會議平允以聞。甲寅，免應天、太平、廣德、鎮江、寧國田租。癸亥，分遣御史録囚。十二月丁巳，命翰林春坊官考駁諸司章奏。

《明史》卷三《太祖紀三》 十五年春正月辛巳，宴羣臣於謹身殿，始用九奏樂。景川侯曹震、定遠侯王弼下威楚路。壬午，元曲靖宣慰司及中慶、澂江、武定諸路俱降，雲南平。己丑，減大辟囚。乙未，大祀天地於南郊。庚戌，命天下朝覲官各舉所知一人。二月甲寅，以雲南平，詔天下。

夏四月甲申，遷元梁王把匝剌瓦兒密及威順王子伯伯等家屬於耽羅。丙戌，詔天下通祀孔子。壬辰，免畿內、浙江、江西、河南、山東稅糧。五月乙丑，太學成，釋奠於先師孔子。丙子，廣平府吏王允道請開磁州鐵冶。帝曰：「朕聞王者使天下無遺賢，不聞無遺利。今軍器不乏，而民業已定，無益於國，且重擾民。」杖之，流嶺南。丁丑，遣行人訪經明行修之士。

秋七月乙卯，河決滎澤、陽武。辛酉，罷四輔官。八月丁丑，復設科取士，三年一行，爲定制。丙戌，皇后崩。辛丑，命徵至秀才分六科試用。九月己酉，吏部以經明行修之士鄭韜等三千七百餘人入見，令舉所知，復遣使徵之。賜韜等鈔，尋各授布政使、參政等官有差。庚午，葬孝慈皇后於孝陵。

冬十月丙子，置都察院。丙申，録囚。是月，廣東羣盜平，詔趙庸班師。十一月戊午，置殿閣大學士，以邵質、吳伯宗、宋訥、吳沉爲之。十二月辛卯，振北平被災屯田士卒。己亥，永城侯薛顯理山西軍務。

十六年春正月乙卯，大祀天地於南郊。戊午，徐達鎮北平。二月丙申，初命天下學校歲貢士於京師。三月甲辰，召征南師還，沐英留鎮雲南。

秋七月，分遣御史録囚。九月癸亥，申國公鄧鎮爲征南將軍，討龍泉山寇，平之。

十二月甲午，刑部尚書開濟有罪誅。

十七年春正月丁未，大祀天地於南郊。壬戌，湯和巡視沿海諸城防倭。三月戊戌朔，頒科舉取士式。曹國公李文忠卒。甲子，大赦天下。

夏四月壬午，論平雲南功，進封傅友德潁國公，陳桓等侯者四人，大賚將士。庚寅，收陣亡遺骸。

秋七月戊戌，禁內官預外事，敕諸司毋通內官監文移。癸丑，詔百官迎養父母者，官給舟車。丁巳，免畿內今年田租之半。庚申，録囚。壬戌，盱眙人獻天書，斬之。

閏月癸丑，詔天下罪囚，刑部、都察院詳議，大理寺覆讞後奏決。

十八年春正月辛未，大祀天地於南郊。癸酉，朝覲官分五等考績，黜陟有差。二月甲辰，以久陰雨雷雹，詔臣民極言得失。三月，詔中外官父母歿任所者，有司給舟車歸其喪，著爲令。乙亥，免畿內今年田租。命天下郡縣瘞暴骨。丙子，初選進士爲翰林院、承敕監、六科庶吉士。

六月戊申，定外官三年一朝，著爲令。

秋七月甲戌，封王禑爲高麗國王。八月庚戌，馮勝、傅友德、藍玉備邊北平。是月，振河南水災。

冬十月己丑，頒《大誥》於天下。癸卯，召馮勝還。甲辰，詔曰：「孟子傳道，有功名教。歷年既久，子孫甚微。近有以罪輸作者，豈禮先賢之意哉。其加意詢訪，凡聖賢後裔輸作者，皆免之。」十一月乙亥，蠲河南、山東、北平田租。十二月丙午，詔有司舉孝廉。癸丑，麓川平緬宣慰使思倫發反，都督馮誠敗績，千户王昇死之。

十九年春正月甲子，大祀天地於南郊。是月，征蠻師還。二月丙申，耕耤田。

夏四月甲辰，詔贖河南饑民所鬻子女。六月甲辰，詔有司存問高年。貧民年八十以上，月給米五斗，酒三斗，肉五斤；九十以上，歲加帛一匹，絮一斤；有田産者罷給米。應天、鳳陽富民年八十以上賜爵社士，九十以上鄉士；天下富民八十以上里士，九十以上社士。皆與縣官均禮，復其家。鰥寡孤獨不能自存者，歲給米六石。士卒戰傷除其籍，賜復三年。將校陣亡，其子世襲加一秩。巖穴之士，以禮聘遣。

秋七月癸未，詔舉經明行修練達時務之士。年六十以上者，置翰林備顧問；六十以下，於六部、布按二司用之。八月甲辰，命皇太子修泗州盱眙祖陵，葬德祖以下帝后冕服。

冬十月，命官軍已亡子女幼或父母老者皆給全俸，著爲令。

二十年春正月癸丑，馮勝爲征虜大將軍，傅友德、藍玉副之，率師征納哈出。焚錦衣衛刑具，以繫囚付刑部。甲子，大祀天地於南郊。禮成，天氣清明，侍臣進曰：「此陛下敬天之誠所致。」帝曰：「所謂敬天者，不獨嚴而有禮，當有其實。天以子民之任付於君，爲君者欲求事天，必先恤民。恤民者，事天之實也。即如國家命人任守令之事，若不能福民，則是棄君之命，不敬孰大焉。」又曰：「爲人君者，父天母地子民，皆職分之所當盡，祀天地，非祈福於己，實爲天下蒼生也。」二月壬午，閱武。乙未，耕耤田。三月辛亥，馮勝率師出松亭關，城大寧、寬河、會州、富峪。

秋八月癸酉，收馮勝將軍印，召還，藍玉攝軍事。九月丁未，藍玉爲征虜大將軍，延安侯唐勝宗、武定侯郭英副之，北征沙漠。

冬十月戊申，封朱壽爲舳艫侯，張赫爲航海侯。是月，馮勝罷歸鳳陽，奉朝請。十一月壬午，普定侯陳桓、靖寧侯葉昇屯田定邊、姚安、畢節諸衛。己丑，湯和還，凡築寧海、臨山等五十九城。

二十一年春正月辛卯，大祀天地於南郊。甲午，振青州饑，逮治有司匿不以聞者。三月乙亥，賜任亨泰等進士及第、出身有差。丙戌，振東昌饑。甲辰，沐英討思倫發，敗之。

夏四月丙辰，藍玉襲破元嗣君於捕魚兒海，獲其次子地保奴及妃主王公以下數萬人而還。六月甲辰，信國公湯和歸鳳陽。甲子，傅友德爲征南將軍，沐英、陳桓爲左、右副將軍，帥師討東川叛蠻。

八月癸丑，徙澤、潞民無業者墾河南、北田，賜鈔備農具，復三年。丁卯，藍玉師還，大賚北征將士。戊辰，封孫恪爲全寧侯。是月，御製八論飭武臣。九月丙戌，秦、晉、燕、周、楚、齊、湘、魯、潭九王來朝。

二十二年春正月丙戌，改大宗正院曰宗人府，以秦王樉爲宗人令，晉王棡、燕王棣爲左、右宗正，周王橚、楚王楨爲左、右宗人。丁亥，大祀天地於南郊。乙未，傅友德破阿資於普安。二月壬戌，禁武臣預民事。

夏四月己亥，徙江南民田淮南，賜鈔備農具，復三年。癸丑，魏國公徐允恭、開國公常昇等練兵湖廣。是月，遣御史按山東官匿災不奏者。

八月乙卯，詔天下舉高年有德識時務者。是月，更定《大明律》。

十二月甲辰，周王橚有罪，遷雲南，尋罷徙，留居京師。

二十三年春正月丁卯，晉王棡、燕王棣帥師征元丞相咬住、太尉乃兒不花，征虜前將軍潁國公傅友德等皆聽節制。己卯，大祀天地於南郊。乙酉，齊王榑帥師從燕王棣北征。二月戊申，藍玉討平西番叛蠻。丙辰，耕耤田。

夏四月，吉安侯陸仲亨等坐胡惟庸黨下獄。丙申，潭王梓自焚死。五月甲午，遣諸公侯還里，賜金幣有差。乙卯，賜太師韓國公李善長死，陸仲亨等皆坐誅。作《昭示姦黨録》，布告天下。

八月壬申，詔毋以吏卒充選舉。十二月癸亥，令殊死以下囚輸粟北邊自贖。壬申，罷天下歲織文綺。

二十四年春正月癸卯，大祀天地於南郊。戊申，潁國公傅友德爲征虜將軍，定遠侯王弼、武定侯郭英副之，備北平邊。二月壬申，耕耤田。三月戊子朔，日有食之。魏國公徐輝祖、曹國公李景隆、涼國公藍玉等備邊陝西。乙未，靖寧侯葉昇練兵甘肅。丁酉，賜許觀等進士及第、出身有差。

夏四月辛未，封皇子栴爲慶王，權寧王，楩岷王，橞谷王，松韓王，模瀋王，楹安王，桱唐王，棟郢王，㰘伊王。五月戊戌，漢、衛、谷、慶、寧、岷六王練兵臨清。六月己未，詔廷臣參考歷代禮制，更定冠服、居室、器用制度。甲子，久旱録囚。

秋七月庚子，徙富民實京師。辛丑，免畿內官田租之半。八月乙卯，秦王樉有罪，召還京師。乙丑，皇太子巡撫陝西。九月乙酉，遣使諭西域。

十一月庚戌，皇太子還京師，晉王棡來朝。十二月庚午，周王橚復國。

二十五年春正月戊子，周王橚來朝。庚寅，河決陽武，發軍民塞之，免被水田租。乙未，大祀天地於南郊。辛丑，令死囚輸粟塞下。壬寅，晉王棡、燕王棣、楚王楨、湘王柏來朝。二月戊午，召曹國公李景隆等還京師。丙寅，耕耤田。庚辰，詔天下衛所軍以十之七屯田。三月癸未，馮勝等十四人分理陝西、山西、河南諸衛軍務。庚寅，改封豫王桂爲代王，漢王楧爲肅王，衛王植爲遼王。

夏四月丙子，皇太子標薨。六月丁卯，西平侯沐英卒於雲南。

秋七月庚辰，秦王樉復國。八月己未，江夏侯周德興坐事誅。丁卯，馮勝、傅友德帥開國公常昇等分行山西，籍民爲軍，屯田於大同、東勝，立十六衛。甲戌，給公侯歲禄，歸賜田於官。丙子，靖寧侯葉昇坐胡惟庸黨誅。九月庚寅，立皇孫允炆爲皇太孫。

十一月甲午，藍玉擒月魯帖木兒，誅之，召玉還。十二月甲戌，宋國公馮勝、潁國公傅友德等兼東宮師保官。閏月戊戌，馮勝爲總兵官，傅友德副之，練兵山

西、河南，兼領屯衛。

二十六年春正月戊申，免天下耆民來朝。辛酉，大祀天地於南郊。二月丁丑，晉王棡統山西、河南軍出塞，召馮勝、傅友德、常昇、王弼等還。乙酉，蜀王椿來朝。涼國公藍玉以謀反，并鶴慶侯張翼、普定侯陳桓、景川侯曹震、舳艫侯朱壽、東莞伯何榮、吏部尚書詹徽等皆坐誅。己丑，頒《逆臣録》於天下。庚寅，耕耤田。三月辛亥，代王桂率護衛兵出塞，聽晉王節制。長興侯耿炳文練兵陝西。丙辰，馮勝、傅友德備邊山西、北平，其屬衛將校悉聽晉王、燕王節制。庚申，詔二王軍務大者始以聞。壬戌，會寧侯張溫坐藍玉黨誅。

夏四月乙亥，孝感饑，遣使乘傳發倉貸之。詔自今遇歲饑，先貸後聞，著爲令。戊子，周王橚來朝。庚寅，旱，詔羣臣直言得失，省獄囚。

秋七月戊申，選秀才張宗濬等隨詹事府官分直文華殿，侍皇太孫。八月，秦、晉、燕、周、齊五王來朝。九月癸丑，代、肅、遼、慶、寧五王來朝。赦胡惟庸、藍玉餘黨。

二十七年春正月乙卯，大祀天地於南郊。辛酉，李景隆爲平羌將軍，鎮甘肅。發天下倉穀貸貧民。三月庚戌，課民樹桑棗木棉。甲子，以四方底平，收藏甲兵，示不復用。

秋八月乙亥，遣國子監生分行天下，督吏民修水利。

冬十一月乙丑，潁國公傅友德坐事誅。十二月乙亥，定遠侯王弼坐事誅。

二十八年春正月丁未，大祀天地於南郊。是月，周王橚、晉王棡率河南、山西諸衛軍出塞，築城屯田。燕王棣帥總兵官周興出遼東塞。二月丁卯，宋國公馮勝坐事誅。己丑，諭户部編民百户爲里。婚姻死喪疾病患難，里中富者助財，貧者助力。春秋耕穫，通力合作，以教民睦。

夏六月壬申，詔諸土司皆立儒學。辛巳，周興等自開原追敵至甫答迷城，不及而還。己丑，御奉天門，諭羣臣曰：「朕起兵至今四十餘年，灼見情僞，懲創奸頑，或法外用刑，本非常典。後嗣止循《律》與《大誥》，不許用黥刺、剕、劓、閹割之刑。臣下敢以請者，置重典。」又曰：「朕罷丞相，設府、部、都察院分理庶政，事權歸於朝廷。嗣君不許復立丞相。臣下敢以請者置重典。皇親惟謀逆不赦，餘罪，宗親會議取上裁。法司祇許舉奏，毋得擅逮。勒諸典章，永爲遵守。」

秋八月丁卯，都督楊文爲征南將軍，指揮韓觀、都督僉事宋晟副之，討龍州土官趙宗壽。庚戌，頒《皇明祖訓條章》於中外，「後世有言更祖制者，以奸臣論」。

二十九年春正月壬申，大祀天地於南郊。二月辛亥，燕王棣帥師巡大寧，周世子有燉帥師巡北平關隘。三月辛酉，楚王楨、湘王柏來朝。甲子，燕王敗敵於徹徹兒山，又追敗之於兀良哈禿城而還。

九月乙亥，召致仕武臣二千五百餘人入朝，大賚之，各進秩一級。

三十年春正月丙辰，耿炳文爲征西將軍，郭英副之，巡西北邊。丙寅，大祀天地於南郊。丁卯，置行太僕寺於山西、北平、陝西、甘肅、遼東，掌馬政。二月庚寅，水西蠻叛，都督僉事顧成爲征南將軍，討平之。三月癸丑，賜陳䢿等進士及第、出身有差。庚辰，古州蠻叛，龍里千户吴得、鎮撫井孚戰死。

夏四月己亥，都指揮齊讓爲平羌將軍，討之。五月壬子朔，日有食之。六月辛巳，賜禮部覆試貢士韓克忠等進士及第、出身有差。己酉，駙馬都尉歐陽倫有罪賜死。

冬十月戊子，停遼東海運。辛卯，耿炳文練兵陝西。乙未，重建國子監先師廟成。十一月癸酉，沐春爲征虜前將軍，都督何福等副之，討刀幹孟。

三十一年春正月壬戌，大祀天地於南郊。乙丑，遣使之山東、河南課耕。

夏四月庚辰，廷臣以朝鮮屢生釁隙請討，不許。五月甲寅，帝不豫。戊午，都督楊文從燕王棣，武定侯郭英從遼王植，備禦開平，俱聽燕王節制。

閏月癸未，帝疾大漸。乙酉，崩於西宮，年七十有一。遺詔曰：「朕膺天命三十有一年，憂危積心，日勤不怠，務有益於民。奈起自寒微，無古人之博知，好善惡惡，不及遠矣。今得萬物自然之理，其奚哀念之有。皇太孫允炆仁明孝友，天下歸心，宜登大位。內外文武臣僚同心輔政，以安吾民。喪祭儀物，毋用金玉。孝陵山川因其故，毋改作。天下臣民，哭臨三日，皆釋服，毋妨嫁娶。諸王臨國中，毋至京師。諸不在令中者，推此令從事。」辛卯，葬孝陵。謚曰高皇帝，廟號太祖。永樂元年，謚聖神文武欽明啓運俊德成功統天大孝高皇帝。嘉靖十七年，增謚開天行道肇紀立極大聖至神仁文義武俊德成功高皇帝。

帝天授智勇，統一方夏，緯武經文，爲漢、唐、宋諸君所未及。當其肇造之初，能沉幾觀變，次第經略，綽有成算。嘗與諸臣論取天下之略，曰：「朕遭時喪亂，初起鄉土，本圖自全。及渡江以來，觀羣雄所爲，徒爲生民之患，而張士誠、陳友諒尤爲巨蠹。士誠恃富，友諒恃强，朕獨無所恃，惟不嗜殺人，布信義，行節儉，與卿等同心共濟。初與二寇相持，士誠尤逼近，或謂宜先擊之。朕以友諒志

驕，士誠器小，志驕則好生事，器小則無遠圖，故先攻友諒。鄱陽之役，士誠卒不能出姑蘇一步以爲之援。向使先攻士誠，浙西負固堅守，友諒必空國而來，吾腹背受敵矣。二寇既除，北定中原，所以先山東、次河洛，止潼關之兵不遽取秦、隴者，蓋擴廓帖木兒、李思齊、張思道皆百戰之餘，未肯遽下，急之則併力一隅，猝未易定，故出其不意，反旆而北。燕都既舉，然後西征。張、李望絶勢窮，不戰而克，然擴廓猶力抗不屈。向令未下燕都，驟與角力，勝負未可知也。」帝之雄才大略，料敵制勝，率類此。故能戡定禍亂，以有天下。語云「天道後起者勝」，豈偶然哉。

查繼佐《罪惟録》帝紀卷一 明太祖欽明啓運峻德成功統天大孝高皇帝原諡，永樂中加「神聖文武」四字於原諡之上，嘉靖中加諡「開天行道肇紀立極大聖至神仁文義武峻德成功高皇帝」。帝初名興宗，改元璋，既貴，改元龍，字國瑞。旋以龍字易犯，易其旁爲帝字，作「龍」書。帝，顓頊後，封於邾，其後去邑爲朱。世居沛國相縣，既徙句容，歷遷鍾離之太平鄉，事在祖禰傳。元文宗天曆元年戊辰秋九月十有八日丁丑，母淳皇后生帝，爲第四子，姿貌雄傑，奇骨貫頂，聲如巨鐘。及淳皇帝后相繼厭世，兄重六公持家，貧，重七公出贅，太祖無所依。有汪媪者，資帝皇覺寺爲僧，師高彬。歲大饑，寺空，帝披衲野走，次合肥，病。病中似有兩紫衣人與俱宛轉，病間即不得。過臨淮，郭山甫一見驚嘆，備陳天表之異，進巵酒，願他日毋相忘。歷六合行代豎儒負，豎儒息愧，而測帝甲子，貴不可言。帝頗不自意，遍光、固、汝、潁諸州，凡三年，復還寺。先是，元讖有「佛子是真王」之語，頗圖形大索，乃不疑帝。會汝、潁、蘄、黄兵大起，郭子興者，與其黨孫德崖等攻陷濠州，據之。寺爲亂兵所燬，帝窮無之，禱於神，從雄吉。卜伽藍神，逃與守皆不許。若許自立，再卜再立。時德崖共起事四人，俞、魯、潘等咸農家，剛狎，郭不與協。

壬辰元至正十二年春閏三月，帝仗劍入濠，門者疑敵間，起創之，以見子興。子興釋之，俾長十夫，妻以所養馬公女，即孝慈皇后也。久，軍中呼朱公子云。時黄巖鹽徂方國真原名珍，避仁祖諱改。矯元制，叛服不常；黄陂漁子倪文俊與鄒普勝等，奉徐壽輝稱帝於蘄水，遷漢陽，國號天完，建元治平。則郭子興爲德崖所窘，見執，幽窖中。帝冒入脱之。

癸巳元至正十三年夏五月，帝以花雲破懷遠、全椒二縣，復襲羣盜繆家寨，走之。乃還里募士，得七百人，上子興，子興以帝爲鎮撫。徐達等二十四人，帝留自衛。徐達、湯和、吳良、吳禎、花雲、陳德、顧時、費聚、耿再成、耿炳文、唐勝宗、陸仲亨、華雲龍、鄭遇春、郭興、郭英、胡海、張龍、陳桓、謝成、李新、張赫、張銓、周德興。南略定遠，説降驢牌寨三千人，走元知院老張於横澗山，得精兵二萬。隨下豁鼻、洪山等寨，招定遠繆大亨，降之。自是合肥吳復、定遠馮國用、王德興、胡淵、儲興等，各以所部來附，兵始振，乃定有約束行間。克泗州，定遠李善長布衣入謁，留書記，和輯諸將。以花雲爲先鋒，克滁州，守之。

秋九月，元右丞脱脱攻復徐州。賊芝麻李遁去，其黨趙君用、彭早住並奔濠州。脱脱分賈魯圍濠。濠諸豪初相郗，至是弛嫌城守，帝獨力。會賈魯死，圍解，彭、趙輒自王。而子興勢詘，依早住，尋爲君用所縶。帝奔之如父讎，得解。已彭、趙内爭，早住死。君用必殺子興，帝使人百説之，子興乃得以萬人來滁。輒忌帝，盡奪帝左右，皇后爲曲事子興張夫人，得無害。

甲午元至正十四年春正月，鹽獪張士(張)〔誠〕以兵據高郵，自稱誠王，國號周，建元天佑。元脱脱以兵攻之，分圍六合。帝以唇齒，出救，爲解圍，還滁。元兵至滁，僞爲款，縱所奪馬還元，元兵去。時濠人趙得勝、虹縣人胡大海來歸，並以爲先鋒。

冬十月，孟嫂攜其子名文正及仲嫂間關至。帝姐曹國長公主已卒，子保兒名文忠從其父隴西王李貞亦至。會定遠孺沐英方八歲名文英，在軍，帝愛之，與文忠皆賜姓朱氏，屬皇后子之。

乙未元至正十五年，宋稱龍鳳元年春正月，帝規取和陽失期，而元守誤入，帝因襲有之，令軍中悉還所掠士女，勿後。繼元兵十萬至，拒却之。子興乃以帝總和陽兵。會孫德崖饑，來就食，帝不告，居德崖和陽。子興方啣德崖切，猝視師和陽，既即館休，帝始迎謁。德崖内不自安，請去。帝餞其前軍，出，子興輒噪起，縶德崖，而飲之酒。前軍譁，劫帝，幾爲所賊，羈麻湖中。倉猝，子興乃釋德崖，而徐達等往代帝羈湖中，事得解。子興自是怏怏不得志，發病卒，帝統其軍。後季女事帝爲惠妃。先是，劉福通、杜遵道等自碭山夾河迎立韓林兒爲帝，都亳，稱明王，國號宋，建元龍鳳。檄至，以子興次子甲爲都元帥，張天佑爲右副元帥，帝爲左副元帥。然軍中唯左副元帥進止，遂奉宋朔，設位，軍出入必告。宋兵北擾元，勢張。帝謀渡江，適巢湖水軍廖永安、俞廷玉、趙普勝等數十部，廷玉、通海、通源、通淵、永安弟永思、趙伯仲弟庸、張德勝、葉昇、桑世傑、華高。以妖黨左君弼據廬州相害，納款求援，帝大喜，親率師受之。普勝中異，叛去，歸天完。帝乃以衆出湖

口。元中丞蠻子海牙集樓船，塞馬腸河以拒，一戰北之。會大雨浹旬，舟浮溢，間達和陽。虹縣人鄧愈來附，充管軍總管。懷遠人常遇春道謁，以爲先鋒。

夏六月，悉衆乘風突牛渚。遇春先登，元采石兵潰去。於是棄舟中流，示不返，全師壓太平路。元平章完者不花、僉事張旭咸棄去，總管靳義投水死。儒士李習、陶安率父老郊迎，帝入城，禁焚掠，斬一不義以狥。靳義死，善葬之。獲元萬户納哈出，帝曰：「此木華黎孫，各爲其主，留之非情。」資而遣之。改太平爲府，以後路皆改府。以李習知府事。請置太平興國翼元帥府，諸將奉帝爲大元帥，李善長爲帥府都事，汪廣洋帥府令史，陶安參幕府事，衣服旌旗皆尚赤。合肥人楊璟率衆來歸。

秋九月，皇太子標生。母李賢妃。皇后以爲子。

冬十二月，元蠻子海牙以兵截江，斷和陽問。而民兵元帥陳埜先衆數萬窺太平，帝逆擊，却之，擄埜先，海牙兵解，和陽通，帝縱埜先，曰：「惟元與我。」埜先僞降，陰與集慶御史福壽合行反間，欲單我，請以舟師東擣鎮江，南據溧陽，可老建業。帝鉤得其詐，騰書折之。埜先計不行，乃密招致元將左哈納出里，詭言與戰，生得之，須帝臨軍受俘。帝許之而不往，尋攻集慶路，埜先果叛，與福壽拒秦淮，我師敗績，郭元帥、張天佑戰死。埜先追襲我師溧陽之葛山，鄉寨民兵百户盧德茂私撼埜先，出壯士蒙青衣詭迎，狙擊，埜先死。衆推從子兆先爲元帥。帝拔蕪湖，請置永興翼元帥府。是時，宋韓林兒爲元師所困，自亳遷安豐。丙申元至正十六年，宋稱龍鳳二年春二月，周士誠南破元平江路，改爲隆平府，都之。元蠻子海牙復以兵扼江，帝伏礮大破之，自是無江阻。三月，攻陳兆先，擄之，令原官從征。軍內疑，帝令宿衛自若。下溧水，舟攻集慶，馮國用先登，敗敵於蔣山。城破，福壽力竭死，平章阿魯灰、參政伯家奴、達里花赤達尼達思咸戰死，帝皆令善葬之。宋置天興建康翼元帥府，以廖永安填之。趙忠爲興國翼元帥，守太平。得儒士夏煜、孫炎、楊憲等十餘人，以次任用。奉改集慶路爲應天府，都之。元將康茂才、尋朝佐、許成等，各以其衆來歸，凡得軍民五十餘萬，始以徐達爲大將，一軍法。攻鎮江，拔之，元平章定定、守將段武戰死，號令嚴，城中不知有兵。奉改鎮江路爲江淮府，置淮興翼元帥，以徐達、湯和爲統軍元帥。復置秦淮翼元帥府，俞通海領之。帝親迎耆儒秦從龍於龍江，咨訪密。從龍言陳遇，並禮致之。從龍、遇必不受官，帝不强。夏四月，克金壇。周困宜興，耿君用援之，力戰死，子炳文代領其衆。命楊憲通好於周，周留憲不返。六月，克廣德路，奉改爲廣興府，置翼元帥府，鄧愈、邵成統之。置行樞密院於太平，以花雲爲院判。降將陳保保叛歸周，帝奪徐達以下各一官，馳嚴諭。

秋七月，諸將以宋奉帝爲吴國公，設官屬，以元御史臺爲吴國府。置江南行中書省，帝兼總省事。奉置江南行樞密院，以湯和同僉院事。會周窺鎮江，徐達敗之於龍潭，益兵圍常州，擄士誠弟士德。士德梟有謀，周失之，氣沮。九月，帝如江淮，先謁孔子廟，分遣儒士告諭鄉民。置金山水寨，以遏南北。冬十月，華雲龍、王弼等敗周師於舊館。士誠乃奉書修好，請歲獻銀米犒軍。帝答諭歸我使臣叛將乃解常圍，復不報。十二月，周長槍元帥謝國璽寇廣興，元帥鄧愈擊走之。

丁酉元至正十七年，宋稱龍鳳三年春三月，耿炳文克長興，改爲長安州，奉立永興翼元帥府，炳文統之。三月，克常州，改爲常春府，湯和爲元帥守之，遂克馬馱沙。時天完倪文俊部將陳友諒襲殺文俊，並其軍，自稱平章，居江州，壽輝不能制。

夏四月，攻寧國，元守臣別不花、朱亮祖等力拒，常遇春中流矢，喪士七千人。帝乃自臨軍，攻具百道進，開門降。百户張文貴殺妻妾自刭。生致亮祖，釋之。得軍士十餘萬，屬縣皆下。五月，周寇長興，炳文擊走之，克太興。六月，取江陰，擢吴良爲分院判官。

秋七月，取常熟，尋取績溪，乘勝拔元徽州，追敗守將萬户吴訥於白際嶺，訥自殺。奉改徽州路爲興安府，元帥鄧愈守之。敗元楊完者援兵於城下，克休寧。九月，進攻婺源，守將江同等來降。

冬十月，常遇春克天完池州，敗平章陳友諒於城下。帝閲兵大通江，命繆大亨狥揚州。初，元鎮南王孛羅普化招青軍之帥張明鑑協守揚州，明鑑逼王反元，而普化不從，見逐死。明鑑遂據城殘，至是以城降。十二月，釋輕重罪囚。

戊戌元至正十八年，宋稱龍鳳四年春正月，攻江陰之石碑，桑世傑戰歿。周守將樂瑞來降。二月，命吴禎副其兄良守江陰。朱文忠等取青陽、石埭、太平、旌德等縣。以康茂才爲營田使。三月，克元建德路。後改嚴州府。先是，鄧愈等兵次遂安，敗元上榆之帥余子貞，遽拔淳安，乃抵建德，守將棄城去。奉立元帥府，以朱文忠領之，一再敗援師，走楊完者。

夏四月，天完陷池州，院判趙忠被執。陳友諒遂據龍興路，盡躪郡縣。六月，取婺之浦江，復義民鄭氏家。周犯常熟，廖永安敗之福山港。

秋七月，又追敗之通州。八月，周殺楊完者，甚屬同僉員成納款，使朱文忠撫其衆三萬於桐廬。

冬十月，胡大海取蘭溪，奉立閩越翼元帥府。進攻婺州不下。十一月，帝親詣婺軍，道徽州。十二月，召儒士康仲實、姚達等論時務，問民疾苦。以前學正朱升參預帷幄。時元參政石抹宜孫與參謀胡深、章溢守婺，造獅子車拒戰，帝曰：「車非地宜。」出精兵擒之。廉訪使楊惠、達魯花赤僧住皆戰死，同僉寧安慶以婺城降。奉改寧越府，後改金華，乃置中書分省於寧越，以儒生王禕等爲掾使，立金華翼元帥府，袁貴統之。延儒士王宗顯爲知府，辟隱逸范祖幹、葉儀等會食省中，日令二人直講經史。帝嘗曰：「攻城雖用武，安民必以仁。吾每聞一城下，不妄戮無辜，爲數日喜。」選寧越七縣富民子弟宿衛，號曰「御中軍」。民間女曾氏妄言能通天文，倡談禍福，衆惑，帝以爲女妖，戮於市。下令禁酒。先是，徐達等圍宜興，不破，帝諭達截太湖周餉道，一鼓下之。廖永安深入，爲所擄，士誠欲降之，不屈，被囚。以楊國興守宜興。置管領民兵萬户府，示寓兵於農之意。

己亥元至正十九年，宋稱龍鳳五年春正月，平章邵榮破周兵於餘杭。方國真獻金幣，以書報之。胡大海克周諸暨，改爲諸全州。尋呂珍來援，以水灌其軍，珍窮，請成，縱之去。始設儒學於寧越府，立五經師，以葉儀、宋濂填之，遂有學正、訓導等官，喪亂既久，始聞絃誦之聲。儒士許瑗、王冕入見，留官之。二月，周再犯江陰，吴良以計敗走之，擄陶元帥以下二百人。三月，宥獄囚。邵榮攻周湖州，不利，再敗周援師李伯昇，走之。自是，周屢犯常州、建德、宜興、婺源，皆不利去。方國真來降，以次子開爲質，帝厚賜遣之，授國真官。天完趙普勝寇太平，敗去，遂復池州。

夏四月，立樞密分院於寧越府，常遇春守之。五月，賜寧越節婦松氏米五石。六月，周寇諸全，胡大海救却之。帳前親軍都指揮使馮國用卒，弟國勝掌其軍。帝還應天。

秋八月，取無爲州。九月，帝使人間趙普勝於友諒，友諒果疑普勝，誘殺之，自是安慶無勁敵。我師克潛山。常遇春攻衢州嚴，元伯顔不花百計拒守，力窮，院判張斌私遣使納降，總管馮浩赴水死。改衢州爲龍游府。

冬十月，俞廷玉卒安慶軍中。十一月，胡大海攻元處州。胡深守元龍泉，籌石抹宜孫必敗，間道來歸，言處州内弱，請急攻之。城破，葉琛、章溢潛建寧，七邑皆下，宜孫走死。帝念其忠，命葬祭之，改處州爲安南府。時徐壽輝巡江州，陳友諒執而幽之，自稱漢王。天完將明玉真西據成都，絶漢。

庚子元至正二十年，宋稱龍鳳六年春正月，元福寧州守臣袁天禄遥請款，手書勞之。三月，改淮興翼爲江南分樞密院。宋濂、章溢、葉琛、劉基並以薦起，署濂江南儒學提舉，世子受經。溢、琛並爲營田司僉事。基留帷幄，預機密。

夏四月，皇第四子棣生，母碽妃，皇后以爲子，是爲太宗文皇帝。五月，漢友諒犯池州，帝命設伏九華山，邀其惰，大破之，俘三千人，將軍遇春僇十之九，帝不悦，盡返其餘俘。閏五月，漢陷我太平，守將花雲、朱文遜，院判王鼎，知府許瑗咸死之。於是友諒弑壽輝於采石舟中，即五通廟爲行殿，稱皇帝，國號漢，改元大義，約周士誠共蹴金陵，金陵大震。諸獻策，帝皆不可，劉基獨請決戰。帝乃馳諭胡大海擣信州，以牽其後；以康茂才友諒舊識，使爲反間，速漢兵東，預設伏以待之。友諒果至，中伏，大敗，別舸遁去。復太平，以降將張志雄策，急乘虛下安慶。大海亦下信州，奉改爲廣信府，置龍虎翼元帥府，以葛俊統之。故天完舊將歐普祥以袁州降，友諒遣弟友仁争之，一戰獲友仁。尋與漢平，友仁歸漢。秋七月，故天完將于光等擊走漢辛同去，以饒州來附，帝命鄧愈往鎮之。遣千户王時齎白金入燕都，鈎察元政。時察罕帖木兒及李思齊皆起義兵討賊，察罕知兵，連破汴梁，走宋林兒安豐，山西秦隴皆平，屯兵太行，分鎮要害，故有是遣。九月，諸全守將袁實禦周師，戰死。周復犯長興，初戰不利，炳文以勁兵繞之，大敗去。漢將張定邊復陷安慶，守將趙伯仲棄師歸，帝賜以死，録其弟庸僉行樞密院事。冬十二月，榷酒醋。

辛丑元至正二十一年，宋稱龍鳳七年春正月朔，中書省猶設明王座，率文武朝賀。劉基獨瞪目不拜，密陳天命所在，帝悟，已之。議立鹽茶法，鑄大中通寶錢。二月，改樞密院爲大都督府，以兄子文正爲大都督，節制中外諸軍事。元泗州守將薛顯以城降。方國真飾馬以金貝來獻，帝却之。以胡大海爲江西行省參知政事，守金華。

夏六月，漢李明道寇廣信，守將吴德濟檄大海夾擊，大破之，擄明道及宣慰王漢二，釋官之。漢二諷其兄王溥以建昌來降，溥復獻南豐、臨川等縣。

秋七月，賞參軍宋思顔直言。八月，帝親督諸將，乘風溯流，直指安慶，破其水寨。以劉基策，釋安慶，竟走江州。至小孤，漢將丁普郎迎降。不及江州五里，友諒始知之，倉皇夜率妻子奔武昌，遂克江州。漢傅友德以所部降，乘勝拔

蘄黄、興國、黄梅、廣濟等處，旋師下安慶。九月，以陶安爲黄州知府。

冬十一月，命平章吴宏取漢撫州。守將鄧克明詣僉院鄧愈，僞請臨其地受降。愈廉其詐，間道襲之，下其城。十二月，漢江西行省丞相胡廷瑞以龍興降，多所要挾，帝以劉基微示，輒許之。廷瑞卒降。

壬寅元至正二十二年，宋稱龍鳳八年春正月，帝發九江，如龍興，存恤孤寡，縱鹿西山，築臺龍沙之上，集父老慰諭悉，謁孔子廟，宴滕王閣，令諸臣横槊賦詩。改龍興路爲洪都府，後改南昌。葉琛知府事，以鄧愈爲江西行省中書參知政事鎮之。遠近降帥伏謁，皆仍故官。袁、瑞、臨江、吉安等處皆下。二月，金華降苗元帥蔣英、劉震作亂，殺參政胡大海及其子關住、郎中王愷等。元帥朱文忠馳兵救之，賊棄去降周。士誠乘變，令弟士信盛兵圍諸全急。守將謝再興力禦，胡德濟以廣信兵往援，大敗去。時處州苗將李佑之、賀仁德亦叛，殺院判耿再成、總制孫炎、知府王道同等。文忠移屯縉雲，檄邵榮等討平之。三月，明玉珍稱帝於重慶，國號夏，改元天統。先是，降臣胡廷瑞密告帝，所部祝宗、康泰中貳，帝令從征武昌，至是果半道反兵劫洪都。門開，鄧愈倉猝走，知府葉琛、都事萬思誠被害。

夏四月，檄徐達還定洪都。祝宗走新淦，被殺。獲康泰，以廷瑞甥故，宥不殺。五月，命大都督文正統元帥趙得勝、參政鄧愈鎮洪都。漢熊天瑞寇吉安，擊殺守將孫本立，城陷，旋復之。是月，帝投書元平章察罕帖木兒，我使被留不遣。元陳友定起義師，復汀州。六月，宋田豐、王士誠降元，旋叛，刺殺察罕。元君臣震惲，帝亦長嘆曰：「天下無人矣。」元以其甥擴廓代領其衆。一名保保。

秋七月，平章邵榮、參政趙繼祖謀反，伏卒伺帝。帝他道還，涕泣置榮、繼祖極刑。八月，漢熊天瑞復陷吉安，旋又復之。冬十月，討叛將羅友仁於池州。十二月，獲元户部尚書張昶，授以官。擴廓致書獻馬，歸我使臣。安豐人曹良臣及韓政，咸率衆來附。

癸卯元至正二十三年，宋稱龍鳳九年春正月，報書擴廓。二月，都昌盜江爵導漢入寇，殺理問穆燮，陷饒州，討定之。周呂珍以衆十萬圍安豐，劉福通間道求援。劉基請勿應，帝必援之。未至而城破，福通死。帝敗呂珍兵，以明王林兒歸。有司請設御座，中書省劉基不可，帝然之。三月，以廬州左君弼初援珍，遂移兵圍之，久不下。寬處州鹽税二十取一。

夏四月，諸全守將謝再興殺知州欒鳳，叛降周，以周師寇東陽。朱文忠疾擣賊於義烏，走之。郎中胡深請築城五指山下遏周衝，不旬日城完。周李伯昇以師十六萬突城下，不利去。五月，漢友諒空國六十萬圍洪都，連陷臨江、吉安、無爲州，氣鋭甚，以所獲守將劉齊、朱叔華，同知趙天麟等狥城下，知州童曾不屈，沈於江。衆寡懸，大都督文正等不爲慴，城守力。元帥趙得勝弩洞漢將金指揮，薛顯突門殺漢平章劉進，擄其副將趙祥，百計破攻具。六月，德勝巡城，中弩死，院判李繼先，元帥牛海龍、趙國旺等咸戰死，殺傷過當。被圍八十餘日不下，間道請援。帝始悔安豐之行，曰：「使漢兵乘虚順流，直指建業，事去矣。」疾解廬圍。

秋七月，親督舟師二十萬援洪都，先扼江口，遇賊鄱陽，盪其前鋒。猝命徐達還守金陵。逡巡戰不利，帝舟膠，幾爲所及。時漢兵連舟爲陣，用郭興計火攻之，友諒弟友仁、友貴及平章陳普略皆焚死。相持不決，帝馳書責之，友諒不答。俞通海進策，願縱敵入江，我師壓上流，可以得志。劉基亦以金木相犯日決勝。八月，漢糧竭，果出湖口，擊中流，友諒中流矢死，擒其太子善兒。漢將張定邊復奉子理奔武昌稱帝，改元德壽。是役也，將臣死敵者三十六人，韓成、丁普郎、張志雄、宋貴、陳兆先、余昶、呂文貴、王勝、李信、程國勝、姜潤、曹仁等。後皆追進封爵，祠康郎山；亦祠趙德勝、葉琛、張子明等十四人於南昌。九月，帝還京。冬十月，帝親征武昌，諭徐達固長圍勿與戰。是月，周士誠自立爲帝，改國號曰吴，治宫殿，設官屬。十二月，帝坐西苑，諭諸將兵法。

甲辰元至正二十四年，宋稱龍鳳十年春正月，李善長率諸臣勸進，一再不允。乃奉帝爲吴王，凡詔令猶稱龍鳳某年月日皇帝聖旨、吴王令旨云云。以李善長爲右相國，徐達爲左相國，常遇春、俞通海爲平章政事，帝鑒元政不舉，諭諸臣以大振紀綱爲要。【略】二月，復臨武昌軍，陳理啣璧肉袒降。帝令慰友諒父母，封理歸德侯。漢、沔、荆、岳皆降。立湖廣行中書省，以楊璟參知政事。三月，改各翼元帥府及樞密院俱爲親軍十七衛指揮使司，改各總管府爲千户所，立部伍法，禁功臣家僮僕驕肆，定商税三十取一。行省以故漢友諒鏤刻龍床進，立燬之。命舉人才，以劉基爲太史令。進師克廬州，以俞通海攝之。夏四月，命中書進宗廟薦新禮儀。【略】

秋七月，常遇春等討江西上流未附州郡；徐達按行湖湘等處。八月，減省掾受賄死罪。塑功臣像於卞壺及蔣子文廟。故漢平章姜旺以江陵降，改爲荆州府，夷陵、潭州、歸州皆下。【略】

冬十月，以廖永安陷周不屈，遥授平章楚國公。宋濂、魏觀爲左右起居注。【略】

乙巳元至正二十五年，宋稱龍鳳十一年【略】按察使李飲冰條大都督朱文正驕暴，帝親往徵還，免官，安置桐城。

六月，諭民栽桑麻木綿。【略】九月，置國子學於應天，設博士等官。【略】

冬十月，規取淮東，命徐達進攻泰州。士誠以舟師疑范蔡港，帝手諭大將軍勿輕動，遂克泰州，給所俘衣糧，完其妻子，戍潭、辰。【略】十一月，進攻高郵，帝復諭達勿深入，還軍泰州，而以馮國勝節制高郵諸軍。吳大寇宜興，召徐達還援，復圍高郵。吳援不進，復克安吉，爲守將費子賢所敗。

丙午元至正二十六年，宋稱龍鳳十二年春正月，置兩淮轉運鹽使司。吳以舟師窺江陰。帝臨江陰，寇退，康茂才追敗之浮子門。二月，夏明玉真卒，子昇嗣立，改元開熙，來聘，使參政蔡哲往報之，哲圖其山川險易以獻。【略】三月，禁種秫。下中書嚴選舉之令。馮國勝中高郵間，失士千人。帝怒，撻之，令立功自贖。國勝憤，一鼓破高郵。

夏四月，攻淮安，吳右丞梅思祖以城降，並獻泗州。時李濟爲吳守濠州，帝曰：「吾有國而無家，奈何？」以書招之，不報。及淮平，濟以城降，徐、宿二州亦下。帝幸濠州，省陵墓，宴諸父老，諭以孝弟力田，勤儉爲本。尋破安豐，元將左真竹君弼出走，獲忻都。復敗擴廓援兵於徐州，取興化。命劉基、王禕定常賦國計。五月，招集流亡，訪求遺書，語詹同曰：「孔子『節用愛人，使民以時』二語，治國良謨，莫過是矣。」秋七月，平章楚國公廖永安卒於吳，帝親爲文祭之，肖像功臣廟。八月，以徐達爲大將軍，常遇春副之，率師二十萬征吳，諭以勿殘掠，勿發丘隴，毀廬舍，聞士誠母葬姑蘇城外，善護之。師先吳興，攻德清，五太子及呂珍、朱暹等以舊館六萬人降。進逼吳興城下，守將李伯昇及左丞張天驥開門降。九月，湘鄉賊易華叛，討平之。漢周文貴復掠辰州，守將楊璟擊走之。

冬十月，送所獲元平章王的長壽還燕。朱文忠進攻杭州，吳平章潘原明詣軍門納降，仍原明浙江行省平章。獲蔣英、劉震，伏誅。吳李思忠以紹興降，宋興以嘉興降。十一月，開省杭州，以右丞朱文忠爲平章守之，復姓李氏。進逼姑蘇，士誠出戰，屢敗，築長圍以困之。指揮茅成攻婁門，中矢卒，追封東海郡公。十二月，右丞廖永忠擠宋明王韓林兒瓜步死，以明年爲吳元年，立宗廟及圜丘方澤二壇，營宮殿，尚樸素。命博士熊鼎類書古鑒戒於左右殿壁，又書《大學衍義》於西廡。勅協律郎冷謙考正雅樂，定樂章聲譜及樂器。禁箋文誦美之詞。【略】

丁未，吳元年元至正二十七年春正月，賜元擴廓書。先是，使臣汪河被留不遣，至是復與書，諭以內和諸將，外睦四隣，毋啓兵端。不報。時有托爲太白神者，言吳王當一天下。太祖以其訣，令旨諸涉怪誕者勿以聞。免租，太平二年應天及鎮江、寧國、寶應各一年。曰：「吾昔在軍，空腹戰歸，進粗糲如飴，此尚食如是，敢忘吾民。」二月，元擴廓侵徐州，傅友德擊走之。時左君弼保陳州，令旨歸其母，以書致意，君弼涕泣就款。【略】置兩浙都轉運鹽司於杭州。三月，定文武取士之法。湖廣慈水、思源等處宣撫安撫諸司皆內附。平章俞通海中流矢，創甚，太祖親視之。及卒，追封虢國公，侑享太廟，肖像功臣廟。

夏四月，【略】上海民錢鶴皋作亂，其黨施仁濟流劫嘉興，討平之。諭起居注詹同，史筆宜直書無隱。五月，初置翰林院，以陶安爲學士，朱升爲侍講學士，知制誥，兼修國史。免租。徐、宿、襄陽、濠、泗、安陸各免二年。六月，不雨，帝減膳，蔬食自咎，雨。諸臣皆勸進，帝曰：「漢友諒方有一隅，妄自大，卒用敗滅，爲天下笑。」終不允。定朝賀不用女樂。中書參議李飲冰、楊希聖譎詐擅威福，帝令黥其面，直書所犯，罪之。參知政事故元張昶逆謀露，伏誅。

秋七月，以雷震宮門，得石斧，出負駕前，臨朝置几案，祇天戒，爰赦中外罪囚。八月，有吏贓敗，赴井死。上作戒曰：「漁利不如其愛身也。」帝祀山川畢，諭世子勿盈滿，勿怠荒，令步歸。九月，太廟成，諭中書省除大逆不道，免連坐。圍吳踰年，降將李伯升説士誠歸命，士誠不從，每背城敗去。時士信督戰城樓，中砲死。大將軍達破葑門，遇春亦破閶門新寨，吳樞密唐傑投兵降。士誠尚率餘衆巷戰，不勝，歸自經。伯昇決户脱之，反覆諭降，不答。獲官吏及將士家屬併各郡流寓，可二十餘萬。檻士誠建康，太祖欲生之，語不恭，賜死。改平江路爲蘇州府。送元宗室神保黑漢等九人歸燕。論平吳功，封李善長宣國公，徐達信國公，常遇春鄂國公，餘進爵有差。朱亮祖克台州，進黄巖，方明善遁去，旋克溫州。冬十月，令百官禮儀皆尚左。遣起居注吳琳、魏觀等幣求遺賢。徙蘇州富民實濠梁。嘉元死節安慶右丞余闕、江州總管李黼，令肖像祀之。置御史臺各道按察使，湯和、鄧愈爲左右御史大夫，劉基、章溢爲御史中丞，基仍兼太史院。以湯和爲征南將軍。責方國真負諾，國真懼，遁入海。走其弟國瑛於盤嶼。命徐達爲征虜大將軍，常遇春副之，北取中原，自山東始。胡廷瑞爲征南將軍，何文輝副之，南取福建。平章楊璟、左丞周德興、參政張斌等取廣西。馳檄齊、

魯、河、洛、燕、薊、秦、晉之民，諭以安輯至意。十一月，詳定律令。上曰：「立法貴簡當，使條緒繁多，一事而兩端互輕重，是戢暴反以賊良，未善。」頒戊申曆。大將軍達斬徐州叛將王宣，下其城。朱亮祖敗方明善於樂清，追至海口。復命廖永忠爲征南副將軍，從海道會湯和，窮討國真。國瑛先降，隨遣子明善奉表內款，改慶元爲明州府，浙東平。大將軍達克嶧州、青州等路，隨取濟南、膠州。胡廷瑞渡杉關，下光澤，定邵武。十二月，帝視圜丘，諭世子以農業艱難，宜體恤民隱勿怠。衍聖公孔希學率曲阜縣尹孔希章、鄒縣簿孟思諒等，詣軍門降，兗州以東諸郡縣皆附。大將軍自濟南還益都，取登萊諸郡。而湯和、廖永忠自明州海道趨福州，克之。蒲臺民後翁粟，當死，其子乞代，上以孝，並宥其父。上寢，夢神人以玉加頂，遂成隆骨。左相國李善長復率羣臣勸進，許之。

洪武元年戊申春正月四日乙亥即皇帝位，國號大明，建元洪武，告天下。定諡首曰「奉天承運」，追尊四代皆爲帝后，皇伯考皇兄皆爲王，從兄而下十一王，配皆夫人。册妃馬氏爲皇后，立世子標爲皇太子。李善長、徐達左右相國如故，兼東宮官，餘進爵有差。自舊內遷新宮，頒大明令於天下，製傳國之寶。革元故俗，衣服言語跪拜。衣冠如唐制。定衛所，有事征伐，則詔總兵官佩將軍印領之，事既，上印。朝官陛辭，陳戒諭，著爲令。立善世及玄教二院，僧慧曇、道士經善悅分領二氏之教。二月，上親祭大社大稷。將軍湯和、廖永忠取延平，元將陳友定退省堂啣藥，參政文殊海牙開門降，友定復甦，賜胡深子禎，臠其肉祭父。湯和傳檄至漳州，元達魯花赤迭里迷實自焚於室，漳州下。胡廷美即廷瑞，以避諱改。取建寧，汀州、泉、潮相繼降附，福建悉平，置行省。旋命廖永忠爲征南將軍，朱亮祖副之，由福州海道指廣東。別勅贛州衛指揮使陸仲亨由韶州入，協力攻取。永忠師至潮州，元分省左丞何真奉表歸附，諸郡縣皆下。仲亨略定英德、清遠、連州、肇慶等處，進攻德慶，守將張鵬程棄城去。廣東悉平，置行省。楊璟進兵慶遠，周文貴復遁，下其城，全州、武岡、常寧以次降。尋克永州，守將鄧祖勝啣藥死。勅都督康茂才益兵山東，助大將軍達。副將軍常遇春克東昌，元平章申榮投繯死。山東悉平，置行省，免其今年稅糧。三月，詰責臺臣久不進諫。議役法，名曰「均工」，不急之務悉罷之。選國子生侍讀太子禁中。新除守令，厚賜之，名「養廉」。命儒臣修《女誡》。有諭：「皇后雖母儀天下，不得預政事。內嬖之惑，甚於鴆毒，其條古賢妃事蹟，成書以聞。」大將軍達克河西，元梁王阿魯溫降，尋下汴梁。乘勝克陝州，入潼關，李思齊奔鳳陽，華州下。調郭興守潼關。命湯和還，督造海船，餉北征軍。近臣請開銀鑛，不聽。起元廢臣用之，不願者聽。以太牢祀三皇，亦祀孔子太學。遣祭仁祖陵。【略】

五月，駕幸汴梁，改開封府，置中書省於河南，楊璟署省事。命皇太子攝享太廟。【略】賜金畫古孝行及身所歷艱難起家戰伐之事爲圖以示子孫。蘄州獻竹簟，以不奉命，却之，詔天下非朝廷所需勿進。黜御史安言者。易太廟祭器以金塗。訪求應祀神祇及忠烈常有勳勞於國者。遣祭故元忠臣察罕帖木兒。六月，指揮沐英初賜姓文英，復姓。調守建寧。命廖永忠、朱亮祖協取廣西，梧州、潯、貴、鬱林皆下，進克橫州，次南寧，象州、賓州亦附，廣西悉平，置行省。

秋七月，【略】帝親畫北征陣圖，賜大將軍達，諭以慎勿殘掠，獲元宗戚，必善待之，北遁勿窮追。遣使賑恤中原老稚孤貧者。海南民關敏起義兵，討賊馮簡，被殺，贈官，爲立祠。帶刀舍人周宗請天下郡縣皆立學，從之。以馮勝爲右副將軍，守汴梁。帝還京，改天師張正常爲真人。閏七月，徐達等渡河，連取彰德、廣平、趙州，守將咸棄城去。得船八千餘艘，遂下磁州。進攻臨清，克之。平濟南之叛。檄諸將馬步舟師大會城下，議攻元都。大將軍取德州，克長蘆，造浮橋濟師，元丞相也速望風遁。元主大懼，議北奔。左丞相失列門、知樞密院事黑厮等請固守，不聽。令淮王帖木兒不花監國，丞相慶童留守，夜半開門走上都。八月，大將軍攻齊化門，門開，執淮王慶童、平章迭兒、左丞丁敬等，戮之。捷表至，御殿受賀。改元都爲北平府，置北平行省。徵元故臣入京師，放元宮人，立燕山六衛。京師天鳴，大赦天下，與民更始。時議定都，以汴梁爲北京。故元留守迭里迷失叛於玉田，董舍怡等作亂於溫州，咸討平之。設六部官職，下詔求賢，乘輿服御故以金者，銅代之。九月，江西行省參政陶安卒，帝親爲文致祭，追封姑孰郡公。以湯和爲偏將軍，與右副將軍馮勝、平章楊璟，從大將軍達西征。達以勝兵令湯和等徇下保定、中山、真定等處，進取澤、潞、絳三州。

冬十月，定誣告謀逆者律反坐。元兵攻潼關，擊却之。定正旦朝賀儀。十一月庚子，視圜丘。先是，告於太廟，以功業未成，上天示戒，未敢奉配。事畢，行慶成禮。復申革俗之禁。鄧愈討蜀之莽張，獲之，悉定金、商、均、房等州。汪河使元六載，始歸，授吏部侍郎。勅有司遇災異據實飛奏。定議宗廟郊社毋攝，屋兩壇以便望祭。以孔希學襲衍聖公，希大爲曲阜縣令，世襲，仍立三氏教授。十二月，以汪廣洋、劉惟敬爲中書，楊憲爲御史中丞。置登聞鼓午門外，直御史監視。定官民冠婚禮及喪制，禁元宴樂娛尸故事。擴廓援師自太原東出，大將

軍達掩其不備,擴廓還救,夜擊之,驚潰,跳。遂克太原,平陽等路皆下。分兵邀擊賀宗哲於石州。上諭武臣創業艱難,君臣相保至意。孟州復叛,討平之。旌節婦孝子。

洪武二年春正月,封京都及天下城隍之神。召元舊臣馬翼,問元政得失。翼曰:「元以寬得之,亦以寬失之。」帝曰:「元失縱弛,非寬也。古無紀綱不立而治者。」以功臣配享太廟。胡大海、耿再成、趙德勝、廖永安、俞通海、張德勝、桑世傑。製四代祖妣冠服,祭告焚之。【略】二月,詔修元史。耕籍田,皇后率命婦蠶於北郊。改仁祖英陵爲皇陵。召上海秦裕伯,與語學術,曰:「聖人之學,當以天下爲準,賢人之學,以聖爲則,毋局於小,毋拘於凡近。」嘗讀《易》,至「聖人養賢以及萬民」,語侍臣曰:「養賢非難,知之爲難。」【略】元右丞也速侵通州,平章曹良臣擊走之。三月,以久旱,祭告皇考妣,爲草具宮中者旬日。【略】大將軍達自鹿臺入奉元路,元西臺御史桑哥失里,郎中汪可、檢校阿失不花、三原知縣朱春皆自殺。兵臨鳳翔,守將李思齊奔臨洮。

夏四月,【略】陝西悉平,置行省。免新附郡縣税糧。詔博士孔克仁等授諸子經,功臣子弟皆令求學。擢御史臺經歷劉希魯爲刑部尚書。許元故臣廉訪僉事李文煥歸故里。元納哈出擾邊,賜以書。議曆法。五月,編《祖訓録》。定封建諸王國邑及官屬之制。寶燭縣獻瑞麥,帝曰:「人主以三光平、寒暑時、五穀熟、人民育爲瑞,惟德不惟物。」祭蘭山壓死軍士。倭寇海上,指揮僉事翁德大破之。御史中丞章溢卒,帝親爲文祭之。六月,元也速復侵通州,常遇春協李文忠追敗其將江文清於錦州,進破開平。元主復奔,追至北海,攻大興,設伏大破之。秋七月,副將軍常遇春還師柳河州,疾卒,帝震悼,罷朝,親爲文迎祭龍江,追封開平王,謚忠武,配享太廟,肖像功臣廟,位皆第二。長子茂封鄭國公,次昇開國公。太廟祭器成,帝諭禮官:禮緣人情,取今時所習用,勿拘古;大祀七日戒,著爲令。定内侍諸司官制,備使令外無所預。封安南陳日煃爲國王。元攻大同急,李文忠便宜往援,擒元將脱列伯,追孔興東勝州,不見鹵而還,元主遂無復南意。【略】占城國王阿答阿者遣使朝賀。八月,【略】封高麗王顓爲國王。帝以朝賀山呼太僭,改之。尋聲應不一,仍其舊。祠功臣鷄籠山,後改雞鳴。祀徐達等二十一人,死者肖像,生者虚其位,文臣歿王事者附祭。【略】行鄉飲讀法之令。千户吴祐擊敗之。賜元主書,諭以順天存祀。【略】倭寇淮安,鎮撫吴當死,以獨子減論終養。元擴廓犯蘭州,執指揮于光,令紿門。光諾,至門露之,守益固。擴廓怒,斬之,解圍去。九月,以臨濠爲中都。定蕃王蕃臣朝貢禮。【略】冬十月,書諭蜀明昇歸命。昇幼,母彭氏、丞相戴壽顓政,牽羣議不決。甘露自七月再三降,羣臣屢請賀,不許。十一月,始議郊天以仁祖配。誅逆人王昭明,釋其家屬。十二月,封占城阿答阿者爲國王。西域僧自中印度來朝。考安南、高麗、占城山川,遣官致祭,記板稱御名。

洪武三年庚戌春正月,北征,以徐達爲征鹵大將軍,李文忠、馮勝左右副之,鄧愈、湯和又副之。分二道:大將軍擣擴廓於定西,右副將軍攻元上都。吏部請除被黜官於儋崖等處,帝曰:「前代儋崖化外,以處罪人,今天下一家,何忍彼此!即風俗未淳,令良吏撫之。」二月,帝行後苑,見巢鵲卵子,惻然有感,始許羣臣親老者歸養。召江南富民入見,誡諭,賜酒食,遣之,隨頒教民榜於天下。以天下錢糧户口籍陳郊祀壇下。追封郭子興爲滁陽王,妻張爲王夫人,立廟滁州,歲祀之。下詔求賢,可官六部者,舉學識篤行之士。置留守衛指揮司,岦主門警。文星見,上喜,擢中選儒士魏潛等十九人皆爲御史。【略】三月,免租。南直、河南、北平、山東。

夏四月,禁蒙古色目人勿更易姓氏就仕版,且曰:「久之忘所自出,非聖主審重本始至意。」定諸王册封禮儀,封諸王。秦、晋、燕、吴、楚、齊、潭、趙、魯、靖江。定相傳官屬,置大宗正院。【略】安南國王陳日煃卒,告哀,帝素服臨之。五月,訪修歷代帝王諸陵。令郡縣設義冢,禁元俗水火葬,律嚴。復置司農使於河南。飭宫闈之禁,皇后所需供應,必關奏後領,違者死。或以私書出外,罪如之。宫嬪以下病,醫不得入宫,傳症取藥。命婦朝中宫以時,人主無輕見外命婦禮。宫嬪必由聘採,勿受獻納。内侍謁寺燒香之禁尤嚴。設科取士,頒其式於安南、高麗、占城諸彝。詔舉大射禮,通行郡縣學。祀方丘,亦以仁祖配。定服色所尚赤如漢。蘇州逋糧三十餘萬,守臣失職,帝曰:「罪守臣,民必益困。」赦免之。六月,旱甚,帝躬自禱祈,草履徒步,詣山川壇,夜藁席露坐,晝爆烈日中。皇太子持榼進農家麥菽飰。凡三日,天爲大雨。右副將軍捷至。時元主殂,其太子愛猷識里達剌遁去,文忠獲太子子買的里八剌及宫眷諸王等。詔免獻俘,諸臣故嘗仕元者不許稱賀。封買的里八剌崇禮侯,追謚元主爲順帝。許本俗服也入朝,朝畢賜中國冠服,謝恩,予第。詔中有曰:「務使飲食居室得宜,若其欲歸,遣還沙漠。」指揮孫虎戰死落馬河,追封安樂郡伯。達自潼關出西道,大戰,敗定西,走元擴廓。獲文武僚屬千八百餘,士馬合十三四萬,因兵威協降西蕃西北數

千里。復取興元。時都督孫興祖戰死五郎口，追封燕山侯，侑享太廟，肖像功臣廟。右丞胡德濟失機，械至京，帝曰：「伏法軍中，閫外事也，使朕得見之，寧議宥。」擬平定沙漠詔頒天下，語頗侈大。帝曰：「元主中國百年，朕與卿等祖父食其德。興亡天數，於朕何與？審若此，何以慰天下瘡痍，其改之。」徙江南富民於臨濠四千户，免其稅三年。增廣太學生，廉其文行兼優者爲學官。置水軍二十四衛。【略】

秋七月，立碑午門外，書政令之善者示朝臣。【略】八月，康茂才卒於陜州，帝震悼，追封蘄國公，侑享太廟，肖像功臣廟。詔天下掩遺骸。定官民房舍服色等第，僭用者罪。陶凱請御膳用樂，帝曰：「今天下瘡痍未復，北征將士暴露於外，正朕食不下咽之時。」不許。【略】九月，權厝宋諸陵遺骸於聚寶山，尋祔葬宋穆宗陵左。先是，元總攝楊璉真伽以胡僧嗣古妙高言，盡發會稽諸陵金寶，瘞其骨於杭之故宫，浮圖其上，又截理宗頂骨爲飲器。帝惻然，得飲器西僧廬中，及諸骸入土。

冬十月，令武士聽儒士番直説書。定品官墳塋之制。十一月，大封功臣，公六人，侯二十八人，公爲徐達、李善長、常遇春子茂、李文忠、馮勝、鄧愈。侯爲湯和、耿炳文、吴良、廖永忠、傅友德、趙庸、楊璟、郭興、顧時、吴禎、唐時宗、陸仲亨、費聚、周德興、陳德、華雲龍、胡廷瑞、朱亮祖、韓政、俞通源、康茂才子鐸、王志、鄭遇春、曹良臣、黄彬、梅思祖、陸聚、華高。事詳《班爵志》，並賜鐵券，世襲。李善長賜號開國輔運推誠守正文臣，徐達而下開國輔運推誠宣力武臣。尋文臣汪廣洋、劉基皆封伯爵，爵及身止。餘都督指揮有差。定封已故功臣馮國用、俞通海、丁德興、耿再成。公四人。尋又封汪興祖爲東勝侯，或有言其過者，帝不問。封薛顯爲永城侯，以顯常專殺，並不與世券，後卒與之。諸降臣李思齊、潘原明、李伯昇、王溥等並食平章禄，世襲指揮同知等官。帝坐諸功臣華蓋殿，語用兵大略曰：「朕之先漢，知士誠無遠圖，若使力困姑蘇，漢空國順流而下，左右扼矣。嗣或勸朕盪平羣寇，乃取元都，或云直取燕冀，皆非朕意。師自山東，次及河洛，先聲既震，幽薊自傾。且朕親駐大梁，使潼關以内張思道、李思齊、王保保等，望絶勢窮，以是不勞而克。倘元都不破，人望未絶，三子負隅，勝負未可决也。至於閩廣傳檄而定，區區巴蜀，何足介意？」達等頓首謝。十二月，省臣請徙降鹵内地，不許。故元主子失蓮兒及國舅駙馬等來降，賜第宅京師。建奉先殿，鑄齋戒銅人。令天下郡縣祭無祀鬼神勿濫。致書元太子，告以謚順帝封崇禮厚意。

洪武四年辛亥春正月，詔春秋祭歷代帝王於陵寢，定三十五位。尋裁魏文帝、隋高祖、宋理宗三位，元祖不預，詳《禮志》。太師李善長致仕，陞右丞汪廣洋爲左丞相，胡惟庸爲右丞。詔伐夏，以中山侯湯和爲征西將軍，同楊璟、廖永忠、周德興、曹良臣等舟師，繇瞿塘趨重慶；傅友德爲征南前將軍，同顧時、陳德、汪興祖，繇秦隴趨成都。定王國宗廟社稷壇壝之制，刊行憲綱四十條。蘄人徐麟知河南府，乞終養，帝令改知蘄州便之。定文武官歲俸，給宦官月米，不得言俸。廣德侯華高卒，追封巢國公，侑享太廟，肖像功臣廟。二月，故元平章劉益奉遼陽地圖來降，尋爲洪保保所殺。元右丞張文佐等執逆人以獻。始策貢士俞友仁等於奉天殿，賜吴伯宗等及第、出身、同出身有差。時高麗入試，金濤登第授官。三月，罷司農官。定命婦封號。復以朱亮祖爲征南右副將軍，助伐蜀。定武官襲職，本姓絶，妻女家屬亦得嗣。廷臣再請進膳用樂，復不許。閏三月，徵天下隱逸及下第者，給傳至京。

夏四月，祠故元御史大夫福壽。以李守道、詹同爲吏部尚書。五月，製武臣金銀牌，又製軍中調發符牌，鑄運司銅板印目。立大祀壇廟於中都。六月，蜀師捷至。【略】先是，楊璟攻瞿塘不利，湯和克歸州諸山寨。而傅友德之由秦隴入者，連克階、文、綿三州，汪興祖死之。已文州復陷，復取之，夏守將朱顯忠戰死。友德進抵漢州，流木牌數千，報瞿塘將士克三州日月，蜀人膽落。夏分瞿塘師還援漢州，疾敗之，漢州下，圍成都。帝手書怯中山侯，於是廖永忠密間道崖石中，舁舟出上流，破夔州，師抵重慶，明昇詣軍門降。時成都亦下，詔封昇歸義侯，免其叩頭伏罪，賜第京師。獨夏將丁世真不下，尋爲其步卒所殺，來請賞，帝曰：「殺本官非義。」不許。旋克保寧，執吴友仁，伏誅，四川悉平，置行省。次蜀功，傅友德爲最，廖永忠次之，湯和等皆不賞。以汪興祖死國，復東勝侯，世襲。以山後民十九萬六千餘内徙，給糧入籍。遺書納哈出，以馬雲、葉旺爲都指揮使，鎮遼東。【略】

秋八月，浡泥國王馬漠沙遣使朝貢。九月，册故元太傅王保保女弟爲秦王妃。【略】暹邏國王參烈昭毘牙、三佛齊國王哈喇禮八剌十各遣使朝貢。使同知趙秩騰諭日本國王良謨，良謨乃遣使朝賀。初州縣征税多侵漁，至是料民田多者爲糧長，督率鄉賦，以萬户爲準。【略】

冬十一月，真臘、鎖里二國入貢，令楊威往招諭琉球。十二月，詔鄉試舉人悉免會試，聽吏部銓用。隸故方氏船户凡十一萬一千餘人於各衛，嚴出海之禁。

【略】貴州衛初屬湖廣，至是改屬四川。

洪武五年壬子春正月，設王府三護衛。凡軍民罪責海南者，令鳳陽屯田。元遺孽梁王把匝剌瓦密兒負固雲南，待制王禕奉命馳諭。徙歸德侯陳理、歸義侯明昇於高麗。詔北征，以魏國公達爲征虜大將軍，湯和等副之，從中路出大同，趨和林；曹國公文忠爲征虜前將軍，顧時、韓政、曹良臣副之，出東路攻上都；宋國公勝爲征西大將軍，傅友德、陳德副之，從西路攻甘肅，各五萬騎。時大將軍達入沙漠，糧不繼，還。湯和戰斷頭山，不利，指揮同知章存道死之，師不進。獨征西將軍勝大捷別力篤山，取甘肅定亦集乃路。前將軍文忠師至哈剌莽來，虜先遁，文忠輕兵疾進土剌河，戰小却，全軍而還。顧時別道糧盡，士卒饑不起，時獨厲，獲其輜重還。宣寧侯曹良臣深入阿魯渾河，戰歿，追封安國公，肖像功臣廟。是役也，賞不行。二月，【略】凡一家父子兄弟從軍者，免其父兄。府州縣建申明亭，陳戒諭。【略】置四州都轉鹽運司及秦州茶馬司，巴茶十取其一。三月，都督藍玉擊擴廓，敗之。許高麗國子弟就太學讀書。

夏四月，【略】以旱故，令宫中咸蔬食，輒雨。五月，詔民間有孝子慈孫節婦志行卓異者，上聞旌門，著爲令。六月，定宦宫諸禁。選民間婦女通曉書數願入宫者，年未二十，悉賜金遣還。定女官六尚局受事，懸朱牌，鐫戒諭后妃之詞。下鐵榜戒諭公侯。立養濟院。人月米三斗，薪三十斤，冬夏布壹疋。【略】詔造船禦倭。

秋八月，罷天下進貢。河南獻白兔，縱於野。征南將軍吴良平五開諸蠻二百二十二洞。【略】九月，【略】征南副將軍周德興討婪鳳、安田等洞蠻，平之。上念驛遞艱繁，詔非軍國重事，不許乘傳。聖壽節齋居，不受朝賀，並諭高麗毋入使，定三年一貢。

冬十月，建公侯第宅於中都，雜犯死罪並令輸作，旋罷工。【略】十二月，有司請虎餉，帝令送虎光禄寺，他禽獸悉縱之。【略】土蕃邀烏斯藏貢物，衛國公爲征西大將軍討之。旋置烏斯藏朵甘衛指揮司一，宣慰司二。遺元主書：「君家待宋幼主，至爲僧尚復不免。今崇禮侯強餘也，君來取之。」

洪武六年癸丑春正月，黜左丞汪廣洋爲廣西參政。二月朔，日食，詔定救日禮。以桂彥良爲太子正字，入侍大本堂。帝懲元廢弛，刑頗峻，彥良曰：「用德則逸，用法則勞。」帝回念，稱彥良帝者師。詔暫停科舉，所在舉通今博古才德兼全之士。又開文華堂，肄業太學生年少而質美者。禁教坊及天下樂户不得以古先帝王聖賢忠臣義士爲優戲。【略】三月，設六科給事中，主彈駁。

夏四月，劉基爲胡惟庸誣搆，並及子璉。帝以基功高，止奪其禄。中都皇城成，隨以盱眙所獻瑞麥薦宗廟。【略】

秋七月，命將討殘胡。八月，建歷代帝王廟於京師。更定親族相容隱律。凡指揮使歿於王事者，給公田，釋奠不預祭，不頒胙。南直隸江浙二省今年稅糧代以棉布，給邊戍。制《皇明寶訓》編起兵以來日曆。改臨濠爲中立府，徙富户實之。冬十月，各番僧帝師之裔，鎖南監藏等乞名號，詔仍其故。【略】考前代設立内正司。【略】帝以晉冀饒陽新河武邑饑，命賑之，輕者免田租五石。罷潞州貢人參，止其後進，謂省臣曰：「往金華進香米，朕止之。」隨於苑中開畝，耘耔割獲，輒親觀之。閏十一月，沿江蘆柴聽軍民採伐。裁定《大明律》，頒天下。十二月，併僧道寺觀，每府州縣存大寺一，女人年四十以内者，不許爲尼。以胡寇，徙撫寧民於内地。【略】以後歲旌節孝，不以數。

洪武七年三月，□里麻民郭買的叛。其兄著沙、弟□□路鍾格殺叛者，請賞。帝以乖天倫，不賞。定外國遠者世一朝。

夏四月，都督藍玉等攻元興和，曹國公文忠擒大寧高州大石崖，克之，斬故元宗室朵朵失里，擒其承旨百家奴。魏國公達獻元俘五千餘人。召汪廣洋爲左御史大夫。給錢民間之一産三兒者。五月，旱，帝躬禱之，雨。振蘇民饑。六月，召淮安侯華雲龍於定遠，卒於道。

秋七月，改中立府爲鳳陽府，詔遣崇禮侯買的里八剌北歸，曰：「使爾有父。」仍令□□咸里□上花帖木兒送之。與其父愛猷識里達蠟書，諭以順天歸命之意。

冬十月，成穆妃孫氏薨，禮臣拘父在服母期年，庶母無服之舊。帝新定制，名《孝慈録》，子爲父母，庶子爲其母，皆斬衰三年。

洪武八年乙卯春正月，詔赦山陽縣民代父受杖者。以濟寧侯顧時、六安侯王志酣飲，奪其俸。詔天下立社學。三月，德慶侯廖永忠暴卒。永忠功當封公，上以其窺伺旨意，爵不進，卒以獲譴。稅課副使李添福失父彥才，二十年求得之，請歸養。帝嘉其孝，許就養。造皇明寶鈔。

夏四月，祭告天地於中都。已而帝以費遽，遂罷中都役作。五月，遣宋亮祖、傅友德備胡，尋以曹國公文忠代。

秋七月，許百官父母喪不待報即奔。改太廟之制。工有乘危死者，與賻葬，

復其家。八月，元擴廓帖木兒死。

冬十月，各都衛俱改爲都指揮司，隸大都督府。十一月，大祀，帝詣齋宮，見甘露垂枝，採嘗之，曰：「天道幽微，恃祥而不戒，祥安必非災？」著《甘露説》。十二月，詔糧長雖犯死罪以下杖之，令納銅贖罪，督糧如故。納哈出再犯遼東，守將馬雲、葉旺大破之，擒驍將乃剌吾，釋爲鎮撫。

洪武九年丙辰春正月，定王國禮樂祭祀之禮。冊魏國公達女爲燕王妃，是爲仁孝皇后。二月，泰安州得玉簡十有六，爲宋真宗祀泰山后土文，仍命瘞之。【略】三月，免租。山西八府及徽、寧、汝、壽。

夏四月【略】始雨。日本來貢，並謝罪。詔火你赤爲翰林蒙古編修，更姓名曰霍莊。加贈戰歿功臣趙德勝等七人封號。帝責廷臣寡獻納，左右對聖朝無缺政，帝曰：「朕日綜萬幾，安能盡善？」五月，【略】吏部以平遥縣主簿成樂恢辦商税署上考聞，帝曰：「地所産有數，官所取有制，恢辦何自，其即訊之。」以五星紊度，日月相尅，求直言。六月，改各行中書省爲承宣布政使司。録用武臣子弟之遺棄者。【略】九月，以災異，詔求直言。山西訓導葉居升上三事，曰：分封太侈，求治太急，用刑太嚴。上惡其疎間骨肉，逮獄瘐死。【略】

十二月，頒建言格式，毋冗。定諸司官以九年爲滿。【略】

洪武十年丁巳【略】二月，【略】帝觀天，以爲天隨二十八宿右旋。

夏四月，以鄧愈爲征西將軍，沐英副之，討吐蕃，破諸部川藏，掃其穴，追至崐崙而還。五月，州降爲縣者十二，併縣六十。【略】逐内臣之干預外事者，令大小政事先啓皇太子處分，大臣更參决以聞。【略】

八月，改立圜丘，合祀天地，有殿曰大祀殿，别建社稷壇於承天門之右。選武臣子弟入國學讀書。九月，轉右丞相胡惟庸爲左，汪廣洋爲右，陳寧、丁玉爲左右御史大夫。

冬十月，沐英以雲南功，封西平侯，世襲。十一月，皇第三孫允炆生，是爲讓皇帝。衛國公鄧愈卒，帝震悼，追封寧河王，謚武順，配享太廟，肖像功臣廟。冬至合祀天地於奉先殿。十二月，置神宮監。高麗五貢，皆不納。

洪武十一年戊午春正月，詔封諸王。蜀、湘、豫、漢、衛，改吳爲周。進封中山侯湯和爲信國公。三月，吏部奉不次用人之諭，擢知府李文煥、提舉費震皆户部侍郎。分考績官爲三等，稱職無過坐宴；稱職有過立宴；不稱職有過不與宴，立候宴者於門。禁奏事關白中書省。【略】俘四川茶洞獠，悉宥之。

夏四月，重建皇陵，御製碑文以其實。元嗣主殂於沙漠，子脱古思帖木兒立，詔遣使致祭。【略】五月，免逋租。蘇、松、嘉、祈六十五萬。

秋七月，禁庶人不得上封事。【略】

十二月，詔僧宗泐等使西域。勑諭高麗，責其挾詐及殺使人之罪。【略】

洪武十二年己未春正月，合祀天地於南郊，奉仁祖配。時天宇澄霽，上悦，令儒臣紀其事。【略】三月，卹天下孤老，勑曰：「雨雪經旬，嚴寒切骨，記朕側微，艱苦歷歷，豈今重裘擁閣，迺遽忘之！」賜幼户煢寡鹽斤有差。擢明州、萊州余文昇、董進兩知府爲工兵二部尚書。帝延儒臣論治道，時國子學官李思迪、馬懿蹇不對，坐詐譎謫之。夏四月，眉縣人彭普貴作亂，殺知縣顔思聖，討平之。五月，靖海侯吳禎卒，追封海國公，帝親臨奠葬，肖像功臣廟。【略】六月，論征西功，封藍玉等十人爲侯。藍玉、王弼、張龍、吳復、葉昇、謝成、張温、曹興、周武、金朝興。續封仇成安慶侯。

秋八月，日本使僧貢無表文，以不敬，安置陝西。宋國公勝督造周王宫殿於開封，馳諭且已，毋傷農。帝與侍臣論治身之道，曰：「人之患莫大於欲，惟禮可以制之。」

冬十月，朱亮祖鎮廣東，多爲不法，召還，以功不付吏，未幾病卒，以侯禮葬之。定致仕官居鄉禮。帝嘗御門語吳沉：治天下無他要，進賢，納諫二事而已。【略】十二月，詔徵天下博學老成之士。聘故元吏部侍郎伯顔子中，不赴，飲鴆卒。右丞相汪廣洋貶海南，賜死。訪求卜筮人。

洪武十三年庚申春正月，左丞相胡惟庸奸敗伏誅。先是，帝將詣惟庸室觀醴泉，門者雲奇以頭撞輦，語塞不達，捶之至死。御史中丞涂節遂告惟庸與御史大夫陳寧謀逆。寧與惟庸並坐，而節卒以惟庸故相善，亦並坐，詞連韓國公李善長、吉安侯陸仲亨，帝赦不問。於是革中書省，罷丞相不設，著爲訓。陞六部尚書正二品，各司所事。分大都督府爲左右中前後五軍都督府。百户翁顯討廣東山寇，死之。稽倉庫，罪空印者。鄭士利上書諫，帝怒不解，坐士利輸作。二月，下詔求賢，録曉明術數者。遣祀歷代忠臣五廟於祭功臣之日。蔣子文、卞壺、劉仁瞻、曹彬、福壽。以嘉興知府薛祥爲工部尚書。再減蘇、松、嘉、湖重税。帝惡吳民背士誠抗不下，因取諸豪族租數責額，以是四府獨困。故元國公火脱赤、知院愛足屯衆和林，爲邊患，命西平侯沐英總陝西兵討之。火脱赤就縛，獲其全部歸。三月，燕王之國，以葛誠爲燕府長史。【略】察兩浙鹽課丁産虚實。

夏四月，都督濮英襲鹵西涼，破之，獲其平章幽王等數千人。五月甲午，雷震謹身殿，詔以黨誅過當告天下，罪十惡以下皆赦免，並釋在京及臨濠屯田輸作者，免天下今年田租，官員罪黜情非實犯者補職。尋遣郎禮徵逋租於江西。禮以失信天下，不奉詔，固遣，固不往，上誅之。妻亦自盡殉禮。上感，命作大棺，並殮之，賜祭。【略】罷御史及各道按察司，尋復之。頒《臣戒録》於天下。六月丙寅，雷震奉天門。是月，避正殿，罷齊、潭二府工作。置諫院，左右司諫各一人，正言各二人。諭户部：凡軍民常用物勿税。置行人司，判禄司。

秋七月，罷秘書監，凡内府書，悉令翰林典籍掌之。並罷寶鈔提舉司。驍騎指揮郭德成以妃戚得入宫，帝以黄金二投其袖。德成出宫，佯醉，露之。門者以聞，帝曰：「朕賜也。」德成語人曰：「九閽嚴密，安得懷金而出，寧自發之。」九月乙巳，聖壽節，始御前殿受賀。置四輔官，分四時燕太子賓客，位埒公侯。既而春官王本犯極刑，以御史安然代之。然以憂卒，餘皆坐罪黜，此職遂廢。

冬十月，罷諸王相府，陞長史正五品左右各一人。【略】

洪武十四年辛酉春正月，帝與吏部論人品邪正，曰：「正人治官事則不私其家，守公法則不私其親，邪者反是。」鹵寇邊，魏國公達率諸將軍討之，鹵遠遁。傅友德襲灰山，克之，大斬獲。沐英等略至公主山，殲其衆，獲全寧四部以歸。命天下編賦役黄册。二月，以鄭湜爲福建參政。時胡黨多株及，亦連浦江鄭氏，湜兄弟争就獄，帝難之，故有是命。三月，大赦天下。

【略】

夏四月，令國子生兼讀劉向《説苑》及律令。【略】

秋七月，各省社稷山川等祀，武臣不與。【略】九月，征雲南，以傅友德爲征南將軍，藍玉、沐英左右副之，勅播州宣慰楊鑑以苗兵出助。

冬十月，法司擬罪從翰林春坊給事中會議。命御史分按各道罪囚。【略】十一月，【略】覆天下廢寺田入官。復置大理寺及審刑司。禁有司不得薦舉學官，亦不得以公務私遣。給事中鄭伯同奏：非東宫官不得稱臣東宫。編修吴沉争之，稱臣如故。【略】十二月，【略】帝諭吏兵二部：令武臣子弟之嚮學者，亦宜並擇用之，毋以武見格。南征師都督胡海等趨烏撒，大軍繇辰沅趨貴州，攻下普安，抵曲靖。元平章達里麻以精兵十萬逆拒，沐英縱擊，大敗之，獲達里麻，分兵應烏撒之師。元梁王巴匝剌瓦爾懼，棄城走死。是役也，盡出帝睿算，僅百日，雲南下。隨得七里關，通畢節，併克大理。烏撒復叛，搗平之。於是東川、烏蒙、芒部諸蠻皆望風附，雲南平。

洪武十五年壬戌春正月，始用樂九奏侑食。命天下朝覲官各舉所知一人。【略】二月，改國子學爲國子監。【略】閏二月，改雲南土酋冠帶誥勅，使署本州知州等官。三月，籍廣東蜑户萬人爲水軍。頒天下軍法定律。

夏四月，詔天下通祀孔子。巡檢王德亨請開階州界外水銀坑，不許。置在京僧録、道録二司，罷二院，外曰僧綱、道紀。改儀鸞司爲錦衣衛。以儒士吴顒爲祭酒。【略】五月，帝幸國子監，謁先師，御彝倫堂聽講，隨取《尚書·大禹謨》、《洪範》，親爲講説賜諸臣。舉經明行脩之士。廣平府吏王允道請開磁州鐵冶，杖之，流海外。議屯田遼東。先是，丁夫海運，家人與永訣，多有溺死者。上聞之，通夕不寐，因有是命。六月，徵生員入國學者千餘人，簡分六科叙用。勒卧碑彝倫堂之左。

秋七月，開濟爲試刑部尚書。是時坐胡黨濫，詔以後告發不問。帝嘗親録囚畢，令御史袁凱送東宫復案，遞減之。帝問凱，凱頓首曰：「陛下法之正，東宫心之慈。」帝悦。【略】八月，皇后馬氏崩，葬鍾山孝陵，謚曰「孝慈」。遣御史余公大決囚泰州，勅曰：「往法天時，務從至公，毋獲罪於神人。」先是，有減死戍邊者，大窘衣食，帝悉令還家措辦，限期年就戍。時五十三人先至，帝以其畏法，放歸。容城知縣許好問，疏慎刑、昭德、緩差、容直四事，上嘉納之。九月，所舉士鄭韜等三千七百餘人賜鈔，或授布政使等官。【略】雲南諸夷復叛，沐英等平之。詔選高僧，分賜諸王，僧道衍往燕府。鑄監察御史印，文曰「繩愆糾繆」。於府州縣設按察分司僉事。【略】設殿閣大學士，以所徵耆儒鮑恂、全思誠等直文華殿，輔導皇太子及皇長孫。恂等固辭，賜勅放還。時禮部尚書劉仲質爲華蓋殿大學士，翰林院學士宋訥爲文淵閣大學士，簡討吴伯宗爲武英殿大學士，典籍吴沉爲東閣大學士。帝嘉沉德業文章之美，命畫工繪其像賜之。

冬十月，更制都察院，設監察御史八人，以秀才李原明、林駟、詹徽等爲之。申明越訴之禁，子訴父枉者弗論。【略】十二月，大學士吴沉薦方孝孺學行，帝曰：「此莊士，須老其才用之。」遣還鄉。嗣爲讎家所連，械送闕下，帝識其名，得釋。【略】

洪武十六年癸亥春正月，己巳朔，御殿朝賀，不舉樂。祭酒吴顒坐寬縱免，以宋訥代之。時學徒日衆，教尼不行，帝意以威望持之，令曹國公文忠領國子監事。帝觀唐太宗《帝範》語侍臣曰：「此書曲盡物情，足以訓後。」二月，【略】許

天下學校歲貢生員一人。故元軍士占籍被告者不理。【略】帝諭刑部尚書開濟、都御史詹徽曰：「論獄須原情，昨有父賄脱其子死，事覺，並坐父，非情也。宜死子而赦其父。」三月，定詐僞律條。罷天下府州縣按察分司。【略】永罷鳳陽、臨濠二縣税糧徭役。

夏四月，令都司上衛所城池水陸地里圖。五月，定嫡妾封贈及文官封蔭例。【略】免租。應天五郡。【略】

八月，戒武臣毋受囑託，撓有司。九月，聖壽節，復常儀，不與樂。【略】申國公鄧鎮爲征南副將軍，討江西龍泉山賊，平之。【略】

十一月，禮部奏定歷代名臣祀典。禁武官不得私役軍士。十二月，賜在京官民元旦元宵節錢。刑部尚書開濟有罪，伏誅。

洪武十七年甲子春正月，建三法司於太平門鍾山之陰，匾曰「貫城」。勅法官，星貫索空，訟平，中有星而明，貴人失入，欽哉。於是決囚，屬刑部、都察院議，大理寺覆審。【略】以詹徽爲左都御史，起余熂爲吏部尚書。二月，定吏員出身陞轉資格。三月，仍頒行科舉成式，三年一大比，自是累朝爲定制。仍令有司會同耆宿訪求德行聲名。【略】

夏四月，論征南功，進封傅友德潁國公及郭英等四侯，英及胡海、陳桓、張翼。通賜鐵券，世襲。其已侯仇成、張龍、王弼及先卒吴復、金朝興，亦加禄世襲。五月，大赦天下。諭遼東守臣絶高麗。高麗謝罪，請以馬代貢金，詔可。【略】許指揮何誠追贈本生父母。六月，諭天下朝覲官各上人民土地圖。集大成樂器，頒天下儒學。

秋七月，盱眙人獻天書，伏誅。皮作局大使徐士哲上十四事，上褒之。建朝天宫，内設道録司，習朝儀。許朝臣迎養父母者官給舟車。户部均糧役。秋暑，刑部慮囚。江寧處士陳遇卒。遇侍帝三十年，多所匡弼，終不受官。八月，【略】諸州民户不及三千者，改爲縣。【略】以儒士陳玄爲僉都御史，儒士汪仲魯爲司直郎。冬十月，册李氏爲淑妃，攝宫中事，進稱賢妃。【略】閏十月，禁方面官侵郡縣之職。考曆，從博士元統，洪武甲子爲曆元。十一月，弛舅姑兩姨子女婚姻禁。文官年七十許致仕，給誥勅。【略】

洪武十八年乙丑春正月，【略】考察朝覲官。分稱職、平常、不稱職、貪污、闒茸五等。【略】福建按察使陶垕仲劾布政使薛大方貪暴，反爲所誣，事白，還官。民謡云：陶使再來天有眼，薛公不去地無皮。二月，雨雹，求直言。【略】會試天下貢士，黄子澄第一，練子寧次之。既殿試，以丁顯第一，子寧、子澄次之，賜及第、出身有差，以後如例。諸進士授官外，其觀政在翰林、承勅監、近侍衙門者，稱庶吉士，餘但觀政諸司。三月，大學士宋訥論備邊莫要於屯田，上是之。以太常博士薛文舉言，凡稱職者定久任。户部侍郎郭桓等盗官糧七百萬石，諸連及皆伏誅。湯和乞骸骨，許之，旋令沿海築城防倭，科民四之一戍守。召見方孝孺，宴禮部。【略】免租。應天七府州

夏四月，羣臣表賀慶雲，不許。吏部尚書余熂以私落宋訥祭酒籍，伏誅。録有司績，著於旌善亭，犯法者揭申明亭。【略】六月，僉各處民丁充力士者一萬四千餘人，增錦衣衛六千户領之。定朝覲以三年爲期。【略】

秋七月，【略】賑水災。河南。諭災傷州縣有司不以實聞，置極刑，耆宿得詣闕陳訴。帝與大學士朱善論任賢，曰：「始貴簡擇嚴，使庸鄙之人不進，繼貴任使專，使苟且之意不生。」封高麗國王禑爲王。【略】九月，【略】以星變，勅諭秦、晉、周三王。大學士朱善卒。

冬十月，命蜀王椿閲武於中都。王有賢德，通經義，旁及餘典，帝爲開西堂，延儒臣蘇伯衡等及名僧來復，論道談文無虚日。御製大誥成，頒示天下，有不遵者遷化外，家藏此誥，獲罪減等。赦孟氏子孫輸作。【略】十二月，定鈔二貫五百文代米一石，充禄賜。【略】

洪武十九年丙寅【略】夏四月，【略】寧波知府李仲文有吏行縣不法，慈谿縣丞秦仲彰執之以聞，帝令互易其官，示褒貶。五月，帝諭吏部：「人才不易得，曩進士魏安仁等六人，常以過謫浙江按察司書吏，今歷年所，恐爲小人所侮，終身喪志，雖欲改過無由，其召用之。」詔四民各守其業，亡不歸者問遣。新淦妖僧玉琳等謀亂，僞建元天定，捕誅之。麗水縣賣卜者，干富室不應，赴闕告陳公望等五十七人謀逆，事不實，反坐。六月，諭禮部尚書李原名：「尚齒所以教敬，事長所以教順，朕恐有司奉行養老不懃，其以朕命申之。」令縣官禮送七十以上經明行修之士。【略】

秋八月，帝覽《宋史》，見太宗改庫名内藏，蹙然曰：「人主以天下爲家，安得有内外之别。」【略】

冬十月，左都御史詹徽請用重刑，帝切責之。【略】

洪武二十年丁卯春正月，命宋國公馮勝爲征虜大將軍，率藍玉等諸將軍、師二十萬，征元納哈出。遣所獲番將乃刺吾諭降。玉乘大雪襲破之，獲元金國公

觀童。納哈出降，所部營王失剌八禿等亦降。勝以納哈出歸。都督濮英殿後中伏被害，勝與常茂互訐。詔收勝大將軍印，就第鳳陽，奉朝請；安置茂於廣西之龍川。封納哈出海西侯，食禄不任事。及卒，子察罕襲封，改瀋陽侯。【略】焚錦衣衛刑具，以繫囚付刑部。【略】老較丁成請開陝西銀鑛，斥不聽。浙江、蘇州等處監生武淳等核丈田畝，上魚鱗册，受之。帝御講筵，語侍臣曰：「爲惡或免，理無可爲之惡；爲善不報，理無不可爲之善。」二月，御製《洪範》成。三月，諭法官，進士、國子生素所培養，犯法議宥。

夏四月，左都御史詹徽奏：軍人今所犯罪止杖，引前兩宥當並論。帝曰：「前罪既宥，不宜不信於民。」五月，以星變，勑宋國勝嚴鹵。【略】閏六月，徵孝廉之士。

秋七月，禮部請立武成王廟，帝曰：「古文武兼備，太公鷹揚授册書，不宜專以武尊之。且已從祀帝王廟，所請不許。」【略】八月，【略】銷六科關防印記。【略】

冬十月，帝與諸將論兵，曰：「國家用兵，如醫之用藥，寧蓄藥以治疾，毋疾至而求藥。」【略】十二月，帝親製《大誥》十二篇，訓戒武臣。【略】

洪武二十一年戊辰【略】三月，【略】是科殿試後，建題名碑於太學，後爲例。遣進士行監察御史事，分巡郡邑。【略】

夏四月，命永昌侯藍玉襲鹵主脱古思帖木兒於捕魚兒海，大捷，降元丞相哈剌章於河林，多所擄獲，鹵庭一空。【略】勑江西御史花綸等不得舉細事，興大獄。【略】六月，仍傅友德征南將軍，沐英副之，助討東川。【略】

秋七月，【略】時藍玉私元妃事發，上怒。妃聞，自縊死。【略】八月，令九卿各舉文學幹濟之士。【略】九月，秦、晉等各王來朝。【略】

冬十月，進封藍玉爲涼國公，鐫其過於券。庶吉士解縉進庖西封事，擢監察御史。帝召其父，諭之大器晚成，而以而子歸，益懋所學，俟十年來朝，大用勿晚。給事中卓敬乘間言於帝：「陛下於諸王不蚤辨等威，服飾與皇太子擬，嫡庶相亂，尊卑無序，何以令天下？」帝笑曰：「卿言是，吾慮未及此。」【略】

洪武二十二年己巳春正月，改大宗正院爲宗人府，以秦王爲宗人令，晉王爲宗正，周王、楚王爲左右宗人。【略】二月，禁武臣不得預民事及軍衛擾民。【略】

夏四月，徙江南貧民佃淮泗，官給鈔，免賦役三年。【略】青州衛軍妻請代夫死，釋其夫。【略】五月，軍士父子皆死於役者，官其子一級。【略】六月，孝廉茂才年四十以下者，令就行人司差遣試用。【略】周王橚離國至鳳陽，令其子有燉監國，遷橚雲南，尋復國。

秋七月，給文武官朝服錦綬。【略】鹵也速迭兒弑其主脱古思帖木兒而立坤帖木兒。八月，更定大明律，令天下府縣各舉高年有德識達時務言貌相稱者一人。九月，沁州民有自請屯田者，賞之。餘姚民有妾訴其家長私海販，坐妾乖倫死。海州同知陳龔，係故元福壽子，有罪，以父忠節蒙宥，擢太僕少卿。通政使經歷楊大用奉使諭降百彝。十二月，申巾帽之禁。【略】

洪武二十三年庚午春正月，榜補胡惟庸逆黨。仍列勳臣五十七人。功高望重連歲總兵者，徐達等五公，耿炳文等三侯，專簿書而指示者，李善長一公。以義氣封者，鄭遇春等三侯。隨征者周德興等十九侯，建功者傅友德、藍玉、葉昇等一十五侯。可觀望而不觀望來歸者，韓政等七侯。有進士王希曾請終改嫁母喪三年，以隨母撫養故。帝曰：「母改適，父仇也，既非所以教節，益非所以教孝。」特諭禮不行，著爲令。【略】以降彝韃靼安童爲刑部尚書。詔晉、燕二王率征鹵大將軍傅友德征乃兒不花咬住等，進止唯燕王。元平章把都帖木兒來降，聽擇水草便地居住。【略】定馬政，核丁鹽。【略】六科失解旨意，擅增減，覆軍籍不明，坐下獄十七人，尋宥免。【略】三月，詔臨洮僧巴竹領占爲尚師。燕王率師乘大雪至迤都，壓鹵營，降故元大尉乃兒不花、丞相咬住、忽哥赤、知院阿魯帖木兒等，皆官之，咬住爲副都御史，忽哥赤爲工部侍郎。時王師不見鹵而還。夏四月，潭王梓與其妃自焚死。【略】停期年奔喪之制。【略】五月，賜韓國公李善長死。先是，善長坐他累削禄，尋涉胡黨，不問。會有星變，其占爲大臣災，遂以法官議，並及其子伸、弟存義父子。條諸不臣情詞，播告天下，凡二十人。【略】命各州縣置倉備賑，所召老人賫鈔，所在催課。詔求張三丰。【略】定公侯鐵册軍，每給軍一百一十人，以百户領之，自耕以食，鑄定鐵册，故名。功臣卒，罷屯戍入衛。【略】

秋七月，高麗送故元伯太子男六十奴來京。鑄晉世子妃印。八月，以造監察御史印。詔選舉毋録隸卒。考定使節之制。如漢節，長三尺，氂牛尾二重。【略】

冬十月，【略】帝讀《孟子》七篇，以「草芥寇讎」等不可訓，詔廢孟祀，諫者死。刑部尚書錢唐力爭之，袒腹受射，帝爲感動，使太醫療唐創，孟氏配享如故。十一月，選天下耆民才智可用者，得一千九百十六人，以百六十七人授府州縣官。【略】十二月，定輸粟北邊贖罪例有差。始開局後湖，繖緞疋。【略】

洪武二十四年辛未【略】二月，【略】改封豫王桂爲代王，漢王楧爲肅王，衛王植爲遼王。命種桐、棕、漆樹於朝陽門外，各五十萬餘株，備他日運船之用。江南開曠各種苜蓿。三月，【略】故元遼王阿札失里寇邊，潁國公傅友德等討之，兵次哈者舍利王，遽令班師，來鹵，反擊之，大敗之於黑嶺雅山。帝常發古鏡十餘以照，失真。工曰：「初範不正也。」帝語廷臣：「人君主宰天下，心有不正，百度乖矣，戒之。」

夏四月，興山海一帶屯田。聽流民所在占籍。册封諸王。慶、寧、岷、谷、韓、瀋、安、唐、郢、伊。五月，停造寶鈔。【略】捕誅分宜縣妖民。許文武官封贈所生母以其秩。詔勸學求才，責成有司。賑北平水災。六月，頒書籍於北方學校。賜《通鑑》、《史記》、《元史》於諸王。定冠服居室器用制度。帝曰：「學校爲國儲才，而巾服無異吏胥，未便。」三易，制始定，而加以束髮之網。

秋七月，【略】征鹵將軍傅友德師至黑嶺寒山，追鹵札都，大擄獲。詔清理釋道二教庵觀，非舊額，悉毀之。徙天下富民實京師。許罰役吏守喪。以彭友信爲北平布政司。友信初以貢至京師，帝微行遇之，偶占虹霓之詩二語，友信足之，稱旨，約明日晤竹橋。及賜官，始知是帝。帝句：誰把青紅線兩條，和雲和雨繫天腰。友信句：玉皇昨夜鑾輿出，萬里長空跨玉橋。【略】八月，皇太子巡撫陝西。【略】以久陰不雨，馳諭皇太子陝西，太子方奉命相度形勢遷都。【略】九月，命主事寬徹等使西域。誅寧波府妖僧之奉白蓮教者。免建寧碾造龍涎茶，例摘芽茶以貢。倭寇富州，百户李玉戰死，録其子爲千户。陞新化知縣周丹爲吏部主事，以縣民詣闕請復任，賜宴，許之。

冬十月，南豐縣典史言九事，帝曰：「諸有裨政體，但調易邊將一事不便。」擢右僉都御史。十一月，命禮部諭天下生員兼讀誥律。賞民間能誦大誥來朝者十九萬三千四百餘人。【略】皇太子至自陝西，具地圖以獻。十二月，【略】景川侯曹震治四川水陸道，鑿石削崖，水通永寧，駕橋立棧，陸通松潘，亦通保寧，以達陝西。

洪武二十五年壬申【略】二月，潁國公傅友德請懷遠縣等縣官地爲圃，上以公儀休事諭止之。詔謚典止於諸王及勳爵，不及文臣。【略】高麗李成桂幽其王瑶而自王。申令學校習射，通書數。【略】三月，兩浙運使陳龔坐胡黨，以父福壽故，免死，謫居雲南，命西平侯善視之。敍州山寇作亂，討平之。

夏四月丙子，皇太子薨，謚曰懿文。【略】

八月，靖寧侯葉昇坐胡黨、江夏侯周德興坐帷簿不修，咸伏誅。擇俘鹵卯罕、阿魯温沙二人，賚榜還諭沙漠。命宋國公馮勝、潁國公傅友德立邊衛，抽民丁四之一屯田戍守。武臣之謫戍大寧、雲貴者，皆復官。頒《醒貪録》於内外諸司。九月，户部侍郎陳宗禮、大理寺丞曹瑾，罪當杖降官，命免杖，工部辦事。帝問太常少卿許昇祀事，昇不能對，典簿劉質代對詳明，降昇而以質補其官。册嫡長孫允炆爲皇太孫，是爲惠宗讓皇帝。以黄子澄兼太保，並東宫講讀。【略】工部尚書秦逵有罪自殺。

冬十月，高麗請改國號，上令從古名朝鮮。度地正陽門外爲上林苑，尋以妨民，不果。山東監生周敬心疏：「國祚脩短，在德厚薄，非關曆數，傳國璽非所尚也。」語戇激，帝優容之。【略】十二月，諸勳爵兼東宫保傅官，知事周昌請宥小過，帝嘉納。籍廣東海島人爲兵。閏十二月，百福寺隱匿囚徒爲僧，詔僧録司造周知册，頒天下。帝患熱病甚，有赤脚僧詣闕云，天眼尊者及周顛所遣，獻藥温涼片，飲之，愈，遣祭顛於廬山。

洪武二十六年癸酉春正月，【略】遼東開元衛軍士馬名貴上言五事，命禮部擇其可者行之，授名貴太和縣丞。詔晉王統山西兵出塞捕鹵，代王以護衛從，聽節制。誅涼國公藍玉。玉以常開平妻弟，累功至大將軍，多不律，錦衣衛蔣獻告逆，捕訊，責黨，不承。吏部尚書詹徽叱玉吐實，大呼徽即吾黨，遂並收徽，多所株連，【略】名曰藍黨，戮數萬人。

夏四月，以星變，求直言，復定救日禮儀。【略】五月，陝西民弟代兄戍，官給道里費。逃民僞請道牒，發錦衣習匠。六月，申明錦衣之禁，刑者俱屬法司。【略】開卜筮禁，嚴公侯僭侈。

秋七月，選秀才張宗璿等，隨東宫官入直文華殿，講筵畢，説民間疾苦。【略】詔免試職，儒學訓導皆與冠帶。赦胡、藍餘黨。

冬十月，出封岷王於雲南。詔恐勞民，從棕室居住。勑諸王府，上其宗人文武才，任用如常選法，罪至奪爵止。革中都國子監，並入國學。選監生劉正等六十餘人爲左布政使等官。十二月，禁軍民命名不得用三公以下官稱。

洪武二十七年甲戌春正月，選江以北良家女備諸皇孫婚。立禁榜示天下僧道。不許遊食及交通有司，以書册强人題疏，復不許私創菴觀，賚財於人。所至僧寺，必揭周知册對驗，不合者問遣。其民間兒童私自削髮，父兄併坐。二月，罷在外文武諸司公宴。三月，【略】申禁元故俗嫁娶。收藏軍器。

夏四月，禮部員外郎俞體原坐法死，論母節宜免旌。帝曰：「母不以子故格例。」嚴越訴之禁。民間高年老人得聞鄉之曲直。命儒臣訂正宋儒蔡氏《書》傳。詔諭劉三吾：「奎壁星明，文運當興，爾等宜有述作，以稱朕意。」五月，【略】定武臣子弟比試襲職。【略】

八月，遣監生人才督天下吏民脩農田水利。賜文武百官鈔，宴於醉仙樓。【略】鈔法沮壞，禁用銅錢。九月，【略】日照縣民江伯割脅療母病，至殺三歲兒以禱。上惡其滅倫，杖戍，因定旌表孝門例。生員廩十年學不成者，罰爲吏。祖訓成，上諭禮部，後世敢有言更改祖法者，即以奸臣論，毋赦。

冬十一月，許土官免比試襲職。穎國公傅友德暴卒。十二月，【略】令民間團社互相耕種。【略】

洪武二十八年乙亥春正月，勅燕王統三都司兵，合禦野人女直。二月，宋國公馮勝暴卒。【略】徙青、兖、登、萊、濟南五府民就東昌開墾閒田。三月，秦王樉征土蕃，還，病薨，謚曰愍。編籍定里以教民厚。

夏四月，停作遼王宮室，勅武定侯郭英，人勞易亂，況乎其邊高麗也，遲十年爲之。五月，【略】勅諭法官：皇親有犯，除謀逆外，免逮。

秋七月，確山野蠶成繭，羣臣請賀，帝不許，曰：「野蠶果能衣被天下，吾當受賀。」諭國子監咸讀習《春秋》。方士獻道書，却之。【略】九月，【略】左都御史曹銘及崇山侯李新咸有罪，伏誅。【略】重定女官六尚及東宮六局、王府等官職。閏燕王進呈永清左衛嘉禾一莖三穗者二本、二穗者六本，帝親製嘉禾詩賜之。九月，【略】重訂《皇明祖訓》成，其首章有曰：「朕初法外加刑，此權時措置，非守成之君所用常法，其有奏用黥刺剕劓閹割之刑者，全家死。」又曰：「邊以外，得其地不足以供給，得其人不足以使令，但選將練兵，以時謹備，不宜貪功啓釁。」册燕王長子高熾爲世子，是爲仁宗昭皇帝。【略】

十一月，命儒臣進講《尚書·無逸》篇，曰：「朕常書此篇殿壁，朝夕省閱，今聞之，愈使心惕。」十二月，朝鮮入貢，賀正旦表文不遜，留其使，詰撰文者。國王謝罪，釋之。重建朝天宫，羣臣習朝儀於其中。

洪武二十九年丙子【略】二月，禮部尚書任亨泰使安南，私市其人爲僕，降爲御史。征虜前將軍胡冕勦彬桂廣西諸寇，詔勿殘。給恩軍月米。籍設免死者。三月，燕王奉勅出塞討虜，擄孛林帖木兒等於徹徹兒山，復追敗哈剌兀於兀良哈秃城。以行人司副楊砥言，罷揚雄從祀，進董仲舒。【略】

六月，廣西獲叛蠻三千餘人。以都督府斷事廖昇爲太常寺少卿。

秋七月，衛卒門被傷，其子救之，擊門者死，坐絞，詔釋之。【略】八月，免租。太平等五府。九月，大賚致仕武臣，召諭之曰：「朕思起兵時，爾等皆少壯，今老矣，久不相見，心恒思之，薄物養老，好臨撫教子弟，以終天年。」諸臣感謝，至有泣下者。【略】有弟請從軍贖兄死，帝憫之，並釋同繫三十餘人謫戍。

冬十月，皇曾孫文奎生。上以十月數終，又生於晦，詔勿賀。十一月，頒稽古定制書，俾功臣遵守。

洪武三十年丁丑春正月，【略】沔賊入略陽，殺知縣呂昌，燒徽州，殺守正顔叔彬。改禮儀司爲鴻臚寺，太常、光禄改司爲寺。頒《爲政要録》於在官者。二月，【略】會試，首宋琮；殿試，首陳郊，中原西北士無預者。諸落卷肆飛語，覆試。上疑考官劉三吾、白信蹈有私，指爲胡、藍餘黨，逮拷訊。連及司直張謙，係藍黨。獨侍講戴德彝無黨。宥三吾戍邊，餘皆淩遲死。上親閲，得六十一人，皆北産也。賜進士韓克忠等進士出身有差。禁民間無以金銀交易，通鈔法。定刑官不得加反逆三族法。【略】古州洞蠻叛，討平之。

夏四月，【略】或以暮金遺刑科給事中張思恭，却不受。其人委金去，思恭自發之。上喜，擢刑部右侍郎，即以金賜之。令民間有一才一藝者，得自陳效用。五月，以星變，勅晉、燕、代、遼、寧、谷六王勒兵防邊。駙馬都尉歐陽倫，奉命西番以私茶攔外，爲蘭縣河橋巡簡所發，賜倫死，布政使官同坐。帝初嚴於吏治，凡貪酷縣官，律外加有膚刑，贓至六十兩以上者梟示，因置政平、訟理二旛。論罪囚。

秋七月，置都知監，掌内府各監事。【略】帝諭諸臣曰：「人即自好，不能無過舉，顧事有公私，其心無他，須平吾心觀之。」八月，【略】吏部杜澤請取用登名富民，詔從山東、河南、淮東始。九月，令耆老持木鐸狗於鄉，爲六語率民於善。歲州縣選德行里老之人，赴京師陳説疾苦。又里置一鼓，農時擊之，會耦力田，惰者罪。【略】

冬十月，停遼東海運。十一月，上見散騎舍人□頗麗，問值幾何？曰五百貫。帝曰：「是小民八口一歲資也。」戒之勿服。十二月，帝不豫，廷臣數問安，勅各竭忠脩職。【略】

洪武三十一年戊寅【略】三月，詔學官得除旁近縣官。晉王棡薨，謚曰恭。【略】

五月，帝不豫，勅燕王集邊兵備虜。【略】帝疾稍間，輦御右順門。時諸醫治

疾無狀，皆付獄，獨召戴元禮至榻前，諭之曰：「汝仁義人也，事無與，勿恐。」閏五月，大漸。乙酉，帝崩於西宫。帝素少疾，乃疾作，臨朝決事不倦。至是，疾大劇，乃焚香祝天曰：「壽年久近，國祚短長，子賢孫否，非慮，一心爲蒼生作福。」時聞雨聲，喜形於色，遂崩。遺詔曰：「朕膺天命三十有一年，憂危積心，日勤不怠，務有益於民。奈何起自寒微，無古人之博知，好善惡惡，不及遠矣。今得萬物自然之理，其何哀念之有？皇太孫允炆仁明孝友，天下歸心，宜登大位，内外文武臣僚同心輔政，以福吾民。葬祭之儀，一如漢文帝，勿異。諸王不在令中者，推此令從事。」

鄧元錫《皇明書》卷一　上性神武明睿，有大畧，勤於聽斷，未明而朝，日昃始罷。稍閒即與諸儒講經史論政。迨暮還宫，仰瞻乾象，雖隆冬盛暑不廢也。即不豫，亦自力如平時。凡軍民有陳奏，無卑賤，皆引見面訊。四夷有小警，終夕不寢，思防弭之。且節於自奉，非宴會，却盛饌不御。諸乘輿服御，當範金者，易以銅爲之。有司言費小不足惜，上曰：「朕當身儉約，以先天下，豈謂費哉？自古開奢汰之原，啓華靡之漸，未始不由小而至大，何謂小也？」一日退朝，皇太子諸王侍，上指宫墻隙地，謂之曰：「此非不可起亭館臺榭，爲觀游，念不忍傷民財力，營自奉耳。」令内侍種蔬其中。路州進人參，太原進葡萄酒，金華進香米，皆止不得貢，曰：「朕不欲以口腹故累人。」江西行省以陳友亮鏤金床進。上觀之，謂侍臣：「此與孟昶七寶溺器何異？以一床工巧若此，餘可知也。陳氏窮奢極侈，安得不亡？」命毁之。司天監進元主所製水精宫漏，極機巧，二木偶人能按時擊鉦鼓爲節。上覽之，太息，謂侍臣曰：「廢萬機之務，而用心於此，可謂不知務矣。使移此心以圖治，豈當亡哉？」命碎之。蘄州進竹簟，上曰：「古者方物之貢，惟服食器用，故無耳目之娱，玩好之失。蘄州所進竹簟，故爲物用，但未有命而來獻，受之，天下皆争進奇巧，勞民傷財始此矣。」命却之。仍令四方非朝廷所需，毋得妄有獻。建宫闕，有司具圖上，諸雕琢奇麗者，輒斥去。謂中書省臣曰：「方堯時，茅茨土堦，采椽不斲也，可謂極陋。然千古稱聖神必歸焉。後世競奢侈，極宫室苑囿之觀，顧以覆亡。吾今營宫室，第取完安，毋爲雕巧，以弊民。」新殿成，不文繪，命博士鼎編古人行事可爲鑒戒者，書殿壁。列《大學衍義》書廡間，時時臨觀焉。有言瑞州文石可用甃者。上曰：「爾不以節儉之道事予，乃導予侈麗乎？爲宫室已覺作者之勞，況遠取文石，不厲民乎？」言者慚而退。

謹禮自度，對羣臣必正衣冠。漢吴滅時，躬拜大將以酬勞。每訓諭羣下徵古訓亹亹，動協典誥。爲詔敕，頃刻即成，思如宿搆。上親征所克定者，惟僞漢，餘皆以命將。然一本廟勝，諸將奉成筭出師，遠隔千里，機應如神，靡不克捷。尤嚴天地郊廟之祀，秉圭夔夔，若神陟降。洞知乾象，以爲古今乾道變化，殃咎在君心也。有司奏祥瑞，輒抑不受。遇灾異，即震惕危懼，若無所容。嘗自言：「朕本農夫，深知民間疾苦。又躬履行伍，南征北伐，備知將士之勞。」誠心愛民，矜貧弱尤篤。至語稼穡艱難，往往流涕，故蠲租恤民之詔歲下。雖重刑肅下，獨施之官司大姓，終不侮貧困，雪無告也。手敕中書言：「朔漠多寒，未秋勁風。朕戍邊將士特寒苦。其北平、永平、大同、山陝諸官軍禦寒裘纊，宜早爲之計。今已六月，比使至抵所在，則草木黄落，可授衣矣。速發行，毋稽。」

當草創時，紀綱教化，禮樂文章，邊防軍政，諸防範之法，咸巍焕可述。春秋已高，彌勤。自敕山陵之制，預營度，省約器用陶瓦。嘗與侍臣論古今之故，剔釁孽之萌，始歸於六端。曰：女寵、寺人、外戚、權臣、藩鎮、夷狄。及所爲防制之法甚豫。曰：「木先蠹而後風折之，體内虚而後病乘之。國家之事猶是矣。誠嚴宫闈之禁，不惑聲色，使貴賤有體，恩不掩義，即女寵何自生？不昵私愛，惟賢是用，苟干政典，裁以至公，即外戚之禍何由作？閹寺近習，獨職掃除給使，令不與朝權，不假兵柄，則寺人之禍屏。上下相維，大小相制，防耳目之壅蔽，謹威福之下移，則權臣之禍弭。藩鎮之設，本以衛民。使財歸有司，兵待符而後調，豈有跋扈之憂？脩武備，謹邊防，來則禦侮，去不窮追，則世豈當有夷狄之禍哉？朕日夕思此至熟，欲著書以示後世，何如？」侍臣頓首曰：「幸甚！此陛下厚念，念每及後世子孫臣庶也。願著彝典，以示將來。」及《皇明祖訓》成，上自序之曰：「朕觀自古國家建立法制，皆在其始。受命之君，蓋當創業初，備嘗艱苦，閲天下人情事變之故熟。比之生長深宫之主，未諳世務，及僻處山林之士，自矜己長者，甚相遠矣。故法行可守，恩威加四海，而民康。朕幼而孤貧。長值兵亂，年廿四委身行伍者三年。繼而收攬英傑，與羣雄並驅，勞心焦思近廿載，乃能剪除强敵，大統用集。人之情僞亦頗知之。故與羣臣定爲國法，革元朝姑息之政。自平武昌而來，即定著律令。今經十年，始克頒行，民漸知禁。復爲《祖訓》一篇，著一代家法。大書揭西廡，朝夕觀覽，以求至當。首尾六年，七易稿而定，豈非難哉？夫俗儒多是古而非今，奸吏常舞文而弄法。今令翰林院編輯，禮官刻印，以傳永久。凡我子孫，欽承朕命，其毋亂我已成之法哉！天地祖宗，將孚佑於無窮焉。諸論兵刑大者，具邊防刑法中。」

雜録

備録

黄瑜《雙槐歲抄》卷一《聖瑞火德》 太祖高皇帝功德福祚超越邃古，貞應之符，有開必先，自堯舜以來未有若是之盛也。初，皇考仁祖淳皇帝居濠州之鍾離東鄉，皇妣淳皇后陳氏嘗夢黄冠饋藥一丸，烨烨有光，吞之，既覺，口尚異香，遂娠焉。及誕，有紅光燭天，照映千里，觀者異之，駭聲如雷，天曆元年戊辰九月十有八日丁丑日昳時也。河上取水澡浴，忽有紅羅浮來，遂取衣之，故所居名紅羅幛。鄰有二郎神廟，其夜火光照耀，及天明，廟徙東北百餘步，自是室中常有神光。每嚮晦將卧，忽煜爚若焚，家人慮失火，亟起視之，惟堂前供神之燈耳。帝王之生必有聖瑞，章章如此。及討元狄，旗幟戰帽襖裙皆用紅色，蓋以火德王，色尚赤故也。既葬仁祖淳后之明年，爲至正乙酉，淮楚間童謡曰：「富漢莫起樓，窮漢莫起屋，但看羊兒年，便是吴家國。」至即吴王位，元年丁未，即羊兒年也。明年戊申建元洪武，六月壬寅彰德路天寧寺塔忽變紅色，自頂至踵表裏透徹，如煅鐵初出於爐上，有光焰迸發，自二更至五更乃止。癸卯、甲辰亦如之，先是河北有童謡云：「塔兒黑，北人作主南人客。塔兒紅，朱衣人作主人公。」其應如此。未幾，元主北遁，而天下一統矣。

張瀚《松窗夢語》卷六 余爲南司空，入武英殿，得瞻仰二祖御容。太祖之容，眉秀目炬，鼻直脣長，面如滿月，鬚不盈尺，與民間所傳奇異之象大不類。相傳太祖圖像時殺數人，後一人得免。意者民間所傳，即後一人所寫，未可知也。

何喬遠《名山藏》卷四《典謨記·太祖高皇帝四》 《皇明玉牒》曰：帝神武明達，睿智有大度。始渡江時，首帥羣雄多淫湎肆傲，帝獨克己下人，旁求賢士，尊以賓禮，聽受其言，晝夜忘倦。書宋真德秀所著《大學衍義》於殿廡，出入覽觀。內政嚴明，宮闈遵職，不預外事。宦寺給使，無所專領。勤於聽斷，四鼓而起，未明而朝，日昃始罷。稍間，輒與諸儒講論經史。晡時復聽政，至昏還宮。隆寒甚暑，未嘗少變。體或不和，亦强出視朝。有陳論者，無間卑賤，皆即引見。四夷有小警，則終夕不寐，深思弭患之宜。自奉儉樸，食不用樂，罷四方異味之貢。非宴羣臣，不特設盛饌。謹於禮度。對羣臣必正衣冠。漢吴之滅，躬拜大將，以謝其勞，訓諭其下，徵引古道，出言成文，動協典誥，自爲詔勅，頃刻即成，思如宿搆，辭義森蔚。用兵料敵，機變如神。成筭所授，無不克捷。諸將奉命成功，不吝官賞。府庫所储，厚賜宣力之臣。敬天地，嚴禋祀，先期齋戒，出宿外殿。至期行事，秉圭促武，夔夔兢畏。始時分祭南北郊，帝謂：「天父地母，豈宜異位？」乃采古明堂遺制，爲崇宇，竝列合祀。六宗百神，各築壇左右從享。革嶽鎮海瀆封號，以正幽明之辨。廟祀古帝王有功德者於京師，復以時祭其陵墓。褒前代死節之臣，或官其子孫。命郡縣設壇以祀餒鬼。或遘災變，省躬自咎，輒肆赦宥。誠心愛民，尤矜貧弱。語及稼穡艱苦，每爲涕泣。於大姓兼併，貪吏漁取，深惡嫉之，犯者必置諸法。崇尚教化，新作太學數千間。孔子廟去像立主，乘輿臨視，行釋奠禮。學徒之盛，至五千人，海外遠國暨雲南酋長皆遣子受業，下及郡縣，皆有學田養士。斥租米以數百萬，令四方每歲行鄉飲酒禮，立旌善、申明二亭，以示懲勸。命年老之徒皆拜君親，作書誥民，導以遷善，諄諄數十萬言。所爲文章數百千篇，皆可傳誦。法令紀綱，禮樂制度，靡不脩具，焕然可述。天下久安，在位三十一年，訓戒子孫，祖訓昭鑑，具有成書。春秋已高，彌勤爲治。飭馬政、邊防、文教、兵籍，孜孜不息，至疾大漸，梓宮遺制皆預營度，山陵之制，務存節儉。嗚呼！聖矣。

談遷《棗林雜俎》卷一《疑像》 太祖好微行察外事，微行恐人識其貌，所賜諸王侯御容一蓋疑像也，真幅藏之太廟。

備論

《太祖實録》卷首《實録進表》 進者：臣原吉等誠惶誠恐，稽首頓首上言。伏以聖人啓運，肇萬世之鴻基；國史纂書，示百王之大法。必憑紀録，垂法後來。故典謨載堯舜之言，方册布文武之政，古今通義，昭晰如斯。矧創業垂統，而茂建於豐功；又繼天立極，而聿隆乎至治。欲揚休美，謹在編修。欽惟太祖聖神文武欽明啓運俊德成功統天大孝高皇帝，天地合德，日月同明。膺景命而隆興，握貞符而御曆。義旗一舉，豪傑景從；仁聞四張，州郡響應。遂渡江而下姑孰，乃定鼎而都金陵。除舊布新，安民靖亂。風霆肅乎號令，日星焕乎紀綱。威武奮揚，東面征而西面怨；至仁不殺，近者悦而遠者來。掃羣雄於呼吸之間，拓四方於指顧之頃。連城納款，挈壺漿以迎師；列土堅嘉本作立降，崩厥角以稽首。舉中原如拾芥，蕩胡虜若振枯。拯烝黎忠靖集黎作庶於塗炭之中，驅獮稚於

沙漠之外。不十年而成帝業，混一統而主天民。人紀肇修，叙彝倫於既斁；華風復正，舉禮樂於重興。山川鬼神，莫不攸寧；華夏蠻貊，罔不率俾。有過化存神之妙，盡彌綸參贊之功。身致太平，卓冠百王之盛；德兼文武，超越六籍之聞。況儉勤戒嘉本作崇乎始終，而謙敬純乎表裏。宵衣旰食，日總覽於萬幾；秋肅春温，時順體於四序。是致雨暘由嘉本中本忠靖集作時若，歲穀屢登，諸福畢臻，天休滋至。在位歷三十餘年之久，升遐動萬方哀悼之心。自古以來，未有如斯之盛者也。

恭惟孝慈昭憲至仁文德承天順聖高皇后，天生聖善，克相肇基，誕開文定之祥，永協坤元之吉。同符景運，遂位中宮。德邁嬪虞，功超胥宇。性情適關雎之正，子孫應麟趾之仁。簡能造化之宜，保合承天之處。政修宮閫，化行家邦，誕育聖躬，茂承天眷。自古后妃之隆，莫盛於斯者也。

《太祖實録》卷首李景隆、解縉等《進實録表》 大明解集無大明二字太祖聖神文武欽明啓運俊德成功統天大孝高皇帝，應千年之景運，集羣聖之大成。天命眷顧之隆，起徒步不階於尺土；人心嚮解集作悦服之誠，解集作固未三年已定於京都。龍飛雲從，而華夏蠻貊罔不率俾；解集作服日照月臨，解集作日臨月照而山川鬼神莫不攸寧。有過化存神之妙，有綏來動和之應。英傑不期而會，遐邇不令而從。盡收當世之賢才，大拯生民於水火。羣雄歸命，文衡命下有者字不戮一夫，元主遁荒，文衡荒下有而字禮遣其嗣。四方幅員之廣，亘古所無；中國先王之典，悉復其舊。守帝王心法之言，明聖賢道學之統。以上二句解集作傳聖賢道學之統，守帝王心法之言罷黜百氏，彌綸六經；範圍造化，解集造化作化工曲成萬物。天休滋解集作茲至，而兢業貫乎始終；文衡誤作終始諸福畢臻，而謙抑純乎表裏。在位之久，三十餘年，升遐之日，萬方哀悼。比於近古，邈然罕儔。漢高年不登於中壽，光武運僅紹於中興，唐高祖因隋之資，宋太祖承解集作乘周之業，元世祖席累世之威，皆未有若斯之盛者。

錢謙益《歷朝詩集小傳》 太祖高皇帝御製文集共五卷，翰林學士樂韶鳳、宋濂編録。濂之言曰：「臣侍帝前者十有五年，帝爲文或不喜書，詔臣濂坐榻下，操觚受辭，終日之間，入經出史，袞袞千餘言。嘗爲濂賦『醉學士歌』二，奉御捧黄綾以進，揮翰如飛，須臾成楚辭一章。上聖神天縱，形諸篇翰，不待凝思而成，自然渡越今古，誠所謂天之文哉！」解縉曰：「臣縉少侍高皇帝，早暮載筆墨楮以俟。聖情尤喜爲詩歌，睿思英發，雷轟電觸，玉音沛然，數十百言，一息無滯。臣輒草書連幅，筆不及成點畫，上進，才點定數韻而已，或不更一字。故常喜誦古人鏗鍧炳朗之作，尤惡寒酸咿嚶齷齪鄙陋，以爲衰世之爲不足觀。」詩僧宗泐進所精思刻苦以爲得意之作百餘篇，高皇一覽，不竟日，盡和其韻，雄深闊偉，下視泐詩，大明之於熠火也。臣謙益所撰集，謹恭録内府所藏弃御製文集，冠諸篇首，以著昭代人文化成之始。其他稗官小説，委巷流傳，及掇拾亂真者，皆削而弗敢載焉。

朱彝尊《静志居詩話》卷一 孝陵不以馬上治天下，雲雨賢才，天地大文，形諸篇翰。七年而御製成集，八年而正韻成書。題詩不惹之菴，置酒滕王之閣，賞心胡閏蒼龍之詠，擊節王佐黄馬之謠。日曆成編，和黄秀才有作；大官設宴，醉宋學士有歌。顧天禄經進詩篇，披之便殿；桂彦良臨池聯句，媲於颺言。韻事特多，更僕難數。惟其愛才不及，因之觸物成章。宜其開創之初，遂見文明之治。江左則高、楊、張、徐，中朝則詹、吴、樂、宋，五先生蜚聲嶺表，十才子奮起閩中，而三百年詩教之盛，遂超軼前代矣。

附録郭傳曰：自漢而下，興王代作。然文經武緯，一弛一張，率不能兼濟其美。惟唐太宗以兵力定亂，及踐阼之後，詞章奮發，論者以其雕奇鏤彩，徒與騷人韻士爭錙銖之巧。惟皇上以一旅取天下，不數年間混一南北。至萬幾之暇，復遊心道學，志存詩書，寓辭竹帛，親搦管翰，意無停機，一揮數千百言，粹然出於情性之正。解縉曰：「臣少侍高皇帝，早暮載筆墨楮，以俟聖情。尤喜爲詩歌，睿思英發，雷轟電燭，玉音沛然。數千百言，一息無滯。臣輒草書連幅，筆不及成點畫，上進，才點定數韻而已，或不更一字。故嘗喜誦古人鏗鍧炳朗之作，尤惡寒酸咿嚶齷齪鄙陋，以爲衰世之調，爲不足觀。」詩僧宗泐進所精思刻苦以爲得意之作百餘篇。止一覽，不竟日，盡和其韻。雄深闊偉，下視泐詩，真大明之於熠火也。

《明史》卷三《太祖紀三》 贊曰：太祖以聰明神武之資，抱濟世安民之志，乘時應運，豪傑景從，戡亂摧强，十五載而成帝業。崛起布衣，奄奠海宇，西漢以後所未有也。懲元政廢弛，治尚嚴峻。而能禮致耆儒，考禮定樂，昭揭經義，尊崇正學，加恩勝國，澄清吏治，修人紀，崇風教，正後宫名義，内治肅清，禁宦竪不得干政，五府六部官職相維，置衛屯田，兵食俱足。武定禍亂，文致太平，太祖實身兼之。至於雅尚志節，聽蔡子英北歸。晚歲憂民益切，嘗以一歲開支河暨塘堰數萬以利農桑、備旱潦。用此子孫承業二百餘年，士重名義，閭閻充實。至今

苗裔蒙澤，尚如東樓、白馬，世承先祀，有以哉。

藝文

徐世昌《晚晴簃詩彙》卷三清仁宗顒琰《明太祖平定東南》 膺圖撫寰區，心與凡儕異。命將定東南，先戒毋縱恣。劫掠盜賊爲，救拯開創事。傅檄得江淮，勸農修水利。克敵維武功，安民用仁義。二語誠要言，理足辭簡易。招賢首劉基，論道孚素志。規模已敷宣，張陳實閏位。

朱升部

綜述

焦竑《國朝獻征録》卷二〇《朱侍講學士升傳》 朱升字允升，休寧人，後徙居歙。幼師鄉貢進士陳櫟，剖擊問難，多所發明，櫟深器之。至正癸未，聞資中黄楚望講道湓浦，偕趙汸子常從游。明年春，歸講學郡城紫陽祠，始作《經書旁註》。是年秋，登鄉進士第，丁内艱。後四年戊子，省授池州路儒學正。庚寅，始之官。學之田歲入富於他學，而官吏蠹食之，弟子員日僅一飯，教養無方，師生解體。升始至，則舉吴文正公澄鼠牛之喻，會出入，整齋厨，去宿弊，晨興講授，以身示法，江南北學者雲集。明年，淮甸兵起。又明年壬辰，秩滿南歸，而蘄黄之兵至徽矣。自是，連歲勝負相尋，而所居僻在窮山，雖避兵奔竄，往往閉户著述不輟。越五年丁酉，大兵下徽，被旨召見上潛邸，冬辭歸。明年，梅花初月樓成，宸翰四字賜。嗣後，連歲被徵，受命既就道，不辭。比至見，上有訪問後，亦不强留也。吴元年丁未，授翰林侍講學士、中順大夫、知制誥，同修國史。次年，聖上肇登大寶，改元洪武。車駕幸汴，得告歸省丘墓。冬末，再行，以年高得請致政而歸。明年庚戌冬十二月，以疾卒，年七十二。

自幼爲學，即以列聖傳心爲主，踐履實用爲工。上窮道體，幽探元化。謂聖人精義，入神之功，或寄於百家衆技之末。是以一事一物，莫不旁搜曲摉，沿流泝源。謂濂洛既興，考亭繼作，而道學大明於世，然後學者往往循途守轍，不復教思。其已明者既不求其真知，而未明者遂謂卒不可知，豈前賢所深望於後人者哉？加以詞華浮靡之習蕩其中，科舉利禄之心誘於外，是以聖學明而實晦。飄流忘返，慨然思所以救之。於是考六書之源，究制作之始，以得名言之義，味詞助之旨，以暢指趣之歸，而聖賢之心見於方册者始可得而見。然後傍參之以傳注之文，究極乎濂洛之説，熟玩乎其所已明，而深究乎其所未明。嘗曰：「先儒傳注之意，所以求經之明也。而近世舉業往往混誦經注，既不能體味乎傳注，而返斷裂其經文，使之血脈不通，首尾不應，知味樂學，何所自乎？」於是始作諸旁註。離而觀之，則逐字爲訓；合而誦之，則文義成章。綱提目舉，一覽可知。其有訓而未類，疑而未安者，必窮研［極］慮，不合乎聖經不止也。嘗曰：「旁註之作也，知其麤［者］以爲小學訓詁之入門，悟其妙者知爲研精造道之要法。平生之所以有得於聖經之藴者以此。此學道之大概也。」

於《易》則有以見夫河圖洛書之異也，而原則同先天後天之殊也，而實則一序卦之説，則本乎吴澄之卦統，以總其綱，表章乎蕭漢中之説，以極其起。他如四卦從中起之故，方圓往來逆順之妙，著七卦八之實迹，用九用六之微機，卦象神奇卦變之定法，貞悔元吉之大義，三陳九卦之要旨，諸如此類，有得於前聖之心者，旁註不足以盡其藴，則又列於前圖以表之，而千古不釋之疑於是乎定。

於《書》則蔡沈受命作傳，惜其成於朱熹既没之後，門人語録未萃之前，是以猶有未備者。乃參考諸説，以折其衷，成《書傳》緝補其缺而正其僞，又直約之，曰《書傳補正》以實之，而朱、蔡之旨於是乎備。他如《禮經大祀》未審《春秋》書法，未明三聖執中之本旨，孔門求仁之要義，中庸知仁勇之統，尊德性道問學之説；孟氏存心養氣之異用，風人詩章之體，音韻之説，諸如此類，皆涵泳翫索，有得乎聖賢之旨者。其異也，非立異以要名；其同也，非雷同而苟合，今不能悉録。

平生處己以儉，待物以仁，恩以濟鄉隣，巽以處患難，犯而不校，寬而有容，是以遐邇宗師，小大咸服。然天性剛直，不肯苟同，以其出自公心，人受其責者亦未嘗怨也。自幼學至於捐館六十年間，雖出處不常，未嘗一日釋卷，編録考索，日益月加，動成卷帙。所注書有《易》、《書》、《詩》、《周官》、《儀禮》、《禮記》、《論語》、《孟子》、《大學》、《中庸》、《孝經》、《小學》旁註。讀《老子》、《孫子》，亦爲旁註。他如小四書小學名數，醫家諸書之奥義，葬書之説，皆有紀録，兹不盡載。其在國朝有所擬議，隨即廢毁無存。制誥表箋，前後文藁若干卷，俱藏於家。

吴元年丁未，授翰林侍講學士，制：朕聞洙泗集羣賢之大成，新安爲文公之闕里，先後相望，斯文盛昌。况新安之有人，與前賢而同氏，允爲博古通今之士，耆年碩望之英，是宜備顧問於内庭，參密命於翰苑。惟兹華要，用寵師儒。朱升趨蹡禮法之場，超躍傳註之表，羣經獨得其趣，諸子莫遁其情。網羅百家，馳騁千古。自其潛心積慮，至於皓首蒼顔，用功勤矣。朕開基以來，歲每徵聘，戔戔束帛，爲矜式於國中；青青子衿，來英才於館下。議禮作樂，郊廟所資；修己及人，國家所尚。擢登玉署，侍講彤闈。鳳池兼掌於絲綸，麟史仍參於筆

削。天地交泰，有資贊翊之功；雲漢昭回，共致文明之治。可授翰林侍講學士、中順大夫、知制誥、同修國史。吴元年七月乙亥。

先是，命選道童俊秀者充樂舞生，至是始集。上御戟門，召學士朱升領樂舞生入見，設雅樂，閱試之。上親擊石磬，命升辨識五音。升以宫音爲徵音。上曰：「何□以宫作徵邪？」起居注熊鼎對曰：「八音之中石最難和。故《書》曰：『於予擊石拊石，百獸率舞。』」上曰：「石聲固難和，然樂以人聲爲主，人聲和則八音和矣。」因命樂生登歌一曲。上復嘆曰：「古者作樂，以和民聲，格神人，而與天地同其和。近世儒者鮮知音律之學，欲樂和，顧不難邪？」升等對曰：「樂音不在外求，實在人君一心。君心和則天地之氣和，天地之氣和，樂亦無不和矣。」上深然之。

十一月壬辰，以翰林侍講學士朱升年老，免朝謁。洪武元年二月，定宗廟時享之禮。翰林侍講學士朱升、待制詹同等奏：「按禮，古者禴、祠、烝、嘗，四時之祭，三祭皆合享於祖廟。祭於各廟者，惟春焉。然自漢而下，廟皆同堂異室，則又四時皆合祭矣。今廟時享，亦宜倣近制，合祭於第一廟，庶適禮之中，無煩瀆也。」上命春特祭，餘三合時祭。洪武元年三月辛未朔，命翰林儒臣修《女戒》。謂學士朱升等曰：「治天下者，修身爲本，正家爲先。正家之道始於謹夫婦。后妃雖母儀天下，然不可使預政事。至於嬪嬙之屬，不過備職事，侍巾櫛，若寵之太過，以驕恣犯分，上下失序。觀歷代宫闈，政由内出，鮮有不爲禍亂者。□□内嬖惑人，甚於鴆毒。惟賢明之主能察之於未□，其他未有不爲所惑者。卿等爲我纂述《女戒》，及古賢妃之事可爲法者，使後世子孫知所持守。」

洪武元年三月戊戌，翰林學士朱升以年老乞致仕，詔許之。歸石門，後終於家。洪武十五年二月丙寅，陞吏部司封員外郎朱同爲禮部試侍郎。同，翰林院學士升之子也。洪武十六年十二月賜禮部侍郎朱同等襲衣。

《明史》卷一三六《朱升傳》 朱升，字允升，休寧人。元末舉鄉薦，爲池州學正，講授有法。蘄、黄盜起，棄官隱石門。數避兵逋竄，卒未嘗一日廢學。太祖下徽州，以鄧愈薦，召問時務。對曰：「高築牆，廣積糧，緩稱王。」太祖善之。吴元年授侍講學士，知制誥，同修國史。以年老，特免朝謁。洪武元年進翰林學士，定宗廟時享齋戒之禮。尋命與諸儒修《女誡》，采古賢后妃事可法者編上之。大封功臣，制詞多升撰，時稱典核。踰年，請老歸，卒年七十二。

雜録

備録

黄瑜《雙槐歲抄》卷一《風林壬課》 風林先生朱學士允升升，徽之休寧人，博綜羣書，皆有旁註。至於數學卜筮，靡不精究。早從資中黄楚望澤遊，偕同郡趙汸受經，餘暇遂得六壬之奥。偶訪友人，見案上寘四合，戲謂：「君能射覆乎？中則奉之，否則，爲他人餉也。」允升更索一合，書射語，亦合而寘之，曰：「少俟則啓。」適有借馬者，友人令僕於後山牽驢應之。允升即令一時俱啓前四合皆魚也。射語云：「一味魚，兩味魚，其餘兩味皆是魚。有人來借馬，後山去牽驢。」賓主爲之絶倒。

徙居歙之石門，館於臨河程氏，教其子大，大爲繼母所苦楚，幾於驪姬。一日告允升曰：「大不聊生矣。」遂自經。後允升夢大至其室，適報生子，允升因名之曰同，字大同，且課之曰：「此子後必遭婦人之禍。」尋於所居山前創蓋草舍數十間，鄉人恠之，指以爲問，允升曰：「後或車駕臨幸，休軍旅於此爾。」丁酉秋，天兵下徽，高皇帝素知允升名，提兵過之，果令軍士休其下。允升既被召問，對曰：「高築墻，廣積糧，緩稱王。」上大悦，遂預帷幄密議，問所願欲，曰：「請留宸翰，以光後圃書樓。」上親爲書梅花初月樓以賜之。臨行更問之，允升跽而泣曰：「臣子同後得全軀而死，臣在地下亦蒙恩不淺矣。」後吴元年，拜翰林國史院侍講學士、中順大夫、知制誥同修國史。誥詞曰：「眷我同姓之老，實爲耆哲之英。」其見親禮如此。洪武改元，告歸省墓，時年踰七十，致仕歸，卒年七十二。子同，仕至禮部侍郎，善詩翰，大被寵遇，禁中畫壁多其題詠。或令題詩賜宫人，忽御溝中有流屍，上疑之，將殺同，因念允升之請，令其自經。壬課精妙，一至於此。允升，前元甲申江浙行省鄉試第二人，戊子赴都省試下第，授池州學正。壬辰任滿還家。其事聖祖以講究大禮儀制取用云。

焦竑《玉堂叢語》卷五 朱升以衛國鄧愈薦，被徵入見，顧問稱旨。上聞之，對曰：「高築牆，廣積糧，緩稱王。」上嘉其材，遂參密議。凡禮樂、征伐、典章、文

物，多所贊畫。吴元年丁未，拜侍講學士。

備論

朱升《朱楓林集》卷一〇附《黄門生祭文》　維洪武四年月日，門生黄樞偕弟權等，謹以香茶酒菓之奠，百拜昭告於先師巽二翰林大學士楓林先生朱公之靈。曰：嗚呼！先生之聰明卓絶，天下之人皆知之。大而天人之道，遠而造化之旨，精窮閫奥，妙析毫厘，不雷同而是是，不崖異而非非。取《六經》與百氏之書籍，悉標題而旁註，使後生小子一讀即了然而無疑。是以螢窻雪案俛焉，惟日以孜孜。先生於聖賢之學真有功於百世，不但表章於一時。昔之未達，則擬隆中之隱。及其貢於有司而達也，遽遭奇運之流離。然惟新之朝，雖三聘而進寵以玉堂之華要，而退脩之志，終固辭而歸理乎青囊之秘奇。不立産業，如疏太傅之説；不入城府，效龐德公之爲。先生之業，不但爲一時之矜式，真可作百世之宗師。俾當世之士勢燄薰天，聞此令終於牖下，亦欽羡而欷歔。特可共恨者，晨星霜木，遺老殆盡，帡幪領袖，晚進疇依。不肖弟兄以先君托斯文之契五十餘載，故懶鈍之質，俱蒙陶冶。而扶持邇者，驅於貧而痼於疾，于先生門下迹雖慢而心不違。客歳之臘，忽訃音之驚聽。義當奔哭，適丁家禍於蘧蓼。今兹之來也，唯梅花初月，浦思山悲，先生之音容邈乎其不可見矣。如之何？其不苦淚之交，願尊魂不昧。

程富《程好禮集・楓林文集序》　皇明有開國翼運之臣曰學士朱楓林者，當高廟龍飛，聘侍軍門，出入帷幄，察天垂象，占筮起數，職論思出納命令，議禮樂征伐之事，其信任眷顧之隆，自韓國、誠意而下，一時文臣莫及也。逮天下既定，乃隱居山林，日以著述爲事，終身不復出焉。其見機之明，尤非諸人所可及者。景泰丙子，公之曾孫朱顯氏訪余水月軒中，以其家所藏文稿屬余訂證。余自擢御史，陞秩都臺，往來邊陲，勤勞王事，不與筆硯親者三十餘年。收勦山寇，及伐犬戎，嘗竊公之謀畧兵機而取勝焉。近蒙天恩，賜歸田里，日惟藥物是需，文墨之事殆爲外物焉。然於公之勳德，景慕私淑，爲日已久，烏敢辭？爰爲詮次成編。首聖旨，及公卿詩文，次彙公撰廟謨及經書序跋，共成十卷焉。

夷考公實考亭夫子之族胤，當元綱解紐，四海鼎沸，與趙東山共遊陳定宇之門。雖避兵奔竄，而講誦不輟。故其學也，以窮經博古爲高，而不事乎詞章之末；其仕也，以救時行道爲尚，而不貪乎青紫之榮。是以進退自得，高廟信任而不疑，召問而不名，其眷顧之隆，與公之事業文章亦克稱焉。此吾後人仰之以爲一代文宗也。惜乎其在朝也，有所擬議，不存稿本，而平日所著詩文，又遭煨燼散逸，俾後之學者不得覩其全書爲憾。顧富衰朽才疎，而於鄉邦名賢無能爲役，勉綴數語於集首，庶幾以當景仰云。

朱升《朱楓林集》卷首范淶《明儒學士朱楓林先生集序》　國初開天翊運之臣，雲龍風虎，聲應氣象，所謂五百年必有王者興，其間必有名世者，豈虚語哉？時在吾休則有朱楓林先生，名升，字允升。以程朱閫奥，兼康節淵微，隱於歙南石門之山。而予族祖平仲公亦以師事之，討論三載。先生著述甚富，業立萬世功。際高皇底定徽郡，大兵下連嶺，出石門，親臨其室，召問治道。尋徵入帷幄，密贊征討，繼入翰林，掌制誥，裁定典章，藏在秘閣者衆，莫得而窺。惟旁註《易》、《詩》、《書》、《禮》、《樂》、《周官》、《四書》、《孝經》、《小學》、《孫子》諸籍傳於世。兹所集詩文若干卷，皆著述之緒餘，存十一於千百云。

廖道南《殿閣詞林記》卷四　廖道南曰：「予幼從石門大夫學，即誦楓林《小四書》，迴然異之。及覽觀諸經旁註，慨然興嗟，以爲道可即矣。石門大夫仍復示以玄旨，約之精義，乃今知朱允升之學，要亦切當不可誣也。」賛曰：「矯矯者儒，紫陽之裔，文不喪天，道未墜地。乃究淵源，好學篤志。躬遇真人，風雲景會。乃攷禮樂，乃新規制。樂道石門，始終一致。」

傅維鱗《明書》卷一四三　史官曰：「《傳》曰：『不在其位，不謀其政。』若冥鴻遐舉，刷羽雲霄，弋人其何慕乎？而遇從龍，皆以終身不受官，得保首領於霆擊之下。吁！異矣。論者謂其逃死非真，辭爵似過矣。夫以故元遺老，果能逃死，而不膺緝組，則諸公卿之列，此其皭然於志，審時之大者哉！然史稱每佐密議，不知北伐之謀，曾與聞否？此時爲遇則從龍者亦回首燕雲，遠灑金臺之淚否耶？」

宋濂部

綜述

《太祖實録》卷一一一　濂字景濂，金華浦江人。幼聰敏强記，從同郡吳萊、黄溍學，爲古文有聲。元至正中，有薦濂翰林編脩官者，濂以親老不就，隱居小龍門山中。歲辛丑，金華既歸附，上遣使以書幣徵之。與括蒼劉基、葉琛、章溢四人同見，上甚禮重之，擢濂江南等處儒學提舉。既而命授皇太子經。甲辰十月，改起居注。乙巳三月，以疾告歸，上賜以金帛，太子亦厚遺之。濂歸，奉表謝，上賜書嘉勞之。其略曰：「先生之師吾子，訓飭甚嚴，是不佞也。以時言講解，釋聖賢之意，是不固也。以忠貞立心，以節儉制行，是得儒者之道也。昔聞古人，今親見之。」仍侑以文綺。

洪武二年脩《元史》，詔徵濂與翰林待制王禕爲總裁官。六月，除翰林學士、亞中大夫、知制誥，兼脩國史。三年，以失朝參，左遷編脩。四年，遷國子司業。秋，以議祭孔子禮稽緩，貶知安遠縣。是年十二月，召還，爲禮部主事。五年冬，遷太子贊善大夫。六年七月，復命爲翰林侍講學士、中順大夫、知制誥、同脩國史，仍兼贊善大夫。八月，上命濂與詹同、樂韶鳳等纂脩《大明日曆》一百卷。又與吳伯宗、朱右等脩《寶訓》五卷。每旦侍膳燕見，必命茶賜坐。濂素不能飲，一日，侍飲醉，行不能成步。上見而歡甚，爲詩賜之，仍命侍臣咸爲歌辭，且曰：「使後世知吾若臣同樂如此也。」九年，拜翰林學士承旨、嘉議大夫、知制誥，纂修國史，仍兼贊善大夫。擢濂長孫慎爲殿庭儀禮司序班，復召濂仲子璲爲中書舍人。子孫聯班内庭，儒者榮之。濂既老，艱於步趨，上命選良馬以賜，復爲作《良馬歌》，命詞臣咸賦之，以示優寵。至是，年六十八，上憫其老，賜致仕，歸鄉里。及陛辭，上以御製文集賜之，加鈔、綵段及衣三襲，命其孫慎護至家。濂上表稱謝，上復賜手詔答之。自是，每歲一朝，至則恩遇之甚厚。十三年，璲以事得罪，濂當連坐，有司請罪之。上以濂舊臣，特命居於茂州。十四年五月，行至夔州，卒。所著有《潜溪集》四十卷、《蘿山集》五卷、《龍門子》三卷、《浦陽人物記》二卷、《翰苑集》四十卷、《歸田集》四十卷。長子瓚與璲俱以能書名。

《明史》卷一二八《宋濂傳》　宋濂，字景濂，其先金華之潛溪人，至濂乃遷浦江。幼英敏强記，就學於聞人夢吉，通《五經》，復往從吳萊學。已，遊柳貫、黄溍之門，兩人皆亟遜濂，自謂弗如。元至正中，薦授翰林編修，以親老辭不行，入龍門山著書。

踰十餘年，太祖取婺州，召見濂。時已改寧越府，命知府王顯宗開郡學，因以濂及葉儀爲《五經》師。明年三月，以李善長薦，與劉基、章溢、葉琛並徵至應天，除江南儒學提舉，命授太子經，尋改起居注。濂長基一歲，皆起東南，負重名。基雄邁有奇氣，而濂自命儒者。基佐軍中謀議，濂亦首用文學受知，恒侍左右，備顧問。嘗召講《春秋左氏傳》，濂進曰：「《春秋》乃孔子褒善貶惡之書，苟能遵行，則賞罰適中，天下可定也。」太祖御端門，口釋黄石公《三略》。濂曰：「《尚書》二《典》、三《謨》，帝王大經大法畢具，願留意講明之。」已，論賞賚，復曰：「得天下以人心爲本。人心不固，雖金帛充牣，將焉用之。」太祖悉稱善。乙巳三月，乞歸省。太祖與太子並加勞賜。濂上箋謝，並奉書太子，勉以孝友敬恭、進德修業。太祖覽書大悦，召太子，爲語書意，賜札褒答，並令太子致書報焉。尋丁父憂。服除，召還。

洪武二年詔修元史，命充總裁官。是年八月史成，除翰林院學士。明年二月，儒士歐陽佑等採故元元統以後事蹟還朝，仍命濂等續修，六越月再成，賜金帛。是月，以失朝參，降編修。四年遷國子司業，坐考祀孔子禮不以時奏，謫安遠知縣，旋召爲禮部主事。明年遷贊善大夫。是時，帝留意文治，徵召四方儒士張唯等數十人，擇其年少俊異者，皆擢編修，令入禁中文華堂肄業，命濂爲之師。濂傅太子先後十餘年，凡一言動，皆以禮法諷勸，使歸於道，至有關政教及前代興亡事，必拱手曰：「當如是，不當如彼。」皇太子每斂容嘉納，言必稱師父云。

帝剖符封功臣，召濂議五等封爵。宿大本堂，討論達旦，歷據漢、唐故實，量其中而奏之。甘露屢降，帝問災祥之故。對曰：「受命不於天，於其人，休符不於祥，於其仁。《春秋》書異不書祥，爲是故也。」皇從子文正得罪，濂曰：「文正固當死，陛下體親親之誼，置諸遠地則善矣。」車駕祀方丘，患心不寧，濂從容言曰：「養心莫善於寡欲，審能行之，則心清而身泰矣。」帝稱善者良久。嘗問以帝王之學，何書爲要，濂舉《大學衍義》。乃命大書揭之殿兩廡壁。頃之御西廡，諸大臣皆在，帝指《衍義》中司馬遷論黄、老事，命濂講析。講畢，因曰：「漢武溺方

技謬悠之學，改文、景恭儉之風，民力既敝，然後嚴刑督之。人主誠以禮義治心，則邪説不入，以學校治民，則禍亂不興，刑罰非所先也。」問三代曆數及封疆廣狹，既備陳之，復曰：「三代治天下以仁義，故多歷年所。」又問：「三代以上，所讀何書？」對曰：「上古載籍未立，人不專講誦。君人者兼治教之責，率以躬行，則衆自化。」嘗奉制詠鷹，令七舉足即成，有「自古戒禽荒」之言。帝忻然曰：「卿可謂善陳矣。」濂之隨事納忠，皆此類也。

六年七月遷侍講學士，知制誥，同修國史，兼贊善大夫。命與詹同、樂韶鳳修日曆，又與吳伯宗等修寶訓。九月定散官資階，給濂中順大夫，欲任以政事。辭曰：「臣無他長，待罪禁近足矣。」帝益重之。八年九月，從太子及秦、晉、楚、靖江四王講武中都。帝得興圖《濠梁古蹟》一卷，遣使賜太子，題其外，令濂詢訪，隨處言之。太子以示濂，因歷歷舉陳，隨事進説，甚有規益。

濂性誠謹，官内庭久，未嘗訐人過。所居室，署曰「温樹」。客問禁中語，即指示之。嘗與客飲，帝密使人偵視。翼日，問濂昨飲酒否，坐客爲誰，饌何物。濂具以實對。笑曰：「誠然，卿不朕欺。」間召問羣臣臧否，濂惟舉其善者曰：「善者與臣友，臣知之；其不善者，不能知也。」主事茹太素上書萬餘言。帝怒，問廷臣。或指其書曰：「此不敬，此誹謗非法。」問濂，對曰：「彼盡忠於陛下耳。陛下方開言路，惡可深罪。」既而帝覽其書，有足採者，悉召廷臣詰責，因呼濂字曰：「微景濂幾誤罪言者。」於是帝廷譽之曰：「朕聞太上爲聖，其次爲賢，其次爲君子。宋景濂事朕十九年，未嘗有一言之僞，誚一人之短，始終無二，非止君子，抑可謂賢矣。」每燕見，必設坐命茶，每旦必令侍膳，往復咨詢，常夜分乃罷。濂不能飲，帝嘗强之至三觴，行不成步。帝大懽樂，御製《楚辭》一章，命詞臣賦《醉學士詩》。又嘗調甘露於湯，手酌以飲濂曰：「此能愈疾延年，願與卿共之。」又詔太子賜濂良馬，復爲製《白馬歌》一章，亦命侍臣和焉。其寵待如此。九年進學士承旨知制誥，兼贊善如故。其明年致仕，賜《御製文集》及綺帛，問濂年幾何，曰：「六十有八。」帝乃曰：「藏此綺三十二年，作百歲衣可也。」濂頓首謝。又明年，來朝。十三年，長孫慎坐胡惟庸黨，帝欲置濂死。皇后太子力救，乃安置茂州。

濂狀貌豐偉，美鬚髯，視近而明，一黍上能作數字。自少至老，未嘗一日去書卷，於學無所不通。爲文醇深演迤，與古作者並。在朝，郊社宗廟山川百神之典，朝會宴享律曆衣冠之制，四裔貢賦賞勞之儀，旁及元勳巨卿碑記刻石之辭，咸以委濂，屢推爲開國文臣之首。士大夫造門乞文者，後先相踵。外國貢使亦知其名，數問宋先生起居無恙否。高麗、安南、日本至出兼金購文集。四方學者悉稱爲「太史公」，不以姓氏。雖白首侍從，其勳業爵位不逮基，而一代禮樂制作，濂所裁定者居多。

其明年，卒於夔，年七十二。知事葉以從葬之蓮花山下。蜀獻王慕濂名，復移塋華陽城東。弘治九年，四川巡撫馬俊奏：「濂真儒翊運，述作可師，黼黻多功，輔導著績。久死遠戍，幽壤沉淪，乞加卹録。」下禮部議，復其官，春秋祭葬所。正德中，追謚文憲。

《明名臣琬琰録》卷八鄭楷《學士承旨潛溪宋公行狀》 先生諱濂，字景濂，世爲婺之金華人。其先有諱憲者，官大理丞，爲《易》講師，弟子至數千人。唐武德間，自京兆尹遷吳興。更十四世，有諱榮者，私謚文通先生，通《尚書》、《春秋》。周廣順中，從於義烏，隱居覆釜山。又七世，至宋嘉定初，有諱栢者，復遷金華，其地曰潛溪。又五世，乃至先生，始還浦江仁義里之青蘿山，仍以潛溪扁其所居，示不忘本也。於是四方學子咸以潛溪先生稱之。

先生在妊七月即生。爲嬰兒時，苦多病，每風眩，輒昏迷數日。祖母金及母陳更相保抱，得免無虞。年六歲，入小學，授以李瀚《蒙求》，一日而盡，自後日記二千言。同肄業者日暮罷歸，其所讀書先生皆成誦。九歲爲詩歌，有奇語，人異之，呼爲神童。年十五六，里人張繼之，長者也，聞先生善記誦，邀至別墅，所問以四書經傳，若干日可通倍，先生以一月爲答。初繼之不之信，抽架上雜書，俾即記五百言。先生以指爪逐行按之，按畢輒倍，一字不遺。繼之告先生之父尚書公曰：「是子天分非凡，當令從明師，即有成爾。」乃攜入學府，受業於聞人夢吉先生，授以《春秋》三《傳》之學。凡學《春秋》者，皆苦其歲月先後難記，先生即並列國紀年能悉誦之，但舉經中一事，即知爲魯公幾年幾月，是年實當別國某君幾年幾月。或俾書而覆之，無少異者。且兼通《易》《書》《詩》及《周禮》諸經。先生爲舉子業，每出諸生右。會吳貞文公萊授經於白麟溪上，攻古文辭，金華胡君翰亦來從學。胡君致書於先生曰：「舉子業不足慁景濂，盍來同學古文辭乎？」先生欣然來從。吳公博極經史，學之未幾，悉得閫奧。自是先生文章之名，籍然著聞矣。居無幾，向吳公解館而歸。先生嗣主教席，子弟年十六者皆相從讀書講道東明山中。受業者一門，凡四十餘人，終始越二十年，學成多有躋膴仕者。

當是時曾伯祖貞和府君主家政，年踰八十，端嚴方正。先生年甫二十有五，

終日毅然，賓主人尤高之。府君方著家規示子孫，其冠、婚、喪、祭儀制禮文，多參問先生。先生則據證古今，準酌時宜，以成一家之法。子孫世守詩禮之教者，先生之力也。先生嗜學日篤。時柳文肅公貫、黃文獻公溍皆大儒，天下所師仰。又各及其門，執子弟禮，二公則禮之如朋友。柳謂公曰：「吾邦文獻，浙水東號爲極盛。吾老矣，不足負荷此事。後來繼者，所望惟景濂。以絶倫之識，而濟以精博之學，進之不止，如駕風帆於大江中，其孰能禦之？」黃公曰：「吾鄉得景濂，斯文不乏人矣。」先生所爲文，多經二公指授。柳公謂其渾雄可喜，黃公謂其雄麗而温雅。國子監丞陳君旅序先生之文，謂能兼二公之所長。歐陽文公玄謂：「非才具衆長，識邁千古，安能與於斯？」先生爲當時所稱許如此。二公相繼即世，先生踵武而起，遂以文章家名海内矣。

至正己丑，用大臣薦，擢將仕佐郎，翰林國史院編修官。自布衣入史館，爲太史氏，儒者之特選，先生以親老不敢遠違，固辭。會世亂，益韜閟不事表顯。乃與弟子入龍門山，著書二十四篇，曰《龍門凝道記》，及著《考經新説》、《周禮集註》等書。初宋南渡後，新安朱文公、東萊吕成公並時而作，皆以斯道爲己任。婺實吕氏倡道之邦，而其學不大傳。朱氏一再傳爲何篔氏、王栢氏，又傳之金履祥氏、許謙氏，皆婺人，而其傳遂爲朱氏之學。適先生既間因許氏門人而究其説，獨念吕氏之傳且墜，奮然思繼其絶學。每與人言，而深慨之。識者又以知其志之所存，蓋本於聖賢之學，其自任者益重矣。先生於天下之書無不讀，而析理精微，百氏之説悉得其旨要。至於佛老之學，亦所研究，用其義趣，裁爲經論，類其語言，寘諸其書中無辯也。誠意伯劉君基謂其主聖經而奴百氏，馳騁之餘，取佛老語以資戲劇，辟猶飫粱肉而茹茶飲茗汁耳。

歲庚子，大明皇帝定鼎金陵，遣使者樊觀奉書幣造門，徵先生。先生曰：「昔聞大亂極而真人生，今誠其時矣。」遂幡然應詔。先生與青田劉君基、麗水葉君琛、龍泉章君溢俱見。上尊重之，語必稱先生而不名。七月，以先生爲江南等處儒學提舉。十月，奉旨入内，授皇太子經。先生誠明儼恪，遇綱常大義，明白開陳，再三言之而不倦，上深嘉嘆之。壬寅八月，上召先生及興國孔克仁講《春秋左氏傳》畢，先生起曰：「《春秋》乃孔子褒善貶惡之書，苟能遵行，則賞罰中適，天下可定也。」是月告歸省親，有白金文綺之賜。且曰：「卿之誠慤，朕素知之，故有此賜耳。」甲辰十月，改起居注。先生侍上左右，知無不言，補益甚衆。明年正月，上御端門，與先生論及黃石公三畧，且口釋之。先生進曰：「《尚書》二《典》三《謨》，帝王大經大法，靡不畢具。願陛下留意講明之。」上曰：「朕非不知《典》《謨》爲治之道，但三畧乃用兵攻敗，時務所先耳。」嘗侍上，語賞賚，先生曰：「天下以人心爲本，苟得人心，帑藏雖已竭，無傷也。人心不固，雖有金帛，何補於國耶？」上詔丞相李公善長歸江西軍中所掠牛於其民，無牛者官給之，物其取租。丞相退，上顧先生曰：「向所言事當乎？」先生對曰：「民富則君不至獨貧，民貧則君何能獨富？捐利於民，實興邦之要道也。」

三月，先生以疾苦告，詔還家燮治，仍賜金帛，皇太子致贈有加焉。先生上箋謝恩，復奉旨皇太子，勉以孝友恭敬，勤敏讀書，毋怠惰，毋驕縱，修德進業，以副天下之望。上覽書，喜甚，召太子，語以書意，且賜書答。其畧曰：「曩者先生教吾子，以嚴相訓，是爲不佞也。以聖人文法，變俗言教之，是爲疏通也。所守者忠貞，所用者節儉，是爲得體也。昔聞古人，今則親見之。」復以文綺侑書。上每與羣臣言先生淳謹君子，輔導有方，眷遇甚隆。既而先生丁尚書公憂。及服除，洪武二年詔徵先生，總修《元史》。六月，除翰林學士，亞中大夫，知制誥，兼修國史。時編摩之士皆山林布衣，發凡舉例，一仰於先生。先生通練故事，筆其綱領，及紀傳之大者，同列歛手承命而已。逾年，書成，先生之功居多。

時剖符封功臣，下先生議五等封爵，召宿大本堂，討論達旦。先生歷摭漢唐以來故實，量其中而奏之，曰：「此可法，彼不可法。」皆傳於理而已。時廿露屢降，上問災祥之故。先生對曰：「受命不易，天子之膺休符，不於祥，於其仁。是以《春秋》不書祥而紀異，爲是故也。」上姪文正以荒淫擅殺得罪，先生言曰：「文正罪固當死，陛下體親親之義，生之而置諸遠地則善矣。」上嘗言，古之帝王當宴安之餘，多好神仙。以朕言之，使國治民安，心神恬康，即神仙也。先生對曰：「漢武好神仙，而方士至；（武梁）〔梁武〕好佛，而異僧集。皆由人主馬好，故能致之。使移此心，以求賢輔天下，其有不治乎？」上深然之。上既追封外王父爲闕陽王，立廟京師，御通天冠、絳紗袍以祭。祭畢，召大臣問，曰：「朕祭外王父，卿等以爲不當服衮冕，何也？」先生對曰：「衮冕惟祭天地宗廟用之，餘則當降禮也。」上嘗祀方丘，患心不寧。先生進曰：「孟軻有言，養心莫善於寡欲。審能行之，心清而身泰矣。」上稱善久之。

三年十二月，遷奉議大夫，國子司業。國子多大臣子弟，先生莅之以莊，率之以正。日進諸生立兩序，據坐執經，敷揚閫奥之旨，教以孝弟忠信之道，學者帖帖遵度，惟恐不得爲先生弟子。上欲試先生次吏事。四年八月，授安遠知縣。

五年二月，召爲禮部主事。十二月，擢太子贊善大夫，階如司業。時先生之忠誠久而彌篤，皇太子一言一動，皆以禮法諷諭，使歸於道。讀書至切於政教及前世興亡之故，必拱手揚言曰：「君國子民之道，當如是，不當如彼。」且推人情物理，以明其義。皇太子每斂容嘉納，敬禮未嘗少衰。言則曰「師父」、「師父」云，且書「舊學」二字以賜。先是，上問：「帝王之學，何書最要？」先生請上讀真德秀《大學衍義》。上覽而悦之，令左右大書，揭之兩廡之壁，時睇觀之。六年二月，上御西廡，大臣皆侍坐。上指《衍義》中司馬遷論黄老事，令先生講析，俾在坐者聽之。先生既如詔，復言曰：「漢武嗜神仙之學，好四夷之巧。民力既竭，重刑罰以震服之。臣以爲人主能以義理養性，則邪説不能侵；興學校教民，則禍亂不作矣。刑罰非所先也。」上謂先生曰：「朕之爲君，上畏天地，下畏兆民，兢兢業業，不敢自逸。」先生對曰：「陛下此心，古先哲王之心也。《書》曰：『予臨兆民，凛乎若朽索之御六馬。』爲人上者，奈何不敬？正謂此耳。願陛下慎終如始，天下幸甚！」上御齋室，先生侍坐。上問三代曆數，封疆之脩短廣狹。先生歷言之，且曰：「三代之治天下也以仁義，故歷年之多，後世莫及。」上從容謂曰：「皇太子留心治道，卿等宜常與議論，庶廣識見。幸善調護之。」先生益孜孜弗懈。

七月，陞翰林侍講學士、中順大夫、知制誥，同修國史，仍兼贊善大夫。先生之父文昭贈中順大夫、禮部侍郎，母陳氏贈德人。先生奉詔搜萃歷代奸臣之蹟，編爲《辨奸録》。及進，太子諸王各分賜焉。初上作《祖訓録》，至是成，命先生作序，諭以大意。先生歷言帝王之道，及皇上創業之艱，以致箴戒之意於後人。上稱善，命刻於篇。先生嘗侍上後苑觀稷，上曰：「農事成矣。」先生對曰：「國以民爲本，民以食爲天。陛下知稼穡之艱難，而念民生之良苦，實盛德也。」上問曰：「三代以上，所讀何書？」先生對曰：「上古載籍未立，不專誦讀，而尚躬行。人君兼治教之責，躬行以率之，天下有不從教化者乎？」八月，奉旨纂修《大明日曆》一百卷，擇言行之大者爲《寶訓》五卷。先生總裁其事，朝夕禁中，至七年五月乃成。

先生自以布衣沐非常之遇，誓竭誠以報國，凡上有所任，使靡晝靡夜，躬閲載册，書於牘進之。或覆視於册，一字不遺。先生在朝日久，若郊社、宗廟、山川、百神之典，朝享、宴慶、禮樂、律歷、衣冠之制，四夷朝貢賞賚之儀，及勳臣名卿焯德耀功之文，承上旨意，論次紀述，咸可傳於後世。先生在上前所陳説，不爲文飾隱蔽，雖家事，苟有問亦一一道之。嘗曰：「君猶父也，天也，其可欺？」上嘗問：「昨日飲酒否？座客爲誰？饌爲誰？何物？」悉以其人及膳羞品對。上笑曰：「卿飲時，朕令人視之，果如卿言。卿信不欺我。」故上久而益信其誠，欲俾參大政，先生辭曰：「臣少無他長，惟文墨是攻。今幸得待罪禁林，陛下之恩大矣。臣誠不願居職任也。」上愈厚之，每燕見，必命茶賜坐。每旦令侍膳，詢訪舊章，講求治道，或至夜分乃退。先生屢有所建明，召問廷臣臧否，第言其善者不置。又問：「否者爲誰？」先生曰：「善者與臣交，故知。其否者縱有，臣不知也。」卒無所毁短。或命賦詩爲文，必寓忠告。嘗奉制詠鷹，令七舉足即成，有「自古戒禽荒」之言。上忻然曰：「卿可爲善諫矣。」然先生絶不以語人。至於應制之作，亦不留藁。署「温樹」二字於居室之壁，有問及内事者，指以示之。上嘗與先生飲，先生素不勝杯勺，舉觴即辭。上强之至三觴，面如赭，行不成步。上歡笑，親御翰墨賦《楚辭》一章以賜，仍命侍臣咸賦《醉學士歌》。且曰：「俾後世知朕君臣同樂若此也。」甘露降，上召先生賜坐，上躬執金杓，煉湯於鼎，以甘露投之，手注於卮，以賜先生，曰：「此和氣所凝，能愈疾延年，故與卿共之耳。」皆異恩也。

九年六月，上以先生久典制作，宣勞爲多，特拜翰林學士承旨、嘉議大夫、知制誥，兼修國史。上每謂先生曰：「朕以布衣爲天子，卿亦起草萊，列侍從，爲開國文臣之首。俾世世與國同休，不亦美乎？」趣令取孫官之。先生屢辭謝，不敢奉詔。是年某月，詔徵先生冢子瓚之子慎爲殿廷儀禮司序班。未幾，復召介子璲除中書舍人。上時休暇，輒命題試璲與慎而戒飭之。上笑語先生曰：「朕爲卿教子孫。」先生或奏事久，稱倦，上命璲、慎共扶下殿。祖、子、孫三世皆官内廷，當世以爲異事。復以先生艱於行步，特詔皇太子選良馬以賜。上親作《馬歌》，復詔羣臣咸作之，以寵焉。先生益感激不自寧，常戒子孫曰：「上德猶天地也，將何以爲報？獨有誠敬忠勤，畧可自効萬一耳。」上以先生年且至，不可煩以事，十一月有致政之詔。乃加贈先生之父侍郎爲嘉議大夫、禮部尚書，母德人爲淑人，祖德政贈亞中大夫、太常少卿，祖妣金氏贈淑人，夫人賈氏封亦如之。先生及二代誥辭皆上所親製，天下榮之。誥辭中稱先生德量之弘，如千頃波，澄之不清，撓之不濁，人以爲上知人之明云。

先生行既有期，上眷念尤深。曰：「卿去，何時復來見朕乎？」幸相待數日，姑徐徐行。」由是朝夕左右者累月，時詔許言事。朝臣有上疏萬餘言者，上聽，厭其迂愆，怒欲罪之。以問羣臣，有阿意者指其疏曰：「此不敬，此詆謗，罪當誅。」

上荅之而罷。怒未解，召先生。先生曰：「彼應詔上疏，其心忠耳，爲可深罪乎？」上默然。已而上覽疏中有足采者，召阿意者，罵曰：「吾怒時，若等不能諫，乃激吾誅之，何異以膏沃火？向非宋景濂之言，豈不誤罪言者耶？」上嘗廷譽先生，曰：「古之人，太上爲聖，其次爲賢，其次爲君子。若宋景濂者事朕十有九年，而未嘗有一言之僞，誚一人之短，寵辱不驚，始終無異，其誠所謂君子人乎？匪止君子，亦可謂之賢者矣。」在廷之臣皆以爲信然。十年二月，先生遂辭歸。瀕行，賜紙幣、文綺及御製文集，皇太子贈以衣三襲。上諭曰：「朕最慎於賞。予嘉卿忠誠可貫金石，故以是賜卿。卿今年幾何矣？」先生曰：「六十有八。」上曰：「藏此綺，俟三十二年後，作百歲衣也。」先生即叩首謝上。復屬曰：「大江漲，不可舟，卿宜循內河達家，庶幾無虞。」仍俾慎護先生行。先生至家，即拜表遣慎詣闕稱謝，仍上箋皇太子申明正心，治國之要。上賜詔褒荅，大旨謂先生忠良之臣，勳業既著，文章必傳，功成身退，惟先生獨全。

初先生將辭，請歲一來朝。是年九月朔，先生遂入朝。越十又四日，見於端門。上佇想已久，廷問累矣。及見，大喜，加勞再三。皇太子、諸王皆驩動顔色。越翌日，上降勑符，遣儀曹奉醪膳諸物抵寓館以賜。自是，日侍上遊歷觀闕，盤旋禁籞，詢諮備至。便殿侍食，日宴始退。恩禮之優，羣臣莫敢望。上嘗喟然嘆曰：「純臣哉爾濂！純臣哉爾濂！方今四夸皆知卿名，卿其自愛。」先生避謝不敢當。凡所陳論，皆古之格言。朝廷百官惟恐不留先生，下至寺人衛卒見先生至，皆以手加額，相推排迎拜，恐不得先覩。先生留朝七旬餘，上重先生還而難言之。先生以歲暮力辭還，復遣中貴人賜上尊，至於道所經行，皆上爲先生指畫。聖心惓惓，愈加於昔。及先生既行數日，上問璲曰：「爾父道中無恙否？」璲以安對。未幾，復謂璲曰：「朕疇昔之夜，夢見爾父，笑談如曩時。爾父雖去，其容儀儼然在朕目中。」璲叩頭謝曰：「非陛下垂念臣父之至，何以形諸夢寐？」中書舍人史靖可、太子正字桂彦良等皆爲詩歌以紀之。上之眷重先生不忘如此。

先生德尊而不居，位顯而彌恭。既司制作之柄，造門求文之士先後相繼。鑾夸朝貢者數問先生安否。日本得《潛溪集》刻板國中。高句麗、安南使者至，購先生文集，不啻拱璧。而先生欿然自持，似不能言者。遇人拜，雖三尺童子必詘膝而首下垂。至於公侯貴人，則未嘗降，不曾一識其門何向。朝廷有大議，閶闔引古今辯說，不少有所回。性命之理晚而益究，其極外物之往來，視之若不相干。嘗曰：「古人之爲學，使心正身修，措之行事，俯仰無愧而已。繁辭復說，道之蔽也。」先生作事不尚表襮，務合乎義。教人皆隨其質而道之，使入於善。尤篤於倫品，處父子、兄弟、夫婦之間者，皆可爲法。與人交和易任真，無鉤距，縱爲所紿，亦弗與較。臨財廉，非其分不取。大書於門曰：「寧可忍餓而死，不可苟利而生。」君子以爲名言。權要及有力者，苟非其人，雖置金滿橐，求一字不肯與。縱不得已與之，亦不受其餽謝。日本使奉勑請文，以白金爲獻，先生却不受。上以問先生，先生對曰：「天朝侍從之官而受小夸金，非所以崇國體也。」上深然之。貧賤人情有可哀，欲發潛振幽，即欣然爲之。先生四持文衡，試天下士，得人爲多。接引後學，惟恐弗及。遠方來者授館而飲食之，雖久不衰。有小善，必衆譽之。色温氣和，近其側者，如大寒之加重裘，盛暑之濯清風也。天下之能文者多，經先生指授，朝廷英俊，咸以先生爲法。初奉勑教文華生數十輩，至是出參大政，爲御史，知列郡者相望。四方士得一見先生夸於人，以爲幸承一言之賜者，人輒改觀視之，不敢與齒。士大夫言當世有德者，必曰先生。而天下之人識與不識，無賢愚，咸推先生爲大人長者。及先生歸，上面發後學無師之嘆。蓋先生之道，內誠外恕，一出於正。發之也當，而行之也安。故上下信服若是云。

雖已貴顯，平居布衣疏食，無異貧士。先生細目美髯，狀貌豐厚，不爲奇異行，以求過於人。不事生産，不置田宅。或勸爲子孫計，先生曰：「富貴豈一家物哉？吾乃所以遺之也。」先生惟刻意於學，自少至老，未嘗一時去書不觀。及致政歸清蘿山，闢一室於静軒，終日閉户纂述，人不見其面。戒子孫毋至城市。姻婭有以郡縣事爲托者，皆峻謝之。或談及時事，輒引去，不與語。切於仁愛，聞民有困乏者，爲之不飽。先生視近甚明，夜然燈於几，卧絺帷中，閱蠅頭小書，一黍上能作十餘字，皆可辯點畫。人以爲先生不飲酒，寡嗜慾，所致豈或然歟？

先生所著文有《潛溪集》四十卷、《蘿山集》五卷、《龍門子》三卷、《浦陽人物記》二卷，已傳於學者。《翰苑集》四十卷、《芝園集》歸田已後所著，計四十卷。

十三年冬，先生孫慎以罪被刑，舉家當竄重辟。上念先生，特降赦，安置茂州。十四年五月二十日，先生以疾卒於夔府。臨殁，端坐，斂手而逝。當是時，夔之府守官吏皆來賻贈哭奠，葬先生於夔府之西蓮華池山下。其經紀喪葬，刻石表墓者，則知事桑以從也。先生生於至大庚戌十月十一日，享年七十有二。娶賈氏，前先生一年卒，葬青蘿山。子男二，長瓚，次璲，有文行，精篆、隸、眞、草

四體書。孫男慎、愷、恂、懌。

嗚呼！楷自垂髫時嘗侍先公真孝府君，拜先生於牀下。先生不以童子無知，即辱進教之。親承化育，於兹有年矣。第懼才質凡庸，如望洋有孤父師之教。今聞先生謝世，長慟莫知所從。竊念先生道德文章固已顯著於當世，其出處遭逢行事之盛，世係遷徙生卒歲月之詳，尚恐人未盡知，爰敢哀取翰林待制王公偉、先伯父太常博士諱濤君舊著小傳，及同門友人所作歷官記，輯爲《行狀》一通，俟請當代立言君子著爲碑銘，表諸墓隧，庶幾他日太常國史有所采擇焉。

王褘《王忠文公文集》卷二一《宋太史傳》 宋太史者，名濂，字景濂，婺之金華人也。其先有諱憲者，官大理丞，爲《易》講師，弟子衆至數千人。唐武德間，自京兆遷吳興。更十四世，有諱榮者，私謚文通先生，通《尚書》、《春秋》，有才而不及用。周廣順中，徙於義烏，隱居覆釜山。又七世至宋嘉定初，有諱柏者，復遷金華，其地曰潛溪。又五世，乃爲景濂。自其父祖而上，世爲畯儒。雖隱約鄉里間不顯著，而詩書之澤被於人者多矣。

景濂在娠僅七月，爲嬰兒時，苦多疾。甫六歲，即能讀古文書，過其目輒成誦。爲詩歌有奇語，操筆立就，人異之，呼爲神童。年十五六，里人有張繼之，長者也，告其父曰：「是子天分非凡，當令從名師，即有成爾。」乃携之入城府，俾受業聞人夢吉先生，習《易》《詩》《書》《春秋》，通焉爲舉子業，課試每居諸生右。其友胡君翰曰：「舉子業不足爲，景濂盍爲古文辭乎？」遂與俱往浦陽，從吳萊先生學。吳先生博極經史，善爲古章句，景濂學之，悉得其藴奥。久之文章之名，藉然著聞矣。

景濂爲文，初若不經思，而用意極精密，浩浩乎莫闕其際，源源乎不知其所窮，洋洋乎不見其有所不足也。當是時，鄉先生翰林待制柳公貫、翰林侍講學士黄公溍皆大儒，天下所師仰。景濂又各及其門，執弟子禮，而此兩公者則皆禮之如朋友。柳公曰：「吾邦文獻，浙水東號爲極盛。吾老矣，不足負荷此事。後來繼者，所望惟景濂，以絶倫之識，而濟以精博之學，進之以不止，如駕風帆於大江中，其孰能禦之？」黄公曰：「吾鄉得景濂，斯文不乏人矣。」景濂所爲文，多經二公所指授。柳公謂其渾雄可喜，黄公謂其雄麗而温雅。莆田陳君旅，知言士也，爲之序曰：「柳公之文龐鬱隆凝，如泰山之雲，層鋪叠湧，杳莫窮其端。倪黄公之文清圓密切，動中法度，如孫吳用兵，神出鬼没，而部伍不亂。景濂之文，其辭韻沈鬱類柳公，體裁簡嚴類黄公。大哉文乎，其不可無淵源乎！」蓋以景濂爲能兼二公之所長矣。翰林學士承旨廬陵歐陽公玄於二公爲行輩，嘗評景濂文：「氣韻沈雄，如淮陰出師，百戰百勝，志不少懾；神思飄逸，如列子御風，翩然騫舉，不沾塵土；辭調爾雅，如殷卣周彝，龍紋漫滅，古意獨存；態度多變，如晴躋終南，衆皺前陳，應接不暇。非才具衆長，識邁千古，安能與於斯？」其爲當世所稱許如此。於是二公相繼既即世，而景濂踵武而起，遂以文章家名海内。

至正中，用大臣薦，擢將仕佐郎、翰林國史院編修官。自布衣入史館，爲太史氏，此儒者之特選。而景濂素不嗜仕進，固辭，避不肯就。會世亂，益韜閟不欲事表顯，乃入小龍門山著書。書成一十四篇，曰《龍門子凝道記》。又著《孝經新説》、《周禮集註》等書，皆傳於學者。初宋南渡後，新安朱文公、東萊吕成公並時而作，皆以斯道爲己任。婺實吕氏倡道之邦，而其學不大傳。朱氏一再傳爲何基氏、王柏氏，又傳之金履祥氏、許謙氏，皆婺人，而其傳遂爲朱學之世。適景濂既間因許氏門人而究其説，獨念吕氏之傳且墜，奮然思繼其絶學。每與人言，而深慨之，識者又足以知其志之所存，蓋本於聖賢之學，其自任者益重矣。景濂於天下之書無不讀，而析理精微，百氏之説，悉得其指要。至於佛老氏之學尤所研究，用其義趣，製爲經論，絶類其語言，置諸其書中無辨也。青田劉君基謂：「其主聖經而奴百氏，馳騁之餘，取老佛語以資嬉劇。譬猶飫粱肉而茹苦荼、飲茗汁耳。」

景濂狀貌豐厚，美鬚髯。然目短視，尋丈之外不能辯人形。而雪邊月下，蠅頭之字可讀也。性疎曠，不喜事檢飭。賓客不至，則累日不整冠。或携友生彷徉梅花間，索笑竟日；或獨卧長林下，看晴雪墮松頂，雲出没巖扉間，悠然以自樂。世俗、生産、作業之事，皆不暇顧。而篤於倫品，處父子、兄弟、夫婦間，盡其道。與人交，任真無鉤距。視人世百爲，變眩捭闔，謾若不知，知之亦弗與較。縱爲人所賣不復恤，而人亦無忍欺之者。用是咸稱爲有德之君子。景濂所爲文，別有《蘿山吟藁》三卷、《潛溪内外集》三十卷。又有《浦陽人物記》五卷。或謂可比《五代史》云。

義烏王褘曰：世稱太史公司馬遷好游，南上會稽，浮於沅湘，北涉汶泗，過梁楚，足迹半天下。其文雄深雅健，善馳騁，有奇氣，以遊故也。吾觀宋太史以文章擅名今世，其才氣殆前無古人。使其生遷時，與之相頡頏，不知其孰爲先後矣。而其足迹未嘗踰鄉里，豈世之稱遷者固不足信耶？遷生龍門，而景濂亦著書龍門山。其所著書與遷協，六經異傳，整齊百家襍語，以成一家之言，何異？然遷謂自周公五百歲而有孔子，孔子後至其身亦五百歲，自待太重，亦見其不知

量矣。若景濂立言謙謙焉未始以自高，此又其所爲異耶？

雜録

備録

劉辰《國初事迹》　宋濂孫宋子衛坐黨逆，命誅之。皇后諫曰：「田家請一先生，尚有始終不忘待師之禮，宋濂親教太子諸王，豈可無師生之義？況濂致仕在家，必不知情，可赦其死。」太祖從后言，以濂發茂州安置。

佚名《國初禮賢録》　上詔丞相李善長歸江西軍中所掠牛於其民，無牛者官給之，勿取其租。丞相退，上顧宋濂曰：「向所言事當乎？」濂對曰：「民富則君不至獨貧，民貧則君何能獨富？捐利於民，實興邦之要道也。」又嘗侍上，語及賫賞，濂曰：「天下以人心爲本，苟得人心，帑藏雖竭，無傷也。人心不固，雖有金帛，何補於國邪？」

陸容《菽園雜記》卷四　宋景濂先生以文學際遇高皇，禮眷特優。洪武十四年，其孫慎犯罪，舉家當坐重辟。上不忍，特赦景濂，安置四川茂州。未至，殁夔府，葬蓮花池山下。成化間，墓壞，巡撫都御史池州孫公仁爲遷葬成都，適蜀王府宋承奉昌新作壽藏於成都東門外，孫公令人求以葬先生。承奉以其同姓名人也，慨然許之，因以葬焉。計其直可費白金千兩。夫自開國以來，將相大臣，功名富貴，烜赫一時者多矣。没齒之後，陵谷變遷，不能保其墳墓者有矣。非國有恩典，誰復爲經營之。先生之殁百餘年矣，而其良會如此，於是益有以見秉彝好德之心，不以遠近親疏而有間也。

焦竑《玉堂叢語》卷三　高帝欲俾宋濂參大政，濂曰：「臣少無他長，惟文墨是攻，今幸待罪禁林，陛下之恩大矣，臣誠不願居職任也。」上厚之，每燕見，必命茶賜坐，每旦，令侍膳，詢訪舊章，講求治道，或至夜分乃退。濂在朝久，若郊社、宗廟，山川百神之祀典，朝享、宴慶、禮樂、律曆、衣冠之制，四夷朝貢賞賚之儀，及勳臣名卿焯德耀功之文，承上旨意，論次紀述，咸可傳於後也。

洪武五年甘露降，太祖召宋濂，賜坐。上躬執金杓，煉湯於鼎，取甘露投之，手注於厄以賜濂，曰：「此和氣所凝也，能愈疾延年，故與卿共之耳。」

濂奏事久，稱倦，上命璲、慎共扶下殿。祖子孫三世皆官内廷，當世以爲盛。復以先生艱於行步，特選良馬以賜。上親作歌，復詔羣臣咸作之，以寵耀焉。

焦竑《玉堂叢語》卷四　高帝以宋濂爲翰林學士，令總修《元史》。時綳摩之士，皆山林布衣，發凡舉例，一仰於濂。濂通練故事，筆其綱領及傳紀之大者，同列斂手而已。逾年書成，濂之功居多。

焦竑《玉堂叢語》卷五　宋景濂先生嗜學日篤，時柳文肅公貫、黄文獻公溍皆大儒，天下所師仰，又各及其門執子弟禮，二公皆禮之如朋友。柳公曰：「吾邦文獻，浙東爲盛，吾老矣，不足負荷此事，後來繼者，所望惟景濂耳。」【略】

國子多大臣子弟，宋先生莅之以勤，率之以正，日進諸士立兩序，據坐執經，敷揚閫奥，教以孝悌忠信之道。學者帖帖遵度，惟恐不得爲先生弟子。【略】

宋景濂性慎密，禁中問對語，絶不以告人。應制之作，亦削其藁。署「温樹」二字於居室之壁，有問及内事者，指以示之。【略】

宋景濂在上前所陳説，不爲文飾隱蔽，雖家事，苟有問，亦一一道之。嘗曰：「君猶父也，天也，其可欺耶？」上嘗問：「昨日飲酒否？座客爲誰？饌爲何物？」悉以其人及膳饈品對。上笑曰：「卿飲時，朕令人視之，果如卿言，卿信不欺我。」故上久而益信其誠。先生常戒子孫曰：「上德猶天地也，將何以爲報？獨有誠敬忠勤，略可自効萬一耳。」《行狀》

焦竑《玉堂叢語》卷七　宋景濂年十五六，里人張繼之聞先生善記誦，問以四書經傳若干日可背誦，先生以一月爲答。繼之不之信，抽架上雜書，俾即記五百言。先生以指爪逐行按之，按畢輒背，一字不遺。繼之告先生之父尚書公曰：「是子天分非凡，當令從名師，即有成爾。」

談遷《棗林雜俎》聖集《宋濂攻苦》　宋潛溪先生集有《送東陽馬生序》云自幼嗜學，家貧無書，每假借藏書家，手自筆録。天大寒，研冰堅，手指不能屈伸，弗之怠，録畢走送，不敢逾約。既冠，趨百里外，從鄉先達執經問道，先達德隆望尊，門弟子填屋室，立侍左右，俛身傾耳。或遇其叱咤，色愈恭，不敢出一言，俟其欣悦，則又請。當其從師，負篋曳屣深山巨谷中，窮冬烈風雪深數尺，足膚皸裂不知也。至舍，四肢僵勍，媵人持湯沃灌，以衾擁覆，久乃和。寓逆旅，主人日再食，無滋味之享。同舍生皆被綺繡，戴朱纓寶飾之帽，腰白玉之環，左佩刀，右佩容臭，燁若神人，而已緼袍敝衣，處其間無怍色云云。噫，先生攻苦如此，讀一

過，寸陰勤渠，凜凜在目。

梁維樞《玉劍尊聞》卷二　濂字景濂，金華人，自稱白牛生，元至正間入龍門山著書，名龍門子。高皇帝徵至金陵，授江南儒學提舉，歷學士承旨。上嘗與濂飲，濂辭，上強之至三觴，面如赭，行不成步，上歡笑，親御翰墨，仍命侍臣咸賦醉學士歌，曰：「俾後世知君臣同樂若此。」日本使奉勅請文，得潛溪集，刻板國中。上嘗曰：「古之人太上爲聖，其次爲賢，爲君子，宋景濂事朕十有九年，未嘗有一言之僞，誚一人之短，寵辱不驚，始終無異，共君子者乎？非止君子，抑可謂賢矣。卒謚文憲。

戴殿江、朱興悌《宋文憲公年譜》　元武宗至大三年，庚戌，十月十有三日，先生生。先生在妊七月即生，幼多病，每風眩，輒昏迷數日。祖母與母更相保抱，始無虞。【略】

〔仁宗皇慶〕二年乙卯，先生六歲，始入小學。其師包文藻字文叔，號南澗子，授李瀚《蒙求》，一日而畢。自後日記二千餘言。同肄業者日暮罷歸，其所讀書，先生無不成誦。《南澗子墓碣》云：濂之祖太常公與南澗子相友善，嘗延於家塾，俾諸孫師事，濂與其列。【略】

五年戊午，先生九歲，議婚。爲詩歌有奇氣，操筆立就，人異之，稱爲神童。道士作法，有「步罡隨躡脚頭門，噀水能轟掌上雷」之句。七步成句，人以爲媲美子建。義烏賈思逵亟許，以其女歸焉。作《蘭花篇》，自記云延祐戊午年賦，時予始九歲。屢焚舊稿，而此特以幼作存之。先生家素貧，力不能致名師儒，而鄉中授徒者皆畏景濂，又莫敢爲之師，自是或作或輟者十年。見鄭傳。【略】

英宗至治元年辛酉，先生十有二歲。《南澗子墓碣》云：濂十二齡，操觚賦詩，動輒十餘首，南澗子酷愛之。

泰定帝泰定元年甲子，先生十有五歲，從聞人先生學。《南澗子墓碣》云：濂以家單，稍不事觚翰。南澗子移書於先君子尚書公，曰：「公之子終成偉器，豈可使攖世利而志不專耶？」先君深悟其言，命擔簦遠遊。浦陽張教授繼之自瀏陽滿官歸，見先生英敏異常，問以《四書》經傳若干日可通背？對以一月。繼之即抽架上雜書，令記五百餘言，先生以指爪按之，按畢輒背，不遺一字。即以告先王父尚書公，攜入府庠，令受業於聞人應之先生，授以《春秋》三傳之學。凡學《春秋》者每恨歲月難記，先生但舉經中一事，即知爲魯某公某年某月，列國某年某月，覆按無一爽者。兼通《易》《書》《詩》及《周禮》諸經。公爲舉子業，每出諸生右。《送東陽馬生序》云：「余幼時家貧無書，每借於藏書之家，手自筆録，計日以還。録畢走還之，不敢稍逾約。以是人多以書借，余因得徧觀羣書。」【略】

三年丙寅，先生十有七歲。先生自言：「余十七八時，輒以古文辭爲事。」【略】

文宗致和元年戊辰，先生十有九歲。遊郡城。《唐思誠墓銘》云：「濂年十九，遊郡城南，識思誠於玄暢樓上，日與相親。」《樓彦珍墓銘》云：「予初受經於聞人先生，時年十九，彦珍亦從烏傷來卒業。」初識永康義士胡元祚。【略】

文宗至順元年庚午，先生二十　歲。謁三衢方先生。《蔣季高哀辭》云：「濂年二十餘，聞許文懿公弟子方先生以性理學講授於東陽之南溪，徒步從之遊。」【略】

三年壬申，先生二十三歲，從吳淵穎先生學。淵穎先生設教於諸暨白門方氏義塾，先生與義烏樓彦珍、浦江宣彦昭、鄭涘、常仲舒、陳子彦同學。從遊五洩山，宿戴君玉宅。作《蔗菴述夢文》，爲胡古菴先生作。夫人賈氏來歸，年二十二。

順帝元統元年癸酉，先生二十四歲。長子瓚生。謁陳公君采。《元隱君子墓志》云：「元統間，濂嘗候君子於太霞洞中，受其説以歸。」初交吳子善。

二年甲戌，先生二十五歲，從淵穎先生學。淵穎先生授經於浦江麟溪上，金華胡君仲申致書於先生，曰：「舉子業不足煩君，盍來同學古文辭乎？」先生欣然從之，而學大進。鄭氏蓄書數萬卷，先生無不讀，讀無不記。謁柳文肅公。謁柳文肅公於浦陽私第，出示《上京紀行詩》卷，先生撰後跋。時文肅自江西儒臺解印家居，故先生得從之。

重紀至元元年乙亥，先生二十六歲。始主教於麟溪，鄭氏子弟年十六以上者皆相從。時淵穎先生已解館，鄭氏六世長大和方著《家範》示子孫，先生實參定之。行於世六月，題三衢鄭以吾《太平策》後。先生既從柳文肅學，又受業於黄文獻公，二公皆禮之。再見陳子章於烏傷。

二年丙子，先生二十七歲。是年，又謁陳公君采。【略】

四年戊寅，先生二十九歲。應鄉闈試。先生詩云：「憶昔試藝時，年丁二十九。顧予坎壈姿，甘在孫山後。」客錢唐上。

五年己卯，先生三十歲。先生年三十，即以家事付子姪，朝夕從事書册。稍

暇支頤看雲，或披髮行松間。遇得意時，輒擊磬浩歌，聲振林下，翛翛然如塵外。始從黃文獻公學。【略】(至正)九年己丑，先生四十歲。入龍門山。史館諸公以國史院編脩薦，先生固辭。入龍門山著書，曰《龍門子凝道記》。又著《孝經新説》、《周禮集註》等書。【略】

十年庚寅，先生四十一歲。三月，始遷居青蘿山。揭其扁曰「潛溪」，示不忘本。【略】

十八年戊戌，先生四十九歲。著《諸子辯》。三月，明兵取睦州，先生以睦與婺接，居民震驚，家人避入句無山，先生獨居，作《諸子辯》，自鬻子至程叔子凡三十六家。六月書成，亦曰《龍門子》。【略】

十九年己亥，先生五十歲。正月，太祖命寧越知府王宗顯立郡學，聘葉儀、宋濂爲五經師。浦江戴灝從先生學經於郡庠。三月，還潛溪舊居。先生以浦江戎馬之鄉不可居，三月還潛溪。自至元乙亥至是年，與鄭氏聚處者凡十有五年。明遣使來聘。明祖以李文忠、李善長薦，遣使樊觀奉書幣至潛溪來徵。與青田劉基、麗水葉琛、龍泉章溢同至金陵。明祖重之，曰：「吾爲天下屈四先生。」七月，授江南等處儒學提舉。明太祖遣子標受經學。

二十二年壬寅，先生五十三歲。【略】八月，進講經筵。明太祖召先生與孔克仁講《春秋左氏傳》畢。先生進曰：「《春秋》，孔子褒善貶惡之書，苟能遵行，則賞罰適中，天下可定也。」告歸省親，有白金文綺之賜。且曰：「卿之誠愨朕素知，故有是賜。」

二十四年甲辰，先生五十五歲。十月，改起居注。明太祖每對羣臣言，輒稱先生爲「醇謹君子」。

二十五年乙巳，先生五十六歲。正月，明太祖御端門，與先生論黃石公《三略》。先生進曰：「《尚書》二《典》三《謨》，帝王大經大法，靡不畢具，願留心講明之。」又問：「帝王之學，何書爲要？」先生請讀真德秀《大學衍義》。太祖覽而悦之，命大書揭之兩廡之壁。太祖如南昌，執大都督朱文正以歸。先生曰：「文正固當死，陛下體親親之誼，置之遠地則善矣。」三月，以疾告，奉命歸養金華山中。太祖曰：「父子祖孫，懽然同聚，疾必易愈，愈且遂造朝。」賜金帛，皇太子致贈有加，特命造安車，給健丁六人以載。四月十七日，抵金華故居。十八日，具謝表一通。六月上箋謝恩。復奉書太子，勉以孝友恭敬，勤敏讀書，進德脩業。太祖覽書，喜甚，召太子語以書意，且親御翰墨，賜書嘉善。

明洪武元年戊申，先生五十九歲。重葺青蘿山房。

二年己酉，先生六十歲。召還。二月丙寅朔，應詔脩《元史》，與王禕爲總裁官。七月史成，凡二百十二卷，有《進元史表》。八月癸酉，《元史》成。

三年庚戌，先生六十一歲。二月，詔續脩《元史》。儒士歐陽佑等采故元元統以後事還朝，仍命先生與王禕爲總裁官。七月，書成，賜金帛。進《元史目録後記》。四月，宿大本堂，論封爵。帝剖符封功臣，召先生議五等封爵，討論達旦，且歷舉漢唐故實，量其中而奏之，上皆嘉納焉。七月丁亥，續脩《元史》成。是月，以失朝參，降編脩。八月，充京畿鄉試同考官，有《鄉闈紀録序》。又有《京畿鄉試策問》。十月十三日，上《元史後記》。十二月，奉敕撰《祭歷代帝王陵寢文》。是年，撰《代祀高麗國山川記》，奉敕撰《諭安南國王詔》，《送錢允一還天臺詩並序》。作《孝經集善序》、《呂氏采史目録序》、《唐處敬丹崖集序》、《臨濠費氏先塋碑》、《慶元府教授魏府君墓志銘》、《玄默軒銘》、《句容奉聖禪寺興造碑銘》、《補作張中傳》。

四年辛亥，先生六十二歲。正月，作《月堀記》。二月，考試春闈。時車駕將幸臨濠，是月壬申會試事方畢。三月，遷國子司業，奉議大夫。六月，奉敕撰《華巢國公高神道碑銘》。奉制詠鷹，七舉足即成，有「自古戒禽荒」之言，帝欣然曰：「卿可謂善陳矣。」八月，充京畿鄉試主考官，有《鄉闈紀録序》。上《孔子廟堂議》。議上，忤旨，謫安遠知縣。其後廟祀卒從先生議。

五年壬子，先生六十三歲。二月，召爲禮部主事。五月，陪祀於方丘。太祖患心不寧，先生從容言曰：「養心莫善於寡欲。審能行之，則心清而身泰矣。」帝稱善者良久。嘗問帝王之學何書爲要，先生舉《大學衍義》，乃大書揭之殿兩廡壁。頃之御西廡，諸大臣皆在，太祖指《衍義》中司馬遷論黃老事，命先生講析。講畢，因曰：「漢武溺方技謬悠之學，改文景恭儉之風，民力既敝，然後嚴刑督之。人主誠以禮義治心，則邪説不入；以學校治民，則禍亂不興。刑罰非所先也。」問三代曆數及封疆廣狹，既備陳之，復曰：「三代治天下以仁義，故多歷年所。」又問三代以上所讀何書，對曰：「上古載籍未立，人不專講誦。君人者兼治教之責，率以躬行，則衆自化。」十二月，擢太子贊善，奉議大夫。先生侍太子先後十餘年，凡一言一動皆以禮法諷諭。至有關政教及前代興亡事，必拱手言曰：「當如是，不當如彼。」太子斂容嘉納，言則稱師父，且賜「舊學」二字以賜。

六年癸丑，先生六十四歲。正月，作《御賜甘露漿詩序》。太祖御武樓之便

閣，親調甘露漿自飲，一爵分賜先生及御史中丞陳寧。詔選舉人肄業文華堂，詔先生等爲之師。三月，奉敕序《昭鑒録》。七月，陞翰林侍講學士、中順大夫、知制誥，同脩國史，仍兼太子贊善。時太祖留心文治，召儒士張唯等數十人，擇年少俊異者，皆擢爲編脩，入禁中文華堂肄業，以先生爲之師。先生在朝日久，朝廷大制作皆所手定，士大夫求文者踵至，外國貢使亦數問宋先生安否。高麗、安南使者至，出兼金購文集。日本刻板國中，其使者奉敕請文，以百金獻，却不受。太祖詰之，對曰：「天朝侍從之臣而受小夷金，非所以崇國體。」太祖善之。九月，奉敕纂《大明日曆》。上《皇明寶訓序》。十一月十五日，先生同劉基、詹同侍上宴乾清宫之便閣，被酒而還。

八年乙卯，先生六十六歲。八月，賜宴東皇閣，内臣行觴。先生素不善飲，舉觴輒辭。太祖强之至三觴，面如赭，行不成步。太祖親賦《楚辭》一章以賜，諭藏之以示子孫，仍命廷臣賦《醉學士歌》，且曰俾後世知朕君臣同樂若此也。恭跋御賜詩後。九月，命參中書大政。先生辭曰：「臣少無他長，惟文墨是攻。今幸待罪禁林，陛下之恩大矣。臣誠不願居職任也。」上愈厚之。十一月，從遊琅邪山及荆、塗二山。從太子及秦、晉、楚、靖江四王遊琅邪山。沿途校獵講武。有《遊琅邪山記》。内使遞到《濠梁古蹟》一卷，太祖親題其上，令先生搜訪，與青宫言之。因遊塗山、荆山，歷歷指陳，隨事進説。有《遊荆塗二山記》。是年主事茹太素上書萬餘言，太祖問廷臣，或曰：「此不敬，此誹謗非法。」先生對曰：「彼盡忠於陛下耳。陛下方開言路，惡可深罪？」太祖曰：「微景濂，幾誤罪言者。」

九年丙辰，先生六十七歲。二月，充會試同考官。有《會試紀録序》。春寧海方孝孺來謁，謁先生於禁林，時年二十。以文爲贄，一覽輒奇之，館置左右，與共談經，經歷三時乃去。六月，授翰林學士承旨、嘉議大夫、知制誥，兼脩國史，封夫人賈氏淑人。太祖又欲官先生之子及孫，曰：「朕以布衣爲天子，卿亦起草萊，爲開國文臣之首，當俾世世與國同休，不亦美乎？」先生固辭，不獲。乃徵長子瓚之子慎爲殿廷儀禮司序班，復命介子璲爲中書舍人。慎時年二十一。璲工詩文，精楷篆隸草書。太祖嘗命題試璲與慎而戒飭之，笑語先生曰：「卿爲朕教太子諸王，朕亦爲卿教子孫也。」先生或奏事久，稍倦，特命璲、慎共扶下殿。三世同官内廷，當世榮之。七月初一日，賜良馬二，又賜《黄白馬歌》。太祖又以先生艱於行步，詔太子選良馬二賜之，親作《黄白馬歌》。十一月致仕。太祖以先生年且至，不可煩以事故，有致仕之詔。贈父禮部尚書，嘉議大夫，贈母淑人，誥詞皆太祖親製。嘗稱曰：「太上爲聖，其次爲賢，其次爲君子。景濂事朕十九年，未嘗有一言之僞，未嘗稱一人之短，始終無二，可謂君子人乎？抑可謂賢者矣。」

十年丁巳，先生六十八歲。正月歸浦江，太祖賜詩一章，及紙幣文綺甚厚。問曰：「卿今年幾何？」對曰：「六十八。」曰：「藏此綺三十二年，作百歲衣也。」九月，入朝，朝見於端門，勞問再三。皇太子、諸王皆喜動顔色。太祖曰：「純臣哉景濂！方今四夷皆知卿名，卿宜自愛。」十一月丙申，入辭。二十五日，戒途。先生以歲暮辭歸。太祖謂璲曰：「朕夢見爾父，笑語如平日。爾父雖去，容儀儼然在朕目中也。」璲叩頭謝。十二月還青蘿山房。先生狀貌豐偉，細目美髯，視近甚明。夜燃鐙於几，卧絺帷中，閲蠅頭細書，一黍上能作數字，自少至老，未嘗一日去書不觀。於學無所不通，性疏曠，不事檢攝。賓客不至，累日不整衣冠。或攜友生徜徉於梅花間，轟笑竟日。或獨坐長松下，看晴雪墜松巔，雲出没巖扉間，悠然自適。不爲奇異行，不事生産。有勸爲子孫計者，則曰：「富貴豈一物哉？吾乃所以遺之也。」既歸，闢一室曰「静軒」。

十一年戊午，先生六十九歲。十一月，朝京師。閲十四日，見於端門。太祖大喜，皇太子諸王皆喜。上遣儀曹備膳羞諸物，抵寓館以賜。自是日與上游，恩禮備至。

十三年庚申，先生七十一歲。九月，方孝孺歸省親，先生勖之以詩，曰：「予所許不僅以文，後二十餘年當信余爲知言，而許生者非過也。」及方公殉難，正二十餘年云。冬十一月孫慎坐胡惟庸黨誅，並誅璲，籍其家。械先生至京，欲誅之。馬皇后諫曰：「民間延一師，尚始終不忘恭敬。宋先生親教太子諸王，豈忍殺之？且宋先生家居，豈知朝廷事耶？」徙茂州。太祖因馬后言，闔家徙茂州安置。先生瀕行，以遺稿畫像付義門鄭氏，而書四言以别曰：「生平無别念，念念在麟溪。生當復來歸，死當長相思。」貽書方孝孺。

十四年辛酉，先生七十二歲。五月卒於夔州。先生行至夔州，寓僧寺，卧病不食者三旬。旅葬夔州西蓮花峯下。州倅武義門生葉以時經紀喪事。

備論

廖道南《殿閣詞林記》卷四　廖道南曰：「天降時雨，山川出雲，國家將興，

必有禎祥。若景濂者，非天啓之以翊初運者乎？予嘗讀楊維楨序景濂之文，曰：「其隱龍門也，煜乎其虎豹烟霞也；其居館閣也，燦乎其鸞鳳日星也。」貝瓊曰：「『正聲勁氣，充塞宇宙，星辰河漢，山川草木，風雨雷電，鬼神變化，龍跳虎躍，瑰詭奇絶。』揭汯曰：『浩乎其博，淵乎其深，蔚乎其色，鏗乎其聲，春濤之瀰漫也，鐵騎之縱横也，武庫之珍異也，龍門砥柱之可駭也。』蓋論其文者然也。至其門人方孝孺稱之曰：『公之量可以包天下，而天下不能容公之一身；公之識可以鑒一世，而舉世不能知公之爲人。道可以陶冶造化，而不獲終於正寢；德可以涵濡萬類，而不獲蓋其後昆。公之所能者，皆衆人之所難勉，而未嘗自以爲足；其所遇者，皆衆人之所難處，則快然委命而不置乎休戚。此公所以跨越前古，拔棄超倫，控宇宙而獨立，後天地而長存者乎？』可謂知言矣。彭韶贊曰：『春日載陽，列宿繁張，江流湯湯，是爲先生德容之粹，文名之高，學問之長。禦敵輔夏，正我綱常，功在萬世，其曷敢忘？』」

鄭曉《吾學編・皇明名臣紀》卷二　門人方太史曰：「當元之衰，國朝始興也。地大兵强，據名號雄視中國者十餘人，皆莫能得士。太祖定都金陵，獨能聘禮太史公。公始見，即勸不嗜殺人，論道上前，授經太子，未嘗不言仁義。天下既定，上方稽古制治，凡郊廟、山川、祠祀、律曆、禮樂、夷裔貢賚諸禮文大政，皆太史公裁定。太子寬大仁明，天下歸心愛戴，太史公之功居多。海外諸國朝貢接國門，至必問太史公安否。」

薛應旂《方山薛先生全集》卷二七《浦江宋先生祠堂碑》　天下之族在祀典者，固皆崇報之義，而亦莫不有立教之端，是故非其人焉而祀則誣，有其人焉而不祀則怠，有其人舉其祀而没其實焉則混。混則雖若差勝於怠且誣者，而要其極致，則亦非所以嚴祀典而明學術也。義何所取？教何以立？不惟前哲之精微莫爲之闡發，而後學之趨向皆將貿貿焉莫知所從事矣，亦何貴於祀哉？

潛溪宋先生生於浙之浦江，卒葬於蜀之成都。成都則既有祠祀矣，浦江顧獨缺焉。百五十餘年，莫有爲之舉者。迺高淳韓叔陽氏以進士出知是邑之二年，爲嘉靖庚戌，遂慨然請於金華守陳君元珂，達之監司。明年辛亥，余以視學至，謂斯舉不當緩，於是韓尹辨方相址，聚材鳩工，建堂廡門宇三十七楹。經始於秋八月，落成於冬十二月。奉先生主妥安如禮，仍樹碑以紀成事，率諸生以文告。

余惟浦江，金華屬邑也。金華之學自東萊呂成公倡之，而何、王、金、許四賢相繼而出，說者謂爲朱學世適。今其立言著論，昭然具在，固非後人之所敢提議者，然要之皆聖門之羽翼也。先生繼起是邦，遭逢聖主，文章事業，掀揭宇宙，士人籍籍咸稱名臣，已極誇詡。至其所深造自得者，上躋聖真，直達本體，則反爲文章事業所掩，而不得明預於理學之列。此余追考先生之平生，未嘗不喟然而嘆也。曰：「嗟乎！世有真儒若先生者哉！」觀其斥詞章爲淫言，詆葩藻爲宿穢，期於剗削刊落，以徑趨乎道德。居常或終日静坐，或支頤看雲，或挂冠行松間，或擊磬而浩歌，翛翛然如塵外人。及讀其所雜著，與凡六經之論，七儒之解，觀心之記，則寔有不能自已於言者。是豈徒欲以文章事業名世者哉！奈何學術難明，見聞易眩，而先入之言之易行，所以擬先生者，僅僅若此也。不知皐陶、稷契、伊、傅、周、召得其時，則爲名臣；顔、閔、冉、仲、有、曾、思、孟不得其時，則爲大賢，固不當以彼此論也。況究觀先生之學，在宋則有若陸子静，在元則有若吴幼清，蓋皆聖學正傳，後先一轍。其與前四賢之繁簡紆直，世必有能辨之者。而俎豆獨後，品儕未當，豈所以表先正而示後學哉？苟但知先生之顯，而不知先生之微；知先生之用，而不知先生之體，則是見光華者忘日月，覩溟渤者失原泉，而精一無二之指，無怪乎其未究也。此固於先生無所重輕，而祀典之寖混，學術之不明，余竊憂之，故因先生之祠成，不避而大書之石，庶乎二三子之從吾游者，可因是而繹思也，敢曰是足以慰先生之靈也哉？

袁袠《皇明獻實》卷一　袁袠曰：「《傳》曰：『得士者昌，失士者亡。』高皇帝下金陵，定括蒼，首聘四子，此亦巖渭弓旌之遇也。宋公雖白首侍從，無封侯之業，優遊禁近，非堯舜之道不陳於王前。其所奏對諷而不失正，輒見采納。觀其始見高皇帝，問取天下大計，即以『不殺』爲對。此豈小儒曲學，瑣瑣富强者能之哉？卒能以其所學潤色鴻業，使我明之禮樂文章焕乎與三代同風，區區叔孫通、桓榮之徒不足數矣！」

項篤壽《今獻備遺》卷二　論曰：夫謂天道福善禍淫，豈不信哉！而有否者，謂天之未定，非耶。故藎臣貞士，碩輔鴻儒，砥德樹行，明道立言，其至也當與日月並曜，金石同堅。而或乃蒙投杼之疑，受蜂蠆之螫，髡首剖肝，引頸函劍，亦或隱山被焚，懷沙自溺，赭衣胥靡，囊頭圜棘，瑣尾流離，或竄或黜，不幸甚矣。而耿光懿烈，垂範不磨，流丹青之譽，而享俎豆之封，亦或慶流後人，俾昌厥熾。至於乘軒析璧之雄，管喉舌而專紱冕，吐嗽雲雨，嘘吸霜露，攫金道途，下石機穽，自謂一世之桀而熸滅澌散者，孰與較得失哉！

宋公隱居龍川，究天人之蘊，遡濂洛之宗，博綜丘墳，考槃飲泌，終其身不悔矣。一旦當締構之運，遭龍虎之期，乃始敷闡大猷，贊襄休治，優遊禁近，非堯舜之道不陳，非湯武之事不道，諷不失正，語必施行。卒之潤色鴻業，使禮樂文章炳與三代同風，焯乎稱偉烈矣。跡其褒許隆重，寵冠羣臣，不爲不遇。而知幾秉哲，勇退急流，即大雅君子何可得過？乃竟罹詿誤，擯死遐陬，生鮮剖符之榮，死歉首丘之願。天之未定，顧不信耶？

耿定向《耿天臺先生文集》卷一五　論曰：「伏聞我高皇嘗諭侍臣曰：『古人太上爲聖，其次爲賢，其次爲君子。若景濂事朕十九年，口無毁言，身無飾行，寵辱不驚，始終無異，不其君子人與？匪直君子，抑可爲賢矣！』炳乎聖鑒，兹其定評哉！青田劉伯温稱公學主六經，奴百家，至於釋老書亦殫精研究，第以資戲劇而不溺云。夷考公論道上前，授經太子，曁凡議禮定制，明徵於典則之垂者，粹然一軌於正，其學之淵源可識矣。我國家二百餘年來，所以寧乎到今者，士無異論，師無異學者，可弗繹思所從來哉？」

王世貞《讀書後》卷二四《書宋景濂集後一》　間與僧無心閲永明壽禪師日行百八事，毋論精神疲於應接，即自子至亥，盡廢食寢盥溲之晷而爲之，亦有所不能徧。後又偶檢宋學士洪武以後集，十二年中得文千四百篇。永明神僧也，固毋論已。學士握文柄，特自耳順而踰從心，縱遊刃斲輪，不凝方寸，亦寧無毫髮累，而優然自如。吾三載來，五更起焚誦，不過佛道經數卷，應酬文字不盡却，然亦不能學士五之一。而日來心氣損耗成疾，爲子弟所苦禁，亦自種種覺之。乃知吳門白馬之喻，誠非妄也。因題數語於學士集後，不勝貧子之歎。

王世貞《讀書後》卷二四《書宋景濂集後二》　宋文憲以宿儒佐英主，司禮樂制作之柄，其高文大册徧海內。即近而九重，遠而四夷，亡能舍公筆弗請者。骨尚肉，而臺閣以易奪之。久而至弘、德間，縉紳以古奪之。至嘉靖，不盡程古亦不盡爲易者復奪之。蓋至於今，而不復有能舉文憲名矣，何論著作？雖然，亦安可竟廢文憲也？文憲於書無所不讀，於文體裁無所不曉。顧其槪以典實易宏麗，以詳明易遒簡，發之而欲意之必罄，言之而欲人之必曉，以故不能預執後人之權，而時時見奪。夫使後人率偏師而與之角，孫主簿之三千騎，足敵羸卒數萬。若悉其國之賦甲而競於大麓，所謂五戰而秦不勝三，趙再勝者，邯鄲岌岌乎？我故思用其人也。

王世貞《弇州山人續稿》卷五〇《宋太史詩集序》　友人新安汪道貫手一編，而謂不佞，此金華之老書生某以見遺者，曰：「吾郡之宋太史詩也。」余種種指澤，末且魚爛矣。苟永之梓，必以郡邑之賢大夫，而叙必以王先生。餘惘其意，許之。

宋太史者，故翰林學士承旨文憲公濂也。高皇帝既卜金陵鼎，公首應辟，當肺腑寄。尋即大位，諸典禮制作之事，悉以寄之。而天子又數稱詔褒嘉風厲一代，公亦自憙。以不世遇，不愛其所學，盡出而應之。上而明光温室之代草，石渠木天之纂撰；下而至於畸人紅女之微節，緇流黄冠之吊詭；遠而雉裳鷄林之重譯，亡不以得公一言爲重。後先十餘年間，爲文大小數千篇，合之得三十餘卷，而獨於詩，若不能當其什一者。即公之在勝朝山中之年，凡再倍之矣。而其文僅七卷，餘所爲詩又不能當七卷之什一，而又且就泯泯，宜老書生之所以重歎而迫欲傳也。

余不能識公詩，亦不知公詩格所自。第繇一斑而竊窺明之所以興，與公之所以大顯於明者，蓋有在也。今夫士一操觚翰而業詩，即知有五七言近體；業五七言近體，即知有唐，而不知唐之盛而衰孽之蓋至於懿、昭之際而極矣。温、韋、韓、羅諸君子不能有所救改，而厘厘焉用其小給之才，偏悟之識，汎獵之學，苟就之思，以簧鼓聾蟲之耳，粗者快於事，精者巧於情，其萎薾颯沓之氣，不待詞畢而小。夫爲鼓掌大雅之士，有掩耳而歎息矣。以故黄齊白馬之禍，淺者不見用，用者不見免，而唐遂瓜剖而爲六七，曆數世而弗能一，寧非其徵也？今驟而誦公之詩，若無以易諸君子者。顧其於辭爾雅而不詭，寬大而不迫，窶處不寒儉，歷亂無傾危，委蛇雍紆，儼然盛世大人之象有餘地焉。是故英主掃除亂氛，雲蒸龍變，以傳於功名之會，而天下之文歸之，夫豈偶然已哉？汪生謂不佞論詩不當爾。不佞曰：「非也，所謂彼一時也。夫論公詩，而公之文亦思過半矣。」

公集成於元至正十三年，而揭文安曼碩序之矣。其曰「太史」，元官也。蓋嘗以國史編修召，而公弗就也。梓之者，蘭谿令喻均也。

李贄《續藏書》卷二　李贄曰：上問公何以不受乞文之餽。公對曰：「天朝侍從受小夷金，非所以崇國體。」予謂公失對矣。公亦不宜待問而後對也。方請文時，公即宜疏列其事，言屬國遣使求文，須奏請天朝，待皇上允許，勑令某臣撰作，乃敢作。臣等既奉勑而後撰文，則日本必不可有所餽而得文也。若受其餽，即爲私交。願聖上頒降撰文，而令來使齎還所餽之金。如此，則朝廷尊嚴，小國懷畏，聖上必且大喜也。而公何不知也？予觀上之曲宴公，嘗歎曰：「純臣

哉爾濂！今四夷皆知卿名，卿自愛。」嗚呼危哉斯嘆！芒刺真若在背，而公又尚不知，何也？已告老而歸，仍請歲歲入朝，欲以醉學士而奉魚水，此其意不過爲子孫宗族世世光寵之計耳，愛孫之念太殷也。孫慎怙勢作威，坐法自累，則公實累之矣，且並累公，則亦公之自累，非孫慎能累公也。能既歸而即杜門，作浦江叟，不令一人隸於仕籍，孫輩亦何由而犯法乎？蓋公徒知温室之樹不可對，而不知殺身之禍，固隱於魚水，而不在温樹也。俗儒亦知止足之戒，徒守古語以爲法程。七十餘歲，死葬夔峽，哀哉！

鄧元錫《皇明書》列傳卷一四　論曰：當勝國之季，天下學士多奔走失業，惟宋學士與誠意伯數公習古學不廢。宋黯約山澤，劉馳驅州縣，至淺鮮矣。明興，高皇帝以神武定天下，羣策畢輳。然幄帷中安危成敗，呼吸之斷，非誠意莫任。而學士以德行文章潤色鴻業，爲明儒冠，非淵蟄蠖屈，詎能有伸哉？韓公起草萊事主，佐成帝業，部符爲元功。子尚主，稱肺腑屬，乃不免於讒，況踈遠乎？故功名，人之所難言也。

焦竑《玉堂叢語》卷五　學士歐陽玄評宋景濂文氣韻沉雄，如淮陰出師，百戰百勝，志不少懾；神思飄逸，如列子御風，翩然騫舉，不沾塵土；辭調爾雅，如殷彝周鼎，龍文漫滅，古意獨存；態度多變，如晴霽終南，衆騶前陳，應接不暇。非才具衆長，識邁千古，安能與於斯？

高帝嘗謂宋濂：「浙東人才，卿與王禕耳。才思之雄，卿不如禕；學問之博，禕不如卿。」

焦竑《玉堂叢語》卷七　宋景濂四持文衡，得人爲多，接引後學，惟恐弗及。色温氣和，近之者如大寒之加重裘，盛暑之濯清風也。天下之能文者，多經先生指授，朝廷英俊，咸以先生爲法。初奉勑教文華生數十輩，至是出參大政、爲御史之列郡者相望，四方士得一見先生，夸於人以爲幸，承一言之賜者，人輒改觀視之，不敢與齒。士大夫言當世有德者，必曰先生，而天下之人無賢若愚，咸推先生爲大人長者。及先生歸，上面發後學無師之歎。蓋先生之道，内誠外恕，一出於正，故上下信服若是云。《行狀》

尹守衡《明史竊》卷三五　論曰：「太史公恂恂乎德言君子也。受知高皇，千載無兩。而夔州之行不免，何哉？公初辭元辟命，欲入僊華山爲道士。犁眉公歌以速其行，語之曰：『先生行，吾亦從兹往矣。他日道成爲列仙，毋相忘也。』嗟夫二公，追誦乎斯言，其無遺憾於身後乎。」

何喬遠《名山藏》卷五九《臣林記・宋濂》　郎曰：「宋學士《送東陽馬生序》，言自幼嗜學，家貧無書，每假借藏書家，手自筆録。天大寒，硯水堅，手指不能屈伸，弗之怠。録畢走送，不敢逾期約。既冠趨百里外，從鄉先達執經問道，先達德隆望尊，門弟子填室屋，立侍左右，俯身傾耳。或遇其叱咄，色愈恭，不敢出一言，俟其欣悦，則又請。當其從師負篋，曳屣行深山巨谷中，窮冬烈風，大雪深數尺，足膚皸裂，不知也。至舍，四支僵勁，媵人持湯沃灌，以衾擁覆，久乃和。寓逆旅，主人日再食，無鮮肥滋味之饗。同舍生皆被綺繡，戴朱纓寶飾之帽，腰白玉之環，左佩刀，右備容臭，煒若神人。而已緼袍敝衣處其間，無怍色。」元蕭田陳旅稱濂之文辭韻沉鬱，體裁簡嚴。廬陵歐陽玄稱濂文氣韻沉雄，如淮陰出師，百戰百勝；神思飄逸，如列子御風，翩然騫舉；辭調爾雅，如殷卣周彝，龍紋漫滅。古意獨存，態度多變，如晴躋終南，衆皺陳前，應接不暇。楊維禎稱濂入青蘿山中，不下書屋若干年，得鄭氏所蓄書數萬卷，無不盡閱，閱無不盡記，著書凡千萬言。文師性，性師道，道師先聖。先王未嘗以某代家數爲吾文之宗，某人格律爲吾文之體。揭汯稱濂文浩博淵深，聲鏗色蔚，如春江之濤，淼漫無涯涘；如平沙漫漫，鐵騎數萬，縱横馳逐，不可控㩁；如武庫一開，千珍萬寶，光采爛然；如尋河源至於底柱，至於龍門，至於積石，至於崑崙，不得不止焉。劉誠意基稱濂文主六經，奴百氏，馳騁之餘，取老佛語資嬉劇。譬猶飯粱肉而茹苦荼，飲茗汁。王忠文禕傳濂踈曠不簡飭，賓客不至，累日不整冠。或携友生徜徉梅花間，索笑竟日。或獨卧長林下，看晴雪墮松頂，嶺雲出没巖扉間，悠然自樂。世俗、生産、作業，皆不暇。顧其爲人與文如此。」

朱國禎《皇明開國臣傳》卷二　朱史氏曰：先生篤行真修，學有本原，文歸爾雅，遭際聖神，大弘制作。守先王之道而見之行，無道學之名而有其實。收宋儒未竟之功，開我明大成之運，決當從祀孔廟。而先生既不自名，世亦無有名之者。乃後來追崇太約，以著述講授爲主。推曰先儒，謂足接有宋諸君子之後，而於先生未聞談及。太祖固常評之矣，躋其品曰賢，蓋在聖之下，君子之上，此千古斷案，不可易。而汶汶至今，良可歎息。至日本之文原是奉勅，李卓吾自纂之，自忽之，欲從渾成人品尋一綻，所謂馬稍有餘，精捭不足。太祖勞其身以憂天下，切齒於人之不仕者，御製班班可考。先生二十餘年，魚水之交，鞠躬盡瘁，死而後已，自其職分。末年引疾，實拂聖心，若有意避遠，並子孫亦杜仕籍，恐天威一震，全族皆沉，欲徙死於夔，其可得哉！俗儒之哀，吾不欲問之矣。

談遷《國榷》卷七　談遷曰：「明儒竊宋之理而遺其實，又文萎薾，不足觀也。景濂且英華千古，首闢草昧，館閣之正始也。醉染天毫，夢形睿想，遇合不爲不渥矣。一時株累，頓忘宿昔，素髮垂領，首丘望斷。嗟乎！苟品遇不景濂也者，將百口是盡。悲哉！仕宦真畏途也。」

傅維鱗《明書》卷一四四　史官曰：「有謂明之學始於濂，蓋猶考亭之傳也。考亭一再傳爲何、王、金、許，濂因許氏門人而究其説。而別録謂濂一生多流於禪。以其聰明博洽，能根極理性，其所成就，必有過人。舍周鼎而問康瓠，大爲濂惜。然亦不必深辯。獨是文章議論，施於朝廷，達於夷夏，真超拔羣倫者矣。聞老衲一言而悟，卒死於禪，即不嗜殺人之語，王道也而極乎禪哉。」

查繼佐《罪惟録》列傳卷八　論曰：「不嗜殺人」，複孟氏語。帝方仗劍誅不道，而不以此語見忤，可知用此語固自有法。退引文墨，不預中書，可知用語此之人亦自有法。其後正學以其所授受死建文，文憲貽之矣。然則其不長建文，亦文憲貽之矣。夫既主聖經而奴百氏，入仙華山胡爲乎？帝曰「濂無毁言飾行，十九年如一日」，足概文憲生平矣。考亭之傳，入元爲何、王、金、許，文憲固許氏門人，而究其説。夫家教不嚴，孫慎就吏，斯文在茲，豈宜輕屬。或曰濂致仕後，賀萬壽與登文樓，躓，上老之，令明年無來，至期忘之，頗念，及使人迹之，則濂方與鄉人會飲賦詩也，賜死。孝慈適侍食，齋，上訝之。伏曰：「爲宋先生資冥福。」上心動，馳赦之。後坐孫慎得罪戍夔，憩某寺，語僧：「濂生平所學無愧，何以得此？」僧問：「勝國時何官？」曰：「編修。」僧曰：「編修！」不復措一字。濂夜自經死。然則不赴編修之薦，或自正學諸公晦之，而併晦其自經一節，事見《守溪筆記》。

沈佳《明儒言行録續編》　門人方正學曰：「當元之衰，國朝始興也，地大兵强，據名號，雄視中國者十餘人，皆莫能得士。太祖定都金陵，獨能聘禮太史公，論道上前，授經太子，未嘗不言仁義。天下既定，上方稽古制治，凡郊廟、山川、祠祀、律曆、禮樂、夷裔、貢賚諸禮文大政，皆太史公裁定。太子寬大仁明，天下歸心愛戴，太史公之功居多。海外諸國朝貢接國門，至必問太史公安否，其爲人推重如此。」

錢維城《茶山文鈔》卷一〇《讀宋金華集》　宋金華，一老學究耳。然而太祖得之如獲名世，待以殊禮，稱爲先生而不名，而濂亦自以爲千載一時，毅然以刪述爲己任。天下學者仰之如泰山北斗，其甚者直以孔孟當之。夫以金華之文章經術，較之荀卿、楊雄、韓愈、蘇軾之徒，固無足比數。即其同時若胡深、葉琛、章溢輩，亦無以過之，又況可與青田較其優劣哉？然且一時諸儒，交手讓之，篇籍流播，至於今弗衰。夫使金華當日不遇太祖之知，以其學術教授於鄉里，吾知其有泯没而無傳耳。即其門生子弟，一二稱述，必不能赫奕推重，若斯之盛也。儒者遭遇明聖，居賓師之位，當治亂之運，上之不能開陳王道，撥亂致治，以堯、舜、湯、武責難其君；下之不能有奇謀秘計，效幃幄決勝之用。徒以編摩排纂，讚頌論説，以敷陳一朝之績，備學士之掌故。而其所著作又僅僅如是，宜爲大雅之所羞。而天下後世顧傳述之若此，何哉？遭際之隆，譽望之所歸也。

藝文

尤侗《西堂詩集·擬明史樂府·醉學士》　天子勸酒羣臣歌，殿中學士朱顔酡。惜哉臣不勝杯杓，李白一斗豈足多。上言但醉無所苦，内廄良馬爲爾馱。更賜尚方一端綺，百歲之衣著婆娑。一歲一朝自今始，夢中談笑天顔喜。宫觀盤旋宴幾巡，只道君恩長若此。誰知徽罪積丘山，杯酒未寒加盤水。一去青蘿竟不歸，茂州安置夔州死。嗚呼！學士尚文人何況，横戈躍馬稱將軍。

帝嘗召宋濂飲，濂量窄，强至三爵，面如赭，行不成步。上歡笑，令侍臣作《醉學士歌》，以廄馬送還。既而告歸，賜以文綺。曰：「藏此作百歲衣也。」約歲一朝。既行，語其子瑾曰：「朕昨夜夢見爾父，談笑如常時。每至，遊宴内廷，流連浹旬。一日，與登文樓，躓焉上曰：「先生老矣，明年可勿來。」濂拜謝。至明年，上忘前語。曰：「宋先生不來，其有疾乎？」使人覘之。方會飲賦詩，上怒，命即家斬之。以皇后太子力救馳赦焉。亡何，其孫慎以胡黨連坐。復逮濂，將殺之，又以后諫免，謫茂州安置。行至夔州，自經死。

嚴遂成《明史雜詠》卷一《宋學士濂》　字呼景濂數燕見，坐命茶，侍命膳。往復咨詢常夜半。温樹之署無是非，具以實對心無機。手調甘露賜綺帛，藏此製作百歲衣。」夫既欲其生，曷又欲其死。謫戍於夔不赦汝，白首萬里身荷戈。識是當時醉學士，學士那復醉三觴。夢聞師父稱太子。」嗚呼！蓮花山下秋風多，鬼此楚辭白馬歌。

劉基部

綜述

《太祖實録》卷九九　基，字伯温，處州青田人。幼敏悟絶倫，讀書過目輒領其要。元至順癸酉，以明經登進士第，除高安丞。初，基於都市書肆見天文書一帙，借閲之。翊日，談誦若流，其人大驚，欲以授基，基謝弗受。曰：「已得之矣。」及丞高安，有進賢人鄧祥甫者，通天文術數之學，見基而奇之，以其術授焉。基治高安有能聲，江西行省闢爲掾。未幾辭去，尋起爲江浙儒學副提舉。嘗與魯淵、宇文公諒等游西湖，適有異雲起西北，光照湖中，淵等以爲慶雲，將賦詩紀之。基獨縱飲不顧，徐言曰：「此天子氣也，應在金陵。十年後，當有王者起其下。」時杭城猶全盛，淵等大駭，以爲狂人，亦無能知者。

及方國珍兄弟起兵海上，元行省左丞朶兒只班討之，反爲國珍所執，脅令請於朝，使以詔招降，行省不能制。或有薦基之才者，行省遂辟基爲浙東元帥府都事，俾圖國珍。基出募兵，平山寇吴成七等，改行樞密院經歷，與參知政事石抹宜孫守處州，以拒國珍。遷行省郎中。經畧使李國鳳巡撫江南，上其功，執政不省，止授基處州路總管府判官。基以其非所欲，不肯受，逃歸青田山中。

上既取婺州，定括蒼，聞基名，遣使以束帛徵之。基素以金陵當有王者興，而上之威德日益盛，今來召，適當其時，遂與龍泉章溢、麗水葉琛等三人由間道詣金陵，陳時務十八策。上見之，甚喜，嘉納其言。謂曰：「先生倘有至計，毋惜盡言。」是時陳友諒將入寇，諸將議，欲上自將禦之，紛紛莫能定。上曰：「今天道，後舉者勝。若伏兵江岸，俟其至而擊之，可以成功。」基適從外至，因贊曰：「上言是也。」已而友諒果至，伏發，友諒大敗去。歲辛丑，上將復討友諒於九江，以問基。基曰：「今天象，金星在前，火星在後，此天命也。」上大喜，即命出師。會攻皖城，自旦至昏不拔。基請徑進取江州，上悉軍西上，友諒率衆走湖廣，江州降。洪都守將胡廷美使其子約納欵，先請禁止數事，基贊許之。後基以母喪歸，過衢，值苗軍叛殺金華守將胡大海、處州守將耿再成、孫炎等。夏毅時守衢州，城中或有謀應賊者，毅懼，無所措。基徐爲畫計，且以禍福曉諭諸軍，衆乃定。復使人通婺、處二郡屬縣，今各固守。遂與平章邵榮等復處城，擒其首賀、李二寇。時方氏據温、臺、明三郡，素畏基威名，遣人致書問基。基因宣上威德，諷使歸順。上時使人以書訪國事，基隨問條答，悉合機宜。及還京，道經建德，會張士誠兵寇其城，守將李文忠欲奮擊之。基止之，曰：「不出三日，賊當自走，追擊之，可悉擒。」至期，果如基言。

是時，張士誠據浙西，陳友諒據湖廣，或謂蘇湖地肥饒，又逼近金陵，當謀先取。基曰：「友諒居上流，且名號不正，宜先伐之。陳氏既滅，張氏如探囊中物耳。」繼而友諒復攻洪都，上親征之，大戰於鄱陽，勝負未決。基請移軍湖口，期以金木相犯日決勝。上從基言，遂克之。其後上決策取士誠，北收中原，以定天下，基密謀居多。上或時至基所，屏人語，移時乃去。拜基爲太史令。

一日，基見日中有黑子，言於上曰：「東南當失一大將。」已而參軍胡深攻福建，果敗没。他日，上謂基曰：「吾昨夢三人頭上有血，以土傅之，此何應也？」基曰：「三人頭上有血，衆字象也。以土傅之，乃得衆得土之兆。後三日當有報至。」越三日，海寧果以城降。張昶、楊憲等欲亂政，乃使人上書稱頌功德，勸上及時爲娛樂。上以示基，且曰：「是欲爲趙高也。」基曰：「誠如聖見。」憲等知之，使人伺察基陰事，欲誣陷之，未及發而昶、憲相繼誅。有司奏定處州七縣田賦，畝税一升，上以基故，特命青田縣畝止徵其半。後基乞歸鄉里，且行，言於上，曰：「鳳陽雖帝鄉，然非天子所都之地。雖已置中都，不宜居。擴廓帖木兒雖可取，然未可輕，願聖明留意。」其後定西失利，擴廓帖木兒竟北走沙漠。上嘗手詔叙基勳伐，且召基還京，賚賜甚厚，追封其祖父皆爲永嘉郡公。

洪武三年，授弘文館學士，封誠意伯。四年，賜歸鄉里。初，基言於上曰：「甌括間有隙地，號談洋，抵福建界之三魁。元末頑民負販私鹽，因挾方寇致亂累年，民受其害，至今遺俗未革。宜設巡檢司以鎮其地。」上從之。及設巡檢司，民以其地屬温州，實民業非隙地，拒不予。適茗洋亡卒作亂，處宿吏持郡縣事，匿不以時聞。基令長子璉赴京，徑詣上前奏之。時胡惟庸爲左丞，掌省事，與基有宿憾，以璉不先白中書，怒之。及刑部逮至所奏宿吏，因訴基始圖談洋爲墓地，民弗予，故建議設巡檢司，實欲逐民以規取其地。惟庸具言於上，上以基勳舊，赦其罪勿治，但令奪其禄。省部猶欲送璉獄，上時已勑璉歸，竟弗問。基乃入朝自引咎謝，遂居於京師。

先是，楊憲既敗，汪廣洋爲相，未幾貶廣東，乃相胡惟庸。基憂憤，嘗謂人曰：「使吾言不驗，蒼生之福也。使吾言驗，其如蒼生何？」居無何，疾作。八年正月，惟庸以醫來視疾。基既飲藥，若有物塞腹中，自是疾篤。三月，上以基久疾，命給驛傳遣使送還鄉里，御製文以賜之。其畧曰：「爾基括蒼奇士，英才偉器，海内知聞。方元季世，羣雄競起，孰辨雌雄？卿能仰觀俯察，獨斷無疑。千里相從，言合計用。天下既定，論功行賞，特加顯爵，俾垂令名。仍賜歸鄉里，冀永壽祺，何圖咎生鄉曲，有干國憲，重在勳舊，俯從議章，故但奪其禄，而不奪其名。此國之政體不得不然也。卿能不辨，即趨於朝，非善自處，何以能之？今卿年邁，老病日侵，筋力益衰，久客京邸，朕甚憫焉。夫禽鳥生於叢林，羽翼成而颺去，時顧舊巢，猶必迴翔，情不能已，況於人乎？卿既病篤，可即還鄉里，以終天年。庶稱朕優待勳舊之意。」基居家一月而卒，年六十五。上痛悼之，賻遺甚厚。

基未卒前數日，以所藏天文書授璉，使服闋以進。且戒之曰：「勿令後人習也。」復語次子仲璟曰：「吾欲奉遺表不及矣。且欲勸上修德省刑，祈天永命，爲政宜以寬猛相濟。天下諸地宜使與京師形勢連絡。吾死後，上如問我遺言，當以是密奏之。」基爲人剛毅，慷慨有大節。每論天下事，是是非非，無少回曲。上察其誠，任以心膂，基亦自謂不世遇，知無不言，言無不用。急難之時，計畫立就，外人莫能察，累贊成大功。上臨朝稱之，基輒逡巡退避。家居惟飲酒弈棋，遇天象有變，則累日不樂。所著有《郁離子》十卷、《覆瓿集》二十四卷、《寫情集》七卷、《犂眉公集》五卷，並行於世。

《明史》卷一二八《劉基傳》 劉基，字伯温，青田人。曾祖濠，仕宋爲翰林掌書。宋亡，邑子林融倡義旅。事敗，元遣使簿録其黨，多連染。使道宿濠家，濠醉使者而焚其廬，籍悉毁。使者計無所出，乃爲更其籍，連染者皆得免。基幼穎異，其師鄭復初謂其父爚曰：「君祖德厚，此子必大君之門矣。」元至順間，舉進士，除高安丞，有廉直聲。行省辟之，謝去。起爲江浙儒學副提舉，論御史失職，爲臺臣所阻，再投劾歸。基博通經史，於書無不窺，尤精象緯之學。西蜀趙天澤論江左人物，首稱基，以爲諸葛孔明儔也。

方國珍起海上，掠郡縣，有司不能制。行省復辟基爲元帥府都事。基議築慶元諸城以逼賊，國珍氣沮。及左丞帖里帖木兒招諭國珍，基言方氏兄弟首亂，不誅無以懲後。國珍懼，厚賂基。基不受。國珍乃使人浮海至京，賄用事者。遂詔撫國珍，授以官，而責基擅威福，覊管紹興，方氏遂愈横。亡何，山寇蜂起，行省復辟基剿捕，與行院判石抹宜孫守處州。經略使李國鳳上其功，執政以方氏故抑之，授總管府判，不與兵事。基遂棄官還青田，著《郁離子》以見志。時避方氏者争依基，基稍爲部署，寇不敢犯。

及太祖下金華，定括蒼，聞基及宋濂等名，以幣聘。基未應，總制孫炎再致書固邀之，基始出。既至，陳時務十八策。太祖大喜，築禮賢館以處基等，寵禮甚至。初，太祖以韓林兒稱宋後，遥奉之。歲首，中書省設御座行禮，基獨不拜，曰：「牧豎耳，奉之何爲！」因見太祖，陳天命所在。太祖問征取計，基曰：「士誠自守虜，不足慮。友諒劫主脅下，名號不正，地據上流，其心無日忘我，宜先圖之。陳氏滅，張氏勢孤，一舉可定。然後北向中原，王業可成也。」太祖大悦曰：「先生有至計，勿惜盡言。」會陳友諒陷太平，謀東下，勢張甚，諸將或議降，或議奔據鍾山，基張目不言。太祖召入内，基奮曰：「主降及奔者，可斬也。」太祖曰：「先生計安出？」基曰：「賊驕矣，待其深入，伏兵邀取之，易耳。天道後舉者勝，取威制敵以成王業，在此舉矣。」太祖用其策，誘友諒至，大破之，以克敵賞賚基。基辭。友諒兵復陷安慶，太祖欲自將討之，以問基。基力贊，遂出師攻安慶。自旦及暮不下，基請逕趨江州，擣友諒巢穴，遂悉軍西上。友諒出不意，帥妻子奔武昌，江州降。其龍興守將胡美遣子通欵，請勿散其部曲。太祖有難色。基從後踢胡牀。太祖悟，許之。美降，江西諸郡皆下。

基喪母，值兵事未敢言，至是請還葬。會苗軍反，殺金、處守將胡大海、耿再成等，浙東摇動。基至衢，爲守將夏毅諭安諸屬邑，復與平章邵榮等謀復處州，亂遂定。國珍素畏基，致書唁。基答書，宣示太祖威德，國珍遂入貢。太祖數以書即家訪軍國事，基條答悉中機宜。尋赴京，太祖方親援安豐。基曰：「漢、吴伺隙，未可動也。」不聽。友諒聞之，乘間圍洪都。太祖曰：「不聽君言，幾失計。」遂自將救洪都，與友諒大戰鄱陽湖，一日數十接。太祖坐胡牀督戰，基侍側，忽躍起大呼，趣太祖更舟。太祖倉卒徙别舸，坐未定，飛礮擊舊所御舟立碎。友諒乘高見之，大喜。而太祖舟更進，漢軍皆失色。時湖中相持，三日未決，基請移軍湖口扼之，以金木相犯日決勝，友諒走死。其後太祖取士誠，北伐中原，遂成帝業，略如基謀。

吴元年以基爲太史令，上《戊申大統曆》。熒惑守心，請下詔罪己。大旱，請決滯獄。即命基平反，雨隨注。因請立法定制，以止濫殺。太祖方欲刑人，基請其故，太祖語之以夢。基曰：「此得土得衆之象，宜停刑以待。」後三日，海寧降。

太祖喜，悉以囚付基縱之。尋拜御史中丞兼太史令。

太祖即皇帝位，基奏立軍衛法。初定處州税糧，視宋制畝加五合，惟青田命毋加，曰：「令伯温鄉里世世爲美談也。」帝幸汴梁，基與左丞相善長居守。基謂宋、元寬縱失天下，今宜肅紀綱。令御史糾劾無所避，宿衛宦侍有過者，皆啓皇太子置之法，人憚其嚴。中書省都事李彬坐貪縱抵罪，善長素暱之，請緩其獄。基不聽，馳奏。報可。方祈雨，即斬之。由是與善長忤。帝歸，愬基僇人壇壝下，不敬，諸怨基者亦交譖之。會以旱求言，基奏：「士卒物故者，其妻悉處別營，凡數萬人，陰氣鬱結。工匠死，胔骸暴露，吳將吏降者皆編軍户，足干和氣。」帝納其言，旬日仍不雨，帝怒。會基有妻喪，遂請告歸。時帝方營中都，又鋭意滅擴廓。基瀕行，奏曰：「鳳陽雖帝鄉，非建都地。王保保未可輕也。」已而定西失利，擴廓竟走沙漠，迄爲邊患。其冬，帝手詔叙基勳伐，召赴京，賜賚甚厚，追贈基祖、父皆永嘉郡公。累欲進基爵，基固辭不受。

初，太祖以事責丞相李善長，基言：「善長勳舊，能調和諸將。」太祖曰：「是數欲害君，君乃爲之地耶？吾行相君矣。」基頓首曰：「是如易柱，須得大木。若束小木爲之，且立覆。」及善長罷，帝欲相楊憲，憲素善基，基力言不可，曰：「憲有相才無相器。夫宰相者，持心如水，以義理爲權衡，而己無與者也，憲則不然。」帝問汪廣洋，曰：「此褊淺殆甚於憲。」又問胡惟庸，曰：「譬之駕，懼其僨轅也。」帝曰：「吾之相，誠無逾先生。」基曰：「臣疾惡太甚，又不耐繁劇，爲之且孤上恩。天下何患無才，惟明主悉心求之，目前諸人誠未見其可也。」後憲、廣洋、惟庸皆敗。三年授弘文館學士。十一月大封功臣，授基開國翊運守正文臣、資善大夫、上護軍，封誠意伯，禄二百四十石。明年賜歸老於鄉。

帝嘗手書問天象。基條荅甚悉而焚其草。大要言霜雪之後，必有陽春，今國威已立，宜少濟以寬大。基佐定天下，料事如神。性剛嫉惡，與物多忤。至是還隱山中，惟飲酒弈棋，口不言功。邑令求見不得，微服爲野人謁基。基方濯足，令從子引入茆舍，炊黍飯令。令告曰：「某青田知縣也。」基驚起稱民，謝去，終不復見。其韜跡如此，然究爲惟庸所中。

初，基言甌、括間有隙地曰談洋，南抵閩界，爲鹽盜藪，方氏所由亂，請設巡檢司守之，奸民弗便也。會茗洋逃軍反，吏匿不以聞。基令長子璉奏其事，不先白中書省。胡惟庸方以左丞掌省事，挾前憾，使吏訐基，謂談洋地有王氣，基圖爲墓，民弗與，則請立巡檢逐民。帝雖不罪基，然頗爲所動，遂奪基禄。基懼入謝，乃留京，不敢歸。未幾，惟庸相，基大慼曰：「使吾言不驗，蒼生福也。」憂憤疾作。八年三月，帝親製文賜之，遣使護歸。抵家，疾篤，以《天文書》授子璉曰：「亟上之，毋令後人習也。」又謂次子璟曰：「夫爲政，寬猛如循環。當今之務在修德省刑，祈天永命。諸形勝要害之地，宜與京師聲勢連絡。我欲爲遺表，惟庸在，無益也。惟庸敗後，上必思我，有所問，以是密奏之。」居一月而卒，年六十五。基在京病時，惟庸以醫來，飲其藥，有物積腹中如拳石。其後中丞涂節首惟庸逆謀，並謂其毒基致死云。

基虬髯，貌修偉，慷慨有大節，論天下安危，義形於色。帝察其至誠，任以心膂。每召基，輒屏人密語移時。基亦自謂不世遇，知無不言。遇急難，勇氣奮發，計畫立定，人莫能測。暇則敷陳王道，帝每恭己以聽，常呼爲老先生而不名，曰：「吾子房也。」又曰：「數以孔子之言導予。」顧帷幄語秘莫能詳，而世所傳爲神奇，多陰陽風角之説，非其至也。所爲文章，氣昌而奇，與宋濂並爲一代之宗。所著有《覆瓿集》、《犁眉公集》傳於世。子璉、璟。

劉基《劉伯温集》卷首《明開國翊運守正文臣資善大夫贈太師謚文成護軍誠意伯劉公神道碑銘》 賜進士出身資政大夫前奉勑參賛機務南京兵部尚書四明張時徹撰，賜進士及第、嘉議大夫、南京吏部右侍郎、前太常卿管南京國子監祭酒事、翰林院侍讀學士、掌院事、大典總校官常熟瞿景淳篆。

文成劉公，其先豐沛人也，後徙鄜延。名延慶者，宋宣撫都統少保。厥子光世以平方臘功，爲兵馬總管。高宗南渡，部兵以從，累官開府儀同三司、録尚書事，進太師楊國公，因家臨安。子堯仁，過麗水而樂之，遂徙其邑之竹洲。四傳至集，又卜居青田之武陽，去縣治者百五十里，世所稱南田福地也。俗尚儉樸，有唐風之遺焉，遂世定厥居，兢兢於仁義之訓。

五傳而至濠，宋翰林掌書，益慈惠好施。每淫雨積雪，登高而望，里中有不舉火者，即分廪賑之。會宋亡，乃荒遯自適。時有林融者，徵聚義旅，興復宋室，元討平之，逮融至京，世祖義而弗殺也。融歸而至甌越之間，地名牙陽四谿者，而復嘯其徒。元乃馳驛，使簿録其脅從，將盡殲之。而鄉豪因以讎怨相傾引，蓋善良鮮有脱者。使者返，夜次武陽，會天大雪，與居民百錢市酒。而市者則至濠家，具語之故。濠即間行謁使者，得所簿録數，而深心惻焉。時孫爚侍，年方十齡，陰爲策計，濠則大喜。輒盛供具以逆使者，醉而寢之樓，乃探篋啓牘，録其渠魁二百人已，乃遂火其居，焰灼於樓，倉皇掖使者跣而走。詰旦，大恚，曰：「將

何籍以復闕下？殆誅死不赦矣。」濠辟之曰：「濠不幸，灾於居室，震驚使者，濠誠死罪。意者簿録有冤，天欲生之乎？使者事竟，不復可至。濠幸有密親於彼，度往返者四日，可以相報。」使者曰：「幸甚！但半之亦可矣。」已而以前所録二百人者授之，得命誅死，諸所全活無筭。濠即文成公之王大父也。祖孫同心，破家以沾萬命，篤生文成爲一代元勳，子孫千百世食其報，豈倖然哉？

濠生庭槐，博洽墳籍，爲太學上舍。槐生爚，通經術，元遂昌教諭，是爲公祖，公父，後皆以公貴，封永嘉郡公。祖母梁氏，毋富氏皆封永嘉郡夫人。

公諱基，字伯温，神知迥絶，讀書能七行俱下。年十四，入郡膠，師受《春秋》，未嘗執經誦讀，而默識無遺。辯決疑義，出人意表。爲文輒有奇氣，諸家百氏過目即洞其旨。嘗遊燕京間，閲書肆天文書翊日，背誦如流。其人大驚，欲以書授公。公曰：「此已在吾胸中矣。」時從鄭復初先生遊，講濂洛之學。先生大器異之，語公父曰：「吾將以天道不報善人，此子必高公之門矣。」揭文安公曼碩見公，輒曰：「此魏徵之流，而英特過之，將來濟時器也。」西蜀趙天澤亦以爲諸葛孔明之儔。蓋雖未試於用，亦已顯露囊中矣。

甫弱冠，舉元進士，授江西高安縣丞。以廉節著名，發姦摘伏，不避强禦。爲政嚴而有惠，小民咸慈父戴之，而豪右數欲陷焉，時上下信其廉平，卒莫能害也。新昌州有殺人者獄，公覆案得實，而初檢官以不實當罪，乃其家欲甘心於公，江西行省大臣辟公爲掾史舒解之。已而與幕官議事不合，遂投劾去。後爲江浙儒學副提舉，行省考試官。頃之建言監察御史失職事，爲憲臺所沮，則又投劾去。嘗遊西湖，有異雲起西北。時同遊者魯道原、宇文公諒輩皆以爲慶雲，將分韻賦詩。公獨縱飲不顧，大言曰：「此天子氣也，應在金陵，十年後有王者起其下，我當輔之。」時元方全盛，諸同遊大駴，以爲狂也而悉去之。公益呼酒放歌，極醉而罷。

方國珎反海上，省憲復舉公爲浙東元帥府都事。公即建議城慶元等路，賊不敢犯。及左丞帖里帖木耳招諭方寇，復辟公行省都事。公議方氏首亂，罪不可赦，宜捕誅其兄弟，而招安諸脅從者。方氏大懼，行重賂求解，而公峻却之，執前議請於朝。方氏乃走賂闕下，而省院臺則胥甘焉，降詔招安，授國珎官，駁公議，以爲傷朝廷好生之仁，且擅作威福，則罷左丞輩，而羈管公於紹興。自是方氏遂横莫可制，山穴皆從亂如歸。公在紹興，則放浪山水，以詩文自娱，於當途蓋篋如也。乃行省復以都事起公，招安山寇，使自募義兵，賊拒命不服者輒禽誅之，畧定其地。已復以爲行樞密院經歷，與行院判石末宜孫守處州，安集之。後受行省郎中，時經畧使李谷鳳奏守臣功績，而執政者皆右方氏，遂抑公功，僅由儒學副提舉格授處州路總管府判，諸將莫不解體。公拜勑曰：「臣不敢負國，今無所宣力矣。」遂棄官歸。時義從者俱畏方氏殘虐，從公居青田山中。乃著《郁離子》。客或説曰：「今天下擾擾，以公才畧，據栝蒼，併金華，明、越可折簡而定，方氏將浮海避公矣。因畫江守之，此勾踐之業也。」公咲曰：「吾平生忿方國珎、張士誠輩，徒狗鼠耳，而奈何効之？且天命有歸，子姑待焉。」會高皇帝下金華，定栝蒼，公指乾象謂客曰：「此非向所云天命者乎？」客遂亡去。

公決計趨金陵，悉以衆付其弟陟併家人參掌之。曰：「善守境土，毋爲方氏得也。」適總制孫炎以上命來聘，公遂由間道詣焉。陳時務一十八策，上悉從之。會陳氏入寇，或謀以城降，或以鍾山有王氣，宜奔據之，或欲決死一戰，不勝而走未晚也。公獨張目不言。上召公入内計之。公奮曰：「先斬主降議及奔鍾山者，乃可破賊耳。」上曰：「計將安出？」公曰：「如臣之計，莫若傾府庫，開至誠，以固士心。且天道後舉者勝。宜伏兵伺隙擊之，取威制敵，以成王業，在此舉也。」上遂用公策，斬獲凡若干萬。已而頒賞，則力辭不受。中書省設御座，將奉小明王，以正月朔旦行禮。公大怒，詬曰：「彼牧竪爾！奉之何爲？」遂不拜。已而見上，陳天命所在，上大感悟，遂定征伐之計。兵攻皖城，自昏達旦不拔。公謂宜舍堅城而逕拔江州，遂平江州。上嘗使都督馮勝攻敵城，命公授方畧，以雲物爲驗。及克敵，一一如旨。陳氏洪都守將胡均美使子約降，請禁止若干事。上初有難色，公自後踢所坐胡床，上意悟，許之，均美遂以城降。時苗軍反金華、栝蒼，殺守將胡大海等，衢州亦謀翻城應之，守將夏毅計無所出。適公以憂歸道其地，入城一夕而定。公即遺書金、處屬邑，諭以固守所部，遂同郡平章諸軍克復處城，苗帥就禽。公時語所親，上必有天下，衆心翕然。方氏勢日沮喪，數遣人奉欵於公，不納，而白於上。上因令公與之通問，公乃宣國家威德，而方氏遂納土入貢矣。上時使人以書訪軍國事，公條答，悉合機宜。會公赴京，經建德，適張氏入寇，守將曹國公欲奮擊之。公止之，曰：「不出三日，賊當自走，追而擊之，此成禽耳。」已而果然。

時陳友諒據湖廣，張士誠據浙西，衆謂蘇湖富饒，宜先取之。公曰：「士誠自守虜耳。友諒居上流，且名號不正，宜先焉。陳氏既滅，取張氏，如探囊中物耳。」會陳氏復攻洪都，上遂伐陳氏，大戰彭蠡湖。公密啓移軍湖口以避難星，期

以金木相犯日決勝。上從之，遂殲友諒。次取張士誠，次定中原，蕩羣雄，逐胡狄，再造區夏，凡皆公之密謀也。上時至公所，屏人而語，率至移時，雖至親密，莫知其端。公爲太史令，一日見日中有黑子，奏曰：「東南當失一大將。」時參軍胡深伐福建，果敗没。又見熒惑守心，羣臣皆震懼，公密奏，謂宜罪己以回天意。次日，上以公語諭羣臣，衆心始安。後大旱，上命公讞滯獄，凡平反若干人，雨即隨澍。公因奏請立法定制，以止濫殺。上方欲刑人，公請其故。上語公以所夢云云，公曰：「是『衆』字頭上有血，以土傅之，得土得衆之象。許得夢後三日，當有報至。」上遂停刑以待。如期報海寧果以城降，上大喜，悉以欲刑之人俾公縱之。

張士誠平後，有張昶者欲亂政，上書稱頌功德，勸上宜及時爲樂。上以示公，公曰：「是欲爲趙高也。」上頷之。昶以爲發其奸也，而怨之，使齊翼巖等詷公陰事，欲陷焉，未及發而昶先事受誅。會司天臺灾，翼巖上書言事，欲以中公，而上洞其奸，切責翼巖，斬之，窮治黨與，盡得其與昶通謀狀。上不慊於丞相李善長，而憲使淩悦因彈之，公爲營救。上曰：「是數欲害汝，汝乃爲之地耶？汝之忠勳，足以任此矣。」公首觸地曰：「是如易柱，須得大木，若束小木爲之，將速顛覆。如臣駑鈍，尤非所堪。」上怒乃解。

洪武改元，上登大寶，拜公御史中丞。時定處州七縣税額，計臣謂比宋制畝加五合，上特命青田縣糧畝止五合，曰：「使劉伯温鄉里子孫世世爲美談也。」上幸鳳陽，使公居守。公志在澄清天下，上言宋元以來寬縱日久，當使紀綱振肅，而後惠政可施也，乃命憲司糾劾無所避。公因案中書省都事李彬不法事，罪當死，而李善長素善彬，請緩其事。公竟奏誅彬，由是與善長大忤，力請歸鄉里。臨行奏鳳陽雖帝鄉，非建都之地，王保保雖可取，然未易輕舉也。已而定西失利，王保保竟走沙漠。上益思公言，手詔敘公勳伐，召赴京師，同盟勳册。公至，賜賚甚厚，贈公祖公父爵，皆永嘉郡公。累欲晉公爵而公固辭不拜，上知其至誠，不强也。時上謀所相首楊憲，次汪廣洋，次胡惟庸，公皆謂不可。上乃曰：「是無逾先生矣。」公曰：「臣豈不自知？況臣疾惡太深，又不耐繁劇，爲之秖孤大恩耳。天下何患無才，願明主悉心求之。如目前諸人，臣誠未見其可也。」三年七月，授弘文館學士。十一月，進封誠意伯。四年正月，賜歸老於鄉。八月，上手書剋期問天象事，公條具以奏。大意謂霜雪之後，必有陽春。今國威已立，自宜少濟以寬。上嘉納之，以付史館。公所奏記，諸如此類，率焚其草，人莫得其詳也。

初甌栝間有隙地，曰談洋，界於福建之三魁。元末頑民嘯販私鹽，因挾方寇爲亂，久之不靖。公言於上，設巡檢司控之，而頑民猶復逆命。適茗洋逃軍周廣三反，吏匿不以聞。公令長子璉赴京奏之，不先白中書省，而逕詣上前。時胡惟庸主省事，怒其不白也，而重以舊怨，甚刑部尚書吴雲訹老吏訐公，謂談洋爲墓地而弗得也，而建議立司，以播遷居民，激之爲變。上素知公，置不問。又請逮璉置獄，復不許。於時非得上渥眷，公且族矣。比公入朝，惟引咎自責。先是，楊憲敗而相汪廣洋，未幾貶廣東，乃相惟庸。公大慼曰：「使吾言不驗，蒼生之福也。言而驗者，其如蒼生何？」遂憂憤增疾，蓋八年正月云。惟庸以醫來，飲其藥至再，有物積腹中，彭彭如拳石。公遽白上，而疾遂益篤。三月，上知公且不起，御製文，遣使馳驛送之歸。歸一月而薨。

公生至大辛亥六月十五日，薨於洪武乙卯四月十六日，享年六十有五。以是年六月葬於夏山之原。所著有《郁離子》十卷、《覆瓿集》二十四卷、《寫情集》四卷、《犁眉公集》五卷，皆傳於代。公初與同郡葉景淵、胡仲淵、章三益、金華宋景濂以德蓺相慕尚。至居官任政，則各行其志，俱以功名顯於世。而公與宋公又以文章爲當代稱首云。

公生平剛毅慷慨，有大節，每論天下安危，則義形於色。與人交，洞見肝腑，至義所不直，無少假借。雖親之者以此，而忌之者亦以此。惟上察其至誠，任以心膂，公以爲不世之遇，知無不言。每遇急難，勇氣奮發，計畫立就，儕輩莫能測也。累贊大功，上嘗臨朝稱之，公輒逡巡遜謝。家居惟飲酒弈棋，未嘗一齒前事。每天象有變，則累日不懌，蓋志念深矣。上天威嚴重，惟公抗言直議，不以利害自怵，上亦甚禮之，常稱爲老先生而不名，時曰：「吾子房也。」又曰：「居則每匡治道，動則仰觀乾象，以至讞獄審刑罰之中，議禮新國朝之制，運籌決勝，功寔茂焉。」又曰：「每於閒暇之時，數以孔子之言道予，是以頗知古意。」此其知遇之隆，世寧有儷哉？廷臣以過被譴，公密爲救解，其人知而謝之，輒拒不納，其人不知，卒亦未嘗言也。公之將薨也，以天書授璉，使服闋奏進。且戒之曰：「勿令後人習也。」復命仲璟曰：「胡惟庸在位，欲奉遺表，無益也。敗後，上必思我，倘有問，以遺疏密奏之。」其畧以修德省刑，祈天永命，且爲政寬猛如循環耳。諸形勝要害之地，宜與京師聲勢連絡，惟聖明留意。上益念之。

公初娶富氏，封永嘉郡夫人，繼陳氏，賜章氏。陳生子男二，長璉，由考功監

丞任江西參政，卒於官。次仲璟，授閤門使，賜除奸敵佞鐵簡侍朝，尋陞谷府左長史，提督肅遼慶寧代谷六王府軍務。成祖時死事，別有傳。公以中毒死，上深閔其冤，乃命長孫廌世襲伯爵，給之金書鐵券。後文皇帝北征沙漠，定鼎燕都，而廌子幼弱，不能赴闕，遂停禄爵。至景泰間，七世孫劉禄始授翰林院世襲五經博士。弘治間，九世孫劉瑜授處州衛，世襲指揮使，立祠本郡，蓋數用言者所請云。至嘉靖間，後納郎中李瑜下禮兵二部議。大畧曰：基當草昧之初，首識真主，金陵謁帝，動中機宜，觀其陳天命之有在，斥僞主爲不足事，舍安慶而徑拔九江，欸士誠而急攻友諒，江南大勢已定於此。其後屢從征伐，觀天察象，設策運籌，知無不言，言無不驗，仰副順天應人之舉，翊成用夏滅夷之功。我高皇帝延攬豪俊，創造丕圖，雖一時佐命之臣並執宣翼，而贊畫帷幄之奇謀，恢復中原之大計，往往屬之基。故在軍有子房之稱，剖符發孔明之喻，功臣廟廡，既圖其跡，青田邑租，復減其科。推基之功於國家，豈有量哉？蓋思創造之難，則當隆佐命之恩；修社稷之功，則當篤延世之賞。況翊運開基，勳業炳烈，如基者哉！」奏上，報允。遂進公配享於太廟，乃復瑜伯爵，世世承襲焉。公臨終，戒子孫毋仕，且不利，九世方興。至今若合左券云。

徽鄉里後進，伏讀功臣翊運諸録，而景公之勳烈。讀《郁離子》諸集，而慕公之文章，夜旦皇皇，恒思執鞭而不可得。玆其孫世延萬厲操尚，繩其祖武，恐芳懿之不彰也，而繆以隧道之碑見屬。即不文，庸何敢辭？銘曰：

於惟掌書，樂善好施，雨雪分餉，閭閈稱慈。無辜被録，百千其徒，何以拯之，爰火其居。我也無棲，人則釋誅，蔦生孫子，爲時鉅儒。武緼韜鈐，文富詩書，璣衡洞燭，囊括寰區。元失其馭，四國卒痡，如鼎斯沸，莫赤匪狐。迺有真主，應天受符，間關草昧，翼龍以飛。運籌帷幄，以張以弛，天牖其衷，人罔攸窺。羣雄竊據，次第芟除，大命既集，戎胡卒逋。帝曰汝功，汝侯汝公，公曰天眷，微臣曷庸。功成身退，從遊赤松。帝寵其直，人嫉其忠，奄殞非命，實恫帝衷。舟書錫爵，賞延不窮，厥惟胤子，忠考彌崇。均輸大節，益闡丕風，嗣傳式微，謂天瞢瞢。爰有封章，頻籲九重，哲后攷德，宗工記功。迺集廷議，報稱宜隆，侑享太廟，俎豆春容。君臣一體，祀典攸同，於萬斯載，嗣續公封。百爾圭裳，胥慶厥逢，公文日星，公烈華嵩。既載旂常，亦銘鼎鍾，孰是不師，孰是不共。況也梓里，奕世其風，渺予小子，夙夜欽崇。不腆者詞，曷賁玄宮，庶托貞珉，光昭罔終。

皇明隆慶元年歲次丁卯春二月望日。

《明名臣琬琰録》卷七黄紀善《誠意伯劉公行狀》　公諱基，字伯温，世爲括蒼人。年十四，入郡庠，從師受《春秋》經。人未嘗見其執經讀誦，而默識無遺。習舉業，爲文有奇氣，決疑義皆出人意表。凡天文、兵法諸書，過目洞識其要。講性理於復初鄭先生，聞濂洛心法，即得其旨歸。先生大器之，乃謂公父曰：「吾將以天道無報於善人，此子必高公之門矣。」後應進士舉，授江西瑞州府高安縣丞。揭文安公曼碩見公，謂人曰：「此魏徵之流，而英特過之，將來濟時器也。」公在燕京時，間閱書肆有天文書一帙，因閱之，翊日即背誦如流。其人乃大驚，欲以書授公。公曰：「已在吾胸中矣，無事於書也。」

之官以廉節著名，發奸摘伏，不避强禦，爲政嚴而有惠愛，小民自以爲比慈父，而豪右數欲陷之。時上下咸知其廉平，卒莫能害也。新昌州有人命獄，府委公覆檢，案覈得其故殺狀，初檢官得罷職，罪其家。衆倚蒙古根脚，欲害公以復讐。江西行省大臣素知公，遂闢爲職官掾史，以讜直聞。後於幕官議事不合，遂投劾去。隱居力學，至是而道益明。後爲江淛儒學副提舉，爲行省考試官。頃之建言監察御史失職事，爲臺憲所沮，遂移文決去。嘗遊西湖，有異雲起西北，光映湖水中。時魯道原、宇文公諒諸同遊者皆以爲慶雲，將分韻賦詩。公獨徒飲不顧，乃大言曰：「此天子氣也，應在金陵，十年後有王者起其下，我當輔之。」時杭城猶全盛，諸老大駭，以爲狂，且曰：「欲累我族滅乎？」悉去之。公獨呼門人沈與點置酒亭上，放歌極醉而罷。時無能知者，惟西蜀趙天澤知公才器，以爲諸葛孔明之流，嘗作文以期之。

方谷珍反海上，省憲復舉公爲浙東元帥府都事。公即與元帥納琳哈剌謀築慶元等城，賊不敢犯。及特哩特穆爾左丞招諭方寇，復辟公爲行省都事，議收復。公建議招捕，以爲方氏首亂，掠平民，殺官吏，是兄弟宜捕而斬之，餘黨協從詿誤，宜從招安議。方氏兄弟聞之懼，請重賂公，公悉却不受，執前議益堅。特哩特穆爾左丞使其兄子省都鎮，猶以公所議請於朝。方氏乃悉其賄，使人浮海至燕京，省院臺俱納之，準招安，授谷珍以官。乃駁公所議，以爲傷朝廷好生之仁，且擅作威福，罷特哩特穆爾左丞輩，羈管公於紹興。公發憤慟哭，嘔血數升，欲自殺。家人葉姓等力沮之。門人密拉薩巴曰：「今是非混淆，豈公自經於溝瀆之時耶？且太夫人在堂，將何依乎？」遂抱持公，得不死，因有痰氣疾。是後方氏遂横莫能制，山穴皆從亂如歸。

公在紹興放浪山水，以詩文自誤。時與好事者遊雲門諸山，皆有記。行省

復以都事起公，招安山寇吳成七等，使自募義兵。賊拒命不服者，輒擒誅之，署定其地。復以爲行樞密院經歷，與行院判舒穆嚕宜孫守處州，安集本郡。後授行省郎中，經畧使李國鳳巡撫江南諸道，採守臣功績，奏於朝。時執政者皆右方氏，遂置公軍功不録，由儒學副提舉格授公處州路總管府判。諸將聞是命下，率皆解體。勑書至日，於中庭設香案，拜曰：「臣不敢負世祖皇帝。今朝廷以此見授，無以宣力矣。」乃棄官歸田里。時義從者俱畏方氏殘虐，遂從公居青田山中。公乃著《郁離子》。客或説公曰：「今天下擾擾，以公才畧，據括蒼，併金華，則越可折簡而定，方氏將浮海避公矣。因畫江守之，此勾踐之業也。舍此不爲，欲悠悠安之乎？」公笑曰：「吾平生忿方谷珍、張士誠輩所爲，今用子計，與彼何殊耶？天命將有歸，子姑待之。」

會上下金華，定括蒼，公乃大置酒，指乾象謂所親曰：「此天命也，豈人力能之耶？」客聞之，遂亡去。公決計趨金陵，衆疑未決，母夫人富氏曰：「自古衰亂之世，不輔真主，詎能獲萬全計哉？」衆乃定。或請以兵從，公曰：「天下之事在吾之所輔者，爾奚以衆爲？」乃悉以衆付其弟陸，陴家人葉性、朱佑等參掌之。且曰：「善守境土，毋爲方氏所得也。勿憂我。」適總制官孫炎以上命遣使來聘，公遂由間道詣金陵，陳時務策一十八欵，上從之。會陳氏入寇，獻計者或謀以城降，或以鍾山有王氣，欲奔據之，或欲決死一戰，不勝而走，未晚也。公獨張目不言。上召公入内。公奮曰：「先斬主降議及奔鍾山者，乃可破賊爾。」上曰：「先生計將安出？」公曰：「如臣之計，莫若傾府庫，開至誠，以固士心。且天道後舉者勝。宜伏兵伺隙擊之，取威制敵，以成王業者，在此時也。」上遂用公策，乘東風發，伏擊之，斬獲凡若干萬。上以克敵之賞賞公，公悉辭不受。中書省設御座，將奉小明王，以正月朔旦行慶賀禮。公大怒，罵曰：「彼牧竪爾，奉之何爲？」遂不拜。適上召公，公遂陳天命所在。上大感悟，乃定征討之計。遂攻皖城，自昏達旦不拔。公以爲宜逕拔江州，上遂悉軍西上。陳氏率其屬走湖廣，江州平。

上使都督馮勝將兵攻某城，命公授方畧，公書紙授之，使夜半出兵，云至某所見，某方青雲起，即伏兵。頃有黑雲起者，是賊伏也，慎勿妄動。日中後黑雲漸薄回與青雲接者，此賊歸也，即銜枚躡其後擊之，可盡擒也。衆初莫肯信。至夜半詣所指地，果有雲起如公言。衆以爲神，莫能違，竟拔城擒賊而還。王漢一以饒、信降，上命公撫之。陳氏洪都守將胡均美使其子約降，諸禁止若干事。上初有難色，公自後踢所坐胡牀，上意悟，許之，均美遂以城降。

初公聞母富氏喪，悲慟，欲即歸。上以書慰留之，期以成功。公不得已，遂從征伐。至是辭歸，上遣禮官伴送，累使吊祭，恩禮甚厚。時苗軍反金華、括蒼，殺守將胡大海、耿某、孫炎等，衢州或謀翻城應之。守將夏毅懼無所措，會公至，即迎入城。一夕定之，公即發書金、處屬縣，諭以固守所部，遂同邵平章諸軍克復處城，擒苗帥賀某、李某，處州平。公至家，營葬事時，語所親以上必當有天下之狀，於是鄉里及隣附郡縣翕然心服。方氏雖據温、台二郡，其士大夫皆仰公如景星慶雲，其小民亦未嘗不懷公之舊德也。方氏素畏公名，時遣人致書奉禮。公不敢受，使人白於上。上因令公與通問。公因宣國家威德，方氏遂納士入貢。上時使人以書訪軍國事，公即條答，悉合機宜。

某年月日，公赴京，道經建德，今嚴州也，適張氏入寇。時曹國公守建德，欲奮擊之。公乃使勿擊。曰：「不出三日，賊當自走。追而擊之，此成擒也。」比三日黎明，公登城望之，曰：「賊走矣。」衆見其壁壘旗幟皆如故，且聞嚴鼓聲，疑莫敢輕動。公趣使疾進。兵至，則皆空壘，擊鼓者乃所掠老弱耳，遂窮追。賊迸去，至東陽，悉擒之以還。公遂至京。

時陳友諒據湖廣，張士誠據浙西，皆未下。衆以爲蘇湖地肥饒，欲先取之。公曰：「張士誠自守賊耳。陳友諒居上流，且名號不正，宜先伐之。陳氏既滅，取張氏如囊中物耳。」會陳氏復攻洪都，上遂伐陳氏。因大戰於彭蠡湖，勝負未決。公密言於上，移軍湖口，期以金木相犯日決勝。上皆從之，陳氏遂平。上還京，定計取張士誠，因定中原，拓土西北，公密謀居多。上或時至公所，屏人語，移時乃去。雖至親密，莫知其由。以公爲太史令。一日，公見日中有黑子，奏曰：「東南當失一大將。」時參軍胡深伐福建，果敗。後他日公見上，上方欲刑人。公曰：「何爲？」上語公以所夢。公曰：「是衆子頭上有血，以土傅之。得土，得衆之象，應在得夢時。三日當有報至。」上遂留所欲刑之人以待之。二日後，海寧以城降，果如公言至。上大喜，悉以所留人俾公縱之。某年月日，熒惑守心，羣臣皆震懼。公密奏上宜罪己，以回天意。次日，上臨朝，即以公語諭羣臣，衆心始安。後大旱，上命公諗滯獄，凡平反出若干人，天應時雨。上大喜。公因奏請，宜立法定制，上從之。

張士誠平後，張昶欲亂政，乃使人上書，稱頌功德，勸上宜及時爲娛樂。上以示公，公曰：「是欲爲趙高也。」上頷之。昶色動，知公得其情也，乃使齊翠巖

時伺察公陰事,欲陷之。未及發,而袒先事受誅。及司天臺災,翼巖因爲書言之於上。其事多公平日密聞於上,或上使爲之者,翼巖未之知也。書奏,上切責翼巖,斬之,遂治黨與,盡得其與袒通謀狀。上適以事責丞相李善長,憲使淩悦因彈之。公爲上言李公舊勳,且能輯和諸將。上曰:「是數欲害汝,汝乃爲之地耶?汝之忠勳,足以任此。」公叩頭曰:「是如易柱,必須得大木然後可。若束小木爲之,將速顛覆。以天下之廣,宜求大才勝彼者。如臣駑鈍,尤不可爾。」上怒遂解。

洪武元年正月,上登大寶於南郊。公密奏,立軍衛法,外人無知者。拜御史臺中丞。適中丞章公溢奏定處州七縣税糧,比宋制畝悉加五合。上特命青田縣糧止作五合起科,餘準所擬。且曰:「使劉伯温鄉里子孫世世爲美談也。」或言有殺運三十年。公慨然曰:「使我任其責者掃除弊俗,一二年後寬政可復也。」上幸鳳陽,使公居守。公志在澄清天下,乃言於上曰:「宋元以來,寬縱日久。當使紀綱振肅而後惠政可施也。」乃命憲司糾察諸道,彈劾無所避。公案劾中書省都事李彬侮法等事,罪當死。丞相李善長素愛彬,乃請緩其事。公不聽,遣官賫奏詣行在。上從公議,處彬死刑。公承旨斬之,由是與李公大忤。上回京,李公愬之。公乃求退,上命歸鄉里。公奏曰:「鳳陽雖帝鄉,然非置都之地。王巴拜雖可取,然未易輕也,願聖明留意焉。」遂辭歸。後定西失利,王巴拜竟走沙漠。

上手詔叙公勳伐,且召公赴京師,同盟勳册。公至京師,上賚賜甚厚,追贈公祖父爵皆永嘉郡公,累欲進公爵。公曰:「陛下乃天授,臣何敢貪天之功?聖恩深厚,榮顯先人,足矣。」遂固辭,不敢當。上知其至誠,不强也。上欲相楊憲,公與憲素厚,以爲不可。上怪之。公曰:「憲有相才無相器。夫宰相者,持心如水,以義理爲權衡而已,無與焉者也。今憲不然,能無敗乎?」上曰:「汪廣洋何如?」公曰:「此褊淺,觀其人可知。」「胡惟庸何如?」公曰:「此小犢,將僨轅而破犁矣。」上曰:「吾之相無愈於先生。」公曰:「臣非不自知。但臣疾惡太深,又不耐繁劇,爲之且孤大恩。天下何患無才?願明主悉心求之。如目前諸人,臣誠未見其可也。」三年七月,授弘文館學士。十一月,進封誠意伯。四年正月,賜歸老鄉里。二月,至家,遣長子璉捧表詣闕謝恩。某年某月,復遣璉進賀《平蜀表頌》,上仍以文答之。八月,上使尅期以書手問天象事,公悉條答。其大意以爲霜雪之後,必有陽春。今國威已立,自宜少濟以寬。書奏,上悉以付史館。其書藁並已前奏請諸藁,公皆焚之,莫能得其詳也。

初,公言於上,甌括間有隙地曰談洋,及抵福建界曰三魁,元末頑民負販私鹽,因挾方寇以致亂,累年民受其害,遺俗猶未革,宜設巡撿司守之。上從之。及設司,頑民以其地係私産,且屬温州界,抗拒不服。適茗洋逃軍周廣三反,温處舊吏持府縣事,匿不以聞。公令長子璉赴京,奏其事,逕詣上前而不先白中書省。時胡惟庸爲左丞,掌省事,因挾舊忿,欲構陷公。乃使刑部尚書吴雲誅老吏訐公,乃謀以公欲求談洋爲墓地,民弗與,則建立司之策,以逐其家,庶幾可動上聽,遂爲成案以奏。賴上素知公,置不問。省部又欲建公長子獄。上時已勅璉歸,及奏,上曰:「既歸矣,免之。」公入朝,惟引咎自責而已。先是,楊憲敗後,汪廣洋爲丞相,未幾而貶廣東,乃相惟庸。公乃大慼,嘗謂人曰:「使吾言不驗,蒼生之福也。言而驗者,其如蒼生何?」遂憂憤而舊疾愈增。洪武八年正月,胡丞相以醫來視疾,飲其藥二服,有物積腹中。姬卷石遂白於上,上亦未之省也。自是,疾遂篤。三月,上以公久不出,遣使問之,知其不能起也。特御製爲文一通,遣使馳驛,送公還鄉里。居家一月而薨。

公生於至大辛亥六月十五日,薨於洪武乙卯四月十六日,享年六十五歲。公之子璉、仲璟,以是年六月某日葬公於其鄉夏山之原,禮也。遺文《郁離子》十卷、《覆瓿集》二十四卷、《寫情集》四卷。長子璉又集所遺文稿五卷,名曰《犁眉公集》。娶富氏,封永嘉郡夫人,繼室陳氏、章氏。子男二人,長璉,由考功監丞任江西參政,卒於官。次仲璟,皆陳氏出。已女二人,孫男三人,廌、虎、豹,孫女三人。公未薨前數日,乃以天文書授璉,使俟服闋進。且戒之曰:「勿令後人習也。」復命次子仲璟曰:「胡惟庸必敗,我欲奉遺表無益也。日後上必思我,待有問,當密爲我奏。」其畧以爲修德省刑,祈天永命,且爲政寬猛如循環耳。諸形勝要害之地,宜與京師聲勢相連絡,幸聖主留意。

公生平剛毅慷慨,有大節。每論天下安危,則義形於色。然與人交遊,開心見誠,坦蕩無間阻。至於義所不直,無少假借,雖親之者以此,而忌之者亦以此。惟上察其至誠,任以心膂,公亦以爲不世之遇,知無不言。每遇急難,勇氣奮發,計畫立就,外人莫能測其機。累贊上成大功,上嘗臨朝稱之,公輒逡巡不敢當。家居惟飲酒弈棋,未嘗自言其功。每天象有大變,則累日不樂。凡公以天下蒼生休慼爲憂喜者,即此可知矣。上天威嚴重,惟公抗言直議,不以利害怵其中,上亦甚禮公,常稱爲老先生而不名。又曰:「吾子房也。」廷臣或有過失得譴者,

公密爲救解而免。其人或知而詣公謝者，則拒不納。其人不知，亦未嘗爲人言也。其居鄉里，守禮義，尚節儉，多陰德，不以富貴驕人。公初與同郡葉公景淵、胡公仲淵、章公三益、金華宋公景濂同出處，有通家之好。至於居官任政，則各行其志，俱以功名顯於世。而公與宋公又文章爲當代首稱云。

伯生辱在同郡，預諸生列，於公子璉、仲璟相知最深。今公薨，而璉没，仲璟與璉之子廌請録公遺事。因輯平昔所聞大畧爲行狀。至於皇上知人之明，倚注之重，公之遭遇感激，以天下公議輔人主者，觀綸綍之文，考成效之績可見矣。其籌策帷幄，有不能盡詳者，亦不敢强質也。

雜録

備録

佚名《國初禮賢録》 上使都督馮勝將兵攻某城，命劉基授方略。基書紙授之，使夜半出兵，云至某所見某方青雲起，即伏兵，頃有黑雲起者，是賊伏也，慎勿妄動。日中後，黑雲漸薄而回與青雲接者，此賊歸也，即銜枚躡其後擊之，可盡擒也。衆初莫肯信，至夜半詣所指地，果有雲起如基言，衆以爲神，莫敢違，竟拔城擒賊而還。

陳氏洪都守將胡均美使其子約降，請禁止若干事，上初有難色，劉基自後踢所坐胡牀，上意悟，許之，均美遂以城降。

姚福《清溪暇筆》 太祖一日問劉基曰：「我朝文章何人爲首？」基對當以宋濂爲第一。又問其次，乃曰：「其次則臣不敢多讓。」

王文禄《龍興慈記》 劉伯温見西湖五色雲起，知爲天子氣，應在東南，微服以卦命風鑑遊江湖，間密訪之。先至會稽王冕家，與之閒行竹林中，潛令人放砲，冕聞響而驚，嘆曰膽怯。往海昌賈銘家，時新建廳堂精潔，唾汙之，銘出見，命拭去，嘆曰量小。遂往臨淮，見人人皆英雄直諒，屠販者氣宇亦異，買肉討饒即大斫一塊與之，算多王侯貴人命，嘆曰：「天子必在此也，不然何從龍者之衆邪？」晚得聖祖，知真命天子，遂深結納之，許定大計，後薦聘起者，明出之以正也。少時讀書寺中，僧房有一異人，每出神去，鎖門或一月半月，偶有北來使客，無房可宿，見此空房，擊開之，曰：「此人死矣，可速焚瘞，我住之。」僧不能禁，遂焚之，其人神返，身已焚，無復可生，每夜叫呼曰：「我在何處？」基知之，開窻應曰：「我在此。」神即附之，聰明增前數倍，天文兵法一覽洞悟，翊運爲謀臣之冠也。

焦竑《玉堂叢語》卷五 劉誠意年十四入庠，從師受《春秋》經，人未嘗見其執經讀誦，而默識無遺。習舉業，爲文有奇氣，決疑義，皆出人意表。凡天文、兵法諸書，過目洞識其要，講理性於復初鄭先生，得濂洛心法，先生大器之。元揭傒斯見而奇之，曰：「此魏徵之流，而英特過之，濟時器也。」黄伯生撰行狀。【略】

劉誠意凡遇廷臣有過失得譴者，密爲救解而免，其人或知而詣公謝者，則拒不納，其人不知，亦未嘗爲人言也。【略】

劉基陳時策一十八款，上從之。會陳氏入寇，獻計者或謀以城降，或以鍾山有王氣，欲奔據之，或用決死一戰，不勝而走，未晚也。基獨張目不言。上召基入內，基奮曰：「先斬主降議及奔鍾山者，乃可破賊爾。」上曰：「先生計將安出？」基曰：「如臣之計，莫如傾府庫，開至誠，以固士心。但天道後舉者勝，宜伏兵伺隙擊之，取威制敵，以成王業，在此時也。」上遂用基策，乘東風，發伏擊之，斬獲凡若干萬。上以克敵之功賞基，悉辭不受。

焦竑《玉堂叢語》卷七 上欲刑人，劉基曰：「何爲？」乃語以所夢，基曰：「三人頭上有血，此衆字也。以土傅之，得土得衆之象也，後三日當有驗。」越三日，海寧果以城降。上大喜，悉以所留刑者俾基縱之。

焦竑《玉堂叢語》卷八 劉青田讀書青田山中，忽見石崖豁開，公亟趨之，聞有呵之者，曰：「此中毒惡，不可入也。」公入不顧。其中別有天日，見石室方丈，周迴皆刻雲龍神鬼之文，後壁正中一方，白如瑩玉，刻二神人相向手捧金字牌，云：「卯金刀，持石敲。」公喜，引巨石撞裂之，得石函，中藏書四卷，懷出，壁合如故。歸讀之，不能通其辭。乃多遊深山古刹，訪求異人，至一山室中，見老道士馮几讀書，公知其非凡人也，再拜懇請，道士舉手中書，厚二寸許，授公，約旬日能背記乃可受教，不然無益也。公一夕記其半，道士歎曰：「大才也。」遂令公出壁中書，道士覽之，笑曰：「此書本十二卷，以應十二月，分上中下，以應三才。此四卷，特其粗者，應人事耳。」乃閉門講論，凡七晝夜，遂窮其旨。公拜請益，道士笑曰：「凡天人授受，因材而篤。昔子房、孔明竝得其六，予得其八，今子得其四，亦足以澄清濁世矣。」嗟乎，自古異人經世，皆有所授，獨子房授素書於黄石，

其事大著，餘多祕不聞，夫豈偶然之故哉。

梁維樞《玉劍尊聞》卷六　基字伯溫，青田人，應進士舉，授高安縣丞。間閱書肆有天文書，因閱之，即背誦如流。歷江浙儒學副提舉，移文去，隱居力學。嘗遊西湖，有異雲起西北，諸同遊者以爲慶雲，基大言曰：「此天子氣，應在金陵。」時無能知基者，惟新都趙天澤深奇預識，以爲孔明之流。

備論

劉基《劉文成公全集》卷首羅汝敬《覆瓿集》序　大明太祖高皇帝受天明命，奠安華夷，二十年間，殄僞漢，殲强吳，汛掃腥膻，廓清寰宇，復先王之疆理，開萬世之太平，是雖熊羆貔虎之士，相與竭股肱，奮威武，以佐神功，抑亦贊襄廟謨，運籌帷幄之中有其人也。若栝蒼劉先生伯溫，真其人乎？

先生諱基，始以文學上謁於金陵。知我聖祖之克典神天也，即委心聽命，遂成鼎定功，累官太史令兼太子贊善大夫，歷御史中丞，遷弘文館學士，卒拜誠意伯。蓋匹休伊吕者幾二十年。今既九京不作，後進之士景休風仰末照，幸先生之文章猶有存者耳。先生之作有《郁離子》，有《春秋明經》，有《犁眉》、《覆瓿》諸集，壽諸梓者久矣。惟《覆瓿》一編，未有序之者。其孫刑部照磨貊間以囑余。嗟夫！先生之心志於道，先生之道著於文。人皆知先生之事高皇帝能盡其心，不知太祖高皇帝知先生於儒人中者以其心；人皆知先生之文，而又不知天以先生輔佐聖神肇建鴻圖者唯在於道。然則是編也，將以五味之藏飯斯民於飢頓顛踣者也，覆瓿云乎哉！

劉基《劉文成公全集》卷首李時勉《犁眉公集》序　《犁眉公集》者，開國功臣誠意伯劉先生既老所著之作，故取此以爲號云。先生自少穎敏，既長，於書無所不讀，凡天文、地理、陰陽、卜筮、諸子百家之言，莫不涉獵。元末登第，爲瑞之高安縣佐。縣耆老有稍知天文術數之學者，而其書甚具，先生召與之語。其人曰：「公既聰明絶人，而器識宏遠，當爲一代偉人，吾書盡以相付。」先生遂得究觀其說，而領其要。世亂，棄官家居。洎我太祖高皇帝渡江，先生知爲真主也，應召輒出，佐興大業。及其功成名遂，引身而退，卒以壽終，而其術亦不傳。嗚呼！公之出處進退，比之子房，豈不明白正大，偉然大丈夫之所爲哉？予嘗觀於先生，非惟其勛業冠絶前古，而文章亦足以垂世，而莫之與並也。是故其仁義積中，發而爲言，可以方駕古人者，則於《郁離子》見之。傷今悼古，牢籠百態，可以超邁當世者，則於《覆瓿集》見之。若夫優遊閒雅，托興微婉，而有以盡其自得之趣者，則於是編見之。其氣壯，故其辭雄渾而敦厚；其學博，故其辭深宏而奥密；其志忠，故其辭感激而切直；其行廉，故其辭蠲潔而清勁。吁！古今之能以勛業文章並顯於當時，而垂耀於後世，若先生者幾何人哉？先生雖没，而有不没者存，其在此也歟！

劉基《劉文成公全集》卷首李本序　余觀載籍，代有開創之君，必有佐命之臣，運籌定計，應機料敵，稱豪雄矣。而或歉於文學，呈華炫奇，開新啓昧，稱儒碩矣，而無裨於武功。兼此二長，世不恒有，其惟我國朝誠意伯劉公者其人乎？

公諱基，字伯溫，浙之青田人。有命世豪傑之才，一遇聖主，杖策從之，輒許以大計。殄漢殲吳，混一六合，公密贊之功，在開平、武寧之先，灼灼可睹也。而其文章議論，或宣於朝，或藏於家，大篇短章，無慮千百種，則與宋學士、王待制等。夫我皇祖之興，恢萬世帝王之故疆，開一代文明之景運。當時文武佐命之勳可謂盛矣。自今觀之，傳世之文，宋、王號爲最著。二人者，職專文學，固其常耳。開平、武寧諸臣勞在宗社，澤及孫子，世世誦功，與國同休，而傳世之文概未之聞也。兼二者之長，武功文治，咸賴焉，卒莫有並於公者。讀其文，論其事功，想見其人，乃知聖主之生也不數，名佐之生也亦不數。阿衡佐商，厥有伊訓；尚父造周，且著丹書。歷千百年而一再見者，公其庶幾矣哉！

劉基《劉文成公全集》卷首楊守陳序　嗟乎！自昔夷主華夏，不過擅一隅，腥數載耳。惟元奄四海而垂八紀，極弊大亂，開闢以來，未有也。公以命世豪傑之才，出佐我高皇，剪羣雄，混六合，掃百年之胡俗，復三代之華風，其讜言谹議，牖道天衷，偉略奇謀，指授羣帥者，鼎彝勒之，汗青書之，四方尚能道之。方其未遇也，鬱積感憤，發之文辭，若四嶽之出雲無窮；若公輸之營衆宇，各盡其制；若孫武子之師，戈甲蔽野，而不聞喑嗚叱咤之聲；若大海浩漾中，畜虬螭、鮔鰽、鼋鼍之屬，覩者駭愕而莫能名。然皆載道之航輪，濟世之粱帛，時已傳誦之。及達，而施之朝廟，播之華夷，垂之百世之下，焯乎不可朽也。三代之英，卓矣。漢以降，佐命元勳，多崛起草莽甲兵間，諳文墨者殊鮮。子房之策不見辭章，玄齡之文僅辦符檄，未見樹開國之勳業，而兼傳世之文章如公者。公可謂千古之人，豪矣！而世或疑其仕元，或獨稱其觀象者，是猶訾伊尹之五就，知周公止於才藝

而已，不已陋乎！三御史之重鋟茲集，蓋高山景行之志也。守陳之序，居培塿而論嵩岱，持土苴而實之夜光朝采之上，可乎哉！

廖道南《殿閣詞林記》卷六　廖道南曰：「予觀《誠意伯集》，慨然激嘆，以爲有子房之風。及誦我聖祖之言，亦曰：『吾子房也。』夫子房椎擊沙中，何異於伯温之憤方氏也？伯温受天文於鄧祥甫，又何異於圯上老人之三畧哉？漢之元功大封，子房願封留足矣。乃辟穀導引，明哲保身，始神黄石之術，終從赤松之游。《易》曰：『介如石，不終日，貞吉。』何其智也。而伯温乃徘徊容與，雉罹於羅，象以齒焚，豈其忠於國而弗智於身耶？彭韶贊曰：『治淪於弱，曷仕於時。爰歸盛德，仕止乃宜。就桀就湯，節義奚虧。大哉王佐，燭物炳幾。運籌制勝，翼龍以飛。昭回制作，文章是咨。允爲宗臣，爾爵爾祠。』」

鄭曉《吾學編・皇明名臣記》卷一　公剛毅，慷慨有大節，論天下安危，義形於色。與人交，開心見誠，至義所不可無少假借。上察公誠，任以心膂，公自謂不世之遇，知無不言，每遇急難，勇氣奮發，計畫立就，人莫能測其機。家居飲酒弈棊，未嘗言功。上天威嚴重，惟公抗言直議，上亦禮重公，常稱爲老先生不名，又曰：「卿吾子房也。」公與同郡葉琛、胡深、章溢、金華宋濂友善，同出處，各行其志，並以功名顯於世，公與濂文章尤著。楊文懿公曰：子房不見詞章，玄齡僅辦符檄。公勳業造邦，文章傳世，可謂千古人豪。或疑公逮仕胡元，專門象數，何異砦伊尹之屢就，限周公之多才也。

袁袠《皇明獻實》卷二　袁袠曰：「孟軻有言，五百年必有王者興，其間必有名世者。信矣哉，如劉公者，其卓然名世者乎？方其不卑小官，以鴻漸之翼，困於燕雀，其與五就桀者何異？及既佐真主，謀謨帷幄，言行計從，歡若魚水，子房之於高祖，孔明之遇先主，不足稱也。觀其先楚後吴，決成敗於一言，定皇業於呼吸，大矣哉王佐之才，其伊吕之儔歟？功成身退，希赤松之辟穀，慕陶朱之遠遊，可謂既明且哲者矣。而卒困於胡惟庸之口，向非高皇之明，危矣哉！《詩》曰：『讒人罔極。』又曰：『貪人敗類。』吁！可畏也夫。」

王世貞《弇州山人續稿》卷八五　弇州外史曰：「世以誠意伯多帷幄契，又善天官家言，相率爲神鬼之説，傳之往往過實。天官家言，誠巧合命中矣。然不明其所繇授，死而上之中秘，雖其家亦無習者。世所傳皆謬，以故余盡絀之不録。大較誠意伯之爲人，磊落慷慨，不愛其奇，以佐英主，男子哉！至明哲保身之微，視少伯、子房小讓矣。百餘年而人主思之，三推德而復故封，抑何篤厚也？同誠意伯薦者，章溢亦至御史中丞，著績方面。葉琛守洪都死事，宋濂爲學士承旨，掌故侍從有聲。基之文與濂埒，而材過之。」

李贄《續藏書》卷二　李禿翁曰：「公中忌者之毒，以太直故，晚而上之顧寖薄，以剛故。其不肯爲子房之和光同塵，曲己藏身，明矣。此其人品識見，實居留侯之前，而世人惑於聞見，反以公爲不逮子房，非也。一進一退，自有定數；一勝一負，自有定時，而況於生死大事也。迷者俟命而行，達人知天已定。公既精曉天文，安有不知己之死日在洪武八年，而已死之年僅六十又五也？今觀公之封天文祕書以授子璉也，且責令璉亟上之矣。又爲書以授次子仲璟，而曰：「必待惟庸敗後乃可密開。」至十三年，上竟誅惟庸，累坐夷滅者數萬。果思公言，召璉而拜官，遂卒。孫廌繼之，襲封誠意伯，增禄五百石，且予世券。公一時剛直之所貽也，不可以觀乎？而仲璟復奏公遺疏，拜閤門使，璉與廌咸卒於洪武二十五年之前，而仲璟獨著節於靖難之後。公爲開國功臣第一，仲璟爲靖難忠臣，世濟其美，孰謂公之獨授書於仲璟也爲無意哉？故曰：「皆天也。」公唯知天而已，不然，何貴於知天文？

沈節甫《紀録彙編》卷九七　逸史氏曰：「吾幼時聞諸長老劉誠意事奇怪甚，不録，録其大都於蘇平仲狀取節焉。既成，讀而歎曰：『天其巧合世哉！夫古稱豪傑勇智士，不相用，則角也。夫角曷以全？誠意三仕元，獻策不用，罷迺歸我太祖。是元遺太祖以誠意，不使角而使爲用也。嗚呼巧哉！或謂誠意類留侯，其籌策縱横無愧焉，至出處大節遠矣。』」

胡應麟《少室山房集》卷一〇六《題劉青田集後》　戰國後，無子書矣。東西京文賦特盛，而子書遠非先秦埒。異哉！青田之《子郁離》也，奇氣瑰藻，絶唐宋，越兩都，翩翩然周末抗衡焉。殆天授，非人力也。高皇帝載造區宇，問文八荒，郁離哉！彼符赤伏者陋甚矣。迺青田之爲他文，體格卑卑，元末無纖殊。故曰：「殆天授，非人力也。」而嘉隆之際，短長復出，於明明之盛至此乎！噫。

何喬遠《名山藏》卷五八《臣林記・劉基》　郎曰：世言誠意伯讀書山中，山石忽裂，伯竄入其中，取出《陰符經》，其後多驗用。伯死，遺令燔屍揚灰，皆謾誕不足信。及觀世所傳基，竊怪基以名世才佐高帝，五百年之會，不合徒多畸略小謀，取屢中而已。予居京師，得與伯九世孫志學游。爲余言，伯所佐高帝，皆廣論大義。志學言其家有諸父，年九十餘，具述如此，因稍采而兼存焉。伯奇智先占，而不免胡丞相之毒，何也？跡其明哲保身，視子房讓矣。至文治武畧，求

古佐命之臣，可謂兼焉。

朱國禎《皇明開國功臣傳》卷三　朱史氏曰：誠意神謀閎策，隱見於亂世，遇合於真主，天意實然。指畫張陳形勢，與中都北寇，若卜相諸事，即留侯、諸葛，何以過焉？必坐之曰術。術，平天下，其爲術也，孰大於是？夫爲元進士則忠於元，爲元逐臣則養晦俟時，佐成大聖人事業。伊尹之去就，千古迥合。非常之人，非常之事，拘儒安能測識？漢高，豪傑也。恢廓多大度，又數困兵，而湛於色，易與，故留侯可以托赤松之遊，總不失柔道本色。我太祖豪傑而聖賢也，經綸密察，運天下於掌上，嚴束諸將相，喜任事，惡避事，多疑難犯。誠意聞謗，挺身歸命，僅得自完。若一有所托，要領即分，家族滅矣。六爻皆剛，終克有濟。嗟乎！周孔而後，歷代佐命，只此數人。弇州既以出處訾誠意，温陵推而居留侯之前。又言知天文，不能知胡惟庸之毒死，筆端頓挫，各一見解自喜，要非定論。姑舍是，使並稱絶世之奇，可乎？

唐鶴徵《皇明輔世編》卷一　太常氏曰：「世咸以劉文成儗張文成，即高皇亦謂爲吾之子房，弇州獨以明哲少之。余嘗謂張文成叩而後應，迫而後起，苟可袖手，不難旁觀。劉文成知無不言，亦無不爲，即處嫌怨，不復顧忌。其作用故相懸矣。張文成師道也，出世之學也。故其言曰：『掉三寸舌，爲帝者師。』劉文成臣道也，經世之學也，故其言曰：『十年後有英主出，非我誰名？』世者各有攸當焉。雖然，使張文成而不遇圯上老人，亦一劉文成而已。當時識者以魏玄成許之，良有見也。要之以爲其身，吾從張；以爲其君，吾從劉乎？少以圯上之教濟之，身名其兩全矣。」

查繼佐《罪惟録》列傳卷八　論曰：至正辛卯而後，論元臣從違，宜有變格。準以《春秋》大義，義在用夏，原非畔經。弇州必以余闕例誠意，猶未審於砥運之大矣。義帝不終，漢高得以名誅項氏。使中書設小明一座，而後以瓜步了之，安必無邵榮、謝再興等引夏玉真以爲辭，外援敵國，孰是而内難。然則誠意之不拜中書座，其所以全帝德者宏哉！子璟以一字責文皇，是以一字效讓皇矣。父所持在運，子所維在義，先後不相厄也。明末，其裔孫永錫間關海島以死，志亦諒矣，與祖璟稱兩節云。而孔昭之贊南都頗愎。按方孝孺送劉士端歸括蒼，有詩云：「欲請天朝重褒錫。」時未見燕事，而璉已卒，廌已封，胡爲乎而有請？豈閤門之銜例革，士端係璟子，且代父銜冒希恩敕。永樂二年，青田民劉貊，係璟子，進高皇帝所賜先誠意手詔八道，祭文一道，以父得罪，故不敢存先恩。上不深求，賜鈔五錠。宣德中，授貊照磨刑部。嗟乎！殿下猶優璟後矣。

王源《居業堂文集》卷一　王源曰：「劉誠意之功，偉矣。而《實録》所載，何其略也。豈欲歸功於上與？漢高帝自謂不如三傑，而能用之，乃所以爲高帝也，又何忌焉？世之稱誠意者，多神奇之説。不知誠意王佐之才，非道衍比也。當日李善長既屬庸才，楊憲、胡惟庸皆憸邪小人，太祖嘗謂誠意學貫天人，資兼文武，則相才孰有如誠意者？乃置之不用，而用惟庸，卒致罷中書省，廢丞相，而三百年遂無相業，豈不惜哉！」

藝文

尤侗《西堂詩集·擬明史樂府·青田行》　金陵天子氣如龍，先生笑飲西湖中。小明豎子何足道，大明一出空群雄。雖云天授非人力，佐命允推元臣功。惜哉誤入宜春幕，不如抱膝吟隆中。賦詩爲吊謝皋羽，西臺慟哭生悲風。郁離子，犂眉公，文成薨，留侯同。高安授書圯上比，一杯竟爲奸臣死。青田洞府石門深，不信中無赤松子。

基嘗與客飲西湖，有異雲起西北，大言曰：「此天子氣也，應在金陵。十年後有王者興，吾當輔之。」衆駭而去。後歸太祖，中書省設御座，奉小明王，基獨不拜，曰：「彼牧豎耳。奉之何爲？」當號大明以壓之。」基嘗佐石抹宜孫幕，今集中有詩《題謝皋羽傳後》，殆爲宜孫作也。先爲高安縣丞，老人鄧祥甫授以天文術數。其卒也，爲胡惟庸所毒，故惜其不能從赤松子遊也。

嚴遂成《明史雜詠》卷一《誠意伯劉基》　西湖異雲西北至，十年前識金陵氣。陳强張富决雌雄，帷幄屏人其語秘。虬髯侍側蹋胡床，如以真王易假王。躍起大呼徙別舸，難星一礮占鄱陽。公何有術不自救。

李善長部

綜述

《明史》卷一二七《李善長傳》 李善長，字百室，定遠人。少讀書有智計，習法家言，策事多中。太祖略地滁陽，善長迎謁。知其爲里中長者，禮之，留掌書記。嘗從容問曰：「四方戰鬥，何時定乎？」對曰：「秦亂，漢高起布衣，豁達大度，知人善任，不嗜殺人，五載成帝業。今元綱既紊，天下土崩瓦解。公濠產，距沛不遠。山川王氣，公當受之。法其所爲，天下不足定也。」太祖稱善。從下滁州，爲參謀，預機畫，主饋餉，甚見親信。太祖威名日盛，諸將來歸者，善長察其材，言之太祖。復爲太祖布款誠，使皆得自安。有以事力相齟齬者，委曲爲調護。郭子興中流言，疑太祖，稍奪其兵柄。又欲奪善長自輔，善長固謝弗往。太祖深倚之。太祖軍和陽，自將擊雞籠山寨，少留兵佐善長居守。元將諜知來襲，設伏敗之，太祖以爲能。

太祖得巢湖水師，善長力贊渡江。既拔采石，趨太平，善長預書榜禁戢士卒，城下，即揭之通衢，肅然無敢犯者。太祖爲太平興國翼大元帥，以爲帥府都事。從克集慶。將取鎮江，太祖慮諸將不戢下，乃佯怒欲置諸法，善長力救得解。鎮江下，民不知有兵。太祖爲江南行中書省平章，以爲參議。時宋思顔、李夢庚、郭景祥等俱爲省僚，而軍機進退，賞罰章程，多決於善長。改樞密院爲大都督府，命兼領府司馬，進行省參知政事。

太祖爲吳王，拜右相國。善長明習故事，裁決如流，又嫻於辭命。太祖有所招納，輒令爲書。前後自將征討，皆命居守，將吏帖服，居民安堵，轉調兵餉無乏。嘗請榷兩淮鹽，立茶法，皆斟酌元制，去其弊政。既復制錢法，開鐵冶，定魚稅，國用益饒，而民不困。吳元年九月論平吳功，封善長宣國公。改官制，尚左，以爲左相國。太祖初渡江，頗用重典，一日，謂善長：「法有連坐三條，不已甚乎？」善長因請自大逆而外皆除之，遂命與中丞劉基等裁定律令，頒示中外。

太祖即帝位，追帝祖考及册立后妃太子諸王，皆以善長充大禮使。置東宮官屬，以善長兼太子少師，授銀青榮禄大夫、上柱國，録軍國重事，餘如故。已帥禮官定郊社宗廟禮。帝幸汴梁，善長留守，一切聽便宜行事。尋奏定六部官制，議官民喪服及朝賀東宮儀。奉命監修《元史》，編《祖訓録》、《大明集禮》諸書。定天下嶽瀆神祇封號，封建諸王，爵賞功臣，事無巨細，悉委善長與諸儒臣謀議行之。

洪武三年大封功臣。帝謂：「善長雖無汗馬勞，然事朕久，給軍食，功甚大，宜進封大國。」乃授開國輔運推誠守正文臣、特進光禄大夫、左柱國、太師、中書左丞相，封韓國公，歲禄四千石，子孫世襲。予鐵券，免二死，子免一死。時封公者，徐達、常遇春子茂、李文忠、馮勝、鄧愈及善長六人。而善長位第一，制詞比之蕭何，褒稱甚至。

善長外寬和，内多忮刻。參議李飲冰、楊希聖，稍侵善長權，即按其罪奏黜之。與中丞劉基爭法而詬。基不自安，請告歸。太祖所任張昶、楊憲、汪廣洋、胡惟庸皆獲罪，善長事寄如故。貴富極，意稍驕，帝始微厭之。四年以疾致仕，賜臨濠地若干頃，置守塚户百五十，給佃户千五百家，儀仗士二十家。踰年，病愈，命董建臨濠宫殿。徙江南富民十四萬田濠州，以善長經理之，留濠者數年。七年擢善長弟存義爲太僕丞，存義子伸、佑皆爲羣牧所官。九年以臨安公主歸其子祺，拜駙馬都尉。初定婚禮，公主修婦道甚肅。光寵赫奕，時人豔之。祺尚主後一月，御史大夫汪廣洋、陳寧疏言：「善長狎寵自恣，陛下病不視朝幾及旬，不問候。駙馬都尉祺六日不朝，宣至殿前，又不引罪，大不敬。」坐削歲禄千八百石。尋命與曹國公李文忠總中書省大都督府御史臺，同議軍國大事，督圜丘工。

丞相胡惟庸初爲寧國知縣，以善長薦，擢太常少卿，後爲丞相，因相往來。而善長弟存義子佑，惟庸從女壻也。十三年，惟庸謀反伏誅，坐黨死者甚衆，善長如故。御史臺缺中丞，以善長理臺事，數有所建白。十八年，有人告存義父子實惟庸黨者，詔免死，安置崇明。善長不謝，帝銜之。又五年，善長年已七十有七，耄不檢下。嘗欲營第，從信國公湯和假衛卒三百人，和密以聞。四月，京民坐罪應徙邊者，善長數請免其私親丁斌等。帝怒按斌，斌故給事惟庸家，因言存義等往時交通惟庸狀。命逮存義父子鞫之，詞連善長，云：「惟庸有反謀，使存義陰説善長。善長驚叱曰：『爾言何爲者！審爾，九族皆滅。』已，又使善長故人楊文裕説之云：『事成當以淮西地封爲王。』善長驚不許，然頗心動。惟庸乃自往説善長，猶不許。居久之，惟庸復遣存義進説，善長歎曰：『吾老矣。吾死，汝

等自爲之。』」或又告善長云：「將軍藍玉出塞，至捕魚兒海，獲惟庸通沙漠使者封績，善長匿不以聞。」於是御史交章劾善長。而善長奴盧仲謙等，亦告善長與惟庸通賂遺，交私語。獄具，謂善長元勳國戚，知逆謀不發舉，狐疑觀望懷兩端，大逆不道。會有言星變，其占當移大臣。遂並其妻女弟姪家口七十餘人誅之。而吉安侯陸仲亨、延安侯唐勝宗、平涼侯費聚、南雄侯趙庸、滎陽侯鄭遇春、宜春侯黃彬、河南侯陸聚等，皆同時坐惟庸黨死，而已故營陽侯楊璟、濟寧侯顧時等追坐者又若干人。帝手詔條列其罪，傅著獄辭，爲《昭示姦黨三録》，布告天下。善長子祺與主徙江浦，久之卒。祺子芳、茂，以公主恩得不坐。芳爲留守中衛指揮，茂爲旗手衛鎮撫，罷世襲。

王世貞《弇州山人續稿》卷八四《韓宋潁三國公傳》　李善長者，濠之定遠人。少有志計，讀書粗持文墨，而以筴事稱，里中事推爲祭酒。元末劇盜起，汝潁間淮南北俱大震。善長欲從雄，未果。而會高帝爲濠帥子興大校，以計得元横澗山兵二萬餘，畧滁陽。善長被書生服，道謁。上問其爲里中長者，禮之。與語取天下大計，合，遂收以爲掌書記。而從容謂之曰：「若知羣雄之所以敗乎？」曰：「不知也。」上曰：「大帥與諸校不能相肺腑，而中藉持牘者爲關通，顧往往市權而行怨，使下不得上心，上不得下力，以至敗。皮之不存，毛又安傅哉？且夫今持牘之得存者，誰也？」善長頓首曰：「命之矣。」尋遷爲參謀。自是益專精，朝夕爲上謀筴。諸將有來歸者，善長與語，察其材，言之上，復爲上布欵誠，皆使得自安。而中有以事力相羯羠者，委曲爲調護，俾不至齟齬。善長聲稱聞子興。時子興中流言，内疑上，稍稍奪其兵，又欲奪善長，善長謝弗肯往。上曰：「主帥，吾父也，而安得辭？」善長固謝弗肯往，子興亦不復强也。

尋子興死，上代摠其兵，填和陽，而元衆猶盛，王子秃堅、樞密絆住等分營相侵軼，上屢破之。時出復雞籠山寨，留少兵佐善長，曰：「敵至，謹自保而已。」上悉俘取其寨歸。而元諜知和陽守兵少，亟來襲，善長設伏，大敗之。捷聞，上大悦，曰：「誰謂而匰匰握算？令執戈者屈矣。」因欲謀渡江。善長曰：「我兵衆而食少，舟檝不備，不足以争江左利，姑小竢之。」而巢湖將俞通海、廖永安等以舟師萬餘，糧數萬石請降。善長乃説上曰：「天贊我也。渡江此其時矣！」既破蠻子海牙兵，長驅汎牛渚，拔采石，遂乘勝取太平。上之發采石也，與善長謀，置榜諭士卒，有虜畧者必斬。太平下，即懸之五父逵，肅然無敢犯。上稱太平興國翼大元帥，以善長爲元帥府都事。亡何，從克建康，東取鎮江。先日上佯怒諸當行者以不能戢下，欲悉置之法。善長力救，迺解，鎮江下，民不知有兵。善長乃與諸將謀奉上爲吴國公，置江南行中書省，上以右丞相領省事，而善長拜參議，與宋思顔、李夢庚、郭景祥、陶安等俱爲省僚。而軍機進止，章程賞罰，十九取善長處分，上益禮任之。凡師行，善長必留守，轉調兵餉無乏。

陳友諒既克我江州，約張士誠夾攻我。上與善長謀，使持友諒所知康茂才書誘之來，許内應，而伏兵欲取之。善長曰：「方患之，何爲更誘之？」上曰：「友諒躁而果，雖與張士誠約，不能待也。小緩則士誠合，而我兩受敵矣。」友諒果至，遂大敗其衆，殲焉。改樞密院爲大都督府，善長兼領其府司馬，進中書省參知政事。時平章左右丞皆有兵行，善長以參政寔長省事。高帝之克江州，兩平洪都，援安豐，討廬州，下武昌，善長皆居守，將吏帖服，居民安堵。尋奉上爲吴王，超拜善長右相國。時猶仍元制，尚右故。僞漢平，善長等稱賀，列上彭蠡死事將臣丁普郎等三十五人，祀於康郎山。復祀平章趙德勝等十四人於洪都。始善長請榷兩淮鹽，立茶法，既復制錢法，於洪都設三局，湖廣開鉄冶，定魚税。諸利孔雖若煩悉，而裁取有衷，民不以爲困，而國用益饒。上與諸將計討張士誠，善長請緩之，上不聽。語見《徐達傳》。善長乃力請上即帝位，曰：「殿下提三尺劍，不階尺土而成大業，比肩之孽剗削且盡，不以玆時正位號，何以慰海内心？」上曰：「吾居恒咲陳友諒，甫得一隅，而黄屋左纛，卒以畀我若棄屣，我安能復効之，令後人咲也？天命果在，我自有時，毋庸汲汲。」大將軍達已破平士誠，上猶以善長有轉餉勞，召見戟門，封宣國公，賚賜如大將軍。更白官制，始尚左。上從容謂羣臣：「吾以布衣起兵，時李相國里居最密邇，徐相國及它大將遠不過百里，寧自望貴？今者賴諸公力，一旦而舉天下太半。雖然，中原未平，焦勞之日，豈能坐守一方，而忘遠慮乎？」於是善長與大將軍謀北伐，及狥東南諸州郡。

上之初渡江，頗用重典。一日謂善長：「法有連坐三條，不已甚乎？」善長因請除之。既而命與御史中丞劉基等悉裁定，律令成，賞賚有差。善長乃復率羣臣勸進，凡三表，乃許以即位儀上之。上御新宫，告於上帝皇祇，稱帝賜英賢爲臣之輔，蓋歸德善長、達等。既即位，禮畢，奉四代考妣爲帝，躬上册寶於太廟。尋立妃馬氏爲皇后，封皇太子諸王，善長皆充大禮。始改中書左丞相。善長請緣元舊，以皇太子領中書令。上不許，曰：「元氏，胡也。事不師古，何足法？且令吾子尊師傅，習經傳，通古今，識達事宜。他日軍國機務皆令啓聞，何

中書令也？」於是議置東宮官屬，以善長兼太子少師，授銀青榮禄大夫、上柱國，録軍國重事，餘如故。已率禮官進議郊社宗廟禮。上幸汴梁，善長居守者三月，一切聽便宜行事。尋奏定六部尚書以下官制，議官民喪服，三師朝賀東宮儀，朝臣大小服色，俸賜，天下嶽瀆神祇名號，封建藩國，功臣爵賞，事無鉅細，悉委善長俾謀之中丞基、右丞楊憲而行之。命監纂《元史》。史成，賞賚有差。時大將軍方與副將軍遇春等將兵，大者定中原，小者亦取閩越州郡。善長居中，雍容無所見績，然上自知之。三年大封賞，謂善長雖鮮汗馬勞，然事朕年久，給足軍食，其功甚大，因進封韓國公，授開國輔運推誠守正文臣、特進光禄大夫、左柱國、太師、參軍國事，歲禄四千石，子孫世世勿絶。賜鐵券，仍免二死，子免一死。告辭謂：「東征西伐，日不暇給。爾獨守國，轉運糧儲，供給器仗，未嘗缺乏。剸繁治劇，和輯軍民，各靡怨謡。昔漢有蕭何，比之於爾，未必過也。」賚文綺帛百匹。時大將軍達爲元功，位猶在善長下。

善長雖寬博有器畧，然意忌不能專平。參議李飲冰、楊希聖恣而稍侵善長權，善長按其罪，奏黜之。又與中丞基爭法而詬，基不自安，請告歸。上所寵任者張昶、楊憲、汪廣洋、胡惟庸。昶、憲以事誅，廣洋亦數譴，而善長事寄如故。既貴富極，意稍溢而勸，上始微厭之。明年，引疾乞解任，賜臨濠地若干頃，佃户稱是。復爲置守冢百五十，守仗士二十家，與魏公等。踰年病良已，命督吏士建臨濠宫殿。既數月，上念善長行役久，以牢醴茗粲賜之。復謂善長：「臨濠，吾豐沛地。數苦流移，蕪萊不治。今徙江南富民十有四萬田其地，公爲我經畧，毋使失所。」自是留臨濠者數年。上推恩，擢善長弟存義爲太僕丞，二子伸、佐皆爲羣牧所官。尋以長女臨安公主歸其子祺，拜駙馬都尉。初定婚禮，公主修婦道甚備，光寵赫奕，時人豔稱之。居一月，而御史大夫汪廣洋、陳寧疏糾太師善長自子祺尚主，狎寵自恣，陛下病不視朝，幾及旬而不知問候。駙馬都尉祺六日不朝，宣至前殿，又不施禮，大不敬，請付所司論法。善長父子免冠請罪，上赦之。又踰月，而特勑追數善長過，削其禄歲一千八百石。善長自是意忽忽不自得。

尋起，與曹國公文忠議軍國，凡中書省、大都督府、史臺有大事，悉聽裁審，而後奏行。督南郊圜丘工。洪武十三年，御史中丞凃節告左承相胡惟庸等反狀，上親臨鞫獄，具謂惟庸嘗以兄女妻善長弟存義，子佑相表裏，爲威福。其定遠故里第水中忽生石筍，水溢數尺，三世塚皆夜有光怪燭天，而數以事見督上，遂起邪謀。誘吉安侯陸仲亨、平涼侯費聚使出招士馬爲外應，間與存義謀。始圖之善長，善長大驚，曰：「爾言何爲者？寧欲盡滅九族耶？」存義懼，不敢應。居旬日，惟庸復謂存義：「苟事成，盡捐淮西地王太師。」以語善長。善長心動，乃歎息起曰：「吾老矣，惟爾等所爲。」又旬日，惟庸謂善長延之東西嚮坐，屏左右，欸語良久，人不得聞，但遥見頷首而已。惟庸自是與倭通，俾以精兵寓貢舶，挾詐害上，而掠庫兵入海。上乃賜惟庸與御史大夫陳寧死。時費聚已前死。羣臣請併誅善長與吉安侯。上謂：「吾年二十七而識善長於兵間，善長年四十一，所言多合，遂命掌簿書，贊計畫，爲功臣爵。以上公女女其子。陸仲亨年十七，父母兄弟俱亡，以一升麥藏草間。朕見而呼之曰『來』，遂從朕。長育，以功封侯。此吾微時股肱腹心，其勿問。」遂止誅存義，併赦佑。

時左大夫陳寧伏法死，右大夫安然罷歸，復命善長理臺事。其歲天壽節，善長率羣臣請朝賀，不許。再請，乃許。遣征南將軍下滇南，議自善長。已，賀平滇南，又預議文臣贈封蔭叙例，復請老。而祺亦自以能有所任使。洪武之二十一年，肅清逆黨榜，列勳臣，猶前善長。又二年所，善長年七十七矣，耄不能檢飭其下。嘗欲營第宅，從信國公和假衛卒三百人役。和探得上旨，攘臂曰：「太師敢擅發兵耶？」密以聞。而復有謂坐惟庸株累，當徙邊者皆豪，而善長私之，數以給其親，上惡之。會有言星變，其占當移大臣。於是御史上書，論劾善長。上復爲捕存義之子佑伸，置獄。具謂惟庸初爲寧國令，善長薦之，超爲太常少卿，以黄金三百兩謝。及惟庸反謀定，善長遣家奴耿子忠等四十人從，皆厚得其金帛。而惟庸復以西域古劍、白玉壺、玉刻交龍蟠桃杯酬善長。羣臣奏請誅善長，不許，仍手詔慰諭之。召詣奉天門，與語開創艱難，爲流涕。至右順門，謂羣臣：「太師老矣。吾欲曲宥佑伸死，以慰太師心。」羣臣固言：「善長反狀明甚，三尺法非陛下所得私。」上曰：「法如是，奈何？」善長大慟曰：「臣誠負陛下恩，無面目見羣臣。」歸而自經死。佑伸及吉安侯皆坐棄市。特赦諸子弗誅，以禮葬善長，卹其家。都尉祺後數年卒，有二子，以公主推恩，芳爲留守中衛指揮，茂旗手衛鎮撫，後罷世襲。

善長死之明年，而御史解縉代虞部郎中王國用爲稱冤，言善長與陛下同心，出萬死以取天下，勳臣第一。生封公，死封王，男尚公主，親戚拜官，人臣之分極矣，富貴無復加矣！籍令欲自圖不軌，未可知。而今謂其欲佐胡惟庸者，則人謬不然。夫人情愛其子，必甚於兄弟之子；安享萬全之富貴者，必不僥倖萬一之富貴。善長於胡惟庸則猶子耳，於陛下則親子女也。使善長佐胡惟庸，成不過

勳臣第一而已矣，太師、國公，封王而已矣，尚主納妃而已矣，寧復有加於今日？且善長豈不知天下之不可倖取？取天下之百危？當元之季，欲爲此者何限？莫不身爲虀粉，覆宗絶祀，能保首領者幾何人哉？善長胡乃身見之，而以衰倦之年身蹈之也？凡爲此者，必有深讐激變大不得已，父子之間或至相挾以求脱禍，今善長之子祺，備陛下骨肉之親，無纖芥之嫌，何苦而忽爲此？若謂天象大臣當災，則尤不可。天下聞之孰不解體。臣亦知善長已死，言之無益，所願陛下作戒將來耳。」上雖不能用，亦不罪也。

廖道南《殿閣詞林記》卷七　二月，善長率羣臣上郊社宗廟議。三月，取汴梁。四月，取河南府。五月，上幸汴梁。善長留守京師，軍國重事啓聞皇太子。八月，車駕還。善長奏定吏、户、禮、兵、刑、工六部官制，設尚書、侍郎、郎中、員外郎，主事各有定品。十二月，定官民喪服之制及三師朝東宫儀。二年正月，定太歲、風雲雷雨嶽瀆諸神祭禮及翰林官制。二月丙寅，修《元史》，命善長爲監修。乙亥，奉詔立皇陵碑。四月，編《祖訓録》，定封建諸王國邑及官屬。八月，定大祀受誓戒。十二月，議賞平中原及守禦諸將功次。三年正月，議出師征沙漠。三月，議定朝臣服色，悉準散官。四月，定官民書札式。五月，承制存恤陣亡子孫。六月，奏禁淫祀及左道惑民者，定文官朝服之制。十二月壬辰，大將徐達等平沙漠師還，善長率羣臣上表賀。丙申，大封功臣。上諭諸將曰：「朕自起兵以來，爾等披堅執鋭，戰勝攻取，功曷可忘？今天下既定，報以爵賞，皆朕所自定，至公無私。如李善長，雖無汗馬之勞，然事朕年久，給足軍食，其功甚大，已列公爵。今進封大國，以示褒嘉。」乃授開國輔運推誠守正文臣、特進光禄大夫、左柱國、太師、中書左丞相、韓國公、參軍國重事，仍賜誥命鐵券。是冬，禮部尚書陶凱請專選東宫官，罷善長等兼職，庶於輔導有所責成。上曰：「古者官不必備，惟其賢。朕以廷臣有才望勳德者兼東宫官，非無謂也。嘗慮廷臣與宫寮有不相能，遂成嫌隙，或生奸謀，離間骨肉，其禍非小，若江充之事可爲明鑑。朕今立此兼職，庶父子一體，君臣一心，允無相搆之患也。」一日上因齋戒，語善長曰：「人之一心極難點檢。心爲身之主，若一事不合理，則百事皆廢。所以常自檢心，凡事必求至當。」善長頓首曰：「陛下此言乃聖賢治心之道。心既治，天下無難治矣。」四年正月，乞致仕，許之。

朱國楨《皇明開國功臣傳》卷一　明年，引疾乞解任，賜臨濠地及佃户。踰年，督建臨濠宫殿，賜以牢醴茗粲。徙江南富民十四萬田其地，諭善經畧，毋使失所。凡留臨濠者數年。擢其弟存義太僕丞，義二子伸、佐皆羣牧所官。尋以長女臨安公主歸其子祺，拜駙馬都尉，歲禄六百石。初定婚禮，公主修婦道甚備。居一月，御史大夫汪廣洋、陳寧疏糾善長，因子祺尚主，狎寵自恣。陛下病，不視朝幾及旬，不知問安。祺六日不朝，宣至前殿，又不施禮，大不敬。請付所司論法。父子皇恐謝罪，上赦之。善長在上前，凡事不先發，時爲小人覆過。或時譴訶不當罪，强爲對，上以爲柔奸。嘗賜勑曰：「爾太師善長，昔當擾攘，挈家倉皇，謀生無所。朕時帥師滁陽，爾迎於道。朕待爾腹心，用如手足。朕無上智於爾，爾或小疵，朕置不問，遂成命世之英。今無謂朕忘乎？朕報功之誠，神人共知。爾年雖邁，精力可爲，何至比小吏，枉功臣，賁昏定擬，詭辭符奏？國有定律，奏對不寔者杖，心欺者斬。卿欺矣。然大封有誓，免爾三死。今削禄千四百石，爾共聽之。克謹後戒，庶有嘉貞。後以不悛，復勑責。」自是意忽忽不自得。尋起與曹國公文忠議軍國，凡大事悉聽裁審而後奏行。

雜録

備録

劉辰《國初事迹》　楊憲淩説高見賢、夏煜嘗言李善長無宰相材。太祖曰：「善長雖無相材，與我同里，我自起兵事我，涉歷艱險，勤勞簿書，功亦多矣。我既爲君，善長當爲相，蓋用勳舊也，今後勿言。」

鄭曉《吾學編・皇明名臣記》卷三《太師丞相韓國李公》　公名善長，定遠人，上略滁陽，公謁道旁，留幕下，掌書記，謀議軍機，畫饋餉，甚見親信。嘗語：「公務輯和諸將成功。」一日，上從容問曰：「四方戰鬥，天下何時定乎？」對曰：「秦亂，漢高帝起布衣，豁達大度，知人善使，不嗜殺人，不五載而成帝業。胡元酷暴，視秦尤烈，以故羣雄蛸奮，土崩瓦解，主公濠産，距沛不遠，與漢高帝同受山川王氣，能法其所爲，天下不足定也。」上曰：「漢高帝所用豪傑未有踰張良、韓信、蕭何三人者，今徐達勇力或可方信，先生可當張良、蕭何乎？」對曰：「良智計絶人，後世鮮比，善長何敢望良？若供給饋餉，或可效何。」上曰：「良不可

得矣，今天下才智之士可擬良者，先生幸教孤，孤將就見之。」對曰：「世豈乏才，顧善長不能悉知，惟知金華宋濂博學洽聞，且知象緯。」上曰：「以孤所聞，知象緯者莫如青田劉基。」是年，滁陽王欲拔公置麾下，弗肯行。

乙未，上總兵和陽，謀斷出諸將右，諸將忌上，公委曲調護。上發采石，公爲戒戢軍士榜，入太平榜通衢，城中肅然。初置太平興國翼元帥府，公爲帥府都事。丙申三月，從克建康，籍軍民凡五十萬。七月，奉上爲吴國公，公爲江南行中書省參議，轉給軍食。戊戌，上征婺州，守建康。辛丑，議立鹽錢茶法，進參知政事。癸卯，上援南昌，復征武昌，皆留守。甲辰，奉上爲吴王，陞右相國。乙巳，上言湖廣邊務，議江右湖廣魚課，歲可得穀一百餘萬石資餉。李濟據濠，公爲書招濟，丙午，濟降。吴元年，率諸臣勸進，上未許。時刑獄太繁，上謂公無更連坐。參議李飲冰、楊希聖不職，公劾黥二人。九月，論平吴功，封宣國公。十月，定官儀尚左，改左相國，克總裁官，定律令。是月，議取中原、福建、廣西。十二月，率百官勸進，明年戊申正月，上即皇帝位，兼少師。二月進郊社宗廟議。五月上幸汴，議定都，又議取元都，公留守。八月，駕還，上六部官制。十二月，定喪服及三司朝賀東宫儀。二年正月，上諸神祭禮及翰林官制。二月，監修元史。四月，奉詔編祖訓。十二月，議賞平定中原功。三年正月，定服色，議征沙漠，置司農司河南。制存恤禄養國初都先鋒、十大元帥都尉指揮陣亡無後者之父母妻。禁淫祀。是秋病。十一月，大封功臣，上諭諸將曰：「善長雖無汗馬之勞，然事朕久，給足軍食，功甚大，宜進封韓國公，授開國輔運推誠守正文臣、太師，左丞相，食禄四千石，券文比公蕭何。四年正月，致仕，賜臨濠地墳佃户，董建臨濠宫殿。七年，以公弟存義爲太僕丞，移江南民四十萬墾濠田，命公總田事。八年秋，南安侯監田弗勤，又劾公留鳳陽者數年。子祺，尚皇長女臨安公主，爲駙馬都尉，歲禄六百石。是年廣洋陳寧劾公，不問。十三年正月，胡惟庸辭連公，羣臣請逮獄。上曰：「朕初起兵，善長謁軍門曰：『有天日矣。』是時朕年二十七，善長年四十一，所言多合吾意，命掌簿書，贊計畫，功成爵以上公，以女與其子。此吾初起時股肱心腹，吾不忍罪，勿問。」公奏還儀户，既而仍給御史左中丞，安然老，命公理臺事。十四年，議征漠北、雲南。十六年，上文官封贈蔭叙例。十七年，河南水，命祺賑恤。二十三年春，肅清逆黨，榜列勳臣五十七人，公猶在上列，未幾坐罪，不問。會有星變，其占爲大臣災，御史再劾，公遂暴卒，年七十七。

虞部郎中王國用上書訟公冤曰：「竊見太師善長與陛下同一心，出萬死以得天下。爲勳臣第一，生封公，死封王，男尚公主，親戚皆被寵榮，人臣之分極矣，志願足矣，天下之富貴無以復加矣。若謂其自圖不軌，尚未可知，而今謂其欲佐胡惟庸者，揆之事理，大謬不然。人情之愛其子必甚於愛其兄弟之子，安享萬全之富貴者，豈肯僥倖萬一之富貴哉？雖至病狂，亦不爲矣。善長於惟庸，則姪之親耳，於陛下則子之親也，豈肯舍其子而從其姪哉？使善長佐惟庸成事亦不過勳臣第一而已矣，太師國公封王而已矣，尚主納妃而已矣，豈復有加於今日之富貴者乎？且善長豈不知天命之不可倖求，取天下於百戰而艱危也哉？當元之季，欲爲此者何限，莫不身爲虀粉，世絶宫污，僅保首領者幾人哉？此善長之所熟見也。且人年邁摧頽，精神意慮鼓舞倦矣，偷安苟容則善長有之，曾謂有血氣之强暴，動感其中也哉？又其子事陛下，托骨肉至親，無纖芥之嫌，何得忽有深讐急變，大不得已之謀哉？凡爲此者必有深讐急變大不得已，而後父子之間或至相挾，以求脱禍圖全耳，未有平居晏然，都無形跡，而忽起此謀者，此理之所必無也。若謂天象告變，大臣當災，則殺人以應天象，夫豈上天之意哉？今不幸以失刑而臣憪惻爲明之，猶願陛下作戒於將來也。天下孰不曰：『功如李善長，又何如哉？』臣恐四方之懈體也。事枉冤延，羣臣杜口，竟無一人爲陛下言者。臣誠愧耻，忘其踈賤，冀陛下萬一感悟，甘就鼎鑊無恨。」

顧起元《嬾真草堂文集》卷一六《太師韓國公家乘序》 韓公九世孫曰君錫，以恩詔蔭公主子孫官，待命闕下。於是始纘其家乘，授之梓。既成，以書徵序於余。余蓋反覆公行事，歎公之能死於忠也。當天造草昧之時，真人龍翔於濠水，公杖策以從，造膝握手，内伸肺腑之文，外託君臣之分，固不啻雲龍魚水之相遇也。天下既定，論功行賞，公位次第一，身爵上公，子尚公主，丹書鐵券，盟以河山，臣主之間兩亡負矣。逆臣作難，片語株連，高皇帝既幸已釋公，乃終不免蒙疑以死，何也？當是時，鳥盡弓藏之喻，公豈壹不能自明哉？痛哭流涕，聖心忍終恝然公者，嗚呼，難言矣。英主在御，其恩則雨露也，其明則日月也，其威則雷霆也；公心以爲上幸不爲相國何之暴繫老臣，得去鍾室，畢命牖下足矣。氂纓盤水，北嚮而謝主恩，即言之竟何爲也？

或曰：庚申初，訊公，嘗奉詔歸鳳陽矣。復理臺事之召，稱疾力辭，或可以免。不見信國之休沐而安乎？余謂不然。公之所處與信國異。信國之謹厚，上所信也。公之智略，上所疑也。信而能謝事以自全，則益堅其信；疑而欲遠跡

以自引，則益厚其疑。公之智豈不能從赤松子遊？以爲進亦疑，退亦疑，東西南北惟命之從，毋寧束身以聽于上耳。余故謂公之能死於忠也。公之此心，公自知之，當時在廷諸臣亦知之。微獨在廷諸臣知之，即高皇帝亦知之。夫以韓國之封寢於身後，朝堂之榜夷於大憝，上意似終恝然公者。何以云知？以駙馬祺之亡恙，王國用之亡罪知之。不然，歐陽之戮，法在必行，何以獨寬於臨安之婿？諸功臣被罪不可勝數，誰敢有頌言其冤者？國用何以獨亡少見挫於逆鱗之嬰也。所爲終不明公功者，上臨御久，天下安危之慮深，無將之戒，不得不嚴以肅臣紀耳。此高皇帝所以獨斷於九重，而公所爲甘瞑於萬世者歟？惜乎公之封，既以不嗣，公主世職之廕其子孫又自失之。迄今一二恩詔予官外，遂亡有具冠帶祠春秋者。房杜之後，門有蒺藜，學士大夫所以爲公累欷而太息也。昔漢念酇侯平陽之功，元成之間猶繼滅國。且國初開天之賞，百夫長、千夫長以上，微功可録，子孫尚多世禄以奉其先者。公何以獨没没也？嘉靖紹封，廷臣獻議，自開平數公外不能推明公與宋、潁二公之功以副明詔，至今有餘恫焉。摎舉闕遺，是在聖朝矣。余謹書之以竢。若夫世系之傳，廕叙之典，斯録業載其詳，不具論。君錫以文學起家，能追述祖烈，傳諸永永，其志行誠可嘉尚，所就蓋未艾者。

備論

廖道南《殿閣詞林記》卷二　廖道南曰：太子，天下本也。古之教太子者，有師以道之教訓，有傅以傅之德義，有保以保其身體，是故三公、三少明孝仁禮義以導習之。於是選天下之端士，孝悌博聞，有道術者以衛翼之。是故太子生而見正事，聞正言，行正道，左右前後皆正人也。故曰：「一正君而國定矣。」我聖祖神謨睿見，高出千古。開國之初，即以李善長等兼其官，以劉基、宋濂等司其教，而又申之以聖訓，是故三代之遺法猶存也。録善長者，昭元功也，原東宮輔導之始也。略諸臣而不録者，非專官也。贊曰：

於皇國本，宗社之紀，必善其終，必正其治。我聞三代，文王世子，居處有箴，萬事就理。聖謨弘遠，元臣是委，嘉言孔章，淵哉厥旨。

袁袠《皇明獻實》　袁袠曰：「昔劉項戰滎陽、成皋間，蕭何守關中，轉給餽餉，卒賴以滅楚。及大封功臣，蕭何功第一，史稱高祖知人善任，使舉國而委之何，非至明，孰能之哉？方高皇帝之趨彭蠡也，西畏强楚，東逼勁吳，謀臣猛將，空國以争死敵。建康草創，人無固志，岌岌乎殆哉！李公一書生，固守根本，晏然無虞，此與蕭相何異？東征西討，給饋餉，繕器械，未嘗乏絶。和輯諸將，一心同力，以贊王業。其所奏定法制，綱洪目細，可繼可傳，雖聖模宏遠，匡畫不少矣。而學士大夫罕述焉，豈以胡黨少之哉？余覽定遠黃金《開國功臣録》録李公事頗詳，稍芟其繁，爲作此傳。如李公之勳，孰能使無聞哉？」

王世貞《弇州山人續稿》卷八四《韓宋潁三國公傳》　贊曰：「高帝神武，所斷決皆自臆，而善長奉行之。即善長功，胡能比蕭酇侯哉？爵爲上公，位至太師，贈王之約，同於帶礪。其班先徐武寧，恩數百劉文成，而中不思人亦不異議者，帝固有以心知之也。人臣無將，將必誅身。從逆而再，屈法以寬之，必不得已。而聽其自盡，以禮葬卹，帝之恩德不亦深厚加諸公萬萬哉？雖然，其初獄抑何曖昧少證也。隱之十年而後發，發之後一獄辭，視初十年而加詳者，寧能使善長瞑也？嗟乎！王國用之疏可味也已。」

王世貞《名卿績紀》卷三　逸史氏曰：「士多紀劉誠意奇事，張子房之流。善長悶悶寡稱，乃功賞夐絶，何哉？抑善長從起義早，夫足饋餉，定章程，一制度，厥伐不細，而人晦之。善長類酇侯不終，徐達類淮陰侯終，豈幸不幸之間耶？迺其處於勛名之際遠矣。」

李贄《續藏書》卷二　李贄曰：善長安敢望蕭酇侯也。特其一時同起豐沛，跡相類耳。漢高祖百戰以取天下，年年遠征，乃令酇侯獨守關中，數千里給餉，增兵不絶，厥功大矣。且日夜惶惶，恐一言不合，一舉措不慎，卒無以當上心，保首領。最後屢屢爲民請上林空地，片語稍拂上意。然亦有何罪，而遂至械繫，略不念故人勳舊之情也。誰謂漢祖寬仁大度者哉？吾以爲必如我太祖乃可稱寬仁大度也。夫君逸臣勞，理也，亦勢也。我二祖之勤勞，不敢自暇逸，治天下二十二年如一日也。昔之治天下於有天下之後者，曾有若是否也？二祖之勤勞天下如此，故亦望人之輔之也，亦不顧親顧家而爲之者也。而善長諸臣，無有一人能體其心者也。今觀歐陽駙馬所尚者，馬后親生公主也。一犯茶禁，即置極典，雖馬后亦不勸其私所親，以爲天下榜樣，亦太昭揭明白矣。李善長等到此時，豈有未知太祖之心也？而善長若有未知太祖之心，而又何望於善長之弟與善長之姪、若孫、若親戚奴僕等也。今善長且已屢致論列矣，猶眷戀崇貴顯要，

不忍請老，何也？年已七十有七，方且揚揚然借兵而起大第，以明得意。嗚呼！一介草茅，當四十一歲時，救死且不暇，於今何如也？而猶以爲未足也。得自經死牖下，千幸且萬幸，何足憐。

或曰：設身處地當如何？曰：漢祖大封功臣之日，何乃三傑中人材，亦只封文終侯，未嘗敢與韓彭埒也。我又何人？偃然而徑據於中山王之上乎？百頓首力辭封，甘心退讓，自處於劉誠意之下，則帝必喜。且夫歲入禄米五千餘石，何人不贍也？推其半以分給伯叔、兄弟、子姪、宗黨、朋友，毋使一人與職任事，得以怙勢作威福，則怨奚自生？禍何從至？是謂損福以滅禍，滅福以致福，此天之道，而人之事也。若王國用之疏自佳，然以陳於我太祖之前，總是隔靴搔癢也。

尹守衡《明史竊》卷三一　論曰：李韓公老守刀筆，伏跡東山，識真主於擾攘之中，遂際天日之光，慶風雲之會，斯固千載一時者哉！坐贊廟謨，翊成帝業，動垂帶礪，位冠羣公，比迹文終，未爲過也。迨至耄年，不勝驕溢之私，遂忘止足之戒，以致子弟親戚，馮藉寵榮，謀出非分，變生意外，自殃厥躬，復何憾焉？然以帝度寬洪，業已包荒一紀，而悠悠吏議，久而彌峻。功名之際，豈易處哉？

何喬遠《名山藏》卷五八《臣林記·劉基》　郎曰：蕭何雖買田宅自污，而不治垣産，曰後世賢師吾儉，彼亦有以自高於人主。善長當日月之下，雖破私捐愛，猶慮不足以承之也。況有所狥比而賣恵於夫人，進言雖忠，服刑雖不衷，欲繇以免難矣。

朱國禎《皇明開國功臣傳》卷一　朱史氏曰：「韓公之死，王國用一疏，發揮明切，高皇亦無辭以解。然止論韓公之地位，未究當日之事情也。韓公有心計而無遠識。觀其料張士誠一節，便可概見。既以布衣特起，佐平天下，富貴已極，耄且勸勤，而高皇益振厲，法在必行。雷霆時擊，上之恩既不勝其威；而摧折甚多，下之懷又不勝其慴。韓公久居班首，屢旨切責奪禄，甚曰欺可斬，危矣！日岌岌焉憂及身家，狥弟姪之言，密通惟庸，爲脱死計，應亦有之。要之惟庸以黠才，偶當上意，而奸僞情狀，傍觀豈不了了？伯温顯與之抗，中山屢爲之言，而我以姻故相暱，此豈腹心功臣善自保全之策乎？昔蕭何常識韓信矣，身追之，自亡命立拜大將。特達之知，千古無二。然鍾室之斬，卒紿之使入，蓋古人一心爲國，識大計如此。並稱『三傑』，抑有由來。使何以舊恩終始，與信綢繆，恐其辱決不止械繫，而王衛尉亦決不得以一言動漢祖之聽。今韓公籌軍食，輯和諸將，誠可比蕭何，而其知人則遠不及。雖厘識景濂，不能識伯温，而歸宿乃貿貿於惟庸之邪説，舍曰舉發而又比焉。惟庸族矣，弟且坐死矣，猶徘徊觀望，遲之十餘年，迫而引決。總之是世味中人，搆風雲，履盛滿，不制而敗，終屬可憐。温陵媪罵儒者，顓爲上上人説法，而乃以辭爵分禄責韓公，以隔靴搔癢詆國用，此豈其聰明之極，真可抵掌千古者乎？」

沈德符《萬曆野獲編》卷五　太師韓國公李善長之死，不特後世冤之，即解縉代虞部郎中王國用疏爲善長理枉，其言不啻辨矣。然觀洪武二十六年之詔，有曰：「朕自甲辰即王位，戊申即帝位，尊居兩間，兵偃民息，今三十年矣。邇者朝臣其無忠義者李善長等陰與搆禍，事覺，人各伏誅。今年藍賊爲亂，謀洩，捉拏族誅，已萬五千人。今特大誥天下，除已犯拏在官者不赦外，其已犯未拏，及未犯者，不分胡黨、藍黨，一概赦宥之。」是時，李死已三年，若祇以天變寒眚，上必不引藍玉爲對。且云伏誅，又似非自裁明矣。況青田之死，已荷昭雪，與以世爵，而李竟泯泯。其長子祺，爲駙馬都尉，並所尚皇長女臨安公主俱已先殁，亦不蒙一卹，何也？則韓公之禍，似未必甚冤。

唐鶴徵《皇明輔世編》卷一　太常氏曰：「經世之道，以人心爲命脈，以儲蓄爲元氣，名將勁兵，迺其次矣。仲尼於兵、食、信三者不得已而去，輒曰兵，有以也。夫李韓國從高皇起兵，能俾將士民人不貳不謡，轉輸餽餉不擾不乏，則勇者効力，謀者獻能，率階之矣。矧一代制作多出其創立乎？其封賞在中山、誠意上，非過也。其功真與酇侯並，不待鄂君之言，而定爲第一，高皇之明，出漢祖上遠矣。獨大紳之疏，不及王衛尉之當機，惜哉！然蕭相國之後以罪失侯者四世絶，則天子復爲求嗣。韓國一敗不振，其於天意何如也？豈其專肆威福，生殺黜陟，有不奏而行者，有以自取耶？」

陳仁錫《皇明世法録》卷三四　論曰：「名世應王者而出，天地自然氣數不爽也。太祖龍興臨濠，一時英産濠中者，如武寧王之勇智，受命大將，杜廊清萬里之猷，韓國公居中贊畫，軍興攸資，既兼漢良、何之美。及其翊運太平，倫制兩盡，垂國家萬世之極，又韓國密勿之力爲多。開國策勳，徐李並一封公，賜券又同拜命。至於榮蔭及裔，傳云世臣，史贊未存，今日惟徐氏焉。」

談遷《國榷》卷九　談遷曰：漢之興，藉三傑。明初，徐中山類淮陰侯，而勞慎過之，劉文成則子房也。保身之道不足，李太師褎然酇侯矣。聲榮冠於列服，究其終，去葅醢無幾耳。末年刑書，定自家奴之口，此斯養者流，果足敵大獄，示大信於天下乎？噫！貴賤有等，胡釁亂之甚也。

查繼佐《罪惟録》列傳卷八　論曰：太祖於滁陽，意最不能釋。而韓國初涕泣，不肯屈事滁陽，故人厚誼，太祖誠寤寐不忘矣。給足軍食，雖不必果如酇侯，然開國一切章程，俱預條畫，且推誠護諸將，諸將安之，風雨寒暑左右几席者垂三十六年所，厥勤匪細。其無汗馬勞，而特與左丞，則又懸大將軍以竿頭之進，帝有權用焉。而善長以爲應爾，受爵不讓，時人之所爲譏也。自帝意倦之，勅書再讓，祇有引咎，如劉誠意之不辯以待悟，而進退失據，顧欲從胡丞相乞萬福哉！且何時而輒以衛卒役私第！善長或自許蕭何，何以薦淮陰急自遠，而韓國獨闇惟庸之不終，所謂爲家不治垣屋者，如是乎？識不足鏡人，又短自全，於是惟庸之罪久而益增，而所以議韓國之同惟庸者日以益矣。帝與韓國素，豈不諒其無他，而實有隱慮。他日朝廷孱柔，或恐奸回怙勢，姻婭故舊，鈎引盤結，猝不可解，致成外重之勢。且自以聰明天授，尚爲楊、胡等所借，剔邪芟異，豈能望之後人。於是勇於一割，以應殺運，即至戚故人不恤。若曰：吾盡此力能傲運者而運存，則所以存運而底定傲運不及計矣。黨之一字，自此而始。

又曰：或云解大紳能代虞部王國用作奏，何不自爲奏，以踵庖西直筆？嘗考大紳在河州時，曾寄貝川書，有云：「曾草諫書，爲韓國公事，爲詹徽所嫉，欲中以危法。」則知代草非其意也。或前草猶在李獄未成之日乎？

傅維鱗《明書》卷九三　史官曰：「善長奮布衣，持文墨，雖無汗馬摧陷之勞，而居中贊畫，軍興攸資，使士不苦庚癸之呼，太祖無内顧之慮，厥功亦匪渺矣。及四方底定，帝業宏宣，而翊運佐謀，倫制極盡，垂國家奕世之極。若善長者，即食酇永永可也。末年髦無定見，以致右順之流涕。太祖詎不貸法善長哉？雖然，其初獄亦何曖昧少證也。隱之十年而後發，發之後，一獄辭視初十年而加詳者，寧能使善長瞑也？嗟乎！王國用之疏，太祖詎弗緬念乎？」

藝文

尤侗《西堂詩集・擬明史樂府・刀筆吏》　刀筆吏，封酇侯。李韓國，斯其儔。爵上公，禄萬户，女納妃，男尚主，位第一，傳千秋，年七十，復何求。帝制自爲且不可，况輔他人以掇禍。造膝密語人不聞，十年之後重深文。蕭相下獄幸不死，廷無衛尉今已矣。從來兔死功狗烹，彼功人也固當刑。

洪武十三年，誅胡惟庸。惟庸壻父李存義，善長弟也。以逆謀説善長，驚拒之。惟庸過善長，屏去左右，款語良久，人不得聞，但遥見頷首而已。事發，上宥善長不問。二十三年，星變，占爲大臣災，上疑之。時大殺京民怨逆者，善長請免其黨數人。上大怒，遂賜死。郎中王國用爲上書訟冤。

嚴遂成《明史雜詠》卷一《韓國公李善長》　韓國公，蕭何主守高于血汗功，誰連染之胡惟庸。惟庸弟之親，可以贖其兄之身，何至殺及七十人。獄辭傳著真不真。嗚呼！王虞部國用疏抗聲讀，一字一痛哭。開國元勳傳，變爲奸黨録。人言漢高心腸薄，不聞併赤蕭何族。

常遇春部

綜述

《太祖實録》卷四六　遇春，濠州懷遠人。世業農，性剛毅，膂力絶人。歲壬辰，羣雄並起，江淮鼎沸。遇春時年二十三，爲羣盜劉聚所得。聚覩其狀貌奇偉，拔於行伍而任之。遇春每出戰，必鼓勇争先，聚深喜之。遇春見聚日以剽掠爲事，無遠謀，度其終不能有成，欲擇所依。乙未春，聞上駐兵和陽，遇春即率數十人來歸。居兩月餘，請爲前鋒。上曰：「爾之來者，爲士卒絶糧耳。爾自有主，我安得留之？」遇春請再三，至於涕泣。上曰：「爾姑從吾渡江，俟克太平，委身事吾未晚也。」六月，上渡江，抵采石磯。元兵陣於磯上，而磯下巨舟如織，相距僅三丈餘，卒難登岸。遇春飛舸而至，上麾之使前，遇春即捨舟挺戈先登，衆皆披靡，遂拔采石，乘勝取太平。從上守禦，乃授總管府先鋒。十月，陞管軍總管。

丙申二月，元中丞蠻子海牙復以兵屯采石，南北不通。上慮將士雖渡江，而其父母妻孥尚留淮西，勢莫可致，命遇春率兵攻之。遇春至，設疑兵以分其勢，而以正兵與之合。及戰，又別出奇兵擣之，悉俘其精鋭。自是元兵扼江之勢衰。尋守溧陽，攻建康，功爲諸將先。三月，從徐達克鎮江。四月，授承信校尉，領軍先鋒。九月，攻常州。會青軍叛去，與張士誠合，徐達被圍於牛塘，遇春與諸將力戰，大敗其衆，擒士誠梟將張將軍。十一月，陞統軍大元帥。丁酉二月，遂克常州，遷中翼大元帥。四月，從徐達下寧國。八月，克馬馱沙。十月，取池州。戊戌春，陞江南行省都督，馬步水軍大元帥。十二月，從上取婺州。己亥四月，授鎮國上將軍，同僉書江南等處行樞密院事，守婺城。尋命攻衢州，降之。十月，陞僉院。十二月，攻杭州。庚子三月，召還。四月，從徐達破陳友諒兵於池州，俘斬萬餘人。閏五月，友諒入太平，犯龍灣，遇春共謀擊敗之。已而上整舟師伐友諒，留遇春守京師，軍民無敢譁。

辛丑三月，拜江南行中書省參知政事。七月，從上取安慶，破江州，回守龍灣。十一月，張士誠寇長興。上時駐兵九江，聞報遽還京，遣遇春援長興，士誠兵敗，俘殺五十餘人。壬寅，脩安慶城。池州羅友賢搆亂，據神山寨，將與士誠通，杭歙震動，遇春往攻之。癸卯正月，擒斬友賢，餘黨悉平。三月，張士誠遣兵圍劉福通於安豐，遇春同徐達往擊之。遇春突入其陣，三戰三勝，敵兵大敗而去，俘獲士馬無算。遂圍廬州，凡三月。城將下，會陳友諒攻南昌，上命遇春解圍而還。七月，從上率諸將援南昌，遇友諒於鄱陽湖之康郎山。遇春與之聯舟大戰，敵將張定邊素號梟猛，奮前迎鬭。遇春射之，定邊中矢走。既而上舟膠淺，遇春麾舟並進，湧水以脱舟，而遇春舟復被圍，力戰乃解。明日，復大戰。因縱火焚其舟，風急火烈，數十里間湖水盡赤，友諒弟友仁、友貴及平章新開陳等皆焚死。連戰三日，敵兵氣奪。及我師出湖口，諸將皆以江流湍急，欲放舟東下，遇春獨不言。上知其情，命以扼舟上流，遇春應之。諸將以舟横截江面，控湖口者旬有五日。友諒軍食乏，率樓船百餘艘趨南湖觜，欲突出湖口，亦還武昌。我舟遮擊之，遂與之聯比隨流，上下酣戰，自辰至酉，友諒中流矢死，其下復立友諒之子理走武昌。十月，上親征理，命遇春進兵圍之。甲辰二月，理銜璧出降，荆湖之地悉内附，陞遇春中書平章政事。七月，從徐達取廬州。八月，率兵平臨江之沙坑、麻嶺、十洞、牛陂諸塞。

乙巳正月，進取贛州，克之，遂下南安、南雄、韶州。三月，軍還。五月，取安陸、襄陽。十月，從徐達克泰州。丙午三月，復從克高郵。四月，徇淮安，徐、宿、安豐，皆下。八月，與諸將攻浙西，師次太湖。僞萬户尹義等逆戰，擒之，直趨湖州之毘山。與敵兵水陸鏖戰，敵兵大潰，遂投城下。塞其四門，晝夜環攻之。僞丞相張士信悉發境内兵爲援，屯於舊館，出我師之背。遇春率奇兵由大全港入，結營東阡，復出敵背，填溝港，絶其歸路。士誠知事急，出親兵拒戰，遇春一鼓勝之。士誠復遣其將徐義統赤龍船，親軍來援，遇春復敗之於烏鎮。十月，舊館降，得兵六萬。十一月，湖州亦下，遂進圍姑蘇。丁未，圍之益急。士誠收合餘卒，猶背城拒戰。遇春悉降其將士。九月，克姑蘇，縛張士誠以歸，籍其兵得二十五萬，加授中書平章，録軍國重事，封鄂國公。十月，命爲征虜副將軍，同徐達北征。

戊申正月，上即皇帝位。遇春與徐達下山東諸郡，遂攻走汴梁。元守臣李景昌進攻河南，敵兵五萬屯於洛水之北，將出迎戰。遇春布陣既定，單騎突入其陣。敵發二十餘騎攢槊刺遇春，遇春一箭中其前鋒，衆披靡，我師乘之，悉破其

衆，於是河南諸城以次皆平。上幸汴梁，謀取元都。七月，徐達與遇春渡大河，平河北諸郡。八月，兵抵元都。時元主已北奔，遂下其城，移兵攻太原。元守將擴廓帖木兒帥衆來禦，其鋒鋭甚。遇春與徐達謀曰：「我騎兵雖集，而步兵未至，未可與戰。莫若遣精騎夜劫其營，其衆必亂，衆亂則主將可縛也。」達如其言，擴廓帖木兒果聞變而遁。洪武二年正月，進攻大同，竹貞棄城走，河東又平，遂西入秦。張良弼遁走，李思齊迎降，奉元、鳳翔、鞏昌、臨洮皆定。五月，元將也速兵侵通州，上命遇春以所部軍還北平。遂自永平擣會州，獲江文清，士馬以千計。至大寧，也速遁。轉克開平，元君又北奔。進至北河，俘其宗王三人及平章鼎住等，凡得軍士萬人，車萬兩，馬三千匹，牛五萬頭。師還，次柳河川，以疾卒，時年四十。

遇春爲人沉鷙果敢，善撫士卒。雖不習書史，而克敵制勝之方皆中節度。每與敵戰，出則當先，退則殿後，未嘗敗北，士卒樂爲之用。其從大將軍征伐，能謙遜守節制。及其自將，善以少爲衆。國初名將雖多，然天下所稱道者，唯達與遇春爲之冠，因號曰「徐常」。遇春嘗自言能將十萬衆，橫行天下，故人又稱爲「常十萬」云。

《明史》卷一二五《常遇春傳》　常遇春，字伯仁，懷遠人。貌奇偉，勇力絶人，猿臂善射。初從劉聚爲盜，察聚終無成，歸太祖於和陽。未至，困卧田間，夢神人被甲擁盾呼曰：「起起，主君來。」驚寤，而太祖適至，即迎拜。時至正十五年四月也。無何，自請爲前鋒。太祖曰：「汝特饑來就食耳，吾安得汝留也。」遇春固請。太祖曰：「俟渡江，事我未晚也。」及兵薄牛渚磯，元兵陳磯上，舟距岸且三丈餘，莫能登。遇春飛舸至，太祖麾之前，遇春應聲，奮戈直前。敵接其戈，乘勢躍而上，大呼跳蕩，元軍披靡。諸將乘之，遂拔采石，進取太平。授總管府先鋒，進總管都督。

時將士妻子輜重皆在和州，元中丞蠻子海牙復以舟師襲據采石，道中梗。太祖自將攻之，遣遇春多張疑兵分敵勢。戰既合，遇春操輕舸，衝海牙舟爲二。左右縱擊，大敗之，盡得其舟，江路復通。尋命守溧陽，從攻集慶，功最。從元帥徐達取鎮江，進取常州。吴兵圍達於牛塘，遇春往援，破解之，擒其將，進統軍大元帥。克常州，遷中翼大元帥。從達攻寧國，中流矢，裹創鬭，克之。别取馬駝沙，以舟師攻池州，下之，進行省都督馬步水軍大元帥。從取婺州，轉同僉樞密院事，守婺。移兵圍衢州，以奇兵突入南門甕城，毁其戰具，急攻之，遂下，得甲士萬人，進僉樞密院事。攻杭州，失利，召還應天。從達拔趙普勝之水寨，從守池州，大破漢兵於九華山下，語具《達傳》。

友諒薄龍灣，遇春以五翼軍設伏，大破之，遂復太平，功最。太祖追友諒於江州，命遇春留守，用法嚴，軍民肅然無敢犯，進行省參知政事。從取安慶。漢軍出江游徼，遇春擊之，皆反走，乘勝取江州。還守龍灣，援長興，俘殺吴兵五千餘人，其將李伯昇解圍遁。命甓安慶城。

先是，太祖所任將帥最著者，平章邵榮、右丞徐達與遇春爲三。而榮尤宿將善戰，至是驕蹇有異志，與參政趙繼祖謀伏兵爲變。事覺，太祖欲宥榮死，遇春直前曰：「人臣以反名，尚何可宥，臣義不與共生。」太祖乃飲榮酒，流涕而戮之，以是益愛重遇春。

池州帥羅友賢據神山寨，通張士誠，遇春破斬之。從援安豐。比至，吕珍已陷其城，殺劉福通，聞大軍至，盛兵拒守。太祖左右軍皆敗，遇春橫擊其陣，三戰三破之，俘獲士馬無算。遂從達圍廬州。城將下，陳友諒圍洪都，召還。會師伐漢，遇於彭蠡之康郎山。漢軍舟大，乘上流，鋒鋭甚。遇春偕諸將大戰，呼聲動天地，無不一當百。友諒驍將張定邊直犯太祖舟，舟膠於淺，幾殆。遇春射中定邊，太祖舟得脱，而遇春舟復膠於淺。有敗舟順流下，觸遇春舟乃脱。轉戰三日，縱火焚漢舟，湖水皆赤，友諒不敢復戰。諸將以漢軍尚强，欲縱之去，遇春獨無言。比出湖口，諸將欲放舟東下，太祖命扼上流。遇春乃溯江而上，諸將從之。友諒窮蹙，以百艘突圍。諸將邀擊之，漢軍遂大潰，友諒死。師還，第功最，賚金帛土田甚厚。從圍武昌，太祖還應天，留遇春督軍困之。

明年，太祖即吴王位，進遇春平章政事。太祖復視師武昌。漢丞相張必先自岳來援。遇春乘其未集，急擊擒之。城中由是氣奪，陳理遂降，盡取荆、湖地。從左相國達取廬州，别將兵略定臨江之沙坑、麻嶺、牛陂諸寨，擒僞知州鄧克明，遂下吉安。圍贛州，熊天瑞固守不下。太祖使使諭遇春：「克城無多殺。苟得地，無民何益？」於是遇春浚壕立柵以困之。頓兵六月，天瑞力盡乃降，遇春果不殺。太祖大喜，賜書褒勉。遇春遂因兵威諭降南雄、韶州，還定安陸、襄陽。復從徐達克泰州，敗士誠援兵，督水軍壁海安壩以遏之。

其秋拜副將軍，伐吴。敗吴軍於太湖，於毗山，於三里橋，遂薄湖州。士誠遣兵來援，屯於舊館，出大軍後。遇春將奇兵由大全港營東阡，更出其後。敵出精卒搏戰，奮擊破之。襲其右丞徐義於平望，盡燔其赤龍船，復敗之於烏鎮，逐

北至昇山，破其水陸寨，悉俘舊館兵，湖州遂下。進圍平江，軍虎丘。士誠潛師
趨遇春，遇春與戰北濠，破之，幾獲士誠。久之，諸將破葑門，遇春亦破閶門以
入，吴平。進中書平章軍國重事，封鄂國公。
復拜副將軍，與大將軍達帥兵北征。帝親諭曰：「當百萬衆，摧鋒陷堅，莫
如副將軍。不慮不能戰，慮輕戰耳。身爲大將，顧好與小校角，甚非所望也。」遇
春拜謝。既行，以遇春兼太子少保，從下山東諸郡，取汴梁，進攻河南。元兵五
萬陳洛水北。遇春單騎突其陣，敵二十餘騎攢槊刺之。遇春一矢殪其前鋒，大
呼馳入，麾下壯士從之。敵大潰，追奔五十餘里。降梁王阿魯温，河南郡邑以次
下。謁帝於汴梁，遂與大將軍下河北諸郡。先驅取德州，將舟師並河而進，破元
兵於河西務，克通州，遂入元都。別下保定、河間、真定。
與大將軍攻太原，擴廓帖木兒來援。遇春言於達曰：「我騎兵雖集，步卒未
至，驟與戰必多殺傷，夜劫之可得志。」達曰：「善。」會擴廓部將豁鼻馬來約降，
且請爲内應，乃選精騎夜銜枚往襲。擴廓方燃燭治軍書，倉卒不知所出，跣一
足，乘孱馬，以十八騎走大同。豁鼻馬降，得甲士四萬，遂克太原。遇春追擴廓
至忻州而還。詔改遇春左副將軍，居右副將軍馮勝上。北取大同，轉徇河東，下
奉元路，與勝軍合，西拔鳳翔。
會元將也速攻通州，詔遇春還備，以平章李文忠副之，帥步騎九萬，發北平，
逕會州，敗敵將江文清於錦州，敗也速於全寧。進攻大興州，分千騎爲八伏。守
將夜遁，盡擒之，遂拔開平。元帝北走，追奔數百里。獲其宗王慶生及平章鼎住
等將士萬人，車萬輛，馬三千匹，牛五萬頭，子女寶貨稱是。師還，次柳河川，暴
疾卒，年僅四十。太祖聞之，大震悼。喪至龍江，親出奠，命禮官議天子爲大臣
發哀禮。議上，用宋太宗喪韓王趙普故事。制曰「可」。賜葬鍾山原，給明器九
十事納墓中。贈翊運推誠宣德靖遠功臣、開府儀同三司、上柱國、太保、中書右
丞相，追封開平王，謚忠武。配享太廟，肖像功臣廟，位皆第二。
遇春沉鷙果敢，善撫士卒，摧鋒陷陣，未嘗敗北。雖不習書史，用兵輒與古
合。長於大將軍達二歲，數從征伐，聽約束惟謹，一時名將稱徐、常。遇春嘗自
言能將十萬衆，横行天下，軍中又稱「常十萬」云。
《明名臣琬琰録》卷一宋濂《鄂國常公開平忠武王神道碑銘》 洪武二年己
酉秋七月七日，銀青榮禄大夫、上柱國、中書平章軍國重事兼太子太保、鄂國常
公薨於軍中。二十三日，訃聞，皇帝爲之震悼，罷朝，在廷之臣莫不灑泣。越明
日，詔中書定議，贈翊運推誠宣德靖遠功臣、開府儀同三司、上柱國、太保、中書
右丞相，追封開平王，謚忠武。八月朔日，柩車至龍江，上往臨奠，慟哭而還。親
爲擇地於鍾山草堂之原，營建宅兆及棲靈之祠。凡百須之具，一給於官，不以煩
其家。至冬十月九日，始葬。復推恩及其三代，皆爲王爵，生榮死哀，可謂至矣。
上猶念其功不置，召臣濂於庭而謂之曰：「朕東撫高麗，西抵吐番，北際沙漠，南
來交阯、占城，莫不稽首奉命。計其開拓之功，以十分而言，王蓋居其七八。朕
今手録戰伐次第以授，爾尚爲文，勒諸豐碑，以著王之功於無窮焉。」臣濂受詔而
退，謹再拜，序而銘諸幽。
王諱遇春，姓常氏，濠州懷遠人，世爲農家。賦性剛毅，膂力絶人。歲壬辰，
羣雄並起，江淮爲之鼎沸。時王年二十有三，爲羣盜劉聚所得。聚覘王狀貌奇
偉，拔於行伍而信任之。王每出戰，必鼓勇争先，聚深喜之。王察聚所爲，終不
能有成，欲擇所依。乙未，聞上駐兵和州，領衆數十人，棄聚來歸。居兩月餘，請
爲前部先鋒。上曰：「爾之來者，爲士卒糧絶，故就食耳。爾自有主，我安得而
留之？」王請之再三，至於涕泣。上曰：「爾姑從吾渡江，俟克太平，委身事吾未
晚也。」夏六月，上先抵采石磯，元兵陣於磯上，而磯下巨舟如織，相距僅三丈餘，
猝難登岸。王乘快舸相繼而至。上麾之使前，王即舍舟挺戈先登，衆皆披靡，遂
拔采石，乘勝取太平。從上守禦，迺始授總管府先鋒。冬十月，陞管軍總管。
丙申春二月，元中丞曼濟哈雅復以兵屯采石，南北不通。上慮將士雖渡江，
而其父母妻孥尚留淮西，勢莫可致，命王統兵攻之。王至，設疑兵以分其勢，而
以正兵與之合。及戰，別出奇兵擣敗之，悉俘其精鋭，自是元兵扼江之勢衰矣。
尋守溧陽，攻建康，功爲諸將先。三月，從今大將軍右丞相徐公達克鎮江。夏四
月，授承信校尉、領軍先鋒。秋九月，再攻常州。會有軍叛去，與僞吴張士誠合，
徐公被圍於牛塘。王與諸將力戰，大敗其衆，擒士誠梟將張將軍德。冬十有一
月，陞統軍大元帥。丁酉春三月，遂克常州，遷中翼大元帥。夏四月，從徐公下
寧國。秋八月，克馬馱池。冬十月，取池州。戊戌春，擢江南行中書省都督，馬
步水軍大元帥。冬十有二月，上親取婺州。己亥夏四月，轉鎮國上將軍、同僉書
江南等處行樞密院事。守婺城，尋命攻衢州，降之。冬十月，陞僉院。十有二
月，攻杭州。
庚子夏五月，召還京師，從徐公拔安慶趙普勝之水寨。時僞漢陳友諒揚言
援安慶，王策其必攻池州，以羸弱守城，伏鋭士於九華山。明日，友諒兵果來攻

城，伏兵四合，俘殺萬餘人。六月，友諒入太平，犯龍灣，王共謀擊，敗之。已而上整舟師，襲友諒，留王守京師，軍民無敢譁。辛丑春三月，拜江南行中書省參知政事。秋七月，從上取安慶，破江州，回守龍灣。冬十一月，張士誠出兵寇長興，上時駐九江，聞報，還京師，命王往援。士誠兵敗，俘殺五千餘人。壬寅春，修安慶城。羅友賢搆亂據池州神山寨，將與士誠通，杭歙震動，命王往攻之。癸卯春正月，擒斬羅友賢，餘黨悉平。三月，張士誠遣兵圍劉福通於安豐，王從上擊之。將戰，王突入其陣，三戰三勝，敵兵大敗而去，俘獲士馬無算。遂同徐公圍廬州，凡三月。城將下，適陳友諒攻南昌，王解圍而還。秋七月，從上率諸將往援。八月，遇友諒於彭蠡湖之康郎山，王與之聯舟大戰，呼聲動天地，無不一當百。縱火焚僞平章舟，風急火熾，十里之間，湖水盡赤。敵將張定邊素號梟猛，奮前迎戰，王射之，定邊中矢走，友諒乃退保鞋山。諸將以友諒兵尚强，請縱其去，王獨不言。及我師出湖口，皆言江流湍急，欲放舟而下。上知其情，命以舟扼上流，王應之，諸將乃遡流而上。舟蔽江面，控湖口者旬有五日。友諒軍食乏，出江求戰，王遣火舟火筏禦之，敵兵奔潰。追北數十里，與之酣戰，自辰至未不解。上所乘舟及王舟皆膠於沙，王既脱御舟，而已舟被圍，復力戰而脱。於是友諒中流矢死，士卒十萬皆降。未幾，其臣立友諒之子理於武昌。冬十月，王帥師討之，四面合圍。甲辰春二月，理銜璧出降，荆湖之地望風皆附，陞中書平章政事。

秋七月，從徐公取廬州。八月，遂自將兵平臨江之沙坑、麻嶺、十洞、牛陂諸寨，進取贛州。乙巳春正月，克之，悉定南安、南雄、韶州。夏五月，還兵取安陸、襄陽。冬十月，從徐公克泰州。丙午春三月，復從克高郵。夏四月，淮安、濠、泗、徐、宿、安豐皆下。秋八月，諸將攻浙西。師次太湖，僞萬户尹義等逆戰。王擒之，直趨湖州之毗山，與敵兵水陸鏖戰，敵兵大潰。遂抵城下，塞其四門，晝夜環攻之。僞丞相張士信悉發境中兵爲援，屯於舊館，出我師之背。王統奇兵，由大全港入，結營東阡，復出敵背，且填壅溝港，絶其歸路。士誠知事急，親出兵拒門，王一鼓勝之。士誠復遣其將徐義統赤龍船親軍來援，王復擊之，敗於烏鎮。冬十月，舊館降，得兵六萬。十有一月，湖州亦下，遂進圍平江。丁未，圍之益急。士誠收合餘燼，猶背城百戰，降其將士且盡。秋九月，始克之，縛士誠來獻，籍其兵二十有五萬。乃加授中書平章軍國重事，疏封鄂國，進爵上公。冬十月，復授征北副將軍，同徐公奉命北伐。

戊申春正月，上即皇帝位，國號大明，改元洪武。王與徐公下山東諸郡，遂攻汴梁，守臣李景昌遁。進攻河南，敵兵五萬，屯於洛水之北，將出迎戰。王布陣既定，單騎執弓矢，衝入其隊。敵發二十騎，攢槊刺王。王一箭中其前鋒，大呼殺入，悉獲其衆，而河南諸城先後皆平。上幸汴京，謀取燕都。秋七月，徐公與王渡大河，河北諸郡又平。八月三日，燕都不戰而克，元君北奔。師次太原。其守將庫庫特穆爾帥衆來禦，其鋒鋭甚。王與徐公謀曰：「我騎兵雖集，而步卒未至，何以能戰？莫若遣精騎夜劫其營，其衆可亂。衆亂，主將可縛也。」徐公如王言，庫庫特穆爾果中傷而遁。己酉春正月，進攻大同，竹真棄城走，河東又平。遂西入秦，張良弼遁，李思齊迎降，奉先、鳳翔、鞏昌、臨洮又平。夏五月，元將伊蘇侵通州。有旨命王以所部軍東還拒之，遂擣永平，過惠州，獲江文清士馬以千計。至大寧，伊蘇遁，破開平，元君又北奔。追至北河，俘其宗王三人，及平章鼎珠等，凡得軍士萬人，車萬兩，馬三千，牛五萬。全師還燕，次柳河川，得疾而薨，享年僅四十耳。

王之爲人守謙而不矜，有功而無過，運籌決勝之方，不學而能。其從大將軍東征西伐，而能遵守節制。及其自將兵，則所至無不克捷。由其智識明而材力雄，故施之各得其宜。嗚呼！若王者，可謂開國之殊勛者矣。王之曾大父四三府君，累贈銀青榮禄大夫、上柱國、中書平章政事，追封開平王，謚莊簡；妣張氏，追封開平王夫人。大父重五府君，累贈開府儀同三司、上柱國、少保、中書平章政事，追封開平王，謚安穆；妣陳氏追封開平王夫人。父六六府君，累贈開府儀同三司、上柱國、太保、中書右丞相，追封開平王，謚靖懿；妣高氏，追封開平王夫人。妻定遠藍氏，封開平王夫人。子男三人，曰茂、曰昇、曰森，皆上所賜名。女三人，長許爲皇太子妃，餘皆幼。

臣濂聞之，昔日唐太宗起義兵而定天下，當時有尉遲恭者，棄劉武周，仗劍來從。其後輔成唐業，而恭之功爲多，於是生有鄂國之封，殁有忠武之謚。今王之功非恭之所可及，上之所以遇王者，封謚與之雖仝，而其王爵之加，恩數優渥，揆之於唐，誠又過之。史臣所謂君臣相遇，千載一時者，豈不異世而同符也哉？是宜銘諸貞石，傳之千萬世，一以昭聖天子垂念功臣如此之至，一以著王之勳烈於不朽云爾。銘曰：

聖皇開天，豪傑四從。龍興而雲，虎嘯而風。義旗所指，山嶽震動。飈馳霆舂，孰不神竦。維忠武王，其氣至剛。仗劍來從，飛渡大江。無堅不摧，無敵不

碎。席卷長驅，易如拾芥。平吴定越，帖荆撫淮。威聲所加，大小畢來。齊魯既寧，汴洛亦定。直指幽燕，不戰而勝。元君遠逝，六軍倒戈。本根既撥，何有條柯。乃收晉冀，乃清秦隴。乃狥遼海，人百其勇。茫茫朔漠，灤河所經。誓將剗滌，邊塵弗驚。王之忠精，上貫天日。煜其有光，亘古不没。副戰百捷，備殫勤勞，光輔帝業，翊運之勛。靖遠之威，在古或罕，於今見之。大功垂成，王忽長逝。當宁興哀，如失一臂。爰加恩寵，用錫王封。衮衣繡裳，炤耀泉宫。天子曰：「噫！未慊朕志，其推爾爵，上褒三世。」死生哀榮，孰可比焉？王雖云没，生氣凛然。鍾山之陰，隧道有石。詞臣勒銘，垂示千億。

雜録

備録

劉辰《國初事迹》 嘗遇春原隸羣盜劉聚部下聽用，太祖駐兵和州，領衆十人，棄聚來歸。太祖曰：「爾之來，爲士卒糧絶，故就食耳。爾自有主，我安得而留之？」遇春請之再三，至於涕泣。太祖曰：「爾姑從我渡江，俟克太平，委身事我，未晚也。」太祖先抵采石，元兵陣於磯上，猝難登。遇春繼至，太祖麾之使前，遇春即挺戈先登，遂拔采石。

王文禄《龍興慈記》 聖祖憫常開平遇春無嗣，賜二宫女，妻悍，不敢御。晨起捧盂水盥櫛，開平曰：「好白手。」遂入朝去矣。至回，内出一紅盒，啓之乃斷宫女手也，開平驚憂。後入朝，儀度錯愕。聖祖問之，不敢對，再三詰曰：「面色非昔，豈謀朕邪？」開平懼，盡吐其實，且叩頭曰：「聖上憐臣，賜二宫女，恩莫報也。今若此，有孤聖恩，萬死莫贖，故連日驚憂。」聖祖大笑曰：「再賜何妨？」且入宫飲酒解憂，外命力士肢解其妻，分賜功臣，上寫曰：「悍婦之肉。」開平回，不見其妻，驚成癲癇。

梁維樞《玉劍尊聞》卷七 常遇春，懷遠人，賦性剛毅，膂力絶人，年二十三爲盜劉聚所得。遇春欲擇所依，棄聚歸高皇帝，先登拔采石磯，授總管府先鋒。自是從徐達征戰，能遵守節制，及自將兵，運籌決勝，不學而能，開拓之功，十居七八。位至中書平章軍國重事，封鄂國公。追元君，全師還，次柳河川，薨，贈右丞相，追封開平王，謚忠武。【略】常開平狀類獮猴，指臂多修毫，驍猛絶世，

備論

鄭曉《吾學編·皇明名臣記》卷一 王謙慎不矜，有功無過，運籌決勝，不學而能。其從大將軍，謹聽約束，及秉鉞專征，即能制節將校，所向克捷。時在上前，屢有直諫。

袁袠《皇明獻實》 袁袠曰：國之興也，必有虎臣。《詩》曰：「時維鷹揚，燮伐大商。」明興諸將以功名顯稱者多矣，而開平王獨以驍勇著聞。彭蠡之役，血戰者累旬，僵屍蔽湖，湖水爲之不流，鉅鹿、昆陽之戰，弗若是慘也。彼章邯尋邑之徒，豈項羽世祖敵乎？友諒雖扈暴寡謀，然地廣兵强，勢居上游，僭竊帝號，空國而戰，可不謂勍敵乎？而開平王獨賈勇死戰，方其走張定邊，脱高皇舟，一何壯也！高皇帝嘗曰：「當百萬之衆，勇敢先登，摧鋒陷陣，所向披靡，莫如副將軍遇春。」信矣哉！

項篤壽《今獻備遺》卷一 論曰：開國初，忠武常公獨以驍勇著聞。友諒地廣兵强，勢居上游，僭竊閏位。彭蠡之役，空國而戰，可不謂勁乎？

鄧球《皇明泳化類編》卷三四 夫忠武之智勇不居武寧下，而心常下之。暨其貴匹功並，每受命出副，亦不生異同，卒所至有大據，皆謙恭，自天性然也。身依明聖，已有樹立，天眷篤之，寵承没後。宋太史云：「昔唐太祖起義兵而定天下，當時有尉遲恭者，棄劉武周，仗劍來從。其後輔成唐業，而恭之功爲多。於是生有鄂國之封，没有忠武之謚。今遇春之功非恭之所可及。上之所以遇遇春者，封謚與之雖同，而其王爵之加，恩數優渥，揆之於唐，誠又過之。史臣所謂君臣相遇，千載一時者，豈不異世而同符也？」

查繼佐《罪惟録》列傳卷八 論曰：劉聚豈能有開平哉？非金甲起起，忠武故自仗策和陽麾下也。太祖厲其鋒，固不納，於是牛渚爲第一捷，而開平分數已次大將軍達，曰達副。虐降九華時，願未一將權於達也，達以聞，而開平不恨達。帝又善其鋒，弗罪，知帝之用開平有權焉。於是出必副大將軍。廟算不自制開平，以武寧制開平，而卒奉節制，進退赴期會不爽，知武寧之於開平，亦有權

以善之矣。策平吴與北伐，氣可立碎諸堅，而同於故林兒一往不返之計，太祖所以諄諄副將軍勿輕也。古直走魏都，亂其內顧耳，敵於所必救，所以勇敵，所以一敵，所以繕敵，發而不收，此倖道也，何如得寸得尺，積不拔以幾之哉？子昇抗燕，與中山之子輝祖比烈。茂即不令，去增壽遠矣。按《逆臣録》，謂藍玉死，昇以玉其甥故，約金寧侯孫恪弄兵報復，罪死，未常及抗燕安置雲南事。而後懷遠侯延齡疏，稱昇子繼祖安置雲南，則抗燕係繼祖所爲無疑。或云茂爲他土彝所訐，方肩輿出，有一客突犯道，出片紙懷中，賜死詔也。土官趙氏藏其屍，詔詰問死狀，究不報。

傅維鱗《明書》卷九一　史官曰：「太祖以神武定區夏，其臣咸莫及。然至於達與遇春，則心儀焉。遇春甫成大業，天不假年，而榮休弗與，宜太祖之悲思之也。考其智勇，不出達下，而心每遜之。暨至貴四勳齊，每受命出副，亦不生異同，卒所至樹偉烈，皆謙恭自然天性也。世所傳遇春有殊勇，夫喑嗚跳盪，百夫敵耳，彼豈知其所優者耶？子昇忠節矯矯，殆所謂龍種不羣歟。」

藝文

嚴遂成《明史雜詠》卷一《開平王常遇春》　常十萬，東擒吴，西殪漢，北走庚申無用戰。君不見采石磯，奮戈跳盪船如飛，又不見洛水槊，潰圍馳突全身歸。嗚呼！勇力絶倫年四十，凌烟鄂公王初封鄂國公好顏色。如何甲盾夢神人，疑汝饑來特就食。英雄傾頹臥田間，日月之明有時蝕。

徐達部

綜述

《太祖實録》卷一七一　達，鳳陽人。家世農業，長身偉貌，剛毅英武。年二十二，值元末兵起，慨然有濟世之志。歲癸巳，上起義兵於濠梁，達來謁。上與語，奇之，留置麾下。久之，察其志慮材畧皆非衆人所及，上益喜，曰：「此大器也。」遂命爲鎮撫，位諸將上。乙未，上在和陽，爲孫德崖軍所邀，我軍亦執德崖，兩軍相持。達詣德崖軍，請以身代上。及上還，縱德崖去，達亦得還。遂從上渡江，下采石，定太平。未幾，元將蠻子海牙復以舟師扼采石，乃命達將精鋭數千東取溧水、溧陽，斷其肘腋，下之。丙申，上敗元舟師於采石，召達還，從攻建康，入其城。上留居之，經營四方。命達爲大將，東取鎮江，克之。開淮興翼元帥府，命爲統軍元帥，守其地。

張士誠遣將據毘陵，將侵鎮江。達知之以告，上命達出兵攻毘陵，沮其詐謀。達速勒兵討之，敗士誠兵，擒其弟張九六。張士誠復遣僞同僉呂珍入守常州，圍之，久不克。丁酉三月，下其城，呂珍宵遁，繼取馬駄沙。從上取寧國，守將楊仲英等開門降，長槍元帥謝國璽遁，得其軍十餘萬，馬二十餘匹。復統兵徇宜興，取常熟。戊戌十月，達與邵榮將兵攻宜興，乃分兵絶太湖口，併力急攻，拔之。己亥，達遣別將俞通海復池州，俘陳友諒將趙牛兒等，並獲艨艟數百艘。上時在浙東，聞捷至，甚喜，遂陞達奉國上將軍，同知江南行樞密院事。率兵擊趙普勝水軍，走之。追至潛山縣，擒僞參政郭泰，斬之，遂克潛山，獲馬騾牛羊千餘，命元帥詹某守之。庚子，與常遇春將兵守池州。陳友諒以兵來寇，上令達伏兵九華山下。寇至，伏發，遂擊敗之，生擒三千人。既而友諒陷太平，又寇龍江，達從上擊敗之，友諒遁去，達率舟師追至池州而還。辛丑，從上取江州，陳友諒棄城走武昌，命達進兵追之。又聞友諒欲出沔陽戰艦拒戰，達乃屯於漢陽之沌口以遏之。是年，陞中書右丞。

壬寅，胡廷瑞以龍興降，上命鄧愈守之。既而康泰復叛，召達自漢陽還軍，討平之。癸卯，從上攻安豐，呂珍、左君弼皆敗走。上還，達移師圍廬州，二月不下。會陳友諒率舟師寇龍興，上召達等還援。從上擊友諒於番陽湖，達身先諸將，擊敗其前軍，殺千五百人，獲一巨舟而還，軍威大振。既而達舟被焚，撲火更戰。上遣舟援達，達以死自誓，敵師敗，達乃出。尋命達還，守建康。甲辰，克武昌，陞中書省左相國。復總兵攻廬州，左君弼聞達兵至，遁安豐，而令其將樓兒張等拒守。達圍之，城中饑困，樓兒張開門降，獲君弼母及其妻子。遣兵圍安豐，君弼走汴梁。是年八月，命達將兵取荆、湘、湖南北諸郡。達與參政楊璟率戰艦至荆州，僞漢守將姜珏以城降。達復遣傅友德將兵取夷陵，守將楊以德、歸州將楊興俱以城降。師次潭州，湘鄉土酋易華亦來降。督兵討周文貴於辰州，克其城。乙巳正月，達遣千户胡海洋擊寶慶，僞將唐隆道遁，兵入守之。

是年，大會師建康，召達還計軍務。五月，復命達率遇春等以馬步舟師取淮東諸城。兵抵泰州，上遣使諭達曰：「寇兵駐范蔡港，其計不過欲分掣我兵，宜以廖永忠還兵水寨以應之，大軍攻泰州。泰州既克，江北諸郡聞風瓦解，寇不戰自潰。」已而遂克泰州，獲僞吴將嚴再興等九十四人，馬一百六十六匹。捷至，上復遣使諭達分兵取興化，僞吴將李清戰敗，以城降。達留千户劉傑守之。上復遣同知馮國勝帥所部助攻高郵、淮安、濠泗。既而張士誠兵寇宜興，上遣使諭達，令以馮國勝守高郵，常遇春守海安，遣別將守泰州，令達以精兵援宜興。達渡江，敗寇兵於宜興城下，獲兵三千餘人。時國勝攻高郵，僞吴俞僉院詐遣人約降，國勝信之，遣康泰等率兵入城，皆爲所殺，上聞之怒。丙午三月，復命達自泰州進兵取之。達至高郵，督兵攻克之，俘其將帥一千三十七人，軍一千一百七十五人，馬三百七十三匹，得糧八千石，民一千三百九十七户。移師攻淮安。四月，達兵至馬騾港，與僞吴左丞徐義戰，破之，獲船百餘，義遁去，俘其院判錢富等及兵三千餘人。舟師進薄城下，守將僞右丞梅思祖、副樞密唐英等出降，得糧四萬餘石，馬千五百匹，兵萬餘，民四千餘户。命指揮華雲龍、蔡仙守其城。前樞密同知陸聚以徐、宿二州詣軍門降。復率舟師攻安豐，克之，其右丞忻都、左丞祝昌等走汴梁。竹貞以兵來援，大敗引去。追獲忻都及其軍四千，馬四千匹，糧九百餘石。復遣千户趙祥將兵至潁州，獲其糧船以歸。

八月，命達爲大將軍，遇春爲副將軍，統大兵取浙西。上御戟門，戒諸將毋肆虜掠，毋妄殺戮。達奉命戒飭將士唯謹。將發，上與諸將議取吴之計。遇春以爲先取蘇州。上曰：「若先攻湖州，使其疲於奔命，然後移兵姑蘇。」達遵成

筭，率舟師出太湖，抵湖州。僞吴右丞張天騏遣黄寶、唐傑開門出戰，遂擒寶及其元帥胡貴二百餘人。士誠遣僞司徒吕伯昇來援，潛入東門，達扼其四門，晝夜攻之。伯昇與天騏閉門拒守。士誠復遣僞平章朱暹、王晟等及僞五太子分屯城東之舊館。達分兵營於姑嫂橋，連築十壘，斷其外援，敗其别將於烏鎮之東。士誠親率兵往應，達等與戰於皂林之野，大敗其衆，生擒僞吴戴元帥及軍士三千餘人。舊館屯兵糧運不繼，相率出降。達遂圍僞平章王晟壁，破之，晟及同僉戴茂乞降。時僞五太子等來戰，燒其船，大敗之。僞五太子及其平章朱暹、右丞吕珍等遂以舊館降，得兵六萬餘。十一月，達以降將徇於湖州城下，張天騏等遂以城降。達轉兵攻吴江州，僞參政李福等降。兵從太湖西出姑蘇城南七里鮎魚口，攻其山栅，僞守將竇義遁去。康茂才軍至尹山橋，遇敵兵，擊敗之，焚其戰船積聚。達親率馬步兵及遺舟師，水陸並進，營於葑門。分遣别將軍於婁、胥、閶、盤諸門，又築長圍困之。架木塔，與城中浮圖等。築臺三成，名曰敵樓，下瞰城中。設火筒其上，一發連中。又設襄陽礮，著物無不糜碎，礮風著人皆死。時姑蘇城堅，難猝破。無錫莫天祐與士誠爲聲援，其部將楊茂善游水，天祐遣爲偵，邏卒獲茂送達。達釋而勞之，待以腹心，於是屢遣茂游水往來，因得其彼此所遺蠟丸書通報，故陰得士誠、天祐虚實。丁未九月，達知其城中困乏，乃親督兵克葑門，遇春亦破閶門。士誠令僞樞密唐傑登城拒戰，又令僞參政周仁等立栅以補外城。傑知力屈，投兵降，周仁等皆請降，士誠軍大潰。諸將蟻附登城。城既破，士誠距户自經。不死，將士救解之，舁出葑門，送京師。初達與遇春約城破日中分撫定。及是達軍城左，遇春軍城右，令士卒各懸小木牌，令曰：「掠民財者死，拆民屋者死，離營二十里者死。」部伍肅然，居民安堵，遠近悦之。上諭諸將平僞吴功，將行賞，諭之曰：「張士誠兵强積富，今亦就擒，非爾將帥用命，何以至此？」於是進封達爲信國公，賞綺帛十端，餘戰士賞賚有差。是年十月，又改爲右相國。

上欲北伐，與諸將定計。常遇春謂宜直擣元都。上謂達曰：「吾欲先取山東、河南，斷其羽翼，然後進兵元都。彼勢孤援絶，不戰可克。」將啓行，又謂達曰：「兵法以廟筭勝者，得筭多也。卿其識之。」於是命達爲征虜大將軍，常遇春爲副將軍，率甲士二十五萬北伐。達駐師淮安，遣使往沂州，諭王宣父子納款。十一月，達進師，由長淮入大河，分遣平章韓政率兵畧榆行，守將鄜毅以城降。師次梁城，守將右丞趙鑾子遁去，部將盧同知、程僉院等率衆降。既而趙鑾子亦以所部降，嶧州聞風款附。軍至沂州，時王信往莒、密募兵，其父宣閉門拒守。諸軍圍之，宣度不能敵，以元所授沂國公印出降，官軍入城。於是莒、密、海等州縣相繼納款。上遣使勑達等曰：「聞將軍已下沂州，未知勒軍何向？如向益部，當遣精鋭將士於黄河扼衝要，斷其援兵，使彼外不得進，内無所望。我軍勢重力專，可以必克。若未下益都，即進取濟寧、濟南，二城既下，山東勢窮力竭，如探囊中之物，可不攻而自下矣。然兵難遥度，隨機應變，尤在將軍。」時金、火二星會於丑分，望後火逐金過齊魯之分，宜進兵取勝。」達師次益都，遣人諭元守將老保不下，遂督師攻拔之，老保降。徇下壽光、臨淄、樂安、昌樂、高苑等縣，及濰、膠、博興等州，獲將士一萬五百餘人，馬騾一千六百餘匹，糧一十八萬九千石。十二月，遣使招降樂安、般陽守將李圭、俞勝等，淄川、新城等縣皆望風降附，獲兵一千四百餘人，糧二萬一千三百餘石。遣别將張興祖下東平，元參政陳璧等以軍民五萬來降。師至安山鎮，右丞杜天祐等降，獲船一百五十餘艘。師至濟南，元將脱因帖木兒遁去，其部將以城降，獲將士二千八百五十五人，馬四百二十九匹。遣都督同知張興祖取濟寧，元將陳平章棄城遁，大軍入城守之。

洪武元年正月，進達銀青榮禄大夫、上柱國、録軍國重事、中書右丞相、信國公兼太子少傅。賜誥曰：「命將出師，立興王之大業；建邦啓土，資佐運之能臣。仗斧鉞而成顯功，秉鈞衡而居右揆。才爲異等，賞亦非常。孚告朝堂，誕宣綸綍。中書右丞相徐達剛姿英傑，遠量雄深，巖巖山嶽之重，矯矯虎貔之猛。從予起兵於濠上，先存捧日之心；來兹定鼎於江南，遂作擎天之柱。氣貫萬人而無敵，拔幟摧城；威行四壤而推恩，撫民安堵。牙旗指顧，淮海澄清；雷電鏗轟，湖湘率服。西連巴蜀，東際溟洋，有征則總水陸之軍戎，所向則收郡邑之圖籍。削平二强國，古之名將何以加？辛勤十餘年，吾之封疆由此定。疊奏蘇湖之捷，俘其臣主而歸。允謂元勳，宜膺上爵。尊崇相府，仍加開國之褒；輔導儲宫，尤重兼官之選。於戲！太公韜畧，當弘一統之規；鄧禹功名，特列諸侯之上。用頒寵數，尚克欽承！」

二月，達與遇春督馬步舟師取東昌，克之，所屬茌平等縣皆款附。樂安俞勝復叛，達帥師征之，勝棄城遁。元將也速等來援，我軍與戰，敗之，追奔八十餘里，生擒院判脱歡並軍士百餘人，馬三百匹。三月，達奏定山東新附州縣及俘獲軍實之數。勒兵至陳橋，向汴梁。元守將國公李克彝驅軍民遁入河南，左君弼等率衆詣軍門降，大軍入城。四月，由中灤進取河南，至塔兒灣，元將脱因帖木

兒以馬步五萬屯於洛水之北，悉銳迎戰，擊敗之。追奔五十餘里，俘獲無算。脫因帖木兒收散卒走陝州。達勒兵抵洛陽，元梁王阿都溫以元所授梁王金印率官民出降，河南平，鈞、許、福昌諸州縣元守將哈剌魯等皆來降。轉克汝、嵩、裕、陝州。遣馮宗異西攻潼關；守者拒戰，宗異將兵拔之。上命宗異據關而守。

是歲五月，上幸汴梁。六月，達自河南，朝於行在。上嘉勞之，謂曰：「將軍率師征討，勤勞於外，古人所謂忠爾忘身，國爾忘家，誠將軍之謂也。」上復召達等議取元都，授以成算。於是達檄諸將及山東諸郡馬步舟師，會東昌。閏七月，師徇河北，遣右丞薛顯、參政傅友德等取衛輝，元平章龍二棄城走彰德。達師至彰德，龍二復遁去。官軍入城，以右丞梅思祖守之。師至廣平，元平章周昱棄城先遁。是月，達至臨清，分遣參政傅友德率衛士開道以通步騎，都督副使顧時率衛士修閘以通舟師。達率師北上，至德州，常遇春、張興祖等俱以師會，遂取長蘆，下清州，擣直沽，據之，作浮橋以濟師。元丞相也速遁去，元都大震。師抵河西務，元平章俺普等迎敵，敗之，擒知院哈剌孫及省院將校三百餘人，馬六百匹、船百餘艘、糧二千六百石，俺普遁去。師至通州，元國公卜顏帖木兒等率衆迎敵。常遇春戰，敗之，擒卜顏帖木兒及副樞也先迭兒、脫脫帖木兒，獲馬四百匹，船百餘艘，遂克通州。丙寅，夜三鼓，元主與其后妃、太子開建德門北走。八月庚午，達師至元都，駐齊化門，勒兵入城，獲監國宗室淮王帖木兒不花及太尉中書左丞相慶童、平章哈剌那海、右丞張康伯、御史中丞滿川等及鎮南王子六人。籍軍民府庫及版圖重器，封宮殿門，遣指揮張煥以兵千人守之。俾宦寺護視宮人妃主，禁戢士卒，無敢侵暴，人民安業，市肆不移，遠近悦服。人謂曹彬下江南，伯顏入臨安，不是過也。乃遣人獻捷京師，及遣將士通古北口，守直沽，取永平。

上以元都既定，命達等率師取山西，留所統三萬人立燕山左右等六衛，命大都督副使孫興祖、僉事華雲龍守北平。九月，常遇春克保定。十月，下真定。十一月，達自北平進取山西，與遇春會師真定。時元將擴廓帖木兒以兵自太原，出鴈門，將侵北平。達偵知之，遣薛顯、傅友德將鐵騎六千先趨平定州，留指揮韋正守真定營，遂率師趨太原。擴廓帖木兒至保安州，聞之，即還迎敵。十二月朔，師至太原。遇春謀於達曰：「我騎兵雖集，而步兵未至，衆寡不侔，難與爭鋒。莫若遣精騎夜襲其營，彼衆可亂，主將可縛也。」達善其計。適擴廓帖木兒部將豁鼻馬潛遣人約降，且請爲内應。達遂遣兵夜襲之，彼軍果動，擴廓帖木兒覺變倉猝跣足出帳後，上馬遁去，從之者僅十八騎。遂克太原，獲兵四萬，馬如之。擴廓帖木兒奔大同，大軍追之，擴廓帖木兒走甘肅。

洪武二年二月，達師至平陽，次河中府。三月，渡黄河，元守鄜城樞密副使施成詣軍門降。師至鹿臺，張良弼等遁去。遂渡涇渭，至陝西，耆民千餘人出三陵坡迎降。達令左丞周凱入城撫諭居民，禁戢軍士，一無所犯，秦民大悦。乃分兵取鳳翔。常遇春兵至鳳翔，李思齊走臨洮。四月，達師度隴州，元將白同僉降。克秦州，元將呂德、張義等遁去。師至鞏昌，元總帥汪靈真保、平章梁子中、商暠、左丞周添祥等皆率衆款附，以都督郭子興守之。遂分遣右副將軍馮宗異征臨洮，都督副使顧時、參政戴德征蘭州。於是李思齊以臨洮來降，趙琦等亦歸附。克安定州、會州、靖寧等處。五月，下平涼。遣兵邏慶陽，張良臣以城降。六月，良臣復叛，達督兵進討，克之。良臣投井中，官軍引出，並其父斬之。九月壬寅，召達還京，詔都督馮宗異代領其衆。三年正月，復詔達爲征虜大將軍，率師討擴廓帖木兒。三月，達追至定西，敵退，屯車道峴。既而達進兵沈兒峪口，與敵兵夾深溝而壘，日數交戰。擴廓帖木兒發兵千餘，由間道從東山下，潛劫我壘。達怒斬將校數人以徇。明日，諸將皆奮力戰，大敗其衆於溝北，擒元郯王文齊王及國公閻思孝、平章韓扎兒、虎林赤等官凡一千八百六十五人，將校士卒八萬四千五百餘人，馬一萬二千一百八十餘匹，及橐駞、騾驢雜畜無算。擴廓帖木兒與其妻子數人由古城北遁走和林。達遣都督郭英追至寧夏，不及而還。五月，達率師自徽州南一百八渡至略陽，擒平章蔡琳，遂入沔州。又遣裨將金興旺、張龍由鳳翔入連雲棧，合兵將攻興元，元將劉思中、知院金慶祥迎降。

十月，詔達等還京。達留興祖等領兵鎮守，遂班師。十一月，至龍江，上親出至江勞之。明日，達率諸將上表告成功。上御奉天殿，定功行賞，封諸功臣爲公侯。謂諸將臣曰：「達從朕起兵，征討四方，摧強撫順，勞勩居多。」乃進封達魏國公，賜鉄券。文曰：「朕聞自昔帝王創業垂統，皆賴英傑之臣削羣雄，平暴亂。然非首將智勇，何能統率而成大功？如漢唐初興，諸大名將是也。當時雖得中原，四夷未盡賓服，以其宣謀効力之將比之，豈有過我朝大將軍之功者乎？爾達自起兵以來，爲朕首將十有六年。廓江漢，清淮楚，電掃西浙，席捲中原，威聲所振，直達塞外。其間降王縛將不可勝數。頃者詔令班師，星馳來赴。朕念爾勤勞既久，立功最多。今天下已定，論功行賞，宜加爵禄。是用授爾開國輔運

推誠宣力武臣，特進光禄大夫、左柱國、太傅、中書右丞相、魏國公、參軍國事，食禄五千石。使爾子孫世世承襲。朕本疎愚，皆遵前代哲王之禮典。兹與爾誓：除謀逆不宥，其餘若犯死，爾免三死，子免二死。於戲！高而不危，所以長守貴也；滿而不溢，所以長守富也。爾當慎守斯言，諭及子孫，世世爲國良臣，豈不偉歟？」賜文綺帛百匹。

四年正月，命達往北平練軍馬，脩城池，詔賜公田。五年正月，賜交趾弓五十、彤弓百，北征沙漠。師出鴈門，至嶺北，與虜戰，失利而還。乃歛兵守塞。六年三月，命達與曹國公李文忠等率師往北平、山西備邊。十一月，達等自朔州還至代縣，聞擴廓帖木兒兵至大同北，即與文忠等往擊之。時大雪，營於鴈踏堡，獲故元平章鄧孛羅帖木兒。又遣裨將至三角村，獲故元武平章康同僉，得馬八十餘匹而還。十六年，復命出鎮北平。十七年，以達長子允恭署左軍都督府事。允恭後改名輝祖。

是年，太陰數犯上將，上憂之，詔達還朝。十二月，有疾，上遣使四召名醫治之。及禱於山川城隍之神，曰：「曩者天下有亂，朕命將偃兵息民，大將軍徐達之功爲多。今疾勿瘳，朕特告神，願全生數載，固寧萬姓。朕他日與達同往，惟神鑒之。」至是薨，年五十四。上爲震悼，罷朝，衈賻有加，追封中山王，謚武寧，賜葬鍾山之陰。仍命諸王遣官致祭。又塑像，歲時祭於功臣廟。其追封之命詞曰：「朕惟帝王之有天下，必有名世之臣，秉忠貞，奮威武，以輔成一代王業。是以生有顯號，歿有贈典，子孫世有爵禄，與國同休于無窮焉。今開國輔運推誠宣力武臣，特進光禄大夫、左柱國、太傅、魏國公、參軍國事徐達以智勇之資，負柱石之任。業因元季之亂，挺身歸朕，朕實資爾智畧，寄爾腹心，以統百萬之師。攻無不取，戰無不克，櫛風沐雨，躬厥苦辛。迨朕正位大寶，論功行賞，是用爵爾上公，錫以重禄。仍總戎於朔方，纖塵不驚，邊圉寧謐，信乎爲我朝之元勳也。方期天賜遐齡，以享非常之報，孰知將星一隕，而爾躬逝矣。慨念今昔，朕豈能忘？雖然，死生人道之常。今爾功在宗社，名垂竹帛，光昭前人，賞延後嗣，可以無憾矣。追封之典，可不舉乎？特追封中山王，謚武寧，其上三世皆封王爵，妣皆封王夫人。」其葬也，上親書「偃兵息民、混一區夏、奠安神人之功」，立碑墓道。子四人，皆上賜名。長子輝祖，襲封魏國公。次添福，授勳尉，早世。次增壽，擢右軍都督府左都督。次膺緒，中軍都督府都督僉事。女四人，長今上皇后，是爲仁孝皇后。次代王妃，次安王妃。孫男九人，茂先，今爲周府儀賓；景昌，封定國公。輝祖殂，子欽襲封魏國公。

達爲人言簡慮精，令出不二，諸將敬若神明。而小心慎密，在上前謙謹，若不能言。及受命征討，奉行成筭，如恐不及。所至之處，攻城畧地，不妄殺戮。兵法嚴明，軍民不擾。得壯士，輒釋不殺，率而徂征。與士卒同甘苦，士卒不飽不食飲，不營定不就帳。傷殘疾病者親慰問，給醫藥。至有違令擾民，必戮以徇。不貪女色，不好貨利，功成而還，拜上印綬，待命於家，畧無幾微矜伐之色。初，達所居頗湫隘，上屢命易之。達輒辭曰：「天下未定，主上方宵衣旰食，臣敢以家爲計？」及天下平，命有司創第於舊内之南，規制宏壯。表其里爲大功坊，以旌元勳。上嘗稱之曰：「婦女無所愛，財寶無所取，忠志無疵，昭明乎日月，惟大將軍一人而已。」及今上開國北平，命達練兵鎮守，達於今上爲后父，恩遇甚厚。每朝見，愈恭謹謙下，應對擧止不敢毫髮失禮。今上每勑諭將士，必以達爲訓。其在軍中日，延禮儒士，説古兵法。及將帥行事，親折其是非成敗，莫不心服。至料敵制勝，與漢唐名將等，而忠義仁厚過之。故能輔成帝業，爲開國功臣第一。

《明史》卷一二五《徐達傳》　徐達，字天德，濠人，世業農。達少有大志，長身高顴，剛毅武勇。太祖之爲郭子興部帥也，達時年二十二，往從之，一見語合。及太祖南略定遠，帥二十四人往，達首與焉。尋從破元兵於滁州澗，從取和州，子興授達鎮撫。子興執孫德崖，德崖軍亦執太祖，達挺身詣德崖軍請代，太祖乃得歸，達亦獲免。從渡江，拔采石，取太平，與常遇春皆爲軍鋒冠。從破擒元將陳埜先，別將兵取溧陽、溧水，從下集慶。太祖身居守，而命達爲大將，帥諸軍東攻鎮江，拔之。號令明肅，城中宴然。授淮興翼統軍元帥。

時張士誠已據常州，挾江東叛將陳保二以舟師攻鎮江。達敗之於龍潭，遂請益兵以圍常州。士誠遣將來援。達以敵狡而鋭，未易力取，乃離城設二伏以待，別遣將王均用爲奇兵，而自督軍戰。敵退走遇伏，大敗之，獲其張、湯二將，進圍常州。明年克之。進僉樞密院事。繼克寧國，徇宜興，使前鋒趙德勝下常熟，擒士誠弟士德。明年復攻宜興，克之。太祖自將攻婺州，命達留守應天，別遣兵襲破天完將趙普勝，復池州。遷奉國上將軍、同知樞密院事。進攻安慶，自無爲陸行，夜掩浮山寨，破普勝部將於青山，遂克潛山。還鎮池州，與遇春設伏，敗陳友諒軍於九華山下，斬首萬人，生擒三千人。遇春曰：「此勁旅也，不殺爲後患。」達不可，乃以狀聞。而遇春先以夜阬其人過半，太祖不懌，悉縱遺餘衆。

於是始命達盡護諸將。陳友諒犯龍江，達軍南門外，與諸將力戰破之，追及之慈湖，焚其舟。

明年，從伐漢，取江州。友諒走武昌，達追之。友諒出戰艦沔陽，達營漢陽沌口以遏之。進中書右丞。明年，太祖定南昌，降將祝宗、康泰叛。達以沌口軍討平之。從援安豐，破吳將呂珍，遂圍廬州。會漢人寇南昌，太祖召達自廬州來會師，遇於鄱陽湖。友諒軍甚盛，達身先諸將力戰，敗其前鋒，殺千五百人，獲一巨舟。太祖知敵可破，而慮士誠內犯，即夜遣達還守應天，自帥諸將鏖戰，竟斃友諒。

明年，太祖稱吳王，以達爲左相國。復引兵圍廬州，克其城。略下江陵、辰州、衡州、寶慶諸路，湖、湘平。召還，帥遇春等徇淮東，克泰州。吳人陷宜興，達還救復之。復引兵渡江，克高郵，俘吳將士千餘人。會遇春攻淮安，破吳軍於馬騾港，守將梅思祖以城降。進破安豐，獲元將忻都，走左君弼，盡得其運艘。元兵侵徐州，迎擊，大破之，俘斬萬計。淮南、北悉平。

師還，太祖議征吳。右相國李善長請緩之。達曰：「張氏汰而苛，大將李伯昇輩徒擁子女玉帛，易與耳。用事者，黃、蔡、葉三參軍，書生不知大計。臣奉主上威德，以大軍蹙之，三吳可計日定。」太祖大悅，拜達大將軍，平章遇春爲副將軍，帥舟師二十萬人薄湖州。敵三道出戰，達亦分三軍應之，別遣兵扼其歸路。敵戰敗返走，不得入城。還戰，大破之，擒將吏二百人，圍其城。士誠遣呂珍等以兵六萬赴救，屯舊館，築五寨自固。達使遇春等爲十壘以遮之。士誠自以精兵來援，大破之於皁林。士誠走，遂拔昇山水陸寨。五太子、朱暹、呂珍等皆降，以徇於城下，湖州降。遂下吳江州，從太湖進圍平江。達軍葑門，遇春軍虎丘，郭子興軍婁門，華雲龍軍胥門，湯和軍閶門，王弼軍盤門，張溫軍西門，康茂才軍北門，耿炳文軍城東北，仇成軍城西南，何文輝軍城西北，築長圍困之。架木塔與城中浮屠等。別築臺三成，瞰城中，置弓弩火筒。臺上又置巨礮，所擊輒糜碎。城中大震。達遣使請事，太祖敕勞之曰：「將軍謀勇絕倫，故能遏亂略，削羣雄。今事必稟命，此將軍之忠，吾甚嘉之。然將在外，君不御。軍中緩急，將軍其便宜行之，吾不中制。」既而平江破，執士誠，傳送應天，得勝兵二十五萬人。城之將破也，達與遇春約曰：「師入，我營其左，公營其右。」又令將士曰：「掠民財者死，毀民居者死，離營二十里者死。」既入，吳人安堵如故。師還，封信國公。

尋拜征虜大將軍，以遇春爲副，帥步騎二十五萬人，北取中原，太祖親禡於龍江。是時稱名將，必推達、遇春。兩人才勇相類，皆太祖所倚重。遇春剽疾敢深入，而達尤長於謀略。遇春下城邑不能無誅僇，達所至不擾，即獲壯士與諜，結以恩義，俾爲己用，由此，多樂附大將軍者。至是，太祖諭諸將御軍持重有紀律，戰勝攻取得爲將之體者，莫如大將軍達。又謂達，進取方略，宜自山東始。師行，克沂州，降守將王宣。進克嶧州，王宣復叛，擊斬之。莒、密、海諸州悉下。乃使韓政分兵扼河，張興祖取東平、濟寧，而自帥大軍拔益都，徇下濰、膠諸州縣。濟南降，分兵取登、萊。齊地悉定。

洪武元年，太祖即帝位，以達爲右丞相。册立皇太子，以達兼太子少傅。副將軍遇春克東昌，會師濟南，擊斬樂安反者。還軍濟寧，引舟師泝河，趨汴梁，守將李克彝走，左君弼、竹貞等降。遂自虎牢關入洛陽，與元將脫因帖木兒大戰洛水北，破走之。梁王阿魯溫以河南降，略定嵩、陜、陳、汝諸州，遂擣潼關。李思齊奔鳳翔，張思道奔鄜城，遂入關，西至華州。

捷聞，太祖幸汴梁，召達詣行在所，置酒勞之，且謀北伐。達曰：「大軍平齊魯，掃河洛，王保保逡巡觀望；潼關既克，思齊輩狼狽西奔。元聲援已絕，今乘勢直擣元都，可不戰有也。」帝曰：「善。」達復進曰：「元都克，而其主北走，將窮追之乎？」帝曰：「元運衰矣，行自澌滅，不煩窮兵。出塞之後，固守封疆，防其侵軼可也。」達頓首受命。遂與副將軍會師河陰，遣裨將分道徇河北地，連下衛輝、彰德、廣平。師次臨清，使傅友德開陸道通步騎，顧時浚河通舟師，遂引而北。遇春已克德州，合兵取長蘆，扼直沽，作浮橋以濟師。水陸並進，大敗元軍於河西務，進克通州。順帝帥后妃太子北去。踰日，達陳兵齊化門，填濠登城。監國淮王帖木兒不花，左丞相慶童，平章迭兒必失、樸賽因不花，右丞張康伯，御史中丞滿川等不降，斬之，其餘不戮一人。封府庫，籍圖書寶物，令指揮張勝以兵千人守宮殿門，使宦者護視諸宮人、妃、主，禁士卒毋所侵暴。吏民安居，市不易肆。

捷聞，詔以元都爲北平府，置六衛，留孫興祖等守之，而命達與遇春進取山西。遇春先下保定、中山、真定，馮勝、湯和下懷慶，度太行，取澤、潞，達以大軍繼之。時擴廓帖木兒方引兵出雁門，將由居庸以攻北平。達聞之，與諸將謀曰：「擴廓遠出，太原必虛。北平有孫都督在，足以禦之。今乘敵不備，直擣太原，使進不得戰，退無所守，所謂批亢擣虛者也。彼若西還自救，此成擒耳。」諸將皆曰：「善。」乃引兵趨太原。擴廓至保安，果還救。達選精兵夜襲其營。擴

廓以十八騎遁去。盡降其衆，遂克太原。乘勢收大同，分兵徇未下州縣。山西悉平。

二年引兵西渡河。至鹿臺，張思道遁，遂克奉元。時遇春下鳳翔，李思齊走臨洮，達會諸將議所向。皆曰：「張思道之才不如李思齊，而慶陽易於臨洮，請先慶陽。」達曰：「不然，慶陽城險而兵精，猝未易拔也。臨洮北界河、湟，西控羌、戎，得之，其人足備戰鬥，物産足佐軍儲。蹙以大兵，思齊不走，則束手縛矣。臨洮既克，於旁郡何有。」遂渡隴，克秦州，下伏羌、寧遠，入鞏昌，遣右副將軍馮勝逼臨洮，思齊果不戰降。分兵克蘭州，襲走豫王，盡收其部落輜重。還出蕭關，下平涼。思道走寧夏，爲擴廓所執，其弟良臣以慶陽降。達遣薛顯受之。良臣復叛，夜出兵襲傷顯。達督軍圍之。擴廓遣將來援，逆擊敗去，遂拔慶陽。良臣父子投於井，引出斬之。盡定陝西地。詔達班師，賜白金文綺甚厚。

將論功大封，會擴廓攻蘭州，殺指揮使，副將軍遇春已卒，三年春帝復以達爲大將軍，平章李文忠爲副將軍，分道出兵。達自潼關出西道，擣定西，取擴廓。文忠自居庸出東道，絶大漠，追元嗣主。達至定西，擴廓退屯沈兒峪，進軍薄之。隔溝而壘，日數交。擴廓遣精兵從間道劫東南壘，左丞胡德濟倉卒失措，軍驚擾，達帥兵擊却之。德濟，大海子也，達以其功臣子，械送之京師，而斬其下指揮等數人以徇。明日，整兵奪溝，殊死戰，大破擴廓兵。擒郯王、文濟王及國公、平章以下文武僚屬千八百六十餘人，將士八萬四千五百餘人，馬駝雜畜以巨萬計。擴廓僅挾妻子數人奔和林。德濟至京，帝釋之，而以書諭達：「將軍效衛青不斬蘇建耳，獨不見穰苴之待莊賈乎？將軍誅之則已，今下廷議，吾且念其信州、諸暨功，不忍加誅。繼自今，將軍毋事姑息。」

達既破擴廓，即帥師自徽州南一百八渡至略陽，克沔州，入連雲棧，攻興元，取之。而副將軍文忠亦克應昌，獲元嫡孫妃主將相。先後露布聞，詔振旅還京師。帝迎勞於龍江。乃下詔大封功臣，授達開國輔運推誠宣力武臣，特進光禄大夫、左柱國、太傅、中書右丞相參軍國事，改封魏國公，歲禄五千石，予世券。明年帥盛熙等赴北平練軍馬，修城池，徙山後軍民實諸衛府，置二百五十四屯，墾田一千三百餘頃。其冬，召還。

五年復大發兵征擴廓。達以征虜大將軍出中道，左副將軍李文忠出東道，征西將軍馮勝出西道，各將五萬騎出塞。達遣都督藍玉擊敗擴廓於土剌河。擴廓與賀宗哲合兵力拒，達戰不利，死者數萬人。帝以達功大，弗問也。時文忠軍亦不利，引還。獨勝至西涼獲全勝，坐匿駝馬，賞不行，事具文忠、勝傳。明年，達復帥諸將行邊，破敵於答剌海，還軍北平，留三年而歸。十四年，復帥湯和等討乃兒不花。已，復還鎮。

每歲春出，冬暮召還，以爲常。還輒上將印，賜休沐，宴見歡飲，有布衣兄弟稱，而達愈恭慎。帝嘗從容言：「徐兄功大，未有寧居，可賜以舊邸。」舊邸者，太祖爲吴王時所居也。達固辭。一日，帝與達之邸，强飲之醉，而蒙之被，舁卧正寢。達醒，驚趨下階，俯伏呼死罪。帝覘之，大悦。乃命有司即舊邸前治甲第，表其坊曰「大功」。胡惟庸爲丞相，欲結好於達，達薄其人，不答，則賂達閽者福壽使圖達。福壽發之，達亦不問；惟時時爲帝言惟庸不任相。後果敗，帝益重達。十七年，太陰犯上將，帝心惡之。達在北平病背疽，稍愈，帝遣達長子輝祖齎敕往勞，尋召還。明年二月，病篤，遂卒，年五十四。帝爲輟朝，臨喪悲慟不已。追封中山王，謚武寧，贈三世皆王爵。賜葬鍾山之陰，御製神道碑文。配享太廟，肖像功臣廟，位皆第一。

達言簡慮精。在軍，令出不二。諸將奉持凛凛，而帝前恭謹如不能言。善拊循，與下同甘苦，士無不感恩效死，以故所向克捷。尤嚴戢部伍，所平大都二，省會三，郡邑百數，閭井宴然，民不苦兵。歸朝之日，單車就舍，延禮儒生，談議終日，雍雍如也。帝嘗稱之曰：「受命而出，成功而旋，不矜不伐，婦女無所愛，財寶無所取，中正無疵，昭明乎日月，大將軍一人而已。」

子四：輝祖、添福、膺緒、增壽。長女爲文皇帝后，次代王妃，次安王妃。

《皇明名臣琬琰録》卷一太祖高皇帝御製《中山武寧王神道碑》　大明中山武寧王，姓徐氏，諱達，鳳陽府鳳陽縣人，家世農業。王年二十有二，值元末兵興，歲癸巳，朕集義旅，王來麾下。朕視其所以，周旋幾二年，動静語默，悉超羣英，於是命爲帥首。凡有微征，以代朕行。又幾一載，明年乙未，朕被敵所執，敵之帥首亦爲我軍所執。明日王來，以身代朕歸，朕歸，縱敵帥首，易王還。已而從朕渡江，下采石，定太平。時機務浩繁，姑孰之郡，密邇大江。況元帥首蠻子海牙率舟師以拒江面，爲朕肘掖之患，不暇率兵四征。乃命王爲將，擇精兵數千，東取溧水、溧陽。王兵至，守者不戰，民庶咸安。明年丙申春二月，敗元舟師於采石，王仍屯溧水。三月，召王從征建業。越十日，庚寅，師入建業。越七日，丁酉，命爲大將。浮江而下，水陸並進，東取京口，大破元師。

京口已定，東探浙右。時張士誠擅稱名號，遣將已據毗陵，旌旗相望。其守

者潛遣間諜誘我斥候，王察知，遣使歸告，請勒兵以討，朕許之。王將三萬人近近其壘，復遣使歸告：賊勢少窘，益兵可下。朕遣戰將十餘員，甲士三萬師會合圍毗陵。張士誠自姑蘇發其弟張九六將兵數萬來援，王遣兵逆戰，不移時，破之，生擒張九六。城守猶堅，朕復益新附二萬，合勢共圍。守者窘甚，計出多方，誘我新附者二萬。新附帥首密從，傾營入城，助彼來戰。初，我軍環其城而營之，因新附者叛，四方去其三，獨王固守其南，開平王猶營東南外一舍之餘，扼彼援兵，尚未驚移，聞新附者叛，寇迫王營，王拒守且戰，開平自外來援，內外夾攻，大敗其衆，擒其守將張德，餘軍敗入其城。王復環而困之。士誠自姑蘇遣將呂珍寅夜入城，督兵以守，與王相抗。初，彼軍雖少，糧且足用，戰守益堅。及誘降入，軍多糧少，戰且狐疑。丁酉春，守將呂珍潛遁，城下。師旋，復遣征寧國，城圍援至。王發兵扼要而戰，援者敗，俘斬者衆。旬日城降，宣城亦附，凱旋。

時四方羣雄甚多，朕固守江東數郡，命王秣馬厲兵，以觀四方之勢。又明年戊戌，命王點兵固守建業，朕親下淛東，金華既平，六月師還。未幾，遣王西征皖城，水陸並進微北。秋，命王西征池州，師抵而平。陳友諒遣兵來救，斬首萬級，生獲三千餘。時張士誠發兵來寇宜興，城陷。遣王將兵復取，師抵城下，不旬日，城復，生獲三千，餘皆戰死。其年惟揚義兵兵盡歸。壬寅秋，王從朕下潯陽，陳友諒敗潰。時張士誠發兵攻長興，留王守潯陽。未幾，召歸，師次中塗，令復守潯陽。比至，陳兵已入城守，王遣兵與戰，陳兵復潰，俘斬數千，獲其眷屬戰騎。彼時潯陽之境空荒，棄而弗守，師旋建業。癸卯春正月，取豫章，城降。命王西取武昌，不克。班師中塗，豫章內變，王復討平。張士誠北寇壽春，朕親往援，王爲前部，張兵敗北。旋師金斗，周圍其城。戰間，陳友諒大率兵寇豫章，詔王罷金斗之圍，歸整舟師，解豫章之難。秋七月，師次彭蠡，陳友諒罷圍逆戰。王身先諸將，敗陳一巨艘，死者千五百人。自是彼軍勢弱，我軍威振，由王身先。

癸卯歲，留王守京，朕西征武昌。甲辰，武昌下。克陳之後，其年大會兵於京師。乙巳歲，命王取淮東、淮陰諸州。仲夏，師旋。歲丙午，命率甲士二十萬，東取吴越，鏖戰於吴興皂林之野，生擒張兵六萬，不戮一卒，盡赴京師。冬十有一月，師抵姑蘇。明年丁未秋九月，姑蘇下，兼浙左之太半。詔班師，命王西略蒼梧，九溪率服，還軍京師。

洪武元年戊申春正月，朕即大位。二月，命王爲征虜大將軍、銀青榮禄大夫、上柱國、録軍國重事、中書右丞相，兼太子少傅、信國公，命率甲士二十五萬，北定中原。抵齊魯而民安，所過輯兵守禦，規畫足食，兵不民擾，所得壯士，帥而徂征，不煩朕念。北齊既平，命渡河南，兵至大梁，父老壺漿以迎。西下洛陽，長驅崤函，直抵潼關。守者拒戰，王命宋國公馮勝拔之。朕命據關而守，諭歸大梁。北下河內，由鄴下趨趙州，抵臨清。其年八月三日辛未，北入胡都，捷奏平胡。復命西下晉冀，如命井陘長驅，晉冀以平。二年春正月，召渡河西，兵入關中，守者皆棄，全有關內之地。召歸，天下太平。

三年冬十有一月，論功行賞，命王爲開國輔運推誠宣力武臣，特進光禄大夫、左柱國、太傅、中書右丞相、征虜大將軍，改封魏國公。五年夏五月，衆議北入沙漠，王至嶺北，兵疵而還。勑命沿邊輯守，歲鎮於燕口外，餘民自是收盡，海內無虞。十七年甲子，太陰數犯上將，朕惡之，召罷北鎮，勞勞於家。是年臘月二十有一日，染疾，朕恐之，星馳四召，名醫咸至，終疾弗瘳。明年乙丑二月二十七日己未，薨。特封中山王，謚武寧，享年五十有四。爰以是年四月十八日己酉，葬於鍾山之陰。生男四人，世子允恭襲封魏國公。女四人，長女燕王妃。

王平昔言簡慮精，當提兵之時，令出不二，諸將敬若神明。所至之處，攻城不屠，與人不戲。凡受命而出，及功成而旋，每不自矜。至於封姑蘇之府庫，置胡宮之美人，財寶無所取，婦女無所愛，忠志無疵，昭明乎日月。既薨，朕恐歲月幽遐，磨迷偉績，朕特親筆生前，張我武威，偃兵息民，混一區夏。奠安人神之勢，以示子孫耿光萬世。勒諸堅石，樹當神道。歌曰：

景命昌兮天彰，錫我英俊兮忠良。幽韜秘略兮神機，默温温兮兼剛。秉旄鉞而徂征兮既出，幡幢繚繞兮雄氣軒昂。戰騎靈兮蹄疾，旌旗烈烈兮前行。六軍濟濟兮甲冑，礪矛燦爛兮精鋩。舍之兮周廬星列，屬櫜兮比比懸傍。刁斗聲頻兮令密，山川妖魅兮奚藏。彎弧力勁兮躲欃槍，幾披星月兮秋霜。奮忠海内兮孰前當，摧堅撫順兮我武惟揚。

臣惟古功臣之薨壙有誌，墓道有碑，禮也。然自唐以來，皆命詞臣爲之。惟我聖皇芟夷羣雄，混一區宇。雖股肱爪牙非止一人，而中山武寧王實元勳之首。南收吴越，北定中原，東平齊魯，西入關陝，大抵皆王之功。今其薨也，聖上以王豐功偉績，始終本末，非詞臣所能周知，故親筆之，刻置墓道。自古人君禮報功臣，未有若斯之盛者也。臣等不敏，幸得同侍經筵，欽覩御製，不勝感激，流涕謹拜手稽首書於碑文之左。文淵閣大學士、奉議大夫臣朱善，承務郎、左春坊左贊善臣劉三吾，承務郎、左春坊司直郎臣江

仲魯，翰林院待詔臣沈士榮，臣孫大雅謹書。

王世貞《弇州山人續稿》卷八〇《中山王世家》　中山王徐達者，鳳陽人，世業農。至達而少有大志，好武事。達爲人長身高顴，赤色，沈毅剛決，其儕伍咸莊憚之。時郭子興據濠梁，稱滁陽王，而高帝爲其部帥用事。達杖劒往從之，一見語合，收置麾下。嘗從畧定遠、張家堡，得其兵三千人。已又從襲横澗山寨，得兵二萬人。時達年二十二矣，所委使必効，而又時時以王霸之畧進，高帝大悦，曰：此國器也。授鎮撫，俾位諸宿將上。尋從破元兵於滁州澗，再從取和陽，拒殲其援師，皆有功。而賊帥孫德崖來與子興合，已復有隙，軍且鬨。高帝乃馳單騎往撫之，爲所執，而子興前已誘執德崖。於是達請以身之德崖軍代，曰：歸我朱公子，我亦歸而孫帥。高帝始得脱，而子興業飲德崖酒，縱之返，達亦得脱。會滁陽王死，高帝爲大帥，達益重。從下俞通海等水寨，與蠻子海牙相距。達别率精兵數千，取溧陽、溧水二城，斷其肘。諸軍前薄蠻子海牙軍，大破之。從渡江，拔采石，擣太平，與常遇春皆爲軍鋒冠，而達獨參預密謀進止。尋從破擒元將陳埜先，復大破蠻子海牙，乘勝下集慶路。

高帝稱吴國公，欲將達而少之，乃會諸將，陽責達等以不能戢，下召軍正使定罪。達等頓首請死，乃赦之，而命達率諸將攻鎮江，一鼓而下，走苗帥完者、僇平章定定，號令明肅，城中偃然不知兵，達自是專爲將矣。置淮興翼元帥府於鎮江，達領之。時張士誠王平江，誘我降將陳保二以叛，遂發舟師自常州來逼。達禦之，敗其軍於龍潭，追奔至常州，請益師於高帝曰：「賊窘矣，可破而有也。」上以兵三萬益達，達乃分其軍爲三，薄常州而壘。士誠之弟平章士德以卒數萬來援，達與諸將計曰：士德勇冠軍且狡，未易力勝也。去城十八里爲三覆以待，而别選鐵騎屬總管王均用將之。乃前徼士德兵，既交，均用鐵騎横其中堅，陣亂，士德走，遇覆馬蹶，獲之，遂大破其軍，殺鹵以萬計。進圍常州不下。高帝乃故奪元帥達以下一官，而賜書達曰：「虐降失陳保二，老師孤城，吾所以重過將軍也。將軍勉思補前過，大善。不者，三尺不貸汝。」因復益以精兵二萬，而新附長興卒七千人從其帥叛降士誠。達乃殺圍，合四營兵爲二以相救，佯示弱狀，士誠兵直攻達，達縱兵大戰，而外營常遇春來應，夾攻，大破之。凡五月而常州下，達别將輕兵取馬馱沙，以爲靖江縣。進攻寧國府，破走其將謝國璽。寧國守臣楊仲英等堅守不下，高帝以大兵繼之，仲英降，得士卒十餘萬人、馬二千疋。復以輕兵狥宜興，别道下常熟，距平江不百里而軍，平江大震。已復與平章邵榮圍宜興，分兵塞太湖口，援道絶，宜興下。

時高帝以重兵定婺、處，將畧有浙東諸郡，而陳友諒之大將趙普勝以兵陷池州，復進據樅陽水寨，數往來窺伺。高帝念不及援，而達遣其將選精卒襲敗之。普勝棄舟走，復追擒其部將，獲艨艟數百，遂復池州。捷聞，高帝大悦，謂微達何以紓我内顧，超拜奉國上將軍，同知樞密院事。亡何高帝取無爲州，達以兵自無爲夜掩浮山寨，破趙普勝之别將胡總管於青山，窮追至潛山，復破斬陳友諒之郭參政，下潛山，分兵守之。達還填池州，而高帝諜知陳友諒且犯池，命僉樞密院常遇春以兵來助，使使語達：「友諒旦夕至，則重覆於九華山之下，而掩其後，可盡取也。」達乃與遇春筴選卒萬人伏九華。友諒至，盡鋭攻城，城中伐鼓大噪，伏盡發，而城中兵應之，遂大破其衆，斬首萬餘級，生獲三千人。遇春曰：「此勁敵也，不殺爲後害。」達不可，以狀聞高帝，報使者天下戰方始，毋多殺，多殺是逆距之也。而遇春則以夜阬其十之九，上不懌，命悉縱其三百人歸友諒，而曰：「此吾不壹將之故也。」達自是專爲大將矣。

陳友諒既陷我太平，遂盛兵壓建康，高帝設奇大破之。達時將南門外，兵功最多，遂與馮國勝等追之，及於慈湖，縱火焚其舟，至采石，復躪其黑旗軍，復太平，遂取安慶。尋從高帝取江州，陳友諒走，追破之。别將兵屯漢江之沌口，遏沔陽戰艦。進中書省右丞。洪都降將祝宗、康泰反大帥鄧愈走，達以沌口軍還討定之，宗走死，檻泰送建康。達移兵圍廬州，而亡何友諒失洪都而憤，悉其衆來争，樓船高數丈，圍之數百重。高帝亦悉師泝流逆之，趣召達自廬來會，與友諒遇於鄱陽湖。達先諸將，蕩其前茅，殺千五百人，獲一巨舟而還，軍威振。既而達舟深入，中敵火，撲之，更進戰，復破敵而退。時友諒兵尚盛，帆檣後先不見際，高帝憂之，謂左右即不利，奈彼乘勝何？既而曰：得之矣！吾以達留守，緩急可百全也。夜以兵符授達，飛舸還建康。達至，申約束，嚴斥堠，示以鎮静，若不知有外兵者，而高帝已破誅友諒矣。

師還，即吴王位，置中書左右相國，正一品。時猶仍元故尚右，而達爲左相國。拜日，上召而諭以元政之所以失，且用怠終爲戒。達等頓首謝。復從平武昌，還復諭達等以更涉世故則智明，久歷患難則慮周。今者紀綱法度粗若有緒，顧其間或未盡善，諸公宜執正論爲更張，毋使有既往之悔。於是達與右相國李善長相與孜孜推明之稱畫一焉。亡何率兵討廬州左君弼。君弼走安豐，遂取廬州，獲其驍將張焕，以君弼妻子送建康。進兵下安豐，君弼走汴梁。亡何率兵狥

友諒屬城之在荆湘湖南北者，兵至荆州，友諒守將姜珏降，遣參政傅友德狥夷陵、歸州，守將楊以德、楊興先後降。狥潭州，土酋易華降。狥辰州，守將周文貴不降，破之，文貴走。狥寶慶，守將唐隆如文貴，破之，隆走，湖湘平。

召還，大會師建康，計所討，率常遇春等以水陸兵狥張士誠淮東郡邑，首克泰州，得其將九十、兵五千。遂狥興化，降其敗將李清。會張士誠犯宜興，以都督馮國勝攻圍高郵，常遇春攻淮安，別將守泰州。而達率中軍精卒渡江走宜興，破擒士誠兵三千餘，宜興圍解。國勝中高郵守將詭約降，使使入受之，皆見殺。上怒，撻國勝，而趣達移兵會攻，克之，俘其將帥千餘人，卒稱是。復移師會常遇春攻淮安，破其左丞徐義兵於馬騾港，獲卒三千、舟百艘，遂進薄其城。守將梅思祖降，獲兵萬餘、馬千五百疋、糧四萬石。元將樞密同知陸聚舉徐、宿二州以歸。時安豐復爲元守，達進師取之，走其右丞忻都、左君弼。元將竹貞來援，大破之，獲其兵四千、馬千疋。大相擴廓帖木兒窺我徐州，達復大破之，所俘斬萬計，淮南北悉平。

高帝與諸將相謀討張士誠，右相國善長以士誠兵尚强，饒蓄積，請緩之。達持不可，曰：「張氏汰而苛，諸大將李伯昇輩，積子女玉帛，旦夕人耳。用事者黃、蔡、葉三參軍，白面書生，易與也。臣奉上威德，以大兵蹙之，當自潰。」上大悦，曰：「子吾身也。」以左相國達爲大將軍，平章軍國重事遇春爲副將軍，率師二十萬討士誠。禡於龍江，進達等諭以毋虜掠，毋殺僇，毋發丘壠，毋毁廬舍。又戒之曰：「士誠能以吴歸命者，必全之。吾聞其母葬閶闔之外墟，毋據而芻牧也。」時副將軍遇春欲徑擣平江，上曰：「不然。賊分其衆駐吴興、錢塘以自輔。我頓兵堅城不克，而招二輔之援，非計也。先攻吴興便。」乃悉舟師自太湖趨薄吴興。士誠之右丞張天騏、參政黃寶、院判陶子實分道出戰。達亦分兵應之，而遣驍將王國寶以長槍軍扼其歸。黃寶敗走，遇春扼之，而獲其從，卒多死。天騏等餒，遂退。其司徒李伯昇潛兵以入，達復敗之，遂圍其城。五太子及其平章朱暹、僉樞密呂珍以兵六萬來援，屯城東之舊館。達遣遇春等爲十壘隔之，復敗右丞潘元紹兵。士誠自以兵來援，達逆戰，大破之，獲其戴元帥及甲首三千。士誠走，復破其同僉徐志堅，獲之，鹵甲卒二千。復破潘元紹之赤龍船於平望，鹵其軍資甲仗皆盡。復大破舊館之援兵，五太子及朱暹、呂珍降，盡得其全師六萬以狥。左丞張天麒等降，李伯珍亦降，吴興下。遂下吴江州，從太湖西出米江城南七里，破鮎魚口山栅，復敗其兵於尹山橋，遂悉水陸兵薄平江。達營葑門，分兵營婁、胥、閶、盤諸門，築長圍，木塔與城中浮屠等。爲別築臺三成，曰敵樓。下瞰城中，纖悉皆見。

尋使使之建康請事，高帝賜璽書勞之曰：「將軍自昔相從，忠義天性，沈毅有謀，端重且武，用能遏絶亂畧，消弭羣雄。今克期未請，事事取稟命。將軍之忠，吾甚嘉之。然將在外，君不御，乃古道也。自後軍中緩急，將軍便宜行之，勿以聞。」松江降，尋爲其豪錢鶴皐乘間殺攝守以叛，衆至三萬人。達遣兵討平之，誅鶴皐。平江城堅，難卒拔。而莫天祐時爲士誠守無錫，相脣齒。其將楊茂善泅，數從水中消息。達徼得，釋而厚賞之，以爲心膂，使往來爲間，因盡得其虛實。士誠迫，乃自出兵戰，復大敗之。士誠馬驚墮水，幾不救，肩輿入城。而其弟丞相士信張幕城上，踞銀椅，進秋桃，未及嘗，而飛礮碎其首，士誠氣益奪。久之，達諜知城中困，乃勵士鼓而破葑門，遇春亦破閶門新寨，其樞密唐傑等皆降，遂大潰。士誠收其餘兵二三萬，巷戰，復潰，馳歸，拒門自縊，久之蘇，檻送建康，卒以縊死。達之將破城也，與遇春約曰：「師入，吾營而左，公營而右。」將士人予一牌，曰：「掠民財者死，毁民居者死，離營二十里者死。」師入而民不知有兵，食寢互市如故，竊相咎曰：「奈何久抗王師？」達乃遣輕兵渡江，下通州，歸獻俘於戟門。進封信國公，賜綺帛。改官儀尚左，達爲右相國，尋改相國爲丞相，達爲右丞相。

亡何議北伐，平章遇春請直擣元都，執孱主以臨天下。高帝曰：「壯哉！而昔所畫下平江筴也。吾欲先取山東撤其屏蔽，旋掩河南斷羽翼，拔潼關而守之，天下形勢入我掌握，不待麾牧野而元都下矣。鼓行而西，雲中九原以逮關隴，可席捲下也。」達曰上筴之善。高帝顧曰：「兵法以廟筭勝者得筭多也，卿其識之。」於是信國公達爲征虜大將軍，鄂國公遇春副之，禡於北門七里山，大會諸將，謂諸將軍非不健闘，然能持重，師有紀律，戰勝攻取得爲將之體者，毋如大將軍達。又謂達閫外之寄，汝實任之。兹行進取，必自山東始。大將軍至淮，諭沂州帥王宣與其子信請降，既而叛，襲走我使臣徐唐臣等。達怒急攻，下沂州，僇宣與其叛黨十餘人，王信走。高帝勞大將軍達，賜書曰：「將軍今何嚮？嚮益都則必以兵扼黃河，斷其援。即不嚮益都，西取濟南、濟寧二郡，便兵難踰。度其在將軍，吾不從中制也。」金火二星會於丑分，後火逐金，踰齊魯，以時進取，毋失。」達遂率兵攻圍益都，降其平章老保，遂狥濰、膠、壽光、臨淄等諸州邑。因兵威，諭降樂安、淄川守將，前後得將卒萬二千、糧二十餘萬石。移兵下東平，薙其

兵民五萬。進次安山，獲右丞杜天祐等，糧艘百五十餘。逼濟南，走其大帥脫因帖木兒，獲將卒二千八百。進逼濟寧，走其大帥陳平章，以都督張興祖守之。遂與副將軍遇春兵合，取東昌所屬州邑，皆下，敗元少保也速兵，追奔八十餘里，擒其大將。藉山東城邑俘獲軍實之數上之。

高帝即大位，立皇太子，達兼領太子少傅，授銀青榮祿大夫、上柱國、録軍國重事，丞相、公少傅如故。予告所以推揚勳畧，甚至比之太公、鄧禹云。達以大兵渡陳橋，取汴梁。時左君弼、竹貞皆走之守將國公李克彝所，克彝謂君弼：「公在廬數與南師角，若何？我悉麾下授公，能與之戰否？」君弼曰：「是未易當也。有徐相國者善用兵，我見之輒膽落，何能戰？」克彝乃驅兵民，夜開門北走，而君弼與竹貞率所部迎降。大軍入其城，遂由中灤進畧洛陽，遂抵塔兒灣。元將詹同、脫因帖木兒以兵五萬來拒，副將軍遇春突斬其前鋒。達麾兵乘之，南風驟發，塵起，呼聲動天地，元兵潰，追奔五十餘里，俘斬無筭。洛陽大帥梁王阿魯溫以其金印從吏民出降，河南平。阿魯溫者，故潁川王察罕帖木兒父也。達乃遣副將軍遇春狥嵩州，都督馮宗異、康茂才狥陝州，福昌、陳、許，諸守帥皆請降。遂西克潼關而守之，遣使之太原，諭降元承相擴廓帖木兒。遂狥虢州毛葫蘆諸寨，致其兵自益。擴廓來報，聘以白金文馬爲饋，受馬反金，送其使建康。

高帝聞達等平河南，爲幸汴梁以待之。居十日，達自軍謁行在，上置酒勞之曰：「將軍哉忠爾忘身，國爾忘家，斯之謂歟。河朔士民忍倒懸以待將軍，將軍宜以時進兵，建勛立業，此其日矣。」達與諸將頓首謝。既退，復召達問計。達對曰：「大兵平齊魯，掃河洛，擴廓自保之不暇，而敢離其穴？我西據潼關，李思齊、張思道魄奪遠竄，元都一穽中孤豚耳，誰與爲臂指者？臣不佞仗天威，取之如拉朽。」因復奏曰：「師進而彼北奔，不窮跡之將爲異日憂。」上曰：「元世祖乘氣運而王我中國，今衰矣，彼且自澌盡，何煩我窮兵。出塞之後，固守疆圉，防其侵軼可也。」達遂拜命。次河陰，副將軍遇春來會，仍移頓陳橋。高帝畫陳圖以賜，調益都、徐州、濟寧諸衛將悉集，達復入汴梁辭，已分兵狥河北。右丞薛顯、參政傅友德兵至衛輝，攻之，平章龍二走彰德，追之至彰德，龍二復走，遂併取彰德。尋取廣平。大將軍達駐臨清，分遣傅友德開陸道通步騎，都督顧時濬河通舟師，遂前下德州。常遇春、張興祖兵悉會，取長蘆、滄州，擣直沽，據之。作浮橋以濟師，承相也速不戰走，元都大震。抵河西務，敗其平章俺克等，獲士馬無數。遂進抵通州，與遇春夾河而軍，達軍東岸，遇春軍西岸。遇春敗其西岸兵，擒國公卜顏帖木兒等。諸軍入通州。夜三鼓，元君及其后妃、太子開建德門，以其車服重寶跳。踰五日，達進師，填濠入，陳兵登齊化門，執其監國淮王帖木兒不花，居守太尉左承相慶童，平章迭兒必失、樸賽因不花，右丞張康伯，御史中丞滿童等，數以奉職無狀且不先納欵，僇之。封府庫，籍其圖書、金玉、楮幣，以兵千人守宮殿門。使宦寺監護其宮人妃主，給飩廪無缺。吏士一切按堵，市不易肆。已遣指揮華雲龍經理故都城垣，右丞顯、參政友德、平章曹良臣、都督顧時率驍騎偵邏隘口，楊鎮撫以舟師守直沽。

捷聞，詔達與遇春定山西。遇春以兵先下保定，尋下河間，下真定。而右副將軍宗異已定懷慶，度太行，取澤潞。大將軍帥大兵繼之，使右丞顯、參政友德以鉄騎爲前鋒，畧平定州。而比時擴廓帖木兒兵方自保安謀險居庸關，撼故都。達聞之，謂諸將曰：「擴廓兵遠出，太原必虛。北平孫都督擁六衛之師，足以抗禦。我直抵太原，覆其巢，所謂批亢擣虛也。太原下，擴廓不戰潰矣。」諸將皆曰善。遂以輕騎前抵太原而營，擴廓還軍來救，鋒銳甚。副將軍與達計：「以步兵未集而輕與勁，此危道也。虜不解遠斥堠，固營壘，可掩而取也。」達善之。而會擴廓部將豁鼻馬者來約降，且請爲內應，乃選精騎銜枚夜襲之。擴廓方然燭，使二童子挾書以侍，卒聞警，倉皇不知所爲，跣一足，乘驏馬，以十八人走大同，豁鼻馬降。達次日建大將旗鼓，按其營得甲卒四萬、馬四萬疋。兵乘勝之大同，擴廓遂走甘肅，復遣顯、友德以步騎徼破賀宗哲於而州，而身率兵自霍下平陽、河州府，山西悉平。遂渡河，鄜城守將迎降。克同州，留兵戍之，趣鹿臺。

時奉元爲都省而平章李思齊據鳳翔，張思道與孔興、脫列伯據鹿臺，各有重兵以衛奉元。而思道等聞達兵至，三日遁。達遂進渡涇渭，至三陵坡。父老千餘人出迎，達撫慰之，遣左丞周凱入申約束。明日，師進奉元，其約束如下故都時，秦民大悅。以奉元爲西安府。副將軍兵逼鳳翔，李思齊走臨洮，鳳翔下。達與諸將議所攻，皆以張思道才不如李思齊，慶陽易於臨洮，請先由豳州取慶陽，後度隴攻李思齊於臨洮。達曰：「不然。思道自守虜耳，城險而兵精，卒未易拔也。臨洮北界河湟，西控羌夷，地富而人衆，以大兵蹙之，思齊不走絶徼則有束手降耳。思齊降，全陝皆我有矣。」遂夫筴度隴，克秦州，走其將呂德、張義。至鞏昌，總帥汪靈真保、平章梁子中、商暠等降。遂遣馮將軍以天策羽林諸衛驍騎逼臨洮，李思齊降，得其衆十餘萬。乃以兵攻靖寧，走知院杜伯卜哈。度六盤山，襲走豫王，盡獲其部落輜重。使使喻慶陽，張思道懼而留其弟良臣以兵守，

而從輕騎跳之寧夏，遇擴廓帖木兒，爲所執。良臣聞之，使使納欵。達遣右丞顯率騎士五千、步卒六千往受降。良臣自疑以兵來者，豈其捕誅我，乃佯爲蒲伏道左獻牛酒而夜襲之，顯被傷走。達怒甚，即日以大軍圍慶陽，而分佈精騎，使平章俞通源畧其西，都督顧時畧其北，參政友德畧其東，都督陳德畧其南，慶陽援路絶。達進逼西門，矢石雨下，不爲動。良臣出兵盪，麾壯士摧敗之，悉捕斬其伏聽及請援者，已復徼其兵出採汲者，悉獲之。良臣懼，登城請降，不聽，復遣兵擊破擴廓之救者哈札兒，圍益急。其平章姚暉等開門納師，良臣父子投於井，出而斬之，並誅其黨二百餘人，陝西悉平。

詔達還京師，第功，宴諸功臣，以達爲首。稱其攻取山東、河南、燕冀、秦晉等處州郡，克敵致勝，振揚國威，撫綏軍民，得大將體。賜白金五百兩，文幣五十表裏，且大論封。而會擴廓帖木兒覘達還，遂悉兵襲我蘭州，不克。尋敗我援師，殺指揮使于光。時左副將軍遇春卒，上乃還達大將軍印，而以平章政事李文忠代遇春，分兵爲二，大將軍自潼關出西道搗定西，以取擴廓。左副將軍自居庸出東道，從大漠取元嗣主。達受命，即日行，遂至定西。擴廓退屯車道峴，達進師逼之，駐沈兒峪，隔深溝而壘，日數交。擴廓發精兵千人，由間道從東山下，潛劫東南壘，舉軍皆驚擾，左丞胡德濟倉卒不知所措。達自率帳前卒擊之，敵始退。德濟，故功臣越公大海子也。達械之送京師，而斬其部下趙指揮數人以狥，餘衆皆股栗。明日，達乃整兵奪溝而戰，以身先諸將士，諸將士毋不奮前角者，呼聲動天地，遂大破之川北亂塚，獲其郯王、濟王、閻國公、平章韓札兒、虎林赤等文武僚屬千八百六十餘人，士卒八萬四千五百餘人，馬萬五千三百疋，槖駞、贏驢、牛羊以鉅萬計。擴廓脱身與妻子以十餘騎遁沮黄河，得浮木以渡，遂由寧夏奔和林。德濟械至京，高帝釋之，而以書諭達，謂將軍自效衛青不斬蘇建耳，獨不見穰苴之待莊賈乎？將軍誅之則已，不誅吾且念其信州諸暨功，不得不曲赦以伸吾不忍。自今而後，將軍毋事姑息。達既已破平擴廓，乃使鄧將軍因兵威脅降西蕃而自攻興元，復取之。會左副將軍亦以兵襲應昌，盡得元嗣主之嫡孫、后妃、將相、寶玉、士馬、車服無筭。先後露布聞詔，振旅還京。

既至，高帝爲幸龍江勞之，所以慰賜有加。授開國輔運推誠宣力武臣，特進光禄大夫、左柱國、太傅、中書右丞相、參軍國事，進封魏國公，歲食禄五千石，予告及鐵劵，免三死，子免二死，仍世世勿絶，賚文綺帛百疋。是歲，辭判省事，右丞汪廣洋代之。明年，復佩大將軍印，填北平。以便宜徙山後順寧等處軍民户三萬五千八百，口一十九萬七千餘。籍爲軍者給月廪，爲民者給田以耕。凡置屯二百五十四，定墾田一千三百四十三頃，北平軍府之用皆賴之。

十二月，受詔還京師。十餘日，高帝召達與曹國公李文忠、宋國公馮勝宴射，而賜之交阯弓五十、彤弓百。因諭之曰：「古者諸侯有四夷功，賜之弓矢。」達等謝。上若注意者再，歸而相謂：天下甫息肩，得無又有大興乎？甫旬日而高帝御武樓，與計邊事曰：「擴廓遊魂尚出没，奈何？」達乃請曰：「亟發兵阬豎子耳。」「度兵幾何？」曰：「十萬足矣。」上曰：「吾予爾十五萬騎，大將軍出中路，文忠以左副將軍出東路，勝以征西將軍出西路，將各五萬騎，轉餉私役者不與焉。」達抵山西境，都督藍玉爲前鋒，敗其遊騎於野馬川，復敗擴廓於土剌河。擴廓遁，與賀宗哲合而拒我師於嶺北。時師數發谻而心易虜，驟與之戰，不利，死者萬餘人。達固壘而收之，故徹侯功臣無死者，虜亦不敢入塞。而偏將軍湯和遇它虜於斷頭山，亦敗。左副將軍出塞，至口温，雖少利而道遠乏水，其後軍亦爲虜所掩，失徹侯曹良臣大校數人，然得其士馬輜重畧相當。獨征西將軍與副將軍友德至西京，屢破虜，盡收其妻子，以私匿馬駞故，賞不行。而上以達功大，弗問也。

自是達連歲出填北平，歲行盡即召還上將印，賜休沐，以時宴見懽飲，有兄弟稱，而達愈恂恂恭謹。嘗從容謂：「徐兄功大，未有寧止，欲以吾吴時舊邸居若。」達固謝不敢。一日，與之邸，强沃以酒，醉而覆之被，舁卧正寢，醒而驚，輒俯伏階下呼死罪。上益悦，命有司治甲第，表其坊大功，曰：「令天下後世毋忘爾。」達長女得尚燕王，王，高帝愛子也，國於北平。故達歸將印之不踰月，輒復之鎮。時北虜漸衰弱，而亦畏達威名，稀敢復犯邊。達亦戒守邊者，唯繕城戍、簡士馬，謹烽堠而已，毋得輕徼外功啓釁。故終達之鎮北平十餘歲，兵民熙熙有太平色。燕王有三子，皆達女出。親爲王舅，與天子夷輩，而見必執臣禮不少間。王以是心念之，又得其用兵法，所練士皆選。後從王起靖難，立大勛績，要非偶然者。胡惟庸爲左丞相，憸而貪。以達元勳貴重，欲因以内好，達惡之，不答。則賂達閽者福壽，使爲間，以圖達。福壽發之，達亦不問，惟時時爲上言惟庸不可過委，過委必敗。後惟庸反，高帝以是益重達。而其後自北平疽發背，小愈。上使達子允恭視之，賜璽書謂：「今九夷八蠻大者畏力，小者懷德，非將軍何以臻此？」且召之歸，疾益甚。高帝憂之，爲延致天下名醫，復禱於山川社稷、城隍之神，願假大將軍息數載以寧萬姓，吾他日與之同往。竟不起，年五十四。

高帝袒跣奔達寢，撫屍而慟。尋輟朝，愴然謂羣臣：「大將軍爲朕股肱心膂，繆力行陣，東征西討，削平羣醜，克濟大勳。邇者太陰屢犯上將，萬里長城，一旦奪之。悲夫！盡心國家爲社稷重者，寧復有大將軍，吾何以報之？但著其勳烈，宣於金石，永垂不朽耳。」贈達中山王，謚武寧，追封其三代皆中山王，而手書其混一區夏，奠安神人之功於墓道，且曰：「婦女毋所愛，財寶毋所取。忠志無疵，昭明乎日月，惟大將軍一人而已。」自達薨，高帝所授大將印獨宋國公勝、涼國公藍玉，而潁川侯友德以功進封公，其受脤亦數，然上待之不能如達。諸所飭厲，唯稱中山王或中山、開平二王。而燕王即帝位，爲太宗，舉中山王以勵諸將軍者不一。

達慮精而言簡，令出不二，諸將奉之若神明。而善拊循其下，同甘苦，士不飽不就食，不營止不就幄。傷病者躬慰問，給醫藥，死者哭而棺槥之。得壯士與諜，輒不殺，以恩結其意，皆爲我用。所平二大都、三會省，望郡膴邑以百數，無敢有擾民者。歸朝上符印，單車垂橐，以還邸舍。生平無聲酒伎媵之好，親禮儒生，與談經術古事，雍容如也。始高帝郊祀，後即建功臣廟於雞籠山，圖達戰功，與太廟配享，位皆第一。達有子女各四人，曰輝祖，曰添福，曰增壽，曰膺緒。添福早卒，膺緒初爲尚寶卿，遷大同中衛指揮僉事，再遷中軍都督僉事，奉朝請。太宗朝，輝祖、增壽皆前卒，而膺緒以元舅見尊寵。仁宗初拜膺緒子景珩中軍都督僉事，景璿金吾前衛指揮僉事，諸孫爲指揮勿絕。其二女皆爲王妃。

李紹文《皇明世説新語》卷三〇　中山王追元帝，將及，遽鳴金，使逸去。常開平不能平。中山曰：「是雖夷狄，然嘗帝天下，主上將裂地而封之。抑遂甘心也既皆不可，則縱之便。」太祖喜微行，每至徐太傅家。太傅病，帝忽至，太傅自枕褥下出一劍，示帝曰：「戒之戒之。若他人得以甘心也。」自後功臣家不一至矣。

王元美稱中山王之賢，蓋韓淮陰、鄧高密、曹濟陽合而爲一者。

雜録

備録

劉辰《國初事迹》　乙未年，太祖領兵出哨，失身於敵。敵之帥首亦爲我軍所執，彼此欲相易和解，未有先發者。時徐達挺身往代太祖，敵遂縱太祖歸，太祖即以敵帥縱之而易達歸。

王文禄《龍興慈記》　武寧達疾亟，聖祖幸其第，至榻前問之，占二句曰：「聞説君王鑾駕來，一花未謝百花開。」蓋諷待用英賢之衆，戀主之恩乎。執聖祖手不放，聖祖曰：「卿欲朕緊掌山河？」達就榻上叩頭，勉主之忠乎？嗚呼，君臣始終兩得之矣！

談遷《棗林雜俎》和集　中山王墓在鐘山，不封土。云細竹下即是像，白皙而厚，面目不甚雄偉。

備論

鄭曉《吾學編·皇明名臣記》卷一《中山徐武寧王》　王言簡慮精，當提兵時令出不二，諸將敬若神明，受命而出，功成而旋，不自矜伐，至於封姑蘇府庫，置胡宮美人，財寶無所取，婦女無所愛，可謂忠志無疵，昭光天日者也。

項篤壽《今獻備遺》卷一　論曰：高皇帝起濠滁間，創基建康，躬親征討，惟陳氏耳，餘皆以命將。而中山王功最大。削楚平吳，其次齊、魯、河、洛、燕、晉、秦、隴，不三四年，屢殲元凶，電掃雷驅，威敵制勝，未有及之者也。且不自矜伐，恪遵法守，位冠元臣，世享爵號，宜矣。

王世貞《弇州山人續稿》卷八〇《中山王世家》　弇州外史曰：高帝之取天下，計初下建康，再與陳友諒角實在行，而其它十七皆大將軍力也。大將軍之廉靖仁武，沈幾莢勝，即古名世之佐曷過焉？勞而不伐，夙夜匪懈，與功名終，蓋所以處君臣之際微矣。元女侑配英主，整其成師於十五年後，而資靖難。兩都二公，光表後裔，寵冠羣辟，夫豈幸哉？儒生之第武者，輒先太公望。夫太公因累世之聖，奉以伐至不仁，牧野一戰，倒戈攻北，無所籍於鷹揚，而殷社栗矣。土一胙而疾驅於安丘之逆旅，舉賢尚功，汲汲以爲齊百世計，孰與夫大將軍受脤而忘其家，誓衆而忘其身，論爵第賞而忘其子孫哉？吾故持標而昂之，以爲古今勳臣第一云。

劉孟雷《聖朝名世考》　達言簡慮精，當提兵時，令出不二，諸將敬若神明。受命而出，功成而旋，不自矜伐。至於封姑蘇府庫，置胡宮美人財寶無所取，婦女無所愛，可謂忠志無疵，昭光天日者也。

查繼佐《罪惟録》卷八　論曰：中山之遇太祖，纔二十二耳，未有智計過人，足自絶，輒許國器，而位諸將上。諸將亦願下達不疑，卒能滌盪南北，抗功名第一，於初見數語良不負，太祖知人哉。世皆知劉青田、陶當塗嘗密陳天命，而不知中山之微合太祖，誠以王佐自命也矣。恭謹卒無過，爲用兵所最難，雖廟畫至精，而神明其用，必無已成復敗煩再舉者。「震揚國威，撫綏得體」，此二語良不誣也。且其所以處左丞惟庸，大過李韓國。絶通好，不入其所算，顧能飲之不發，緩頰言上，卒免古劍玉壺之疑，居功之美，直追古元公矣。至於論元君北去，曰「不窮追必爲後日憂」，而太祖不許，似不及達一籌。顧太祖慮中原初定，倘頓刃塞外，無以百全。而達知兵，乘勝摧拉，其勢易於他日數倍。未幾，帝命一再出塞，不皆全捷，則誠職此之故。觀嶺北不利，死者萬人，帝不罪達，誠内念不任達初策，非曲貸達也。身初造，而子再造，其所以固大命者，達家獨多。帝骨肉之故，因以成燕王骨肉之故。達再世忠孝節義，諸子女兄弟以照耀千古不衰，卒之兩崇封，與國終始，曰此國器之遺烈也。

傅維鱗《明書》卷九一　史官曰：「太祖之取天下，計初下建康，再與楚角，實擐甲秉鉞，而其它十七皆達力也。達之廉靖仁武，沈幾筴勝，即古名世之佐曷過焉？勞而不伐，夙夜匪懈，與功名終，蓋所以處君臣之際微矣。厥後兩都二公，光表後裔，寵冠羣辟，允宜。然椒房得而弗以宗功，是未免令人撫遺簡而憒然也。諸武略皆與太祖合，獨其窮追元君之論，太祖似不及達。然達所論者，天下之勢，太祖所存者，故君之懷。卒使五年之三路，二十年之金山，三十一年之捕魚海，勞心瘁力，而達之智計，又出恒常萬萬矣。其子忠佞不同，令人感慨興焉。惠蹠千古，若出一軌。悲夫！」

藝文

嚴遂成《明史雜詠》卷二《中山王徐達》　舊宮夜飲被蒙頭，想見驚趨下拜秋。廉恪小心曹武惠，深沉大局鄧元侯。六王共事權尤重，二國分封秩最優。戰罷歸朝歌暇豫，西園盡舫客清遊。

李文忠部

綜述

《太祖實録》卷一六〇　文忠字思本，世爲泗州盱眙人。父貞，尚皇姊曹國長公主，生文忠。十二歲而公主薨。時天下亂，文忠與上相失。甲午冬，上駐兵滁陽，文忠父子來見，上喜甚，因養以爲子，賜姓朱氏。初令就學，聰悟輒能記憶。上曰：「人固不可不知書。然今方事武，且當令習弓馬。」丁酉，年十九，以舍人領軍，往援池州。陳友諒兵寇城，文忠奮擊敗之。戊戌正月，進攻青陽、石埭、太平、旌德，皆下。二月，敗元院判阿魯灰於淳安縣之萬年街，遂破苗軍於潛、昌化，獲其人口資貨甚富。文忠恐士卒貪貨賄，莫有鬥志，因悉焚之。曰：「此何足惜？能努力破敵，何患不富貴乎？」進取淳安，夜襲破僞洪元帥營，降兵衆千餘。三月，會同僉鄧愈、院判胡大海兵取嚴州，克之。主德興翼，授帳前總制親軍都指揮使司左副指揮兼領元帥府事，守嚴州。

時嚴州新附，城守未備，而苗帥楊完者兵水陸奄至。文忠出奇，大敗其衆。復以所斬俘馘載巨筏中，順流而下，餘衆見之皆遁。五月壬子，楊完者復率衆進屯嚴州烏龍嶺，欲攻建德。文忠復從鄧愈擊走之。六月癸酉，文忠以浦江與建安比境，乃先率兵由間道以取之。縣有鄭氏，自宋建炎間聚族同居，元至大間旌表爲孝義之門。其家避兵山谷中，文忠使人訪其所在，悉令還家。八月己丑，苗軍元帥泰不花等以同僉員成書來納款，且言其部帥李福等士卒家屬俱在桐廬，皆願效順。文忠以上命慰諭之。九月戊戌，員成遂率元帥劉齊、劉震、黄寶、蔣英等三萬餘人來降。己亥二月，張士誠遣將攻嚴州，文忠出兵夾擊，大破之，殺獲甚衆。四月，士誠兵復至大浪灘，文忠遣兵出擊，復破之。又遣元帥何世明攻分水縣，斬首五百餘，其衆潰走。士誠憤其敗，十二月，復遣其將陸元帥、夏元帥、花將軍據分水縣之新城三溪，以遏我師。文忠仍遣世明率精兵千餘擊之，斬陸元帥、花將軍等千餘人，焚其營。自是士誠兵不復窺嚴州。

庚子九月，陞文忠同僉行樞密院事。辛丑五月，文忠以上命城嚴州，越三月而成。六月，胡大海援信州，生擒陳友諒平章李明道、宣慰王漢二。是時，文忠承上命署金華分省事，大海因械送明道等於文忠。文忠釋其囚而禮之，俾爲書招諭建昌守將王溥。溥，漢二之兄，遂以其衆來降。壬寅二月，金華降將蔣英、劉震等叛，殺胡大海及郎中王愷等，據其城。文忠聞之，即遣掾史郭彦仁、元帥何世明等往討之。兵至蘭溪，英等懼，夜半驅掠城中子女，開門南走。文忠因率元帥袁洪等所部兵入金華，守之，分遣左右徧歷其地，撫輯人民。仍遣人送大海、愷喪還建康。處州李祐之聞蔣英殺胡大海，亦殺院判耿再成，元帥朱文剛等。文忠隨遣王祐、何世明往屯縉雲以圖之。

三月，陞文忠爲浙江等處行中書省左丞，總制嚴、衢、信、處、諸全軍馬。辛亥，張士誠弟士信乘蔣英之亂，率兵萬餘，圍諸全，經二十九日，爲院判謝再興所敗。士信憤，益兵追攻，再興告急。文忠調同僉胡德濟往援之，兵少賊衆，再興復請益兵。文忠以金華初復，而嚴州密邇敵境，處州又爲叛寇據守，兵不能援。時上在江西，聞處州之亂，命平章邵榮率兵往討之，未至。文忠與都事史炳謀遣諜者揭榜諸全界首，言平章邵榮、右丞徐達領軍至嚴州，克日進擊。賊衆見榜，果相驚駭，謀夜遁。胡德濟、謝再興遂大破其軍，僞將吕珍僅以身免。十二月，廣信元帥葛俊擅發民夫加城浚濠。文忠檄止之，俊不奉命，出不遜語。文忠遣從事王辰往察之。辰還，言於文忠曰：「彼守城如故。若遽以兵臨之，是激其變也。」文忠默然良久曰：「此人不足惜。特以一郡生靈之故，始置之。」再遣都事劉肅往加撫慰，且諭以禍福，俊乃順命。癸卯四月，諸全謝再興叛，降張士誠。九月，士誠兵犯東陽。文忠遣元帥夏子實爲前驅，躬率兵繼之，郎中胡深亦引兵來會。丁亥，遇寇於義烏，前鋒方接，文忠將千餘騎横衝其陣，寇卒見文忠麾幟，皆驚愕潰亂，再興單騎走。胡深乃與文忠謀距諸全五十里五指山下築新城，令同僉胡德濟守之。未幾，張士誠將李伯昇大舉入寇，城堅不可拔，乃引去。

甲辰十月，陞右丞。乙巳二月丙午，張士誠憤義烏之敗，復遣李伯昇將兵二十萬，挾叛將謝再興寇新城。胡德濟告急於文忠。文忠以諸全重地，而敵勢之來意在必克，將自往救之。乃先命指揮張斌、元帥張俊領兵出浦江爲聲援。士誠又以兵自桐廬遡釣臺、烏石，犯嚴州。文忠命以舟師扼於江，以何世明、袁洪、柴虎三帥守城，而自率指揮朱亮祖以下行次浦江，銜枚而進，且檄處州兵來會。至龍潭，距寇不二十里，有白氣覆我軍。既而候卒告寇至，文忠馳馬視之，去營遠而久。元帥嚴德力止曰：「三軍之命，懸於主將。一有不戒，衆何恃焉？」文

忠乃還。會所檄處州兵亦至，遂與敵戰，大敗之，追奔十餘里，死者數萬，獲其僞同僉韓謙、理問滕忠、元帥周遇、蕭壽山等六百餘人，軍士三千，馬八百，糧草、輜重、鎧仗無筭，李伯昇及僞五太子遁去。文忠入新城，諸將皆喜相慶賀。上聞新城捷，以御衣、名馬賜文忠，賚賞將士有差。

丙午九月，上既命相國徐達，平章常遇春總兵攻蘇州，命文忠以兵取杭州。文忠率指揮朱亮祖、耿天壁攻桐廬，僞元帥戴某降。文忠復遣指揮袁洪等攻富陽，克之，擒僞同僉李天禄。兵至餘杭，遣孫虎等領兵扼其援，而自督兵圍其城。十一月，守將謝五與弟姪五人以餘杭降。文忠以其兵攻杭州，杭州僞平章潘原明亦出降，並執蔣英、劉震以獻。文忠以上命慰諭之，宿諸軍於城上，下令曰：「敢有入民居者，斬。」有一卒取民釜以爨，即磔於市以徇，城中民皆安堵。得兵二萬，糧二十一萬，馬六百匹。始入城，原明以女樂迎於道，文忠叱去之。召元平章五的長壽等，諭之曰：「全城歸附者，張氏平章潘原明也。汝等皆元之臣子，苟知倫理大義，則當效死報國！或知天命之有在，則同納款以效順。今原明既已歸附，汝等不伏節死義，尚何面目來見我乎？」令武士曳出之，與蔣英等俱繫送金陵，並遣潘原明以下官屬隨行。

十二月，改浙東行省爲浙江等處行中書省，陞文忠爲平章政事，復姓李氏。吴元年二月，上以誥授文忠曰：「朕舉義兵，自淮右至於江左，經營疆宇，賴勳臣同心一力，成兹大業。若國戚之策功者，則罕有焉。爾李文忠，吾姊之所生也。自幼撫育，視同己子。教以文藝，習以弓馬。年既弱冠，乃俾僉院於金華，開省於嚴陵。爾能憑烏龍之險，破苗獠之師，領軍援諸暨之圍。寇兵十餘萬，當爾之鋒者，如摧枯拉朽，成功奇偉。浙西之平，實由此勝。比者長驅以擣臨安，克其堅城，民安堵如常時，不知有更革也。用是，命爾文忠爲行省平章，鎮兹浙土。於戲！惟爾文忠，以分則君臣也，以親則甥舅也，以恩則父子也。尤當守憲章，修政務，撫民馭軍，圖盡其道。況浙地，其俗奢，爾示儉；其習澆，爾率厚；其或偏僻，爾導以正。惟慎可以奉職，惟勤可以處事，惟公可以律身。其明聽朕命，可榮禄大夫浙江等處行中書省平章政事。」初，上得金陵，以軍食不給，知府王宗顯嘗請增田租，民頗病之。文忠以其事聞，請減其額，上從之。

洪武元年五月，福建陳友定餘黨金子隆等糾合散卒，寇將樂、延平等處。閏七月，上命文忠總兵擒獲之，閩地悉平。二年春，以文忠爲偏將軍，副常遇春征迤北，由遵化度鹿兒嶺，敗元將江文清軍於錦川，次全寧。元將也速迎戰，又敗之。進攻天興州，文忠又設伏破其軍，遂進克上都。元主北走，俘其宗王慶王等。常遇春薨於軍，詔文忠代領其衆，援慶陽。師至太原，而大將軍徐達已討平慶陽。時大同受敵甚急，文忠乃由代縣出鴈門，次馬邑，破其邏騎數千。進次白楊門，又擒黠虜四大王，遂大破虜衆，擒其將脱列伯，大同圍解。進踰莽哥倉，不見虜而還。

三年正月，授征虜左副將軍，總兵北伐。二月，師出野狐嶺，至興和，降其守將。進師察罕腦兒，擒其平章竹貞。五月，敗元太尉蠻子、平章沙不丁朵兒只八剌等於白海子之駱駝山。進至開平，聞元主在應昌，即提兵晝夜兼程襲之，遂進克應昌。時元主已殂，太子愛猷識理達臘單騎遁去，獲其嫡孫買的里八剌及太子妃陳荅里，宫人、諸王、省院、達官，暨宋元玉璽金寶一十五，宣和殿玉圖畫一，玉册二，鎮圭、大圭、玉斧、玉帶各一，送京師。文忠復追愛猷識理達臘至北慶州，失其所在。師過興州，遇元將唐國公江文清等，率部屬軍民來降。至紅螺山，又降其部將楊思祖等一萬六千餘人。

十月，詔文忠班師。還至龍江，車駕出江上，嘉勞甚至。明日，文忠復上表稱賀。上論功行封，以文忠北逐元太子，獲元皇孫、妃嬪、重寶，功最大，賜誥曰：「咨爾榮禄大夫、浙江等處行中書省平章政事李文忠，朕思人生天地間，恩之深者，莫過於骨肉，此天性自然，不待教而能也。爾文忠爲吾姊氏所生，朕創業以來，爾自幼提兵，僉樞金華，開省嚴陵，勦苗獠於烏龍，却援兵於諸暨，所至撫馭省方，人懷爾惠。連年戰勝，不聞爲敵所侮。比者再入甌閩，削平餘寇。迎征薊北，屢奏捷音。乃帥師應昌，得元之遺子暨寶玉以歸，威振沙漠，俊功益著。朕於爾，親則甥舅，較爾前後之功，當與勳臣同列。今天下已定，論功行賞，是用授爾開國輔運推誠宣力武臣，特進榮禄大夫、右柱國、大都督府左都督，封曹國公，同知軍國事，食禄三千石。使爾子孫世世承襲，以報爾功。於戲！爾瞻於我，如母存焉。恪守忠貞，服勞帝室，永延世禄，與國同休。」復賜鐵券及文綺帛六十四。

四年七月，西蜀平，詔文忠按行四川，開拓新城，經畫庶務。乃調濠梁等衛官軍於保寧諸處，各立千户所以鎮之。五年正月，上賜彤弓五、交趾弓五十。上嘗御武樓與諸將論邊事。魏國公徐達因言，王保保遁在和林，宜因此時乘其敗而擊之。上乃詔達與文忠及馮勝率兵十五萬，分三道並進。文忠爲征虜左副將軍，總兵由東路出居庸。文忠率都督同知何文輝欲取和林，兵至口温。虜聞之，

棄營遁走，獲其輜重雜畜無筭。進至哈剌莽來，其部落皆驚潰。文忠諭將士曰：「兵貴神速，千里襲人，難以重負。」留部將韓政駐輜重於臚朐河，命士卒人持二十日糧，兼程而進。至土剌河，虜將蠻子哈剌章知之，悉騎渡河。文忠督兵與戰數合，稍却，追至阿魯渾河，虜兵益衆，宣寧侯曹良臣等戰殁。文忠馬亦中流矢，下馬持短兵接戰，從者劉義又奮前突擊，以身蔽文忠。指揮李榮以所乘馬授文忠，自奪虜騎乘之。文忠勒馬橫槊，麾衆更進，士卒殊死戰，虜衆遂敗，得馬畜萬計。追至稱海，虜兵復集。文忠整兵據險縱所獲馬畜於野，示以閒暇。居三日，虜疑有伏兵，不敢逼，乃遁去。文忠引兵還，夜行失故道，糧且盡。至桑哥兒麻，士卒無水，渴甚，有死者。文忠默禱於天，忽所乘馬跑地而鳴，掘之，果有泉湧出，人馬賴以濟。

六年正月，詔文忠與大將軍徐達往山西、北平訓兵防邊。十月，上召達等還京，令文忠率諸將士養鋭山西，以防虜寇。七年三月，文忠駐兵代縣，遣將四出。至三不剌，擒其平章陳安禮、木屑飛；至順寧、楊門，斬其將真珠驢；至白登，俘其國公鄧孛羅帖木兒；至朔州，擒其太尉伯顏不花。七月，攻大寧、高州、大石崖，克之，斬其宗王朶朶失里，擒承旨百家奴。復遣指揮唐某追至氊帽山，遇故元魯王，營於山下，以兵圍之，斬魯王等，獲其妃蒙哥顈並金印一、玉圖書一。八月，文忠師進豐州，分道追擊胡兵，擒其故官十二人，虜衆百二十餘人，馬駝牛羊甚衆。又聞胡兵駐伯干兒之地，遣兵追之，不及而還。十年秋，詔致祭泰山。十二年，洮州十八族番酋三副使汪朶兒等叛，命征西將軍沐英討之。二月，復制諭文忠，往河州、岷州、臨洮、鞏昌、梅川等處巡視城池，各衛軍馬悉聽節制。五月，文忠等兵次洮州故城，會番酋三副使何汪順朶羅只棄城遁，遂督將校領兵追之，獲積石州叛逃土官阿里、七站土官夫納等，斬之，遂於東籠山南川築城，置洮州衛，留官軍守之。六月秋，文忠移師駐鞏昌。十三年，詔還，參贊軍國事。十六年正月，詔文忠兼領國子監事。十二日，文忠有疾。是年春，疾轉亟，詔皇太子臨視，上復親幸其第，撫慰良久。至是薨，年四十有六。

文忠性沈厚，持身誠恪，有謀慮，臨陣常身先士卒。至遇大敵，膽氣益壯，每戰勝，必以功推下。及釋兵家居，恂恂若儒者。其在上前論事，盡誠無隱，上多嘉納之。好儒重士，器量閎雅。在金華時，常師葉儀、范祖幹，講學爲詩，於音樂華靡事泊如也。薨之日，上痛悼不已，輟朝三日，親爲文遣使致祭，追封岐陽王，謚武靖，賜葬鍾山之陰。誥曰：「自古帝王創業，必有親戚子弟委心效順，以助興隆之運。故生有爵禄之榮，殁有褒贈之寵，斯古今之彝典也。咨爾開國輔運推誠宣力武臣、特進榮禄大夫、右柱國、大都督府左都督、曹國公、同知軍國事李文忠，乃朕姊氏所生。當朕起兵之初，爾年尚幼，能勵志立功，佐朕開拓疆宇，所向克捷，威振遐方，民懷其惠。及天下寧謐，四夷來庭，厥功居多。而小心勤慎，始終如一。其於甥舅之親，君臣之義，能兼之矣。正期共享太平，夫何嬰疾長逝，朕甚悼焉。生封公，死封王，已著令典。今特追封爲岐陽王，謚武靖，以慰爾於冥冥。嗚呼！爾能篤親親之義，成開國之勳，名播華夷，福及後裔，可謂死而不亡者矣。」仍進封其上三世皆王爵，妣皆王夫人。子三人，皆上所賜名。長景隆，襲爵曹國公。次增枝，初授勳尉，繼擢前軍左都督。次方英，授中都正留守。

《明史》卷一二六《李文忠傳》 李文忠，字思本，小字保兒，盱眙人，太祖姊子也。年十二而母死，父貞攜之轉側亂軍中，瀕死者數矣。踰二年乃謁太祖於滁陽。太祖見保兒，喜甚，撫以爲子，令從己姓。讀書穎敏如素習。年十九，以舍人將親軍，從援池州，破天完軍，驍勇冠諸將。別攻青陽、石埭、太平、旌德，皆下之。敗元院判阿魯灰於萬年街，復敗苗軍於於潛、昌化。進攻淳安，夜襲洪元帥，降其衆千餘，授帳前左副都指揮兼領元帥府事。尋會鄧愈、胡大海之師，取建德，以爲嚴州府，守之。

苗帥楊完者以苗、僚數萬水陸奄至。文忠將輕兵破其陸軍，取所馘首，浮巨筏上。水軍見之亦遁。完者復來犯，與鄧愈擊却之。進克浦江，禁焚掠，示恩信。義門鄭氏避兵山谷，招之還，以兵護之，民大悦。完者死，其部將乞降，撫之，得三萬餘人。

與胡大海拔諸暨。張士誠寇嚴州，禦之東門，使别將出小北門，間道襲其後，夾擊大破之。踰月，復來攻，又破之大浪灘，乘勝克分水。士誠遣將據三溪，復擊敗之，斬陸元帥，焚其壘。士誠自是不敢窺嚴州。進同僉行樞密院事。

胡大海得漢將李明道、王漢二，送文忠所，釋而禮之，使招建昌守將王溥。溥降。苗將蔣英、劉震殺大海，以金華叛。文忠遣將擊走之，親撫定其衆。處州苗軍亦殺耿再成叛。文忠遣將屯縉雲以圖之。拜浙東行省左丞，總制嚴、衢、信、處、諸全軍事。

吴兵十萬方急攻諸全，守將謝再興告急，遣同僉胡德濟往援。再興復請益兵，文忠兵少無以應。會太祖使邵榮討處州亂卒，文忠乃揚言徐右丞、邵平章將大軍刻日進。吴軍聞之懼，謀夜遁。德濟與再興帥死士夜半開門突擊，大破之，

諸全遂完。

明年，再興叛降於吳，以吳軍犯東陽。文忠與胡深迎戰於義烏，將千騎橫突其陣，大敗之。已，用深策去諸全五十里別築一城，以相掎角。士誠遣司徒李伯昇以十六萬衆來攻，不克。踰年，復以二十萬衆攻新城。文忠帥朱亮祖等馳救，去新城十里而軍。德濟使人告賊勢盛，宜少駐以俟大軍。文忠曰：「兵在謀不在衆。」乃下令曰：「彼衆而驕，我少而鋭，以鋭遇驕，必克之矣。彼軍輜重山積，此天以富汝曹也。勉之。」會有白氣自東北來覆軍上，占之曰「必勝」。詰朝會戰，天大霧晦冥，文忠集諸將仰天誓曰：「國家之事在此一舉，文忠不敢愛死以後三軍。」乃使元帥徐大興、湯克明等將左軍，嚴德、王德等將右軍，而自以中軍當敵衝。會處州援兵亦至，奮前搏擊。霧稍開，文忠橫槊引鐵騎數十，乘高馳下，衝其中堅。敵以精騎圍文忠數重。文忠手所格殺甚衆，縱騎馳突，所向皆披靡。大軍乘之，城中兵亦鼓譟出，敵遂大潰。逐北數十里，斬首數萬級，溪水盡赤，獲將校六百，甲士三千，鎧仗芻粟收數日不盡，伯昇僅以身免。捷聞，太祖大喜，召歸，宴勞彌日，賜御衣名馬，遣還鎮。

明年秋，大軍伐吳，令攻杭州以牽制之。文忠帥亮祖等克桐廬、新城、富陽，遂攻餘杭。守將謝五，再興弟也，諭之降，許以不死。五與再興子五人出降。諸將請僇之，文忠不可。遂趨杭州，守將潘元明亦降，整軍入。元明以女樂迎，麾去之。營於麗譙，下令曰：「擅入民居者死。」一卒借民釜，斬以徇，城中帖然。得兵三萬，糧二十萬。就加榮禄大夫、浙江行省平章事，復姓李氏。大軍征閩，文忠別引軍屯浦城以逼之。師還，餘寇金子隆等聚衆剽掠，文忠復討擒之，遂定建、延、汀三州。命軍中收養道上棄兒，所全活無算。

洪武二年春，以偏將軍從右副將軍常遇春出塞，薄上都，走元帝，語具《遇春傳》。遇春卒，命文忠代將其軍，奉詔會大將軍徐達攻慶陽。行次太原，聞大同圍急，謂左丞趙庸曰：「我等受命而來，閫外之事苟利於國，專之可也。今大同甚急，援之便。」遂出雁門，次馬邑，敗元游兵，擒平章劉帖木，進至白楊門。天雨雪，已駐營，文忠令移前五里，阻水自固。元兵乘夜來劫，文忠堅壁不動。質明，敵大至。以二營委之，殊死戰，度敵疲，乃出精兵左右擊，大破之，擒其將脫列伯，俘斬萬餘人，窮追至莽哥倉而還。

明年拜征虜左副將軍。與大將軍分道北征，以十萬人出野狐嶺，至興和，降其守將。進兵察罕腦兒，擒平章竹貞。次駱駝山，走平章沙不丁。次開平，降平章上都罕等。時元帝已崩，太子愛猷識里達臘新立。文忠諜知之，兼程趨應昌。元嗣君北走，獲其嫡子買的立八剌暨后妃宮人諸王將相官屬數百人，及宋、元玉璽金寶十五，玉册二，鎮圭、大圭、玉帶、玉斧各一。出精騎窮追至北慶州而還。道興州，擒國公江文清等，降三萬七千人。至紅羅山，又降楊思祖之衆萬六千餘人。獻捷京師，帝御奉天門受朝賀。大封功臣，文忠功最，授開國輔運推誠宣力武臣，特進榮禄大夫、右柱國、大都督府左都督，封曹國公，同知軍國事，食禄三千石，予世券。

四年秋，傅友德等平蜀，令文忠往拊循之。築成都新城，發軍戍諸郡要害，乃還。明年復以左副將軍由東道北征，出居庸，趨和林，至口温，元人遁。進至臚朐河，令部將韓政等守輜重，而自帥大軍，人齎二十日糧，疾馳至土剌河。元太師蠻子哈剌章悉衆渡河，列騎以待。文忠引軍薄之，敵稍却。至阿魯渾河，敵來益衆。文忠馬中流矢，下馬持短兵鬬。指揮李榮以所乘馬授文忠，而自奪敵馬乘之。文忠得馬，益殊死戰，遂破敵，虜獲萬計。追奔至稱海，敵兵復大集。文忠乃斂兵據險，椎牛饗士，縱所獲馬畜於野。敵疑有伏，稍稍引去。文忠亦引還，失故道。至桑哥兒麻，乏水，渴甚，禱於天。所乘馬跑地，泉湧出，三軍皆給，乃刑牲以祭，遂還。是役也，兩軍勝負相當，而宣寧侯曹良臣，指揮使周顯、常榮、張耀俱戰死，以故賞不行。

六年行北平、山西邊，敗敵於三角村。七年遣部將分道出塞。至三不剌川，俘平章陳安禮。至順寧、楊門，斬真珠驢。至白登，擒太尉不花。其秋帥師攻大寧、高州，克之，斬宗王朶朶失里，擒承旨百家奴。追奔至氈帽山，擊斬魯王，獲其妃及司徒答海等。進師豐州，擒元故官十二人，馬駝牛羊甚衆，窮追至百乾兒乃還。是後屢出備邊。

十年命與韓國公李善長議軍國重事。十二年，洮州十八番族叛，與西平侯沐英合兵討平之，築城東籠山南川，置洮州衛。還言西安城中水鹹鹵不可飲，請鑿地引龍首渠入城以便汲，從之。還掌大都督府兼領國子監事。

文忠器重沉宏，人莫測其際。臨陣踔厲風發，遇大敵益壯。頗好學問，常師事金華范祖幹、胡翰，通曉經義，爲詩歌雄駿可觀。初，太祖定應天，以軍興不給，增民田租，文忠請之，得減額。其釋兵家居，恂恂若儒者，帝雅愛重之。家故多客，嘗以客言，勸帝少誅僇，又諫帝征日本，及言宦者過盛，非天子不近刑人之義。以是積忤旨，不免譴責。十六年冬遂得疾。帝親臨視，使淮安侯華中護醫

藥。明年三月卒，年四十六。帝疑中毒之，貶中爵，放其家屬於建昌衛，諸醫並妻子皆斬。親爲文致祭，追封岐陽王，謚武靖。配享太廟，肖像功臣廟，位皆第三。父貞前卒，贈隴西王，謚恭獻。

《明名臣琬琰録》卷二董倫《曹國李公岐陽武靖王神道碑銘》 洪武十有七年春三月，開國輔運推誠宣力武臣、特進榮禄大夫、右柱國、大都督府左都督、曹國公、同知軍國事李公薨於第。皇上輟視朝三日，親製文，遣使致祭，追封岐陽王，謚武靖，賜葬地於鍾山之陰。越三年秋，有司奏，王神道碑石已具，而未有刻辭。明日，詔臣倫爲文，撰次王之勛德，以寵其子孫於無窮。臣倫再拜稽首而退。

謹按，王諱文忠，字思本，姓李氏，世爲泗州盱眙人。父隴西恭獻王尚曹國長公主，生王，十有二歲而公主薨。時元末大亂，恭獻攜王走軍中，幾不能存。聞皇上駐兵滁陽，始來見焉。皇上喜甚，即自養育，擇師傅以教之。一日，取所業示近臣，曰：「是亦可矣，當於馬上習之。」歲丁酉，乃以舍人領軍策應池州。僞漢陳友諒發兵寇城，王奮擊敗之。戊戌春正月，進攻青陽、石埭、太平、旌德，皆下。二月，敗元判院鄂爾和於萬年街，遂破苗獠于於潛、昌化，獲其婦女輜重甚衆。王恐士卒恃此富驕，莫有鬥志，因激怒，使其盡殺所獲，焚其輜重。曰：「此何足惜？能努力破敵，何患不富貴乎？」衆咸奮厲。進次淳安，夜襲破僞洪元師營，降其衆千餘。三月，會寧河王鄧愈、越國公胡大海兵，取嚴州，授帳前總制親兵都指揮使司左副都指揮兼領元帥府事，守嚴州。時嚴新破，城壁未備，而僞吴張士誠遣其徒率苗獠水陸奄至。王與戰，大敗其衆。復取所斬俘馘，載巨筏中，乘流而下，水寇見之亦遁。冬十有二月，帥師攻諸暨，克之。

壬寅春三月，擢浙江等處行中書省左丞。癸卯春二月，苗獠蔣英搆亂金華，賊殺越國胡公。王聞亂，率兵馳賊委城。夏四月，守將謝再興據諸暨以叛，上命築新城於諸郡之西以拒之。秋九月，再興誘士誠寇東陽，王自嚴將鋭師破之。冬十月，陞右丞。乙巳春正月，士誠遣僞司徒李伯昇大率其徒，號二十萬，寇新城。王聞之，即合將士，未至新城十里許，有地曰龍潭，立營其上。新城守將遣人由間道詣王，曰：「衆寡莫敵，姑宜避之，以俟大軍之至。」王曰：「以衆論之，則我非彼敵；以謀論之，則彼非我敵。且八千之謝玄破八十萬之苻堅，庸非衆乎？吾若未戰而退，則彼勢益熾，雖大軍至，亦難爲攻矣。莫若與戰，死中求生，正在今日，何避之有？」遂下令曰：「彼衆而驕，我少而鋭，以鋭當驕，可一戰而擒。擒彼之後，輜重皆汝等有也。」明日交戰，王横槊據鞍，引數十騎乘高馳下，直出陣後，衝其中堅。敵列騎逆戰，王格殺數人，出入陣中，所向皆靡。因督衆乘之，敵遂大潰亂，自相蹂躪。城中將士亦鼓譟而出，呼聲動地，莫不一當百，斬首數萬級，擒將士七百餘人，委棄鎧仗，彌亘山丘，自是張不能寧矣。

丙午八月，召還京師，陞受宸算，總水陸之師下江浙。冬十月，師進，克桐廬、新城、富陽。至餘杭，謝再興子五人嬰城固守，王合圍攻之，一日而拔。杭守將潘允明聞之恐，遣員外方彝詣軍門請降。王曰：「師來臨城，而員外遠來，得無以計緩我師乎？」彝曰：「大人奉命伐叛，所過秋毫無犯。杭雖孤城，生齒百萬，擇所托而來，尚有他意乎？」王見其誠，引入卧内，歡笑欵接。因命條畫入城次第，翼日遣歸。允明遂封府庫，籍軍數，出城拜降。王入宿於城上，令曰：「敢有擅入民居者，斬。」有一卒下借民釜，即磔以徇。由是内外帖然，民皆不知有更革事。就加榮禄大夫、浙江等處行中書省平章政事。

戊申春正月，上即皇帝位，國號大明，改元洪武。二月，閩中既平，餘燼複合，詔王討平之。二年春，以王爲偏將軍，副開平王常遇春，征進迤北。由遵化度鹿兒嶺，敗江文清於錦川，次大寧。元將伊蘇逆戰，一鼓敗之。追至灣河，斬其宗王慶生，遂進次大興。王度其必走，乃分兵千餘，伏其歸路。敵果夜遁，遇伏，大破之，斬其將鼎珠，進克上都。秋七月，開平王薨於軍中。八月，詔王領其衆，接援慶陽。師至太原，大將軍中山王徐達已討平之。王聞大同受敵甚急，因諭衆曰：「吾與若等受命而來，閫外之事，有利於國者，專之可也。若候進止，吾恐大同之敵愈盛，不可復制。」於是出鴈門，次馬邑。元邏騎數千猝至，王與戰，擒其將劉平章。進次白陽門，又擒敵中四大王。前軍已去敵五十里爲營，王至，遽令遷之，復前進五里，阻水爲營。是夜敵果悉鋭來攻，王堅壁不動，委二營以待敵，督令死戰。自寅至辰，度其飢疲，乃分軍爲左右翼出擊，大破之。乘勝逐北，擒其將圖嚕卜，降衆萬餘。遂進兵至莽格展，不見敵而還。

三年春正月，授征北左副將軍，總兵北伐。二月，師出野狐嶺，降其守將。進師察罕諾爾，擒其平章祝貞。夏五月，克應昌，獲元孫密迪哩巴拉及后妃、宫女，金寶、玉册以歸，元太子僅脱身走，追之不及而還。過中興，擒元將江唐國公，進攻紅羅山，其擁兵自固者皆請降。冬十月，朝廷論功行賞，加開國輔運推誠宣力武臣，特進榮禄大夫、右柱國、大都督府左都督、曹國公、同知軍國事，食禄三千石，賜鐵券。

四年，西蜀平，詔王帥兵鎮撫。五年春，詔王同中山復征迤北，王總兵東道。五月，取和林，師進於昆至哈喇穆爾，敵連遁去。王曰：「兵貴神速，千里襲人，難多重負。」乃留東平侯韓政駐輜重於廬車河，令士卒各持二十日糧，兼程並進。至圖喇河，元將哈喇章曼濟悉起營渡河，列騎以待。王督軍力戰，敵却。追至翰海，敵來益衆，王據險爲營，示以單弱。敵疑有伏，遁去。軍還，失故道，乏水，渴死者甚衆，王患之。至格爾瑪斯，出野尋水脈，忽所乘馬以足跑地，泉隨湧出，三軍賴之，乃刑牲以祭。六年冬十月，將兵屯代縣，出朔州，擒元大位巴延巴哈。七年春，詔總兵北征。王駐兵代縣，遣將各出，至賽音布拉克，擒其平章陳安禮瑪蘇繙。至於順寧門陽者，斬其將珍珠律。至白登者，俘其國公鄧博囉特穆爾。秋七月，攻大寧、高州、大石厓，克之，斬其宗王托多實哩，擒承旨巴爾嘉還。自是邊境肅然矣。十二年，詔參贊國事，裨益恒多。至十六年冬十有二月，王有疾。明年春，疾轉亟，東宮臨視。明日，上親幸其第，撫悼良久乃還。王召諸子訓以大義，翌日而薨，時三月丙戌日也，享年四十有六。

高祖諱某，贈中奉大夫、浙江等處行中書省參知政事。妣林氏，贈夫人。曾祖諱某，贈貲善大夫、浙江等處行中書省左丞、護軍，追封臨淮伯。妣蔡氏、胡氏，俱贈臨淮伯夫人。祖諱某，贈榮禄大夫、浙江等處行中書省平章政事、柱國，追封隴西侯。妣陳氏，贈隴西侯夫人。考諱禎，特進榮禄大夫、駙馬都尉、右柱國，曹國公，追封隴西王，謚恭獻。妣曹國長公主，太皇太后所生，皇上皇姊也。繼妣陳氏，追封淑德夫人。王娶畢氏，累封曹國夫人。子男三，世子景隆，襲封曹國公。次增枝，次芳英，皆上所賜名。女長適汪致淵，次適高昂。孫男順安，女一。

王器量沉閎，人莫測其際。臨陣蹈厲奮發，至遇大敵，膽氣益壯，故有不戰，戰必勝。及釋兵家居，恂恂若儒生。嘗師金華范祖幹、胡翰講明性理之學。其處身處家，一循理度惟謹。及出爲詩詞，皆偉壯可觀。至音樂華靡，泊如也。嗚呼！王起貴戚，際風雲之會，東征西討，挺立殊功，名滿天下。生有大國之封，死有王爵之賜。壽雖不及，而耿耿者固將與國相永久，非可與身同泯也。臣倫故謹掇其大事，有繫於世者，爲之銘。銘曰：

天生聖人，篤開大業，風行電指，孰不震懾。時惟武靖，豐頤秀頰，皇親訓迪，才日煜煜。假長三軍，屢奏佳捷，俾奠南服，民心孔愜。新城之役，血滔四流，以少制多，歸王之謀。武林之兵，降其守臣，市不易肆，歸王之仁。先聲既赫，聞者膽落，直擣其穴，王公就縛。彼卒如羊，我卒如熊，摧陷無堅，皆王之功。王乃慊然，曰我有成，皇上所教，匪臣之能。海宇載穆，倚樹嘯吟，王雖不言，簡在帝心。錫封於曹，旌王之勞，金符刻誓，天意彌高。乃贊國經，高密是紹，秉誠束禮，百僚可表。壽豈惟多，天奪之暴，星殞砥拆，伊誰控告。皇上悼閔，賜茲刻文，百世之下，昭王崇勛。

宋濂《文憲集》卷二《浙東行省右丞李公武功記》　惟我皇帝既定浙東西地，以其疆埸與虜人犬牙相入，乃置浙東行省，以轄五府一州之衆，建牙於嚴。於時右丞李公實以上之懿親，總受藩宣之寄，而兼命參知政事。胡公德濟分治諸暨，所以聯絡氣勢，綏輯東土而折衝外侮者也。乃乙巳之春二月已丑，虜挾我叛人謝再興，分兩道入寇，其舟師自釣臺、烏石窺我建德。公遣兵禦之。其馬步卒踰濤江而東圍諸暨之新城，聲言二十萬，壁壘旁午，旌旗充塞。虜堅忍持重，務以爲必拔之計，構飾寢宇，創建倉庫，預建州長貳官屬。復分精卒數萬，屯城北十里，以遏我援師。胡公堅壁力守，戒將士勿輕與戰。有來攻城者，發矢石退之，遂遣使乞師於公。公即欲馳援，初釣臺之役，稍不利，亡一千夫長至是，尋情疑沮。或獻謀於公曰：「嚴實吾藩垣所寄。虜若闞公往，即起乘之，奈何？諸暨雖受圍，得一鋭將帥師解焉可也。」公曰：「浙水東門户在諸暨。諸暨苟不守，郡縣必致驛騷。故虜盛兵東向，而使游兵泝釣臺以綴我師。我不往，脱有弗靖，嚴其能獨利乎？」乃屬大師三人爲居守。明日癸丑，遂行。有自虜中來者，又以衆寡不敵爲辭，公弗顧。

甲寅至浦江，丁巳抵烏傷之龍潭，去虜營不二十里，因據其險。忽有白氣自東北經天，三軍見之，勇氣百倍。日且晡，軍中驚言虜將襲我，公亦不爲動。夜四鼓，城中知有援至，潛縋士卒來約明旦將空壁逆戰。戊午，蓐食已，公分諸將爲左右翼，公自將其中。軍既成列，會參軍胡君深復承公檄，率所部將士亦自括而至，軍氣益振。公乃申號令曰：「師之勝負在曲直，不在多寡。我國何負於叛人？虜乃挾之，日夜以生變。癸卯之秋，九月壬午，直犯我東陽。我不敢愛其生，晝夜兼行，殄之於烏傷，爾三軍之所親覩，皇天助順，不可誣也。今虜又不改行，盡驅其衆，以擾我邊疆。《占書》云：『軍中見白氣者，克敵之像。』此殆天欲滅此虜也。爾等尚效死斬刺，以報國家之寵靈。毋怯，毋貪獲，毋避險阻，毋左右顧視。有不如約者，即戮以狗。」語始畢，虜兵整圓陣而至。兵既接，公秉匹馬，挺身先入，陷其中軍。中軍，虜之精鋭所萃，見公至，競來迫之，槍屢及公膝。

公馬上運戟，捷如雨風，當其鋒者，應手皆仆，虜氣皆讋。左右翼及諸軍一齊奮擊，聲振天地，軍遂大亂。時溪洞兵居後列，猶觀望欲集。兩山之民呼曰：「虜敗矣！虜敗矣！」遂皆棄甲而奔。我軍乘勝逐北，斬首如刈麻，前後躪踐死者以萬餘計，溪水爲之不流。胡公亦率精甲出圍城中，從公合擊之，殺獲甚衆。其主帥僅以身免，燔其營寨若干，俘其將帥六百、軍士三千、馬八百，輜重鎧仗積如丘山。三月己未，凱歌而旋。所至父老争進牛酒，爲公壽，公勞而却之。辛酉，還嚴。既飲至，即命幕府上其功簿於朝。上嘉公敵愾之功，錫以御衣名馬，其餘將士第功行賞有差。

濂聞之，軍讖之論良將有曰：「以身先人，故其兵爲天下雄。」説者引薛仁貴爲將，持戟腰刀，奮呼入敵，衆輒爲之奔潰，此所以爲天下之雄也。濂以公之事觀之，殆似有過焉者。蓋仁貴挺身陷陣，其驍悍若與公同，然必兩軍相當，方可制勝，未聞其以寡却衆，如公之爲也。今虜兵大集，塞野蔽川，人孰不爲公危？公以不滿萬之衆，談笑而殲之，斯不亦昔人之所尤難哉？由公精忠貫於内，勁氣注於外，但知有國而不知有其身，嗔目張膽，視虜若無，故其功業焜燿至於如此也。公之賢爲不可及矣。濂昔待罪右史，嘗書公之勞烈，藏之金匱。今又因邦人士之請，爲文若詩，以昭公之光，庶使世之讀者上毋忘於帝德，下無負於公之功云。

公名文忠，字世英，敬賢下士如弗及。平居恂恂禮遜，及臨大敵，雖賁育之勇不是過，君子服焉。系之以詩，曰：

於赫皇王，大明東升。爍彼羣陰，六合載清。建藩分鎮，以奠以寧。倬彼李公，實遍東浙。虎符煌煌，侑以龍節。導宣皇靈，德柔威刷。吴虜逞虐，登我叛臣。屢啓兵釁，來毒烝民。亦既擣之，化爲埃塵。龍集鶉首，仲春之月，怙惡弗悛，竟犬之突。合圍諸暨，不通一髮。公聞之怒，氣衝斗間。咄哉狂虜，天紀之干。翹其若轂，鬥此勁翰。迺飭將佐，整厥堅冑。敕厥琱戈，礪厥金鏃。我欲即發，爾罔或没。禡纛於門，載之以行叶。卒旅言言，旌幟翻翻。蛟螭騰淵，熊羆出山。直薄龍潭，伺敵而戰。有氣經天，其白如練。吉徵開先，何兵不剪？左右列屯，兩翼飛翥。公將虎旅，宅其中堅。氣通脈聯，勢如率然。復戒多士，虜衆我寡。大刀長揮，毋獲士馬。要使青原，盡變爲赭。虜馳而至，公躍而前。單戟奮先，星流飆旋。閃閃莫定，觸之必顛。虜實讋疑，斯何爲者？莫非神兵，自天而下。震懾相駭，弓不能弛。三軍縱擊，其亂如雲。混混沌沌，紛紛紜紜。或斷其膂，或斷其齦。蠢彼有苗，猶爾偵視。山氓齊呼，倒戈而避。我師疾逐，其勢尤熾。如雷斯掀，如風斯奔。如火斯燉，融乾燭坤。一鼓而殲，凛焉雄吞。譬猶駕鵝，衆若雲翳。孤隼横擊，無有不斃。將唯在勍，豈多爲貴？人亦有言，天監匪私。我直彼曲，孰不周知？以順討逆，云胡不夷？昔兵始交，毒霧蒙絡。今敵既平，上下清廓。神道助順，理甚昭灼。奏凱而旋，既歌且謡。歌聲委蛇，間以短簫。祥飈獻娱，嘉卉動摇。耆耋歡迎，列拜馬首。非公之臨，幾陷虎口。敢以牛酒，以爲公壽。三軍戾止，燕饗有容。公拜稽首，疏於章封。非臣之力，諸將之功。皇情悦豫，徵公入覲。珠衣龍馬，錫之不吝。第賞其餘，匪琛伊賚。自古在昔，六龍御天，必有良弼，參佐化權。遂開丕基，萬世其延。惟皇神聖，控御區宇。百寮師師，選有文武。親賢如公，綏我東土。綏我東土，我民用熙。無敵不靡，無徠不懷。成此武功，實耀簡書。簡書所紀，以勸在位。贊咏鋪張，選古之義。史臣作歌，蹈揚奮厲。

雜録

備録

劉辰《國初事迹》　李文忠守嚴州，取娼妓韓氏在家宿，太祖知之，差人將韓氏誅之，召文忠問罪，皇后勸諫，復令還嚴州。既至，儒士趙伯宗、宋汝章乘機説文忠曰：「此去得回，若再取不得回也，當早别圖之。」文忠於是使伯宗等潛往杭州張四平章處通好。伯宗既回，文忠與郎中侯原善、掾史聞遵道議降。書聞，太祖差刻期齎親筆家書，復召文忠，文忠得書甚喜。比到京，太祖大悦，撫之甚切，賜以好馬銀兩，令文忠速還嚴州，用心鎮守。文忠既還，與侯原善等曰：「我幾乎着你等誤了，此事當何如區處？若事泄，何面目見上位？」原善曰：「大人肯饒我等性命，當有箇處置，止是餌此二人無言語爲上計。」文忠悟之，仍以書付伯宗等，以筵宴餞之，使其醉。令宣使俞也先管送至船，比到大浪灘下，文忠已令潑合何侯於灘岸，呼船近岸曰：「官人再有分付言語。」潑上舍船，將伯宗等縛投於水。

談遷《棗林雜俎》和集《李文忠》　李岐陽墓，規制遜於中山，石馬一，存其左蔓草間，尚未畢工。

備論

鄭曉《吾學編·皇明名臣記》卷一　王器量沉閎，人莫測其際，臨陣蹈厲奮發，遇大敵，膽氣益壯。好學飭行，釋兵家居，恂恂若儒士。

袁袠《皇明獻實》卷一　袁袠曰：岐陽王，高皇帝姊子也。以肺腑之親，攀風雲之會，東征西討，所向輒克。五出漠北，深入不毛之地，克上都，破應昌，殘胡竄匿，獸駭鳥散，擊孫子，虜名王，雪白登之宿耻，攄青衣之積憤，壯矣哉！雖李靖之禽突厥，介子之斬樓蘭，蔑以過也。家居恂恂若儒生，賦詩雅歌，有祭遵虜之風。《詩》曰：「文武吉甫，萬邦爲憲。」岐陽有焉。

項篤壽《今獻備遺》卷一　論曰：岐陽王以肺腑至親，遭際風雲，東征西討，所向輒克。五出漠北，克上都，破應昌，殘元竄匿，繫孫子，獲名王，壯矣哉！家居恂恂若儒生，賦詩雅歌，有祭遵遺風，可謂允文允武，萬邦爲憲者矣。

王世貞《弇州山人續稿》卷八一　弇州外史曰：岐陽王不數爲大將，將輒有功。敦詩悦禮，有儒者風，斯所以肺腑哉！高帝起民間，屢更獘鞬，兄之子獨大都督文正，姊之子獨岐陽王。而大都督不善居勳，父子以廢徙，而高帝念之，不絶其國，蓋二百年，而南面猶故也。臨淮之紹侯，其亦高帝遺意哉！

朱國禎《皇明開國功臣傳》卷一　朱史氏曰：「岐陽之功，莫大於浙西，莫迅於應昌，莫險於騁海，蓋亞中山，匹開平。而文學議論，又宛然儒者氣象，自古人臣，文武全才，未見有及者。太祖因居然以唐太宗目之矣，非智非謙，幾累社稷之語，盡吐心事，親爲帝甥，共平天下，如何用智，如何執謙，岐陽至是其道窮，而其功乃所以爲累，上固籌之深矣。借事發怒，借館人行刑，中道而逝，延其世賞。君臣甥舅之間，情不足而體尚存。千古變局，殊不忍言。至景隆，綺紈子，能讀書談兵，自其家傳，堂堂乎張也貌，而推之情，而信之天也。即豪傑如何？即岐陽尚在，亦如何？而況景隆？噫嘻！」

查繼佐《罪惟録》列傳卷八　論曰：岐陽豈真漢李廣之苗裔歟！乃膽智絶若一人也。倘岐陽應太平對策，不過如吴伯宗出身第一，備咨問而已，豈能蹈厲峻發，器識沉閎如此？折節經義，從范祖幹、胡翰之説；用兵取勝，從李普温之説。文武爲憲，古吉甫不是過也。諫興師日本，帝曰：「此儒生家言。」然則所爲文武無二道，帝自食其言哉！賜姓，託至戚肺腑，參軍國，幾如大將軍，而獨兼領國子監，猶以其介胄恂恂若儒者，不惡其爲文也。至於予誥景隆，稱文忠「非智非謙，幾累社稷」，此無所指，則誠爲惟庸所連耳。若九江纍纍社稷，廢一以與一，使非太祖家事，隴西坐其孫以不祀，豈岐陽肖子哉！卒之繫私室，飢以死，社稷存而徒累其家，何益也？夫王璉直陳治艦，且截北師，燕王原之不殺。而速駕金川，蒲伏密欵，他日雜論曹國公，謂包藏禍心，九江即忠泣鬼神，義昭日月，百口不奪，夫誰信之？惜乎，金川遽開，使北平無仰攻環壁之勞，燕爲饒得耳！

傅維鱗《明書》卷九二　史官曰：文忠不數秉麾鉞爲大將，將輒有功。敦詩説禮，有儒者風，斯所以肺腑歟？太祖起民間，屢更獘餘，兄之子獨文正，姊之子獨文忠。而文正不善居勳，父子廢徙，太祖恤之，不絶其國，使剖圭載冕，式是南邦，與明祚並。而臨淮之嗣侯，則太祖遺意哉！景隆驕横寵極，而僭踰不檢，文忠幾不血食，侫之敗忠也如此夫！

藝文

嚴遂成《明史雜詠》卷一《岐陽王李文忠》　岐陽王酷似其舅，事事直與古人偶。君不見吴呂蒙，法立誅，必凶門。凶，一笠一釜將毋同。又不見漢耿弇，疏勒飛泉鑿深險，乘馬踴地刑以牲。桑哥兒麻軍破膽，臨陣踔厲馳風檣。遇人敵勇不可當，家居蟬蜕憺無事，忘其親貴身爲王，雅歌投壺祭征虜，恂恂書生岳忠武。兵權一釋學爲儒，金華胡翰范。幹祖吾所師。

沐英部

綜述

《明史》卷一二六《沐英傳》 沐英，字文英，定遠人。少孤，從母避兵，母又死。太祖與孝慈皇后憐之，撫爲子，從朱姓。年十八，授帳前都尉，守鎮江。稍遷指揮使，守廣信。已，從大軍征福建，破分水關，略崇安，別破閔溪十八寨，縛馮谷保。始命復姓。移鎮建寧，節制邵武、延平、汀州三衛。尋遷大都督府僉事，進同知。府中機務繁積，英年少明敏，剖決無滯。后數稱其才，帝亦器重之。

洪武九年命乘傳詣關、陝，抵熙河，問民疾苦，事有不便，更置以聞。明年充征西副將軍，從衛國公鄧愈討吐番，西略川、藏，耀兵崑崙。功多，封開國輔運推誠宣力武臣、榮禄大夫、柱國、西平侯，食禄二千五百石，予世券。明年拜征西將軍，討西番，敗之土門峽。徑洮州，獲其長阿昌失納，築城東籠山，擊擒酋長三副使癭嗉子等，平朵甘納兒七站，拓地數千里，俘男女二萬、雜畜二十餘萬，乃班師。元國公脱火赤等屯和林，數擾邊。十三年命英總陝西兵出塞，略亦集乃路，渡黄河，登賀蘭山，涉流沙，七日至其境。分四翼夜擊之，而自以驍騎衝其中堅。擒脱火赤及知院愛足等，獲其全部以歸。明年，又從大將軍北征，異道出塞，略公主山長寨，克全寧四部，度臚朐河，執知院李宣，盡俘其衆。

尋拜征南右副將軍，同永昌侯藍玉從將軍傅友德取雲南。元梁王遣平章達里麻以兵十餘萬拒於曲靖。英乘霧趨白石江，霧霽，兩軍相望，達里麻大驚。友德欲渡江，英曰：「我兵罷，懼爲所扼。」乃帥諸軍嚴陳，若將渡者，而奇兵從下流濟，出其陳後，張疑幟山谷間，人吹一銅角。元兵驚擾。英急麾軍渡江，以善泅者先之，長刀斫其軍。軍却，師畢濟。鏖戰良久，復縱鐵騎，遂大敗之，生擒達里麻，僵屍十餘里。長驅入雲南，梁王走死，右丞觀音保以城降，屬郡皆下。獨大理倚點蒼山、洱海，扼龍首、龍尾二關。關故南詔築，土酋段世守之。英自將抵下關，遣王弼由洱水東趨上關，胡海由石門間道渡河，扳點蒼山而上，立旗幟。英亂流斬關進，山上軍亦馳下，夾擊，擒段世，遂拔大理。分兵收未附諸蠻，設官立衛守之。回軍，與友德會滇池，分道平烏撒、東川、建昌、芒部諸蠻，立烏撒、畢節二衛。土酋楊苴等復煽諸蠻二十餘萬圍雲南城，英馳救，蠻潰竄山谷中，分兵捕滅之，斬級六萬。明年詔友德及玉班師，而留英鎮滇中。

十七年，曲靖亦佐酋作亂，討降之。因定普定、廣南諸蠻，通田州糧道。二十年平浪穹蠻，奉詔自永寧至大理，六十里設一堡，留軍屯田。明年，百夷思倫發叛，誘羣蠻入寇摩沙勒寨，遣都督寧正擊破之。二十二年，思倫發復寇定邊，衆號三十萬。英選騎三萬馳救，置火礮勁弩爲三行。蠻毆百象，被甲荷欄楯，左右挾大竹爲筒，筒置摽鎗，鋭甚。英分軍爲三，都督馮誠將前軍，寧正將左，都指揮同知湯昭將右。將戰，令曰：「今日之事，有進無退。」因乘風大呼，礮弩並發，象皆反走。昔剌亦者，寇梟將也，殊死鬥，左軍小却。英登高望之，取佩刀，命左右斬帥首來。左帥見一人握刀馳下，恐，奮呼突陣。大軍乘之，斬馘四萬餘人，生獲三十七象，餘象盡殪。賊渠帥各被百餘矢，伏象背以死。思倫發遁去，諸蠻震慴，麓川始不復梗。已，會潁國公傅友德討平東川蠻，又平越州酋阿資及廣西阿赤部。是年冬，入朝，賜宴奉天殿，賚黄金二百兩、白金五千兩、鈔五百錠、彩幣百疋，遣還。陛辭，帝親拊之曰：「使我高枕無南顧憂者，汝英也。」還鎮，再敗百夷於景東。思倫發乞降，貢方物。阿資又叛，擊降之。南中悉定。使使以兵威諭降諸番，番部有重譯入貢者。

二十五年六月，聞皇太子薨，哭極哀。初，高皇后崩，英哭至嘔血。至是感疾，卒於鎮，年四十八。軍民巷哭，遠夷皆爲流涕。歸葬京師，追封黔寧王，謚昭靖，侑享太廟。

英沉毅寡言笑，好賢禮士，撫卒伍有恩，未嘗妄殺。在滇，百務具舉，簡守令，課農桑，歲較屯田增損以爲賞罰，墾田至百萬餘畝。滇池隘，浚而廣之，無復水患。通鹽井之利以來商旅，辨方物以定貢税，視民數以均力役。疏節闊目，民以便安。居常讀書不釋卷，暇則延諸儒生講説經史。太祖初起時，數養他姓爲子，攻下郡邑，輒遣之出守，多至二十餘人，惟英在西南勳最大。子春、晟、昂皆鎮雲南。昕駙馬都尉，尚成祖女常寧公主。

焦竑《國朝獻征録》卷五《黔國公沐英傳》 沐英字文英，定遠人。父諱超，母顧氏。英八歲而孤，屬元末大亂，母携之逃難。又故時太祖高皇帝龍飛濠梁，英往依之，惻然撫之爲子，則以國姓。年十八爲帳前都尉。甲辰，遷廣武衛指揮使，尋加昭勇大將軍，改廣信衛。勤於軍政，高城利兵以俟攻取，士卒有蹂踐民

田禾者，必加重譴，百姓安之。

洪武元年二月，從天軍下崇安，剪陳友定，拔溪寨，破漳、泉等州，遂定閩中。三月，命復姓，仍調守建寧，節制邵武、延平、汀州三衛。三年授鎮國將軍、僉大都督府事。四年陞本府同知，進階榮禄大夫，署掌府事。時開創之初，四方文移甚劇，英剖決如流。九年巡勞關陝以西疾苦事，多所便宜。十年副衛國公鄧愈征西戎，直抵崑崙山。值霖雨浹旬，餽運弗繼，英與士卒同甘苦，病者醫治之，士皆感悦効死，大戰闢地數千里，遂進封西平侯，賜號開國輔運推誠宣力武臣，階仍榮禄大夫，勳柱國，食禄二千五百石，授以鐵券，俾子孫世襲。

十一年拜征西將軍，將京師及河南、陝西、山西兵復征西蕃，降其衆二萬，俘馬牛羊二十餘萬，得納降七站之地，擒其酋長曰三副使，曰瘿膝子者，獻於京，威震西土。十三年春，元孽脱火赤國公、愛足知院爲邊患，英將陝西兵略亦集乃西路，渡黄河，經寧夏，歷賀蘭山，涉流沙，至其境。分軍爲四，一襲其背，二掩其左右，英自率帳前驍勇當其前。夜銜枚以進，合兵攻之，俘其全部以歸。十四年大將軍魏國公徐達北征，英副之。將一軍由嵩高、全寧過驢駒河，獲知院李宣尋。

上以元遺孽梁王柏匝剌瓦爾密恃雲南險遠，戕虐使臣，以英副潁國公傅友德率師三十萬征之。遂繇辰沅遵陸路出羅鬼，攻普定，普安，循格孤山之南，出奇兵襲畢節，擊可渡河，皆下之。梁王遣其司徒達里麻駐兵曲靖拒守，英謀於友德曰：「雲南兵屯曲靖，必意我軍深入疲勞，且以程計之，謂未能猝到，彼必懈惰。我若兼程以進，出其不意，掩其不備，此批亢擣虚之術也。曲靖一破，餘可傳檄而定。」友德然之。遂乘大霧進至白石江，阻水而止，霧斂，則已薄其營矣。江闊僅一里許，其淺處可涉也。衆咸欲與戰，英視其陣曰：「我軍遠來，形勢既露，固利於速戰。然亟濟則所傷必多，宜多方以誤之。」乃整衆鳴鼓，若將濟者。彼悉擁精鋭拒於水上，英別遣一軍泝流暗渡，循山而出其陣後，吹銅角以張聲勢，仍於山林岩谷間樹旗幟爲疑。達里麻驚懼，急撤陣後軍以禦之，水上軍覺之，心動而陣亂。英於是拔刀麾兵以濟，士有猛而善泅者數百人，皆蒙盾而渡，以長刀仰斫，岸上軍却，我軍得登者，人百其勇。彼軍退數里結陣而待，我軍畢濟，既就列，旌旗烜燿，鎧仗鮮明，彼軍奪氣。友德麾兵進戰，火砲交發，鼓譟之聲，震動天地。接戰數合，猶未分勝負，英察其氣已衰，縱鐵騎直擣其中堅，連斬數百人，出入其陣，彼衆披靡，遂敗之，生擒達里麻，俘甲士二萬，馬萬匹，死者不可勝計，横尸十餘里。梁王聞敗，走死滇池島中。英乃駐兵金馬山，父老焚香迎拜入城，禁士卒毋擄掠。收梁王金寶並官府符籍，雲南平，果如所計。遂分兵下烏撒，得七星關以通於畢節。

十五年春正月，分遣將士略建昌、澂江、臨安、沅江、尋甸、楚雄、洱海等處。獨大理酋段世據南詔皮羅閣故城不服，英命常茂從間道繞點蒼山後攀崖緣水而上，據其巔，樹旂幟以亂之。英乃斬關而入，遂拔其城，擒世。調勝兵取鶴慶，掠麗江，下金齒，收三營砦，破石門關，軍威大振。由是摩岁、和泥、車里、平緬相率來附，雲南大定。奏分烏撒、烏蒙、東川、芒部、建昌、會川、羅鬼、普定、普安、水西、畢節隸四川，自是雲南列爲郡邑，凡府州縣宣慰司、長官司一百八，籍其户七萬四千六百餘，分設軍衛，犬牙相制，以守其地。

夏四月回軍，與友德會於滇池之上。時烏撒、東川、建昌皆有變志，友德曰：「蠻夷叵測，若不乘我兵刃以定之，終於叛亂。」英深然之。遂相與合兵，皆攻下之，並克芒部，斬首三萬級，所獲牛馬羊數萬餘，立烏撒、畢節二衛以鎮之。師回，秋九月，雲南諸部復率衆攻城，都督馮誠固守，設樓櫓强弓於埤，賊近輒射之，稍急則出勁兵以擊之。英聞變兼程還曲靖，遣健步懷羽檄走報城中，約爲内應，爲賊所得。健步曰：「總兵官領大軍至矣。」賊散走。安寧、羅次、邵甸、富民、晉寧、大棋、江州等處據險自保，英分兵勦除之，斬首六萬級，生禽四千人，雲南復平。留英鎮守。

十七年廣南特磨逼作耗，英親入其地，按兵不進，諭以天道禍福，遂降之。二十年春，浪穹逋寇扇羣蠻爲亂，鶴慶、劍川相應，英調大理衛指揮鄭祥乘其未集，掩而殲之。二十一年春正月，百夷屯摩沙勒犯邊，調都指揮寧正領兵擊破之，斬首千五百級。三月復悉衆號三十萬，戰象百餘，寇定邊，以報摩沙勒之役。親率兵二萬抵賊營，與之對壘，出輕騎三百挑之。賊以萬人、象二十迎戰，鋒始交，獲一象，殺賊百餘人而還。於是軍氣益壯，咸曰賊易殺也。英乃召諸將校，謂之曰：「定邊受圍已久，若不即破賊，設定邊失守，則賊勢益張。彼徒恃其象以恐懾我軍，今方少以騎士挑之，已獲一象，又何足畏乎？吾知所以破之之術矣。可多置火銃、神箭於前，作三行，參差而陣，伺彼象近，則前行之，銃箭齊發。象若未退，則第二行者繼之，第三行又繼之。使銃聲不絶，象必驚而却走。然後以大軍乘之，破之必矣。明旦分軍爲三隊，都督馮誠領之，寧正領其左，都指揮同知湯昭領其右。乃下令曰：「主上平日恩養將士，正欲效膚寸之力於戰陣之間爾。今日之事，有功者賞，退衄者戮。」全隊三令而五申之，將士鼓勇争進，則悉衆出營。盜驅戰象結陣以待，英駐馬於高岡以觀。左隊小却，英望之怒，遽遣

使馳取左隊將之頭。左隊遥見使者橫刀飛馬而來，復擁士卒大呼突入其陣，無不一當百，大戰破之，斬首三萬餘級，俘萬人，象中矢死者過半，生獲四十有七，殺其酋，餘黨盡殪。百夷酋長思倫發聞之，遣人奉方物犀象來降，願輸貢賦。英爲之請於朝，許之，遂定其地。

秋八月，東川蠻據烏路山結砦而叛。其地重關疊巘，縣崖峭壁，上下三百餘里，人跡阻絶。調寧正帥雲南兵會京軍犄角討而降之。冬十月，廣西阿赤部酋長者滿矣情結越州土酋阿資叛，英自將直擣，阿赤部者滿矣情皆服誅，俘男女五千餘口，牛馬如之，阿資降。二十二年春二月，阿資復叛，再調寧正討之，殺火頭弄宗等五十九人。

冬十月入覲，上宴勞，賜黄金二百兩、銀五千兩、鈔二萬五千貫，文采百純，别賜鈔五萬貫，使建第於鄉。居十日而還。英初如京，雲南之民無老幼惟恐其不來也，咸戚然東向望者累月。及聞還，各相率遠迓數百里之外。

二十三年秋九月，臨安教化三部不供租賦，調本衛指揮王執討平之。冬十月，普安酋密即作亂，調貴州都指揮張泰討之，俘獲二千餘衆，獲馬牛數千，得糧四萬斛。二十四年春正月，順寧蒲蠻猛吾馬忒争襲，傷及官軍，調都指揮俞輔往問其罪。夏四月，阿資又叛。英集諸將佐議曰：「雲南地方數千里，伏天朝威武，金齒、百夷、車里、平緬、摩些、和泥及諸種羅羅蠻獠悉以降伏，惟阿資恃險累叛，若不復其巢穴，雖曰彈丸黑志，終爲梗化。」於是簡士卒親人至禱衝，賊衆迎敵，英麾兵擊之，殺獲殆盡，阿資僅以身免，遣其子請降。秋七月，英以八百媳婦弗率命，遣使招之。其酋長刀木板懼，遣招剛闞都奉方物貢于朝而歸附焉。

二十五年五月十七日得末疾卒，年四十七。訃聞，上哭之慟，輟朝，遣官致祭。其詞有曰：使我無西南之憂者，英之功也。命長子春迎喪，官軍護至京師。上遣中使祭臨，追封黔寧王，謚昭靖，配享廟庭，賜葬江寧縣觀音山之原。

英爲人寡言笑，沈毅有智量，好賢禮士，撫御卒伍尤有恩，意所至未嘗濫殺。既鎮雲南，乃築城垣，設衛禦，簡官僚，修惠政，剔奸蠹，撫酋豪，興學校，飾館傳，嚴祠祭，治水利，立屯田，謹斥堠，墾田一百一萬二千畝。辨方物以定其貢税，視民數以均其力役，疎節目以寧便其人。

嘗從容詢一儒生曰：「吾亦欲觀書，何者爲要？」對曰：「儒者之學，必自小學四書始，以至五經諸史，莫不欲遍通。今公爲國重臣，春秋鼎盛，但當究輔弼之大義，以安天下爲己任，豈欲效書生博學强記之習哉？惟《大學衍義》一書乃宋儒西山真先生所撰，其格致誠正，脩齊治平之道，與夫天人相感，治亂之所由，皆具此書。公必欲觀書，請觀此書，則大人之事備矣。」遂欣然令左右售而得之。退朝之暇，即延縉紳講解切磋，間之以《通鑑綱目》，不二三年，學問大進，論事輒援引典故。其在雲南，於鈴閣之素壁間，命善書者大書周子《太極圖説》、張子《東》《西》二銘、朱子《敬齋箴》、孔明《出師》二表、李密《陳情表》、韓愈《佛骨表》朝夕瞻對，求其理趣。又擇民間之俊秀及土官之子弟，皆令入學肄業，使知禮義。曰：「首善之地，風化攸出，不可後也。」間於朔望釋菜畢，延師生坐於堂，設廣席，坐諸生於庭，烹羔羊以食之。土官子弟於冬夏製時衣以衣之。嘗得《太極圖》善本並白鹿洞規善之刻石，置文廟。

平居無所嗜，惟有馬癖。嘗語人曰：「天用莫如龍，地用莫如馬。支遁一僧爾，猶愛其神駿而畜之，吾將也，馳逐於兩陣之間，順吾驅策，與吾一心以立功者，在良驥耳，是不可愛而他愛乎？」蕃息甚富。其良者以充歲貢，餘遇有征討，分給將校將之勇敢善戰者，所得多至十餘匹，然未嘗售於人以規利。

後雲南父老與蠻夷土官願即府城立廟，合辭以聞，上報可。及追王三代，妻馮繼耿俱追封黔寧王夫人。子男五：春、晟、昂、昶、昕。

查繼佐《罪惟録》列傳卷八上 沐英，定遠人。八歲喪母，無所歸，馬皇后撫軍中。帝嘗曰：「是兒長，吾世屏翰哉。」童時厚重如成人，性温爽，機穎過人。與李岐陽俱冒國姓，名文英，弟從子文正也。年十八，侍帷幄，目無迕視。爲帳前都尉，從守鎮江。甲辰，擢廣武衛親軍指揮使，加授昭勇大將軍。洪武元年，以所部從下延平，擒陳友定。閩平，復今姓，駐建寧，節制邵武、延平。三年，擢鎮國將軍僉大都督府事。明年，進榮禄大夫、都督同知。時都督不爲階官，英特受異數。九年，乘傳陝西諸路，事有不便者，輒更置後聞。明年，充緬西副將軍，從衛國鄧愈總京畿兵馬征蕃州。西渡黄河，略烏思藏，耀兵至於崐崙，轉戰數千里，俘士卒以萬計，馬駝牛羊十倍之。衛國道卒，代部其衆。還，封西平侯，賜號開國輔運推誠宣力武臣，階仍榮禄大夫，勳柱國，食禄二千五百石，予世券。又明年，拜征西將軍，窮追西番，降元萬户乞失迦，及舒朵兒、只都、烏都兒三樞密副使，卒二萬餘，雜畜二十餘萬，平朵甘納兒七站地數千里，請置洮州衛所兵戍之。還鎮關中。十三年，復率所部湯和林，轉略亦集乃，渡黄河，登賀蘭，擒伏聽者，得穹廬所止。涉流沙，分兵四翼，薄其營。而身率精騎抵中堅，大破之，獲元太師國公脱火赤、知院愛足，覆其全部。還鎮關中。明年，以所部從大將軍出古

北口，襲公主山寨，掩四部卒，渡瀘朐河，獲元知院李宣等還京。

亡何，充征南右副將軍，從潁川侯傅友德討元孽梁王於雲南，由辰沅遵陸路，出羅鬼，攻普定、普安，循格孤山之南，出奇兵襲畢節，擊可渡河，皆下之。元司徒達里麻阻曲靖，英語友德，請得以曲靖爲先聲，兼程疾掩之。適大霧，軍盡壁白石江，與敵咫。霧霽，敵始知之，驚。則陽整衆若將渡者，敵悉鋭撓欲渡軍，軍不果渡，而別一軍泝流暗渡，出其陣後，角舉，山谷皆應，更設旗幟爲疑兵。達里麻益驚，撤後軍應已渡軍水上。軍心動，陣亂，英麾善泅數百人，蒙盾當先，既渡，益勇。敵退數里，肆擊之，蹀血震盪。時潁川、永昌二侯更多縱鐵騎，横貫而躪之，敵大潰，鹵達里麻，俘衆二萬。梁王聞之，棄去南走，沉滇海死。

時大理段氏猶爲元守，英分一軍夜間道登點蒼山，襲其背，質明，麾騎亂流，被羽先登。關破，伏兵從後夾擊，擒守帥段世，拔大理。移兵取車里、平緬，不浹月，雲南郡邑悉平。復與潁川侯分道平叛蠻，立烏撒、畢節二衛。已而夷兵復犯雲南，窘都督馮誠。英簡萬騎馳救之，賊夜遁，乘勝悉復曲靖、永昌之失守者。上以爲能，詔英留鎮雲南，次第平廣南蠻，誅浪穹、鶴慶、劍川逋寇，特磨遁去。二十一年，宣慰思倫以三十萬叛麓川。英所部止三萬，先使馮誠以三百人鼓之，奪其氣。明日，賊悉衆突百象前，象皆披甲，負戰樓，周若欄楯爲蔽，挾大竹爲筒，筒置短鎗十餘，飛刺。英分卒爲三行，參差而陣，以火砲神箭更番進，而身立馬高岡觀戰。敵有昔剌者健鬥，我左隊小却。英令馳取隊將首來。隊將急，奮貫敵軍，諸隊齊躡敵，呼聲震天地。象反走，大軍乘之，斬首三萬餘級，俘萬人，賊帥刁斯郎等皆伏殪象背。明年，復平東川，走叛首阿資。

召還朝，賜宴，上撫其背曰：「乃使我高枕無南顧憂。」歸鎮，復大破阿資衆，走之。使使以兵威折脅八百國，並諸番。當是時，遂有重譯來貢者，屯田百萬二千餘畝，軍資以充。英在軍，初聞高皇后崩，哭三日不食。二十五年，懿文皇太子薨，英故常侍東宫，有恩誼，哭嘔血。方坐堂皇案事，忽中風卒，年四十有八。軍民三日罷市，訃聞，帝爲慟哭輟朝，追封黔寧王，謚昭靖，王其三代，侑享太廟。夷人剺面請於朝，尸祝之。

英好禮士，撫卒較有恩，節目疎，不肯爲煩數。讀《大學衍義》而悦之，手不釋《通鑑綱目》，論事輒引爲據。擇民秀及土官之子弟，皆令入學肄業，風以禮義。平居無所嗜，獨有馬癖，嘗曰：「天用莫如龍，地用莫如馬。吾大將，當與之卧起。譬無暱友，何以爲樂？」妻馮氏妬，帝留之京師，而賜二女雲南邸，得二子。又沐府内使出見棄女於道，收養之。英後至内使家，一幸而娠。馮知之，重刑墮胎。又閲月，復産一子，蓋孿生也，初名琮。英五子：春、晟、昂、昶、昕。昶蚤卒，三子遞鎮雲南，少子昕尚太宗公主，爲駙馬都尉，屢掌南京都督府事。【略】

論曰：沐氏至晟，始封黔國公。然則英以西平侯輒贈王，創制也。八歲，馬皇后撫軍中，太祖已知其能屏翰且世哉！君擇臣，父知子，灼髣髴矣。西平與岐陽咸能文，岐陽講明性理，西平不釋《綱目》。初蒙賜姓時，不過軍餘句讀，乃克審大義如此。哭東宫嘔血且死，其猶篤兄弟之義歟！六王中再傳，中山、開平以節見，而沐氏三子皆以功著。同是效死於燕，中山之增壽，與西平之昇茂，順逆之故，不可同日而語。嗟乎！亦以其時也。威令行，片紙郭迎，盟而後啓，頗似震主，然非此不足服南人。以是除中山之世皆中衰，而沐氏獨炳烈近三百年，至天波而絶。雖然，尊而能謙，所以長有其貴也，西平之恭順固克善其奕葉也哉。棄女孿生，名琮，而英魯孫亦名琮，豈前有此名而犯複，當有訛，俟考。

雜録

談遷《國榷》卷九 丁卯，西平侯沐英卒。英字文英，定遠人。幼孤，上子畜之，同東宫食起。年十八，授帳前都尉。守京口，累功，以征番部川藏封。鎮雲南，威惠大著。聞東宫變，哭嘔血一日卒，年四十八。滇人莫不流涕。追封黔寧王，謚昭靖，侑享太廟，還葬江寧長泰鄉。

備録

談遷《棗林雜俎》和集 沐英祖籍饒州樂平縣，李姓，先墓在大汾潭。洪武二十八年沐春乞遣將代鎮，親詣樂平致祭，八月進封春黔國公，不許擅離。

蘭谿金訓導云，沐英祖徽州績溪人，專棹舟，歲莫值地師失路求渡，因問其淪落狀，閔之，留於家。春初雪，地師偶步，奇其地，歸問，沐氏曰：「此族人某山也，若得之易易耳。吾屋三間，彼欲之，素直三百金，故不果。」如售屋則山歸我矣。」於是成券，果得山，且爲擇葬，囑曰：「行當有大禍，願不發也。」尋爭渡斃人，戍定遠。

明惠帝部

綜述

《明史》卷四《惠帝紀》　恭閔惠皇帝諱允炆。太祖孫，懿文太子第二子也。母妃呂氏。帝生穎慧好學，性至孝。年十四，侍懿文太子疾，晝夜不暫離。更二年，太子薨，居喪毀瘠。太祖撫之曰：「而誠純孝，顧不念我乎。」洪武二十五年九月，立爲皇太孫。二十九年，重定諸王見東宮儀制，朝見後於内殿行家人禮，以諸王皆尊屬也。初，太祖命太子省決章奏，太子性仁厚，於刑獄多所減省。至是以命太孫，太孫亦復佐以寬大。嘗請於太祖，遍考禮經，參之歷朝刑法，改定洪武《律》畸重者七十三條，天下莫不頌德焉。

三十一年閏五月，太祖崩。辛卯，即皇帝位，大赦天下，以明年爲建文元年。是日，葬高皇帝於孝陵，詔行三年喪。羣臣請以日易月，帝曰：「朕非效古人亮陰不言也。朝則麻冕裳，退則齊衰杖絰，食則饘粥，郊社宗廟如常禮。」遂命定儀以進。丙申，詔文臣五品以上及州縣官各舉所知，非其人者坐之。六月，省并州縣，革冗員。兵部侍郎齊泰爲本部尚書，翰林院修撰黄子澄爲太常卿，同參軍國事。

秋七月，召漢中府教授方孝孺爲翰林院侍講。詔行寬政，赦有罪，蠲逋賦。八月，周王橚有罪，廢爲庶人，徙雲南。詔興州、營州、開平諸衛軍全家在伍者，免一人。天下衛所軍單丁者，放爲民。

冬十一月，工部侍郎張昺爲北平布政使，謝貴、張信掌北平都指揮使司，察燕陰事。詔求直言，舉山林才德之士。

建文元年春正月癸酉，受朝，不舉樂。庚辰，大祀天地於南郊，奉太祖配。修《太祖實録》。二月，追尊皇考曰孝康皇帝，廟號興宗，妣常氏曰孝康皇后。尊母妃呂氏曰皇太后，册妃馬氏爲皇后。封弟允熥爲吴王，允熞衡王，允熙徐王。立皇長子文奎爲皇太子。詔告天下，舉遺賢。賜民高年米肉絮帛，鰥寡孤獨廢疾者官爲牧養。重農桑，興學校，考察官吏，振罹災貧民，旌節孝，瘞暴骨，蠲荒田租。衛所軍户絶者除勿勾。詔諸王毋得節制文武吏士，更定内外大小官制。三月，釋奠於先師孔子。罷天下諸司不急務。侍郎暴昭、夏原吉等二十四人充採訪使，分巡天下。甲午，京師地震，求直言。

夏四月，湘王柏自焚死。齊王榑、代王桂有罪，廢爲庶人。遣燕王世子高熾及其弟高煦、高燧還北平。六月，岷王楩有罪，廢爲庶人，徙漳州。己酉，燕山護衛百户倪諒上變，燕旗校於諒等伏誅。詔讓燕王棣，逮王府官僚。北平都指揮張信叛附於燕。

秋七月癸酉，燕王棣舉兵反。壬辰，谷王橞自宣府奔京師。長興侯耿炳文爲征虜大將軍，駙馬都尉李堅、都督甯忠爲左、右副將軍，帥師討燕。祭告天地宗廟社稷，削燕屬籍。詔曰：「邦家不造，骨肉周親屢謀僭逆。去年，周庶人橚僭爲不軌，辭連燕、齊、湘三王。朕以親親故，止正橚罪。今年齊王榑謀逆，又與棣、柏同謀，柏伏罪自焚死，榑已廢爲庶人。朕以棣於親最近，未忍窮治其事。今乃稱兵搆亂，圖危宗社，獲罪天地祖宗，義不容赦。是用簡發大兵，往致厥罰。咨爾中外臣民軍士，各懷忠守義，與國同心，掃兹逆氛，永安至治。」尋命安陸侯吴傑、江陰侯吴高、都督耿瓛、都指揮盛庸、潘忠、楊松、顧成、徐凱、李友、陳暉、平安，分道並進。置平燕布政使司於真定，尚書暴昭掌司事。

八月己酉，耿炳文兵次真定，徐凱屯河間，潘忠、楊松屯鄚州。壬戌，耿炳文及燕兵戰於滹沱河北，敗績，李堅、甯忠、顧成被執，炳文退保真定。燕兵攻之不克，引去。召遼王植、寧王權歸京師，權不至，詔削護衛。丁卯，曹國公李景隆爲征虜大將軍，代耿炳文。

十一月辛未，李景隆及燕兵戰於鄭村壩，敗績，奔德州，諸軍盡潰。燕王棣再上書於朝。帝爲罷齊泰、黄子澄官，仍留京師。

二年春正月丙寅朔，詔天下來朝官勿賀。丁卯，釋奠於先師孔子。二月，燕兵陷蔚州，進攻大同。李景隆自德州赴援，燕兵還北平。保定知府雒僉叛降燕。甲子，復以都察院爲御史府。均江、浙田賦。詔曰：「國家有惟正之供，江、浙賦獨重，而蘇、松官田悉準私税，用懲一時，豈可爲定則。今悉與減免，畝毋踰一斗。蘇、松人仍得官户部。」

六月己酉，遣尚寶丞李得成諭燕罷兵。

秋八月癸巳，承天門災，詔求直言。戊申，盛庸、鐵鉉擊敗燕兵，濟南圍解，

復德州。九月，詔録洪武中功臣罪廢者後。辛未，封盛庸歷城侯，擢鐵鉉山東布政使，參贊軍務，尋進兵部尚書。以庸爲平燕將軍，都督陳暉、平安副之。庸屯德州，平安及吴傑屯定州，徐凱屯滄州。

冬十月，召李景隆還，赦不誅。

三年春正月辛酉朔，凝命神寶成，告天地宗廟，御奉天殿受朝賀。

辛未，大祀天地於南郊。丁丑，享太廟，告東昌捷。復齊泰、黄子澄官。

閏月棣上書請召還諸將息兵，遣大理少卿薛嵓報之。是月，《禮制》成，頒行天下。

夏四月丁卯，何福、平安敗燕兵於小河，斬其將陳文。甲戌，徐輝祖等敗燕兵於齊眉山，斬其將李斌，燕兵懼，謀北歸。會帝聞訛言，謂燕兵已北，召輝祖還，何福軍亦孤。庚辰，諸將及燕兵大戰於靈璧，敗績，陳暉、平安、禮部侍郎陳性善、大理寺卿彭與明皆被執。

五月壬寅，詔天下勤王，遣御史大夫練子寧、侍郎黄觀、修撰王叔英分道徵兵。召齊泰、黄子澄還。蘇州知府姚善、寧波知府王璡、徽州知府陳彦回、樂平知縣張彦方各起兵入衛。甲辰，遣慶成郡主如燕師，議割地罷兵。

六月乙卯，燕兵渡江，盛庸戰於高資港，敗績。戊午，鎮江守將童俊叛降燕。庚申，燕兵至龍潭。辛酉，命諸王分守都城，遣李景隆及兵部尚書茹瑺、都督王佐如燕軍，申前約。壬戌，復遣谷王橞、安王楹往。皆不聽。甲子，遣使齎蠟書四出，促勤王兵。乙丑，燕兵犯金川門，左都督徐增壽謀内應，伏誅。谷王橞及李景隆叛，納燕兵，都城陷。宫中火起，帝不知所終。燕王遣中使出帝后屍於火中，越八日壬申葬之。

或云帝由地道出亡。正統五年，有僧自雲南至廣西，詭稱建文皇帝。思恩知府岑瑛聞於朝。按問，乃鈞州人楊行祥，年已九十餘，下獄，閲四月死。同謀僧十二人，皆戍遼東。自後滇、黔、巴、蜀間，相傳有帝爲僧時往來跡。正德、萬曆、崇禎間，諸臣請續封帝後，及加廟謚，皆下部議，不果行。大清乾隆元年，詔廷臣集議，追謚曰恭閔惠皇帝。

尹守衡《明史竊》卷三　建文君諱允炆，太祖之孫，懿文太子之子也。君生頂顱頗偏，太祖撫之曰：「半邊月兒。」意不懌。而是時元妃生子雄英矣。後六年，雄英蚤世，於是君爲長。而讀書甚聰穎，太祖始稍異之。君性至孝，年十四，太子有疽在背，君晝夜撫摩，親吮吸。太子痛而號，即建文君不欲生。太祖問狀，流涕曰：「有孫如此，朕何憂矣？」年十六，太子薨，水漿不入口五日。太祖撫之曰：「毀不滅性，禮也。而誠孝而不念朕乎？」君始爲啜粥糜。太祖定喪禮，令服期。君即期而三年内，語不高，齒不見，不御酒肉，不聞樂。太祖傷念太子，泣諭侍臣曰：「朕老矣，太子不幸遂至此，命也。」翰林學士劉三吾進曰：「皇適長孫富於年，願陛下早正儲極，天下孰不歸心？陛下無過憂。」太祖曰：「善。」是年九月庚寅，册爲皇太孫，以修撰黄子澄兼少詹事侍東宫講讀。

太孫英明仁厚，好文章典禮。太祖嘗授之《大明律》，使熟玩。太孫因言名例中尚有嚴而不恕者，更定五則。太祖稱善，從之。又言：「明刑所以弼教。凡屬五倫，皆宜屈法以伸恩。今所定律期盡法，而不必原情，竊有未安。」復更七十三則，上太祖。太祖覽之，喜曰：「朕當亂世，刑不得不重。汝當平世，刑不得不輕。所謂刑罰世輕世重也。」又曰：「朕刑雖重，然所誅戮皆惡人。去惡人，正所以全善人也；去莠，所以養苗，非厲苗也。」太孫曰：「殺無道以就有道，仲尼不以爲然。未若修德以風之。」太祖大笑曰：「汝言是也。」

太祖晚節多誅夷，每震怒，退朝未解。太孫迎問故。太祖曰：「累犯法而姦惡異常，安得無怒？」太孫曰：「上失道而後下犯法，得情喜且不可，況怒乎？」太祖遽爲霽威。是時政治嚴覈，中外萬幾，太孫每奉裁決，濟以寬大，中外欣欣愛戴。獨諸王皆挾叔父之尊，多不遜服，太孫常以爲憂。先是，太祖封諸王遼、寧、燕、谷、代、晉、秦、慶、肅九國，皆邊虜，歲令訓將練兵，有事皆得提兵專制，便防禦。因語太孫曰：「朕以禦虜付諸王，可令邊塵不動，貽汝以安。」太孫曰：「虜不靖，諸王禦之；諸王不靖，孰禦之？」太祖默然良久曰：「汝意何如？」太孫曰：「以德懷之，以禮制之，不可則削其地，又不可則變置其人，又其甚則舉兵伐之。」太祖曰：「是也。無以易此矣。」

洪武三十一年閏五月，太祖不豫。乙酉，召兵部尚書齊泰受顧命，輔皇太孫。遺詔諸王臨國中，無得至京。王國所在文武吏士，聽朝廷節制，惟護衛官軍聽王。諸不在令中者，推此令從事。是日太祖崩，太孫被髮哭踊，一如哀太子時。勑有司喪事，守《周禮》倣金縢制，前朝、後殿、左右角門及西宫、内寢各設坐，如生存。陳祖訓于東直殿，設重器于西直殿。京官四品以上朝服執鉞立諸陛階，哭臨如禮。羣臣望而見其毀瘠之容，深墨之色，無不舉手加額，曰：「天子純孝。」益爲哀動。是月辛卯，奉遺詔，以皇太孫即皇帝位，詔以明年爲建文元年。是日葬孝陵，止諸王會葬。燕王來奔喪，至淮安，勑還國。上皇祖考大行皇

帝謚曰高皇帝，廟號太祖，皇祖妣孝慈皇后曰高皇后。詔内外五品以上文官及縣令薦賢才，定保舉連坐之法，革冗員。以中書舍人蹇義爲吏部右侍郎，户部主事夏原吉爲本部右侍郎。命兵部尚書齊泰、太常寺卿黄子澄預參國事。

六月，召漢中府學教授方孝孺爲翰林院博士。洪武中孝孺以廷臣薦召見，太祖喜語皇孫曰：「此莊士，當老其才輔汝。」遣還鄉。後十年，皇太孫立，復以薦召至。太祖曰：「今非用孝孺時。」稍令教授漢中，蜀獻王聘爲世子師。及是，召入爲翰林，尋進侍講，陞侍講學士。一時名士王叔英、王紳皆召用。上與孝孺日講《周官》法度。七月，命曹國公景隆即訊周王，逮至京，廢爲庶人，用齊泰之謀也。以張鳳、李衡、趙福、張弼、汪賓、孫瑞、王斌、楊忠、林良、李成、張敏、劉政爲錦衣衛千百户有差。鳳等皆西宫殉葬宫人父兄，所謂朝天女户也。八月，進魏國公徐輝祖禄秩。輝祖妹爲燕王妃，而心在帝室，特信任之，詔與李景隆同掌六軍之政，以圖燕。故吏部尚書茹瑺免，以雲南左布政使張紞爲吏部尚書。罷禮部尚書鄭沂，以雲南右布政使陳迪代之。徵江西處士楊士奇，授齊府審理副，留翰林，充編纂官。

九月，長星西隕，有聲如雷。冬十月，熒惑守心。四川岳池教諭程濟上書言：「某月某日西北兵起，大難在宗室中。」朝廷謂非所宜言，逮至京，召入，將殺之，濟仰面大呼曰：「陛下且囚臣，至期無兵，臣死未晚。」遂下之獄。謫前監察御史解縉爲河州衛吏，以其違詔奔喪也。十一月，以刑部侍郎張昺出掌北平布政司事，謝貴、張信爲北平都指揮使。代王桂多不法，遣如蜀受教。蜀王詔求直言，舉山林巖穴懷材抱德之士。時上視朝稍晏，監察御史尹昌隆上書請勤政。上嘉納，曰：「朕過也。」詔禮部頒示天下，使明知朕過，且俾天下庶官用能勤於趨事。十二月癸丑朔，帝如郊壇省牲。召故翰林學士宋濂孫懌爲翰林侍書。盡釋刺面軍及囚徒還鄉里。

洪武三十二年，革除之元年也。春正月庚辰，大祀天地於南郊，奉太祖高皇帝配。先是，戊寅上御奉天殿，誓戒百官。是夕遂宿於文華殿齋宫。己卯，出舍皇邸，尚膳進素食。庚辰，子夜行事，帝脱舄，登大祀殿，秉圭奠瓚，興俯拜跪如禮。昧爽，還宫，御奉天殿，受羣臣賀。方孝孺進《郊祀頌》。勑修《太祖高皇帝實録》。二月，追尊皇考懿文皇太子爲興宗孝康皇帝，皇妣懿敬皇太子妃爲孝康皇后，祔饗宗廟。尊母皇太子妃吕氏爲皇太后，立妃馬氏爲皇后，立子文奎爲皇太子，封弟允熥爲吴王，允熞爲衡王，允熙爲徐王。詔有司薦賢養老，賜高年米肉絮帛有差。命官贖民粥子，減田租，令親王不得節制文武吏士。更官制，陞六部尚書秩正一品，增左右侍中各一人，位侍郎上。部司皆去清吏字，而司名互有更改。罷左右都御史，設都御史一人，副僉都御史各一人。改通政司爲寺，通政使爲通政卿，通政參議爲少卿，寺丞增置左右補闕、左右拾遺各一人。改大理寺爲司，卿爲大理卿，左右寺正爲都評事，副爲副都評事，司務爲都典簿。改太常寺卿爲太常卿，分少卿、寺丞爲左右。改光壇祠祭署爲南郊祠祭署。泗州爲泗濱、宿州爲新豐，增鍾山祠祭署及司囿所。改光禄寺卿爲光禄卿，少卿、寺丞分左右，而陞少卿從四品，省署丞二人，增監事二人。改太僕寺卿爲太僕卿，增典廄、典牧二署，設驊騮十五羣，遂生三羣，分隷焉，增少卿、寺丞各一人。詹事府增賓客二人。置資德院資德一人，資善二人，其屬贊禮、贊書、著作郎各二人，掌籍、典簿各一人。國子監增司業二人，省博士、學正、學録，增助教十七人。改鴻臚寺卿爲鴻臚卿，分少卿、寺丞爲左右，而並行人司於鴻臚寺。翰林院增承旨一人，學士一人，文學博士二人，省侍講、侍讀學士，置文翰、文史二館。文翰館設侍書，而改中書舍人爲侍書，文史館設修撰、編修、檢討。改謹身殿爲正心殿，學士一人。改殿閣坊大學士爲學士，文淵閣設典籍二人。革六科左右給事中。改五城兵馬指揮司爲五城兵馬司，指揮、副指揮爲兵馬、副兵馬。布政司革左右布政使，設布政使一人。改按察司爲十三道肅政按察司。改廣東鹽課司爲都轉運鹽使司。藩輔官名各有更改。而親王增賓輔二人，正三品，伴講、伴讀、伴書各一人，郡王賓友二人，正四品，教授二人。進對侍坐，皆稱名不稱臣，見禮如賓師。是月，燕王來朝。

三月，帝祀先師於太學。御彝倫堂，見師生，賞幣鈔有差。北平右布政使曹昱坐罪削籍，按察副使張璉謫典史。燕王還國，北平按察司僉事湯宗上變告，言按察使陳瑛密受燕府金錢，有異謀。逮瑛，安置廣西。燕山左護衛百户倪諒上變告，逮燕府官旗于諒、周鐸等，皆伏誅。勑都督宋忠率兵三萬，及燕府護衛徤卒屯開平，名備胡。都督徐凱練兵臨清，都督耿瓛練兵山海關。召燕府胡騎指揮關童等還京，調北平、永清兩衛軍屯彰德、順德。命都御史暴昭、户部侍郎夏原吉、給事中徐思勉等二十四人充採訪使，分巡天下，問民疾苦。

京師地震，詔求直言。御史尹昌隆上疏言：「陛下陞六部居極品，而京師大震，是陰盛陽微，奸臣專制之有其漸矣。古者明王建官，凡以爲民，得其人則品級雖卑，皆足以致國家於隆平。非其人，則禄秩雖崇，亦何關于生民之休戚？臣

願陛下崇陽抑陰，以回天地之大變。不忿不忘，以守祖宗之宏規。」疏入，貶福寧知縣，尋命還職。四月，召湘王柏於荆州。柏懼，自焚而卒。召齊王榑還京師，廢爲庶人，誅其護衛指揮柴真。

時諸王各之國，多驕詩，以是府中人皆來上變告，朝廷益疑忌之。亡何，代王桂、岷王楩復見幽縶，並廢爲庶人。燕王聞之懼，深恨泰、子澄等謀，起兵誅之。而長史葛誠、伴讀余逢辰稍洩燕謀於朝。會王遣其護衛百户鄧庸奏事至，執下獄訊之而信。朝廷遂即發符往逮燕府官校，令昺、貴爲内應。泰、子澄等方意得，謂可立致燕王歸闕下，不知益以重燕之怒而速之兵也。六月，召解縉于河州，入爲翰林待詔。七月，燕王起兵，號靖難。上書于朝，請誅朝臣之務削諸王者。其日，北平掌布政司事侍郎張昺、都指揮使謝貴、彭二、燕府長史葛誠、伴讀余逢辰死之，事具《靖難紀》中。

是月，以長興侯耿炳文爲征虜大將軍，駙馬都尉李堅、都督甯忠爲左右副將軍，帥師北進。詔天下曰：「朕奉高皇帝遺詔，纂承大統。宵衣旰食，思圖善以安民。豈意國家不幸，骨肉之親，屢謀僭逆。去年，周庶人橚潛爲不軌，辭連燕、齊、湘三王。朕以親親之故，不忍暴其過，止正橚罪，餘皆不問。今年，齊王榑謀逆事覺，推問犯者，又言與湘王柏、燕王同謀。柏自知罪惡難逃，先已自焚死。榑已廢爲庶人。朕以王於親最近，未忍究其事。今乃稱兵犯闕，不得已遣長興侯耿炳文等率兵三十六萬往討其罪。咨爾中外臣民軍士，各宜懷忠守義，與國同心，永安至治。」祭告天地、宗廟、社稷。書諭諸王削燕屬籍。出程濟于獄，擢爲翰林院編修，令護諸將北行。置平燕布政使司于真定，以刑部尚書暴昭掌布政司事。贈故翰林待制王禕爲翰林學士，謚文節。

八月，炳文兵敗，命曹國公李景隆代之。谷王橞自宣府遁還京，寧王權故與燕通，詔削其三護衛，寧王遂降于燕。遼王懼，渡海來朝。十二月，薊州鎮撫曾濬起兵攻北平，不克，死之。駙馬都尉王寧謀叛，幽于其家。有衛官張倫等率兩衛官軍南奔，結盟報國。以練子寧爲吏部左侍郎，復以茹瑺爲兵部尚書。省躬殿成，命方孝孺爲銘。遷肅王楧於蘭縣。選募謀勇，以中牟人楊本爲錦衣衛鎮撫，沅州人周拱元爲所鎮撫。故前軍都督府斷事高巍參贊大將軍軍務，請使燕，從之。巍自稱「國朝處士臣高巍上書燕國大王，乞罷兵」。書再上，不獲命乃還。禮部左侍郎陳性善上書言事，上悉允行。羣臣酌議，復有不便者更之。性善入朝叩頭，言曰：「陛下不以臣愚，很承顧問。臣僭陳上聽，許臣必行。今又更之，所謂爲法自戾，無以信天下矣。高皇帝臨御三十一年，未嘗聽人一言，犯顔者戮無赦。陛下受言而不終，反不如高皇帝不受之爲愈矣。」上曰：「皇祖天稟神智，羣臣莫及。然每人言有理則亦從之，非愎諫也。朕性愚昧，闇於治理，視天下愚夫愚婦一能勝予，敢不受諫，卿言爲法自戾，深中朕過。非卿忠讜，朕何以得聞過失？」賞絹百匹，以旌直臣。壽州訓導劉亨上言：「文武並用，長久之術。國子祭酒師表天下，位不可在太僕下。武臣子弟他日當授之兵，宜立學教之。」上曰：「此通達國體之言。」賞衣二襲，授武進丞。是時言路大開，忠儻之士布滿朝廷，海内欣然興起太平之想焉。

洪武三十三年，革除之二年也。春正月丙寅朔，天下官來朝，免賀。湖廣左參議楊砥上言：「帝堯之德，始於親睦九族。陛下今當務惇睦，不宜加兵，自翦其輔，枝葉盡而本根撥矣。」詔褫職，安置遼東。二月，詔禮部尚書陳迪、右侍郎黄觀知貢舉，翰林院學士董倫、太常少卿高遜志爲考試官，右拾遺朱逢吉、史官吴勤、葉惠仲、趙友士、徐旭、張秉彝同考試官，御史王度、俞吉士爲監試官。中式舉人吴溥等一百一十人。改都察院爲御史府。詔曰：「頃以治獄煩興，易御史臺號都察院，與刑部分理庶獄。今賴宗廟神靈，斷獄頗簡。其更都察院仍漢制，爲御史府，專糾貪殘，舉循良，匡政事，宣教化，爲職省。御史員定爲二十八人，務爲忠厚，以底治平。」改都御史景清爲御史大夫，以監察御史戴德彝爲左拾遺。

三月丙寅朔，日食。策試禮部貢士，賜胡靖、王艮、李貫等一百一十人進士及第、出身有差。靖初名廣，上爲改名靖。廣策指斥親藩，上喜擢第一。二人並授翰林修撰。楊榮、楊溥、金幼孜、胡濙、顧佐皆同榜，稱一時名碩云。令禮部乙榜舉人署教諭、訓導，年未三十不願者聽。改詹事府爲御史府，賜御史大夫宴於新署，監察御史人賜衣一襲。武臣犯法被黜者，皆叛走，降于燕，燕盡復其故官。四月，燕王再上書于朝，傳檄四方，列泰、子澄之罪。上罷二人官謝王，遣尚寶司丞李得成如燕，議罷兵，不允。景隆每與燕戰輒敗走，乃命左都督盛庸往代。景隆還，都督僉事朱榮棄其師以歸，誅之。承天門災，詔求直言。未幾，乙字庫災。九月，承天門成，改爲皐門，遂改午門爲端門，端門爲應門，前門爲路門。改方孝孺爲文學博士。詔舉優通文學之士，以處士唐愚爲翰林院侍讀。

洪武三十四年，革除之三年也。春正月朔，凝命神寶成，以告天地祖宗，百官稱賀。帝先是夢神致上帝，命授帝重寶。元年，使者還自西方，得青玉於雪

山，乃命玉人琢爲大璽，帝定其文曰：「天命明德，表正萬方，精一執中，宇宙永昌。」辛未，大祀天地於南郊。明日，宴慶成，命羣臣賦詩，詔頒示天下。盛庸來獻東昌捷，遂復泰、子澄官，同議軍國事。三月，庸軍數與燕戰，皆敗衄，遂復竄二人於外。□□□□遣大理少卿薛嵒持詔復王爵土，議罷兵，不□□□□刑部左侍郎王良爲浙江肅政按察使。良訊□□□罪從末減，故左遷。六月，遣太僕少卿祝孟獻□□□□馬。七月，限僧道田，人五畝，非奉朝命，不許私簪簪剃，未五十者不許爲尼及女官。十一月，皇少子文圭生。十二月，勑駙馬都尉梅殷鎮守淮安。詔内官出使侵淩吏民者，有司械還京。是歲，《太祖高皇帝實録》成。

洪武三十五年，革除之四年也。春正月，始置京衛武學□□一人，齋訓導各二人。二月，更定勳階，尚書爲特進資政上卿，侍中資政卿，侍郎資政亞卿，郎中資政中大夫，員外郎贊政大夫，給事中嘉政中士。五月，燕□□□兵，下詔天下勤王。遣禮部侍中黄觀、國子祭酒張顯宗、翰林修撰王叔英、都御史練子寧等分道出徵兵。遣慶成郡主如燕師，割地請和，不聽。六月，燕師渡江，盛庸與戰于浦子口，小却之。上急遣都督僉事陳瑄率册師助庸。瑄至，遂降于燕。燕師進次龍潭。上遣李景隆與都督王佐，尚書茹瑺復如燕師議和。燕王欲必得泰、子澄。泰奔廣德州，子澄奔蘇州。金川門不守，燕王入國。建文君手誅徐增壽于左順門，火内宫，遜位去。皇后馬氏赴火□，建文君莫可跡，宫人遂指后屍爲建文君，燕王以天子之禮葬之。

或曰建文君始生時，太祖預占其必不終，□匣髡錙，戒之曰：「必嬰大難乃發此。」以故遂爲僧去。自御溝出郊壇而遁入蜀，未幾入滇南，往來廣西、貴州諸寺中。天順中，出自滇南，呼寺僧曰：「我建文皇帝也。」寺僧□□曰官府，迎至藩堂。南面趺足坐地，自稱朱允炆。曰胡濙名訪張儠傷，實爲我。今老矣，願送骸骨歸帝鄉。衆□之悚然，聞於朝，乘傳之京師。有司皆以王禮見。比至，廷臣無識者。有太監吴亮者，曾經侍建文君，上令審視。僧見亮，即曰：「汝非吴亮邪？」亮曰：「不是。」曰：「我昔御便殿，食子鵞，棄片肉于地，汝時手執壺狗餂之。何謂不是？」亮□伏地，不能仰視，復命畢，自經死。上乃迎入西内，以壽終，葬西山，不封不樹。

君遜國時，太子年七歲，莫知所終。少子文圭年二歲，靖難後，號爲建庶人者是也。幽中都廣安宫。英宗復辟，憐庶人無罪，久繫禁，謂李賢曰：「親親之誼，寔所不忍。」賢對曰：「陛下此一念，天地鬼神寔臨之，太祖在天之靈寔臨之，堯舜存心不過如此。」英宗請於太后，出於鳳陽，歲給薪米，聽婚娶，出入自便。又與閽者二十人，婢妾十餘人給使。令遣奄牛玉入禁諭庶人，庶人伏地頓首謝，且喜且悲。左右有遺慮者，上曰：「有天命者，任自爲之。」時庶人年五十六七矣。始出鳳陽，不識牛馬。世傳成祖入宫時，建文君有幼子，老媪教之，牽成祖衣哭，跪前求食，曰：「孩兒餓矣！餓殺孩兒矣！」成祖亦哭曰：「汝生帝王家，寧有餓死理？」命善撫之。不知此建文君第幾子，抑即太子，或少子也。君弟吴王降封廣澤王，衡王降封懷恩王，尋皆廢爲庶人。徐王降封敷惠王，隨母吕太后居太子陵，永樂二年改封甌寧王，奉太子祀，未之國，卒于邸。

查繼佐《罪惟録》帝紀卷二　惠宗讓皇帝，名允炆，懿文皇太子子。太子妃常氏生二子雄、英，相繼薨，而吕氏以次妃生帝，頭顱頗偏，太祖拊之曰「半邊月兒」。幼聰明慈愷，性至孝，好讀書，侍宴命題，援筆奏。太祖顧懿文父子仁柔，獨詣奉先殿卜，不吉，愠且喜，私曰：「不患無所託，愁多一番事。」洪武二十五年四月，皇太子薨，帝年十有六矣，哀毁幾不欲生。太祖慰之曰：「毁不滅性，禮也。」請終三年喪，禮臣拘天子以月代年例，不許。帝曰：「□□例格於外而已。」終三年之間，語不揚聲，笑不露齒，斷葷茹□，不御内。友愛諸弟，與同寢食。太祖聞之喜。

是年九月，立爲皇太孫，明年册馬氏爲太孫妃。重定諸王見東宫禮。時中外萬幾，例送東宫裁決，太孫輒濟以寛大，請改減律例七十三條。太祖曰：「吾當亂世，用重典，汝際澄平，宜輕之。」後遵此行。太祖晚激怒，誅戮不測。太孫往往陳説古事，亦頗爲霽容。偶戮囚，得弑父者，釋之。太祖不悦，親訊之，則庸醫誤投劑，子坐不知醫也。復平反一盜首，係主人之子出視莊，莊佃皆盜，誘以他事並出，不果盜。太祖問何以知之？對曰：「《周禮》色聽爲先，《尚書》惟貌有稽，臣見其視端，故測之耳。」太祖曰：「吁！決獄者不可以不讀書。」太祖不豫，太孫侍疾事必躬親，雖褻至唾壺、溺器不敢借。夜分達旦，咳無不應，應無不起，率以婉容愉色承之。以是太祖病中譴責頗多，卒以太孫故，多所全宥。及崩，太孫披髮哭踴，哀動左右。勑有司喪儀悉遵《周禮》。於是倣金縢遺制，前朝後殿，左右角門，及西宫内寢，凡設座如生存久不御者，爇香湯沐之，凡十一所。陳祖訓於東直殿，設重器於西直殿。京官四品以上，朝服執鉞，立於諸陛之上。自是六日，晝不進勺水，夜不就枕簟。太孫體故豐腴，至是骨立矣。

夏閏五月之十有七日辛卯，皇太孫即皇帝位。是日葬高皇帝於孝陵，援遺

詔諸王毋會葬。還御殿，大赦，以明年爲建文元年，詔行三年喪禮，有司執例以請，一再不許，卒復諭曰：「朕非敢效古人，諒陰不言也。郊社宗廟，朕將執紼而從事，朝貢訟獄罔敢勿親，但朝則麻冕麻衣，退則齊衰杖絰，食則饘粥，即何不可。不然，食稻衣錦，爾等果以爲安乎？」廷臣敬諾，定儀注以進。六月，上皇祖考大行皇帝尊謚，廟號太祖；皇祖妣孝慈昭憲至仁文德承天順聖高皇后；追尊懿文皇太子爲興宗孝康皇帝，懿敬皇太子妃常氏爲孝康皇后。尊母吕氏爲皇太后，册馬氏爲皇后，子文奎爲皇太子。封弟允熥爲吴王，允熞衡王，允熙徐王；江都郡主爲公主，儀賓耿璿爲駙馬都尉。立孝陵衛。詔舉賢才，定保薦連坐法，革冗員，初省州縣，大賚。以中書舍人蹇義爲吏部右侍郎，户部主事夏原吉爲本部右侍郎。命兵部尚書齊泰、太常寺卿黄子澄兼翰林學士，參預國事。燕王棣先諸王入臨，援遺詔勒歸，諸王滋不悦。

秋七月，詔漢中府學教授方孝孺爲翰林博士，尋陞侍講，直文淵閣，奉太祖初命也。【略】時有告周王橚與燕、湘、代、岷四府通謀，帝詔子澄、泰密議。泰欲先燕，子澄曰：「燕强，先周，去燕同母暱。」乃命曹國公景隆即訊，責貸甚至，橚不能應。遂坐王反，執之，及其世子，削橚爲庶人。【略】

冬十月，四川岳池教諭程濟通術數，密奏燕兵起不過明年，詔坐妄言罪。濟曰：「幸囚臣待之。」下濟獄。上躬祭孝陵。魏、曹二國公分攝兩陵。十一月，詔舉山林才德之士。前御史解縉奉諭歸學，期十年擢用，至是，先期赴。以非詔旨，謫河州衛吏。帝以積勞，視朝稍宴，御史尹昌隆切諫，帝爲引過。時燕齊二王屢有變告。黄子澄以燕謀彰露，討之不可不亟。帝以齊泰計，出工部侍郎張昺爲北平左布政使，謝貴、張信都指揮使，託防邊患，調燕府護衛戍開平，且詗燕動定。時有道士歌於途：「莫逐燕，莫逐燕，逐燕日高飛，高飛上帝畿。」已而忽不見。代王桂貪虐，將爲不靖，方孝孺請令詣四川就教於蜀王。【略】魏國公輝祖女弟爲燕王妃，而心在帝室，加太子太傅，與李景隆同掌五府軍事圖燕。【略】十二月，改天地壇爲南郊祠，釋黜軍及徒人還鄉。起劉有年徒中，知太平府。副都御史韓宜可請待諸藩當從寬大，密防範，勿遽誅討。賜明年天下田租之半。【略】

建文元年己卯春正月，癸酉朔，謁奉先殿，朝皇太后，親詣孝陵上香。還御殿受朝，不作樂。戊寅，誓戒百官，齋宿文華殿。庚辰，郊奉高皇帝配，行脱舄禮。孝孺進郊祀頌。勑脩《高皇帝實録》，以禮部尚書董倫、翰林學士王景彰爲總裁官；太常少卿廖昇、翰林侍講高遜志、翰林待詔方孝孺副之；國子博士王紳等六人爲纂修官。二月，詔京省開科鄉試。燕遣長史葛誠奏事京師觀變。召問之，以實對，遂受密命還燕。中令親王不得節制文武吏士。詔養老力田興學，考察官吏，旌孝賑貧，掩骸埋胔，減田租，民鬻子者，官贖還之。以周府紀善周是修爲衡府紀善，留史局。三月，幸太學，祀先師。罷北平右布政使曹昱，副史張璉謫典史。陞暴清參議北平，詗燕事。燕王宴清等及三司官，使袁珙子忠徹侍酒，觀在宴氣色，云清等皆不令終。燕志益廣。旋召清還。燕王來朝，抗不如禮，有詔不問。户部侍郎卓敬密奏，請徙燕封於南昌，以絶禍本，不報。燕王還國北平，僉事湯宗上變告，逮按察使陳瑛，安置廣西。【略】詔布按二司官老罷屬吏。【略】博士黄彦清出，見小兒讓棗，又道拾遺紗者留識而去，以聞，謂上德化所致。帝曰：「昨宫人譁，朕自引薄德，譁止。朕不能治宫中，卿言何敢當。」帝用泰、子澄計，命都督宋忠調沿邊各衛馬步官軍三萬屯開平，燕護衛精壯悉聽調選，隸忠麾下，胡騎指揮關童等向在燕府者，悉召入京師。以都督徐凱練兵於臨清，都督耿瓛練兵山海，而張昺、謝貴伺肘腋，約期發。都御史暴昭等二十四人奉命充採訪使，巡行天下，問民疾苦，賞廉平，黜貪墨，得便宜行事。昭採燕事密聞，請曲防之。京師地震，詔求直言。御史大夫尹昌隆抗言：「奸臣專政，陰盛陽微，致召天變，今宜罷兵息戰，召燕入朝，彼欲申大義於天下，不應便爾違戾，設有蹉跌，不失守藩。設沉吟不斷，禍至無日，雖求爲丹徒布衣，豈可得哉？」黜知福寧縣。帝久曰：「求直言而以直棄之乎？」復其官。

夏四月，湘王有異謀，潛兵討之，王自殺。齊府人曾名深者上變告，廢齊王榑爲庶人，與周王同禁西内，幽代王桂、岷王楩於其國，並廢爲庶人。五月，燕使其世子郡王高煦、高燧至京師，祭太祖小祥，示不疑。齊泰請收之。徐輝祖亦曰：「高煦勇悍，他日寧惟叛君，行叛父，留之便。」黄子澄不可。輝祖弟增壽力保無他，上遣之。燕王見其子高煦，乃大喜。【略】六月，謀燕急，燕王詭稱病。長史葛誠，伴讀余逢辰密告布政昺及都指揮貴，王無病勿誤。燕山衛百户倪諒上變告。收官旗于諒、周鐸，誅之，下詔讓燕。遣中貴逮燕府官屬，密勒都指揮張信手致燕王信，故輸款於燕。貴知之，方集兵圖王，柵端禮門，不得出入。昺乃約護衛指揮盧振爲内應，飛策奏聞，而爲所親李友直竊以聞燕，燕益迫。

秋七月四日壬申，燕兵起。與僧道衍定謀，呼護衛指揮張玉、朱能等伏兵殿西廡，僞縛所逮有名官屬，示中貴，令召昺、貴，即燕府授之。昺、貴不疑，遽入，

伏起，遇害。玉等乘夜挺八百人攻九門，克其八，惟西直門後下。伴讀余逢辰、文學杜奇嘗諫，不聽，護衛指揮盧振不肯從亂，及長史葛誠咸被執，不屈死。按察使副使墨麟、指揮同知李濬、陳恭，咸稽首稱萬歲。都指揮彭二猝呼兵，得千人，將入攻，而遇府中健卒出戰，不勝死。都指揮馬宣巷戰，敗績，走薊州。北平都指揮俞瑱奔居庸關。時都督宋忠以開平師次居庸，遇瑱，令瑱守關，而身退保懷來。

燕乃自署官屬，以丘福、朱能、張玉等爲都指揮僉事，擢布政司吏友直爲右參議，戍卒金忠爲紀善，以卜筮從軍中誓師，託言周公輔成王故事，但稱元年，削「建文」二字，上書請誅齊泰、黄子澄，名清君側。遂攻薊州，馬宣敗績，與鎮撫曾濬俱被執死，薊州陷。通州指揮房勝、遵化指揮蔣玉、密雲指揮鄭亨各叛，以城降燕。居庸關不守，瑱走懷來。懷來陷，忠與瑱俱被執死。時都督同知陳質來援，戰敗，退保大同，後亦被執不屈死。而都指揮孫泰、彭聚死尤烈。燕師攻永平，指揮趙彝、郭亮叛，以城降。大寧總兵劉貞、都督陳亨、指揮卜萬、朱鑑等，引兵十萬出松亭，攻遵化。亨墮燕間，執萬下獄以聞。時江北蝗，有司請督捕，帝曰：「朕以不德致蝗，又殺蝗以重朕過，其直陳闕失，赦疑獄，捐逋租，周窮乏，以脩實政。」是歲，蝗不爲災，有秋。

八月，以長興侯耿炳文爲征虜大將軍，駙馬都尉李堅、都督甯忠爲左右副將軍，同安陸侯吴傑、江陰侯吴高、都督都指揮盛庸、潘忠、楊松、顧成、徐凱、陳暉、平安等帥師三十萬，分道北征。釋程濟，以編修參軍事。帝日坐便殿，召學士輩討論周官法度勤，凡廟算俱付泰、子澄主之。祭告天地，誡北征將士曰：「昔蕭繹舉兵入京，而令其下曰：『入門之內，自極兵威，不仁之至。』今爾將士與燕王對壘，務體此意，毋使朕負殺叔父名。」書諭諸王，削燕屬籍，置平燕布政使於真定，以刑部尚書暴昭掌司事。贈翰林待制王禕翰林學士，謚文節，文臣有謚，自禕始。大將軍師次真定，分遣徐凱駐河間，潘忠屯鄚州，楊松爲先鋒，率鋭師九千抵雄縣，約忠爲殿。燕王乘不備，夜渡白溝河疾攻，九千皆戰歿，城陷，居之。而預遣譚淵設伏月漾橋，劫忠援，忠與松俱被執死，併陷鄚州。時大軍營滹沱河南北，燕晌我叛將張保，詐稱被縛脱，説炳文雄、鄚破降，燕師疾至，請移河南師併力北禦。燕王乘陣動，疾擊，破東南壘。炳文與戰，大敗，閉城以拒。副將軍欒城侯李堅、甯忠及都督顧成、河北指揮劉燧皆被執，成降燕。安陸侯傑以兵來援，潰去。是役也，斬折幾五萬，溺水莫算，馬甲貲重盡失。燕師圍真定，遽引去。廷議魏國公輝祖代炳文北征，尋以燕内戚，召還。御史韓郁上書請加恩親親，不報。

九月，詔曹國公李景隆爲大將軍，將兵五十萬，代炳文還。炳文老將善戰，至是敗，帝始有憂色。子澄薦李景隆文武才。尚書陳迪奏炳文奸邪，不可用。工部侍郎練子寧復以爲言，不聽。於是衡府紀善周是修與靖江府長史蕭用道，咸上書指斥用事大臣誤國。當事者怒詬之，是修議不奪。谷王橞遁還京，其長史劉璟獻十六策，不報。召遼、寧二王還，遼王植泛海至，寧王權不至，削其護衛。【略】十二月，省躬殿成。徙吴高於廣西，以楊文鎮遼東。【略】景隆既敗，原薦子澄曲爲隱護，猶以權不尊，復加太子太師，賜璽書金幣。上特遷子寧吏部左侍郎，詔募謀勇士，以楊本爲錦衣衛鎮撫，周拱元爲所鎮撫，參贊大將軍軍務。原斷事高巍自請使燕，稱「國朝處士臣巍上書燕國大王」，書中陳禮義曉禍福甚悉，燕王不省。駙馬都尉王寧謀叛，幽於其家。詔全家在伍者，分別遣歸；軍士死後存籍一人者，放爲民。陞夏原吉户部侍郎，復以茹常爲兵部尚書。起前越嶲侯俞通淵爲指揮使，北征。徙肅王楧於蘭州。以錢芹爲行軍斷事，茅大方爲副都御史，葉砥爲編修。禮部左侍郎陳性善言事，且曰：「陛下爲法自戾。」上爲引過，賜絹以旌其直。壽州訓導劉亨上言，請文武並用；國子祭酒師表四海，不宜出太僕下；武臣子弟宜立學教之。上喜，擢武進丞。

建文二年庚辰春正月，勑朝覲官員免賀。【略】二月，許江浙人得官户部。命均江浙賦役。以黄觀爲禮部侍郎，兼尚寶司事。楊砥出參議湖廣，上書親親無自剪枝葉，忤旨，安置遼東。【略】景隆遺燕王書，請息兵，燕不報。以解縉爲文淵閣待詔。【略】三月，以禮部尚書陳迪爲右侍郎。黄觀等知貢舉，策進士，賜胡靖等及第、出身有差。靖初名廣，策有「親藩陸梁」等語稱旨，上爲更名靖。永樂中復原名廣。武臣犯法失職者皆奔燕，燕復原官。再賜景隆璽書斧鉞。【略】

六月，置資德院，改官屬。秋七月，都督平安師次單家橋，欲遮燕糧道，不果。遣尚寶司丞李得成使講，燕無所報，下得成獄，旋釋之。八月，燕師困濟寧，歷三月不下，僧道衍語燕王：「師老矣。」解去。平安追戰之韓山，斬其將陳亨。【略】朝廷頗以燕事易辦，不爲意。承天門災，詔求直言。改謹身殿爲正心殿，置大學士一員。陞方孝孺爲文學博士。江北蝗，帝修省，是歲有年。九月，重建承天門，改曰皐門，午門曰端門，端門曰應門，前門曰路門。徵洪武廢棄武臣子孫，録用之。

冬十月，更定監生選用法。【略】清遠衛卒羅義上書言事，下獄。賞濟南功，封盛庸歷城侯，充平燕將軍、總兵，代景隆。鐵鉉陞左布政司，尋陞兵部尚書。召景隆還，侍郎子寧力請誅以謝天下，不果。十二月，【略】詔舉優通文學之士，以處士唐禺士爲侍讀，鄒瑾爲大理寺右丞。

建文三年辛巳春正月，凝命神寶成。先是，帝夢上帝賜重寶，已得青山玉於雪山，製璽，其文曰「天命明德，表正萬方，精一執中，宇宙永昌」。大祀天地於南郊，享太廟，告東昌之捷，復泰、子澄官。工部尚書嚴正直督餉山東。三月，燕師復出，次滹沱河。以左補闕胡閏爲大理寺少卿。【略】閏三月，安復戰藁城，縱射燕王，幾及之。會大風捲安軍，敗績，安等走還真定。

夏四月，《禮制書》成，頒行天下。復謫泰、子澄官，諭燕罷兵。五月，燕使武勝上書，請召還德、定諸師。帝覽書嘆曰：「信然。王與朕爲叔父，何必用兵爲也。」召方孝孺諭意，行還師。孝孺曰：「陛下即欲罷戰，倘燕師犯闕，何以禦之？」遂下勝獄，令大理卿薛嵓報之。嵓語燕王：「王旦釋甲，而暮旋師。」王笑曰：「孤愚不入賺。」左右欲殺嵓，嵓戰伏地，得護歸。刑部侍郎王良問燕國叛人罪未滅，出爲浙江肅政按察使。六月，觀海衛指揮張壽，飲中偶及國事危急，坐妖言論死。【略】

秋七月，燕師掠彰德，都督趙清禦却之。王使人召清，清謝曰：「殿下有京師，出片紙呼清，清不敢不至。今爲朝廷守封疆，豈廢職！」王悦清言，緩攻。【略】方孝孺密陳燕世子與郡王不睦，請以書亂之。遂遣千户張安遺書世子。郡王果疑，令内監黄儼報世子反。世子不啓函，上書王，王出書，愕曰：「幾殺吾子！」限僧道田，人五畝，非奉朝命，不許私簪剃，年未五十者不許爲尼及女官。八月，【略】放還不識字人才及年未壯者。【略】

冬十月，從慶王於寧夏。【略】十一月，【略】皇次子文圭生。燕王曰：「皇兄既謚懿文，而帝諱允炆，皇子復以文行，又係建文年號，文複，吾知其不能武也。」命兵部右侍郎徐垕招集兩浙義勇。駙馬都尉梅殷鎮守淮安。十二月，燕師出北平南下。時燕用兵三年矣，所得地止北平及永平、保定三府，有中官叛附燕者，請直搗金陵，燕王從之。詔以徐真、馬溥爲左右都督，率偏師北進。遷龔泰爲禮科給事中，改程本立爲江西副使。詔内官出使侵淩吏民者，有司械送京。更定六科品級，及更定倉庫黜陟之制。

建文四年壬午春正月，始置京衛武學。【略】詔寧國公主遺書燕，勸退兵，不省。【略】更定尚書以下勳階。【略】

夏四月，平安戰燕兵於小河，敗之，斬燕將陳文，燕兵却。安操長槊逐燕王，及之，忽馬蹶，不得前。番將王麒疾援王去。先是，燕王夢戰敗，一豐貌美髯乘白馬西來，大呼救駕，問其姓名，曰莘城隍神也。至是麒貌與所乘馬頗同。魏國公輝祖協都督何福戰燕齊眉山，一再捷，斬其千户李斌等十餘人。斌號敢勇，斌死，燕軍懼，請退屯小河之東，就麥觀變。朱能、鄭亨力言渡河非計，燕王下令曰：「欲渡河者左。」諸將皆趨左。當是時，王不解甲數日矣。會京師相傳燕兵敗去，乃召輝祖内護，何福孤無援，而燕師進。時平安營靈壁就餉，燕遣萬人遮餉道，安以六萬人護餉，與戰，喪燕師千人。燕王麾步軍橫貫安陣，陣分爲二。何福出壁援安，復殺燕數千，走之。而燕高煦伏起，燕兵還戰，福敗，被圍，下令旦日聞三號突圍出，就食淮河。而燕師先三號，攻營急，福軍誤謂已號，競趨營門，不得出，驚。福不及更號，軍亂，營破，兵潰，墮塹死滿。安與監軍及諸將咸被執，福軍馳脱，指揮宋瑄戰死。燕王縱禮部侍郎陳性善、大理卿彭與民、欽天監副劉伯完、指揮王資等南還，性善朝服躍河死。自是南兵益衰，識者有金陵之憂矣。【略】

五月，總兵楊文奉詔，以遼兵十萬南，協鐵鉉濟南，贊燕師後，遇燕將宋貴直沽，一戰，全師潰。【略】詔下勤王，中外臣民聞詔，無不悲號者。分遣禮部侍郎黄觀，國子祭酒張顯宗、翰林修撰王叔英征兵各郡，復召齊泰、黄子澄原官。蘇州知府姚善、寧波知府王璡率師勤王。慶成公主詣燕師，請割地。王曰：「行將與諸弟妹相見，毋多言！」修撰王良仰藥死。刑部尚書侯太轉餉淮安，勤王師徽州知府陳彦回、樂平知縣張彦芳等，咸不及，死之。原任永清典史周縉亦起勤王，衆潰去。

六月，燕師至浦口，大將軍庸逆擊，敗之。燕王嚴庸軍，且議和，高煦以胡騎至，王按劍，起撫煦背曰：「勉之！」煦殊死戰。會都督僉事陳瑄率舟師援庸，瑄叛降燕，而兵部侍郎陳植督師江上，所部都督金甲欲叛，植以大義責之，遂爲所殺，率衆降燕，燕王遂麾兵渡江。庸率海艘出高資港，嚴陣以待。王奮先登，大戰，庸敗走。鎮江守將童俊叛降燕。齊泰、黄子澄奉密旨出奔。燕師至龍潭，帝遣李景隆、茹常、王佐等詣燕請平，景隆伏地稱臣，述天命，推戴極恭。已復令諸王往講，燕王曰：「不得奸臣不已。」帝乃會羣臣慟哭。或請駕幸南浙，圖後舉，或請暫避湖湘，議不決。孝孺獨奏堅守京城，以待四方之援。分遣諸王守門，魏國公輝祖、開國公昇分門出禦，衆潰。仍齎蠟書四出，卒爲燕騎所遮露。

乙丑，燕王抵金川門，上書皇太后、定國公主，不答。李景隆及谷王橞開門迎入，門卒龔詡慟哭去之。御史連楹佯伏伺門，猝空拳冒燕王，及馬首，衛卒捽去就戮，首落，有白氣冲天，屍僵立移時，連同官董鏞坐死。燕王與谷王、周王並轡入。帝手誅都督徐增壽於左順門。先是，金川未啓，增壽潛欲迎燕，監察御史魏冕十八人即殿前毆之幾死。會輟朝，冕及大理寺丞鄒瑾當陛大呼：「請速加誅，臣等不能與此賊俱生矣。」不聽。至是，帝大恨，手劍誅之，並欲誅景隆，不及。内大火，帝與皇后馬氏暴崩，爲六月之十有三日也。或云帝薙髮出亡，燕王清宫三日，宫人指所焚屍以應，遽出屍煨燼中，王俯而哭之曰：「穉無知，至此乎？」用學士王景彰議發喪，以天子禮葬之。宫人遭戮略盡，惟得罪帝者獲存。

時安王楹、兵部尚書茹常，首率羣臣蒲伏王前勸進。迎附知名者，爲吏部侍郎蹇義，户部右侍郎夏原吉，兵部侍郎劉儁、古朴，刑部侍郎劉季箎，大理寺少卿薛嵓，翰林學士董倫，侍講王景彰，修撰胡靖、李貫，編修吴溥、楊榮、楊溥，侍書黄淮、芮善，待詔解縉，給事中金幼孜、胡濙，吏部郎中陳洽，兵部郎中方賓，禮部員外郎宋禮，國子助教王連、鄒緝，吴府審理副楊士奇，桐城知縣胡儼，後皆歷大位爲名臣。而御史葉希賢、郎中梁田玉等四十餘人縋城遁去，不問。北平州縣官朱寧等二百九十一人，初並解印綬去，亦不問。燕王列奸臣榜於朝門左右。

【略】懸賞格縛獻者爵有差。尋鄭賜、王鈍、尹昌啓自愬，得免，並免張紞。景隆復指黄福爲奸，福大言曰：「臣誠萬死，但目以爲奸則非。」並得免。

初方孝孺既逮至，王勒草禪詔，孝孺哀杖哭闕下，大書數字，正王罪，且泣且駡，詔必不可得。改命御史高翔及右補闕胡閏，兩人咸喪服入，號震殿廷，語不遜甚，與孝孺並族誅。究竟禪草，相傳王遠善受命而作，或云實學士王景彰筆。又云繼命御史樓璉，璉勉承，草訖，歸見其妻，妻曰：「得無愧潛溪先生地下乎？」蓋璉爲宋濂門下士，輒内愧自經。百户楊華者，執太常卿黄子澄以獻。子澄稱殿下如故，且曰：「殿下自念子孫効尤，即何以爲訓？」蓋微指高煦，刺燕私，王爲憬然。副都御史練子寧語極悖，王令斷其舌，曲引周公故事以塞。子寧探舌血書地：「成王安在？」會齊泰逮至，四人並族誅。獨方、黄二氏夷族十數，殺及萬人，最慘。王以工部侍郎卓敬常請内徙燕封，欲貸其死，敬請死，大言曰：「果如敬策，大王安得至此？」遂並坐。下魏國公徐輝祖於獄。召駙馬都尉梅殷，至自淮安，不屈，密令人擠水死。逮禮部侍中黄觀，觀投羅刹磯水死。凡大臣兵部尚書鐵鉉、禮部尚書陳迪、刑部尚書暴昭、户部侍郎郭任，咸族誅，而不列奸榜。翰林修撰王艮、太常少卿廖升咸自殺。獨御史景清委蛇隨班迎謁，王疑之已密及行殿，且劫駕，事露，磔死，張其皮於市，猶乘風爲厲。谷府長史劉璟召至，稱殿下，不受官，獄死。其餘内外職官以至山林氓隸，多殉義死者，並有傳。

燕王得國後，或云使給事中胡濙名訪張儠俋，實跡帝。又遣太監鄭和跡海外諸國，無有言帝至其國者，乃已。隨削帝號，以年號並入洪武，稱三十五年。弘光初，追尊惠宗讓皇帝，入太廟，復其年。蓋遜國時，皇太子文奎年七歲矣，弟文圭方二歲，咸廢庶人，幽中都廣安宫。帝弟吴王允熥、衡王允熞、徐王允熙咸降封，尋廢熥、熞爲庶人，入高牆，而改封熙主懿文皇太子祀。天順中，英廟感南内事，赦庶人及吴王、衡王等出廣安，給第宅薪米，聽婚娶出入，與侍從。建庶人卒，無子。

雜録

備録

黄瑜《雙槐歲抄》卷四《詠初月》 父老相傳懿文皇太子生皇孫建文，頂顱頗偏，高廟撫之曰：「半邊月兒。」知必不終。及讀書甚聰頴，朏夕懿文與之侍側，上命詠初月，懿文詩曰：「昨夜嚴陵失釣鈎，何人推上碧雲頭。雖然未得團圓相，也有清光照九州。」皇孫詩曰：「誰將玉指甲，掐作天上痕。影落江湖裏，蛟龍不敢吞。」上覽之默然，蓋知懿文必早世，而皇孫將免難也。

顧起元《客座贅語》卷一《革除》 父老嘗言：建文四年之中，值太祖朝紀法修明之後，朝廷又一切以惇大行之，治化幾等於三代。一時士大夫崇尚禮義，百姓樂利而重犯法，家給人足，外户不闔，有得遺鈔於地，置屋檐而去者。及燕師至日，哭聲震天，而諸臣或死或遯，幾空朝署。蓋自古不幸失國之君，未有得臣民之心若此者矣。

趙士喆《建文年譜》 丁巳洪武十年冬十一月己卯，皇太子生次子于東宫。按《通紀》等書，懿文太子有子五人，長虞懷王，名雄英，早卒。次建文帝，諱允炆。次吴王允

熥，次衡王允熞，次徐王允熈。世傳建文生而顱骨稍偏，太祖常呼爲半邊月兒。然稍長，穎慧異常。一夕與懿文侍側，太祖命之咏新月詩。懿文詩曰：「昨夜延陵失釣鈎，何人移上碧雲頭。雖然不得團圓象，也有清光炤九州。」建文詩曰：「誰將玉指甲，掐破碧天痕。影落江湖裏，魚龍不敢吞。」太祖覽之，慘然不樂，故有紅匣之遺命云。王廷宰曰：「王文恪《震澤紀聞》云：『高皇帝問劉誠意何術以教我嫡孫。誠意以小篋進。』王元美謂誠意卒時懿文無恙，又二年而建文始生，其爲附會無疑。」或曰：『建文生而顱骨頗偏，高皇帝知其不終，故以紅篋髡牒授之。』此説近是。「高皇神聖，觀夢中戒王昇語歷歷如生，其前知定無疑也。

壬申二十五年九月庚寅，立長孫某爲皇太孫。詔曰：「曩者列聖相繼，馭宇者首建儲君。朕甲辰即王位，戊申即帝位，于今二十五年。前者選將練兵，奠生民于田野，用心多矣。統一以來，除姦貪，去豪强，其用心亦多矣。邇來蒼顏皓首，儲嗣爲重。兹以九月十三日册嫡孫允炆爲皇太孫。奉上下神祇，以安黎庶，昭示臣民，想宜知悉。」皇太孫生而聰明仁孝，好文章典禮，太祖愛之，凡軍國大幾，時付裁決。時政尚嚴，太孫每濟以寬大，中外皆欣欣焉。以勳臣兼東宮師傅。以修撰黄子澄爲東宮伴讀，輔皇太孫。

癸酉二十六年春二月，涼國公藍玉謀反伏誅。皇太孫録藍黨獄，吏部尚書詹徽有罪，殺之。秋七月，選秀才張宗濬等隨東宮講官入直。九月，以鄭濟王懃爲左右庶子。

乙亥二十八年冬十月癸卯，册皇太孫妃馬氏。

丙子二十九年冬十月甲寅晦，皇太孫生子文奎。

戊寅三十一年閏五月乙酉，太祖皇帝崩。辛卯，皇太孫即皇帝位，詔行喪禮。六月，日赤無光，召方孝孺爲翰林侍講直文淵閣。賜太學諸生冠帶歸省。廢周王橚爲庶人。冬十月，熒惑守心。訓導程濟上書，下獄。詔舉山林才德之士，以史仲彬爲翰林侍書。

己卯建文元年春正月庚辰朔，大祀天地于南郊。遣儒臣告于五嶽。敕修《高皇帝實録》。詔薦賢、養老、贖民鬻子、減田租。三月丁巳，帝祀先師于太學。夏四月，史仲彬諫改官秩，不聽。秋七月壬申，靖難兵起。赦程濟，以爲翰林院編修。江北蝗，詔求直言，修實政。谷王橞遁歸京師，谷府長史劉璟上書，不報。八月癸亥，長興侯耿炳文帥師及靖難兵戰于真定，王師敗績，詔以曹國公李景隆代之。九月，御史尹昌隆上疏勸帝讓位于燕王。御史金焦、侍書史仲彬面劾，請誅之，弗許。御史康郁上疏，請罷兵，不聽。冬十一月，景隆敗績于北平。十二月，兵部尚書齊泰、太常寺卿黄子澄有罪，免。

庚辰建文二年春二月甲子，詔改都察院爲御史府。秋復更官秩，改門名。

辛巳建文三年春正月朔，告凝命神寶于上下神祇。三月，史仲彬還自山東，入見帝，面陳兵事。夏五月，燕王遣使上書。冬十一月，皇次子文圭生。

壬午建文四年春，詔天下勤王。三月，史仲彬赴難入京。夏四月甲戌，魏國公徐輝祖帥師及靖難兵戰于齊眉山，敗之。召輝祖還京。是月，何福敗績于靈壁。詔中外勤王，徵兵入援。六月庚申，靖難兵渡江。廷議巡幸，方孝孺等請固守，从之。齊泰、黄子澄出奔。甲子，靖難兵次金川門。乙丑，谷王橞及景隆以城門獻。兵入京師，大内火，皇后馬氏崩。帝遜位，夜次于神樂觀，始與諸臣爲師弟子。丙寅，師適吴江，依史仲彬。壬申，葬故后馬氏，以天子禮。癸酉，師至吴江，諸弟子來會。秋八月既望，師去吴江，適雲南，應能、應賢、程濟從。九月，師渡自鎮江，道六合，次于襄陽。冬，師與濟、賢、能如蜀，遂入雲南。

癸未永樂元年春正月，師至雲南永嘉寺，命馮漼如襄陽。三月，諸弟子會于襄陽。

甲申二年春正月，師在永嘉寺。是月北行，應能、應賢、程濟從。秋八月，師至吴江。師遊于杭，應能、應賢、程濟、史仲彬、牛景先從。九月九日，師登天台。蔡運、馮漼、劉仲、金焦來會。遂遊雁宕，遇廖平于耶溪。冬十一月，師南還，應能、應賢、程濟從。

乙酉三年春，師如蜀。二月至重慶，居于善慶里之新菴。夏六月，師欲適雲南，不果。

丙戌四年三月，師適雲南，應能、應賢、程濟從。夏五月，師居于白龍山舍。

丁亥五年春正月，師在白龍山舍。三月，師有疾。夏，師疾未瘳，濟祝髮爲僧，出山乞食。秋七月，程亨、郭節、史仲彬、何洲來省。冬，師親祭死難諸臣。

戊子六年春正月，師在白龍山舍。三月，史仲彬辭歸。夏六月，庵災。秋七月，復葺庵成。冬十二月，金焦、黄直、吴成學來省。

己丑七年春正月，師東遊，程濟、金焦、黄直、吴成學从。三月，師至善慶里，焦同成學留居。師東下，濟從。夏五月，師至襄陽。

庚寅八年春，師南下，三月還菴。

辛卯九年春正月，師在白龍山。有司毀菴，師西下。夏四月，師定居於浪穹。

壬辰十年春正月，師在浪穹之新菴。三月，弟子應能卒。夏四月，弟子應賢卒。師初納弟子應慧。冬十一月，馮漼、黄直來省。

癸巳十一年春正月，師在浪穹。漼、直辭歸。夏，師南遊，程濟、應慧從。六

月，還菴，納弟子應智。冬十月，鑄應明鍾。

甲午十二年。春正月，師在浪穹。秋，師學《易》數。冬，弟子應慧卒。納弟子辨空。乙未十三年春正月，師在浪穹。三月，祭弟子應賢、應能于墓。夏四月，師出東遊，程濟從。秋八月，師遊於衡山。冬十月，師還。立亡臣之主于菴東。

丙申十四年春正月，師在浪穹。冬，命濟作《從亡臣傳》，藏之山巖，師自敘之。

丁酉十五年，師別築静室于鶴慶山中。秋七月，了空來省。冬十一月，師適衡山，程濟從。

戊戌十六年，春正月，師在衡山。三月還自衡山，居于黔。夏五月，命程濟爲圖。

己亥十七年春，師在黔，注釋佛經。秋九月，命濟輯禽遁諸書，不果。

庚子十八年秋，師在浪穹。史仲彬來省，踰月辭歸。冬十月，師登峨嵋，程濟從。

辛丑十九年，師復如蜀，秋如粵，遊于海南，程濟從。冬，師還自海南，始蓄髮爲道士。

壬寅二十年春，命智空主鶴慶山中静室，師別居于渌泉。

癸卯二十一年三月，師遊于楚，登章臺山，程濟從。夏六月，師至漢陽。秋七月，師至大别。

甲辰二十二年春正月，師在大别。三月，東行，訪諸弟子，程濟從。九月，史仲彬來省，遇諸塗。冬，師至吴江。十一月朔，宥建文諸臣族屬歸鄉，仍給還田産。是月，師遊于杭，遂自寧波渡海，程濟從。

乙巳洪熙元年春正月，壬申朔，師謁大士于潮音洞。五月，師自閩如粵，遂還山。冬十二月，師命濟出丐。

丙午宣德元年三月，命程濟往河南。夏六月，濟歸，復命。秋八月，師親祭從亡諸臣。是歲，故太子文奎娶妻廖氏。

丁未二年春二月，師移居鶴慶，命空智還主浪穹。夏四月，師復祝髮。秋八月，如蜀，程濟從。冬，師至永慶寺。

戊申三年春，師在蜀，聞史仲彬卒，遥祭之。秋，師遊黄牛磯。冬十月，師北遊，至于漢中，程濟從。

己酉四年春，師南還。六月，師至于鶴慶。秋九月，師復蓄髮爲道士。

辛亥六年春正月，師北遊。二月，至于陝西，程濟從。夏五月，師至延安。秋九月，在夔絶糧。冬十二月，師如楚。

壬子七年春正月，師在公安。夏五月，師至武昌。秋八月，師舟自九江東下。九月，至浙，遊吴山。冬十月，師至天台。

甲寅九年夏，師與程濟適吴江，訪史仲彬之子晟。師遊于會稽。秋八月，還至夔州，遂南下。冬十月，師還鶴慶之新菴。

乙卯十年三月，師適廣西，程濟從。秋七月，師至桂林，遇何洲于卜肆，洲勸師歸。

丙辰正統元年春正月，師在廣西。秋，師還鶴慶，八月仍卜築浪穹。

丁巳二年春正月，師在浪穹，二月復祝髮爲僧。三月，師北遊至于漢中。夏，師南還蜀，程濟從。冬十一月，師還菴。

戊午三年，應智遁。師去雲南，如廣西，程濟從。

己未四年春正月，師在廣西。濟勸師還雲南，不果。

庚申五年夏五月，師東歸。秋八月，至于南京，程濟從。九月，師至京師，詔迎師入居西内。師是歲終。

錢謙益《列朝詩集小傳》 帝孫位後入蜀，往來滇、黔間，嘗賦詩一章，士庶至今傳誦。或云正統中，坐雲南布政司堂上，袖出此詩也。鄭曉《遜國記》又載二詩，云：「帝後至貴州金竺長官司羅永庵，題二詩于壁間。萬曆初，神宗御講筵，問建文君出亡故事。輔臣張居正恭録三詩進呈，神宗命宣付史館。」曉記又云：「帝幼穎敏能詩，太祖命賦新月，應聲云：『誰將玉指甲，抓破碧天痕，影落江湖上，蛟龍不敢吞。』太祖悽然久之，曰：『必免于難。』」按葉子奇《草木子餘録》載皇太子《新月詩》云云，所謂皇太子者，庚申君之子也，野史以爲懿文太子作，爲不及享國之讖，而曉則以爲建文作。攷楊維楨《東維子詩集》，此詩爲維楨作，則諸書皆傅會也。曉又載帝金陵詩云：「禮樂再興龍虎地，衣冠重整鳳凰城。」亦見維楨集中，今並削之。

邵遠平《建文帝后紀》卷四 帝諱允炆，明太祖之孫，懿文太子標之次子。生而偏顱，性仁孝，好詩書典禮，有儒生氣象。懿文病癱，時帝年十四，含淚撫摩晝夜，不稍間，聞父呼痛聲皇皇，親吮吸之。更二年，懿文薨，水漿不入口者五日，太祖强起一粥，欲服三年喪，太祖不可，帝曰：「禮可例除，情須自致。」凡三

年不舉樂，不飲酒。有三弟俱幼，帝日則呼共餐，夜則挾同寢，隨事教誨。太祖聞之，喜曰：「有孫如此，吾何憂乎？」付中外事，聽裁決。太祖政尚嚴，帝濟之寬，奏改律例七十三條。太祖曰：「善。吾當亂世，刑宜重。爾當平世，刑宜輕。他日遵此足矣。」太祖嘗退朝，怒不息，帝問故，太祖曰：「人固有犯法異常者。」帝曰：「吾聞諸曾子，如得其情，哀矜勿喜，是或一道耶。」太祖曰：「爾能不怒乎？有常州陳理子弒父事，爾試鞫之。」帝次日竟審脱。蓋理不得於後母，其父抱火症，誤食附子死，母誣成獄。太祖拘里鄰及醫者質之，果然，大驚曰：「有是哉，刑不可不慎如此。」他日，又以大盗七人送帝審，帝一見即曰：「首犯非真。」訊之，果富人子，偶出莊上，而佃客正謀劫商舟，脅之行，歸欲告，已被獲。太祖曰：「何以知之？」曰：「《周禮》聽獄，色聽爲先。《尚書》亦稱：惟貌有稽。炆見其人視聽端詳，定不作盗。」太祖歎曰：「決獄者何可不讀書？」

洪武三十一年，太祖疾甚，暴怒，少拂輒殺人，帝入侍，頓悦，多所全宥。凡捧杖、和藥、唾壺、溺器之類無不手進。及崩，披髮哭踊，哀動左右，倣金縢遺制，前朝後殿，左右角門，西宫内寢各設坐如生，陳祖訓於東直殿，設重器於西直殿，哭臨如禮，奉遺詔即位。先□三年喪，有司執例請，帝曰：「三年之喪，自天子達庶人，先太子殂，欲終不可得，今可矣。北朝魏文帝□□守禮，奈何使朕出其下？」有司復言宗廟郊社朝□□獄不可廢，帝曰：「有之。蒞事則麻冕麻裳，退則齊衰，食則饘粥，可也。」

初，太祖起布衣，以三尺劍定中原，燕師渡江，薄金川門，景隆獻城，帝盡閉諸内宫，縱火焚之，時建文四年壬午六月乙丑未時也。帝欲自殺，翰林編修程濟曰：「天數已定，不如出亡。」太監王鉞跪進曰：「昔高帝升遐時遺一紅篋，收藏奉先殿，封鑰甚固，戒曰必嬰大難乃啓。」帝急呼出之，得度牒三張，一應文、一應能、一應賢，剃具袈裟帽履畢備，白金十錠，朱書曰應文從鬼門出，餘從水關御溝行，薄暮會于神樂觀。帝歎曰：「數也。朕名炆，應文者朕也。」程濟即爲上祝髮。吴王教授楊應能曰：「應能，臣名。」監察御史葉希賢曰：「臣名賢，應賢無疑。」並祝髮。各易衣佩牒，在殿數十人皆哭仆地，矢從亡。帝曰：「多人不可。有等高官盛名，勢必究詰，有等妻兒在任，心必挂牽，宜各從便。」麾諸臣引去，餘九人，從至鬼門。鎮撫牛景先以鐵棒啓之，若不用力即解者。纔出門，一舟艤以俟曰：「臣神樂觀道士王昇，昨夢高帝緋衣御門，令兩校尉縛臣去，諭曰：『明午可於後湖艤舟至鬼門外候，洩則難逃陰殛。』臣是以知陛下之來也。今晚憩息觀中，徐議行止。」昇起導至觀，已薄暮，俄應能、希賢等從御溝出，環坐地上。帝曰：「自後但師弟相稱，勿拘主臣禮。」衆泣諾。兵部侍郎廖平曰：「諸臣願隨，固也。但就中無家室累，並有膂力，足捍衛者多不過五人，餘則遥作應援可也。且事莫大於存嗣，臣願力保太子歸襄陽。」帝曰：「良是。」於是酌定左右不離者三人，曰比邱應能、應賢，道人程濟。往來道路給運衣食者六人，曰：刑部司務馮漼、中書舍人郭節、宋和、翰林編修趙天泰、欽天監正王之臣、鎮撫牛景先。時帝欲往滇，依西平侯。翰林侍書史仲彬曰：「不可。大家勢盛，耳目衆多，況新主諒不釋然，能無見告，不若往來名勝，東南西北皆家也，弟子中有家給而足備一夕者，駐錫於兹，有何不可？」帝曰：「良是。」於是更舉七家：襄陽廖平、祥符王良、浦江鄭洽、連州郭節、杞縣王資、吴江史仲彬、定海梁良玉。帝曰：「此地可暫不可久，況郊壇所在，明旦必行，行將何之？」會帝病脛痛，度不能前，微明，景先與仲彬步至中河橋，謀載具，適一艇至，蓋彬家所遣以覘吉凶者，遂載之行。程、葉、楊、牛、馮、宋隨，餘俱散走，期以月終更晤。取道丹陽，過姑蘇，宿御史王玭家。越八日始達吴江之黄溪，彬奉別館居之，題曰水月觀，帝親篆文。閲三日，諸弟子先後至者，相聚五日，各灑淚別。

時編籍在任逃臣四百六十三人，檄州縣追繳誥勅，忽吴江縣丞鞏德來史家，問皇帝所在，彬未及措對，鞏有心人，微哂而去。帝懼，遂偕楊、葉、程三弟子從六合走襄陽，途中值重九，天微寒，程抱帝足，宿野店。帝倡詩曰：「黄花滿地帶霜開。」三子各成一句。十月，過襄陽廖平家，太子文奎出見，執手曰：「吾僧矣。」子方七歲，太祖曾孫也，可變姓名，爲曾奎。乃由楚入蜀，癸未正月至滇，投永嘉寺，居一歲。嘗題詩壁間曰：「風塵一夕忽南侵，天命潛移四海心。鳳返丹山紅日遠，龍歸滄海碧雲深。紫微有象星還拱，玉漏無聲水自沉。遥想禁城今夜月，六宫猶望翠華臨。」又曰：「閲罷楞嚴磬懶敲，笑看黄屋寄團瓢。南來瘴嶺千層迥，北望天門萬里遥。欵段久忘飛鳳輦，袈裟新換衮龍袍。百官此日知何處，惟有羣烏早晚朝。」

明年八月下江南，重至彬家，楊、葉、程三人俱信宿即去，彬留之，帝泣曰：「昨過西安道中，見一冠蓋者，瞪目視我，此臣我，目善之，恐留此非計。」遂之浙。過錢唐東明寺，手植牡丹數本。已遊天台、鴈蕩，返登衡岳章華山，留大別山度歲，與馮漼、蔡運、牛景先、金焦、劉仲聚首數月，乃還雲南。未幾再入蜀，抵重慶大竹縣善慶里，有杜景賢者，隱君子也，築室與居，久而安焉。

先是，大内之火也，文皇清宫，問建文安在，内侍指馬皇后屍應焉。文皇愀然曰：「孺子無知，一至此乎。」至是聞其出亡，舊臣從者甚衆，始大疑駭。歲乙酉，遣給事中胡濙以徧訪張三丰爲名，物色帝所在。又差太監鄭和頻往卬笮昆明間，意以滇土人察滇亡人也。濙、和數與帝遇，不之窘，帝覺，遂舍善慶里，結茆白龍山，時時聞戒，跬步不敢出，且患痢。會吴成學來自重慶，以栢葉丸瘳之。比史仲彬、何洲、郭節、程亨尋至，相抱大哭，各出方物以獻，帝喜甚，率遊山中，自近而遠，留月餘始遣歸。

丙戌四月至雲南，過西平侯沐晟家，宿旬日，適工部尚書嚴震直奉使安南歸，拜帝於床下，相對泣，帝曰：「何以處我？」震直曰：「上從便，臣有以自處矣。」吞金死驛舍。帝急逃還山。久之偵者至白龍山，又他遁，庵亦爲官燬。戊子冬仍駐白龍山，適金焦、黄直、吴成學至，各出所獻，得濟臘，自是踪跡無常處。辛卯，由襄陽還止雲南浪穹縣，結一庵名曰平陽，前後深林密樹亘數里，甫落成，葉、楊二人卒，帝手埋于庵東，時壬辰三四月也。明年夏，行至金竺渡馬嶺，遇盜，幸官軍至，得脱歸而學《易》。乙未夏東遊，主黄直家數日，由衡山還滇。丁酉冬，濙與和又巡至滇，帝聞之，走匿蠻峒中，作感慨詩曰：「我行至東，山深海窮，虎跡蛟踪。我行至南，地炎河乾，猶猰巢環。我行至北，黑霧毒雪，燭龍沉色。我行至西，陰雨霏霏，弓矢野施。我悽我惶，何地可行。」

庚子秋，仲彬復至白龍故道，不見所爲庵者，尋訪至鶴慶，見帝兀坐一室，觀佛書，悴甚。彬出方物獻之，流連彌月而别。明年，帝遊峨嵋山，有詩云：「登高不耐東翹首，但見雲從故國飛。」尋下三峽，登晴川樓，題曰：「江波猶湧恨，林靄欲翻愁。」甲辰秋七月，洪熙改元，仲彬將之雲南，遇帝于湖廣旅館，問道路起居狀，曰：「近來頗强飯。」言及榆木川事，且喜且悲，即偕下江南，陸行抵彬家。方具酒餚，有從叔史宏者，村民也，直入堂，問師何來，未及答，宏即耳語彬曰：「此建文皇帝也，吾昔于東宫見之，當吾家籍没時，非是吾無死所矣。」即稽首流涕，問今欲何之。曰：「欲觀天台諸勝。」宏曰：「小人當具一日之積隨行。」居數日，帝行，戒彬曰：「有叔在，汝勿往。」宏從之徧歷浙東名山，尋渡海至蓮花洋，禮大士，更自閩入粤，觀南海。逾年三月返吴江，聞洪熙升遐，帝曰：「吾賴爾輩周旋患難之間，二十年來戰戰兢兢，今吾心安矣，爾輩可往來無間矣。」别江南諸弟子去。

丙午秋，滇寇亂，帝入蜀，住永慶寺，題詩云：「杖錫東遊歲月深，山雲水月傍閒吟。塵心消盡無些子，不受人間物色侵。」明年遊黄牛磯，題詩云：「含愁煙慘雨溟濛，野老吞聲談故國。」戊申遊漢中，時廖平被計，全家徙漢中，曾奎出見，年三十三，已娶平妹爲婦矣。帝曰：「若他日，毋忘廖氏恩也。」己酉春，至成都。六月返鶴慶，居久之，復往延安，過尚書徐貞家一飯，已復歸蜀。壬子春，入楚，宿公安之佛寺，有二黄冠者亦宿焉。夜漏，微聞啜泣聲，既曙去，留姓名於紙，乃知爲中書舍人梁中節、郭良也。帝作詩曰：「壬子春正十三日，寺遇黄冠不相識。結蒲拄杖坐西偏，低頭不語意自閒。襟裾裹襏皆泥水，髮黄面皺多愁顔。撫掌一驚還歎惜，漏分但開聲唧唧。似懷萬斛愁難傾，哀猿夜叫寒鴉泣。晨興往探訊其言，兩人踪跡去無痕。空餘蠅頭字一紙，依稀恍是亡臣名。我欲把毫悉胸膈，永凍雪花寫不得。」

甲寅，復遊江南，過史家，彬已死，彬子晟延之五日，遂去。自是住粤西横州壽佛寺，僧徒歸者日衆。丙辰，宣德晏駕，時太監何洲在桂林見帝，謂事更三朝，可幸無恙，遂動首邱之思。程濟屢筮不吉，勉居南寧。正統五年庚申五月，慨然謀東歸，曰：「事定矣，老夫不言，一束遺骨將瘞何所耶？」爰題詩寺壁曰：「牢落西南四十秋，蕭蕭白髮已盈頭。乾坤有恨家何在，江漢無情水自流。長樂宫中雲氣散，朝元閣上雨聲愁。新蒲細柳年年緑，野老吞聲哭未休。」見者多怪之。一日與思恩土知州岑瑛遇于道，從者呵之不避，詰其牒，乃應文也。遂自言曰：「此非吾名，乃托此而逃者也。當日金川失守，大内火焚，吾潛由地道以出。自湖湘入蜀，至雲南，復至浙閩，最後入廣西，雲遊三十九年，廼還至此，願送骸骨歸故土。」瑛大駭，聞諸所司，帝直詣藩堂，趺坐不爲動。事聞，許驛送赴京，處之大興隆寺，命舊太監吴亮諦視，帝一見曰：「爾吴亮耶？」亮詭曰：「非是。」帝曰：「吾昔御便殿，食子鵞，遺塊肉在地，爾戲爲狗餂之，今不記耶？」亮伏地不能仰視，反命曰：「信也。」歸而自縊。更有老閹曾逮事帝，知其左趾有黑子，摩視之果實，於是迎入西内，號老佛，時年六十四。後以壽終，葬西山，不封不樹。詔陞思恩州爲府，擢瑛知府事。

備論

朱鷺《建文書法儗》卷首焦竑序　嘗聞信傳信，疑傳疑，史體也。疑而信則

非闕文，信而疑則非實録，於史何當焉？孔子作《春秋》，定、哀多微詞，然特微之已耳，未嘗併其微詞而削之也。夫統系甚明，名義甚正，順天應人，灼乎古今大經，而奚以傳疑爲？此朱生鷺《書法儗》之所爲作也。

我高皇帝神武開基，非神武如成祖，莫之善述。文皇天授，少帝何尤？固昔之篤論矣。唯是諸臣殉義過激，致干嚴譴，有革除年號議，要非成祖本心。宫中火起，業以天子禮葬，庸詎天子其禮，不可天子其號者？彼食其禄，自盡其心，大哉王言，未嘗終怒其臣矣，而寧必竟没其君？乃孫蒙祖號餘二百年，令洪武戊寅以後，永樂癸未以前，民若無君，國幾無史，傳信謂何？則亦因仍之過也。

今上御極，首詔表忠人，得頌言清事，而革除從故尚未議復。鷺慨焉興懷，私述所聞，發凡起義，作《建文書法儗》一編，補史之缺。第未出，會上允諸臣之請建文事蹟，仍書年號，附太祖本紀之後。鷺幸不諱之時，身親見之，喜而卒業，既有年矣。頃過予齋中，索言爲序。余嘗濫史局，觀金匱之藏，知《洪武實録》累修於永樂間。當時舊文半從改竄，蓋一時翊戴之臣貶損前人自爲己地，即彭惠安《哀江南詩》可概見也。夫湯武之濟時，夷齊之殉義，共炳天壤間，何秉筆者自爲疑畏，且並爲其主而疑畏焉？感亦甚矣。建文、景泰南面臨民，而本紀不立，祇從附載，未是正也。余屢請于當事者，額而未果。鷺以布衣韋帶之士，忠義感結，奮而著書，博收約出，寬嚴得衷，以校往牒，殆無遺憾。籍令鷺遭時遇主，其不爲依阿苟容，而以直道自見可知。惜哉！其以山居學道逃隱也。

朱鷺《建文書法儗》卷首欽叔陽序 萬曆甲午冬，吴諸生臣朱鷺輯《建文書法儗》成，以厲臣序，臣未遑也。明年乙未秋九月，上俞言官請復建文年號，中外歡頌明聖。臣更諗鷺：「子言信而志行矣。幸嘗不諱朝無事，名山之藏書可出乎？」鷺唯唯，復從校定。臣叔陽敬序簡端。序曰：

臣聞之馬遷云：「孔子作《春秋》，隱桓之間則彰，定哀之際則微。」後世治史鮮知微彰之義。如臣鷺茲輯書法，於微彰何居？亦嘗原極《春秋》所以修乎？《春秋》何始隱説？曰：「賢讓君而昉東遷也。」臣謂不然。魯裔公旦名秉《周禮》，春秋二百餘年間，篡殺國有而鐘巫之禍，魯不幸寔爲天下嚆矢。天既巧借彭生報隱，而莊僖以還，鮮正始終。周公其衰，階厲何自？托始惟隱。蓋傷宗國，悲王道，不啻三致意焉。是《春秋》以微終始爾，迺隱桓之間尤微之微也。馬遷第用是自況，於《春秋》何當矣？然仲尼修《春秋》，不幸而微；今臣鷺輯《書法》幸而則彰，何也？竊嘗論世於壬午，雅無所事微也。我高皇手奠清寧，磐石萬世。然而難乎爲繼，建文即令主，於紹高或忝也。天啓神武，以守兼創，寔在文皇。藉由建文之治無變，恭己雍頌，藻税禮樂，將景隆、相孝孺，貳心之人嬗兵於外，服古迂儒從容蠹蝕其内，金甌能晏然至今日否？師稱靖難，或疑無難可靖，是不睹善述爲功，而忘二百年治安賜也。謂文皇奮自籓服，未免逆取，亦念殺機先發，羇繇齊、黄，膚剥昺、貴，業難駢首就縛歟？又或謂是不當夷故主，且至夷其年以滅迹也。嘻！金川破，大内火，是固無如何矣。設建文弗孫弗朋，不解以故邱空名優老之乎？惟負扆夾輔，或非其情，而何必一夫是夷。至於革除紀年，亦勢或激之。燕國籓支，猶高帝親胄也。以親以賢，纂服天授，而必舉國矢死抗之。抗之節偉其重，文皇之疑與怒則深矣。至使西洋，訪三丰，殆終身禀禀焉爲此，以重絶人望，非得已也。令榆木之駕終返，安知不徐議修復乎？逮易世而無能伸茲請，則諸臣罪也。熙、宣當事臣有非建文之遺者乎？請之，其以貳心故主嫌，而寧令泯泯也，則諸臣罪也。今年許復矣，史行有緒矣。茲輯不贅與固也。逸事之蒐，不遺力也，整棼合散，酌寬衷嚴，殫厥心也。臣不自揆，夙嘗志昭代史事，浮湛膠序，上方筆札，曠若有待。乃鷺能先臣奮成是書。然臣間與鷺論鼎革之際，鷺諸所持議，臣率無以易也。其尤知言者，曰：「大哉文皇帝之烈，於前有光焉，然迄今一二曲士或妄擬以湯武慚德，徒以革除故也。敢謂正名，莫如追帝。追帝必先復年。儻聖明終採末議，次第修舉，臣不寧報建文，寔藉手克報文皇帝矣。」臣惟以此信鷺，而鷺以此信天下萬世。若謂鷺猶然彌縫闕失，陰陽其論，非臣所知也。至鷺有史才，讀《書法》者定自知鷺，臣何贅焉？臣樂爲揚厲謨烈而已。

朱鷺《建文書法儗》卷首《建文書法儗本引》 臣鷺儗《建文書法》，幼侍臣父讀發志，繼感高皇帝冥授四字，奮輯成編。已遭遇今皇帝允復建文年號盛德事，而書始出。歷季二十，歷藁八易，崎嶇憂違，窮頓僦舂負米之日，而蒐之討之，緝之整之，斧之藻之，矻矻乎其無寧力。鷺竊不自知其爲何心，然鷺初意直爲建文年耳。建文不失尊號，文皇不失顯名，前後無嫌，統紀甚正，誠不宜一日緩者。幸復矣，二百年來，人懷削號之疑，士切還年之望，不意一旦身親見之，驩慰何極？而書卒不棄去者何？臣鷺蓬心未盡，尚紆三端耳。

夫北平發難，非先動也。計高皇帝崛起濠布衣，危身血戰，以收四海，垂三十餘年大定矣。而行壞於紛紛變更，日尋削奪，諸不諳練之躁臣而徇，又迫躬不兩存之執也。故不得已起兵靖難，天下後世，其誰曰不然？建文既孫去，不可以

高皇帝天下付非其人，義不得不自立，天下後世又誰曰不然？文皇帝之心既足信于天下後世，而天下後世果□文皇帝徙鼎力以奠寧迄今。若是則文皇功德不在太祖下，而何有於建文體貌之存不存。其存之文皇不遽貶榮，其削之文皇不藉增重明，亦存之以信萬世已矣。

臣鷺竊謂，自壬午六月以前書必内建文而可，往來偶謂概無所事微諱爲。昔唐太宗除建成，而史微其詞。太宗曰：「周公誅管蔡以安周，季友鴆叔牙以存魯。朕所爲類是，何諱焉？可直書其事。」豈以文皇帝法天顯比之智，顧出唐宗後乎？書注稍降《春秋》義，而用其通可已。必若内靖難，外建文，未尊先躋，未孫先紐，踵冠而頂履，其誰能是之？是載筆者之任也，鷺儗供執殳耳。建文亡國，無大變祖法、削親藩兩事，累而書之。今日廢某王，更某事，明日更某事，廢某王。若死其祖，若刃其支亦既是極暴其辠，而靖難非無偁矣。迺《靖難録》等書汙衊建文，若總千古之惡，擢髮不足以數者。當時孝友懿行，勤恤嘉理，概從滅没不少載。是小乃大傷高皇帝傳位之明，而俾建文抱冤詬，千載下莫昭雪也。

鷺聞之，信傳信，疑傳疑，史體然矣。舉大瑕不掩其細瑜，夫亦盛德事乎？鷺故掺其足予者，與貶奪並存。萬世下讀而太息，曰：「夫以建文之質之孅也，而用人一不當，坐兩事而亡也，忽焉不足垂永戒乎？」屬載高廟《實録》中者，經革除後黜竄，又難馮以爲案矣。諸建文死節臣出前古未有，蓋胡運休，正氣激，適符高皇帝德化之速，關係一代風俗甚大，文皇且與建文共之矣。最著曰方、陳、練、鐵十餘臣，至今長干人道之，有泣下者。而正史中載方曰叩頭乞哀，顛誣若爾，猶謂具心腎肺腸者秉筆乎哉？故知非出文皇心，而秉筆諸人忍殺他以自寬也。此所謂靦然人面，獸息而禽行，甘沉淪永劫不出者也。大哉！皇上初年詔曰：「革除諸臣，甘蹈刑戮，有死無二，皆我高皇帝儲養忠臣義士，用褒表錫録。」一一推皇上此心，宜令諸臣有一人不獲揚芳史册者乎？洗誣出匿，畢昭正史，無使蒙冤筆下，埋照千秋，鷺所願乎？今日又其一矣。至鷺論贊種種，無非取備勸懲，竭一己之識力，以竢當陸班馬，横管芟鋤，非所敢望也。亦曰無負曩時侍讀，冥授兩因已耳。不知鷺者，謂鷺何求，儻或有牛鼎之意乎？則大亡耻矣。鷺請矢諸天日。

萬曆歲甲辰春二月朔日，吴郡學博士弟子員臣朱鷺惶恐稽首書。

兩因： 幼侍臣父國祥讀，見《靖難録》几上，舉問父。父道洪建永熙事，歷歷如掌。鷺自是喜獵國朝書，多借讀。每至建文逸事，輒爲動，時時手録之，妄擬獲對大廷，首以復革除請。不意河清難俟，鴻漸無期。臣父業老於儒，而臣又將以儒老。一編野成，聊寄初志。然鷺書甫就，而復年適遘，亦足奇也一。萬曆甲午，候試金陵，偕友王在公弘濟寺祈夢。在公得火龍渡江北，鷺夢踴身白月天，朗徹下方世界，已忽被高皇帝命授臣四金字，曰「一朝表譜」。放榜日，在公中解額，鷺無聊散步，憶前夢白月，兆出世，當學道。「一朝」殆指建文嚮所志也。獸不解表譜義。即日閉邸户，草小奏。旦走謁孝陵丹垣外，叩首□之，祈默啓復建文年。夜輒夢高皇，見大身，天顔甚和懌。鷺覺而驚喜不自勝，謂草莽一念何遽能假皇祖在天之靈。其冬《書法》纔成，冠以年表及諸臣譜，則恍然悟「表譜」二字着落。明年九月，皇上復革除之旨下矣。神哉！高皇帝之諭，蓋先見也二。然鷺成書，不寧唯是兩因。故進取途睽，決意長隱，副學道兆。一編備史采，亦云不虛二十餘稔青衿公案，或少裨聖化萬一，當杪忽功行耳。

趙士喆《建文年譜》卷首錢謙益序 謙益往待罪史局三十餘年，網羅編摩，罔敢失墜。獨於遜國時事傷心扪淚，紬書染翰，促數閣筆。其故有三：一則曰實録無徵也，二則曰傳聞異辭也，三則曰僞史雜出也。蕉園蠶室盡付劫灰，頭白汗青杳如昔夢。唯是我文皇帝之心事與讓皇帝之□德，三百年臣子未有能揄揚萬一者。迄今不言，草亡木□，祖宗功德泯滅於余一人之手，魂魄私憾，寧有窮乎？

何言乎文皇帝之心事也？壬午已還，天位大定。文皇帝苟有分毫利天下之心，國難方新，遺種未殄，心翦滅此而後即安。張天網以籠之，頓八紘以掩之，閉口捕舌，遁將何所？以文皇帝之神聖，明知孺子之不焚也，明知亡人之在外也，明知其朝于黔而夕於楚也。胡濙之訪張邋遢，捨人而求諸仙，迂其詞以寬之也。鄭和之下西洋，捨近而求諸遠，廣其途以安之也。藥燈之詛呪，薙染之藉手，彼髡之罪百倍。方、黄以榮國榻前一語，改參夷而典僧録。其釋然于溥洽，昭示中外者，所以慰藉少帝之心，而畀之以終老也。文皇帝之心，高帝知之，興帝知之，天地鬼神知之。三百年之臣子安處華夏，服事其聖子神孫，尚論其心事則懵如也。日月常鮮，琬琰如積，而文皇帝之心事晦昧終古，此則可爲痛哭者也。

何言乎讓皇帝之至德也？金川之師，禍深喋血，讓皇帝苟有分毫不忘天下之心，憑仗祖德，依倚民懷，散亡可以收合，蠻夷可以扇動。衛世子之焚臺，衛太子之詣闕，誰能非之，誰能惎之？讓皇帝明知大命之不可干也，明知大位之不可再也，明知本支百世之不可傾動也。以神州赤縣爲孤竹之封，以鬒髮壞衣爲采

蘖之遁，耄遜遐荒，自比退耕于野，頭陁乞食，豈曰糊口四方。由是而内治外攘，踰沙軼漠，高皇帝之基業安，祖宗之統緒安，三百年之天地人鬼罔不大安，寧非讓皇帝之所詒乎？讓皇帝之至德媲諸泰伯，其難易尤相倍，而三百年之臣子不能知也。有其知之不能盡言也。夫既已知之，不能言之不盡矣。而其所以不能知，不盡言者，輪囷苞塞，終不能泯滅于斯人斯世。於是乎憤盈交作，新舊錯互，實録廢則取徵草野之書，傳聞異則占決父老之口。梵宫之轉藏，教坊之册籍，旅店市傭之留題斷句，無不採集，無不詮表，亦足以闡幽潛，勸忠孝矣。而斯人之心不但已也。於是乎四十餘年出亡之遺跡，易代已後歸骨之故事，問影訪求，鑿空排纘，亡是司契，子虚削牘，訊筮與于巫陽，聽行籌于王母，公羊指定哀之疑，陸賈懼丹青之惑，固將軌夢以爲實，又且巡故而造新。曰夫已氏一妄男子，乘是以賈弄筆舌，鋪張祖先，若吴下流傳諸録，其譌僞歷然著明，而舉世不盡知也。有其知之，則又曰西方之山隰猶思美人，蜀地之禽鳥豈真望帝？信固當傳，疑亦可恤。過而存之，不忍廢也。

於是東萊之君子趙君士喆者作爲《建文年譜》，年經月緯，事比詞屬，會稡諸家記録，而整齊其文章，以宿老如謙益固亦常援據史乘，抗詞駁正。讀未終卷，淚流臆而涕漬紙，欷歔煩酲，不能解免。夫然後知讓皇帝之至德沁入人心者如此其深且厚，而趙君之爲斯譜，本天咫，述民彝，備國故，搜遺忠。當滄海貿易，禾黍顧瞻之後，欲以殘編故紙慭遺三百年未死之人心，是豈欲與世之君子擅陽秋，矜衮鉞，争名於竹帛哉？其亦可感而思已矣。

謙益衰殘耄熟，不敢復抵齒史事。趙君之弟刺史公言念舊史，俾爲其序。螢乾蠹老，口噤筆禿，伸寫其狂瞽之言，識于首簡，亦聊以發觀者之一嘅而已矣。

趙士喆《建文年譜》卷首張遺序　帝紀無年譜者，編年之例非乎？然而始乎治者卒乎治，始乎亂者卒乎亂。即有鮮終無，潛亢迴絶，隱顯互惑者，譜年變也。負扆而奪嫡矣，黄屋而團瓢矣，冠劍而瓶鉢矣，烏得不變？雖然，虎鼠易，龍蛇革，而彼數君子依依故主，風雨晦冥，遠辭歸國之賞，下謝浴日之名，惟忠與孝，膠固不解，則變而不失其正者也。使當年遭際平世，時無疾風，君雖聖不過文景，臣雖賢不過姚宋，其中淪落下位，有不克自表見者矣，胡能擔荷千秋，裨益名教，弘且遠若是？靖難諸公乘時附會，以取功烈，胙茅土，非不膾炙流俗之口。至于高風亮節，攸敘彝倫，有慙德矣。

詳按譜牒，自壬午迄庚申，三十八年之中，以天家帝子，魚服豹隱，忽吳忽越，忽閩忽秦，忽西粵，忽滇黔，踪跡往來，無日不在人間。而吉網彌天，仜鉤被地，求仙之詔甫遍名山，入海之師又勤異域，廟堂之上惶惑震動，如負芒刺。而箬笠僧伽，優遊自在，曾無敢攖其一鱗，罥其片翮者，所稱聖不可知非歟？諸臣之從之也，曰有疏附先後，曰有奔走禦侮，或遠或近，總成完人。程先生濟神通變化，遠軼文成，其三丰、顛仙之流與？高皇帝天縱明哲，既留一道衍以佐文皇成大業，而復留一濟以助帝免大難，兩賢豈相厄哉？然而程先生深遠矣。帝既上仙，濟迺晦跡，見首而不見尾，其視榮國一髠，猶蝘蜓耳。應賢、應能、雪菴和尚輩非髠與；是祖位中人，金剛百鍊，不因魔力，不顯道妙，衍則墮落矣，宜其姊之申申而詈也。甲乙之事，天道反覆，至聖受毗，死者彪炳，髠猶自靖。然昔之髠獲侍故主于天涯，而今之髠不獲侍吾君于帝右。致身之義，俯仰懷慙，此未死孤臣所以悲歌痛哭，嗚咽怨艾，而恨不速殞者也。

或曰革除之舉，啓釁有自，一錯召吴，羣錯倡和，以搆斯難，罪何逭焉？予曰：姑舍是，世將魑魅，人將澌滅。表而出之，以愧臣子之奕視其君者，《春秋》責備未遑施也。則又有致詰者曰：壁經古文人尚疑之，《汲冢》也，《三墳》也，猶以後出，指爲贋本。程史之書則未知其傳信與傳疑與？而子介然不惑，何也？曰：天地正氣，亘古不磨，一經筆墨，動有鬼神呵護。昔腐遷作《史記》，欲藏之名山，傳之其人。楊子雲不度德作《玄》擬《易》，而嗜者猶曰「後世必有知己」。何況忠臣義士，精誠激烈，堅踰金石。其所紀載，星日爲昭，世界總壞，此無壞理。所南《心史》出自井中，歷三百年，完好如故，是非其明驗與？而何疑于程史之書？且書中所記，艱難險阻之狀，離合聚散之情，豈同他文憑空結搆？自非身親涉歷，無緣摸擬隻字。以是爲疑，是人性中無復忠孝種子矣。

東海趙伯濬先生綜博淵源，目空四庫，而其忠孝至性，天植不移。自擬所南，人亦韙之。間取二書，附以羣籍，斷以己意，纂爲《建文年譜》。纔一披閲，本末了然，英靈在天，呼之或出。吾知此編，薄夫讀之必敦，頑夫讀之必廉，懦夫讀之必有立志。但勿令鄙夫讀之，彼肺肝中患得患失，昏迷潰亂，醜正護前，非獨二書疑爲贋本，將並疑方、景、鐵、練爲世所必無之人，其所行事爲世間必無之事，而又何可救藥？則先生婆心至此亦窮矣。

先生著述甚富，兩郎君皆矯矯自好，能世其學。予幸得受交于先生，因得讀其《石室談詩》。既而于琨石社兄所讀此《年譜》，並得讀《藏書論斷》、《正氣論辯》、《歷年詩史》諸書，鴻文巨章，真非腐儒所能夢見。而《詩史》尤奇傑，與是編

相爲表裏，駸駸乎伯仲文山矣。嗟乎！以先生之才之學，使用于盛世，典籍蘭臺，其于黼黻帝治，不朽大業裕如也。不幸遭時變亂，齎志莫展，僅僅托之著述以傳，而猶有未敢昌言者。半吐半茹，欲歌欲泣，略見之所和詩篇及論辯中。裨益名教，功良高心，亦良苦矣。因是更有痛心者。先皇帝聰明睿智，千古誼辟，莫之或先也。會值陽九，至于大故，視之遜國，慘毒彌甚。吾恐後世姦人弄筆，必有掩匿先帝之大德，媒蘖先帝之小過，以阿匼詭隨，取媚當世者。小臣世受國恩，思彙輯故實，作爲《崇禎聖政》一書。而兵燹屢經，散失殆盡，匿影山谷，聞見闕如。每有訪求，多避諱掯捂，無敢誦言成之者。孤衷悲憤，瘋思泣血，是安得如先生者起而力任此事，以傳一代之信史，非獨功在先皇帝，即二祖列宗實式憑之矣。因閱是編，掩卷而歎。

趙士喆《建文年譜》卷首《序》　《建文年譜》者，譜建文帝之年也。然則何以謂之師？遵帝命也。史仲彬著《致身録》，程濟著《從亡隨筆》，皆以師稱。予爲是譜，本諸二子之書也。師享壽六十有四，始于洪武之丁巳，終于正統之庚申。每年注師若干歲，此譜例也。著其歲數，則稱師。在位四年，紀其行事，則稱帝。帝遜位乃大書師，據實正名，《春秋》之法也。癸未以還，歲首必書師所在，竊取《春秋》「公在乾侯」之義也。文章之士，揚扢先朝，或辨同異，或評得失，采其言之有當者，各係其事，附以草莽臣臆説，猶史家之有論、贊，綱目之有發明也。或者謂稱師近褻。在从亡諸臣則可，在他人則不可。嗟嗟！天地君親師，等耳。古人有言曰：「民生在三，事之如一，唯其所在則致死焉。」昔我先師，賢于堯舜，無其位。及門皆王佐之才，爲之疏附者有之，爲之先後者有之，爲之奔走禦侮者有之，東西南北不言勞，伐木圍匡而弗之懼。至歸老洙泗，眷懷陳蔡，則夫子悵肰以悲。顔淵死，子曰：「天喪予。」子路死，曰：「天祝予。」其一時師弟之情，豈末世君臣所敢望哉？古之于君師合以義者也，今之于君師合以利者也。義相均而利相遠，是以君臣重而師弟輕。居平無事，其臣甚賤，主甚尊，奴隸視臣，臣亦自甘爲奴隸。一朝勢變，掉臂去之不復顧。晚近以來不復有師弟，而亦不復有君臣久矣。惟我太祖高皇帝神聖開天，褒死節，釋纍臣，舉逸民，興學較，培養士氣者四十餘年。爰及懿文，尊師重道。兼之少帝崇古好賢，父子君臣，藹然道義相師友，故一時忠烈，冠絶古今。如方、陳、鐵、練之儔，九族同灰，天地亦爲之震動。其扈从諸臣流離瑣尾，萬死一生。如賢、能、濟之跬步弗離，淮、直、雪、彬奔走往來瘴雨蠻煙之外。即七十子之匪兕匪虎，率彼曠野者，何以尚兹，而利害之相縣有百倍者。至濟病，師爲之煑粥；彬歸，師送之失聲。立亡臣之主于庵，歲時致祭。若此者，合以利乎？合以義乎？蓋嘗論之，孔子以師弟寓君臣，建文易君臣爲師弟。其至性皆兼乎父子。故師弟無父子之恩者，不可爲師弟；君臣無師弟之義者，亦不可以爲君臣。益信師與君親無二致。彼謂稱師爲近褻者，吾未必其能尊君也。

自昔壬午迄今辛巳，甲子四周，蓋二百四十載矣。義士仁人，歎息追思，如旬日事。其抗疏著書，議復尊號者不一。倘天牖聖明，慨焉發不世之詔，詔禮官立廟，追崇如景皇故事，自寅至午，自應如楊文貞議，作一朝《實録》，藏皇史宬。其後之寄跡緇黄、徘徊山水者，聊存此譜，以當起居注可也。

趙士喆《建文年譜》卷末《年譜辨疑》　是書之作，原以破千古之疑。然終有可疑者四，予反覆推求而得其説，既確有以自信，而不能必後人之皆信也。作《辨疑》。

或問乎臣喆曰：子爲是譜，本諸史、程二太史之書。然則二子之書可盡信耶？曰：未必然也。二子之所記，原不盡合。其合者不得不信，其不合者未可盡信，未可盡疑；尤不可偏主一家之説。蓋記事屬詞，偶有疑誤，遂致參差，疑以傳疑，亦足見二書之不相依附。其大者若合符節，則不謀而同耳。

曰：是則然矣。乃吾于庚申之事而更有所不可解。夫《歸妹》之卜，程濟之所謂大凶，是耶？非耶？帝歸未久，奄忽告終，則大凶驗矣。濟既明言，帝胡不懼？濟又何以不固争也。曰：嗟！吉凶之際，難言哉！難言哉！《易》有之曰：「小貞吉，大貞凶。」又曰：「過涉滅頂，凶無咎。」故義之所在，有凶不必避者，唯得正而斃焉，斯已矣。以濟之神于《易》數，不減青田，其所知者，建文往必不返，故止其行。建文素精于禄命，自知其大數告終。歸亦死，不歸亦死。死于荒山，與溝瀆自經者等，孰與夫歸身闕下，杖履翩然，使天下知我之遜位而去，不失避賢，投老而歸，彌彰忘怨，父子君臣之兩無憾也。

曰：若然，則帝之終也果無燭斧之疑與？曰：事本難明，以理斷之，則決不爾。蓋文皇之有天下，祖孫相繼，垂四十年。建文癃病，無他志，雖庸人可以無疑。況仁、宣二帝聖德彰聞，英廟冲齡，三楊柄國，而肎有意外之異圖耶？故謂建文之終，待之未盡善則可，謂不以考終則不可。此亦輕重之權衡，而曲直之繩墨也。

然則僧之詭爲帝何居？曰：是別有説焉。夫詭爲帝者，非假子輿希非望

也。彼蓋因寺壁之詩爲人所覺，故願以身代。若此僧者，亦从亡諸臣之流亞歟？繇此觀之，濟所謂凶信非無據。師之不避，其見自高。濟不固爭，亦有竊于此耳。不然，胡迎居西內，濟自以爲臣職終耶？

曰：子之論建文之歸，吾既得聞命矣。至于論从亡之臣，揄揚不置，殉難之臣，若有所不滿者，何居？曰：非敢然也。微箕之生，比干之死，夫子皆許其爲仁。建文遜位，羣臣之引去者四百餘人，死難者將近百人，从亡者二十餘人，幽囚不屈者魏國公一人，視殷仁十倍過之。其所不足者，才耳。然才實未嘗不足。若魏國之用兵，依稀郭李；鐵鉉之固守，不下張巡。如卓如高，其先見遠謀，足方賈誼。劉氏子大有父風，使得居將相之位，盡展厥猷，何至以高皇全盛之金甌，未及五載而天子爲比丘哉？予固不敢于从亡殉難妄有低昂，然殉難諸臣自有低昂之不一。國初咸目爲姦黨，稔知其事者咋指吐舌而不敢道；今日則號稱忠烈，傳聞其事者擊節贊歎而無所分，則皆過也。善乎彭惠安韶《哀江南》詩曰：「神儲早謝世，太孫推正嫡。嫌隙日以開，讒言肆罔極。居然尾不掉，大都埶偶國。時有黃奉常，輕佻故無匹。踪跡類叔文，論事時造膝。一旦削侯王，匆皇何太亟。遷人暗大體，國釁此焉積。漁陽動地來，六軍盡股栗。齊公大司馬，折衝乃其職。內相方夫子，樞機資密勿。又有黃門陳，自少稱英特。之死矢靡他，鼎鑊甘如飴。所貴賢士模，萬段安足卹。後來奸佞儒，巧言自粉飾。叩頭乞餘生，無乃非直筆。」三復此詩，平心正論，詞追風雅，義取《春秋》，此不獨殉難諸臣聞之心折，二祖在天，或者亦首肎于其言耶？

予聞方、鐵諸臣事，心竊壯之，恨不得建文出亡本末。既獲讀二子之書，驚喜欲狂，以爲奇遘。喟然發憤，而爲茲譜。自春涉夏，編纂粗成，遂詮論辯之言附于提綱之後。時辛巳小暑前三日也

《明史》卷四《惠帝紀》 贊曰：惠帝天資仁厚，踐阼之初，親賢好學，召用方孝孺等。典章制度，鋭意復古。嘗因病晏朝，尹昌隆進諫，即深自引咎，宣其疏於中外。又除軍衛單丁，減蘇、松重賦，皆惠民之大者。乃革命而後，紀年復稱洪武，嗣是子孫臣庶以紀載爲嫌，草野傳疑，不無訛謬。更越聖朝，得經論定，尊名壹惠，君德用彰，懿哉。

藝文

尤侗《西堂詩集·擬明史樂府·遜國怨》 半邊月兒雲中落，四年天子作行脚。度牒緇衣遺篋叢，我家故物還皇覺。魚服蒙塵數十秋，從亡義士幾人留。新蒲細柳年年恨，斷鵑哀猿處處愁。聞說新朝三易主，蕭然白髮生鑾府。山河錦繡屬他家，猶戀首丘一抔土。昔日朝班侍從稀，故宮阿監獨沾衣。西風怕上朝元閣，南望傷心見燕飛。我謂老僧歸來誤，燕山不是鍾山樹。蒼梧雲密蜀江深，何地不藏舊君墓。

建文帝頭顛偏，太祖撫之曰：「半邊月兒。」金川失守，內臣王鉞捧太祖遺篋至，有度牒衣帽，遂披剃出亡。正統五年，至廣西思恩府自陳，送至京，命太監吳亮驗視。帝曰：「吾昔御便殿，食子鵞，棄片肉于地。汝手執壺據地餂之，尚記否耶？」亮伏地慟哭歸而自縊。乃迎入西內，稱老佛。歿，葬西山，不封不樹。

徐世昌《晚晴簃詩彙》卷三《建文遜國》 燕藩兵禍因，太祖計謀誤。既有英雄兒，弱孫豈可付。北師抵南京，獻門景隆附。火起疑自焚，遜國實無據。爲僧說荒唐，駐錫竟何處。欲掩篡弑名，流言任傳布。

方孝孺部

綜述

《明史》卷一四一《方孝孺傳》 方孝孺，字希直，一字希古，寧海人。父克勤，洪武中循吏，自有傳。孝孺幼警敏，雙眸炯炯，讀書日盈寸，鄉人目爲「小韓子」。長從宋濂學，濂門下知名士皆出其下，先輩胡翰、蘇伯衡亦自謂弗如。孝孺顧末視文藝，恒以明王道、致太平爲己任。嘗卧病，絶糧，家人以告，笑曰：「古人三旬九食，貧豈獨我哉。」父克勤坐「空印」事誅，扶喪歸葬，哀動行路。既免喪，復從濂卒業。

洪武十五年，以吴沉、揭樞薦，召見。太祖喜其舉止端整，謂皇太子曰：「此莊士，當老其才。」禮遣還。後爲讎家所連，逮至京，太祖見其名，釋之。二十五年，又以薦召至。太祖曰：「今非用孝孺時。」除漢中教授，日與諸生講學不倦。蜀獻王聞其賢，聘爲世子師。每見，陳説道德。王尊以殊禮，名其讀書之廬曰「正學」。

及惠帝即位，召爲翰林侍講。明年遷侍講學士，國家大政事輒咨之。帝好讀書，每有疑即召使講解。臨朝奏事，臣僚面議可否，或命孝孺就扆前批答。時修《太祖實録》及《類要》諸書，孝孺皆爲總裁。更定官制，孝孺改文學博士。燕兵起，廷議討之，詔檄皆出其手。

建文三年，燕兵掠大名。王聞齊、黄已竄，上書請罷盛庸、吴傑、平安兵。孝孺建議曰：「燕兵久頓大名，天暑雨，當不戰自疲。急令遼東諸將入山海關攻永平，真定諸將渡盧溝擣北平，彼必歸救。我以大兵躡其後，可成擒也。今其奏事適至，宜且與報書，往返踰月，使其將士心懈。我謀定勢合，進而蹴之，不難矣。」帝以爲然。命孝孺草詔，遣大理寺少卿薛嵓馳報燕，盡赦燕罪，使罷兵歸藩。又爲宣諭數千言授嵓，持至燕軍中，密散諸將士。比至，嵓匿宣諭不敢出，燕王亦不奉詔。

五月，吴傑、平安、盛庸發兵擾燕餉道。燕王復遣指揮武勝上書伸前請。帝將許之，孝孺曰：「兵罷，不可復聚，願毋爲所惑。」帝乃誅勝以絶燕。未幾，燕兵掠沛縣，燒糧艘。時河北師老無功，而德州又饋餉道絶，孝孺深以爲憂。以燕世子仁厚，其弟高煦狡譎，有寵於燕王，嘗欲奪嫡，謀以計間之，使内亂。乃建議白帝，遣錦衣衛千户張安齎璽書往北平賜世子，世子得書不啓封，並安送燕軍前，間不得行。

明年五月，燕兵至江北，帝下詔徵四方兵。孝孺曰：「事急矣。遣人許以割地，稽延數日，東南募兵漸集，北軍不長舟楫，決戰江上，勝負未可知也。」帝遣慶成郡主往燕軍，陳其説，燕王不聽。帝命諸將集舟師江上，而陳瑄以戰艦降燕，燕兵遂渡江。時六月乙卯也。帝憂懼，或勸帝他幸，圖興復。孝孺力請守京城以待援兵，即事不濟，當死社稷。乙丑，金川門啓，燕兵入，帝自焚。是日，孝孺被執下獄。

先是，成祖發北平，姚廣孝以孝孺爲託，曰：「城下之日，彼必不降，幸勿殺之。殺孝孺，天下讀書種子絶矣。」成祖頷之。至是欲使草詔，召至，悲慟聲徹殿陛。成祖降榻勞曰：「先生毋自苦，予欲法周公輔成王耳。」孝孺曰：「成王安在？」成祖曰：「彼自焚死。」孝孺曰：「何不立成王之子？」成祖曰：「國賴長君。」孝孺曰：「何不立成王之弟？」成祖曰：「此朕家事。」顧左右授筆札，曰：「詔天下，非先生草不可。」孝孺投筆於地，且哭且罵曰：「死即死耳，詔不可草。」成祖怒，命磔諸市。孝孺慨然就死，作絶命詞曰：「天降亂離兮孰知其由，奸臣得計兮謀國用猶。忠臣發憤兮血淚交流，以此殉君兮抑又何求。嗚呼哀哉兮庶不我尤。」時年四十有六。其門人德慶侯廖永忠之孫鏞與其弟銘檢遺骸瘞聚寶門外山上。

孝孺有兄孝聞，力學篤行，先孝孺死。弟孝友與孝孺同就戮，亦賦詩一章而死。妻鄭及二子中憲、中愈先自經死，二女投秦淮河死。

孝孺工文章，醇深雄邁。每一篇出，海内争相傳誦。永樂中，藏孝孺文者罪至死，門人王稌潛録爲《侯城集》，故後得行於世。

仁宗即位，諭禮部：「建文諸臣，已蒙顯戮，家屬籍在官者，悉宥爲民，還其田土。其外親戍邊者，留一人戍所，餘放還。」萬曆十三年三月釋坐孝孺謫戍者後裔，浙江、江西、福建、四川、廣東凡千三百餘人。而孝孺絶無後，惟克勤弟克家有子曰孝復，洪武二十五年嘗上書闕下，請減信國公湯和所加寧海賦，謫戍慶遠衛，以軍籍獲免。孝復子琬，後亦得釋爲民。世宗時，松江人俞斌自稱孝孺

後，一時士大夫信之，爲纂《歸宗録》。既而方氏察其僞，言於官，乃已。神宗初，有詔褒録建文忠臣，建表忠祠於南京，首徐輝祖，次孝孺云。

孝孺之死，宗族親友前後坐誅者數百人。

焦竑《國朝獻征録》卷二〇鄭曉《文學博士方公孝孺傳》 方孝孺，字希直，一字希古，台寧海人。父克勤，元末隱居，國初守濟寧，有惠政。

公幼精敏絶倫，雙眸炯炯，日讀書積寸，爲文雄邁醇深，鄉人呼爲「小韓子」。年十四五，侍父宦遊齊魯間，歷覽孔子、周公廟宅，問陋巷舞雩所在。從宋濂游，同門多天下名士，一旦盡出其下，先輩如胡翰、蘇伯衡，皆自謂弗如公。顧末視文藝，恒以明王道闢異端爲己任。進修所詣，月異而歲不同，世咸以爲程、朱復出。嘗卧病絶糧，家人以告，笑曰：「古人三旬九食，窮豈獨我哉？」

洪武十五年，以吴沉、揭樞薦，召見。上嘉其舉動端整，謂皇孫曰：「此莊士，當老其才輔汝。」遣還鄉。會讎家得罪，詞連公，籍其家，械送闕下。上識公名，特開釋，令奉祖母挈妻子還。二十五年，又薦，召至，上曰：「今非用孝孺時。」稍擢漢中府學教授，日與諸生講明聖學。蜀獻王聞其賢，聘爲世子師。公每見，必陳説道德。王喜甚，講經論文無虚日，爲名其讀書之廬曰「正學」。

皇太孫即位初，廷臣交薦，召授翰林博士，進侍講，尋陞侍講學士。暨董倫經延，備顧問。公德望素隆，一時倚重。凡將相大政，議輒咨公。上好讀書，每有疑，即召使講解。臨朝奏事，臣僚面議可否，必命公就扆前批答。公嘗作《書事詩》曰：「斧扆臨軒几硯間，春風和氣滿龍顔。細聽天語揮毫久，攜得香煙兩袖還。」又曰：「風軟彤庭尚薄寒，御爐香繞玉欄干。黄門忽報文淵閣，天子看書召講官。」時大召名儒修《太祖實録》及《類要》諸書，公爲總裁。會改謹身殿名正心，公獻銘。作「凝命神寶」，公又獻頌，皆規正君德。比定官制，改公爲文學博士。

靖難兵起，日召謀議，詔檄皆出公手。兵既渡淮，及江上，晝策堅守，誓死社稷。建文君遜去，文皇以姚廣孝言召用，公不肯屈，繫獄。一日，遣人諭再三，終不從。又召公草詔。及見，悲慟徹殿陛，上降榻勞曰：「先生無勞苦，余欲法周公輔成王耳。」公曰：「成王今安在？」文皇曰：「渠自焚死。」公曰：「成王即不存，何不立成王之子？」文皇曰：「國賴長君。」公曰：「何不立成王之弟？」文皇又曰：「先生無過勞苦。」置左右授筆札。又曰：「詔天下，非先生草不可。」公大批數字云云，投筆於地，又大哭，且駡且哭，曰：「死即死，詔不可草。」文皇大怒，命磔諸市。公慨然就戮，爲絶命詞，曰：「天降亂離兮孰知其由，奸臣得計兮謀國用猶。忠臣發憤兮血淚交流，以此徇君兮抑又何求？嗚呼哀哉兮庶不我尤。」年四十六。復詔收其妻鄭。【略】

仁宗即位之歲，十一月，召禮部尚書吕震與御劄曰：「建文中奸臣正犯，悉受顯戮。其家屬初發教坊司、錦衣衛、浣衣局，習匠功臣家爲奴，今存者，既經大赦，並宥爲民，給還田土。」尋撰長陵神功聖德碑文，稱建文君雖迫廢，猶書其没曰「崩」；當其在位，猶尊之曰「朝廷」。又諭羣臣曰：「若方孝孺輩，皆忠臣。」詔從寬典，於是天下始敢稱孝孺諸死義者爲忠臣云。《今言》

雜録

備録

葉盛《水東日記》卷八 嘗聞宋景濂先生過佛寺，方孝孺實從，先生見佛參拜，孝孺不爲禮。或以爲請，先生曰：「後生未到老夫田地故耳。」先生豈亦主尹和静拜觀音之説耶？

焦竑《玉堂叢語》卷一 方正學父克勤，洪武初，爲濟寧州。有誣以擅用倉中炭葦者，被逮。正學上書政府，願以身從軍，贖父罪，不報，竟謫江浦。會空印事起，吏又誣及克勤，正學復草疏，將伏闕訴之，而克勤没於京師。論者謂正學平生，臣子兩遂，忠孝竝弘。

焦竑《玉堂叢語》卷五 方孝孺在宋濂門爲高第弟子，從濂後，每私居念及，或見其手跡，或談及濂事，輒涕泣。既官漢中，其家不能存，言於蜀王，厚撫卹之。墓在夔，每舟次夔，必往祭墓下，慟哭移時乃去。

焦竑《玉堂叢語》卷七 方孝孺髫齔已善屬文，雙眸炯炯如電，讀書十行俱下，日積寸許。見典册所載聖賢名字，或良將相形貌，輒默記，欣然有願慕之志，鄉人呼爲小韓子。

梁維樞《玉劍尊聞》卷五 方孝孺，字希直，一字希古，寧海人。父克勤，知濟寧府事。孝孺少從宋濂遊，鄉人呼小韓子，後濂以罪徙蜀，孝孺欲往省不得，

爲文籲天，願輸壽以延之。居常以明王道，闢異端爲己任。洪武中，召至京，高皇帝見其舉動端肅，謂皇太子曰：「此莊士也，當老其才以輔汝。」孝孺歸，授徒石鏡精舍，若將終身。後復召至，除漢中教授，昧爽至暮，升席講解，由是山郡皆知向學，號稱正學先生。皇太孫立，召爲文學博士，靖難兵起，晝策堅守。建文皇帝遜去，文皇帝召草詔，孝孺持斬衰服，悲慟聲徹殿陛，上親降榻慰諭之曰：「先生毋苦。」命左右授筆札，孝孺投筆於地，且哭且罵，上大怒，磔諸市，夷其族八百四十七人。

備論

方孝孺《遜志齋外集》卷下朱國楨《方桐義舉碑記》 正學先生既殁二百三十餘年，學士大夫慕義者，習遺骸故事，即聚寶山，樹之，祠之，碑之，吊且録之。大司寇趙公建議每歲首祭而餕之，勒慕義姓名于碑石，以益鼓其後。司成氏爲之記，曰：

此文皇帝之意也。當夫金川啓鑰，皇祚頓移，固曰此家事，曰「周公輔成王」。成王而既逸矣，新主舊臣，先生不得不死，文皇不得不殺。先生以一死自誓，衰麻號哭，計不返顧。文皇帝以必殺之心，脅以必留之勢，先生即欲自死快死，亦何可得？是八百七十三人者，斷肢交首于前，愈殺愈勁，愈勁愈殺，辟如隤山之丸，勢不得中止。蓋至血肉已盡，形影都消，死者浩然死，生者忿然桀然，怒不少殺，而其計其威固已窮矣。窮則悔，悔則思，亦寧不怛焉若喪，曰奈何以家事累若曹，而特不可以告人。萬機之暇，進而孝陵，又轉而東，又四顧天下，躇躇蠢蠢，敢誹而不敢書，敢書而不敢出，終無以釋然于天下。于是偷文競武，驅虜遷都，終其身不敢自逸，甚至殉榆川之役，曰吾本無利于天下，諸君子何自苦爲？蓋二百年來，恬熙無事，狩而還，斷而續，追唐虞三代之盛，則文皇帝之功，而先生及諸死節者憤激之力也。夫忠臣孝子所以糜爛不同者，豈惟千秋日月之名？其心謂不如是，天軸絶，地維折，人類滅，故決然以一絲爲係，期于安天下而止。今文皇帝之功可以謝太祖，即可以謝成王與先生。遺詔特祠，正是善繼之大。而先生以一死安天下，其魂魄所之，太虚來往，任夫自逃自續，與後之人自憐自歌，自碑自記，而終無怨于殺者。夫張、許不能昌唐，文、陸諸公終不能留宋，而先生獨以聚寶一片地，固有明萬世之業，豈非亘古亘今忠臣之第一乎？先生浙人，浙之宦于南者，協然倡助。其遺胤在台者，台人感愴，悉還其故址。固知後之衮衮市義者，直窮終古，而數君子其嚆矢也。

方孝孺《遜志齋外集》卷下趙參魯《題方正學先生嗣墓録》 嗚呼！先生死事後，遺蜕不敢顯收，姓名不敢聚問，史臣不敢直書。今合諸死事而表爲忠祠，亦既被恩曠矣。而好義弔古者又求先生死所，而表爲墓，且爲之耑祠，而置祭田焉。又爲之亭，以憑仰止舒嘯。又爲之侈其篇什，以致咨嗟咏嘆。于是集吾鄉之士大夫，期以每歲首會祭，而宴餕于祠中，因以徘徊墓下，恍然先生英爽遠在列星河嶽，而乍若近在兹丘，洋洋乎盛矣！其視昔不敢收，且不敢問，不敢書也，顯晦何啻霄壤？

蓋竊嘗論之。厥初金川不守，火起大内，天命有興，胡然無廢。歸附者生，違拒者死。既辭草詔，載觸威嚴，糜身夷族，心固甘之，分亦宜爾。譬之迅雷轟霆，潛底震動，物有相遭，靡不焦碎，彼一時也。及其殺運既除，國是大定，熙洽之久，禁網闊疏。今皇御宇，善繼厥志，見謂周頑，孰非殷義？登極一詔，德意甫宣，羣情胥奮，諸所表建，象指聿新，譬之凍極春回，風和日霽，幽遐闇汐，得耀光明，此一時也。時之晦也，人心惕慄，先生無懼；時之顯也，人心豫悦，先生不聞。時非聖人之所能爲，而總之皆天也。顧顯晦無加損於先生，而有關於列聖知人之哲，則烏可令先生晦而弗顯？蓋昔太祖召見，目爲莊士，復稱異人。仁宗即位，許之忠臣，旋開黨禁。且當抗詞拒命之時，即文皇亦洞其肝膽，而慰諭再三。然則先生之忠成之自文皇，表之自今上，而太祖與仁宗寔後先篤注，而遜國魚水之投更無論矣。是故表先生所以表列聖之知，而匪臣下所敢私也。迺世之爲先生惜者，謂生不效鼂大夫削國之謀，未必及君於難。又謂死能同周廣文自經之智，庶幾禍止其身。嗟乎！千秋尚論，是或一道。竊意先生所以處此，籌之必熟。蓋難言哉！今日安可險度？而今日之崇祀先生，要以風天下臣子，使知義無所可逃，它無一可。顧謀不必其周旋，而必於盡瘁；智不必其巧避，而必於得仁。雖上有順天應人之聖主，下有攀龍附鳳之良朋，而終不容以易面二心，借托於夷吾、王魏，以玷缺倫彝。今自靖難以來二百餘載，三綱明，九法振，凛然君君臣臣，將垂之萬世無窮。明良固幸際乎，而忠義所維，殆亦先生嘿有助焉。用知先生之精誠浩氣，磅礴宇宙，而豈區區一俎豆，一丘阜間哉？然而俎豆丘阜，足寄遐思，則是録烏可已也。

黄佐《革除遺事》卷四　孝孺爲人和粹直諒，事親孝，處師友尤篤恩義。克勤守濟寧時被誣，謫戍江浦，上書乞以身代父役，不報。宋濂歿于夔州，孝孺自漢中走荆榛，往祭其墓，且言之王軫，卹孤嫠備至。與林右王叔英、王紳、郭濬、劉浩、葉見泰諸名士友善，切劘必以道義。被薦時叔英與之書，大率以時措之宜爲言，深然之，故其爲政大協時望。比其死也，人多悼惜之。孝儒學術得之家庭，而源流於伊洛，文章大類蘇氏，而正論過之。

薛應旂《方山薛先生全集》卷二七《方遜志先生祠堂碑》　余嘗讀《易》，至《革》之彖曰：「湯武革命，順乎天而應乎人。」未嘗不歎聖人之克相上帝，勤恤民隱，至以身冒忌諱而不顧也。及觀《魯論》之稱夷齊也，曰：「求仁得仁又何怨？」則又嘆曰：嗚呼！仲尼之意深矣。稱湯武以立生民之命，仁夷齊以正君臣之義，化裁達變，貞固立本，夫固各有攸當，而不可以執一論也。噫，夷齊遠矣，詎謂千百世之下有如先生之所值者乎？

先生姓方氏，諱孝孺，字希直，遜志其别號也。居緱城，里人又稱爲緱城先生。父諱克勤，從事聖賢之學，先生寔其仲子。淵源所漸，日擴而大，其出處本末，則耆儒父老往往能言其事。然亦有傳，有遺事，有尊鄉録，有補國史之議，有春秋俎豆之請，夫既或述之矣。吾獨悲夫先生之所值者，夷齊之時；所執者，夷齊之見，而獨無太公爲之一引援，其死獨慘於夷齊也。昔武王觀兵孟津，諸侯不期而會者八百，君子篚厥玄黄，小人壺漿簞食，凡紹王而見休者，蓋已盡乎天下之人矣。孤竹二子獨爲叩馬之諫，至謂之不仁不孝。維師尚父，時維鷹揚，血流漂杵，前途倒戈，何有於二子哉？而顧扶而去之，俾弗罹於左右之兵也。蓋武王，義兵也；二子，義士也。太公之扶，亦各從其義也。周家卜世三十，歷年八百，雖至叔季之微，猶爲天下共主。而方伯之强，諸侯之僭，環視而不敢誰何者，夫亦以名義所在，等於天地，明於日月，威於雷電，凛於鬼神，洋洋乎鼓舞羣動，整齊六合，制御八荒，攝伏庶慝，俾夫涣者萃，離者合，强梁者沮，徂詐者息，而如綫之緒，猶得維持於數十年而不壞者，謂非夷齊之諫，太公之扶有以爲之所耶？然首陽之卧，采薇之歌，慷慨之士至今扼腕。史遷亦謂其積仁潔行，深悲不得其所，而有惑於天道之報施。其歎息痛恨之意，蓋直浮於言外矣。使其視先生之死，吾又不知其當何如以立言也。然夷齊得夫子而名益彰，先生附夷齊而義益烈。千百世而下，猶凛凛有生氣，則先生之於夷齊均爲不死者矣。

寧海舊建祠於緱城里，祀先生父子。嘉靖丙申，懷遠楊君時秀令茲邑，謂緱城舊祠僻在海島，規制未愜，無以昭示前修，興起後學。遂進諸生楊天倫輩，議毁卧龍山三官祠改建。請諸巡按御史張君景，允其議。凡爲堂若干楹，俊廳若干楹，東西廡若干楹，最外爲牌門一，其碑亭二，則又在牌門之外，幾越月而工告成。楊君與余同舉進士，至是又同官留都，且以余嘗知慈谿，而與聞斯舉也，因屬爲文，勒諸石。余敬次數語，而繫以迎神送神之歌。歌曰：「坎其擊鼓，卧龍之陽。牲牷蕩滌，蕭合馨香。神之來思，英風載揚。恍惚及交，涉降在堂。光騰烈日，凛肅嚴霜。歌以迎神，于豆于觴。」又歌曰：「紛再拜兮，廢徹趨蹌。禮成焚瘞，感激衷腸。靈之往矣，旋駕洪茫。于彼于此，無體無方。河嶽流峙，列宿寒芒。歌以送神，地久天長。」

袁袠《皇明獻實》　袁袠曰：昔管仲不死子糾，王魏不死建成，而卒爲霸王之佐，有大功，然《春秋》不以召忽之死爲非也。夫食人之食者，死人之事。方公雖得慘禍，惡可少之哉？文皇帝他日有曰：「彼食其禄，自盡其心爾。」而昭皇帝亦曰：「若方孝孺輩，皆忠臣也。」大哉王言。觀此，則諸公之死得失明矣。袁袠曰：「方孝孺之於文皇，湯武之夷齊也。」

張瀚《松窗夢語》卷四　文大類蘇氏，而正論過之。其心慕古，欲舉王政於今。若死節一事，則成仁取義，之死靡悔，迄今人人能言之，不可泯滅已。

鄧球《皇明泳化類編・人物》卷四九　論曰：希直之志學才華，駕劉、宋無議也。然學以博古而少變，不足震令而頗僻，得知己之言而不省，當焚溺之勢而迂闊粉飾。比其死也，不同周是脩輩即自盡，而激烈延禍。孔子嘆由之不得其死，豈非以其傷於勇耶？雖然，使遇主於太平之世，則其風猷贊議必有可傳者矣，君子以故爲希直惜也。

王世貞《讀書後》卷四《書方正學文集後》　正學先生之死義，天下之人能壯之，而又能痛之。當是時，人主不勝一念之憤，屠僇其宗戚，以至朋友之屬，無所不株累，片紙隻字，皆有厲禁。然其文固已鳩于三十年之餘，而大行于百年之後。然後知萬乘之威，不能與匹夫匹婦争勝者，此是也。

先生之學出于宋文憲，不能如文憲之博，而純則過之。其文則不盡出文憲，所自托在昌黎氏，而不能脱蘇氏窠臼。大較飛湍瀑流之勢多，而煙波瀠洄之意少。持論則甚正，而微涉迂。要非孔孟之書弗讀，非濂、洛、關、閩之學弗道。而至一節之士，如周孟橋、楊云敞、孔璋輩津津稱之不容口。異日經濟之不盡，亢而以致命遂志終，固其托寄樹立然也。建文魚水之契，于集中亦一二見之。笮齊、

黄日夜不遑寢息，以成燕之禍。禍成，而委之先生，以一木而支大厦之任，良可歎也。集中林嘉猷者，先生門人，建文中爲按察僉事。先生使之行燕世子間，亦甚奇。審爾則必不使先生草即位詔，即不指斥，亦必不免。若乃至東市而哀憤伉厲，固不特一先生也。世之哀先生者，或過有所褒飾，然不失爲志士。而國史成于宣廟時，似亦可以已矣。而曰孝孺叩頭求哀，命執之。嗚呼！彼寧叩頭者哉？

李贄《續藏書》卷五　李禿翁曰：「太祖初見孝孺，喜其舉止端整，曰：『此莊士，當老其才。』且勑還家。既十年，又以薦得召，曰：『此未是用孝孺時。』嗚呼！我太祖豈但具有天眼，蓋真具正法眼矣。然唯太祖乃能用孝孺，使孝孺得用於太祖之時，則孝孺便成得一個好良臣。唯用於建文，故遂成一忠臣以死耳。嗚呼悲哉！雖然，才者材也。材於春夏則長養，材於霜雪則摧殘。人但知摧殘之易，而不知長養之亦易也。我太祖以神武定天下，非不時時招賢納士，而一不當則斥，一得罪則誅，蓋霜雪之用多，而摧殘之意亦甚不少。建文繼之，專一煦以陽春，而孝孺輩又爲太祖所留之人材，長養成就，日致亨通，拔茅連茹，隨彙並進，是以四年之內，皆成仗節死義之臣耳。故曰：『四方風動。』夫以孝孺爲之風，雖姚恭靖以一好殺之和尚，亦深勸文皇帝以勿殺。何者？一殺孝孺，則後來讀書者遂無種也。無種則忠義人材豈復更生乎？故建文之時，死難之臣，若此其盛者，以有孝孺風之，連茹拔之，而建文復以春温煦之耳。然在建文但可謂能長養死難之人材，而不可謂能長養輔弼之人材也。使建文果能長養輔弼之人材，則何難可死乎？我成祖又安能成一統之大業乎？」

李維楨《大泌山房文集》卷五六《方正學先生石墓記》　方正學先生殉節遘禍，于建文諸臣中最烈，而近日所以卹録章顯者亦最盛，其後人得自雲間最奇。于是雲間、金陵各有祠，以其後爲諸生典祠事。相傳廖氏子拾先生遺骸瘞聚寶山，新安汪公訪求故老得其處，封而識之，在今祠傍，祠以墓故建。而雲間處士徐鯨用石甃之，爲之華表，爲之除道，爲之畫界，諸謁祠展墓者不施哀而哀，不施敬而敬矣。先生九世孫諸生道行受臺檄，主金陵祠墓。造余言曰：「先人没二百餘年，而忠義寖著，有合祠，有特祠，列聖所褒叙，學士大夫所揚詡，休有烈光矣。維此一片肝腦塗地，其誰不傷心流涕者？徐君計久遠，使先人九京之魄若加肉于白骨，東北顧而大內，東南顧而孝陵，高帝與文子文孫陟降在天，先人忠魂儼然侍從其間。寢廟陵園上食奉酎，如將憫先人，而分巵酒杯羹之饗也。方氏萬子孫其何敢忘徐君之賜？所以墓謂之墲，子幸爲記之。」

余嘗稽古死諫死事之臣，若周于比干、齊于顔蠋、楚于巴蔓子、漢于温序，皆脩其墓爲臣鵠。其他若信陵、文翁、召父、盧植之屬，往往出上人弔古崇篤，非下意也。若蒼頡投刺，董江都下馬，延陵季子，南州高士，征虜度遼，掃除蹕域，有舉無廢，名德遺愛，衆心所屬，非一人手也。若擇葬而祔于蘧瑗，要離、西門豹，以古人取重，非爲古人地也。若侯巴、曹敞、趙曄、王忳、范式、繆形爲師友故舊營墓，非異代人也。若李翰請招魂葬張巡、盧志、黄橋，劉昌旌義懷忠，大抵將士鋒鏑喪亡，且上下同心爲之，非有諱禁也。若何點家園有卞忠貞冢，植花于側，每飲必舉酒酹之，非于家有功也。徐處士以貨殖起家，而慷慨好義，加隆方先生墓不遺餘力。上以補朝章德意之所未備，而下以啓風雨霜露、怵惕悽愴之思，樹高山景行、先民大猷之望，豈惡其聲而內交要譽？則忠義之所感深耳。夫墓有卜兆而厝之者，章臺之東，孤櫝之西，化鶴眠牛之類是矣。有遊樂而安之者，習欎魚池，曹植魚山，秦頡、鄧芝、范順、柳世隆之類是矣。有富貴而侈之者，丘虎池鯉，五丁翁仲，武擔、祁連、葛帔、南京兆阡，丹陽郭之類是矣。有任達而薄之者，成子高地不食，莊生萬物齎送，楊王孫羸葬之類是矣。有好名而傳者，龜筮繇辭，遺讖懸記，題甓勒銘，杜鄴、趙嘉之類是矣。有鬼神而憑之者，許子將、魯子敬、蘇韶、王濬託于夢寐，武里不舉火，石室聞異香，鼓角管絃，講習詠誦聲隱隱可聽之類是矣。有詐託而逃之者，曹瞞疑冢，桓温繆處，石虎僞陵之類是矣。然而時移勢替，兵燹焚掠，樵牧蹂躪，狐兔窟穴，荆榛蒙翳，其免于孟嘗雍門之悲者，誰與？方先生墓刀鋸菹醢，烏鳶螻蟻之餘也。昔曾不得蓬顆被尺土，至于今久而愈彰，遏而彌伸，是寧有異故哉？忠義者，天常地紀，民彝物則，永貞堅固，不劫不朽之物也。先生往矣，精忠大義塞兩間，並三光，即石有時以泐，陵谷有時以遷，而正氣英聲能使百世之下匹夫聞風興起，因是以見忠義爲人心同然。國家政教翔洽，雖草野中有行直道，扶清議，如徐處士其人者，良可紀也。

先生事國史野史，竹素碑板，不一書而足。與其立孤復姓，置祠與田之詳，別有紀録，不具論。

胡應麟《少室山房集》卷一一六《題方希古遜志齋集後》　余往述諸子辯，雜取唐宋文人遺論，訖本朝宋太史景濂、王長公元美，凡數十家，而竊以鄙意折衷之，弗能秘而行諸世。世之治諸子者，頗韙余言。當是時，獨方氏《遜志齋集》未覩也。癸酉春，客武林，邂逅是集龍丘賈人處，亟取閱之。中辯論諸子凡二卷，其

爲説，亡弗犁然當余心，即太史長公所論，有弗若是脗合者。中間稍稍矛盾，僅百之二三，餘合者幾不啻什八九矣。希直精忠大節，爛焉日月争光。諸所爲説，一原本六經，軌諸至道，余願爲執鞭弗可得。顧時時有合于余，余寡昧索居，自放人外，而私衷謬臆，亦時時有合希直者，此何以故也？後之君子欲以狂誕罪余，余且得藉口。若人以自進，亦因以考見余之困而能學，雖高賢大良，垂世之訓，而千慮所得，時或中焉。庸詎非吾生平至快極愉哉！因泚筆題諸簡末。

弇州文評云：「方希古源出眉山氏，才高，特少波瀾耳。」余讀之，其詞氣俊爽英發，特類大蘇。志傳簡勁有法，過之，而奏疏之屬不逮，表啓則遠矣。詩學太白，歌行時有近者，蓋亦眉山前轍，而不能如蘇之自得也。總之，子瞻才較大，希古才較偏。至學術之高明，識趣之閎粹，矢口成言，皭然一秉于正，如堂堂之陳，王者之師，直之無前，舉之無上，無論眉山父子，蓋三代而下，文章之士所未覩矣。

王長公謂：「國初之業，潛溪爲冠，烏傷稱輔。次及蘇平仲、胡仲申，皆吾郡産也。」又李獻吉《送徐昌穀歸吴門》詩云：「金華數子真絶倫。」意亦爾爾。然數君子皆産元末，且受業其人之門。浦陽閎才絶學，足盡掩虞、楊諸氏，而意調不甚相遠。忠文持論中窾，而南渡儒元語，時時錯之眉山，染説謍説，卓有秦漢風，他文率仍爾時舊習，仲申抑又靡焉。獨希古年視諸君子最少，與勝國文人夐弗相及，故其文一掃元調，追逼盛宋大家。惜其知名稍晚，旋殉節革除，志業鬱而未竟。篤而論之，國初自潛溪外，當首推也。

楊守勤《寧澹齋全集》卷二《方正學先生忠義遺編序》　余濫厠史館，竊聞諸史臣議，謂建文君年號朱復，廟號未正，爲一代缺典。史非以事關忌諱，恐於革除意相刺謬，則亦未鏡於文皇之亮先生矣。先生生平學問，終身履厝，惟要諸至是而止。當其力拒草詔之命，豈不知事勢已不可爲，氣勢已無可倚？而其心唯知死之爲是，生之爲非。爲君父死是，則爲戚鄙計非；爲萬古綱常死是，則爲一時利害計非，故不憚捐糜十族以殉之。禍不慘，不足名極忠；忠不烈，不足見先生也。蓋自古殉身赴難之士，正氣類足啟天壤，芳名類足耀簡策。然當更姓改步之日，分誼易辨；其於死生之際，猶易決。而靖難之役，從建文以報太祖，固忠也；從文皇以安太祖之天下，亦未始非忠也。「爲周公輔成王」一語，文皇寔委曲其詞，以順適先生，顯示權宜之路。使非信道不篤，爲義不必，稍一遲迴，後雖欲死，不可得已。故毅然就磔，而吾事已畢，尚復奚憾？夫以豫讓國士之報，先生深所不取。然宋儒猶謂其無所爲，而爲《大學》之道不過是。矧先生世憲殫亦以酹付托于生前，而慘夷殊死以答先靈于地下。孔子所稱「守死善道，至死不變」，微先生，誰歸焉？懿哉乎！文皇之言曰：「彼食其禄，自盡其心。」非止諸至是之謂歟！然則先生有心，文皇志之矣。彼其時寧不亦稍從寛假，以存貞臣，而畀之完節，成其極忠，抑亦藉以匡翼倫常，補扶闕陷，大聖人用意固未易窺測耶？嗣是仁宗特下寛典之諭，孝廟不罪表祠之請，夫非善體文皇之意而行之者？迨我皇上登極一詔，則不直先生大節益彰，而文皇心事亦若揭日月而行天矣。

先生死之日，血胤幾殄，遺骸不敢昵，片楮單詞不敢藏人間。乃今詩文如水行地焉而罔諱，所在穹祠封墓焉而罔諱，其一脈綫緒且得復胙竭宗焉而罔諱，而易名之典猶若有待。曾是值聖明之世，履不諱之朝，將使先生不獲與于忠肅同謚而泣祟耶！嗚呼！以先生明聖道，斥異端，仁爲己任，視死如歸，即從祀廟庭，當與程、朱輩揖讓俎豆之列。在世廟業已奪廣孝，今皇上何難躋先生？有如禮臣，博采輿論，達之宸扆，於先生詎有恡焉？而由是脩復建文位號，以備一代之實録，宏一代之鉅典，其自太祖、成祖而下，咸式靈之，以衍無期之曆，皆將以是編爲嚆矢，奚直於風化所俾匪尠也。余故因令君之請，而誦言之。令君試以質諸鄒先生，儻亦有合于先生之意否？

尹守衡《明史竊》卷五七　論曰：余觀方孝孺所著《越公子對》五千餘言，末言回也以布衣問爲邦，聖師韙之；子輿氏稱堯舜遊諸侯君子大之遂陳其志，以爲古先聖王之政，朝設誠而暮奏功。思深哉，不可謂非王佐才也。見謂迂闊而遠事情，然讀其《深慮論》十首，施爲大畧頗具。

談遷《國榷》卷一二　談遷曰：方正學烈矣。而議者謂其于建文無補濟，雖泥于古，然紛紛更制，未盡正學意也。道衍，忍人也。郊送文皇于北平，首請全正學，自有深服其心者，匪獨以文矣。文皇方藉口周公，而「成王之子」、「成王之弟」二語，無解于天下萬世。其威加十族，溢于常典，而不能折南史之簡，則以成敗論者舛也。

査繼佐《罪惟録》列傳卷九　論曰：幸而生正學靖難之年，而孝孺不死。即上曰老其才，將使雍容禮樂之間耳。倘輒受事，勢必議井田不合，投劾去。即否，諸周官紛更，去新莽幾何？然則北平不起，勢亦未能成太平，獨宜事君臣爲萬世作則耳。「種子」二字，姚禿一口道破，即奈何？仗所諂議，便欲燕山諸輩第

望見方袍闊巾，諏下拜引死罪也。大書數字云云，即古齊太史兄弟弗過。燕與子漢煦，雖成敗分，要是父子間相授受，兩不洗管蔡之名哉！建文遺臣題詩蛾眉亭，有「全身遠害」之句。陳建史論，謂當畢志金川乍啓大内初焚之日，可以無十族殃。夫正學正欲大其死，使後世曉然不得復以家事爲辭。故諸臣只自請，而正學迄殺八百七十三人而不悔；諸臣致其身，正學昭其義，大小之分，未可同日語矣。李文達謂正學師景濂，而忠義之氣，景濂不能及，誠確論也。獨方氏遺裔一節，弇州代爲作謊，而鄭端簡以「孫枝一葉」之語，亦並爲存疑。然所謂「方氏遺族」四字，不必正學後也。余秀洲已見弇州《復姓記》，而《吾學》不存，蓋其慎哉。朱太史以志淵實謝詩，謂軍籍弗連，且證其遺匾，自是余疑而爲俞，摘竄縣志之事敗，而正學無僞胤。國楨信筆，諸可一概抹也。夫一門節義，古册不幾見，妻鄭及子女四人，燕王誠不得而殺之矣，嗟乂去矜之所詒遠也。

盧演《方正學先生年譜》附盧演《方氏本末記畧》　按先生抗命時，金陵魏司寇澤謫甯海尉，匿先生幼子德宗，垂九歲。天台衿士余學夔徉狂行乞，迓公于城隅，口喃喃歌曰：「當年豫讓豈純臣，猶肯吞炭並漆身。堪笑今來執政者，叩頭新主乞恩綸。」又曰：「不慚周粟可偷生，首陽節義如飄萍。嚮日都俞今反目，區區尚願效程嬰。」以諷澤。澤心動，叱曰：「扶顛子去。」越兩日，又歌如前。澤知爲義人，潛託德宗於學夔，同家僮航海抵雲間，涉島嶼，歷青村諸鎮，織網捕魚得活。後學夔走華亭，依先生門下士俞祠部允，大參任勉亦醜金護持。易數寒暑，允甥德宗遂冒俞姓。比時黨禁未弛，俞公引嫌，尋改余姓，亦仍其所自來也。傳九世，有名采者，爲南昌司訓。臨海葉明經琰刺得其狀，欲置田宅，要司訓歸緱城，奉先生祀。其事未果。著《振發幽奇》以表志，弇州、麟洲各有傳畧。迨萬曆己酉，南學使楊公廷筠爲方氏復姓，建祠，牒嫡裔忠枝、忠奕、樹節、三人歸台。嗟嗟！少亡之子，城郭室廬猶不記憶，況二百餘年，煢煢孤裔，一旦返故里，謁先祠，其誰爲之扶掖乎？幸有文學翁櫝宿懷節俠，慨然仗義，延寓於家。凡可爲方氏地者，靡不勇奮圖之。嗚呼！前無魏、余，一綫奚託？後無翁、葉，百代誰歸？是四君子，雖天啓之以佑我先生，亦忠義素所蓄積也。今忠奕貢入大學試最，授井研縣令，多惠績。忠枝子振節己卯登賢書，四方欣欣，慶名賢之有後。振節子城與岳幼聰敏，屹屹有大志。謝文肅云：「孫枝一葉是君恩。」抑亦正學先生慘忠之報也歟？

黃士良《遜國神會録》卷上　論曰：鈎黨之禍，始於漢季。聖朝方隆盛治，而逆黨誅夷於前，奸黨誅戮於後，何其酷也！夫不賞之疑，浸而成逆，猶可言也。匹夫有志，抗而稱奸，則義士之扶去非乎！希直之族，益以游黨坐死，幾及千人，以視刊章捕治，收考遍天下，抑又甚矣。程濟載建文君遁蜀時，夜聞人述諸臣慘死事，泫然飲泣，曰：「吾獲罪於神明矣。諸人皆爲我也。」傷哉言乎！

黃宗羲《明儒學案》卷四三　先生直以聖賢自任，一切世俗之事，皆不關懷。朋友以文辭相問者，必告之以道，謂文不足爲也。入道之路，莫切於公私義利之辨，念慮之興，當静以察之。舍此不治，是猶縱盗於家，其餘無可爲力矣。其言周子之主静，主於仁義、中正，則未有不静，非强制其本心如木石然，而不能應物也，故聖人未嘗不動。謂聖功始于小學，作《幼儀》二十首。謂化民必自正家始，作《宗儀》九篇。謂王治尚德而緩刑，作《深慮論》十篇。謂道體事而無不在，列《雜誡》以自警。持守之嚴，剛大之氣，與紫陽真相伯仲，固爲有明之學祖也。先生之學，雖出自景濂氏，然得之家庭者居多。其父克勤，嘗專討鄉先達授受原委，寢食爲之幾廢者也。故景濂氏出入於二氏，先生以叛道者莫過於二氏，而釋氏尤甚，不憚放言驅斥，一時僧徒俱恨之。庸人之論先生者有二：以先生得君而無救於其亡。夫分封太過，七國之反，漢高祖釀之，成祖之天下，高皇帝授之，一成一敗。成祖之智勇十倍吴王濞，此不可以成敗而譽咎王室也。況先生未嘗當國，惠宗徒以經史見契耳。又以先生激烈已甚，致十族之酷。夫成祖天性刻薄，先生爲天下屬望，不得其草，則怨毒倒行，無所不至，不關先生之甚不甚也。不觀先生而外，其受禍如先生者，事皆已甚之所至乎，此但可委之無妄之運數耳。蔡虚齋曰：「如遜志者，蓋千載一人也。天地幸生斯人，而乃不終祐之，使斯人得竟爲人世用，天地果有知乎哉？痛言及此，使人直有追憾天地之心也。」乃知先正固自有定論也。

朱彝尊《曝書亭集》卷三四《遜志齋文鈔序》　孟子曰：「盡信書，則不如無書。」吾于武城取二三策而已矣。自昔帝王廢興之際，志節之士與事功之臣，所操各殊。彼見殺身成仁之難，往往高談受命之符，借人主刑賞之權，以怵天下後世，明己之全軀出于不獲已，蓋舊史之文多有失其實者。當文皇帝靖難師入，寧海方公首以縗絰見，悲憤激烈，寧斷其舌，赤其族，不肯少屈。史氏猶誣其叩頭以乞餘生，況其他哉？而傳者又載公有十族奈何之言，由是文皇並其門人故友戮之，死者凡八百餘人，自古忠臣被禍之慘，未有甚于公者。然嘗考公少以文見知于宋文憲公、王文忠公及鄭貞孝先生，故文憲之子仲珩、忠文之子孟緼、仲縉、貞孝之子叔度皆與公交莫逆，而叔度之弟叔美、叔端，仲縉之子叔豐俱受學于

公。自公既死，朝廷嚴文字之禁，而鄭氏所緝凡四五册，餘皆叔豐補完之，公之文卒賴以傳。然則諸君子或爲公友，或在公之門，當日咸不及于難。吾是以知合門人、故友爲十族之説，亦傳之者過也。

宣德以還，文字之禁漸弛，公文始顯行于世。其閎深博大，駸駸乎馳逐昌黎、眉山之間。至其談理之文，淵懿醇正，雖淳熙諸儒不是過。予嘗以爲文行如公，宜從祀孔子之庭。而萬曆初詔復建文年號，其時在廷之臣無有以是請于上者，可歎也。嗚呼！革除之事，傳失其真，不可盡信者多矣。若《刑賞録》所載茅大芳妻死，命之飼犬。王言若是，又豈臣子所當道哉？此則孟子之所不取也。

方苞《望溪先生集外文》卷八《方正學論》 道之不聞與粗知其大體，而察之未精，操之未熟，其遇死生患難之交，未有不震於卒然而失其常度者也。若正學方公之事，吾惑焉。國破君亡，縮劒自裁以無辱可也。即不忝爲邏者得，閉口絶吭不食而死，可也。何故呫呫於口舌之間，以致沈先人之宗，而枉及十族哉？至燕王以周公自比，使聖賢之徒當此，必將曰：「王能爲周公，是某之上願也。即不能，一姓繼統，與讎敵相兼者異。王能卵翼吾君之子，而比于諸孫，則海内悦服，而高皇帝之靈實嘉賴之。」計不出此，而以輔其子爲言，是置其君之子於鼎俎之上也。燕王以盜賊之心，百戰而得天下，公誠望其取諸其懷而與之乎？故公之任剛，而自謂不屈者，以聖賢之道衡之，正所謂震於卒然而失其常度耳。抑公之事失於終，而始猶無病也。方晉之亡，中原裂於劉、石。劉廣武即能建國北蕃，以奉晉朝，不過與張、段、慕容等，於晉毫無加損。而崎嶇暴人之閒，愎諫造怨，陷二親於死亡，此於道概乎其未有聞，而稱之者無異議。甚矣，其惑也！夫廣武豈以是爲利，正學豈以是爲名者哉？而殺身不足以成仁，此君子之篤行所以必先之學問思辨也。然則爲廣武者宜奈何？不能閒歸於晉，則負耒耜而耕於野，庶幾身可全而親可保也。

陳祖范《司業文集》卷一《方孝孺死節論》 明文皇欲脅降方孝孺，謂之曰：「汝不顧九族乎？」孝孺曰：「雖十族，奈我何！」既而捕其母妻之黨及交遊門生，悉以示孝孺，孝孺不爲動，坐死者七百餘人。夫孝孺之死當矣。彼爲孝孺而死者何罪？孝孺於此獨不可少迂回焉。效薛方之詭對，文文山之請黄冠歸鄉，姑以紓其十族之難，而後自引決焉。天下後世，亦必共諒其志，何乃欲成一己之節，而累及無辜？返之於心，得毋有不安者乎？君子曰：「此固孝孺之所不忍也，而非孝孺之所不安也。」臨刑時，顧其弟孝友而淚下，夫豈不忍于弟而忍於他人乎？然而吾所以死，非爲一身也，爲天下大義也，爲萬世倫常也，非負叛逆不軌之罪，而累及其族屬也。君子之制行也，斷其是非，於理而已。吾之所爲者非與，則是我有致死之道而死乃吾自爲之也。吾有致人于死之道，而人之死亦吾寔累之也。如吾之所爲者至是而無少非與，則是吾無致死之道，而死非吾自爲之也，吾無致人于死之道，而人之死非吾之累之也，其奚不安之有？即其時之死者，亦烏得而怨孝孺。倘怨之曰：「爾何苦而必爲忠臣義士，以陷我等於死？」夫忠臣義士，豈陷人于死之術哉？假使其時有可以全人之命，而又不失己之節者，孝孺固將爲之。以今觀文皇之暴惡，如毒蛇猛獸，烈火鴻水，操之蹙，持之急。從我則爲我草詔而令天下，不從則使十族從汝于死。豈尚有可以紆回其際，聽吾從容而商兩全之術者哉？方其起兵時，受姚廣孝之屬，入京時亟欲臣孝孺以收人望。黄冠歸鄉，爲天子外臣之請，其不可得也決矣。孝孺而不忍人之爲己而死也，則必順之，順之則且仕之，仕之而生平之所守喪矣，天下之大義没矣，萬世之倫常掃地矣。權其所得，孰多孰寡，計其所失，孰重孰輕，孝孺蓋辨之精矣。豈徒任一往之氣，但以快一時之憤，而不顧其理之正，心之安者乎？大抵吾儒行事，但患不得其當，苟得當矣，如此而生，如此而死，無可復撓之者，不必多爲瞻顧審度也。一瞻顧而審度，則無復可立之節，無復可成之行矣。如孝孺者，吾信其心之恬然無不安，而不得疑其爲過當之行，可與立而未可與權者也。

汪紱《雙池文集》卷二《方正學論》 正學雅志王道，事非其主。值燕人之叛逆，乃遂竭忠所事，九族被戮，身死志伸，非一代大丈夫也哉！而或者曰：「一人成名，九族何罪？正學之心忍矣。」嗟乎！死名豈正學之心？而九族之夷又豈正學之所暇顧乎？自古皆有死，民無信不立，君臣之正，天經地義。死數百人而扶天下之名教，死者與有餘榮。生數百人而亂天下之大倫，將其辱且在天下。使必以正學之忍爲譏，是將欲使正學以苟全宗族之故，靦然於燕王之庭而爲之草詔，爲之附翼，而君臣之倫可以無復顧也，豈不謬哉？

曰：「所必於死忠也者，以有易姓之大變也。今燕王即位，固依然太祖之子，依然有明之天下，則以事惠宗者事燕王，何足爲過？乃正學何爲而自苦如此？」曰：此逆燕所謂朕家事耳，先生何爲自苦者也？天子無私家，何所謂家事？致身之道，唯義是視。昔微子歸周而不害其爲仁，魏徵不死建成，終不能諱其爲罪，義各有當也。今惠帝非紂之暴，而逆燕無世民之功，逆燕詎能以太祖之子，而遂逃弑逆之罪哉？臣弑其君，天下之大惡，人人得而誅之。況身食其禄者

可以忘君而事之也哉？託宗族而敢於篡弒，苟免死而賊君臣之大倫，此亂臣賊子之言。爲君子，何得而汙諸齒頰歟？

曰：「正學在惠宗朝，亦率多迂腐，建文之亂，雖由齊、黄，而正學不無與焉？而子以王道許之，不已過歟！」曰：正學，草莽之臣也。明太祖知其賢，而畏其難用，因顧謂太孫曰：「此王佐才，留以輔汝。」太祖崩，太孫嗣，燕人叛，惠宗亡。姚廣孝謂燕曰：「能鎮撫天下者，必方先生，願陛下必降而用之。」夫正學之賢，太祖知之，廣孝知之，獨惠宗未能用之耳。使其爲迂腐之人，則太祖胡爲而貽之太孫？廣孝胡爲而薦之燕逆哉？正學之詩曰：「變故如波濤，浮沈悽所終。」則憂亂之志可知，而必非齊、黄之處堂燕雀矣。又有詩曰：「一從井牧廢，開此争欲門。救弊豈無術？得君良獨難。」則正學之雅志王道，必非迂腐，而事非其主也，不略可睹乎？建、永之間，國史皆成於成祖諸臣之手，其重誣正學而自諱於不忠也，誠有不可盡信者多矣。嗚呼！以正學之學術若此，孤忠若此，而不能免於後人之誣謗也，豈不冤哉？

曰：「正學即不事燕，獨無保身全族之善策乎？」曰：此其過有幸有不幸焉耳。逆燕之召正學也，以草詔也。詔可草，是成乎其篡也。詔可草，則身可保而族可全；詔不可草，則身不可保，族不可全，正學之見審矣。嗚呼！使正學不獲含和於明廷，而以死忠著，此正學之不幸也。乃族人獲死於惠宗之難，而免爲逆燕之民，則族人之厚幸也夫！

汪有典《史外》　汪有典曰：嗚呼！秦政、赫連勃勃，振古之窮凶也，然未嘗有十族刑。蓋自開闢以來，忠義屠戮之慘，至明爲極，而燕王實肇其端；死難亦惟明爲盛，而先生特冠其首。方燕王之南下也，姚廣孝啓之曰：「殿下入京，慎無殺方孝孺。殺此人，讀書種子絶矣。」嗚呼！惟先生不避十族之誅，讀書種子乃所以不絶也，廣孝輩烏足以知之哉？朱國楨曰：「方先生以聖門之學，擅蘇氏之才，高皇帝養之，建文皇帝用之，庶幾可興教化。而遭時大阨，退不得爲巢由，進不得爲周召，即求平世卿士不可得，則有成其爲方先生而已。或訾以更改制度爲無成，或憐以激烈沉宗爲太過。噫！太祖之制，誠無可改也。直易視北平，以潤色太平爲得意。謂君臣千載一時，不可失耳。乃建文知遇如此，謀人之國，至於極敗，不一明目張膽抗言之，而黯黯付此身尺組刀圭間，比於溝瀆，成何局面？」金陳和尚兵潰城破，侯殺掠稍定，然後出，曰：「今日明白死，後世必有知我者。」一武夫立志猶爾，何況先生？凡忠臣孝子遇大不幸之時之事，一有顧瞻，便生退轉，則所謂「叩頭乞餘生」者，何所不至？而豈先生之本色哉！至温陵云「建文止能長養死難之人材，而不能長養輔弼之人材」，是天地能生虬枝鐵幹，不能生黍稷稻粱也。且三四年中，何長養遽便得此？其意蓋指高皇，而又姑隱其詞，務求可喜，暗寓推敲，另是世間一説，存之不論可也。

方祠碑曰：當夫金川鑰啓，皇祚頓移，固曰「此家事」，曰「周公輔成王」。成王而既逸矣，新主立，舊臣不得不死，文皇不得不殺。先生以一死自誓，衰麻大哭，計不反顧。文皇以必殺之心，脅以不即殺之勢，先生即欲自死快死，亦何可得？是八百七十三人者，斷肢交首於前，愈殺愈勁，愈勁愈殺，譬如隤山之丸，勢不得中止。蓋至血肉已盡，形影都消，死者浩然死，生者忿然桀然，怒不少殺，而其計其威固已窮矣。窮則悔，悔則思，亦甯不坦然若喪，曰：「奈何以家事累若曹？」而特不可以告人。萬幾之暇，進而孝陵，轉而東，又四顧天下，蹐蹐蠢蠢，敢非而不敢書，敢書而不敢出，終無以釋然於天下。於是修文競武，遷都掃迹，終其身不敢自逸，甚至殉榆木之役，曰：「吾本無利於天下，諸君子何自苦爲？」蓋二百年恬熙無事，狩而還，斷而續，追唐虞三代之盛，則文皇帝之功，而先生及諸死節者憤激之力也。夫忠臣孝子所以糜爛而不回者，豈惟千秋日月之名？其心謂不如是，天軸絶，地維折，人類滅，故決然以一絲爲繫，期於安天下而止。今文皇帝之功可以謝太祖，即可以謝成王與先生。遺詔特祠，正是善繼之大。而先生以一死安天下，其魂魄所之，太虚來往，任夫自逃自續，與後之人自憐自歌，自碑自記，而終無怨於殺者。夫張、許不能昌唐，文、陸諸君子不能留宋，而先生獨以聚寶一片地，固有明之業，豈非亘古亘今忠臣之第一乎？

予次正學先生傳，本之鄭端簡《吾學編》，其他一切制行，概爲削去，獨標死難一節，從其重也。凡予所論次諸先生傳，悉倣此例，故較他本記載不無挂漏。至先生幼子德宗，抄没時，魏澤匿之，余學夔、俞允遞養之，此《吾學編》所未詳載，予得之他本，私喜先生血嗣不絶，故特附及之。及讀朱氏國楨所輯《遜國臣傳》，辨先生後嗣甚悉，則所謂德宗者，乃子虚烏有，而先生之血嗣竟絶矣，遂依朱氏易之。蓋先生以十族廷争時，止知萬古之綱常爲重，何暇顧一己之嗣續？正不必曲爲假借，以有血嗣爲先生幸也。伯夷、叔齊何常有子孫香火哉？朱氏之言曰：方氏既無噍類，唯克家子孝，復於洪武二十年湯國公和城海上，加賦甯民，毅然赴闕奏減，謫甯夏慶遠衛軍，攜宗圖以行。先生死難時，止抄民，不抄軍，故孝復軍支幸脱。洪熙逢宥，孝復子琬援例抱宗圖告，奉户部浙字一千一百

二號勘合，調海門衛軍，尋釋爲民。由是方氏之的嗣始歸。成化十八年，方石葺先生遺稿，謁祠，琬孫方志淵出迎，方石喜先生有後，且由軍赦回，故手書律詩一首贈淵，內有「孫支一葉是君恩」之句。遺篇尚存，歷代世守。乃志淵故有讎人曰葉琰者，遊於海鹽，得見鄭端簡，慫其說，遂入傳中，然猶下一「或」字。「或」之者，疑之也。金采者，軍册之訛也。而淞江人俞斌，原竈丁，販布於甯，欲脱其籍，且黠慕卹録，結黠生，復祖《吾學編》，竊改縣志，於《名宦》魏澤下摘去「黄萌」三行，插入托孤一段。指幼子名德宗，捏出俞允任名色，求弇州作《復姓記》。淞江人益張大其事，造祠立碑，纂《歸宗録》，至甯海，溷告侵奪。知府洪都，淞人，又主其説，訟者數年。前後提學副使王畿、周延光查明，黜革方氏，揭奏於朝，始定，蓋天啓四年事。余在政府親得而正之，所謂遺族赦還京者，真實録也。然斌之後冒廩冒貢，而真方氏幾掃地矣。僞之足以亂真如此，又先生身後之一阨也。

夏之蓉《半舫齋古文》卷三《方正學論上》 自燕王以靖難師得天下，後之有天下者，皆王子孫也。故論正學諸先生，雖仰其忠節，而不得不曲爲之辭。後之議者，又或狃於成敗之迹，遂取先生之所以謀國者而詆訾之，曰迂，曰躁以啓釁。愚竊以爲惑也。夫所謂躁以啓釁者，謂其謀削親藩而首禍也。正學非漢之鼂錯也。景帝之嚴明，足以制暴亂之吴；建文之柔懦，必不能敵英武之燕。削亦反，不削亦反。削而反，曰激之乃生變也。不削而反，又將曰何不早爲之所也。又況主之者齊、黄，非正學也，削藩非正學罪也。其謂先生爲迂者，曰：「行周禮而不合時宜也。」正學非宋之王安石也。安石窺神宗有喜功之心，假古制以剥民；正學當高祖定大亂之後，復古制以善俗。安石行《周禮》在加賦；正學行《周禮》且減租。官制之更雖無益，豈遽有害也？行《周禮》，非正學罪也。獨怪兵敗績而不以聞，至事勢危蹙，乃以燒絶戰船，長江不能飛渡，爲處堂之計，能臣宜不出此。

然竊嘗聞孔子之作《春秋》矣，孔父、仇牧、荀息，皆子以死節之義。若正學者，衰絰入朝，而正名爲篡也，可謂義形於色矣，豈不當以孔父例也者？鼎鑊如飴，而十族同命也，可謂不畏强禦矣，豈不當以仇父例也者？太祖守立孫之正義，留先生爲輔弼，卒之君殉國，臣殉君，始終一節。先生之不食其言，較荀息而倍正矣。宋殤無閔，皆不能君也。孔父、仇牧，平時所與維持而翼導之者，未必皆出萬全也。至荀息則更不足言。使生乎三代以下，必有深原其本末，刻責之無完膚者。《春秋》比事屬辭，概以大節之不可奪許之，則以殺身成仁，舍生取義間足與日月争光，而外此可無深論。今以唐之張、許成就卓卒，當時尚有以死守爲議者，昌黎所以歎息痛恨於小人之好議論，而不樂成人之美也。後世之深識遠見，萬不及孔子，並不敢望昌黎，徒區區爲蚍蜉之撼，亦甚不自量哉，於先生何傷也？

夏之蓉《半舫齋古文》卷三《方正學論下》 或曰：「先生忠矣，不必更責以能。」斯其説甚韙。然曷不早自致命，致使七百餘人，牽遠縻爛，不亦太甚矣乎！斯又同於井蛙之見也。今夫君平大節凛然，但審理之是非，當爲者則爲之，不以禍福利害，生秋毫顧慮。先生之所以斷絶腰領，以十族殆而不悔者，凡以明君臣之義於天下，使萬世之亂臣賊子知所懼也。夫燕王之於建文帝，親則曰叔父，曰從子，義則君臣也。燕始誓師時，曰「靖難」，曰「清君側惡」。其入都也，曰：「法周公，輔成王。」其對先生，則直曰：「此朕家事，先生勿與聞。」嗚乎！燕王之敢於欺天下也甚矣。其始之「清君側」、「法周公」云云者，蓋猶有所不安於其心，故支離附會以厚蓋之。至誦言「家事」，則隱然自處於叔父之尊，而夷建文帝於從子之列，而君臣之義滅矣。君臣者，生民之大義，此非叔父從子之説所可得而奪者也。先生正之曰「篡」，以著其罪，窮之以「成王安在」之語，以誅其心，而燕王之論定矣。燕王之所以必誅十族者以此，而先生之所以必不敢愛十族者亦以此，蓋所争者大也。夫燕王之智力材武足以鉗制天下，天下亦或惑於叔父從子之説，謂其罪可末減。自先生昌言斥之，駢首就戮，視死如歸，然後知建文帝雖社稷敗亡，而君臣之義猶赫然於人心，則當日執節守死者之衆，皆聞先生之風而起者也。是故先生之死大矣。不然，先生豈不知闔門自經，如周公是修者之亦可以無恨哉！於心無恨，而大義之在天下，有所未著，則亦先生之所不爲，故以死争也。十族以義死，賢於以不義生矣。使矢志殉節，又以禍福利害生其顧慮，欲得萬全之地而居之，此亂臣賊子所藉口也。

全祖望《鮚埼亭集外編》卷一九《方文正公畫像記》 遜志先生以十族殉讓皇，孫枝一葉，出自二百年而後，誠不意其遺容尚有存於世間。乃知成祖之所以澌滅先生者，無所不至，顧世人之所以保護而流傳之者，亦無所不至。舊史謂先生預於削奪宗藩之策，又嘗有反間燕世子之策。桴亭陸氏辨之，謂先生之詩，惓惓欲化刑名之士，歸之伊、周，則固不以當時所施行爲然矣。予謂先生豈特不預此策，抑必嘗争之而不能得者。當時先生但侍講幄，不足以阻齊、黄之廟算也。革除之口所以汙先生者，方且有叩頭乞哀之説，況其餘乎？追南中賜謚，科臣李

清引「得正而斃」之語，遂謚文正。閩中賜祠，又命以姚廣孝像跪階下。先生雖稍吐氣，而明社遽亡，在天之靈，非所願也。近來多以先生宜祀學宮，累請未得。先生之應祀，人皆知之，將來必有行之者。試讀先生《幼儀》，則聖功之始也；《宗儀》則正家以爲治國之本，王道之基也；《雜誡》則君子體事咸在之功也。其力排釋氏，則高出於潛溪師傳百倍者也。《深慮論》則經世之名言也。先生而不應祀法，誰其克應之者？嗚呼！先生之初見潛溪也，潛溪贈之以詩，比於周之容刀，魯之璠璵，傾倒至矣。然則公之像足登於東序，足圖於明堂，何幸得瞻仰而貯藏之也。是軸神氣如生，粹然春温，令人想見容刀、璠璵之善於形容。《遜志集》中亦有摹本，弗逮也。顧疑先生之狀貌亦清臞一輩，而其麻衣入哭，抗詞不屈，何其健也？是殆所謂大勇若懦者，非耶？

錢維城《茶山文鈔》卷一〇《讀遜志齋集》 天爲斯世而生才，非苟而已也。必有其需才之時與用才之人，非其時，無其人，則弗生也。然而且生之者，則又有其故焉，可求而知也。天之生才不一，有救世之才，有治世之才。救亂者或不足於致治，致治者或不足於救亂，能兼之者鮮矣。救亂者多生於未亂之先，致治者即生於方亂之始，此其常也。

元之季世，天下大亂，天命太祖以拯生民之命。於是篤生中山、開平、青田、金華諸公，以爲之用，天之爲救亂計者至矣。太祖以布衣崛起草澤，五年而有天下，武功之盛，同於漢祖，宜其子孫繼世太平，休養生息如文景。然而迺懿文仁孝，不永其年；太孫優柔，禍生骨肉。數年之間，火起殿廷，屍横焦土，忠臣義士，駢首草薙，雖吕后稱制，産禄擅權，幾覆社稷，未至若斯之酷也。豈天不爲斯民計，而以亂繼亂，使繼世之後同於開創哉？此其故，正學知之矣。先生之言曰：國家之禍多出於所備之外，而生於所忽。誠哉是言也！從來開國之初，必鑒前代之失而矯之，矯之而不得其道，則必有所偏重。偏重不已，率至潰敗。矯之急者敗之速，其緩者敗亦緩。太祖以猛鷙之才，猜忌羣臣，雖功大如中山，至親如曹國，俱不得免焉。讀《雞鳴埭功臣考》，可爲寒心。此忠臣冤憤之氣上干天和，冥漠之中，必有假手而一洩其不平者也。

夫天之顧治平亟矣。有懿文以爲之子，有建文以爲之孫，而先生生於元末，在金華之門推爲王佐，實治世宰相才也。懿文、建文則皆其用之之人也，而曾不得竟其用者，太祖之多殺功臣有以致之也。夫太祖豈不知先生之才之足以致治哉？又豈不顧其孫之用之以致治哉？當先生以薦召，太祖曰：「今非用孝孺時。」是固以先生貽太孫矣。而乃詒謀不臧，徒使懷忠抱義，湛十族以報所知，豈不惜哉？且太祖即不能不忌功臣，苐使誅其桀驁者，留其醇謹而可信者，若陳平、周勃一二人，成祖必不敢動，動亦有以制之。以太祖之明，豈不慮强藩在北，據上游之勢，握天下之精兵，太孫幼弱，寧得一朝安其位？乃傳潁公、馮宋公有功無過，亦與藍玉同盡，而顧望齊泰、李景隆輩，以安劉之任哉？將亦有望於先生，而不知其不足也。先生治世才也，救亂非其所及也。

戚學標《鶴泉文鈔續選》卷一《誅方正學十族辨》 永樂誅方孝孺十族，野史言之鑿鑿。云初族時，每逮至，輒以示孝孺，孝孺不顧。乃及母族林彦清、妻族鄭原吉等九族既戮，亦不從。乃及朋友門生廖鏞、林嘉猷等爲一族，竝坐，然後詔磔之。九族外親之外親，盡數抄録，發興州等衛充軍。古人以自高祖至元孫爲九族，若秦法之夷三族，統母族、妻族與父族爲三，虐不加於此矣。《前漢·王温舒傳》，人有告温舒受員騎錢，他姦利事，罪至族，自殺。其時兩弟及兩婚家亦各自坐他罪而族。光禄勳徐自爲曰：「悲夫！古有三族，而王温舒罪至同時而五族乎？」師古曰：「温舒與弟同三族，兩婚家各一，故爲五也。」彼其弟及婚家自坐他罪，而當時已有過虐之嘆。成祖雖至忍心，乃謂真有十族之刑，誅及朋友門生耶！按《遜國諸臣傳》：方克家子孝復於洪武二十五年湯和城海上，加賦邑民，毅然赴闕奏減，謫寧夏慶遠衛軍，攜宗圖以行。正學死難時，抄民不及軍，孝復幸脱。洪熙時逢宥，孝復子琬援例抱宗圖以告，奉户部浙字一千一百二號勘合，調海門衛，尋釋爲民。謝文肅鐸贈琬孫志淵詩「孫枝一葉是君恩」是也。孝復以軍支免，則當時非舉族滅之可知。正學與齊泰、黄子澄事同一體。泰之死，從兄弟敬宗等皆死，叔時永、陽彦等謫戍，兒六歲給配。子澄之死，族人皆斬，姻黨成邊，一子走易姓名爲田經。何正學之死，姻戚之不足，而慘及朋徒。況廖鏞、廖銘以檢正學遺骸，瘞聚寶門山外，甫畢見收，逃去，尋被獲論死。林嘉猷嘗入燕邸，知高煦傾世子，以告正學，遣內使間世子而事不成者也。《實録》載成祖即位之九月甲申，陝西按察司僉事林嘉猷坐方黨誅，其距正學六月十一日之死七十餘日矣。三人皆非死於正學之前。野史之言，庸可信乎？

陳田《明詩紀事》乙籤卷一 田按：希直文章淵源出於宋景濂，而學術純正則過之。姚江《明儒學案》云：「景濂氏出入於二氏，希直以叛道者，莫過於二氏，而釋氏尤甚。不憚放言驅斥，有明之學祖也。」誠爲確論。太祖誅戮功臣，至末年，文武名臣幾盡，使得一二舊勳如宋國公、潁國公者，靖難之師，孰勝孰負，

未可知也。希直《送誠意伯孫士端歸括蒼詩》云：「海内只今無盜賊，幽州興兵惱邦國。廟堂謀議豈無人，我懷中丞淚沾臆。嗚呼志士古所稀，留侯武鄉今是誰。九原招公儻可作，爲解四海蒼生危。」蓋亦有慨於是。誦漢祖猛士之歌，同茲三歎。

藝文

尤侗《西堂詩集・擬明史樂府・十族刑》 方先生，小韓子。高皇帝，稱莊士。老其才，輔少主。革除年間枋國是，制作紛紛亦徒爾。金川門破鼓聲促，闕下麻衣來慟哭。爲問成王安在哉，周公之過誠難贖。頭可斷兮詔不草，萬死自甘湛十族。哀哉！八百七十人，併命乃成先生名。走訴高皇帝，聞之亦震驚。朕誅胡藍百萬黨，未嘗設有十族刑。奈何辱我方先生。

鄉人稱孝孺「小韓子」。高帝語太孫曰：「此莊士也，當老其才，以輔汝。」燕王發北平。道衍曰：「江南有方孝孺，幸勿殺。」王至京，召之。孝孺衰絰，哭闕下。王諭曰：「我法周公，輔成王耳。」孝孺曰：「成王安在？」王曰：「伊自焚矣。」曰：「何不立成王之子？」王曰：「國賴長君。」曰：「何不立成王之弟。」王曰：「此朕家事，先生毋自苦。」後筆札，令草詔。孝孺大批數字，擲筆于地，曰：「死即死耳，詔不可草。」王怒曰：「汝不顧九族乎？」孝孺曰：「便十族，奈我何？」王大怒，以刀抉其口兩旁至兩耳，磔于市，戮其九族，及朋友門生爲一族，凡八百七十三人。

嚴遂成《明史雜詠》卷二《方學士孝孺》 儒生手不筦兵權，何苦陳籌帝座前。反間書留圍餉道，受降旛豎阻燒船。薛嵓聞賄言難信，武勝行誅鬥轉堅。馬渡長江猶賜勅，赦王無罪速歸燕。

東市麻衣弟子從，一章詩就一身終。知人不負姚恭靖，賣國偏饒李景隆。正學無廬傳蜀道，歸宗有録採吴風。秦淮河水凄迷緑，二女魂流血淚紅。

明成祖部

綜述

《太宗實録》卷一 大明太宗體天弘道高明廣運聖武神功純仁至孝文皇帝諱〔棣〕，太祖聖神文武欽明啓運俊德成功純天大孝高皇帝第四子也。母孝慈昭憲至仁文德承天順聖高皇后生五子，長懿文皇太子標，次秦愍王樉，次晉恭王棡，次上，次周定王橚。上初生，光氣五色滿室，照暎宫闈，經日不散。太祖高皇帝、孝慈高皇后心異之，獨鍾愛焉。比長，聰明睿智，仁孝友悌，出於天性。勤學好問，書一覽輒記，終身弗忘。《五經》、子史皆該貫而旁通，天文、地志、百家之書，得其要領。日從明儒講論，無厭倦意。虚己納善，寬仁愛人，意豁如也。

《明史》卷五《成祖紀一》 成祖啓天弘道高明肇運聖武神功純仁至孝文皇帝諱棣，太祖第四子也。母孝慈高皇后。洪武三年，封燕王。十三年，之藩北平。王貌奇偉，美髭髯。智勇有大略，能推誠任人。二十三年，同晉王討乃兒不花。晉王怯不敢進，王倍道趨迤都山，獲其全部而還，太祖大喜。是後屢帥諸將出征，並令王節制沿邊士馬，王威名大振。

三十一年閏五月，太祖崩，皇太孫即位，遺詔諸王臨國中，毋得至京師。王自北平入奔喪，聞詔乃止。時諸王以尊屬擁重兵，多不法。帝納齊泰、黄子澄謀，欲因事以次削除之。憚燕王强，未發，乃先廢周王橚，欲以牽引燕。於是告訐四起，湘、代、齊、岷皆以罪廢。王内自危，佯狂稱疾。泰、子澄密勸帝除王，帝未決。

建文元年夏六月，燕山百户倪諒告變，逮官校於諒、周鐸等伏誅。下詔讓王，並遣中官逮王府僚，王遂稱疾篤。都指揮使謝貴、布政使張昺以兵守王宫。王密與僧道衍謀，令指揮張玉、朱能潛納勇士八百人入府守衛。

秋七月癸酉，匿壯士端禮門，紿貴、昺入，殺之，遂奪九門。上書天子指秦、子澄爲奸臣，並援《祖訓》「朝無正臣，内有奸惡，則親王訓兵待命，天子密詔諸王統領鎮兵討平之」。書既發，遂舉兵。自署官屬，稱其師曰「靖難」。

八月，天子以耿炳文爲大將軍，帥師致討。己酉，師至真定，前鋒抵雄縣。壬子，王夜渡白溝河，圍雄，拔其城，屠之。甲寅，都指揮潘忠、楊松自鄚州來援，伏兵擒之，遂據鄚州，還駐白溝。大將軍部校張保來降，言大將軍軍三十萬，先至者十三萬，半營滹沱河南，半營河北。王懼與北軍戰，南軍且乘之也，乃縱保歸，俾揚言王師兵且至，誘其軍盡北渡河。壬戌，王至真定，與張玉、譚淵等夾擊炳文軍，大破之，獲其副將李堅、甯忠及都督顧成等，斬首三萬級。進圍真定，二日不下，乃引去。天子聞炳文敗，遣曹國公李景隆代領其軍。

九月戊寅，景隆合兵五十萬，進營河間。王語諸將曰：「景隆色厲而中餒，聞我在必不敢遽來，不若往援永平以致其師。吾高怯不任戰，我至必走，然後還擊景隆。堅城在前，大軍在後，必成擒矣。」丙戌，燕師援永平。壬辰，吴高聞王至，果走，追擊敗之。遂北趨大寧。

冬十月壬寅，以計入其城。居七日，挾寧王權，拔大寧之衆及朵顔三衛卒俱南。乙卯，至會州。始立五軍。

景隆聞王征大寧，果引軍圍北平，築壘九門，世子堅守不戰。十一月庚午，王次孤山。邏騎還報曰白河流澌不可渡。王禱於神，至則冰合，乃濟師。景隆遣都督陳暉偵敵，道左，出王軍後。王分軍還擊之，暉衆争渡河，冰忽解，溺死無算。辛未，與景隆戰於鄭村壩。王以精騎先破其七營，諸將繼至，景隆大敗，奔還。乙亥，復上書自訴。十二月，景隆調兵德州，期以明年春大舉。王乃謀侵大同，曰：「攻大同，彼必赴救，大同苦寒，南軍脆弱，且不戰疲矣。」庚申，降廣昌。

二年春正月丙寅，克蔚州。二月癸丑，至大同。景隆果由紫荆關來援。王已旋軍居庸。夏四月，景隆進兵河間，與郭英、吴傑、平安期會白溝河。乙卯，王營蘇家橋。己未，遇平安兵河側。王以百騎前，佯却，誘安陣動，乘之，安敗走。遂薄景隆軍，戰不利。暝收軍，王以三騎殿，夜迷失道，下馬伏地視河流，乃辨東西，渡河去。庚申，復戰。景隆横陣數十里，破燕後軍。王自帥精騎横擊之，斬瞿能父子。令丘福衝中堅，不得入。王盪其左，景隆兵乃繞出王後，大戰良久，飛矢雨注。王三易馬，矢盡揮劍，劍折走登堤，佯引鞭若招後繼者。景隆疑有伏，不敢前，高煦救至，乃解。時南軍益集，燕將士皆失色。王奮然曰：「吾不進，敵不退，有戰耳。」乃復以勁卒突出其背，夾攻之。會旋風起，折景隆旂，王乘風縱火奮擊，斬首數萬，溺死者十餘萬人。郭英潰而西，景隆潰而南，盡喪其所賜璽書斧鉞，走德州。五月癸酉，王入德州，景隆走濟南。庚辰，攻濟南，敗景隆

軍城下。鐵鉉、盛庸堅守，不克。

秋八月戊申，解圍還北平。九月，盛庸代李景隆將，復取德州，與吳傑、平安、徐凱相掎角，以困北平。時徐凱方城滄州，王佯出兵攻遼東，至通州，循河而南，渡直沽，晝夜兼行。冬十月戊午，襲執徐凱，破其城，夜坑降卒三千人。遂渡河過德州。盛庸遣兵來襲，擊敗之。十一月壬申，至臨清。十二月丁酉，襲破盛庸將孫霖於滑口。乙卯，及庸戰於東昌，庸以火器勁弩殲王兵。會平安軍至，合圍數重，王大敗，潰圍以免，亡數萬人，張玉戰死。

三年春正月辛酉，敗吳傑、平安於威縣，又敗之於深州，遂還北平。二月乙巳，復帥師南下。三月辛巳，與盛庸遇於夾河，譚淵戰死。朱能、張武殊死鬭，庸軍少卻。會日暮，各斂兵入營。王以十餘騎逼庸營野宿，及明起視，已在圍中。乃從容引馬，鳴角穿營而去。諸將以天子有詔，毋使負殺叔父名，倉卒相顧愕眙，不敢發一矢。是日復戰，自辰至未，兩軍相勝負，東北風忽起，塵埃蔽天，燕兵大呼，乘風縱擊，庸大敗，走德州。吳傑、平安自真定引軍與庸會，未至八十里，聞敗引還。王以計誘之，傑、安出兵襲王。閏月戊戌，遇於藁城。己亥，與戰，大風拔木，傑、安敗走，追至真定城下。癸丑，至大名，聞齊泰、黃子澄已罷，上書請召還吳傑、平安、盛庸兵。天子使大理少卿薛嵓來報，諭王釋甲，王不奉詔。

夏五月，傑、安、庸分兵斷燕餉道，王遣指揮武勝上書，詰其故。天子怒，下勝獄。王遂遣李遠略沛縣，焚糧舟萬計。

十一月乙巳，王自爲文祭南北陣亡將士。當是時，王稱兵三年矣。親戰陣，冒矢石，以身先士卒，常乘勝逐北，然亦屢瀕於危。所克城邑，兵去旋復爲朝廷守，僅據有北平、保定、永平三府而已。無何，中官被黜者來奔，具言京師空虛可取狀。王乃慨然曰：「頻年用兵，何時已乎？要當臨江一決，不復返顧矣。」十二月丙寅，復出師。

四年春正月乙未，由館陶渡河。夏四月丙寅，王營小河，爲橋以濟，平安趨爭橋，陳文戰死。平安軍橋南，王軍橋北，相持數日。平安轉戰，遇王於北坂，王幾爲安槊所及。番騎王騏躍入陣，掖王逸去。王曰：「南軍饑，更一二日餉至，猝未易破。」乃令千餘人守橋，夜半渡河而南，繞出安軍後。比旦，安始覺，適徐輝祖來會。甲戌，大戰齊眉山下。時燕連失大將，淮土盛暑蒸濕，諸將請休軍小河東，就麥觀釁。王曰：「今敵持久饑疲，遮其餉道，可以坐困，奈何北渡懈將士心。」乃下令欲渡河者左，諸將爭趨左。王怒曰：「任公等所之。」乃無敢復言。丁丑，何福等營靈璧，燕遮其餉道，平安分兵六萬人護之。己卯，王帥精鋭橫擊，斷其軍爲二。何福空壁來援，王軍少卻，高煦伏兵起，福敗走。辛巳，進薄其壘，破之，生擒平安、陳輝等三十七人，何福走免。五月己丑，下泗州，謁祖陵，賜父老牛酒。

癸巳，王集諸將議所向，或言宜取鳳陽，或言先取淮安。王曰：「鳳陽樓櫓完，淮安多積粟，攻之未易下。不若乘勝直趨揚州，指儀真，則淮、鳳自震。我耀兵江上，京師孤危，必有内變。」諸將皆曰善。己亥，徇揚州，駐軍江北。天子遣慶成郡主至軍中，許割地以和，不聽。六月癸丑，江防都督僉事陳瑄以舟師叛，附於王。甲寅，祭大江。乙卯，自瓜州渡，盛庸以海艘迎戰，敗績。戊午，下鎮江。庚申，次龍潭。辛酉，天子復遣大臣議割地，諸王繼至，皆不聽。乙丑，至金川門，谷王橞、李景隆等開門納王，都城遂陷。是日，王分命諸將守城及皇城，還駐龍江，下令撫安軍民。大索齊泰、黃子澄、方孝孺等五十餘人，榜其姓名曰奸臣。丙寅，諸王羣臣上表勸進。己巳，王謁孝陵。羣臣備法駕，奉寶璽，迎呼萬歲。王升輦，詣奉天殿即皇帝位。復周王橚、齊王榑爵。壬申，葬建文皇帝。丁丑，殺齊泰、黃子澄、方孝孺，並夷其族，坐奸黨死者甚衆。戊寅，遷興宗孝康皇帝主於陵園，仍稱懿文太子。

秋七月壬午朔，大祀天地於南郊，奉太祖配。詔：「今年以洪武三十五年爲紀，明年爲永樂元年。建文中更改成法，一復舊制。山東、北平、河南被兵州縣，復徭役三年，未被兵者與鳳陽、淮安、徐、滁、揚三州蠲租一年，餘天下州縣悉蠲今年田租之半。」癸未，召前北平按察使陳瑛爲左副都御史，盡復建文朝廢斥者官。甲申，復官制。癸巳，改封吳王允熥廣澤王，衡王允熞懷恩王，徐王允熙敷惠王，隨母妃呂氏居懿文太子陵園。

十一月壬辰，立妃徐氏爲皇后。廢廣澤王允熥、懷恩王允熞爲庶人。

《明史》卷六《成祖紀二》 永樂元年春正月己卯朔，御奉天殿受朝賀，宴羣臣及屬國使。乙酉，享太廟。辛卯，大祀天地於南郊。復周王橚、齊王榑、代王桂、岷王楩舊封。以北平爲北京。

二月庚戌，設北京留守行後軍都督府、行部、國子監，改北平曰順天府。乙卯，遣御史分巡天下，爲定制。己未，徙封寧王權於南昌。

是年，始命内臣出鎮及監京營軍。

二年春正月乙卯，大祀天地於南郊。己巳，召世子高熾及高陽王高煦還京師。

夏四月辛未朔，置東宫官屬。壬申，僧道衍爲太子少師，復其姓姚，賜名廣孝。甲戌，立子高熾爲皇太子，封高煦漢王，高燧趙王。

九月丙午，周王橚來朝，獻騶虞，百官請賀。帝曰：「瑞應依德而至，騶虞若果爲祥，在朕更當修省。」丁卯，徙山西民萬户實北京。命自今御史巡行察吏毋得摭拾人言，賢否皆具實蹟以聞。

三年春正月庚戌，大祀天地於南郊。甲寅，遣使責諭安南。

二月己巳，行部尚書雒僉以言事涉怨誹誅。癸未，趙王高燧居守北京。

夏六月己卯，中官鄭和帥舟師使西洋諸國。

四年春正月丁未，大祀天地於南郊。丙辰，初御午朝，令羣臣奏事得從容陳論。三月辛卯朔，釋奠於先師孔子。

冬十月，盜殺駙馬都尉梅殷。丁卯，齊王榑有罪，三賜書戒之。戊子，頒《祖訓》於諸王。

六月己未朔，日當食，陰雲不見，禮官請表賀，不許。丙寅，南陽獻瑞麥，諭禮部曰：「比郡縣屢奏祥瑞，獨此爲豐年之兆。」命薦之宗廟。

秋七月辛卯，朱能爲征夷將軍，沐晟、張輔副之，帥師分道討安南。詔曰：「安南皆朕赤子，惟黎季犛父子首惡必誅，他脅從者釋之。罪人既得，立陳氏子孫賢者。毋養亂，毋玩寇，毋毀廬墓，毋害禾稼，毋攘財貨掠子女，毋殺降。有一於此，雖功不宥。」乙巳，申誹謗之禁。閏月壬戌，詔以明年五月建北京宫殿，分遣大臣採木於四川、湖廣、江西、浙江、山西。八月丁酉，詔通政司，凡上書奏民事者，雖小必以聞。

五年春正月丁卯，大祀天地於南郊。六月癸未，以安南平，詔天下。秋七月乙卯，皇后崩。

六年春正月丁巳，岷王楩復有罪，罷其官屬。

六月庚辰，詔罷北京諸司不急之務及買辦，以甦民困；流民來歸者復三年。

八月乙酉，交阯簡定反，沐晟爲征夷將軍，討之。

七年春正月癸丑，賜百官上元節假十日，著爲令。乙卯，大祀天地於南郊。

二月乙亥，遣使於巡狩所經郡縣存問高年，八十以上賜酒肉，九十加帛。

辛巳，以北巡告天地宗廟社稷。壬午，發京師，皇太子監國。張輔、王友率師討簡定。戊子，謁鳳陽皇陵。三月甲辰，次東平州，望祭泰山。辛亥，次景州，望祭恒山。乙卯，平安自殺。壬戌，至北京。癸亥，大賚官吏軍民。丙寅，詔起兵時將士及北京効力人民雜犯死罪咸宥之，充軍者官復職，軍民還籍伍。

閏月戊申，命皇太子所決庶務，六科月一類奏。丙辰，諭行在法司，重罪必五覆奏。五月己卯，營山陵於昌平，封其山曰天壽。

秋七月癸酉，淇國公丘福爲征虜大將軍，武成侯王聰、同安侯火真副之，靖安侯王忠、安平侯李遠爲左、右參將，討本雅失里。八月甲寅，丘福敗績於臚朐河，福及聰、真、忠、遠皆戰死。

九月庚午朔，日有食之。張輔敗賊於太平海口。甲戌，贈北征死事李遠莒國公、王聰漳國公，遂決意親征。

八年春正月辛未，召寧陽侯陳懋隨征漠北。己卯，皇太子攝祀天地於南郊。癸巳，免去年揚州、淮安、鳳陽、陳州水災田租，贖軍民所鬻子女。二月辛丑，以北征詔天下，命户部尚書夏原吉輔皇長孫瞻基留守北京。乙巳，皇太子録囚，奏貫雜犯死罪以下，從之。丁未，發北京。癸亥，遣祭所過名山大川。乙丑，大閲。三月丁卯，清遠侯王友督中軍，安遠伯柳升副之，寧遠侯何福、武安侯鄭亨督左、右哨，寧陽侯陳懋、廣恩伯劉才督左、右掖，都督劉江督前哨。甲戌，次鳴鑾戍。乙亥，誓師。

夏四月庚申，次威虜鎮，以橐駝所載水給衛士，視軍士皆食，始進膳。五月丁卯，更名臚朐河曰飲馬。甲戌，聞本雅失里西奔，遂渡飲馬河追之。己卯，及於斡難河，大敗之，本雅失里以七騎遁。丙戌，還次飲馬河，詔移師征阿魯臺。丁亥，回回哈剌馬牙殺都指揮劉秉謙，據肅州衛以叛，千户朱迪等討平之。六月甲辰，阿魯臺僞降，命諸將嚴陣以待，果悉衆來犯。帝自將精騎迎擊，大敗之，追北百餘里。丁未，又敗之。己酉，班師。

秋七月丁卯，次開平。帝在軍，念士卒艱苦，每蔬食，是日宴賚，始復常膳。西寧侯宋琥鎮甘肅。辛巳，振安慶、徽州、鳳陽、鎮江饑。壬午，至北京，御奉天殿受朝賀。甲午，論功行賞有差。八月壬寅，進封柳升安遠侯。乙卯，何福自殺。

冬十月丁酉，發北京。十一月甲戌，至京師。

九年春正月甲戌，大祀天地於南郊。

十年春正月己丑，命入覲官千五百餘人各陳民瘼，不言者罪之，言有不當勿

問。丁酉，大祀天地於南郊。癸丑，振平陽饑，逮治布政使及郡縣官不奏聞者。

夏六月甲戌，諭户部，凡郡縣有司及朝使目擊民艱不言者，悉逮治。

秋七月癸卯，禁中官干預有司政事。

冬十月戊辰，獵城南武岡。

十一年春正月辛巳朔，日有食之，詔罷朝賀宴會。壬午，諭通政使、禮科給事中，凡朝覲官境内災傷不以聞爲他人所奏者，罪之。辛卯，大祀天地於南郊。

二月辛亥，始設貴州布政司。癸亥，令北京民户分養孳生馬，著爲令。甲子，幸北京，皇太孫從。尚書蹇義、學士黄淮、諭德楊士奇、洗馬楊溥輔皇太子監國。乙丑，發京師，命給事中、御史所過存問高年，賜酒肉及帛。丙寅，葬仁孝皇后於長陵。辛未，次鳳陽，謁皇陵。

夏四月己酉，至北京。五月丁未，曹縣獻騶虞，禮官請賀，不許。

《明史》卷七《成祖紀三》 十二年二月己酉，大閲。庚戌，親征瓦剌，安遠侯柳升領大營，武安侯鄭亨領中軍，寧陽侯陳懋、豐城侯李彬領左、右哨，成山侯王通、都督譚青領左、右掖，都督劉江、朱榮爲前鋒。

三月癸未，張輔俘陳季擴于老撾以獻，交阯平。庚寅，發北京，皇太孫從。

夏四月甲辰朔，次興和，大閲。己酉，頒軍中賞罰號令。庚戌，設傳令紀功官。丁卯，次屯雲谷，孛羅不花等來降。五月丁丑，命尚書、光禄卿、給事中爲督陣官，察將士用命不用命者。六月甲辰，劉江遇瓦剌兵，戰於康哈里孩，敗之。戊申，次忽蘭忽失温，馬哈木帥衆來犯，大敗之，追至土剌河，馬哈木宵遁。庚戌，班師，宣捷於阿魯台。戊午，次三峯山，阿魯台遣使來朝。己巳，以敗瓦剌詔天下。

秋七月戊子，次紅橋。詔六師入關有踐田禾取民畜産者，以軍法論。己亥，次沙河，皇太子遣使來迎。八月辛丑朔，至北京，御奉天殿受朝賀。丙午，蠲北京州縣租二年。戊午，賞從征將士。

閏月甲辰，以太子遣使迎駕緩，徵侍讀黄淮，侍講楊士奇，正字金問及洗馬楊溥、芮善下獄，未幾釋士奇復職。

冬十一月甲辰，録囚。庚戌，廢晉王濟熺爲庶人。

十三年冬十月甲申，獵於近郊。壬辰，法司奏侵冒官糧者，帝怒，命戮之。及覆奏，帝曰：「朕過矣，仍論如律，自今死罪者皆五覆奏，著爲令。」

十四年夏四月壬申，禮部尚書吕震請封禪。帝曰：「今天下雖無事，四方多水旱疾疫，安敢自謂太平。且六經無封禪之文，事不師古，甚無謂也。」不聽。

七月乙巳，錦衣衛指揮僉事紀綱有罪伏誅。八月癸酉旦，壽星見，禮臣請上表賀，不許。丁亥，作北京西宫。九月癸卯，京師地震。戊申，發北京。

冬十月丁丑，次鳳陽，祀皇陵。癸未，至自北京，謁孝陵。十一月壬寅，詔文武羣臣集議營建北京。丙午，召張輔還。戊申，漢王高煦有罪，削二護衛。

十五年春正月丁酉，大祀天地於南郊。三月丙申，雜犯死罪以下囚，輸作北京贖罪。丙午，漢王高煦有罪，徙封樂安州。壬子，北巡，發京師，皇太子監國。

夏四月己巳，次邾城。申禁軍士毋踐民田稼，有傷者除今年租。或先被水旱逋租，亦除之。癸未，西宫成。五月丙戌，至北京。

十六年秋七月己巳，敕責陝西諸司：「比聞所屬歲屢不登，致民流莩，有司坐視不恤，又不以聞，其咎安在。其速發倉儲振之。」贊善梁潛、司諫周冕以輔導皇太子有闕，皆下獄死。

冬十二月戊子，諭法司：「朕屢敕中外官潔己愛民，而不肖官吏恣肆自若，百姓苦之。夫良農必去稂莠者，爲害苗也。繼今，犯贓必論如法。」

十七年冬十二月庚辰，諭法司曰：「刑者，聖人所慎。匹夫匹婦不得其死，足傷天地之和，召水旱之災，甚非朕寬恤之意。自今，在外諸司死罪，咸送京師審録，三覆奏然後行刑。」

十八年十一月戊辰，以遷都北京詔天下。

十二月己未，皇太子及皇太孫至北京。癸亥，北京郊廟宫殿成。

是年，始設東廠，命中官刺事。

十九年春正月甲子朔，奉安五廟神主於太廟。御奉天殿受朝賀，大宴。甲戌，大祀天地於南郊。戊寅，大赦天下。

夏四月庚子，奉天、華蓋、謹身三殿災，詔羣臣直陳闕失。乙巳，詔罷不便於民及不急諸務，蠲十七年以前逋賦，免去年被災田糧。己酉，萬壽節，以三殿災止賀。癸丑，蹇義等二十六人巡行天下，安撫軍民。

秋七月己巳，帝將北征，敕都督朱榮領前鋒，安遠侯柳升領中軍，寧陽侯陳懋領御前精騎，永順伯薛斌、恭順伯吴克忠領馬隊，武安侯鄭亨、陽武侯薛禄領左右哨，英國公張輔、成山侯王通領左右掖。

冬十一月辛酉，分遣中官楊實、御史戴誠等覈天下庫藏出納之數。丙子，議北征軍餉，下户部尚書夏原吉、刑部尚書吴中於獄，兵部尚書方賓自殺。

二十年春正月己未朔，日有食之，免朝賀，詔羣臣修省。
三月丙寅，詔有司遇災先振後聞。乙亥，阿魯台犯興和，都指揮王唤戰死。
丁丑，親征阿魯台，皇太子監國。戊寅，發京師。辛巳，次雞鳴山，阿魯台遁。
夏四月乙卯，次雲州，大閱。五月乙丑，獵於偏嶺。丁卯，大閱。辛未，次西
涼亭。壬申，大閱。乙酉，次開平。六月壬辰，令軍行出應昌，結方陣以進。癸
巳，諜報阿魯台兵攻萬全，諸將請分兵還擊，帝曰：「詐也。彼慮大軍擣其巢穴，
欲以牽制我師，敢攻城哉。」甲午，次陽和谷，寇攻萬全者果遁去。
秋七月己未，阿魯台棄輜重於闊欒海側北遁，發兵焚之，收其牲畜，遂旋師。
謂諸將曰：「阿魯台敢悖逆，恃兀良哈爲羽翼也。當還師翦之。」簡步騎二萬，分
五道並進。庚午，遇於屈裂兒河，帝親擊敗之，追奔三十里，斬部長數十人。辛
未，徇河西，捕斬甚衆。甲戌，兀良哈餘黨詣軍門降。是月，皇太子免南、北直
隸、山東、河南郡縣水災糧芻共六十一萬有奇。八月戊戌，諸將分道者俱獻捷。
辛丑，以班師詔天下。
九月壬戌，至京師。癸亥，下左春坊大學士楊士奇於獄。丙寅，下吏部尚書
蹇義、禮部尚書呂震於獄，尋俱釋之。
冬十月癸巳，分遣中官及朝臣八十人覈天下倉糧出納之數。閏月戊寅，乾
清宮災。
二十一年春正月乙未，大祀天地於南郊。
秋七月戊戌，復親征阿魯台，安遠侯柳升、遂安伯陳英領中軍，武安侯鄭亨、
保定侯孟瑛領左哨，陽武侯薛禄、新寧伯譚忠領右哨，英國公張輔、安平伯李安
領左掖，成山侯王通、興安伯徐亨領右掖，寧陽侯陳懋領前鋒。庚子，釋李時勉，
復其官。辛丑，皇太子監國。壬寅，發京師。戊申，次宣府，敕居庸關守將止諸
司進奉。八月己酉，大閱。庚申，塞黑峪、長安嶺諸邊險要。九月戊子，次西陽
河。癸巳，聞阿魯台爲瓦剌所敗，部落潰散，遂駐師不進。
冬十月甲寅，次上莊堡，迤北王子也先土干帥所部來降，封忠勇王，賜姓名
金忠。庚午，班師。十一月甲申，至京師。
二十二年春正月甲申，阿魯台犯大同、開平，詔羣臣議北征，敕邊將整兵俟
命。丙戌，徵山西、山東、河南、陝西、遼東五都司及西寧、鞏昌、洮、岷各衛兵，期
三月會北京及宣府。戊子，大祀天地於南郊。癸巳，鄭和復使西洋。三月戊寅，
大閱，諭諸將親征。命柳升、陳英領中軍，張輔、朱勇領左掖，王通、徐亨領右掖，
鄭亨、孟瑛領左哨，薛禄、譚忠領右哨，陳懋、金忠領前鋒。
夏四月戊申，皇太子監國。己酉，發京師。庚午，次隰寧，諜報阿魯台走答
蘭納木兒河，遂趨進師。五月己卯，次開平，使使招諭阿魯台諸部。乙酉，瘞道
中遺骸。丁酉，宴羣臣於應昌，命中官歌太祖御製詞五章，曰：「此先帝所以戒
後嗣也，雖在軍旅何敢忘。」己亥，次威遠州。復宴羣臣，自製詞五章，命中官
歌之。
六月庚申，前鋒至答蘭納木兒河，不見敵，命張輔等窮搜山谷三百里無所
得，進駐河上。癸亥，陳懋等引兵抵白邙山，以糧盡還。甲子，班師，命鄭亨等以
步卒西會於開平。
秋七月庚辰，勒石於清水源之崖。戊子，遣呂震以旋師諭太子，詔告天下。
己丑，次蒼崖戍，不豫。庚寅，至榆木川，大漸。遺詔傳位皇太子，喪禮一如高皇
帝遺制。辛卯，崩，年六十有五。太監馬雲密與大學士楊榮、金幼孜謀，以六軍
在外，秘不發喪，鎔錫爲椑以斂，載以龍轝，所至朝夕上饍如常儀。壬辰，楊榮偕
御馬監少監海壽馳訃皇太子。壬寅，次武平鎮，鄭亨步軍來會。八月甲辰，楊榮
等至京師，皇太子即日遣太孫奉迎於開平。己酉，次雕鶚谷，皇太孫至軍中發
喪。壬子，及郊，皇太子迎入仁智殿，加殮納梓宫。九月壬午，上尊謚曰體天弘
道高明廣運聖武神功純仁至孝文皇帝，廟號太宗，葬長陵。嘉靖十七年九月，改
上尊謚曰啓天弘道高明肇運聖武神功純仁至孝文皇帝，廟號成祖。
鄧元錫《皇明書》卷三《成祖文皇帝帝紀》 上既入自燕，靖内難，嗣位，詔仍
以洪武紀年。秋七月壬午，大祀天地於南郊，大赦。遷康皇帝主於陵，仍稱懿文
皇太子，遷呂太后於懿文陵。降封允熥、允熞、允熺，爲廣澤、懷恩、敷惠王，尋
廢，死。大封靖難功臣。始開内閣。先是，洪武初設中書省，韓、魏二國公以太
師太傅兼左右丞相。已汪、胡繼用爲相，然不得領三公。及汪、胡敗，詔天下罷
中書丞相，而以五府九卿分理庶務。監察御史許士廉請復三公府，不聽。當是
時，惟翰林春坊官詳諸司奏啓，殿閣大學士侍左右備顧問，然不得平章軍國事如
異時。至是，上念機務殷亟，難獨綜而治，要在任人也。始即位，即召翰林待詔
解縉侍左右親用，陞侍讀。已見中書舍人黄淮才，召與語，大悦之，改編修。凡
視朝，命縉、淮立御榻左右，備顧問。尋遷翰林修撰胡廣爲侍講，楊榮爲修撰，吴
府審理副楊士奇爲編修，給事中金幼孜、桐城知縣胡儼爲檢討，與縉、淮共七人
並直文淵閣，看詳章奏。上少間，諸閣臣時時宸前，預謨議，率漏下數十刻乃退。

蓋内閣預機務自此始。擢夏原吉爲户部尚書，蹇義爲吏部尚書，黄福爲工部尚書。當是時，天子初易位，衆疑洶洶。上既掃除廓清，乃鋭意治安，爲順守規。蹇、夏經綸悃愊，七臣者内與密勿，外酌政幾，而治象鬱興。

冬十月，勑重修《太祖皇帝實録》，命解縉等繙閲建文中羣臣章疏，係軍馬、錢穀數者留中，餘涉指斥者悉焚燬。已從容問侍臣曰：「爾曹宜皆有之。」衆稽首未應。修撰李貫曰：「臣實無。」上曰：「爾以獨無爲賢耶？食其禄則思任其事。當國家危亡時，在近侍無一言，豈稱臣職哉？朕非惡乎盡心於建文，惡導誘建文壞祖法亂政耳。爾等前事彼則忠於彼，事朕則忠於朕，毋爲曲蔽也。」十一月，立妃徐氏爲皇后。擢儒士軒伯昂爲山東參議。上即位，求山林隱逸懷才抱德之士，無至者。江西以伯昂首應詔，故立擢用。

永樂元年癸未春正月元日，勑百官言：「我皇考太祖高皇帝受天明命，體好生大德，爲天下主。保養生息三十餘年，六合晏清，禍亂不作，曶爽闇昧，咸際昭明。亦惟我皇考能任天下之賢，理天下之務，旁求民隱，宣通德意，以臻兹盛。朕荷天地祖宗之靈，克靖内難，繼承大統，以主天下。重惟天下者，皇考之天下；軍民者，皇考之赤子。即位以來，兢兢夙夜，思爲撫安。爾諸文武羣臣其體朕懷，毋怠毋忽，毋貪，毋爲掊克，毋縱詭隨，持爾廉平，秉爾正直，勵爾公勤，擴爾忠恕，以守我皇考之成憲。其方面風紀之司，牧守郡縣之官，教育之任，當悉乃心力，圖乃職務，以民心爲心，順其欲惡，察其利害，而興除之。遂其仰事俯育之心，教之孝弟忠信尊君親上之行。其懷道抱德，若行能可稱者，亟舉用之，毋遺棄。庶幾民不失所，共享我皇考太平之福哉！爾或不率，惟皇考之明罰具在，朕不敢貸。其武臣當藩閫之權，受邊方之托，任屯堡之事者，亦當悉乃心力，深其計慮，嚴紀正律，以潛消釁隙，保固城池。務以軍心爲心，察其寒暑饑飽，爲之矜恤調護，愛惜其力。毋侵牟其利，庶幾軍不失所，共享我皇考太平之福哉。爾或不率，亦惟皇考之明罰具在，朕不爾貸。嗚呼！民出賦税以贍軍，軍執干戈以衛民，軍非民弗養，民非軍弗安。其悉心一志，敬慎保安，以副朕拳拳之意。」命寶源局鑄農器，給山東等處被兵之民。復封周、齊、代、岷王。二月，詔以北平爲北京，設北京留守，行後軍都督府及北行部，以郭資、雒僉竝爲行部尚書，平安爲都督府僉事。

三月朔，羣臣表請立皇太子。勑答曰：「朕嗣承大寶，思惟永圖。負荷之艱，夙夜祇栗。矧於長子知識未廣，德業未進，儲貳之任，豈當遽承？必欲以正元良宜，豫成其德業。」未允所請。誅遼東指揮同知沈永。虜寇遼東，永不能進討，又匿不上聞故也。徙北平行都司於保定，以大寧地畀邊夷兀良哈，酬靖難功。夏四月，命户部尚書夏原吉治水江南。上以中外文武臣多及事建文，懷疑懼不安，下勑申諭，言：「朕惟自古天生一代致治之君，必善用一代輔治之賢。唐用王、魏、尉遲，或取之亡國，或釋之嫌怨，或舉諸讎敵。宋用范質、王溥，皆先代舊臣，石守信、王審琦皆前朝宿將，著在信史，可具覆也。元有天下，海宇之廣，生齒甲兵之繁，財賦之盛，宜莫能難。我太祖高皇帝不階尺土一民，卒平禍亂而有天下，蓋由推赤心以用人，取才於異代，釋憾於讎怨，故能創業垂統，身致太平。朕以高皇帝嫡子，奉藩于燕，屬遭内難，如釜魚罝兔，決無生理。爰不得已起兵自救，竟以一隅之力敵天下之兵。大戰數十，小戰無筭，卒平禍亂。此豈人力？實惟佑命！朕莅治來，恒思天下者，父皇之天下；文武百官皆皇考舊人，或所教育，以遺子孫，素非讐怨他人之比。誠信委任，纖毫無間。故今之任機務，典宥密者，皆非前日靖難之人，此天下所明見共知也。比聞羣臣然且懷疑，不安其職，深用悼歎。夫以父皇格天之德，天命眷顧之隆，故俾朕躬，克承大統。朕今有位，其敢違天命與父皇以爲治乎？曩在鋒鏑中，所虜獲將士尚且不輕殺一人，今爲天子，顧肯加怨惡於人耶？今天下一家，四海一國，盡忠於國者，雖讐必用，心懷異謀者，雖親必誅。比隆前規，以臻致治。敢有上負皇考，妄生疑間，自分彼此，譸張訕謗者，罪無赦！」更上太祖高皇帝孝慈高皇后尊謚。六月，詔陝西停王府工作。秋八月，命平江伯陳瑄督海運。

九月，下《求賢勑》曰：「朕以眇躬，獲承大統，永惟萬幾，不敢暇逸。思旁招俊乂，光輔邦家，必明目達聰，以弘視聽。爾内外諸司，於羣臣百姓中各舉所知，或堪重任而沈滯下僚，或可劇繁而優遊散地，或抱道懷才而隱田里。其具舉以聞，毋媢毋濫。《書》曰：『舉能其官，惟爾之能。稱匪其人，惟爾不任。』欽哉！」又勑百官言：「朕聞爲君難，爲臣不易。創業難，守成不易。蓋禮樂寬柔，譬之膏粱以養生；刑政剛猛，譬之藥石以伐病。膏粱伐病，祇益其病；藥石養生，適傷其生。時措之宜，兹惟艱哉！昔在元季，中華禮樂之區悉爲左衽，沉浸百年，風俗之汙染，非但若夏季之慆淫也；反側之睥睨，非但若殷頑之弗率也。我太祖高皇帝以天錫大聖之資，當天造非常之變，服古人之所未服，齊古人之所難齊，亦權時宜不得已而用刑矣。及立爲典常，先定律法，損益更改，十年乃成。復作《祖訓》，傳之子孫，墨劓剕宫，竝禁不用。常法之立不易，禮樂之用彌彰。

朕遵聖謨，永念刑措。爾惟相朕，賞彰天命，刑奉天討，職亮天工，以保兹天民哉！爾惟盡心，勿謂忠爲有餘；爾惟盡力，勿謂力爲不足。爲名而善，善無成；計利而勤，勤必怠。故廉不怨貧，以廉爲制行之常；勤不羨逸，以逸爲賊德之本。且計利者必害，患失者終失。莫非事也，繁簡安其所遇；莫非職也，崇卑惟其所處。爾羣臣所當知也。勿爲朋比，比必至於淪胥；勿縱利口，利口必至於傾覆；勿爲奸欺，奸欺必至於敗露；勿爲怙終，怙終必至於殄絶。依阿尸禄位者昧理，擅權作威福者逆天，貪汙恣情慾者速禍，讒殄惑衆志者啓刑。爾羣臣所當戒也。矧夫刑者，輔治之具。古聖帝明王及我皇考之所甚重，不得已而用之者也。輕重一差，死生立決。乃或信讒而執單辭，深文而中良善，納賄以紊是非，作威而眩曲直。自作聰明，發瑕摘纇，法外求情，致人於死，鬼神森布，甚可畏也。朕爲此懼，審克惟勤。乃有懷殘忍之私，遵酷吏之規，謗朝廷之寬恤，惑天下之人心，所謂利口傾覆者，爾惟戒哉！聖人用人，不求其備，誠以才能有高下，智識有淺深，事皆盡善，上智所難，況於中人，寧無過誤？朕惟念此，每加寬容。乃有怙終，常懷幸免，不知忽微之過豈可積，非分之恩豈能常？所謂怙終殄絶者，爾惟戒哉！亦有柔奸隱慝，厚貌深情，請託行私，附下罔上，不感天子而感權臣，寧負公門而不負私室，同惡相濟，同勢相依，同爲讒邪，以詔忠良，同爲奸宄，以護私短，同側媚以相師，同謟諛以相悦，所謂朋比淪胥者，爾惟戒哉！朕務宵衣旰食，豈誠惡逸好勞，爲上帝之鑒觀，守皇考之基業。惟爾羣臣，爲國爲民，有猷有守，以輔予治化，上荅天命。嗚呼！民命至重，鬼神難欺，操刀而割，尚有血指之虞；當食而言，或至吻傷之失。事雖切己，未免過違；心有不存，視而不見。故夫刑罰，宜悉乃心。毫厘之差，死生立決，一往不復，雖悔何追？詎止吉凶之應，及於一身；抑且殃慶之流，逮於後世。爾惟戒哉！爾尚體朕心，必欽必慎，惟明惟恤，庶俾寬而非縱，嚴而不殘，囹圄空虚，底于刑措。國家有萬年之安，爾亦有無窮之譽。欽哉！」

高唐州民王政以言事稱旨，擢刑科給事中。鎮雲南西平侯沐晟言車里宣慰司土官侵威遠地，擄其知州，請討之。上以天下初定，謂兵部臣曰：「兵易動難安。一或輕舉，傷人必多。宜文誥播諭，如不從，舉兵未晚。」於是刁暹荅悔懼，歸所虜知州及所侵地謝罪。歷城侯盛庸、長興侯耿炳文奪爵死。建文中庸、炳文嘗將兵，至是並諸子皆坐戮。上御右順門，謂侍臣曰：「朕即位來，常恐下民失所。夜宫中秉燭獨坐，閲輿圖，思何郡罹饑荒，當隱恤，何郡迫邊塞，當豫防。且出，與羣臣議行之。近河南旱蝗，即遣使省視。如斯民小康，朕之願也。」勑河南布政使賑恤。言：「朕爲天下主，所務安民。民爲國本，故每歲遣人巡行郡邑，欲周知民所苦也。近河南饑，而有司不以聞，顧往往言歲豐，罔天孰甚焉！此朕任非其人之過。其速令郡縣發粟賑貸。」詔郡縣考滿官課最者，皆於六科辦事言事。尋召給事朱原等，謂曰：「朕夙夜慮天下有失所之民，四方利害未有知也。故選郡縣官直六科，冀欲有聞。今未嘗有一人言者，豈天下事皆無可言乎？在朕左右且然，況遠在千里外乎？汝等可以朕意諭之，制給由官條所部民情利病以聞。」江西左參議孫浩、廣東副使鄒浩失條陳，下法司訊。勑府州縣官到任半歲以上，巡按、御史及按察司察能否貪廉之跡，具奏。定武職新舊官比試替襲法。詔軍民利病，諸百工技藝之人許具實敷奏。十二月徙天下殷實户實北京。

永樂二年甲申春正月，遣永春侯王寧、隆平侯張信齎璽書召世子如京師。夏四月，立世子高熾爲皇太子，封子高煦漢王，高燧趙王，并封楚、蜀王諸王子各爲王。簡東宫官，吏部尚書蹇義、兵部尚書金忠並兼詹事，餘具以閣臣充。命翰林方局官日講經史東宫，凡講義皆内閣閲正。縉閲《書》，士奇閲《易》，廣閲《詩》，幼孜閲《春秋》，幼孜與士奇作《易春秋直指》以進。擢僧道衍爲太子少保，復姓姚，賜名廣孝。靖難時，道衍主興師，圖王之斷故也。命侍臣輯自古格言善行有益太子者爲書，曰《文華寶鑑》，授皇太子。皇太子拜受退。上謂解縉等曰：「昔皇考採經傳格言爲《儲君昭鑒録》，朕此書稍充廣之，益以皇考謨訓。子孫能世守此，亦足以稱賢君矣。昔秦皇教太子以法律，晉元授太子以韓非書，帝王之道廢而不講，故亂。朕此書皆大經大法。卿等兼輔東宫，宜以此時時導諭之。」上御奉天門，召六科給事中，諭曰：「天立君以養民，君不恤民，是不敬天。君資臣以成治，臣不輔治，是不忠君。朕臨百官，裁萬幾，時有失中，宜直言無隱。」又顧學士解縉曰：「求敢爲之臣易，求敢言之臣難。敢爲者强於己，敢言者强於君。此王、魏之所以□□□，進言者無畏，聽言者無忤，天下何憂不治。命太子少保姚廣孝賑濟蘇湖。

秋七月，饒州鄱陽縣儒士朱季友詣闕，獻所著書，專醜詆宋學，詔勒還鄉里，杖之，且焚所著書。冬十一月，録囚奉天殿。刑部尚書賜言奉天征討官有獄請議功。上曰：「刑賞者，天下之大法也。不以功掩過，亦不以私害公。曩奉天征討功業，酬之爵賞矣。今有犯而不誅，何以爲理？論如律。」勑賜賚内閣臣皆與

部尚書同賜三品服色，縉等辭謝。上曰：「天下事皆朕與卿密共平章，非若六卿分職者比。勤勞翊贊，豈在部尚書下哉？以賚功勤，又何以品級拘也。」設天津衛于直沽。時直沽建倉百萬，儲海運粟，以海口地狹，乃調沿海諸衛軍城築戍守之。曹國公李景隆有罪，獄死，坐僭踰不法，匿亡命，謀不軌也。廷鞫，景隆呼曰：「陛下非臣開門奉迎，何以有今日？」上折之曰：「幸是朕來，若他人來，汝乃亦開門迎耶？」景隆語塞。死獄中。勑各衛所軍，餘願耕種者不拘頃畝，儘力墾種自收，官毋得比較。

永樂三年乙酉春正月，復順天、永平、保定民田租。二月，命學士縉選進士科才識英敏者改庶吉士，進學文淵閣，召見。上諭之曰：「人須立志，志立則功就，未有無志而能自成者。爾等自千百人中拔起爲進士，又自進士中拔起至此，固時英俊。然當立心遠大，毋安於小成。學必造道德之微，具體用之全；文必闡天人之蘊，竝作者之盛。古人文學豈必天成，亦積功所致爾。文淵閣古今載籍所萃，朕不煩爾以事，給爾禄，日就閣中玩索，務實學，毋虛文，以負朕期待之意。」三月，改黃福爲北平行部尚書，陳瑛譖出之也。夏，勑戒諸王。詔賑江東饑。秋，召户部尚書夏原吉還掌部事。冬十月，盜殺附馬都尉梅殷。殺庶吉士章朴。時禁天下毋得收藏方孝孺詩文，朴犯令故也。

永樂四年丙戌春正月，南陽盜起。上謂兵部曰：「盜無小，不可易也，不治將大。元末汝潁盜纔數十人，卒以猖兵。」豐城侯李彬、新城侯張輔討平之。二月，遣趙王居守北京。三月，上謁先師，皮弁行四拜禮。已，視學，購遺書。結牙思進玉碗，却不受，曰：「朕朝夕所用，惟中國磁器甚適，無事此爲也。況此物内府故有之，第意不用耳。」謂尚書賜曰：「今受虜獻必厚賚，將來奇珍競至矣，縻國費，何益？故不受也。」夏五月，廢齊王榑。初榑既復國而驕，上賜諭戒不從。來朝，又面諭曰：「毋忘患難時。」榑益自疑，陰蓄亡命，養刺客，僭恣爲呪咀。至是，來朝，廷臣交露章劾治。榑厲聲曰：「奸臣喋喋，又欲效建文時離間耶？會當盡斫此輩。」上大怒，罷去其護衛及長史官，留京師。已廢爲庶人，安置廬州。羣臣請罪其教授葉垣等。上曰：「齊王凶悖，殆性習使然。朕與王兄弟至親，出之囹圄，寵以禄爵，誠心温辭，開譬至六七，然且不悛。教授輩當如王何？況垣等已先自歸，可勿論。」【略】

秋七月，命成國公朱能佩征夷將印，充總兵官，西平侯沐晟、新城侯張輔爲左右副將軍，將兵擊安南。兵部尚書劉鐫參贊軍務，刑部尚書黃福督軍餉。時武臣言黃福乃建文中舊臣，不宜任。上曰：「君臣相與在推誠，不可蓄疑。唐太宗時，王、魏初皆讐怨，後委任不疑，兩人終盡心輔政。尉遲恭亦讎敵也，卒盡其死力，則太宗誠無疑故也。朕今惟賢才是用，無問新舊，勿復言。」會朱能道病卒，即命侯輔佩印代將。是歲，大營北京宮殿。勑秦晉守將練兵防胡。甌寧王允熥暴卒。

永樂五年丁未春二月，出翰林學士解縉爲廣西布政司參議。初與丘福等守儲議，爲漢王高煦所怨。至是有譖縉泄初議，以國家大計徼後福者，故貶。夏四月，皇長孫出閣就學，年九歲矣。命姚廣孝及翰林侍詔魯瑄、鄭禮等侍講讀，以經史所載孝弟仁義與帝王大訓可經綸天下者，日講繹涵養，毋章句文辭。五月，安南平，詔置交阯都、布、按三司，以都督呂毅掌都司事，尚書福掌布、按二司事。詔徵用交阯人才。乙卯，皇后徐氏崩。秋八月，議海運，設都漕運使司。冬十月，【略】十一日，令内閣儒臣考滿，吏部勿改外任。

永樂六年戊子春三月，免河南、山東、山西民逋負。夏四月己卯朔日食。六月，論平交阯功，封沐晟黔國公，張輔英國公，柳升安遠伯。秋八月，交阯簡定反。冬十二月復遣英國公輔往討之。是歲諸番各遣使入朝貢。上行巡北京，詔曰：「昔成周營洛，肇啓兩都，有虞勤民，尤重巡省。朕祗率彝典，馭統初已，升順天爲北京。今四海清晏，省方惟時。將以歲二月巡行北京。命皇太子監國。朕所過，親王止離城一程迎候，官吏軍民於境内朝見。非經過之地，毋擅出境。道途一切供給飲食之費，咸宿具，毋煩民。諸司毋得輒有所獻。」

永樂七年己丑春正月，遣太監鄭和航海通道西南夷。起復楊榮爲閣學士。二月，上發京師，詔吏部尚書義、兵部尚書忠、大學士淮、侍講士奇輔皇太子監國。學士廣、侍講榮、幼孜、尚書原吉從。諸天下文武除拜，四夷朝貢，邊境調發，請行在，餘悉啓皇太子處分。諭義等曰：「居守事重。今文臣中簡汝四人留，幸勉輔太子。唐太宗簡輔監國，必房玄齡，其敬之哉！」前忠誠伯茹常下獄死。都督平安暴卒。三月，上至北京。夏五月，營山陵于天壽山，葬仁孝皇后。秋，勑淇國公福將五將軍出塞，北擊虜。五將軍俱敗没。前給事中郭驥使虜，爲本雅失里所殺。上聞之，念虜不滅，不靖也。乃遺書諭皇太子曰：「比以淇國公從征久，授籌畫，令帥大軍征虜，冀必能任事，乃辱國如此。今不擊虜，禍邊益深。今選將練兵，朕來春將親征。國家之事，爾任之，必慎重毋忽。」冬，英國公獲簡定，檻送京師，陳季擴走。

永樂八年庚寅春正月，召英國公輔還，留黔國公晟總諸軍，雲陽伯旭副之，討季擴。簡定伏誅。二月，敕天下布按二司，言：「朕惟古之善治者必重賢守令，以爲生民休戚所繫命也。朕巡狩北京，考覈吏治，惟汶上知縣史誠祖公無逋租，田靡蒿萊，人民樂業，治有異效。已褒賞陞濟寧州知州。其易州同知騰貪酷無狀，已加重譴。今天下之大，守令之廣，朕豈能周知？爾等居承宣風紀之任，所轄郡縣，官其賢否治忽，宜必知之。其具實以聞，加黜陟焉。」北征，遂擊阿魯台於静虜鎮。還次擒胡山，勒銘。次清流泉，再勒銘而還。秋七月，上還北京。冬十月，還南京。詔贖民鬻子。

永樂九年辛卯春正月，命英國公輔復會兵討交阯。二月，命尚書宋禮、都督周長浚會通河。三月，都御史陳瑛以罪下獄死。初建文中，瑛以交通藩邸坐譴。及即位，得召用。爲羅織苛刻，建文諸臣得罪深，瑛之力居多。至是爲給事中耿通、中允劉子春論劾，獄死，藉其家。夏五月，倭寇浙東。六月，逮交阯參議解縉于錦衣衛獄。臨城縣饑，當發粟三千七百石乃賑，户部持不許。上曰：「國家儲蓄，本以供國濟民。有土有民，將財用自裕，豈憂儲蓄哉？隋開皇間民饑，不肯開賑，聽流移就食，歲所積可供數十年，適大敵資。此前事永鑑也。自今遇水旱民饑，即開倉賑給，爲著令。」冬十月，詔重修《太祖高皇帝實録》。以前監修官李景隆、茹瑺心術不正，是非眩瞀故也。命閣學士廣、儼、淮、士奇、榮、幼孜爲總裁。十一月，立皇太孫。十二月，令百官條上軍民利病。令在京七品以上及近侍官，在外五品以上及縣正官，各舉堪任牧民風憲者以聞。是歲免陝西民逋負。

永樂十年壬辰春正月元夕，賜羣臣宴。禁差守令。三月，敕河南發粟賑民。冬十月，命皇太孫閲武方山。

永樂十一年癸巳春正月辛巳朔日食，免朝賀及宴。先夕，禮尚書呂震言：「日食與朝賀時先後不相妨，請朝賀如儀。」侍郎儀智曰：「終同日，免賀爲當。」楊士奇曰：「日食，天變之大者。前代多不受朝。宋仁宗時富弼請罷宴徹樂，呂夷簡不從。弼曰：『萬一契丹行之，爲中國羞。』後有自契丹來者，言虜是日罷宴。仁宗大悔。今免賀，誠當。」上從之。後簡老成大儒輔皇太孫，羣臣推智，上喜曰：「智雖老，然識大體，能直言不阿。向正旦日食，呂震等欲行賀禮，獨此老與士奇意同，可任也。」遂命授皇太孫經，勑方、黄、齊、練遠親被告者勿論。二月，命尚書義、學士淮、諭德士奇、洗馬溥輔皇太子監國。上巡狩北京，禁諸司進獻。設貴州布政使司。秋八月，遣吏部員外郎陳誠使西域。冬十二月，交阯平。

永樂十二年甲午春正月丙子朔日食，免朝賀。三月，上親征瓦剌，命皇太孫從。上謂侍郎廣、幼孜、榮曰：「朕長孫天錫勇智，令侍行，俾知用兵行師之法，知將士勞苦。然文事武備不可偏廢。營中稍閒，其即以經史於前講誦，庶不廢學也。」語太孫曰：「前代帝王多生長深宫，狃富貴安逸，於民艱國務懵弗究，以亡國者多矣。汝將來有嗣統之寄，須勉力於學，天下事不可不周知，天下人艱難不可不涉歷。聞見廣，涉歷多，庶心胸開豁，不疑於幾事也。」夏五月，上將五將軍出塞，閲武陽林戍，追敗虜于土剌河，乃班師。曹縣獻騶虞，尚書震請率羣臣朝賀。上曰：「百穀豐登，雨暘時若，家給人足，爲上瑞。騶虞何益？」止勿賀。震固請，上曰：「大臣當爲國爲民。汝能效李沆不奏祥瑞，不亦善乎？」震退。上顧侍臣曰：「震可謂不學無術者也。」【略】秋八月，上至北京。交阯陳季擴伏誅。閏九月，逮居守學士淮、諭德士奇、洗馬溥下獄，尋宥士奇還官。十一月，命儒臣纂修《五經四書性理大全》。上諭閣臣曰：「《五經》《四書》皆聖賢精義要道，傳註外，諸儒有議論發明者，其博采增附。周、程、張、朱諸君子語性理之言，如《太極圖》、《通書》、《西銘》之類，皆六經羽翼，宜類聚成書。務精備以垂後世。」命廣等開館東華門外纂修之。

永樂十三年乙未春正月，殺前交阯參議解縉。平江伯陳瑄開清江浦轉運，罷海運。秋七月，誅貪殘守令。九月，勑防邊。

永樂十四年丙申春三月，改封趙王王彰德，漢王王青州。祠祭郎中周汭請封禪泰山，尚書震助爲言。上曰：「今天下雖無事，然水旱疾疫時時有之，朕未嘗不惕然于心，敢自謂太平？且聖經未嘗言封禪，唐太宗亦不爲封禪。魏徵每以堯舜之事望其君，爾欲處朕太宗下，亦異乎徵之愛君矣。且帝王有聞於後者，在德不在封禪也。」遂不許。學士廣作《却封禪頌》以獻。夏四月，錦衣衛指揮紀綱伏誅，以弄權作威故也。以胡廣爲文淵閣大學士，楊榮、金幼孜翰林學士。【略】秋八月，作北京西宫。召英國公張輔還京師，詔豐城〔侯〕李彬鎮交阯。九月，始令民養種馬納駒。上還京師，議營建北京。於是羣臣上議，言：「北京乃皇上龍興之地，北枕居庸，西倚太行，東連山海，南俯中原，中沃壤千里，足以控四夷而制天下，誠帝王萬世都也。比年車駕巡狩，四海會同，人心協和，漕運日廣，商賈輻輳，財貨充盈，良材巨木，千里咸集。乞上順天心，下從民望，勑所司營建，爲子孫萬世帝王之業。天下幸甚！」上從之。

永樂十五年丁酉春二月，廢谷王橞爲庶人。二月，漢王高煦有罪，居之樂安

州。三月，上巡北京。夏四月【略】頒《五經四書性理大全》於兩京六部、國子監及天下府州縣學。六月，建北京郊廟宮殿。秋七月，册皇太孫妃胡氏。【略】十一月，以趙羾爲兵部尚書，督塞上屯。

永樂十六年戊戌春，安南黎利反。三月，初令民運。夏五月，殺贊善梁潛、司訓周冕。秋七月，遣禮部侍郎胡濙巡江西、浙江。冬，勑修武當山宮觀成。

永樂十七年己亥春，起復吏部尚書義輔監國南京。夏，都督劉江破倭奴於黎海蝸，封廣寧伯。秋七月，勑慎選守令。冬，學士榮疏十事，指斥五府六部三法司積弊。上密召諭曰：「卿言時弊實切當。但卿爲朕腹心，進此言，即羣臣相猜，隙嫌生矣。不若使慎密御史言之。」於是畀監察御史鄧真，使言之。奏下，諸司股栗，咸免冠謝死罪。詔申勑而退。頒爲善陰隲孝順事實于天下。

永樂十八年庚子春正月，以楊榮、金幼孜竝爲文淵閣大學士。十二月，山東妖婦唐賽兒反，都指揮衛青擊破之。【略】九月，北京宮殿成，改行在所爲京師。召皇太子及太孫如京師。冬十二月，皇太子、太孫至京師。

永樂十九年辛丑春正月甲子朔，上御奉天殿，受朝賀。戊寅，大赦天下。舉賢才，禮高年，存恤鰥寡孤獨及篤廢殘疾者。改楊士奇爲左春坊大學士。夏四月，奉天、華蓋、謹身三殿災。肆赦，禁謗訕。遣尚書義等巡行天下，撫軍民。【略】冬十一月，議北征，逮户部尚書夏原吉、工部尚書吴中掖庭獄。兵部尚書方賓自殺。

永樂二十年壬寅【略】二月，議北師餽餉。三月，上親征。夏五月，次獨石，大閱。六月，次通州甸，至㵎灤兒海，乃旋師。至威虜，令碎李陵臺驛，沈其碑河中。還擊兀良哈，大破之。九月，還京。逮大學士楊士奇、尚書蹇義、吕震錦衣衛獄，尋釋復官。

永樂二十一年癸卯春三月，蜀王椿薨，葬蜀獻王。夏五月，常山中護衛孟賢謀逆，伏誅。【略】秋八月，上北征，虜酋土干降，封忠勇王。上班師。

永樂二十二年甲辰春正月，逮朝覲官于錦衣衛獄，尋釋之。夏四月己酉，復出塞，北擊胡。次荅蘭納木兒河，抵白邙山，餉不繼，又上感異夢，夢人語上帝好生，召學士榮、幼孜語之。榮、幼孜以軍中有訛言，因力請班師。秋七月，次清平鎮，宴羣臣，命内侍歌高皇帝辭五章。曰：「此先帝所爲垂諭，叙創業守成之難，戒荒淫酣酗之失者也。朕服之，旦旦不忘。」因遂賡五章，言奉天法祖，勤民恤民之事，仍命内侍歌之，飲盡歡而罷。己丑，次倉厓城，上不豫。庚寅，次榆木川。辛卯，上崩。八月壬子，梓宮至京師。九月，上大行皇帝謚，曰體天弘道高明廣運聖武神功純仁至孝文皇帝。

上知人善任，委閣學士爲腹心。嘗於宫中忘一事，問左右，皆不省，蓄沈思久乃得之，喟然曰：「以一人智慮，處萬幾浩繁，欲無惌忘也難矣。」時時勗近臣諸萬幾務，當省録，備顧問。朕行未合理，當熟諫勿避。召六部尚書及近臣諭曰：「早朝四方所奏事繁，念不得盡言。午後事簡，可從容陳論。毋以旦晡，朕倦聽納也。」雖數在軍，然親倚諸學士益深，呼秀才不名。時時坐帳殿，召諸學士語，語移時，或夜漏下數刻乃退。謂諸學士曰：「凡軍中一切動静，若謡言，有聞即密奏。」又勑閽者：「諸秀才有事入見，朕聽非時入，毋阻。」嘗中道相失，急遣將四出尋之。未至，上念甚，時時問左右諸學士來未？蓋倚毘如此。御馬監詣户部索白象食穀，尚書辛以聞。上曰：「白象何補實用？乃奪民食以飼之。此所謂率獸食人。計象一日所飼穀，當農夫數口家一日之食，豈當暴殄哉？朕爲君，職在養民。禁勿用。」召監官切責之。山西民言介休縣出五色石，可輦致造器。通政使彝奏之。上曰：「數年兵荒，百姓與苦甚，奈何重困爲乎？」福建三司官奏栢瑞生花下。勑曰：「朕於生民休戚未徧知也，故任官以圖安輯。乃置軍民疾苦不言，言栢花爲瑞，是朋比爲妄欺。夫時和歲豐，物無疵厲，生民足食，四夷順安，此國家之瑞，草木之花何有哉？自今有復爲欺罔者，罪無赦。」故是時近臣密勿，大臣襄直，四海洽清，萬務咸適焉。

雜録

備録

黄瑜《雙槐歲抄》卷三《聖孝瑞應》 文皇帝在藩，聞烏思藏有尚師哈立麻者，異僧也。永樂初，遣中官侯顯齎書幣往迎，五歷寒暑，丙戌十二月乃至，車駕躬往視之，無拜跪禮，合掌而已。上宴之華蓋殿，賜金百兩，銀千兩，彩幣法器不可勝紀。尋賜儀仗，與郡王同，封爲萬行具足十分最勝圓覺妙智慧善普應佑國演教如來大寶法王西天大善自在佛，領天下釋教，賜印誥及金銀紗彩幣，織金珠

袈裟，金銀器皿鞍馬，其徒封拜有差。五年春二月庚寅，命於靈谷寺啓建法壇，以薦皇考皇妣。尚師率天下僧伽舉揚普度大齋科十有四日，上伸誠孝，下及幽爽，自蒇事之始，至於竣事，卿雲天花，甘雨甘露，舍利祥光，青鸞白鶴，連日畢集。一夕檜柏生金色花，偏于都城，金仙羅漢變現雲表，白象青獅，莊嚴妙相，天燈導引，旛蓋旋繞，亦既來下。又聞梵唄空樂，自天而降。羣臣上表稱賀，學士胡廣等獻聖孝瑞應歌頌。自是上潛心釋典，作爲佛曲，使宮中歌舞之。永樂十七年御製佛曲成，併刊佛經以傳。九月十二日，欽頒佛經至大報恩寺，當日夜，本寺塔現舍利光如寶珠。十三日，現五色毫光，慶雲奉日，千佛、觀音、菩薩、羅漢，妙相畢集。續頒佛經佛曲，至淮安給散，又現五色圓光，彩雲滿天，雲中現菩薩、羅漢、天花、寶塔、龍鳳獅象，又有紅鳥、白鶴盤旋飛繞。禮部行翰林院撰表，往北京稱賀，上甚嘉悅。明年五月十六日，命禮部尚書吕震、右副都御史王彰齎奉諸佛世尊、如來、菩薩、尊者名稱歌曲往陝西、河南頒給，神明協應，屢現慶雲圓光寶塔之祥，在京文武衙門上表慶賀。上益嘉悅，知皇心之與佛孚也。中官因是益重佛禮僧，建立梵刹，以祈福者徧南京城内外云。

張瀚《松窗夢語》卷六 成祖之容，大類太祖，但兩頤間多髯二縷，長垂至腹。内侍相傳，上每進膳，用金鉤挂髯於耳。又聞袁柳莊云：「紫髯過臍，即登九五。」太宗每自拂其髯，後果至腹，始即位。

備論

尹守衡《明史竊》卷二 論曰：「遜受之際，臣所難言也。夫帝雖尊亢王者，豈無敦睦之仁？太孫篤念親親，帝詎肯失爲居東周公乎？而乃務徇邪謀，翦除骨肉。明明祖憲，朝改莫更，誰無顛覆？是懼桐宮之放，豈其得已？内宮不火，寧必亳都不再復耶？齊、黄誤國之罪，上通于天，猶有曉曉然曰：『何不立成王之子？』子非夏啓，天下舍帝奚適？夫有順天應人之主，尚講延陵季子之讓，何其誖哉？」

鄧元錫《皇明書》卷三 稗史臣曰：「臣考觀文皇帝時，自廟堂郊社，迨服色官名，壹未嘗不遵我高祖之彝制也。御門故所服夷衣弊，衲而復出，語侍臣言：『我母后之德也。躬補綴裳衣，朕何敢忘焉？』又廣聽納，親儒是，宜光有顯名，而天命饗保也。」

何喬遠《名山藏》卷八《典謨記・成祖文皇帝》 臣喬遠曰：「明興二百餘年於玆，臣子論及成祖，尚有武未盡善之疑。豈知高帝閎謨遠烈，非成祖繼之，則都必不北，虜必不威，四夷必不賓服，中外制度必不晏然一尊於後世。夫拘攣之行，豈所以論上聖之主哉？成祖居以唐太宗自擬，有唐家法，則匪我儔。蓋湯武耶？蓋湯武耶？」

藝文

鄧原岳《西園全集》卷五《恭謁長陵》 文皇定鼎杜燕幽，更十玄宮枕上游。樂府舊傳朱鷺引，祠官親奉白龍游。太行逶邐雲邊路，黍谷蕭條塞外秋。聞說關中胡馬動，三犂誰爲掃神州。

尤侗《西堂詩集・擬明史樂府・永樂頌》 秦始大築長城，漢武遠犂王庭。文皇六師四征，赫赫大武三曾。東通古里瓜哇，西極錫蘭滿加。不分雁磧龍沙，瀚海天山一家。兵威埽凈邊塵，殺氣衝風遏雲。立馬峰頭駐軍，戰場萬里無人。天道好生昭然，神祇告夢當還。栢人未若長樂，沙丘豈比榆川。

古里、瓜哇、錫蘭、滿刺加，皆外國，永樂中入貢者。上北征，駐立馬峰，製銘勒石。次苔蘭納木見河，彌望惟荒塵野草，無一人一騎之跡。至開平，夢神人，告云：「天道好生」。如是者再，乃旋師。至長樂鎮，謂侍臣曰：「漢高過栢人，慮迫于人。朕至長樂，當與天下同樂。」及榆木川而崩。

姚廣孝部

綜述

《太宗實録》卷一九八　廣孝，蘇之長洲人。初從釋氏，名道衍，嗜學，喜爲詩文。少與高啓、楊孟載爲莫逆交，朝之縉紳如宋濂、蘇伯珩輩皆奬重之。洪武十五年，僧宗泐薦其學行，命住北平慶壽寺，事上藩邸，甚見禮遇。上每出師，命侍世子居守，嚴固備禦，撫綏兵民，與贊謀策。上即位，初命爲師録司左善世。及册立皇太子，賜名廣孝，授咨善大夫、太子少師，俾輔道焉。至是自南京來朝，車駕臨視者再。既卒，上悼惜之，輟視朝二日，賜祭，贈推忠輔國協謀宣力文臣、特進榮禄大夫、柱國、榮國公，謚恭靖，命有司治喪葬，親制碑文于墓。廣孝嘗著《道餘録》，詆訕先儒，爲君子所鄙。若其論文曰：「惟韓退之、歐陽永叔、曾子固真儒者之文，今之爲釋老文字，往往勦取釋老之説，甚至模倣其體，以爲儒者，不克卓立。」其意蓋謂宋、蘇輩，識者亦有取焉。

《明史》卷一四五《姚廣孝傳》　姚廣孝，長洲人，本醫家子。年十四，度爲僧，名道衍，字斯道，事道士席應真，得其陰陽術數之學。嘗游嵩山寺，相者袁珙見之曰：「是何異僧，目三角，形如病虎，性必嗜殺，劉秉忠流也。」道衍大喜。

洪武中，詔通儒書僧試禮部。不受官，賜僧服還。經北固山，賦詩懷古。其儕宗泐曰：「此豈釋子語耶？」道衍笑不答。高皇后崩，太祖選高僧侍諸王，爲誦經薦福。宗泐時爲左善世，舉道衍。燕王與語甚合，請以從。至北平，住持慶壽寺。出入府中，跡甚密，時時屏人語。及太祖崩，惠帝立，以次削奪諸王，周、湘、代、齊、岷相繼得罪，道衍遂密勸成祖舉兵。成祖曰：「民心向彼，奈何？」道衍曰：「臣知天道，何論民心。」乃進袁珙及卜者金忠。於是成祖意益決，陰選將校，勾軍卒，收材勇異能之士。燕邸，故元宫也，深邃。道衍練兵後苑中。穴地作重屋，繚以厚垣，密甃瓴甋瓶缶，日夜鑄軍器，畜鵝鴨亂其聲。

建文元年六月，燕府護衛百户倪諒上變，詔逮府中官屬。都指揮張信輸誠於成祖，成祖遂決策起兵。適大風雨至，簷瓦墮地，成祖色變。道衍曰：「祥也。飛龍在天，從以風雨。瓦墮，將易黄也。」兵起，以誅齊泰、黄子澄爲名，號其衆曰「靖難之師」。道衍輔世子居守。其年十月，成祖襲大寧，李景隆乘間圍北平。道衍守禦甚固，擊却攻者。夜縋壯士擊傷南兵。援師至，内外合擊，斬首無算。景隆、平安等先後敗遁。成祖圍濟南三月，不克，道衍馳書曰：「師老矣，請班師。」乃還。復攻東昌，戰敗，亡大將張玉，復還。成祖意欲稍休，道衍力趣之，益募勇士，敗盛庸，破房昭西水寨。道衍語成祖：「毋下城邑，疾趨京師。京師單弱，勢必舉。」從之。遂連敗諸將於淝河、靈璧，渡江入京師。

成祖即帝位，授道衍僧録司左善世。帝在藩邸，所接皆武人，獨道衍定策起兵。及帝轉戰山東、河北，在軍三年，或旋或否，戰守機事皆決於道衍。道衍未嘗臨戰陣，然帝用兵有天下，道衍力爲多，論功以爲第一。永樂二年四月拜資善大夫、太子少師，復其姓，賜名廣孝，贈祖父如其官。帝與語，呼少師而不名。命蓄髮，不肯。賜第及兩宫人，皆不受。常居僧寺，冠帶而朝，退仍緇衣。出振蘇、湖，至長洲，以所賜金帛散宗族鄉人。重修《太祖實録》，廣孝爲監修。又與解縉等纂修《永樂大典》。書成，帝褒美之。帝往來兩都，出塞北征，廣孝皆留輔太子於南京。五年四月，皇長孫出閣就學，廣孝侍説書。

十六年三月入覲，年八十有四矣，病甚，不能朝，仍居慶壽寺。車駕臨視者再，語甚歡，賜以金唾壺，問所欲言。廣孝曰：「僧溥洽繫久，願赦之。」溥洽者，建文帝主録僧也。初，帝入南京，有言建文帝爲僧遁去，溥洽知狀，或言匿溥洽所。帝乃以他事禁溥洽，而命給事中胡濙等徧物色建文帝，久之不可得，溥洽坐繫十餘年。至是，帝以廣孝言，即命出之。廣孝頓首謝。尋卒。帝震悼，輟視朝二日，命有司治喪，以僧禮葬。追贈推誠輔國協謀宣力文臣、特進榮禄大夫、上柱國、榮國公，謚恭靖。賜葬房山縣東北。帝親製神道碑誌其功，官其養子繼尚寶少卿。

廣孝少好學，工詩。與王賓、高啓、楊孟載友善，宋濂、蘇伯衡亦推奬之。晚著《道餘録》，頗毁先儒，識者鄙焉。其至長洲，候同産姊。姊不納。訪其友王賓，賓亦不見，但遥語曰：「和尚誤矣，和尚誤矣。」復往見姊。姊詈之，廣孝惘然。

洪熙元年加贈少師，配享成祖廟庭。嘉靖九年，世宗諭閣臣曰：「姚廣孝佐

命嗣興，勞烈具有。顧係釋氏之徒，班諸功臣，侑食太廟，恐不足尊敬祖宗。」於是尚書李時偕大學士張璁、桂萼等議請移祀大興隆寺，太常春秋致祭。詔曰：「可。」

焦竑《國朝獻徵録》卷六《御製推忠報國協謀宣力文臣特進榮禄大夫上柱國公姚廣孝神道碑》 朕惟商宗得傅巖之叟，以佐中興；漢高用赤松之流，以成大業。蓋天之生斯人也，豈偶然哉！惟我太子少師姚廣孝，蘇之長洲人，祖菊山，父妙心，皆積善，母費氏。廣孝器字恢弘，性懷冲澹。初學佛，名道衍，潛心内典，得其閫奥，發揮激昂，廣博敷暢，波瀾老成，大振宗風。旁通儒術，至諸子百家，無不貫穿，故其文章閎嚴，詩律高簡，皆超絶塵世，雖名人魁士，心服其能，每以爲不及也。

洪武十五年，僧宗泐舉至京師，朕皇考太祖高皇帝一見異之，命住持慶壽寺，事朕藩邸。每進見論説，勤勤懇懇，無非有道之言。察其所以，堅確有守，積純無疵，朕益重之。及皇考賓天，而奸臣擅命，變更舊章，搆爲禍亂，危迫朕躬。朕惟宗社至重，匡救之責，實有所在。廣孝于時識進退存亡之理，明安危禍福之機，先幾效謀，言無不合。出入左右，帷幄之間，啟沃良多。内難既平，社稷奠安，乃召至京師，命易今名，特受資善大夫、太子少師，既又賜之誥命，祖考皆追封資善大夫、太子少師如其官。朕命儒臣纂修皇考太祖高皇帝《實録》，廣孝爲監修官。躬自校閲，克勤所事。嘗歸吴中，以所賜金帛，悉散之宗族鄉人。其平生樂善好施，天性然也。

永樂之六年三月，來朝北京，仍居慶壽寺。朕往視之，與語極歡。至二十八日，詔諸門人，告以去期，即斂袂端坐而逝，享年八十有四。朕聞之哀悼不勝，輟視朝二日，命有司爲治喪葬，追封榮國公，謚恭靖，贈以勳號。百司官僚暨畿内士庶遠近傾赴，肩摩踵接，填廓塞衢，雖武夫悍卒、閭巷夫婦，莫不賛嘆嗟咨，瞻拜敬禮，惟恐弗及。凡七日，儀形如生，異香不散。卜地西山，甃石建塔。四月六日發引，靈輀飄灑，法幢旋繞，于以火之。心舌與牙，堅固不壞，得舍利皆五色，其所養深矣。六月十一日，乃葬墓在房山縣東北四十里。

嗚呼！廣孝德全始終，行通神明，功存社稷，澤被後世。若斯人者，使其栖栖于草野，不遇其時，以輔佐興王之運，則亦安得播聲光於宇宙，垂功名於竹帛哉？眷惟耆艾，功深念懷，乃揚其功德之不可泯者，勒之金石，以詔來人。

《皇明名臣墓銘》王鏊《資善大夫太子少師贈榮國公謚恭靖姚公傳》 姚廣孝，長洲人，初爲僧，名道衍，字斯道，居相城妙智菴。時相城靈應觀道士席應真者讀書學道，兼通兵家言，尤深於機事。廣孝從之，執弟子禮，於是盡得其學。然深自退藏，人無知者。其友王行獨深知之，曰：「他日必當有所遇，固不得以人廢言也。」

洪武中，以高僧薦，選侍文皇於燕邸，深見親信，與密謀。永樂中，以靖難功，進官太子少師，復姓，賜今名，擬於元之劉秉忠。卒贈榮國公，謚恭靖，配享廟庭。初靖難之功，廣孝弟一，事定，未嘗自言。文皇屢欲官之，輒辭。一日，召見，令人潛以冠服被體，丞命宣謝，不得已受命。終不蓄髮娶妻，所居多在僧寺。然文皇眷禮彌篤，每稱少師而不名。及病篤，幸其第，問後事，對曰：「出家人復何所戀？」强之，終無言。文皇念其功，特官其養子姚繼爲尚寶少卿。

廣孝博通内外典，亦工文詞，所著有《遥虚子集》。別有《道餘録》，則專詆程朱。其友張洪嘗云：「少師於我厚，今死矣，無以報之。但見《道餘録》，輒爲焚棄。」

雜録

備録

王錡《寓圃雜記》卷七 姚少師廣孝論文有曰：「今之爲釋老文字者，往往勦取釋老之説，甚至模倣其體，以爲儒者不克卓立。」其意蓋爲宋、蘇輩發也。

黄瑜《雙槐歲抄》卷三 蘇人云廣孝既貴後，嘗奉命賑濟還吴，吴有隱士王光庵先生者，與之有舊，往詣之，先生閉門不納，凡三往，乃獲見，先生無他言，但連聲曰：「和尚誤矣。」又往見其姊，姊亦拒之，曰：「貴人何用至貧家爲。」乃僧服而往，始納之，一拜後，姊不復出。戊戌三月，廣孝病篤，上駕幸其第，問後事。對曰：「出家人復何所戀？」强之乃曰：「僧洽南洲，在獄久矣。」上即日出之。卒年八十四，贈榮國公，謚恭靖。

顧起綸《國雅品·士品二》 姚恭靖廣孝性空思玄，心寂語新，其興彌僻，其趣彌遠，如「籠馴傳信鶴，池蓄换書鵝」「翠低承雨竹，緑碎受風蕉」「過林纔見

曰，到渡不逢山」，此例已到彼岸，惠休法振，不得專譽禪藻矣。且公以慧智翊贊靖難，勳極公階，乃蕭然緇衣以終，其身了無慢憧，不賢于悻悻功名之士乎。

王世貞《明詩評》 姚廣孝，相城人，一名道衍，削髮從釋教。以謀于太宗，起燕邸，累進太子少師，卒贈榮國公，謚恭靖。評曰：「少師棲遁禪宗，衷嬰世網。既參佐命，卒返初服。互逃儒釋之間，未獲進退之所。其詩如入忉利天，雖自快樂，未就解脱。魔障既深，終當墮落。」

田藝衡《留青日札》卷二七 廣孝幼名天禧，長洲人，世醫，從相城道士席應珍。席通儒，多異術，質敏，盡得其傳。嘗白父不願醫，願仕，以顯父母。父不從，一日入城見僧官騶從之盛，嘆曰：「僧亦富貴如此邪？」元壬辰年，遂出家，入里之妙智菴，改名道衍，遊學江湖，工爲詩文。洪武癸丑請給禮部度牒，于覺林寺入册。四年，詔收高僧，至則以病回。八年詔通儒，廣孝以僧試禮部中，不願仕，贈僧服還山。及壬戌九月，詔選高僧分侍諸王，廣孝往燕王府，住持慶壽禪寺。十五年，孝慈皇后崩，親王各奏，乞僧修齋，于是左善世宗泐、季潭舉之，遂見知于成祖。預建靖難之功，壬午十月拜僧録司左善世。永樂甲申三月簡東宫輔導，擢太子少師，因賜今名，不拜，惟受章服，仍居慶壽寺。及太孫就學，命設講席于文華殿之東，復令廣孝及翰林内閣諸臣侍焉。九年考滿，爲壬辰二月，給與誥命封贈，祖菊山、父妙心，俱贈資善大夫，祖母周氏、母費氏俱贈夫人，併本身凡五道。終身不畜髮，不娶妻，今寺中有方面紅袍玉帶髠頂戴唐帽像者存焉。卒年八十四。義子曰繼，録功爲尚寶司少卿。廣孝贈榮國公，謚恭靖，配享成祖廟廷。或曰：「初名衍，字斯道。成祖嘗賜兩宫人，逾月不近，上乃召還之。」嘉靖九年，移祀大興隆寺，罷侑享禮也。

張萱《西園聞見録》卷一四 姚少師廣孝，永樂間領敕，往蜀雲臺觀獻幡。驛行歸至姑蘇，憩於寒山寺松下。散飯，曳履獨步，不將餘人。會有吴邑曹主簿者喝道來，少師行如故。丞怒，撻之二十，少師漫不爲意。丞使人絏之置後，隨行人有識之者，曰：「少師也。」丞大驚，伏地請罪。少師徐云：「且送郡獄。」須而撫按會集，少師令出之。曰：「秀才官人不識事，一野僧行道，何足怒？而遽笞之。吾昨者乃以相戲耳，更不罪也。」出一詩示云：「出使南來坐畫船，袈裟猶帶御爐煙。無端撞着曹公相，二十皮鞭了宿縁。」衆咸大笑。

梁維樞《玉劍尊聞》卷八 燕王既定京師，稱尊號，拜姚廣孝僧録左善世。一日上顧廣孝曰：「卿若有不豫色然，何也？」廣孝曰：「臣朝與吏部尚書言，歷五階而上，言已，歷五階而下，是以介介耳。」上曰：「吾所以欲爵卿也。」輒拜太子少師。姚廣孝佐文皇帝靖難歸，省其姊，姊拒不見，使婢語之曰：「做和尚不了，可是好人？」【略】

廣孝，長洲人，器宇恢弘，性懷冲澹。初爲僧，名道衍，字斯道，居相城妙智菴，師靈應觀道士席應真，讀書學道，兼通兵家言。洪武中，以高僧薦，選侍文皇帝於燕邸，深見親信，與密謀。永樂中以靖難功進官太子少師，復姓賜名。然終不蓄髮娶妻，所居多在僧寺，卒贈榮國公，謚恭靖，配享廟廷。廣孝亦工文詞，著有《逃虚子集》。別有《道餘録》，則專詆程朱。其友張洪嘗云：「少師於我厚，今死矣，無以報之，但見《道餘録》，輒爲焚棄。」

朱彝尊《静志居詩話》卷六 少師與十高僧同徵，當時孝陵知人則折，何不移來復之誅誅之。攷前代桑門得預軍謀者，若佛圖澄、道安、鳩摩羅什、支曇猛、竺朗，皆非盛世之事。少師獨早著才稱，晚參帷幄，文與「北郭十友」之林，武居靖難諸臣之首，咄咄怪事。觀其入燕，兩謁劉太保墓賦詩云：「良驥色同羣，至人迹混俗。知己苟不遇，終世不怨讟。偉哉藏春公，簞瓢樂巖谷。一朝風雲會，君臣自心腹。」「大業計已成，勳名照簡牘。身退即長往，川流去無復。佳城百年後，何人敢樵牧。斯人不可作，再拜還一哭。」蓋早以藏春子自況矣。

陳田《明詩紀事》乙籤卷三 田按：《逃虚子集》有讀韋應物詩云：「古淡豈易學，五字真吾師。」集中斯體最爲到格。與高季迪遊，列北郭十友之一。季迪贈詩云：「衍師本儒生，眉骨甚疏峭。軒然出人羣，快若擊霜鶻固不付袁珙見三角目僧，知爲病虎。

備論

王世貞《弇州山人續稿》卷一四六 贊曰：「劉誠意之事太祖，與姚榮公之佐太宗，俱筴帷帳，勒鼎鍾，顧所以報誠意迺不若榮公之豐。至傳榮公者寥寥焉，豈身諱之而不自明？抑史諱之而不有其庸？嗟乎！首發殺機，睢盱就功，不娶亡子，蹈述復凶，所謂歸儒者不盡，而爲墨者不終耶？」

李贄《續藏書》卷九 李贄曰：公官太子少師，推忠輔國協謀宣力文臣，階特進榮禄大夫，勳柱國，追封榮國公，謚恭靖，加贈少師。別號獨菴老人，又自謂

逃虚子。予時年七十五矣，偶至燕，寓西山極樂寺，訪問公遺書遺像甚勤。適有告者曰：「公自輟配享，祀大興隆寺，而今燬矣。」今移公像于崇國西偏，甚不稱。予齋戒擇日，往崇國寺瞻禮。見墨蹟宛然，儼有生氣。俯仰慨慕，欲涕者久之。以爲我國家二百餘年以來，休養生息，遂至今日。士安於飽暖，人忘其戰争，皆我成祖文皇帝與姚少師之力也，而其可如此苟簡棄置之哉？而其可如此苟簡棄置之哉？公像甚精峭，上有題偈，乃公親筆。若以爲古物，亦當守爲世寶，況真儀乎？意欲移住崇國寺，朝夕瞻拜，以致皈依。縱在世不久，亦愈于空抱遺恨也。公有書，名《道餘録》，絶可觀。漕河尚書劉東星不知於何處索得之，宜再梓行，以資道力，開出世法眼。

尹守衡《明史竊》卷一八　論曰：廣孝協定大計，乃循初服，棲心玄門，終不得以富貴易之。奇士哉！雖然，於釋則臣道靡也，於臣則釋道累也。所謂歸儒者不盡，而爲墨者不終耶？彼王賓者，隱人亡論焉，誠愧其姊矣。余讀成祖之碑其墓曰：「商家得傅説之叟，以佐中興；漢高用赤松之流，以成大業。」病虎髡固，又是一種英雄哉！

莊廷鑨《明史鈔略》　論曰：古剏興之主，未有不應天順人而後可以舉事者。乃道衍之説文皇也曰：「臣知天道，何論人心。」則似乎專事陰陽讖緯之言，不復論救民水火之勢，將千古亂臣賊子天命在我之説，皆得而藉口矣。是大不肰。蓋文皇之取天下，古未嘗有是舉也。一家而靖難，與兩姓而代興，其事不同。當是時生民之厭亂已極，太祖之德澤方新。夫欒氏之施，猶及其世，而況太祖乎？故此時之人心，但知君我者爲太祖之子孫，斯晏肰矣，而孰知天命之轉移，已陰有所屬也。且高皇帝時亦幾幾有易儲意，會諏者以秦、晉二王爲言逆寢。要之殺伐未除，太祖亦逆知孫之不克終，而弟不能預消其數年之兵革，此殆有天意，烏固與道衍之言同一窺其微者也。是安得以天命已歸，人心未附，概爲窺竊神器者妄生其覬覦哉。歷觀一王之興，其時鷹揚佐命，外必生異人以寄帷幄，如子房、長源是也。而道衍亦得授異術，天命二字，早決算於托身妙智之時，所以遲之又久者，將無天之所命，亦待人事之至也乎？所謂人事之至，則在周王之廢矣。夫物必自蠹也而後蟲生之，既止燕王之入臨於前，復剪燕之手足以重疑之。且既疑之矣，迨父子來朝，又縱之使去。縱之而旋詔讓之，至又逮其官屬。嗚呼，靖難之師誰實速之哉？雖然，東宮久定，天下晏如，而燕府之中，早有奉王白帽子者，長安市上已辨真人，影落江湖，遂成詩讖，豈非天哉？豈非天哉？獨是道衍自謂有功，而猶無解於其姊之誚讓。或者曰：使道衍自列儒林，當益無愧。然使道衍果儒者，又安得選侍諸王而入燕府哉？

藝文

嚴遂成《明史雜詠》卷二《榮國公姚廣孝》　英雄何以不冠巾，肯向團蕉老此身。伏氣山中如病虎，圖形閣上亦祥麟。詩吟北固僧宗泐，術授東吴道應真。道士席應真特地開科長取士，不知漏落幾多人。

三年勝負白溝河，直擣南都不議和。到處機宜忝李泌，常時主守倚蕭何。江山王氣收龍虎，日夜軍聲亂鴨鵝。垂老功成身入㝉，未湏治第賜宮娥。

陳文述《頤道堂詩選》卷一《天下大師墓》　何處西山老佛墳，不封不樹託遺聞。百年國史傳疑案，一代人心繫故君。骨肉可憐龍戰苦，河山又見刼灰焚。長陵蔓草戎戎碧，隔斷昌平日暮雲。

楊士奇部

綜述

《英宗實録》卷一一四　士奇名寓，以字行，江西泰和縣人。少孤，感奮力學。洪武中，爲邑庠弟子師，以事亡入武昌。有司薦其能文，徵入翰林，考爲優等，授王府審理，仍供職翰林。太宗即位，擢爲編修，命與解縉等七人入内閣，典機務，進陞侍講。仁宗爲皇太子，以本官兼左春坊左中允，尋陞左春坊左諭德，兼侍講。太宗幸北京，皇太子監國，命蹇義并士奇等四人輔導。車駕回南京，問士奇曰：「爾輔東宫久，所行果何如？」士奇以孝敬對，又歷舉其事實。太宗上賓，凡喪儀治體，皆士奇等議行。踰二十七日，尚書吕震欲易吉服，士奇不可。明旦，仁宗素冠衰絰出視朝，謂左右大臣曰：「梓宫在殯，吾豈忍易？士奇所執是也。」未幾，進禮部侍郎兼華蓋殿大學士。尋陞少保，既又陞少傅。天下朝覲官至，尚書李慶奏令其養馬，士奇執不可，乃止。洪熙改元，進兼兵部尚書。辭不得命，乃辭兼俸，仁宗允之，顧蹇義曰：「廉潔之風，士奇有焉。」宣宗即位，漢王高煦反，車駕親征。罪人既得，有言趙王通情，亦宜往正其罪。士奇以未有顯迹，力争。比還京師，命士奇草詔，并羣言封示趙王，王涕泣感恩。宣宗謂士奇曰：「趙王得以保全者，卿之力也。」間問民隱，士奇歷歷盡言。又言：「古人罰不及嗣，今極刑之家，子弟雖賢，例不許進用。」宣宗命即除其例。一日，又諭士奇曰：「母后爲朕言，先帝在青宫時，惟卿正言，不避迕意，先帝能從，以不敗事。又謂朕曰：『凡正直之言，爾不可以爲迕而不從。』」士奇對曰：「此皇太后盛德之言也。願陛下念之。」暨上即位，凡寬恤事宜，多從所言。士奇請開經筵，遂命同知經筵事。進陞少師、光禄大夫、柱國。有所建白，多見施行。至是，卒。贈特進光禄大夫、左柱國、太師，謚文貞。勑有司祭葬，録其子穉爲尚寶丞。士奇處心公正，論事存大體。在上前，有德者必扶，有過者必掩，取人必先德行而後才能，且博詢於衆論，故所薦皆名士。爲人秉謙執虚，薄利篤義。文章謹嚴有法，議論往返，卒歸於理，表然爲一世之望。臨終自誌其墓云：「越自授官，所覬行道，心存體國，志在濟人。惟理無窮，而學殖未充；事有至難，而智慮弗逮。故進慕陳善，退勤省躬，而施以公，而守以約，始終一意，夙夜不忘。」攷之平日，蓋無愧其言云。

《明史》卷一四八《楊士奇傳》　楊士奇，名寓，以字行，泰和人。早孤，隨母適羅氏，已而復宗。貧甚。力學，授徒自給。多游湖、湘間，館江夏最久。建文初，集諸儒修《太祖實録》，士奇已用薦徵授教授當行，王叔英復以史才薦。遂召入翰林，充編纂官。尋命吏部考第史館諸儒。尚書張紞得士奇策，曰：「此非經生言也。」奏第一。授吴王府審理副，仍供館職。成祖即位，改編修。已，簡入内閣，典機務，數月進侍講。

永樂二年選宫僚，以士奇爲左中允。五年進左諭德。士奇奉職甚謹，私居不言公事，雖至親厚不得聞。在帝前，舉止恭慎，善應對，言事輒中。人有小過，嘗爲揜覆之。廣東布政使徐奇載嶺南土物饋廷臣，或得其目籍以進。帝閲無士奇名，召問。對曰：「奇赴廣時，羣臣作詩文贈行，臣適病弗預，以故獨不及。今受否未可知，且物微，當無他意。」帝遽命燬籍。

六年，帝北巡，命與蹇義、黄淮留輔太子。太子喜文辭，贊善王汝玉以詩法進。士奇曰：「殿下當留意《六經》，暇則觀兩漢詔令。詩小技，不足爲也。」太子稱善。

初，帝起兵時，漢王數力戰有功，帝許以事成立爲太子。既而不得立，怨望。帝又憐趙王年少，寵異之。由是兩王合而間太子，帝頗心動。九年還南京，召士奇問監國狀。士奇以孝敬對，且曰：「殿下天資高，即有過必知，知必改，存心愛人，決不負陛下託。」帝悦。十一年正旦，日食。禮部尚書吕震請勿罷朝賀。侍郎儀智持不可。士奇亦引宋仁宗事力言之。遂罷賀。明年，帝北征，士奇仍輔太子居守。漢王譖太子益急。帝還，以迎駕緩，盡徵東宫官黄淮等下獄。士奇後至，宥之。召問太子事。士奇頓首言：「太子孝敬如初。凡所稽遲，皆臣等罪。」帝意解。行在諸臣交章劾士奇不當獨宥，遂下錦衣衛獄，尋釋之。

十四年，帝還京師，微聞漢王奪嫡謀及諸不軌狀，以問蹇義。義不對，乃問士奇。對曰：「臣與義俱侍東宫，外人無敢爲臣兩人言漢王事者。然漢王兩遣就藩，皆不肯行。今知陛下將徙都，輒請留守南京。惟陛下熟察其意。」帝默然，起還宫。居數日，帝盡得漢王事，削兩護衛，處之樂安。明年進士奇翰林學士，兼故官。十九年改左春坊大學士，仍兼學士。明年復坐輔導有闕，下錦衣衛獄，

旬日而釋。

仁宗即位，擢禮部侍郎兼華蓋殿大學士。帝御便殿，蹇義、夏原吉奏事未退，帝望見士奇，謂二人曰：「新華蓋學士來，必有讜言，試共聽之。」士奇入言：「恩詔減歲供甫下二日，惜薪司傳旨徵棗八十萬斤，與前詔戾。」帝立命減其半。服制二十七日期滿，吕震請即吉。士奇不可，震厲聲叱之。蹇義兼取二説進。明日，帝素冠麻衣絰而視朝。廷臣惟士奇及英國公張輔服如之。朝罷，帝謂左右曰：「梓宫在殯，易服豈臣子所忍言，士奇執是也。」進少保，與同官楊榮、金幼孜並賜「繩愆糾繆」銀章，得密封言事。尋進少傅。

時藩司守令來朝，尚書李慶建議發軍伍餘馬給有司，歲課其駒。士奇曰：「朝廷選賢授官，乃使牧馬，是貴畜而賤士也，何以示天下後世。」帝許中旨罷之，已而寂然。士奇復力言。又不報。有頃，帝御思善門，召士奇謂曰：「朕向者豈真忘之。聞吕震、李慶輩皆不喜卿，朕念卿孤立，恐爲所傷，不欲因卿言罷耳，今有辭矣。」手出陝西按察使陳智言養馬不便疏，使草敕行之。士奇頓首謝。羣臣習朝正旦儀，吕震請用樂，士奇與黄淮疏止。未報。士奇復奏，待庭中至夜漏十刻，報可。越日，帝召謂曰：「震每事誤朕，非卿等言，悔無及。」命兼兵部尚書，並食三禄。士奇辭尚書禄。

帝監國時，憾御史舒仲成，至是欲罪之。士奇曰：「陛下即位，詔向忤旨者皆得宥。若治仲成，則詔書不信，懼者衆矣。如漢景帝之待衛綰，不亦可乎？」帝即罷弗治。或有言大理卿虞謙言事不密。帝怒，降一官。士奇爲白其罔，得復秩。又大理少卿弋謙以言事得罪。士奇曰：「謙應詔陳言，若加之罪，則羣臣自此結舌矣。」帝立進謙副都御史，而下敕引過。

時有上書頌太平者，帝以示諸大臣，皆以爲然。士奇獨曰：「陛下雖澤被天下，然流徙尚未歸，瘡痍尚未復，民尚艱食。更休息數年，庶幾太平可期。」帝曰：「然。」因顧蹇義等曰：「朕待卿等以至誠，望匡弼。惟士奇曾五上章，卿等皆無一言。豈果朝無闕政，天下太平耶？」諸臣慚謝。是年四月，帝賜士奇璽書曰：「往者朕膺監國之命，卿侍左右，同心合德，徇國忘身，屢歷艱虞，曾不易志。及朕嗣位以來，嘉謨入告，期予於治，正固不二，簡在朕心。兹創制『楊貞一印』賜卿，尚克交修，以成明良之譽。」尋修《太宗實録》與黄淮、金幼孜、楊溥俱充總裁官。未幾，帝不豫，召士奇與蹇義、黄淮、楊榮至思善門，命士奇書敕召太子於南京。

宣宗即位，修《仁宗實録》，仍充總裁。宣德元年，漢王高煦反，帝親征，平之。師還，次獻縣之單家橋，侍郎陳山迎謁，言漢、趙二王實同心，請乘勢襲彰德執趙王。榮力贊決。士奇曰：「事當有實，天地鬼神可欺乎？」榮厲聲曰：「汝欲撓大計耶！今逆黨言趙實與謀，何謂無辭？」士奇曰：「太宗皇帝三子，今上惟兩叔父。有罪者不可赦，其無罪者宜厚待之，疑則防之，使無虞而已。何遽加兵，傷皇祖在天意乎？」時惟楊溥與士奇合，將入諫，榮先入，士奇繼之，閽者不納。尋召義、原吉入。二人以士奇言白帝。帝初無罪趙意，移兵事得寢。比還京，帝思士奇言，謂曰：「今議者多言趙王事，奈何？」士奇曰：「趙最親，陛下當保全之，毋惑羣言。」帝曰：「吾欲封羣臣章示王，令自處何如？」士奇曰：「善，更得一璽書幸甚。」於是發使奉書至趙。趙王得書大喜，泣曰：「吾生矣。」即上表謝，且獻護衛，言者始息。帝待趙王日益親而薄陳山。謂士奇曰：「趙王所以全，卿力也。」賜金幣。

時交阯數叛，屢發大軍征討，皆敗没。交阯黎利遣人僞請立陳氏後，帝亦厭兵，欲許之。英國公張輔、尚書蹇義以下，皆言與之無名，徒示弱天下。帝召士奇、榮謀。二人力言：「陛下卹民命以綏荒服，不爲無名。漢棄珠厓，前史以爲美談，不爲示弱，許之便。」尋命擇使交阯者。蹇義薦伏伯安口辯。士奇曰：「言不忠信，雖蠻貊之邦不可行。伯安小人，往且辱國。」帝是之，别遣使。於是棄交阯，罷兵，歲省軍興鉅萬。

五年春，帝奉皇太后謁陵，召英國公張輔、尚書蹇義及士奇、榮、幼孜、溥，朝太后於行殿。太后慰勞之。帝又語士奇曰：「太后爲朕言，先帝在青宫，惟卿不憚觸忤，先帝能從，以不敗事。又誨朕當受直言。」士奇對曰：「此皇太后盛德之言，願陛下念之。」尋敕鴻臚寺，士奇老有疾，趨朝或後，毋論奏。帝嘗微行，夜幸士奇宅。士奇倉皇出迎，頓首曰：「陛下奈何以社稷宗廟之身自輕？」帝曰：「朕欲與卿一言，故來耳。」後數日，獲二盜，有異謀。帝召士奇，告之故，且曰：「今而後知卿之愛朕也。」

帝以四方屢水旱，召士奇議下詔寬恤，免災傷租税及官馬虧額者。士奇因請並蠲逋賦薪芻錢，減官田額，理冤滯，汰工役，以廣德意。民大悦。踰二年，帝謂士奇曰：「恤民詔下已久，今更有可恤者乎？」士奇曰：「前詔減官田租，户部徵如故。」帝怫然曰：「今首行之，廢格者論如法。」士奇復請撫逃民，察墨吏，舉文學武勇之士，令極刑家子孫皆得仕進。又請廷臣三品以上及二司官，各舉所

知，備方面郡守選。皆報可。當是時，帝勵精圖治，士奇等同心輔佐，海内號爲治平。帝乃倣古君臣豫遊事，每歲首，賜百官旬休。車駕亦時幸西苑萬歲山，諸學士皆從，賦詩賡和，從容問民間疾苦。有所論奏，帝皆虛懷聽納。

帝之初即位也，内閣臣七人，陳山、張瑛以東宮舊恩入，不稱，出爲他官；黄淮以疾致仕；金幼孜卒；閣中惟士奇、榮、溥三人。榮疏闊果毅，遇事敢爲。數從成祖北征，能知邊將賢否，阨塞險易遠近，敵情順逆。然頗通饋遺，邊將歲時致良馬。帝頗知之，以問士奇。士奇力言：「榮曉暢邊務，臣等不及，不宜以小眚介意。」帝笑曰：「榮嘗短卿及原吉，卿乃爲之地耶？」士奇曰：「願陛下以曲容臣者容榮。」帝意乃解。其後，語稍稍聞，榮以此愧士奇，相得甚歡。帝亦益親厚之，先後所賜珍果牢醴金綺衣幣書器無算。

宣宗崩，英宗即位，方九齡，軍國大政關白太皇太后。太后推心任士奇、榮、溥三人，有事遣中使詣閣諮議，然後裁決。三人者亦自信，侃侃行意。士奇首請練士卒，嚴邊防，設南京參贊機務大臣，分遣文武鎮撫江西、湖廣、河南、山東，罷偵事校尉。又請以次蠲租稅，慎刑獄，嚴覈百司。皆允行。正統之初，朝政清明，士奇等之力也。三年，《宣宗實録》成，進少師。四年乞致仕。不允。敕歸省墓。未幾，還。

是時中官王振有寵於帝，漸預外庭事，導帝以嚴御下，大臣往往下獄。靖江王佐敬私饋榮金，榮先省墓，歸不之知，振欲借以傾榮，士奇力解之，得已。榮尋卒，士奇、溥益孤。其明年遂大興師征麓川，帑藏耗費，士馬物故者數萬。又明年，太皇太后崩，振勢益盛，大作威福，百官小有牴牾，輒執而繫之。廷臣人人惴恐，士奇亦弗能制也。

士奇既耄，子稷傲佷，嘗侵暴殺人。言官交章劾稷，朝議不即加法，封其狀示士奇。復有人發稷横虐數十事，遂下之理。士奇以老疾在告。天子恐傷士奇意，降詔慰勉。士奇感泣，憂不能起。九年三月卒，年八十。贈太師，謚文貞。有司乃論殺稷。

初，正統初，士奇言瓦剌漸强，將爲邊患，而邊軍缺馬，恐不能禦，請於附近太僕寺關領，西番貢馬亦悉給之。士奇殁未幾，也先果入寇，有土木之難，識者思其言。又雅善知人，好推轂寒士，所薦達有初未識面者。而于謙、周忱、況鍾之屬，皆用士奇薦，居官至一二十年，廉能冠天下，爲世名臣云。

《明名臣琬琰續録》卷一王直《少師楊公傳》 公楊氏，字士奇。其先葉陰人，南唐虞部府君輅始居廬陵，再世從吉水。後至允素，迺徙居太和，故今爲太和人。曾祖景行，仕元，累官以翰林待制致仕，有傳在國史。祖公榮、父子將，皆不仕，而皆以文學行義重於時。公早孤，母夫人陳氏教育之。甫六七歲，告以世德之詳，公即感奮力學，雖甚貧，親執勞事，然未嘗廢卷。時喪亂雖平，而苦無書，《四書》《五經》皆手鈔以讀。海桑陳先生，夫人世父也，甚愛公，早夜訓飭，使咸由道。年十五，褎然爲人師，學行日益有聞，縉紳君子禮重焉。郡縣交舉爲學官，皆不就。久之，朝廷以博學徵入翰林，任編纂。共事者皆天下宿儒，雅公精博，未幾令吏部考第其文，授以官。又以公爲第一，授親王府審理副，然猶執筆在翰林。太宗皇帝即位，遂擢爲編修。

時方開内閣於東角門内，命解縉、黄淮、胡廣、胡儼、楊榮、金幼孜及公七人處其中，典機密。尋陞侍講。上嘗諭公曰：「朕知爾文學，親擢置此。爾但盡心，勿自疑畏。」公感上知遇，忠勤不解，早夜孜孜，以修其職。仁宗皇帝爲皇太子，又以本官兼左春坊左中允，益見寵任。文華殿嘗講《大學》，公呈講義於上前。覽畢，上曰：「先儒謂《堯典》『克明峻德』章一部《大學》皆具。」公因奏曰：「二帝三王所以修諸身，施之國家天下，皆大學之道。」上復曰：「孟子道性善，言必稱堯舜。講説之際，必以前古爲證，庶幾易入。」侍講學士王達講《乾》九四，舉儲貳爲説。皇太子疑其言，問公。公曰：「此宋儒胡瑗説也。」曰：「與常人言，亦舉此説乎？」公曰：「程子嘗言卦中六爻，人人有用，聖賢有聖賢用，衆人有衆人用，君有君用，臣有臣用，無所不通。王昭素嘗爲宋太祖言之矣。講臣非有據，豈敢妄出意見哉？」皇太子嘗閱真德秀所輯《文章正宗》，喜其有益於學者。公曰：「德秀，道學之儒，志誠甚正。其著《大學衍義》，尤有益於朝廷，君臣皆不可不知。」皇太子即取視，且命鋟刻以賜諸子，亦以賜公。曰：「予倚卿爲輔，卿亦當留意也。」

饒州士人朱季支獻所著書，斥濂、洛、關、閩之説。上覽之，怒曰：「此儒之賊也。」時禮部尚書李至剛、翰林學士解縉、侍讀胡廣及公侍側，上示之其書。縉曰：「惑世誣民，莫甚於此。」至剛曰：「不罪之，無以示儆。宜杖之，擯之四裔。」公曰：「當盡燬所著書，庶幾不誤後人。」廣曰：「聞其人已七十，燬書示儆足矣。」上曰：「謗先賢，毀正道，治之可拘常例耶？」遣行人押季支還饒州，會布政司及府州縣官與其鄉士人明諭其罪，而笞以示罰。悉索其所著書焚之。上復諭羣臣曰：「除惡不可不盡，悉毀其所著書最是。」

廣東布政徐奇朝京師，載嶺南藤簟諸物，將以遺廷臣，或得其單目以進。上閱視，無公名，乃獨召公問故，將以私交罪之。公曰：「奇自都給事中受命赴廣時，衆皆作詩文贈之，故有此餽。臣不與名者，以當時病，未有作，不然亦不免。今衆名雖具，然受否未可知。且物微甚，當無他。」上意解，命中官毁其目，一無所問。

陞左春坊左諭德兼侍講。禮部尚書鄭賜爲侍郎趙羽所間，憂鬱感疾，勉强奉職如平時。忽以卒告。上疑其自盡，召翰林諸臣問之。衆未及對，公進曰：「臣觀賜病數日，但未敢即安。昨晚同立右順門下，賜忽仆地，旁人怪賜無人氣，臣遽命其屬官掖出午門外。」上聞公言曰：「微汝言，幾悞疑賜。賜本君子，顧才不足耳。」命工部與棺，禮部往祭之。

六年冬，以巡狩北京詔告天下，命公視草。上稱善，又命與諸尚書觀之。兵部尚書劉儁私於公曰：「請以『有』字易『自』字。」公善之。衆謂二義不相遠，且上既稱善，不必易。公奏曰：「國家大體，當用儁言。」上喜公能服善，曰：「則何有敗事？」由是益屬意於公。明年，車駕巡狩北京，皇太子監國，上命蹇義、金忠、黄淮與公職輔導。義於事多疑少斷，常持兩端，曰：「事當熟慮，不然必有後憂。」公曰：「事豈得不思？但多思則惑。惟當據理而行。」皇太子聞而笑曰：「此須兼知行勇。自今擇事議，當理者從之，不必多思致惑也。」然皇太子知公誠篤，惟公言是從。或初若有疑，而終必見用，由是少有闕失，而上下安。

春坊贊善王汝玉每以詩法進，皇太子以問公，公曰：「詩以言志。明良喜起之歌，南薰之詩，可見舜之志。漢高祖《大風》，唐太宗『雪恥酬百王，除凶報千古』之作，所尚者覇力，非王道。漢武《秋風辭》志氣已衰。若隋煬帝、陳后主皆淫靡，不足道。殿下明經講道之暇，娱意文事，兩漢詔令皆可觀，非但文辭高古，亦可裨益治道，詩非所急也。」皇太子曰：「儒者亦作詩否？」公曰：「儒者固皆作詩。然儒之品有高下，有德行之儒，有經濟之儒。專意詞章，君子謂之俗儒，人主尤當辨於此。」皇太子喜讀《易》，凡決疑，必用蓍，而以《易》斷。命公取朱子《本義》纂其要以進，名《周易直指》。公因進曰：「《易》固爲卜筮作。然文王、周公、孔子所繫辭，凡修齊治平之道悉具。請編輯以備觀覽。」書成以進，名曰：「周易大義。」

九年，上還南京。一日，退朝，召公問曰：「爾輔東宮久，果何如？」公以孝敬對。上使言其實。對曰：「凡有事宗廟，祭品、祭器皆親閱。去年將時享，頭風作，醫言當汗。殿下曰：『汗即不敢涖祭。』左右請遣人代，斥之曰：『上以命我，又可遣人代乎？』遂親祭。祭畢，汗遍體，勿藥，疾自愈。每進御用物，皆躬閲封識遣行，不輕信下人。車駕北征，殿下不敢寧居，恒日中昃始食，駕還而後能安。」上曰：「此子道當然。」公曰：「古聖賢亦皆盡其當然者。且殿下天資高，或有過，未嘗不知，知之未嘗不速改。又其存心以愛人爲本，將來必不負陛下付託之重。」上悦。

十二年，正旦，日食。先數日，上問禮部及翰林諸臣：「正旦日食，百官行賀禮乎？」尚書吕震曰：「日食與朝賀不同時，當賀。」侍郎儀智曰：「終然同日，宜免賀。」公對曰：「日食，天變之大者也。宋仁宗時元正日食，富弼請罷宴徹樂，宰相吕夷簡不從，弼曰：『萬一契丹行之，爲中國羞。』後有自契丹還者，言於是日罷宴。仁宗悔。今誠宜免賀。」上曰：「君子愛人以德，士奇與智言是也。」遂免賀及宴。

十四年，上在北京，聞高煦有異志，還京師，欲發其事，疑未決。獨召公問曰：「昨問蹇義漢府事，對曰不知。若朕有未知，爾輩疑有離間，不敢言。今朕既知矣，爾言之何害？」公對曰：「臣與義事東宮，外無敢與臣等言者。但漢王始封國雲南，不肯行，改青州，又不肯行。今知將徙都北京，惟欲守南京，天下皆疑其心。惟陛下善處之，使早有定所，全父子之恩，爲永世之利。」上默然起還宫。後數日，悉得其反狀，及所爲戰具，大怒，褫其冠帶，縶之西華門内，東宮力捄解乃免。遂命削其兩護衛，處之樂安州，曰：「去此北京甚邇，即其作禍，可朝發而夕擒也。」是冬，周王、楚王來朝，謁孝陵。上命東宮皇太孫及諸皇孫陪謁，問翰林諸臣拜位當何如。衆疑未有言，公對曰：「二王尊屬，當分列在前，東宮稍後，居中；皇太孫又後，亦居中。諸皇孫與太孫同班，而分列兩傍。」上出片楮，所書位次與公言合，然下有六字未書，授筆命完足之，遣鴻臚寺丞周昇持赴陵，俾率行之。少頃，復命，以宸翰上，遂以與公，公寶藏之，至今存焉。

皇太孫勤於學問，上命吏部翰林舉老成正大儒者侍講讀。公與蹇義舉儀智，衆以爲老。公曰：「儀智道理明，執守正，精神不衰，老成正大，廷臣未見其比。」上聞之，喜曰：「智雖老，識朝廷大體，能直言不阿。向言元正日食宜免賀，朕知之，可謂得人矣。」

二十二年八月，太宗皇帝北征上賓，學士楊榮歸自行在以聞。仁宗皇帝即遣皇太孫往迎梓宮。時京兵皆隨征在外，城中空虛，慮趙府兵爲變，因秘未發

喪，皇太孫然之，顧急未有所與，以問公。公言：「上所用東宮圖書，今請暫假之，行此一時之權。」歸即追納，上即取付太孫，曰：「有啓事，以此封識。此亦久當歸汝，汝就留之。」既而謂公曰：「卿言誠是。昔大行臨御，儲位久未定，浮議喧騰。吾今就以付之，浮議何由興？」且曰：「朝廷事，卿與蹇義當究心，吾當重用卿二人也。」公曰：「殿下嗣位事，無大小，皆當盡公，此收人心之機也。恩之所及，必先扈從征行之臣。漢文即位，首進宋昌，史書以爲貶，臣兩人不應先。」及上初即位，有詔減冗費，而惜薪司準常例賦北京山東棗八十萬斤，爲香炭之用。公入奏曰：「詔下甫二日，而即有此，雖云歲用，得無過多？」上曰：「數日事叢脞，此蓋急遽中答之，不暇致審耳。」即命減其半。

九月癸未，尚書呂震言於上曰：「今喪服已踰二十七日，請如太祖倣漢制易吉服。」上時未有答，震退徧語羣臣，明旦易從吉。公謂震曰：「今未可比此例。蓋洪武中有遺詔，且仁孝皇后崩，太宗皇帝衰服後仍素服，衣冠經帶者數月。今上於皇考可遽即吉乎？」震厲聲曰：「朝廷事，爾每執異！」尚書蹇義兼取二說。明旦，羣臣皆就衣冠黑角帶，遂以聞，上亦未答。明旦，上素冠、麻衣、麻經出視朝，文臣惟學士、武臣英國公如上所服。罷朝，上諭左右大臣曰：「呂震昨奏當易服，朕聽臣下易之。梓宮在殯，吾豈忍易？士奇所執是也。」

公自左春坊大學士進禮部侍郎，兼華蓋殿大學士，尋陞少保。翰林以公等所受誥草進呈，上取筆親增二語，曰：「勿謂崇高而難入，勿以有所從違而或怠。」顧謂公等曰：「此實朕心，卿其勉之。」公對：「聖德能容，臣等敢不勉？昔富弼有言，願不以同異爲喜怒，不以喜怒爲用舍。成湯改過不吝，所以爲聖人。願陛下常以古人爲法。」陞少傅，階榮禄大夫。時天下方面大臣及羣有司皆朝京師，兵部尚書李慶言於上曰：「民間馬畜蕃以散之軍伍，尚餘數千，請今朝觀官領之，少蘇民力。」正官領牡馬，佐貳官領牝馬。太僕寺、苑馬寺歲課其息，有虧罰與民同。」公謂慶不可。慶忿，不納。公獨奏曰：「朝廷求賢任官，今乃使養馬而課責與民同，豈貴畜賤賢之意乎？」明日復奏曰：「必行此令，天下賢者誰復肯仕？蓋虧損一馬，必責陪償，破家產，累子孫，朝廷可爲負此名於天下後世乎？」上許出内批罷其事，不報。明日，公又言：「兵部已督朝觀官領馬，所領多駒，南人脆弱不能控制，立視其奔逸，號泣於道路。臣恐將來遠慮者，非但不願仕，亦無志學問。此令之失非小。」上曰：「吾偶忘之。」當即批出不爽也。午刻，上御思善門，召公諭曰：「内批豈真忘之？朕聞李慶、呂震輩皆忿卿。朕念孤立，恐爲衆所傷，不欲因卿言而罷。今有名矣。」出示一章，乃陝西按察使陳智言畜馬不便，命公據此草勑，止散馬。公頓首言：「陛下知臣，臣不孤矣。但馬已領者，當何如？」上曰：「已領者，準洪武中官員乘例，不責生息，虧損不責償，未給者止勿給。」復謂公曰：「繼今令有不便，惟密與朕言。李慶輩不識大體，不足語也。」

上以梓宮在殯，命禮部尚書呂震新正朝儀，不用樂。及鴻臚習禮儀，仍用，蓋震主之。公與黄淮等入疏，言前已議不用樂，今仍用，不可，乞勑禮部設而不作。未報，乃復進奏，侍廷中，至夜漏下十刻，遂有旨，如公言。越三日，上召公等諭之曰：「呂震每事誤朕，卿等所奏停樂，是臣以能直言爲賢。如用震言，今悔何及？」

洪熙元年正月，命公兼兵部尚書。公辭曰：「臣爲少傅大學士，已踰涯分。尚書一職，更不敢當。」上厲色曰：「黄淮、楊榮、金幼孜皆三職，卿獨二職，人將謂何？卿勿辭！」公請辭俸。上曰：「卿於朕勞勤二十年，故賙以此禄，何用辭？」公曰：「尚書月俸六十石，可養壯十六十人。臣受二俸已過分，安敢復加尚書？」蹇義言宜聽辭學士俸。公言：「辭禄當辭厚，何用取虚名？」上曰：「朕成卿志。」乃聽辭。顧義曰：「廉貪之風，士奇有焉。」於是黄淮亦辭户部尚書俸。

上監國時，御史舒仲成嘗以事迕旨，後已陞爲湖廣按察副使矣。及即位，尚書蹇義因以他事奏仲成，即命都御史逮治之。公上疏曰：「向來小人得罪者多，陛下即位皆宥之。今追理仲成，即詔書不信。漢景帝爲太子召衛綰，不赴。即位，用綰，前史韙之。」上喜，罷治仲成，賜公米及鈔幣，且降勑奬諭，曰：「卿導朕以仁，助朕以德，欲朕爲唐虞之君，誠忠臣股肱之臣也。有卿如此，朕復何憂？」

洪熙元年二月，上以田二頃賜公。時蹇義先以受賜，公懇辭。上曰：「卿事朕表裏一，誠資益良多，朕心不忘。卿前辭禄，今又辭田，何執之固也？」公曰：「臣起自寒微，今受恩踰分，豈可不知止？是幸少延殘喘，得更事陛下三二年，獲全歸山林，受賜多矣。」上曰：「汝勿憂終身。吾送汝入土，身後事皆勿憂。」公曰：「聖仁在上，臣復何憂？」遂聽辭。明日，諭蹇義曰：「士奇真能廉。使仕者皆如此，世豈有贓吏乎？」

四月，人上書頌太平者，上以示公及蹇義、夏原吉、楊榮。義等曰：「陛下即位，所行皆仁政，百姓無科斂徭役，可謂治世矣。」公對曰：「陛下恩澤已敷，但流徙尚有未歸，瘡痍尚有未復，遠近猶有艱食之人。須再休息二三年，庶幾人皆得

所。」上笑曰：「朕與卿輩相與出自誠心。去年各與『繩愆糾繆』圖書，切望匡輔。惟士奇曾上五章，朕皆從所言。卿三人未有一言，豈朝政果無闕，生民果皆安乎？卿輩吾所倚任，事有未當，皆須直言，勿有所隱。」大理少卿弋謙數言事，過於矯激，尚書呂震、吴中、都御史劉觀、侍郎吴廷用等交奏其賣直沽名，上頗厭之。公進曰：「謙雖昧於大體，蓋亦感恩圖報耳。古人有言，主聖則臣直。惟陛下容之。」上以衆言，猶不懌，因免謙朝，而使視事如故。公又進言曰：「陛下有詔求言，言不當者不之罪。今謙因言取咎，朝臣皆以爲戒。且四方朝覲之臣咸在，豈能盡知謙過失？若傳之遠人，將謂朝廷不能容直言。」上惕然，曰：「朕非惡謙言事，其言自有過實者。卿可以朕心諭衆人。」公曰：「此非臣言所能言，當以璽書開諭可也。」上遂命公書勑引過，而待謙如初。令百官言事，毋以謙爲戒，由是天下知聖德之實。

上念公匡輔之力，賜公璽書，其畧曰：「朕膺監國之命，而卿侍左右，同心合德，狥國忘身，屢歷艱虞，曾不易志。及朕嗣位以來，嘉謨嘉猷，入告於內，期予於治，以惠黎元。正固無二，簡在朕心。兹以己意，創製楊真一印一枚，賜卿用，藏於家，傳之後世。惟卿子孫由是知卿克致顯榮不易，惟艱思保守之。惟朕子孫亦由是知卿弼朕之功，以保全爾與國咸休，永世無斁。」上嘗論科舉須是取南北士。上曰：「北人學問，不逮南人。」公曰：「長材大器多出北方，豈但南人有文可用也？」上曰：「然則將如何？」公曰：「試卷例緘其姓名，請於外書南北二字。如當取百人，則南六十，北四十。南北人材皆就用矣。」上曰：「壯士得進，則北方學者亦感發興起。往年壯士少自科目進，故怠惰成風。卿言良是，往與禮部計議。」以議定未上，而宫車晏駕，宣宗即位，遂行之。

宣德元年，高煦反，車駕親征。罪人既得，尚書陳山來迎見上，請乘勢移師彰德，襲執趙王，則朝廷永無憂矣。上疑之，以問楊榮。榮力贊其決，又語蹇義、夏原吉，二人依違其間。榮遂傳旨，令公草勑詰趙王。公曰：「事當有實，天地鬼神其可欺乎？今當以何爲辭？」榮曰：「令逆黨言實與趙謀即是矣，何患無辭？」公曰：「如此能服人心否乎？」往見蹇、夏，反復言不可狀。蹇、夏曰：「即如公言，當若何？」公曰：「朝廷重尊屬，厚待之，有疑則嚴防之，當必無虞，而國體正矣。」二人曰：「上今特信榮言，不係吾輩可否也。」公復見榮，曰：「太宗皇帝惟三子，今上惟二叔，其有罪者不可恕，無罪者當加厚，庶幾仰慰皇祖之靈。」榮意未解，曰：「汝不草勑，則吾當以聞。」時惟楊溥與公意合，溥曰：「吾二人俱請入見，明其大義。」榮先趨入，公二人繼之，門者不內。俄復召蹇、夏，蹇、夏以公言白之，上不懌而止。車駕還京師，意大悟，不復論彰德事。然言者猶喋喋，上皆不聽，特召公曰：「論趙王者日益多，當如何？」公對曰：「今日宗室惟趙於陛下最親，當思保全之，豈可惑羣言？」上曰：「吾亦思之，皇考於趙最友愛，且吾惟此一叔，奈何不愛？今思所以保全之道，欲封羣言示之，俾自處。」公曰：「更得一璽書諭之，尤好。」遂遣廣平侯袁容、都御史劉觀持敕書往諭，且示以衆言。趙王得書，喜曰：「吾生矣。」即獻護衛，上表謝恩，而言者頓息。上待趙王日親厚，而薄陳山，竟永斥之。久之，召公諭曰：「吾侍趙叔，不失親親之禮，爾有力焉。」賜公白金、文綺、楮幣。

二年十月，黎利遣人進前安南陳王嫡孫暠表，乞立爲陳氏後，詞甚懇切。上亦厭兵，欲從之。大臣有言，此黎利之譎，當亦發兵誅之。或以爲與之無名，徒爾示弱。上召公與楊榮謀之。榮曰：「永樂中費數萬人命得此，至今勞者未息，困者未蘇，因其請而與之便。」公曰：「榮言當從。初求立陳氏後者，太宗皇帝之心，求之未得，乃郡縣其地耳。數年來，兵民困於交阯極矣。此皆祖宗之赤子，體祖宗之初心，保祖宗之赤子，正陛下盛德，何謂無名？漢棄珠厓，前史以爲美，何謂示弱？臣侍仁宗皇帝久，聖心每憾此事，有意外之慮，願陛下勿疑。」上意遂決。

五年二月，上以四方屢有水旱，欲下寬恤之令，獨召公議之。上曰：「被災之處，税糧首當免，民間有欠孳畜、馬騾，官責償甚急，民苦之，亦所當恤。凡爾所知者，當悉爲朕言。」公曰：「百姓積欠薪芻，及採買諸物，官府但知督責，而民不能輸。官糧額重，民困無聊，多有委棄逃徙者。當量與減除。部符坐徵買辦諸物，不問其地有無，一概趣辦，民費價十倍不能完，唯當於産有處取之，無者勿强也。年來刑獄不清，旱潦恐由於此。宜戒飭法司，敦用平恕，務求實情。四方工匠丁男皆徵集京師，役於公者無幾，受私役者十六七。身既勞困，而妻孥顧未免怨歎。當命官察治，丁多免其半，單丁者皆免，老病無丁者除其籍。其本非匠，誣引爲匠者，察實除之。今軍民若漕運而倉庾無關防，姦盜相繼，恬不畏法。宜命風憲官巡察。」上稱善，即書勑明旦行之，民大感悦。

七年二月，上諭公曰：「憶前下令恤民，令已再期，民事不又有可恤乎？」公曰：「官田減租，民間皆感聖恩，而户部不行，追如舊，此循習之弊。」上色怫然，曰：「今欲再下勑寬恤，必舉此爲首。如再格不行，必罪之。」因問事之當寬恤者。公曰：「逃移之民，朝廷既赦，使復業，而家業盡喪。又有公逋私債之擾，所

在官司不能恤，則必逃聚山林，相結爲非。請下有司，凡逃民願歸者，郡縣善撫恤，免其征徭。不願歸者，聽於所在附籍，給以閒田，爲經營居處，免徭役三年，庶使得安。」上曰：「在彼在此，皆吾民，但得人安足矣。」公又言：「各處課程先因鈔法不行，加倍徵納，蓋一時權宜。今鈔法頗通，宜減倍徵之額。天下課程皆納鈔，惟湖廣、廣西、浙江商税魚課舊皆納銀，請裁爲一例。」上命納銀一兩者，折鈔百貫。又言：「小民之不安，皆原有司貪暴，請令風憲考察。」上曰：「然。若有廉能者，亦令以名聞，獎用之。」公又言：「方面及郡守，請令京官三品以上及布政、按察薦，務取公廉端厚，能爲國爲民者。吏部審其可用，奏授以官。後犯贓罪，併坐舉者。凡因保舉授官，如有指告其罪者，先逮問，餘人有驗，然後及之，庶不爲小人所誣。年來吏員太冗，多有昏愚不通，請令六部、都察院、翰林院同考試，選擇而用之。軍民中有文學才行，卓然出衆，智謀才勇，精於武畧者，亦宜察舉。唐虞之世，罰弗及嗣。今極刑之家有賢子弟，例不許進用。」上曰：「舜殛鯀用禹，聖人至公之心也。令除謀反大逆外，其餘犯者，子孫有文學才行，並聽用。」公又奏：「臣見聞不廣，願命大臣謹厚者一人共議之，得推廣仁恩，徧及天下。」上以胡濙謹厚，命與公密議，凡可行者，悉以進，事皆施行。

今上即位之初，惓惓以天下爲心。率其同列，首言當整肅軍政，飭邊防以奠安百姓。南京根本之地，雖有襄城伯李隆守備，其老成忠直如尚書黄福當令參贊軍務，有事同議而後行，庶幾無闕。湖廣、河南、山東、江西去年旱災，人民艱食，慮有嘯聚爲非者，宜委文武大臣各一人往鎮之，事定而歸。緣邊將士所以警備非常，其無馬者，宜令於行在太僕寺、苑馬寺簡用。西蕃在諸處貢馬，有可充邊用亦聽留。官員冗濫，宜從吏部及内外風憲官考察。近詔寬恤軍民，内外諸司當體朝廷之意，凡事務從減省。宜令條奏，事有應行者，取自上裁。詔如所言。公等又上疏曰：「皇上肇登寶位，上繼列聖，下統萬邦，心明堯、舜、禹、湯、文、武之道，以興唐虞之治。去年十月，宣宗皇帝詔臣士奇曰：『明年春煖，東宮出文華殿讀書，凡外侍從，俱用慎擇賢良廉謹之人。』臣謂此第一事，望皇上留心。不幸大行上賓，臣未敢遽言。然此事至重，伏望山陵畢日，早開經筵，以進聖學。其所條奏，惟在慎擇儒臣及左右侍御之臣。其學術不正，立心行己頗僻者，皆宜屏遠，使不得上惑聰明。宗社生民之福，實關於此。」疏奏，上與太皇太后皆嘉納焉。太皇太后遂告諭公等，專以擇講臣爲務。

尋陞少師、特進、光禄大夫、柱國，同知經筵事。公又念今遣御史清軍，有以陝西、山東、河南、北直隸之人往南方極邊補伍者，兩廣、四川、貴州、雲南、江西、福建、湖廣、浙江、南直隸之人往北方極邊補伍者，其水土不相習，南人死於寒凍，北人死於瘴癘。且去鄉或萬里，或七八千里，道路遥遠，困於無資，多致死亡，深爲可惜。在祖宗時，已除逃軍仍舊，其餘軍丁，南北各就近衛服役之。今兵部以文移煩勞，憚於改發，不念下人之艱苦，不思兵備之無實。遂與少保楊溥計議，具疏而率同列上之。且曰：「臣愚，欲以今後清出山東、山西、河南、陝西、北直隸軍丁皆發甘肅、寧夏、延安、大同、宣府、永平、遼東諸處，雲南、兩廣、貴州、四川、湖廣、江西、福建、浙江、南直隸軍丁皆發四川、雲南、貴州、兩廣及邊海衛所。待補足其缺，又以填腹裏之空，則兵備有實，下人不困。」上命公侯大臣議行之，天下便焉。又言：「堯湯之世，不免水旱，而堯湯之民不至甚病者，有備故也。我太祖皇帝篤意養民，其於備荒皆定制。天下郡縣悉出官鈔糴穀，各於四鄉置倉貯之，以時斂散。又相其地宜，開浚陂塘，修築圩岸閘壩，以備水旱，小大之民各安其業，此萬世之利也。歷歲既久，姦弊日滋，豪猾侵漁，穀盡倉毁。凡諸水利，亦多堙廢，或被占奪。稍遇凶災，民無所賴，風憲不舉，守令漫不究心。事雖若緩，所繫甚切。請令户部擇遣京官廉幹者往督有司，凡豐稔州縣各出庫物平糴，儲以備荒。陂塘閘壩，皆令修復，具實奏聞。若有災之處，則候稔歲而後行。郡縣官滿，兼以此之廢舉爲殿最。風憲官巡歷，各務稽考。仍有欺弊怠廢者，具奏罪之。若巡歷所至，不復問理，聽其堂上官糾治。庶幾官有實積，荒歲人民不至狼狽，耕農無旱潦之虞。仁政所施，無切於此。」上曰：「此祖宗之良法美意。」命户部亟行之。

時有言方面官及府州正官專用保舉，即是恩公於下，欲如洪武、永樂故事，皆令吏部選除。上命公與楊溥等議之。公等上疏曰：「宣德七年以前，藩憲二司及府州正官多不得人，百姓受害。是以宣宗皇帝勅令大臣舉保，自兹以後，多得其人。間有一二非才，蓋緣舉主審察不至，亦或實是狥私，所司不行糾舉，以致如此。大抵宣宗皇帝求賢養民之心皆上體祖宗之心，非是有所更改。昔堯、舜、禹、湯、文、武及我朝祖宗相承爲政，皆有因時損益之宜。宣宗皇帝臨御之時，體祖宗之心，以行仁民之政者尚多，保官乃第一事。當時不聞人有異言，多以得人爲喜。唐太宗力行仁義，命在京三品以上官舉郡守縣令，後來致天下斗米三錢之效，明鑒在前，可無疑也。聖旨所諭保官則恩出於下，切緣衆臣舉保，吏部審擇，具名奏請，聖意允俞，然後授官，不允即不得除授，恩實非出於下也。

近年有等京官無人舉保，造爲誘語，專欲隳壞先帝良法，則小人皆得升用。小人日進，君子日退，天下何由治平？伏望聖斷，只依先皇帝勑旨而行，但所舉之人後有犯贓，必須明正舉主之罪，則人知警畏，不敢濫舉，官必得人。臣受四朝大恩，慚無寸補。惟念用人賢否，生民休慼，國家治忽所關，是以竭誠盡心，惟聖明裁擇。」詔如公議。

五年，公聞四方雨澤不足，率其同列上疏曰：「皇上臨御以來，凡百科徵，一切停罷，官府通欠，悉皆宥免。民生既安，天休當應。然今猶旱災者，豈刑獄或未清歟？聖心惓切，惟恩施不虛，恐理官奉行未至。乞令三法司精選其屬清廉仁厚，公正無私者數人，賜之以敕，分行天下，審囚録犯。親詰州縣，召集里老親隣，審問實情，具奏處置，不令有冤。輕罪有疑者即與決斷，不得淹禁，致傷人命。兩京法司悉與疏理，庶幾可以回天意。」從之。

公之在朝廷，處宥密之地，言動以理，不苟爲異同，亦不惑於利害，惟以忠誠結主知，而仁宗皇帝知公尤深，由是太皇太后亦知公爲人。宣宗皇帝嘗奉太皇太后往謁陵，公與蹇義、楊榮等皆從。上傳太皇太后旨，命公等進見，勞問慰勉，加以厚賜。既數日，上諭公曰：「太皇太后爲朕言，皇考往年在宫中談卿等姓名及行事甚熟，太后悉能記憶。其間才學優劣，孰肯任事不任事，皆有譏評。言蹇重厚小心，但多思少斷。卿能持正言，不避迕意，議事之際，先帝數不樂卿，然能從卿言，以不敗事。嘗有小失，甚悔不用卿言。太后又謂朕曰：『凡正直之言，爾不可以爲迕而不從。謹之！謹之！』」公對曰：「太皇太后之盛德，仁宗皇帝之盛德也。願陛下常奉聖訓。」

公處心公正，論事必當大體，常扶君子而抑小人。羣臣有羅譖毁而非辜者，必盡誠爲之伸解；有恣貪邪不悛者，必正言其不可用。三朝史事皆公總裁，是是非非，悉徵諸實。每與同列曰：「天下萬世之事，當以天下萬世之心處之。如有一毫出於私意，不論厚薄，皆當獲罪神明。」所舉賢才，列於中外者，五十餘人，皆能正己恤民。蓋公取人必先德行而後才能，無問識與不識，博詢於衆而信乃舉。以此不得於公者，怨誹忿興不恤也。直道而行，不爲阿狥。永樂、宣德中，同列有譖公於上者，皆賴上明不聽。公聞之亦不爲憾，待其人如初篤故舊。解縉、尹昌隆之死，言於仁皇，皆存其後。公秉謙執虛，未嘗自滿，薄利篤義，壯老一心。直嘗觀之宋歐陽文忠公以道德文章名天下，其功業之盛，亦既顯於當時。若君臣相得，内外無間，享其福禄榮名，而久於其位，蓋未之能也。今公德行文學，表之爲四方之望，議論政事施於朝廷者四十年。君明臣良，志同道合。軍國之務，知無不言，而言無不盡。典册制命皆出公手，在位之臣，事有可疑者，一於公決之。若公者，非《書》所謂「商老成人」、《詩》所謂「王之藎臣」也與？公嘗以其進於上，上之命於公者，備録成書，曰：「此列聖大德所寓也，何可忘哉？」直從公久，其受教爲多，而知公亦深。公之細行皆可書，當別有備載之者，姑取其事有關於天下國家之大者爲之傳，使後之君子有考焉。

雜録

備録

王錡《寓圃雜記》卷一一 正統間，大學士楊士奇言：「臣蒙先朝贈臣祖公榮爲少傅、祖母胡氏爲夫人，恩至渥也，但念父子將寔伯祖公辰、伯祖母嚴所出，繼公榮後。今公辰嗣絶，臣兼承其祀。伏見前代人臣多得乞封旁親，國朝惟有封贈親生祖父母之制，無及旁親之令。今公辰雖於臣稱爲伯祖，嚴氏稱爲伯祖母，實臣親祖父母，非其餘旁親之比，伏望聖仁不循常例，臣本身及妻即今所得誥命，移贈伯祖公辰、伯祖母嚴氏，俾得沾恩，光顯無窮，不勝惓惓，祈恩之至。」英宗命并予之。

葉盛《水東日記》卷八《楊文貞公遺囑》 《楊文貞公傳》，王抑庵尚書作。公嘗三致書商確書削，再致潤筆，且求其親書，俾子孫寶藏。《王忠毅公行狀》亦公無恙時口授指畫爲之，假王鹽山名。至如其臨終，於神道碑、墓銘、書旐、題主之類，某出何人，某出何人，皆公所自定。豈豪傑之士，固亦不忘身後之名歟？然亦可見前輩於死生之際，其不苟如此。文貞公遺囑數條，如不用孝帛等事，真足以警流俗，悉附於此。

「吾在世已久，踰越分願，無所遺憾。但官品崇重，國恩未報，此雖死不能瞑目。身後數事，務示子孫，此吾之治命，其遵行之，不可違也。一、只用幅巾深衣，殮須用絞衾，庶幾柩歸，經過閘壩，可得穩當。一、吾平生不曾用僧道，死後亦勿用，只依家禮祭祀。祭物隨時所有，不必豐，但設我平日所用冠帶袍服，於

中行禮。祭告之文，亦用家禮，不必新作。一、凡今喪家，遇親朋來弔者，皆散孝，此是北方風俗，南方素無此禮，古禮亦無。蓋弔是常禮，孝是凶物，豈可進凶物請他人爲己持孝？大非禮。非禮，吾死後切不可行。或有縉紳大夫來弔，待賓者明謝以非禮，不敢褻瀆，實非慢也。一、吾病久，數數累公卿大夫垂問，感愧甚矣。今不能報，煩院中一僚友，干浼少保先生、宗伯先生、冢宰先生三大人，遍叩列位公卿大人，一切遺祭遺賻，並止不行，至叩至叩。同院僚友，鄉里親交，及歸途有相知者，欲行祭賻，皆謝却之。此吾之中懇，非矯情也。力辭力辭。一、作急寫書，託徐尚書大人，儻有馳驛上廣東者，寄去報導，令急急作墳槨原，龍州隨擇一處乾燥平穩無凶禍者，便選日興工，切不可求子孫利達，如此然後易成。蓋要利達，須力學修德，不在風水也。磚石石灰，務要堅固，於外只作一大土饅頭。必須自費，不可吝慳，庶得早完。若延緩稍遲，必累及鄉里，重吾過矣。一、柩到家，可且安置於學後正廳，却擇日葬，亦不可久停。蓋死者復土則安矣。一、啓行回去，凡書籍文字，並須逐一收拾，包裹愛護，舟中尤須謹備雨水漏濕，片楮隻字，不可損壞遺落，圖畫皆然。」

葉盛《水東日記》卷二八《楊文貞叙譜至多》 盧陵胡文穆公、楊文貞公兩人同被文皇館閣之命，一時文譽，固有定價。然文穆頗厭爲人序譜，以其多牽合不實也。文貞平生所叙譜幾五十餘家，自昔文人序譜，蓋莫盛於斯。文穆之嚴近於義，文貞之厚近於仁，然文貞文與位稱，享有高壽，而亦丁夫承平熙洽之時，士大夫皆惇本務禮，此亦可爲世道之幸，而彼自薄者，則又在所不足議焉。

陸容《菽園雜記》卷八 正統間，楊文貞公自江西還朝，所過饋送，一切不受。耿清惠公時爲淮揚鹽運使，餽雞四翼，茄一盤，楊公受之。且攜手而行，其激揚之意，默寓於交際如此。先奉直公時客淮揚，親聞其事。

何良俊《四友齋叢説》卷七 楊文貞公之子，居家暴橫，鄉民甚苦之，人不敢言。王抑庵直是文貞同鄉且相厚，遂極言之。後文貞以展墓還家，其子穿硬牛皮靴青布直身，迎之於數百里外。文貞一見，以爲其子敦朴善人也，抑庵忌其功名，妄爲此語，大不平之。後事敗，鄉民奏聞朝廷，逮其子至京，處以重典，文貞始知其子之詐。然文貞猶以舊憾，抑庵在吏部十餘年終不得入閣者，人以爲文貞沮之也。由前二事觀之，則三楊之中，文貞爲最劣矣。

李樂《見聞雜記》卷一 王文恪公曰：「予在翰林，與陸廉伯語及楊文貞，廉伯曰：『文貞功之首，罪之魁也。』予問爲何，廉伯曰：『内閣故有絲綸簿，文貞晚年以子稷故，欲媚王振，以絲綸簿付之，故内閣之權盡移中官。』余亦不知其然否。及余入内閣，見歷朝詔誥底本皆在，非所謂絲綸簿乎，不聞送入。況中官之專與否，不在一簿之存亡也，顧人主信用何如耳。廉伯之言，不知何所從授，天下皆傳之。」

焦竑《玉堂叢語》卷一 太宗在北，有白鵲之瑞，行禮部南京慶賀，監國下及五府六部，例各進表。時士奇以病在告，監國表命宫僚具草，皆未愜。命蹇義持示士奇，曰：「甚寂寥，且不着題，以賀白鹿、白龜皆可。」命士奇改益。士奇改一對云：「望金門而送喜，馴彤陛以有儀。」後增一對云：「與鳳同類，蹌蹌於帝舜之廷；如玉有輝，翯翯在文王之囿。」義以進，殿下喜曰：「此方是帝王家白鵲也。」《三朝聖諭録》

焦竑《玉堂叢語》卷三 楊文貞公士奇當國時，有手摺子書知府以上姓名，懷之袖中，暇即展閲。嘗聞宋吕申公嘗籍記人才已用未用姓名，事件當行已行條目，謂之掌記，與公政同。《陸儼山外集》

楊文貞公薦達士類，多踐清華，如蘇之一郡蓋有三人，則天下從可知也。三人爲尚書楊仲舉、都御史吴訥、五經博士陳嗣初。仲舉與文貞在武昌，因患難之交，訥黑窑匠以一文，嗣初教書儒生以一詩，皆入啓事，悉登臺閣。今人雖曰詩文百篇，誰復聞有薦一人者。

焦竑《玉堂叢語》卷四 廣東布政徐奇朝京師，載嶺南土簟諸物，將以饋廷臣。或得其單目以進，上閲視，無士奇名，獨召士奇問故，將以私交罪之。士奇曰：「奇自都給事中受命赴廣時，衆皆作詩文贈之，故有此餽。臣不與名者，以當時病，未有作，不然亦不免。今衆名雖具，而受否未可知。且物微甚，當無他意。」上意解，命中官燬其目，一無所問。

焦竑《玉堂叢語》卷五 洪熙元年正月，命楊士奇兼禮部尚書，尋改兼兵部尚書。士奇辭曰：「臣爲少傅、大學士，已踰涯分，尚書一職，更不敢當。」上厲色曰：「黄淮、金幼孜皆三職，卿獨二職，人將謂何？卿勿辭。」士奇請辭俸，上曰：「卿於朕勞勤二十年，故周以此禄，何用辭？」士奇曰：「尚書月俸六十石，可養壯士六十人。臣受二俸已過分，安敢復加？」蹇義言：「宜聽辭學士俸。」士奇言：「辭禄當辭厚，何取虚名？」上曰：「朕成卿志。」乃聽辭。

沈德符《萬曆野獲編》卷七 楊文貞士奇，初於建文朝爲《太祖實録》纂修官，永樂間再修、三修《太祖實録》，並爲總裁矣。至宣德間，修太宗、仁宗實録。

正統間，修《宣宗實録》，又皆爲總裁，以勞加進師保。凡握史權者六次，後來無與比者。又主鄉試、會試各二次，真布衣之極寵也。

楊恩堯《太師楊文貞公年譜》 元至正二十五年，乙巳，十二月二十三日，公生。公諱寓，字士奇。甲辰寇亂，先少師子將公舉家徙避於袁。至次年，母陳夫人生公於鳳凰臺側。後公有「老去猶懷鳳臺生」之句。初名與，字皆識焉。是月十七日立春，故以丙午紀算。

至正二十六年，丙午，公年二歲。

至正二十七年，丁未，公年三歲。四月十九日，子將公卒於袁。

大明太祖高皇帝元年，戊申，公年四歲。外祖以静先生時避亂居平川，自平川走袁，歸子將公之喪，以陳夫人及公歸泰和。

二年己酉，公年五歲。陳夫人口授《孝經》、《大學》、《語》、《孟》，穎悟特出。時公伯父退庵先生子淵與羅先生子理、鄧先生崇志爲學訓導，公嘗至學，退庵公抱置膝上，命諸生對毛豆，皆未有言，鄧先生曰：「人參可對。」公應聲曰：「肉桂。」衆大異之。

三年庚戌，公年六歲，始就外傅。

四年辛亥，公年七歲。羅公時舉進士，爲德安府同知。以其家行歲時祀先祠，恒命諸子陪禮。公獨不見命，以問母夫人。母夫人泣語之故，因慟日益感發。私竊土磚做作神主於外別室，祀其三世。每旦入，焚香跪拜。出入扃鑰，秘無知者。既久，左右覘知以告，德安公旦伺公入謁，與母夫人從户外竊窺之。見其進退拜跪，皆感泣。時公已冒羅姓，遂復公姓。德安公日告以楊氏先世文學行誼之盛，曰：「小子勉之。」

五年，壬子，公年八歲，在德安。

六年，癸丑，公年九歲。在德安。德安公坐累謫戍陝西，永昌公歸泰和。

七年，甲寅，公年十歲。從鄉先生郭子益學。

八年，乙卯，公年十一歲，從陳海桑先生學於袁以寧家塾。《四書五經》、《左氏傳》皆手抄以讀。伯父司倉先生授以《易學啓蒙》。

九年，丙辰，公年十二歲。從海桑先生學習舉業，從里人劉文璧乞得《論語輯釋》半部。

十年，丁巳，公年十三歲。從海桑學。司倉伯父授以《四書待問》八卷，得韓文。

十一年，戊午，公年十四歲。從海桑先生學《朱子語類》。是年海桑先生主考江西鄉試，歸召公及其孫孟潔閉户三試之。第三場策問，將相事實，田賦用兵，公皆詳悉以對。又喜公判五條，其一條斛斗秤尺不如法。公起云：「斛斗秤尺，判既頒於朝廷，律度量衡，法宜遵於臣庶。」海桑公曰：「楊某肯學問事事不苟且，只『律度量衡』四字，甚出人意外，可望遠到。」

是冬與陳孟潔往沙村訪劉方東先生。是日雪霽，酒酣，命各賦詩言志。孟潔詩曰：「十年勤苦事雞窗，有志青雲白玉堂。會待香風楊柳陌，紅樓争看緑衣郎。」公詩曰：「飛雪初停酒未消，溪山深處踏瓊瑶。不嫌寒氣侵人骨，貪看梅花過野橋。」方東顧孟潔笑曰：「十年勤苦，只博紅樓一看耶？然不失一風流進士。」顧公笑曰：「雖寒士，當耐。」又曰：「人有不爲，而後可以有爲爾。其勉之！」

十二年，己未，公年十五歲。是歲出教里塾，求《史略釋文》及《十書直言》，不得。陳夫人以所畜牝雞易得之。

十三年，庚申，公年十六歲。館邑之山東蕭尚仁家塾，從游益衆。友人之姻，有母老而貧，無以資養，往告公。公視其儀狀莊重，問能讀《四書》否？曰：「能。」即輟從游之半畀之，教俾納其束修以奉母。陳夫人聞之，喜曰：「兒它日從政，當如是矣。」以俸鈔易得《敘古千文》及《隋書》十卷。

十四年，辛酉，公年十七歲。館淘金袁氏。劉氏姑舉家疫疾，親隣皆斷往來，公日往爲具湯粥調護，旬月皆愈，公亦無恙。觀《契丹志》有《慨歎詩》，録《古文矜式》。

十五年，壬戌，公年十八歲。館淘金，以俸鈔易得《易會通》及朱子《易説》。

十六年，癸亥，公年十九歲。録《桯氏遺書》，遂慨然以聖賢踐履之學自任。

十七年，甲子，公年二十歲。作《小學訓蒙》，作《勸學文》，作《養中説》。

十八年，乙丑，公年二十一歲。館贛錫坑謝氏。因解館歸，待渡江濱蕭氏民舍，顧案上有弊紙，視之乃歐陽楚公爲待制府君所撰墓碑真蹟。公驚喜，以俸鈔易歸。贛守請攝琴江教事，令邵子鏡一見相好。邵廉介，然頗近刻，公每諷切之，而益契厚。永豐商人過琴江，關吏驗無文引，又搜得僞鈔數百貫，送縣。縣疑其僞造，榜掠不服。邵以告公。公曰：「僞造當重坐，奈何以意置人於法乎？吾鄉嘗有以僞造禍，蔓延數百人及孥戮，何可輕也？」邵竟從公言，止坐無文引之罪。後事寢，聞於外，商人以白金五十金夜詣公謝，公却不與知。

十九年，丙寅，公年二十二歲。録《二程全書》，録《楚辭》。

二十年，丁卯，公年二十三歲。賦《自警詩》，雜録《周子》一卷。

二十一年，戊辰，公年二十四歲。録《二程全書》内明道語别爲一編，朝夕敬誦。録《古文苑》，録杜詩。

二十二年，己巳，公年二十五歲。是歲游湖湘，至武昌，縉紳先生咸禮重之。漢陽府學、江夏縣學皆聘訓導，不就。都指揮齊讓賓致家塾，尤爲禮敬。與羅德崇論太極，録陶詩文於郡李明達所，録法書於陸伴讀所，録法帖於尹千户所，得

《木鍾集》韓文於樊思齊所，得《孔子家語》於南昌龍參所，得柳文於吳啓所，作送《陳名道序》。

二十三年，庚午，公年二十六歲。居武昌，從游者日集。録《歷代樂府》於府學晏彦文所，録《讀杜愚得》於丁鶴年所，得《文章正宗》及陶、王、孟、韋諸家詩於秦叟，得揭詩於蔣立恭所。冬歸，阻風盤塘，録《孝經經傳直解》並《列子》八篇於鄰舟上虞張肅。

二十四年，辛未，公年二十七歲。居武昌，得常建詩於吳孟勤所。

二十五年，壬申，公年二十八歲。居武昌，録《賜謚篇》於湖廣參議吳文家，集録唐及元所賜謚合爲一編，其私謚亦頗附載，名曰《賜謚録》。

二十六年，癸酉，公年二十九歲。居武昌。得《宋名臣言行類編舉要》於郭儼甫。

二十七年，甲戌，公年三十歲。居武昌。録《經史動静字音》於張從善所，叙正北溪字義。冬歸。

二十八年，乙亥，公年三十一歲。居武昌。春遊東山，得《羣書考索》於鄧存誠，得《册府元龜》於蔣隱溪，得《貝清江集》於其子紀善季翔。

二十九年，丙子，公年三十二歲。居武昌。冬歸，過友人蔣立恭，宿，追作《遊東山記》。張從善贈《風雅翼》識別。

三十年，丁丑，公年三十三歲。居武昌。考正伊洛淵源。冬歸。己巳至丁丑，在武昌，所著有《沙羨稿》。

三十一年，戊寅，公年三十四歲。館淘金。後至武昌陳士良家塾。會城中大疫，其家無少長悉病。公素所知己，皆勸出他舍，公不從。終其家盡愈，不去亦不病。六月十三日，陳太夫人卒。

三十二年，己卯，公年三十五歲。館桃源蕭德賁家塾。

三十三年，庚辰，公年三十六歲。館桃源蕭安正家塾。嚴夫人來嬪。翰林修撰王原采薦公經明行修，部符行取，郡縣敦遣就道。先是，王公嘗令武昌，見公一二應酬詩章，亟稱之，曰「王佐才也」。右己卯、庚辰，在桃源，所著有《石臺稿》。

三十四年，辛巳，公年三十七歲。三月十五日，奉旨送翰林修書。時方孝孺爲總裁，諸纂修者少當其意，而書亦將完。惟濫爵、汰冗官未修。先生以付公，曰：「此一類賢當纂集。」公退，分門別類。又三日，先生至局，閱公所分類以問。公言：「濫爵如爛羊頭、爛羊胃之屬，汰冗官是簡退冗員，實兩事，非一類，故分別之。」先生沈思久之，曰：「孝孺誤矣，賢之言是。」即奏公爲副總裁，盡視各局所上纂修，悉令公删定之。未幾，有旨，諸纂修悉送吏部試第高下，官之。尚書張公統讀公策，獨喜曰：「明達時務，有用之才，不但文詞之工也。」以爲第一。十一月十六日，奏授吳王府審理副。受命之明日，覆召入翰林修書。

三十五年，壬午，公年三十八歲。七月四日，成祖文皇帝御金川門，連騎召公，倉卒叵測。既見，遂命視草，大喜，即日改翰林編修，授承事郎，賜五品服，留侍左右。諭曰：「渡江以來，除官自爾始。」故公謁長陵詩有「憶昔六龍升御日，最先承詔上鑾坡」之句。時方開内閣於東閣門内，簡翰林解縉、黄淮、胡廣、胡儼、金幼孜、楊榮及公七人處其中，典機密。屬時更新，凡制誥、命令、誡勅之文日夥，而禮典庶政之議咸屬焉。車駕日賜臨幸，七人恒早朝退即趨閣備顧問，治職事，暮乃出。十二月十日，陞侍講，改承直郎。上諭曰：「朕知爾文學，親擢至此，勿有疑畏，只管辦事。行事之際，有所見聞，當説的來説，不妨。」

成祖文皇帝永樂元年，癸未，公年三十九歲。正月，詔撰《元宵帖子》二十首。安邊詔視草，上覽之，大喜，賜鈔五千貫，白金一錠。

二年，甲申，公年四十歲。四月四日，册立仁宗皇帝爲皇太子。公以本官兼左春坊左中允。十四日，賜二品金織衣。諭曰：「天下事，咸朕與若等同計，非若六卿之分理也。」六月，公首進文華殿《大學講義》，上覽畢，稱善再三。論饒州士人朱季文獻所著書，論學士王達講乾九四，請皇太子閲真德秀所著《大學衍義》，進《騶虞頌》，進《神龜賦》。

三年，乙酉，公年四十一歲。文華命公校讐《歐陽文忠公全集》。進《河清賦》。賜高皇帝《御製嘉禾詩》。進《洪範衍義》，進《無逸説》。十月十三日，考滿復職，授承德郎。

四年，丙戌，公年四十二歲。視學之碑視草，進《聖孝瑞應》詩，進《出師頌》。

五年，丁亥，公年四十三歲。十一月一日，陞左春坊左諭德，兼翰林院侍讀，授奉訓大夫。進《平安南詩》。

六年，戊子，公年四十四歲。四月二十七日，長子稷生。詔交趾視草。十一月十日，勅兼輔導皇太孫巡狩北京。詔天下視草。修《楊氏族譜》。

七年，己丑，公年四十五歲。立貴妃册文，昭容誥文視草。二月，車駕巡北京，命皇太子監國，命尚書蹇義、金忠，内閣黄淮及公四人職輔導，中外庶政悉聽令旨處分。諭公等曰：「居守重事。昔唐太宗簡留居守，必命房元齡，卿等當識

此意。」文華賜宅一區，公懇辭，從之。文皇在北京有白鵲之瑞，行在禮部行南京慶賀。時公在告，監國表命庶子贊善呈稿，文華不懌，命尚書蹇義持以示公，命改易。公改云：「望金門而送喜，馴彤陛以有儀。與鳳同類，蹌蹌於帝舜之廷；如玉其輝，翯翯在文王之囿。」義以進，文華喜，曰：「此方是帝王家白鵲。」適內廚進膳，遂命內使陳昂撤以賜公。作《楊氏族譜》成。

八年，庚寅，公年四十六歲。二月，公得心疾，在告，文華賜詩慰問。五月，陳免羅京軍伍。賜《蘭亭》摹本一帖，進《平胡詩》。

九年，辛卯，公年四十七歲。正月，車駕在京師。二月，詔寬恤交趾視草。三月一日，上退朝，獨召公，問曰：「爾輔東宮久，其所行果何如？」公以孝敬對。「試言其事。」曰：「凡有事宗廟，祭物、祭器，皆親閱。車駕北征，殿下不敢寧居，恒日中昃始食，駕還而後能安。」上曰：「此子道當然。」公曰：「古聖賢亦皆盡其當然者。然殿下天資高，有過未嘗不知，知未嘗不速改。且用心最以愛人爲本，將來必不負陛下付託。」時漢庶人潛謀奪嫡，屢進讒毀，惟公贊監國起敬起孝，庶政悉遵成憲，賴上明聖，保全始終。十一月，蠲陝西、山西、河南逋賦視草。夫人嚴挈家歸泰和。

十年，壬辰，公年四十八歲。主考禮部會試。二月一日，賜左春坊左諭德，誥賜父子將如公官，贈母陳、封妻嚴皆宜人。十四日，次子秫生。進《甘露賦》。

十一年，癸巳，公年四十九歲。是春，上車駕巡北京，留公輔監國。上諭學士胡廣曰：「朕知楊某正直敢言，不忝春坊官。」賜《天文書》一編。進《騶虞頌》。僉事陳賞作小傳，論元旦日食宜免賀。

十二年，甲午，公年五十歲。車駕巡北京，仍留公輔監國。八月三十日，百户鹿榮至自北京，奉勑召公及尚書蹇義、學士黄淮、司經局正字金問至安山驛。義奉勑還南京。十月三日，先後陛見，淮與問皆下獄。公奉恩旨，釋免。六部都察院等衙門劾公不宜獨宥，被收。二十五日，再奉恩旨釋免復職，南還。十一月十二日，復任。

十三年，乙未，公年五十一歲。仍輔監國，同尚書蹇義於文華殿論事，奉令諭，從公言。賜趙孟頫書《滕王閣序》一本，簽題宸翰所書。

十四年，丙申，公年五十二歲。舉儀智。車駕還京師，一日，獨召公，問曰：「昨問蹇義漢府事，對曰『不知』。若朕未知，爾輩疑其離間，不敢言。今朕既知矣，爾言之何害？」對曰：「臣與義事東宮，外人無敢與臣等言。間有言者，多出臆度，非見實跡。但漢王始封國雲南，不肯行；改青州，又不肯行。今知將從都北京，惟欲留守南京，天下之人皆疑其心，亦豈待事有實跡哉？惟陛下善處之，使早有定所，用全父子之恩，以貽永世之利。」上默然起，還宫。十一月，周王橚、楚王楨相繼來朝。例次日謁孝陵，周王先至，適遇節，上命東宫、皇太孫及小皇孫陪謁。已出東華門，上遽召翰林臣。時楊榮、金幼孜及公皆至。上問曰：「二王、東宫、太孫及小皇孫謁陵展敬之位如何？朕意雖略定，爾三人試言之。」楊、金未有對。上顧問公，對曰：「周楚二王尊屬，當稍前兩旁，東宫殿下稍列後居中，皇太孫殿下亦居中，列於東宫殿下之後。諸皇孫與皇太孫同班而分列兩旁。」上問：「爾所言有據乎？」對曰：「宋儒朱熹家禮大約如此。」上曰：「吾未嘗熟家禮，但據己見書其位次。」遂出片楮，宸翰所書位次正與公所言合。然下有六字未書，授筆命公足之。遂遣鴻臚丞周昇馳齎赴陵，俾率行之。少頃，昇復命，以宸翰進，上以授公。

十五年，丁酉，公年五十三歲。二月十八日，陞翰林院學士兼左春坊左諭德。夫人嚴至自家，公以病在告，文華賜藥物並詩，又《與楊學士説用藥》一首。三月，車駕巡北京。將發，親擇監國侍從之臣，獨簡留公。纂《周易卦爻要旨》一編以進，賜名《周易直指》。重陽侍宴，賜詩。二十八日，文華與楊學士書。

十六年，戊戌，公年五十四歲。仍輔監國，主考禮部會試。編《周易》彖象十翼之詞，備修齊治平之道以進。文華大喜，名曰《周易大義》。賜繡衣、銀帶、玉鎮紙，賜詩。十一月二十二日，勑撰皇太孫賜名勑。

十七年，己亥，公年五十五歲。仍輔監國。撰《賀甘露表》。編《楊氏家乘》二十卷。

十八年，庚子，公年五十六歲。閏正月十九日，考滿給由。吏部奉令旨：「這裏見少官楊某且著在任辦事等，有官却著去，先行文書，與行在吏部知道。」八月三日，次子稙生，賜公醴席並詩。是年，定都北京。十一月，侍從監國赴北京。過滁，從登瑯琊山，觀醉翁亭故址。

十九年，辛丑，公年五十七歲。正月三日，陞左春坊大學士，授奉議大夫，輟翰林兼職，專輔問學。文華嘗指公與蹇義諭羣臣，曰：「此吾左右臂也。」二月，主考會試。公悉黜庸腐，精選典實之作寘前列。同邑曾鶴齡第二，廷試第一。後評程文，以是科爲最。賜玉杏壇冠一嵌。

二十年，壬寅，公年五十八歲。十二月十九日，季子秫生。賜《伊尹像》一

軸，賜象牙局棋一副，琴一張。

二十一年，癸卯，公年五十九歲。十一月一日，東宮坐文華殿，密諭公曰：「內侍黃儼、江保假造詔旨，天可欺乎？非賴父皇明聖，我安得尚在此？」語畢，泣下，曰：「吾知盡心子職而已，它又何暇顧也。」

二十二年，甲辰，公年六十歲。廷試，充讀卷官。車駕北征，公以疾在告。文華賜詩諭意。七月十八日，文皇帝晏駕於榆木川，學士楊榮歸自行在以聞。時公在告，急召公。既至，聞變，公泣下。且曰：「京兵皆隨征，惟趙王三護衛留京師，且秘勿發。」問有遺詔否，榮曰：「無。」公曰：「無則已。」文華曰：「當補。」公曰：「殿下名正言順，據實而行，何補之有？」遂以皇太子令諭告天下，舉行喪禮。請遣皇太孫出居庸迎梓宮。瀕行，啓曰：「外有封章白事，非印識無以防僞。」時出倉卒，新製不及。文華顧公，公請以東宮圖書付之。既而謂公曰：「卿言正合事機之會。昔大行皇帝臨御，儲位久未定，浮議喧騰。吾今就以付之，浮議何以興？」又曰：「自今朝廷事，仗爾與蹇義。但義亦有遲疑，爾須盡心，吾當重用卿二人也。」公曰：「殿下嗣位，事無大小，皆當盡公以厭服天下之心。恩之所及，必先扈從征行之臣。漢文即位，首進宋昌，史書以爲貶，此當深戒。臣兩人不應先及。」令諭即位詔，尊謚册文，皆公視草。八月十七日，陞禮部左侍郎兼華蓋殿大學士，專管內閣。奏減析薪司香炭柬四十萬斤，論不可易喪服，論戶部尚書郭資，耿介能守廉，論復弋謙大理卿，論朝覲官不可令養馬。九月二十一日，陞少保，兼華蓋殿大學士，兩俸俱支。明日，上御思善門，召公及蹇義二人，賜範白金、廣方寸圖書一，文曰「繩愆糾繆」，小素揭帖紙百幅。諭曰：「朕有過舉，未得即見，述其故，以此封識進來。」十月，册封中宮、東宮宗室詔視草，勑五府六部等衙門。十五日，陞少傅，授榮祿大夫。上親解所御雙鳳朝陽金鍐玉帶以賜。論罷正朔相儀不宜用樂，論罷捕治湖廣副使舒仲成，賜勅獎諭。十二月，翰林進呈公誥草。上閱既，取筆親增二語，曰「勿謂崇高而難入，勿以有所從違而或怠」。顧公等曰：「此朕實心，卿等勉之。」

仁宗昭皇帝洪熙元年，乙巳，公年六十一歲。正月五日，除兼兵部尚書，三俸俱支，當日奏辭尚書俸。十一日，賜少傅兼華蓋殿大學士，誥贈三代考皆如公官，妣皆一品夫人，妻嚴氏加封一品夫人。十五日，賜兼兵部尚書。誥諭告訐等事，降勅郊祀，詔卹刑，詔免山東、淮西税糧勅，勅中外文武羣臣因災求言勅，禮部翰林院勅，兵部論復大理卿弋謙朝參降勅，皆公視草。論鄒濟等三人春秋祭祀。上遣內使詣本縣相地蓋造公宅，公聞之，力奏取回。賜鄭村垻腴田二頃，公懇辭，從之。三月十三日，夫人嚴氏卒於鄉，遣官諭祭，命有司造墳塋。葬大明長陵神功聖德碑視草。四月十五日，上因天文有變，御奉天殿，召公及尚書蹇義諭監國時艱危事，皆流涕，出二印勅賜公二人。五月十二日，仁宗皇帝升遐。時皇太子監國，南京漢庶人高煦封樂安州，密邇京師，羣情洶洶。諸大臣或託奉迎以出，惟公與一二大臣計議，刻期遣人密報南京，盡心居守，中外肅然。至期，擬駕當至，率百官迎候於蘆溝橋。須臾駕至，見公，下馬垂涕，執公手而行。公插衛士進輦喪禮即位之儀，皆已預定。是日遂即位，詔下，人心悦服。遺詔、即位詔、尊謚詔、尊皇太后詔，勑吏禮二部，皆公視草。誠孝昭皇后召公繼室夫人郭氏朝於內殿，賜一品，內製冠袍，象笏，襲衣，白金，綵緞。

宣宗章皇帝宣德元年，丙午，公年六十二歲。勑文武羣臣各修職事，詔寬恤交趾，詔寬山東麥税，皆公視草。八月，漢庶人反，公與二三大臣贊上親征，遂命公扈從，賜銀椰瓢，馬上日軌等物，家人領銀牌一道。罪人既得，尚書陳山來迎見上，請乘勢移師彰德，襲執趙王，則朝廷永無憂矣。上疑之，以問楊榮，力贊其決。又語蹇義、夏原吉，二人依違其間。榮遂傳旨，令公草勑詰趙王。公曰：「事當有實，天地鬼神其可欺哉？今當以何爲詞？」榮曰：「今逆黨言，實與趙謀，即是矣，何患無詞？」公曰：「如此能服人心否乎？」往見蹇、夏，反覆言不可狀。蹇、夏曰：「即如公言，當若何？」公曰：「朝廷重尊屬，厚待之，有疑則嚴防之，當必無虞，而於國體正矣。」二人曰：「上特信榮言，不係吾輩可否也。」公復見榮，曰：「太宗皇帝惟三子，今上惟二叔，其有罪者不可恕，無罪者當加厚，庶幾仰慰皇祖之靈。」榮意未解，曰：「公不草勑，則吾當以聞。」時惟楊溥與公意合。溥曰：「吾二人俱請入見，明其大義。」榮先趨入，二人繼之，門者不內。俄召蹇、夏，蹇、夏以公言白之，上不懌而止。車駕還京師，意大悟，不復論彰德事。然言者猶喋喋，上皆不聽。特召公，曰：「論趙王者日益多，當如何？」對曰：「今日宗室惟趙於陛下最親，當思保全之，豈可惑羣言？」上曰：「吾亦思之。皇考於趙最友愛，且吾惟此一叔，奈何不愛？今思所以保全之道，欲封羣言示之，俾自處。」公曰：「更得一璽書諭之尤好。」遂遣廣平侯袁容、都御史劉觀持勑書往諭，且示以衆言。趙王得書，喜曰：「吾生矣。」即獻護衛，上表謝恩，而言者頓息。上待趙王日親厚，而薄陳山，竟疎斥之。久之，召公諭曰：「吾待趙叔不失

親親之禮，爾有力焉。」賜公白金、文綺、楮幣。奏定南北取士卷，薦王翱爲監察御史。

二年，丁未，公年六十三歲。論赦交趾復立陳氏後，論伏羌伯不可使交趾，勅撰進士題名記，賜《春山圖》並記。十一月十一日，生皇太子，詔赦天下視草。編刻《楊氏家傳詩集》成。

三年，戊申，公年六十四歲。從游萬歲山，進《清平調》，賜玉帶。七月十一日，賜遊東苑。八月二十九日，扈從巡邊。九月二十四日，還京師。論風憲不肅，舉顧佐爲御史。十月七日，賜勅優待，賜銀圖書二，一曰「貞一居士」，一曰「清方貞静」。

四年，己酉，公年六十五歲。論顧佐放皂，進《元夕觀燈詩》，賜《墨菊圖》並詩。進《元兔詩》。作《文丞相祠堂記》。賜内使，辭。

五年，庚戌，公年六十六歲。正月，進《兩朝實録》，賜玉帶、白金、文綺、金織衣、文綺、表裏、鞍馬。勅六部三法司視草。二月十九日，南齋宫獨召公，論寬恤等事視草。三月清明，上奉皇太后謁陵畢，侍行殿，賜公等六人見。充廷試讀卷官。十月九日，扈從巡邊至宣府。以公老疾，上特命肩輿從行。又以路隘難行，遣長隨内使黄汜給錦衣校尉護行。進《瑞星詩》，上《瑞雪頌》，賜《鍾馗》一軸，賜《鼠食藕圖》一軸。

六年，辛亥，公年六十七歲。二月十九日，聖壽節，賜詩並序。七月十五日，漏下二十刻，車駕幸公第。公倉皇出迎，上已入門，立月中。公俯伏悚懼，言：「陛下奈何以宗廟社稷之身而自輕？擾擾塵埃中誰識至尊，萬一或有識者，倉卒何以備之？」上笑曰：「思見卿一言，故來耳。」遂屏左右語，顧公曰：「此居且敝，當爲爾葺理。」公叩首，辭曰：「陛下宫殿未建，臣必不敢當。且車駕今夕俯臨，外間明日必有知者。萬萬自此慎出，事變不測，當慮也。」駕還宫，明日遣大監范宏密問公，車駕幸臨，曷不謝？公對曰：「至尊夜出，愚臣迄今中心惴惴未已，豈敢言謝？」又數日遣宏問公曰：「今天下平静，上時一微行，何足過慮？堯不微行乎？」公對曰：「陛下尊居九重，恩澤豈能徧洽幽隱？萬一有冤夫怨卒窺伺竊發，誠不可無慮。」後旬餘，錦衣衛獲二盜，蓋盜嘗殺人，官捕之急，欲候車駕之玉泉寺，挾弓矢伏林莽中作亂。校尉變服如盜，入羣盜中，不疑，以其謀告之，遂爲所獲。上既誅二盜，歎曰：「士奇言不虛。」即日遣范太監賜白金、文綺。公明日入謝，上諭以盜謀，且曰：「愛朕莫如爾。自今如爾言，不復微行。」公叩首。奉勅撰禮部之碑。九月，賜誥封公繼室郭氏一品夫人，賜第一區於東華門外。公辭，不允。請以半與楊溥同居，從之。

七年，壬子，公年六十八歲。二月二十八日，召公至文華殿，再論寬恤事視草。論方面守令皆是要職，有缺宜令京官三品以上及布、按二司保舉。【略】

八年，癸丑，公年六十九歲。三月，充廷試讀卷官。四月，降詔卹旱視草。賜遊西苑。【略】公以明年七十，實維致事之期，預陳其情。上笑曰：「卿可遽言致事？來春朕還南京，亦命卿還鄉一行。」公喜賜歸有漸，遂作《滿江紅》詞四首以識意。

九年，甲寅，公年七十歲。上《龍馬歌》，論太監蓋場房於口岸頭漁利。【略】

十年，乙卯，公年七十一歲。正月三日，宣宗皇帝上賓。時皇太子方九齡，浮議籍籍。公居内相之首，主先帝成命，勞心計畫，雖同列皆不與入内。哭臨畢，請謁皇太子。既見，遂叩首，呼萬歲，英國公張輔隨呼萬歲，羣臣亦隨呼萬歲，呼聲振動，一時浮議頓息。初十日，皇太子冠，召公及英國公張輔、學士楊榮、楊溥等。上嘗親諭太醫曰：「老先生年高，須仔細，休悮了。」逐日有賜書八事遺子孫，辨大同總兵被誣。

三年，戊午，公年七十四歲。《宣宗皇帝實録》成，進公光禄大夫、柱國、少師，賜玉帶、白金、金織衣、寶楮、文綺、鞍馬。薦山東提學僉事薛瑄，上召爲大理寺右少卿。明日，轉左少卿。論北京官軍俸糧不得實用乞會官處，論勾補邊軍乞南人還南北人還北以便水土。論預備水旱荒政，議保舉官，乞仍遵舊制。編刊《楊氏先德録》成，公自爲序文。

四年，己未，公年七十五歲。二月九日，疏懇乞致事。先是，九年，公求歸田甚切。未幾，章皇帝升遐，英宗新嗣大寶，念公舊人，倚注益隆，義未敢求退。至是，再陳前情。經筵講罷，召公還。諭曰：「老先生，我砥柱也，何不勉盡輔導，而懇求致事。」公叩首言：「臣非敢求閒，但老疾不能任事，有孤寵禄。」上曰：「卿雖老，豈可言致事？朕知卿久不到鄉里，今特命卿還展墓，事畢速來。」【略】

六年，辛酉，公年七十七歲。論遣將征麓川，究國復聖公新廟之碑視草，詔赦天下視草。【略】

九年，甲子，公年八十歲。正月十七日，馬曹詣，謂朝廷欲遣兵出北，公言誠非所便。十九日，南楊詣，亦言遣兵事，公又言出兵不便。二月六日，遣内使齎

璽書慰問，並賜藥物。十日，南楊詣，謂朝廷欲於北五布政司及鳳陽、淮安起驢四十萬疋。公曰：「此甚非民之便，公當力言之。」南楊曰：「溥亦言之，不見從。」公曰：「明日還著去説。」二十六日，六部、都察院、大理寺、通政司堂上官俱詣，胡尚書請教明日上位幸太學事宜，公詳與之言。二十四日，禮部詣，謂已遵議奏准，以三月一日幸學，用太牢行釋奠禮。二十七日，李祭酒送講章謝表請正，公力疾，爲增數語，易數字。又曰：「碑文裏面決要老先生作，衆人謂必須老先生作，方穩當。」公曰：「昏沈待盡，思不起也。」三月一日，上幸太學，行釋奠禮。還，遣内使懷忠、寳安傳旨慰諭。七日，遣太監范宏傳旨慰問，並賜鈔物、絹帛、柴炭、酒米、牲腊。公言：「受皇上天地父母大恩，至矣極矣，不能報答。」命左右退取紙筆，書所欲言。范又言：「内閣少人。」公言：「經筵諸人皆可用。」語畢，范垂泣去。十日，遣太監王振來問。十二日，天鼓鳴，馬曹詣，出遺命自志示之。十三日，編修徐珵、員外梁棨詣，出遺命示之，託掌喪禮。是夜，紅雲罩公第，漏下三鼓，公薨。時有人見一白鶴自紅雲中升去。上聞之，震悼嗟歎，即遣人來視，輟朝一日。遣禮部尚書胡濙諭祭。二十五日，追贈特進光禄大夫、左柱國、太師，賜謚文貞。

梁廷樞《玉劍尊聞》卷二　士奇，江西泰和人，舉文學，以編修入内閣，典機密，歷少師、兵部尚書兼華蓋殿大學士，卒贈太師，謚文貞。士奇性廉介，樂簡静，居官好獎掖士類，論事必當大體。或問士奇平昔所行，曰：「不能爲善，亦不爲惡也。」

梁廷樞《玉劍尊聞》卷九　靖難兵起，周是修與楊士奇約同死，後是修如其言。士奇傳是修事，謂其子曰：「當時我亦同死，誰爲爾父作傳？」

孫之騄《二申野録》卷二　士奇晚年昵愛其子，莫知其惡，最爲敗德。若藩臬郡邑或出巡者見其暴横，以實來告，士奇反疑之，必與子書曰：「某人説汝如此，果然即改之。」子稷于是得書，反毁其人曰：「某人在此如此行事，男以鄉里故，撓其所行，以此誣之。」士奇自後不信言子之惡者，有阿譽子之善者即以爲實然而喜之，由是子之惡不復聞矣。及被害者連奏其不善狀，朝廷猶不忍加之罪，付其狀于士奇，乃曰：「左右之人非良，助之爲不善也。」已而有奏其人命數十，惡不可言，朝廷不得已付之有司。時士奇老病不能起，朝廷猶慰安之，恐致憂。至是士奇卒，乃論其子于法，斬之。鄉人預爲祭文，數其惡，天下傳誦。

備論

金幼孜《金文靖集》卷一〇《書楊少傅陳情題本副録後》　予嘗觀先正范文正公生二歲而孤，母謝夫人貧無依，再適長山朱氏。洎文正貴，以朱氏長育之德，每思厚報。凡朝廷所加恩，輒丐以逮之。甚至朱氏兄弟卒，皆爲殯葬，歲時致祭享。嗚呼！文正存心若是之厚者，其忠孝之大節，豈不因是而可見哉！今觀少傅、兵部尚書兼華蓋殿大學士西昌楊公士奇其事，殆與文正公同，而存心之厚，又千載而相符者也。

公生歲餘，其先君子少傅公棄世，賴繼父前進士羅君子理撫育教戒之勤。後子理官德安，坐累謫戍永昌卒。二子，長憲補戍役，次京家居養母。母卒，亦坐累，當種田北京。時太宗皇帝親征北邊，仁宗皇帝居東宫監國，留公輔導。公念憲兄弟不幸皆以事遠役，母夫人墳墓無所託，具其情以聞，意欲丐宥京以歸奉歲時奠掃。卒之感動淵衷，親洒寳翰，命永昌軍役並免之。觀公之追念其親，逮於羅氏，洎仁廟之所以體臣下之情，垂保全之德，皆本乎人心天理之至，而曠古所無之典也，何其盛哉！距今二十年，京來省公于北京，請録當時題本以垂示羅氏子孫。公既識之，復出以示予。

惟公以宏才碩學歷事三聖，勳業在朝廷，聲名滿天下。其位遇之隆，倚任之重，蓋有過於文正。而其平生出處之概，存心之厚，則未始有異也。且世之人一隸戎籍，子孫往往貽累於無窮。今羅氏子孫獲享安逸之利若此者，固荷朝廷恩德之大，而實本於公忠孝之所推也。拜觀之餘，敬書此於末簡，爲羅氏之後人尚世世念之哉！

章衮《章介庵文集》卷九《祭少師東里楊公文》　嗚呼！公之德業文章，簡在宸衷，播聞中外，焕若日星之昭晰，固不待區區贊美之蕪詞。然而公之於我也，道義交情，終始無違。苟不託之於觚翰，曷以致夫感仰之私？溎自筮仕以來，五十年于兹，升沉榮辱，與時推移。厥初承乏，職兼兩制，僚友之中，公尤我知。情之相孚，堅如膠漆，事之可否，信若蓍龜。逮夫鑾輿北狩，青宫監國，慎簡官僚以勵翼，惟我與公而相依。異體同心，合轍並趨，獻可替否，一出于正，竭謀殫慮，靡憚勞劬。晉錫便蕃，光昭倫輩，百責所萃，曾莫敢支。夫何人事之錯迕，豈料

災禍之薦罹。公方入對明廷，旋復釋還故職。我則拘幽圜土，一滯十稔有奇。常承憫惻之念，屢餽藥食之資。詗我音耗，無我癡兒，綢繆懇悃，久而不衰。忽沾湛恩之汪濊，聿起涸轍之枯魚，復聯裾而接佩，同振迅於亨衢。何予蘖之未殄，遽攖患而遄歸。莫致寸忱之報，空馳尺素之書。俄聞凶問，欻然遠至。使予拊膺躑躅，北望而呼號，沾衣被面，洒涕淚之漣洏。嗚呼哀哉！公年八十，壽亦云多，奚必耄期？然而淮獨爲公痛惜者，不在壽之崇卑。嗟惟冢嗣，悖嚴訓而淪惑，致陷身於危機。由是積憂而成疾，徒懷憤懣而莫追。幾使垂成之偉績，止乎一簣之有虧。幸遇皇上恢宏天地之大德，眷念先朝之舊臣。其在告也賜璽書以慰釋，其蓋棺也隆卹典以加恩。公之哀榮始終，亦可謂全矣，復何言焉？關河邈悠，緘辭致奠。矯首文江，豈勝瞻戀？

廖道南《殿閣詞林記》卷一 廖道南曰：予觀《沙羡稿》及《石臺稿》，見文貞蚤歲跅弛魁岸，視天下莫己若。及觀國史暨三朝《聖諭録》，乃知管仲之才，優于召、忽，魏徵之績，多於王珪，視諸詭隨無良者不侔矣。然而輔亮東宫，保全趙邸，歷事四朝，終始如一，非所謂社稷之臣與？或者乃以周是修之死、子稷之獄少之，則吾不知也。贊曰：

肇啓文淵，首拔文貞。和調鼎鼐，潤色絲綸。羽翼儲皇，煦嫗宗親。殄讒以信，剗僞以真。夷吾在齊，語稱其仁。玄成在唐，史著厥徵。彼君子兮，不失令名。

廖道南《殿閣詞林記》卷一 廖道南曰：宋儒有言：「德勝才謂之君子，才勝德謂之小人。」信斯言也。豈天之降才爾殊哉！非其才之罪也。夫國家多難，羽檄旁午，匪才弗達。上下多危，蕭墻交搆，匪才弗定。敵國窺伺，内猜外疑，匪才弗靖。奸雄僭竊，彼甲此乙，匪才弗協。是故陳平燕居，深念張良，借箸前籌，才矣，而謂之小人可乎？或謂文貞正而不譎，文敏譎而不正。則予豈敢？彭韶贊曰：

文武兼資，通人之器。運籌帷幄，折衝千里。擁佑三朝，捧日而起。恩遇有加，抑畏無替。保身全名，經邦掌制。巍巍當時，煜煜來裔。卓哉相業，吁其難繼。

袁袠《皇明獻實》卷九 袁袠曰：「今世稱相業必曰『三楊』，而文貞居首。歷事五朝，既專且久。其所匡贊必以正，可不謂貞乎？其勳德文學，人能言之。至其休休樂善，無少忌嫉，今之所謂大臣哉！」

項篤壽《今獻備遺》卷六 論曰：「文皇帝頻征朔漠，文敏輒扈從，與密謀，善斷大事。當是時稱西楊文學，東楊政事。國家有大議，文敏一言決之。彭惠安公贊文敏曰『文武通才』，信矣哉！」

歐陽德《歐陽南野先生文集》卷一五《大學士楊士奇祠額》 看得巡按江西監察御史蕭端蒙題稱，已故大學士楊士奇建祠崇祀，已被褒恩，而名額祭文未膺備典，乞要比照劉珝等事例，議賜祠額祭文一節。爲照已故大學士楊士奇學行名德，照耀當時，其在永樂年間，所以佐佑文皇，經綸草昧，輔導儲貳，調攝危疑者，世皆得而知之。至正統初年，承平法弛，主幼權移，其陰翊密贊，維持國是，猶有簡册之所未得載者。巡按御史蕭端蒙稱其勛存社稷，委非溢美。先該本部覆題，奉欽依建祠致祭，而祠額祭文未曾請給，實是缺典。既該巡按御史論奏前因，似應俯從所請。合無恭候命下，行移翰林院撰擬祠額、祭文，仰候聖明裁定，勅下本部，行令江西布政司轉行吉安府泰和縣查照遵行。嘉靖三十二年三月十四日具題。十七日，奉聖旨：是。

楊思堯《楊文貞公年譜》卷首歐陽德序 《太師楊文貞公年譜》，四世孫思堯、汝敬所編次者也。公仲子太常穉嘗纂成帙，汝敬因是參訂增損，而始終巨細，燎然有條，公之平生大略可知。勤哉！其用心也歟。

初公以布衣被召，尋受文皇簡擢，入參機務，結知四聖，眷遇日渥。陳説必行，政事必咨。當其時，衆賢在位，羣工率職，民物康阜，邊境寧謐，上下交泰，以成俊偉之業，近代鮮儷。公何道以致之？嘗觀公六七歲時，衣食於異姓，靡所底麗，即知竊爲土室，以祀其先。年十六，鄉子弟從之游，有友貧，無以爲養，公輟其從游之半畀之教，使納其束修，以資菽水。劉氏姑舉家病疫，親鄰思傳染，不敢臨視，公日往，爲具湯粥，洒掃竟與俱。弱冠攝琴江教事，令廉介而近刻，公每諷切之。會關吏詰行商之私度者，解其裝，得僞鈔數百貫。令欲處以僞造，公不可，曰：「重辟也，且禍將蔓延孥戮，奈何以意鞫成之？」商得釋，納公重賂，謝弗知。嗚呼！公其仁恕，夙夜不遷於異物者邪？存心於愛物而足以有濟者邪？矧師友皆當時名賢，而志之所慕，以明道先生爲至。嘗别録先生語爲編，朝夕敬誦，漸染磨厲，所以自成者則豫矣。故其際時得位，敷政優優，苟可以利民，不恤其私，可以成事，不潔其聲。事豫則立，豈適然之故邪？

憶德昔年讀公所著《聖諭録》，間有曲成爲愛而糾咈之義，疑若不足。比年閱歷寖多，而後知其有未易言者。大唐虞君臣拜稽都俞致其精一於人心道心之

幾，而左右旦夕罔匪正人，怠荒陳無虞之戒，忿欲存未萌之防，故無所事於糾咈，而無所用其曲成道之至也。後世朋友之交，尚未必能其切磋於精一之學，而父子一體，猶有不相爲謀者，矧君臣之間，尊卑相懸，而欵洽有時乎？故事，君而至於糾咈則已，後且難矣。仁人君子惡乎用其情哉？孔子曰：「以道事君，不可則止。」謂居常相與啓沃其道心，而維持調養，無所不盡。或不見可，則未易以直，遂其旦暮，順而止之，以待其庶幾焉道也。苟弗得悉爲之所，則有所不可，亦其常耳，安得以直遂之未能而遽已其惓惓之望也，曲而行之，固望其庶幾焉之心也歟？向微公則未嘗人意者，或有甚焉耳，德何足以知之？公之遺言遺行，略可想見。惜不及生公之時，而從究其説也。

汝敬既成是編，以告邑大夫而梓之，屬德序其端。既辭謝不敏，揆之於心，有不容辭者，則爲書此以復。大夫張公名寅，字仲明，舉辛巳進士，官有善政，且志於精一之學。執德之言，考公之世，將大夫之心其一有合乎哉？

楊思堯《楊文貞公年譜》卷首李一迪序　我朝由高帝、文皇而後稱相業者，莫盛於「三楊」。然以文學翊太平，則太師文貞楊公尤稱獨盛云。迪生也晚，雖未獲躬逢其盛，間嘗莊誦《吾學》一編，而得聞其相業之概矣，然猶未及覩公所爲行誼文章。乃今公五世孫二守公克篤前修，來佐高凉。一日出公《年譜》，授郡博楊君惟清。楊君故好賢君子也，付之剞劂氏，而以序屬迪，因得而縱觀焉。迺知公之相業之偉，雖本之得天者厚，實自其幼學而修之於家者豫也。

昔伊尹相成湯，功格皇天；周公相成王，德業明光於上下，説者謂二公以天民先覺之資，明德精微之藴，佐命宣猷，恪共翊贊，故上下之間，孚懇特至，用能恢張化理，共成偉業。千載而下，仰殷湯者歸《伊訓一德》之篇；而頌成王之德，稱周公輔理之功不衰。公生而穎異殊絶，七歲即知作神主以祀其先。年十一授學於司倉伯父，即諳曉大義。越十四，賦《雪霽詩》，大爲劉方東先生所推重。比結髮，鄉子弟從之游者益衆，而輟其半，與友之貧者誨之，使納其束修以供母，時年才十六也。至如一言而釋行商僞鈔之罪，謝以重貨却不受，館淘金、武昌間濟病疫者數家，而罔所避忌，疫痊，公亦無恙。公自幼而長，其文行卓邁前聞，類若是，此豈特其天資英敏，動與古人偶合哉？蓋公少時大肆力於經傳。及設教四方，盡購得古今名書博覽之，而所養益富。然志之所慕，毅然以明道先生爲至。日別録先生語略，研窮理奥，不屑屑爲經生博士業。以是識博而道修，名傾海内。迺其際時，徵入翰苑，纂修秘書，直抒其胸中醖釀，方正學嘆服之，薦爲副總裁。未幾，旨下吏部，試第一，授以審理王官，然猶未大用也。及文皇一見於金川門，奇之，迺簡充内閣，改授侍講。且諭之曰：「朕知爾文學，親擢至此。」公遂駸駸嚮用矣。自是歷事四聖，入參機務。其間經筵之啓沃聖心，制誥之闡揚謨烈，奏議表章之論思獻納，經綸匡濟，靡一不當上心而協國是。他如清什路則薦薛文清；寧邊患則赦交趾，復立陳氏；公取士則卷分南北，以爲定制；戢閹宦則議罷口岸頭漁利、塌房；恤邊軍則議南北各就近地，以便水土。其忠誠之在朝廷，勳業之在社稷，德澤之在華夷，昭然具在譜中，固不能縷縷道也。然當洪熙、宣正之初，擁入調護，而國本賴以不摇，則其功尤犖犖著者。公可謂真宰相矣。故文廟指之爲左右臂，英廟稱之爲我砥柱，循例兩疏乞休，皆慰留之，竟得旨暫歸展墓。而殊賚之渥，慰問之勤，三錫銀章之賜，有「清方貞静」之褒。君臣相遇，三代而下，可多得耶？夫人固有爲相矣，然未必得君之專且多也。或得君矣，然未必居位之近且久也。公立朝四十餘年，皆在宥密之地，閲歷深而典故熟，故凡建大議、定大計，如登山巔，指既涉之途，歷歷在吾目中，而處之固裕如也。是以四主傾心倚重，二三大臣與俱，而公獨殷焉。觀斯譜也，可攷見矣。視伊尹之保乂殷王，周公之夾輔王室，今昔人豈異也哉？大抵天生聖哲之君，則必有名世之臣久於其位，以資治理。是以臣主同光，上下交泰，優遊於樞密之中，與天下臣民共享重熙累洽之運，而焯焯不窮也。若文貞公者，所謂今之名世非耶？

是譜也，纂於公之仲子太常君䆃，編於公之四世孫思堯給諫君海，迄今百有餘年，乃鋟梓於二守公，豈其事將有待耶？抑文貞公在天之靈至此耶？二守公可謂能衍世澤於不匱矣。二守公諱守一，字純卿，別號念淘。登順天丁卯鄉薦，其佐高凉有惠政，誠無忝於文貞公之後也哉！遂書之，以復楊君。是爲序。

皇明萬曆丙戌春二月吉旦，賜進士出身中憲大夫、浙江提刑按察司奉勑整飭金衢兵巡副使致仕、前南京禮部儀制司郎中茂名後學李一迪譔。

傅維鱗《明書》卷一二〇　史官曰：「楊士奇玉質金相，通達國體，隨事納約，不詭於正，而意嘗近厚。轉導監國，保身濟主，有大雅之明哲焉。楊榮揮斤游刃，遇事立斷，蚤遇英主，相得益章。累從出塞，羈靮萬里，文經武緯，俱展其長者也。楊溥安貞履節，中更險難，遲二楊者二十餘年。更入弘文，昭后臨朝，與民休息，調羹醲醴，參合成名，故天下俱稱其美矣。」

施閏章《學餘堂文集》卷二六《書楊文貞公自撰墓志銘後》 史載文貞公傳詳矣。今謁公祠，獲見仁、宣二帝宸翰及洪熙初所賜銀印，其文曰：「楊貞一」，令子孫各無相忘。又讀公自撰墓志銘，不禁泫然流涕也。夫人臣遭時遇主，信任不貳，每事咨詢，病則賚藥物慰勞，或降勅賜詩，使命相屬，比於骨肉朋友之誼，尤爲懽洽。至於傳之金石，以示子孫，旁觀者且感泣，況身受者乎？及英宗幼冲踐祚，太后委重。是時王振之勢已張，惟畏公，稍斂戢。公履霜知戒，觀自志所云憂重畏深，進退無補，蹈素餐而昧止足，亦大惴惴矣。然立朝四十年，乞骸不可，省墓家居，僅四十日。公既知風燭奄盡，復何所求？恩深責重，死而後已。或且以其子稷之累，短其引退之晚，豈嘗爲公設身自處也哉？迨公去不起，閹振横恣，國事日非，然後知公之身繫安危不小也。太史公言留侯狀貌如婦人好女，不類其行事。文貞魁壘嶽立，今觀其像，豐厚少髭鬚，温然長者，蓋貌不盡人，古今大致然矣。癸卯七月朔閏章敬書。

藝文

嚴遂成《明史雜詠》卷二《楊文貞士奇》世稱三楊，文貞爲西楊，文公榮爲東，楊文定望南郡，爲南楊。 四朝元老雁行齊，帝眷優隆顧獨西。玉體無虞用公防之便無虞語王在趙，珠崖永棄國爲黎。包容相意稱師德榮嘗□公反爲之地，篤慎鄉評媿日磾子稷，横雲，鄉人爲祭文，數其惡。休暇亦多般飲會，民間疾苦是詩題。

夏原吉部

綜述

《宣宗實録》卷六二　吉字維喆，湖廣湘陰人。自幼端重好學。蚤孤，勤力養母。洪武中，自太學生擢户部主事。曹務叢脞，處之悉有條理，同列取正焉。陞户部右侍郎，巡撫福建。所過郡邑，考察吏治，咨訪民隱，公明寬大，人咸悦服。太宗皇帝入正大統，轉左侍郎。逾月，陞户部尚書。永樂初，蘇松諸郡水，奉命往治。發浙西兵民十數萬，疏決壅滯，自松江、黄浦東北以達于海，水患乃息，而撫恤曲當，人不言勞。又撫綏其飢民，奏發廩三十餘萬石賑之。初建北京，採宫殿材於東南，命自南京抵北京，督視運送，給以錦衣衛官校，且命有不率命，便宜行事。原吉於號令中備矜恤之意，人人效用。太宗巡狩北京，預扈從，命兼行在禮部、都察院事。歲餘，車駕親征北虜。是時，上以皇太孫留守，命原吉輔導。九載秩滿，賜勑嘉獎，上親宴之别殿。重修《太祖皇帝實録》，爲監修。書成，賜鈔、織金衣、文綺。北虜復犯邊，太宗皇帝將親征，原吉言：「今邊儲不足，請遣將平之，無煩六師。」忤旨，收整之。

仁宗皇帝嗣位，即日復其官，加少保，仍兼户部尚書，賜玉帶。上正位東宫，加兼太子少傅，少保、尚書二職如故，賜銀章一，其文曰「繩愆糾繆」。且諭曰：「朕有過舉，卿但奏來，以此識之。」修《太宗皇帝實録》，爲監修。仁宗皇帝崩，上嗣大位。以舊輔，尤重倚任，寵眷日盛。修《仁宗皇帝實録》，仍爲監修。庶人高煦反，上親率六師擒之，原吉與扈從。還，賜白金、文綺加厚。賜銀圖書一，其文曰「含弘貞靖」，蓋褒其德云。明年，扈從巡北邊。既還，上念原吉等四人者皆春秋高，思優逸之，賜勑加勞，輟職務，仍其禄，朝夕侍上備顧問，預謀議，而恩遇益厚。兩朝實録成，賜白金、織金、羅衣、文綺表裏、鞍馬，且賜宴。明旦入謝，暮歸第，得末疾，遂卒。上聞訃，震悼，遣禮部尚書胡濙賜祭，加贈特進光禄大夫、太師，謚忠靖，賻鈔萬緡。勑有司營喪葬，官其子瑄爲尚寶司丞，仍復其家。

原吉天性孝友，德雖微必報，未嘗存怨惡之心。接人温然，襟宇閎深，不見涯涘。嘗從吏污金織賜衣，懼欲逃者，原吉曰：「污可浣，何懼爲？」有吏壞所寶硯石，匿不敢見。原吉召諭之，曰：「物皆有壞，吾未嘗惜此。」慰遣之。於時卿大夫雅量，推原吉第一。其在上前所言，必歸於厚。臨政必酌大體，故不問貴賤疏戚，及識不識，皆知其爲善人長者云。

《明史》卷一四九《夏原吉傳》　夏原吉，字維喆，其先德興人。父時敏，官湘陰教諭，遂家焉。原吉早孤，力學養母。以鄉薦入太學，選入禁中書制誥。諸生或喧笑，原吉危坐儼然。太祖詗而異之，擢户部主事。曹務叢脞，處之悉有條理，尚書郁新甚重之。有劉郎中者，忌其能。會新劾諸司怠事者，帝欲宥之，新持不可，帝怒，問：「誰教若？」新頓首曰：「堂後書算生。」帝乃下書算生於獄。劉郎中遂言：「教尚書者，原吉也。」帝曰：「原吉能佐尚書理部事，汝欲陷之耶！」劉郎中與書算生皆棄市。建文初，擢户部右侍郎。明年充採訪使，巡福建，所過郡邑，核吏治，咨民隱，人皆悦服。久之，移駐蘄州。

成祖即位，或執原吉以獻。帝釋之，轉左侍郎。或言原吉建文時用事，不可信。帝不聽，與蹇義同進尚書。偕義等詳定賦役諸制，建白三十餘事，皆簡便易遵守。曰：「行之而難繼者，且重困民，吾不忍也。」

浙西大水，有司治不效。永樂元年命原吉治之。尋命侍郎李文郁爲之副，復使僉都御史俞士吉齎水利書賜之。原吉請循禹三江入海故蹟，濬吴淞下流，上接太湖，而度地爲閘，以時蓄洩。從之。役十餘萬人。原吉布衣徒步，日夜經畫，盛暑不張蓋，曰：「民勞，吾何忍獨適。」事竣，還京師，言水雖由故道入海，而支流未盡疏洩，非經久計。明年正月，原吉復行，浚白茆塘、劉家河、大黄浦。大理少卿袁復爲之副。已，復命陝西參政宋性佐之。九月工畢，水洩，蘇、松農田大利。三年還。其夏，浙西大饑，命原吉率俞士吉、袁復及左通政趙居任往振，發粟三十萬石，給牛種。有請召民佃水退淤田益賦者，原吉馳疏止之。姚廣孝還自浙西，稱原吉曰：「古之遺愛也。」

亡何，郁新卒，召還，理部事。首請裁冗食，平賦役，嚴鹽法，錢鈔之禁，清倉場，廣屯種，以給邊蘇民，且便商賈。皆報可。凡中外户口、府庫、田賦、贏縮之數，各以小簡書置懷中，時檢閲之。一日，帝問天下錢穀幾何，對甚悉，以是益重之。當是時，兵革初定，論「靖難」功臣封賞，分封諸藩，增設武衛百司。已，又發卒八十萬問罪安南，中官造巨艦通海外諸國，大起北都宫闕，供億轉輸以鉅萬萬計，皆取給户曹。原吉悉心計應之，國用不絀。

六年命督軍民輸材北都，詔以錦衣官校從，治怠事者。原吉慮犯者衆，告戒而後行，人皆感悅。

七年，帝北巡，命兼攝行在禮部、兵部、都察院事。有二指揮冒月廩，帝欲斬之，原吉曰：「非律也，假實爲盜，將何以加？」乃止。

八年，帝北征，輔太孫留守北京，總行在九卿事。時諸司草創，每旦，原吉入佐太孫參決庶務。朝退，諸曹郎御史環請事。原吉口答手書，不動聲色。北達行在，南啓監國，京師肅然。帝還，賜鈔幣、鞍馬、牢醴，慰勞有加。尋從還南京，命侍太孫周行鄉落，觀民間疾苦。原吉取齏黍以進，曰：「願殿下食此，知民艱。」九載滿，與蹇義皆宴便殿，帝指二人謂羣臣曰：「高皇帝養賢以貽朕。欲觀古名臣，此其人矣。」自是屢侍太孫，往來兩京，在道隨事納忠，多所裨益。

十八年，北京宮室成，使原吉南召太子、太孫。既還，原吉言：「連歲營建，今告成。宜撫流亡，蠲逋負以寬民力。」明年，三殿災，原吉復申前請。亟命所司行之。初以殿災詔求直言，羣臣多言都北京非便。帝怒，殺主事蕭儀，曰：「方遷都時，與大臣密議，久而後定，非輕舉也。」言者因劾大臣。帝命跪午門外質辨。大臣爭詈言者，原吉獨奏曰：「彼應詔無罪。臣等備員大臣，不能協贊大計，罪在臣等。」帝意解，兩宥之。或尤原吉背初議。曰：「吾輩歷事久，言雖失，幸上憐之。若言官得罪，所損不細矣。」衆始歎服。

原吉雖居户部，國家大事輒令詳議。帝每御便殿闕門，召語移時，左右莫得聞，退則恂恂若無預者。交阯平，帝問遷官與賞孰便。對曰：「賞費於一時，有限；遷官爲後日費，無窮也。」從之。西域法王來朝，帝欲郊勞，原吉不可。及法王入，原吉見，不拜。帝笑曰：「卿欲效韓愈耶？」

山東唐賽兒反，事平，俘脅從者三千餘人至。原吉請於帝，悉原之。谷王橞叛，帝疑長沙有通謀者，原吉以百口保之，乃得寢。

十九年冬，帝將大舉征沙漠，命原吉與禮部尚書呂震、兵部尚書方賓、工部尚書吳中等議，皆言兵不當出。未奏，會帝召賓，賓力言軍興費乏，帝不懌。召原吉問邊儲多寡，對曰：「比年師出無功，軍馬儲蓄十喪八九，災眚迭作，内外俱疲。況聖躬少安，尚須調護，乞遣將往征，勿勞車駕。」帝怒，立命原吉出理開平糧儲。而吳中入對如賓言，帝益怒，召原吉繫之内官監，並繫大理丞鄒師顏，以嘗署户部也。賓懼自殺。遂並籍原吉家，自賜鈔外，惟布衣瓦器。明年北征，以糧盡引還。已，復連歲出塞，皆不見敵。還至榆木川，帝不豫，顧左右曰：「夏原吉愛我。」崩聞至之三日，太子走繫所，呼原吉，哭而告之。原吉伏地哭，不能起。太子令出獄，與議喪禮，復問赦詔所宜。對以振饑，省賦役，罷西洋取寶船及雲南、交阯採辦諸道金銀課。悉從之。

仁宗即位，復其官。方原吉在獄，有母喪，至是乞歸終制。帝曰：「卿老臣，當與朕共濟艱難。卿有喪，朕獨無喪乎？」厚賜之，令家人護喪，馳傳歸葬，有司治喪事。原吉不敢復言。尋加太子少傅。呂震以太子少師班原吉上，帝命鴻臚引震列其下。進少保，兼太子少傅、尚書如故，食三禄。原吉固辭，乃聽辭太子少傅禄。賜「繩愆糾繆」銀章，建第於兩京。

已而仁宗崩，太子至自南京。原吉奉遺詔迎於盧溝橋。宣宗即位，以舊輔益親重。明年，漢王高煦反，亦以靖難爲辭，移檄罪狀諸大臣，以原吉爲首。帝夜召諸臣議，楊榮首勸帝親征。帝難之。原吉曰：「獨不見李景隆已事耶？臣昨見所遣將，命下即色變，臨事可知矣。且兵貴神速，卷甲趨之，所謂先人有奪人之心也。榮策善。」帝意遂決。師還，賚予加等，賜閣者三人。原吉以無功辭，不聽。

三年，從北巡。帝取原吉橐糗嘗之，笑曰：「何惡也？」對曰：「軍中猶有餒者。」帝命賜以大官之饌，且犒將士。從閲武兔兒山，帝怒諸將慢，褫其衣。原吉曰：「將帥，國爪牙，奈何凍而斃之。」反覆力諫。帝曰：「爲卿釋之。」再與蹇義同賜銀印，文曰「含弘貞靖」。帝雅善繪事，嘗親畫《壽星圖》以賜。其他圖畫、服食、器用、銀幣、玩好之賜，無虚日。五年正月，兩朝實録成，復賜金幣、鞍馬。旦入謝，歸而卒，年六十五。贈太師，謚忠靖。敕户部復其家，世世無所與。

原吉有雅量，人莫能測其際。同列有善，即採納之。或有小過，必爲之掩覆。吏污所服金織賜衣，原吉曰：「勿怖，污可浣也。」又有污精微文書者，吏叩頭請死。原吉不問，自入朝引咎，帝命易之。呂震嘗傾原吉，震爲子乞官，原吉以震在「靖難」時有守城功，爲之請。平江伯陳瑄初亦惡原吉，原吉顧時時稱瑄才。或問原吉：「量可學乎？」曰：「吾幼時，有犯未嘗不怒。始忍於色，中忍於心，久則無可忍矣。」嘗夜閲爰書，撫案而歎，筆欲下輒止。妻問之。曰：「此歲終大辟奏也。」與同列飲他所，夜歸值雪，過禁門，有欲不下者。原吉曰「君子不以冥冥墮行」。其慎如此。

原吉與義皆起家太祖時。義秉銓政，原吉筦度支，皆二十七年，名位先於三楊。仁、宣之世，外兼臺省，内參館閣，與三楊同心輔政。義善謀，榮善斷，而原

吉與士奇尤持大體，有古大臣風烈。

《明名臣琬琰録》卷一九楊士奇《少保忠靖夏公神道碑銘》 公姓夏氏，諱原吉，字維喆。其先家于饒州，曾祖復，祖希政，元末爲湖廣行省都事，兵亂死之。考時敏，爲湘陰縣儒學教諭，遂家湘陰。公自幼端厚好學。年十三，教諭公歿，益知自勵。母夫人廖守節教子，公終父喪，即出教里塾，取束脩以資養，而率其二弟恭侍婉愉，得母夫人歡心。出入鄉閭，其老長皆忘年，賓禮之。時已負鉅人度，喜怒不形。里少年嘗被酒侮慢公，里人共擊之，詈之曰：「汝小人，不知鄉有君子耶？」有鬼物白書附人，言禍福，驚動里中。或强公往觀，卒無所言。他日復有言，或問之故，曰：「夏公，端人也，吾不可以近。」公一無所動心。

洪武庚午歲，以《詩經》選鄉貢，入太學，遂擢户部前四川部主事，授承直郎，進承德郎。曹務叢挫，凡倉庫府祭之出入，簡牘之著，悉有條理。同官後至，於事有未通者，咸以質公，日環左右。公雖紛冗，必爲之盡心，蓋人人德公如師。陞户部右侍郎，授嘉議大夫，巡撫福建。所過郡邑，考察吏治，咨訪民隱，公明寬大，人咸悦服。

太宗皇帝入正大統，轉左侍郎，逾月陞户部尚書，授資善大夫。永樂初，蘇松諸郡大水，命公往治。發浙西兵民十數萬，疏決壅滯，自松江、黄浦東北以達于海，水患乃息，而撫恤曲當，人不言勞。又撫綏飢民，奏發廩三十餘萬石賑之，散給有方，民賴以濟。進資政大夫。

初建北京，採宫殿材於東南，命公自南京抵北京督視運送，給以錦衣衛官校，且命有不率命，便宜行事。公於號令中，備矜恤之意，人人效用。太宗巡狩北京，公預扈從命，兼行在禮部、都察院事歲餘。車駕親征北方，今上以皇嫡長孫留守北京，命公輔導，庶事修舉，京師肅然。太宗還，良喜，賜公鈔千緡，綵幣四表裏，羊酒鞍馬。自是屢奉命侍今上。有司奏公與吏部尚書蹇公歷官九載，皆賜勅嘉奬，有「淳良篤實，如古名臣」之諭。太宗親宴之别殿，無幾，賜誥命，追封祖考皆爲資政大夫、户部尚書，祖妣爲夫人，封母爲太夫人。重修《太宗皇帝實録》，命公監修。書成，賜鈔、織金文綺衣、文綺表裏。北京宫殿成，奉勅召仁宗皇帝及今上于南京。二聖喜公至，賜宴勞及鈔、白金、鞍馬。北兵復擾邊，太宗皇帝將親征。公言：「今邊儲不足，請遣將，無煩六師。」忤旨，罷官。

仁宗皇帝嗣位，即日復公户部尚書。公以母喪未終辭。仁宗曰：「國家不幸有大事，正朕與卿等協心比力之時。如卿以親喪辭，則朕亦未嘗在此。」公乃不敢復言。遂加少保，仍兼户部尚書，賜玉帶。今上正位東宫，加公兼太子少傅，少保、尚書二職如故。賜誥命，追封曾祖、祖、考皆爲榮禄大夫，少保兼太子少傅，户部尚書。曾祖妣、祖妣、妣皆一品夫人。賜銀章一，其文曰「繩衍糾繆」。且諭公曰：「朕有過舉，卿但具奏來。以此識之，朕不難於從善。」賜鈔萬緡，御用米二十石，胡椒二百斤。公感知遇之厚，鞠躬小心，靡或不盡。修《太宗皇帝實録》，命公監修。

仁宗皇帝崩，時今上監國南京，至則喪禮及即位之儀皆具，皆公一二人所預定。上既嗣大位，公以舊輔，尤重倚注，公亦孜孜惟謹，寵賚日盛。修《仁宗皇帝實録》，仍爲監修。庶人高煦反，上親率六師擒之。公預扈從，還賜白金文綺等物甚厚。賜銀圖書一，其文曰「含弘貞静」，蓋褒公之德云。明年，扈從巡邊。既還，上念少師蹇公及公等四人者皆春秋高，欲優逸之，賜勅嘉勞，命輟職務，而仍其禄，朝夕侍上，備顧問謀議，而恩遇益厚。兩朝實録成，賜白金、織金、羅衣、文綺、表裏、鞍馬，賜宴。明旦入謝，暮歸第，得疾，遂薨，宣德五年正月二十七日也，壽六十有五歲。上聞訃，震悼，遣禮部尚書胡濙賜祭，贈特進光禄大夫、太師，謚忠靖，賻鈔萬緡，勅有司營葬，官其子瑄爲尚寶司丞，仍復其家。朝臣自公侯貴戚，下至郎曹將校，咸往弔祭，衛卒巷氓亦有嘆息至流涕者。

公天性至孝，友其弟原啓、原禮皆厚。原啓没，愛其子如子。讀書鄉校時，教諭史九韶雖非授業師，遇之必拜，雖貴不變。既貴，九韶陞教國子，月恒分之禄。九韶將老，朝廷從公請，命致仕。公與人交，久而敬。平生故人在患難，卒賙給之。遇士之貧者，振之；有顛躓失所者，援之。德雖微必報，而未嘗存怨惡心。接人温然處事，善善長而惡惡短。襟宇静深閎廓，不見涯涘。嘗有從隸污公金織賜衣，懼，欲逃者，公曰：「污可浣，何懼爲？」有吏壞公所寶硯石，匿不敢見。公召吏諭之，曰：「物皆有壞，吾未嘗惜此。」慰遣之。於時卿大夫雅量，推公第一，知者蓋比公於王子明、韓穉圭之度。其在上前所言，必歸仁厚。臨政必酌大體，其預宥密，雖泯然無跡，蓋有陰受其德者矣，故不問貴賤疏戚，識不識皆知其爲善人長者。喜爲詩，四方士重公名，得其一篇一詠，藏以爲榮。

公配鄭氏，再封皆夫人。子男三，琉、瑄、瑾。公卒之三月，歸葬湘陰其家，以墓碑屬予。予與公同朝三十年，晚益親厚相知，又嘗爲予道平生。余豈意遂志公之墓耶？銘曰：

泝夏厥初，以國爲氏，衍于會稽，綿綿厥系。太末之邑，後來徙居，暨唐中

和，復從于番。懿夏之陞，逢掖其服。詩書有承，德善有績。轉鄂而潭，自公祖考。積厚必發，公奮起紹。燕歌鹿鳴，來與計偕。官任其賢，政用其才。繇司徒屬，暨掌邦教。寅恭小心，寬仁允蹈。參決大議，洊任重負。不亟不徐，雍容雅度。如彼喬岳，巖焉弗移。其氣默運，澤潤良多。袛事列聖，既四十載。夷險一道，其舄几几。國有老成，堂有柱石。胡不慭遺，當宁興惻。既榮且哀，隆隆寵光。於乎忠靖，没世不忘。

李東陽《懷麓堂集》卷三五《夏忠靖公傳》 公諱原吉，字維喆，姓夏氏。其先會稽人，後徙開化，再徙德興。祖希政，元季爲湖廣行省都事，國初占籍湘陰。父時敏，以布衣被召授湘陰教諭。毋廖氏夢三閭大夫降其室，實生公。

年十三，喪父。學《詩》及《春秋》，貧甚，教里塾以資養。選充縣學生，以詩領鄉薦，升國子生。例入禁廡書誥勅，太祖幸書所見公字格方正，特賜緋衣一襲，復遣人察諸生所爲，獨公端坐正書，竟日色不惰，上心念之。二十五年，書滿，有司奏當署部職，上曰：「夏原吉端厚特實，授户部主事。」同官有疑事，多就質。獨劉郎中者恥其不能，因事譖公，云專尚書郁新柄，上察其誣，劉坐死。自是數遭危譖，竟得無他。二十九年，公考績，陛引，面乞歸省，且云：「道遠乏僮僕，乞與阜以行。」上特允之。三十一年，廷薦擢户部右侍郎，充採訪使，巡撫福建。楊文敏公榮爲諸生，公一見奇之，曰：「必爲解首。」楊自是起名。郡有明月樓，多妖，宿者多死，公徑往宿之，妖遂息。歸鎮蘄州。

三十五年，太宗入定大統。以公舊臣，負重望，遷左侍郎。公辭疾，不許，尋進尚書。凡貢賦、役法，悉命詳定。公酌古今，爲經久計，其所議多從厚。曰：「不可使後難繼，困吾民也。」又命公申明教什三十餘條，榜示天下。永樂初，兩浙大水，國用告乏，三命公往治，至則奏罷蠹民妨政數十事。諏訪耆宿，相度地勢，疏河導渠，修築堤堰，俾水歸于海。又奏發廩粟三十餘萬石，所活不可勝計。乃分給牛種，督之耕種，民忘其饑。有干澤者，奏水退田淤，宜召民佃耕，以足國用。公得報，數曰：「民疲極矣，可重役乎？」亟奏云：「水不勝鬲，矧已後時，勞且無益。」事始寢，吴人至今懷之。三年還，掌部事。首請裁冗食，節浮費，又禁鹽鈔法諸弊。凡水旱，必奏請蠲租税。嘗以府帑倉庾及丁户田賦之數，備書小帖，置袖中，時復檢記。一日，上臨朝，問天下糧儲若干，公歷陳其數，不失升勺。上奇其才，益親信之。時録靖難功，禄賜無虚日。又大封親藩，累討夷寇，創制宫殿，增置百司，財費以萬萬計，悉取辦于公。公極力經畫，無弗給者。採木運餉之夫，道壅不進，命公巡視，自龍山抵北京，律治怠事者，給錦衣衛官校四十人，許便宜行事。公於號令中寓矜恤意，事乃大集。上思公，特召還。

七年，兼掌行在户、禮二部及都察院事。扈從車駕，幸北京，復命兼掌刑部。有二指揮冒支官糧，上欲斬之。公曰：「罪自有律，若真盜者，何以加諸？」乃止。八年，上親討北邊，仁宗爲皇太子，在南京，命公輔皇太孫，留守北京，兼掌行在諸部及都察院事。諭之曰：「朕以房玄齡委卿矣。」公日決庶政，頃刻而畢。凡北奏南啓，下令天下者，惟公是賴，京師帖然。上還宫，慰賚有加。冬還，掌户部。從太孫周行鄉落，取民間虀黍以進，曰：「願知此味。」召見鄉老，令陳風俗，賜老給孤，表著節義，民皆感歎。道有逸兔，太孫欲馳射之，公諫而止。有從卒犯令者，指揮周敬以上命執之。太孫諭敬不得，遂繫敬，公極諫以爲不可，因厚賜以勵其直，從之。九年，公考績，上宴于便殿，賜勑獎諭。又諭羣臣曰：「原吉乃太祖皇帝養成賢德士，爾等欲觀古名臣，此其人也。」命同太子少師姚公廣孝監修《實録》。十一年，再扈北巡，命輔太孫以行。十四年，太孫還南京，又從。凡道所見，必見諮問，呼爲先生而不名。十五年，再扈北。十八年，宫殿成，命馳召皇太子、太孫于南京。至則陳太子承詔勿亟，今乃速來，蓋以陛下慈注之深，故孝思之情不得不切也。上善其對。公因言，營造民疲，多至失業，宜悉聽復業而蠲其税。十九年，三殿災，復請蠲礦税，停採辦，賑饑饉，以回天意。詔皆行之。

初，大臣科道多言南北建都，便利不同。上御午門樓，令廷辯，密遣中使問公言孰是。公對曰：「臣等罪也，科道言是。」上兩宥之。或尤公背初議，公曰：「吾輩歷職久，言雖失，幸上憐之。若言官得罪，所損不細矣。」衆始歎服。復命掌工部事。交趾平，上問公陞賞孰便。公對曰：「賞費有限，禄費無窮。」於是多從賞格。西域法王來朝，或請親勞之。公曰：「夷人慕義，宜示以倫義。若萬乘一屈，下必有走死而不顧者矣。」上曰：「爾欲效韓愈邪？」乃不出勞。他日，法王入見，上命公拜。公曰：「王人序諸侯上，况夷人乎？」長揖而已。山東俘逆賊唐賽兒之黨三千餘人，上屬公與都御史李慶公審其脅從者，悉原之。陝西有僞稱金輪王者，廷議將發兵，公言：「亂止數人，不宜重費，但遣人禽其首惡，自定矣。」已而果然。或言周王有異謀，公奉命往詗之。復命曰：「王實無他，但恃陛下友愛之篤，故少肆耳。」上然之。谷庶人逆謀既彰，上問公曰：「長沙人通謀否？」公請以百口保之，遂免窮詰。太孫冠禮，有司以尚書蹇義、方賓名進，上特

命公行之。上元節張燈，許臣民縱觀，公奉母太夫人往。上宴羣臣，顧問公曰：「聞爾母來觀燈，尚在此否？」公曰：「已歸矣。」命徹御案暨寶鏹賜之。公弟原啓至京，上召見，賜酒饌。瀕歸，遣人送之。見舟中惟米二石，問公曰：「卿弟貧，盍少贈之？」公對曰：「臣所遺俸貲已寄之，無以爲贈。」上笑曰：「朕當助卿。」賜異布數匹。

十九年，上議親討北邊，羣臣莫敢言。公曰：「吾受上恩厚，不可不死争之。」約尚書方賓同諫。入，獨言曰：「頻年師出無功，戎馬儲積，十喪八九，災眚間作，内外俱疲。況聖躬少安，尚須調護。勿煩六師。」上命公治邊儲於塞北。賓懼，自縊死。遂獲罪，並籍公家，惟賜鈔千貫，餘皆布衣瓦器。命錦衣官尅日召公還。公方治粟，使者趣甚急，公曰：「姑少俟，不爾慮，有侵漁死，吾安之，不以相累也。」上御午門，問征敵得失。公歷陳往鑒，謂當内治，不宜勤遠畧。執不變，坐繫。内官監、太孫屢奏宥公，上察公忠，間訪國事，公敷對如平時。

二十二年，車駕至榆木川，不豫。顧左右曰：「夏某。」語未了，若謂其愛朕者。八月，楊榮以凶問至。皇太子親臨公繫所，與共哭，令出視事，公叩首曰：「臣先帝罪人，未聞遺詔。」强之乃受命。給尚方筆札，咨以國事。公首陳東南民力困于漕運，請幸南以省供億。繼請撫流民，罷西洋寶船，止雲南、交趾採辦金寶數事。上即阼，首復公官，賜章服，器張咸備。公始聞太夫人喪，辭歸襄事。上曰：「國事方艱，卿以喪辭，則朕亦未當在此。」特遣官護送歸葬。太孫既正東宫，加公太子少傅。時吕震爲太子少師，班在公上。上引震次公，進公少保，褒職如故，兼給三俸。公辭太子少傅俸。尚寶少卿袁中徹以言語獲罪，且不測。公諫，以爲先朝所愛，乃止罷官。

洪熙元年，上以天不雨雪，製《憂民吟》，公賡和稱旨。翰林進公誥辭，上親增二語，曰：「勿畏崇高而難入，勿以有所從違而或怠。」因召公至扆前，賜銀印一，其文曰「繩愆糾繆」，俾有封奏，則以此識之。三月，上勅公等，除臠割、鞭背及妖言誹謗等刑，公贊行之。尋命兼掌禮部，賜象印一，文曰「正直」，以便處分。上欲禁西山樵採，云犯者死。公曰：「材木固可惜，人命尤重。」乃命如律。上賜田五頃，于城南又建兩京甲第，以旌其功。李忠文公時勉以言事獲重譴，公從容勸釋，請下法司徐擬定之。是夕，預受顧命。

時宣宗在南京，中外洶洶。昭皇后命襄王監國，悉以軍國委公。車駕至郊，首問公所在，羣臣莫能對，上不懌。有頃，召公，慰曰：「比見太后，諭所以留卿意，卿當以皇祖事朕。」凡喪禮及即位之儀，皆公一二人所預定，命令詔敕多主公言。或命坐賜茶，或退立殿廡，少休復至。凡章疏批擬未畢者，或攜出至家進之。先是，命公監修《太宗實録》，未成，遂並修《仁宗實録》。國朝三預監修，惟公及英國公張輔爲然。宣德元年，漢庶人謀反，誣輔臣亂政。楊文敏公密勸親征，上顧公，公曰：「兵事貴速，榮言是。」從征還，賜閣者三人，令扶掖出入。公辭曰：「舊制，非勳臣不敢用。」上曰：「卿輔導心勤，非勳而何？」尚書郭敦以廉直得譖，公力捄釋之。交趾復叛，王師屢失利。二年，請降廷議，勿許。公與二楊公言民罷財竭，不可再舉，如癰伏于身，未潰則憂不測，已潰則宜緩治。兵乃得息。

三年，公與蹇公入對稱旨，上留侍宴，令盡醉。將退，上顧公有欲言狀，就問之。公造膝以建儲請。上曰：「朕當白太后行之。」尋召至便殿，賜範金銀印八。其一曰「含弘貞靖」。嘗侍遊西苑，以騎隨，復命登御舟，遊太液池。上射凫，獲之，既烹割，以啗公。復遣中官偕翫奇石，恣所欲取，公取尤小者數枚。有郎中還自河南，言山西饑民流徙南陽諸郡至十餘萬，有司遣人捕逐之，多至死。公即以聞上，下令賑卹，且禁捕者，民賴以寧。扈從巡邊，上取公等糗精嘗之，曰：「卿亦食此乎？」公曰：「臣等得食此足矣。隨營將士尚多餒者。」遂撤上供物，賜公等，且偏賜將士。

上還京，念公等四人春秋高，不欲煩以庶政，特賜勅輟部院務，俾專論道，而顧問益親。又從狩至兔兒山，諸將有違令者，上命褫其衣以辱之。公言：「天寒甚，不可因微罪至殺將臣。」上不應，起入帳内，公隨之。上顧見公，曰：「卿且休。」公曰：「陛下憐臣恩甚，至諸將瀕死矣。」上笑曰：「特爲卿赦之。」上元侍宴，賜紫瑛硯、龍香墨。公誕辰，御製《壽星圖》及詩賜之。自是寵賚稠疊，不可殫記。上嘗製玉冠二枚，以其一賜公，曰：「使卿子孫知吾君臣一體也。」五年，《兩朝實録》成，賜宴賚。明日，入謝歸，得末疾，猶執筆擬旨以進。是夜卒，年五十六。上早朝聞訃，震悼，遂輟朝，垂涕還宫，左右感慟，莫能仰視。公卿大夫，下及閭巷兵民，莫不歎息，有流涕者。贈特進光禄大夫、太師，謚忠靖，賜祭殯葬，皆越常典。官其子瑄爲尚寶司丞，命户部蠲户役。後瑄官至南京太常少卿，孫崇文舉進士，今爲南京吏部郎中，皆賢而有文，世其家。

論曰：昔在祖宗朝，多用舊臣，以成治理。惟蹇忠定、夏忠靖、楊文貞及楊文敏四公者，皆受知太宗、仁、宣三朝，託以心膂，佐遇隆重，禮絶羣僚。蹇、夏雖

分部任事，實以三孤參決機務，而夏公輔宣宗監國之功爲多。蓋是時，車駕在北，仁宗監國南京，務頗簡，又有蹇、楊諸人在，天下大政皆屬太孫，而時方冲幼，公獨領庶政，定危疑，鎮浮惑，不動聲色，而根本正固，可謂難矣。至親征一事，獨以身諫，瀕死而不變，有古大臣之風焉。仁宗親閱利害，故委任尤切。至宣宗時，廷降手勑，受寅亮天工之寄，庶幾與古宣麻者比。是時蹇重厚多謀，文敏明達有爲，文貞博古守正，而公含弘能斷。故事涉民社則多出公，涉人才則多從蹇，涉軍旅則多從文敏，涉禮儀制度則多從文貞。而可否相濟，期於至當，自餘諸閣老、尚書皆各領厥務而已。公之德量功業，天下皆熟其名，而惠澤所被，猶有不盡知者。其晚出鄉郡，以不及見爲憾。嘗伏讀累朝《實録》，退考二楊所著碑誌，得其大者。又徵諸其子太常君及其孫郎中所手録者加詳，故撮而書之。惟監國時所兼署，家乘以爲六部、都察院、大理寺皆在，而墓誌止書吏、禮及察院，不知何據。姑並存之，以俟典型君子。

丘濬《重編瓊臺藁》卷二十《夏忠靖公傳》 公諱原吉，字維喆，其先會稽人，徙饒之德興。祖希政，仕元爲湖廣行省都事。父時敏，國初爲湘陰教諭，始家焉。母夢三閭大夫入其室，生公。公生有異資。年十三，喪父，即刻志向學，以《詩經》領鄉薦，卒業太學。選入内廷，書制誥，擢任户部主事，大爲尚書郁公新所委任。會大朝觀，執政大臣劾諸司之怠事者，有旨宥之，郁堅請不已。有劉郎中者忌公，因奏公主使郁。太祖以問郁，郁對曰：「臣愚，過聽堂後書算生，罪甘萬死。」上意解，宥之，惟逮諸書算生於獄，劉計不行。復以公專部事爲言，上察其奸，並誅劉。三載秩滿，吏部引陛見。公跽面陳母老，請歸省。且曰：「臣去家遠，乏僕從，乞寬其程限，並暫假在官隸卒從行。」上特允之，人以爲殊典。是時公初爲部屬，已爲上心所眷注如此。

三十一年，陞本部右侍郎，命充採訪使，巡撫福建，尋又出鎮蘄州。太宗皇帝入正大統，召還，轉左侍郎，踰月陞本部尚書。上勵精圖治，凡建文時教條政令，有所更革者，皆命公申明之，凡三十餘事。又明年，蘇松諸郡大水，奉命往治，發浙西兵民數十萬疏決壅滯。既而上命僉都御史俞士吉齎水利集往賜公，俾講究拯治之法。公乃集共事官，屬濱河吏民，及凡諳曉水利之人，博求參考，以復奏。謂嘉定之劉家港徑通大海，常熟之白茅港徑入大江，是皆大川水流迅急之處，宜浚吴淞江南北兩岸，安亭等浦港，以引大湖諸水，入劉家、白茅二港，使之直注江海。又松江大黄浦乃通吴淞要道，今下流壅塞，難即疏浚。傍有范家濱至南蹌浦口，可徑達海，宜浚，令深闊，上接大黄浦，以達泖湖之水。此即禹貢三江入海之跡。俟既開通，相度地勢，各置石牐，以時啓閉。每歲水涸之時，滌築圩岸，以禦暴流。如此事功可成，於民爲便。上從之。公一一如所言而行，水患乃息。又以其民久勞而飢，奏發廩三十餘萬石以賑之，躬行督勸，散給有方，全活者甚衆。

永樂三年秋八月，召回掌部事。上諭公曰：「向以部事付郁新，而專委卿以浙西農務，庶内外克濟。今新死，付卿以部事，卿其盡心毋怠。」公首請裁冗食以省浮費，量有無以均出入，平賦役以甦民困。又言鹽法邊儲所係，不許勢要開中，以妨商賈。錢鈔國用所資，不許富室專利，以沮貿易。以至禁包攬，戒侵欺，清倉場，廣屯種，平價值，皆請立定規，以施諸天下。上嘉納之。時承建文廢弛之後，靖難之師方息，府庫空虚，無有蓄積，一時錫予功臣，賞給士卒，大封親藩，增置武衛，添設百司，而又召集天下儒生數百人於館閣，編輯《大典》，未幾遣二十五將軍大興安南之役，遣内官造巨艦，航西南大洋海，以通西南諸番。財用之費，以億萬計，皆取給於户部。公晝夜焦勞，經營綴葺，惟恐拂上意，而殫民財。時初建北京，採宫殿材於西南，命公暫行督視，自南京抵北京，給以官校，察其怠事者懲治之。公即榜諭軍民，使其趨事，懲一以戒百，人人効用，事濟而人安。行至德州，有旨召公還。且諭公曰：「行止卿自度之，朕不中定也。」

七年春二月，車駕巡幸北京，命兼行在禮部都察院事。扈從歲餘，上以北敵犯邊，親帥六軍征之。時宣廟以皇太孫留守北京，命公輔導，兼行在六部、都察院、大理寺事。庶事修舉，京師肅清。上還，大喜，賜鈔幣、鞍馬。冬十一月，車駕還南京，以從行勞，賜休暇十日。尋命輔皇太孫，周行鄉落，以觀民俗。繼命閲武於郊，以知兵事。公所至隨事納忠，多有禆益。九年秋九月，九載秩滿，上親宴之別殿，降勑獎諭，有「循良篤實，如古名臣」之諭，并賜誥封祖父母。十月，上以《太祖實録》建文時修，多失其實，永樂初再修，亦倉卒未備，命史臣重修，勑公與姚少師廣孝監修。未及成，而姚公卒，公獨專其事。七年，始成，上之。

十一年春二月，扈從車駕巡北京。十六年，修天下郡志，命公提調。十八年，北京宫殿成，奉勑召皇太子、皇太孫於南京。既起行，公先馳奏，上命東宫宜緩行。公見，具傳上旨，東宫曰：「君親雖有命，臣子其敢緩乎？」公既至，入見，上問所以速來故。公具述東宫言以對，上悦。公因言連年營造，民疲轉輸，逃亡者多。今宫殿告成，宜愛養民力，凡各處流徙之民請悉宥之。新復業者，蠲所負。詔行之。十九年夏，三殿災，公上疏，極言請寬民力，蠲負貸，使民心悦，則

天意可回。上嘉納之。是歲因災，羣臣各言南北建都，利便不同，科道官因攻大臣。上命面辯於庭，親御午門樓視之，密命中使詢公孰是。公曰：「臣等罪也，科道言是。」上兩宥之。或尤公背初議，公曰：「不然，天威嚴重，吾輩歷事久，言雖失，幸上憐之。若言官得罪，所損不小。」衆皆嘆服。

冬十一月，上以北蕃携貳，命公與尚書方賓、吕震、吳中等議親征，公等議，宜且休養兵民。未奏，會獨召賓，賓言：「今糧儲不足。」遂召公，問糧儲多寡。公對曰：「僅及將士之用耳，不足以供大軍。」即命公往視開平兵儲。吳中入對，亦與賓同。上怒，急召公還。賓聞懼，自殺。公至，命繫公於內官監，籍其家，惟得賜鈔千餘貫，餘皆布衣、瓦器而已。明年正月，車駕復北征。出塞不見敵，果以軍餉不足而還。又明年，上崩於榆木川。仁宗皇帝即位，即日復公官。公以母喪未終辭，仁宗勉留之，曰：「國家不幸有大事，正賴相與共濟艱難，安得遽去？卿云有喪，我無喪乎？如卿辭職，朕亦不當在此。」公不復敢言，賜賻禮，遣官護其喪，歸營葬事。宣宗以皇太孫正位東宮，加公太子少傅。時吕震爲太子少師，班公右，即進公少保，仍兼前職，兼食三俸。公固辭，許辭太子少傅一俸。同時大臣當受誥命，翰林呈草，上取筆，增二語曰：「勿謂宗高而難入，勿以有所從違而或怠。」且諭學士楊士奇等曰：「此實朕心，蓋望卿等匡輔之功也。」繼召公等至扆前，賜銀章一，其文曰「繩愆糾繆」。且諭曰：「朕有過舉，卿即具奏來。以此誡之，朕不難於從善也。」夏四月，命兼掌禮部事，特賜象牙字印，以便僉押，其文曰「正直」，蓋以旌公也。又以公有匡輔功，賜第二區，一在南京，一在北京，田五頃。

仁宗賓天，預聞顧命。時宣宗爲皇太子，監國南京，遺命徵還嗣位。時有漢庶人之疑，中外洶洶，羣臣欲出郊迎，太后命獨留公佐襄王，留守京師。輔臣郊見，宣廟首問公及蹇少師，衆等不能對。既至，召公慰曰：「朕聞太后諭，知留卿意。卿奉皇祖命輔朕有年，非他人比，卿當以所事皇祖者事朕。」賜寶帶。宣廟既嗣位，公以舊輔倚毗尤重。宣德元年，漢庶人反，移檄誣輔臣奸邪亂政，以公爲首，蓋以大臣中公最爲列聖所委者，故指以爲兵端。上夜召公等入議，公免冠謝曰：「臣不才，致釁親藩，罪當死。」上曰：「卿何爲是言？彼蓋假卿以興兵耳。休戚與卿同之。」命公坐密議，屏左右語。楊文敏公榮首勸上親征，上難之，顧公。公曰：「往事可鑒，不可失也。臣昨見命將而其色變，退語臣等而泣。在廷如此，則其臨事可知。」又曰：「兵事貴速，且有辭，宜卷甲韜戈而往，一鼓而平之。所謂先人有奪人之心也。」榮言是，上意遂決，即躬帥六師征之，晝夜兼程而往。師臨城，漢庶人懼，欲降，猶令人繞城上，詈公。罪人既得，大被恩賞，賜公閽者三人，掖公朝參出入，公固辭，曰：「舊制非勳臣不敢用。」上曰：「卿輔導忠勤，非勳而何？」乃拜賜。

是歲扈從車駕巡邊。既還，上以蹇公及公等四人年老，不欲煩以有司之政，勑公曰：「卿等事祖宗積效勤誠。朕嗣統以來，尤資贊輔，夙夜在念，圖善始終。蓋以卿等春秋高，尚典劇司，優老待賢，禮非攸當。況師保之重，寅亮爲職，不煩庶政，乃副倚毗，可輟部務，朝夕在朕左右，相與討論至理，共寧邦家。其專精神，審思慮，益致嘉猷，用稱朕倚眷老成之意。」繼賜銀章一，其文曰「含弘貞静」，蓋以褒公德量云。五年春，兩朝實録成，賜宴於中府。明旦入謝，既退，得微疾。命家人具湯沐浴，正襟端坐。召其弟及子，告之曰：「吾以一介書生，叨居重任，愧無以報國家。」言訖而終。時五年正月二十七日也。享年六十有五。先一日，有星墜庭之西南隅，光燭地者久之。上聞訃，震悼，命有司製棺，給賻營葬。遣禮部尚書胡濙諭祭，贈特進光禄大夫、太師，謚忠靖。官其子瑄爲尚寶司丞，仍復其家。自公侯貴戚，下至郎曹將校，咸往祭弔，衛卒京民亦爲流涕。

公性至孝。少失怙，母太夫人守節，公終父喪，即出教里塾，取束脩以養。及通朝籍，每出必候問起居。公退，非有客，不離親側。友愛諸弟。其弟有使酒者，破其釀器。家人奔告，公笑曰：「弟又醉邪？」留二俸在南京，資其用度，略不計。平生與物無忤，受人之惠雖微必報。少時曾受知於邑教史九韶，既貴，禮待如初，恒分俸以濟其乏。與人交，忘勢分，篤親舊，有無通共。胡祭酒儼屋以居，公得賜第，即以所居讓之。胡致仕去，就鬻以爲贐。谷庶人國於鄉郡，有逆謀，爲蜀王所發。上疑郡人有預者，公請以百口保之，竟免究。郭尚書敦使鞏安州，爲同事者所譖，公力爲救解，遂得免。其他如寛諸城妖黨，解袁忠徹危厄，不念吕宗伯宿憾，皆世所謂陰德大量者。公心無適莫，渾渾然不見圭角。小人有所觸犯虧損，置之不問。公平居無事，坦坦如也。一遇事，明敏奮發。嘗奉命兼理諸司政務，吏牘滿前，迎見立解，拔根適節，各得其宜。商功計利，惟恐有弊。恒曰：「不可使後人難爲繼而戕吾民也。」其掌國計最久，凡所建置區畫，明於闔闢斂散之術，科分户別，有倫有要，一一可爲後法。歷事四聖，隨事獻忠。凡持論必歸仁厚，存大體，天下之人陰受其賜者多矣。一時大臣與公同功一體者惟蹇忠定公，時以「蹇、夏」並稱。然蹇公特以政事著稱於時，而公兼有文學之譽。自開國以來，三大纂修，皆公爲監修。所著有文集若干卷，傳於世云。

論曰：天開一代隆長之治，必其創造者有可祖之功，而繼世者又得夫可宗之德也。功立矣，德修矣，然非得夫股肱心膂之臣以贊助彌縫於其間，亦曷能有以固其基，成其治，而綿其祚於有永哉？公初入仕時，即爲太祖皇帝所知。迨太宗入正大統，首蒙拔擢。繼事仁、宣二朝，始終四十餘年，專掌國計。其間雖或兼他官，釐別務，總理諸司之事，與聞機密之政，未始一日離計相之任也。於乎！《大學》「治國平天下」之要，顯顯焉惟在理財用人。夫治道亦多端矣。聖門授受，皆不之及，而獨舉理財以並於用人，誠以用人爲治莫先焉。財用既足，天下事無不可爲者矣。列聖所以用公之意，蓋有得於孔曾之傳也歟？昔人論大臣，以德量、氣節、學術、才能四者並言，謂非兼是，不足以當輔弼之任。觀公掌國計，當内難始定之餘，多事紛紜之秋，國無乏絶之憂，民享和平之福，非明於學術，優於才能者，其能然乎？況又一時大臣中稱有德量者，以公爲第一。公其無愧古人所謂大臣者哉！

雜録

備録

王錡《寓圃雜記》卷一〇　夏原吉爲人有雅量，從吏嘗汙金織賜衣懼欲逃者，原吉曰：「汙可浣，何懼爲？」有吏壞所寶硯石，匿不敢見，召諭之曰：「物皆有壞，吾未嘗惜此。」慰遣之。

葉盛《水東日記》卷二　夏忠靖公使吴中，館於文正書院之偏室。夜三鼓，適范氏子孫有事於中堂，公聞之，先期起，衣冠獨坐，俟贊者至，禮畢始就寢。

葉盛《水東日記》卷二三　夏忠靖公，永樂中蘇松治水，與某給事中同命。一日，同宿天寧寺中，給事早如厠，行甚急，公戲之曰：「披衣靸履而行，給事給事。」某即應聲曰：「棄甲曳兵而走，尚書尚書。」此先人嘗云。

陸容《菽園雜記》卷七　户部尚書夏忠靖公原吉，長沙人，德量寬厚，喜怒不形。永樂間，嘗以治水至崑山，寓千墩禪寺。所居不設儀從，鄉民數人入寺遊觀，公方坐室中觀書，不意其爲夏公也，雜坐其旁。既而它之，問僧云：「尚書何在？」僧云：「室中觀書者是也。」民懼，乃奔去。公好食爊豬肝，一日，膳夫供具，公飯盡而肝如故，怪之。已而分食，乃知入鹽過多，鹹不可食也。人服其量。楊東里作公神道碑，記隸汙織金賜衣，吏碎所愛硯，皆無怒意，謂其有王子明、韓稚圭之度，非過稱也。

梁廷樞《玉劍尊聞》卷五　人問夏忠靖量可學乎，夏曰：「何爲不可？吾少時遇犯者必怒，始忍於色，中忍於心，久之自熟，殊無相校意，即大事亦不動矣。」

備論

金幼孜《金文靖集》卷七《贈太師夏公輓詩序》　昔在有周，召公、畢公，佐文武以定天下。既相成王，又相康王，嘉謨偉烈，施于國家，被于生民，故詩人之頌召伯曰：「蔽芾甘棠，勿剪勿伐。召伯所茇，康王之告。」畢公曰：「惟公懋德，克勤小物，弼亮四世，正色率下，罔不祗師言。」蓋古今所稱元老大臣與國同休者，莫或過之也。惟我聖朝天啓昌運，篤生賢臣，爲國良輔。若榮禄大夫、少保兼太子少傅，户部尚書，贈太師，謚忠靖夏公原吉，早以明經領薦入仕，事太祖皇帝，累遷爲户部侍郎。事太宗皇帝，爲户部尚書，屢兼六卿之政。事仁宗皇帝，洎今上皇帝，居保、傅之任。前後四十餘年，其勳績之茂，在太宗時爲最久。輔弼之勤，在仁宗、今上時爲尤著。揚于朝廷，播于天下，垂諸國史，人人所共知見也。蓋公以純明淵懿之資，宏博寬裕之量，德優才具，罔施不宜。而其踐履之確，寵辱不動，其心始終不渝，其操人無賢不肖皆欽仰愛慕之而無所間。故其殁也，天子興悼，百僚盡傷。下及武夫胥吏，識與不識，咸相與咨嗟歎息，或爲之涕泣霑襟。嗚呼！何其感之深而傷之切如此耶？其賢者感深傷切而尤有不能已乎其情，遂相率作爲詩歌以輓之。是皆出於人心之自然，非勉强而致也。嗚呼！若公者，方之詩書，所稱元老大臣如召公、畢公者，又豈愧之哉？

予嘗論之，國家有大混一之氣運，必有大混一之聖君賢臣以成之。故夫周家開八百年之業者，以文、武、成、康爲之君，周公、召、畢爲之臣也。我朝列聖在上，創業繼統，光啓鴻圖，又有若公輩諸臣爲之輔，則所以衍聖明無窮之緒者，夫豈偶然哉？輓詩成什，諸君子俾予序之。予因述公平生之概，且著公之所以有係於國家者，弁其端，庶觀者知所考也。

王恕《王端毅公文集》卷三《書夏忠靖公文集後》　余爲童子時，聞公與蹇忠定

公齊名，宣廟寵遇甚隆，信任甚專，二公亦竭誠殫慮，以酬知己，一時公卿無出其右者，心竊慕之，而未知其出處。及領鄉薦、舉進士，至京師，與士大夫游，始知二公出處之大略，猶未聞其詳也。忠定公之子瑛，余及見而未與之交。公之子瑄爲南京尚寶卿，遷太常少卿，仍掌尚寶司事。余亦承乏留部，常與之往還。見其壁間畫，乃宣德初曾翰林棨爲公題詠，極其稱頌褒美。尚寶公又爲余道公之歷履。聽其言論，誠恪博雅而有文，是以知公有子矣。而猶未見公之文也。尚寶公殁亦有年矣，而其子南京吏部驗封郎中崇文以公之文集序見託，因有以見公之文，誠臺閣之文，所以黻黼皇猷，珪璋王度者或在，非特贈遺敘事，吟風詠月而已。楊文定公已敘之於前矣，余復何言哉？崇文有學有行，有父祖風，他日勳業文章必能光前煥後，豈他氏子孫所能彷彿哉？可敬！可敬！因其請，姑書此於簡末以復。

鄭曉《吾學編·皇明名臣記》卷七　公天性寬平，靡德不報，靡怨不釋，其理財賦，以愛人節用爲先，酌大體，畧煩苛，以故雖數興大役，供餉贍給而民不繹騷，雖悃愊無矯節，不務悦人，人無識不識皆謂公君子長者。

袁袠《皇明獻實》　袁袠曰：北都初建，庶務皆草創。大者如宫殿、諸司、封建、征討，財用四出，而夏公從容經畫，沛乎有餘，天下宴然不知有誅斂之擾，力役之征。節縮浮冗，以資計度，寬無濫予，密無苛求，其《大學》所謂「生財有大道」者乎？留守北京，坐綰八印，叢脞棼錯，迎刃而解。贊襄帷幄，無非讜謨；薦賢引士，不啻己出；謀斷兼資，才德並優，世稱「蹇夏」，實媲美云。

鄧元錫《皇明書》卷一四　稗史臣曰：「天之右人國也，必有敦龐壽俊之臣焉，斷斷篤醇，措天下於乂康。夏忠靖屬國時功奠社稷，澤被蒸民，乃如山如河，更險夷一節也。茹納調劑，與蹇忠定同功。故是時天下稱大臣，曰『蹇夏』。或以沈默爲蹇尚書病，然矯亢爲名高，去治象逾遠矣。」

何喬遠《名山藏》卷六一《臣林記·夏原吉》　郎曰：管仲、晏子不死其君，仲尼無譏焉。孟子不願管晏，然而不罪湯武也。明興二百餘年，三楊、胡、解、蹇、夏之勞能爛然於紀載矣，君子猶有不死其君之譏，浮沉居位，又有不免訾者。予考三楊若胡，舉在建文之朝，且士奇以處士徵，胡廣以及第擢。若蹇義、夏原吉、解縉則皆太祖之臣。靖難師入，原吉居蘄，縉方謫還自小吏，惟義列於六卿爾。太祖不爲君用之刑在前矣，士有抗志山林，卧病不出者，誅戮其身家，故有自斬趾免者，有斷指免者，佯狂免者，覺則未有不死也，不則當若周是脩矣。孔子不云乎，柴也其來，由也其死。若夫成祖以英武臨之於上，仁宗父子危疑之間，漢庶人覬覦而從其後，自非周詳慎密，曷能保位而終所志乎？《易》曰：「臣不密則失君，幾事不密則害成。」苟錯諸地而可藉之，用茅慎之至也。蓋予觀楊士奇出迎稍緩，夏原吉一語婉諫，繫獄隨之，解縉廣詞直論，其身之不免，諸臣所處難以論浮沉矣！難以論浮沉矣！

唐鶴徵《皇明輔世編》卷二　太常氏曰：夏忠靖實心任事，而加之練達，遂爲一代名臣。蓋惟任事之心實，故事事稽考，而見之益明；惟練習之見審，故事事中窾，而任之愈實。其當繁費之時，而應用無缺；總九卿之任，而判決不稽，職此之繇也。至其厚德虚懷，尤爲立業之本。世之挾其聰明而談世務者，非不如彼飛蟲，時亦弋獲，輒傲然以爲人莫之及，久之不自知其破壞之多矣。若其力止北征，久繫而不回，終俾聖主之悟，非其忠誠之至，何以得之？

查繼佐《罪惟録》列傳卷二〇　論曰：原吉誠裕有執持，而才足辦，大紳所云有德有量者是也。相傳潮州慈感寺側有潮音橋，橋下巨蚌常浮水面。忠靖治水，宿寺，夢黑衣白裏人攜一女前曰：「被鄰豪所追，乞一字止之。」忠靖爲作詩投女詩有「蚌傾心」三字。未幾，東至吴淞，復夢金甲神出書，求改判，曰：「昔聘一鄰女，以大人高吟，不敢犯，幸賜寬假。」忠靖覺，始悟巨蚌爲淫蛟所脅，遂牒之海神。夜風雨，有蛟死吴淞水北。事即荒忽，然史載祭鱷、渡虎等事，倘亦誠能動物之偶然者乎！

傅維鱗《明書》卷一一八　史官曰：蹇、夏逮事六朝，爲高皇養成人才，所謂敷求輔後者也。義質實簡厚，無智名勇功，而左右監國，潛多啓沃，每事推讓，有虚懷慎之風焉。原吉外總六曹，内參機務，文帝方之玄齡。東南水利，至今賴之。才巨而濟以含弘，誠大受之君子也。天佑人國，壽耇充廷，斯仁、宣所以致治歟？

藝文

嚴遂成《明史雜詠》卷二《夏忠靖原吉》　太液池東燕賞優，翠罏銀甕工垂釣。古來工魏何曾死，人説成周未是仇。曲逆能言錢穀數，昌黎不與大顛遊。成祖謂公不郊迎法王，長揖以見，爲學韓愈。手書口答無虚日，黄髮三朝倚老謀。

川遥榆木望圜扉，諫採金珠速眼饑。饌賜大官嘗稾糗，美翻小吏污朝衣。刑書輟筆歐陽似，禁夜聞鈴伯玉非。民力東南今不竭，三江既入水田肥。

解縉部

綜述

《明史》卷一四七《解縉傳》 解縉，字大紳，吉水人。祖子元，爲元安福州判官。兵亂，守義死。父開，太祖嘗召見論元事，欲官之，辭去。

縉幼穎敏，洪武二十一年舉進士，授中書庶吉士。甚見愛重，常侍帝前。一日，帝在大庖西室，諭縉：「朕與爾義則君臣，恩猶父子，當知無不言。」縉即日上封事萬言，略曰：

臣聞令數改則民疑，刑太繁則民玩。國初至今，將二十載，無幾時不變之法，無一日無過之人。嘗聞陛下震怒，鋤根翦蔓，誅其姦逆矣。未聞褒一大善，賞延於世，復及其鄉，終始如一者也。

臣見陛下好觀《説苑》、《韻府》雜書與所謂《道德經》、《心經》者，臣竊謂甚非所宜也。《説苑》出於劉向，多戰國縱横之論；《韻府》出元之陰氏，抄輯穢蕪，略無可採。陛下若喜其便於檢閲，則願集一二志士儒英，臣請得執筆隨其後，上泝唐、虞、夏、商、周、孔，下及關、閩、濂、洛，根實精明，隨事類别，勒成一經，上接經史，豈非太平制作之一端歟？又今《六經》殘缺。《禮記》出於漢儒，踳駁尤甚，宜及時删改。訪求審樂之儒，大備百王之典，作樂書一經以惠萬世。尊祀伏羲、神農、黄帝、堯、舜、禹、湯、文、武，皋陶、伊尹、太公、周公、稷、契、夷、益、傅説、箕子於太學。孔子則自天子達於庶人，通祀以爲先師，而以顔、曾、子思、孟子配。自閔子以下，各祭於其鄉。魯之闕里，仍建叔梁紇廟，贈以王爵，以顔路、曾皙、孔鯉配。一洗歷代之因仍，肇起天朝之文獻，豈不盛哉！

若夫祀天宜復掃地之規，尊祖宜備七廟之制。奉天不宜爲筵宴之所，文淵未備夫館閣之隆。太常非俗樂之可肄，官妓非人道之所爲。禁絶倡優，易置寺閹。執戟陛墀，皆爲吉士，虎賁趣馬，悉用俊良。除山澤之禁税，蠲務鎮之征商。木輅朴居，而土木之工勿起。布褻荒田，而四裔之地勿貪。釋、老之壯者驅之，俾復於人倫。經咒之妄者火之，俾絶其欺誑。絶鬼巫，破淫祀，省冗官，減細縣，痛懲法外之威刑，永革京城之工役。流十年而聽復，杖八十以無加。婦女非帷薄不修，毋令逮繫。大臣有過惡當誅，不宜加辱。治曆明時，授民作事，但申播植之宜，何用建除之謬。所宜著者，日月之行，星辰之次，仰觀俯察，事合逆順，七政之齊，正此類也。

近年以來，臺綱不肅，以刑名輕重爲能事，以問囚多寡爲勳勞，甚非所以勵清要、長風采也。御史糾彈，皆承密旨，每聞上有赦宥，則必故爲執持，意謂如此，則上恩愈重。此皆小人趨媚効勞之細術，陛下何不肝膽而鏡照之哉。

陛下進人不擇賢否，授職不量重輕。建不爲君用之法，所謂取之盡錙銖；置朋姦倚法之條，所謂用之如泥沙。監生進士，經明行修，而多屈於下僚。孝廉人材，冥蹈瞽趨，而或布於朝省。椎埋嚚悍之夫，闒茸下愚之輩，朝捐刀鑷，暮擁冠裳，左棄筐篋，右綰組符。是故賢者羞爲之等列，庸人悉習其風流。以貪婪苟免爲得計，以廉潔受刑爲飾辭。出於吏部者無賢否之分，入於刑部者無枉直之判。天下皆謂陛下任喜怒爲生殺，而不知皆臣下之乏忠良也。

古者善惡，鄉鄰必記。今雖有申明旌善之舉，而無黨庠鄉學之規，互知之法雖嚴，訓告之方未備。臣欲求古人治家之禮，睦鄰之法，若古藍田吕氏之《鄉約》，今義門鄭氏之《家範》，布之天下。世臣大族，率先以勸，旌之復之，爲民表帥，將見作新於變，至於比屋可封不難矣。

陛下天資至高，合於道微。神怪妄誕，臣知陛下洞矚之矣。然猶不免所謂神道設教者，臣謂不必然也。一統之輿圖已定矣，一時之人心已服矣，一切之姦雄已慴矣。天無變災，民無患害，聖躬康寧，聖子聖孫繼繼繩繩，所謂得真符者矣。何必興師以取寶爲名，諭衆以神仙爲徵應也哉。

臣觀地有盛衰，物有盈虚，而商税之征，率皆定額。是使其或盈也，姦黠得以侵欺；其歉也，良善困於補納。夏税一也，而茶椒有糧，菓絲有税。既税於所産之地，又税於所過之津，何其奪民之利至於如此之密也。且多貧下之家，不免抛荒之咎。今日之土地，無前日之生植，而今日之徵聚，有前日之税糧。或賣産以供税，産去而税存；或賠辦以當役，役重而民困。欲拯困土田之高下不均，起科之輕重無别，膏腴而税反輕，瘠鹵而税反重。

而革其弊，莫若行授田均田之法，兼行常平義倉之舉。積之以漸，至有九年之食無難者。

臣聞仲尼曰：「王公設險以守其國。」近世狃於晏安，墮名城，銷鋒鏑，禁兵諱武，以爲太平。一旦有不測之虞，連城望風而靡。及今宜敕有司整葺，寬之以歲月，守之以里胥，額設弓手，兼教民兵。開武舉以收天下之英雄，廣鄉校以延天下之俊乂。古時多有書院學田，貢士有莊，義田有族，皆宜興復而廣益之。

夫罪人不孥，罰弗及嗣。連坐起於秦法，孥戮本於僞書。今之爲善者妻子未必蒙榮，有過者里胥必陷其罪。況律以人倫爲重，而有給配婦女之條，聽之於不義，則又何取夫節義哉。此風化之所由也。

孔子曰：「名不正則言不順。」尚書、侍郎，内侍也，而以加於六卿。郎中、員外，内職也，而以名於六屬。御史詞臣，所以居寵臺閣，郡守縣令，不應迴避鄉邦。同寅協恭，相倡以禮。而今内外百司捶楚屬官，甚於奴隸。是使柔懦之徒，蕩無廉恥，進退奔趨，肌膚不保，甚非所以長孝行、勵節義也。臣以爲自今非犯罪惡解官，笞杖之刑勿用，催科督厲，小有過差，蒲鞭示辱，亦足懲矣。

臣但知罄竭愚衷，急於陳獻，略無次序，惟陛下幸垂鑒焉。

書奏，帝稱其才。已，復獻《太平十策》，文多不録。

縉嘗入兵部索皂隸，語嫚，尚書沈溍以聞。帝曰：「縉以冗散自恣耶。」命改爲御史。韓國公李善長得罪死，縉代郎中王國用草疏白其冤。又爲同官夏長文草疏，劾都御史袁泰，泰深銜之。時近臣父皆得入覲。縉父開至，帝謂曰：「大器晚成，若以而子歸，益令進學，後十年來，大用未晚也。」

歸八年，太祖崩，縉入臨京師。有司劾縉違詔旨，且母喪未葬，父年九十，不當舍以行，謫河州衛吏。時禮部侍郎董倫方爲惠帝所信任，縉因寓書於倫曰：「縉率易狂愚，無所避忌，數上封事，所言分封勢重，萬一不幸，必有厲長、吴濞之虞。郇哈木來歸，欽承顧問，謂宜待之有禮，稍忤機權，其徒必貳。此類非一，頗皆億中。又嘗爲王國用草諫書，言韓國事，爲詹徽所疾，欲中以危法。伏蒙聖恩，申之慰諭，重以鏹賜，令以十年著述，冠帶來廷。《元史》舛誤，承命改修，及踵成《宋書》，删定《禮經》，凡例皆已留中。奉親之暇，杜門纂述，漸有次第，洊將八載。賓天之訃忽聞，痛切欲絶。母喪在殯，未遑安厝，家有九十之親，倚門望思，皆不暇戀，冀一拜山陵，隕涙九土。何圖詿誤，蒙恩遠行。揚、粤之人，不耐寒暑，復多疾病，俯仰奔趨，伍於吏卒，誠不堪忍。晝夜涕泣，恒懼不測，負平生之心，抱萬古之痛。是以數鳴知感，冀還京師，得望天顔，或遂南還，父子相見，即更生之日也。」倫乃薦縉，召爲翰林待詔。

成祖入京師，擢侍讀，命與黄淮、楊士奇、胡廣、金幼孜、楊榮、胡儼並直文淵閣，預機務。内閣預機務自此始。

尋進侍讀學士，奉命總裁《太祖實録》及《列女傳》。書成，賜銀幣。永樂二年，皇太子立，進縉翰林學士兼右春坊大學士。帝嘗召縉等曰：「爾七人朝夕左右，朕嘉爾勤慎，時言之宫中。恒情，慎初易，保終難，願共勉焉。」因各賜五品服，命七人命婦朝皇后於柔儀殿，后勞賜備至。又以立春日賜縉等金綺衣，與尚書埒。縉等入謝，帝曰：「代言之司，機密所繫，且旦夕侍朕，裨益不在尚書下也。」一日，帝御奉天門，諭六科諸臣直言，因顧縉等曰：「王、魏之風，世不多有。若使進言者無所懼，聽言者無所忤，天下何患不治，朕與爾等共勉之。」其年秋，胡儼出爲祭酒，縉等六人從容獻納，帝嘗虚己以聽。

縉少登朝，才高，任事直前，表裏洞達。引拔士類，有一善稱之不容口。然好臧否，無顧忌，廷臣多害其寵。又以定儲議，爲漢王高煦所忌，遂致敗。先是，儲位未定，淇國公丘福言漢王有功，宜立。帝密問縉，縉稱：「皇長子仁孝，天下歸心。」帝不應。縉又頓首曰：「好聖孫。」謂宣宗也。帝頷之。太子遂定。高煦由是深恨縉。會大發兵討安南，縉諫，不聽。卒平之，置郡縣。而太子即立，又時時失帝意，高煦寵益隆，禮秩踰嫡。縉又諫曰：「是啓争也，不可。」帝怒，謂其離間骨肉，恩禮寖衰。四年賜黄淮等五人二品紗羅衣，而不及縉。久之，福等議稍稍傳達外廷，高煦遂譖縉洩禁中語。明年，縉坐廷試讀卷不公，謫廣西布政司參議。既行，禮部郎中李至剛言縉怨望，改交阯，命督餉化州。

永樂八年，縉奏事入京，值帝北征，縉謁皇太子而還。漢王言縉伺上出，私覲太子，徑歸，無人臣禮。帝震怒。縉時方偕檢討王偁道廣東，覽山川，上疏請鑿贛江通南北。奏至，逮縉下詔獄，拷掠備至。詞連大理丞湯宗，宗人府經歷高得暘，中允李貫，贊善王汝玉，編修朱紘，檢討蔣驥、潘畿、蕭引高并及至剛，皆下獄。汝玉、貫、紘、引高、得暘皆瘐死。十三年，錦衣衛帥紀綱上囚籍，帝見縉姓名曰：「縉猶在耶？」綱遂醉縉酒，埋積雪中，立死，年四十七。籍其家，妻子宗族徙遼東。

方縉居翰林時，内官張興恃寵笞人左順門外，縉叱之，興斂手退。帝嘗書廷臣名，命縉各疏其短長。縉言：「蹇義天資厚重，中無定見。夏原吉有德量，不遠小人。劉儁有才幹，不知顧義。鄭賜可謂君子，頗短於才。李至剛誕而附勢，雖才不端。黄福秉心易直，確有執守。陳瑛刻於用法，尚能持廉。宋禮戇直而苛，人怨不卹。陳洽疏通警敏，亦不失正。方賓簿書之才，駔儈之心。」帝以付太子，太子因問尹昌隆、王汝玉。縉對曰：「昌隆君子而量不弘。汝玉文翰不易得，惜有市心耳。」後仁宗即位，出縉所疏示楊士奇曰：「人言縉狂，觀所論列，皆有定見，不狂也。」詔歸縉妻子宗族。

縉初與胡廣同侍成祖宴，帝曰：「爾二人生同里，長同學，仕同官。縉有子，廣可以女妻之。」廣頓首曰：「臣妻方娠，未卜男女。」帝笑曰：「定女矣。」已而果生女，遂約婚。縉敗，子禎亮徙遼東，廣欲離婚。女截耳誓曰：「薄命之婚，皇上主之，大人面承之，有死無二。」及赦還，卒歸禎亮。

正統元年八月詔還所籍家産。成化元年復縉官，贈朝議大夫。始縉言漢王及安南事得禍，後高煦以叛誅，安南數反，置吏未久，復棄去，悉如縉言。

解縉《文毅集》附録曾棨《内閣學士春雨解先生行狀》 公諱縉，字大紳，一字縉紳，姓解氏。其先居鴈門，唐金紫光禄大夫琬之孫禹爲吉州刺史，因家焉。其後世有聞人。曾祖辰叟，宋漕舉進士，永豐主簿。祖貞我，元進士，判安福州，終東莞縣尹。父開先，號筠澗，國子生，元贈參知政事。母高氏，進士灞雪高公之女也。公生洪武己酉十一月初七日。未生時，母夫人夢老人以深衣大帶授之，覺而異焉。已而生公，因取以爲名。

公生而秀異，穎敏絶倫。爲嬰兒時，母夫人畫地爲字以教之，一見不忘，父亦奇之。每賓客過從，公在提抱間，有問輒對，聲皆成文，由是衆亦異之。七歲，能屬文。書過目成誦如流，爲詩詞，操筆立就，往往出奇語，先輩罕及焉。稍長，益肆力於學，日記數萬言。父子兄弟切磨講貫，自爲師友。通五經，尤長於《易》、《書》。時縣令姑蘇沈士行聞公及其妹壻黄金華俱有名，遂選爲縣庠生。自是文思大進，若水湧山出，峥嶸浩汗，不可名狀，一時名公鉅儒折輩行與之交。洪武丁卯，年十九，與兄綸暨金華試江西，皆中選。公以年少，魁江右士，由是聲名籍籍。明年春，試禮部，三人皆登進士第。太祖皇帝嘉其年少穎異，顧語廷臣曰：「解氏二子一壻，並爲進士，非有賢父，其能致是乎？」嗟賞久之。公遂與黄金華皆爲中書庶吉士。嘗應制《春雨詩》、《養鶴賦》，操筆而成，造語奇崛，太祖益愛之。其爲庶吉士，日造中秘書，因得緐閲所藏古今天下之書，由是意會心融，而其中宏博深窈，弗可涯涘。時中書舍人詹孟舉以書名世，亟稱公書有法，而用筆精妙，出人意表。遂相與講求古人書法，悉得其要領。當時有得其片紙隻字，皆珍藏什襲，不啻重寶。上以其親老，二子皆仕，特賜歸省。

暨還朝，改授江西道監察御史。歲庚午，詔近臣有父在者，皆得入覲。時公父年八十餘，即日上道。及謁見，太祖深加禮遇。因憫其老，特命公歸侍以終養焉。公至家，事親之暇，閉户讀書，率意爲古文。其於性命道德之奥，諸子百家之説，以至佛老方技之書，靡不研究，其造詣益深矣。或半酣興，至落筆數千百言，倚馬可待，未嘗創藁。人以太白擬之。二親相繼以没，既襄事，用大臣薦，起爲翰林待詔。壬午之夏，太宗皇帝入正大統，首咨文學老成德望重者。有言公，即召至，親加勞問。公應答敏捷，無所凝滯。一時詔勅號令，頒布四方，皆出公手。於是上深眷遇之，拜翰林侍讀學士。其在職，日侍左右，論思獻納，多所俾益。永樂甲申春，建儲東宫。慎筵進以道義之説，輔以聖賢之學，從容啓沃，匡益爲多焉。上方鋭意稽古禮文之事，詔修《列女傳》、《永樂大典》諸書，公爲刊定凡例，删述去取，并包古今，蒐羅隱括，纖悉靡遺。

公在朝，專備顧問，言論剴切，無有所隱。彌綸黼黻之功，不可殫述。其薦拔人才，引進善類，惟恐弗及。歲丙戌，以事出爲廣西布政司參議。未幾，復調交趾。公至，以夷人新附，撫綏安輯，不失其宜，南夷安之。乙未正月，卒於北京，享年四十有七。娶徐氏，繼陳氏。子男二人，長曰禎應，次曰禎亮。女一人，適上淶胡世恒。卒之日，其平生交處及從游者，相與具棺襚，權厝公於郊外。丙申，姻家子通判高原始歸其旅櫬窆於仁壽鄉灞溪株山之原。

公生而秀朗，目光如水，才具衆長，學貫千古。上既信任，苟有益於國家，雖違衆而行，無所顧忌。四方之士爲時所推許者，甄拔無遺。公退一室蕭然，惟留心翰墨，揮洒忘倦。言笑竟日，不爲崖岸。其所著有《白雲藁》、《東山集》、《太平新説》，凡若干卷。其平生行能可見者若此，而其中之所蓄，淺見薄識之士有不能窺其際也。因具列如右，以俟立言君子有所采焉。

解縉《文毅集》附録楊士奇《朝列大夫交趾布政司參議春雨解先生墓碣銘》

嗚呼！此解公大紳之墓葬二十有二年矣。其友楊士奇始克序而銘之。序曰：解氏先居鴈門，唐同州刺史琬之孫隱爲蘄州司户參軍，始家廬陵之同水鄉。參軍六世盛遷吉水邑中，世有科第。至諱夢斗，宋太學上舍生。生諱應辰，元高安

縣學教諭。生諱子元，舉進士，授安福州判官，兵亂守節死。生開先，號筠澗，娶高氏，進士若鳳之女，公之父母也。

公諱縉，字大紳。自幼穎悟絶人，五歲父教之書，應口成誦。七歲賦詩，有老成語。十歲日誦數千言，終身不忘。十三盡讀《四書》諸經，貫穿其義理，老成不能難也，而文思溢發。十九舉江西鄉試，中第一。洪武二十一年，會試禮部，中第七。廷試，讀卷者以所對策言論過高，抑置第三甲。時兄綸及女弟之夫黄金華同登第，太祖高皇帝喜其一家三人出仕，授綸禮部祠祭主事，公與金華皆中書庶吉士。日侍左右，甚見愛重。閒暇，數召兩人議論，考其所學。一日諭公曰：「爾試思當今施政所宜，直述以聞。」退即具奏，大概言陛下得國之正，非唐宋所及。取天下於羣盜，救生民於塗炭。徐定燕都，市不易肆，而女寵、外戚、寺人、藩鎮之患消融底定，皆處之有法矣。不邇聲色，不殖貨利，不爲遊畋，皆遠過漢唐宋之君，而無愧三代聖王矣。惟願喜怒一聽於天理，而推誠任使，不以察爲明。又言陛下拳拳於畏天，畏鬼神，治民治强暴。然畏民者，畏天之本；治心者，治民之本。又言令不必數改，數改則民疑；刑不宜太繁，太繁則民翫。法司近有朋姦罔上，倚法爲姦二條，下人殆難措手足矣。又言御覽之書宜集唐、虞、夏、商、周、孔及濂、洛、關、閩之言，隨事類別，以備勸戒。又言《六經》殘缺，莫甚《禮》《樂》，宜正《禮經》，及訪求審樂之儒，作《樂書》。又言祀天宜復掃地之規，尊祖宜備七廟之制，太常非可以肆俗樂。又言僧道之壯者宜紬之，使復人倫；經咒之妄者悉火之，以杜誑惑。斷瑜珈之教，禁符式之科，絶鬼巫，破淫祀，以底善治。又言進人當擇賢否，授職當量重輕，今大誥有不爲君用之罪，則仕者不復擇矣。又言古者鄉隣善惡必記，今雖設申明、旌善二亭，而無黨庠鄉學之教，互知之法雖嚴，訓告之方未備，宜取古人治家睦隣之法，若古藍田吕氏《鄉約》及今義門鄭氏《家範》布之天下，世臣大族率先以勸，旌之復之，爲民表率，而致治不難矣。又言《易》曰：「王公設險以守其國，重門擊柝以待暴客。」而近世狃於晏安，墮城池，銷鋒鏑，諱言兵事，以爲已治。天下一旦或有不測之虞，何以爲備？宜勅有司，以時整葺，寬之歲月，守以里胥，額設弓手，課之射教，民以農隙兼習兵，且乞設武舉以收英才。又言宜廣鄉校。前代多有書院，有學田，有貢士莊，宜修復以教養賢士。又言極刑之禁，慮有遺才。給配婦人，恐傷節義。既奏，上嘉其識正。

公素與兵部尚書沈溍不合，誣奏公入部堂，索皂隸，語嬉慢非禮。上慮公優閒怠逸，即除公江西道監察御史，蓋以繁劇玉成之也。時都御史袁泰怙勢，家人横恣，諸道御史欲糾之，無敢執筆爲章者。公揮筆直就，歷舉其過。章上，雖曲宥泰，而一時多其直。上又慮公少涵養，將爲衆所傾，召其父至，諭曰：「才之生甚難，而大器者晚成。其以而子歸，益進其學。」又諭公曰：「朕於爾義則君臣，恩同父子。其歸盡心於古人，後十年來朝，朕大用爾。」遂侍父歸。

公天分高，又感上大恩，歸益自勵，而造詣深矣。數歲，高皇帝上賓，公趨赴臨。權臣忌公者，謂赴臨非詔旨，遂謫河州。歲餘，權臣黜，召還，以爲翰林待詔。太宗皇帝入嗣大位，首索公。既見，置諸左右，深信任之。時朝廷詔敕與凡大制作，咸出公手。每預密議，寵眷加厚。陞侍讀，數月陞侍讀學士、奉訓大夫。上初與武臣等二三人議建儲，文臣惟金忠預，皆靖難時股肱也。武臣咸請立皇第二子高煦，謂其有扈從功。上不聽。福等叩首請不已，終不聽。遂召預，議事已定，然秘未發。明年，册仁宗皇帝爲皇太子，高煦爲漢王，進公翰林學士兼右春坊大學士、奉議大夫。又明年，福等所初議，頗泄於外，高煦素不樂公，言於上，曰：「藩府之舊無泄者，其縉泄之。」遂出公爲廣西布政司參議，授朝列大夫。又以李至剛言公怨望，改交趾。

八年，入奏事。時車駕已出征北國。至京師，見仁宗而歸。車駕還，高煦言解縉瞰上遠出，覲儲君，徑歸，無人臣禮。遂徵下獄，後三年，以病死獄中。素所交游出資斂之。外姪高建春歸其柩，葬之高氏。公死後，家徙邊。仁宗皇帝臨御，特赦還，而官其子禎亮爲中書舍人，從子禎期爲大理評事。

公仕前後不十歲，爲庶吉士再歲，御史未滿歲，爲學士四歲，兩贊外藩，皆席未暖。初修《高皇帝實録》及《永樂大典》，皆爲總裁。考會試者一，讀廷試卷者二。聲名在天下籍甚。敦孝友，重義輕利。遇人憂患疾苦，輒隱於心，苟可用力，盡意爲之。篤於故舊，及名賢世家之後，喜引拔士類。或誚其汎愛者，終不爲變。襟宇闊略，不屑意細故，而表裏洞達，絶岸崖，雖野夫稚子，皆樂親之。求文與書者輻輳，率與之無厭倦意。或言有不當與者，笑曰：「雨露豈擇地而施哉？且孰不可與進者？」不畏彊禦。承運庫官張興恃寵而横，嘗笞撃人於左順門，公過之，叱興曰：「御座在此，爾敢違犯禮法乎？」興雖忿公，然不敢出一語，俛首遽斂退。同官治職事或有失誤，公在上前率引爲己過。

明哲知人，太宗常與論羣臣，御筆書蹇義等十人名，命各疏於下。十人者皆上所信任政事之臣，亦多與公善，而具以實對。於義曰：「其資重厚，而終無定見。」於夏原吉曰：「有德有量，而不遠小人。」於劉儁曰：「雖有才幹，不知顧

義。」於鄭賜曰：「可謂君子，頗短於才。」於李至剛曰：「誕而附勢，雖才不端。」於黃福曰：「秉心易直，確有執守。」於陳瑛曰：「刻於用法，而能持廉。」於宋禮曰：「戇直而苛，人怨不恤。」於陳洽曰：「疎通警敏，亦不失正。」於方賓曰：「簿書之才，駔儈之心。」既奏，上以授仁宗，曰：「李至剛朕洞燭之矣，餘徐驗之。」仁宗因問公建文所用諸人，對曰：「此皆洪武中人才，往事不足論也。」遂問尹昌隆、王汝玉，對曰：「昌隆君子而量不宏，汝玉文翰不易得，所惜者市心耳。」後十餘年，仁宗出其所奏十人者示士奇，且諭之曰：「人率謂縉狂士，縉非狂士，向所論皆定見也。」

公之文雄勁奇古，新意疊出，叙事高處，逼司馬子長、韓退之。詩豪宕豐贍，似李、杜。其教學者，恒曰：「寧爲有瑕玉，勿作無瑕石。」書小楷精絶，行草皆佳。

其卒以永樂十三年正月十三日，春秋四十有七。配徐氏，有賢德。子男二，長禎應，卒徙所，次禎亮。孫男女各二人。太宗皇帝初召翰林七人入内閣，其三出廬陵，公與胡公光大及士奇也。三人相與厚，而相知深。今獨士奇在。胡公墓上之石，士奇書之；公墓石未有書，其可不書？銘曰：

千里之足，越國過都。或一蹷之，不虞梗楠。百尋其才，之蝨寧見。捐於匠輸，郁乎紛紛。五采承日，競瞻望以欣快，何泯没之遄疾。千將地下，其神不死，尚有光華，天漢之涘。

解公没，光大約余各爲文字，未及爲，而光大殁。余初爲解公《傳》。去年，得周恂如所録公洪武中奏對藁，近得禎亮將來世譜，又改傳爲此文。雖於，公平素磊落，軒豁意度有未悉，然所爲可傳於後者在此不在彼也。遂以授禎亮。禎亮淳篤有爲，今幸蒙天恩，悉還其故廬園田，則奉親敬長之餘，一志於進學進德，庶幾稱公之子，而亦以副吾輩之望。禎亮勉之！

雜録

備録

解縉《文毅集》黃諫序　大江之西，山川之靈秀最多者，由得天地盛大流行之氣爲多也。山川之靈秀，磅礴而鬱積，必鍾而爲人，藴乎道德，發乎文章，著爲事業，以炳燿天下，而垂萬世者，非得天地之氣爲尤多者乎？惟其得是氣之多，實爲雄偉俊傑，宏博碩大之才，以垂丕隆之運，而昌其所得盛大流行之氣。其宏辭鉅筆，足以鋪張神藻，纂叙鴻業，鏗乎有聲，熠乎有光，彌滿宇宙，超軼前古，使天下知朝廷之大，遠夷知中國之尊，後世知今日之盛，其爲用甚博者，不本於是氣之所爲乎？自有元運瘵，光嶽之氣分，至國朝始混一。西江山川靈秀所鍾，而吉水解先生大紳出焉，文章始復大振。故在當時，天下之廣，人物之衆，以及四夷之遠，千百世之悠久，皆知有先生者，又非本諸文章之發見乎？古人之文，見於經者是也。豈雕琢而爲之哉？其出言吐辭，於論事之頃，皆成文章。蓋以太樸始，散淳龐大雅之氣，在人猶多故也。漢唐以來，治雖不如古，而述作乃或有古之風者。抑幸而際天地之氣，漓而復合也。以天地之氣，混合而爲一，未有盛於今日，如先生豈非得盛大流行之氣於混合之日，而西江山川孕靈毓秀之所生者乎？

諫在童稚，始知人事時，即知先生名。先生先謫河州。河州去敝邑纔二百里，諫生也晚，恒以未識先生面爲平生恨，每得斷紙點墨，以爲珍玩，日臨寫之，如接先生於几席之上。暨得所作《上高廟書》六十餘事，及五七言詩歌，讀之，其論切時務，其言格君心，其忠犯人主，其學之贍，才識之高，如布帛菽粟，充溢庾藏，視金玉雖貴，錦繡雖美，而卒有益於人國之用，莫若是也。其詩如古體諸篇，使入太白集中，孰別？其爲近時之作，其言非雕琢，其意卓然有見而非泛，其氣象嚴峻凛然而有不可犯之色也。豈非一代雄偉俊傑，宏博碩大之才也與？

及來京師，訪其全集於先生仲子中書舍人正亮家。謂先生之於文有求輒應，下筆滔滔，不待思索，雖千萬言，頃刻立就。諸作流播天下，遺稿不復盡拾，今存萬無一二。於是遍求大夫士家，及聞人口誦而録之，共得古今詩稿百五十五首，文雜體共七首。爲之校編成集，分爲六卷。乃積所得俸資，托宗友用和謄刻五七言絶句五十首。因被命修史，日趨館閣，不暇爲。南京國子監吴祭酒與儉聞之，復寄詩一集，及御醫胡秉常處又得序記十餘首，所未載者，仍爲併入，又增六卷。自喜所得之富，蓋有待以宗也。今年春，皇上光復寶祚，諫叨進侍讀職。朝回無事，欲畢前工。無幾，使交南命又下矣，兹功不果就，重爲慨然。秋九月，使自南回，過廣西龍川、太平，至横州、貴縣，皆先生經行之地。於致仕蕭教諭鳳岐諸君處共得雜文六十餘篇，詩百首。梧州又得廣西何布政孟焕所寄詩

數首。曩嘗以類廣，而未考其作之先後，兹於舟中，按地里歲月遠近而次第之，共成三十卷。先生雖終交廣參議，而學士則天下人所共稱而易知者也，因名曰《解學士先生集》。

先生於洪武戊辰自吉來京師，時中江西鄉試第一，隱然名重公卿間。暨登第，即蒙寵眷，授中書庶吉士，日侍左右，諮訪政事，補裨甚多。嘗進封事，切中時宜，皆見采納。時先生年方十九，毅然以天下自任，雖老成練達，莫之或先，比之賈誼尚少，而才亦優，故高廟之待遇又遠過文帝，雖百絳、灌之毁而終莫易帝意。此高廟洪度如天地，又豈漢文之所及哉？奈何龍去鼎湖，而竟遭權臣之害，遠謫西陲。文廟正大統，首召爲翰林侍講，尋陞學士。凡朝廷詔勅，及大制作、大經典，皆出先生手。與凡大政事、大議論，有關國家生民之重者，先生皆與之。建儲之議，羽翼之功尤多。其知之深，信之篤，任之專，一時文臣未有及者。雖在位不久，而道行當時，功施國家，澤被生民，聲名之在天下，雖遐方異域，以及千百世之遠，無不知之，初非待文而後顯也。誠以先生得之天地，鍾於山川，本諸道德著，爲事業以炳耀天下而垂後世者，必於是焉發之，則先生之可傳者，未必不在是也。

嗚呼！西江山川所鍾，前乎公而有歐陽修、文天祥，數百年後復於先生見焉。使先生久於其位，其匡君澤民，不在二公下。使在德祐、景炎之日，其精忠大節，凛然不可奪，又未必不與文山相頡頏也。觀平日之直言正論，如所謂「事有不窮之變，必有不易之主」，與「全軀不學褚淵生，嚼舌甘爲杲卿死」之語，則先生之心可見矣。余雖未識先生，而於先生之文見先生之心，讀者尚於此求之。

解縉《文毅集》任亨泰序　古今人論文，曰理爲主，曰以載道，曰昌其氣，大要不出孟子知言養氣而已。古之人動静語默，無非文者，豈操觚翰而後爲文也哉？後世之文愈趨而愈下，非文之下也，文與行岐而二之也。今翰林解公大紳自生七年以來至於今，其文若干卷，一時耆俊皆屬而序論之。余幸同朝，讀之徒不釋手，而莫措一辭其間，深自咎其言未至也。因公之行以序論公之文，庶幾不至於諛，亦不至於誣也。

聞公自幼能言，惇敏超絶。郡守令至其家，或抱置膝上，應聲成文，皆錯愕驚歎。稍長，小心静密，識量過人。知讀書爲文，皆不勞而習。既敏而益勤，父母惟其病之憂也，時時勸之少息。爲文口占操筆皆立就，未嘗起草。其簡繞數語已足，其多至萬言不窮。命一題，一心不厭倦，而思益精到。崇正學而闢異端，不爲支離誕謾之説，不爲艱難辛苦之態，隨事著作，洞視萬世，而恥覩摹古人，求其歸則未嘗異於古人也。此鍾山川河漢之靈，南方極盛之會，天資之明，大非人所可企而及矣。

甫十九，江西以第一人貢於京師。士大夫素聞其盛名，相期會連袂結駟往見。公應答舉止如平常，不以爲異。既登高第，擢巍科，上及東宫奇其才，眷注之隆，前此未有。即入中書，知制誥兼翰林内外制皆掌之。謁告時刻，上輒問安在，嘗與間語，屢上封事，上輒自持入。其論思獻納，親故莫聞，而中正才敏，兩制皆自以爲莫及也。廷辨直言，聞者肅然。其自處犯而不校，居常恂恂，尤善開導人心，獎勸後學，休休樂善愛人之心，一息不間，浩然之氣，發心由理，所以年甚少而巍然有碩大之望。又嘗自誦曰：「處其心常在熙春麗日之間，則天下無可怒之人。」咸以爲名言。公之文所以汪洋大肆，而無齟齬其間，正直閎深而無偏陂之失也。兼説萬有，貫通而時出之。浚其源於六經，要其歸於周孔，雖不求工，文與行如影響之出於形聲也，渾然天成，卓爾出類。集義養氣，孳焉未已。余何足以知公之萬一哉？

公名縉，大紳其字也。其族自唐家吉，已七百餘年。每舉進士，必父子兄弟聯疊以爲常。至宋有諱元者，破烏珠，累功至封王。元初從祖諱誠連三世國公。其諱真我者，以名進士死節，贈中書平章，其祖也。以名進士勅修《宋書》，諱觀者，其從祖也。其父元末辭參知政事，爲世大儒，學者稱筠澗先生。公生名家，道授有緒，姿淳顥秀，望之玉立。天子愛惜其德操材量，與其楷書，至親爲之持研，行草精妙絶倫。善議論古事，皆如目覩。初與伯兄綸俱登第，履歷華要，遠方異域皆能誦説其名。而天子每臨羣臣誦以爲榮，且朂勵諸王，貴人皆注視之。余非欲評公之文與行事如此，以見公之爲文天資學問，充積發見，不能自已而至於如此，初非若操觚翰而學爲文者之所能至也。

解縉《文毅集》羅洪先序　始予遊東山，經三麓，而後躋浮黎。浮黎者，東山之巔也。據是返顧，培塿層疊，環以百數。當是時，弟謂高厚必資積累，理固然耳。後數年，友人相期於衡，百里而近，望其高與東山似，即而仰攀，白折縈紆，窮日乃至祝融之峰。自峰頂下視，旁無倚附緣麓，一谷横四十里，蓋拔坤維，入漢紀，特立而博敷，諸山非其倫也。又數年，入匡廬。其它不異東山，獨五老峭峙，得衡一體。於是悟曰：「物固有至鉅者乎？彼名嶽者，山之至鉅，不由積累

而高厚者也。匡以五老，亦得名岳，譬之形貌，兩人戴立，豈不矗然而不可爲鉅？偏長拘行，無以語聖賢之大，亦猶是也。大聖賢至矣，彼略毁譽，輕利害，視天下事無不可爲，而不可罔以世俗之見。故卒應王佐，而稱豪傑。若是者，亦謂鉅人。春雨解公幾之。方高皇揮斥英雄，濯拭宇宙，此何時也？而公未弱冠，天眷獨隆。成祖之初，契符魚水。觀其應制寓諷，封事犯顏，有鄭公之正；乳兒朝貴，敝屣爵位，有沅湘之奇；忤權蹈危，投荒厲節，有太白之邁；保儲忘身，徙家戍邊，有東之之烈。是果積累得之否乎？即使未優於聖域，亦當不失爲豪傑。何則？其才固自殊也。世之知公者淺，類以詞翰賞之，至論平生，莫定題品。伏聞仁廟嘗曰：「人言解縉狂，縉非狂士。」嗚呼！非日月之明哉。公亦有言：「寧爲有瑕玉，莫作無瑕石。」斯固其自況矣。

公蒙禍既酷，藁附外氏。洪先再過其下，欷歔嘆息，不忍輒去。會柱史遵化古松段君來江省弔古采言，檄縣禮葬，將刻其遺文以傳。公天才逸發，援筆萬言，不事屬藁，而又經籍没，故多散亡。從孫桐緝録凡十卷，求加詮次。稍剔其僞，不盡删繁，亦以見公不屑屑尺寸間，所謂不由積累一驗也。嗚呼！覽斯集者，其辨人中之嶽安在，無徒高卑之校也哉！

解縉《文毅集》解悦跋　公生平著作甚富，有《白雲稿》、《東山集》、《太平奏疏》若干卷，流播人間，不盡收拾。兼以迭罹青蠅，蒙禍殊酷，愈多散亡矣。明天順年間，金城内翰黄公諫情切景仰，雅意蒐羅，得古今體詩、傳記等文，腋集成帙。一時中貴暨藩臬諸公咸争捐貲，謀爲鋟刻。至若寶慶揮使姚公深以闡將而倍切信從，亦聞而生慕，慕而樂爲梓焉。於此見公之文章本諸性道，有足感動人者。然攷其所得大要，皆公西謫及交廣歷覽之作，其於生平十未三四。嘉靖壬戌，會遵化古松段公來江省弔古采言，將刻其遺文以傳世。同邑念菴羅公偕從孫桐緝録成卷，梓諸海内。迨明末世，際板蕩，復遭兵火，原刻業經灰燼，延今七十餘載矣。公之道德勳庸，奚藉於是？然精光不可久蝕，至寶亦宜公世。悦慚爲嫡裔，遏佚前光，欲表章而未能，懼朽蠹以重罪。爰不揣庸陋，重爲編輯，補其遺漏，訂其訛誣，次其後先，勉付梨棗。經始於丁酉菊月，成於戊戌長至，兩閲冬而功幸畢，俾公之文章與公之德與功而並垂不朽云。

解縉《文毅集》解韜跋　先文毅公經濟才識，卓絶古今，載之史册者詳矣。生平詩古文辭久已流播海内，吉光片羽，莫不奉爲鎮圭。然晚遭讒搆，蒙禍殊酷，加以時事遷移，不無文獻凋殘之感。幸一輯於前明侍講黄公，再輯於念菴羅公。至我朝康熙戊戌，伯父腴堂先生更加裒集。雕開既成，遠近懇求者甚衆，板印日不暇給。迄今將五十年，梨棗漸成蠹簡，字畫脱落，幾於亥豕魚魯之誤。韜自慚不敏，未能克迪前光。顧皇皇大文，奕世爲昭，而爲之後者，聽其朽蠹，不復修輯，非惟無以仰對先公，亦何以垂示來裔也？爰與弟姪輩取舊簡訂其訛謬，重付梓人。惟期後之子孫隨時而新之，則幸甚！

解縉《文毅集》附録《明閣學記》　解縉字大紳，世居鴈門，厥後家吉水，遂爲吉水人。曾大父應辰，元高安教諭。應辰生子元，子元生開先，開先生縉。縉生而英悟奇絶。五歲讀書，七歲讀詩，十歲日記數千言，十九舉江西鄉試第一。洪武二十一年計偕如京師，考官劉三吾閲卷，極其稱賞，聲名大振。與兄綸暨女弟之夫黄金華同舉進士。皇祖親加簡拔，選縉及金華爲庶吉士，讀中秘書，日侍左右，特被寵眷。一日，寓大庖西室，諭之曰：「爾試舉今日施政所宜，直述以聞。」縉即草以進。其略曰【略】：奏凡數千言，上嘉其識。時兵部侍郎沈溍忌縉才，誣其狎侮胥隸。上慮其中傷，即拜江西道監察御史。值都御史袁泰搆害張衵，怙勢恣横，諸道御史莫敢糾其非。縉執筆起草，力詆其奸狀。又代虞部郎中王國用論救韓國公李善長冤疏。上又慮其涵養未至，召縉父，諭曰：「才之生甚難，而大器晚成。其以而子歸，益進其學。」又諭縉曰：「朕於爾義則君臣，恩同父子，其歸益盡心於古人。後十年來，朕大用爾，未晚也。」

縉侍父歸，感恩勵志，所造益深矣。高皇帝升遐，縉趨赴臨。權臣搆害，謂赴臨非詔旨，遂謫河州。未幾，召還，入爲待詔。一日於宫中披覽建文時羣臣所上封事千餘通，命縉編閲。有關政治者留覽，餘悉焚之。文皇靖難，雅聞縉名，拜侍讀學士，階奉訓大夫。初開文淵閣，簡用七人備顧問，以縉爲首。諭之曰：「爾七人朝夕相與共事，鮮離左右。朕嘉爾等恭慎，故在宫中亦屢言之。然恒情保初易，保終難。朕常存於心，爾等亦宜謹終如始，庶幾君臣保全之美。」縉對曰：「陛下不以臣等淺陋，俯垂信任，敢不策勵圖報！」上喜，各賜公服。又曰：「皇后欲見爾七人命婦，其即赴柔儀殿見之。」

永樂二年八月己丑，縉呈《大學正心章》講義。上覽之至再，諭之曰：「人心誠不可有好樂。一有好樂，泥而不返，則欲必勝理。若心能靈静，事來則應，事去如明鑑止水，自然純是天理。朕每退朝默坐，未嘗不思管此心爲切要。」十二月，進《文獻大成》，賜宴禮部。是歲《文華寶鑑》成，上賜皇太子諭縉曰：「朕皇考訓戒太子，常采經傳格言爲儲君昭鑑録。朕此書稍加充廣，益以皇考聖謨大

訓，以爲子孫帝王萬世之法。誠能守此，足爲賢君。昔秦始皇教太子以法律，元帝授太子以韓非書，帝王之道廢而不講，此所以亂亡。朕此書皆大經大法，卿等兼輔東宫，從容閒暇，亦當以此爲説，庶幾成其德業，他日不失爲守成令主。」後纂脩《高廟實録》及《永樂大典》，命縉爲總裁官。

先是，上與淇國公丘福等二三大臣議建儲，諸臣咸謂高煦有扈從功。上意未決，召縉密議。縉對曰：「立嫡以長。」繼曰：「好聖孫。」宸衷頓悟，事遂定，立仁宗爲皇太子，高煦爲漢王，加縉爲學士兼右春坊大學士，陞奉議大夫。未幾，丘福等泄初議於外，高煦知之，憾縉獨深，遂譖於上曰：「潛藩舊臣無泄者，其縉泄之。」時又以所得交阯議建郡縣。縉議曰：「自古化外之民反覆不常，但令奉正朔，效貢職，羈縻之而已，不可以爲郡邑。」因是忤旨，乃坐縉廷試讀卷不公罪，出爲廣西參政。既而禮部尚書李至剛誣縉怨望，改交阯。

縉以夷人新附，撫綏安輯，不失其宜。繼以禮樂制度，漸次化導，南人至今爲立廟祀之。八年，入京奏事。時車駕北征，皇太子監國，縉伏謁而歸。高煦聞之，又譖縉私覲儲君，無人臣禮。復竄交阯之化州。檢討王偁在謫所，邀與同趨廣東之化州。縉復上言，請用數萬人鑿贛江。上大震怒，徵逮詔獄，拷掠備楚，遂死獄中，子禎應、禎亮舉家戍邊。

縉襟宇闊略，絶無城府。喜引拔士類。爲御史家居時，見楊士奇所作，獎曰：「此公輔器也。」邂逅與語，遂特疏題薦。他如曾棨等二十八人，俱所獎進。太宗常命縉評諸臣，縉以實對。於蹇義曰：「其資厚重，中無定見。」於夏原吉曰：「有德有量，不遠小人。」於劉儁曰：「雖有才幹，不知顧義。」於鄭賜曰：「可謂君子，頗短於才。」於李至剛曰：「誕而附勢，雖才不端。」於黄福曰：「秉心易直，確有執守。」於陳瑛曰：「刻於用法，而能持廉。」於宋禮曰：「戇直而苛，人怨不恤。」於陳洽曰：「疏通警敏，亦不失正。」於方賓曰：「簿書之才，駔儈之心。」既奏，上以授仁宗，曰：「李至剛朕洞燭之矣，餘徐驗之。」仁宗嘗問建文所用諸臣，縉曰：「皆洪武中人才，往事不足論。」因問尹昌隆、王汝玉，對曰：「昌隆君子而量不洪，汝玉文翰不易得，所惜者市心耳。」後仁宗登極，出所評十人者示楊士奇，曰：「人謂縉狂士，今知非狂士也。」特宥其家還自謫所，官其子禎亮爲中書舍人。至世宗，因江西撫臣之請，詔允建祠，神宗追謚曰「文毅」。楊士奇銘其墓曰：「千里之足，越國過都。或一蹷之，不虞梗楠。百尋其才，之蝨寧見。捐於匠輪，郁乎紛紛。五采承日，競瞻望以忻快，何泯滅之遄疾。干將地下，其神不死，尚有光華，天漢之涘。」

解縉《文毅集》附録鄒元標《解春雨先生祠堂記》 子輿氏曰：「五百年有名世者。」是時戰國以捭闔之術簧鼓人心，子輿氏以王道自任，故惓惓王者之興。然當戰國猶知有尊周遺意在，未有如季元羣奸竊據，視戰國時尤甚，則所需王者之興，名世之輔，豈孟子時可擬萬一哉？仰惟我高祖開天立極，成祖入正大統，天日重朗，當時所稱名世元輔，自青田、金華諸君子外，舍吾邑解公無出其右矣。太祖當時豈不知公？詔公父攜歸曰：「吾與爾誼則君臣，恩同父子。」十年之約，蓋欲相公也。成祖立極，即問解先生何在。竟首相公，蓋仰體高祖德意。而公竭知盡忠，凡一切大典禮、大制作、大經畫，悉出公摹畫。匡襄左右，黼黻皇猷者，悉出公手植，錢穀、邊塞、刑獄、工作之類悉出公拮據。有入而告主，出而不能語人者，秘而不傳。天下不可一日無我二祖，而二祖一日能少公哉！迺公以爭煦不軌事得謗，而謫而死，至今補天浴日之手，沉埋鬱塞。嗟乎！此藎臣弼士至今爲公仰屋長嗟也歟！世或以公憂世似沅湘，奏事類宣公，得君後相似張齊賢，詩歌類青蓮，草聖類鍾、王。不知誼之憤激，太白附永王璘，齊賢不聞相業何似，而公佐二祖之功，即忠宣處猜疑之朝，其言不能竟十之一，視公不可同日語。而以藝視公者，猶之窺天以管也，必不得之數矣。

吾吉州相業，宋稱歐陽子，今稱楊西昌。然西昌由公進者，而歐陽子在宋朝，文彩標致與公相當。然自夷陵貶後，翱翔皇路，被口語不少。公直以身殉國，未五十卒。天假以年，得展其末路，三楊拜公下風，何疑？予獨恠仁昭二廟業悉公冤，詔公家所遣戍諸子孫纍纍歸寧，後不聞有一人爲公請謚，請復原官。即公子奏績仍原職，豈當時諸老忌公才，不無宿恨於中？亦或多默默自守，庶幾明哲保身之義歟？今起家詞林，以知故而得美謚者衆。元標請公謚於朝，今相國東阿于公昔掌大宗伯，業有成言，忽以讒忌出元標南，竟寢。嗟乎！諸公忌公生前并忌公身後，何説！然公名世之功，與相二祖，天壤俱斃者，必不能泯。公故有祠在邑城東門，祠而未祀。元標請於當道，始得祀。祠故無記，元標不揣鄙陋，因公嗣人請，輒述公之崖略，以誌碑陰。敬爲祀神曲三章，佑以祀。

焦竑《玉堂叢語》卷四 解縉之才，有類東方朔，然遠見卓識，朔不及也。方漢庶人奪嫡，淇國公丘福力成之。成祖惑之，遂欲易儲。召帷幄重臣決之，諸臣莫對，縉獨曰：「好皇孫。」由是成祖釋然，仁廟之位固矣。縉以三語而決此大

事，古未有也。後丘福泄其語於漢庶人，庶人銜縉次骨，以至屢貶，逮赴詔獄，瘐死雪中，皆庶人之譖也。自今觀之，列聖及聖子神孫享萬世無窮之業，縉不爲無助。百餘年來，褒贈之典不及，而諸臣亦未有爲白之者，誠缺事也。

焦竑《玉堂叢語》卷五　解縉性孝友，重義輕利，篤於故舊，喜引拔士類，文翰皆精絶。嘗語人曰：「寧爲有瑕玉，不作無瑕石。」

焦竑《玉堂叢語》卷七　吉水解學士縉，天資甚美，爲文多不屬草，頃刻數千言不難，一時才名大譟。時杭有王洪希範，吴有王璲汝玉，閩有王偁孟陽，嘗謂希範曰：「解學士名聞海内，吾四人者，足以撑柱東南半壁。」識者謂其知言。【略】解大紳十八舉鄉試第一，以進士爲中書庶吉士。上試詩，稱旨，賜鞍馬筆劄，而縉率易無所讓。嘗入兵部索皁人，不得，即之尚書所謾罵，尚書以聞，上弗責也，曰：「紳逸乃爾耶？苦以御史。」即除御史。久之，事文皇帝入内閣，詞筆敏捷，爲一時冠。而意氣闊疎，又性剛多忤，中漢庶人讒，出參議廣西，日與王檢討偁探奇山水自適。上書請鑿章江水，便來往。上大怒，徵下獄，三載，命獄吏沃以燒酒，埋雪中死。

梁廷樞《玉劍尊聞》卷二　縉字大紳，吉水人。年十四登進士，授中書庶吉士，上封事萬言，又上太平十策。素與兵部尚書沈溍不合，溍奏縉入部堂，與胥吏嬉慢非體，除御史，爲夏長文作劾都御史袁泰疏，又爲王國用草雪李善長冤疏，得罪歸。高皇帝崩，縉非詔旨赴臨，謫河州衛吏。建文初，召爲翰林待詔。文皇帝正位，授侍讀，入内閣辦事，拜大學士，坐廷試讀卷不公罪，出爲廣西參議。既而禮部尚書李至剛奏縉怨望，改交趾。入京奏事，時車駕北征，皇太子監國，縉謁見，徑歸。漢王高煦譖縉私覲儲君，竄化州。縉上言鑿贛江，上怒，逮詔獄死。初，縉與黄淮兩家俱有孕，文皇帝命指腹爲婚，縉生子，淮生女，後縉子戍邊，淮欲離婚，其女斷髮自誓曰：「薄命之聘，皇上所親定也，誰敢易之？」縉子赦還，遂爲夫婦。《畜德録》云：「縉應制題虎顧衆彪圖曰：『虎爲百獸尊，誰敢觸其怒？惟有父子情，一步一回顧。』文皇帝大有感，即命迎太子于南京。」

梁廷樞《玉劍尊聞》卷八　解縉訪駙馬都尉不在家，公主聞其名，欲觀之，隔簾使人留茶。縉索筆題詩曰：「錦衣公子未還家，紅粉佳人喚賜茶。内院深沈看不見，隔簾閒却一團花。」公主怒，奏聞文皇帝曰：「此風流學士，留他做甚？」解縉工行草書，求者即與之，曰：「雨露豈擇地而施哉？」

備論

廖道南《殿閣詞林記》卷三　廖道南曰：縉負奇氣，抱儁才，意興所到，肆筆成章，水搏蛟蚪，陸剸犀象，淵乎其不窮，浩乎其若有餘。其自視何如者？高皇網羅英俊，智屈羣策，當時翊運元臣，雖親如善長，貴如廣洋、惟庸，近侍如安、如濂、如觀、如素，雷霆所擊，罔不震慴。縉以一少年，上庖西萬言疏，批鱗逆心，罔所諱忌。而聖度優容，令其進學。才難之嘆，猶可想見，規模真弘遠矣。召旋河隴，踐歷清華，密贊建儲，有故老舊臣所不及。知而獨斡，運廟謨，措神器于磐石，視古英哲何以加諸？然諫沮交阯，力抗權倖，卒罹于讒，莫之敢白。悲夫！

贊曰：董子三策，賈生萬言，誓日邅迴，遡風孤騫。縉也奇才，國士鮮儷。遭際真龍，逆鱗弗諱。河朔既竄，日南載遷，魂飛湯火，殄瘁疇憐。文貞銘辭，勒于貞石，潛光益彰，照耀方策。

鄭曉《吾學編・皇明名臣記》卷八　公結髮讀書，留心經濟，任事直前，風生電發。早遇聖明，名動天下，晚罹讒毒，中道夭閼，不盡其用。其重義輕利，遇人憂患疾苦，輒隱於心，苟可用方，盡意爲之。篤於故舊，及名賢世家之後，喜引汲士類，或誚其汎愛者，終不爲變。襟宇闊略，不屑意細故，而表裏洞達，絶崖岸，雖野夫稺子皆樂親之。

袁袠《皇明獻實》卷一〇　袁袠曰：「以解公之才而受知於高皇帝及文皇帝，不數年遂參鈞軸，不可謂不遇矣。然卒以幽死，甚矣，讒人之罔極也！夫以賈生之通達國體，遭遇漢文，而竟困于絳灌，廢死長沙。天乎！人邪！觀解公所論奏皆明切，可施行當世。其所論羣臣優劣，十不失一，何其知人之哲也！嗟乎！賈生之所謂輕薄，即縉之所謂狂也。《語》曰：『高才不達，直木先伐。』信矣哉！又何足恠乎？」

袁袠《胥台先生文集》卷二〇《移文桂林府崇祀解公縉名宦祠畧》　前件爲崇祀名宦，以勵風教事。照得先朝廣西參議解公縉以王佐之才，挺名世之運，發跡甲科，蜚聲翰院。受知於太祖高皇帝及成祖文皇帝，入掌絲綸，獨參機密，嘉謨讜議，知無不言，一時諸公才氣罕比。不幸中遭漢庶人之讒，萋菲日深，而忠蓋彌篤，百折不回，一心無變。旋罹斥逐，遠竄炎荒，始參藩於廣右，復投裔於交

南。孤忠自如，勁氣愈厲。竟收禁岸，瘐死幽圄。既而天日復明，白璧無玷，芳名大節，久而益彰。本道素懷企慕，每切嘆嗟。承乏此邦，遹求先哲，雖風流未泯，而崇祀尚闕，良用疚然于懷。況歷考名宦祠所祀諸公，雖政蹟風節各有可稱，然英聲茂烈皆未有如解公之比者也。仰府即將解公官爵姓字，依式製造木主，以禮送入本府儒學名宦祠，以稱尊崇先哲、激勵風教之意。毋得稽違！仍具行過日期，依准繳牌。

項篤壽《今獻備遺》卷七　論曰：昔賈生通達國體，遭遇漢文，坐困絳灌，廢死長沙。解公論奏切中世務，皆可施行，人倫檢鏡，十不失一。遭際兩朝，不數年遂參大政，可謂遇矣。甚哉，讒人之罔極也！語曰：「高才不達，直木先伐。」何足恠哉！

唐鶴徵《皇明輔世編》卷一　太常氏曰：解學士，今之賈太傅也。雖其文或不及《治安》，而不恤忌諱，切中時弊，則不可以優劣論也。至其力定儲位，破丘福等之謀，評隲人才，灼蹇義等之品，定力定見，卓然不羣。俾得盡其猷爲，豈當在文貞諸人下也？奈何以高皇、文皇之聖主，以學士之所承之知眷，卒不免抑鬱以死，其慘甚于賈生。大學所以深恨於妨賢病國之徒，而放流迸逐之，必亟有以也。雖然，少年而不善用其才，則兩君皆不能無過矣。

羅大紘《紫原文集》卷八《大學士解公論》　國初，解縉紳絶類賈生，其年少同，其見知人主同。賈妬於絳、灌，解妬於煦、福。賈困于長沙，解困於交阯。賈死於楚，解死於獄。莫不相同。大庖西上封事而言事切要，亦大相類。治安之策不見用于漢文，至于分封子弟，改正朔，易服色，□匈奴，漢武時一一行之。庖西封事不見用于洪武，至洪、宣以後亦多行之。其曰祀孔子爲先師，祀叔梁紇，而以顔路、曾皙、孔鯉配，則嘉靖初行之矣。其曰臣欲取古藍田呂氏之《鄉約》、義門鄭氏之《家範》布之天下，以爲民表，則萬曆中行之矣。其曰開武舉以收天下之英雄，今武舉三年一開矣。其曰律以人倫爲重，不宜有給配婦女之條，今律例芟之矣。其曰進士經明行修，而多困于下僚，孝廉人才冥蹈瞢趨而或布于朝省，今尊用進士，罷孝廉人才矣。其曰官妓非人道所爲，今官妓禁矣。但其言有未盡行者，如曰芟《禮記》之脊駁以正禮，求審樂之大儒以備樂，未行也。如曰任諸侯於衆職，定久任法而加封，未行也。如曰斷瑜伽之教，禁符式之科，未行也。如曰行受田均田之法，兼常平、義倉之舉，未行也。如曰尚書侍郎內侍也，而以加于六卿；郎中、員外何職也，而以名于六屬，未行也。言皆中窾，事如獨照。其兄三楊、金、黄而弟之與。至曰：「陛下眷眷于畏天畏鬼神，而所謂畏民者則未至；孳孳於治民治强暴，而所以治心者則未至。」斯言也，即賈生未之能及也。視仁義堯舜之陳，正心誠意之對，又何多讓焉？故太祖奇才之褒，仁宗走見之舉，知之審矣。誰謂解公狂哉？

何喬遠《名山藏》卷六〇《臣林記解縉》卷五　郎曰：解縉年少通達，不減賈誼。至其直言，如魏徵矣。縉與蹇、夏、三楊並有翼儲功，有口不密，幾之不作，以及於禍。蹇、夏、三楊終用謹重蒙寵，縉身後之興亦稍靳焉。

談遷《國榷》卷一六　吴中行曰：公負奇氣，抱儁才，歷踐清華，力抗權幸。早遇聖明，晚罹讒毒。殆勿究其用者與？或蘊之未深而鋭者易折也。君子蓋惜之矣。

查繼佐《罪惟録》列傳卷二〇　論曰：大紳庖西萬言，皆刺帝隱，乃嘉納一再，稱奇才。□定策東宮，勿兵交趾，實治安久長要議，乃竟賜一語以死，太宗任人之於太祖何如矣！小説家載縉幼穎悟，諸嬉戲絶倒。即不果，大率才露而矜，非所以自全。縉蒙赦後，不官禎亮，而官禎期中書舍人，確據何孟春所云從子是真。若西楊之志解墓，謂縉病死獄中，諱之也。按成化五年，禎亮自陳，命復中書舍人舊職，豈前未蒙蔭，移禎期與禎亮乎？相傳禎期以工書故，不由蔭，則非次子明甚。或禎亮初官，坐父罪削，舊職之説所自來也。

傅維鱗《明書》卷一一八　史官曰：「太祖網羅英俊，智屈羣策，當時元臣，親如善長，貴如惟庸，廣洋，近侍如安、如濂、如觀、如素，雷霆所震，罔不懾懾。縉以一少年，上庖西萬言，批逆鱗，無顧忌，而大度優容，令其進學。才難之嘆，猶可想見，規模真弘遠矣。召旋河隴，踐歷清華，密贊建儲，有故老舊臣所不及者。卒罹讒口，莫之與白。悲夫！跡其聞豬易盟，作傳戲謔。縉之狂，奚其解諸？」

藝文

嚴遂成《明史雜詠》卷二《解學士縉》　入直三朝禮遇隆，蛾眉害寵譖偏工。鑿江豈必通無益，試卷如何讀不公。異議窮兵踰絶徼，苦心奪嫡護儲宮。漢王法死占城棄，應弔忠魂積雪中。

洪武中，縉侍書内殿。太祖親持硯，諭之曰：「朕與爾恩猶父子。」遂應詔上萬言書。成祖朝與六人同參機務。鯁直沽禍，入廷臣譖。始以讀試卷不公，謫海外。繼以奏請鑿廣東山川，通贛江，遂震怒，下詔獄。其實罪在諫征安南，及議建儲，不直漢王耳。然二事卒如縉言。而錦衣衛希旨，醉之酒，立死積雪中，亦冤矣。

尤侗《西堂詩集·擬明史樂府·解學士》 中秋曲讌無明月，霓裳驚簫催不發。學士口占風落梅，廣寒殿上簾重揭。天子喜，見嫦娥，宫人滿勸金叵羅，教坊新翻紫雲歌。奪天手，真才子，何爲謫交趾？獄吏沃酒雪中死，胡廣中庸亦學士，但憶解家離婚耳。

永樂中，中秋開宴，不見月，上意不懌。學士解縉口占「風落梅」一闋，云：「嫦娥面，今夜圓下簾，不令羣臣見。拚今宵，倚闌不去眠，看誰過廣寒宫殿。」上覽之，喜爲停杯以待。夜半月復明。上笑曰：「解縉真才子，奪天手也。」命宫人滿酌，宣勸極權而罷。後出爲交趾參議，以趙王譖下獄。獄吏醉以燒酒，埋雪中死。胡廣叩請建文改名，上令與縉連姻。縉死，廣欲離婚，其女誓死不從。

楊榮部

綜述

《英宗實録》卷六九　榮字勉仁，福建建安縣人。初名子榮，由諸生鄉試第一，會試第三，廷對，賜進士出身，入翰林爲編修。太宗文皇帝爲更今名。初建内閣，簡翰林之臣七人，專典密務，且兼稽古纂述之事，榮預焉。旦夕承顧問，歷進官修撰、侍講、諭德，侍皇太子講讀。嘗命往甘肅視師，規畫稱旨，陞右庶子，侍講如故。父喪，馳傳歸葬，起復。尋喪母，乞歸守制，不許，命從巡幸北京。虜酋庇脱不花等率衆來歸，復命榮往甘肅，與守將何福議所以處之者。既還，又命持節至亦集乃之地，封福爲寧遠侯。且命過寧夏，與寧陽侯陳懋飭邊務。歸奏便宜事，皆見嘉納。從征北虜，至臚朐河還。又乞終制，乃許奔喪，遣中官宋成護其往還。既又奉皇太子令，與諸皇孫講學。甘肅守將言叛寇老的罕等將爲邊患，復命榮往視。歸奏：「小醜無能爲，不足煩大軍。」既而叛者果歸附。車駕親往瓦剌，皇太孫侍行，榮輔導之。太宗問榮：「兵與食何由以足？」榮對曰：「擇將屯田，訓練有方，耕耨有時，食足而兵精矣。」還受詔，集諸儒修《五經》《四書》《性理大全》，榮預總裁。書成，陞翰林學士，仍兼庶子。榮言積弊十事，章留中不下。陞文淵閣大學士兼翰林學士。三殿災，榮陳便宜十事，皆見施行。駕屢北征，榮必在行軍中，機務多參預焉。

甲辰，師次榆木川，太宗不豫，召榮等受遺命。已而晏駕，惟榮與親密中貴二三人在側。榮檖斂如禮，戒勿發喪。整軍旅，嚴號令，外無知者。榮密與中官海壽星夜馳報。仁宗即位，念榮之勞，陞太常卿，兼舊職，尋陞太子少傅，兼謹身殿大學士。賜以銀章，文曰「繩愆糾謬」，且諭榮曰：「朕有過舉，卿即奏來，以此識之。」又陞兼工部尚書，三俸俱支。宣宗嗣位，益見委任。漢王反，首贊親征。及累出巡邊，榮皆扈從。久之，念榮先朝老臣，命輟翰林之務，惟朝夕備顧問，贊謀議，進位少傅，再進少師。上即位，務學，以榮同知經筵事。

榮立朝凡四十年，未嘗一日不趨朝。考京闈鄉試者一，廷試讀卷者九，修四朝《實録》，皆與總裁。累朝眷遇，錫賚之隆，元勳世戚不及也。是歲春，以久違先塋，乞歸登掃。上命中官偕往，欲其速來。還至杭州，得疾卒，年七十。訃聞，上哀悼，輟視朝一日。遣官諭祭，贈特進光禄大夫、左柱國、太師，謚文敏。又命中官護喪歸，勅有司營葬事，仍官其子恭爲尚寶司丞。

榮爲人疏闓果毅，遇事常爲奮前不疑，論事不肯苟同，議獄率歸寬恕。凡邊徼險易，邊將勇怯，靡不周知，故其謀畫多見施行。尤喜賓客，善交際，雖貴盛，無崖岸，士多歸心焉。或謂榮處國家大事，隨機應變，無媿唐姚崇，而有所不檢，亦似之云。

《明史》卷一四八《楊榮傳》　楊榮，字勉仁，建安人，初名子榮。建文二年進士。授編修。成祖初入京，榮迎謁馬首曰：「殿下先謁陵乎，先即位乎？」成祖遽趣駕謁陵。自是遂受知。既即位，簡入文淵閣，爲更名榮。同值七人，榮最少，警敏。一日晚，寧夏報被圍。召七人，皆已出，獨榮在，帝示以奏。榮曰：「寧夏城堅，人皆習戰，奏上已十餘日，圍解矣。」夜半，果奏圍解。帝謂榮曰：「何料之審也。」江西盜起，遣使撫諭，而令都督韓觀將兵繼其後。賊就撫奏至，帝欲賜敕勞觀。榮曰：「計發奏時，觀尚未至，不得論功。」帝益重之。再遷至侍講。太子立，進右諭德，仍兼前職，與在直諸臣同賜二品服。評議諸司事且，稱旨，復賜衣幣。帝威嚴，與諸大臣議事未決，或至發怒。榮至，輒爲霽顔，事亦遂決。

五年命往甘肅經畫軍務，所過覽山川形勢，察軍民，閲城堡。還奏武英殿，帝大悦，值盛暑，親剖瓜啖之。尋進右庶子，兼職如故。明年以父喪給傳歸。既葬，起復視事。又明年，母喪乞歸，帝以北行期迫不許，命同胡廣、金幼孜扈從。甘肅總兵官何福言脱脱不花等請降，需命於亦集乃。命榮往甘肅偕福受降，持節即軍中封福寧遠侯。因至寧夏，與寧陽侯陳懋規畫邊務，還陳便宜十事，帝嘉納之。

八年從出塞，次臚朐河。選勇士三百人爲衛，不以隸諸將，令榮領之。師旋，餉不繼，榮請盡以供御之餘給軍，而令軍中有餘者得相貸，入塞，官爲倍償。軍賴以濟。明年乞奔喪，命中官護行。還詢閩中民情及歲豐歉，榮具以對。尋命侍諸皇孫讀書文華殿。

十年，甘肅守臣宋琥言，叛寇老的罕逃赤斤蒙古，且爲邊患。乃復遣榮至陝西，會豐城侯李彬議進兵方略。榮還奏言，隆冬非用兵時，且有罪不過數人，兵

未可出。帝從其言，叛者亦降。明年復與廣、幼孜從北巡。又明年征瓦剌，太孫侍行。帝命榮以間陳説經史，兼領尚寶事。凡宣詔出令，及旗志符驗，必得榮奏乃發。帝嘗晚坐行幄，召榮計兵食。榮對曰：「擇將屯田，訓練有方，耕耨有時，即兵食足矣。」十四年與金幼孜俱進翰林學士，仍兼庶子，從還京師。明年復從北征。

十六年，胡廣卒，命榮掌翰林院事，益見親任。諸大臣多忌榮，欲疏之，共舉爲祭酒。帝曰：「吾固知其可，第求代榮者。」諸大臣乃不敢言。十八年進文淵閣大學士，兼學士如故。明年定都北京。會三殿災，榮麾衛士出圖籍制誥，舁東華門外。帝褒之。榮與幼孜陳便宜十事，報可。

二十年復從出塞，軍事悉令參決，賚予優渥。師還，勞將士，分四等賜宴，榮、幼孜皆列前席，受上賞。已，復下詔征阿魯台。或請調建文時江西所集民兵，帝問榮，榮曰：「陛下許民復業且二十年，一旦復徵之，非示天下信。」從之。明年從出塞，軍務悉委榮，晝夜見無時。帝時稱楊學士，不名也。又明年復從北征。當是時，帝凡五出塞，士卒饑凍，饋運不繼，死亡十二三。大軍抵答蘭納木兒河，不見敵。帝問羣臣當復進否，羣臣唯唯，惟榮、幼孜從容言宜班師。帝許之。

還次榆木川，帝崩。中官馬雲等莫知所指，密與榮、幼孜入御幄議。二人議，六師在外，去京師尚遠，祕不發喪，以禮斂，鎔錫爲椑，載輿中。所至朝夕進膳如常儀，益嚴軍令，人莫測。或請因他事爲敕，馳報皇太子。二人曰：「誰敢爾！先帝在則稱敕，賓天而稱敕，詐也，罪不小。」衆曰：「然。」乃具大行月日及遺命傳位意，啓太子。榮與少監海壽先馳訃。既至，太子命與蹇義、楊士奇議諸所宜行者。

仁宗即位，進太常卿，餘官如故。尋進太子少傅、謹身殿大學士。既而有言榮當大行時，所行喪禮及處分軍事狀。帝賜敕褒勞，賚予甚厚，進工部尚書，食三禄。時士奇、淮皆辭尚書禄，榮、幼孜亦固辭，不允。

宣德元年，漢王高煦反。帝召榮等定計。榮首請帝親征，曰：「彼謂陛下新立，必不自行。今出不意，以天威臨之，事無不濟。」帝從其計。至樂安，高煦出降。師還，以決策功，受上賞，賜銀章五，褒予甚至。

三年從帝巡邊，至遵化。聞兀良哈將寇邊，帝留扈行諸文臣於大營，獨命榮從。自將輕騎出喜峰口，破敵而還。五年進少傅，辭大學士禄。九年復從巡邊，至洗馬林而還。

英宗即位，委寄如故。正統三年，與士奇俱進少師。五年乞歸展墓，命中官護行。還至武林驛而卒，年七十。贈太師，謚文敏，授世襲都指揮使。

榮歷事四朝，謀而能斷。永樂末，浙、閩山賊起，議發兵，帝時在塞外，奏至，以示榮。榮曰：「愚民苦有司，不得已相聚自保。兵出，將益聚不可解。遣使招撫，當不煩兵。」從之，盜果息。安南之棄，諸大臣多謂不可，獨榮與士奇力言不宜以荒服疲中國。其老成持重類如此。論事激發，不能容人過。然遇人觸帝怒致不測，往往以微言導帝意，輒得解。夏原吉、李時勉之不死，都御史劉觀之免戍邊，皆賴其力。嘗語人曰：「事君有體，進諫有方，以倖直取禍，吾不爲也。」故其恩遇亦始終無間。重修《太祖實録》及太宗、仁、宣三朝實録，皆爲總裁官。先後賜賚，不可勝計。性喜賓客，雖貴盛無稍崖岸，士多歸心焉。或謂榮處國家大事，不愧唐姚崇，而不拘小節，亦頗類之。

楊榮《文敏集》附録江銕《少師工部尚書兼謹身殿大學士贈特進光禄大夫左柱國太師謚文敏楊公行實》 公名榮，字勉仁，姓楊氏。先世家關右，系出漢太尉震。唐末有仕於閩者，始居浦城，其後子孫復遷崇安、建陽，轉徙建安，今爲建安人。衣冠相承，爲郡望族。考士美，妣劉氏。洪武辛亥十二月戊子，公生焉。先夕，士美夢一道士，眉髮蒼然，扣門假宿。翊旦生公，因名曰「道應」。祖達卿聞公啼聲，竊自喜，曰：「是子必榮顯吾家。」爲更名「子榮」。祖母阮尤鍾愛之，常抱置膝上，教以詩書。六歲，遣從里中師，不數月能誦《孝經啓蒙》、《論》、《孟》諸篇。達卿益喜，間與賓客嬉游，必携公往。時誦古人詩，令公解説，皆通其意。達卿嘗曰：「異日其無忝太尉矣。惜吾老，不及見之。」達卿没，公纔八歲，哭泣盡哀，弔者異之。自是日侍祖母阮，弗暫離。士美嘗以賦役居外，公年十二三，承順母志，綜理家事，纖悉皆有條緒。

年十五，適歲亢旱，請命於父，致齋三日，率鄉人犯烈日，徒跣走數十里，詣龍岩請禱，儵爾大雨隨澍。公之居近有溪流，絶行道，舊爲梁其上，山水暴溢，輒衝決之，涉者病焉，男女或相牽輓，公見而歎曰：「此甚非所宜也。古者男女授受不親，此何爲哉！」乃率鄉人採木編筏，固以鐵杙，水弗能害，行者安之。時妖人有依鬼物，混擾邑中者，以公正直，不敢過公之鄉。年十七，鄉里大疫，死者過半。無何，公亦染疾，沉困極甚，湯藥弗能進，人皆以爲不可治，公父母爲具棺衾。忽夜半，公起呼家僮索水飲，頃之遂甦。人皆竊謂公危殆若此而復生，不偶

然也。

是冬，有司選充郡庠生，從教授周質夫、訓導趙友士學《易》。二先生見公穎悟敦實，甚器重之，深加訓誨。公益勵志於學。嘗與同門論古之名相，彼或謂不可及，公徐言曰：「皋夔、伊周或不可及，如其他，未有不可學而至也。」知者謂公器識不凡矣。公在學舍，自奉甚薄，每月分廩米，市甘鮮之味，歸以奉親。年二十四，西甌仲穆一見公，喜曰：「此國士也。」遂以女歸之，是爲劉夫人，温柔貞淑，而尤聰慧。自幼已通曹氏《女誡》諸篇，夙夜敬謹，克相其德。公在諸生列凡十年，於經史百氏靡不該洽。其爲文皆根據義理，不事浮靡，儕輩罕及，深爲郡守禮敬。時户部侍郎夏原吉及諸朝使按臨者，莫不待公殊禮。達卿葬建寧城東白鶴山麓，去郡庠可五里許，公築室墓下，扁曰「白鶴山房」，常與賓朋游息講貫其中。

歲己卯，福建鄉試中第一，明年禮部會試中第三，入對大廷，中第二甲第三，賜進士出身，除翰林編修。公益注意聖賢仁義，道德之懿，不屑屑文辭。凡有求者，輒辭，不獲已則隨己意以應之，不爲雕斲組織以徇俗好，而理致閎遠，有非人所可及。故凡得片文隻字者，莫不寶而重之。壬午六月己巳，太宗文皇帝入正大統，爲更名榮。陞脩撰，階承務郎，命直内閣，參掌機密，賜香藥及金織羅衣。冬十一月庚辰朔，進翰林侍講，階承直郎。永樂元年癸未秋九月丁亥，配劉夫人卒於京。冬十月丙辰，命馳傳歸葬，仍諭其速來。明年春二月庚寅，還京。先是，奉勅修《古今列女傳》。至是，書成，賜紵絲、襲衣、鈔幣。夏四月甲戌，立皇太子，陞奉訓大夫，右春坊右諭德，仍兼侍講，皆極一時之選也。

秋九月庚申，太宗皇帝顧謂之曰：「朕即位以來，爾朝夕在左右，敬慎弗懈。然恒情保初易，保終難。朕固常思保全之道，爾亦宜益謹厥終，庶兩盡其美。」公對曰：「陛下不以臣愚陋，特加委任，敢不勉圖報稱。」太宗皇帝大悦，賜象笏、幞頭、公服，尋賜二品金織紵絲衣。公入謝，且言恩禮太過。太宗皇帝曰：「卿在朕左右，機務所屬，贊翼之功，不在尚書下。故特賜二品服以示旌異，豈爲過哉？」是冬，仲穆復以季女妻公。乙酉春正月至秋九月，時召公評議諸司事宜，以奏對稱旨，賜二品金織紗羅衣及鈔幣。丙戌春二月，公得寒疾，不能造朝。太宗皇帝聞之，亟命中官偕御醫蔣用文視之。還奏賜藥物，且命用文通夕守視，時時奏報，至痊乃已。及公入謝，重承慰賚，仍令休息旬餘乃出。

丁亥夏五月庚申，奉命往甘肅規畫軍務。所過覽山川形勢，察軍民休戚，閱城堡虚實。秋七月甲寅回京，奏對武英殿，太宗皇帝大悦。時盛暑，命取瓜，親剖賜公，且遣中官賜以羊酒，勅命休息。八月，建安糧長魏子中來京師，公之家以白金夏布等物共一篋附之。舟次嚴之七里灘，夜遇强寇，舟人皆竄匿，所載爲之罄盡。翊旦，子中返舟次，遥見一篋在水涯，視之則公家所寄者。抵京奉還，因訴被劫事。公愕然曰：「此亦幸耳。」即分半付子中。冬十一月辛亥朔，陞奉議大夫、右庶子，仍兼侍講。戊子春正月戊寅，賜綵幣、白金、鈔、米。夏四月丙午，父喪。六月庚辰，聞訃告歸，賜以鈔幣，命馳傳以往。既襄事，乃料檢鄉黨平日有假貸錢穀弗能償者，悉焚其券。族人有喪不能舉者，悉爲葬之。孤弱不能自存者，悉收養嫁娶之。有因産業致争者，割己業畀之。詔奪情起復，宗戚鄉鄰送行者咸垂涕去。

抵京未閱月，命公等輔導皇長孫。賜勅曰：「朕惟令德所成，本乎天賦；養正之學，實弘聖功。故有聰明純一之資，必有詩書禮樂之教，所以充其德性而廣其器識也。朕嫡長孫，天章日表，玉質龍姿，孝友英明，寬仁大度。年未一紀，體具志寧。動必中規，言必合道，好道之篤，夙夜孜孜，日誦萬言，心領要義。朕嘗試之以事，輒能裁決得中，斯實宗社之靈，上天錫慶，篤生異質，以福佑天下，而基命於無窮。然宏材之建，必由匠石之功；圭瓚之成，必假琢磨之力。卿等皆茂簡德藝，職輔東宫。東宫之子，必資兼弼，宜協心同志，輔導於成，推廣仁義道德之源，開陳二帝三王之治，與太祖高皇帝之大經大法。凡創業守成之難，生民稼穡之事，朝夕講論，以涵養本源，恢弘智量，充其盛大之器，以爲宗社生民之福。國家有無窮之休，卿等亦有無窮之聞。欽哉！」

冬十月甲午，母喪。乙丑春正月，公聞訃，當去職。時車駕將幸北京，特留扈從，賜綿衣、狐裘、鞍馬。三月抵北京，賜宴。公辭以母憂弗與，特命中官以珍饌送至家。嘗命從遊萬歲山，亦辭弗與，特召之行，復蒙賜賚。秋七月，甘肅總兵官都督何福言，韃靼托克托布哈王等各率部落來歸，命公往甘肅與福經畫。還奏稱旨，賜以米、鈔。九月，復命持節詣亦集乃，封何福爲寧遠侯。俾經寧夏，與寧陽伯陳懋規畫邊務。既抵亦集乃封福，還至甘州，福盛陳餽遺，公一無所取。冬十一月還京復命，及陳邊境便宜十事，太宗皇帝嘉納之，賜以襲衣、鈔幣。

庚寅二月丙午，從征朔漠，賜衣被、鞍馬。途次，命光禄給酒饌。壬戌，太宗皇帝度野狐嶺，至山巔，召學士胡廣及公，指示山川形勢，與語良久。奉制各於馬上賦《親征詩》，公有「聖主尊居四海安，天教戎敵自相殘」之句，太宗皇帝甚嘉

之。未幾，諜知敵酋布尼雅實哩與其下阿嚕台讎殺，東西奔遁，亟召公諭曰：「此賊果自相殘滅，汝前日之詩安知不爲讖乎？」公下馬叩首，且言曰：「陛下德威廣布，賊若不散，旋當殄滅，安敢拒天兵？」太宗皇帝喜，命賜羊、酒。

三月壬午，車駕早發凌霄峰，公與學士胡廣、諭德金幼孜、刑部侍郎金純四人失道，太宗皇帝命中官二人及傳令者追尋。得之時已昏黑，中官疾馳去，公等復迷入窮谷中。幼孜墜馬，胡學士、金侍郎不顧而去，公下馬爲整鞍轡。不數步，幼孜復墜馬，鞍盡裂，公即以所乘馬讓之，自乘驏馬。從夜至旦，登高涉險，不勝疲勞。翊日出山，望見左掖，乃趨赴之，至午方詣中軍。太宗皇帝大喜，慰問良久，嘉公之義。復笑語幼孜曰：「此中多狼，汝非楊榮，詎能免乎？」公謝曰：「僚友之分，誼所當然。」太宗皇帝曰：「胡廣豈非僚友耶？何不顧而去也！」

三月乙未，車駕次清水源。其地有鹽海，旁近水皆苦鹻，不可飲，人馬皆渴。明日營西北二三里許，忽有泉湧出，清澈可愛，命公同胡學士往觀，遣中官以銀瓶汲取，太宗皇帝親嘗之，味甚甘美，復賜公等飲，士馬爭趨之，皆給足，命之曰「神應泉」。又明日，公等應制譔《神應泉詩銘》，太宗皇帝覽而嘉之。是日寒甚，特賜上尊以勞之。

五月丁卯，車駕至驢駒河，賜名「飲馬河」。至是稍迫賊境，駐蹕河上，親選勇士三百人，專令衛護，不以隸諸將，特命公掌之。追寇平班師，軍士乏食，公力言之，即日召乏糧者赴中軍，以御膳所儲糧炒散與之，且下令軍中凡糧炒多者，許假貸，回京倍酬其直，由是獲全者衆。

秋七月丙寅，至開平。中途召公還行在計事。至京，皇太子賜鈔幣、金織麒麟衣、銀相鏤花香帶及石刻《蘭亭》，兩賜宴於翰林。命隆平侯張信、尚書蹇義欵待，且命諸儒臣陪之。及還北京，挈長子恭偕行。八月庚子申刻，舟至大江中流，暴風卒起，同時濟者多傾覆，公之舟危險尤甚，衆料不可救。至晚乃遇順風，僉至儀真壩。下次德州，有巨艦順流而下，觸驛舟破碎，墮水死者四人，公父子及二僕皆無恙。衆謂神明相之，不偶然也。八月己未抵北京，蒙賜綵幣、鈔、米、羊、酒等物。冬十月，扈駕南旋，賜鞍馬、綿衣、褲襪及路費。途中屢賜珍饌嘉果，抵京復有鈔幣之賜。

辛卯春正月甲申，乞奔母喪，賜白金、鈔幣，遣中官宋成送至家，且勅速來。抵家，服已闋，拜謁墓下如初喪儀。族人有間公弟妹匿母存時所蓄金帛甚富，盍追究之。公從容言曰：「昔人云『楚弓楚得』，況弟妹，吾同胞也。」悉置不問。創祠堂二十餘楹，構所居之堂扁曰「清白」，又作軒竹林之下，名之曰「雲陰山房」。爲弟貞娶宋宗室之裔趙友忠女，厚具資裝。嫁二妹，一適西鄉童文貞之子衡，一適璜溪雷仕學之子鐔，皆士族也。族中有孤貧子女，皆資給之，令以時婚嫁。

六月癸丑，還京師。太宗皇帝召問閩中民情，暨歲豐儉，公條對詳實。命光禄賜酒饌，勅户部優免其家徭役。八月，命爲應天府鄉試考官。取舍公當，士衆悦服。九月，皇太子命公侍諸皇孫讀書文華後殿，且諭諸皇孫曰：「此皇祖近臣，汝輩當禮敬。」公講授有程度，諸皇孫多所進益。皇太子召公獎諭切至，且曰：「他日學成，即汝訓迪之功也。」公在春坊，每進講罷，必從容以正心務德，親賢去邪，尚儉戒逸之言進，深見嘉納。或訪以政務，必陳其切要，及先後緩急施行之序，皆懇切無少避忌。皇太子每稱公忠直，而兩坊僚屬亦莫不推服焉。

十月，重修《太祖高皇帝實録》，命公爲總裁。壬辰二月丙辰，賜誥命，并封贈父母及妻。冬十一月，甘肅守將駙馬都尉西寧侯宋琥言叛寇妻建罕等逃去，主齊勤蒙古衛指揮塔爾尼將爲邊患，勅守陝西豐城侯李彬率師討之，仍命公往經畧。十二月戊辰，公還，具言敵人性無常，叛服常態，不足以勤大軍。遂勅彬旋師。未幾，叛者皆附。

癸巳二月乙丑，復扈駕幸北京，賜衣、幣、鈔、米等物。甲午三月庚寅，扈征衛喇特。時皇太孫侍行，太宗皇帝謂公曰：「朕長孫聰明英鋭，勇智過人。今令從行，俾知用兵之法，且使躬歷行陣，知將士勞苦。然文事武備，不可偏廢。營中稍閒，爾等即以經史講説，庶知古今成敗得失之迹，可以鑒戒也。」公每遇駐營，伺間進講，皇太孫甚嘉重之。

夏四月丁未，駐蹕興和。以尚寶司乏人，命公兼掌其事。凡出號令，與宣傳之事，勅旨旗牌，不得公奏允，不敢發。乙卯，師次大石鎮。晚涼，太宗皇帝坐御幄中，召問足食足兵之策。公對宜擇將帥力屯田，將得人則軍士弗擾，軍士既安則耕不違時，何患兵食之不足哉？太宗皇帝是其言。秋八月，還北京，賜鈔、幣等物。

冬十一月甲寅，太宗皇帝諭公曰：「五經四書皆聖賢精義要道，傳註之外，諸儒論議有發明者，爾等宜采附於下。周、程、張、朱諸君子性理之言，如《太極》、《通書》、《西銘》、《正蒙》之類，皆六經羽翼。然各自爲書，未有統會。卿等宜類聚成編，務極精備，用垂永久。」命公總其事，仍命舉朝臣及在外教官有文學

者同修。開館東華門外，命光禄寺給朝夕饌，甚豐。乙未三月庚申，工部建進士題名碑於太學，命公爲記。五月辛丑端午，駕幸東苑，觀擊毬射柳，賜文武羣臣鈔有差。公進詩文，加賜上尊、束帛、鈔、衣。九月己酉，所修書成，賜名《性理大全》。命宴於禮部，並賜鈔、幣。

丙申夏四月乙亥，陞翰林院學士，仍兼春坊庶子。冬十月，扈駕南還，賜綿衣、鞍馬、鈔幣。丁酉三月壬子，駕復幸北京。屢召問民情，公悉以實對，賜白金、鈔幣、金織紗羅、紵絲衣帶等物。戊戌五月庚戌朔，進《太祖高皇帝實録》。太宗皇帝御奉天殿受之，披閱良久，嘉奬再四，曰：「庶幾少副朕心。」辛亥，賜宴，并鈔、幣、紗衣。

丁巳，學士胡公歿，公掌翰林院事。太宗皇帝注意益隆，而公在衆中詞色嚴厲，諸大臣往往忌嫉，陰欲踈之。屬北京國子監乏師，因薦公可爲祭酒。太宗皇帝曰：「吾固知其可，汝但求可以代之者。」於是羣意銷沮。六月乙酉，詔修天下郡邑志，命公總之。己亥夏五月，公從弟義與公仲子讓自閩來省，與嘉興通判陳原祐同舟。行次山東，時天氣暄熱，舟小難居。適同鄉翁良興以湖廣黔陽縣丞考滿入京，其舟稍寬，因力邀義與讓共載。是夜，盜殺原祐，盡掠舟中物，義與讓得無恙，人咸謂公厚德所致。十二月己丑，進言十事，皆指斥五府、六部、三法司積弊。太宗皇帝覽而嘉之，密諭公曰：「實切時病，但汝爲心腹之臣，若進此言，恐羣臣益相猜疑。不若使慎密御史言之。」於是得監察御史鄧真，畀入奏，衆皆股栗，免冠請罪。詔諸司即日悛改，怙終者不赦。凡所改，多益國利民之事。

庚子春正月甲寅，元宵節，太宗皇帝御午門觀燈，賜百官宴，并示御製詩。公奉和以進，太宗皇帝覽而悦之，賜以羊、酒、鈔、幣。閏正月丙子，陞文淵閣大學士兼翰林院學士，階奉政大夫，特賜宴於禮部。先是，太宗皇帝以四夷諸番字，中國宜解其義，因選太學生聰俊年少者習之，諸生多不欲，輒生謗議。太宗皇帝怒，將罪之，公力救解得免，遂命公掌之。公訓勵得宜，自是帖服，不敢妄有所言，率皆有成，官至五六品者，莫不感公之德。是冬，連賜鈔、米、柴、炭，并織金、紵絲表裏。建庠教授何玄渭等時寓公家，公輒分與之。

辛丑正月，北京宫殿成。初御朝賀，太宗皇帝念公日侍左右，竭効心力，時密加賞賚，他人弗與焉。二月，寧夏報邊寇犯境，亟召問公。公對以城堡堅實，士卒精悍，賊必不能持久，料今已去矣，無勞聖慮。既而得報，果然。是月望，夜，暴風大作，其隣居千户焦壽家遭火，并延十餘家。公屋與之連，火至輒反風滅之，見者皆歎羡公行善之所致也。

夏四月庚子，夜，奉天、華蓋、謹身三殿災，火勢猛烈。而奉天門東廡切近秘閣，公奮身直入，麾衛士三百人，將御書圖籍并積歲制勑文書舁致東華門河次。明日，太宗皇帝召諭之曰：「昨夜火發，在目前者幾人？卿能收拾圖籍，不避艱危，可謂歲寒松栢也。」公謝曰：「職分當然。」太宗皇帝嘉之，賜銀酒鍾、古銅器各一事，鈔千錠。壬寅，降勑訪求民隱，公首陳利國便民十餘事。太宗皇帝嘉納，命悉入詔條，頒行之。

時翰林侍讀李時勉等十餘人爲飛言所中，太宗皇帝怒，欲罪之，公力救解，得免。是冬，兵部尚書方賓得罪死，逮及户部尚書夏原吉、工部尚書吴中等，皆下獄。時禮部尚書吕震侍左右，屢言中等憸邪誣罔，太宗皇帝益怒。一日御鷹坊司，特召公問原吉等平昔所爲。公極言其無他，二三人者惟以數征北敵乏餽運爲憂，論才力或不及，憸邪未之見也。由是太宗皇帝怒稍釋，遂寘而不問。壬寅三月戊寅，從征沙漠，賜米、鈔、鞍馬。每軍中，命公侯大臣議機務，密令公參決，無不稱旨。特召公於御幄中，同公侯大臣坐飲。凡有賜賚，公與之俱。其特賜公者，公侯或不與俱，而諸扈從文臣亦皆弗與。秋八月，還京師。九月己巳，宴隨征將士，命公坐前列，食上肴，賜鈔幣，并二品金織襲衣、靴襪。

閏十二月甲子，詔復西征。方以士馬糧餉爲艱，有以建文間江西垛集民兵，與餽運丁夫十餘萬可徵用爲言。太宗皇帝以其奏示公，公對曰：「此兵夫昔有詔令復業，今復徵之，是失信也。」太宗皇帝笑語公曰：「卿言正合朕意。」遂寢其奏。癸卯秋七月戊戌，扈從西征，賜羊、酒、帳房等物。八月庚申，駐師萬全，一應軍務，悉命公掌之。自晝至夜，或三接五接宣召，每以楊學士稱之而不名。冬十月甲子，次天成。寧陽侯陳懋奏番王額森圖罕納欵，命公詣大同，議納降之禮。癸酉，公回營，奏對稱旨，賜以御饌，慰勞甚至。冬十一月甲申，旋師，賜鈔一萬貫，米十石，紵絲、金織衣二襲，靴韈二雙。

甲辰三月，復從征北敵。五月甲申，公言軍士勞苦，宜遣使諭彼，并釋其不順之罪，且請班師。太宗皇帝曰：「卿言深合朕意。」遂勑中官伯勒格及所獲諜者，往彼中諭其部落來歸，遂班師。乙未，巡按浙江監察御史王復奏處州之麗水、建寧之政和山寇周叔光等聚二千餘人，往來行劫，漸致滋蔓，請發兵捕之。命兵部尚書李慶等議，調防倭都指揮張翥所領勁兵三千，并閩浙兩都司各調五千，總於翥而捕之。公從容進言，以爲彼皆愚民，或爲有司所苦，或爲衣食所窘，

不得已逃入山林，苟活朝暮耳，何敢爲亂？若寬而撫之，當遂散矣。急則堅其爲盜之心。況兵戈所加，不免枉及良善，願更思處置之宜。太宗皇帝曰：「卿言是也。可勑閩浙三司招撫。若復頑梗弗服，用兵勦滅未晚也。」既而果悉順服。

七月庚辰，次清水源。道傍有石崖，高數十丈，命公紀年月日，刻於上。丁亥，次翠微岡。太宗皇帝御武帳中，憑几而坐，顧内侍海壽曰：「計程何日可至北京？」對曰：「八月中可至。」已乃諭公曰：「東宮歷歲滋久，政務已熟。吾還京之後，悉以軍國之事委之，朕惟優遊暮年，以享安和之福。何如？」公對曰：「殿下孝友仁厚，天下屬心，允稱皇上付託。」太宗皇帝喜，命太監馬雲以羊酒賜之。辛卯，次榆木川。太宗皇帝不豫，召公等受遺命，傳位皇太子，遂崩。衆倉卒莫知所措，公一遵古禮，斂含如度。謂太監馬雲等曰：「六師去京尚遠，不宜發喪。所至宜上食如常儀。」衆是之。復條畫軍中事，益嚴號令，人皆莫測。時議者有欲假他事作勑用寶馳報者。公曰：「先帝在，稱勑。今而稱勑，是詐也。罪孰當之？」壬辰，次雙筆峰。奉遺命，馳訃皇太子。

八月甲辰，至北京，致大行皇帝遺命，退而復以軍中所宜施行者陳之。皇太子嘉歎，賜以白金、鈔、幣。召吏部尚書蹇義，謂曰：「卿其識之，他日吾將大用焉。」翊旦復承命，同義等議即位事宜。公首條民間不便二十餘事上進，皆嘉納之，命入詔條頒佈。丁巳，仁宗皇帝即位，賜公白金二錠，鈔二萬，綵幣二十表裏，及胡椒諸物。己未，陞嘉議大夫，太常卿，仍兼前二職。九月丁酉，進太子少傅，兼謹身殿大學士，階資善大夫。戊戌，賜銀印一，其文曰「繩愆糾繆」。且諭公曰：「卿國家舊臣，秖事先帝二十餘年，又輔朕於東宮，練達老成。朕今嗣位，須卿等協心匡輔。或政務闕失，朕弗聽言，則用此印密疏以聞。至於再三，慎毋憚煩，朕將采納。君臣之間，兩盡其道，庶幾不負祖宗付託之重。」公頓首受命而退。遇事屢有所陳，仁宗皇帝皆嘉納之。

十月己酉，奉命持節册立淑妃暨滕王，賜以白金、鈔、幣。是日，皇太子正位東宮，公以師傅之重，朝夕侍側，悉心匡輔。丁巳，大理寺奏決重罪，仁宗皇帝特召少傅楊士奇及公至御榻前，諭曰：「比歲法司濫刑，往往出於煅煉，先帝嘗切戒之，故死刑至四五覆奏而後決。自今審録，卿與士奇同之。」由是冤抑者多伸理。十一月丁亥，仁宗皇帝御西角門，閱廷臣誥詞，顧謂公等曰：「卿三人暨蹇、夏二尚書，皆先帝親任舊臣。朕方倚卿等自輔，凡朕所行，卿等共知，其有未善，皆當盡言。朕觀前代人主，一履尊位，輒惡聞直言，雖素所親信，亦皆畏威順旨，諛悦取容。或有忠良，時進一言，一再不納，則退而杜口，以圖自全。致令人主因循肆志，卒至覆敗。今朕與卿等當以此爲戒，君臣一體，終始協心，庶幾可以共圖永久。」因取五人者誥詞，親御宸翰，增二語云：「勿謂崇高而難入，勿以有所從違而或怠。」曰：「此朕實心，卿等勉之。」公對曰：「皇上聖德之至，臣等其敢不勉！」

十二月甲寅，加公工部尚書，仍兼二職。勑曰：「兹爲敵人梗化，累犯邊疆，我皇考太宗皇帝爲宗社子孫、天下臣民長久之計，不得已躬擐甲胄，親率六師，往行天討。豈期敵人畏威遠遁，班師之日，不幸中道皇考上賓。六軍在外，朕又遠違膝下。及其崩殂，兒孫亦莫能知。惟卿盡忠爲國，報先皇帝恩德，獨爲果斷，致有今日家國寧謐，宗社奠安。今辰奏告，忽思至此，實感不已。卿當重賚，曩者哀悼倉皇之際，報卿甚微，今追前愆，加賜卿白金五十兩，綵幣十表裏，寶鈔二萬貫，白米二十石。特陞卿爲工部尚書，前官如故，三俸俱支，全支尚書本色。卿當領服，以慰朕懷。」初公扈從北征太宗皇帝，委以軍務。及上賓之日，所行喪禮，并軍中處置事宜，仁宗皇帝聞訃之時，不及訪問，至是有以爲言者，遂降勑獎諭。丁巳，梓宮葬長陵，命公護喪事，賜白金、鈔、幣。

洪熙元年正月壬申朔，仁宗皇帝御奉天門，朝羣臣，徹樂，止行五拜禮。先是，禮部尚書吕震請曰：「皇上新即位，天下文武之臣以暨海外諸國悉來朝賀，宜設鹵簿作樂，如大朝之儀，以稱瞻仰。」弗聽。既而震固請，仁宗皇帝曰：「山陵甫畢，忍遽即吉，明旦朕亦不欲臨羣臣。」震復進曰：「四方萬國遠朝新君，皆願一覩天顔。雖聖孝有所弗忍，然宜勉徇輿情。」仁宗皇帝顧公等曰：「禮過矣！奈何？」公對曰：「誠如聖諭，必欲受朝，不宜備禮。」從之。翊旦，諭公等曰：「爲君以納言爲賢，爲臣以直諫爲忠。如朝會一事，若從震請，追悔何及？賴卿等直言，幸免斯咎。自今朕有弗逮，卿毋惜言之。」各賜鈔幣。丁丑，公懇辭尚書俸。仁宗皇帝曰：「卿居侍從之職，勤勞多矣。矧皇考賓天，遠在塞外，卿獨在側，盡力綱維。每瞻奉几筵，念兹弗忘。今與三俸，亦豈爲過？卿其勿辭！」公復曰：「臣等秖奉先帝，職分當爲，過受厚禄，實所未安。」終弗允。丙戌，頒賜誥命，并推恩封贈其祖考皆如公官，祖妣及母妻皆爲夫人。

三月辛未，命魏國公徐顯宗讀書國子監，召公，諭曰：「爾宜往諭司業。此開國元勳之裔，欲其家與國同久，必教之讀書，知道理，乃可以長保富貴，顯宗孤子，其篤意訓之。」五月庚午朔，勑修《太宗皇帝實録》，命公爲總裁。每朝退，仁

宗皇帝還宮，遇有機務須計議者，必親御翰墨，書公姓名，識以御寶，或用御押封出規畫，公條對詳悉，皆如聖意。

辛巳，仁宗皇帝升遐。時皇太子守南京，中外恟恟。奉皇太后懿旨，馳往以迎。至德州，謁見，公進言曰：「中外臣民翹首以俟。」遂兼程而進。既至，人心大定。六月庚戌，宣宗皇帝即位，益推心委任。公承事尤謹，屢沐白金、綵幣之賜。閏七月甲辰，勅修《仁宗昭皇帝實録》，復命公爲總裁。宣德元年丙午春正月乙卯，勅修歷代臣鑒、外戚事鑒，皆命總之。且諭公，書館中編纂及繕寫官有不遵約束者，悉聽稽督責罰，敢有違越者，具聞黜之。公處之適當，人皆悦服。

八月辛未，漢王叛，公勸上親征。旬月間事平回京，蒙賜鞍馬、白金、鈔幣及樂安州男婦五十餘人。丁未二月戊寅，賜範銀圖書五，其文曰「方直剛正」、「忠孝流芳」、「關西後裔」、「建安楊榮」、「楊氏勉仁」。且面致訓戒，以表眷待之隆。宣宗皇帝嘗親御翰墨，作「春山」、「竹石」、「牧牛」三圖，題詩其上，裝潢成卷，賜公，并賜端硯、御用筆墨及白磁酒器、茶鍾、瓶罐、香爐之類。十月庚申，命持節册鄭王妃，賜紵絲表裏。十一月乙未，皇太子生，宣宗皇帝親酌酒，賜公飲，并賜白金、鈔幣、鈒金酒器。十二月，召至東苑，詢訪政務，賜酒饌、銀相椰盃。臘日，賜繡衣二襲。

戊申春正月戊戌，元宵節，賜文武大臣觀燈於萬歲山，命中官侍宴。公進《元宵賦》，賞鈔三千貫。二月庚申，命公同少師蹇義等十八人從遊萬歲山，詔許乘馬，從東北門入，各攜從者二人。至乾明門下馬登山，繼命乘舟，泛太液池，賜茶及蜜漬珍果，然後至新圓殿。俄頃宣宗皇帝乘黑騮馬至，召士奇與公，詢問民情甚悉，賜以潑醅酒，人各令盡一甌。復命遊小山，看西域所貢二獅。復遍閲諸景。日將西，令中官侍宴松林之下，各賜鈔三千貫，鸜鵒一連，從者賜鈔三錠，并給酒肴，皆醉飽而歸，且傳旨免謝。明旦入見，復各賜椰子，慰勞甚至。三月癸未，奉命持節册中宫。禮成，賜白金、綵幣。秋七月辛酉，賜遊内苑，賜以金銀、綵幣、玉杯、酒饌等物。未幾，賜玉帶、瑪瑙、鶴頂、龜筒、琥珀、花犀、合香、諸帶及龍骨等，繫腰皮裘，黑貂銀鼠帽。

八月戊申，扈駕巡邊。九月癸丑，給以内廐良馬，命公先從。出塞日，賜御厨酒饌。乙卯，師次寬河，遇敵，衆將入寇，宣宗皇帝親率師勦平之。丁巳，駐蹕會州。甲子，班師。既還京，公進七言詩凡十篇，各立題意。宣宗皇帝覽之喜，屢沐白金、鈔、幣之賜。十月乙酉，不欲煩公以有司之務，乃賜勅奬諭曰：「卿秖事祖宗，多歷年所。忠謨讜議，積效勤誠。朕嗣統以來，尤資贊輔，夙夜在念，圖善始終。蓋以卿春秋高，尚預繁劇，優老待賢，禮非攸當。況傅保之重，寅亮爲職，不煩庶政，乃副倚毗。可輟翰林之務，朝夕在朕左右，相與討論至理，共寧邦家。職名俸禄悉如舊。卿其專精神，審思慮，益致嘉猷，用稱朕眷注老成之意。欽哉！」十二月，兩遊南海子，賜羊、酒及鈔。

己酉正月丁巳，陪祀南郊，賜金銀、鮮果等物。五月端午節，賜扇及五色長命縷繫腰等物。七月，以建議鈔法，宣宗皇帝以公有益國利民之心，賜紗羅、羊、酒、果物。八月，賜枸杞湯，且令中官吴誠諭旨曰：「服此可以延年益壽，可以袪諸疾。」九月甲辰朔，賜白金、珍珠、鈔幣、白磁器、蘇合香丸等物。重陽節，賜宴及御製詩一章。丙寅，給賜河南男婦六人。十月癸未，駕兩至文淵閣，賜詩及鈔并酒饌。十二月辛巳，賜白金、綵幣、羊、酒等物。

庚戌春正月丙辰，元夕，奉命觀燈於萬歲山，賜宴。公以詩進，賞鈔六十錠。凡遇時節，必賜以詩章，及内珍羞異果。壬戌，《兩朝實録》成，賜白金、綵幣、羅衣、鞍馬，宴於中府。尋賜鈔一萬貫，并猪羊、海魚等物。二月乙未，宣宗皇帝侍皇太后，謁長陵、獻陵。庚子，宣宗皇帝以皇太后命，召見公等五人於行殿，諭之曰：「皇帝數言卿等忠勤。今天下清寧，民生無事，是固祖宗福祐家國，亦惟卿等贊翼之功。」賜以酒肴及白金、紵絲表裏。辛丑，進詩，謝恩。三月己酉，回京，賜青紅毯子駝褐。四月丁巳，皇太后千秋節，賜鈔三千貫。甲申，陞少傅，仍兼前二職，階榮禄大夫，三俸俱支。乙酉，固辭大學士俸，詔許之。丙申，賜宴文華殿，宣宗皇帝親待焉，賜鈔一萬貫。秋八月癸巳，賜從一品誥命，并封贈二代考妣及妻。

六年辛亥春二月甲辰，聖節，賜宴，恩賚甚厚。乙巳，復賜宴内廷，特賜詩一章褒嘉。公昔有賜賚，必以奉親。及親歿，而朝廷恩眷日隆，公位望益顯，至給三俸，恒以親不逮養爲歉。乃請以少傅俸於鄉邑給受，以供祭祀，及賙卹親族故舊朋友之貧乏者。

七年壬子春正月乙亥，元宵節，賜觀燈於内苑，仍賜白金、綵幣，遣中官送於其第。秋七月，屢賜御製《祖德詩》、《招隱歌》、《猗蘭操》。重陽節，賜宴及内醞珍羞。十一月丙寅，皇太子千秋節，賜綵繡麒麟襲衣。

八年癸丑秋七月丁丑，吏部奏少傅滿三載，賜宴禮部。降勅奬諭曰：「卿以博通之學，明敏之識，練達之材，歷事皇祖、皇考，踰三十年。多效勤誠，以樹勞

績。朕承祖宗大統，亦惟資先朝舊臣，以匡以輔，共圖康濟。蓋自朕即位以來，卿秉誠心，躬勤夙夜，攄其嘉謀嘉猷，贊助不逮，整飭武事，綏懷遠方。而軍旅之政，四裔之情，明習周知，莫踰卿者。忠言讜議，裨益爲多。肆特陞弘化之職，今滿三歲，嘉念良深。特宴勞於禮部，仍賜勅獎諭。於戲！自古有言，人惟求舊。惟朕以至誠任卿，惟卿以至誠事朕，同務戒儆，以令始終。庶幾允釐天工，用光祖考。欽哉！」

九年甲寅秋九月，扈駕巡邊，給以天閑名馬，光禄寺日供酒饌。比還，恩賚甚厚。十一月甲戌朔，賜詩褒嘉。詩曰：「武夷巍峨清插天，丹山碧水相連延。扶輿旁礴之所産，往昔奮起多名賢。只今繼續揚華芬，漢清白吏有遠孫，明經策第登詞垣。皇祖承天御天下，竭職論思靡餘暇，懷忠秉誠履堅貞。臨事果達智識明，禁中頗牧材卓犖，風雲驥足千里輕。顧予菲德嗣天位，旰食宵衣急圖治。普天之下，率土之濱，安危休戚，繫予一人。大厦之興藉梁柱，爲邦必資輔弼臣。卿事文祖兼仁考，歷年固多身未老，方兹倚重傅與保。士有大抱負，堯舜其君民。勗哉弼違補闕輔吾仁，齊芳昔賢耀千春。」

十年乙卯春正月甲戌，宣宗皇帝晏駕。公與少師蹇義等僉議即政事宜，舉愜羣情。壬午，今上即大位，累賜白金、綵幣、鈔錠。丁亥，往相視山陵，還奏稱旨，復有白金、鈔幣之賜。夏六月戊申，命護梓宫葬景陵，賜白金二百兩，文綺十表裏，鈔二千錠。山陵畢，復賜白金、鈔幣。秋九月庚午，勅修《宣宗皇帝實録》，命公充總裁，賜宴禮部。冬十月辛亥，命監立天壽山碑，賜白金五十兩，紵絲羅四表裏，及上尊珍饌。十一月丁丑，以聖節，賜綵繡雲鶴襲衣寶帶。

明年丙辰，改元正統，公與太師英國公等二三大臣建議開經筵以緝熙聖學，詔可其奏，且命精選儒臣充講官。降勅勉諭曰：「朕祇奉天命，嗣承祖宗大寶，統御天下，用主神人。而即位以來，弗遑夙夜，永惟厥道，必學乃明。今以初九日御經筵，命爾翰林春坊等衙門儒臣會同進講。夫大道原於天，堯、舜、禹、湯、文、武以隆政教，而周公、孔子闡明之。我祖宗世所師法，以安天下。卿等宜安心竭誠，相與討論，務歸至當。毋隱而弗彰，毋曲以徇好，庶明之於心，誠之於行，以興治化，以福蒼生，用不忝天與祖宗之命。欽哉！故諭。」三月丁卯朔，上臨軒策試進士，公讀卷殿中，勞以羊酒。庚午，宴禮部。甲戌，上御文華殿開講，公講《堯典》「克明俊德」章，敷析明暢，音吐鴻亮，文武大臣之在廷者莫不竦然傾聽。聖心悦豫，賜白金五十兩，綵幣四表裏，鈔二百錠，即宴於禮部。尋復賜金織紗羅襲衣、金相玳瑁香帶各一。公以累朝舊臣，親受顧命，被皇上眷寵優異，慨然以身任天下之重，精力瀰老而不衰。遇事雖煩劇，應之常若簡而有餘。凡大論建，動協人心。夏五月甲申，奏少傅滿六載，勞以羊、酒、鈔幣。冬十一月庚子，以聖節，賜綵繡襲衣。二年丁巳夏六月己巳，賜綵繡雲鶴紗衣。冬十一月辛巳，賜金織紵絲襲衣，金相文犀帶。

三年戊午春二月戊辰，陞授光禄大夫，柱國。夏四月己巳，《宣宗實録》成，上御奉天門慰勞再三。陞少師，賜白金一百兩，綵幣六表裏，鞍轡名馬，宴於禮部。辛未，復賜玉帶、金織麒麟羅衣。四年己未春正月戊戌，賜金織麒麟襲衣金帶。冬十一月庚戌，聖節，賜如舊。

五年庚申春二月丙戌，從耕籍田。禮成，即上章請告展先墓。詔賜允許，降勅書諭遣曰：「卿以宏材碩學，事我祖宗，居密勿之地者四十年。小心恭謹，簡在惟深。朕嗣承大統，仰惟負荷之重，倚任老成，用圖康濟。講學以明治道，而克啓沃之；崇敬以監成憲，而克欽承之；脩政以安黎庶，而克相成之。肆海内寧一，庶幾小康。卿以先壟久違，請告展省。朕惟孝思，名教所關，特從所請。於戲！古之大臣君子體國如家，令聞長世。卿其念先朝寵眷之隆，及期而來，永諧寅亮之功，以副朕之倚望。」賜白金、紵絲、鈔幣、上尊、羊豕，凡諸饌具稱之，且命内侍阮江伴行，水陸給驛。公卿大臣出祖都門外，觀者填道，朝野榮之。至家，省先壟，饋奠惟謹。大散賜金内帛，遺諸宗親故舊，無不及者。賓客過門，宴洽累月。先是，得微疾。卜六月己卯還京，力疾就道，次杭州而劇。七月壬寅，卒於武林驛，享年七十。時長孫泰侍側，斂含如禮。己未，内侍阮江以訃聞，上爲之慟，輟視朝一日。贈特進光禄大夫、左柱國、太師，謚文敏，遣禮部尚書胡濙等諭祭。仍命江護喪歸其里，工部遣官督所在有司營墳以葬。朝士大夫賫涕相弔，遠近聞者，莫不嗟悼。

公在郡庠時，外祖家自母兄子和殁後，貲産日替。公養其遺孤，俾有成立；春秋親奠墳下。閭里有困於賦役而流竄者，公竭心力爲之營護，招其復業，俾父母妻子咸得聚處，無離散之憂。或有忿争者，輒求判正，無不悦服。時公之行誼已卓然矣。及來京師，鄉人有囚繫、輸作、謫戍者，皆隱憫資給之，不令失所。其有疾病死喪者，或給以醫藥，或給以棺衾，蓋所濟爲益廣焉。其在朝廷，遇事有關於治體者，知無不言，言無不盡。涖職以勤，御衆以公，薦舉惟賢，無間親疏。人有因事詿誤而囚繫者，則從容爲之解釋。上知公忠直，罔不聽從，而陰受公之

惠者多矣。三四十年間，日侍四聖，左右參贊機務，惠澤及人，不可勝計。人莫能知，公亦未嘗言。至其往還兩京，辛勤勞悴，從征朔漠，乘危蹈險，人所弗堪，公亦未嘗告勞。朝廷有大慶會，分獻南郊，遣祭孔子，持節封拜，宴待遠人，無有弗預。公進退起居，皆有常度。凡所存所履，務協理道，絶不爲戲狎之言，褻玩之事。論事上前，詞氣温厚委曲。至與僚友分别淑慝，審辨邪正，則凛然不可犯。暇時接見朝士大夫，及方岳牧守，從容咨訪時政人才，以備顧問。凡有餽送，纖芥弗受。嘗於所居東偏搆屋若干楹，環植花木，扁曰「静軒」。退朝之暇，衣冠正坐，焚香煮茗，與所知談論經史，每至夜分。又於朝門之東南築室十餘楹，樹以槐柳。退食則燕息其中，或邀翰林諸公宴會爲樂，少傅西昌楊公名其堂曰「聚奎」，并爲文記之。

長子曰恭，次曰讓，曰錫，曰賜，曰貴芳，曰貴通。女七，兵部主事雷潛、詹鏞、陳順德、蘇潤其婿也，餘在室。孫男十二，泰、儼、俊、倫、儉、佶、儆、佐、倧、偉、倜、儀。孫女七，曾孫女二。諸子每歲更迭來京省侍。於其歸也，公皆有詩訓飭之，詞意激切。并纂集古人訓子之言爲書，名之曰《訓子編》，各授一帙。國子祭酒豫章胡公若思、學士西昌楊公士奇、臨江金公幼孜、永嘉黄公宗豫俱有題識，贊公篤於教子也。閩浙之間，有見其書者，莫不争相傳寫而寶藏之。所著詩文有《兩京類藁》、《玉堂遺藁》、《訓子編》、《北征記》若干卷，藏於家。人皆謂公有文武才略，詩文特其餘事。公自立朝迨今四十餘年，海内之士莫不仰餘光而承下風，誠可謂德被生民，功施社稷者矣。若公者，非所謂積善之慶，天祐之吉，國之蓍龜，時之柱石者乎？鋏謭陋，在昔同處郡庠，至爲親密。及入仕，復託寓舍館，知公之歷履，頗爲詳悉，故不揆僭踰，謹述其大概如右，庶以備他日史氏之録云。

楊榮《文敏集》附録楊士奇《故少師工部尚書兼謹身殿大學士贈特進光禄大夫左柱國太師謚文敏楊公墓誌銘》 正統五年二月十八日，少師、工部尚書兼謹身殿大學士建安楊公奉勅歸展先墓。既畢事，卜日啓行，病作，衆曰：「曷俟少間？」公曰：「君命不敢稽也。」挾醫以行。至臨安武林驛，病加，遂不起，是年七月二日也。守臣治棺殮，既馳奏，皇上嗟悼，輟視朝一日。贈特進光禄大夫、左柱國、太師，賜謚文敏。遣禮部尚書胡濙涖祭，遣中官使護喪還葬其鄉，命有司治墳。

公先世見余撰其大父墓碑。曾大父伯遜、大父達卿、父伯成，皆贈榮禄大夫、少傅、工部尚書兼謹身殿大學士。曾大母黄、大母謝、繼阮、母劉，皆贈夫人。

公初名子榮，自學諸生鄉試選第一，會試第三，廷對擢第二甲，賜進士出身，入翰林，爲編脩。太宗皇帝入正大統，更其名榮。初建内閣，簡翰林之臣七人其中專典密務，七人者，解縉、胡廣、黄淮、胡儼、金幼孜、公及士奇也。公齒最少，最警敏。一日晚，上出右順門，召内閣諸臣，獨公一人在，出江西三司奏章示之，言吉安鄉民之嘯聚者已悉復業。蓋朝廷初有聞，即遣行人許子謨齎勅撫諭。子謨行將一月，又遣都督韓觀率兵繼之。如撫諭不下，即加兵。及是奏至，上諭公曰：「觀不至，不下。其降勅褒觀。」公讀奏訖，對曰：「計發奏之日，觀尚在中道，未足褒。」從之。自是益重公。

時四方之事方殷，七人者旦夕侍左右，承顧問。受旨，退治職務，且兼稽古纂述之事，不虚寸晷。上時步至閣中，親閱其勞，且視其所治，咸稱旨。時公尤勤勵，遂皆進官。公進修撰，數月復進侍講。明年改元永樂。秋，公請告歸省。又明年春，七人皆賜二品金織衣，且勞之。曰：「天下事，咸朕與若等同計，非若六卿之分理也。」無幾，簡翰林之臣十數人，兼春坊官，任輔導，公兼右春坊諭德，授奉訓大夫，日分直進講經史。四年春，公得寒疾，命中官以御醫來視，賜藥物。五年，奉命往甘肅，同總兵議邊務，察視守備，還奏稱旨。

六年夏，喪父，給傳歸。既葬，遂命起復。是年冬，喪母，公奏歸守制。時已下詔巡狩北京，不許。七年春，内閣胡公及公、金公奉命扈從北京。甘肅總兵何福奏降虜托克托布哈等率部落來歸，命公往同福處置。還奏，上悦，遂奉命持節，往亦集乃之地，封福爲寧遠侯。八年春，車駕北征布尼雅錫哩，公三人仍扈從。至臚朐河，命公先齎勅，還報皇太子，復還北京。冬，扈從還南京。九年春，奏奔母喪，遣中使護送。既還，皇太子命公侍諸皇孫學。且命公曰：「暇則有成。」公盡心不怠。重脩《高皇帝實録》，命胡廣、胡儼、黄淮及公爲總裁。十年二月，賜誥命，並追贈父、母、妻。冬，甘肅守帥西寧侯宋琥奏叛寇妻達衮逃居齊勤蒙古衛，將爲邊患。時豐城侯李彬鎮陝西，遂勅彬率師勦之，且命公往，與彬計度。十二月還，奏：「餉道險阻，今天寒，人疲，馬瘠，不可行。且小醜不足以煩王師。」遂勅彬旋師。無幾，叛者復歸。十一年春，從狩北京。

十二年三月，從征衛拉特。時皇長孫侍行，上命胡、金及公三人，凡行營有暇，即與講析理義，開其聰明。尚寶司官闕，命公兼之。既還，勅翰林脩《性理五經四書大全》，公三人皆爲總裁。十四年，陞翰林學士，仍兼庶子，扈從南歸。十

五年春，復扈從巡北京。十六年夏，進《高廟實録》，賜宴賚。胡公歿，公掌翰林院事，益見親密。一時廷臣狎恩多縱忌，公伉直，發其私。適太學闕祭酒，衆共舉公，實欲疏之，上不聽。公遂密言十弊，指斥五府、六部、都察院，章留中不下。十七年，進文淵閣大學士，仍兼翰林學士，授奉政大夫。十八年，扈從北征。秋還京。冬，將西征，親藩奏建文中江西所垛集民兵可徵用。出奏示公。公對云：「陛下命復民業二十年矣。今復徵，非信。」上曰：「朕意固如此。」遂寢。三殿災，公偕金公陳便宜十數事，皆見施行。重賢愛人，或陷非辜，必援之。尚書夏原吉以兵饟不給，坐繫。吕震言其柔姦，侍讀李時勉嘗論事，亦有言其賣直者，皆激上怒，悉委曲爲之辨解。

二十一年秋，復扈從西征，駐蹕萬全，一切軍務，悉付公掌。寧陽侯陳懋奏番王額森托噶來歸，命公往議受降。歸奏稱旨。二十二年，復從北征。中道軍餉不繼，上聞之，命公與金公總計其數。遂如二公言，遣使諭彼，釋其不臣之罪，下令班師。浙江三司奏處州之麗水、福建之政和山寇劫掠，請勅兩都司合兵討之。公言愚民爲有司所苦，出不得已，兵出，即良民先被害。願遣一勅使撫諭之，不足煩兵。上從之，卒如公言無事。一日，上從容坐帳殿，諭公二人曰：「東宫監國久，熟政務。此歸，悉付以天下事，吾惟優游暮年。」二公共對曰：「皇太子孝友仁厚，天下屬心，允稱陛下付託。」上悦。師次榆木川，上不豫。既上賓、凡沐浴、襲奠、飯含、棺殮，一切之禮，悉出二公。衆遂推公先馳歸報。既至，同尚書蹇公等議喪禮，遂議即位禮。

仁宗皇帝嗣位，進公太常寺卿，授嘉議大夫，仍兼兩職學士。逾月，進太子少傅，授資善大夫，兼謹身殿大學士。山陵事殷，太監孟繼極言公盡心喪事，上嘉歎，即陞公工部尚書，仍兼前二職，賜勅褒諭，三俸俱支，尚書一俸全給米。洪熙元年，賜誥，贈二代考妣。無幾，上命範白金爲方寸印四枚，其文曰「繩愆糾繆」，以賜師傅。公與金公同受其一，皆期之直言匡輔。脩《文皇帝實録》，公預總裁。

仁廟上賓，時皇太子監國南京，遺詔嗣位，公往迎於德州。既還，命公同有司相陵地。宣宗皇帝嗣位，修《仁廟實録》，仍預總裁。高煦反，在廷多懷貳心，惟文臣三四人勸上親征，公其首也。遂扈從討平之。師還，特受駢蕃之賜。馬騏激變交阯，黎利聚衆抗王師，總帥孱弱不支，輒與利和，且爲利奏，請立陳氏後，遂以師還。奏至，上以示，文武大臣皆勸發兵擊利。上不聽，竟偃兵息民，公預力焉。是年八月，車駕巡邊。至遵化，聞敵逼塞下，以道陿，師難並進。上率鐵騎數千，先馳擊之，文臣獨公從。既還，陞少傅，進榮禄大夫，仍兼尚書、大學士，三俸俱支。辭大學士俸。進《兩朝實録》，賜宴賚。又範白金爲圖書，刻「方直剛正」四字以賜公。

數月，上念先朝老臣蹇義等四人皆春秋高，並賜勅褒諭，命輟職務，朝夕左右侍論議，公與焉。賜玉帶，加有御製詩畫之賜。公滿三載，吏部以聞，賜勅，有「忠言讜論，裨益爲多」之褒。賜宴禮部，遂賜少傅，誥進封三代。後兩扈從巡邊，皆至洗馬林而還。

宣廟上賓，公復偕有司相陵地。皇上嗣位，公與同官三人協志合力，以效裨益，賜賚特厚。修《宣廟實録》，皆爲總裁。書成，進公光禄大夫、柱國、少師兼尚書大學士如故，賜玉帶。時上日勤聖學，命公同知經筵事。五年，謁告省墓，賜勅褒諭，加厚賚給。傳遣中官護送。既還京，道薨，春秋七十。

公仕於朝四十年，皆居清密。考鄉試者一，讀廷試卷者九。爲人闓疏果毅，遇事當爲奮前不疑。於論古人必欲出新見，不肯苟同，議辟率歸寬恕。勤職事，盛寒暑及小疾，未嘗少息。於四裔及邊徼事，及邊將勇怯智愚，靡不通知，故付量事勢，率豫中。內篤孝友睦婣之行，家故豐裕，且有厚禄，能濟窮恤患，無間疎戚。喜賓客，善交際，雖貴盛無崖岸，貴賤小大皆歸心焉，故聞其歿也，咸有咨嗟悼惜之意。所著文章有《兩京類藁》、《玉堂遺藁》、《訓子編》、《北征記》，藏於家。元配劉，贈夫人；繼劉，封夫人，皆里處士仲穆之女。子男六，恭、讓、錫、賜、貴芳、貴通。女七，兵部主事雷潛、詹鑌、陳順德、蘇潤其壻也，餘在室。孫男十二，泰、儼、倫、俊、儉、佶、儆、佐、倧、偉、倜、儀。女七，曾孫女二，皆在室。

士奇與公同僚三十有九年，同事四聖。今內閣舊臣，惟吾兩人。未能退，公又溘先余逝。公之葬，其子屬少保楊公書墓上之石，余銘諸幽。嗚呼！凡今能文士大夫，感公之德，述公之行，雖有之矣。若交之久，知之深，言之信者，余兩人其庶幾可無愧也。銘曰：

桓桓文敏，通才博識。遭際聖明，光奮於績。承明延閣，著作之庭。以翱以翔，舒華振英。北裔西陲，從狩萬里。職典者文，亦兼知武。羌虜胸臆，帥垣弱强。重瞳屢顧，敷奏惟明。晚陟三孤，貳公弘化。恪恭昕夕，敢或遑暇。帝懷敷仁，鞠躬承之。民懷被福，黽勉成之。志存寬惠，行在果斷。嘉謀讜議，褒書有

煥。予告南旋，曾幾何時。上下延佇，而訃奄來。越昔內閣，七人同事，荏苒三紀，我銘其四。公壽考終，哀榮寵光。嗚呼文敏，歿也不亡。

楊榮《文敏集》附録楊溥《少師工部尚書兼謹身殿大學士贈特進光祿大夫左柱國太師謚文敏建安楊公神道碑銘》 士君子遭際明時，爲國大臣，偉績榮名，流芳永世，豈偶然哉！蓋其生也有所本，出也有所爲，故其終也克全其美。少師、光祿大夫、柱國、工部尚書兼謹身殿大學士建安楊公，本漢太尉震之後，繼世以宦游遷閩。至其祖達卿，家鉅富，積善樂施。嘗置近居山林，栽萬木，以資鄉人貧者衣食、屋室、棺槨之用，津渡爲橋梁舟楫，歲久滋茂。遺訓子孫，無專以利家。厥考士美，克承先志，益廣厥施。

公生而不凡，自少力學，以科第發身，入翰林，爲編修。太宗皇帝入正大統，脩舉成憲，開內閣，擇儒臣六七人掌機密。公尤爲精敏周緻，不踰年，屢遷至侍講。及建皇太子授諭德，尋陞右庶子，皆兼翰林職事。論思而退，則進講東朝，趨事惟謹，未嘗知倦。又嘗受命輔皇太孫。未幾陞翰林學士。上巡幸北京，營建都邑，親征朔漠，制勑條畫，公偕同事二三人秖順贊襄，罔不盡心。至若將帥賢否，軍機調度，邊務緩急，遠人叛服，必詢之公，公亦以身任之。

陞文淵閣大學士，兼舊職。征北班師，軍食不繼，亟言於上，以御膳餘糧給之。西羌叛，命往經理。公言敵人叛服不常，招撫之便，不必勤兵，未幾叛者皆歸。寧夏報西寇犯邊，召公計之。公以城堡堅固，士卒精鋭，賊必不能持久，料今已去矣，無勞聖慮。既而得報，如所料。方西征，有言建文時所募江西民兵可十餘萬宜徵用。公言嘗有詔令復業，不可失信於民。再征北敵，公言軍士久勞，請釋其前罪。班師，麗水、政和山寇聚衆，有司請發兵捕之。公曰：「愚民窘於衣食，重爲有司所苦，求活朝暮耳。少緩之，必散。用兵則害及良善。撫之不從，用兵未晚。」上皆嘉納之。再從北征，上升遐，奉斂如禮，傳遺命。

仁宗昭皇帝即位，預議喪禮，悉遵古制。詔汰冗費，蠲逋負，舉困窮，省刑罰，出官錢贖民間所鬻子女，用圖惟新。不踰年，仁義忠厚之政舉行無遺，公與力焉。陞太常卿，兼舊職。尋陞太子少傅兼謹身殿大學士，賜銀印，文曰「繩愆糾繆」。未幾，以經畫喪事勞，賜勑獎勞，特陞工部尚書，仍兼二職，支三俸。復命護梓宮，葬長陵。

宣宗皇帝上賓，迎皇太子嗣位，益見信用。庶人高煦叛，從駕東征，不旬日平之，公有參贊之功。交阯叛，請寬其伐，以卹我師。未幾，陞少傅，仍兼前二職。今上即位，議即政事宜，及開經筵以廣聖學，命公同知經筵事。日侍講學，退而綜理庶事。進少師，兼官如舊。以久違先壠，請告，詔許之。賜璽書褒諭，優加恩賚。乘傳南還，遣中官相行。事竣，力疾就道，至杭州，卒於武林驛。訃聞，上深悼之，輟視朝一日。遣禮部尚書胡濙祭於其第，復命中官護其柩歸，勑有司營葬，追贈特進光祿大夫、左柱國、太師，謚文敏。官其子恭尚寶司丞。

公事列聖四十餘年，自右庶子至少傅，三受誥推恩追封三代考妣。凡朝廷大制作，若四朝《實録》、《性理大全》、《歷代臣鑒》、《外戚事鑑》，皆爲總裁。大冊封，大祭享，恒命行禮。所賜御製詩文圖書及金帛、衣服、乘馬、寶帶、珠玉、金銀、器皿諸物，歲無虛月，寵任益隆，勤慎益至。凡所理事，可集辦者，未嘗踰宿。公素孝友，自家食至大官，於宗族、師友、鄉黨，及所知識，困苦婚喪必賙卹，患難必救援。卒之日，聞者莫不傷之。所著有《兩京類稿》、《玉堂遺稿》、《訓子編》、《北征記》。配繼皆劉氏，贈封如制。側室葉氏、武氏、張氏。子六人，長曰恭，次曰讓，曰錫，曰賜，曰貴芳，曰貴通。女七人，長適兵部主事雷潛，次適詹鏞，次適大理寺評事陳順德，次適蘇潤，皆士人，餘在室。孫男十二人，曰泰、儼、俊、倫、儉、佶、儆、佐、倧、偉、倜、儀。孫女七人，曾孫女二人。公卒以正統五年七月壬寅，是年十二月丁酉葬於甌寧縣豐樂里山之原。

溥與公同年同事，知公爲悉，因恭昆弟之請，纂其大概，俾書之神道。

銘曰：

天眷國家實以賢，惟才之生匪徒然，用輔厥世福黎元。公事列聖四十年，從容館閣佛仔肩，天戈屢出清塞垣。謀協廟算皇威宣，三扶紅日升青天，公孤特進昭台躔。位日益顯心益虔，服勤夙夜罔有愆，恩榮終始福百全。用振厥後光厥前，武夷秀氣淩雲烟，建溪之水清且漣。高岸深谷有變遷，我銘昭昭其永傳。

楊榮《文敏集》附録王直《少師楊公傳》 公姓楊氏，初名子榮，字勉仁，太宗皇帝更名榮，遂以聞於天下。漢太尉震之後，唐末有仕於閩者，因家浦城，三遷，遂爲建安人。祖達卿，父士美，皆不仕，而皆爲善人長者，以公貴，累贈至榮祿大夫、少傅、工部尚書兼謹身殿大學士。

公幼聰悟絶倫，喜讀書，善講説，當時大奇之。事大父母、父母盡孝敬，處內外屬皆有禮。弱冠，已有濟物之施，公輔之志。朝之公卿大夫道建安者，皆重之。由郡庠生領鄉薦第一，遂取進士，入翰林，爲編脩。太宗即位，選儒臣六七人置內閣，典辭命，而公在焉。陞修撰，尋陞侍講，修《古今列女傳》。仁宗皇帝

正儲位，公爲諭德，兼侍講。太宗嘉其勤，謂曰：「卿朝夕左右，敬慎不懈。恒情保初易，保終難。朕常思保全之道，卿亦宜謹厥終。」賜二品服。上恢弘遠略，經營四方，公獨以警敏勤於外。嘗命往甘肅視師，及還，規畫皆稱旨。且言其山川形勢，軍民休戚，城堡虛實，上悅，陞右庶子，侍講如故。父卒，賜鈔三千貫，俾馳傳歸葬，詔奪情起復。皇長孫英睿夙成，篤志學問，命公兼職輔導。

永樂七年，當巡幸北京，適聞母喪，又奪情以行。時何福守甘肅，言虜酋布哈等率衆來歸，詔公與福議所以處之者。既還，又命持節至亦集乃，封福爲寧遠侯。且命過寧夏，與寧陽侯陳懋飭邊務。歸奏便宜十事，上嘉納之。從征北敵，師至驢駒河而還。軍士乏食，公以爲言，上命供御之贏盡給之，令軍中有餘者貸不足，歸而倍償，衆賴以濟。公在軍事既繁劇，以親喪不飲酒食肉，時哭泣不自勝，因以羸悴，上憐之。既還，乞歸終制，不許。許奔喪，遣中官宋成護往來。既而仁宗命與諸皇孫講學，學益進，深見獎重。甘肅守將西寧侯宋琥言叛寇妻達衮等依齊勤塔爾尼將爲邊患，勅豐城侯李彬率師討之，命公往經略。時草枯冰凍，士馬不可動，彬不敢言。公歸，奏之，且言小醜無能爲，不足以勤大軍。乃止，而叛者已復歸附。師征衛拉特，皇太孫侍行，上既訓以武事，命學士胡廣及公稍閒，即以經史進講。又嘗問足食足兵之要。公曰：「慎擇將帥，力屯田，訓練有方，耕穫以時，食足而兵精矣。」及還，上以《五經》《四書》傳註之外，先儒多所發明，且性理書及諸議論皆未有統會，詔集儒臣類次成編，又命廣與公總其事。書成，賜名《五經四書性理大全》。陞翰林學士兼庶子，益見親任。朝臣有傾巧迎合，爲公所抑者，議欲閒之。會北京缺祭酒，衆請以公任焉。上不許。公又指言五府、六部、三法司積弊有十，上命以授御史揚言於廷中，衆皆請罪，詔原之，而使釐正。陞文淵閣大學士兼翰林學士。寧夏報虜入寇，上以問公，公對曰：「寧夏士勇邊實，寇不能持久，今去矣。」已而果然。浙之麗水，閩之政和有寇，合二千餘，兵部請發兵勦之。公奏曰：「愚民窘於衣食，剽掠求活耳。急之則益生變。臣以爲莫若招撫便。」從之，果順服。

太宗屢北征，公必在行軍中，密務多命公掌之，決機發策，亦使參與，眷待與公侯等。上嘗語公曰：「東宮歷事久，閑於政務。朕歸，悉以軍國事委之，得優游暮景。」公對曰：「殿下孝友仁厚，天下屬心，允稱皇上付託。」車駕還至榆木川，疾甚，召公等受遺命，傳位皇太子。上崩，公與左右中貴人奉斂如禮。以去京尚遠，慮不虞，戒勿發喪。整軍旅，嚴號令，而與中官海壽馳還，報仁宗，宣大行遺命。

仁宗即位，禮儀詔赦，命公與二三大臣計議條奏行之。賜公白金二百兩、鈔二萬貫，綵幣二十表裏，陞嘉議大夫、太常卿，仍兼前二職。尋陞資善大夫、太子少傅兼謹身殿大學士，賜銀印，文曰「繩愆糾繆」。且諭公曰：「朕於政務有缺，則用此密疏以聞。至於再三，慎毋憚煩。」公奉命惟謹。又慮法司濫刑，命公與諸大臣同審録，獄以不冤。上嘗閲翰林所作公等誥辭，謂曰：「朕倚卿自輔，朕若有失，皆當盡言。」親御翰墨，增二語云：「勿謂崇高而難入，勿以有所從違而或怠。」曰：「此朕實心。」公拜曰：「陛下聖德之至，臣豈敢不勉？」既而有言，太宗升遐時事多公爲主之，上嘉歎，降勅獎諭，加賜白金、綵幣諸物，特陞工部尚書前官如故，三俸俱支。公辭尚書，不允。

仁宗崩，宣宗爲皇太子，在南京，遺命徵還嗣位。公往迎於德州，由是益任公，公亦益盡力。高煦反，公力贊親征。及累出巡邊，公皆從。久之念公等大臣且老，不欲煩以事，命輟翰林之務，惟朝夕在左右討論至理，共寧邦家。陞少傅，階榮禄大夫。又陞少師，勳柱國，階光禄大夫。今上即位，待公益重，而公謀國益盡心。有大事，衆取決焉。累朝眷遇，宴賜之隆，前後不可計，雖元勳世戚不過也。然以久去墳墓，常欲一歸省，而縻於職務。會有事西陲，及西南夷，不敢求去。至是，西師解嚴，西南夷亦納貢，乃請行。上命中官與偕往，且命公速來。事畢，戒行，已有疾。或勸且止，公曰：「君命不可緩也。」挾醫而行，至杭州卒，年七十。事聞，上嗟悼，輟視朝一日。贈太師，謚文敏。又命中官往護喪歸建安，葬事皆官給之。

夫人劉氏，先卒，以其弟繼，亦封夫人。子六人，恭、讓、錫、賜、貴芳、貴通。上念公不已，命恭爲尚寶司丞。公秪事列聖，凡四十年，未嘗去禁近。每四皷起俟朝，雖風雨寒暑不變。日親所事，至或廢飡，常迫暮而後反。初修《高廟實録》，其後三朝史事，皆公爲總裁，紀載詳備，實而不華。京闈鄉試典文衡者一，廷試讀卷者凡九。其文施於國家，與凡碑銘序記之散於天下者，人皆傳誦之。其於武事尤諳練，將士之勇怯，饋運之難易，邊鄙之利害，道里之迂直，靡不知。故每承顧問，與籌筭，皆能適事宜。體國之心，老而彌篤，嘉謀至計，造膝而言，所以裨益於上，惠利於下者蓋多矣。

直從公在翰林亦三十七年，知公平生爲詳，故摭其事有關於天下國家之大者，爲公傳，俾後有考焉。若其德義之施於親戚、朋友，以及鄉鄰州閭，則有公之

行述與墓銘在，此不著。

論曰：古之君子之事上也，必委身於國而不顧其私，故能視官事如家事，知無不爲，爲無不力。公受任四朝，竭心殫慮，不以險夷禍福易意。況經綸於外，弼亮於內，又有衆人所不能知者，豈非古之君子與？昔仲山甫事周，出入中外，所任者衆矣，而皆能善其職。《詩》曰：「肅肅王命，仲山甫將之。邦國若否，仲山甫明之。既明且哲，以保其身。夙夜匪懈，以事一人。」今以公比之，何有異哉？何有異哉！

雜録

備録

葉盛《水東日記》卷五　夏太常仲昭嘗聞之楊文敏公榮曰：「吾見人臣以伉直受禍者，每深惜之。事人主自有體，進諫貴有方。譬若侍上讀《千文》，上云『天地玄紅』，未可遽言也，安知不以嘗我？安知上主意所自云何？安知『玄黄』不可爲『玄紅』？遽言之，無益也。俟其至再至三，或有所詢問，則應之曰：『臣幼讀《千文》，見書本是「天地玄黄」，未知是否。』」文敏之言如此，不審明者以爲如何？

李樂《見聞雜記》卷二　建安楊文敏公榮，其父充渡船役，他渡者率索往來錢，又風雨寒夜輒憚勞。公父獨不然。有堪輿家感其義者，爲卜地葬文敏祖，指狐所棲窟焉，囑曰：「俟狐起而葬公父。」值嚴寒衣單，乃逐狐葬。歸報堪輿家，堪輿曰：「俟狐去，子孫必有爲侯王者。今稍早，止可多發科第，然亦彀汝子孫用矣。」今楊氏科第果代不乏人云。

焦竑《玉堂叢語》卷一　楊文敏從文廟北征，蚤發淩霄峰，公與學士胡廣、金幼孜迷失路，太宗命中官追尋，得之。時昏黑，中官馳去，公等復迷入窮谷中。幼孜墜馬，胡學士、金侍郎不顧而去。公下馬，爲整鞍轡，不數步，幼孜復墜馬，鞍盡裂。公即以所乘馬讓之，自乘驏馬，從夜至旦，不勝疲勞。翼日出山，望見左掖，乃趨赴之，至午，方詣中軍。上大喜，慰問良久，嘉公之義。公謝曰：「僚友之分，誼所宜然。」上曰：「廣非僚友耶，何不顧而行也？」

焦竑《玉堂叢語》卷三　宣德中，魯穆爲福建僉事，持憲甚嚴，不避强禦。楊文敏公家有一家人犯罪，魯置之於法，略不少貸。文敏知，即薦爲僉都御史。

焦竑《玉堂叢語》卷五　永樂初，成祖一日出右順門，召内閣諸臣，獨楊榮一人在，出三司奏章示之。言吉安鄉民嘯聚者已悉復業，朝廷初有聞，即遣行人許子謨賫勑撫諭，子謨行將一月，又遣都督韓觀率兵繼之，如撫諭不下，即加兵。及是奏至，上曰：「非觀至不下，其降勑褒觀。」榮讀訖，奏曰：「計發奏之日，觀尚在中道，未足褒也。」從之。後詢之，果然，榮自是益見重。【略】

永樂年，一日旦暮，寧夏報被虜圍。上急召閣下諸老，皆已出，惟編修楊子榮赴命，上不懌，示以奏曰：「爾後進，寧解此？今當以何處兵往救？」子榮徐曰：「不須救也。」上曰：「何也？」子榮曰：「臣嘗奉使至彼，其城堅，且人皆習戰，今其發已十餘日，虜必已退。但勑守臣固守，及鄰近諸城堡隄備可矣，不必遣兵，重爲煩擾也。」上頗回顔，曰：「明日與諸老來議之。」夜半，虜圍解報至，詰旦，上召子榮，以報書示之，曰：「卿何料之審也。」喜見於色。問其名，曰：「楊子榮。」命去「子」字，單名榮，即命入閣，寵遇日隆。然入謀於內，未嘗以言於外，外人亦不知趨之，故成永樂之治。文敏才實通敏，機務沓至，斷決如流。而善承人主意，徐引於正。二楊皆以諫東宮事繫獄累年，文敏雖嘗諫，上不罪也。說者謂其相業有姚崇之風焉。

備論

梁廷樞《玉劍尊聞》卷五　王振謂三楊曰：「朝廷事賴三先生，然皆高齡倦瘁矣。」文貞曰：「老臣當盡瘁報國。」文敏曰：「不然，當薦幾箇後生報主耳。」即薦陳循、高穀、苗衷等。文貞讓文敏，文敏曰：「彼厭吾輩矣。一旦內中出片紙，以某入閣，則吾輩束手而已，今數子皆是我輩人，當一心力。」文貞嘆服。

楊士奇《東里文集》卷四《萬木圖序》　萬木圖者，右春坊右庶子兼翰林侍講建安楊榮勉仁昭其大父達卿先生之德，示其後之人也。先生有孝行，於爲善施義汲汲焉。然不喜以施名，以爲受人之施者，恒有愧耻爲辱之心，而不自慊也。夫施於人而使其心愧耻爲辱而不自慊，猶不施也。必使受吾之施者，如其所當

得，如無與於我，而即乎其心之安，庶幾可也。

元之季世，兵戈饑饉，民困窮凍餒無食，至相食以苟活，雖父子夫婦相視不能相保卹，所在皆然。時先生藏穀甚富，將發廪振之。指某山號於衆曰：「有能相吾力樹木者乎？樹一木，予穀若干。願相吾力者先予穀。」於是争願出力來請穀。既悉飯之，乃如所言，願樹木多寡予之穀，不籍識其姓名，卒亦不視其功，而所活不可勝計矣。先生之樂施何其忠厚委曲而周備歟？居數歲，木鬱然崇茂，悉中於材。先生指以戒其子若孫曰：「不自意今之盛如此也。其毋苟自爲利，將有爲學宫，爲釋老之宫，爲橋梁及津渡之舟，而需材者給之。有貧欲爲居室，没欲爲棺而不得材者給之。毋苟自利也。」於是所施利益多矣。

時福建行省左丞阮德柔聞而高之，命工作《萬木圖》表之，搢紳君子多爲文若詩紀之詠之。既皆失於兵，而其子若孫佩服訓戒至于今不違。然欲其後世皆佩服不違，此圖所以繼作也。嗚呼！始先生知施穀而已，知求受施者即乎其心之安而已，豈計樹之木後當何如哉？而受施者必盡力焉不可以苟，蓋天理之在人心有不能已也。先生所存如此，惜乎其僅施於衰亂艱虞之際，畎畝之間，而徒布衣以終其身也。不然，使遇治平之時，得一命爲所欲，爲所施，利不其博哉？如其後之人能世承其訓，推廣是心，而行之不已焉，其於施利固又博也。是用告諸其來者。

習經《尋樂習先生文集》卷一八《題太師楊文敏公訓子詩後》 右《訓子詩》并《序文》一通，前太師建安楊文敏公以示主器永寬者也。詩與文所述皆發乎衷情之自然，故曰父子之道，天性也。公之素心，其仁矣乎？昔之人以詩訓子者多矣，若陶淵明之於阿舒，韓退之之於符，盧仝之於抱孫，杜子美之於宗武，視公所言殊爲不同。陶責其不能學，韓冀其取富貴，盧與杜兼寫其瑣細譏議之思。公之所發則不然矣。

公以碩德長材，迨事四聖，膺内相之任，自永樂以來，與二三君後先被乎遭遇之寵，而公爲特久且盛。志行意得，故所發非若彼之不愜於中者所言，而惟序其自幼及長所歷險艱辛勤之狀。至其爲訓，於倫理之大，以及事物之細，莫不備舉，而義方之意寓諸慈祥矜閔之中，殆有得於孔子所謂「汝爲《周南》、《召南》者」歟？《周南》、《召南》所具者，脩身齊家之道也。公既本之以爲訓，爲子者又克遵承之，以賢令稱於搢紳間。朝廷推公遺澤，丞于尚寶，二世濟厥美，所以報乎公者厚矣。嗟乎！公之爲訓，既本諸二南，較其平居所自飭者，豈外於是哉？惟其不外於是，而剛大之氣、正直之風具諸□學行者，炳炳琅琅，受知宸衷，爲當宁所倚重，百辟爲儀刑，華夷所仰望，以福乎生靈，及乎天下後世者可得想見矣。抑公之爲訓，雖由於主器，亦以爲支子者。訓□□□佩服之以見於用，以俱叶天，有是父，有是子之舉焉。顧不韙歟？鯫生叨進也後，辱從於公三十年，極荷賜教，仰止高山，今不可復覩矣。永寬示以此詩，臨楮慨然，敬以鄙見所得者，拜題於末簡云。

楊榮《楊文敏集》王直序 國朝既定海宇，萬邦協和，地平天成，陰陽順序，純厚清淑之氣鍾美而爲人，於是英偉豪傑之士相繼而出。既以其學贊經綸，興事功，而致雍熙之治矣。復發爲文章，敷闡洪猷，藻飾治具，以鳴太平之盛。自洪武至永樂，蓋文明極盛之時也。若建安楊公者，其可多得哉？直在鄉校時，聞公領鄉薦第一，名譽赫然，思欲識公，未能也。太宗皇帝即位之明年，直亦取進士，選入翰林，俾盡讀中祕書，學古爲文詞。而公已在内閣典辭命，職論思，所與共事者六七公，皆天下之望。又後二年，直再被選拔，得從諸公後。諸公不以直爲愚，而皆辱教焉。聽其所言，觀其所存，信一代之偉人也。而公復以達政務，善應變，最爲上所親任。凡制馭遠方，飭師旅，撫順討逆，慮邊將有不能辦者，必命公往圖之。公決機發策，皆適其宜。上躬御六師，清沙漠，必命公從行，所以贊襄裨益爲多。其在朝廷，朝夕侍左右，圖議政事，以安利兆民，而人蓋陰受其賜。間爲文章，歌頌聖德，施之詔誥典册，以申命行事，與凡官署民居所以施政教，適性情，而欲紀載其實，序述其故，孝子慈孫，欲銘著其祖考之美，以垂諸不朽者，多請求於公，公皆有以應其求。其學博，其理明，其才贍，其氣充，是以其言汪洋弘肆，變化開闔，而自合乎矩度之正。蓋渢渢乎盛傳於天下得之者，不啻若南金拱璧，寶而藏之，而今不可復得矣。

直在翰林三十七年，辱與處者蓋多，惟公相好爲最深。蓋自永樂以來，親見上之所以教養拔擢，而知其意欲有所用也。故既處之要地，使習知其故。至於四朝《實録》，與夫大典禮、大述作，直皆與其間。及直之去翰林，惟公深惜之，而反爲忌者所病。夫士之進退出處有命焉，非人力所能勝，奚以病爲哉？公之卒也，直既爲傳，載其行事之大者，以備他日太史之采擇。至是，子恭類次遺文若干篇，將鋟梓以傳，又屬直爲之序。於戲！公之文，豈待序而傳哉？獨感公之知有不能已於言者，故序諸其首簡。

公賜名榮，字勉仁，歷官至少師、工部尚書、謹身殿大學士，贈太師，謚文

敏云。

正統十一年冬十二月望日，資政大夫、吏部尚書兼經筵官、前國史總裁泰和王直序。

楊榮《楊文敏集》周叙序　天啓一代文明之治，必生奇偉不世出之才以匡輔之，故其事功足以經國而庇民，其文章足以垂世而傳後，夫豈偶然之故哉？三代邈矣，漢、唐、宋以來，號稱極盛，其間並美兼該，亦不數人，信乎才之難也。吾觀贈光禄大夫、左柱國、太師謚文敏楊公詩文集，有以見公之不可及焉。

公建安人，少穎悟絶倫。自遊校庠，已有經綸天下之志。暨登高科，入翰林，遭遇太宗皇帝，委以心腹之寄，居則參掌機密，出則謀謨帷幄，寵眷優厚，羣臣鮮儷。逮事仁宗、宣宗、今上皇帝，付托愈隆，爵位益尊，聲望彌著，縉紳士夫瞻仰其休光，四夷八蠻想聞其風采，豐功偉烈，鏗鍧炳耀，天下誦之。猗歟盛哉！復以其宏博之學，敏贍之才，發爲文章，與古之作者頡頏後先。高文大册，施諸朝廷，雄詞直筆，著於國史，嘉猷讜論，達於經筵。凡文武大臣勳績之所紀述，中外名流先德之所表揚，以及海内縫掖之士欲有所借譽者，得片言隻字，莫不以爲至幸。公亦隨其人之所求，樂然應之不倦，皆各適其意以往，何其富哉！

公没之後，其子尚寶司丞恭集公平生所作，以類分之，托叙校正，且屬序其後。叙辱受教於公甚深，屢蒙薦拔，雖不果登用，居嘗自誦以爲知己，尚敢以蕪陋辭乎？於乎！斯集之傳，豈徒見公著述之盛？而天祐國家，生才佐理之盛，亦足徵焉。叙何幸，厠名簡末，附諸永久哉？

楊榮《楊文敏集》錢習禮序　自古國家以得賢材而興。國朝太祖受命，肇造區宇，太宗嗣服，茂隆化理，天下之材，應期而出，以備任使者，布滿于朝。有能傑出其間，學足以達治體，材足以任國政，文足以代王言，居輔翼之任，受腹心之寄，無媿於古之所謂大臣者，建安楊文敏公其人焉。

公少有大志，刻苦務學，博洽經史，於治亂興衰之由，是非得失之理，莫不究盡，慨然以功名自期許。始由進士入官翰林。太宗正位，簡文學之臣凡七人，入祕閣，掌密務，公在選列。姿度英爽，每侍閒燕，有所顧問，敷對剴切。上奇其材可大用，於凡政之得失，民之休戚，悉以問之。公即小心一志，知無不言，言無不盡，皆見聽納。其言之行而功利及於民者，不可勝計。然多公所獨知，它人有不得而與知者。上益察知其忠，日見親任。邊情軍務，一皆諳練。嘗西鄙有儆，敵中情僞不可測，遣同大將籌之。既至，洞識事機，措置得宜，邊境帖息。回奏，大見獎賚。上每親征，公皆在行，從容帷幄，贊畫居多。繼事三朝，忠勤始終如一日。所以被寵待之者，羣臣莫能及。至爲文章，見於詔誥命令，訓飭臣工，誓戒軍旅，撫諭四夷，播告萬姓，莫不嚴正詳雅，曲當人心。出其緒餘，作爲碑、銘、誌、記、序、述、贊、頌，以應中外人士之求，又皆富贍温純，動中矩度。詩亦備極諸體，清遠俊麗，趣味不凡。稿總若干卷，藏于家。公子尚寶司丞恭屬爲之序。

夫士大夫抱材器力問學，達則施諸事業，窮則見於文詞，傳之當時，垂之後世，以托不朽。公以宏材碩學，遭值盛世，歷事列聖，致位顯要，獻納左右，謀聽計從，以身任國家之重者垂四十年。忠被人主之知，澤爲生民之福，聞望之隆，勳業之著，書諸史册，自足以垂於不朽，果何待文而後顯哉？詩之與文，復皆用之朝廷，布之方國，天下賢士大夫莫不稱誦而追慕之，又豈待序而後傳哉？但習禮無所肖似，得從公出入於禁近者有年，于兹辱見知遇，今不可復作矣。良深永慨，故敢忌其膚陋，序諸篇端云。

楊榮《楊文敏集》附録胡濙《少師楊公哀辭》　少師楊公勉仁，予同年老友，實閩西世裔，才識高邁，性質剛明，敏事慎言，博極經史。洪武己卯，魁福建多士。庚辰春闈，廷試，悉居前列。授翰林編修，累陞侍講、諭德、庶子，擢翰林學士，兼文淵閣，謹身殿大學士，轉太常卿，進太子少傅、工部尚書，尋陞少傅，遷少師。黼黻治道，翼贊宫僚，四十餘年，始終一致，功光社稷，名重華夷，古之名臣不能過也。正統五年春，皇上念其勳勞，錫賚稠疊，命歸展墓，遣中使隨行，恩意優渥。拜掃事竟，回至武林，遘疾而易簀焉。訃聞，上爲之興悼輟朝，追贈太師、特進、光禄大夫、左柱國，謚文敏，賜祭踰等。敕工部造墳，仍遣中使護喪歸葬。嗚呼！公壽七袠，位至台衡，生榮死哀，名垂竹帛，夫復何憾？雖死猶不死也。予與公有同年之好，相知之深，故嘗形於夢寐，用叙其概以哀之。辭曰：

性之藴兮乾剛，行之著兮端莊。明心易而多才兮，早發軔於科場。踵世德而顯融兮，掌絲綸於玉堂。承列聖之寵眷兮，殫心力於巖廊。贊廟謨而密勿兮，佐泰運以榮昌。位益高而勛益著兮，知經筵而啓沃乎聖皇。上念厥功兮賜歸展墓，公詣先隴兮追遠焚黄。事畢復還兮炎夏，疾革捐館兮錢塘。訃音聞上兮爲之感愴，遂輟視朝兮卹典逾常。諭祭營葬兮恩沐存亡，追贈加謚兮萬古流芳。雖没不死兮永耀耿光。

楊榮《楊文敏集》附録陳循《少師楊公誄文》　嗚呼！天下未嘗無賢才也，其

患在於有之而不能知，知之而不能用，用之而不能當。知之而能用，用之而能當，竊見太宗皇帝之於故少師楊公矣。太宗用之而不疑，列聖繼之而不改。《書》曰：「知人則哲。」又曰：「任賢勿貳。」聖明不可尚矣。古稱：「夙夜匪懈，以事一人。」又云：「鞠躬盡瘁，死而後已。」公其庶幾矣乎！公之没也，其子屬循誄其平生。循忝舉制科，官翰林，託從公之後者凡二十有六年，誼不容默，爲之詞曰：

緜緜楊宗，肇漢太尉。繼而顯者，自唐之季。遂官于閩，因家浦城。崇安、建陽，其徙屢更。卒遷建安，卜宅乃定。世積忠厚，子孫日盛。盛豈徒然，厥務惟臧。冠裳文雅，表于其鄉。有偉達卿，好義尤篤。惠賙於人，恒不自足。達卿雖往，萬木尚存。鄉人所植，酬其施恩。再傳士美，性亦樂施。人謂達卿，積德有繼。

聖明撫運，世際太平。歲丁辛亥，而公遂生。《易》云爲善，必有餘慶。公之生也，詎非其應？警敏疏達，其孰與公？遇義果爲，亦罕所同。公自少時，已拔流輩。長游鄉校，學篤弗懈。堂堂閫藩，賓興賢能。公試其間，獨冠羣英。既領薦書，春闈校藝。爲第三人，鵬摶鵠起。大廷進對，公擢高科。授職史館，日事編摩。皇皇太宗，入正大統，特更公名，以昭眷寵。眷寵維何？偕此七賢，置諸宥密，專典代言。代言之典，豈真文翰？託以腹心，俾盡誠欵。公每論事，必持度權。時會機要，被獎上前。數月之間，其官疊進。匪徒進公，旌乃勤慎。官雖六品，出入禁廷，襲衣之賚，制視六卿。擢兼宫僚，用資贊輔。進講之餘，仍治職務。凡承咨問，有事于民，匪寬不對，匪恕不陳。廷臣狎恩，忌公伉直，徉言薦公，踈以外職。上賴明聖，私計不行。公疏十弊，指斥其情。公雖伉直，爲衆所忌，上益重公，委信不貳。車駕屢發，巡幸親征，往還扈蹕，公咸在行。內而館閣，外而夷狄，衆或罕預，公悉機密。有事邊閫，往必命公，公受親信，或過元戎。公每還朝，隨事獻替，成敗利鈍，多如所計。兵將勇怯，邊方實虛，公且究知，如履其區。

公非能武，蓋知武者，能者用之，或出其下。公雖知武，所典者文，凡百製述，克任以身。五經性理，聖明所右，纂緝編校，公預領袖。四朝《實録》，盛德豐功，帝命總裁，公在其中。一典京闈，九侍廷試，校文讀卷，克稱上旨。公居清密，四朝所同，未嘗一朝，譴辱在躬。於赫仁皇，褒錫孔厚，範金刻文，「繩愆糾繆」。方直剛正，簡在宣衷。亦用範金，刻文賜公。或褒璽書，或賜詩畫，文綺繡服，玉帶名馬。三代考妣，褒典咸加，施及家室，幽顯光華。自昔文臣，罕臻極品。公位三孤，更見親信。儒者稽古，苦難遭時，公之際遇，孰幸如之？

抑公平生，所存忠厚。有陷非辜，力爲解救。憫人疾苦，猶己不寧。汲汲思濟，必底于生。家故多貲，俸賜且倍，施賑貧乏，恒恐弗逮。公宜耋耄，丞相朝廷。胡歲七十，溘然仙升。千里訃聞，主上震悼，爲輟視朝，曰失元老。亟命有司，爵贈太師，謚以文敏，於禮誠宜。紀德述行，已具太史，顧予有情，聊爲公贊。迢迢南服，建水閩山，計公之靈，返棲其間。

章袞《章介庵文集》卷九《祭贈太師默菴楊公文》 天生英傑，維國之楨。生與時逢，乃克有成。公之盛德，亮直忠貞。善謀善斷，不隨不矜。歷事四朝，際遇聖明。股肱心膂，惟公是承。職聯兩制，位重孤卿。逾四十祀，始終一誠。經綸密勿，燮理和平。獻可替否，薦賢舉能。帝載用熙，庶績允寧。公之文章，遠有源委。含英咀華，川流山峙。黼黻皇猷，筆削信史。宣之金石，輝暎千古。公之勳業，簡在帝衷。賚予便蕃，寵眷日隆。近承恩命，賜還鄉邦。展省丘隴，享祀潔豐。晝錦煒煌，光彼閩中。遐邇具瞻，罔不欽崇。祀事既成，宵裝上道。追惟玉音，恐煩促召。至于武林，俄聞疾報。病勢日增，藥石罔療。天不慭遺，孰不嗟悼。淮忝同官，蓋亦有年。叨辱眷愛，義重情堅。憫余瘁困，獲遂歸田。書問贈遺，相繼後先。感塡胸臆，報乏塵涓。欵聞凶訃，痛敬肺肝。匍匐往弔，力不能前。緘辭致奠，有懷莫宣。臨風凝睇，兩淚漣漣。

鄭曉《吾學編・皇明名臣記》卷六 公總裁四朝實録，經理三帝山陵，累從出塞，屢受遺音，撫順討逆，羈靮萬里，運籌設險，折獄理財，隨機應變，皆重不撓，濟險解紛，調停有術，果而能容，諶而善斷，內行修謹，胷度圓融，禄厚財豐，贍賑窮阨，貴賤賢愚，皆歸心焉。

沈節甫《紀録彙編》卷九九 逸史氏曰：榮爲相，以才敏見知上。當大繫未決者，取片言信。又周習地理兵將，險阨强弱，然於禮樂儒雅則無稱焉。賓守大不及才，亦一時之捷臣也。

何喬遠《名山藏》卷六〇《臣林記・楊榮》 郎曰：楊榮歷事四朝，善承人主意旨，静而正之。成祖愛趙王，與榮語，榮以王相貌對，愛頓弛，而太子益安。翰林學士錢習禮者，與練子寧有親，奸黨禁嚴，鄉人數持之，習禮殊不自安。榮乘閒言上，上欣然曰：「令子寧在，朕固用焉。」遂下令禁止。夏原吉吴中下獄，呂震順上意，言二臣柔奸，榮獨爲解。宣宗中都御史劉觀坐贓下獄，觀子輻亦不

法，宣宗欲重覩死刑，榮爲請上，發爲邊吏。榮曰：「發邊吏，等死耳，天下無謂陛下辱大臣耶？」上曰：「卿欲父子俱貸耶？」榮曰：「請發子邊戍，令觀隨居。」上曰：「善。」

唐鶴徵《皇明輔世編》卷一　太常氏曰：文敏之才，真如龍泉太阿，不待剸割而光鋩已四出逼人矣。故其遇變應猝，揆事決策，無不中窾。如成祖之喪，秘而不發；漢庶人之變，撲而即平。一時在廷諸臣，孰能先之？其答王振，則長慮却顧者，不能如是之當也。若夫持正不撓，纖患備舉，于文貞不無少讓焉。

談遷《國榷》卷二四　談遷曰：史稱文敏隨機應變，無愧唐姚崇，而有所不檢，亦似之。蓋好通賓客，無崖岸也。噫！彼年少未更事，文皇帝又武斷絕世，同七臣于綸扉之上，朝政鞅掌，而料敵制勝，出入邊圉，馬援聚米爲圖，無能踰焉。樹效如此，即餐璧之及，猶之塞門反坫也，何足污簠簋而涅素絲哉？

藝文

尤侗《西堂詩集・擬明史樂府・三楊》　西楊酌酒醴，東楊調和羹，南楊無所爲，簪筆詠太平。三公四朝登廟堂，祖德聖德同賡颺。繩愆料謬錫圖章，斯時黎寇畔南方。樓船採寶下西洋，麓川兵興摇邊疆。奄寺萌芽亂天常，何不綢繆思豫防。國家閒厭方樂康，張鐙賜宴夜未央。至今相業稱三楊。嗚呼嘉靖三楊亦一姓，詔獄市曹何不幸。

西楊士奇，東楊榮，南楊溥，仁宗以「繩愆料謬」圖書賜士奇等，宣宗製《祖德》詩，士奇等獻《太平聖德》詩。正統初遣太監王三作出使西洋，所獲珍寶無算。命王驥率師征麓川，思任發轉餉半天下，浸有王振之禍。嘉靖三楊，楊繼盛楊爵楊最。

楊溥部

綜述

《英宗實録》卷一四三 溥，字弘濟，湖廣石首縣人。洪武庚辰進士，除翰林院編修。永樂初，太宗擇東宮官，授司經局洗馬，兼編修。皇太子問溥：「漢廷尉張釋之不易得。」溥曰：「釋之誠不易得，然世豈無其人？但無文帝寬厚仁恕之君用之爾。臣以爲釋之在漢一時不易得，若文帝，三代而下不易得也。」退，採文帝事關治道者，編爲《事類》以進。後坐事，繫獄十年。仁宗即位，釋之，擢行在翰林院學士，尋陞太常寺卿，兼學士。未幾，詔開弘文館思善門之左，簡文學之士五人，日直其中，職討論，溥爲首。親握印章授之曰：「朕用卿等於左右，非止助益學問，亦欲廣知民事。卿等有所建白，用此封緘以進。」宣宗嗣位，修《兩朝實録》，爲總裁官。丁内艱，奪哀復任，陞禮部尚書兼學士。上即位，修《宣宗實録》，復爲總裁。同知經筵事，陞少保、禮部尚書兼武英殿大學士。卒贈太師，謚文定。遣官祭葬，官其孫壽爲尚寶司丞。

溥在内閣，與士奇、榮皆楊姓，時號「三楊」。三人者，各有所長。士奇有學行，榮有才識，溥有雅操，天下引領望焉。溥尤謙恭小心，趨朝循墻而走，儒之淳謹者也。

《明史》卷一四八《楊溥傳》 楊溥，字弘濟，石首人。與楊榮同舉進士，授編修。永樂初，侍皇太子爲洗馬。太子嘗讀《漢書》，稱張釋之賢。溥曰：「釋之誠賢，非文帝寬仁，未得行其志也。」採文帝事編類以獻。太子大悦。久之，以喪歸。時太子監國，命起視事。十二年，東宮遣使迎帝遲，帝怒。黄淮逮至北京繫獄。及金問至，帝益怒曰：「問何人，得侍太子！」下法司鞫，連溥，逮繫錦衣衛獄，家人供食數絶，而帝意不可測，旦夕且死。溥益奮，讀書不輟。繫十年，讀經史諸子數周。

仁宗即位，釋出獄，擢翰林學士。嘗密疏言事，帝褒答之，賜鈔幣。已，念溥由己故久困，尤憐之。明年建弘文閣於思善門左，選諸臣有學行者侍值，士奇薦侍講王進、儒士陳繼，蹇義薦學録楊敬、訓導何澄。詔官繼博士，敬編修，澄給事中，日值閣中。命溥掌閣事，親授閣印，曰：「朕用卿左右，非止學問。欲廣知民事，爲治道輔。有所建白，封識以進。」尋進太常卿，兼職如故。

宣宗即位，弘文閣罷，召溥入内閣，與楊士奇等共典機務。居四年，以母喪去，起復。九年遷禮部尚書，學士值内閣如故。

英宗初立，與士奇、榮請開經筵，豫擇講官，必得學識平正、言行端謹、老成達大體者數人供職。且請慎選宫中朝夕侍從内臣。太后大喜。一日，太后坐便殿，帝西向立，召英國公張輔及士奇、榮、溥、尚書胡濙入，諭曰：「卿等老臣，嗣君幼，幸同心共安社稷。」又召溥前曰：「仁宗皇帝念卿忠，屢加歎息，不意今尚見卿。」溥感泣，太后亦泣，左右皆悲愴。始仁宗爲太子，被讒，宫僚多死詔獄，溥及黄淮一繫十年，瀕死者數矣。仁宗時時於宫中念諸臣，太后亦久憐之，故爲溥言之如此。太后復顧帝曰：「此五臣，三朝簡任，俾輔後人。皇帝萬幾，宜與五臣共計。」正統三年，《宣宗實録》成，進少保、武英殿大學士。溥後士奇、榮二十餘年入閣，至是乃與士奇、榮並。六年歸省墓，尋還。

是時，王振尚未横，天下清平，朝無失政，中外臣民翕然稱「三楊」。以居第目士奇曰西楊，榮曰東楊，而溥嘗自署郡望曰南郡，因號爲南楊。溥質直廉静，無城府。性恭謹，每入朝，循牆而走。諸大臣論事爭可否，或至違言，溥平心處之，諸大臣皆歎服。時謂士奇有學行，榮有才識，溥有雅操，皆人所不及云。比榮、士奇相繼卒，在閣者馬愉、高穀、曹鼐皆後進望輕。溥孤立，王振益用事。十一年七月，溥卒，年七十五。贈太師，謚文定。官其孫壽尚寶司丞。後三年，振遂導英宗北征，陷土木，幾至大亂。時人追思此三人者在，當不至此。而後起者爭暴其短，以爲依違中旨，釀成賊奄之禍，亦過刻之端也。

焦竑《國朝獻徵録》卷一二彭韶《榮禄大夫少保禮部尚書兼武英殿大學士贈太師謚文定楊公溥傳》 公諱溥，字弘濟，湖廣石首人。洪武庚辰進士第，授翰林編修。永樂初，仁宗正位東宫，陞司經局洗馬兼編修。一日，東宫觀漢史，歎張釋之不易得。公進曰：「釋之漢庭一時不易得，如文帝者，三代而下不易得也。」退采文帝事編爲事類以獻，仁宗甚悦，賜書褒美。漢庶人潛謀奪嫡，離間宫臣，公下錦衣獄垂十年。家人供食數絶，又上命叵測，日與死爲隣。公勵志讀書不輟，同難者止之，曰：「勢已如此，讀書何爲？」曰：「朝聞道，夕死可也。」五經、諸子讀之數回，不以貧窶患難介於中。仁宗登極，釋公，擢翰林學士，陞太常

寺卿兼學士，入内閣，典機務。洪熙改元，上於思善門開弘文閣，選儒臣居之，以備顧問，俾公掌閣事。宣宗嗣位，還公内閣。宣德四年，母喪去位。復起，不與機務。九年，秩滿，陞禮部尚書，學士如故。英廟立，又命入内閣，與士奇、榮號三楊，倚任尤重。正統四年，修《宣廟實録》成，進少保。以年及累，乞致仕，不允。十一年，卒，年七十五，謚文定。

公爲人謙謹小心，篤於操履，接吏卒亦不敢慢。嘗曰：「士君子一言一行，幽明無愧，然後無負於父母生身之恩。」又曰：「人必有躬行之實，然後可以訓子孫。」初鄉試爲首選，胡儼典文衡，批其所刊文曰：「初學當退避三舍，老夫亦讓一頭地。」又曰：「他日立玉階方寸地，必能爲董子之正言，而不效公孫之阿曲。」人以儼爲知人。後儼爲祭酒，公已在禁垣，位望益高，終身執門生禮，儼亦不讓，人兩高之。

楊文定公溥執政時，其子自鄉來省。至京邸，公問曰：「一路守令聞孰賢？」其子曰：「兒道出江陵，其令殊不賢。」曰：「云何？」曰：「即待兒苟簡甚矣。」乃天台范理也。文定默識之，即薦陞德安府知府，甚有惠政，民到今頌之。再擢爲貴州左布政使。或勸范當致書謝，范公曰：「宰相爲朝廷用人，非私理也，何謝爲？」竟不致一書。逮後文定卒，乃祭而哭之，以謝知己云。遇程襄毅信，公一見而奇之，與論人品，確有定見，曰：「遠到器也。」薦爲吏科給事中，卒爲名臣。《維風編》

徐紘《明名臣琬琰續録》卷一《少保文定楊公溥言行録》 楊溥，字弘濟，湖廣石首人。進士，歷仕洪武、正統間，位至少保，卒年七十五，謚文定。仁宗一日東宫觀漢史，歎張釋之不易得。公進曰：「釋之誠賢，然非文帝之寬仁，曷得行其志？臣以爲釋之，漢一時不易得；如文帝，三代而下不易得也。」退採文帝事，編爲事類以獻，仁宗甚悦，賜書褒美。《名臣贊》

先生在獄中十餘年，家人供食數絶糧，又上命莫測，日與死爲隣。愈勵志讀書不輟。同難者止之，曰：「勢已如此，讀書何爲？」曰：「朝聞道，夕死可也。」五經諸子讀之數回。已而得釋。晚年遭遇爲閣老大儒，朝廷大制作多出其手，實有賴於獄中之功。蓋天玉成之如此。爲人謙恭小心，接吏卒亦不敢慢。初入鄉試，爲首選。胡儼典文衡，批其所刊文曰：「初學小子，當退避三舍，老夫亦讓一頭地。」又曰：「立玉階方寸地必能爲董子之正言，而不效公孫弘之阿人。」以儼爲知人。後儼爲祭酒，先生已在禁垣，位望益高，終身執門生禮，儼亦不辭，人兩高之。《古穰雜録》

公祭座主胡祭酒先生曰：「區區昔承見許於文字之間，繼而忝同官，得相從者二十餘年。先生致仕，以音問往來者又二十餘年。區區夙夜砥礪，惟恐負先生所知，有玷於斯文而未能也。」文集

楊文定公最善王檢討、張修撰，一相見，輒出所作就二人評。有所改易，即樂從。公亦喜改人文字。泰和陳學士嘗筆譔祭文，公欲有所易，陳忿然不平，見於言色，公即已之。《水東日記》

嘗聞楊文定公桃符有曰：「黎庶但教無菜色，官居何必用桃符。」宣德、正統間，名臣稱三楊，文貞爲西楊，文敏爲東陽，蓋以姓同，因居第以別之。文貞因出江西，而文定郡望每書南郡，乃因以南楊號文定焉。東王則抑菴，西王則泉坡，蓋亦然也。同上

宣德元年春三月既望，太常卿兼翰林學士楊公弘濟被命歸省其母太夫人於江陵，時不得見者十有八年矣。先是公由翰林編修，爲太子洗馬，侍仁廟於春宫。丁先太常府君憂，詔奪起，侍講經筵，後屢欲歸寧，而竟不果行。薦以迍晦十年，不得快適。太夫人年高，强食益壯，教諸孫，綜理家政，裕如也。公在羈遠，念不得見母，中抱沉鬱，食息幾廢。然聞其康强，冀他日必復得見，輒用自解。永樂甲辰秋，公再入翰林，爲學士，賜誥命，太夫人受五品封號。未數月，超拜太常卿，推恩上及三代，太夫人加封三品。國初，江陵人有南徼之戍，什伍連屬，楊氏亦隸籍焉。其地在瘴鄉，往戍者多不得生還，追迫無虚歲，太夫人甚厭苦之。至是，上優詔復其家。公在京師，馳書還報，而加封之命適至。太夫人披三品命服，北向稽顙，諸婦孫皆羅拜，欣躍以至感泣。公今又乘傳南還，日抵舍。太夫人童顔白髮，雲冠霞帔，坐堂上，公朱衣象笏於階下，諸婦孫先後奔走，奉觴上壽。當此之時，更不知天壤間復有何樂可以及此也。況内帑泉幣、白金、文綺之錫，絢爛稠疊。拜墓燎黄，祭畢而燕樂，與父兄宗族侈上之賜。士君子效用於旹，沐此光寵，可謂盛矣！雖然，賢才之生，天固有以啓之。是以明良相逢，功業克建而令名無窮焉。若公之德器材識，卓爲一代偉人，而君臣知遇又如此，豈偶然哉！送歸省序

自昔聲華謁輦林，幾年出處嘆浮沉。漢文未許馮唐老，鮑叔偏知管仲心。賜食每當瓊署曉，退朝長傍落花陰。眼中親舊無多在，白髮相看意轉深。金實奉咏直弘文閣詩並《覺非集》

正統九年春，修國子監，訖工，楊文定公奉旨御製碑文。文定以「重建太學」

爲題，具稿進呈，命范太監持示楊文貞公。時文貞已卧病，乃作一篇，以「新建廟學」爲題，封進用之。文定不悦，執用其題。文貞具本論，凡言重建者，謂已作之後又作之。廟學雖前元所建，非國朝事，此不可論。今既悉徹而新作之，只當云「新建」。且廟與學二者，若只書建太學，而不云廟，於禮未安。請通改作「新建廟學」四字爲宜。廷議雖韙文貞之言，然已刻石，無及矣。二公之學識於是可見。《謇亝瑣綴》

公撰《繡林讀書記》曰：學宫在繡林之陽，與龍蓋諸峯相望，此其讀書處也。予自髫齔，就傅於兹者若干年。讀書之暇，偕同遊登山椒，眄長江，望洞庭，覽雲夢之墟，天光萬里，逸興雲飛，有不自知其樂者。及出仕途，歷險夷，又若干年。今年七十有一，追惟父祖教育於斯，師友訓礪於斯，國家作養於斯，而寤寐之間，未嘗不在於斯也。復惟少時拙工呈璞，備員翰林，由編修遷洗馬。以事坐廢若干年。復入翰林，遷太常，再還禮官，忝列三少之末。仰惟聖明，過蒙拔擢，不敢不敬謹從事，以圖報萬一。況讀書終身，亦恒以禮自度，不敢以夷險易心。第由才識疎庸，年益衰邁，而終不能無慊然於進退之節。尚思以義制之，而不敢昧於所私也。

公年七十，乞老上疏，曰：臣一介書生，荷蒙國家作養，出仕四十五年，歷事列聖，叨享廩禄。復蒙皇上厚恩，擢居顯秩，日侍清光，恩禮優厚。臣再世再生，莫能補報。臣今年七十有三，筋力衰耗，耳目昏聵，思慮不周，事多遺忘。加以今復遘疾，叨蒙聖恩，命醫調治痊可，然自是血氣益衰，日甚一日。雖欲勉强圖報萬一，而力不從心，切自思維，有斃而已。仰惟古昔聖帝明王，斟酌人情，制爲致仕之典。聖朝稽古爲治，推廣仁心，優老恤賢，人臣七十得致仕，不强其所不能，以全始終之誼。士君子揣分知足，明於進退，不敢貪禄固位，以存廉耻之心。維時人有士行，朝無倖位，良以此也。

公自贊小像云：「資可以爲學，而理或有未明；時可以行道，而力有不至。緬懷古人，夙夜惟厲，而莫及焉。嗚呼老矣。」又自贊待漏像云：「以一介書生，居三公之貳，峨峨其冠，瑲瑲其珮，日近清光，談仁道義，將爲德爲民以爲志乎？抑碌碌庸庸，以保富貴乎？聖賢之道，匪知之艱而行之不易也。尚思時之所遭，身之所自，以報萬一，庶幾於君親無愧也。」

李文達公序公文集曰：「公早掇巍科，擢官翰苑，進宫僚而輔導之功顯，入內閣而論思之職修。日備顧問於弘文，而經濟之畧大展；屢任總裁於國史，而勸戒之義彌彰。平生之志於是乎伸矣。則其事業豈易及哉？及觀其所爲文章，辭惟達意，而不以富麗爲工；意惟主理，不以新奇爲尚。言必有補於世，而不爲無用之贅言；論必有合於道，而不爲無定之荒論。有温柔敦厚之旨趣，有嚴重老成之規模，真所謂臺閣之氣象也。平生之學，豈不由是而著乎？」並文集

司寇彭文惠公贊曰：「江漢炳靈，以發文明。早居館閣，晚踐孤卿。懲艾思奮，處困而亨。謙虛好學，保泰以貞。老成體國，蓍龜典刑。東里建安，叅合成名。二十餘年，光輔太平。」《名臣贊》

雜録

備録

葉盛《水東日記》卷二 楊文定公最善王簡討振、張修撰益，相見輒出所作，就二人評，有所改易，即樂從。公亦喜改人文字。泰和陳學士嘗筆譔祭文，公欲有所易，陳忿然不平，見於言色，公即已之。

焦竑《玉堂叢語》卷三 楊文定公溥在內閣時，其子來自石首，備言所過州縣官迎送餽遺之勤。南京吏部侍郎范公理時知江陵縣，不爲禮，公聞而異之。後廉知其賢，即薦知德安府，其爲縣才八月而已。

焦竑《玉堂叢語》卷五 永樂中，漢庶人謀奪嫡，離間宫臣，石首楊文定公時爲司經局洗馬兼編修，下錦衣獄垂十年，家人供食數絶。又上命莫測，與死爲鄰，公勵志讀書不輟。同難者笑之曰：「勢已如此，讀書何爲？」曰：「朝聞道，夕死可也。」其不以患難介意如此。

備論

楊士奇《東里文集》卷八《送楊太常歸省詩序》 弘濟自舉進士，入翰林，已籍籍有賢名搢紳間。太宗皇帝臨御之又明年，建儲擇輔，擢兼洗馬。仁宗皇帝

在位，陞翰林學士，再陞兼太常卿。初闢弘文閣於思善門之左，簡文學之士五人日直其中□討論，其第一人弘濟也。弘濟時就中論事有裨益。上嗣大統，覽先朝羣臣所上奏，嘉弘濟之能直也，親擢秘閣，預機要，士奇得共事焉。士奇竊自念初以布衣被召入西掖，時天下文學之士召至者二十餘人，同稽古纂述之事，而翰林之臣三人桼領之，忽忽廿五六年矣。三人者，今獨弘濟在。二十餘人之尚在者，士奇二三人耳。以是恒相與親厚。

弘濟爲人忠厚惻怛，愛人以德，凡所與處必輔之於道，不肯苟且阿徇，蓋非獨於余有切礪之益，朋友資益之者蓋多也。弘濟有孝行，處憂患，困縶十年，念母老，不得朝夕侍也，辛苦自力，節縮日給之費，寓歸以助養，蓋聞者皆動心焉。幸復履亨，濟膺委任，未敢遽言其私，而其中之惓惓者，固未嘗已也。既受誥命，以其官贈祖考，又封其母爲太淑人，遂奏歸省。既得請，將行，同官卿士相率祖餞文明門外，觴酌之次，各賦詩道離别之意，而謂余序之。余曰：士官至三品，先九卿，日在上左右，得以所學論天下事，又得推恩其親，而朱衣象笏，承懽婉愉，用慰悦親顔於違闊之久，如弘濟今日者，何其榮也？固本於上之大德，其亦弘濟之賢，太淑人之福，有以迓承之歟？宜以爲弘濟賀。又曰：人之所尊，君親一也。自弘濟官侍近，先朝所以寵待之何如？上所以親用之何如？弘濟素所自任又何如？其肯久昵於私而後於公乎？請以爲弘濟祝。弘濟起謝，曰：微子言，溥猶將自奮。矧子之篤我於義，敢忘率承！」遂次第其説，書之簡端。

李時勉《古廉集》卷五《送楊少保省祭序》 正統六年春，少保、禮部尚書南郡楊公上章乞歸省先塋，皇上許之。詔兵部給驛傳，光禄備厨饌。明日賜以勑書，賚以綵幣金帛甚厚。且命内臣送之行，凡僮隸之在行者，皆給廪餼。又明日，公入經筵稽謝，上温言諭之。且曰：「卿往，其速來，朕延佇望卿矣。」吁，公何以得此哉！蓋公之聰明篤厚、正直而温雅，昔居於鄉，遊於縣庠，已翹然以文學行義見稱於時。及出而第進士，鄉先輩皆以王佐才期之。四方經生學士聞其名，莫不仰望其風采。故自其筮仕以來，至於今，四十餘年，不離翰苑。居論思宥密之地，歷事四聖，凡七遷，而至於八座之尊，三孤之重，人不以爲過。其在朝廷與公卿大夫言，恒恭謹自下，及論事，有不適於義，合於理，則直前無所顧忌，争之必直而後已。其在上前，小心慎密，兢業以自持。至於是非利害之際，正言讜論，所以感天聽、回天心，而有裨於德禮、刑政之施者蓋多，而人莫之知也。知者以爲方今有事君以忠之義，而得大臣之體者，公可無媿焉。其所以居高位，食厚禄，而膺寵眷之隆，豈不宜哉？

昔周自文武至於成康之際，禮樂備舉，民物阜康，賢俊登庸，而致雍熙泰和之治者，是雖賢聖之君相繼而作於上，亦惟有若太顛、閎夭、散宜生之徒，相與輔相之於下，有以致然也。而所以經營圖維，殫力措慮之尤甚者，莫如周公、召公焉。方其時，周公爲師，召公爲保，協贊而總統之，成王實有所倚重焉。今公與廬陵楊公居師保之位，當皇上臨御之日，留心學問，篤志治道，孜孜於求賢才、任官使、恤民隱，與凡一政之施，一令之出，莫不究極而詳審之，蓋欲追蹤於唐虞三代之盛，非苟焉而已也。而公於此亦能體上之所欲爲，盡其情，竭其智，而不敢少自怠忽焉。其所以見諸言議，施諸行事者，皆可以達諸四海而不悖。是以中國奠安，三邊無警，四方萬國舉相安於無事，有以副皇上之心，其視周、召亦何愧哉？公之暫離左右而去也，上安得不致其丁寧之意，而望其來之速也耶？

李時勉《古廉文集》卷九《祭楊少保文》 嗚呼！士之生也，莫不欲成名於世，而或不遂所期。惟公以簪纓之胄，業詩書，藴道德，爲湘漢之瑰。奇士之出也，莫不欲有爲於世，而或不遇其時。惟公以仁義之學，掇高科，登顯仕，爲廊廟之宏材，歷累朝而不離於館閣，佐聖主而默贊於樞機，大闡皇猷，惟其所輔，深恤民隱，惟其所施。見於外者，名愈重，心愈下，而於禮節無頃刻之或違。行於己者，年愈高，志愈篤，而於操行極始終之不移。當朝之公孤鼎峙而輔弼者實文貞、文敏與公三人之是資。慨先後以淪没，獨公與與蹇蹇，竭誠以論思。責任愈重，而寵眷不衰，政務益勤，而纖悉不遺。非惟使賢才布列綱紀，振肅而治致於雍熙。抑且使禮樂明備，聲教洋溢，而化及於四夷。從容乎三公八座之間，而優遊於論道經邦之宜。固當與國同休，享壽期頤。如何厭世，溘然長辭。啓聖心之閔悼，罷朝會以舒悲。嗚呼！死生晝夜，公其自知，神遊八表，其樂怡怡。痛斯文之慨慕，徒感歎而歔欷。匍匐往弔，魄散神馳。一觴永訣，誄以此詞。靈爽不昧，尚其格斯！

廖道南《殿閣詞林記》卷一 廖道南曰：予觀國史，謂溥與士奇、榮相繼入相，時稱「三楊」。士奇有相業，榮有相才，溥有相度，雖兒童婦女，咸知其名。然繫獄不改其操，秉鈞不渝其忠。史謂「謙恭淳謹」，不愧斯言已矣。賛曰：荆山岧嶢，陽岐斯支。岷江澔汧，渚宫斯涯。山祇毓靈，水若貢祉。元和凝會，誕生君子。彼君子兮，惟楚之良。厥德允常，厥謀允臧。九折厥肱，三緘厥口。嘉石如肺，金印如斗。履險視夷，處平思陂。史稱醇儒，夫復何辭。

鄭曉《吾學編・皇明名臣記》卷六　公夙禀淳實，操性直剛，不尚機警，每崇忠厚，至議政決疑，與諸大臣争可否，或有躁心浮氣，公能舍己從人，畧無係吝。

袁袠《皇明獻實》卷九　袁袠曰：「文定遺讒，幽困者十年，卒致顯庸，居高思危，謙虚以下士，靖共以事君。考其勳德，亦文貞、文敏之流亞也。」

鄧球《皇明泳化類編》列傳卷五〇　論曰：國史謂溥與士奇、榮相繼入相，時稱「三楊」。士奇有相業，榮有相材，溥有相度。蓋當是時，干戈甫定，宗室未蕃，軍職尚少，經費無幾，國用有餘。宣廟英武，乾剛獨斷，百司守令，久任不更，官民相安，天下號爲太平，「三楊」之名所由以著。故西楊之文學，東陽之政事，南楊之清雅，皆人所不及，以故論賢相，必曰「三楊」。至雙溪王公瓊謂三楊於國家大治體，似未諳習。如北征之馬聚於馬房，營造之兵終歸匠籍，中官委外，遂爲常規。南京兵冗而不知悉減於屯田，北京衛多而不知沙汰爲精鋭。律書變改，軍職冗濫。至於併鎗比試之法視爲虚文，降級充軍之法棄而不用，皆不能講究修復。他如漕運一節，又欠劑量，遂使南北輕重之偏。然竊謂此猶其行政耳，而非其本也。及觀僉事廖謨杖死驛丞事，東楊以鄉官欲坐償命，西楊以鄉故欲擬因公，互争不下，請裁於太后。時王振因而進言，二楊皆相私，償命過重，因公過輕，宜對品降調府同知。太后韙之。自是振日捃摭内閣之過，裁決一歸於振，三楊乃迭請告展省。以此振權益專，好大喜功，遂有麓川之役，疲耗中國。延至葉宗流、鄧茂七、黄蕭養輩，相煽而起，極於土木之大變，此皆三楊失柄於初，不能沮振之之所致也。故丘文莊曰：一時賢相，比稱「三楊」，韙矣。然當其時，南交叛違，軒龍易位，勅使旁午，頻泛西洋，曾無一語。權歸常侍，遠征麓川，兵連禍結，極於土木之大變，誰實啓之？《春秋》責備賢者，其能逭哉！因有感於正統二年，太后御便殿時，召三楊入，英宗亦侍。頃宣王振至，太后顔色頓厲，罵曰：「汝侍皇帝起居多不律，今當賜死。」於是女官加刃振頸，三楊爲之跪力救。」太后又罵曰：「皇帝年幼，豈知此輩自古誤人家國多矣。」夫王振惡孽，太后知之，朝臣知之，豈以三楊負天下聰明之士而不見乎？履霜堅冰，智勇君子，必不忽矣。太后及三楊先後謝世，不一二三年，變生土木。是時使三楊若在，不知作何狀也。《易》曰：「開國承家，小人勿用。」故舜方揖位，即戮四凶。孔子仕魯，首誅正卯。豈過慮耶？

尹守衡《明史竊》卷六六　論曰：三楊初並簪筆詞垣，同立顛覆之朝，一遇文皇，遂爾協心推戴，卒共致身鼎鼐，調羹釀醴，臻效太平。殆天賚之良弼乎？世人猥以匹夫之諒，見繩小矣。西楊擁護三朝，始侍東宫，繼全趙邸，晚輔幼帝，寅亮之節，光昭日月，信哉乎一代之帥臣也！若東楊之揮斥遊刃，迎幾立斷，羈勒萬里，倡平逆孽，出掃妖氛，入安宗社，具有戡定之績焉。南楊幽淹羑里，嗜道若渴，一際通顯，攄忠體國，好士如不及。庶幾休休之風，一時二三元老，同心一德，雍容廊廟之中，參合成名不亦美乎？我朝相業，迄今論者，必首『三楊』，良不虚也。

查繼佐《罪惟録》列傳卷二〇　論曰：所謂南楊文學不及，顯未必耳。胡儼初評鄉試卷，有曰：「他日立王階方寸地，必能爲董子之正言，而不效漢公孫弘之阿曲。」所持理已能贊運，所謂詞之達者哉。及正統中，朝鐘不受杵，例爲文祭之，猝不得稿，同事請率占一語，乃足成之。文定一啓口，鐘爲作聲，然則喉動而已通神朝廟也已。在繫往往糧絶，益讀書不倦。同難者勞之，以朝聞夕死爲誓。

傅維鱗《明書》卷一二〇　史官曰：楊士奇玉質金相，通達國體，隨事納約，不詭於正。而意嘗近厚，轉導監國，保身濟主，有大雅之明哲焉。楊榮揮斥遊刃，遇事立斷，蚤遇英主，相得益章。累從出塞，羈靮萬里，文經武緯，俱展其長者也。楊溥安貞履節，中更險難，遲二楊者二十餘年。更入弘文，昭后臨朝，與民休息，調羹釀醴，參合成名，故天下俱稱其美矣。

陳田《明詩紀事》乙籤卷三　田按：世稱西場文學，東楊致事，南楊雅操。犴獄十年，養晦愈明。漢庶人反，南楊從征詩云：「攙槍耀齊分，龍御勤六師。出門馳馬去，不暇告妻兒。親友送我行，欲語難爲辭。死生豈不卹，國事身以之。」可謂社稷臣矣。文定集世所罕見。餘從真定梁氏購得，甄録較他集爲多。

藝文

嚴遂成《明史雜詠》卷二《楊文定溥》　二相東西並一時，逡巡南郡廿年遲。宫中對泣才蘓軾，獄底窮經注趙岐。璫禍將萌無獨斷，閣權在握或旁移。壽星幸遇寬仁主，記侍東宫贊釋之。

周忱部

綜述

《明史》卷一五三《周忱傳》 周忱，字恂如，吉水人。永樂二年進士，選庶吉士。明年，成祖擇其中二十八人，令進學文淵閣。忱自陳年少乞預，帝嘉其有志，許之。尋擢刑部主事，進員外郎。

忱有經世才，浮沉郎署二十年，人無知者，獨夏原吉奇之。洪熙改元，稍遷越府長史。宣德初，有薦爲郡守者，原吉曰：「此常調也，安足盡周君。」五年九月，帝以天下財賦多不理，而江南爲甚，蘇州一郡，積逋至八百萬石，思得才力重臣往釐之。乃用大學士楊榮薦，遷忱工部右侍郎，巡撫江南諸府，總督稅糧。

始至，召父老問逋稅故，皆言豪户不肯加耗，并徵之細民，民貧逃亡，而稅額益缺。忱乃創爲平米法，令出耗必均。又請敕工部頒鐵斛，下諸縣準式，革糧長之大入小出者。舊例，糧長正副三人，以七月赴南京户部領勘合。既畢，復齎送部。往反資費，皆科斂充之。忱止設正副各一人，循環赴領。訖事，有司類收上之部。民大便。忱見諸縣收糧無團局，糧長即家貯之，曰：「此致逋之由也。」遂令諸縣於水次置囤，囤設糧頭、囤户各一人，名轄收。至六七萬石以上，始立糧長一人總之，名總收。民持帖赴囤，官爲監納，糧長但奉期會而已。置撥運、綱運二簿。撥運記支撥起運之數，預計所運京師、通州諸倉耗，以次定支。綱運聽其填注剋淺諸費，歸以償之。支撥羨餘，存貯在倉，曰餘米。次年餘多則加六徵，又次年加五徵。

初，太祖平吴，盡籍其功臣子弟莊田入官，後惡富民豪并，坐罪没入田産，皆謂之官田，按其家租籍征之，故蘇賦比他府獨重，官民田租共二百七十七萬石，而官田之租乃至二百六十二萬石，民不能堪。

時宣宗屢下詔減官田租，忱乃與知府况鍾曲算累月，減至七十二萬餘石，他府以次減，民始少甦。七年，江南大稔，詔令諸府縣以官鈔平糴備振貸，蘇州遂得米二十九萬石。故時公侯禄米，軍官月俸，皆支於南户部。蘇、松民轉輸南京者，石加費六斗。忱奏令就各府支給，與船價米一斗，所餘五斗，通計米四十萬石有奇，并官鈔所糴，共得米七十萬餘石，遂置倉貯之，名曰濟農。振貸之外，歲有餘羨。凡綱運、風漂、盜奪者，皆借給於此，秋成，抵數還官。其修圩、築岸、開河、濬湖所支口糧，不責償。耕者借貸，必驗中下事力及田多寡給之，秋與糧並賦，凶歲再振。其姦頑不償者，後不復給。定爲條約以聞。帝嘉獎之。終忱在任，江南數大郡，小民不知凶荒，兩稅未嘗逋負，忱之力也。

時漕運，軍民相半。軍船給之官，民則僦舟，加以雜耗，率三石致一石，往復經年失農業。忱與平江伯陳瑄議，民運至淮安或瓜洲水次交兑，漕軍運抵通州。淮安石加五斗，瓜洲又益五升。其附近并南京軍未過江者，即倉交兑，加與過江米二斗，襯墊蘆蓆與折米五合。兑軍或後期阻風，則令州縣支贏米。設厫於瓜洲水次，遷米貯之，量支餘米給守者。由是漕費大省。

民間馬草歲運兩京，勞費不訾。忱請每束折銀三分，南京則輕齎即地買納。京師百官月俸，皆持俸帖赴領南京。米賤時，俸帖七八石，僅易銀一兩。忱請檢重額官田、極貧下户兩稅，準折納金花銀，每兩當米四石，解京兑俸，民出甚少，而官俸常足。嘉定、崑山諸縣歲納布，疋重三斤抵糧一石。比解，以縷粗見斥者十八九。忱言：「布縷細必輕，然價益高。今既貴重，勢不容細。乞自今不拘輕重，務取長廣如式。」從之。各郡驛馬及一切供帳，舊皆領於馬頭。有耗損，則馬頭橫科補買。忱令田畝出米升九合，與秋糧俱征，驗馬上中下直給米。

正統初，淮、揚災，鹽課虧，敕忱巡視。奏令蘇州諸府，撥餘米一二萬石運揚州鹽場，聽抵明年田租，竈户得納鹽給米。時米貴鹽賤，官得積鹽，民得食米，公私大濟。尋敕兼理松江鹽課。華亭、上海二縣逋課至六十三萬餘引，竈丁逃亡。忱謂田賦宜養農夫，鹽課宜養竈丁。因上便宜四事，命速行之。忱爲節竈户運耗，得米三萬二千餘石。亦倣濟農倉法，置贍鹽倉，益補逃亡缺額。由是鹽課大殖。浙江當造海船五十艘，下忱計度。忱召問都匠，言一艘須米千石。忱以成大事不宜惜費，第減二十石，奏於朝，竟得報可。以九載秩滿，進左侍郎。六年命兼理湖州、嘉興二府稅糧，又命同刑科都給事中郭瑾録南京刑獄。

忱素樂易。先是，大理卿胡槩爲巡撫，用法嚴。忱一切治以簡易，告訐者輒不省，或面訐忱：「公不及胡公。」忱笑曰：「胡卿敕旨，在祛除民害。朝廷命我，但云安撫軍民。委寄正不同耳。」既久任江南，與吏民相習若家人父子。每行村落，屏去騶從，與農夫餉婦相對，從容問所疾苦，爲之商略處置。其馭下也，雖卑

官冗吏，悉開心訪納。遇長吏有能，如況鍾及松江知府趙豫、常州知府莫愚、同知趙泰輩，則推心與咨畫，務盡其長，故事無不舉。常詣松江相視水利，見嘉定、上海間，沿江生茂草，多淤流，乃濬其上流，使崑山、顧浦諸所水，迅流駛下，壅遂盡滌。暇時以匹馬往來江上，見者不知其爲巡撫也。歷宣德、正統二十年間，朝廷委任益專。兩遭親喪，皆起復視事。忱以此益發舒，見利害必言，言無不聽。

初，欲減松江官田額，依民田起科。户部郭資、胡濙奏其變亂成法，請罪之，宣宗切責資等。忱嘗言：「吳淞江畔有沙塗柴場百五十頃，水草茂盛，蟲蝻多生其中。請募民開墾，可以足國課，消蟲災。」又言：「丹徒、丹陽二縣田没入江者，賦尚未除。國初蠲税之家，其田多併於富室，宜徵其租。没於江者除之，則額不虧而貧富均。無錫官田賦白米太重，請改征租米。」悉報可。其因災荒請蠲貸，及所陳他利病無算，小者用便宜行之，無所顧慮。久之見財賦充溢，益務廣大，修葺廨舍學校、先賢祠墓、橋梁道路，及崇飾寺觀，贈遺中朝官，資餉過客，無稍吝惜。胥吏漁蠹其中，亦不甚訾省。以故屢召人言。

九年，給事中李素等劾忱妄意變更，專擅科斂，忱上章自訴。帝以餘米既爲公用，置不問。先是，奸民尹崇禮欲撓忱法，奏忱不當多徵耗米，請究問倉庫主者，忱因罷前法。既而兩税復逋，民無所賴，咸稱不便。忱乃奏按崇禮罪，舉行前法如故。再以九載滿，進户部尚書。尋以江西人不得官户部，乃改工部，仍巡撫。

景泰元年，溧陽民彭守學復訐忱如崇禮言，户部遂請遣御史李鑑等往諸郡稽覈。明年又以給事中金達言，召忱還朝。忱乃自陳：「臣未任事之先，諸郡税糧無歲不逋。自臣涖任，設法剗弊，節省浮費，於是歲無逋租，更積贏羨。凡向之公用所須、科取諸民者，悉於餘米隨時支給。或振貸未還，還赦宥免，或未估時值，低昂不一。緣奉宣宗皇帝并太上皇敕諭，許臣便宜行事，以此支用不復具聞，致守學訐奏，户部遣官追徵，實臣出納不謹，死有餘罪。」禮部尚書楊寧言：「妄費罪乃在忱，今估計餘值，悉征於民間，至有棄家逃竄者，乞將正統以前者免追。」詔許之，召鑑等還。既而言官猶交章劾忱，請正其罪。景帝素知忱賢，大臣亦多保持之，但令致仕。

然當時言理財者，無出忱右。其治以愛民爲本。濟農倉之設也，雖與民爲期約，至時多不追取。每歲徵收畢，踰正月中旬，輒下檄放糧，曰：「此百姓納與朝廷賸數，今還與百姓用之，努力種朝廷田，秋間又納朝廷税也。」其所弛張變通，皆可爲後法。諸府餘米，數多至不可校，公私饒足，施及外郡。景泰初，江北大饑，都御史王竑從忱貸米三萬石。忱爲計至來年麥熟，以十萬石畀之。

性機警。錢穀鉅萬，一屈指無遺算。嘗陰爲册記陰晴風雨，或言某日江中遇風失米，忱言是日江中無風，其人驚服。有奸民故亂其舊案嘗之，忱曰：「汝以某時就我決事，我爲汝斷理，敢相紿耶？」三殿重建，詔徵牛膠萬觔，爲綵繪用。忱適赴京，言庫貯牛皮，歲久朽腐，請出煎膠，俟歸市皮償庫。土木之變，當國者議欲焚通州倉，絶寇資。忱適議事至，言倉米數百萬，可充京軍一歲餉，令自往取，則立盡，何至遂付煨燼。頃之，詔趣造盔甲數百萬。忱計明盔浴鐵工多，令且沃錫，數日畢辦。

忱既被劾，帝命李敏代之，敕無輕易忱法。然自是户部括所積餘米爲公賦，儲備蕭然。其後吳大饑，道殣相望，課逋如故矣。民益思忱不已，即生祠處處祀之。景泰四年十月卒，謚文襄。

查繼佐《罪惟録》列傳卷一一　周忱，字恂如，江西吉水人。永樂二年進士，自陳願補預文淵閣，許之。以員外郎□越府長史。宣德五年，歷工部右侍郎，巡撫江南。

是時蘇州逋税七百九十萬，常、松亦然。大率苞蔭之患，首在勢豪，乾没之孔，莫甚里胥。忱與蘇守況鍾，奉令中，以官鈔平糴，復從富民勸借，三郡得贏米三十萬石有差，令縣分貯之，名濟農倉。蘇税官田徵額倍民田，忱曲算創爲平米法，令大小户均耗。蘇税故額二百九十餘萬石，疏減八十餘萬石，他府以次亦遞減有差。夏秋兩税，圖里各推富有者爲糧長，糧頭收受，導鉄斛，自輸水次，不得復闞里胥。加耗以次定支，不溢圭撮。次其力産厚薄爲押運，地遠近勞逸爲上中下支撥。細民上納，視舊減三之一。及既綱運，節其盈縮，亦復可贏其什之一，以爲餘米，忱令并入濟農倉，三郡歲有餘米一百萬石，運給北京武職月俸，亦歲省餘費六十萬石，總歸濟農。運河有失，則人支口糧。修築圩岸，開濬河湖，不責償。春耕借貸，衡中下事力及田多寡爲差，秋成併賦之。其或年凶，又再賑焉。秋熟不償者，明年不復給。是時上供無慮百數，咸取足於餘米，民無横科。以至葺脩三郡宫廨、學宫、賢祠、古墓、橋梁、溝洫，歲費不下萬計，江南民愛戴如父母。

滿九年轉左。正統中，璫振弄權，忱善調劑之，以故欲有所張弛，片詞輒奉俞旨。詔兼撫嘉湖，則修築捍海塘，費鉅萬，役五載，皆忱度支，海不能爲患。十四年入朝，以工部尚書復還江南巡撫。八月，英廟北狩，國事悤遽，忱致糧數百

萬京師，并造軍器數百萬，鱗次無愆期。景泰初引年，不允。尋請老，召還京，致仕，卒，年七十有三，謚文襄。江南民祠祀之。

忱才識饒敏，不拘繩墨，事苟利便，破格行之。嘗爲册記日所行事，及陰晴風雨，有告振，輒按册詢訊，人莫敢欺。兼理松鹽，鹽課虧，忱借蘇州餘米給竈民上鹽，是爲設倉補額，鹽民利之。以至官布馬頭，規爲令則，不詘公私。三殿重建，詔取牛膠萬餘觔資綵繪。會忱入朝，請京庫腐牛皮出煎膠，俟歸市皮還庫。工部索用水磨明盔，非遲歲月不可。忱令沃錫應之，旬日而具。

焦竑《國朝獻徵録》卷六〇彭韶《資政大夫工部尚書謚文襄周公忱傳》 公諱忱，字恂如，江西吉水人。永樂甲申進士。時選庶吉士二十八人應二十八宿入翰林讀書，公亦乞與，加二十九人。授刑部主事，預修《五經大全》諸書，陞員外郎。北京新建太倉，命公督運南北畿郡之賦。洪熙時，遷越府長史。宣德五年，擢工部右侍郎，巡撫南直隸。

初蘇州府税糧負欠六七年，約七百九十餘萬石，常、松亦然。公至，詢問父老，皆云蘇、松舊俗大户不出加耗，致小户連累。公乃使大小户一例加耗。官降斛斗久失，糧長往往私造大入小出，公奏行南京工部，鑄造鐵斛，發屬縣依造木斛，較勘烙印，給與糧長收槩，於是出入均平。始糧長每區設正副三名，每歲七月赴南京户部關領勘合，及糧完又皆親齎奏繳，往往動經半年，率多科歛盤費。公每區留正副二名，輪流赴京領回勘合，糧完送赴有司，差人類繳，甚爲省便。蘇州糧額二百九十餘萬石，宣德間詔官田一斗至二斗以上者減十分之二，三斗以上減十分之三，户部移文，止減抄没官田，古額不準減除。公又同知府況鍾奏言，洪武、永樂間抄没官田，人力猶可以勝，其所不勝者正在古額官田。乃減八十餘萬石。舊例不許團局收糧，糧長家自徵收。公曰：「此負欠之由也。」遂令各縣於水次置圍編囤，或四五區，或六七區，總聚一處推行，止糧長一人總之，名曰總收。所收者有六七萬石，或十數萬石，定與加耗，總徵平米上囤，每囤設糧頭，囤户各一名，管收千石或六百石，置立撥運文簿，支撥起運。加耗者正糧一石收平米一石七斗，候起運時酌量支撥。如京通等倉，以次定支石數不等。置立綱運文簿，聽其搏淺等項費用填註回銷。若支撥羨餘，存積在倉，號曰餘米。次年餘多，則令加六徵收，又次年益多，止令加五。除依前撥運外，有附餘，乃令各縣造倉一所，名曰濟農，將遞年撥運剩米運入，以備賑濟。或農民缺食，及運夫遭風被盜者，賑給借納，秋成抵斗還官。修築圩岸，開挑河道，人夫關納口糧，秋成不還。其賑卹農民，每歲插蒔之際，於中下二等户内驗其種田多寡，每家給與二石或三石，一齊給之，秋成隨糧還官，若遇凶歲，則再賑之。奸頑不還者，有司記名，不復給借。

往時裏河運糧，軍民相半，軍則官爲打造淺船，分長短中三運，長運於淮安常盈倉，中運於徐州廣運倉，短運於臨清廣積倉，支米一尖一平下船。民則自行雇船裝運，正糧一石該平米二石，又船錢一石，經年往返，多失農月。公乃與平江伯陳瑄議奏，軍民令於淮安、瓜洲等處水次對船交兑，令衛所出給通關，付還銷繳。在淮安正糧一石兑與平米一石五斗，瓜洲兑與平米一石五斗五升。各處并南京衛所運糧官軍未曾過江者，聽於蘇、松、常、鎮等府縣交兑，加與過江船錢米二斗。豐年米賤，兑與加七五升，凶年米貴，兑與加六五升。襯墊蘆席折米五合。方兑船在江或遭風患，公又令州縣支糶餘米。蓋倉二十餘厫於瓜州江畔，遇到船糧搬入收貯，聽注交兑畢日，量支餘米，雇入看守。

民間馬草每年運赴南京上納，若北京每包草一千束該用五百料船一隻，人夫十五名，草束在船十壞六七，所費不貲。公奏於通州草場設立官庫，每束折收白銀三分，一千束止用三十兩。若南京則輕齎赴彼買納，人皆稱便。又北京文武職官俸糧皆領票於南京户部關支，當米賤時一兩可買票米七八石。公因曾議奏準折收金花銀兩納官，每兩準米四石，解運京庫交收，折支京官俸糧。其嘉定、崑山等處折納官布，每疋準正糧一石，舊例驗收三斤，糧解領布，到官率因紗麤十退八九。公知之，奏稱布疋斤重，紗麤其價反賤，紗細布輕，其價乃高，乞不拘斤重，務在長闊如式，兩頭織造色紗，以防盜剪之弊。從之。各處走遞馬匹及鋪陳等件死損，多被馬頭科逼民財買補，歲無虚日。公又創法，每田一畝，收米二升九合，隨糧帶納，另厫收貯，遇有死損，驗馬上中下價直給米備用，馬頭科歛之患遂悉。

正統初，淮揚地方被災，鹽課虧久，公奉詔巡視。乃奏令蘇州等府將撥剩餘米每縣量撥一二萬石運赴揚州各鹽場收貯，照數出給通關，準作下年預納秋糧。其米在場，聽令竈户將私鹽於附近場分上納，即照時價給還糧米食用。於時米貴鹽賤，官得鹽課積聚，民得食米安生，上下賴之。八年大水爲諸郡患，公預奏量留官糧一二十萬石賑濟。其年各處低圩岸塍俱被衝坍，時水利等官先已裁革，公奏取曾經任過辦事官量撥一二十員準其歷俸年月，管修田圩，開塞河道，畢日送回吏部。未半載，事完，俱復舊。十四年邊事緊急，工部移文成造盔甲腰

刀撤袋以數百萬計，其盔俱要水磨明亮。公取餘米依數成造，且計水磨明盔非遲歲月不可，暫令擺錫以副急用。處事周而敏，多類此。

公在南圻凡二十二年，由右侍郎轉左侍郎，進户部尚書，改工部，乃致仕。兩遭喪皆起復視事。上任既專，公又盡心於職。爲人謙恭，不立崖岸，言若不出口。謀慮深長，善採衆論，征輸皆有常度，貢賦未嘗稽欠，且有贏餘。遇屬郡有荒歉，即以便宜從事，撥餘米以補不足之數。凡官府織造、供應軍需之類，盡出於所積餘米。蓋民賦歲一石五斗之外，漠然不見他役之及已，而官府無復科率之擾。諸縣學校、先賢祠、各郡橋梁、河道多所修葺濬治，一切取諸餘米。人爭爲立生祠，没因以祀之。年七十三，謚文襄。其後户部言濟農餘米失於稽考，奏遣曹屬盡括歸之官，於是徵需雜然，逋負自若，人益思公焉。

贊曰：學博而邃，禮和而恭。茂著才猷，爰作司空。撫綏南服，國計以豐。民無移粟，歲不知凶。惇大成裕，沛乎有容。没而尸祝，人仰休風。二十八宿，孰能右公。

焦竑《國朝獻徵録》卷六〇《周文襄公傳》　周文襄公忱，字恂和，吉水人。永樂甲申進士。上方嚮意文學，選曾棨等二十八人讀書文淵閣，忱自列願與二十八人之數，上覽其奏，大喜曰：「有志之士也。」增公爲二十九人。

宣皇帝時遷工部侍郎。會蘇、松列郡逋賦至數十餘萬，以公巡撫南直隸。公至，詢於民，具言夙弊於是，均加耗較斛。量奏減糧長正副，定爲領繳勘合之法，民便之。會詔減官田賦，户部獨減抄没官田，不準除古額。公奏減八十餘萬石。先是糧長人自徵收，不團局，公曰：「此逋負之繇也。」公令水次置囤，準糧長一人總之，曰總收。每歲通計各户之夏秋税及加耗則例，填註由帖而户給之。户自諸帖赴倉，不經里胥。囤設糧頭、囤户各一人主之，使相覺察。糧長惟職催併，官爲監守，立撥運文簿。支撥起運加耗者正糧一石收平米一石七斗，如京通等倉正米一石支三石，臨淮南京等倉以次遞減。置綱運簿，聽註博淺等費回銷。其支撥之羨餘者曰餘米。次年餘多，減耗加六，又次年益多，加五。猶有附餘，令縣置一倉貯之，名曰濟農，以備賑。或農乏食及運失之遭風盜者，則賑之。

故事，軍民分運，其長運者往返踰歲，農多失業。公乃議奏對船交兑。又民間運馬草北京者，所費不貲，而草多敗爛。公奏請折銀南京，輕齎買納，省費爲倍。北京公侯禄米例輸南京，使自來受。公曰：「彼能於南京關支，獨不可就支三郡乎？」遂得減耗米六十萬。北京文武俸帖於南京賣者苦大賤每銀兩可得米七八石，公奏請折收金花銀，每兩準米四石，以給官俸。正統初，淮揚被災，鹽課大耗，奉詔巡視。奏令三郡餘米運赴各鹽場準明年秋税，聽竈户以鹽易米。官得鹽課民食米，上下交便之。有詔綵繪宫殿，計用牛膠萬餘斤，遣官齎勑督辦。時公方赴京，遇諸齎勑使，請還治，公言第行，自有處。至京言京庫所貯皮張歲久朽腐，請出煎膠應用。歸即撥餘米買皮上供，以新易舊，誠兩便。從之。十四年兵部索兵仗數百萬計，公出餘米造上。明盔須水磨，非遲數月不可，公且沃錫，旬日畢辦。土木之變，虜騎將而都城衆議欲焚通州倉以絶虜食。公時議事京師，請令六軍運入都城，聽作月糧。虜至無所掠，而都城食類以足。

公撫南畿凡二十二年，由右侍郎九載考滿轉左，進户部尚書，改工部致仕。景泰二年卒於家，謚文襄。公謙恭，言若不出口。謀慮深長，善採衆論，征輸皆有常度，歲賦無欠，且有贏餘。他郡荒歉，即以餘米補之。凡織造、上供軍需之類，及所過學校、先賢祠墓、橋梁、河渠，多所興治，皆資餘米，民不知役。雖中官王振亦極重之，進其地者無虚日，人人得其所欲。蓋民歲賦之外，漠然不見他役之及，官府無復科索之擾，莫不樂業，人爭立生祠祀之。諸所建明，皆爲永例，繼公者數欲更之而不能也。後户部言餘米失稽考，遣使盡括歸官，由是徵需雜出，逋負如故，人益思公。

初公至蘇、松，所屬大饑，米價踊貴。公遣人四出，察米價高下。江浙、湖廣方大熟，乃令人橐金至其地，故抑其直而勿糴，且紿言吴中米價高甚，由是江浙、湖廣大賈皆販米趨吴中，數百艘一時俱集。公知四方米已至，下令發官廪米盡出之以貸民，城中米價驟減，而四方米賈乃亦賤糶。所至延問父老利病興革，或微行與田夫野老雜處談時事。其丈量崑山田，疋馬獨行，人不知爲巡撫也。有善謀者，雖卑官賤吏，破去崖岸，開心訪納。夜寤則籌度政務，有所得輒起書之簡，且日即施行之。運船有侵匿，乃以遭風告公，公言是日無風，其人大駭服。久之乃知公令金焦山寺僧日具風水以報，其僧皆有資給，爲盡力。其周詳多此類。尤善記憶。吏於糧税有所欺隱，明曰某年撥某處若干，某年存留若干，以籍驗之，果然，吏驚服以爲神。公宇量恢弘，才識通敏，練達精密，雖古劉晏、韓滉幾無以踰之。其最善者在不執己見，務集衆思，故所建立，皆審計利害，可施之永久。而又身受知眷遇，三楊當國，夏忠靖在户部，故得久於其任，言無不從，以展佈所藴云。

文襄公爲侍郎巡撫十九年，爲尚書巡撫又二年，百姓不知有凶荒，朝廷不知

有缺乏。或問其故，曰：當時濟農倉米常數十萬，一遇水旱便奏聞免糧，奏上無不準，所免之數，即以濟農倉補完，所以民不知凶荒，朝廷不知有缺之也。問當[時]何處得此米？曰：此有二項。一奏改南京公侯禄米於各府支關，松江省下運耗十五萬石。其一遵朝命勸借得米六萬石，催糧里甲運入濟農倉賑濟補災之外，歲有寬餘。此米之所以多也。又曰：每歲臘月徵糧畢，新正十五後便有文書來放糧，曰此是百姓納與朝廷餘賸數，今還與百姓食用。種朝廷田，秋間又納朝廷税也。即放米，每户率二石，不曾有一石。時雖云抵斗還官，其實多不取。先祖言吾家嘗一次領黄豆六石，後升合不曾追也。予幼時聞此，亦不知其曲折如何。後閲公年譜及胡祭酒儼《濟農倉記》，始得其詳。故時公侯禄米皆請於南京，各府運米南京者，每石加六斗。公請令其人赴各府就支，石與船賈米一斗，計所餘，石議五斗，總得米十五萬石。又遵朝廷勸分之令，於秋糧帶徵，得米六萬石，歲積未共二十一萬石。賑濟補災，及糧運虧損，悉於此出。乃知所謂百姓不知有凶荒，朝廷不知有缺乏者，誠不知也。今文武禄米折徵銀解京已非舊法，以石六斗之米而易銀七錢，所餘似亦不少，況勸借六萬之數，每歲帶徵，未嘗少減，於昔則名雖没而實猶存也。又況得業蕩米歲有增加，由六十文鈔而爲米三升，由三升而爲五升二合有六勺至六升，召佃官租二斗者爲二斗九升，三斗者爲三斗九升矣，則歲入所增又不知當幾何也。而問之典守，率皆茫然不知，有知而不言。有能稽見此數，歲積於倉，則近時君子所以勞心焦思，朝慮夕畫，使人承奉不暇，而實無分寸於民者，可一浣而空之。嗚呼，吾安得親見斯人哉！顧東江《雜記》

濟農倉積米之多，近日士大夫皆不信，予以所記二事明之。成化戊戌歲，諸厫皆滿，餘米無可着處，以七萬石寄積於水次西倉。先君可閒公以老人選差監守，自戊戌至丁未，凡十年，始得放開。蓋所積既多，挨陳放支，次第不及故也。此事予所目見。嘉靖甲申，操江伍松月都憲巡歷至松，感舊賦詩，有「米粟陳陳歲四億」之句。予見而問之曰：詩舉成數，其實三十七萬幾千石。蓋公嘗以常州推府承檄盤倉見此，聞今空乏，故作此詩也。予所見今四十有七年，日月頗遠，伍公盤糧在弘治壬戌，方二十三年爾，此言如質之伍公，亦弗信也。顧東江《雜記》

談遷《國榷》卷三一 前工部尚書周忱卒。忱字恂如，吉水人。永樂甲申進士，選庶吉士，預修《大典》。授刑部主事，進員外郎，尋除越府右長史。宣德中，拜工部右侍郎，巡撫江南。一切破崖岸，興利袪弊，臨民和易，雖卑官賤隸，傾懷接納。尤機警，善籌畫，諸郡錢穀巨萬，一屈指無遺算。遇時通變，公私皆羨。歷户工部尚書，仍巡撫致仕。賜祭葬，謚文襄。

雜録

備録

陸容《菽園雜記》卷三 宣德間，大理寺卿胡槩巡撫南直隸，用法嚴峻。凡豪右之家，素爲民害者，悉被籍其産，徙置遠方。雖若過甚，而小民怨氣，一時得伸。周文襄繼之，一意寬厚，富家大户頗被帡幪。有告訐者，亦不輕理。一訐者面斥公曰：「大人如何不學胡卿？使我下情不能上達。」公從容語之曰：「胡卿敕書令其袪除民害，我敕書只令撫安軍民。朝廷委任不同。」温顔遣之，人服其量。

陸容《菽園雜記》卷八 巡撫周文襄公初至崑山，甫登岸，盛怒撻一人，儒學教諭朱冕叱皂隸令止。進白公曰：「請姑息怒，至衙門治之可也。」公從之。至寓府，入見後，公召冕問故，對曰：「下車之初，觀瞻所繫，恐因怒傷人累盛德耳。」公謝之。未幾，太倉開設衛學，公奏保冕爲教授，且語二衛武職云：「吾爲爾子弟得一良師，宜隆重之。」

焦竑《玉堂叢語》卷一 周文襄公忱巡撫江南時，嘗去騶從入田野間，與村夫野老相語，問疾苦。每坐一處，使聚而言之，惟恐其不得盡也。

焦竑《玉堂叢語》卷二 正統中，綵繪宫殿，擬用牛膠萬餘斤，勑巡撫尚書周公忱供辦。會公以議事之京，遇諸塗，勑使請公還治。公曰：「第行至京，自有處分。」至京，言京庫所貯皮張，歲久朽壞，請出煎膠應用。回治即撥餘米貿皮，照數輸納，以新易陳，兩得其便。時王振欣然從之，益重公才識。

周文襄公閲一死獄，欲活之無路，形於憂嘆。使吏抱成案讀之，至數萬言，背手立聽。至一處，忽點首喜曰：「幸有此可生。」遂出其人。

江南巡撫大臣，惟周文襄公忱最有名。蓋公才識固優於人，其留心公事，亦非人所能及。聞公有一册，自記日行事，纖悉不遺，每日陰晴風雨，亦必詳記。

如云某日午前晴，午後陰，某日東風，某日西風，某日晝夜雨。人初不知其故，一日，民有告糧船失風者，公詰其失船爲何日，午前午後，東風西風。其人不能知，妄對。公一一語其實，其人驚服，詐遂不得行。於是知公之風雨必記，蓋亦公事，非漫書也。

周文襄爲侍郎巡撫十九年，爲尚書巡撫又二年，百姓不知凶荒，朝廷不知缺乏。或問之，曰：「當時濟農倉米常數十萬，一遇水旱，即據實奏聞，求免歲糧，上無不準，所免之數，即以濟農倉米補完。所以民不知凶荒，朝廷不知缺乏也。」問：「當時何處得此米？」曰：「此有二項。其一，奏改南京公侯禄米於各府關支，省下運耗十五萬；其一，奉例勸分得米又六萬，每歲兑軍起運畢，令催糧里甲，運此十二萬米入濟農倉，賑濟補災之外，歲有寬餘皆積之，此米所以多也。」米積既多，每臘月徵糧畢，新正十五以後，即有文移放糧。曰「此是百姓納與朝廷餘賸數，今還百姓喫。種朝廷田，秋間又納朝廷税也」。所放米，每户率二石或三石，不曾有放一石者。時文書雖曰抵斗還官，其實多不取。每歲折糧銀布，常以正月半開局，曰「百姓多間納了米，留些須與過年，畜養牲口，至二月可賣以納銀，緝紡綿紗，至三月可織以納布，四月起解於朝廷，事亦不誤也」。糧運過江遭風損失者，公皆先知，人以爲異。久之，乃知公於金、焦二山各委一僧，使日具風水報，各與數健卒，給其使令，人感其誠，無不盡力。其思慮詳而計算密，雖處家者亦恐不能然也。又曰，公巡撫時，往來皆乘小轎，驛站遇村莊僻處，詢訪民瘼。五保有王槐雲者，夏月林下乘涼，公至，與並坐，説田里間事甚悉。俄而從者至，始知爲巡撫，叩頭謝罪。公笑而撫之，且畢其説而去。其心勤民事如此。然自視歉然，有《感懷》一首云：「日宴忘餐夜半興，簿書煩惱爲無能。秉心初擬逢衡鑑，任戇寧知越準繩。法在恤民民反病，事因除弊弊愈增。前非未悟羞蘧瑗，敢嘆微軀踐薄冰。」顧清撰年譜

沈德符《萬曆野獲編·補遺》卷三　周文襄忱之撫江南最久，功最大，三吴人至今德之。然亦正譎兼用。時王振新建私第，文襄密令人規度其廳事内室，廣狹長短，命松江府織絨地衣以餽，振鋪之不爽分寸，因大喜，凡有奏請，其批答無不如意，以此得便宜展佈。及振死虜中，景帝命籍之，得一金觀音，背鏤云：「孝孫周忱進。」爲司籍没御史錢昕所目覩。蓋委曲以從事，亦豪傑作用，如李德裕之於中尉楊欽義、馬存亮也。

備論

梁維樞《玉劍尊聞》卷二　周忱，字恂如，吉水縣人。登進士，自陳入翰林讀書，歷刑部主事、員外郎、長史、工部右侍郎巡撫南直隸，陞左侍郎、尚書。在南直隸凡二十一年，盡心職事，謀慮深長，善採衆論，徵輸皆有常度，貢賦未嘗稽欠，爲士民所懷。没謚文襄。

鄭曉《吾學編·皇明名臣記》卷七《尚書周文襄公》　公宇量恢弘，才識通敏，涖事精勤，臨民和易，有善謀者雖卑官賤吏，破去崖岸，開心訪納。性尤機警，籌畫諸郡錢穀，鉅萬一屈指無遺算。嘗爲册曆記日所行事及陰晴風雨，有告報輒按據詰訊，人莫能欺。每出會計，視地豐凶、事緩急爲弛張，調劑變通，民無逋負，官有餘積，前後理財者皆不能及。

《明史》卷一五三　論曰：此白其數學精也，便敏得之夙世，非可學得。相傳洪武十年，户部尚書滕德懋疏請均平蘇杭科税，不得，抱恨死之日，忱生，忱爲完其所請，忱，德懋後身也。果然與否？相傳客遊之至忱所，人人得所欲。釋子募門，所獲過當。嘗自出粟千石，得旌其門。又令子納馬得官。士林或少之。嗟！果能福被東南，諸何足責也。片詞得俞旨，是借振以善其用。必與大忤，安能克禪？而所難景泰之初輒請老。

況鍾部

綜述

《明史》卷一六一《況鍾傳》　況鍾，字伯律，靖安人。初以吏事尚書吕震，奇其才，薦授儀制司主事，遷郎中。

宣德五年，帝以郡守多不稱職，會蘇州等九府缺，皆雄劇地，命部、院臣舉其屬之廉能者補之。鍾用尚書蹇義、胡濙等薦，擢知蘇州，賜敕以遣之。

蘇州賦役繁重，豪猾舞文爲奸利，最號難治。鍾乘傳至府。初視事，羣吏環立請判牒，鍾佯不省，左右顧問，惟吏所欲行止。吏大喜，謂太守闇易欺。越三日，召詰之曰：「前某事宜行，若止我；某事宜止，若强我行；若輩舞文久，罪當死。」立捶殺數人，盡斥屬僚之貪虐庸懦者。一府大震，皆奉法。鍾乃蠲煩苛，立條教，事不便民者，立上書言之。

清軍御史李立勾軍暴，同知張徽承風指，動以酷刑抑配平人。鍾疏免百六十人，役止終本身者千二百四十人。屬縣逋賦四年，凡七百六十餘萬石。鍾請量折以鈔，爲部議所格，然自是頗蠲減。又言：「近奉詔募人佃官民荒田，官田準民田起科，無人種者除賦額。崑山諸縣民以死徙從軍除籍者，凡三萬三千四百餘户，所遺官田二千九百八十餘頃，應減稅十四萬九千餘石。其他官田没海者，賦額猶存，宜皆如詔書從事。臣所領七縣，秋糧二百七十七萬九千石有奇。其中民糧止十五萬三千餘石，而官糧乃至二百六十二萬五千餘石，有畝徵至三石者，輕重不均如此。洪、永間，令出馬役於北方諸驛，前後四百餘匹，期三歲遣還，今已三十餘歲矣。馬死則補，未有休時。工部征三梭闊布八百匹，浙江十一府止百匹，而蘇州乃至七百，乞敕所司處置。」帝悉報許。

當是時，屢詔減蘇、松重賦。鍾與巡撫周忱悉心計畫，奏免七十餘萬石。凡忱所行善政，鍾皆協力成之。所積濟農倉粟歲數十萬石，振荒之外，以代民間雜辦及逋租。其爲政，纖悉周密。嘗置二簿識民善惡，以行勸懲。又置通關勘合簿，防出納奸僞。置綱運簿，防運夫侵盜。置館夫簿，防非理需求。興利除害，不遺餘力。鋤豪强，植良善，民奉之若神。

先是，中使織造採辦及購花木禽鳥者踵至，郡佐以下，動遭笞縛。而衛所將卒，時淩虐小民。鍾在，斂跡不敢肆。雖上官及他省吏過其地者，咸心憚之。

鍾雖起刀筆，然重學校，禮文儒，單門寒士多見振贍。有鄒亮者，獻詩於鍾。鍾欲薦之，或爲匿名書毁亮，鍾曰「是欲我速成亮名耳」，立奏之朝。召授吏、刑二部司務。遷御史。

初，鍾爲吏時，吴江平思忠亦以吏起家，爲吏部司務，遇鍾有恩。至是鍾數延見，執禮甚恭，且令二子給侍，曰：「非無僕隸，欲籍是報公耳。」思忠家素貧，未嘗緣故誼有所干，人兩賢之。

鍾嘗丁母憂，郡民詣闕乞留。詔起復。正統六年，秩滿當遷，部民二萬餘人，走訴巡按御史張文昌，乞再任。詔進正三品俸，仍視府事。明年十二月卒於官。吏民聚哭，爲立祠。

鍾剛正廉潔，孜孜愛民，前後守蘇者莫能及。鍾之後李從智、朱勝相繼知蘇州，咸奉敕從事，然敕書委寄不如鍾矣。

查繼佐《罪惟録》列傳卷一五　況鍾，字伯律，江西靖安人。以吏起家，事吕尚書震，尚書薦授主事。宣廟中，擢知蘇州府，授璽書，假便宜行事。初視篆，陽爲不解事。諸吏抱牘環立，鍾左右顧，須吏出口，吏所欲惟行止，顧諸弊悉識之。通判趙忱肆謾侮，不校，於是吏竊喜，謂太守其家人。月餘，鍾大會諸寮，出敕宣讀，讀至「府有寮屬不法聽拿問」等句，諸寮爲惕息，不敢仰視。禮畢，出一溥，立呼里老：「其速以善惡告我。」旋召諸府吏悉前，大聲某日某事汝作如此，擬應入賄若干；某日某如之。命引出，擇左右膂力者四人，擲一胥空中擲殺之。不死，鍾大怒曰：「吾爲百姓殺賊，鼠輩不爲我盡力！高之必死。不死，若輩死於是。」立擲殺六人，尸諸衢，郡中不寒而栗。置通關勘合簿，防欺詐。痛絶衛卒之爲暴横者。令民婚喪必以禮，諭告反覆，而校督其不如命者。

蘇賦重，官田尤甚，鍾爲奏減重賦。復與周文襄忱畫收糧法，建濟農倉，置綱運簿，防運夫侵盜；置館夫簿，防非禮需索。大抵鍾爲治專戢豪狡，撫良善；至寒門下士挾片藝者，皆獲收用，廉謹之操，一塵不滓，故吏畏民安。述職，錫宴賜詩。九載滿，民上章乞留者八萬人，詔許再任。有鄒亮者，率待火鍾，因上詩二十章。鍾欲薦其才於朝，而門有揭匿名數亮，鍾益不顧，薦亮，亮卒爲監察御史。楊文貞贈之詩，有曰：「十年不愧趙清獻，七縣重迎張益州。」鍾剛果敏達，

不畏强禦，嘗上奏與巡按御史争相見儀，弗憚，然度量廓如也。興學禮士，蘇人至今誦之。在郡十有一年，卒於官。士民繪其像，祀於范文正之祠。【略】

論曰：以吏起，必矯以見節，鍾之志也。顧非吕尚書薦，安得簡書便宜？又非周文襄爲所求必得，安能建置久遠？用之而後得遂其用，是在祓濯之者矣。後蔚能亦起吏，其蕭曹之間歟！況在郎中時，輒薦宫僚張宗璉，宣廟曰：「鍾知薦宗璉，亦可謂賢矣。」本帝眷，故得爲其所得爲，不止吕、周之爲之卵翼也。

談遷《國榷》卷二五　丙辰，蘇州知府況鍾卒。鍾字伯律，靖安人。自學吏給事禮部，尚書吕震薦授儀制主事，進郎中。宣德五年，守蘇州。首斥經歷傳得等數人，盡剷宿弊。公正勤能，民甚便之。憂去起復。奏蠲重額糧七十餘萬石，開枉成千八百餘户。綜理周密，出納徭役皆籍記，而綱提甚省。見豪右强梗，立斃之。遇細民寒士甚厚。秩滿，食三品禄。及卒，巷哭立祠。同鍾出守松江趙豫、常州莫愚、杭州馬儀、吉安陳本深、西安羅以禮，其治皆相伯仲，而豫尤和易近民。時稱鍾能吏，豫良吏云。

雜録

備録

王錡《寓圃雜記》卷三　況公名鍾，字伯律，南昌人。蘇自永樂間久不治，朝廷患之，屢遣使督責無效。宣德五年，閣老三楊公議曰：「郡治，獨係於守，與督責於後，孰與慎擇於初。」公時爲禮部郎中，有材則，三公遂以上薦，復請賜勑，便其行事。詔可。出郡守有勑始此也。公既至，悉察得民隱，喟然曰：「郡出不治，病在賦重、民貧、吏胥爲奸耳。」因焚香自祝，奏減正賦七十二萬餘石。或動以禍福，不顧，卒得所請。次發奸吏豪民數人，郡遂大治。初，郡多水患，公講求其利，無不曲盡。自後遂無墊没。他如薦賢養士，恤孤慎刑，摧挫强禦，皆其政也。性剛明，見事必爲，不計成敗，然卒皆底於成。其居量廓如也。朝廷累有褒美宴勞之寵，而以蘇人仰之，終不遷其官，公亦爲之不倦焉。正統七年十二月三十日，忽無疾卒於位，民間哀之，父老歌思，至今不衰。

李樂《見聞雜記》卷六　況鐘字伯律，江西靖安人。始以吏事吕尚書震，以尚書薦，授主事，遷郎中，擢蘓州守，授璽書，假便宜從事。初視事，佯爲不解事者，諸吏抱案牘環立請判，鐘左右顧問吏，吏所欲行止輒聽，而諸弊蠹悉識之，於是吏大喜，謂府公愚。通判趙忱肆慢侮不校。既月餘，命左右具香燭案，呼學官子弟及僚屬畢來，云有勑未宣，今宣勑，勑中有「僚屬不法，徑自拿問」語，於是諸僚皆惕息恐慄，禮畢坐堂上，呼里老前曰：「吾聞郡人多武斷，傾害良善，吾不能如閻羅老子自剖别，今以屬若等，其速以善惡户報。善者吾優視之，禮請其賢者與鄉飲，惡者吾且爲百姓殺之。今列二簿俟之矣。」已召諸府胥悉前，大聲言某日某事汝作如此，擬應竊賄若干，某日某如之，群胥股栗，不敢辯。鐘命引出，擇有膂力者四人擲一胥空中，擲殺之，不死，鐘大怒曰：「吾爲百姓殺賊，鼠輩顧不爲我盡力耶？高投之必死，不死，若鼠輩死矣。」於是立擲殺六人，尸諸衢。乃盡覈屬吏，出貪墨者五人，庸懦者十餘人，郡中不寒而栗，謂太守神威，咸畏法不犯。於是掃剔諸宿蠹，置通關勘合簿防欺詐，痛繩衛卒之爲暴横者而郡體始尊。簿得民善惡名，籍而榜列之，示懲勸。令民婚喪必以禮，諭告反覆，而校督其不如命者，威禁大行。

蘇賦重而官田尤甚，民苦之，鐘爲奏減重賦，焚香祝天，乃具疏上，卒得請復，與周文襄畫收糧法，建濟農倉，置綱運簿，防運夫侵盜，置館夫簿，防非禮需索，綜理周密而行之又甚不難。大抵鐘爲治，專戢豪狡，撫善良，至寒門下士，挾片藝皆獲收，故吏畏民安。述職錫宴賜爵，九載滿，民上章乞留者八萬人。楊文貞贈之詩：「十年不愧趙清獻，七縣重迎張益州。」竟卒於任。鐘剛果敏達，不畏彊禦，嘗上奏與巡按御史争相見儀，弗憚，然度量廓如也。興學禮士，蘇人至於今誦之，以爲廉潔之操，一塵不滓，操履之介，千夫莫回云。

梁維樞《玉劍尊聞》卷二　朝鼓敝，禮部欲移文淮安造鼓，而難於措辭。時況鍾爲郎，奮筆曰：「緊綳密釘，晴雨同聲。」一時傳播。【略】

鍾字伯律，靖安人。禮部尚書吕震舉爲禮部主事，歷郎中、蘇州知府。鍾爲知府，覈吏除弊，賑農免糧，敘差置簿，綜理周密，簡約易行，廉潔方正，士民悦感，留蘇州七年卒，市巷哭送其喪，立祠以祀。有鄒亮者，獻詩於鍾，鍾極稱賞，欲薦於朝，有以匿名書數亮過失，揭府門，鍾曰：「彼沮吾薦，正速成亮名耳。」遂奏亮才學可用。後亮爲御史，果以剛直孜譽。

明仁宗部

綜述

《仁宗實録》卷一上　仁宗敬天體道純成至德弘文欽武章聖達孝昭皇帝諱〔高熾〕，太宗體天弘道高明廣運聖武神功純仁至孝文皇帝嫡長子。母仁孝慈懿誠明莊獻配天齊聖文皇后。洪武拾壹年柒月貳拾叁日生於鳳陽。是夕，仁孝皇后夢冠冕執圭者上謁，寤而生帝。自幼端重沉静，言動有經。四五歲，宫中聞讀書輒喜，自是書册翰墨不去手。稍長，習射數日，輒造精藝，發無不中。左右問何若是巧也，曰：「心志既正，無難者。」然絶口不自矜。蓋於馳射及奇巧玩適之，且志非所好，獨好學問，日從儒臣論説不厭。洪武貳拾捌年閏玖月壬午，授金册金寶，命爲燕世子。太祖皇帝思宗藩之重，特召秦、晉、燕、周四世子朝夕親教訓之，歷試諸事，嘗命分閲皇城四門衛士。帝還，奏獨後。太祖問之，對曰：「旦寒甚，衛士方食，俟其既食乃閲之，故後。」太祖喜曰：「能體恤下人，是吾心也。」又命分閲中外臣民，奏疏獨取其切於兵民疾苦及至關宗社大計者白之。太祖覽之，稱喜。其間有一語一字之謬者，悉置之不以白。太祖指示之曰：「爾忽之耶？」對曰：「不敢忽，顧小過失不足以瀆天聽。」太祖喜曰：「孫有君人之度哉？」嘗問之曰：「堯九年之水，湯七年之旱，當時百姓奚所恃？」對曰：「恃聖人有恤民之政耳。」自是益見重。

逮太宗皇帝舉兵靖難，奉命居守，時將士精鋭者皆從征，城中所餘老弱不及什一。旦暮督治守備及禦敵之具，撫綏城中兵民，人人歡悦。咨求老於兵旅及才識文吏與之同事，推誠待之，皆爲盡心。每四鼓以起，二鼓乃息。左右或以過勤爲言者，答曰：「君父身冒艱險在外，此豈爲子優逸時？且根本之地，敵人所必趨者，豈得不禦備？」而凡有所施爲，必先稟命仁孝皇后。無幾，李景隆等引兵數十萬圍北平城。是時，城中守備已完，雖老弱不及萬人，帝鼓舞激勸，下至婦人小子，皆奮効力，更番乘城，晝夜拒敵，雖矢石交下，人心不變。數夜，遣人開門，斫敵營，敵驚慌自殺，或至明乃定。景隆等圍城久不下，及兵士夜不得寧息，遂退營十數里。無幾，太宗皇帝得報，引兵馳歸擊之，帝亦出城兵夾擊，景隆等狼狽大敗散走。時二郡王高煦數出從太宗皇帝，三(群)〔郡〕王高燧留佐居守。宦寺黄儼以高燧之幼鍾愛也，爲媒孽奪嫡之計，將爲己利，使其黨往來譖高燧而短帝，又謂帝將爲朝廷固守北平以拒父也。太宗皇帝以問高煦曰：「爾兄素孝，那當有此？」高煦曰：「兄誠孝，但在太祖時，果與太孫善也。」太宗不答。會朝廷用方孝孺之策，遣使持書授帝，爲離間。帝得之，不啓緘，即遣人賫書，并械其使詣軍前白之，而儼已先遣人馳報太宗曰：「世子與朝中通謀，使者持書至矣。」言未既，帝所遣亦至，太宗發書覽之，〔嘆曰〕：「吾父子至愛，尚見譖間，矧君臣間而姦人不吾毁乎？」有問帝曰：「亦知人所以相譖者乎？」曰：「不知。」曰：「是可以不知乎？」曰：「吾所當知者，恭盡子職而已。」

太宗皇帝既正大位，升北平爲北京，以其地大民衆，且藩邸之舊，仍命帝居守。而高煦先隨太宗入南京，方潛謀儲位。太宗即遣之還北京，而簡賢才馬京輩數人往輔。帝且諭京等曰：「此朕之嫡長也。」永樂貳年貳月，遣隆平侯張信、附馬都尉永春侯王寧召帝及高煦至南京，授帝金册金寶，立爲皇太子，封高煦爲漢王，高燧爲趙王。國朝定制，中外政務有成式者啓皇太子施行，大事悉奏請。時太宗皇帝欲天下皆歸心於帝，凡有寬貸悉付帝行之，帝亦孜孜惟仁之施。或有水旱饑饉，民兵失所，未嘗不戚焉，思有以賑恤之。每諭文武大臣曰：「卿等爲國柱石，宜深體至尊聖仁以惠黔黎，毋爲苛刻以摇邦本。」其後監國，所惠被下人甚厚，故天下咸屬心焉。永樂貳拾貳年柒月，辛卯，太宗皇帝以征虜寇上賓於行在。先日，遣命皇太子即皇帝位。八月甲辰，文淵閣大學士兼翰林院學士楊榮、御馬監少監海壽傳遺命至北京，帝哭慟幾絶，强起拜受。

《明史》卷八《仁宗紀》　仁宗敬天體道純誠至德弘文欽武章聖達孝昭皇帝，諱高熾，成祖長子也。母仁孝文皇后，夢冠冕執圭者上謁，寤而生帝。幼端重沉静，言動有經。稍長習射，發無不中。好學問，從儒臣講論不輟。

洪武二十八年，册爲燕世子。嘗命與秦、晉、周三世子分閲衛士，還獨後。問之，對曰：「旦寒甚，俟朝食而後閲，故後。」又命分閲章奏，獨取切軍民利病者白之。或文字謬誤，不以聞。太祖指示之曰：「兒忽之耶？」對曰：「不敢忽，顧小過不足瀆天聽。」又嘗問：「堯、湯時水旱，百姓奚恃？」對曰：「恃聖人有恤民之政。」太祖喜曰：「孫有君人之識矣。」

成祖舉兵，世子守北平，善拊士卒，以萬人拒李景隆五十萬衆，城賴以全。

先是，郡王高煦、高燧俱以慧黠有寵於成祖。而高煦從軍有功，宦寺黄儼等復黨高燧，陰謀奪嫡，譖世子。會朝廷賜世子書，爲離間，世子不啓緘，馳上之。而儼先潛報成祖曰：「世子與朝廷通，使者至矣。」無何，世子所遣使亦至。成祖發書視之，乃歎曰：「幾殺吾子。」成祖踐阼，以北平爲北京，仍命居守。

永樂二年二月，始召至京，立爲皇太子。成祖數北征，命之監國，裁決庶政。四方水旱饑饉，輒遣振恤，仁聞大著。而高煦、高燧與其黨日伺隙讒構。或問太子：「亦知有讒人乎？」曰：「不知也，吾知盡子職而已。」

十年，北征還，以太子遣使後期，且書奏失辭，悉徵宫僚黄淮等下獄。十五年，高煦以罪徙樂安。明年，黄儼等復譖太子擅赦罪人，宫僚多坐死者。侍郎胡濙奉命察之，密疏太子誠敬孝謹七事以聞，成祖意乃釋。其後黄儼等謀立高燧，事覺伏誅，高燧以太子力解得免，自是太子始安。

二十二年七月，成祖崩於榆木川。八月甲辰，遺詔至，遣皇太孫迎喪開平。丁未，出夏原吉等於獄。丁巳，即皇帝位，大赦天下，以明年爲洪熙元年。

〔冬十月〕戊申，通政使請以四方雨澤章奏送給事中收貯。帝曰：「祖宗令天下奏雨澤，欲知水旱，以施恤民之政。積之通政司，既失之矣，今又令收貯，是欲上之人終不知也。自今奏至即以聞。」己酉，册妃張氏爲皇后。壬子，立長子瞻基爲皇太子。封子瞻埈爲鄭王，瞻墉越王，瞻墡襄王，瞻堈荆王，瞻墺淮王，瞻塏滕王，瞻垍梁王，瞻埏衛王。

十一月壬申朔，詔禮部：「建文諸臣家屬在教坊司、錦衣衛、浣衣局及習匠、功臣家爲奴者，悉宥爲民，還其田土。言事謫戍者亦如之。」是月，諭蹇義、楊士奇、夏原吉、楊榮、金幼孜曰：「前世人主，或自尊大，惡聞直言，臣下相與阿附，以至於敗。朕與卿等當用爲戒。」又諭士奇曰：「頃羣臣頗懷忠愛，朕有過方自悔，而進言者已至，良愜朕心。」十二月癸卯，宥建文諸臣外親全家戍邊者，留一人，餘悉放還。辛亥，揭天下三司官姓名於奉天門西序。庚申，葬文皇帝於長陵。

洪熙元年春正月壬申朔，御奉天門受朝，不舉樂。己卯，享太廟。丙戌，大祀天地於南郊，奉太祖、太宗配。

〔二月〕戊申，祭社稷。丙辰，耕耤田。丙寅，太宗神主祔太廟。

〔三月〕丁丑，求直言。戊子，隆平饑，户部請以官麥貸之。帝曰：「即振之，何貸爲。」己丑，詔曰：「刑者所以禁暴止邪，導民於善，非務誅殺也。吏或深文傅會，以致冤濫，朕深憫之。自今其悉依律擬罪。或朕過於嫉惡，法外用刑，法司執奏。五奏不允，同三公、大臣執奏，必允乃已。諸司不得鞭囚背及加人宫刑。有自宫者以不孝論。非謀反，勿連坐親屬。古之盛世，採聽民言，用資戒儆。今奸人往往摭拾，誣爲誹謗，法吏刻深，鍛鍊成獄。刑之不中，民則無措，其除誹謗禁，有告者一切勿治。」庚夏四月壬寅，帝聞山東及淮、徐民乏食，有司徵夏税方急，乃御西角門詔大學士楊士奇草詔，免今年夏税及秋糧之半。士奇言：「上恩至矣，但須户、工二部預聞。」帝曰：「救民之窮當如救焚拯溺，不可遲疑。有司慮國用不足，必持不決之意。」趣命中官具楮筆，令士奇就門樓書詔。帝覽畢，即用璽付外行之。顧士奇曰：「今可語部臣矣。」設北京行都察院。壬戌午，如天壽山，謁長陵。己未，還宫。

〔五月〕庚辰，帝不豫，遣使召皇太子於南京。辛巳，大漸，遺詔傳位皇太子。是日，崩於欽安殿，年四十有八。秋七月己巳，上尊謚，廟號仁宗，葬獻陵。

焦竑《皇明人物考》卷一 仁宗昭皇帝諱高熾，成祖第一子。初封爲燕世子。永樂二年立爲皇太子。成祖崩，隨登大寶。改元洪熙，在位一年，崩於欽安殿，壽四十八。葬獻陵。后張氏，彭城伯麟之女也，及正統七年崩，合葬獻陵。仁宗之子十八，長即宣宗也。第二子鄭靖王瞻埈存，第三子越靖王瞻墉絶，第四子蘄獻王瞻垠絶，第五子襄憲王瞻墡存，第六子荆憲王瞻堈存，第七子淮靖王瞻墺存，第八子滕懷王瞻塏絶，第九子梁莊王瞻垍絶，第十子衛恭王瞻埏絶。內若郕國王則見帝系也。

鄧元錫《皇明書》卷四《仁宗紀》 昭皇帝諱高熾，仁孝皇后元子也。爲王世子時，孝恭有文德。靖難師起，每居守。而漢王高煦有勇力，善騎射，數從軍有功，然頗與世子郤，時時從軍中危世子，世子不自安。於是中朝臣方孝孺覘知之，爲書貽世子，令以燕自歸，許王燕，以爲間。世子得書，不啓封，并所遣使傳詣上軍中。時奄黄儼素得過世子，因曲事趙王，欲爲趙王地，已潛使走高煦所言狀矣。事聞上，上頗疑世子，問高煦，煦曰：「殆有之。世子故與皇太孫善厚。」上怒，變色，急未有以發也。而世子所遣書若使馳傳至，上覽書，乃固封未啓。召使者問世子云何，使者曰：「世子言臣子無私交，何敢發私書？」上乃欷嘘太息曰：「吾父子至親，猶見離間，況君臣之際乎？」已拍案流涕曰：「嗟乎，幾殺吾子。」

江上之戰，上以兵北，欲引還。會高煦來濟師，上喜，撫其背曰：「兒努力，

努力，吾倦矣，今世子多疾，即天下定，吾以汝爲嗣。」於是高煦殊死戰而事克。

及上入嗣極，羣臣請立太子，上猶豫不許者久之，召文武臣議。文臣惟尚書金忠與，餘皆靖難時股肱，親見江上時事，咸屬意高煦，獨金忠以爲不可。上未有以決也，召閣臣縉入。縉曰：「立嫡以長，今世子仁孝，天下所歸心，宜立。且古奪嫡無不亂，漢王不宜立，願陛下熟慮。」上沈思未答。縉復叩首曰：「好聖孫。」蓋指宣廟也。上涣然意決。密以問黄淮，尹昌隆，對皆與縉同，而儲位遂定。時皇長孫方十歲，天章日表，英仁有大度，上甚愛，故縉一言而定。

上終念漢庶人有扈戰功，又喜其英武類己，顧頗以皇太子不類己不悦皇太子，而二王益數數造飛語危之，皇太子中不能自明。北征還，以皇太子遣迎駕者後至，且失辭，怒甚，曰：「焉有君父出萬里外擊胡，而爲人子顧晏然不省念乎？」又怒以爲此導輔者之過，遣使逮義、淮、士奇并諸宫僚以來。中途宥義還。黄淮先至，下獄，士奇及正字金問繼至。上曰：「朕未嘗識金問，問何自得侍東宫？」下法司鞫。召士奇前，問監國事。士奇叩首言：「皇太子實仁孝，每攝祠宗廟，祭品閲必親進，御物親封識乃敢上聞。上北征，往往坐達旦不寐，日中晏始食，駕還而後即安。臣侍學，每言及尊君、順親、忠孝、天性之際，太子每耽意傾聽也。諸稽違皆臣等罪，罪萬死，皇太子無罪，幸上裁察。」下錦衣衛獄。未幾，有復職。時金問詞連楊溥、芮善、王愷，遂俱下詔獄，而解縉以覵上出，覲儲君徑歸，無人臣禮，死獄中。始縉以藩參入奏事，適上北征，見皇太子而歸故也。

居數年，上居北京，時有疾，意多所諱惡，而皇太子在留都，距隔數千里，小人附漢府者陰爲間，譏搆百端，幾危者數矣。久之，漢王爲不道迹頗著，而禮部侍郎濙以忠謹爲上所親倚，往蹤跡建文君，特遣濙，至是召密諭曰：「人言東宫行多失，爾至南，留數日覘之，具實封以來。書奏字必稍鉅，書旦至，旦欲觀，晚至，晚欲觀也。」於是濙奉敕，名巡江浙、南直隸諸郡縣以行。濙至南都，日隨朝，逶迤久不去。楊學士士奇謂之曰：「公命使也，行不可以不亟。」濙謝曰：「綿衣數種未完，姑待之。畢，即行矣。」至安慶，乃具日所見東宫行事皆仁孝誠敬者七端以上，保太子無他。上覽之大悦。於是以三殿成，召皇太子及太孫以來，而儲位大安。

至是，上親出擊胡，次翠微岡，御幄殿，諭諸學士曰：「今胡虜殆盡，天下事大定，朕老矣，東宫歷涉年久，閲天下之故熟，還京後，當悉以軍國事付之，以優遊餘年，不亦可乎？」榮、幼孜稽首呼萬歲，曰：「東宫仁孝，天下屬心者久，必稱上付託。」上大悦，涣然於二臣之言。又翼日，上崩。學士榮、幼孜以爲六師在外，南距都尚遠，乃秘不發喪。括軍中錫，召匠銷爲椑，成斂而固之，命光禄進朝夕膳如常儀，益嚴。榮及中官奉遺命，先馳赴皇太子。皇太子聞，即遣太孫赴開平，迎梓宫。太孫行，忽啓曰：「外有封草白事，非印識，恐無以防僞。」皇太子顧士奇曰：「渠言是。然行急，製無及，且奈何？」士奇對曰：「大行皇帝往所授殿下東宫圖書可權付太孫。」皇太子大善之，即手授太孫曰：「此大行皇帝故授我者，有封事封識上，不久亦歸汝，汝遂留可也。」既謂士奇曰：「汝言雖權宜，亦中事會。昔大行臨御久，儲位未有定，故浮議藉藉。今吾即授之，他浮議何自興乎？」八月，大軍至雕鶚堡，皇太孫素服號跣以迎，軍中始知有大喪。壬子，梓宫至京師。丁巳，皇太子即帝位。

上爲太子時，仁明孝友，禮賢敬輔，樂讜言，賜贊善徐善述手書，言「卿年邁，輔余爲勞。今宫僚中似卿朴直苦口者實鮮，面諭順意者比比有之，卿無憚藥石，弼予於道，毋懷觸諱之慮。」監國時，祗勤撫綏，事必依道義。赴召過鄒縣，見民男女持筐筥盈路拾草實，駐馬問所需。民對曰：「歲饑以爲食。」爲惻然。下馬入民舍，視民男女老稚皆衣百結，不掩體，錡釜仆不治，歎息曰：「民隱不上聞，乃一至此乎？」顧中官賜之鈔，悉召父老前，問所苦，具以對。撤尚食賜之。時山東布政使石執中來迎，責之曰：「爲民牧，視民窮如此，亦頗動念否？」執中言諸被災郡縣，奏免今年田租矣。皇太子曰：「民饑且死，官尚及徵租税耶？」即往督郡縣，勘飢民數，近地約三日，遠五日，官發粟賑之，毋懼擅發，吾見上自奏也。至京，即以聞。上喜曰：「昔范仲淹子猶能舉麥舟濟故舊喪，況吾赤子乎？而賑之是也。」

及上崩，立出先朝舊臣户尚書原吉、刑尚書吴中於獄，復其官。原吉以母喪，乞歸葬終制，上曰：「朕煢煢在疚，卿老成人，宜共濟艱難，奈何舍朕去乎？如卿以母喪辭，朕父皇喪，亦不當在此。」遣中使護其母喪歸葬，馳驛行，敕有司治喪。原吉不得已，乃受命。

上謂義、原吉、士奇曰：「汝三人吾所倚非輕，事須盡言，以輔朕不逮。」置公孤官諭大臣言，此皇祖制也。皇考聖明天縱，無爲事此官，予冲人，不無賴於師傅。」遂命吏部尚書義兼少保，閣學士預機務者，皆進官有差。尋進義少傅，士奇少保，以楊榮榆木川倉卒有大功，置謹身殿學士，以榮爲之，進幼孜武英殿學士，皆兼宫僚。內閣進三孤，自士奇始也。謹身殿有大學士，自楊榮始也。次日，召

義、士奇、榮、幼孜賜銀、圖書各一章，曰「繩愆糾繆」。諭之曰：「卿等皆國舊臣，事先帝二十餘年，輔朕於青宫，練達老成，朕所倚毗。今嗣位，軍國之務重，其協心贊輔，諸政事有闕，若朕違乃弼，用印密疏以聞，毋憚匡拂。必俾朝無闕政，民不失所，以無負祖宗付託之重。」義等頓首受命。出學士黄淮、楊溥於獄，以淮爲通政使，兼武英殿大學士，溥翰林學士。罷通西南夷。停官買物料。召尚書黄福還本兵。遣兵尚書陳洽往鎮交阯。

癸未，禮尚書呂震請遵遺制釋衰服從吉，下廷臣議。士奇以爲不可，震辭色咈然。吏尚書義兼取二説覆奏云：「上服素衣，冠黑角帶，羣臣從君服可也。」明旦，上素冠，麻衣麻絰，出視朝。文臣惟學士士奇，武臣惟英國公輔如上服，餘皆從義奏所定。朝退，上召蹇、夏及士奇前諭曰：「呂震昨奏易服云：『與公等詳定，乃後聞。』吾時心疑其非是，第不欲違公等易之。今梓宫在殯，吾何忍從吉？後聞士奇有言，始知其安。士奇議是也。」因歎曰：「張輔知禮，六卿乃不及。」又顧義曰：「汝折衷亦未當。然置之，毋復以語人，令羣臣不自安，聽自便可也。」尋進義少傅，士奇少保，命翰林侍讀學士王直兼起居注。

冬十月，立妃張氏爲皇后，立皇太孫爲皇太子，封子瞻埈爲鄭王，瞻墉越王，瞻墡襄王，瞻堈荆王，瞻墺淮王，瞻塏滕王，瞻垍梁王，瞻埏衛王。時登極詔下，郡國民水旱缺食，有司即體勘賑濟，其流徙田土拋荒者爲覈實除豁，别召佃中官田，聽民田例起科。已奏報上，上謂户尚書原吉曰：「田土民所賴以衣食者也，今所在州郡奏除豁荒田者衆，豈百姓苦於征徭、相率轉徙歟？抑年饑食不足，或加以疫癘，致死亡歟？今吾民何以致此？繼自今一切科徭務撙節，毋煩苛。」仍令有司凡政令不便民者條具以聞，一被災即速賑，守令違者處重罪。

前御史舒仲成以監國時忤旨被逮，學士士奇言：「向小人爲媒孽，得罪者多，陛下即位，皆曠蕩宥之。今追理仲成，即詔書不信，漢景帝爲太子時，詔衛綰不赴，即位，進用綰，前史韙之，幸上寬貸。」上覽疏大喜，批答言：「卿所奏導朕以仁，助朕以德，欲朕爲唐虞之君，愛惜俊良，以成王化，此金石之言。朕朝夕所慮，恐卿等有言不盡，今覽奏自慰，惟卿始終如一，以副朕倚毘之意。」賜米十石、彩幣二表裏、寶鈔二千貫，彰眷待之意。翰林學士溥密疏言事，上批答言：「覽卿奏，爲國家忠計，甚合朕心。望終始如一，知無不言，相朕致治，以迓天休。今賜卿彩幣二表裏、鈔千貫，彰酬報之意。」上聞淮、徐、山東饑，坐西閣，召大學士士奇等，下詔蠲民田租，停官買物料。學士士奇請曰：「皇上恤民窮甚善，然户工部事也，當召令預聞。」上曰：「徐之，救民窮，當如拯焚溺，不可緩也。有司慮國用不足，往往持不決之意，或中尼不行矣。」於是呼中官具楮札，令士奇等就西角樓立書詔。或曰：「山東地方千餘里，豈必盡無收？宜差别，無濫恩。」上曰：「恤民寧厚。朕爲天下主，寧當與民計屑屑耶？」書畢，即用璽遣使行。已乃顧士奇曰：「汝可語户工部，朕悉免之矣。」

冬十月，大理寺奏決重囚，上惻然，命府部通政司六科同法司於承天門會審，諭之曰：「人命至重，帝王以愛人爲大德。其贊朕廷鞫，罔俾無辜含冤於下地，傷天地之和。」已復召大學士士奇、榮、幼孜至榻前，臨諭令同審録，期審克必中。上御西角門視朝，風寒甚，顧謂侍臣曰：「今日始寒，朕與卿等居重城中猶凛栗如此，守邊將士晝夜立戟風雪中，當如何？」因敕賜緣邊將士鈔幣。

十一月朔，上謂侍臣曰：「方孝孺輩皆忠臣，宜從寬典。」於是勑建文諸臣族屬，並放還，歸所籍田産，前言事失當謫戍者宥爲民。上敕兵部言：「古務農講武有定期，不偏廢。今宜倣此意，直隸各附近都司軍農收畢，於京師番上團操，先農事遣歸，以毋廢屯種。」上勑文武大臣言：「朕以菲德，纘承天統。嗣位初，首詔中外求言，而涉月彌旬，無幾應者。夫京師首善之地，四方之所視法也，乃人困於下而不聞，弊膠於習而不知，官廉貪雜處而無别，兵紀律不肅而伍空。仕者禄不足，而冗員甚多，法吏德不加，而深文日甚。豈非憲紀不振，言路壅塞之所致歟？卿等皆朕股肱心膂，必有嘉猷，以副朕倚重賢人君子之意。」時霈恩賜羣臣誥命，上御西角門閲之，謂士奇、榮、幼孜曰：「卿三人及蹇、夏二尚書，皆舊人輔政，惟終始協心，底予於治。前代人主履尊位輒自尊大、惡人言，雖素所親信，亦順旨取容，雖其賢者，一再言不聽，亦退而緘口，致人主於覆敗。朕與卿等當深以爲戒。」因取三臣誥，手筆增二語曰：「勿謂崇高而難入，勿以有所從違而或怠。」曰：「此實朕心，卿等勉之。」敕：「朝廷比年數下詔求賢，而奉行者狥私，或以賄賂，或以親故，得實材無幾，政事何由而理，民何由安？其自今嚴舉主連坐之法，詔天下衛所屯田卒無擅差妨奪其農時。」諭吏部言：「昔唐太宗書刺史名於屏風，朝夕省覽，有善政輒疏其下，故成貞觀之治。皇考亦嘗書中外官姓名於武英南廊。今五府六部臣，朝夕接見，得詢察其賢否，若各省都布按三司官，乃藩宣大臣，既未嘗識其爲人，又復不諳悉其姓名，即聞其賢否邪正，久不能盡識，忘之矣。夫人臣有善而上忘之，誰肯自勉？其具都布按三司官姓名履歷，揭西序，朕得考察其事行留意焉。」禮科給事中黄驥陳西域賈胡入貢害西人狀，乞

罷貢。上以其奏示禮尚書震曰：「驥嘗奉使西域，故具悉西事。卿陝西人，有不悉耶？爲大臣當存國體、恤民窮，毋侵削根本。驥所言是也。」於是止西域貢。詔擇國子監監生有學行者嚴試之，拔歷事六科，尋授給事中。徙觀天臺於楚中。徙韓王封平涼。尚書震言：「元年元日，陛下初登大寶，中外文武官及海外夷咸入覲，宜作樂受賀如儀。」士奇、榮、幼孜持不可。旨下，樂設而不作，止百官毋賀。

洪熙元年乙巳春正月，加大學士士奇兵部尚書，淮少保、户部尚書，幼孜禮部尚書，俱三俸竝支。榮、幼孜辭，上曰：「卿等扈皇考勤勞多，況皇考賓天，遠在塞外，賴卿等維護而還，朕瞻奉几筵，未嘗忘之。今三俸豈過？其勿辭。」建弘文閣於思善門左，進翰林學士楊溥太常卿，掌閣事。上手印章授溥曰：「朕用卿左右，非止助益問學，欲以廣知民情。今授卿印章，有建白，具封識以進。」大祀天地於南郊，奉太祖太宗配。詔天下郡縣有司勸農桑、課學校，在内從巡按御史，在外從按察司巡督，毋虛文。天下嶽鎮海瀆及郡縣山川社稷壇若帝王陵寢、先聖先賢、忠臣烈士、諸祀典神祠，有司奉祭務虔敬，毋褻，其祠壇以時修，毋圮，禁毋得樵牧。軍民中有孝子順孫、義夫節婦，所司務覆實具聞旌之。其鰥寡孤獨、篤廢殘疾者，務存恤廩養。諸賢才未任，若淹下僚者，務覈實舉薦。文武官有奉公在途，及在任物故者，所在棺歛，津遣還鄉，毋令失所。有父母年七十而上，無侍養，若任遠不能就養者，聽歸養，待親終日起復就任；其不得離職，願移禄於原籍奉養者，聽。職官年七十而上不能任者，聽致仕，有司月給米二石，養之終身。文武官非其人，許被害者，赴上司陳告，若詣闕訴，不許擅自綁縛，違者治罪。廣東珠池及各處金銀場陶窟仍前禁止。其諸山場園林湖池坑冶原係民籍者，聽民取不禁。各處逃亡復業者，諸逋負咸免，復業後，仍免賦役。

二月，詔北京諸司各復稱行在。詔朝臣歸展省者，官給鈔，爲道里祭祠賓客費。召解禎期爲中書舍人。禎期，縉從子也。贈故宫僚少詹事鄒濟、左贊善徐善述竝太子少保，賜謚，敕禮部歲時四祭之。濟、善述以譖愬前死故也。士奇曰：「朝廷惟宗廟以四時享，社稷、孔子皆春秋二祀，濟等雖與有勞，然不得過社稷、孔子，而與宗廟等。」上遽曰：「吾過矣，吾過矣。念舊傅不忘，而不覺其過。」令歲致祭焉。兵部尚書李慶言：「今民馬益蕃，散衛伍操用，然且千餘羣，今遠近方面朝覲官咸集，請員給馬一疋，賦駒如民間，稍寬民，令太僕歲徵駒。」下廷臣議。准行。士奇入，力陳其不可，曰：「朝廷以禮徵賢者，授方面郡守，次者百執事。今役之牧馬，云蘇民困，是何其貴民而賤官也？且馬豈官所宜牧？又賤官貴馬。」上曰：「慶幾誤朕。少選批罷矣。」居兩日，批不下，而兵部督朝覲官領馬給。士奇復奏曰：「日陛下許臣，罷給馬之令，今中止何也？此令行，天下懷才抱德者咸望望然去矣。且馬死責償，將人皆破家，爲子孫憂，況所散馬僅三千頭，而令朝廷負此名於天下，此其失非小，幸上立斷。」上曰：「偶因事稽緩，行批矣。」諸大臣咸退，上御思善門，召士奇曰：「内批豈誠忘之？昨卿言未脱口，李慶、吕震輩以此而忿卿。朕念卿孤立，故不欲因卿言而罷，今有名矣。」因出陝西按察使陳智章示之。智疏言：「按察司所以肅庶官、貞百度，而太僕得臨之，歲徵駒與下民等，將憲綱掃地。」於是下令。士奇頓首曰：「古人有言：'陛下知臣，臣不孤矣。'」上曰：「繼自今，令不便，惟密與朕言。李慶輩不識大體，朕獨以先朝舊臣容之，然不足與語也。」蓋是時，朝廷務寬洪盡下，耻言人過，而和輯諸大臣如此。

今在京七品、在外五品以上官及知縣舉德性淳篤、行止端方、材能文學出衆者，聽擢用，若濫舉及蔽賢者罰。擢前光禄寺署丞權謹爲文華殿大學士，國子監學録王讓爲右贊善。時謹讓以孝行知名，上曰：「能孝者必忠，忠孝之人，於輔德宜稱。」遂有是擢。大理少卿弋謙數言事，上頗嫌其矯激，尚書吕震、吴中、都御史劉觀交詆之。楊士奇曰：「謙不識大體有之，然獨感陛下超擢，欲圖報，惟陛下幸寬，不然，進言者將懼以謙爲戒矣。」上意稍解，然免謙朝參，令專坐司視事。既彌月，上召士奇曰：「爾言驗。自免弋謙來，言事者頓衰，豈誠無可言，殆諱不言也。今自冬不雪，春少雨澤，陰陽愆期，必有其咎。」命士奇就榻前草勑引過，令百官言事，仍命謙朝參。徙岷王楩於武岡。

上詔恤刑曰：「朕承皇祖皇考好生之德，旦夕惟念哀矜庶獄，祗若不違。大刑以禁暴戢邪，務民於善，期無刑也，豈專誅殺哉？顧吏虛飾傅致，枉人於死，朕甚痛之。且五刑之條，極於大辟，身首異處已矣，又重之淩遲，何也？自今除反逆依律科決外，若一時嫉惡，法外用籍没及淩遲等刑，法司必再三執奏，三奏不允，至於五奏，五奏不允，同三公及大臣執奏，必允乃已，永爲定制。人之爲非，有父子不相爲謀者，故虞周之世，罰弗及嗣，罪人不孥。自今爲反逆，依律連坐外，餘毋得從坐。古者盛時設諫鼓謗木，以通下情。往法司尚羅織爲功能，言涉國事，輒論以毁謗，奸邪欲嫁禍良善，輒餙造誣罔，甚刻深，自今告誹謗者勿聽治。其文武諸司自今不許於法外用鞭背宫割等刑，以佐朕父母斯民之意。」

南京地震。遣皇太子詣南都監國，謁祖陵。定太宗廟侑饗功臣。修太宗文皇帝實録。上諭蹇尚書言：「御史朝廷耳目，惟老成識治體者可任。新進小生遽授斯職，未達於治，而操得爲之權，遇事風生，以喜怒爲威福，以好惡爲是非，甚者貪穢狼藉，賢人君子、正直不阿往往被其陵挫，小人阿順從諛則與爲膠漆，於政事得失、軍民利病略不省識，亦烏在其爲耳目也？爾吏部自今須慎選擢以清風紀。」既又咨近臣，舉可任都御史者以聞。上以武臣踈於文治，命選任方面叅政副使官於各邊叅贊軍務，治章奏、督糧儲，文臣協贊提督自此始。

時有進賦頌太平者，上召義、原吉、榮、士奇示之，覽竟，曰：「今朝無闕政，生民皆安，信乎？」義等皆起贊曰：「陛下即位，詔赦無非仁政，百姓無科歛繇役之苦，可謂安矣。」惟士奇以爲尚未，曰：「陛下恩誠覃被，但流徙尚未歸，瘡痍尚未復，遠近猶有艱食之人，須加意休息，庶人各得所。」上喟然曰：「吾意非爲此也。朕去年各贈卿等銀章，望匡輔，惟士奇五封章以進，卿三人曾無一言，豈朝政果皆無闕，生民果皆安乎？非朕始望，故以謂卿耳。」三人皆頓首慚謝。

夏四月甲寅，有星孛於紫微。先是，上刻天元玉曆賜輔臣，諭之曰：「天道人事，非判然二途，有動於此，即應於彼。朕少侍高祖，每教以慎修敬天，未嘗敢忘。此書言簡理當，輔臣所宜知也，故以賜卿。」至是，上召義、原吉、榮、士奇問之曰：「夜來星變，卿四人嘗見否？」前對曰：「未也。」上曰：「義等三人即見，或不能知，士奇當知之。」士奇對曰：「臣愚昧，亦不及知。」上喟然曰：「天之命矣。」嘆息而起。明日朝罷，召義、士奇諭曰：「朕監國二十年，爲讒慝所搆，心之艱危，吾三人實共之，賴皇考仁聖而全。」言已泣，義、士奇亦泣，已更共慰上。上曰：「吾即去世後，誰復知吾三人同心一體者？」因出手敕及銀印章二以賜，義得「蹇忠貞」，士奇得「楊貞一」。義勑曰：「曩朕監國時，卿以先朝舊臣，擢詹事，日侍左右。兩京肇建，政務方殷，隨事籌畫，適中實難。卿以善翊君，以義殉國，勞心焦思，載歷艱危，未嘗有咨恤之意。及朕嗣大統，贊襄治理，用濟斯民，喻朕於道，不懈益恭，二十餘年，夷險一節，篤敬不忘。今賜卿蹇忠貞印一枚，卿用藏於家，傳之後世，俾爾子孫知前人顯榮於國者不易，宜加保守，朕子孫亦知卿弼於艱難體國之心，於以保爾子孫，與國咸休。嗚呼，往績惟懋，永終是圖。欽哉。」士奇敕與同，而辭少異。皆拜命退。

五月庚辰，上不豫。召義、士奇、淮、榮至思善門，命書敕召皇太子於南京。次日，疾大漸。遺詔天下曰：「朕以菲德，嗣承洪業，君臨天下，甫及踰年。上念我皇考太宗皇帝山陵未遠，哀摧崩迫，下憫惟海内黔黎凋殘未瘳，夙夜憂勞。時用遘疾，奄及大漸。夫死生晝夜之常，往聖同之，奚足悲念？長子皇太子瞻基，天稟仁厚，孝友英明，先帝夙期其大器，臣民咸欽其令望，可即皇帝位。朕既臨御之日淺，恩澤未浹於民，不忍復有所勞，山陵制度務從儉約，喪制用以日易月，如令。嗚呼，南北供億之勞，軍民俱困，四方喁喁，咸屬南京。君國子民宜從衆志，中外文武羣臣其各盡忠秉節，佐輔嗣君，永寧我生民。欽哉。」翌日，上崩於欽安宫。六月辛丑，皇太子至自南京。庚戌，即皇帝位，上大行皇帝尊謚曰「敬天體道推誠至德弘文欽武章聖達孝昭皇帝」，廟號仁宗。九月，葬獻陵。

何喬遠《名山藏》卷九《典謨記·仁宗昭皇帝》 仁宗皇帝御諱高熾，太宗嫡長子也。以高帝十一年生鳳陽。二十八年，册爲燕世子。端重沉静，嗜學亡厭。時晉、秦、燕、周四世子高帝皆教而試之，異日者使分閲衛士。帝還奏後，問之，對曰：「寒甚，士方食。」高皇帝喜。使閲章奏，擇其有大體可施行者報命，高帝益愛之。燕王起靖難，帝居守北平，堅拒李景隆兵。燕王既爲皇帝，尚以世子守北平。既二年，召立爲皇太子。成祖有三子，長帝，次漢王高煦，次趙王高燧。趙王幼以聰敏愛，而漢王用靖難功，幾得立爲太子，謀奪嫡者數矣。寺人儼、寺人保數爲趙王短太子於成祖。成祖遷都北京，五出塞，南京事悉付太子施行。晚節多疾，小人讒搆，太子幾危者屢，宫僚若楊士奇輩者爲太子下獄，贊善梁潛、司訓周冕至死獄中。然太子益恭慎，亦賴士奇、蹇義、夏原吉羽翼之。有白曰：「殿下知讒人乎？」曰：「吾不知，知爲子。」太子監國，遇水旱饑荒，軍民失所，戚焉賑恤之。暇與宫僚鄒濟、王汝玉、徐善述等講説詩書，修詞賦之業，日記萬言，辭翰竝精。

車駕崩榆木川，遺命至，太子慟絶，强拜受，遂命皇太孫迎梓宫開平。臣民三勸進，以八月望日丁巳即皇帝位，大赦天下，以明年爲洪熙元年。命英國公輔掌中軍都督府，陽武侯禄左，安遠侯升右，寧陽侯懋前，成山侯通後，曰：「卿先朝勳舊，朕託腹心焉。」出夏原吉、黄淮、楊溥於獄，復其官。勞原吉，咨以政，賜冠帶、衣服、被褥、幃帳咸具。原吉言：「臣在繫，母喪，乞歸葬成服。」上曰：「我獨無喪？卿老成人，宜艱難共濟。」命其家屬護葬，兵部驛舟，有司治葬事，復厚賜之。置太師、太傅、太保，階正一品，少師、少傅、少保從一品，曰：「予沖人賴焉。亦皇祖之制也。」【略】賜漢、趙二王書曰：「大行皇帝所遺冠服諸物，氣澤存焉，啓閲甚痛，謹以皂紗衝天帽一、黑氊直簷帽一并金鈒頂子茄藍間珊瑚金棗花帽珠一串、金相雲鴈犀帶一、金相玉穿花龍條環一副，并紫線條金事件象牙頂轅花靶鑌鐵刀一、

紵絲羅紗衣各一襲，皂麂皮靴一雙，并五綵綉抹口襪斜皮靴一雙并襪送賢弟，朝夕瞻奉，以慰哀慕。」上曰：「古稱官不必備，今冗矣，抑復有老病昏懦徒怠賢廉心？其令在內堂上官、在外巡按御史及按察司廉察不稱者罷之。」召漢王高煦赴京。

九月，掌交阯都督同知方政與黎利戰乂安，指揮同知伍雲深入死，命禮部賻贈。上曰：「京師數百萬家，非山何薪？禁天壽山接居庸關以東，餘聽樵採焉。」中軍都督府奏歷事監生七人考吏事稱，宜送吏部授官。上曰：「吏事末也，士當博古窮經，達脩己治人之道。其命還學於國子，繇科舉進。」敕掌交阯布政按察司事工部尚書黄福曰：「卿老成人，久勞在外，亟驛還，副朕延佇。參贊交阯軍務，兵部尚書陳洽其代之。」【略】壬午，上大行皇帝仁孝皇后尊謚，告郊廟社稷，詔天下。上曰：「比年丹漆石青之類所司不究物宜，概徵郡縣，郡縣逼迫小民，鳩斂金幣，詣京師博易，商販乘時射利，踴價十倍，吏復貪緣自肥。計民費十百，朝廷得十一耳。自今計直所產地，以官市科斂者誅。」禮部尚書兼太常寺卿吕震奏喪服踰二十七日，宜易縗如遺詔。不許，命與六部都察院詳議，皆奏宜服素冠、黑角帶，群臣同之。上曰：「可。」及視朝，上仍縗，英國公輔及諸學士如上服。上曰：「群臣從便，朕則不忍。」因歎輔武人也，審禮過六卿。漢王高煦至京，與趙王高燧竝厚賜之，復賜諸王金幣有差。上曰：「諸叔在者無幾，諸兄弟惟趙王居京師，他皆藩外，朕旦夕念焉。户部其各益禄米差次之。」靈璧丞田誠九載考績，縣人匄留，上曰：「民留政可知，陞州判官，丞靈璧如故。」鳳陽諸縣水没稼，命覈實，芻糧悉免之。上謂翰林儒臣曰：「比朝野物議何如？有利害當興革者，悉聞朕，朕審可否，紓民困焉。」交阯都指揮同知陳忠與賊黎利戰，死之，命禮部厚其恤典。諭鴻臚寺曰：「朕欲聞吏賢否，四方民休戚，方岳來朝，即引見，朕親問之。」左通政樂福治水蘇、松、嘉、湖、杭、常，奏六府水没稼，請寬征待來年。上曰：「民之艱食，來歲匪易，令代以鈔布。」漳河溢廣宗縣，傷稼，賑恤之。平江伯瑄言七事，賜獎勑，命施行。有言瑄言尋常耳，上曰：「出自武臣，所以難也。所爲獎掖，導不言者。古人蓋買死馬骨。」上諭兵部：「今太僕馬增數倍，而畿民一夫或畜三匹、四匹，畢力於此，耕桑盡廢。其散馬給諸衛所及臨邊戍卒養習之。」進蹇義爲少傅，楊士奇爲少保，俱兼職如故。楊榮爲太子少傅，置謹身殿大學士，命兼之。金幼孜爲太子少保，兼文華殿大學士。各賜繩愆糾繆銀圖書一，曰：「卿等事先帝有年，又從朕春宮，軍國務重，須卿協贊。或有闕政，卿與群臣言之，朕尚未從，印此密疏，毋憚再三。」【略】

（十月），通州民家火，延及山東漕船，上曰：「東民水旱數歲，今又厄此，其許計糧輸鈔，四錠準一石。」上曰：「四夷京師尚有館，衍聖公來朝，僦民舍，豈所以崇先師？工部其賜宅。」上曰：「皇考時數下詔存䘏鰥寡，郡邑有養濟院。比聞居室敝壞，肉粟布絮不時給，守令漠不留心，禮部令謹視之。」山東登、萊諸郡雨水傷麥，命悉蠲永樂二十年所逋，二十一年者輸鈔代之，自是告災者以爲例。四方所上雨澤奏，通政使司請送貯給事中所。上曰：「祖宗欲前知水旱，恤民施政，故令奏雨澤，送給事，是終不知也，而徒勞州縣上章，其封進。」【略】

己酉，册立張皇后。壬子，立太子。封諸子瞻埈鄭王，瞻墉越王，瞻墡襄王，瞻堈荆王，瞻墺淮王，瞻塏滕王，瞻垍梁王，瞻埏衛王。【略】命府、部、通政司、六科同三法司會審承天門，特諭大學士榮、士奇、幼孜曰：「比年法司之濫，朕未嘗不知，所擬大逆不道者往往出羅織，先帝數切戒，故死刑四五覆奏。自今審決重囚，卿三人同之，冤雖細必聞。」免遠安王貴燮、巴東王貴煊爲庶人。諭兵部尚書李慶曰：「國家養兵，必衣糧不乏乃可緩急用之。今遠戍者勞勤，操練者少暇，守衛者不得下直，月糧五斗殆不足。宜如洪武中例給一石。」復召户部尚書郭資曰：「往年百官軍士扈從於此，月五斗，可自贍。今來作都，人有家，朕欲倍給，卿掌儲，不乏否？」對曰：「有。」遂奉詔追封第四子靜樂莊獻王瞻垠爲蘄王，謚曰「獻」。戊辰，上御西角門。罷，顧翰林臣曰：「今日始寒，朕與卿等尚凜凜，況在邊？」遂命書勑賜鈔幣於緣邊將士。上諭蹇義曰：「武臣皆封贈祖考，文臣少得者。君厚其臣，必推及父母，太祖、太宗蓋行之，其舉以勵忠孝，亶無濫。」

十一月，上曰：「建文中奸臣奸也而皆忠，其家屬初發教坊司、錦衣衛、浣衣局及習匠奴功臣家，今有存者可宥爲民，還其田土。有言事失當謫戍者亦宥之。」上曰：「太學聚教天下士，蓋士已成材矣，禮部其勑學官嚴誨郡縣諸生，必通經有用者乃以貢，毋徒取記誦。」諭户部尚書夏原吉曰：「所在州郡奏除荒田租，將百姓苦征徭，相率轉徙歟？抑年饑不給，疫癘死亡歟？自今一切科徭宜撙節。政令不便者，令有司條具。被災處守令早奏賑恤，稽違者治重罪。」諭群臣曰：「朕之菲德，又屬亮陰，嗣位之初，首詔求言，累月涉旬，中外亡幾。夫京師首善地，民困於下而不得聞，弊膠於習而不知革，朕甚念焉。君臣同體，卿等無慮後譴，嘉謀嘉猷，輔朕不逮。」諭户部有當用人力者毋以耕耘收穫時，候農隙。諭英國公輔、兵部尚書慶軍番操者畢農成之，先農遣之，無廢屯種。命兵部遣御史巡覈緣邊諸衛，稽部曲，申號令。遂諭都察院曰：「洪武中，差遣御史悉賜衣

鈔，使自潔，正風紀。今其如故事。」諭大興、宛平二縣官曰：「朕首罷不急，爾京縣也，而惠不先。朕勑詢民瘼固有知不言，亦有欲言不知，爾切近民，亦何不知，而亦不言？約三日悉以便不便聞，坐視者辠。」上曰：「朕聞南京抽分廠舊所積薪及龍江提舉司所積竹木甚富，今京師得薪最難，與久貯任腐敗，何若散民。歲用外工部悉鬻之，鈔貫收其昏軟者，以便貧家。」令吏犯罪當罷者民北京種田。遣監察御史湯榮等十四人分巡天下，考察官吏，諭曰：「蓋吏有媚上而殃下者，有不阿而民悦之者，有虐刑巧索能集事者，有廉潔自守不能弛張者，人之才器，其可概哉？夫御史朕耳目也，當審詢之，勉副朕心。」因人賜鈔二十錠。上曰：「皇考同氣，無諸叔諸姑親，諸叔子已册封，諸姑在南京賚而未名號，其加寧國、懷慶、大名、南康、永嘉、含山、汝陽、寶慶八長公主皆爲大長公主，户部益禄焉。」賜太子賓客户部尚書郭資勑曰：「卿事我皇祖、皇考歷四十年，列於六卿，可謂盛矣。怨叢而不暇顧，害及而不知避，忠貞篤實之臣也。今老矣，朕閔强勞，特陞太子太師，俾卿致仕。嗚呼，念先帝舉義，卿時早暮從朕守城，最勞苦，今命户部免卿户賦。卿歸休，强飲食，慎醫藥，以娱暮齒。」進蹇義少師，楊士奇少傅，夏原吉少保，兼職如舊，亦賜原吉繩愆糾繆圖書。頒楊士奇、楊榮、金幼孜、蹇義、夏原吉誥詞曰：「卿等先帝舊臣，朕方倚自輔，朕所行卿朝夕共見，未善當盡言。前代庸主自尊而惡聞過，其素所親信但容容順旨，有良臣不默，一再拒，亦退絶口。我君臣深戒之，終始同心。」上遂手益誥曰：「勿謂崇高而難入，勿以有所從違而或怠。」士奇等稽首謝，上悦。靖江王府輔國將軍贊侃、贊偕來朝，班下，上顧見之，曰：「宗親也，其班駙馬都尉次，著爲令。」勑諸將嚴邊。諭夏原吉曰：「先帝立屯種法，所以省民轉輸，足兵食，所司數以征徭擾之。其令天下衛所毋擅差遣屯田軍士。」學士楊溥密疏言事，上嘉納，賜札奬諭，賞綵幣一雙、寶鈔千貫，曰：「望卿始終如此。」上爲太子時，不悦御史舒仲成，至是蹇義奏仲成它事，上命捕治，楊士奇曰：「漢孝景爲太子，召衛綰，綰稱病。及立，不譙呵。陛下爲太子時小人多得罪者，今已盡宥，更追理，令詔書不實。望惜俊良，共成王化。」上悦曰：「有卿如此，朕復何憂？」因降勑奬曰：「朕慮卿不言，卿導朕以仁，助朕以德，惜良俊、成王化，此欲朕爲唐虞，君忠良股肱臣也。特賚白米十石、綵幣二表裏，寶鈔二千貫，卿其承之，慰朕忻喜。」永城縣河溢傷稼，免其去年税糧、馬草。上御右順門，諭楊士奇曰：「近覺群臣助我也，或快意行事，退思方悔，外間已進言。」士奇對曰：「宋臣富弼有言：願不以同異爲喜怒，不以喜怒爲用舍。」上曰：「《書》不云乎？逆於汝心，必求諸道。朕恒念之。群臣言間咈朕意者，退未嘗不反覆，朕言有失，亦未嘗不悔。」士奇對曰：「改過不吝，成湯所以聖也。」上曰：「朕患不知耳，不患難改。」

十二月，上聞建文奸臣齊、黄等外親全家戍邊者田畝悉荒蕪，勑兵部家存一丁於戍所，餘放歸。上諭吏部：「師儒古稱模範，比來國子生大率歷事諸司，苟歲月，圖出身，卿等每引選國子監官循資爾，不聞舉一道德老成之士。自今宜慎選。」禮科給事中黄驥言西域賈胡進貢病民事，上嘉納之，示其奏於禮部尚書震曰：「驥嘗使西域，故悉西事。卿西人，不悉耶？悉行之。」刑部都察院奏刑名畢，召諭曰：「朕未嘗敢以喜怒損刑法，卿等明信莅之。如朕一時嫉惡過中，更須執正，毋慮乖迕，朕不難從善。」召故兵部尚書金忠子達、故吏部尚書許思温子俊至，賜衣食，授之官。念舊人也。上諭楊士奇曰：「無使大臣怨乎？不以郭資歸，其謂何？朕欲使視之，少賜賚焉。」對曰：「賚有時盡。洪武中有尚書致仕給全俸者，資得半給，幸甚。」上悦，從之。上曰：「庶官賢否，軍民所休戚，廷臣朕朝夕知之。都、布、按三司官不盡悉其人，或聞其賢否邪正久且忘，臣善而君忘之，誰自勉？不善，君忘之，誰自戒？吏、兵二部揭其姓名履歷於西序，朕省觀焉。」諭夏原吉曰：「稼穡問農，絲枲問婦，鈔法不通，朕商卿兩日未決，其問之閭閻，可榜通衢，許臣民陳所見。」命户部馳諭各府州縣凡被災田土悉準永樂二十年山東逋租例蠲其糧税。常州諸縣水，蠲糧税。大理寺右卿弋謙、辦事官程富各言事，皆嘉納之。庚申，葬大行皇帝於長陵。勑禮部下天下有司繕治郡邑壇宇歲久傾塾者，祭器竝堅潔，祭物出公帑，毋斂於下。禮部尚書震請明歲受大朝賀，不從，固請，大學士士奇、榮、幼孜、淮言：「陛下所見是。」上曰：「山陵甫畢，何忍也？」震曰：「四方萬國遠覲新主，皆欲一覩天顔，聖孝誠至，亦宜勉徇。」上顧四臣：「禮過矣。」皆對曰：「則請無備禮。」

元年正月壬申朔，上朝奉天門，群臣行五拜三叩頭禮，不用樂。癸酉，召四臣，厚賜之，曰：「朝會賴卿同心，不從震請。自今朕有未當，卿但直言。」南京龍山産異芝，禮部請賀，不許。勑群臣脩舉職事。賜故詹事府少詹事鄒濟、左春坊左贊善徐善述贈謚，有司祠墓，歲兩祭。諭楊士奇曰：「朕欲别擇端謹之士備顧問，其疇咨。」士奇薦翰林侍講王進、蘇州人陳繼。遂建弘文閣於思善門，作印章，使楊溥掌閣事，進佐之，命召繼。上授溥印曰：「置卿左右，非止進學，將諮理焉。」有封事識以聞。」亡何，繼至，授五經博士。【略】復從蹇義所舉，學録楊敬

以爲編脩，訓導何澄以爲給事，皆供事弘文閣。諭兵部：「先帝聽民間畜馬，有司急馬息，民不暇及私。今後畜官馬者令二歲納一駒，著爲令。」丙戌，大郊祀，始奉太祖、太宗以配。還朝，群臣行慶成禮。詔天下，大賜宴。勑曰：「自冬迄今，時雪不降，來牟未遂，無如吾農何？朕方惕厲自省，文武列卿亦懋脩乃職，贊召和氣，欽哉。」製《天元玉曆祥異賦序》，鏤而賜廷臣。兵部尚書慶言：「畿内民困牧馬，請中原及江南諸大省群臣以朝覲至者悉給與一馬騎坐，正官牝，佐貳以下牡，太僕苑馬歲課其息，虧者同民罰。」從之。已上曰：「審思乃未當。使士牧民而責以馬。」遂罷。上曰：「比令廷臣展省，則有養祭，賓客若往還，道里費官俸給日用而已，計餘貲鮮矣。自今一品、二品歸者賜鈔五千貫，三品、四品四千貫，五品二千貫，六品、七品千貫，八品以下皆五百，著爲令。」【略】

二月，頒制諭及將軍印於邊將。【略】祭太社太稷，奉皇祖、皇考配，爲故事。贈永樂中死黎利賊者交阯左參政馮貴、右參政侯保官一級。丙辰，祭先農，耕籍。【略】丙寅，奉皇考、皇妣主祔廟。

三月，勑三法司曰：「人命至重，卿等毋深文羅織，大理職評亦毋畏憚遷合。《書》不云乎？欽哉，欽哉，惟刑之恤哉！」【略】上思先朝舊勞，贈故兵部尚書兼詹事府詹事金忠爲少師，北京刑部左侍郎馬京爲少傅，兵部右侍郎兼詹事府詹事墨麟爲少保，户部右侍郎王鍾爲太子太保，禮部尚書鄭賜、左侍郎儀智俱爲太子少師，吏部左侍郎許思温爲本部尚書，北京刑部右侍郎楊泰、北京行太僕寺少卿孫瑜俱爲户部尚書，前北京布政司參議贈吏部左侍郎成璡、兵部左侍郎盧淵俱爲兵部尚書，刑部左侍郎盧祥爲刑部尚書，工部左侍郎陳壽、右侍郎鄭剛、北京刑部左侍郎康汝楫、通政使司通政使賀銀俱爲工部尚書，贈應天府丞張執中爲本府尹，及北京刑部尚書朱濬皆賜謚。大學士楊士奇等覆奏謚，上曰：「是皆先朝耆舊，有德行重厚、表裏一致者，有洊歷艱難、始終一心者，必旌表之，庶幾禮賢厚終之道。雖然，謚定論也，勞如賀銀，堪贈也，而不堪美謚，予惡謚又不若無。」蓋謚者九人。【略】勑曰：「朕數詔求言，冀匡不逮。即位以來，臣民上章數百計，莫不欣然聽納。其有未當，未嘗加譴。間者大理少卿弋謙言過矯激，朕一時不能概之於衷，而群臣有迎朕意交奏其賣直者，朕免謙朝參，言者蓋少，未嘗不自媿。今爾群臣勿戒前事，謙出朝參如故。」【略】諭吏部曰：「近刑官有賄敗或刻深者，簡用者亦得辭咎歟？自今必擇，無畀於僉人。」使魏國公顯宗學於國子。諭司業貝泰曰：「此開國元勳後，欲其家同國久，必令奉法循理，孝若忠。顯宗，孤子也，加意誨之，使長不失其禄位。」因賜泰鈔幣。隆平縣民饑，柏鄉縣多貯官麥，請以貸之。上曰：「饑即賑，毋曰貸。」詔曰：「刑以禁暴止邪，豈專誅殺哉？皇祖律令善善長而惡惡短，罰之輕重，咸適厥中。吏比附謬妄，傳致死罪，朕深憫之。夫五刑之條莫甚大辟，身首異處，斯已極矣。自今有犯死非當凌遲者，依律科決，餘斬絞罪法司竝勿傅會。若朕嫉惡偶過律外，用籍没淩遲刑，法司再三執奏，三不允，至於五，五不允，同三公大臣執奏，允乃已。永爲制。文武諸司，自今亦不許法外用鞭背等法，尤不許宫人以絶嗣。宫求用者，絶其祖宗父母，幸富貴，豈有心事君？今有自宫者，以不孝論。人之爲非，父子不相謀，是以舜罰弗嗣，文罪不孥。自今犯謀反大逆者，依律連坐，餘止其身。古之盛時採民言、資戒警，今凶險之徒摭爲誹謗，一言涉國，輒罣此名，法吏刻深鍛鍊，刑之失中，民則無措。今後告誹謗者一切勿治。」【略】有自南京來奏事者，上召至榻前，問民所苦，對曰：「過徐，見苦買羊毛。」立罷之。【略】加北京諸司曰行在，而將都南焉。復建北京行部及行後軍都督府。革繕工官事，歸於兵部。

四月，有至自南者，上問所過民安否，對曰：「淮、徐、山東饑，有司急夏税。」召問少師蹇義，對如之。遂召楊士奇等，令草詔免之，併秋糧、官買物料一切停罷。士奇曰：「請使户、工二部臣與聞之。」上曰：「有司慮國用，必持議不決。捄民之窮，不可遲疑。」是時上坐西角門，命士奇等就西角樓起草。士奇草詔曰：「朕夙夜念民，弘諮下隱。山東諸郡及於淮徐，頻歲旱澇，今秋成未葺，民凍餒呻吟，流於道路。郡縣不畜心父母耶？可全免今歲夏税，其秋糧減半徵收。自今年四月以來，一應收買及科派物件未到官者盡行停罷。若實無見物，先虚報在官者，宥不問，不許再科以足其數。諸郡縣撫輯安養，毋貪刻重困之。」上曰：「善。」立命書詔用璽。顧士奇：「今可語二部矣。」中官採木，四川有貪横者，上召弋謙曰：「爾爲朕治，朕自知爾，毋畏。」【略】賜皇太子書曰：「朕惟祖於孫、父於子親愛，天下莫加焉。而推明所以長保富貴壽康之道以期之者，聖人之心也。爾朕嫡長子，我皇考鞠育提訓，隨事示之。永樂甲辰春，親征北虜，車駕將發，子孫咸在，顧爾謂朕：『古之令主，盤盂劍几，皆有警銘，人主之道，莫大中正。吾欲以「人主中正」四字製寶押，師還授爾，俾爾勉焉。』不幸賓天。今皇太子屬爾，謹製爾授，爾懋敬之。爾敬其内，以慎其外，隆古帝王傳授盡此，爾懋敬之。」河南州縣饑，賑之。昌邑、邢臺縣饑，驛賑之。上曰：「南士善文，北士厚重，今科舉所進北得什一焉，禮部其定議，南士六之，北士四之。」命皇子謁陵南

京，就留守。加贈故大學士胡廣爲少師，賜其家。

甲寅，蹇義、夏原吉、楊士奇侍，上曰：「夜見玄象否？」皆曰：「未見，亦不知。」上曰：「士奇當知之。紫微垣甚急，命矣。」歎息起。明，召義、士奇至奉天門曰：「監國二十年，搆於讒慝，心之艱危，吾三人共之，上賴皇考仁明，得以保全。」言已，泫然，義、士奇亦流涕。士奇曰：「先帝之賜陛下純誠之効，今已脱險即夷，陛下自寛。」上曰：「即吾去世後，誰知吾三人同心一誠？」遂賜義、士奇勅印各二，義印曰「蹇忠貞」，士奇印曰「楊貞一」。皆拜受退。蓋踰月而上崩。戊午，謁長陵。己未，還宫。上曰：「今民閒物視國初直十倍，有司市供祀牲犧但準洪武時價，民怨，神其享？其令太常悉準諸時直。」玉田縣饑，賑之。勅諸邊總兵曰：「軍機欲密，文書不可稽，諸將多掌以幕下，武人則泄漏滯誤。今各擇文臣一人往佐。」遂以分命户部郎中子譚等。

五月，諭蹇義曰：「御史當任老成者，遽授新進，遇事風生，以喜怒爲威福。正直不阿，往往被淩辱，順比則與爲膠漆。自今慎選之。」又曰：「都御史惟廉清公正，乃可倡率。尚咨可都御史者。」傄《太宗實録》。貴池典史金蘭考績，父老詣闕留，陞爲本縣知縣。行在翰林侍讀李時勉、侍講羅汝敬言事，上怒，使武士撃時勉，皆改爲監察御史，頃之下獄。庚辰，上不豫。召蹇義、楊士奇、楊榮、黄淮至思善門，馳召皇太子。辛巳，大漸，遺詔天下。是日，上崩。未發喪，沐浴襲奠飯含如禮，設几筵宫中，朝夕哭上食。六月辛丑，皇太子至，乃發喪斂。壬寅，大斂。甲辰，成服。七月己巳，上尊謚曰「敬天體道純誠至德弘文欽武章聖達孝昭皇帝」，廟號「仁宗」。九月壬寅，葬獻陵。

傅維鱗《明書》卷六《仁宗昭皇帝本紀》 帝諱高熾，太宗文皇帝第一子。母仁孝皇后徐氏。生於洪武十一年七月二十二日。生之夕，皇后夢冠冕執圭者上謁，寤而生。上自幼沉静端重，言動有經，喜讀書，手不釋卷，日從諸儒論説不厭，騎射精絶。既册爲燕世子，太祖特召秦、晉、周、燕四世子親教之，命分閲皇城衛士。還，奏獨後，問故，對曰：「旦寒甚，諸軍方食，待畢，乃閲。」太祖以能恤下，甚喜。又命分閲章奏，取關大計者以陳，畧其語字謬誤者。太祖指示之，對曰：「小過不欲瀆天聽。」嘗問堯湯久水旱，民何所恃，對曰：「恃聖人恤民。」太祖大奇之，曰：「孫有人君之度矣。」

燕兵起，居守，慎固撫綏，人多畏悦。李景隆來圍北平，上悉力守禦，會太宗引兵至，擊退景隆兵。時二郡王高煦從軍，三郡王高燧同留守，宦者黄儼黨高燧，離間，謂上將以北平應京師，高煦因而實之，太宗未信。會京師用計密書來投，上不發，立械其使，并書送軍中，而儼已先報，太宗大疑，會上所送至，乃嘆曰：「幾殺吾子。」謀不得行。江上之戰，太宗殊憊，高煦率□騎至，太宗倉卒激勵使戰，曰：「事成，天下爲汝有。」高煦決死，進敗建文兵，遂渡江。功成，羣臣請立上爲皇太子，太宗猶豫久之，而淇國公丘福以元功亦黨高煦，旁慫恿之，勢危甚，然終以天序難奪，太祖所册徐妃孝敬及解縉等力言不可，嘗題虎顧衆彪圖，大有省悟，又曰：「好聖孫。」蓋指宣宗也。二年，四月，始册立爲皇太子，高煦爲漢王，高燧爲趙王。漢王終怏怏，謀益狡，且急。會丘福敗歿，外黨稍散。而黄儼等日侍左右，爲蜚語陷死解縉。漢王日益横，上覆露日益至，太宗微聞之，久乃得實，徙漢王樂安州，事始定。而黄儼等又奉趙王伺上過失，太宗終以上性緩不似己，意常不懌，遣胡濙往京師，密廉。時適北征，迎後且失辭，遷怒輔導官，下獄，有死者。上益恭謹，每曰「盡心子職而已，他非所計也」。濙還，奏上仁孝誠敬七事上聞，太宗悦，事乃大定。

十八年，北京宫殿成，召上及皇太孫會朝正，而儲位大安，趙王事亦敗。二十二年，太宗北征，疾甚，口自語曰「太子賢孝賢孝」，若面命云。八月甲辰，報宣遺命，上哭幾絶，强起拜受。遣皇太孫迎喪，立授監國印，曰：「有軍國事以此封識來。」顧謂楊士奇曰：「昔大行臨御，儲位久未定，浮議喧騰。今即付之，浮議何由興？」其明決如此。集大臣，命釋夏原吉於獄，同議典禮，分召大營兵精鋭者先入京，餘番軍分鎮南京。壬子，龍輦至京，易梓宫。丁巳，上即皇帝位，大赦，改明年爲洪熙元年。詔罷西洋寶船、雲南取寶石、交趾採金珠寶石、各直省徵錦緞及書畫、迤西索馬、窑場造磁器、捲辦木板、進貢海味異果竝諸擾民者悉皆罷之，釋諸大臣株連繫掖庭及詔獄者，復三公、三孤官，曰：「此皇祖之制也。皇考聰明天縱，可不寘此，予見未廣，不無望於師保。」楊士奇入奏事，上望見，喜顧侍臣曰：「學士奏事，必有理，試共聽之。」士奇奏言：「恩詔甫下，而惜薪傳旨賦北直山東棗八十萬斤合炭，民何堪。」上喜曰：「固知學士來，言必有理，日來宫中叢脞，急遽中不暇致審。」即命減四十萬。赦解縉妻子還鄉，官其子。汰冗官。召漢王高煦入京。太常卿周納來朝，上曰：「伊在太宗朝請封禪，諛佞，豈宜玷朝班。」黜之。琉球占城貢方物。丁卯，賜保母金氏爲翊聖恭惠夫人。下成公勇等於獄，以居大行喪失禮。尋宥之，發國子監習禮。

九月癸酉，上太宗文皇帝謚號，母仁孝皇后進謚「仁孝慈懿誠明莊獻配天齊

聖文皇后」。都督方政等討黎利，戰敗績，指揮伍雲死之，尋指揮陳忠亦戰死之。廢巴東王貴煊、遠安王貴燮，父死不奔喪，皆爲庶人。弛都城外山林樵採之禁。河溢，免河南田租。有司請即吉，上曰：「梓宮在殯，豈忍從吉。」羣臣執以祖宗舊制，廿七日而易。上退。次日朝，猶麻經，獨英公輔及諸學士不易。上嘆曰：「輔及諸學士知禮，衆乃有不及。」漢王還國。哈密貢方物。□剌哩等來歸。詔工部合用物料必徵於所産之地，若混派擾民，必誅不宥。免李懋芳爲庶人。寧王權欲來朝，請改封，上詔止之。和寧王阿魯台入貢。

冬十月，浙西蘇松水，詔糧一石止輸布一疋。選朝臣爲東宮官。甲辰，賜衍聖公宅於京師。己酉，册妃張氏爲皇后，并册貴妃郭氏等四妃。壬子，立皇太孫瞻基爲皇太子。次瞻埈鄭王，瞻墉越王，瞻垠蘄王，瞻墡襄王，瞻堈荆王，瞻墺淮王，瞻塏滕王，瞻垍梁王，瞻埏衛王，漢世子瞻坦，趙世子瞻坺，詔告天下。命內外官訪舉才德。嚴連坐法。審録重囚。

十一月，宥建文諸臣家族歸鄉，給還田土。趙王辭護衛，許之。內官馬騏等請往交趾採辦金銀，上怒，斥之。命御史湯熒等十四人分巡天下，考察官吏。令天下不許擅役屯田軍士。罷海子及西湖巡視官。

十二月，庚申，葬長陵。廣西猺賊亂，鎮遠侯顧興祖擊破之。作觀象臺。令各都司官軍更番於京師備操。徙封韓王於平涼。敵犯雲州，陽武侯薛禄擊敗之，遁去。

洪熙元年乙巳春正月，大祀天地於南郊，奉太祖、太宗配。大赦。初建弘文閣，以楊溥掌閣事。有司請凡朝覲官給馬牧養，上不許。二月，黜漢第二子瞻圻居鳳陽。寘武英殿門待詔。乙卯，遣官祭各陵及歷代帝王陵、闕里山川。丙辰，耕籍田。陽武侯薛禄再破敵於赤城。除誹謗之禁。

三月，命榮昌伯方智率師討黎利。命皇太子率文武大臣往祭皇陵孝陵，就留守南京。漢王請入朝，諭止之。趙王高燧之國。彰德、長興賊殷先朝伏誅。上欲還都南京，命北京各衙門悉稱行在，復設北京行部等衙門。夏四月，盡罷一切官置物料及山東淮徐田租之半。勑平江伯陳瑄。停採運大木。定太宗廟侑享功臣朱能等四人。薊州指揮陳景先襲寇，破之。諭禮部科場取士分南六北四。選文臣贊理各邊軍務。壬子，皇太子發京師。

五月，蠲水旱蝗地方田租。修《太宗文皇帝實録》。倭犯浙江，擊破之。詔曰：「農者生民衣食之原，耕耘收穫，不可失時。自今一切不急之役，有當用民力者，皆俟農隙。前代蓋有不恤農事而以徭役妨耕作召亂亡者矣，其罷之。」又詔曰：「朕恭承大統，爲生民主，惟我皇祖皇考愛民之仁祇率不怠。朝夕思念，人命最重，哀矜庶獄，惓惓在懷。夫刑以禁暴止邪，道民於善，豈專務誅殺哉。故律令之制，善善長而惡惡短，罰之輕重，咸適其中。顧執法之吏不能皆平，有虛飾其情，傅致死罪，而比附謬妄，尤甚枉人，朕深憫之。夫五刑莫甚於大辟，自今有犯者，依律科斷，其餘罪犯，法司勿得昧情失實，以致冤濫。若朕一時過於嫉惡，用籍没及淩遲之刑，法司再三執奏，至於五奏，仍同三公大臣執奏，必允乃已。永爲定制。文武諸司不許用鞭背等，及宮人自宮者皆罪之。除大逆連坐，餘止及身。至於誹謗，一切勿問。如或違者，必罰不宥。」庚辰，上不豫，召蹇義、楊士奇、黄淮、楊榮至思善門，降敕，馳召皇太子。辛巳，上大漸，詔天下傳位皇太子。上崩，壽四十八。以皇太子未至，秘喪。六月辛丑，皇太子至自南京，始發喪。秋七月己巳，上謚號曰「敬天體道純誠至德弘文欽武章聖達孝昭皇帝」，廟號仁宗。九月，葬獻陵。

查繼佐《罪惟録》帝紀卷四 仁宗敬天明道純誠至德弘文欽武章聖達孝昭皇帝，名高熾，母仁孝徐皇后。既即位，大赦天下，以明年爲洪熙元年。置公孤官，三太，正一品；三少，從一品。陞楊榮太常卿，金幼孜户部侍郎，仍文淵閣；楊士奇禮部左侍郎，兼華蓋殿；黄淮通政使，兼武英殿，皆大學士，掌內制，不預所陞職務。以楊溥爲翰林學士。罷取寶西洋。減內供香炭半，四十萬斤。太常少卿周訥坐諛佞，出知府交趾。寧王權請朝，言江西故非其封國，賜書曰：「侄欲見叔，亦切惓惓，但祖訓儼在，勿敢違也。叔受封先帝，垂二十年，爲國南屏良善。」安遠王貴燮、巴東王貴煊坐誣父不軌，削爲庶人。赦解縉妻子還鄉，官其子禎亮中書舍人。

九月，上大行皇考及皇妣尊謚。禮部吕震以二十七日服滿，請如太祖、太宗遺訓，釋衰從吉。烏紗冠素服黑角帶臨朝。帝報可，明旦仍素冠麻衣麻絰出視朝。文臣惟學士士奇、淮，武臣惟英國輔如帝所服。上因嘆曰：「張輔知禮，六卿有所未及。梓宮在殯，朕豈敢便從震言。」加蹇義少傅，楊士奇少保，兼官如故。加楊榮太子少傅、謹身殿大學士，金幼孜太子少保、武英殿大學士。內閣位進三孤始此。士奇等數月間，五品遷至一品，隆遇古無比。賜義、幼孜、榮、士奇圖書，其文「繩愆糾謬」，諭之曰：「凡朝政缺失，羣臣言之而朕未行，或卿等言之朕未即聽，用此圖書以進，不憚再三。」

冬十月，册妃張氏爲皇后，郭氏爲貴妃，李氏爲賢妃。追封妃父麟彭城侯。册立皇太孫瞻基爲皇太子，次子瞻埈等爲王。以兵部尚書陳洽掌交趾布按二司事，代工部尚書黄福還京，福居交趾十八年矣。詔舉德姓淳篤、行止端方、材能出衆、政績顯著，或文學堪稱，識見優遠諸□□□□□□□□□□□□□□□□□□方孝孺輩忠臣也，宜從寬典。至是赦奸黨族屬，凡教坊司、浣衣局、習匠功臣家奴者，悉放寧家，給還生産。上視朝覺寒，念各邊將士，賜鈔幣有差。趙王高燧奏辭常山二護衛，從之。令直隸及各都司官軍更番京師操練。上閲諸學士詔辭，爲益二語「勿以崇高而難入，勿以有所從違而或怠」，曰：「此朕實心，卿等勉之。」十二月，葬大行皇帝於長陵。授試事六科監生吳信等二十人爲給事中。封后兄張昶爲彭城伯，世襲。作觀天臺於禁中。上欲追理忤旨御史舒仲成，楊士奇曰：「即何以信明詔於天下？」上悦，勑獎士奇，赦仲成。給事中黄驥拯陳西域貢胡入貢之害，嘉納之。

洪熙元年乙巳春正月壬申朔，上御奉天殿受朝，設樂不作。以大學士士奇言，罷給朝覲官孳牧之例。初允行，旨不即下，上恐士奇爲奏行者所射，適陝西按察使陳智，以太僕徵納，疏争憲綱，上批智疏，嚴行勑止。士奇入謝：「古人有云：陛下知臣，臣不孤矣。」上曰：「繼今令有不便，與朕密言之。」大祀天地諸神祇，以皇祖、皇考配。命内官監太監鄭和領下番官軍守備南京。特追贈交趾死事劉儁太子少傅，謚節愍。上曰：「婦人盡節其夫，尚從旌格，況大臣捐軀報國乎！」改兵部右侍郎張信爲錦衣衛都指揮同知，世襲。信，英國公輔從兄也。二月，加國子監祭酒兼侍講胡儼太子賓客，致仕。進恭順伯吳克忠爲侯，封其弟管者廣義伯。帝念夏原吉釋獄之言，勑北京諸司復加「行在」二字，頗決計欲都南京。

三月，擢前光禄寺署丞權謹爲文華殿大學士，儒士吳訥爲監察御史。大理少卿戈謙言事戆激，上欲罪之，以士奇諫，止免朝參，且諭士奇曰：「朕能知悔，若律外深求，法司執奏至三至五，如不即可，三公大臣合奏，必允而後已，永爲定制。」進河間王張玉、寧國公王真、榮國公姚廣孝、東平王朱能四人並配享文皇帝廟庭。諭刑部尚書金純止宫刑，且曰：「彼圖進身而絶祖嗣，豈有誠心事君，朕決意勿任此輩。」禁内外告誹謗者。以榮昌伯陳智爲征彝將軍，征交趾叛人黎利。徙岷王楩於武岡。趙王高燧之國彰德。漢王高煦子瞻圻有罪，發鳳陽守陵。先是，圻憾父殺其母，屢發父過惡，文皇曰：「爾父子何忍也！」至是，高煦悉上圻先後覘伺朝廷諸不敬，帝召圻，示之曰：「稺子不足誅，其省過皇陵。」

夏四月，免租，山東及淮徐半税。停罷一切官買物料。士奇曰：「或令户、工部知之。」上曰：「稍俟之。有司慮國用不足，必有不足之議，内璽以行。」以鄭府審理正俞建輔言，人□□鄉試，有司先行審訪，務得行止端重，議論切實，年過二十五者，方許入試。廷臣或上書誦太平，上以示士奇等，且曰：「朕去年授卿等四圖書，俾言事，士奇曾封五章進看，諸無一也，豈朝廷果無闕政乎？」義、幼孜、榮有慚色。時南京屢有地震，命皇太子往謁祭諸陵，因留南京監國。

帝明於星象，甲寅夜，帝觀星象有感，語大學士士奇等曰：「天命之矣！」歎息而起。明日召義與士奇，諭之曰：「朕監國二十年，爲讒慝所搆，心之艱危，吾三人共之，賴皇考仁明，得荷保全。」言之泫然。義、士奇亦隕涕。帝曰：「即吾厭世後，誰能知吾三人同心。」遂出二勑及二印，義得忠貞印，士奇得貞一印，且曰：「惟后非賢不乂，惟賢非后不食，君臣相遇難矣。」五月，上諭蹇義：「御史係朝廷耳目，非新進小人不達國體者可任，彼乘可爲之權，遇事風生，以喜怒爲禍福，以好惡爲是非，寵枉抵直，往或有之。且都御史廉清公正，道之表章，爾吏部其亟慎選擇，以清風紀。」改翰林侍講李時勉、羅汝敬監察御史。時勉以時政違節，條陳率直，上怫，命武士撲之，斷其脅三，曳出不能言，下獄。汝敬在□□□訊囚一□□□一章至三，上亦收錦衣。時勉創自愈，自是無廷諍之臣。五月十有一日，上不豫，召蹇義、楊士奇、黄淮、楊榮至思善門，命士奇書勑馳召皇太子南京。次日庚辰，大漸，遺詔傳位皇太子。明日帝崩，年四十有八。

帝處讒譖，益修謙順，被服寬博，宛若儒生，留意疾苦，凡遇水旱，齋居露寢，賑貸不遑。邊將陛辭，每曰：「民力疾矣，慎毋貪功，違命獲功者不賞。」勑諸司崇寬厚，戒深刻。又曰：「國家恤民，必自去贓吏始。」樂聞直言，間有咈逆，無幾悔悟。帝諸經皆通，卜筮不用俗占，必取正《周易》，於程朱之説信之尤篤。

雜録

備録

闕名《仁廟聖政記》卷上 帝自幼端重沈静，言動有經，四五歲宫中聞讀書

輒喜，自是書册翰墨不去手。稍長習射，數日輒造精藝，發無不中。左右問何若是巧也，曰：「心志既正，無難者。」然絶口不自矜，蓋於馳射及奇巧玩適之具悉非所好，獨好學問，日從儒臣論説不厭。太祖皇帝思宗藩之重，特召秦、晉、燕、周四世子朝夕親教訓之，歷試諸事。命分閲中外臣民奏疏，獨取其切於兵民疾苦及關宗社大計者白之，太祖覽之稱善。其間有一語一字之謬者，悉置之不以白。太祖指示之曰：「爾忽之耶？」對曰：「不敢忽，顧小過失不足以瀆天聽。」太祖喜曰：「孫有君人之度哉！」嘗問之曰：「堯九年之水，湯七年之旱，當時百姓奚所恃？」對曰：「恃一聖人有恤民之政耳。」自是益見重。

楊士奇《東里文集》卷九《恭題仁廟御製詩後》 永樂丁酉，太宗皇帝復巡狩北京，仁宗皇帝監國。當時留侍監國之臣悉簡敦厚而恭慎者，而文臣之預密務者三人：吏部尚書兼詹事蹇義，翰林學士兼諭德楊士奇，翰林侍讀兼贊善梁潛。仁廟好文重士，樂善有誠，時節宴羣臣，間賜詩獎諭，而三人者所得爲多。右二詩，前賜臣士奇，臣潛，凡書二紙，悉識以東宮圖書而分賜之，蓋同侍宴也。後詩亦識圖書，而專賜潛。其詩一書侍讀，一書贊善者，從畧而互見也。觀於此詩，則知上之所以重潛，潛之所以事上，交得其道矣。明年，潛卒，時無强壯子弟在側，所得獎諭詩文好事者知其爲寶，率持去。其子椠能記憶二詩，比求善書者録爲卷，以臣士奇先朝舊人，且其父同寮也，求識之。臣侍仁廟監國最久，仰窺聖志，蓋未嘗一日不在君父，不在生民，不在求道而咨賢也，仁明之德從古鮮儷焉。潛卒後七年，宫車上賓，想見明良神靈感會，今侍龍御於三光之表，而臣衰病餘息，徒抱烏號而永慟。獲覩此卷，拜稽三復，老淚横流，謹識歲月如左。

楊士奇《三朝聖諭録》中 永樂二年七月，翰林侍讀學士王達講《乾》之九四，舉儲二爲説。講畢，殿下召問臣士奇：「經旨於此必無儲二之説，達不含譏否？」臣士奇對曰：「講臣非正道不陳，豈敢含譏。此出宋儒胡瑗之説。」殿下云：「對我言此，常人得此爻亦舉此説乎？」對曰：「殿下此問最好。」因舉程子云：「凡卦中六爻，人人有用，聖賢有聖賢用，衆人有衆人用，君有君用，臣有臣用，無所不通。」又舉王昭素對宋太祖之言以對。殿下悦。又對曰：「今翰林、春坊諸臣分撰諸經講義，有上旨命内閣之臣閲過，有未當處，悉與改正，然後呈御覽，允當然後以講。内閣解縉專閲《書》，胡廣閲《詩》，金幼孜閲《春秋》，臣士奇閲《易》。昨日進呈此條，上問：『儲二説有據否？』臣士奇對以胡瑗之説，上甚喜。蓋講臣非有據不敢妄出意見。」殿下喜。自是，講義有疑處，必召解、胡等四人相與辨析，暢而後已。遂作數鉅册，命春坊司經局臣分録講章，以備常閲。

殿下監國視朝之暇，專意文事。因覽《文章正宗》，一日，諭臣士奇曰：「真德秀學識甚正，選輯此書，有益學者。」臣對曰：「德秀是道學之儒，所以志識端正。其所著《大學衍義》一書，大有益學者及朝廷，爲君不可不知，爲臣不可不知。君臣不觀《大學衍義》，則其爲治皆苟而已。」殿下即召翰林典籍取閲，既，大喜曰：「此爲治之條例，鑑戒不可無。」因留一部，朝夕自閲，又取一部，命刪刻以賜諸子。且諭臣士奇曰：「果然爲臣亦所當知。」遂賜臣一部。蓋殿下汲汲於善道如此。

上在東宫，稍暇即留意文事，間與臣士奇言歐陽文忠文雍容醇厚，氣象近三代，有生不同時之歎。且愛其諫疏明白切直，數舉以勵羣臣。遂命臣及贊善陳濟校讐歐文，正其誤，補其闕，釐爲一百五十三卷，遂刻以傳。廷臣之知文者，各賜一部，時不過三四人而止。恒諭臣曰：「爲文而不本正道，斯無用之文。爲臣而不能正言，斯不忠之臣。歐陽真無忝矣，廬陵有君子，士奇勉之。」臣叩首受教。

永樂七年，贊善王汝玉每日於文華後殿説賦詩之法。一日，殿下顧臣士奇曰：「古人主爲詩者，其高下優劣何如？」對曰：「詩以言志，明良喜起之歌、南薰之詩是唐虞之君之志，最爲尚矣。後來如漢高《大風歌》、唐太宗《雪恥酬百王除凶報》，千古之作，則所尚者霸力，皆非王道。漢武帝《秋風辭》氣志已衰，如隋煬帝、陳後主所爲，則萬世之鑑戒也。如殿下於明道玩經之餘，欲娱意於文事，則兩漢詔令亦可觀，非獨文詞高簡近古，其間亦有可裨益治道。如詩人無益之詞，不足爲也。」殿下曰：「太祖高皇帝有詩集甚多，何謂詩不足爲？」對曰：「帝王之學所重者，不在作詩。太祖皇帝聖學之大者，在《尚書註》諸書，作詩特其餘事。於今殿下之學，當致力於重且大者，其餘事可姑緩。」殿下又曰：「世之儒者亦作詩否？」對曰：「儒者鮮不作詩。然儒之品有高下，高者，道德之儒，若記誦詞章，前輩君子謂之俗儒。爲人主尤當致辨於此。」

太宗皇帝在北京，有白鵲之瑞，行在禮部行南京慶賀。監國下及五府六部例各進表。時臣士奇以病在告，《監國表》命庶子、贊善撰。呈稿，殿下不懌，命尚書蹇義持以示臣士奇，曰：「甚寂寥，且不着題，以賀白龜、白鹿皆可。」命臣士奇改益。臣士奇改一對云：「望金門而送喜，馴彤陛以有儀。」後增一對云：「與鳳同類，蹌蹌於帝舜之庭；如玉其輝，翯翯在文王之囿。」義以進，殿下喜曰：

「此方是帝王家白鵲。」適内厨進膳，遂命内使陳昂撤以賜臣，且傳旨諭臣曰：「其勉進藥食，早出。非但倚卿文學，久不聞直諒之言，慮有過不知，急得相見也。」

永樂十五年，上在東宫卜筮，專用揲蓍，而斷以《周易》，凡後世俗占法皆不用。嘗命臣士奇纂《六十四卦三百八十四爻朱氏本義要旨》爲一編。既進，上悦，名曰《周易直指》。臣進曰：「《周易》固爲卜筮作，然文王、周、孔《彖象》、《十翼》之辭，凡修齊治平爲君爲臣之道悉具，請編輯以進，用備覽閲。」從之。踰年，輯成以進，上覽之，大喜，名曰《周易大義》。賜臣士奇繡衣銀帶。先是，徐好古作《尚書直指》，金幼孜作《春秋直指》，皆已進。上諭臣曰：「凡此皆書數本，於齋閣、書殿、寢室各置一本，得備觀覽。」蓋上素好學如此。【略】

永樂中，臣同尚書蹇義侍仁宗皇帝監國。義重厚老成，更歷多而疑慮深，臨事寡斷。每同承顧問，一事之間，義常持兩端，猶豫久未決。臣進曰：「有事須行，無終不決之理。」上曰：「然。受事皆應復命，豈得不決？」義曰：「事當熟慮，慮不熟有後患，故必應詳審。」上曰：「義言亦是。」臣對曰：「凡事豈得不思，但思多則惑。既思而有疑，則擇一端近於理而可對上言者行之。」上笑曰：「此須兼知仁勇。自今議事只如士奇言，擇當理者從之，不須思多致惑。」

永樂二十二年八月，學士楊榮自行在還，報大行宴駕。東宫殿下即遣皇太孫出居庸，赴開平迎梓宫。時京師諸衛軍皆隨征，聚行在，惟趙府三護衛軍留京師，一時浮議籍籍，慮護衛爲變，遂秘未發喪。皇太孫瀕行，啓東宫殿下曰：「出外有封章白事，非印識無以防僞。」東宫殿下顧臣曰：「渠言良是，但行急，新製則不及。」臣對曰：「殿下未踐祚，今居喪無所事，有事，自應行常用之寶。東宫小圖書亦閒，太孫出外無行事，惟有上稟朝廷之事，可假行之。此出一時之權，歸即納上。」東宫殿下即取付太孫曰：「有啓事，以此封識來。此亦久當歸汝，汝就留之。」既行，殿下顧臣曰：「汝此説是，雖出從權，亦事機之會。昔大行臨御，儲位久未定，浮議喧騰。吾今就以付之，浮議何由興！」又曰：「自今朝廷事仗蹇與汝，但蹇亦有遲疑，汝須盡心。汝二人吾當重用不輕也。」對曰：「殿下嗣位，朝廷大小事皆當盡公，以厭服天下之心，須溥恩及下。然必先扈從征行之臣，若漢文即位，首進宋昌，史書之以爲贬，此當深戒。臣兩人日在侍近，殿下必不遺，惟不應先及此。殿下初政，收人心之機也。」【略】

上御思善門選用東宫官，命户部尚書郭資爲太子太師，仍兼尚書。蹇義、夏原吉力言資偏執妨事，且多病，請令致仕。上意未可，召臣士奇語以二人之意，且曰：「先帝初舉義，一切軍需糧餉皆出資調度，吾時居守，竭誠佐輔，甚得資力。今出危履安，吾嗣大位，乃遂棄之，吾誠不忍。」臣對曰：「故舊無大故不棄，此皇上聖仁。」上問臣：「資爲人果如何？」對曰：「資强毅，人不得干以私。但性偏執，甚至沮格恩澤不流於下。」上問其故，對曰：「詔敕數下蠲免災傷租税，資不聽開除，必責有司依歲額徵納，此其過之大者。然耿介能守廉，非衆所及。」上曰：「吾在此，又有原吉與之同事，當不復偏執矣。」乃不從二人言。無幾，蹇、夏又數數言資偏執妨事，不去資，仁政必爲所格。上强從之，命資以太子太師、户部尚書致仕，璽書褒諭，賜銀鈔、綵幣甚厚。資歸踰月，上念之不置，問諭臣曰：「無使大臣怨乎不已，資其謂我何？吾欲遣人視之，且少加賜賚。」對曰：「賜賚有時而盡。洪武中有尚書致仕給全俸者，今北方倉廩少儲，得減半給之，可常足用。」上喜，即命户部給資半俸。上之篤於故舊概類此。

十一月十二日，復大理卿虞謙官。先是，虞謙奏事，侍臣有言此當榻前密請旨，不當於朝班對衆敷奏，爲賣恩者；又有言其屬官楊時習先導之密陳，而謙不從者；遂降謙爲大理少卿，而陞時習爲卿。其後，臣士奇獨進奏事畢，未退，上問臣：「汝有欲言者否？」對曰：「有。」「非虞謙乎？」對曰：「然。」上曰：「吾亦頗悔之，汝試言之。」對曰：「外間皆云時習實無先導之言。時習是臣江西人，亦親語臣本無此言，今冒居卿位，慚懼不安。」臣又言：「謙歷事三朝，皆居通顯，頗爲得大臣體者，且今所犯小過。」上曰：「吾之悔亦念此。」因問：「時習其人若何？」對曰：「雖起於吏，然明習法律，公正廉潔。」上喜曰：「吾有以處之。」會吏部言交阯闕按察使，上諭尚書蹇義曰：「左遷虞謙，吾過矣，復其大理卿。改楊時習交阯憲使。」上之敏於改過率類此。

王錡《寓圃雜記》卷八　仁宗爲皇太子時，赴召過鄒縣，見民男女持筐盈路拾草實者，駐馬問所用，民跪對曰：「歲荒以爲食。」爲之惻然。稍前下馬入民舍，視民男女皆衣百結不掩體，竈釜傾仆不治，歎曰：「民隱不上聞若此乎！」顧中官賜之鈔，而召鄉之耆老問所苦，具以實對，輟所食賜之。時山東布政使石執中來迎，責之曰：「爲民牧而視民窮若此，亦動念否乎？」執中言：「凡被災之處，皆已奏乞停今年秋税。」曰：「民飢且死，尚及徵税耶？汝往督郡縣，速取勘飢民口數，近地約三日，遠約五日，悉發官粟賑之，事不可緩。」執中請人給三斗，曰：「且與六斗。汝勿懼擅發廩，吾見上當自奏也。」

仁宗爲燕世子時，太祖嘗命與諸世子分閲皇城四門衛士，還奏獨後，問之，對曰：「旦寒甚，衛士方食，俟其既食，乃閲之，故後。」太祖喜曰：「能體卹下人，是吾心也。」

仁宗爲太子，曾侍側，成祖顧問講官：「今日説何書？」對曰：「《論語》君子小人和同章。」問：「何以君子難進易退，小人則易進難退？」對曰：「小人逞才而無耻，君子守道而無欲。」問：「何以小人之勢常勝？」對曰：「此係上之人好惡，如明主在上，必君子勝矣。」又問：「明主在上，都不用小人乎？」曰：「小人果有才不可棄者，須常警飭之，不使有過可也。」

黄瑜《雙槐歲鈔》卷四《聖子神孫》 永樂間，國勢安於泰山，人心逾於拱極者，以有聖子神孫也。仁廟在東，駕一日侍側，上問：「今日説何書？」以《論語》和同章對，因問：「何以君子難進易退，小人易進難退？」對曰：「小人逞才而無耻，君子守道而無欲。」又問：「小人之勢長勝，何也？」對曰：「此係乎上之人好惡，如明主在上，必君子勝矣。」又問：「明主在上，都不用小人乎？」曰：「小人果有才不可棄者，須常警飭之，不使有過可也。」上喜其學問有進，諭右春坊大學士黄淮、左諭德楊士奇曰：「爾等其盡心輔之。」

端午節車駕幸東苑，觀撃毬射柳，聽文武羣臣四夷朝使及在京耆老聚觀。自皇太孫而下，諸王大臣以次撃射，太孫撃射連發皆中。上大喜，射畢嘉勞之，因曰：「今日華夷畢集，朕有一言，爾當思對之，曰『萬方玉帛風雲會』。」太孫即叩頭對曰：「一統山河日月明。」時年十五矣。上喜甚，賜名馬錦綺諸番物，遂命儒臣賦詩，大宴羣臣，盡懽而罷。夫燕翼貽謀，始自蒙養，而昭皇之臨下，仁聲洋溢，章皇之馭寓，義問宣昭，具見於此矣，故特書之。

焦竑《玉堂叢語》卷四 仁宗在東宮時監國，爲漢庶人所譖。蓋太宗初有易儲之意，而庶人實覬覦之故也。於是使給事中胡濙往伺察之，令書其不法事以聞。時梁潛、黄淮、楊士奇等皆東宮官，善於保護，教太子守禮法，而濙亦不敢曲意上承，回朝但言皇太子敬天孝親諸實行以對，上意頓解。

錢謙益《列朝詩集小傳》乾集上《仁宗昭皇帝》 仁宗在東宮久，聖學最爲淵博，酷好宋歐陽修之文，乙夜繙閲，每至達旦。楊士奇，歐之鄉人，熟於歐文，帝以此深契之。嘗命贊善徐善述改竄其詩，致書稱謝，又云：「今旨説與好古，將選詩内取易入手解意的詩，分類賦、比、興，爾爲選擇。王璲真明日早進來看。」其虚懷好學如此。御製集上、下二卷。尹直《瑣綴録》載「上觀象戲與曾棨賡和詩」，御製集及棨集並不載，故削之。

阮元《石渠隨筆》卷五《明太祖仁宗宣宗三帝書卷》 仁宗楷書：「今晨覽卿爲余所改之詩，甚是丰采清雋，真有益於日新。但今卿年邁，恐輔予爲勞，似卿材，百無一二，面諛順顔者比比有之，卿無憚勞，弼成予業，惟望藥石之言，日甚一日，毋務犯鱗觸諱之慮。予今欲學作表，卿可一如詩題立例，具詩題與表題間日封進，以(□)〔廣〕琢磨。皇太子致書贊善好古先生。」

備論

楊士奇《三朝聖諭録》中 按：文皇孜孜好學，日親大臣，講論不輟，且惓勉勵東宮學問，誠萬世聖子神孫所當法也。夫典故、史書豈獨勸懲將來，實以觀示後嗣也，故曰：「書而不法，後嗣何觀？」竊謂先朝典故，嗣主宜時省覽，則自動法祖之思，啓繩武之志，天下國家可不勞而理矣。奈何動云法祖，而不一念及哉！【略】

按：仁廟履極未久，而所行無非仁民之政。且從善轉圜，改過不吝，規摹宏遠，事事可爲後世法。求之前代，商高宗、周成康匹休，漢文帝、宋仁宗未足多也。惜乎享國太淺，民之無禄，痛哉！

黄瑜《雙槐歲鈔》卷四《詩歌純粹》 仁廟潛心經學，禮重宮寮，文倣歐陽，詩尚選體。

尹直《謇齋瑣綴録七》 仁廟在東宮時，嘗觀二内侍象弈，因命曾子棨先生應制，詩云：「兩君對敵立雙營，坐運神機決死生。千里封疆馳鐵馬，一川波浪動金兵。虞姬歌舞悲垓下，漢將旌旗逼楚城。興盡計窮征戰罷，松陰花影滿殘枰。」仁廟和云：「二國争强各用兵，擺成隊伍定輸贏。馬行曲路當先道，車守深宫戒遠征。乘險出車收敗卒，隔河飛砲下重城。等閑識得軍情事，一著功成見太平。」詞意宏偉，尤勝前詩，君臣之器量見矣。

王世貞《弇州四部稿》卷一四八《藝苑卮言》五 仁宗皇帝在東宮時，獨好歐陽氏之文，以故楊文貞寵契非淺。又喜王贊善汝玉詩。聖學最爲淵博。

鄧元錫《皇明書》卷四《仁宗紀》 稗史臣曰：天人臣主之際，顧不甚難也哉。方獻陵監國時，居恫畜恭，基命於疢疾默闇矣。已受大統，撫民畏相，載訏

謨於宗社靈長，乃中殂弗竟也。嗟夫，夫天之未易諶如此夫。李獻吉傷之，曰誦孝昭皇帝指星變泣諭廷臣語，而所謂天者益驗。

談遷《國榷》卷一八 王世懋曰：書稱商高宗未即位，其父祖乙命其勤勞於外，備歷辛勤。既即位，遂爲中興令主。仁宗監國二十年，上凜凜奉命於成祖，下復爲二三讒慝所厄，殷憂啓聖。及登極，善政炳炳，不可殫述，皆從監國之勤勞所致。質殷高宗，殆所稱前聖後聖其揆一矣。

李維楨曰：二祖以馬上得天下，帝所習見，固不欲以馬上治之也。即位才一歲耳，其治大要恭儉慈仁，收天下心，國家德澤深厚，獨稱孝宗，人不可以無年，信夫。

何喬遠曰：帝監國有年，明習政事，在位雖淺，膏澤已浹於民矣。若其改過不吝，痌瘝在身，漢文、宋仁，未足方也，商高、周成間歟？東莞陳建云。

談遷曰：仁宗在父弟大類漢惠帝，而讒搆尤甚。惠帝所值趙王如意，異母弟也，而帝則同本相煎矣。憂危二十年，纔一伸眉目，遽賓於天，非曆數之獨艱者乎？南北供億，軫恤民力，欲返蹕舊京，寬我東南，念最殷也。其不改父之臣與父之政，豈誠不一思耶？二百年來辰供之勢，繄成祖是賴，雖仁宗而在，異日者中結其轍矣。

朱謀垔《畫史會要》卷四 仁宗皇帝聖德純成，無他嗜好，萬幾之暇，留意翰墨，嘗臨《蘭亭帖》賜沈度，意法神韻，唐之太宗不能過也。

朱彝尊《静志居詩話》卷一 獻陵天禀純明，雅志經術。東朝監國，命徐贊善善述纂《尚書直指》進講。詩成，亦命善述改竄，令旨呼其字而不名。又嘗與曾少詹棨賡和，如《江樓秋望詩》云：「蘋洲晴亦雪，楓岸晝常霞。」絶似唐太宗。設享年加永，則成功文章巍焕何如焉。

《明史》卷八《仁宗紀》 贊曰：當靖難師起，仁宗以世子居守，全城濟師。其後成祖乘輿，歲出北征，東宫監國，朝無廢事。然中遘媒孽，瀕於危疑者屢矣，而終以誠敬獲全。善乎其告人曰「吾知盡子職而已，不知有讒人也」，是可爲萬世子臣之法矣。在位一載，用人行政，善不勝書。使天假之年，涵濡休養，德化之盛，豈不與文、景比隆哉。

明宣宗部

綜述

《宣宗實録》卷一　宣宗憲天崇道英明神聖欽文昭武寬仁純孝章皇帝諱(瞻基),仁宗昭皇帝嫡長子,母今太皇太后,以己卯歲二月九日生上於北京,時衆望見光氣五彩騰於宫闈之上。先夕太宗文皇帝夢太祖高皇帝授以大圭,命曰:「傳之子孫,永世其昌。」太宗皇帝拜受而寤。以夢告仁孝皇后,皇后曰:「子孫之祥也。」已而宫中報上生,太宗皇帝、仁孝皇后心咸異之。彌月,仁孝皇后抱上見太宗,太宗皇帝視之,顧謂仁孝皇后曰:「此天日之表,且英氣溢面,符吾夢矣。汝宜謹視。」自是仁孝皇后躬親撫養,甚忠愛焉。

太宗文皇帝既嗣大位,上時甫四歲,仁孝皇后以至南京,間出見群臣,儀容儼恪,屹如巨人,群臣瞻望驚異。稍長,在宫中孝敬日隆而喜冊。初出就學,太宗皇帝命設講席於華蓋殿之東,令太子少師姚廣孝及翰林内閣之臣往侍講讀,後講讀於武英殿,太宗皇帝、仁宗皇帝時親臨視,其智識益廣,襟度益弘。太宗皇帝賜東宫官,勑曰:「朕惟令德所成本乎天賦,養正之學寔弘聖躬,故有聰明純一之資,必有詩書禮樂之教,所以充其德性而廣其德器也。朕嫡長孫孝友英明,寬仁大度,年未一紀,體具志寧,動必中規,言必合道,好學之篤,夙夜孜孜,日誦萬言,心領要義。朕嘗試之以事,輒能裁決得中,斯實宗社之靈,上天錫慶,篤生異質,以福祐天下,而稽命於無窮。然宏材之建必由匠石之功,圭瓚之成必假琢磨之力。卿等皆茂簡德義,職輔東宫,東宫之子必資兼弼,宜協心同志,輔導於成,推廣仁義道德之源,開陳二帝三王之治,與我太祖高皇帝之大經大法。凡創業守成之主,艱生民稼穡之事。朝夕講論,以涵養本源,恢弘智量,充其盛大之器,以爲宗社生民之福,國家有無窮之休,卿等亦有無窮之聞。欽哉。」

永樂七年,車駕巡狩北京,以上隨行。道途所經,太宗皇帝親以上過田家,徧覽農具及其衣食,且諭以農民勸苦之事,曰:「此爲帝王者不可不知也。」遂作務本之訓以授上,具言農事之勤勞,王業之艱難,與凡無逸祭祀、爲政親睦、用人賞罰、内治外戚宦寺飲食防衛理財等事,曰此帝王切要之道。又命儒臣集聖學心法,皆親製序以授,上服膺惟謹。上天資明睿,讀書一目數行,大義瞭然,每覽必盡卷輒記不忘。五經治道、諸史治亂興亡之要尤所留意,諸子百家言涉道理者,咸領會之。太宗皇帝嘗諭上曰:「讀書當求大義,不可效書生,循行數墨,徒費精神耳。」上敬佩服出閤。未幾,太宗問帝王心法所在,以「精一執中」對,太宗太悦。稍暇,侍側應製作詩賦,屢承獎賚。永樂八年,太宗皇帝親征北虜,命上留守北京,以尚書夏原吉贊輔。時諸司政務填委,且師行之際,調度輓運事煩,左右有言艱大者,上曰:「皇祖悉有成法,惟遵行之耳。」自是太宗巡狩北京及征胡虜皆從行。

仁宗皇帝嗣位,册上爲皇太子,中外啓事悉歸裁決。洪熙元年春,南京屢奏地震,仁宗皇帝諭廷臣曰:「南京國家根本之地,災異如此,天戒可畏。朕當亟往,但皇考新復山陵,何忍遽違?」群臣或請命親王及重臣往守者,仁宗曰:「非皇太子不可。太子仁德威望足以服人心,人心安即天意定矣。況太祖皇帝陵寢奉違已久,朕夙夜在念,今皇太子往,庶幾如朕往也。」又曰:「往年皇考北巡,無内顧之憂者,蓋以朕守南京,今豈可他命?」遂召上計之。上泣曰:「固不願遠離膝下,然宗社大計所在,不敢辭。」遂決行。既至南京,謁孝陵。

仁宗皇帝不豫,以璽書馳召上還,上即日就道。時南京頗傳言仁宗上賓,臣下未敢以聞,但言兹正戒嚴之時,宜整兵衛而後行,或勸上從間道行。上曰:「君父在上,天下歸心,豈有他心?且予始至遽還,非衆所測。況君父召,豈可稍違?」遂由馹道馳還北京。洪熙元年夏六月己亥朔,辛丑,上至自南京。先是,仁宗皇帝上賓,遺詔上早正大位,宫中以上未還,秘不發喪。至是,驛(服)[報]上至良鄉,宫中始出遺詔,文武百官常服於午門外立班,行四拜禮,聽宣讀訖,舉哀,再行四拜禮。太監楊英同少保兼太子少傅、户部尚書夏原吉,太子太保、禮部尚書吕震捧遺詔往盧溝橋迎上,中官先於盧溝橋設幕次香按,俟上至,開讀。上既至,聞有遺詔,慟哭幾絶。左右翼扶,强詣幕次行禮,聽宣遺詔訖,哭盡哀。禮畢,易素服行。文武百官皆素服迎上於都城外。上至長安右門,下馬步行,哭至宫門外,釋冠服,被髮詣梓宫前拜叩,哭盡哀。上就喪次,見母后,親王以次見上畢,各就喪次,行祭告禮。遺訃宗親,頒遺詔於天下。命禮部定大行皇帝喪服禮儀。壬寅,行在禮部以大行皇帝喪服禮注進,命如儀行之。【略】

初,大行皇帝上賓,外間稍稍有聞,時上未至,北京喧傳高煦欲舉犯闕,人心

詾詾。及上還，始定，而京師戒嚴已久。上至之明日，召英國公張輔等諭之曰：「山陵之期尚遠，今天氣炎熱，戒嚴甚久，將士煩勞，其悉撤之。」輔等對曰：「殿下未正大位，軍衛未可撤。」上曰：「天下神器非智力所能得，況祖宗有成命，孰敢萌邪心？」遂即（戒）〔解〕嚴。癸卯，文武百官及軍民耆老人等上箋勸進曰：「昔自聖帝明王之有天位也，必傳之嫡長，大統之相承，大宗之相繼，天理之所存，人心之所屬，夏、商至周及漢、唐、宋享國之長皆由此道。欽惟大行皇帝德同天（德）〔地〕，明配日月，纘太祖、太宗之洪業，有帝堯、帝舜之至仁。即位之初，首建儲副。敬惟皇太子殿下位居嫡長，德本剛明，稟天錫之英資，廣日新之聖學，足以繼祖宗之統，足以得天人之心，蓋天下國家萬萬年太平之本寔繫焉。伏自殿下正位以來，問安視膳，孝行夙彰，贊政廢仁，令名遠播，四方萬國，靡不歸心，三靈百神，悉皆歆德。茲者不幸大行皇帝賓天，遺命殿下早正大統，海宇臣民共所瞻望。夫天下不可一日無君，生民不可一日無主，惟望殿下即遵先志，少抑哀情，爲國家之遠猷，定宗社之大計，早登寶位，永固皇圖。臣等俯伏闕廷，合詞勸進。六龍侍御，仰如日之方升；萬福延長，願與天而同久。」遣鴻臚寺卿賫令諭文武群臣及軍民耆老等曰：「覽箋具悉，顧方抱痛終天，哀煢在疚，繼統之事，豈忍遽聞？所請不允。」

甲辰，文武百官及軍民耆老等復上箋勸進曰：「天敘有常，大統世歸於嫡長；元良正位，萬邦永協於太平。今昔所同，天人協應。洪惟我太祖高皇帝創業垂統，太宗文皇帝繼志述事，武功文德之盛大，華夏蠻貊之率從。逮我大行皇帝至仁厚澤，被遐邇以充周；大烈耿光，丕顯承而益茂。聖化方躋於希皡，宸遊遽至於升遐。痛切臣民，如喪考妣。恭惟皇太子陛下孝友英明，剛徤中正。天德夙著，簡於皇祖之心；主器有歸，遂正東宮之位。以長以嫡，宜民宜人。今茲遺詔之頒，屬繼神靈之統。夫天下不可以無主，寶位不可以久虛。圖大處衆，蓋帝王之通制；合詞勸進，攄臣子之至情。伏奉德音，未賜俞允，雖哀忱未忍於遽承，而大孝必先於繼述。伏望殿下體先朝付託之重，思列聖創守之難，勉徇輿情，早登宸極。以奉天地人祇之主，以慰海宇生靈之心。懋德建中，嗣徽猷於列聖；體元正始，開太平於萬年。臣等披瀝丹衷，伏拜闕下，仰九重之龍御，效三祝於嵩呼。」遣鴻臚卿賫令諭文武群臣及耆老等曰：「覽所上箋，卿等憂在國家，忠存社稷，至誠之心溢於言表。顧予終天之痛方殷，五内摧裂，繼統之事豈忍所言？所請不允。」

己巳，文武百官及軍民耆老四夷朝使人等三上箋勸進曰：「伏惟帝王之立儲副，所以爲繼體之君，承大統之正，守宗祧之重，隆國家之本，天心之所眷依，人心之所仰望者也。恭惟皇太子殿下剛徤中正，文武英明。太宗文皇帝期待之深，大行皇帝付託之重。以嫡以長，正位東宮。仁聲遠播於華夷，孝行式彰於中外。下愜人望，上當天心。茲者不幸，大行皇帝賓天，遺詔皇太子即皇帝位，以爲天地宗廟臣民之主。殿下位居儲副，義合繼承，而深切哀思，未登寶位。臣等俯伏闕下，合詞勸進，尚執謙退，未賜允俞，群情遑遑，莫知所措。臣等重惟天下不可一日無君，神器不可一日無主，殿下受祖宗之託，爲神人之依，宜即欽承，豈容少緩？且帝王大孝以善繼述爲重，以廣徐教爲先，伏望殿下少抑哀情，矜從衆志，即遵先帝之命，遂居天位之尊。使三靈百神有所親賴，四方萬國有所依庇。此誠國家之大計，臣民之至願也。」鄭王瞻埈、越王瞻墉、襄王瞻墡、荆王瞻堈、淮王瞻墺、滕王瞻塏、梁王瞻垍、衛王瞻埏上箋勸進曰：「天位之尊，必傳於嫡長。聖人之孝，莫大於繼承。此帝王之大經，祖宗之成法，萬世不易之定理也。恭惟長兄皇太子殿下，位居嫡長，德協重華。皇祖太宗文皇帝深期望爲大器，夙昭著於德音。父皇大行皇帝即位之初，首頒册寶，命長兄殿下正位東宫，以承國本。惟長兄殿下聖學緝熙，天資粹美。謹視膳問安之學，廣愛民育物之誠。人望攸歸，天心允屬。茲者不幸，父皇大行皇帝賓天，遺詔長兄即皇帝位，蓋以生民不可無主，神器不可暫虛。長兄殿下宜即欽承，遂登大寶，以主天地百神之祀，以慰宗廟萬姓之心。而深執哀情，尚懷謙抑，臣民勸進，未賜允俞。雖終天之恨難以克堪，而爲國之計議誠宜早定。臣等同氣至親，合詞以請，伏望體祖宗之意，思付託之隆，即居九五之尊，下副億兆之望。善繼述於悠久，閏太平於萬年。」

丙午，諭禮部曰：「惟我國家自太祖皇帝、太宗皇帝統一華夷，奠安宗社，逮我皇攷大行皇帝克崇孝理，衒哀聽政，曾不踰年，遺大投艱於予小子。予小子煢煢在疚，而親王文武群臣軍民耆老及四夷之使累箋勸進，拒辭不獲。誠念祖宗創守之艱，皇攷遺命之重，予其勉狥輿情，即皇帝位，爾禮部擇日具儀以聞。」遂以擇日即位復書鄭、越、襄、荆、淮、滕、梁、衛諸王。丁未，行在禮部上即位儀注。

【略】庚戌，上即皇帝位。是日早遣太師英國公張輔告昊天上帝厚土皇地祇，太保寧陽侯陳懋告太社太稷之神，定國公徐景昌告五廟、太皇太后，上親告太宗皇帝几筵、大行皇帝几筵。謁見母后畢，出詣奉天門，即皇帝位。命文武百官免賀、免宣表，止行五拜三叩頭禮。遂頒詔大赦天下，曰：「洪惟天眷國家，茂隆景

運，肇自太祖高皇帝，聖神文武，提一旅之衆，建萬世之業。太宗文皇帝神功聖德，載安宗社，弘靖萬方。皇考太行皇帝紹承大統，奉天子民，體祖宗之至仁，用緝寧於庶類。自臨寶位，夙夜勞勤，甫及踰年，德澤覃霈。不幸違豫，奄臻大漸，顧命神器，付予眇躬。哀慟方殷，罔知攸措。親王文武群臣下至耆老軍民番夷朝使萬衆一誠，累章勸進，辭拒不獲。仰惟列聖創守之難，俯循輿情，已於六月十二日祗告天地、宗廟、社稷，即皇帝位。爲政所重，以德及人。其改明年爲宣德元年，大赦天下，咸與維新，所有合行事宜，條示於後。」

《明史》卷九《宣宗紀》 宣宗憲天崇道英明神聖欽文昭武寬仁純孝章皇帝，諱瞻基，仁宗長子也。母誠孝昭皇后。生之前夕，成祖夢太祖授以大圭曰：「傳之子孫，永世其昌。」既彌月，成祖見之曰：「兒英氣溢面，符吾夢矣。」比長，嗜書，智識傑出。

永樂七年，從幸北京，令觀農具及田家衣食，作《務本訓》授之。八年，成祖征沙漠，命留守北京。九年十一月，立爲皇太孫，始冠。自是，巡幸征討皆從。嘗命學士胡廣等即軍中爲太孫講論經史。每語仁宗曰：「此他日太平天子也。」仁宗即位，立爲皇太子。

夏四月，以南京地屢震，命往居守。五月庚辰，仁宗不豫，璽書召還。六月辛丑，還至良鄉，受遺詔，入宮發喪。庚戌，即皇帝位，大赦天下，以明年爲宣德元年。辛亥，諭邊將嚴守備。秋七月乙亥，尊皇后爲皇太后，立妃胡氏爲皇后。

九月壬寅，葬昭皇帝於獻陵。

宣德元年春正月癸卯，享太廟。丁未，大祀天地於南郊。

二月戊辰，祭社稷。丁丑，耕耤田。丙戌，謁長陵、獻陵。丁亥，還宮。

八月壬戌，漢王高煦反。丙寅，宥武臣殊死以下罪，復其官。己巳，親征高煦，命鄭王瞻埈、襄王瞻墡居守，陽武侯薛禄、清平伯吴成將前鋒，大賚五軍將士。辛未，發京師。辛巳，至樂安，帝兩遺書諭降，又以敕繫矢射城中諭禍福。壬午，高煦出降。癸未，改樂安曰武定州。乙酉，班師。九月丙申，至自武定州，錮高煦於西内。戊戌，法司鞫高煦同謀者，詞連晉王、趙王，詔勿問。

二年春正月庚子，大祀天地於南郊。丁未，有司奏歲問囚數。帝謂百姓輕犯法，由於教化未行，命中教化。〔五月〕己亥，仁宗神主祔太廟。〔十一月〕己亥，以皇長子生大赦天下，免明年税糧三之一。

三年春正月甲午，大祀天地於南郊。二月戊午，立皇長子祁鎮爲皇太子。是月，作《帝訓》成。三月癸未，廢皇后胡氏，立貴妃孫氏爲皇后。〔八月〕丁未，帝自將巡邊。九月辛亥，次石門驛。兀良哈寇會州，帝帥精卒三千人往擊之。乙卯，出喜峰口，擊寇於寬河。帝親射其前鋒，殪三人，兩翼軍並發，大破之。寇望見黄龍旂，下馬羅拜請降，皆生縛之，斬渠酋。甲子，班師。癸酉，至自喜峰口。

四年春正月，兩京地震。己未，大祀天地於南郊。冬十月庚辰，幸文淵閣。癸未，以天寒諭法司録囚。丙戌，製《猗蘭操》賜廷臣，諭以薦賢爲國之道。庚寅，張瑛、陳山罷。甲午，閲武於近郊。乙未，獵於峪口。戊戌，還宮。

五年春正月癸丑，大祀天地於南郊。〔二月〕乙未，奉皇太后謁陵。二月戊申，道見耕者，下馬問農事，取耒三推，顧侍臣曰：「朕三推已不勝勞，況吾民終歲勤動乎。」命賜所過農民鈔。己酉，還宮。八月己巳朔，日食，陰雨不見，禮官請表賀，不許。〔九月〕乙卯，巡近郊。己未，還宮。〔冬十月〕丙子，巡近郊。己卯，獵於坌道。丙戌，至洗馬林，遍閲城堡兵備。壬辰，還宮。

六年春正月丁丑，大祀天地於南郊。

七年春正月辛酉朔，日有食之，免朝賀。癸酉，大祀天地於南郊。〔三月〕辛酉，諭禮部曰：「朕以官田賦重，十減其三。乃聞異時蠲租詔下，户部皆不行，甚者戒約有司，不得以詔書爲辭。是廢格詔令，使澤不下究也。自今令在必行，毋有所遏。」〔六月〕是月，作《官箴》成，凡三十五篇，示百官。

八年春正月丁卯，大祀天地於南郊。六月乙酉，禱雨不應，作《閔旱詩》示羣臣。〔閏八月〕戊午，景星見。禮官請表賀，皆不許。

九年春正月辛卯，大祀天地於南郊。九月癸未，自將巡邊。乙酉，度居庸關。丙戌，獵於坌道。乙未，阿魯台子阿卜只俺來歸。丁酉，至洗馬林，問城堡兵備。己亥，大獵。冬十月丙午，還宮。十二月甲子，帝不豫，衛王瞻埏攝享太廟。

十年春正月癸酉朔，不視朝，命羣臣謁皇太子於文華殿。甲戌，大漸。罷採買、營造諸使。乙亥，崩於乾清宮，年三十有八。遺詔國家重務白皇太后。丁酉，上尊謚，廟號宣宗，葬景陵。

焦竑《皇明人物考》卷一 宣宗章皇帝諱瞻基，仁宗第一子。永樂九年立爲皇太孫。仁宗即位，立爲皇太子。仁宗崩，即皇帝位，改元宣德。在位十年，崩於乾清宮，壽三十八，葬景陵，廟號宣宗。初后胡氏，都督榮之女，及宣德三年二

月，以多疾無子，上表請閒居別宮。正統八年十一月初五日薨，謚静慈仙師，葬金山原，不祔廟。維后孫氏，太保安國公忠之女，初册封爲貴妃，及胡后就閒，册孫氏爲皇后。天順二年崩，合葬景陵，生英宗皇帝，祔於廟。宣宗生二子，皆爲帝。長英宗也，係后孫氏出，次即景皇帝也，係賢妃吴氏出。英宗北轅，及復辟，景皇帝仍爲郕王云。宣宗女二人。

鄧元錫《皇明書》卷五《宣宗紀》 宣宗章皇帝，孝誠皇后子也，諱瞻基。上生而神明，文皇帝鍾愛之。嘗幸東苑，觀擊毬射柳，文武羣臣畢從，聽四夷朝使及在京者老得縱觀，太孫所擊射，連發皆中，上大喜，呼曰：「今華夷畢集，吾命若對，曰：『萬方玉帛風雲會。』」太孫即叩頭前，應聲曰：「一統山河日月明。」上大喜，賜羣臣宴，盡歡而罷。文皇帝命文武大臣輔導，賜敕曰：「朕長孫天章日表，玉質龍姿，孝友英明，寬仁大度。年未一紀，體具志寧，動必中規，言能合道。好學之篤，夙夜孜孜，日誦萬言，必領要義。朕試之以事，輒裁處得中。斯實上天錫慶，篤生異質，以福天下，實宗社無疆之幸。卿等其悉心輔導，期於咸德。」

洪熙元年秋七月即位，赦天下。立妃胡氏爲皇后，孫氏爲貴妃。閏七月，脩《仁宗昭皇帝實録》。定會試分南北卷取士。【略】

宣德元年丙午春正月，勑訓百官。勑儒臣脩歷代臣鑒、外戚事鑒。大學士金幼孜以憂去，詔起復位。【略】八月，漢王高煦反。辛未，上親征，列侯諸將，帥五軍以從，命襄王鄭王居守。辛巳，上至樂安。壬午，擒高煦以歸。乙酉，班師。冬十月，始遣御史分道出清軍。時軍黠者多匿籍誣良民故也。【略】

宣德二年丁未春二月，賜輔臣義、原吉、士奇、榮鍍金銀圖書，勉同心同德。【略】〔十一月〕，皇長子生，孫貴妃出也。大赦。十二月，皇后胡氏表讓位，賜號静慈僊師。立孫貴妃爲皇后。

宣德三年戊申春二月，立皇長子祁鎮爲皇太子。封后父孫忠爲會昌伯。三月，上首勑法司言：「朕惟聖人制刑法以弼治化，則天道，協人心，而天下迓福，否則感傷天和，災沴出焉。朕承大統，期與天下同躋仁壽，而無辜籲天，有罪倖免，朕甚惻之。今法吏或玩愒歲月，囚繫瘐死，恬不加意；或不察情僞，輕狥請託，苟具訊報；或播弄刀筆，輕肆捶楚，鍛煉刻深，甚且貪圖賄賂，顛倒是非，誣良縱奸，獨何心哉？朕甚悼之。朕惟重用刑是，簡賢良，以諧厥職。爾惟以矜愛爲本，輔之廉勤，期予於治，不惟國家□賴，爾亦永保禄位，福貽子孫。欽哉。」已敕吏部，言：「朕嗣大曆服，率由典章，思佋徠俊乂，以康兆民，亦惟爾吏部是賴，天官卿實掌之。往諸司官有定員，今事不加多，而額外添注，倖位苟禄，具審革之。往吏員出身，選用嚴慎，受官者少，今吏典考滿，歲以千計，一概收用，貪鄙塞路，廉能幾何，其審覈之。朕數詔求賢，期得實才，與之共理，而各司狥私，假公濟欲，其審覈之。百官考績，最者陞擢，而苟積日月，例得超用。大小天職，量才授任，而權貴請託，畢受美職。其審覈之。嗚呼，庶官良，民受其福，乃罔不治；庶官不良，民受其殃，乃罔不亂。爾尚率乃屬，輔予於治，庶幾明良相成之美。欽哉。」諭户部敕曰：「朕惟國以民爲本，以財爲用，地官卿實掌之。夫農桑，民衣食之所出也，種藝以時，則地無遺利，遊食有禁，則務本者多。比者野不加闢，民或流亡，休養生息之方，爾必明之。財賦國用之所從出也，出入有節，則財不匱，調度有方，則民不殘。比者遠近困於征輸，而京師内匱，無數年之蓄，發斂轉移之方，爾必計之。倉廩國儲爲奸人所盗竊，動數萬計，當若何關防？鈔法國憲，爲商販所沮，或通或塞，當若何斂散？爾必審之。《書》曰：『政在養民。』爾當謹率乃屬，以倡民牧，弼予於治，庶幾明良相成之美。欽哉。」勑工曹言：「朕惟工部掌天下百工山澤之政，令度民令，順天時，長地財，以成國家之務者也。生人之情，惡勞好逸，過用其力，則人不堪命。爾惟以身體人，用人之力如己力，斯民不病焉。國家用度皆出於民，過用於上，必過取於下。爾惟以身體國，用人之財如己出，斯財不竭焉。古役民於農隙，當用之以時，古山林川澤有厲禁，當取之有制。今天下工匠數倍於祖宗之時，而逃亡日多，當思撫愛。屯田水利之政，國有成法，比多廢弛，當思興舉。夫侈用傷財者，掊克之端，厲民狥欲者，斂怨之府。諸有興作，當審度緩急而爲之，以息民力，以紓國用。輔予於治，庶幾明良相成之美，懋哉。」時天子勵精於治，周知天下之故，又甚閑於文，故百司皆賜勑諭，製箴贊，孜孜焉。

是月命英國公輔、尚書義、原吉、大學士士奇、榮、及翰林官從遊西苑萬壽山，浮太液池，諭之曰：「今天下無事，政務多暇，命卿等至此，一開豁心目，庶幾古人君臣同遊之義。」復網魚射兔，賜宴盡歡而散。山西飢民流，有司軍衛散遣人捕逐，詔遣使即流民所至撫綏之，發倉廩賑給，聽就便居止，敢捕逐者論罪。【略】

〔七月〕，時上諭閣學士曰：「京師乃本源地，此澄清所先。今放濁滿朝，當奈何？」士奇對曰：「貪風自永樂季年而來有之，特於今尤甚耳。」上問故，士奇對曰：「永樂十五六年後，太宗疾，多內不出，故從官放濫無忌顧，賄賂公行。先

皇帝知之，每欲澄清。」上問是時貪孰甚，榮對曰：「方賓。」問今日貪誰最甚者，對曰：「莫甚劉觀。」士奇曰：「風憲所以警肅百僚，憲長貪則不肖御史效之，御史貪則不肖有司皆效之，此放濁所始也。」上拊髀歎息曰：「嗚呼，除惡務本。」因問廷臣中今誰可使掌憲事者，士奇對曰：「通政使顧佐，嚴公有威，其人也，是嘗任按察使及御史，有風采可任。」榮曰：「爲京尹，能令令必行。」上曰：「顧佐乃能如是。」居數日，出觀巡閱河道。又數日，陟佐。已勑曰：「都察院朝廷耳目，國家紀綱，得人則庶政清平，羣僚警肅，否則百職怠弛，小人橫恣。近年京師諸司，奸弊紛出，司風憲者不糾，顧與和同，即國經何賴焉。爾剛直廉正，簡在朕心，其竭誠盡力，毋憚夙夜，毋避權要，毋枉良善而縱姦宄。其各道御史有廉勤公正、老成惇厚者，留用；不達政體、貪淫無恥，若曾犯贓罪者，送吏部降黜。公差給假丁憂者，一體行。其御史缺，行吏部慎選以充。欽哉。」於是考察御史不肖者嚴皚等二十餘人，貪淫不法者謫遼左諸衛充吏，不諳政體者降官，老疾免，而觀子輻以脇制諸道，聘私滅公，逮下獄論死，宥謫戍邊，觀罷官，隨往憲臺肅清。已皚潛入都刺事欲害佐，誅西市。其後有奸吏奏佐受隸金遣歸者，士奇爲質言其非是，上怒曰：「朕方擇用正人，小人輒誣之，必下法司治。」士奇曰：「是末事，不足干聖怒，獨請付佐自治，即恩法兩行矣。」上曰：「善。」下佐治。佐召吏，以所訴狀授之，曰：「吾治汝，是不欲令吾過得上聞也。」竟貸之。上聞之喜，曰：「佐可謂得體也。」會又有告佐淹繫囚久不理者，上以謂士奇，士奇曰：「此必死囚教之，欲中傷佐。」命三法司會鞫得實，果千户清殺無罪家三人，欲去佐，冀脱死也。上曰：「不誅清，安能行法？」命磔清西市。蓋是時，上信左右大臣致行法如此。

八月，上大狩行邊，英國公輔、陽武侯禄以師從，尚書義、原吉，大學士士奇、榮等各以其職從，勑重臣居守。丁未，車駕發京師，度潞河，蹕虹橋。諭諸將言：「朕深居九重，豈不自樂？朝夕念保民艱，故行巡邊。今邊河所經皆水潦，秋田無獲，民艱如何？諸將士有秋毫擾居民者，殺無赦。」命錦衣衛巡察之。九月庚戌朔，次薊州。上覽薊山川，見郊原平遠，田疇有遺穗，喜甚，太息曰：「使四方皆若此，吾無憂矣。」蹕薊州西五里，官吏民耆老來朝。上召薊州守臣，諭之曰：「此漢漁陽郡也，昔張堪爲政，民有樂不可支之謡，流聞至今。古今人材，性不相遠，爾曹勉之。」又進耆老前，諭之曰：「今歲郡幸豐稔，無他虞，善訓子孫，務禮義廉耻之行，毋安於温飽而自棄。」衆稽謝退。辛卯，蹕石門。會兀良哈犯塞，上馳赴，盡俘之而還。九日，宴大臣及將士於會州。以孟冬廟饗近旋師。或言諸將未畢至，幸少竢，廟享勑親王代行可也。上曰：「事祖宗與待將士孰重？孔子言：『吾不與祭，如不祭。』何謂代也？」留大軍二萬，俟未至者，遂班師。庚午，蹕三河。癸酉，還京師，謁告太廟。朝皇太后，置酒上壽。

冬，勑尚書義、原吉輟部院務入侍，賜勑曰：「卿歷事祖宗，積效忠讜，暨朕嗣統，尤資贊輔，念夙夜不忘。今卿春秋高，典劇司非宜，師保以寅亮爲職，不煩庶政，可輟部院務，旦夕朕左右，論道啓沃，共寧邦家，職名俸給如舊。卿其專精神，一思慮，益弘嘉猷，用副朕眷倚老成之意。欽哉。」勑吏部尚書郭璡曰：「朕以用人之柄付卿，卿宜爲朕擇才。夫人才在天下，至廣遠難周知，必勤咨訪，有得輒禄，庶官不乏才。呂蒙正夾袋，虞允文館材録，此司銓者大法也。」璡頓首受命。

宣德四年己酉春正月，兩京地震。夏四月，工部尚書吳中奏山西圓果寺爲國祝釐，塔廟壞，請修。上曰：「卿欲藉此爲朕求福乎？朕以安民爲福。」其罷止，毋勞民。」五月，初設鈔關。勑部院：「非朝廷軍國重事，毋得差官肆出於州縣科率併擾，其差官假公營私，貪虐害民者，巡按御史、按察司舉劾以聞。」勑天下藩臬官言：「朕荷天命，嗣承洪業，孜孜夙夜，惟保民爲務。比者田里小民爲官吏及勢豪侵損淩虐，不能自存，訴於郡縣，郡縣又不能直，淹禁歲月，冤抑靡死，以致赴闕徑訴，殞身不恤，詞訟之繁，故由於此。夫理訟之道，必得其情枉者直之，犯者罪之，以戢横暴而安良善者也。今無理者肆虐，被害者歸怨，即方岳風憲，將焉用乎？今已令都察院榜諭罪越訴者，爾等宜去惡衛善，鋤强扶弱，毋忽。」

秋七月，敕户部上户口登耗之數。上坐齋宮，召學士溥諭之曰：「朕每念創業難，思欲守成，夙夜惓惓。今百姓小安，然或亂禍所伏。邇羣臣喜進諛，朕甚厭之，卿宜勉輔朕。」溥頓首：「臣不敢忘報稱。」上曰：「卿時詔朕闕失，即報朕多矣。」時上數幸文淵閣，謂輔臣曰：「朕聞古願治之主，崇儒求治，卿等職專秘閣，朕時至此，庶幾有聞，願毋惜陳論也。」因製詩一章賜焉。冬十月，調閣學士張瑛、南禮部尚書陳山教内竪，解内閣任。先是，二人以青宫恩，擢閣學士，賛機務，皆不厭人望，上詗知之。一日，御左順門，見山，入問士奇曰：「卿謂山何？」士奇對曰：「君父問臣，不敢不盡誠對。山雖事陛下久，然寡學術，多慾，昧大體，非君子也。」上曰：「然。前處趙王事，幾爲所誤。近聞於諸司，日有干請，内

閣政本，豈可令斯人溷之？」遂併瑛俱罷。敕内外諸司曰：「朝廷建置三司及軍衛府州縣官，有正有佐，正者總綱，佐者分理，庶紀綱不紊，而事畢舉。近年欽差内外官輒違制擅委三司，及差軍衛府州縣正官掌印官，以致吏肆其奸，民受其弊，官府政務，十廢八九，其禁之，使有司得安其職業焉。五府六部都察院移在外司府州縣催辦事務者，悉聽本衙門自行分官辦當，在京諸司，亦不許輒差正官，違者處以重罪。」上大閱近郊，尋還京。命列侯諸將巡宣府邊。十二月朔，上以霜寒，命光禄卿賜早朝官羊酒，謂侍臣曰：「皇祖考臨朝，旦常賜食，必謹識毋忘。」蓋體臣工如此。

宣德五年庚戌春正月，少保户部尚書夏原吉卒，贈太師，謚忠靖。二月己未，上侍皇太后謁長陵、獻陵。己酉，還京。上以學士士奇先朝舊德，尤倚重，而加意於窮民。御南齋宫，召士奇諭曰：「今春時和，欲下寬恤令，吾未能悉知，卿具以告。」顧内侍授筆牘，已而曰：「免災傷税其首矣。聞民間虧孳生駒，所司追償，民苦甚，豈有之乎？」頓首對曰：「有之。」上曰：「民生甚艱難，今部官坐視不言，何也？」對曰：「各部惟知督責民供公家，而不顧其難，故民瘼不聞，不知民心固不可使一日離也。今當寬恤者非止此。」曰：「具言之。」對曰：「百姓積年負薪芻及採辦物，今責償苦，當寬。各處没官田，起科不一而額重，民患之，蘇州尤甚。郡縣以聞，而户部不爲除豁，逃亡者日衆，當減。又部符下郡縣採辦諸物，不問生産與否，非出産而概徵，民轉買費倍蓰什伯不啻，當止，賦出産鄉。年來刑獄冤濫，感召旱傷，請敕法司，敦用平典，求情實，毋枉民。四方工匠，盡户徵詣京，役於公不一，而私役者衆，致咨怨盈路，請嚴禁，放其餘丁。」上喟然曰：「朝廷任六卿以政，但苛責下民而弊滋，忝厚禄矣。卿所陳，益國利民，其即草敕行。」於是敕六部都察院曰：「朕恭承天命，嗣祖宗洪業，夙夜孜孜，保民圖治，每食思下人之饑，每衣思下人之寒，未嘗忘之。今春已和，頒寬恤令，其速行無怠。爾六卿大臣，爲德爲民，如政令未當，思慮未周，當審思列奏。」敕考察軍職。改江南民運爲兑運。

夏四月，加楊榮少傅。遣尚書黄福總理淮北、河南、山東屯田。敕遇祖宗忌日，免百官朝參，爲著令。五月，勑受誥勑官犯贓罪雖經赦悉追奪。上御左順門，謂侍臣曰：「郡守縣令，國家所寄以安民者也。賢不肖混，則中才之士無激勸而忘反。吏部以進退百官爲職，乃未聞有甄别何也。其降勑申諭。」於是命推部郎中、員外郎及御史、長史等官六員爲部侍郎，出巡撫四方。於是于謙以御史擢巡山西、河南，周忱以長史擢巡南直隸，各省專設巡撫自此始。已大臣奏蘇州等九大郡號劇繁難治，擢郎中況鍾爲蘇州府知府，御史何文淵爲温州府知府，郎中莫愚爲常州府知府，員外陳本深爲吉安府知府。璽書言：「朕孜孜夙夜，保民圖治，而田里之民鮮安其生，則守令匪人，恣肆貪刻，或闒冗慵懦，坐視民患爲蒙蔽也。將下情何自上通，上澤何由而卜施乎？今特簡爾等，付之列郡。夫方千里之民，皆爾繫命，宜體朕心，以保養爲務，察其休慼，均其徭役，興利除害，同其好惡，使衣食有資，禮義有教。其毋玩毋愒，毋事苟簡，毋爲權勢所脇，毋爲奸吏所欺。凡公差官員有違法害民者，聽具實奏聞。所屬僚吏有作弊害人者，亦聽提問。爾等宜奉職循理，終始不違，以無負朕委任之意。」命乘傳行。後鍾等皆爲名臣。【略】

八月己巳朔，日食，雨不見。禮官以爲雨不食，同請賀。上曰：「人君所謹，莫大於天戒，日食又天戒之大者。傳不云乎？君子之過也，如日月之食焉。過也，人皆見之，更也，人皆仰之。今陰雨不見，豈朕昧於省過而然歟？況陰雨所蔽有限，京師不見，四方必有見之者，而云不食，吾誰欺？方圖修省，以答天意，止勿賀。」冬十月戊寅，上巡居庸關，獵岔道。壬辰，還京。【略】

〔宣德六年〕冬十月，丙午，帝巡近郊。庚戌，還京。【略】

宣德七年壬申春正月朔，日食。免朝賀，勑修省。二月，上復御文華殿，召閣學士士奇諭之曰：「前南齋宫論寬恤事宜，今兩閲歲矣，民事不又有當恤者乎？」對曰：「有之。五年減官田租一事，户部今尚閣不行，民含冤未已。」上怒曰：「户部可罪也。」對曰：「此循習之弊。」上曰：「今再令下，此其首矣。仍重阻格之法，必罪無赦。」已復問今當寬恤者云何，士奇以處逃民、寬漁户課、黜貪暴、廣賢路數事爲對，且請曰：「臣愚見聞不廣，願更召一人同晝令，庶可推廣聖澤。」上曰：「不可。聞者多，即勑未下，事先騰播中外矣。獨胡濙密，汝可與定議以來。」於是士奇退，與濙擬數十事録進，悉允行。敕曰：「朕以菲德承天、承祖宗之基命，夙夜拳拳。夫國君之道，保民爲先，陽春時和，萬物萌生，而吾軍民，有未得其所者，念何以仰答天與祖宗之意？爾羣臣其體朕志，敷懷保之政。夫布政、按察司及府州縣官得人則政理民安，非人則害，而循資陞授，將賢不肖混淆。吏部移三品以上官保舉，必得廉公端厚，識治體，能爲國爲民者以充。其各處有文學才行出衆之士，二司及有司具以名聞。後有贓私，罪坐舉者。其積年軍民逃山谷嘯聚者，皆朝廷赤子，以所司不能存撫，又害之故也，家業飄蕩，棲

棲無歸，甚可矜憐。所在官悉招撫令復業，其不願歸本鄉者，聽所在入籍爲民，給荒田業之，有司厚加撫恤，以副朕矜恤民窮之意。諸條敕遵行如章。」又敕吏部言：「朕負荷洪業，思得賢才，以圖治理，念寢食弗忘。間者敕朝臣三品以上各薦所知，示以猗蘭招隱之作，庶幾在廷喻於朕志。乃曠日積月，所舉未聞，豈無遺賢之可舉歟？何怠忽不稱也？孔子曰：十室之邑，必有忠信，況天下之廣，民生之衆乎？吏部申諭三品以上衆推有才行文學者，畢以聞。」【略】秋七月，製翰林院銘。賜廷臣御製《豳風圖》《織婦詞》。冬十二月，修祖陵、孝陵。【略】

宣德八年癸丑春正月，勅諭朝覲官。二月，賜文武重臣及侍從遊西苑，宴萬歲山。時天下寧謐，時和歲豐，軍民樂業，頻歲元夕賜節假，聽燈宴爲樂，勅毋愆於度焉。夏四月，南畿、河南、山東、山西旱，上詔寬恤，復勑府部院。言：「朕嗣大位以來，夙夜孜孜，一意安養，屢下矜恤之令，蠲逋負，寬刑獄，選用牧守，賑無告，庶幾於治。比者南北直隸，河南、山東、西並奏春夏不雨，麥苗焦槁，覆種不播，老稚嗷嗷，困於饑饉，流亡散徙，朕甚憂之。夫災祥之興，皆由人致，朕甚自悼，已詔中外寬恤。爾等廷臣咸受重託，休戚宜同，詔條所列，恪行之，必誠必信，毋或違慢。《書》曰：民惟邦本，本固邦寧。欽哉。」【略】

宣德九年甲寅春正月，宴公卿於史館。【略】九月癸未，上巡邊。乙酉，度居庸關。辛卯，駐宣府。己亥，大獵。冬十月，丙午，上還京。【略】

宣德十年乙卯春正月癸酉朔，上不豫。甲戌，上崩於乾清宮，年三十七。壬午，皇太子即皇帝位，上大行皇帝尊謚曰「憲天崇道英明神聖欽文昭武寬仁純孝章皇帝」，廟號「宣宗」。六月，葬景陵。

上英明天授，而寬恕節約自天性。二祖時，頗以嚴治繩羣下。上勵精圖治，而一於在宥，遇臣下以禮，而二祖憲章，繩守之不敢變，有言當改易從宜者，輒斥之。尊大臣，赦小過，恤民隱，加意於元元。六科嘗駁出諸省司奏牘，有洗補錯謬者，屬不敬，當逮問，上曰：「此治文書者罪耳，官倉猝失檢，何罪？」俱勿問。松江知府黄子威以親喪去官，松江民千餘人詣巡撫卿概，言子威治行，願復任。概以聞，上謂尚書義曰：「朕聞松江劇難治，而子威得民心如此，才，其從之。」又顧謂義曰：「有才者，須德爲之本，卿等亦嘗聞其德行何若乎？」義等對曰：「其才概聞之，德行臣等不盡知也。」思州府通判楊凱，考九載，績當遷，民詣闕言凱廉介豈弟，乞復留。上曰：「貴州至都下遠甚，民跋涉良苦，乃爲凱乞留，必凱撫字之有道也。」命吏部陞五品俸，聽還任。山東曹縣令范希正，械奸吏送法司，吏誣以他事被逮。曹縣民八百人詣闕，言希正寬平正大，繩吏卒，愛民，異時吏不及也。今誣逮，邑民無老少畢流涕，幸上寬假。會吏侍郎廓過曹縣，民遮道訴，廓以聞。命復職。刑部言希正徑解吏，非制，當坐違制。上曰：「希正得民如此，君子也，其逮吏，欲急去小人耳，君子不當論其小過，其宥之。」漢府教授曹彦昌以丁憂去官，高煦敗，服闋不起。部移文促，乃至。部奏彦昌任久，雖先事去，而服闋不詣，不無與同謀，當鞫之。上曰：「漢同事諸僚，尚有釋者，矧先事去乎？坐服闋稽留，降等用。」

當午朝退，以天暑，語侍臣，念農事之勞也，曰：「朕八九歲讀書，皇考親書唐聶夷中『鋤禾日當午』之詩授之，問曰：『頗解否？』對曰：『解。詩蓋言農事大艱難也。』皇考笑而頷之。自是朕每觸此，未嘗不念及農夫也，銘於心不忘。今宫車不復還矣。」已淚下如注。交阯之役，命侍郎素行湖廣督軍饟，已謂原吉曰：「朕昨思湖南去歲旱，民食艱，征南餉廣東西近地軍興不乏，其止素毋行。」新安縣知縣陶鎔言：「邑在山谷，本瘠土薄收，今歲餘，民艱食，採拾不自給，獨函驛頗有餘儲糧，欲申明待報，而民命旦夕，輒先發給之，需秋成還官，請伏專擅之罪。」上曰：「真民牧也。」命勿問。懷柔縣知縣邵原亨言：「縣山場舊禁樵採，官薪炭難措。今自黄花鎮東至紅螺山，距天壽山已遠，乞弛禁便民。」上曰：「便民朕所不吝，然採之無節，將易竭，宜令以時伐，禁毋傷其本根。」工部尚書中奏御用朱紅戧金龍鳳器，物料不備，請收買。上曰：「漢文服御、帷帳無文繡，史稱其恭儉愛民，朕慕之。朕所用服飾器用務從朴，物料就庫藏裁取給而已，毋收買煩民。」司苑局言上供蔬菜當用篙稽三千束，蘆葦蒲五千束，麻千斤，請下順天府取給。上曰：「内用蔬幾何，而取於民如此？裁取三之一以共。」已太息曰：「大禹菲衣惡食，惟恐奉養之過，何可以園蔬故重費民也？」户部以御馬監飼象馬牛羊草，光禄寺飼牲草派直隸、山東、西、陝西諸州府，令於地畝穀草内雜輸。上曰：「古納總納銍，皆量地遠近，慮勞民，奈何派遠府州爲煩費乎？必不得已，當務減省勤民。」

何喬遠《名山藏》卷一〇《典謨記·宣宗章皇帝》 宣宗章皇帝御諱瞻基，仁宗嫡長子也。生之夕，成祖夢高祖授以大圭，命曰：「傳之子孫，永世其昌。」既數歲，試之事，輒剸決稱旨，成祖愛之。年十一，以從狩北京，日侍左右，隨事訓教。嘗命從過觀田家，問所疾苦，作務本訓，授上。上讀書一目數行，盡衷旨舉。經史百家，莫不涉意。永樂九年立爲皇太孫。三從征胡，於馬上指示胡山川，故

上自少曉兵略，善騎射。仁宗即位，册爲皇太子。其春以南京地屢震，命往撫治。上旋不豫，既大行，宫中秘不發喪，以遺命召上。顧臣下稍稍聞上崩，其時漢庶人蓄反謀，傳言將要劫群臣，或請整兵旋，或請出間道。上曰：「君父在上，天下歸心，豈有他虞？」遂傳詣京師。六月己亥朔，至蘆溝。既乃聞，絶慟，左右掖聽遺詔，行哭入宫門，詣梓宫，拜哭盡哀。頒遺詔天下。癸卯，臣民三勸進。庚戌，即皇帝位，大赦。

甲寅，聽政西角門，罷遣内使市物浙江及諸衙門派辦。行在吏部尚書蹇義言：「内外官吏先帝時坐罪蒙赦有託喪而亡者。」上曰：「父母之恩竝於天地，人至不肖有死其親以潔其身者哉？君子不逆詐，其宥之。」鞏昌知府孫亶任滿當去，安平丞耿福以冗員當汰，民皆詣闕留，復亶官，就陞福知縣。申行豫備倉天下大賚臣民。七月己巳，上大行皇帝尊謚。乙亥，尊母后皇太后，册妃胡氏皇后。【略】

閏七月下議都督府吏輔興州衛軍瑛所言利病。行在禮部尚書呂震曰：「吏卒卑不識大體，言利病覬用耳。」上曰：「芻蕘之論，聖人所繹察，當否議行之。」【略】上曰：「御史考察州縣官欲其任賢退不肖也，比聞多信邊言，不博訪。吏勤職奉公，禁暴振廢，小人畏之，巇爲刑酷，或贓濫可狎侮，利之吏挽攀，是使正人受誣，群枉得志也。其勑布政司、按察司、巡按御史嚴覈之。」【略】八月，魯王肇煇進瑞粟，有一莖至二十穗者，行在禮部尚書震請賀，上曰：「四方大矣。比者畿内水潦奏牘不啻，民之艱食，即謂瑞應，應亦廑魯東隅，何以令朕無夙夕憂？不許。」【略】行在禮部右侍郎鄒師顔卒，不能返殯，上曰：「貧如師顔，可嘉也，其予之驛舫歸。抑吾臣之廉者豈一人哉？有不幸畢官次者以師顔爲故事。」【略】告即位孝陵。榜武臣恤軍士。

九月壬寅，葬仁宗皇帝獻陵。辛亥，祔廟。【略】行在大理寺奏民有盜殺官馬者，坐絞死罪。上曰：「奈何以馬殺民？」發戍邊。南京都察院奏劫盜四十人當斬，上曰：「其詳審聞。」前長清縣薛慎服滿，故縣民詣闕請復之。吏部尚書蹇義曰：「長清有令矣。」上曰：「必不如國家置守令以爲民也。民欲得令，何憚更焉？」十月，思州府通判檀凱九載當遷，其民詣闕留，上曰：「爵禄所以勸士也。古人有三優，優外官勉治也，優小吏養廉也，優故老尊德也。民愛檀凱，其優之五品之俸。」行在刑部大理寺奏決囚，上命大臣與給事中再讞，使無冤，著爲令。【略】十二月，大名民奏留其丞賀禎，擢爲知縣。海寧縣逃民復業者九千一百餘户，免其夏税。勑曰：「京師庶政所出，文武群臣旦夕趨事，才智不齊，寧無過差？其自洪熙元年以前所過犯名悉與湔除，俾自新。」

宣德元年春正月丙申朔，上釋服視朝奉天門。勑曰：「朕嗣承鴻業，惟天惟祖宗付畀，夙夜祇敬，不敢怠寧。茲肇歲改元，一新天下。祖宗簡任爾文武群臣，遺於朕躬，爾惟懋哉，殫慮勤力，用恭乃職。不惟賴我國家，爾亦有無窮之聞。」將郊，上致齋武英殿，與群臣習儀殿上，以示尚書蹇義等曰：「祭享之禮莫嚴於此，朕敢不敬？」丁未，郊還，謁皇太后。御正朝，百官行慶成禮。【略】二月丁丑，耕籍。【略】〔三月〕，上曰：「朕初承大統，政化未洽，念自古國家未有不繇民之富庶以享太平，亦未有不繇其困窮以致禍亂，是以夙夜祇畏，冀時和而降之福也。夫民一歲之計在春，今春雨頻降，可以力畝，而或阽飢寒，或困徭役，朕甚慮焉。其令郡邑省徵徭課農桑，貧不給者發倉廪賑貸之。」【略】

五月，命三法司平恕録獄，詔曰：「樂生惡死，人情也。交阯入職方二載矣，數搆叛逆，以勤王師，趨火赴淵，豈本圖哉？良繇有司安輯亡狀。詔到交阯，官吏所犯無大小赦除之，黎利、潘僚、路文律誠悔過爲臣子如初，悉宥罪，爵以官。交阯軍民賦税如故。它采辦金銀鹽鐵諸課悉罷。」戊申，午朝退，上舉聶夷中鋤禾詩曰：「吾每誦此，敬畏而戚農。」勑右都御史王彰自良鄉至南京視民休戚，以所見聞。【略】七月，嚴鈔禁。上曰：「東民仰麥太半，久旱不成，秋稼未可知，可除今年夏税。異時詔書所寬卹，輒曰『已先賦』，或曰『災未甚』，追徵自若，謂信令何？其命山東有司毋得復擾，副朕意焉。」己酉，祔太宗皇帝主太廟。進封薛貴安順侯。八月，封右軍都督費瓛崇信伯。漢王高煦反樂安，上親征，獲之以歸，更樂安州爲武定州，作東征記。高煦犯乘輿，燔之。【略】十二月，以征漢復大軍所過州縣畝有蹂者，除秋租。勑兩京刑部都察院錦衣衛具獄狀，期以三日聞。上曰：「堯舜之世民不犯，成康之時刑不用，是皆君臣同德，故致理如斯之隆也。以朕涼寡，民之不孚，不敢喜情，卿原吉等其勉力匡輔，庶幾逮古。」及上獄，上親決其輕罪者。【略】

二年正月，申明屯法。勑曰：「朕仰惟祖宗創守之艱，兢惕宵晝，遵成憲以撫天下，賴天之佑，海宇清寧，五穀遂成，惟吾臣民與共享之。特賜百官上元假十日，在京軍民飲酒張燈，爲故事。」【略】〔五月〕，上親閱獄，遣輕繫。復李廣歸善知縣，增其禄。七月，諭三法司曰：「虐暑，朕與卿等深居突處，猶畏煩蒸，矧繫囚哉？若歊毒薰鬱，疾病死者，虧傷和氣，不累陰德耶？有應罰役、應遣者，速

簡勘以聞。」是月也，上三閱獄，遣輕繫。【略】

〔九月〕，上曰：「比聞平陽夏秋亢旱，稼穡不登，他州縣皆不以聞，有畏忌乎？其勅山西布、按二司察旱傷所在，免其賦，令有司加撫綏，毋使流移。」封李英會寧伯。十月，上曰：「《書》云：萬邦黎獻，共惟帝臣。惟帝時舉，詔書求賢。朕日夜寤寐之，天下之士豈無伊尹、傅説、諸葛孔明者？率未見也。比一二大臣所薦舉授事未久，賄於貪饕，或曠諸鄙，朕何賴焉？進賢退不肖，卿蹇義尚慎職事，以副朕志。」以天氣嚮寒，命三法司簡輕囚。上親閱狀，出之。【略】〔十一月〕乙未，皇子生。大赦天下。【略】鎮守浙江太監裴可立奏按察使林碩阻格，詔書命逮之。既至，上曰：「但實對，毋怖。」碩對：「臣往爲御史，按浙，小人不便，臣今至官未久，又慮不便，故以謬語太監，臣於太監無乖忤也。」上曰：「朕固未信，逮爾面問，今白矣，可馳驛之官。」【略】

三年正月，元夕，賜文武近臣觀燈萬歲山，賜宴文臣，賦詩以獻，賜之鈔。二月，名皇長子。戊午，立爲皇太子。丁卯，奉皇太后遊西苑，上壽萬歲山，獻詩頌德。【略】御製帝訓二十五篇。三月，胡皇后遜居別宮，立貴妃孫氏爲后。【略】四月，作《曹參守法論》。閏月，閱獄，遣輕罪。【略】五月，以皐獄頌繫刑部尚書金純。上親閱狀，遣其輕罪者。【略】八月，皇子祁鈺生。龍陽武陵水，恤之。丁未，田而視兵於邊，次三河。見三河令，曰：「三河□善撫我民。」九月庚戌朔，至薊。薊歲，上曰：「安得它郡縣歲如薊？」慰其吏曰：「故漁陽郡也，張堪爲之，樂不可支。」辛亥，至喜峰口。兀良哈從萬人寇寬河，上以鐵騎三千征之，親射其前鋒三人。兀良哈望見黃龍之旗，皆拜。丙辰，斬其酋渠，擣穴搜山。戊午，享諸將會州，製歌勞士。壬戌，駐蹕鐵將軍店，解俘飲食之。忠勇王金忠、都督把台獲虜及馬牛羊至，飲而賜之金罍。既班師。上射虎喜峰，中之。癸酉，還京。

十月，上曰：「古者師保之職論道經邦，不煩以政。少師義、少傅士奇、少保原吉、太子少傅榮皆我祖宗簡在臣，黃髮弼亮，尚治有司，非朕優眷老成，意可各輟所務。朝夕朕側，討論至理，用寧家邦，職名俸禄悉如故。」上聽儒臣講《春秋》，賜坐啜茗。雪，賦喜雪詩。【略】〔十一月〕，上曰：「風氣夜寒，邊士可念也。守瞭關墩者毛襖狐帽急予之，弊者易以新。」【略】

四年正月，上諭翰林學士楊溥曰：「滄海之大，江河助之。古君臣更相戒飭，所以致理稱良也。輔德陳過，卿等勉之，毋諛。」勅行在三法司：「刑罰所以輔治，罪惡重者極典不原也。有詿誤於連，朕夙夜在心，欲與之求情。其令雜犯死罪以下得贖米。」二月，騶虞二見來安，止賀。勅曰：「五刑之屬三千，罪大不孝。有烝父妾收兄弟妻者送京師治之。武臣及子弟犯者，失職毋襲。著爲令。」【略】四月，薦鰣魚奉先殿，分嘗大學士士奇、榮、幼孜，賜酒製詩。士奇等和，上曰：「今日君臣當以卷阿相勗。」五月，上親決獄，遣輕罪。止捉辦科買。勅曰：「吏不得人，受賕縱奸，民之不平，求伸布政、按察二司及巡按、御史二司。御史又多非是枉直，或禁斃之。所以赴闕競衆，而京師繁刑。夫理民之道，宜俾有罪不逃誅，無罪不遭抑，今小民越訴京師，不恤死也，何以張官爲？其易心滌過，鉏奸植良，毋使豪右肆虐，朝廷受怨名於下。」製典謨詩。七月廣東進白烏二。幸文淵閣，賜少傅士奇等鈔有差。【略】

十月，幸文淵閣，顧問少傅士奇、學士溥等，賜酒饌，製詩。上作《猗蘭操》以示大臣，曰：「孔子自衛反魯而操《猗蘭》，傷不遇也。朕虞谷中之賢有不仕者，輒擬斯篇。夫以人事君，卿等所謂大臣也。」幸文淵閣，賜儒臣鈔及御書製詩一章。上曰：「朝鮮僻遠小國，朝貢使數至，貢率用金銀，力豈能辦哉？且非其産也。諭其國王地以土物獻，明使至王國中飲食之足矣，毋有所遺與。」乙未，獵峪口。十一月，以耆民乞留復揚州知府陳真、鳳翔同知耿寬、許州判官王通、保安知縣張庸、休寧知縣莫魯任，皆增禄一級。十二月朔，霜寒甚，命光禄賜在廷文臣羊酒，曰：「皇祖考時日嘗有賜，朕今忘之。」【略】

五年正月丁未，雪，作喜雪歌。二月庚辰，萬壽節，賜群臣宴，爲故事。【略】以清明節，奉皇太后上陵，上櫜鞬導騎，步掖過河橋。三月辛丑朔，雨，製皇陵春雨詩。警邊，閱馬，親割鮮，上皇太后，頒文武大臣，乃自御。及節，奉皇太后祭陵，賜從官豆粥，獻《大德頌》於太后。戊申，上省農，道中三推其耒耜，農人皆呼「萬歲」。賜鈔六十，遂徧賜道旁諸農家。作《賞春賦》。乙卯，策舉人詔等奉大門，賦《策士歌》。【略】四月命陽武侯禄、豐城侯賢等築獨石雲州、赤城鵰鶚堡，賜之出車之詩。五月，追奪贓吏誥勅，著爲令。【略】〔六月〕，遣太監鄭和持詔諭諸番。遣捕蝗畿內，命行在户部尚書郭敦曰：「往歲捕蝗之使聞不滅蝗，卿尚飭而後遣之。」因製捕蝗詩示敦。【略】七月，嘉禾産太廟側，止賀。【略】九月，歲登，賜群臣詩，命諸學士和。【略】乙卯，巡近郊。己未，還。

十月丙子，閱邊。丁丑，駐蹕龍虎臺。召英國公輔、成國公勇、尚書義、學士士奇、榮、幼孜、溥等至幄中論政，酌之酒。己卯，獵居庸，進鮮太后，遂燒荒。癸未，見宣府總兵譚廣於泥河，賜綺紗。乙酉，視師洗馬林，師整，上悦，勞將帥。

丁卯，獵。戊子，回鑾。命都督義仍獵以警虜。壬辰，還京。【略】十二月己卯，雪尺，作喜雪詩，賜群臣宴，群臣進和，語有儆戒者，上録而爲之序。因臨刑擊登聞鼓訴冤，命書其情詞進，著爲令。【略】閏月，上曰：「惠民無實，謂詔書何？聞者郡縣數水旱，民賦未充，有司迫逼，至於逋逃。其許以鈔絹布代，準民間直收之，自三年以前者。」上曰：「民七十以上及廢疾者，一子侍，詔書也，諸衛所勾軍豈無父母老疾、家獨子？有司其覈而傳之近地。」

【略】〔六年〕二月，作招隱詩求賢。【略】三月，增設府縣佐貳官，專撫逃民。雨，製喜雨詩。【略】〔六月〕，製憫農詩示吏部尚書郭璡，曰：「爲朕慎擇賢守令。」【略】免開州逃民五年秋糧八百九十五户。再作招隱詩。七月，上閱獄囚，遣輕罪。夜幸楊士奇第。【略】十月丙午，巡近郊。【略】十一月，作《祖德詩》九章。【略】趣工部頒邊軍裘帽。勑曰：「上帝之德，好生而已。寒嚴囹圄中有可憫者，三法司錦衣衛速從輕斷，若當體勘待對，出之毋淹。」【略】

〔七年二月〕，上親閱獄，遣輕罪。戊戌，有事大社大稷，雨，賦《甘雨歌》，令衍聖公孔彦縉傳而觀。三月，上諭禮部尚書濙曰：「朕聞者以官田賦重，百姓苦之，詔減十之三，聞户部多不遵守，甚者與有司期陰爲慢，格令闕恩，何等咎也？」因賦減租詩。【略】五月，龍駒出山西。上曰：「西之不歲，繼踵告災，一獸之異，足活民耶？群臣欲表賀，可止之。」六月，上閱獄狀，遣輕罪，命强盜死獄中者勿斬首。勑曰：「朕選能任賢，命以恤綏，頒璽書數矣。曩爲所任匪人，使百姓栖栖棄鄉離土，朕甚憫焉。已遣人招撫復業，免徭役一年所。今聞有司不體朕心如故，流民歸者居無廬舍，耕無穀種，逼償故所逋，奈何不死且復亡也？其速加厚恤，諸雜賦蠲除之，有虐害者無官民悉治罪。」【略】八月，勑曰：「朕思得賢才共圖治理，寢食念之，令朝臣三品以上舉爾所知，復賦招隱，猗蘭告之朕意。近惟少傅士奇薦舉交阯南靈州知州黎恬，吏部員外郎魏驥等諸臣曠旬積月無一人焉，巖藪窟穴，豈皆虚哉？吏部其會三品以上官推擇才行文學之士，方面有司昏懦貪暴者與都察院奏黜之。」因遷擢驥等十九人官有差。【略】九月，上賦《織婦詞》。

八年正月丁丑，祀南郊。還朝，群臣行慶成禮。戊辰，大宴。故事，先郊朝，上止朝詣郊，既至，視牲品，飭太常。其夕雪霽。及還宮，既慶成，内臣請張燈如故事，上曰：「明當宴百官，毋以樂散敬。」二月，賑河南饑，郵使者。上閱獄狀，遣輕罪。【略】四月，脩廣寒、清暑二殿，藏書其中，奉皇太后遊宴焉，製《廣寒殿記》。【略】賜群臣遊西苑，命乘輿馬以入。詔曰：「朕以非德，恭嗣天位，夙夜圖惟所安利元元。兩畿内及河南、山東、西自春徂夏旱饑相仍，朕甚惻焉。上天降災，厥有攸自，政闕歟？刑失歟？斂繁歟？不治官歟？永念其咎，内疚於心。其令七年以前所逋税糧鹽屯皆停徵，六年以前所逋課程買辦採造諸色物、軍衛有司所採運炭葦草束皆免之，被災家免役一歲，所追徵税課鈔倍者免五年以前。乏食軍民在所官司驗廪之，非犯十惡罪罪並寬一等，逃軍逃匠有自首者原之。三司府州縣連名舉賢良方正一人聞。按察司奏治有司貪酷害民者，御史奏治按察司。比歲所增設撫民官欲知民所苦也，朕殊不聞其一言，令悉還朝如故，他簡冗者别與叙用。凡爾文武大臣竝受付託，宜同朕休戚，詔到恪行之，毋慢。」【略】〔六月〕，勑三法司曰：「比命疏理獄囚，念炎暑也。旬日矣，寂不奏，謂朕虚文耶？當死罪者長繫之餘，期以五日遣，須質理者聽保領，存在毋遲。馳諭中外，具如勑。」【略】八月，上曰：「聖人用兵，皆不得已，不以小寇動衆。比者雲南摩沙勒刀甕作亂，黔國公沐晟請討，非朕意。其先遣人撫諭之，不服，乃兵，期得刀甕。」【略】瓦剌順寧王脱歡遣使來朝，廷臣言明使者三入瓦剌皆未返，宜留之。上曰：「尤而效焉，非禮也。」勑曰：「明三使人於王矣，皆未返。我國家撫遠甚厚，王亦効誠意，阻於道路乎？使歸遣之。」九月，勑曰：「朕體好生，夙夜念刑庶幾欽哉之義。三法司取決重囚，憑章耳，安得察顔色？吏廉明者分遣覲囚密覆，不厭其心者讞之，毋輕率枉死人。」【略】

〔九年〕四月，勑曰：「朕夙夜弗遑天與祖宗之心，惟匹夫匹婦允懷保之。凡選賢才、寬徭賦、賑窮荒、宥罪過，卿等宜端慎脩職，篤行以體朕志。」上閱獄，大貸囚。五月，命瘞露屍。上曰：「朝廷優恤軍士，贍以衣食，使感恩而勇公戰也。比聞官旗吏胥率侵牟其月糧布絮，主者或夤緣下鄉，以其糧絮易賄充饋送，則蛇豕也。欲便按法行誅，謂朕不教而殺。自今都察院申嚴犯者死，家戍邊。」【略】〔八月〕，上親試翰林院脩撰馬愉等三十七人，第其等，賜賚有差。【略】九月癸未，上巡邊。出居庸，至懷來、萬全，見故和寧王阿魯台子阿十只俺朝使。諸將請因獵掩虜，不許。十月丙午，還京。【略】

十年正月乙亥，上崩。遺詔皇太子嗣皇帝，諸王宗室悉遵祖訓，謹守藩嗣，君幼，國家幾務文武大臣白兩宫乃行。喪禮日易月，悉如皇考洪熙元年五月遺詔無改。山陵掌軍兵及守土吏毋自臨闕。丁酉，上尊謚曰「憲天崇道英明神聖欽文昭武寬仁純孝章皇帝」，廟號宣宗。六月辛酉，葬景陵。

傅維鱗《明書》卷七《宣宗紀》　帝諱瞻基，仁宗長子。母孝誠皇后張氏。生於建文元年二月九日。時太宗謀起兵，一夕夢太祖授以大圭，命之曰：「傳之子孫，永世其昌。」拜受而寤，心喜。遲明報上生，彩光騰煜。仁宗來謁，太宗熟視，見面有瑞色，益喜。彌月，見太宗，太宗指曰：「天日之表，英氣溢面，似過其父。」太宗即大位，仁孝皇后攜至南京，方四歲，儀容儼恪，羣臣望見，咸驚異，相傳爲異日太平天子。稍長，孝敬日隆。喜讀書，太宗設講席於華蓋殿之東，勅宫僚協心輔導。永樂七年，駕北狩，立爲皇太孫，從行。太宗每令上過田家，徧覽器具，及其衣食，諭以農民勤苦之事，曰：「此帝王先務，不可不知。」遂作務本之訓示仁宗及上，詳言農事憔悴、王業艱難及它政要。又命儒臣集聖學心法以授上，上服膺惟謹。一日數行，大義瞭然，覽必盡卷，輒默識不忘，羣書尤博洽。太宗一日問帝王心法，獨以精一執中爲對，太宗大悦。稍暇，侍制應答，無不懽愜，吟咏騎射皆精妙。太宗出塞，留守北京。時政事填委，左右以艱大爲言，上曰：「皇祖悉有成法，要在遵行。」揮斷如流，衆皆驚服。十一年，午日擊射西苑，獨中，太宗嘉勞之，因令屬對，口占曰：「萬方玉帛風雲會。」上應聲曰：「一統山河日月明。」太宗大喜。十二年，從征哈立麻，太宗命帥中軍精鋭，每摧敵無不破者。一日以百騎覘敵至九龍口，敵萬人圍之，左右皆大懼，上神色自若，指揮躍馬，貫陣而出。先邏騎奔告太宗，妄言已殁，太宗大驚，急帥兵往救。未二里，上至，太宗且喜且泣曰：「非子英武，鮮不殆。」仁宗嗣位，册爲皇太子。

洪熙元年五月辛巳，仁宗崩。六月庚戌，上即皇帝位，大赦，改明年爲宣德元年。先是，南京地屢震，仁宗欲還舊京，嘆曰：「南京根本重地，往年皇考北巡，委朕留守，可無内顧憂。今災異如此，朕當亟往，但山陵初定，何忍遽違？非皇太子不可。」召諭以意，泣而遣。上方謁孝陵，聞仁宗不豫，京師頗傳凶問，人情洶洶，侍臣請集兵戒嚴而行，或請從間道，上曰：「君父在上，天下歸心，豈有他虞？且予始至，遽歸，非衆所測，召不俟駕，豈可稍遲？」遂由驛道馳歸。六月辛丑，入都，時仁宗已崩二十一日矣。方上未至，喧傳高煦舉兵犯闕，諸將勒兵闕下。上以暑月，悉命撤去，曰：「有天命在，是何能爲？」及即位而事宴然。

【略】

秋七月己巳，上大行皇帝謚號，詔天下。乙亥，尊母后張氏爲皇太后，立妃胡氏爲皇后，并册淑妃劉氏、惠妃何氏。【略】九月壬寅，葬獻陵。冬十月丙寅朔，日有食之，給邊軍煖衣狐帽。【略】〔十二月〕，有司以造器請買於民間，上曰：「漢文復御帷帳無文繡，史稱其恭儉愛民，朕方慕之，以儉約率下，所用者就庫藏中取給，不必滋擾。」

宣德元年，丙午，春正月，孔、孟、顔三氏子孫及滁陽王親郭昇來朝。命幼孜起復。漢王高煦獻燈，侍臣曰：「所遣者多窺瞰意。」上曰：「朕惟推誠待之。」【略】五月，赦交趾。壬寅，册孫氏爲貴妃，特製金寶。【略】八月壬戌，漢王高煦反，移檄遠近，以輔臣夏原吉等亂政爲辭。辛未，上親征，駕發北京，以襄王、鄭王居守，分列侯爲五將軍，從討之。先遣使以書諭之云：「人言王反，朕初不信，及得王奏，知王志在禍生靈，危宗社，朕興師問罪，不得已也。王太宗皇帝之子，仁宗皇帝之弟，朕嗣位以來，事叔父不少虧禮，何爲反耶？朕惟張敖失國，本之貫高，淮南受誅，成於伍被，自古小人事藩國，率妄圖富貴，而陷主不義，及事不成，則反噬主以圖苟免。今師已壓境，王能悔禍，擒倡逆者來，朕與王削除前過，恩禮如初。儻若執迷，僥倖萬一，當率大軍乘之，成擒何難？或麾下以王爲奇貨，執以來獻，王何面目見朕？雖欲保全，不可得矣。王審圖之。」辛巳，再諭之。已復三諭之。高煦謀遁。壬午，遂擒高煦。乙酉，班師，差内臣爲鎮守。九月，遣使以書諭趙王高燧，繫高煦於逍遥城，王斌、朱恒伏誅。冬十月，唐王瓊烴薨。賜朝鮮書籍。十一月，王通擊黎利，敗績，尚書陳洽死之。赦高煦餘黨。【略】

二年，丁未，春正月，趙王高燧上書謝罪，辭護衛。從之。上召輔臣，諭曰：「朕思交趾一事，昔徵舒弑陳靈公，楚子討之，殺徵舒，既縣陳，申叔時以爲不可，楚子既復封陳，古人之服義如此。前太宗初得黎賊，定交趾，即欲爲陳氏立後，時廷臣不能順承。今朕欲承先志，使中國之人，安於無事，但叛賊在所必得，稍寧當求陳氏立之。」輔臣對曰：「此盛德事。」賜趙王書，并示以告反及羣臣封事。二月，黎賊攻交趾城，守將擊敗之。三月，策士，賜馬愉等及第出身有差。【略】十一月，遣官求陳氏後，撤還官兵。乙未，皇長子生，是爲英宗，赦天下。

【略】

三年，戊申，春正月，書諭阿魯台。二月戊午，立皇子祁鎮爲皇太子。【略】上御講幄，侍臣講《孟子》伯夷避紂章，未暢，上曰：「皆稱聖人者，以太公之心在當時，伯夷之心在萬世，總爲民生計耳。」衆悦服。廢皇后胡氏爲静慈仙師，册貴妃孫氏爲皇后。【略】六月，下工部尚書吴中於獄中。以官料送太監楊慶作私第甚壯，上知惡之，尋釋。秋七月，寧王權遣人進扇求鐵笛。上曰：「古人謂笛者，滌也，所以滌邪穢。雖無此物，當新製與之。」八月，皇第二子祁鈺生，是爲景皇

帝。召廷臣遊西苑賦詩，有草舍數椽，上指示曰：「此朕致齋之所，非敢比古茅茨不剪之意，庶幾不忘儉也。」上親釣魚，得數尾，即具饌賜羣臣，盡歡而罷。革北京都督府。甲辰，上以秋防農事畢，親行邊，命蹇義等扈從，駙馬都尉袁容等侍皇太子居守。丁未，發京師，分英公輔等爲將以從。九月辛亥，次喜峯。兀良哈侵邊，入大寧，及寬河，上率師出喜峯遇敵，悉萬衆來戰。上以鐵騎爲兩翼夾擊之，上親發三矢，殪其前鋒三人，諸將及軍士歡聲震天，大破之，餘潰走。敵望見龍旗，知上在行間，皆下馬羅拜，縛之。復分將搗巢穴，俘獲無算。甲子，詔班師。癸酉，上還京。【略】

〔四年〕夏四月，代州署訓導舉人曹鼐奏年少不堪爲人師，願入太學，或就別職。上喜，命爲泰和典史，準會試。定薦舉人材會官考覈例。弛極刑家屬入仕之禁。【略】冬十月，命朝鮮止貢士物，免金銀器。上閱武近郊。數幸文淵閣，咨輔臣政事，賦詩。【略】

五年，庚戌，春正月，大觀考察。獲文登妖僧明本等。壬戌，兩朝實録成。二月，上以春和頒寬卹之詔。三月乙未，上奉皇太后率皇后謁陵。五日，還京。路見耕者，以數騎往視之，禁從者，勿警蹕，下馬從容問稼穡事，因所執耒耜三推之。耕者初不知爲上也，既而中官至，乃驚，羅拜。上顧謂侍臣曰：「朕三舉已覺其勞，若輩乃常事此，苦莫如農。」命賜之鈔。製《耕夫記》。【略】平江伯陳瑄密奏言楚王兵强國富，恐有異圖，宜託漕運，抽護衛，剪其羽翼。上曰：「王素無過，朕待之加厚，何庸過慮？」【略】冬十月丙子，上巡近郊，度居庸，獵岔道。壬辰，還京。【略】閏十二月，封昭皇后弟張昇爲慶安伯。

【略】〔六年〕二月，御史陳祚請上講《大學衍義》，上怒，逮下詔獄，并其父母妻子禁錮者五年。【略】秋七月，上微行以四騎出，幸楊士奇第。【略】八月，趙王高燧薨。太保忠勇王金忠卒。九月，户部先以地曾施崇國寺，請其税，上曰：「地爲小民衣食之資，乃以俾僧，且求免税，甚無謂。」令亟還民。冬十月，罷嵩縣銀礦。設寧夏、甘州二河渠提舉司。丙午，上巡近郊。五日，還。【略】

七年壬子春正月辛酉朔，日有食之。遣使如西域。二月，黎利入貢。丙午，修南京太廟。令甘肅降衆處涼州。上御文華殿，召輔臣等曰：「憶朕五年二月論寬恤事，今又兩閱歲矣，民隱不又有可恤者乎？」侍臣對曰：「前詔如官田減租一事，户部至今格不行。」上曰：「户部可罪也。今再下寬恤詔，當舉此爲第一條。」因列二十二事，命士奇草詔。三月庚申，頒寬恤詔於天下。諭禮部凡詔語有司無得廢格，違者奏聞不宥。【略】七月，肅王贍焰上護衛之半，從之。癸未，駕幸萬歲山。召儒臣講論古今，已而嘆曰：「此元築山也，世祖知人善任，信儒術，愛民力，故能有此。使順帝能恭儉，守其祖法，天下豈爲祖宗取有？」又曰：「茲山乃順帝爲游宴之地，豈不可感？」【略】

八年癸丑春正月，上躬祀天地於南郊，歸始視朝。【略】

〔九年八月〕上御左順門，試修撰等官及庶吉士，親第高下，賜賚之。九月癸未，上發京師，度居庸，次岔道，駐宣府。己亥，大獵。冬十月丙午，駕還京。册黎麟權安南國事。松藩蠻平。罷陝西買馬。十二月甲子，上不豫。廣西破大藤賊。

十年乙卯春正月癸酉，上大漸。停南京工役，及各處採辦。乙亥，帝崩於乾清宫，壽三十八。是月甲申，上謚號曰「憲天崇道英明神聖欽文昭武寬仁純孝章皇帝」，廟號宣宗。六月，葬景陵。

查繼佐《罪惟録》帝紀卷五 憲宗憲天崇道英明神聖欽文昭武寬仁純孝章皇帝，名瞻基，母孝誠昭皇后。獻廟既崩，宫中秘不發喪，又以皇太子在南京，命鄭王瞻埈、襄王瞻墡監國，備他變。六日，皇太子至自南京，始發喪。十有三日，皇太子即皇帝位，大赦天下，以明年爲宣德元年。

秋七月，上大行皇帝尊謚，尊母皇后張氏爲皇太后，册妃胡氏爲皇后，張氏爲貴妃。罷弘文閣，命直閣楊溥回翰林學士原任，仍命溥與士奇同理内閣事。進東宫舊官左庶子陳山爲户部左侍郎，洗馬陳瑛爲禮部右侍郎，戴綸爲兵部右侍郎，中允徐允達爲鴻臚寺卿，贊善簡從善、王讓爲翰林院侍讀，惟中允林長懋出爲鬱州知府。綸尋出鎮交趾。長懋與綸常於皇太孫時交口諫無出獵，帝以是銜之。未幾，二人皆以怨望坐逮，上親鞫綸，立箠死，長懋長繫且十年。正統中始釋。八月，勅修太宗、仁宗兩朝實録。九月，葬大行皇帝於憲陵。

冬十月，命陝西都指揮李英勦捕曲先、安定等處叛番，擄安定王。仍令英乘勝討平西番郎兒加族之亂。加左都督，進會昌侯。十二月，瓦剌馬哈木立脱脱不花爲可汗。

宣德元年丙午春正月，漢王高煦遣人獻元宵燈，以觀朝廷，上報謝。二月，禮部進耕籍儀注。上曰：「親耕亦故事，人主誠輕徭貴粟，禁止遊食，愛惜蒼生，明德馨於上帝，則不待親耕，民自勸率。」三月，征彝將軍陳智等敗績茶籠。

夏四月，太子太保禮部尚書吕震卒，以胡濙代之。奪陳智將軍印，給成山侯

王通，率步騎十萬人總兵交趾，以尚書陳洽參贊軍務。削智及方政官，立功自贖。上一日罷朝，語羣臣：「朕且棄交趾。」蹇義、夏原吉不可。上顧士奇、榮：「二卿云何？」對曰：「陛下此心，固天與祖宗之心也，即漢元帝猶能罷珠崖不問，況朝廷乃無宏度乎？」五月，擢陳山户部尚書、謹身殿大學士；改禮部右侍郎張瑛爲左，兼華蓋殿大學士，並入內閣預機務。禮部奏總旗衛整封賜愈母病，上曰：「爲孝有道，此滅性，高皇帝明禁在，其勿許。」

秋八月，漢王高煦反，上親征討平之。高煦起異志，走密英國公輔，須內應，輔發之。楊榮首請親征，帝有難色，夏原吉爲決計。辛未，車駕發京師，次楊村。或曰：高煦且將濟南爲窟，不則促搖南京。帝曰：「濟南未易攻，彼護衛顧其家，安得釋樂安南下！高煦外誇詐，內實怯，臨事狐疑，輕朕新立，倖萬一，聞朕親至，膽落矣。」高煦初聞陽武侯薛禄將兵，攘臂喜曰：「此易與耳。」及聞親征，果懼。上下書樂安曰：「張敖失國，本之貫高，淮南受誅，始於伍被，王其疾出所爲倡亂者，朕當與王除過。」高煦不答。以兵壁其四門。諸將請疾攻，不許，復騰勑諭之。高煦夜焚其兵器及交通諸謀逆書，詭入宫，不令僞都督王斌知，間道走軍，伏地稱萬死。遂收坐同謀，脅從者不問。廢高煦爲庶人，繫大内逍遥城。一日，上往觀之，猝伸足仆上，遂覆甕鎔死。上既擒高煦，尚書陳山等請移師彰德，問趙罪。榮、義、原吉皆是山言，命士奇草詔。士奇持筆不下，力言宜安趙以安皇祖在天之靈，而楊溥亦贊士奇議。上初不懌，卒不舉兵，遣駙馬都尉廣平侯袁容、左都御史劉寬，手勑諭趙，示以諸告密書。王盡獻護衛謝罪。上語士奇曰：「使朕不失爲親親，卿之力也。」成山侯通討黎利不利，尚書陳洽、指揮何忠死之。許少保大學士黄淮歸田養疾，疾愈供職。

冬十月，加檀凱五品俸，仍思州府通判。凱善撫循，九載當陞，思人萬里乞留，許復職。釋翰林侍讀李時勉，復其官。

宣德二年丁未春二月，賜輔臣蹇義五人等圖書。三月，大學士榮以騶虞復見，獻頌。復命安遠侯爲征西副將軍，黔國公沐晟爲征南副將軍，率步騎七萬，兵部尚書李慶賛軍務，協討黎利。未至，而成山侯通已大破利，斬其僞司空、司徒等卒萬人，利退去。復陷諒江，中官馮一智，指揮劉順、知府劉子輔死之。利請和，通以聞，而升繼至，輕敵，破大小關隘數十，遇伏倒馬坡，戰死。都督崔聚、史安、陳鏞俱被執死之，七萬人無還者。尚書李慶病卒。初陳洽累請復任黄福以慰交人之思，詔從之。至是，福爲交人所德，羅拜泣曰：公不北歸，我曹不至此。爭上飲食及白金，肩輿送出境。福諭以順逆之理切，賊終不忍加害。至龍州，福以所餽歸之官。都督僉事山雲佩征彝將軍印，鎮廣西。

夏四月，廢晉王濟熺爲庶人，安置鳳陽。六月，迤北和寧王阿魯台、瓦剌順寧王脱歡，亦力把力歪思朝貢。秋七月，逮鎮遠侯顧興祖下獄。成山侯通懼陷利，教利僞稱安南故王孫暠爲名，而爲之請立暠。上問英國公輔，輔曰：「此詐也，臣出，請以一年擒利。」而上心厭兵，以士奇、榮議，竟與利平，立暠。利還所掠都督等一萬三千三百九十人。通引師歸，宥死革職。

冬十一月，皇子生，母孫貴妃，大赦。十二月，皇后胡氏上表讓位，賜號静慈仙師，退居别宫，遂册孫貴妃爲皇后。既而張太后憐故后胡氏，命仍居清寧宫，進膳如常儀，每燕會，必居孫氏之右。以黄福爲户部尚書。改南京薛瑄爲監察御史。瑄奉程朱之學，以道自任，内閣士奇等折柬邀見，瑄曰：「某職糾彈，不敢遽望顔色。」朝廷肅然。上聽講文華殿，至《孟子》辟紂章，曰：「太公之心在當時，伯夷之心在萬世，無非爲天下生民計，出與處一也。」

宣德三年戊申春正月，册皇子祁鎮爲皇太子，后父孫忠爲會昌伯。三月，山西民饑，流徙至南陽萬有餘，有司軍衛各遣人捕逐。上聞之曰：「民飢流移，正宜撫恤，急發賑濟，隨所至居住。有捕治者，罪之。」

夏五月，贈祭交趾死節諸臣。時郎官御史頗酣酒，相繼敗。帝爲作酒諭示百官。汝南王有動、新安王有熹以罪免爲庶人。六月，閣臣士奇退朝，閉門謝客；榮頗通請謁。帝召讓榮，榮曰：「若皆如士奇，兵民休戚，孰得而知？」帝悦。

秋七月，寧王權貢扇，奏求鐵笛。上曰：「古人謂笛者滌也，以滌邪穢，寧王之意其在此乎？」命工製與之。八月，皇第二子祁鈺生。工部尚書吴中坐入官物營私第，下獄。帝親閲邊。九月，至喜峯口，忽報兀良哈以萬騎內擾，諸將請益徵兵。帝曰：「無庸！孽虜知吾在，喙走耳，此出路隘且險，吾縱鐵騎三千出不意擣之。」至寬河，虜猝逆戰，帝分鐵騎爲兩翼夾攻之，親射其前鋒，殪三人，虜潰走。帝以數百騎逐北。虜望見黄龍纛，始知帝親征，悉下馬羅拜請降。斬其前渠，以衆歸，大饗士，親作詩歌勞之。以忠勇王金忠功多，加太保。

冬十月，擢通政史顧佐爲右都御史。佐公廉有威，黜御史不肖者二十餘人，其最甚發遼東充吏。左都御史劉觀貪墨，收獄，罪當死，宥之，子福戍遼東。擢福建按察使邵玘爲南京右副都御史。時諸司玩弛，贓穢成風，玘復奏黜不肖御

史三十餘人，紀綱大振，與顧佐齊名。十一月，城獨石衛，棄開平，蹙國蓋三百里，而興和亦廢。

宣德四年己酉春二月，或訴都御史佐嘗受隸金縱歸，上付佐自治，佐竟不治訴者。上聞之，喜曰：「佐得大體矣。」已復有囚告佐枉入，上曰：「此必有重囚教之者。」果千户臧清代爲誣佐，立付清市。

夏四月，代州署訓導舉人曹鼐自陳年少不堪人師，願就他職，改泰州典史。寧王權上書忿戾，稱上給諸王祿米分品級違祖訓，上以恪遵成憲正諭之。五月，初設鈔關。

冬十月，調大學士張瑛南京禮部尚書，陳山專教内監，俱罷内閣之任，從楊士奇之言也。閲武近郊。

宣德五年庚戌春正月，少保户部尚書夏原吉卒，贈太師，謚忠靖。三月，清明節，帝侍皇太后謁長陵、獻陵歸，塗詢田間稼穡之事，人各賜鈔六十錠，一路如之，親爲記農夫問答語，以比周公無逸之意。改江南民運爲兑運。頒寬恤之令。

夏四月，朝鮮國王李騊遣使獻青鷹，答賜王磁器，曰：「朕所欲不在此，後勿獻。」

秋七月，議屯田近河一帶，不果。以陽武侯薛禄巡邊斬鹵捷，加封太保，尋卒，追封給謚。八月己巳朔，日當食，陰雨不見，尚書胡濙等請賀，不許，勅羣臣引過，且曰：「陰雨所蔽幾何？京師不見，必有見之者矣。」以監察御史于謙爲兵部右侍郎，巡撫河南、山西，省設巡撫始此。擢兵部郎中柴車爲兵部右侍郎。車常過廣信，廣信守與車有舊，餽蜜一罌，發視之，皆白金，車笑曰：「故人知君，君不知故人。」竟不受。以禮部郎中況鍾出知蘇州。鍾始爲吏，事禮部尚書吕震。震薦其才，在治發奸摘伏如神，豪健屏跡。九月，安南黎利篡陳暠自立，入貢請命。帝以利爲安南國王，是後朝貢不絶。

冬十月，車駕巡邊，諭成國公朱勇：扈從官軍不得擾民間一黍，犯者死。蹕雷家站，度鷄鳴山，召諭諸學士等：「昔唐太宗勇征遼出此，喪失故不少，可爲殷鑒。」又問：「相傳此山之崩兆元亡，果然乎？」金幼孜對曰：「山不崩，元自亡。」帝曰：「誠哉！國之存亡，係君之德不德而已。」時久不雪，車駕還京師，大雪盈尺，因作詩志喜，羣臣屬和。十二月，含譽星見，羣臣表賀。封昭皇后弟張昇爲惠安伯。浙江巡撫侍郎成均築捍海堤。

宣德六年辛亥春正月，詔北直隸地方新墾荒田永不起科。逮巡按江西御史陳祚下獄，籍其家。祚初以庶吉士言事，謫武當山佃户，且十年，至是，以御史馳疏進《大學衍義》備經筵，忤旨，連其家人咸見收。帝論井田，毅曰：「誠能省傜役，薄征斂，重本抑末，何拘拘古法爲哉？」

秋七月，上以蹇義言，頗微行，漏下二十刻，以四騎幸士奇宅，稱范太監弘至門。士奇驚伏，勸上毋褻至尊，防不測。次日不入謝，帝讓之。曰：「臣心惴栗未已，豈敢言謝。」後旬餘，有二内侍嘗殺人，捕急，謀挾弓矢伺劫上玉泉寺。捕盜校尉變服入羣盜中，得其謀以聞。上既誅罪人，賜士奇文綺。比入謝，上曰：「愛朕莫若卿！」自是不復微行。八月，忠勇王金忠卒。宛平縣民以果園地施崇國寺，户部請蠲其税，上曰：「民地衣食之資，棄所資而求免税，不可。」勒還民。

冬十二月，大學士金幼孜卒，贈少保，謚文靖。

宣德七年壬子春正月，以元朔日食，免朝賀，下詔求賢，出御製《擬猗蘭操》及四言招隱詩賜諸大臣。二月，頒寬卹之政，以減官田租額爲首。

夏六月，詔修各郡縣廣濟倉備賑。

秋七月，上閲元趙孟頫所繪《豳風圖》，語廷臣曰：「此有周王業之所興，萬世人君皆當鑒此。」蘇州知府況鍾疏請申飭御史出巡，勸懲得體，上從之。八月，上於宫中得尚書黄福初贊漕運時所言便民數事，喜其志慮深遠，思有以逸之，改南京户部尚書。

冬十月，八百大甸土官刁之雅入貢，白葛達國及天方默德那諸國遣使朝貢。

宣德八年癸丑春正月，上元夕，張燈内苑，上侍皇太后往觀，與皇后、皇太子稱觴上壽。次日，許文武諸臣及四彝朝貢之使咸得遊覽，諸臣獻詩歌稱賀。二月，典史曹鼐，係舉人教職所改者，乞與會試，許之。及對策稱旨，遂冠及第，授翰林修撰。致仕少保大學士黄淮以謝恩至，帝作詩送之。

秋八月戊午，景星見於天門，少詹學士王直獻頌。南海諸番國各遣使獻麒麟，凡四，士奇復獻頌。詔各布、按二司，府州縣連名保舉賢良方正一人，天下生員年四十五以上者考選貢國子監。自臨御以來，三科進士，詔詣文華殿親試之，拔其尤鄭建等二十八人，與修撰馬愉等，編修林文等同肄業文淵閣。又考在外庶官之有文學優等七人，歷事六科以備用。巡撫南直隸周忱奏定濟農倉之法。

冬十月，平江伯陳瑄卒，謚恭襄。十一月，修理南京宫殿。十二月，太子太師户部尚書郭資卒，贈湯陰伯，謚忠襄，官其子佑户部主事。資受眷三朝，貧不能葬。

宣德九年甲寅春正月，行户部員外羅通奏，運糧開平，計人馬資費率以二石七斗致壹石，今有願運米開平納鹽糧者，請將舊例二斗五升減作一斗五升，總計一人納五百石，可省行糧二百石，從之。三月，交趾國王黎利死，二子闇弱，奸臣黎問、黎察搆黨爲難。諒山土官阮世寧、七源州土官阮公庭率家屬部卒來歸，願就龍州及太平石居住。詔廣西總兵山雲善安插之。

秋九月，車駕巡邊，至洗馬林而還。霍州學士曹端卒於官。端學以躬行爲主，本於專静，居喪有禮，多著述，在霍庠十餘年，改蒲，霍諸生上章留之，遂卒霍郡，人爲罷市，即童子婦人亦悲泣，物論稱有明理學之冠云。鑄宣德通寶鈔。

冬十二月，瓦剌順寧王脱歡遣使昂克朝貢，言已殺阿魯台，得其玉璽，欲獻。上勅之曰：「阿魯台之殺，具見王克復世讐。觀前代傳世之久，歷年之多，皆不係玉璽，既得之，可自留用。」有僧自陳乞緣治利祝延聖壽，上斥之，顧侍臣：「梁武、宋徽效驗可知矣。」

宣德十年乙卯春正月，上不豫，越朔之三日崩，壽三十有七。帝天資英暢，動咨成法，間有直言忤旨，旋復覺悟。嘗謂侍臣曰：「古王推心置腹，人樂爲用，若知而不用，用而復疑，惡在其爲一體也。」時皇太子方九歲，浮議頗及長君。張太后已取襄府金牌入内，學士士奇、榮與英國公輔入臨，請見皇太子，輒叩頭稱萬歲，浮議遽息。初十日，皇太子即皇帝位。

雜録

備録

楊士奇《三朝聖諭録》下　宣德六年七月，時上頗好微行。一夕，漏下二十刻，以四騎出，過臣前，報者言：「范太監來。」士奇倉皇出迎，上已入門立月中。士奇俯伏悚懼，言：「陛下奈何以宗廟社稷之身而自輕擾塵埃，昏暗中誰識至尊？萬一或有識者，變起倉猝，何以備之？」上笑曰：「思見卿一言，故來耳。」遂屏左右。語竟，顧謂士奇曰：「此居且弊，當爲爾葺理。」士奇叩首懇辭曰：「陛下宫殿未建，臣必不敢當。且車駕今夕俯臨，外間明日必有知者，萬萬自此慎出，事變不測當慮也！」駕還宫。明旦，遣太監范弘密問士奇：「車駕幸臨，曷不謝？」對曰：「至尊夜出，愚臣迨今中心惴慄未已，豈敢言謝。」又數日，遣弘問士奇曰：「今天下平静，上時一微行，何足過慮？堯不微行乎？」臣對曰：「陛下尊居九重，恩澤豈能遍洽幽隱，萬一有冤夫怨卒窺伺竊發，誠不可無慮。」後旬餘，錦衣獲至二盗，蓋盗常殺人，官捕之急，遂私結約候車駕之玉泉寺，挾弓矢伏道邊林莽中作亂。時有捕盗校尉亦變服如盗羣，真盗不疑，以其謀告之，遂爲所獲。上既誅二盗，嘆曰：「士奇言不虚。」即日，遣范太監賜白金文綺。士奇明旦入謝，上諭盗謀，且曰：「愛朕莫如汝，自今如汝言，不復微行。」士奇叩首。蓋大臣中先有導上以天下平寧可微行而生日得賜鈔及馬者，故至是有「愛朕莫如臣」之説云。

八月，車駕巡邊閲武，至薊州遵化，駐師石門。邊報兀良哈萬餘騎入寇，已迫塞下，將士請擊之。上曰：「兵貴神速，朕以鐵騎争先赴之，當令迅雷不及掩耳。將士以次徐來。」上率兵至喜峯口前，包虜陣，飛矢如雨，虜狼狽死者甚衆，餘衆退走。上以鐵騎數百繞出陣後，盡獲之，斬其酋首，遂命將士擣虜巢穴，悉收其部落人口、駝馬、牛羊、輜重不可勝計。【略】

黄瑜《雙槐歲鈔》卷四《太孫侍從》　宣廟年九歲出閣就學，時永樂丁亥四月也。命姚廣孝及翰林待詔鲁瑄、鄭禮等講讀，尋召前禮部郎中兼贊善李繼鼎説書，不置寮屬。明年冬，令文武大臣内閣及東宫官兼輔導之任。時儀智謫役通州，召爲禮部左侍郎，始授經焉。太孫呼爲先生而不名。壬辰春，命兵部遣人往兩直隸、江北、河南、山、陜、荆、蜀，選良家子弟年二十以下勇健有材藝者充隨從，太孫學問之暇，講習武事，自是時常出獵。上聞進士高等戴乾、劉翀、饒安三人在翰林修書，簡翀爲禮科給事中；又聞國子學録王讓孝於其親，而吏科給事中張瑛善説書，皆使侍焉。智以年老，薦同鄉訓導戴綸，即擢禮科給事中，尋用吏科給事中陳山。庚子九月，擢教授藺從善、林長楙，教諭徐永達俱編修，教諭張昱、韓岫、劉順俱國子博士。翀坐事謫判九真，惟瑛、綸、山、讓、從善、長楙、永達七人侍從授經。長楙力諫出獵，綸則疏言其非，初不知本文皇意也。及即位，山爲户部尚書兼謹身殿大學士，瑛爲禮部尚書兼華蓋殿大學士，讓行在吏部右侍郎，綸行在兵部右侍郎，從善學士，永達鴻臚卿，長楙鬱林知州。憲副宋立齋端儀曰：「長楙、綸素强諫，不少詭隨，最爲宣廟所不樂。瑛、山每順旨，以故大被寵信。」初遣綸往鎮交阯，而長楙坐怨望下錦衣獄，併出其弟刑部主事道節判

慶遠府。及得綸所上疏，令長楙以罪連及，械綸至京師，置獄以死。綸諸父河南守賢、大僕卿希文，親族百餘口被逮籍没。長楙坐禁繫十年，正統初赦出之，仍守鬱林。而希文幼子被宫，賜名懷恩，後爲司禮太監。其隨從幼軍二萬餘人，隸府軍前衛，年至六十老疾者，兵部奏請疎放，仍於本州縣照名選補。

廖道南《殿閣詞林紀》 宣宗登極，謂左右曰：「李時勉能直言，忠臣也。」召對於萬歲山，命誦前所上疏。時勉誦至六事，少止，曰：「天威嚴重，不能詳記。」上微笑曰：「政自難言耳。」問奏稿在否，曰：「已焚之矣。」特命宥之。修兩朝實録成，進侍讀學士。一日，上幸史館，撒金錢於地，衆争取之，時勉端立不動，上親取袖中餘錢賜之。又幸文淵閣，命諸學士飲，上曰：「時勉非朕安能飲此酒？」

王世貞《弇山堂别集》卷一四 宣德五年，命行在工部左侍郎許廓巡撫河南，仍賜之詩曰：「河南百州縣，七郡所分治。前歲農事缺，始旱澇復繼。衣食既無資，民生曷由遂。顧予位民上，日夕懷憂愧。爾有敦厚資，其往勤撫字。徙者必綏輯，饑者必賑濟。咨詢必周歷，毋憚躬勞勩。虚文徒瑣碎，所至見實惠。勉旃罄乃誠，庶用副予意。」又命陽武侯薛禄等率師築赤城等處，賜之詩，有「出車命南仲，城齊維山甫」句，禄不曉南仲、山甫，以問少傅楊士奇，具言之，且曰：「上以古之賢將待爾也。」禄乃拊心感泣。

沈德潛《萬曆野獲編·補遺》卷一 宣宗皇帝，天授奇慧，所御書畫，俱非臣下可及。幼時曾見御筆一扇，上畫折枝花及竹石，即自題六言於端云：「湘浦煙霞交翠，剡溪花雨生香。掃却人間炎暑，招回天上清涼。」烘染設色，直追宋人，書學顔清臣，而微帶沈度姿態。

尹守衡《明史竊》卷六 章皇帝宣德元年八月，漢王高煦反。上親征，師至樂安，高煦伏罪，出謁帝。遂械以歸，師不血刃而還，僅一月也。詳見漢庶人傳。

三年九月，上巡邊，駐蹕石門喜峰口。守將奏兀良哈侵邊，上曰：「此虜自投死耳。」遂親征。上率鐵騎三千出至寬河，虜望見，以爲乘障卒易與，悉衆來戰。上中分其騎爲兩翼，親射其前鋒，連發殪三人，兩翼矢下如注，神機銃叠發，虜大潰走。上以數百騎前追，虜望見黄龍旗，知上親在也，悉下馬羅拜。皆生縛之，斬其酋。分命諸將搜山谷，窮虜巢穴。忠勇王金忠及其甥都督把台請自效，或言虜其類也，往必不反。上曰：「去留惟所欲耳。朕爲天下，不獨少此二人，朕推誠置此二人腹，當必有以効力。」竟遣往。金忠與把台果大獲虜人馬、牛羊數百至。上勞之酒饌，飲以金爵，并賜之。班師，大饗將士，射虎於喜峰口。至京，大賜扈從文武官員人等宴鈔各有差。

朱謀垔《書史會要》卷四 宣宗皇帝臨御之時，重熙累洽，四海無虞，萬幾清暇，留神詞翰，山水人物、花鳥草蟲隨意所至，皆極精妙，上有年月及賜臣名，有「廣運之寶」、「武英殿寶」及「雍熙世人」等圖書。是時名手有邊景昭、吴士英、夏昺等輩，皆待詔，極被寵遇，惟戴文進以不稱旨歸。

朱謀垔《續書史會要》 宣宗皇帝時，三楊、蹇、夏諸賢輔政，泰交之際，常有御製詩歌，必親灑宸翰賜之，行雲流水，飛動筆端，真天藻也。其上紫泥爲廣運之寶。

梁維樞《玉劍尊聞》卷九 文皇帝嘗命東宫及漢王、趙王、皇太孫同詣孝陵。東宫體肥重，且足疾，雨中使掖之行，恒失足。漢王從後言曰：「前人失跌，後人知警。」皇太孫應聲曰：「更有後人知警也。」漢王回顧變色。太孫即章皇帝也。

姜紹書《無聲詩史》卷一 宣宗章皇帝，諱瞻基，仁宗長子。建元宣德。帝天藻飛翔，雅尚詞翰，尤精於繪事，凡山水、人物、花竹、翎毛，無不臻妙。上書年月及賜臣姓名，用「廣運之寶」、「武英殿寶」及「雍熙世人」等圖印。

朱彝尊《静志居詩話》卷一 明宣宗諱瞻基，仁宗長子。建元宣德，在位十年，崩，葬景陵，謚曰章皇帝，廟號宣宗。有御製文集四十四卷，詩集六卷。

陳田《明詩紀事》甲籤卷一上 汪砢玉《珊瑚網》：章皇帝聖能天縱，一出自然，若化工之於萬物，因物賦形，不待矯揉，各遂生成。敬觀九鷥、蘆雁二圖，柳絲鳥罷，細過於髮，一種生動之致，又居然寫意家神逸品。

備論

王世貞《弇州四部稿》卷一四八《藝苑卮言》五 宣宗天縱神敏，長歌短章，下筆即就。每遇南宫試，輒自草程式文，曰：「我不當會元及第耶？」而一時館閣諸公無兩司馬之才，衡、向之學，不能將順黼黻，良可歎也。

談遷《國榷》卷二二 李維楨曰：章帝之治，文武相配，大略舉焉。今製繡範金埏埴之屬，必以宣德爲貴，班氏稱宣帝吏稱其職，民安其業，至於技巧工匠器械，鮮能及之，帝之謂矣。於時海内方枕藉宋儒糟粕，幃幄大臣所建明，不能

超乘而上，惜哉。

談遷曰：國初嚴御，每重囚歲械入京輒千百，簿尉巡檄之任，輒煩聖慮，蓋詳極矣。宣宗幼侍文皇帝出入塞垣，深諳民事。及即位，遽有樂安之駕。非素才武，疇克滅此而朝食也者。然兵不輕試，惓惓以生靈爲念，水旱朝奏，賑貸午暨，親閱囚牘，多所釋遣，好文學之士，一才一技，皆被甄録。蓋睿質天縱，文翰並美，而不矜其能，嘗有自下之色。國家之治，寬嚴有制，煩簡有則，帝實始之。而於廢胡后，棄南交，孰爲帝諒者？嗚呼，廢后非盛德事也，其棄南交，比於漢之朱崖矣。

傅維鱗《明書》卷七《宣宗紀》 史官贊曰：帝迄今二百有餘年，每誦所爲古文辭詩賦，想見其君臣喜起，雍容大度，有唐虞風。至一駕而平絶幕，再駕而靖强宗，聲色不動，措天下於休康，未嘗不服其英武恢宏，有祖宗之烈焉。仁宗茂德寬平，涵濡天下，不竟厥施，而帝以純誠浹洽於後，故聲教昭宣，禮樂明備，海宇底定，且懷儉德、勤躅卹，一時名卿循吏褒然濯祓皆良材，終帝之世，官稱若職。於天下新脱湯火之餘，乃能順民與之休息，可謂文武恭儉之主矣。第開平交趾，疆土促棄，而宮闈之好，鮮克有終，雖無害於大化之成，識者惜之。然而十年間政無謬盭，人無苦窳，水旱不能爲災，非帝之勵精所致不至此。嗚呼，盛矣。

錢謙益《列朝詩集小傳》乾集上《宣宗章皇帝》 帝天縱神敏，遜志經史，長篇短歌，援筆力就。每試進士，輒自撰程文曰：「我不當會元及第耶！」萬機之暇，遊戲翰墨，點染寫生，遂與宣和争勝；而運際雍熙，治隆文景，君臣同游，賡歌繼作，則尤千古帝王所希遘也。於乎盛哉！

查繼佐《罪惟録》帝紀卷五 論曰：帝知兵，能不窮遠；工詞章，意不忘咨儆。文武爲憲，古以嘉良臣，而帝德兼之，誠有度越百王者矣。太祖不以儋崖化外，命良吏撫之，曰：「今天下一家，何忍彼此！」通此意，交南可久在版也。清化再矯命，實自掊尅，不究其源而坐棄之，復罷開平，廢興和，祖宗辛苦肇造，視如敝屣，豈古南服後世不寧再闢乎？誠以儋崖視諒江等府，勞來輯寧，特爲加意，使之氣静，静則難動，而徒以去京殷遥，左遷者必於此，上輕其地，則受此地者必自輕，兼以刑人鍛鍊之，飲毒莫訴，夢未釋戈盾，挾之復起，益煽吾不意，挾小成業出帝，即士奇、榮，其何能辭罪？

朱彝尊《静志居詩話》卷一 景陵當海宇承平之日，肆意篇章，嘗於九年元夕羣臣觀燈，各獻詩賦，彙成六册，惜今已無存。即所遺御製集諸詩，視民如傷，從善不及，宜薛禄武人比之南仲、山甫而拊心感泣也。

附録何喬遠曰：章皇寤寐思賢，未嘗一日去書。下筆蓬涌，皆傳修齊治平之道。翰墨圖畫隨意所在，盡極精妙。

《明史》卷九《宣宗紀》 贊曰：仁宗爲太子，失愛於成祖。其危而復安，太孫蓋有力焉。即位以後，吏稱其職，政得其平，綱紀修明，倉庾充羨，閭閻樂業，歲不能災。蓋明興至是歷年六十，民氣漸舒，蒸然有治平之象矣。若乃强藩猝起，旋即削平，掃蕩邊塵，狡寇震懾，帝之英姿睿略，庶幾克繩祖武者歟。

明英宗部

綜述

《英宗實録》卷一　英宗法天立道仁明誠敬昭文憲武至德廣孝睿皇帝，諱祁鎮。宣宗憲天崇道英明神聖欽文昭武寬仁純孝章皇帝嫡長子。母孝恭懿憲慈仁莊烈齊八配聖章皇后。以宣德二年丁未十一月十一日生。先是，宣宗皇帝春秋已富矣，然猶未有繼嗣，於聖衷恒若慊焉。及是，嗣大統，踰再朞，海内殷富，治化維新，而上降誕，適當建子天統之月。是日，日下五色祥雲見，瑞光燭於殿陛。宣宗皇帝喜甚，降詔，有曰：「陽德初復，長子肇生。」因大赦天下。蓋皇朝列聖在先者皆生於潛邸，惟上生於宣宗皇帝御極後，天下聞之，莫不欣忭，曰：「此真吾主也。」是以出世之日，即蒙慶澤及我蒼生，愛戴之念已旁洽於無外矣。

上天質秀傑，龍顱魁碩，迥異常倫。巾帽皆須式樣加廣大爲之，乃克適用。遂以明年二月初六日立爲皇太子。及能言時，宣宗皇帝抱置膝上，問他日爲天子能令天下太平乎？曰：「能。」又問有干國之紀者，敢親總六師往正其罪乎？曰：「敢。」答應之際，音響洪亮，神采英毅，無所疑慮。宣宗皇帝大喜，親解所御龍袍寶帶加於上體，置諸寶座，左右皆呼萬歲。他日，宣宗皇帝御文華殿，以語學士楊士奇等，因抱上出示之。士奇等曰：「《書》稱湯之勇智，武王之聰明，皆本於天生。臣於今信矣。誠聖明宗社靈長之本也。」因頓首稱賀。稍長，能知書。宣宗皇帝命近侍以經書勸上讀講，輒喜動顏色。至或以玩好奉之，若不經意，然居常顧盻之際，燁然有威，立其側者皆若上旁睨之，不敢稍怠肆也。及宣宗皇帝賓天，上始九齡，然哀疚之誠、愴慘之容已出於聖性之天然矣。

《英宗實録》卷三六一　上在位改元者二，曰正統，曰天順。歷年二十有二，壽三十有八。上天資聰明英武，臨朝端嚴若神。復位之初，勵精圖治，急於用人，文武之臣一接見問，言有可采，才有可取者，輒加委任。已而，覺其非是，則踈斥之不顧。爾後益明習國家事，百司奏章，一覽即見大意，處斷出人意表。廷臣才行高下、心術邪正無不洞燭其微，小有過失，必黜罰以示懲，其能自新，旋復甄用，雖屢進屢退，不以爲嫌。尤惡贓吏，事覺必窮治之不少貸，甚至遣人伺察，使有所警畏而改行。曰：「貪風息則天下治矣。」惟於武臣則棄短取長而任之，不求備也。自奉儉約，宴遊有節，動止有度。治宫壼於外廷，遇宗室，待戚畹不以恩掩義。保民愛衆，時有所縱捨，或聞水旱荒歉，則賑卹備至。撫綏四夷，法用寬簡，遇其賓貢，錫予逾厚。至於朝政所施，靡不究心，賞功罰罪，動咨成憲，而威福大柄一自己出，臣下凛然承順，莫敢干預於其間。此上英明之畧也。

尤有大德超越古今者。蓋自幼沖嗣統，聖資玉裕，淵默嶽峙，雖左右近臣莫能窺其喜愠。在廷百辟與夫四方萬國來朝者得瞻日表，莫不相慶以爲太平天子。臨朝之餘，入侍太皇太后、皇太后愉色婉容，極天下之養，出則居便殿，御經筵。是時累朝舊臣若楊士奇、楊榮、楊溥相與先後輔翼，以前古之訓、當今政理之所宜，上無適無莫，委任責成。由是海内富庶，教化行焉，洪熙、宣德之治未有臻於斯者矣。

夫何時運偶否，王振以從龍舊恩，狎褻紀綱，誤乘輿止於沙漠。然聖德弘大，屹乎不移。彼欲奉戎姝以侍行幄，上則却之而不納；彼欲假威命啓邊關而入據之，上則密諭守帥以固疆圉衛社稷。受其尊戴，恬如常時，安我宗重，至於朞歲，用能使異類服化，奉蹕還歸，亘古以來用夏變夷、天旋地轉未有若兹者也。

及其歸於南宫，閲歷七稔，脱屣萬幾，優游自樂，豈復有重履尊位之心哉？天順返正，蓋上天眷顧之自然，亦臣民億兆不謀同然之心也。彼貪天之功者，上固洞燭之，是以終不容其欺罔。日月無〔私〕照，照之者情罔克隱；雷霆無私斷，斷之者慝罔所逃，何其聖哉！古之聖人喜怒以天理不以己者政若兹，是以景泰紀年，上不革也，大統歷載之；景泰政事，上不改也，百司庶府因而行之。觀於此，可以見上友於同氣之心矣。

至於恭讓皇后之復位號，修寢園，建文近屬之釋幽隱，守皇陵，莫非體祖宗之心，弘天地〔之〕量，斯固孝道出於常情之表者也。若乃於母后無日不定省，於奉先殿無旦不謁見，於郊廟祀享齋戒必誠，對越之頃如見之，非違豫也，未嘗不躬親。於天壽山陵其躬謁也，未嘗不留止遲迴，不忍遽歸。在上以爲孝道之常，然前代帝王亦鮮有若是者也。

皇后雖無子，終始相敬如賓。及彌留之際，猶命今上盡孝道。自妃以下平時無恃寵驕溢者，亦不令其踵襲往昔殉葬之失，俾得各保天年，其於夫婦之道正矣。今上就學於文華殿，諸王亦就學焉，擇賢以導而無偏愛。長女重慶公主下

嫁，曰：「親送至東華門。」然及其家人求莊田者，則命法司治罪，謫戍邊。方父子之恩正矣。親藩有愆必糾，而若襄王之屬高行懿則敬愛，錫賚恐弗及；勳貴有過弗貸，而若會昌侯之爲元舅，則加爵委權無所吝。內臣有承寵者，然復辟之後，太阿自操，政不得干，法不苟貸。大臣有遭譴者，然若王直、胡濙、高穀不與迎復之謀者，終保全之，陳循在竄逐之列者，終召還之。文部武府各慎其擇，然尤嚴於內閣之選，惟賢是任，每事必諏，君臣之道正矣。

上於彝倫皆以其正而無所失，斯蓋德之大者，則其他美若騎射之閑習，章奏之辨察，琴書之時御，翰墨之親灑，事務雖久而無不記，臣下雖遠而無不知，特其大德中之細故爾。夫惟有大德則有大福，是以在皇帝位二十有二年，合符於太宗皇帝，併在太上皇帝位計之，先後三十年，於太祖皇帝僅少一年爾。福之大也，並於開創之祖宗，則其可久也，聖子神孫繼繼承承於萬億世，與天無極，有必然者矣。史臣雖愚，其敢預卜之焉？

《明史》卷一〇《英宗前紀》 英宗法天立道仁明誠敬昭文憲武至德廣孝睿皇帝，諱祁鎮，宣宗長子也。母貴妃孫氏。生四月，立爲皇太子，遂册貴妃爲皇后。

宣德十年春正月，宣宗崩，壬午，即皇帝位。遵遺詔大事白皇太后行。大赦天下，以明年爲正統元年。始罷午朝。二月戊申，尊皇太后爲太皇太后。庚戌，尊皇后爲皇太后。辛亥，封弟祁鈺爲郕王。〔六月〕辛酉，葬章皇帝於景陵。

正統元年春正月丙戌，罷銅仁金場。〔三月〕乙亥，御經筵。夏四月丁酉朔，享太廟。

二年春正月甲午，宣宗神主祔太廟。

〔四年春〕三月己酉，詔赦天下。壬子，賜施槃等進士及第、出身有差。〔夏六月〕戊戌，下詔寬恤，求直言。

五年春正月己未，大祀天地於南郊。三月戊申，建北京宮殿。

六年春正月己亥朔，日當食，不見，禮官請表賀，不許。庚戌，大祀天地於南郊。乙卯，以莊浪地屢震，躬祀郊廟，遣使祭西方嶽鎮。〔冬〕十一月甲午朔，乾清、坤寧二宮，奉天、華蓋、謹身三殿成，大赦。定都北京，文武諸司不稱行在。

七年春正月甲戌，大祀天地於南郊。二月庚申，如天壽山。三月甲子，還宮。戊寅，賜劉儼等進士及第、出身有差。〔夏五月〕戊寅，立皇后錢氏。〔冬十月〕乙巳，太皇太后崩。十二月，葬誠孝昭皇后於獻陵。

八年春正月丁卯，大祀天地於南郊。冬十一月，宣宗廢后胡氏卒。

九年春正月甲寅，右都御史王文巡延安、寧夏邊。辛酉，大祀天地於南郊。三月辛亥朔，新建太學成，釋奠於先師孔子。

十年春正月丙戌，大祀天地於南郊。〔二月〕壬申，如天壽山。三月丙子，還宮。庚寅，賜商輅等進士及第、出身有差。

十一年春正月己卯，大祀天地於南郊。〔三月〕癸酉，如天壽山。庚辰，還宮。

十二年春正月癸酉，大祀天地於南郊。三月癸亥，如天壽山。庚午，還宮。

十三年春正月丁酉，大祀天地於南郊。〔三月〕壬寅，賜彭時等進士及第、出身有差。

十四年春正月甲午，大祀天地於南郊。三月戊子，如天壽山。癸巳，還宮。秋七月己丑，瓦剌也先寇大同，參將吳浩戰死，下詔親征。吏部尚書王直帥羣臣諫，不聽。癸巳，命郕王居守。是日，西寧侯宋瑛、武進伯朱冕與瓦剌戰於陽和，敗沒。甲午，發京師。乙未，次龍虎臺，軍中夜驚。丁酉，次居庸關。辛丑，次宣府。羣臣屢請駐蹕，不許。丙午，次陽和。八月戊申，次大同。鎮守太監郭敬諫，議旋師。己酉，廣寧伯劉安爲總兵官，鎮大同。庚戌，師還。丁巳，次宣府。庚申，瓦剌兵大至，恭順侯吳克忠、都督吳克勤戰沒，成國公朱勇、永順伯薛綬救之，至鷂兒嶺遇伏，全軍盡覆。辛酉，次土木，被圍。壬戌，師潰，死者數十萬。英國公張輔，泰寧侯陳瀛，駙馬都尉井源，平鄉伯陳懷，襄城伯李珍，遂安伯陳塤，修武伯沈榮，都督梁成、王貴，尚書王佐、鄺埜，學士曹鼐、張益，侍郎丁鉉、王永和，副都御史鄧棨等，皆死，帝北狩。甲子，京師聞敗，羣臣聚哭於朝，侍講徐珵請南遷，兵部侍郎于謙不可。乙丑，皇太后命郕王監國。戊辰，帝至大同。己巳，皇太后命立皇子見深爲皇太子。辛未，帝至威寧海子。甲戌，至黑河。九月癸未，郕王即位，遙尊帝爲太上皇帝。

《明史》卷一一《景帝紀》 〔正統十四年秋九月〕癸巳，指揮僉事季鐸奉皇太后命，達於上皇。乙巳，遣使奉書上皇。冬十月戊申，也先擁上皇至大同。己未，右通政王復、太常少卿趙榮使也先營，朝上皇於土城。〔十一月〕壬辰，上皇至瓦剌。十二月庚戌，尊皇太后爲上聖皇太后。

〔景泰元年夏〕六月壬午，瓦剌寇大同，郭登擊却之。丙戌，也先復擁上皇至大同。〔秋七月〕己巳，楊善至瓦剌，也先許上皇歸。八月癸酉，上皇發瓦剌。戊

寅，祀社稷。甲申，遣侍讀商輅迎上皇於居庸關。丙戌，上皇還京師，帝迎於東安門，入居南宮，帝帥百官朝謁。庚寅，赦天下。〔冬〕十一月辛亥，禮部尚書胡濙請令百官賀上皇萬壽節。十二月丙申，復請明年正旦百官朝上皇於延安門。皆不許。

《明史》卷一二《英宗後紀》 天順元年春正月壬午，昧爽，武清侯石亨，都督張軏、張輗，左都御史楊善，副都御史徐有貞，太監曹吉祥以兵迎帝於南宮，御奉天門，朝百官。日中，御奉天殿即位。丙戌，詔赦天下，改景泰八年爲天順元年。三月己巳，復立長子見深爲皇太子，封皇子見潾爲德王，見澍秀王，見澤崇王，見浚吉王。〔秋七月〕丙寅，承天門災。丁卯，躬禱於南郊。八月甲午，以彗星屢見，躬禱於上帝。

〔二年春正月〕乙丑，享太廟。甲戌，大祀天地於南郊。己卯，上皇太后尊號。冬十月甲子，獵南海子。

三年春正月乙未，大祀天地於南郊。冬十月己未，幸南海子。

四年春正月丁亥，大祀天地於南郊。三月庚辰，賜王一夔等進士及第、出身有差。冬十月甲子，閱京營將領騎射於西苑。戊辰，幸南海子。十一月丁酉，閱隨操武臣騎射於西苑。閏月己未，幸鄭村壩，閱甲仗軍馬。

五年春正月庚戌，大祀天地於南郊。〔冬十一月〕壬戌，幸南海子。

六年春正月丁未，大祀天地於南郊。〔秋〕九月乙未，皇太后崩。冬十一月甲午，葬孝恭章皇后。

七年春正月丙午，大祀天地於南郊。閏〔七〕月甲戌，上宣宗廢后胡氏尊謚。

八年春正月乙卯，帝不豫。己未，皇太子攝事於文華殿。己巳，大漸，遺詔罷宮妃殉葬。庚午，崩，年三十有八。二月乙未，上尊謚，廟號英宗，葬裕陵。

焦竑《皇明人物考》卷一 〔英宗睿皇帝〕諱祁鎮，宣宗第一子。宣宗即位，立爲皇太子。宣宗崩，即皇帝位，改元正統。十四年八月，北狩。九月初六日，尊爲太上皇帝。景泰元年八月，還，居南宮，凡七年。天順元年正月十七日，復登帝位。八年正月十七日，崩於乾清宮。壽三十。葬裕陵，廟號「英宗」。后錢氏，中軍都督追贈安昌伯貴之女，至成化四年崩，合葬裕陵。又皇后周氏，憲宗生母也，慶雲伯追贈寧國公能之女，至弘治十七年崩，合葬裕陵。英宗之子九，長即憲宗，第二子德莊王見潾存，第三子見湜，未受封薨，第四子許悼王見淳絕，第五子秀懷王見澍絕，第六子崇簡王見澤存，第七子吉簡王見浚存，第八子忻穆王見治絕，第九子徽莊王見沛。今革，郡王以下存。英宗女子八人。

鄧元錫《皇明書》卷六《英宗睿皇帝紀》 英宗睿皇帝諱祁鎮，章皇帝之元子也。立爲皇太子。宣宗崩，太子方幼小，大學士士奇、榮與英國公輔入臨，見皇太子，叩頭呼萬歲，羣臣畢從呼，奉即位。時太子生九年矣，時宣德十年正月十日也。尊皇太后爲太皇太后，皇后爲皇太后。請太皇太后垂簾聽政，不許，詔凡朝廷大政白太皇太后乃後行。封皇弟祁鈺爲郕王。命禮尚書楊溥復入內閣預機務，釋前鬱林州知州林長懋、前監察御史陳祚囚，復官。而大學士士奇、榮、溥等上疏言：「皇上肇登寶位，繼列聖，統萬邦，必明於堯、舜、禹、湯、文、武之道，以興唐虞三代之治。先帝在時，諭臣等以嗣歲春可勸學東宮，遺言在耳，靈鑒如臨。乞俟山陵畢日，即開經筵，以進聖學，豫擇講官，必得學識正大、言行端謹、老成重厚、達大體者數人以充，其學術不正、立心頗異者屏遠，及慎揀左右侍從之人，以涵養本原，輔成德性，實宗社生民無疆之祐。」疏奏，太皇太后嘉納焉。已，士奇言：「上初嗣位，當肅慎邊防，以奠安中外。今南京爲根本重地，雖屬襄城伯隆守備，而老成忠直如尚書福宜令參贊無闕而後行。」南京尚書參贊機務自此始。三月，勑死刑三覆奏。夏四月，敕考察百官。【略】

正統元年丙辰，春正月，上御經筵，敕戒諭中外臣工。【略】

正統四年己未春，大學士楊士奇乞致仕，不許。乞展墓，許之，遣中使護行，促還朝。勑曰：「朕惟祖宗付託之重，天下蒼生屬望之殷，尚賴舊人，以圖弘濟。卿歷事列聖，純誠碩德，偉著於時，嘉謨讜論，卓有成績，宜致匪躬，用祇匡輔。今以老疾，遂期致仕。夫止足之分固君子所尚，而寅亮之職惟老成人可居。茲特命卿還鄉，展墓以來。卿其體朕心，以國家爲心，毋久留，朕延竚以望焉。」三月，下寬恤令。五月，黔國公晟率師討麓川，都督方政戰死，晟卒於軍。六月，京師大水，敕百官曰：「朕恭承大統，惟天地祖宗付託之重，不敢怠逸。比年停罷一切徵歛，除逋負，薄刑罰，所冀四方咸遂生息。自五月來，天雨連綿，潦水淹溢民居，高者坍塌，下者湥没，老幼積死，民困迫甚，而雨猶未止。洪範庶徵，實由人事，靜思厥咎，深切於懷。」遣户部侍郎吴璽、順天府尹姜濤存問被災軍民，賑恤之。工侍郎邵旻、僉都御史曹翼及給事中行京城高爽地及舊廠房，分給居住。詔中外求直言，罷冗官，蠲逋負，修庶政。【略】

正統五年庚申春二月，召侍讀學士馬愉、侍讀曹鼒並直文淵閣。大學士楊榮謁告展墓，遣中使護行，促還朝。夏四月，立存積常股鹽法。五月，下慎薦明

刑敕。【略】

正統六年辛酉春正月己亥朔，日食。敕免朝賀。大發兵討麓川夷。大學士楊溥謁告展墓，遣中使護行，促還朝。夏五月，敕曰：「朕臨御來，體天恤民，不敢怠遑。徵斂無及於下，蠲逋負、濟窮乏，庶幾盡心於民，爲事天之實也。乃比年來水旱蝗蝻之災靡歲不有，朕甚自懼，深惟所由，非刑之有失當歟？今簡爾等分行清理重獄，爾宜體朕心，專志一慮，無或怠忽，以副朕欽天恤民命之意。」時科道言天災皆大臣怠忽所致，多所捃摭，下其章敕百僚修省。秋七月丙申朔，日食。冬十月，奉天、華蓋、謹身三殿成。十一月，上御奉天殿，朝羣臣，赦天下條賑災、弛罪、勸農桑、蠲逋負、停徵派、禮高年、恤孤獨、禁邪妖、求直言諸事，申行之。詔北各衙門除行在之稱。【略】

〔正統七年〕【略】冬十月，（大）〔太〕皇（大）〔太〕后張氏崩。后明睿，有賢德，方上幼冲，后總大政於內，委任舊德，經文緯武，屬意生民。重守令之選，有廉能愷悌，治行超異者，賜宴贈金，任專久不替，已乃超擢。賑饑、廣儲、蠲逋、慎獄，務於休煦。慎飭邊防，嚴覈百司，推薦賢傑，公卿藩臬，號稱得人。當是時，上深居養德，未有遊幸，南北供億，什減三四，黎民富庶，爲本朝極盛，於是天下咸戴誠孝皇后之德，而誦言三楊學士之功。至是崩，大學士榮已謝世，無何，士奇以子稷得罪故，自慚恨，卧病不出，溥一人當事，而勢孤，繼登庸者委靡不自振。於是內閣政柄悉爲王振所攘，而國命遂亂矣。

王振者，閹人也，初侍上東宫，有口，上以爲信直信之。及即位益寵，俾入柄司禮，言無不從。時輔臣方議開經筵勸學，而振乃導上日聘於騎射角逐。太后嘗召欲殺之，賴上及輔臣救而免，語具誠孝皇后紀中。及太后崩，遂擅權作威福。八年夏，震奉天殿鴟吻。翰林侍講劉球上疏言：「政權不可移於下。」意指振。振大諱，惡啣之。會編修董璘自陳願爲太常卿，下獄，而球疏中嘗言大常宜以儒臣充，振因謂球先所言欲以爲璘地，宜有奸，於是錦衣衛指揮馬順承振意，就陛前捽球去，於獄中支解之。球見刑，不知所謂，第曰：「死必訴太祖太宗。」自是，廷臣股栗，緘默不敢言。當是時，國家極治，士習惇朴甚。振初得權，惡人不佞附己，以微文逮祭酒時勉，荷校國子監，逮冢宰王直、侍郎趙新、曹義，下詔獄，廷臣往往以纖過見譙譴，懼不知所爲。兵尚書徐禧、工侍郎王佑首趨媚見重，自是府部院大臣洎方面百官各以賂自容，稱振爲翁父，而政俗大敗壞。於是閩廣盜大起。而振又好兵，欲示威遠夷，征麓川，盡調雲貴兵以行。連兵數年，陞爵秩萬計，而夷酋竟逋誅。已又征兀良哈，征閩，征浙，征貴州苗，而中國大耗弊。

十四年夏六月，南京宫殿災。是月丙辰，天大雷電風，謹身、華蓋、奉天三殿災。詔赦天下。秋七月，熒惑入南斗。虜也先大舉入寇，大同邊城堡多陷没，勢急甚。振顧喜，怙中國威重，以爲虜殊可以甲兵聲勢壓也，力勸上親征，閣大臣皆不得預議。百官伏闕上章留，不聽。【略】丙戌，命大監金英輔郕王居守。而車駕發京師，出居庸，過懷來，至宣府，連日天大雨，風不止。駙馬都尉井源等皆敗没。報踵至，扈駕兵尚書鄺埜等率百官連上章，請止壁無行，且班師。振怒，令掠陳。至大同，軍興乏。勒户尚書王佐竟日跪草中，敕進兵。成國公勇膝行前聽命。欽天監正彭德清面斥振曰：「天變示警如此，奈何復前。脱疎虞，致乘輿有失，當誰執其咎？」閣學士曹鼐曰：「監正言是，臣子不足惜，如主上何？」振怒詈，不聽。會暮有黑雲如繖，壓行營，已雷雨大作，人畜自驚，而前軍敗覆，振乃懼，聽中官郭敬語，乃班師。大同總兵郭登請駕從紫荆關入，徑可無虞，振不聽。過鷄鳴山，虜追至，成國軍轉戰却。鄺尚書埜請疾驅入關而嚴殿，振怒曰：「若竪儒安知軍，再妄言者死矣。」尚書曰：「我爲社稷生靈而言，何得以死懾我？」振怒，命扶出。埜與王尚書佐相對泣營中。

八月辛酉，至土木。距懷來二十里。振以私載重，故留行，而虜圍遂合，大軍乏水困。虜見留壁，尚憚未敢擊，乃宣言解圍退，而持書來議通和。振喜，急傳令移營。虜見營動，復四合搏之，師大潰，而車駕遂北狩。於是兵尚書埜、户尚書佐，閣學士鼐，副都御史榮及公卿從官而下死者數百人，振亦糜爛，然萬死莫贖矣。時變起倉卒，中外大駭動洶洶。丁卯，皇大后下令，命郕王權總萬機，於午門南面見百官。己巳，皇太后誥立皇子見深爲皇太子，而郕王輔政。【略】

九月癸未，王即皇帝位，遥尊帝爲太上皇帝，大赦，改明年爲景泰元年。於是天下知有君，朝綱肅而法令始行。【略】冬十月，虜擁上皇破紫荆，遂逼薄都郊，索大臣王直、胡濙、于謙出迎駕，以覦中國俯仰。於是遣通政叅議王復、中書舍人趙榮充九卿，如虜師，朝上皇於土城。上皇密諭復、榮曰：「彼無善意，宜亟反。」【略】

方土木師潰時，上皇下馬，盤膝南面坐，虜索衣甲不與，以見也先弟賽刊王。上問之曰：「子也先乎？伯顔帖木兒乎？賽刊王乎？抑大同王乎？」賽刊聞語已大驚，馳見也先曰：「部下得一人，舉止乃大異，豈大明天子乎？」也先乃召先

嘗使中國者二人前視之，大驚，馳曰：「是也。」虜衆喜。有以復讐爲言者，也先季弟伯顔帖木兒大呼曰：「那顔奴何知？乃安用奴啓口言？」那顔者，華言大人也。摧其面曰：「去。大明天子乃雲端天子，當萬衆傷死地而不被寸鏃，此天意，何得言害之？且我等嘗受其賜，今蟒袍猶在，何得忘？獨當遣使報中國，令奉迎耳。」時虜以中國本全盛，意止擄掠，不謂得天子，故不敢加害。於是也先奉上皇就伯顔帖木兒營，令護侍。居數日，擁上皇至大同城下，索金帛，約賂至歸駕。都督登閉門不納。上皇傳旨言：「朕與登有姻婭，何外朕若此？」登遣人傳奏曰：「臣奉命守城，不敢擅啓閉。」於是廣寧伯劉安等括公私金萬餘兩送虜，不應，擁駕去。居數日，上皇至野松林，幸也先營。時也先數遣使偵上所爲，見上常端然危坐，上所居營上有火光龍文，雪夜覗之，則大蟒蛇卧外遶護。敬憚之，時出妻妾進酒，爲上歡，而上皇在虜營未嘗一少降辭色。也先載其妹，欲爲薦御，譯使吴官童言於上皇，曰：「焉有萬乘主而爲胡婿？請却無受。」第紿言爾妹固當納，然不當野合，俟還都，禮聘之。又還胡女進，復却之曰：「俟他日從爾妹爲嬪御。」也先益敬服。

閹喜寧者，本胡種，土木敗降胡，具告胡以虛實，嗾使南爲鄉導，上皇大患之。至是與袁彬謀，遣寧傳命詣宣府，而令軍士高磐者與之俱，密書繫磐髀間，令至宣府與總兵官計擒之。至宣府，条將楊俊出領書，磐抱寧大呼曰：「上皇有密旨，擒此賊。」寧伏誅，而虜失鄉導，益厭兵。

當是時，中國戰守備大具，虜南輒挫衄。時也先專韃靼國政，兵最多，脱脱不花雖爲可汗，兵少，知院阿剌兵又少，君臣鼎立，外親内忌，其合兵南侵，利多歸也先，而敗則均受其弊，於是脱脱不花遣使來獻馬，且議和。天子欲毋受，尚書濙、直言普化也先，君臣素隙，宜受其獻以爲間。上乃許，召使者見，厚犒之。景皇帝景泰元年，虜也先使至，請迎駕，羣臣助爲言。景皇帝大不懌，曰：「虜何可深信？何遽謂遣使乎？」尚書直進曰：「君臣大義，兄弟至親，不可以不迎。虜萬一不信，我有辭矣。」帝大怍曰：「當即位時，皆卿等謂朕宜，故聽。事豈出朕心？今云云何也？」謙進曰：「即上皇歸，天位已定，孰敢有爲異者？獨當遣使紓邊患耳。」上乃起入曰：「從汝，從汝。」羣臣出。頃之，太監興安傳旨，出語甚厲，曰：「若等固請答使，且言今孰可使者？孰爲文天祥、富弼其人耶？」意欲以懾衆。尚書直面發赤，大言曰：「今安得爲此言？今廷臣皆朝廷臣子，惟朝廷命，其孰敢不行？」言之者再，興安語塞。

於是命禮部侍郎李實、大理寺少卿羅綺往使虜報聘，與虜使偕，遺也先書，言：「自爾祖爾父至爾，我國家遇待甚厚。曩因小隙連兵，將臣弗戒，大駕淹留。昨遣人齎金幣奉迎，至再至三，爾不發不報，以故使命不通，非朝廷之過。夫人民皆天赤子，欲其長養生息，若殘害其生，固逆天無道，天所讐也。近阿剌使言尋好，是能畏天愛民，真丈夫矣。而近邊時聞入殺掠不止，何情與詞異也？朕不惜大戰，恐害赤子違天，故命使臣諭意。」會脱脱不花又遣使貢馬，且議和，至懷來，勑傳至京，命都御史楊善等偕往報使。李實至虜中，也先業喜和，引實至上皇所。上皇謂實等曰：「前朕非遊畋逸豫而出，獨爲生靈計，故至此，皆王振輩所致。虜今和非僞，勿疑阻。女歸，語皇帝：朕南還，得共養祖宗陵廟，爲庶人亦甘之。」

明日，也先肅實等宴，謂之曰：「皇帝敕獨言和不言迎駕，然上皇留此無爲也，今送歸，欲爲千載名。其遣太監及大臣迎，即還矣。」於是實復與其右丞把秃來，請遣使奉迎。上以爲詐，不許。寧陽侯陳樵、吏部尚書直等連章請，又不許。直等言：「往普化阿剌遣議和，皇上不吝一介。今也先悔禍，專使行成，不一報，將啓戎心，生後患。」而李實疏言：「始臣入虜境，虜人皆夾道謳歌，具乳酪飲臣，願和。比臣歸，也先爲奉迎期日要臣，臣以爲需歸請旨，不敢專，而也先敦促甚，此求成固急。臣行時，也先業已令諸酋收所護遣犯塞兵。臣過懷來，諸邊軍業出郊芻牧、收穫如平時矣。虜言必可信，毋他詐，望俯從羣議，别遣有材智大臣往迎。□虜情詐，亦塞彼無辭。不然，我曲彼直，上皇不可復，干戈不可息，邊鄙終不可得寧也。」疏上，下大臣議。而是日遣把秃等還，敕也先令楊善等即奉上皇駕還京。時御史畢鸞、翰林檢討邢讓皆疏乞迎駕，不聽。而楊善等至虜營，也先即大喜，以爲天使至，迎上皇歸也。其平章前問善：「今所爲迎上皇金帛者幾？」善曰：「太師仁義順天道，敬我君父，故奉還，何以賂爲？若以賂，是薄太師也。」也先曰：「都御史言是。」且問上皇還，復位否。善曰：「天位已定，不復也。」曰：「往堯舜何如？」善曰：「堯讓位於舜，今兄讓位於弟，其義一也。」也先喜，引見上皇。是日餞，擊牛酒爲宴具，出妻妾，奏胡樂爲歡。辛未，伯顔宴餞。八月癸酉，也先率頭目羅拜送，而伯顔以兵徒護行，至野狐嶺乃還。

時上皇既南軫，而都御史文、閣學士循猶嘐嘐以虜多變詐，不得至爲辭。千户龔遂榮者，具書言：「上皇之出，非遊畋逸豫，獨爲宗社計。今都人聞駕旋，無不鼓舞踴躍，企踵望，則人心未厭，上皇之效也。今奉迎禮宜從厚。上皇歸，必

致讓，主上當懇辭而後受命，則父子君臣之倫無遺恨，義光千古。不然，亦千載玷也。」書匿名，翰林學士高穀得之，袖其書入朝，謂廷臣曰：「此誰爲？爲之者乃尚知此禮，況儒臣乎？」吏尚書直曰：「此所謂禮失而求諸野也。」禮尚書濙欲封進，見朝野同情，冀感動上。都御史文以匿名書阻之。給事中林聰具以聞，且言：「迎駕乃綱常大體，直、濙皆股肱大臣，當倡大義爲公言，不當囁嚅私言。」閣學士循乃大怒，請詰匿名書所從來。高曰：「得之小隸。」小隸曰：「得之途。」詔索之急。遂榮恐以書故累學士，乃挺身出，自縛，言迎上皇禮厚固當，臣實投此帖，冀感動，無他腸。下詔獄。

癸未，上皇至懷來。報至，始詔禮部具迎復儀。廷議至以爲虜誠未可知，即迎駕，第一車兩馬而足，示不墮虜計中。聰固争此綱常大體，宜具儀，毋爲他日悔。乙酉，上皇至唐家嶺。詔避位，免羣臣迎。丙戌，上皇自東安門入，百官班迎。上迎拜，上皇答拜，相抱持而哭，各述遜讓意。乃奉上皇如南宮，羣臣就見而退，而天下大安。【略】

然帝既在位，欲嗣世有天下，念立子而未有端。會思明土知府黃珂老，子鈞襲，庶弟黃竑遣其子襲思明，弒珂及鈞，圖奪嫡。事覺，乃上疏，爲危言感上曰：「昔太祖百戰艱難取天下，期傳萬世也。上皇輕身禦虜，幾喪社稷，不有皇上，臣民何歸？今皇儲未建，人心易摇，争奪一萌，何變不有？皇上即欲循遜讓之美，全天敘之倫，恐事機叵測，天與不取，反受其咎也。臣仰觀天象，土星逆行入太微垣，有孛於畢，諸變異可愕。願早留意。萬一羽翼長養，權轉事移，委愛子於他人，寄空名於大寶，悔之晚矣。乞與親信大臣定大計，絶中外非望。」疏入，帝大喜曰：「萬里外乃有此忠臣乎？」立釋竑罪，陞都督，手其疏下廷臣會議，遣司禮太監興安出喻意。衆相視莫敢發，興安曰：「今日之事，即以爲不可者，勿署名，毋首鼠兩端。」文武羣臣皆唯唯署。吏部尚書王直有難色，閣學士陳循持筆作半跪狀促之，直不得已，亦署。唯給事中李侃對衆灑泣，御史朱英陳不可，不聽。於是羣臣上議，言：「陛下膺天明命，中興邦家，統緒之傳，宜歸聖子，竑奏是。」制曰：「可。」乃詔天下，言：「天佑下民作之君，實遺安於四海；父有天下傳之子，斯本固於萬年。」於是廢皇太子爲沂王，立子見濟爲皇太子。皇后汪氏以諫不聽見廢。而閣部大臣及廷臣以建白功，無慮皆進秩受賞賚矣。

已而，災異薦起。明年，子見濟薨。於是監察御史鍾同疏請朝南宮，復沂王爲皇太子，承天意。上怒，下詔獄。黃沙四塞。給事中徐正密請對，請出沂王之國，增南城墻高數尺，伐城邊樹，錮南宮門。帝怒，黜爲雲南衛經歷，然竟伐南城樹。於是郎中章綸以天變上疏，言：「上皇君天下十有四年，是天下之父也。陛下嘗受上皇命册封，是上皇之臣也。請率羣臣朝見南宮，敦同氣之情，隆尊崇之禮，復汪后，正天下之母儀，復沂王，定天下之大本。如此而後和氣可致，天意可回，災沴可從弭也。」南京大理寺少卿廖莊亦疏言：「伏覩上皇即位初，即遣太師英國公輔、尚書璡册封皇上，奄有大國。歲時慶賀，令羣臣朝謁於東廓，友於之愛，百官感動，天下慕化。及上皇被留虜廷，皇上撫有萬方，屢降詔書，以鑾輿未復爲意，見皇上之心，堯舜敦敘慎徽之心也。今鑾輿既歸，萬幾之暇，請以時朝見南宮，講明家法，商確治道，仍令羣臣得朝見以上慰上皇之心，如此，則孝弟刑於家邦，恩義通於神明，災可弭而祥可召矣。且夫天下者，太祖、太宗之天下，仁宗、宣宗之繼體守成，爲此天下也。上皇之北征，爲此天下也。今皇上嗣服撫盈，必念祖宗創業之艱難，而思以繫天下之人心。太子者，天下之本。上皇諸子，皇上之猶子也。宜令親儒臣、誦經書，以待聖嗣之生，使天下臣民曉然知皇上有公天下之慮，此繫人心之本也。」於是帝大怒，逮三臣杖闕下，同斃焉，莊謫定羌驛丞，綸錮詔獄中。

先是，景泰初，葉侍郎盛欲約同官請上朝南宮，已自念此兄弟骨肉間最難言，當安靜需之，益以言事涉衆而啓疑，將以無爲有，非便。已而有盧忠者上變，言南宮中官阮浪有陰謀，帝大怒，殺浪，欲窮治其事。事連南宮，會盧忠聞言卜者，中自悔，佯患風。於是閣學士商輅言：「盧忠故病風，奈何以一風子語傷天彝？」驗之，果風也，事乃解。

景泰八年丁丑春正月，帝不豫，輟視朝，而儲貳未有定，中外以爲憂。廷臣入問疾，興安出曰：「公等皆朝廷大臣，作股肱耳目，不能爲社稷計，日問安何爲？」蓋諷之也。衆悟，請復儲。而王文對衆言：「今獨宜請立東宮，今焉知上意所在？」於是疏請建元良以安人心。都御史蕭維禎執筆言：「我更一字。」乃更「建」爲「擇」。奏上，帝不允，且云：「十七日視朝。」時百官勃勃，謂伺上朝，衆請當得允矣。

武清侯石亨覘帝疾不起，乃與掌兵都督張軏、左都御史楊善、副都御史徐有貞謀迎上皇復位，遂陰結中官曹吉祥、蔣冕爲內應，入白於皇太后，及通報於南宮。辛巳，軏等集有貞宅，共計。會邊有警報，有貞曰：「可矣。第以徵兵備非常爲名，兵可得集也。」復升屋覽乾象，亟下屋，附軏耳語曰：「時在今夕，不可失

矣。」遂趣軏集兵，遂令亨等收諸皇城門鑰。吉祥、冕夜開門納兵，止閽者，毋輒出。宿衛軍愕不知所爲。兵既入，即鑰門，曰：「毋令外變。」鑰訖，取牡投水中，時漏下已四鼓矣。天晦冥，軏、善內自懼，顧有貞曰：「事當濟否？」有貞大言曰：「時至矣，亟前勿退。」遂進薄南宮。宮城門鐵錮，扣不應，乃毁垣壞門而入。上皇聞大驚，殊不測，而南城中無燈火，乃自秉燭出，呼爾等何爲。俯伏合聲言：「請陛下登位。」遂共掖登輦，有貞助挽以行。忽天色霽，星月交輝。上皇顧問「卿等爲誰」，各前對姓名。遂升奉天殿，復位。

是日，商學士輅草奏請復儲，百官約候景帝出視朝陳之，忽聞南宮呼譟，聲動地，各惶駭失色。頃之，鐘鼓鳴，上皇御宸極殿，召群臣入賀，改景泰八年爲天順元年。是日，命有貞以本官入內閣，預機務。明日，陞尚書。逮少保兵尚書謙，吏尚書文、都督范廣、太監王誠等於錦衣獄。亨等言文、謙遣人以金牌符敕迎襄世子故也。有司勘金牌符敕皆具存禁中，無顯迹，法司乃以欲迎外藩傳謀反律論斬。上猶豫久之，曰：「于謙故有功。」衆未及對。有貞曰：「不置謙死，則事爲無名。」獄遂決。而大學士陳循、江淵，俞士悅下獄，謫戍邊。大學士蕭鎡，商輅除名。尚書王直、胡濙、高穀落保傅，致仕。以許彬、薛瑄爲禮部左右侍郎，兼翰林學士，直文淵閣。録奪門功，亨封忠國公，軏太平侯，輗文安侯，楊善興濟伯，有貞封武功伯，兼華蓋殿太學士，掌文淵閣事。録北狩扈從功，以袁彬爲錦衣指揮僉事。

二月，廢景帝爲郕王。皇后吴氏復爲賢妃，皇后汪氏復爲郕王妃。癸丑，景泰帝崩。【略】

先是，吏尚書翱薦脩撰岳正，以爲有宰相材。召見文華殿，上遥見正儀觀，即喜曰：「善。」登殿，又曰：「善，善。」問年幾何矣，曰：「四十矣。」曰：「中年，殊精力，又善。」問家安在，對曰：「臣漷縣人。」曰：「又北方人，甚善。」問讀何經，對曰：「《尚書》。」問舉進士何科，對曰：「正統十三年。」上愈益喜，曰：「又朕故所取士。」因命之曰：「內閣許彬老矣，不任用，今用汝，汝努力爲朕用。」正頓首辭至再，乃受命。出赴閣，至右順門，石亨、張軏自外入，問知之，愕相顧曰：「何遽至是。」時業已內忌之矣。比入見，上曰：「今內閣朕自訪得一人。」亨、軏佯不知，伏請問。上曰：「岳正也。」亨、軏陽頓首賀曰：「甚佳。」上曰：「顧官小，與吏部左侍郎。」二人者對曰：「陛下誠得人，俟稱職即進官未晚。」實沮之也。非久，石亨爲匿名書訕朝政，欲因逐有貞、賢，且請募能告捕所爲匿名書者，賞三品官。正及吕原見上，曰：「爲政自有體，盜賊責兵部，姦宄責法司，安有天子出榜，購謗訕之理？且秦始皇杜諫，下妖言誹謗令，竟不聞其過以亡。願陛下幸察。且事急，則人人自危，愈藏匿不可迹，緩或敗露。」事乃得已。而曹、石忌正，正每見，輒爲上言曹、石之横，當早制。上曰：「汝可往告之朕意，令自戢。」正徑造亨所諷之，曹、石益大恨。二凶懼，走太監吉祥所告之。吉祥走上前泣，免冠請死，道所由。上曰：「無之。」乃召正，責其漏言，曰：「固也。臣觀石亨必叛，然今罪無可誅，欲令引退自全耳。」上不悦。會承天門災，詔罪己。正當制，歷數奸邪害政，語深至。於是二人者爲上言：「正草詔出，時時對人言：此非上意，我諷上，令改過也。」於是上大怒，以爲是賣直訕君，遂降欽州同知。復爲兵尚書陳汝言所搆，編戍肅州。正入閣僅閲月而罷。

當是時，亨既數起獄，斥逐內閣諸輔臣，每朝退，頻入見，見輒有干請，出則張其言以賈勢。上患之，欲倚重內閣，於是天下章奏皆親決。召學士賢謂曰：「先生職機務，日入內閣，當總兵官，乃時時頻來，甚非宜。」時賢再入閣，深自閉，上詔閤門，非宣召，毋輒入總兵官。已又患曹、石干請，於便殿屏人以語賢。賢對曰：「惟獨斷可以已之。」上曰：「非不欲自斷，第自斷，彼輒怫然，則奈何？」賢曰：「臣聞君權最不可下移，理誠不可行，幸從容喻曉之，彼安敢不服。如此久之，彼私謁不行，大權漸收，趨附之人，亦漸少矣。」上曰：「善。」先是，上頗以奪門迎駕爲諸人功。一日，以謂賢，賢頓首曰：「迎駕可，奪門不可。夫景泰不諱，天命人心，莫不屬陛下，門何必奪？且內府門又何可奪？奪非順也，不可示後世。且事亦賴天佑人歸，故幸而成功，脱其時郕王左右有發覺其事者，亨輩不足惜，不審陛下當何地自全？」上乃太息曰：「信然。誠如是，朕何以自解？」賢曰：「當是時，有邀臣與謀者，臣不從。以謂郕王果不起，當率文武羣臣請陛下復位，則天下帖然。欲陞賞誰功，欲招權賄何由。老成耆舊，咸服在職，又何自有殺戮降出之事干天變乎。」上由是釋然，知奪門之非功，益薄亨。時時召賢入謨議，隱然如仁、宣二祖重閣謨時事矣。

秋九月，上復親擢侍讀彭時直文淵閣，而衆正益登。敕吏部選中外臣僚有聲望者爲知府，召見，臨諭燕勞，仍賜鈔爲道里費。進直內閣彭時、吕原兼翰林學士。方上北狩時，嘗悼建文三王皆不終，而建文君没，又無所加禮，召變故，滋大數，以語袁彬，太息之。既復辟，意欲寬建庶人之囚。建庶人者，建文君少子也，幽中都廣安宮。召閣學士賢，語之故，曰：「親親之義，朕不忍也。」賢頓首贊

曰：「陛下此念，天地鬼神實臨之，高皇帝在天之靈實臨之。此堯舜所用心，願即裁幸。」左右交阻，上曰：「有天命者，任自爲之。」乃入請太后，令出居鳳陽，歲給薪米，聽婚娶，出入自便。與閽者二十人，婢妾十餘人，給使令。遣奄牛玉入禁，諭上意，庶人且喜且泣，頓首謝。方庶人入禁時，纔二歲，至是年五十七矣。出，不識牛馬。未幾卒。於是賢言於上曰：「自古治朝，未有不開言路而能成理者，故有敢諫之鼓，毀謗之木以導之使言，又設爲不言之刑以懼之，直言者立擢，故臣下樂爲言。且進言者不過君德、朝廷、生民、吏治而已，是皆有益於國家，身何利焉？非直無利而已，觸怒則犯害，故明王重之。惟姦邪惡其厲己，欲塞之以肆，令莫敢誰何，不至於覆身滅宗不已也。」上爲大感動。自御史鵬宣之獄，言路閉塞，至是始復開。

天順二年戊寅春正月，尊皇太后孫氏爲聖烈慈壽皇太后。二月朔，日食，皇太子出閣讀書。夏四月，禁妄度僧尼。五月，江西處士吳與弼徵至京，授左諭德。辭不拜，遣行人送還鄉。先是登極詔天下，言處士中有學貫天人、才堪經濟、隱居高尚、不求聞達者，所司具實以聞。於是江西撫按臣以臨川處士吳與弼應。而石亨欲更薦爲名高，見閣學士賢言之，賢贊曰：「此盛德事，審行之，大善。」亨即託賢爲草奏以上。明日，上召問賢，對曰：「與弼儒者之高蹈，自古聖帝明王，未有不好賢下士，以成其德者。陛下審行之，實本朝盛德事也。」於是降勑，言：「朕惟勞於求賢，然後成無爲之治；樂於忘勢，乃能致難進之賢。爾與弼潛心經史，博洽古今，蘊經國之遠猷，抱致君之宏畧。嘉遯丘園，不求聞達。朕懷高誼，思訪嘉言，渴佇來儀，以咨啓沃。特遣行人曹隆往徵赴闕，仍賜禮幣，以表至懷。爾其惠然，副朕翹望。」既至，賢首以賓師禮禮之，爲上言：「今東宮輔導方擇人，與弼學行最宜稱。」於是授春坊左諭德。時與弼以草萊赴召，一旦官宮僚，地清切，舉朝皆驚，以爲是不世遇也。而與弼以敕書過重，頗少望，堅不就，稱病卧邸中者數月，而謗忌頗起。於是大學士賢爲請於上，聽其去，禮遣之，以厲士節。於是復降敕言：「朕惟自古英君誼辟，莫不好賢求士，臻至理。聞爾懷道抱德，遣使禮聘，惠然肯來，嘉猷勗朕，具見忠愛。欲煩輔導東宮，爾以衰病固辭。兹遣行人特送還里，命有司月給廩米二石，表予至懷。爾其優游桑梓，安身樂道，無忘纂述，以繼前賢輔教垂世之意。」

時石亨等以文臣提督軍務，使武臣不得逞，奏罷之，而邊徼騷然。上以語賢，告之悔。於是賢以爲遼東、宣府、大同、延綏、寧夏、甘肅，此六邊最要，乃與吏尚書翶、兵尚書昂議以陳信撫遼東，王宇、李秉撫宣大，徐宣撫延綏，陳翌、芮創撫寧夏、甘肅，而召守制布政葉盛撫兩廣，具得人。上以皇太后故，頗優假孫氏，后昆弟五人，長繼宗蔭會昌侯，弟皆都督，子孫數十人皆授官。而都督顯宗張肆規商利，事聞，上謂學士賢曰：「皇親豈可如此？法不行，自上犯之。」賢對曰：「陛下於孫氏恩厚深，今斷以至公，則法行矣。」命毀其肆，抵家人法。侯繼宗病初起，入見，爲顯宗乞恩，終不許。謂賢曰：「侯不知引咎而乞恩，矸陋，朕終不允之。」賢頓首曰：「陛下真王者，不私矣。」

秋七月，遣副都御史林聰捕江淮羣盗。冬十月，帝獵南苑。十一月，虜孛來，寇延寧、甘涼，都督僉事張欽連戰敗之，進都督同知。【略】

天順四年庚寅，春正月，詔天下司府州縣朝覲官治行顯著者宴禮部。二月，石亨以罪下獄死，彪伏誅。初，亨恃功驕恣，日干朝政，作威福，貨賂公行。從子彪守大同，亦横暴。亨見上益親倚學士賢，且夕思傾之，而上亦漸疑亨。一日，登翔鳳樓，見亨新第僭踰制，中啣之，顧問恭順侯瑾、撫寧伯永曰：「此何人居？何壯也！」時亨横，能以睚眦中傷人，永謝不知，瑾内難言。亨乃佯對曰：「此必王府。」上嘻笑曰：「殆非也。」瑾乃頓首曰：「非王府則誰敢借擬如此？」上默然。會兵部尚書陳汝言死，籍其家，贓賄狼籍，上太息曰：「往景泰中任于謙專且久，没，朝廷賜賚外無餘物。汝言官尚書亦屬耳，乃得賂無筭，賢不肖相去何如耶？」亨俛首流汗。而上益悟亨功非實，而少保謙實冤。會星變日暈，或上變言亨遣彪鎮大同，欲謀變。上意頗疑之。會亨子男生，未彌月，上見亨，令召兒來，摩兒頂曰：「虎兒也，善撫之，朕行與卿婚。」蓋探之也。亨不喻上意，輒對：「不敢不敢，臣兒無福。」上笑而頷之，命左右取金鎖繫兒項，命曰：「鎖定侯。」亨頓首謝，負兒出。而上益疑亨。已，彪在大同，誣劾都御史年富，逮至京。上疑問賢，賢乞遣官即訊，果不實。上召彪，大同人上章乞留彪，上益信以爲彪固欲據大同爲逆也，進彪侯，召還。彪至闕，會北虜入貢，見彪，咸羅拜，稱石王。上聞，益疑，不可解。於是言者交章論劾，逮下獄窮治。彪棄市，而亨獄死，籍家。敕冒報迎駕功得陞官者各首實改正，餘不問。

擢布政使蕭瑄爲禮部尚書，召年富爲户部尚書，耿九疇爲刑部尚書，軒輗爲左都御史，兼理南糧儲。時户尚書缺，上問其人，賢對曰：「山東巡撫都御史年富，執法不撓，其人也。」左右不悅，私見賢，謂曰：「上不悅此人，必毋再舉。」一日，上召賢，問曰：「户部缺，果誰當之？恐非年富不可矣。」賢對曰：「此人不悅

者衆，愈見其賢。」上曰：「執法者必忤衆，正宜居此位，此國計所關，寧當顧私情不恤有左右耶？」上念九疇、輗廉正，爲石亨毁絀，遂並召。於是上諭學士賢曰：「天下大事屬六部，今六部尚書庶得人，然冢宰翱老可慮耳。」時翱年七十有八，賢對曰：「臣聞禄命家言：翱壽當最高。」上喜曰：「吾無慮矣。」且曰：「如户部年富，不易得。」賢對曰：「若繼翱吏部，非年富不可。」上以爲然。蓋是時，上留意三事大臣者如此。【略】

天順五年辛巳，春正月。夏，江南北大水。秋七月，太監吉祥及兄子昭武伯欽謀反伏誅。始吉祥以殺石亨而懼，中握兵，遂懷異志，不得間。至是，虜寇來寇西涼，上命懷寧伯鏜、尚書昂將兵禦之。欽遂部其兄都督鐸、鏞、都指揮鉉、及達將等，謀殺鏜，奪其兵突入宫爲逆，而吉祥爲内應。是夕，都指揮完者禿亮走詣鏜告變，鏜披衣起，急草二奏，持詣左長安門隙投之，呼閽人曰：「若持奏疾造上前急告變，稍遲者斬矣。」又走右門，投奏亦如之。比上聞，漏下已二鼓，内廷始集兵，執吉祥以俟。鏜急走太平侯張瑾，呼共討賊。賊已合蕃漢兵五百騎，殺錦衣衛指揮逯杲，入朝房，擊傷大學士賢，殺左都御史深，執吏尚書翱矣。攻右長安門，門壘石不啓，乃走攻左門，壘石亦如之，乃趨東安門縱火。朝臣悸，各散。比曉，懷寧伯鏜督諸軍首鋒，恭順侯吳瑾分道逐擊，馬尚書昂以精兵殿，大戰於東華門。瑾戰死，鏜斬鉉及鐸。欽知事不濟，走家，匿水中。盡捕獲，與吉祥並誅。以擒逆賊，赦天下，布寬恤令，開言路。論平逆功，進鏜懷寧侯，加吏尚書，翱閣學士，賢太子太保，贈恭順侯，瑾梁國忠壯公，餘陞賚有差。於是，諸奪門攘功者畢斃，而朝廷肅清。【略】

天順七年癸未春，以陳文爲禮部右侍郎，兼翰林學士，直文淵閣。禮部貢院火，空中有聲如雷。下寬恤令曰：「朕荷天眷命，子育萬民，民之休戚，恒在朕躬。今畿内去冬少雪，今春缺雨，四方之遠，殆亦其然。天時既已違和，地利必未盡。吾民衣食，念何所自出？朕甚惻之。」下寬恤令條行。夏五月己丑朔，日食。秋七月，尊宣宗廢后胡氏爲恭讓章皇后。始宣宗晚年，追悔廢后事，曰：「此朕少年事誤也。」欲復后位號，不果。至是，皇后爲上言：「胡后賢而廢，其死也，殮葬不如禮。」勸上復其位號。左右交沮之。上以問閣學士賢，賢對曰：「陛下此念，天地鬼神實臨之。願陵寢、享殿、神主，一如奉先殿之儀，庶稱明孝。不然，徒虚文。」上即命舉行。

天順八年甲申春正月，上有疾，大漸，命太監牛玉執筆，口占遺令三：一，東宫即位後，百日婚。二，定后妃名分。三，止嬪御殉葬。四，殯殮器服毋過侈。書畢，命玉持詣閣曰：「命閣下爲朕潤色。」玉至閣，大學士賢及陳文、彭時奉之，驚愴太息曰：「言關大體，非上英明不及。」庚午，上崩於乾清宫。皇太子即位，上尊謚曰：「法天立道仁明誠敬昭文憲武至德廣孝睿皇帝」，廟號「英宗」，葬裕陵。

何喬遠《名山藏》卷一一《典謨記·英宗睿皇帝一》 英宗睿皇帝御諱祁鎮，宣宗皇帝嫡長子。以宣德二年生。生之日，日下五色雲見，光灼殿陛。既二年，立爲皇太子。能言，宣宗抱置膝上，問：「他日爲天子，能令天下太平乎？」曰：「能。」問：「有干國之紀者，敢親總六師討之乎？」曰：「敢。」宣宗大喜，解所御龍袍寶帶加上體，置寶座，左右皆呼萬歲。上天姿秀傑，龍顱魁碩，顧盼有威，立其側者，皆若傍睨之。

宣宗崩，以正月壬午即皇帝位，九歲矣。頒詔大赦天下，以明年爲正統元年。癸未營建大行皇帝陵。丁酉，上尊謚。勅沿邊總兵官嚴守備。命户部尚書黄福、參贊襄城伯李隆幾務於南京。命廷臣會舉文武大臣，鎮守江西、湖廣、河南、山東。勅朝鮮國王李裪曰：「朕嘉與天下，安於清静，王國朝貢一循舊章，非常貢悉止之。」戊申，尊皇太后爲太皇太后。庚戌，尊皇后爲皇太后。辛亥，册弟祁鈺爲郕王。賜臣民白金、絹布、鈔錠。勅諭南北兩京、五府六部、都察院、南京内府各監局等衙門曰：「朕體祖宗安養軍民之心，凡事從簡，可簡之事公議以聞。」於是諸司冗費悉行裁罷。勅三法司錦衣衛詔書赦外再别犯者情罪以聞，戍邊輸作之。命成國公朱勇、新建伯李玉提督大營五軍三千等營官軍操練。三月，放教坊司樂工三千八百餘人。江西賊曾子良等平。勅諭三法司、錦衣衛、刑科都給事中自今死罪臨決須三覆奏。行在禮部尚書胡濙等奏：「比奉勅旨節一切冗費，而四夷使臣動以百數，疲於供給，宜勅邊官審其來者，量遣正副使從人赴京，餘悉留彼給待。」從之。贈皇庶母殉葬者十妃。四月，諭行在兵部尚書王驥曰：「比聞河南軍民有困迫饑饉流離就食，因而群聚爲盜。原其初心，良可矜惻。爾兵部即出榜文諭之，榜至，悉宥罪。」【略】六月辛酉，奉葬大行皇帝。乙丑，祔廟。勅南京法司會審重獄。七月，脩《宣宗實録》。嚴私下海捕魚禁。八月，減光禄寺厨役四千七百餘人。封乳母李氏爲恭聖夫人。九月，龍州宣撫司獻瑞麥。上以所在旱蝗相望，獨此麥瑞，何以免民饑。自今天下凡若此類皆毋獻。【略】

二年正月，勑大同總兵都督方政、寧夏總兵都督史昭、都督蔣貴等率兵二萬出境巡哨，遇虜賊，相機勦殺。巡撫大同右僉都御史李儀言：「和寧殘虜窮無所歸，乍臣乍叛，小爲邊寇，此常情也。嚴烽火，謹斥堠，練士馬，待其自遁則無事矣。今重兵出境，棄所守地，僥一勝，賊倘偵伺襲我空虛，非策也。」上是之。三月，增雲南儒學師生廪米。籍重囚，出免死者。乙巳，月食。大名河陝諸處逃民先後入山，抵漢中府深谷中潛住，以四五萬，黄河北岸亦有千數團聚。命監察御史金敬撫輯之，勑諭曰：「皆朕赤子，願還故鄉者令有司善加綏撫，願占籍者復二歲。」【略】

三年正月。二月庚午，月食。三月，東平知州傅霖言：「陛下即位，却珍奇之獻，罷不急之征，取回内官糧儲之事，以命巡撫、侍郎，清軍之事，以命監察御史，天下歡欣，歌誦聖澤。而徐、臨等倉仍用内官收糧，淮、浙等處鹽場仍遣内官併錦衣衛官較緝捕。以臣愚見，所在收糧自有州縣官員，巡鹽已有監察御史，内臣錦衣，絡繹四出，瘠民膏血，安所用之？」上嘉納焉。禁天下祀孔子於釋老宫。【略】五月，命行在吏、兵二部曰：「先朝嘗書在外庶官姓名於武英殿南廊，或書奉天門西序，以備觀覽，是以遠近聞風濯磨。中都留守司、各都司、布政司、按察司官姓名，爾等其書揭文華殿東西壁，朕考其賢否進退焉。」俾葺天下府州縣申明、旌善二亭。六月，【略】行在吏部尚書郭璡爲朝臣考滿者請勳階，上曰：「勳階所以寵百官，例授罔勸。初考不稱者勿濫與之。」命祭孔子先師，非土所産者鹿免代以羊，榛棗代以果。十一月，諭右副都御史陳智：「今武臣子弟忘祖父起家之艱，漫不省武藝。赴京比試，多有過期及覔代者。自今犯者全家戍邊，官吏受賂及不審實一體治罪。」【略】

〔四年七月〕辛酉，月食，命行在六科十三道廉在京諸不法事。行在工部給事中吴昇言：「邇年御史命三品京官舉保，臣謂御史既從保舉，則顧戀私恩，大臣即有奸回不法，孰肯彈劾？乞停止之。」上是昇言，下行在禮部會議。議上，命自今御史員缺，第從吏部於進士、監生及教官、儒士出身俱歷一任考稱内，選其操行端潔，政理疏通者送都察院理刑半歲，本院覆試，堪任者具奏擢用之。命公、侯、伯、都督諸武臣隸成國公朱勇操習，内外文武大臣并巡按御史各舉堪任武職者，令御史、給事中任滿九年果廉幹者都御史、掌科給事中連名奏保，吏部廉實具奏，陞擢後坐贓罪，逮治舉主。【略】十月，勑諭行在禮部、都察院曰：「風憲之官，所以肅僚貞度也。憲綱一書肇於洪武，厥後官制不同，所宜因時改書，而中外憲臣有任情增益者。先帝嘗勑禮部同翰林儒臣考舊文申明之，益以訓戒之言，臣下所增，竝從削去。書成，而先帝上賓。朕今考定，益以見行事宜。爾禮部其即頒布中外諸司、都察院通行，諸道御史及按察司官敢有不遵，必罪不恕。」【略】

五年正月，真定、太原所屬州縣招撫逃民復業三萬餘户，令有司善加撫綏，免租役三年。諭行在户部臣曰：「去歲畿甸及山東、西、河南蝗，恐遺種於今歲，速下所司捕滅之。令北方民出穀五百石賑濟者旌爲義民，優免其家；口外民能出米豆三百石者亦如之。令南北直隸、河南、山西諸處逃民復業者有司優卹，不服招撫者罪之。【略】十二月，俾中和韶樂器。先是，四夷朝貢使皆給馬出入，至是，始令給正副二使而止。增鄉會試取士額。勑曰：「欽天監言歲朔日食凡九十一鈔，故事食不一分者不救護，朕惟敬天之變，毋敢豫康，況茲獻歲。其以是日免賀，行捄護禮如常儀。」

六年正月，己亥朔，日如不食。行在禮部請賀，不許。【略】六月，監察御史曹泰言：「蝗蝻水潦皆大小臣奉職亡狀所致，乞令科道官指實劾奏，仍令堂上官考察所屬，選擇廉公大臣分行天下考察。」上可其奏。已，科道交劾尚書郭璡等，上姑恕，予自新。已，璡等上章伏罪，請矢心選擇大臣考察在外官吏，上亦能之。勑曰：「間者畿内旱蝗，朕心警惕，有言大臣所致，朕明下其章，俾之脩省。而言官指摘過當，朕慮混淆，悉置不問。乃犯者不悔，過言者猶忿攻。今最甚者皆已罷黜，爾大小官員宜益勵厥心洗改焉。」八月，賑常、池二府饑。諭都察院曰：「朝廷優士至矣，將領不卹，輒私役爲工匠，月日亡休。沿邊軍屯操稍暇，邊將亦輒令捕野味，治薪炭。勾至補伍者，所隸官盡索其攜。何怪不貧窘逃竄也？今犯者，與法司執之。」九月，奉天、華蓋、謹身三殿，乾清、坤寧二宫成。賑豐、沛二縣饑。十月，總督雲南軍務兵部尚書兼大理寺卿王驥奏雲南按察司僉事徐觀、大理知府賈銓、楚雄知府馮淯餽運有方，乞量陞轉，以示褒勸。下吏部，尚書郭璡請如驥請。上曰：「賊未平而陞餽運之官，先事也。功成後論敘班賞，人其孰不然？」璡頓首謝。【略】十一月甲午朔，上御奉天新殿。大赦天下。罷稱北京行在，冠南京二字於南京諸衙門。【略】

〔七年〕三月壬戌朔，上詣天壽山，展祭於三陵。甲子，還京。【略】〔四月〕戊寅，册立錢皇后。【略】十月，太皇太后不豫，禱太廟。【略】太皇太后不豫，久思見襄、鄭、荆、淮四親王，遂召之。乙巳，太皇太后崩。十一月庚申，上尊謚曰「誠

孝皇后」，詔天下。壬申，月食在井。十二月，禮部臣奏山東左參政沈固、右參政劉璉竝言中外官舍軍民戴帽、穿衣、語言、跪拜，尖頂禿袖，垂纓插翎，竝學胡俗，請令都察院嚴榜戒治。從之。己卯，祔太皇太后主太廟。【略】

〔八年三月〕，巡按直隸監察御史趙勗奏：「皇上承列聖之緒，躬履節儉，子育元元，甚大惠也。夫何郡邑守令未盡得人？凡遇水旱災傷，慮煩勘覆，輒匿不聞。間有上陳，部司又以國用不敷，不爲停免。是致凍餒貧困，轉徙流移。臣見鳳陽、潁川一帶扶老攜幼，風栖露宿者動以萬計，詢其所自，皆真、保二定、山東諸郡民，因累歲荒歉，税糧孳牧，逋負者多，有司不量情力，且責償遠年賑濟糧米，饑窘轉切，箠楚日加，若不轉徙，何以自存？乞廷議便利，凡天下旱澇之處一應應徵錢糧鹽鈔，并孳牧雜辦，賑濟倉糧，悉皆停免，仍取勘缺食之人，不問土著流移，驗口賑給。自今殿最守令，一以户口增減爲差。」上從其言。致書鄭王瞻埈曰：「比念皇考同氣至親，久處封國，特召諸叔及宫眷子女來京，不幸皇祖母退棄，痛何可言？近襄、荆、淮三叔王次第具至，叔獨疾不果來，悵然在念。兹特齎奉金銀、彩幣、鞍馬諸物兼賜世子、郡王、郡主，叔宜勉進藥食，遠副睠望。」襄王、荆王、淮王還國。南京都察院右僉都御史張純奏：「宋臣包拯謂古禮人臣七十致仕，所以優崇老成，且開止足之端也。歷代皆行，國朝尤重。切見内外文官有踰厥紀，亦或年及者，精神昏晦，在公日少，請急時多，曠廢甚矣。間有畏清議，勉告致仕，吏部又以精力未衰，奏留如故，彼此相蒙。乞申明古禮，有因循覬覦之輩許給事中奏黜，其倚重眷留無可去之義者，自難緪拘。」上示純奏於吏部，令先以純言曉諭，許其自陳。蓋自是多有致仕者。【略】五月，翰林院侍讀周叙上言時政及郡臣不職。上示章諸大臣，皆引罪自訟。上命加毖慎，以副朕意。【略】己巳，月食。戊寅，雷震奉天殿鴟吻。己卯，上輟朝三日，遣祭於昊天后土，勑諭文武群臣曰：「朕顓顓之誠，不遑夙夜。上天垂戒，厥有所繇。典祀之官誠弗至歟？養民之職政失當歟？軍旅之臣令過苛歟？銓選之仕進退乖歟？爵賞之行明公不盡歟？至於刑罰過當，尤干陰陽，抑訴冤有詞，菀結不理，指告有禁，違例故行歟？或操不潔白，受人賄囑，或聽不明公，爲人脇制，誣枉平民，傳致其罪歟？朕思省惕懼。爾群臣其即革心改慮，勉効自新，天道顯明，可忽違哉？」壬午，大赦天下。【略】

〔九年〕三月辛亥朔，上幸國子監。始復晚朝。御製重建太學之碑。以雨雪愆期，遣祭天地、社稷、山川諸神。【略】七月，重開福建、浙江銀場。令天下岳鎮、海瀆、府州縣社稷、山川、文廟、城隍及祀典神祇壇廟有損壞者，有司以時脩葺。令有司掩瘞暴骨，禁發掘墳塚者。壬寅，雷震奉天殿鴟吻。上親告於太廟，遣祭於昊天后土。勑户部曰：「南北直隸被水災絶多，朕甚憫焉。爾户部其令所司加意存卹，缺食者賑之，蠲其租及歲辦物料，命都察院揭榜禁約在所豪横之徒巧科斂剋害軍民者。」八月，飭將帥無掊剋軍士。申明習尚胡虜衣服語言之禁。刑科給事中鮑輝言：「府州縣官九年考滿，多因在任買田置宅，娶妻立籍，恐遷别處，要民保留，弊政爲甚。」下史部，言：「保留舊例不可以一妨十，惟宜申明所隸上司，嚴加覈覆。」上令巡按御史、布按二司及該府官自今從公覈，具實奏聞，有狥私罪之。大理寺卿俞士悦等言：「文職受財枉法滿貫當絞者例充軍，不滿貫者竝贖爲民，武職坐流徒杖者例槩充軍。夫武職出萬死得官，例槩充軍，則前功盡棄，罪反重於文職。乞令武職受贓，私縱操卒，滿貫當死者充軍，其餘不滿貫當流徒杖者，如舊贖罪還職。」從之。【略】

〔十年〕三月甲戌朔，上謁祭於三陵。乙亥，還京師。申禁私創寺院庵觀。勑鎮守陝西右都御史陳鎰，巡撫河南、山西左少卿于謙曰：「近得御史馬恭奏，陝西遠近居民求食日有二千餘人，餓死數多，咸陵、渭南、富平等縣閉門塞户，逃竄趁食。及爾謙奏，祥符境内饑民屯聚男婦千餘，原武亦如之。朕即位以來，輕徭寬負，詔書屢矣。今歲歉未甚，流散若此，豈非府州縣官侵暴之耶？又聞衛所官亦往往剥害諸軍士，方面風憲與同流汙，疾苦不在心，是皆不可原。今姑予自新，其各飭令正佐能幹官分巡所屬，量發廩，或勸富家賑貸，不急之務悉爲停止，有所不便，具實以聞。逃移至境者，設法安插之。爾等爲國重臣，宜盡心區畫，有司官貪暴闒茸者起送赴京，軍官具奏處治。欽哉。」復分勑陝西、河南、山東、西三司及近畿諸府。四月甲辰朔，日食。復閉浙江、福建銀場。五月，廣西潯、梧諸府蠻寇竊發，總兵官安遠侯柳溥率兵勦殺，斬首七百三十五級。平鄉伯陳懷奏薦山西行都司都指揮僉事吴浩將材，宜召用之京師。上曰：「正可障邊。」因命兵部臣有邊材者自今毋輒動。六月，以西安、紹興、寧波、台州諸府大疫，遣祭於西嶽、南鎮之神，爲民祈福，死者蠲其租，病賑卹之。七月，巡撫河南、山西大理寺左少卿于謙奏山陝饑民俱餬口於河南懷慶，河南有貯米六十餘萬，請減糶。上許之，命户部馳報毋緩。復荆王瞻堈書曰：「承諭漁於蘄州之赤東湖，朕特允請。然山澤之利，自昔共民，叔氏宜體此意。」八月，命黔國公沐斌佩征南將軍印，充總兵官，鎮守雲南。乙巳，遣祭於司鍾之神，曰：「惟神職司禁鍾，朝儀

是肅。兹晨扣擊失常，朕惕政乖，特申祭告。」命户部左侍郎李暹覈儲於河陜，酌羅買以備邊。九月，諭吏部尚書王直曰：「給事中職封駁糾劾，非行誼莊飭、才識優長、儀偉言端，曷克稱之？今後慎選，毋以輕畀。」乙亥，吏部右侍郎趙新言銓衡四事：「其一，人無全才，古今皆然。身言書判，法固當因，器使隨才，亦或不違。若責短棄長，捨僉議而自用，變舊典以狥私，則選任失宜矣。其二，薦賢臣，忠考察，才彀也。今孝謹人才，有司舉到，不辨真贋，輒自發回。匪惟蔽賢，抑且違詔。其三，各衙門送到辦事年滿官員挨次取選，故事也。今不論月日先後，却候積累人多，雜亂文狀，隨手取寫，謂之公道，後薪前魚，欲人無怨，不可得也。其四，官吏詐匿親喪，厥罪惟均。今匿喪者罷爲民，而詐喪者職役如故，禮法乖違，輕重失等。臣敢冒昧以聞。」上一從新言，命詐匿親喪者竝爲民，著爲令。十月丙午，上畋於南海子。【略】

何喬遠《名山藏》卷一二《典謨記·英宗睿皇帝二》（十一年）二月，有異氣現華蓋殿金頂及奉天殿鴟吻之上。遣告於上天后土。以春和，下寬卹之詔。三月丁丑，上展祭於三陵。庚辰，還京。【略】

十二年正月，申明僭用織繡蟒龍、飛魚、斗牛及違式花樣之禁。二月，命户部右侍郎一員專巡視倉場。命翰林侍講等官杜寧、裴綸、劉儼、商輅、江淵、陳文、楊鼎、吕原、劉俊、王玉日讀書東閣，學士曹鼐、陳循、馬愉爲之師，以次侍經筵。禮科給事中言：「銓選經也，保舉權也。仰惟太祖太宗之世，一凡銓選，吏部專職之，仕版得忠良，豪門無奔競。宣宗時，慮有遺伏，爰命大臣旁求俊乂，布、按二司知府有缺，令京官三品以上保舉。初意未嘗不善，法行既久，多所比周。舊例犯贓連坐舉主，今復未聞，所以互相倣習，略不警憚。先所薦揚或其過惡，力爲掩覆，能人貞士耻媚拙容。内而御史，外而知府，有任九年尚仍厥官，賢否溷淆，何所激勸哉？臣惟昔之銓衡或未精，是以先帝改爲保舉，今之保舉既未公，伏望皇上復祖宗之故。」廷議命如舊，比周攀援者御史、給事糾劾之。三月乙丑，上展祭於三陵。庚午，還京師。《五倫書》成。諭禮部月一集議群臣所言事。【略】八月庚申朔，日有食之。應天、山東諸府州縣衛所各奏旱蝗相仍，軍民饑殍，上惻然，謂户部臣曰：「天災未有甚若今者，朕夙夜惶懼，卿等思弭卹之道，亟行之。」【略】十一月庚寅，皇長子生。考郎兀衛都指揮哥哈遣官入奏，黑龍江諸部野人欲來朝貢，乞付勅招之。上曰：「朕不能勞人以事遠。若其自來，固不拒也。」嚴私鹽之禁。【略】

十三年正月，釋李景隆家屬拘繫於南京。册祁銈爲淮王。二月，脩大興隆寺，禁城西作佛事，上臨幸焉。甲申，上展祭於三陵。三月戊子，還京。壬寅，傳臚進士及第第一人彭時，不至。鴻臚寺卿廷劾時，上曰：「宣索之。」故事，廷劾當捕逮，廷臣服上敏。【略】四月，皇二子見濬生。【略】七月，京師飛蝗蔽天。巡按河南監察御史涂謙言：「竊見内外官初任之時，莫不砥礪束脩。及得授方面知府，歲不二三，遂改度操，往往累及薦舉大臣。誠以厥初希望，而後怠窳，乞遵洪武、永樂舊制，一從吏部選擇陞授，或皇上親擢任用。」從之。遂罷大臣舉官例，亦罷各部郎中、員外九載會考之制，從本部堂上官及都察院考覈。八月，福建賊鄧茂七攻掠沙、尤二縣，命左軍都督府左都督劉聚往勦之。上識右僉都御史張楷才，命往監其軍，得用鼓吹導騎出都門，文武大臣祖餞。巡撫大同宣府右副都御史羅亨信奏：「塞卒勞邊，歲無寧日，餘丁無他生業，惟事田作而已。今計一歲得盡力南畝者十無八九，蓋每歲正塞卒候接北虜使臣，二月出境，三月始得就田，七月又復採草，八月以後脩關備邊，十月又將迎接使臣矣。邊地砂鹻磽瘠，霜早雨遲，收穫甚薄，聽之自食，猶慮不足，若徵其税，必致逃竄。昔太宗皇帝時詔關邊士者無徵，皇上初年亦有是命。今大同、宣府所有新闢，户部遣官經量，人除八十畝外，餘地每畝徵税五升。臣竊謂爲户部者但知積粟實邊，孰知守邊在人，人心不固，誰與共守？乞罷其役。」上嘉納之。九月，新城縣疫。寧王權薨。上諭禮部臣曰：「聞内外官有事至王府者多方需索，致其窘迫。自今止許禮待酒饌，勿與餘物。三司并巡按御史體實來聞，犯者悉處死，全家發戍邊，三司御史知而容隱者重治之。」【略】

（十四年三月）庚寅，上展祭於三陵。癸巳，還京。【略】（七月）己丑，虜酋分道入寇，上議親征焉。吏部尚書王直率廷臣諫，司禮太監王振從中勸成。上不聽，命郕王祁鈺居守，駙馬都尉焦敬輔之，太師英國公張輔、太保成國公朱勇、鎮遠侯顧興祖、泰寧侯陳瀛、恭順侯吴克忠、駙馬都尉井源、石璟、廣寧伯劉安、平鄉伯陳懷、襄城伯李珍、遂安伯陳塤、脩武伯沈榮、建平伯高遠、永順伯薛綬、忠勇伯蔣信、左都督梁成、王貴、右都督李忠、都督同知王敬、都督僉事陳友安、朶兒只、户部尚書王佐、兵部尚書鄺埜、吏部左侍郎兼翰林院學士曹鼐、學士張養、刑部右侍郎丁鉉、工部右侍郎王永和、都察院右副都御史鄧棨、通政使司右通政龔全安、左參議欒惲、太常寺少卿黄養正、戴慶祖、王居一、大理寺右寺丞蕭維禎、太僕寺少卿劉容、鴻臚寺掌寺事禮部左侍郎楊善、左寺丞張翔、尚寶司少卿

凌壽、翰林學士張益及諸給事中、監察御史等官俱扈從。大同總督軍務西寧侯宋瑛、總兵官武進伯朱冕、左參將都督石亨等拒虜大同，已敗，瑛、冕死之。甲午，車駕發京師，夕次康家嶺。乙未，次龍虎臺，夜驚。丁酉，過居庸關。風雨連朝，六軍患苦，文武將士皆無紀律。群臣請駐蹕，不許。戊戌，次榆林站。己亥，次懷來。庚子，次雷家站。辛丑，駕至宣府。風雨大至，邊報益急。扈從群臣復交章請駐蹕，王振怒，俱令略陳。壬寅，次雞鳴山。衆皆危懼。上素以事付振，振益肆威拒言，折辱諸大臣，必進師。我師漸進，虜漸退，伏塞外。癸卯，次萬全峪。是夕，金星犯亢。甲辰，次懷安。是夜，黑雲四塞。乙巳，次天城西。丙午，次陽和。是夕，火星犯土星。丁未，次聚落驛。

八月戊申朔，次大同。己酉，雨益驟，始議旋師。庚戌，東還。其夕，營於雙寨，有黑雲覆營如蓋，須臾，大雷雹，風雨徹夜，驚亂。辛亥，次滴水。壬子，次洪州方城。癸丑，次白登。月犯心宿。甲寅，次懷安城西。乙卯，次萬全峪。丙辰，次陽和北沙嶺。丁巳，次宣府。庚申，將發宣府，諜報虜襲我軍後，遂駐蹕。恭順侯克忠殿戰，敗没，遣成國公勇、永順伯綬領軍往捄，遇伏雞兒嶺，亦陷。辛酉，次土木。絶水，虜益至。壬戌，詐退。王振使移營近水，陣動，虜四面至，我軍大潰，上陷虜中。虜邀車駕北行，唯中官喜寧、忠勇伯蔣信從，振等皆死，士卒死者數十萬。張輔、陳瀛、井源、陳懷、李珍、沈榮、梁成、王貴、王佐、鄺埜、曹鼐、丁鉉、王永和、鄧棨、張益、龔全安、黄養正、戴慶祖、王居一、劉容、淩壽及給事中包良佐、姚銑、鮑輝，中書舍人俞拱、潘澄、錢昺，監察御史張洪、黄裳、魏貞、夏誠、申祐、尹竑、章存德、孫慶、林祥鳳，郎中齊旺、馮學明、滕員，員外郎王健、程思温、程式、逯端，主事俞鑑、張瑭、鄭瑄，大理寺左寺副馬豫，行人司正尹昌，行人羅如墉，欽天監夏官正劉信，序班李恭、石玉等皆死焉。

上之陷虜中也，南面坐地。一虜來，稅上衣，上不受。虜怒，欲兵上。一虜詰之，熟視曰：「此非常人，與見賽刊王。」上見賽刊王，曰：「子也先乎？子伯顔帖木兒乎？子賽刊王乎？子大同王乎？」伯顔帖木兒、賽刊王、大同王，皆也先諸弟也。賽刊王驚，馳告也先曰：「今得一人，問我那顔名字，問我等名姓，寧大明皇帝耶？」那顔，華言君也，主也。也先曰：「安在？」召熟使使視之，使至，上亟呼其名。虜使大驚，下叩首。還語也先：「果大明皇帝也。」也先聚其酋長而謀曰：「大元皇帝一統天下，我等日夜扣天，求取故物，天果與大明皇帝，若何處之？」有一酋長名乃公者曰：「大明皇帝，我大元皇帝仇也。天賜那顔，其可違乎？」伯顔帖木兒怒，搏乃公頰，曰：「那顔圖作萬世後好男子，大明皇帝天人也，不知天帝何故有怒焉？推而棄之地下。雖然，兩軍交戰，不億人馬有中刀者、有中箭者，有踐傷死者，有壓死者，大明皇帝獨不中刀、不中箭、不及踐傷、不及壓，見而問那顔，問我等，無驚恐怨怒。我等久受大明皇帝厚賞賜，雖天有怒，推而棄之地下，而未嘗死之，我等何可反天？那顔若遣使告明人，使明人來迎而返之，復爲天子，萬世而下那顔不留好男子名耶？」皆曰：「得知院言，是也。」也先顧伯顔帖木兒曰：「汝即領活大明皇帝。」遂以我先所使千户梁貴見，使虜一人偕報明。虜中所嗜九龍蟒龍段匹，上使貴取之，并取珍珠金銀以賜也先。時梁貴以袁彬見，遂得侍上。

當是時也，京師戒嚴，贏馬疲卒不滿十萬，人心洶洶，羣臣聚哭於朝，議戰議守，未有所決。侍講徐珵曉天文，好談兵，倡南遷。禮部尚書胡濙曰：「文皇帝定鼎於此，示子孫不拔也，而尚可遷？」刑部侍郎江淵曰：「當固守。」兵部侍郎于謙曰：「言遷者，可斬也。速召勤王兵死守之。」學士陳循曰：「于侍郎言是。」衆皆是。皇太后禁中疑懼，問太監李永昌，永昌對曰：「是也。陵廟宫闕在此，倉廩府庫百官萬姓在此，南遷，大事去矣。且陛下不聞宋靖康乎？」因爲皇太后述靖康事。皇太后悟。

甲子，也先奉車駕宣府城南。守宣府者昌平侯洪先避去，上命諸將開門，登陴遥對曰：「天暮矣，所守者陛下城池也。」上涉河北。是夕，虜有他志，天大雷雨，震死也先所乘馬，虜衆皆驚。袁彬出窺，赤光覆幄，虜大駭異。旦，也先頓首幄前，進熟餚、皮服、寢具。有岳謙者，故通事也，上復使從故太監喜寧於京師取金銀綵幣賜虜。乙丑，皇太后命郕王祁鈺攝總百官。戊辰，虜二千餘人奉車駕大同城下。守大同者定襄伯登亦閉門不内。上曰：「傳語郭登，與朕姻婭，何得便爾？」袁彬持駕牌觸門而呼，大同人縋之。廣寧伯劉安、給事中孫祥、知府霍瑄出見，上曰：「勿疑汝主也。」安等伏哭上前。上使入。登亦出見，伏哭。上曰：「奏報皇太后，朕虜中亡恙。也先欲送朕還，使來，厚賞之，遲之，益深入矣。」因取庫金二萬二千兩，以二千賜也先，五千賜伯顔帖木兒若賽刊、大同王，餘以與虜衆。虜益邀賞。武進伯朱冕、内官郭敬括家貲并諸指揮千百户家出衣服分犒之，置酒大勞。上召定襄伯固守，刈秋稼餉士，慎警報。是夕，虜奉上駐蹕城西二十里。定襄伯欲使壯士輩上過石佛寺，乘間迎入城，上曰：「我命在天，勿取敗道。」

是時，郕王以于謙爲兵部尚書。庚午，王御午門。【略】是日，虜奉車駕至威寧海子。壬申，廷臣交劾隨駕失機總兵官鎮遠侯顧興祖等，王下興祖獄，禁錮之。是日，虜奉車駕次九十九箇海子。癸酉，次柳原。甲戌，次黑河。劉安述出見太上皇語於朝，王諭安曰：「聞虜圍擁一人，稱是至尊，爾等出朝與之貨物，不慮誘耶？楊洪蓋遠避之，爾何無謀？中國惟知社稷爲重。」總督獨石等處備禦右少監陳公言：「虜中阿剌知院率衆圍龍門，射矢，繫書言講和。」下兵部，尚書于謙曰：「虜詐，但防兵。」丙子，群臣合請皇太后：國有長君，社稷之福。宜立郕王爲皇帝。是日，虜奉車駕次八寶山。

九月癸未，郕王即位，遥尊上爲太上皇，立太上皇子見深爲皇太子，以明年爲景泰元年，詔赦天下。監察御史李著上疏争，疏曰啓，稱帝曰殿下，自稱曰下官。帝曰：「御史醉耶？」著對曰：「下官正言。」帝誅之。癸巳，虜奉車駕斷頭山。虜故得賞賜厚，有德中國之心，其送上皇也，第欲得漢物，無他意。中國慮虜黠，不敢信，既扣諸關無所入，乃奉車駕以北。上皇在虜中，無阻怯之容，隱處幄居，時時見徵表。也先繇此奉上皇甚恭，而我雖不納，虜衆往來遣使亦不絶也。乙巳，遣都指揮季鐸起居太上皇，告即位及立皇子。王奉太上皇書：「虜若送駕來，可五七騎，擁衆大入則不敢許。大兄還居天位，無所不可，但恐降尊就卑，他日非所以正名。」亦致書於也先。也先曰：「明立皇帝矣，終無和意。復往追擾，令彼南遷，取我故元大都，不亦善乎？」庚戌，殺馬設宴，共立太上皇爲皇帝，以白馬賀。壬子，復送車駕還京。

十一月甲寅，至大同東門。也先遣伯顔帖木兒及喜寧、岳謙言於城下曰：「不納上皇者久，久必讎殺。」霍瑄出水竇以見，控御馬，獻鵞酒諸物。上皇密諭瑄告郭登毋開門也。轉至陽和，陽和不敢納。喜寧語虜曰：「二邊不納，今可從紫荆關進腹裏，以入京師。」遂奉車駕入關，殺關指揮韓清等。副都御史孫祥守關，出走死。時京師戒嚴，命諸將分陳九門，受石亨節制，于謙督亨軍。丁巳，虜奉上皇過易，次良鄉，父老獻茶菓、羊酒。戊午，次盧溝果園，署官獻果品。上皇奉太后與帝，諭群臣，凡三書，書命固守。頃之，遣岳謙與虜使納哈出答話彰武門外。守門官軍擊殺謙，納哈出奔還。也先遂列陣西直門外，上皇御幄，止德安門外。己未，虜奉上皇土城，邀大臣迎，帝疑焉。即日，陞通政司右參議王復爲右通政，中書舍人趙榮爲太常寺少卿，齎勅出見，進羊酒諸物。也先、伯顔帖木兒擐甲胄屬弓矢取勑視蕃書，太上皇帶刀取勑視漢書。上皇曰：「大臣何不來？」也先問曰：「是皆何官？」上皇曰：「小臣也。」也先曰：「大臣不迎而使小臣，我送皇帝到門，乃諸大臣不迎皇帝？」上皇曰：「爾歸，則使于謙、石亨、王直、胡濙來復。」榮反命。下廷議，言謙等國所仗，竟不遣。

庚申，謙、亨伏兵德勝門兩旁，擊虜，敗之。都督孫鏜戰西直門，斬虜先鋒數人，逐之。虜益圍鏜，鏜力戰，都督高禮中流矢。亨分兵往，虜引却。都督王義、武興戰彰義門外，以神銃擊却虜，遂敗之。逐至土城，興中流矢死。居民升屋擲虜磚，磚亂下。也先怒，壬戌，奉車駕出土城北去，與伯顔帖木兒、大同王謀送太上皇出紫荆，自往攻居庸。居庸不守，即迎太上皇還入京師，而曰：「中朝大臣無一人出迎駕，但隨皇帝者皆歸。」於是獨袁彬與通事哈銘隨太上皇駕。癸亥，也先先行，駕後，失所向，袁彬大哭：「家有老母，而不得歸。」哈銘曰：「兒切勿言。萬歲金身，然且在此，我等草木沙土也，又何足道？」太上皇使銘籠馬左右行，過溝河山崖，銘下馬扶持。甲子，伯顔帖木兒、大同王來護太上皇，道見曰：「太師誠心送皇帝歸，皇帝家兄弟立爲皇帝，皇帝臣宰背皇帝恩，不一出見，太師所以怒而西還。今欲到陽和，使使臣送皇帝從居庸關以歸，毋令皇帝望見京師，思念皇太后。萬一皇帝念太后病悸，至有不可知，乃使我留惡名後世。」晚至易，卒劉婆兒耴水作飯，銘煑肉，納皮袋，防太上皇道饑。乙丑，過紫荆。銘請過視其親，太上皇曰：「如何捨我？」銘曰：「銘死不敢他。」丙寅，次蔚。丁卯，次順聖川。己巳，至陽和。是時，也先已攻居庸不下，喜寧曰：「太師云於此送駕矣。」忠勇伯把台曰：「太師又謂於此送駕，是輕也，意欲奉太上皇至其營，還求中朝使臣來迎，乃成禮耳。」把台者，蔣信也，與喜寧故皆虜中人，故能得虜意。然信多所擁護，而喜寧好生事，時時爲虜畫計，亦數桀驁上皇前，上皇無以罪也。庚午，虜奉車駕出陽和西行。雪，太上皇帳寢雪中。辛未，次貓兒莊。壬申，往即寧海子東岸行。甲戌，至虜營，哈(密)〔銘〕爲帳。有虜一人欲殺銘，竟已。乙亥，往西北行，曰小黄河東，伯顔帖木兒小營在焉。伯顔帖木兒妻急使虜女設氊帳，止宿供具。數日，復西行。是月也，致書也先曰：「太師送太上皇還京，具悉厚意。聞軍馬從西剽，衆心驚疑，以此整栅隄備。太師若退劄山下，解甲置兵，送駕中途，人有額數，此亦當解甲置兵，迎駕人如太師之人，抑太師之人有厚賚焉。」以虜退，進封石亨武清侯，于謙少保兼兵部尚書。

十一月，上皇至虜營。虜奉益恭，殺馬設宴，稽首行君臣禮，妻妾四人次第上壽。伯顔帖木兒亦與其妻見上皇，如也先禮。也先七日一獻馬，伯顔帖木兒

七日一獻牛，日一獻羊馬牛潼。射生則獻野馬、黄牛。上皇道行或乘馬，或坐暖車，虜男女途見皆馬上叩頭，時或進生。也先時時設宴，手上酒，手彈箜，撥思兒唱曲，虜齊和之。大同、賽刊二王上酒，皆跽曰：「中國聖人，天之姤也。」也先請上皇曰：「今得明遣使來迎皇帝歸矣。」上皇曰：「即汝自送我，求我使臣，徒費往反耳。」喜寧不悦，謂忠勇伯曰：「求急歸者，袁彬也，合殺之。」上皇乃謂喜寧：「我自謂也。」居數日，也先奉上皇轉西行，至八寶山，喜寧復言：「從此還到甘，使其守將迎入，即轉入陝西，取陝騎卒以入南京，遂居於南京。」彬、銘侯喜寧去，白上皇曰：「天寒甚，陛下又不能騎，空取凍冷。到時守將亦必不受。」上皇曰：「是也。」喜寧曰：「此又哈銘謀，直殺銘耳。」上皇道渴，銘覔陽泉，鑿冰進水。上皇居，哈銘求虜車一輛、駱駝一隻，展猫皮褥坐上皇車中。伯顔帖木兒所畜虜奴竊上皇物，喜寧聞，上皇使銘往索之。銘曰：「我今在困中，索虜竊取物，如虎口奪食，徒生怨耳。」上怒，使袁彬鞭銘。鞭已就，叩頭氈帳前。上皇曰：「鞭何叩頭也？」銘曰：「臣棄父母、兄弟、妻子而從陛下，尚誰攀耶？」是月也，也先遣使來求使臣，不見報，因自來掠寧夏，竟歸。歸則請尚妹，上皇固卻之。上皇處居益莊，虜人服聖敬云。

是月，以甲申詔天下，詔書言：「虜駕辭講和，迎請太上。大臣出見，徧歷虜營，失駕所在。乃焚書斬使擣之，六軍斬獲甚盛，京城内外，人心帖然。用告天下，以彰殺伐之威。」太常寺少卿習嘉言：「孝弟慈愛，人道所先。推以化成天下，虞氏之爲政也。太上未還，皇太后宫中豈能紓樹萲之憂，割懸旌之心？願陛下朝夕惓惓，口不釋迎復語。皇太子幼冲，不時存問，孝弟慈愛，昭著内外，自然天下之人有所感動，以濟大功。」

十二月庚戌，尊皇太后爲上聖皇太后，母賢妃吴氏爲皇太后，封妃汪氏爲皇后。雲南金齒軍民指揮使司知事袁敏言：「太上皇帝曩居九重之上，所服衮繡，所食珍羞，所居璿瑶之宫，芙蓉之闕。今遠處沙漠，日之窮次，歲且更始，凡有人心，孰不思痛？臣聞主辱臣死，上皇辱至是，爲人臣子，己夕思念，碎骨剖心。乞遣人起居，將奉禦寒衣具，若飲食之物，或就令臣同通事人伴齎往。臣雖死虜，亦所甘心。」

何喬遠《名山藏》卷一四《典謨記・英宗睿皇帝三》 上居南城七年矣，景帝伐宫樹，錮宫門，已無復天下意。景帝病，所立太子薨，上太子久廢，司禮監太監王誠與大學士王文等謀迎立襄王子，未定。群臣且上章請惟景帝所立。都督張軏與其弟輗、武清侯石亨、太監曹吉祥謀請上復位，鴻臚主簿萬祺知禄命，告亨曰：「皇帝在宫，奚事他求？」亨告太常卿許彬，彬曰：「社稷功也，雖然，彬老矣，徐元玉才，有膽，盍圖之？」元玉者，副都御史徐有貞也。亨等夜過有貞，有貞曰：「太上出狩，非以遊畋，爲國家耳。南宫雖錮，民無離心，奉以復辟，天人同符，在此時也。」一再日，亨等復過有貞，有貞升屋步乾象，曰：「可矣，在今夕。」相與密定計。有貞曰：「今虜騎薄都城，公總兵也，莫若名備非常，納兵闕中。」皆曰：「善。」遂倉皇出，會曹吉祥及靖遠伯王驥、都御史楊善、兵部侍郎陳汝言等至長安門下。門開，亨等以兵千人入，有出入者輒呵止之，宿衛皆驚。有貞收諸門鑰，投水竇中。

時方四鼓，天晦，亨等亦恇惑。有貞大呼曰：「時可矣，勿退。」率衆薄南宫。門錮，俄隱隱有開户聲。有貞使數人舉梁厲以衝門，勇士踰垣入，毁之。城中黯翳，軏等入，乃燭。太上皇燭下獨出，曰：「爾何爲？」俯伏合聲請陛下登位。揮士進輦，皆驚顫，莫能舉。有貞挽之前，擁上皇登，遂夾輦行。忽月星明概。上皇顧問有貞：「卿等爲誰？」各具官對。舁導入自東華門，門者呵之，上曰：「吾太上皇也。」遂翼升奉天門。諸臣推御座門中，上升座，鳴鍾鼓。群臣之請立太子也，景帝許以是日朝，群臣皆待，而帝不可起。有貞等號曰：「太上皇復辟矣。」趣入賀。舉朝震駭，遂皆呼萬歲。日中，群臣各朝服奉上登奉天殿，行即位禮。時正月壬午日也。是日，命徐有貞兼翰林院學士，參預機務於内閣。執少保兼太子太傅、兵部尚書于謙，少保兼太子太保、吏部尚書、謹身殿大學士王文，司禮監太監王誠、舒良、張永、王勤等付錦衣獄。頃之，改陞有貞爲兵部尚書，兼職視事如故。陞許彬及大理寺卿薛瑄皆爲禮部右侍郎，兼翰林院學士，參預機務於内閣。下故都督同知黄玹子指揮同知翰於獄，謫戍之。科道官劾大學士陳循、蕭鎡、商輅，尚書俞士悦、江淵，侍郎王偉黨比王文、于謙，迎立襄王子事，上命群臣廷治之。告即位於宗廟、陵寢。詔天下曰：「朕昔恭膺天命，嗣承大統，十有四年，民物康阜。北虜爲變，朕念宗社生靈，親率六師，以庶弟郕王監國。不意兵律失御，乘輿被遮。皇天悔禍，虜酋格心，奉朕南還。監國之人既無復辟之意，反爲幽閉之謀，旋廢皇儲，爰立己子，惟天不佑，未久而亡。杜絶諫諍，失德良多，朝政不臨，人心斯憤。今月十七日，朕爲公侯駙馬伯及文武群臣、六軍萬姓之所擁戴，請聖母皇太后祇告天地、社稷、宗廟，以其日復即皇帝位。其改景泰八年爲天順元年，大赦天下，咸與維新。咨爾萬方臣民，同秉忠誠，會歸皇

極，布告天下，咸使聞知。」封石亨爲忠國公，張軏太平侯，張輗文安伯，楊善興濟伯，皆予世。遷景帝杭后祔廟主於別室。陞曹吉祥嗣子錦衣帶俸指揮僉事欽爲都督同知，吉祥姪鉉及太監劉永誠姪孫聚、蔣冕弟成業，兄成達俱爲錦衣世襲指揮僉事，皆以迎駕功。群臣雜治王文、于謙、陳循罪，言謙與王文、江淵及太監王誠、舒良、張永、王勤景泰中串同故都督黄玹搆成邪議，更立東宮，尋復逢迎，廢黜汪后。陳循、蕭鎡、商輅不能阻，又附之。謙、文舉用項文曜、王偉、古鏞、丁澄等，樹黨行私。比因景泰皇帝不豫，在廷諸臣請立皇儲，而謙、文、誠、良、永、勤意欲外向。已見群情迎復皇上，乃圖糾合逆旅，欲擒殺總兵亨等。循、鎡、輅、淵、士悦、偉、鏞、澄、文曜俱知不告言，坐謙等謀反，當凌遲。循等知情故縱，斬死罪。學士薛瑄請輕之，乃命斬謙、文、誠、良、永、勤於市，籍其家，謫循、淵、士悦，文曜充軍鐵嶺衛，罷鎡、輅、偉、鏞、澄爲民。忠國公石亨言迎駕者於上，封右都督孫鏜爲懷寧伯，董興爲海寧伯，餘論叙有差。凡奪門者陞三級，保駕守門者陞一級，蓋三千餘人。景泰中諸群小皆伏誅。增給石亨、張軏禄命。楊善理左軍都督府事，進封會昌伯孫繼宗爲侯，予世。榜示王誠、于謙罪於天下。陞禮部儀制司郎中章綸爲本部右侍郎。

二月，以太后詔廢景帝爲郕王，復號郕王母后爲宣廟賢妃，皇后爲郕妃，懷獻太子見濟爲懷獻世子，革肅孝皇后、諸貴妃封號。徙王文、于謙、王誠、張永、舒良家屬充軍口北、開原等衛。陞南京都察院右副都御史軒輗爲刑部尚書。命吏部右侍郎李賢兼翰林院學士，參預機務於内閣。封都督曹義爲豐潤伯，焦禮東寧伯，施聚懷柔伯。調左副都御史王竑爲浙江參政，尋罷爲民，不叙。陞都督僉事石彪爲左都督同知，充遊擊將軍，領兵巡哨大同。月食，郕王薨，謚曰「戾」。

【略】

三月，陞錦衣衛指揮同知門達爲指揮使，指揮僉事袁彬爲指揮同知。己巳，立太子。封諸子見潾德王，見澍安王，見澤崇王。封徐有貞武功伯。陞李賢吏部尚書，兼職如故。因命有貞兼華蓋殿大學士，仍供文職於文淵，賜勳號散官。奉書襄王瞻墡曰：「先帝惟叔父親，宗室惟叔父賢。姪簡祁鈺宫，得叔父陳言、慰安二疏，循覽再三，比於金縢，皇太后感嘆不已。叔父云欲朝覲，姪亦喜見，以篤親親。即時氣候清和，敬遣太監時齎奉勑符若書迎請叔父，從容就道，姪竚俟叔父之至。」命石亨充總兵官，佩征虜副將軍印，搜虜於延綏。命興濟伯善兼禮部尚書，靖遠伯驥兼兵部尚書。都督石彪奏巡撫大同副都御史年富違法，繫治京師。上問李賢富何如，對曰：「其在大同公以斷。」上曰：「彪將惡其不利也。」召錦衣門達，必審究之，既多誣，賢曰：「欲卒白，當再勘。」請遣給事中、郎中二員。」上曰：「使武職一人同之，不者彼謂文臣相黨。」命左僉都御史林聰賑饑於山東。陞都察院右副都御史耿九疇爲右都御史，勑曰：「朕惟御史内糾百官，外按方隅，受朝廷耳目寄。苟非其人，曷任稱使？景泰失政，臺憲進選每出私門，當官者或枉法鬻獄，言事者或濟私罔上，出巡者或張聲勢，作威福，官邪不儆，紀綱蕩然。爾承朕簡，必奉公正己，督率咸脩。御史不職，爾等察舉，爾等不職，亦聽御史糾劾，黜幽陟明，國典斯在。」

四月，上召諸大臣曰：「中外民艱，皆因有司匪人，卿等審察，先有犯贓復職及見任操行不端、政績無聞、老有疾者，具以奏。」命内外法司審録罪囚。襄王瞻墡至，見之武英殿。勑刑部右侍郎黄仕儁賑濟近畿山東饑民。五月，命都御史馬昂賑饑山西。以民饑，減歲辦物料之半。御史楊瑄上書言石亨、曹吉祥奪民田，上示其章於徐有貞、李賢，皆曰：「御史言正。」上嘉之。

六月，彗星見室宿。十三道御史張鵬等以上嘉瑄，合章糾石亨不法事。章且上，石亨懼，入譖，上命收鵬及瑄，面詰諸御史於文華殿，悉下錦衣獄，究主使者。錦衣衛以右都御史耿九疇、右副都御史羅綺名上，遂并下獄鞫之。獄詞復言主九疇、綺者，大學士有貞、學士賢。上命科道官劾有貞、賢專擅威權，排斥勳舊，并下獄。復命吏部覈御史、給事中年二十五以上者留任事，三十五以下皆外調之。於是給事中玘、御史禎等四十餘人竝得調。是日，大風雷雨雹，發樹壞屋，奉天門東吻牌摧毀。乃降有貞爲廣東右參政，賢爲福建右參政，九疇爲江西右布政使，綺爲廣西右參政，十三御史盛顒等調知縣，楊瑄、張鵬謫充軍，玘、禎等復職如故。命通政司左參議兼翰林院侍講吕原於内閣參預機務。薛瑄乞致仕，許之。追贈故御史鍾同爲大理寺左寺丞。命翰林院脩撰岳正於内閣參預機務。留李賢復爲吏部右侍郎。彗星示變，占謂應在母后。己巳，上親告於皇天上帝，兼爲母后祈福。誅左副都御史蔣琳，梟其首貴州。

七月，復執徐有貞下獄。丙寅，承天門夜災。丁卯，上躬禱昊天上帝、后土皇祇曰：「恭惟皇眷命臣承統即位以來，星變不消，烈風震雷，拔樹壞屋，午門吻牌摧毀，承天門樓被災。屢見變異，深懼不勝。意者事天法祖未盡誠歟？爵賞刑罰未當歟？忠良未盡用，姦邪未盡去歟？所見不明，信讒佞歟？節儉不崇，侈財用歟？徵斂掊尅之未息，而刑獄冤濫之未雪歟？思過省躬，仰體仁恩，大赦天

下，伏祈曲賜洪原，用寧邦家。臣不勝待罪惶懼之至。」復遣告於太廟、社稷、山川。勑諭群臣曰：「朕以非德，膺乾復祚，圖治雖勤，應天無效。六日丙寅，承天門災，朕心震驚，罔知所措。意者敬事天神有未盡歟？善惡不分，用舍乖歟？曲直不辨，刑獄冤歟？征調多方，軍旅勞歟？賞賚亡度，府庫空歟？請謁不息，官爵濫歟？賄賂公行，政事廢歟？朋姦欺罔，附權勢歟？群吏弄法，擅威福歟？征斂徭役之泰重，閭閻田里靡寧歟？讒諂奔競之倖進，忠言正士不用歟？抑文武有司闒茸，酷吏貪冒無厭，致軍民失所歟？此皆所繇傷和致災，而朕或未明也。爾文武群臣股肱耳目，休戚惟均，果有直言，必當無隱。其或躬蹈前非，亦宜洗心改之。」遂下詔，大赦天下。【略】

八月甲午，以彗星未滅，躬禱於昊天上帝。丙午，月食。安置王竑於陝西。報書襄陵王沖烌曰：「日出視朝，禮經所載，古人君是常。王念予朝昧爽侵冒風寒，親親忠愛，感德良厚。【略】〔十月〕上謂李賢曰：「建庶人文垚與故吳庶人允熥姥屬淹禁且六十載，親而亡罪，朕不忍其久繫。」賢頓首曰：「堯舜之心也。皇天后土、太祖在天之靈實臨陛下。」遂白太后出之。左右或言不可，上曰：「有天命者任爲之。」乃居之鳳陽，令有司給月米薪炭，婚娶出入聽自便。復給火者二十多人、十餘人，遣内使溥等六人守視使令。勑群臣曰：「建庶人等幼累於前人，拘幽至今。朕欲群生皆得其所，況懿親哉？憫此遺孤，特從寬貸。用加賚送，聽從婚娶，以演後嗣，庶天下謂朕親親焉。」【略】

十一月，上曰：「山東連年災傷，民甚艱難，雖已遣賑，朕尚念之。吏部其就於本布政司推選廉能官一員專行撫恤。」吏部舉右布政王宇，遂以命之。命左僉都御史王儉賑貧於徐州，陛辭，上曰：「徐南北要衝，民艱，朕惻然。設心賑濟，毋恤庾倉。」定文官封贈誥勑例：一品四道，二品、三品三道，四品至五品二道。致書襄王瞻墡曰：「茲予初度，承惠多儀，加以玲瓏碧玉之帶。《書》曰『分寶玉於伯叔之國』，予施叔父，宜也。乃承惠於叔父，敬酬白金綵幣，匪曰展親，特表謝敬。」【略】〔十二月〕禱雪於宫中。

二年正月庚申朔，六科十三道劾兵部尚書陳汝言諸不法事，文武群臣奉詔鞫實，命固禁之。己卯，尊皇太后爲聖烈慈壽皇太后，詔天下。二月，封都督同知楊信爲彰武伯。韃賊入境，命大同總兵官高陽伯李文、遊擊將軍定遠伯石彪調領精兵往延綏等處會彰武伯楊信等禦之，有斬獲。上曰：「朕聞向者土木陣亡官軍至今南山、河南北一帶骨骸尚暴露，甚憫然，其命瘞收之。」【略】四月乙丑，皇太子初講學於文華殿。【略】五月，册秦世子公錫爲秦王。處士吳與弼陛見，命爲左春坊左諭德。辭，并封還勑幣，不許。遂見與弼於文華殿，從容顧問辭職之意。上曰：「重卿學行，特授宫僚，煩輔太子。」與弼終不受。遂賜宴於文華，復賜綵幣、羊酒、薪米，遣中官送至寓舍。上謂李賢曰：「曩者奉迎之人紛然請革邊巡撫，今聞武官貪縱暴横無所鎮壓之，朕乃知其謬。卿與王翺、馬昂仍擇可者。」遂命白圭巡撫遼東，王宇巡撫宣府，芮釗巡撫甘肅，陳翌巡撫寧夏，皆從各省布政使陞爲右副都御史以行。李秉巡大同則以右僉都御史往，徐瑄巡撫延綏則以監察御史往。上曰：「有文臣則武臣不得遂私，其即日遣召之。」已而，馬昂言東苗十三番等賊急，乃復以白圭贊理貴州軍，以太僕卿程信爲僉都御史代之。安遠侯柳溥敗虜於涼州。都督同知雷通自永昌來援，遇虜懷安站，亦敗之。

七月，賜吳與弼勑曰：「朕惟英君誼辟，莫不好賢求士。聞爾與弼懷抱道德，嘉遯林丘，特行徵聘，惠然肯來，深慰朕心，用授春坊諭德，煩輔東宫。固辭難拒，今仍遣行人送還故里，賜爾銀幣，復命有司月給廩米二石。爾其優游桑梓，尊仁樂義，儻精力未衰，尚無忘纂述，輔教垂世，以繼前賢。」【略】上謂李賢曰：「朕念曹吉祥隨侍舊人，每有干請，多曲徇之。吉祥不顧可否，無厭足，雖朕十不可二三，四方奏事者不知，謂必行，往往造門求通朕斷以公道。」八月，勑諭李賢、彭時、吕原曰：「朕欲覽於天下輿地之廣，我文祖太宗皇帝嘗命儒臣，未究厥緒。景泰間雖已成書，繁簡失當。卿等尚折衷精妥，繼成初志，用昭我朝一統之盛。」九月，復以軒輗爲南京都察院右都御史。甲子，駕幸南海子。上謂李賢曰：「朕朝罷膳後，閱章奏，易決者下有司，可議者送先生參詳，當乃出。左右乃曰：『陛下自勞，非養生道。』又曰：『内閣可無送。』朕荷天下之重，五更二鼓起，齋潔拜天畢，省奏章，既剖決，謁奉先，出視朝，不爽於時度。退朝，召問大臣，商略機務於文華，復省奏章。省訖，還宫。至申，又如之。暇則聽内政，暮乃休母后所，且朝有命，則間一日，隆冬盛暑則五日，左右亦曰：『陛下自勞，非養生道。』」賢對曰：「陛下孝敬精勤，古賢君何以加此？願持毋衰。」上曰：「朕之行此，亦有何勞？便於安逸怠荒至矣。」十月，鷹坊司内官請出獵，不許。固請，許之。上曰：「毋擾州縣，朕跡爾矣。」内官至，果多索。有司禽獸以進，曰：「獵所獲。」上已訪知，既反，命杖黜之。上屏左右問李賢政治得失，賢極言官較出外逮籍罪人之弊。上密察，果然，召指揮門達戒之曰：「敢有不悛，罪毋赦。」戊寅，幸南海子。【略】

〔三年〕八月，下石彪錦衣獄，勑曰：「我太祖高皇帝立綱陳紀，照臨天下，諄諄誥戒，董正百官，製鐵榜以諭功臣，當時臣下凜凜然。近來公侯・駙馬・伯・五府・六部、都察院等衙門大臣及近侍官員多不遵禮禁，私相交往，甚至阿勢泄事，因而結搆百端。即如定遠侯彪，圖謀鎮守，令指揮等官假進奏詞，事發被劾，輙有情熟近侍潛報消息。官之不正，無此爲甚。今後爾文武大臣無故不許往來互通，給事中、御史亦不許私謁文武大臣，敢有阿附漏泄，輕則發戍，重處死。錦衣衛指揮親軍近侍尤不合與諸臣交通，他衛指揮以下非出征時毋得輒候公侯門，違者如鐵榜處治。」田州府頭目呂趙殺知府岑鑑。瀋王之封也，脩武伯煜、刑科給事中儼實充使，既至，受王饋，上使較尉覘得之，逮下獄。書告宗室諸王曰：「正統初，勑朝使無得需索王府物，犯者處死，家戍邊，嚴矣。脩武伯煜，給事中儼近復玩無忌，王府資費有限，豈堪如此？念我親族，申明舊例，後有遣至者飲饌之外毫無與也。」【略】十月己未，駕幸南海子。【略】

四年正月己卯朔，虜二萬寇榆林，總兵官彰武伯楊信禦之，有斬獲。下石亨獄，籍亨及彪家。【略】〔二月〕石亨死獄中。誅定遠侯彪。癸酉，幸南海子。致書襄王瞻墡曰：「叔父欲朝，朕亦欲一會。敬遣太監定奉勑符金牌迎請，可從容就道，從行人數惟叔父所定。」三月己卯，幸南海子。辛卯，幸仰山窪。協贊廣西軍務監察御史吴禎平呂趙，斬之。四月，襄王瞻墡來朝。命宗室王府無子者方許請繼室，子八歲方許請名，女子歲十五方許請封，著爲例。致書襄王瞻墡曰：「叔父來覲晤間，屢聞嘉言，裨益良多。及敘親情，乃知世子妃病，未有出，而庶長子已十歲，知向學，朕甚喜之。重闈之下，宜有令孫。茲特立見淑爲襄世孫，以遂叔父裕後之懷。叔父毋遜。」復書曰：「朕念叔父國家至親，雅有賢譽，宜享優游之樂。每歲秋冬間，可出城遊賞三五次，或世子郡王從亦可。玩覽山川，獵取禽獸，暢懷怡情焉。」乙卯，王辭，上送至午門外，握手泣别。王拜，上亦拜，王起行數步，顧且拜。上使中官掖之，王起行，顧且拜者以十數。上目送出端門。六月，月食。七月乙亥朔，日有食之。上患脚氣，不朝者累日。甲午，朝。朝罷，召李賢、王翱、馬昂，慰問良久，賜金若宴。湖廣當造紙，工部言楚饑，請成造於不災州縣。上曰：「皆罷之。」八月，命湖廣有司加意恤賑，〔除〕其租稅。上諭户部曰：「四方奏報水旱，民多困苦，朕甚憫焉。其移文巡撫、巡按官，覆視災傷，甚者租稅悉除，輕者量蠲之，不能自給者速發廩賑濟，禁假較尉行事害人者。」虜酋孛來大舉入寇，自大同、威遠西擁衆南行，已直抵鴈門關、代、朔、忻州一帶。遣都督顔彪、馮宗領兵往備之。上召李賢、王翱於武英殿，曰：「户、兵二部缺侍郎，誰可？」賢曰：「副都御史白圭可兵部。」翱曰：「故南京户部侍郎馬諒服除，可户部。」遂用之。九月，趙王祁鎡薨。虜圍大同右衛，命撫寧伯朱永、都督白玉、鮑政統領官軍巡邊於宣府。十月，閲騎射西苑，賜總兵官會昌侯孫繼宗等宴鈔，騎射官賜鈔有差。謂學士李賢、彭時、呂原、尚書王翱、馬昂曰：「爲國重武，練武先騎射。」皆頓首稱善。遂皆錫宴鈔。戊辰，幸南海子。十一月，復閲，隨操武臣、侍衛、勇士賞賜降將領一等。閏十一月，予襄王瞻墡書曰：「承惠藥及方，已祗領，惟衛生之術先資藥餌，而方書不下數十家，非考閲參驗之至，疇得要且良。叔父明達仁恕，留心於此，良方佳劑，親愛惠予。感慰之深，布此以謝。」庚戌，幸南海子。【略】〔十二月〕，上召李賢曰：「吏部缺侍郎，尚書王翱老，當得一人佐之，其與訪擇。」明日，以副都御史崔恭奏。上曰：「善。」因論徐有貞才，自金齒放還家。【略】

〔五年四月〕，脩《大明一統志》成，御製序。上諭李賢曰：「軍官季俸至闕銀十四萬餘，府庫入少出多，奈何？」賢曰：「自古國家冗食是患，今衛官二千有餘，員冗矣。」上曰：「令兼支布錢，則何如？」因召賢與吏、户、兵三部尚書議，曰：「議畢且復下廷議，不者，不惟歸怨朝廷，亦怨於爾輩。」【略】七月，昭武伯曹欽有罪，下諭文武群臣。欽等遂與司設監太監吉祥反。恭順侯吴瑾、廣義伯吴琮以聞。命懷寧伯孫鏜等率官軍討之。欽殺左都御史寇深及恭順侯。頃之，與其兄都督鐸、弟指揮鉉及從兄都督濬皆爲鏜所敗死。執吉祥下獄，磔於市，并磔欽等屍以狥。詔赦天下。【略】詔曰：「凡朝廷得失，生民利病，百僚貪暴奸邪，近侍風憲職皆當言。近多嘿嘿，畏避權勢。今後亡諱，不當者亦不罪。」【略】十月，致書襄王瞻墡曰：「朕念宗室至親，賢無如叔父，茲仰體情，尚製神像，畫軸、服飾、器玩數十品，物雖不腆，工作頗精。朕復製詩賦數首，用寫各藩山川風景之勝，以寓嘉美，至可目入。」復設飯堂於南京，給孤貧日二粥，如永樂中故事。十一月丁酉朔，日有食之。壬子，月有食之。壬戌，幸南海子。上諭李賢曰：「左右群小日見吉祥敗，稍斂戢，近又放縱，朕恒戒之曰：『即如吉祥，豈無功哉？一旦犯法，不得赦也。』蓋朕未嘗忘南城時。」賢對曰：「善。」上曰：「朕五鼓拜天，雖足疾不廢。拜畢閲章奏，亦拜於八廟。出則視朝，退朝母后，畢，復視政。既罷，進膳飲食未嘗揀擇，衣服亦隨宜，雖衣布天子也。」又曰：「朕宫中讀書觀射如鐘鼓司承應，朕唯時節奉母后，無事竝不聽觀。」因與李賢論六部諸臣，慮吏部尚書翱老，賢刑部尚書瑜，工部尚書榮，而弱禮部尚書瑄。十二月，定贖

罪例。京師多盜，命盜發，執巡城御史下獄，錦衣官校及兵馬司官皆鎖項捕盜，著爲令。乙亥，幸南海子。釋陳循爲民。【略】

〔六年正月〕，勑諭天下提督學校監察御史等官陳政等：「朕惟自古帝王率以興賢育材爲首務，學校廢興，人材之盛衰，治道之隆替係焉。曩嗣位之初，爰簡學行老成之士授以憲職，俾專學政。行之十餘年，厥有成効。景泰中罷去，而廢壞日甚。今復行舊典，命爾等往，爾其欽哉。夫是一方表率也，率人必先己。其務端軌範，嚴條約，公勸懲，俾崇於正學，迪於正道，庶稱朕簡任之意。」【略】三月，皇第九子生。【略】五月，端午，賜群臣扇及宴，扇題御製二詩，分賜諸大臣。【略】九月乙未，聖烈慈壽皇太后崩。壬申，上御西角門，諭禮部曰：「大行皇太后遺誥，服制二十七日除。朕不忍，朕仍素冠服視事西角門，爾群臣以素服朝參，待山陵祔廟畢，乃用淺色衣服以朝。」【略】十月，上大行皇后尊謚曰「孝恭章皇后」，詔天下。十一月甲午，合葬於景陵。庚子，祔廟。嚴捕私鹽船令。

七年正月，郊。上病足，掖而就事。二月，會試天下舉人。試院火，死者九十餘。上憫之，命無物色者有司具木瘞之朝陽門外，爲六大塚，題曰「天下英才之墓」，改試於八月。致書襄王瞻墡曰：「朕惟叔父在懷，玆特送袍帶數事以識愛私，叔父鑒之。」荆州知府張嵒九年考滿，荆人奏留，許復任。上諭李賢曰：「近聞空中有聲，天譴也，宜祈禳。」賢對曰：「考之於書，無形有聲名曰鼓妖。君不卹民，天下怨叛，則妖生焉。乞行蠲恤之政。」上曰：「朕心也。」三月，頒蠲恤詔於天下。封蜀世子友垓爲蜀王。四月辛未，奉孝恭章皇后主太廟。廣西流賊攻破岑溪、鬱林。五月己丑朔，日有食之。閏七月，追上胡太后尊謚，脩其陵寢。改殿試於明年。【略】十月，復書襄王瞻墡曰：「近令庶子德王見潾出府，荷叔父賜誨，靡匪格言，靦謝叔父之嘉訓。」【略】十一月，萬壽節，禮部請賀，上曰：「母后違養，未及大祥，朕何忍哉？」至期，御奉天殿，群臣如朔望儀。【略】十二月，初以較尉言巡按雲南御史祚貪，清軍御史萬鍾淫，逮下三法司、錦衣具獄上，命更訊祚，萬鍾如其貪淫者有幾。蓋上嚴墨吏之誅，曰「貪風息則天下治」。【略】

八年正月乙卯，上不豫。己未，召太子視事文華殿。廣西流賊夜入清遠衛，執都指揮尹通、按察僉事王鼎。蠻賊破懷集縣及梧州府。己巳，上大漸。召諭皇太子及太監牛玉於榻前，除妃嬪殉葬令，命斂衣服毋用多。庚午，上崩，下遺詔。二月乙未，上尊謚曰「法天立道仁明誠敬昭文憲武至德廣孝睿皇帝」，廟號「英宗」。五月庚申，葬裕陵。壽三十八。

上閑習騎射，時御琴書。自奉儉約，宫壼嚴於外廷。臨朝淵默岳峙，近侍莫窺其際。百司奏章一覽即記，親自裁決，無所旁落。嘗與李賢、彭時講論時事，賜賢其所食菓，至親納之袖中。至其敬天之誠，勤民之切，臣品心術，悉知高下。事皇太后之孝，侍襄王叔父、會昌侯元舅之情禮兼至，所以處宗室戚畹，不用恩掩義，一代稱聖主焉。

尹守衡《明史竊》卷四《北狩紀》 正統十四年秋七月，北虜入寇。是月丙戌，上親征，以英國公張輔、成國公朱勇帥師五十萬從。先是，虜酋也先因我使人求婚於我，我使人故嘗以好語媚虜，漫報許，而朝廷實未嘗聞。也先以得婚中國，則大喜，誇諸酋。是年春，大貢馬，以是稱爲聘禮，而答詔語不相及。也先大愧忿，遂盡發其種落犯諸邊。脱脱不花王寇遼東，知院阿剌寇宣府，也先自寇大同。我裨將吴浩戰死，羽檄紛至。太監王振時用事，顧自喜，欲怙中國威重壓虜，主親征，上從之。吏部尚書王直等率廷臣伏闕争，不能得。踰二日，駕遂行，命郕王居守，户部尚書王佐、兵部尚書鄺埜、學士曹鼐等扈從，軍事一聽振。至宣府，天大雷雨以風，群臣請止師。振怒，俱令略陣，進次雞鳴山。衆恟懼，振威顧益張。成國公勇等有所請事，皆膝行，尚書佐、埜失振意，罰跪草中，竟日乃解。振日督進師，虜漸退，伏塞外誘我。欽天監正彭德清語振虜勢如此，脱更進致蹕虜，柰萬乘何。學士鼐曰：「臣子不足惜，主上係天下安危，豈可輕。」振皆不聽。

八月至大同，鎮監郭敬密告振前行正墮虜計，振乃議旋師。諸將皆言宜從紫荆關入，振顧欲邀上至蔚州幸其第，已復虞蹂其鄉，轉向宣府，再越日乃發。西寧侯宋晟、武進伯朱冕與虜戰陽和口，敗没。諜報虜踵襲我，振使恭順侯吴克忠拒之，敗没。成國公勇、永順伯綬以四萬人繼往，盡没。克忠、綬與虜戰疾，力士卒盡。克忠猶下馬跪射，矢盡，猶刺殺數十人，與弟克勤皆戰死，獨子瑾脱歸。綬兵盡，以空弓擊虜，虜怒，支解之。既而知綬山後人，相與哭之曰：「此吾類，故勇乃爾。」次日至土木，議入保懷來。振顧私重，不肯行。鄺埜力請駕疾驅入關，而嚴兵爲殿。振怒曰：「腐儒安知兵事，再妄言，必死。」埜曰：「我爲社稷生靈，何得以死懼我。」振愈怒，叱左右扶去，遂止營焉。地高無水，師困甚，欲移營，以虜逼復止。虜僞退，營動，虜乘之，我師大潰，英國公輔、尚書佐、學士鼐等皆死，喪士卒數十萬，輜重盡爲虜得，上北狩。時八月十五日也。

報至，京師震駭，廷臣聚議戰守所宜，侍講徐珵依占象倡南遷，侍郎于謙

曰：「欲遷者可斬也。請召勤王兵死守。」學士陳循曰：「侍郎言是。」衆和之。顧皇太后尚疑，謙持守議益力，皇太后悟，乃敕郕王監國，晉謙兵部尚書，而軍國事一任謙矣。群臣廷劾振奸狀，請族夷之，王令俟處分。群臣慟哭請，而錦衣指揮馬順者，振黨也，從旁呵止之。給事中王竑直前捽順，與衆共毆斃之，復索王、毛二長隨礫於廷。廷中譁甚，王欲退，謙前掖王，慰諭群臣散。

虜奉上至大同，鎮將郭登乘城守，使廣寧伯劉安、給事中孫祥、知府霍瑄出伏謁，上命稍出金錢犒虜，諭登謹守，毋受虜欺。軍校劉彬没虜，得侍上，登遣語彬，欲乘間篡上入城。彬以聞，上曰：「我命在天，毋蹈險，第報皇太后，朕在虜中無恙，亟具金帛迎歸耳。」遂由大同出塞，居也先弟伯顔帖木兒營。伯顔事上俯伏跪拜，執臣子禮甚恭。九月癸未，郕王奉皇太后旨即皇帝位，尊上爲太上皇。巡撫都御史朱鑑具陳禦虜方略，首請罷奄竪監軍。帝嘉納之，逮奄敬下獄。敬監大同軍，與虜通，歲造鐵鏃，私遺虜，陽和口之戰，敬撓軍故敗，於是逃還京，論罪坐死。

十月，也先使人來議和，還車駕。賜敕答之。數日，自大同擁上皇南，從間道攻破紫荊關，都御史孫祥走死。宣府孤危，朝議且欲召宣府兵入衛，人皆惶懼棄城走，爭就道。都御史羅亨信仗劍坐當門，下令曰：「敢有出城者，手斬之。」衆始定，督將士誓死守。虜知有備，不敢攻，人以爲北門鎖鑰，亨信有焉。虜乃進薄京城，索大臣王直、胡濙、于謙等出迎駕。上以通政參議王復、中書舍人趙榮充九卿，如虜師朝上皇。上皇密諭復、榮宜亟歸，虜無善意。是日，虜焚三陵殿寢門，游騎四出，掠下邑。朝議欲鍵九門，清野以老之。尚書謙曰：「不有戰，何以守？」乃親擐甲先將士出，反闔德勝門而軍，示士卒必死，燔城外積芻，毋資虜。詗知上皇駕移遠虜營，乃發礮擊虜，死者萬計。總兵石亨力戰彰義門，又敗之。都督孫鏜、王通合擊，又敗之。虜勢沮。而諸勤王兵以次集，於是謙榜各門，募番漢軍有能禽斬也先首獻者，賞萬金，爵上公。也先内懼，逡巡遁，而使使來言，欲還上皇，請罷兵。報，詔：「太師且奉朕兄歸，意良厚，顧部下多剽掠，朕所以發兵備他盜耳。太師如戢兵，以數騎護歸上皇，朕亦遣數騎迎，彼此解甲相好，固朕志也。」復勑勞伯顔帖木兒：「朕兄在營，知院供具無闕，敬謝知院。」是日，伯顔帖木兒奉上皇駕出紫荊關，石亨躡虜清風店，大破之。昌平伯楊洪、都督孫鏜、范廣、陶瑾等分捕畿内餘虜，破逐之。上皇駕出塞。脱脱不花王遣使來貢，大臣請禮其使以間也先，從之。

我自土木之耻，也先始輕我，且挾上皇爲重質，邀索無厭。過大同，大同人登城謝曰：「賴天地宗社之靈，國有君矣。」至宣府，宣府人對亦如之。至都城，尚書謙颺言曰：「豈不聞社稷爲重，君爲輕。」虜聞之望塞。又見中國全盛，城池深固，人心憤愾，稍稍悔禍，事上皇愈益恭。奉居得知院營間，數日輒設宴，妻妾行酒，身自彈虎撥思，兒踏曲以佐歡。上皇雖狩虜，意氣故自如，未嘗有所降下，虜時望見所居帳夜有光，龍文交騰，雨雪不凝，大驚異，大酋咸頓首伏謁，稱中國聖人。也先數薦女弟侍上皇，固却之，愈敬服，於是實謀奉駕歸矣。有舊奄喜寧者，胡種也，降虜見親信，日導虜入寇，虜薄都城及邀大臣迎駕，皆寧謀。上皇患之，計不誅寧，虜不靖，乃命袁彬請也先遣寧至京，以軍校高磐與俱，上皇繫書磐肘，令邊將計禽之。至宣府，參將楊俊械還京，誅之。上皇聞寧禽，乃大喜曰：「朕歸南有日矣。」虜失寧，無與導，謀益衰息，然猶遲我迎上皇，徘徊塞上，時入雲中、上谷間肆掠。我使久絶，虜衆皆思歸。也先不欲自屈意，使阿剌知院遣參政完者脱歡來具言欲和，不得報，且入寇。報，詔：「虜必盡出塞乃可和，不然，朕不惜戰也。」完者脱歡復來請，尚書王直懇上必答，使紓邊患，毋益生虜心。

秋七月，乃以禮科給事中李實陞禮部右侍郎，羅綺陞大理寺少卿，往問上皇起居，遺書可汗曰：「我國家與可汗自祖宗來和好往來，恩意甚厚，往年奸臣專減使臣賞賜，遂失大義，遮留朕兄。今各邊奏報可汗尚留塞上，殺掠人民，朕欲命將出師往討，念彼此人民上天赤子，付朕與可汗管攝，可汗殺朕人，朕亦殺可汗人，與自殺之何異，逆天莫大焉。朕不敢恃中國之大、人民之衆，輕於戰鬭，恐逆天也。近得阿剌使奏言，已將各家軍馬約束回營，是有畏天之意，深合朕心。特遣使齎書幣達可汗，其益體朕意，副天心。」敕也先曰：「自爾祖父至爾，我國家待遇甚厚，曩因小隙連兵，將臣弗戒，大駕淹留。昨已遣人重齎金帛奉迎，至三至四，爾不發不報，以故使命不通，此非朝廷之過。乃者縱兵四出殺掠，人民皆天赤子，欲其啖飯着衣，長養生息，若殘害其生，逆天無道，天所讐也。近阿剌使來言追還各家兵馬，仍議和好，是能畏天愛民，真丈夫矣。而近邊時聞劫掠，是情與詞異。朕固不惜大戰，但恐害天赤子，違天意，故特命使臣往諭此意。太師其念舊恩，順上天愛民之意，罷兵息戰，圖永遠之福。」又敕諭阿剌知院，各遺白金文綺。

實等至，見上皇，泣，上皇亦泣。問三宮安否，將來何物，實頓首言：「本以通問來，無所將。」上皇曰：「此細故不足論，鄉第歸語朝廷，圖迎我歸，守陵墓足

矣。」也先語實：「我留皇帝，無以爲，數請迎歸，不報，何也。」實反覆曉譬欲奉迎，也先言：「汝修通問耳，何遽言迎，其亟遣大臣來，大臣朝至，駕夕發。」遣使同實歸。而是時，虜主脱脱不花亦已遣皮兒馬黑麻至。廷議欲報使，莫敢往。右都御史楊善曰：「上皇在虜庭，吾儕食君禄者心何安，今日正吾効命之秋也。」遂請行。中書舍人趙榮慨然願與偕，工部尚書高穀解金帶贈榮。上乃以榮爲工部右侍郎，同善往。善等遇實於塗，實因悉與虜答問語語善，俾無相違戾。及至見上，備陳太上皇前旨，且言：「臣入虜境，虜皆忻悦，夾道謳歌，飲臣乳酪，咸願和好。」上勞賜之。寧陽侯懋、尚書直、濙等請再遣實往，不聽，實言：「也先與臣約迎上皇，業有期，已令諸小酋偕少卿羅綺收還塞上部落，臣過懷來，見官軍出郊芻牧，虜言可信。」上不聽。

善至，也先大喜。坐定，也先問曰：「汝是何官？」善曰：「都御史。」也先曰：「南北和好久，今奈何拘我使臣，自啓釁端。」善曰：「太師，汝父使臣到我太宗、宣宗皇帝前進馬，不過三十人，有所求請於我，十而予之二三，不較也，所以能長好。太師今所使使且三千人，皇帝人人賚一織金衣，賜殿上筵宴，繇前禮數不加十倍乎？總求無失故好，乃爲歡耳。比返，加致酒餼亡闕，護送出關。儻有一二從行未還，或有他犯，懼爾使臣見責，畏罪潛逃别國去耳，我有何恨於汝而拘留之？太師乃背爾父之好而見攻，何也？」也先曰：「然則奈何削我馬價，又予我帛時有剪裂幅不足者，則又何説？」善曰：「非敢削馬價也，太師之馬歲益增，價亦不繼，而不忍拒，是以微損之。太師自度價所得比前孰多？」也先曰：「者。」其稱者，胡語是也。善復曰：「中國帛本全幅，剪裂不足者，蓋爾伴使貪狡，陰匿之，當時一摻其橐即見矣。即太師所進使馬有劣弱，而貂皮敝，豈太師意耶？」太師動色曰：「者者。我聞都御史言，使我心開，往事皆小人壞之。」善因復進曰：「太師爾忘我明皇帝之大恩乎，而以小人言失累世歡。太師攻我，所磔殺剞劓數萬計，太師部曲亦豈無有血吾刃者。上天好生，太師獨好殺，是以數有雷警。今者能奉太上歸我，戢兵和好，毋逆天心，南北氓共享安逸，不亦快乎？」也先益喜曰：「者者。」因問皇帝歸，更踐阼否。善曰：「天位已定，不可易也。」也先曰：「堯舜禪受何如？」善曰：「上皇以兄傳弟，正法堯舜耳。」也先不能難。虜平章昂克曰：「歸而太上皇帝，有何重寶來購乎？」善曰：「太師得重寶而歸我太上皇，天下後世謂太師貪重寶也。歸我太上皇而不索重寶，天下後世以太師重信義而賤財賄，令名奕奕，垂之史册，萬世不朽。何況我之德太師無已，而重寶以漸繼也。」也先笑曰：「昂克何爲出此言。都御史言是，我留後代名耳。」

其日引善見上皇，遂設宴餞，自彈琵琶，妻妾前觴。善亦侍飲，也先顧善曰：「都御史坐。」善不敢坐。上皇曰：「坐。」善乃坐，仍起周旋。也先嘖嘖羨有禮。明日，伯顔宴餞。又明日，也先築臺，設上皇座，率衆及妻妾拜辭，送上皇數十里，慟哭别。伯顔送至野狐嶺，哭曰：「皇帝去，何時得相見也。」昂克射得一獐來獻，受之。

上皇將入塞，廷臣議請所以奉迎禮，未得旨。千户龔遂榮乃投一匿名書尚書高穀所，言：「上皇之出，以宗社故，非遊畋也。都人聞上皇且還，無不踴躍，則人心尚未厭上皇也。今日奉迎禮當從厚，主上當避位懇辭，而後受命，不然，千載史書難洗。」穀袖入朝，傳示群公卿。尚書直曰：「此禮失而求諸野耳。」禮書濙欲封進，冀動上心，都御史王文止之。給事中葉盛、程信疏聞，乞宣問。上詰諸大臣，具言得書穀所，上曰：「朕未嘗塞言路，穀大臣，胡不告朕，乃爲匿名書。」遂榮恐累穀，自縛闕下自白，下詔獄，上亦不能深罪之也，釋之。禮臣請備法駕，候迎上皇安定門外，上曰：「大兄入城，事在朕躬，卿勿多言。」乃遣翰林侍讀商輅迎上皇於居庸關。上皇勞輅，諭曰：「朕還京，願居閑，卿爲朕寫書皇帝知朕意，并詔文武群臣。」

八月丙戌，上皇至京師，自東安門入。上迎拜，上皇答拜，相抱哭，各推遜。久之，上皇入南宫。百官隨至南城，請朝見，勑曰：「先帝遺命，祖宗鴻業付畀於朕，深惟負荷之重，朝夕惶懼，以圖法天。去年秋，醜虜傲虐，背恩負德，拘我信使，率衆臨邊，竊窺神器，朕不得已，親率六師，往問□罪。不意天示譴罰，被留虜中，屢蒙聖母上聖皇太后、皇帝賢弟篤念親親，數遣迎取，上賴天地大恩、祖宗洪福，幸得還京。爾文武群臣欲請朝見，重以眇躬，辱國喪師，有玷宗廟，何顔見爾群臣乎？所請不允，故諭。」群臣奉旨而退。明日，上宴瓦剌使奉天門，陞賞有差。又明日，上皇宴之南宫，大赦天下。

上皇初陷於虜也，也先大喜曰：「我嘗祝天求大元一統天下，乃在今日乎。」一胡乃公從旁大言曰：「此我大元之仇，天賜我也。」伯顔怒，呼也先曰：「何仇爲？」手推乃公面曰：「去。」語也先曰：「大明天子九天上坐，偶墮於數百萬鋒鏑之中，血濺如流，矢下如雨，曾不相及，天意可知。我等嘗受其賜，九龍蟒袍猶在，寧敢生心，當報中國，遣使來迎還耳。」也先然之，遂以上皇送居伯顔營。伯顔曰：「我當奉侍。」頃之，回子撒失刺以袁彬來見，伯顔遂使侍上。彬少以材力

射生選，從刺奸緹騎，是時從征，同陷虜。又有哈銘者，故夷種也，官爲賜姓楊，先以譯鞮從使臣吴良羈留虜營，於是亦隨侍焉。上皇既出紫荆關，雨雪連日。上皇單騎踐雪中，艱苦甚，遇險則彬執鞚，銘隨之，及止虜營，二人相左右維護。上方坐橐駝帳中，咄咄無所出，彬温美多計，數善言咲，時時爲隱語悦上。獲一羊髀，烹而共啖之。晝斧薪伐冰，夜則以背承上足而寢。彬嘗病中寒，上親爲治，糜身壓彬背，汗浹良已。彬與銘二人宿則旁衛御寢，銘嘗手加上胷，上不動，俟銘醒，上語銘曰：「嚴子陵足加帝腹，今見汝矣。」銘叩首謝罪。上夜出帳房，指天象示二人曰：「天意有在，我終當歸也。」使銘致殷勤於伯顔妻，令勸伯顔。其妻曰：「我女人，何能爲，雖然，敢違大明天子之命乎。」以是伯顔嘗以雉酒來獻，因進喻曰：「大海之中有一大魚，隨潮而上，落於淺水灘中，大魚豈淺水能容，急欲還歸大海，而潮不到，奈何？潮固有時，時到潮來，大魚終歸大海也。上可寬心，時至，自不能留，憂或成疾，悔亡及已。」上歸，稱太上皇。景皇帝不知彬勞，僅予錦衣百户。太上皇復爲皇帝，即日召見彬，語絮且泣，超爲都指揮僉事，理錦衣事，賜甲第一區，黄金十鎰，白金二十鎰，綵綺、鹽醪、醯醬、乾餔充實，賚彬妻異繒精鏐各有差。擢楊銘錦衣千户，賜半之，問夕宴對，畧用家人禮。然彬畏滿好，避再遷，仍掌衛事，至都督僉事卒。銘至都指揮卒。

論曰：閹振挾至尊之萬乘，授手於鵲起烏合之虜，身罹參夷，亦何云及哉。羈靮諸賢莫不心甘受命，力謝回天，雖復捐軀草野，與鴻毛等耳。所幸天心默護乎帝躬，國是不摇於南播，寧戮而外亡蜂蠆之虞，謙用而内獲干城之重，遂令凶醜啖銷，六飛返鑾，語曰：存亡在所任，信夫。

尹守衡《明史竊》卷五《奪門紀》 上皇既居南宫，景泰三年四月，廣西都指揮使黄竑者，思明土知府黄𤧂庶兄也。𤧂老，其子鈞嗣，竑欲篡鈞職，襲𤧂父子，殺之。有司以聞，竑懼，謀於侍郎江淵，疏請於朝，具言皇儲未建，人心易摇，皇上即循遜讓之美，復全天叙之倫，恐事機叵測，反覆靡常，委愛子於他人，寄空名於大寶，階除之下變爲寇讐，肘腋之間自相殘賊，此時悔之晚矣。乞與親信文武大臣早定大計，以一中外之心，以絶覬覦之望。疏入，景帝大喜曰：「萬里外有此忠臣。」亟下廷臣議，僉曰：「黄竑奏是。」遂廢太子爲沂王，立帝長子見濟爲皇太子。竑以大赦原免，復其官。

上皇歲時朝賀，廷臣以爲請，弗許。御用左少監阮浪，上皇嘗與綉茄袋金結束，帝以浪與上皇通，有異謀，殺浪，竟其事，復殺錦衣衛指揮盧忠。皇太子立，踰年而薨。五年，御史鍾同、禮部郎中章綸，南京大理少卿廖莊皆應詔陳言，請朝上皇南宫，以篤同氣之親，復沂王儲位，以敦猶子之義。帝怒，下詔獄，窮責三人私通南城狀，同杖死，莊謫陝西定羌驛丞。已用給事中吴江徐正言，南宫邊城高樹悉伐之。上皇日多蔭息樹下，聞故，懼甚。

八年春正月，帝不豫，諸大臣入問安，太監興安語諸大臣毋徒問安爲，宜爲社稷儲貳計。是時皇太子蚤世，上無它子，群臣私相語，欲請復沂王爲皇太子，而内閣王文與太監王誠意在襄世子，大學士陳循、學士蕭滋、左都御史蕭維禎亦皆欲擇君，而皆不在沂王。章已上，帝猶難之。於是武清侯石亨竊謀於掌軍都督張軏、太監曹吉祥曰：「上疾必不起，請復東宫，不如請復上皇，上皇復，功不細。」共往扣太常卿許彬，彬曰：「此社稷功也，雖然，彬老矣，無能爲也，盍圖之徐元玉。」元玉者，副都御史徐有貞字也。亨等詣有貞，有貞曰：「上皇出狩，非以遊畋，爲赤子故耳。今天下無離心，請復上皇，人心必悦，諸公曾通意南宫乎。」亨曰：「南宫已報許矣。」會有邊報虜騎且欲薄都城，有貞語軏曰：「公宜乘此名納兵入内，以備非常。」有貞故知象緯，先是熒惑入南斗，遣妻子南歸。是夕復升屋覽步乾象，亟下曰：「時在今夕，不可失也。」趣欲出，與家人訣曰：「事成，社稷之福，不成，家族之禍，歸則人，不歸鬼矣。」遂往會亨等，誕布飛語，□言于少保及王文矯取金牌勑符出襄世子矣，□□藉藉。吉祥遂矯皇太后懿旨曰：「天子□大漸，殆弗興，□位久虚。上皇居南内，春秋鼎盛，於今□年，聖德無虧，天意有在，人心攸屬。頃以奸臣擅謀□□不聞欲迎立藩王，將不利於國家，亨等其率兵以迎上皇復居大位，以安社稷。」夜四鼓，吉祥遂開長安門，納軏、亨、有貞等率兵□人入薄南宫城。城門錮，有貞令勇士踰垣入，合外兵毁垣。垣壞門啓，軏等入見。上皇燭下□出，問曰：「爾等何爲？」有貞等俯伏，颺言請陛下即位。遂□上皇登輿，有貞等前導。上皇問卿等爲誰，各以姓名具。遂升奉天殿，登御座。

初，文武群臣約以是日入候景帝，頃之，鐘鼓大鳴，上皇復位。於是群臣皆入賀，改景泰八年爲天順元年，廢景帝，復爲郕王。録功，命徐有貞兼翰林院學士，直文淵閣。明日，遂進兵部尚書，兼職如故。封石亨忠國公，軏太平侯，輗文安伯，左都御史楊善興濟伯。亨、有貞復薦太常寺卿許彬陞禮部右侍郎兼翰林院學士，直文淵閣，出禮部郎中章綸於獄。上復追録隨駕功，擢鎮撫哈銘、試百户袁彬並錦衣衛指揮僉事。初，上之北狩也，太監裴當問卜於仝寅，寅筮，得

《乾》之初九，曰：「大吉。夫龍，君象也，四，初之應也。龍潛，躍必以秋，應以壬午浹歲而更。龍，變化之物也，庚者，更也，庚午中秋，車駕其還乎。還則必幽，勿用故也。或躍應焉，或之者疑之也，後七八年必復辟。午，火德之王也，丁者，壬之合也，其歲丁丑月壬寅日壬午乎？自今歲數更九，躍則必飛。九者，乾之用也，南面子衝午也，其君位乎。」於是而信。有貞等故與兵書于謙隙，上復辟，因言王文迎立襄王，謙與謀，遂并殺謙。陳循、江淵皆竄戍口外。玹先飲鴆死，戮其屍，剮徐正於市。

二月癸丑，郕王薨於西宮。御史鍾同、太監阮浪皆增秩，追贈大理少卿，廖莊召還職。四月，復立元子爲皇太子。進封有貞爲武功伯，兼華蓋殿大學士，掌文淵閣事，徵襄王入朝。王先是兩上疏慰安皇太后，乞命皇太子居攝，發府庫募勇敢士圖迎復，仍乞訓諭郕王盡心輔政。疏至，景帝即真八日矣。於是上得覽王疏，甚感歎，相見甚歡。宴王於便殿，王辭歸，上送至午門，王伏地不起，上曰：「叔父欲何言。」王頓首曰：「萬方望治如饑渴，願皇上省刑薄斂。」上拱手謝曰：「敬受教。」

傅維鱗《明書》卷八《英宗紀》 帝諱祁鎮，宣宗長子。母壽聖皇后孫氏，於宣德二年十月十一日己未生。生時，日下五色雲見。天質秀傑。明年二月，立爲皇太子。甫能言，宣宗問上曰：「它日爲天子，能令天下太平乎？」曰：「能。」又問：「有干國紀者，敢親統六師往征乎？」曰：「敢。」宣宗知其勇決。長知書，竟豁如也。初宣宗立后胡氏，多病，屢舉不育，諸妃姬皆無子。壽聖時爲貴妃，孕時多奇徵。既生，宣宗大喜，胡后亦喜曰：「上有子矣。」私謂：「孫妃生子，吾安得久據，妨母以子貴之誼？」宣宗廢胡后爲静慈仙師。先是，宣宗猶遲疑不能決，謀於閣臣，楊士奇力贊，遂廢之，立上生母爲皇后。宣德十年春正月三日乙亥，宣宗崩。上方九歲，皇太后取金符入内。浮議有迎立襄王之説，太后聞之，立至乾清宫，以上召廷臣，泣曰：「此新天子也。」廷臣皆頓首呼萬歲，浮議乃息。壬午，上即皇帝位。【略】丁酉，上大行皇帝謚號。【略】二月壬子，尊聖祖母皇太后張氏爲太皇太后，生母孫氏爲皇太后。辛亥，封弟祁鈺爲郕王。頒詔天下，大赦。【略】

〔正統元年〕十一月，上親閲武于將臺。駙馬都尉薛桓發中，賜巵酒。觀者嘆謂：「萬乘閲武如此，不如王太監去年有殊恩。」【略】

二年丁巳春正月，太后欲誅王振，上及大臣救之，不果。【略】

〔十四年七月〕也先大舉入寇。上不謀大臣，從王振意，遂行親征。百官伏闕上章懇留，不從。己丑，定議，命郕王祁鈺居守，分英公輔及列侯都督爲十七將軍，率六師以從，九卿學士十六人扈行。甲午，駕發京師。乙未，次龍臺，軍中夜驚。丁酉，度居庸。辛丑，上至宣府。會風雨大至，軍懈，振懼，上命越日班師，不果。壬寅，復進次雞鳴山。敵却誘我。甲辰，次懷安。天象異變頻見。庚戌，駕東還。夜宿雙寨，雷電以風，軍中亂。西寧侯宋瑛等遇敵，全軍覆歿。敵追將及，朱勇等率兵五萬禦之，入鷂兒嶺，敵邀殺殆盡。兵部尚書鄺埜請上疾驅入關，王振怒曰：「爾腐儒安知兵事？」奉上從宣府還。癸丑，次白登。庚申，恭順侯吴克忠等戰没。辛酉，駕次土木。敵衆大合，掘地二三丈無水，衆惶惑。敵使持書通和，召曹鼐草勅許之。王振奉上急移營，未四里，敵四面攻圍，兵士潰，敵蹂入陣，僞呼解甲者免死，衆袒受刃。上與親兵乘馬突圍，不得出。是時，宦侍虎賁近臣被矢如蝟，上無恙。是時，英公輔，尚書埜、學士鼐等數百皆死之。上下馬坐樹下，衆識之。也先至，問衆，有殺加犯者，伯顏帖木兒止之，遂擁上行，居伯顏營。計師二十餘萬，馬騾駝等三十萬，器械輜重稱是，敵卷而去。錦衣校尉袁彬及哈銘侍上。甲子，也先始見上，致禮。擁上至宣府，招諸將，不聽。復涉河而去。是夕，雷震也先馬。復見上有赤光。明日，也先進熟食及衣物寢具，以□婦司起居。上遣喜寧入京取金幣。

乙丑，報至，京師大震。皇太后遣使齎金銀珠玉段匹等物詣也先營，求上還。戊辰，皇太后召百官集闕下，命郕王攝國於午門，南面見百官，啓事施行，以于謙爲兵部尚書。逮宣大總兵楊洪、石亨等於詔獄。辛未，皇太后詔立皇長子見深爲皇太子，時年二歲，仍命郕王輔之。族誅王振。甲戌，敵擁上至大同，守將郭登禦敵，却之。復擁上道宣府。己卯，上復出塞。九月，上在敵營。癸未，郕王即皇帝位，遥尊上爲太上皇帝。十月，也先以送上爲名，與脱脱不花入寇。是時，太監喜寧，□種也，盡洩中國虚實。也先擁上皇入紫荆關，殺指揮孫祥，遂薄都城。于謙、石亨率師出德勝門，禦却之。喜寧嗾也先遣使來議和，且索大臣迎駕。乃以參議王復充禮部侍郎，中書趙榮充鴻臚卿出迎。敵以非大臣，復縱騎大掠，焚陵殿。過宣武門，南逾蘆溝橋，還攻城。于謙遂督軍，用礮攻，大勝之。石亨捷彰義門。孫鏜、王通等數敗敵，殺傷甚衆。敵復擁上出紫荆，遇雨雪，艱行，袁彬執鞚，哈銘隨之。也先來見，宰畜燎肉以進，曰：「勿憂，終當送還。」十一月，也先復使人索大臣迎駕，且言使不至，來月必入塞。上北至小黄

河，伯顏妻阿達阿剌哈設帳進酒上聖壽，也先以蟒貂裘進。敵欲以妹女上，上使譯使答曰：「汝妹朕固宜納，但不可野合，待朕還國，當以禮聘之。」又進彝女數人侍寢，上曰：「待妹聘後，此等爲嬪御，可也。」也先服上盛德。

十二月，敵常見上帳有赤光，若交龍狀，遂共驚異，無他志。時彬、銘侍上謹，致意伯顏妻，勸伯顏送上還。伯顏妻曰：「我女人何能爲？雖然，當謀之。」一日，伯顏獵，得雉，并酒來獻。設比喻，上納之。是時喜寧誘□以駕從甘州，直趨南京，不果。景泰元年春正月，上在敵營，乜先設宴賀正，妻妾皆歡飲奉酒。二月，上遣使持書至朝，索大臣迎駕，事寢不行。三月，喜寧欲殺袁彬以窘上。上與彬謀曰：「不殺寧，還無期也。」彬遂誘寧至宣府，守將執而殺之。六月，上至大同。敵大掠，已而遣使請和。景帝難之，乃以李實爲通好使至敵營，見也先。也先曰：「大明皇帝落在我手，若你每得我，留至今乎？」實等以仁厚贊之。既見上，上居皮帳，布幃席地。實等進紵絲及米酒，泣。上曰：「當初朕非遊畋而出，乃爲生靈計。不意被留，皆王振所致。也先實欲送朕還，而屢爲喜寧阻。」遂問聖母及景帝安，復問舊臣存亡。泣曰：「在此踰年始見卿等。」極言寵王振太過，以至於此。上曰：「振未敗，孰爲朕言，今悔何及？」也先置酒宴實等曰：「勅書但言講和，不曾言接駕，留在此是一閒人，我欲送還，以圖千載留佳名。你每歸，務令大臣來，即遣人送去。」實等辭上，歸以聞。左都御史楊善慨然欲往，景帝從之。至懷來，遇李實，與俱出塞見上。上曰：「彼請和非僞，慎勿疑阻。朕需少物作人事，汝歸取來。儻朕南還，願守祖陵爲庶人，亦甘心焉。」實等還，具言迎復事。景帝曰：「待楊善歸。」實又言得大臣隨其使出迎，景帝乃止，以書勅附其使把禿等回塞外。善歸，羣臣復以爲言。乃遣善復出塞。

己巳，楊善至敵營，善説之。語在善傳。庚午，楊善見上皇。辛未，也先設筵餞上，自彈琵琶，妻妾行酒。也先令善坐，善曰：「不敢失君臣禮。」八月癸酉，上駕起。也先率衆送，以伯顏護行。辛巳，駕至野狐嶺。伯顏曰：「皇帝去矣，何時得見？」率衆慟哭，歸。以五百騎送上入塞。時朝議奉迎禮未定，千户龔遂榮寓書於高穀，言奉迎禮宜從厚，主上當避位，而後受命乃可。穀以書示廷臣曰：「武夫尚知此禮，況儒臣乎？」胡濙欲奏，王文止之。陳循見之恚甚，乃下遂榮詔獄。乙酉，上抵居庸，遣使入京，誥諭避位，免羣臣迎。上以御衣及也先所獻裾賜袁彬。丙戌，入安定門，百官迎道左。入東安門，景帝出拜，上亦拜，相持哭，各述授受之意。良久，乃送上至南宮，羣臣就見而退。詔赦天下，宴使人於奉天門。丁亥，宴南宮，陞賞敵使有差。

景泰二年，辛未，上在南宮。三年，壬申，上在南宮。四年，癸酉，上在南宮。五年，甲戌，上在南宮。六年，乙亥，上在南宮。七年，丙子，上在南宮。八年，丁丑，春正月，景帝有疾，内外以皇儲未定爲憂。羣臣願復事上，惟王文與太監王誠欲立襄世子。陳循輩知之。已而，景帝大漸，太監興安請復故皇太子見深，僉以爲宜。王文曰：「雖請之，知其欲誰立乎？」蕭鎡曰：「既廢不可再。」時議論紛起，羣臣疏請擇元良，遂競傳已齎金牌取襄世子。石亨度景帝必不起，乃與張軏、張輗、楊善、徐有貞等謀迎復上，遂陰結太監曹吉祥、蔣冕入白太后，許之。十七日壬午，上復即皇帝位，詔即今年爲天順元年。

天順元年丁丑春正月丙戌，大赦天下。【略】二月丁未，皇太后誥廢景泰帝仍爲郕王，歸西宫。戊戌，命郕王所立皇太后吴氏復爲宣廟貴妃，廢皇后汪氏復爲郕王妃。欽天監正湯序奏革除景泰年號，上以不忍，不許。癸丑，郕王薨於西宫。命妃唐氏以下俱死殉葬。【略】三月己巳，復長子見深爲皇太子。第二子見潾德王，見澍秀王，見澤榮王，見浚吉王。【略】書迎襄王瞻墡入京。四月，石亨請罷提督軍務文臣，許之。湖廣賊平。免浙江糧五十四萬有奇。册貴妃周氏及諸妃。襄王來朝。【略】五月，追復王振官，立祠祀之。【略】〔七月〕，釋建庶人及吴庶人母楊氏十八人居鳳陽，聽自便。【略】

二年戊寅，春正月，上皇太后孫氏徽號曰聖烈慈壽皇太后，下詔赦天下。【略】十月，上校獵於南苑。【略】〔三年九月〕，上謂李賢曰：「迎駕奪門，功誠可録。」賢對曰：「迎駕則可，奪門二字，豈可垂示後世？景泰帝不諱，陛下宜復大位，天命人心，無有不順，門何必奪？」上然之。冬十月，城順聖川。石亨閒住。命奪門冒功者許自陳。逮石亨，下詔獄死，籍其家。己未，上獵南苑。十一月，南内離宫成。十二月，命奏疏文移不許用「奪門」二字。【略】〔四年二月〕，駕幸南苑。〔三月〕辛卯，上幸仰山窪。【略】九月，西苑殿館成。上臨幸，召大臣遊賞。【略】冬十月，上幸西苑，閲列侯諸將騎射。閏十一月，幸南苑。己未，幸鄭州壩村閲馬。【略】〔六年〕九月乙未，聖烈慈壽皇太后孫氏崩。冬十月，停造龍鳳磁器。免兩淮鹽課三十萬引。十一月甲午，章皇后合葬景陵。【略】〔七年〕閏七月甲戌，謚故皇后静慈仙師胡氏爲恭讓誠順康穆静慈章皇后。【略】

八年甲申春正月乙卯，上不豫。命皇太子視事於文華殿。己巳，上大漸。書遺詔，其一命東宫即位百日成婚；其二皇后錢氏名位久定，當盡孝養，異日合

塟，惠妃以下次第祔塟，以正名分；其三，命勿以嬪御殉塟；其四，德王等俱擇善地；其五，殯殮器服從舊。庚午，上崩於乾清宫，壽三十〔八〕。二月祭未，上號謚曰「法天立道仁明誠敬昭文憲武至德廣孝睿皇帝」，廟號英宗。五月庚申，塟裕陵。

談遷《國榷》卷三三　上閑習騎射，時御琴書。自奉儉約，宫壼嚴於外廷，臨朝淵默岳峙，近侍莫窺其際。百司奏章，一覽即記，親自裁決，無所旁落。嘗與李賢、彭時論事，賜賢（菜）〔菓〕，親袖納之。其敬天之誠，勤民之切，臣品心術，悉知高下。事皇太后之孝，待襄王叔、會昌侯元舅之情禮兼至，所以處宗室戚畹，不用恩掩義，一代稱聖主焉。

查繼佐《罪惟録》帝紀卷六　英宗法天立道仁明誠敬昭文憲武至德廣孝睿皇帝，名祁鎮，宫人子，孝恭孫皇后以爲子。帝幼冲，詔朝廷大政白太后行。太后命宫中一切玩好之物，不急之務悉皆屏去，事惟閣下議決。每數日，遣中官就問，間以揭報，無壅閉。少師吏部尚書蹇義卒，贈太師，謚忠定。上大行皇帝尊謚，尊皇太后張氏爲太皇太后，封皇弟祁鈺爲郕王。起復禮部尚書兼翰林學士楊溥仍入内閣。釋前監察御史陳祚及鬱林知州林長懋於獄。先是，祚父母皆死於獄，藁葬，祚請歸殯終喪，許之。進士李賢上書，言京師韃官不下萬餘，五胡之亂，可爲遠鑒，乞爲萬世計，勅兵部設法漸次出之於外，消患於未萌。不報。學士士奇等請早開經筵，以進聖學，慎選左右侍御，防其頗惑，太皇太后報可。

夏五月，以王驥爲兵部尚書。六月，葬大行皇帝於景陵。

秋九月，修《宣宗實録》。虜阿台朵兒只伯寇甘涼，以陳鎰爲右副都御史，出督延綏邊備。擢兵部郎中徐晞爲兵部右侍郎，巡撫甘肅。晞出身吏胥，爲治寬仁，故有是命。命司禮太監王振偕文武大臣閲武將臺。振侍東宫得寵自此始。以黄宗載爲南京吏部尚書。

冬十月，以羅亨信爲僉都御史，練兵平涼。

正統元年丙辰春正月，開經筵。初，經筵講官率選翰林，以太皇太后内批，劉球以部屬入參講職。三月，蝗災，言官論大臣不能盡職，久妨賢路，大臣咸請罷職，以謝天譴。獨吏部尚書郭璡謂主上幼冲，豈宜輕去，有負先帝付託，祇宜戴罪修省，舉朝以爲然。以巡撫周忱言，減蘇州府秋糧八十萬石，嘉、湖及松江減有差。始設提督學校官，兩京以監察御史，各省以副使僉事。奉專勅，優免先聖子孫傜役。召應天府尹鄺野爲兵部左侍郎。野受家教嚴，勵清操，初副按察陝西有聲。

秋七月，徙封襄王瞻墡於襄陽，淮王瞻墺於饒州。

冬十月，車駕閲武於將臺，騎射以三矢爲率，惟駙馬都尉井源三發皆的，撤上尊賜之。觀者相謂曰：往王太監閲武，紀廣驟陞三級，今萬乘登臺，獨一杯酒乎？竟無殊擢。十一月，命兵部尚書黄驥巡邊。

正統二年丁巳春正月，太皇太后御便殿，召大臣英國輔，學士士奇、榮、溥，尚書濙入朝，顧謂帝曰：「此五臣，先朝簡任。事不聞五臣不行。」微聞太監振導誘上，召入正色欲誅之。帝爲之請，諸臣亦繼請，得免。以宋儒胡安國、蔡沈、真德秀從祀孔子廟廷。尚書驥至邊，斬有罪都指安敬，三軍股栗。鹵犯莊浪，敗走之，俘護甚多。定甘州留守更休法，兵得即息，民減轉輸之勞。

夏五月，左都御史顧佐致仕。佐性嚴重，守正疾邪，有不便者，輒摘之去。

六月，京師旱。時小兒爲土龍禱雨，歌於塗曰：「雨帝雨帝，城隍土地，雨若再來，還我土地。」

秋九月，鹵復犯邊。再勅尚書驥備禦甘肅，敗鹵於塞外，阿台朵兒只伯走死。召温州知府何文淵爲刑部右侍郎。勅方面郡守有缺，照舊在京三品以上官保舉，舉不得人，并坐。進贊理陝西軍務侍郎柴本俸從二品。本盡心邊務，尤嚴詐飾。時岷州土官都指揮后能坐冒功，朝議宥之，本曰：「宥能，何以奬捐軀報國者？」必不奪。

正統三年戊午春，淮揚災，鹽課虧少。巡撫忱以此時米貴鹽賤，奏令蘇州等府將撥剩餘米量應鹽場聚鹽，官得貸鹽積聚，民得食糧安生，上下賴之。學士士奇等議，清軍補伍須從南北所宜，兵部侍郎鄺野不果行。御史魯泉以事降汜水縣典史，益懋所職，人懷思之。

秋八月，順天鄉試場屋火，詔更試。

冬十月，論甘肅邊功，王驥以尚書兼大理寺卿，二俸並支；柴本陞兵部尚書，仍贊理陝西軍務；都御史羅亨信加俸一級；封都督蔣貴定西伯，任禮寧遠伯，趙安會川伯。

正統四年己未春三月，學士士奇乞致仕，不許，許省墓，敦促還京。逮巡按御史陳祚下詔獄。祚按湖廣，益持風紀，上言遼王貴烚不軌數事，坐論死。未幾，王事别覺，宥之，復原任南京，尋陞福建僉事，致仕。京師大水，詔求直言，行賑恤。陞蘇州知府況鍾、吉安知府陳本深並禄正三品，仍知府事。

夏四月，倭寇浙東殘，力備之。五月，詔黔國公沐晟將兵征麓川叛人思任，沮潞江。晟使諭降，都指揮方政不奉令，渡江擊敗之，斬首三千餘級，深入，逼上江，被圍。晟以其矯令，坐視不援，政一軍没。晟乃燒積聚，反走永昌。帝責狀，晟懼，自殺。六月，西域撒馬兒罕獻良馬，賜名瑞穎，詔畫史圖之。帝命太監吳誠、吉祥監督諸軍討麓川思任，敗績。

冬十月，廢遼王貴烚爲庶人。十二月，追封故廣西總兵都督同知山雲爲懷遠伯。十二月，徙封荆王瞻堈於蘄州。

正統五年庚申春正月，南京少保户部尚書黄福卒，謚忠宣。召南京守備襄城伯李隆提督京營。隆識大體，持以寧静，雅好文墨。或以其得人心，疑内召，遂頗狎聲妓以自蓋。

秋七月，大學士楊榮省墓畢，還京，病卒武林驛。上輟朝，贈左柱國、太師，謚文敏。命侍讀學士苗衷、馬愉，侍講曹鼐並入内閣，參預機務。旌吉安義民周怡等十一家，復之。

正統六年辛酉春，命定西伯蔣貴爲征彝將軍，兵部尚書王驥爲提督，太監吉祥爲監督，征麓川。侍讀劉球疏，以麓川小寇，滅之不足爲武，釋之不足爲却，宜全力邊防，以遏北鹵脱歡、也先父子。不聽。

冬十月，復建奉天、華蓋、謹身三殿及乾清、坤寧二宫成。十一月朔，上御奉天殿受朝賀，大赦。詔京師各衙門除「行在」二字。右副都御史吴訥乞致仕，許之。大將軍貴攻麓川，大敗之於江上，斬首五萬餘級。提督驥深入，復敗之於沙木籠山及馬鞍山之陰，賊死傷十餘萬，思任遁去，依緬甸。驥移兵討僞廣新王韋郎羅，賊聞王尚書至，盡潰去，韋郎羅遁入安南。安南人懼，斬其首，并縛其妻子以獻。閏十一月，以李時勉爲國子監祭酒。

正統七年壬戌春三月，論麓川功，進封蔣貴定西侯，王驥靖遠伯，兵部郎中侯璡陞禮部右侍郎，工部郎中楊寧陞刑部右侍郎，餘陞賞有差。令南京造遮洋船，由海道運糧至薊州。

夏六月，少師、工部尚書吴中卒。中黷貨而鄙，繇國子生積宦今職。其妻每不然中，受誥時，令其子讀聽，曰：「至尊爲之乎？抑翰林官代草也？」子曰：「代爲之。」曰：「翰林先生雅知人，終篇不聞有清廉二字。」中聞之内愧。

秋七月，始置户部太倉庫。擢兵部都給事中王承和爲工部右侍郎。

冬十月，太皇太后張氏崩，上尊謚。命定西侯貴、靖遠伯驥提師往搜思任緬甸。先之以檄，緬甸懷詐不發，攻破之。思任復遁去，俘其妻子，旋師，加貴、驥歲禄各三百石。

正統八年癸亥夏四月，册立皇后錢氏。雷擊奉天殿鴟吻，詔羣臣直言得失。侍講劉球言十事，其一，總攬乾剛，意在詆宦振。振黨錦衣衛指揮馬順誣以別案，猝收球入獄。球知變，大呼太祖、太宗之靈，順使投刃裂其屍。既死，屹立移時不仆。已順子狂疾，代球數順罪，一時謂死球所憑。下大理寺少卿薛瑄於獄，除名爲民。瑄與振同鄉，獨不屈節振。都御史王文承振旨，坐瑄出入人罪，付西市。其子請一人代死，二人充軍贖父，不許。瑄手《周易》不輟，門人奔走哭。兵部侍郎王偉爲申救，得免放歸。南京國子監祭酒陳敬宗九載考績，至京。閹振浮慕敬宗名，託巡撫周忱頗致欲見之意，敬宗不以意。他日致羊酒綵幣，求書程子四箴，希往謝。敬宗爲走筆付之，而反其禮，竟不一見，坐十八年不遷官。瓦剌太師脱歡死，子也先嗣。也先自併阿魯台，勢益强，屢内犯。

冬十月，徙封鄭王瞻埈於懷慶。章皇帝廢后静慈仙師胡氏薨。學士士奇子楊稷有罪，逮繫法司論死。稷惡彰著，士奇頗不察，鄉人至豫爲祭文待之。

正統九年甲子春正月，新建太學成，帝行釋奠禮。三月，少師、大學士楊士奇卒，贈太師，謚文貞。

夏四月，大旱，遣官請雨於岳鎮海瀆。六月，浙西大水。

秋七月，兀良哈三衛寇邊，成國公朱勇、左都督馬諒、興安徐亨、都督陳懷，提兵十二萬，分四道入。至全寧，遇敵福餘，逆擊走之。次虎頭山，戰泰寧、朵顔，又敗之。論功，加勇太保，亨進封興安侯，諒封昭遠伯，懷平鄉伯，餘陞賞有差。

正統十年乙丑春正月，宴天下來朝課最官布政使丁鋐等於禮部，仍加勅諭，賚衣鈔。三月，殿試，第一商輅。輅舉浙江鄉試及會試皆第一，稱三元。始命内閣臣與各衙門會議大政。宣德以前，大臣就扆前面議施行，不時批答。時上幼冲，面議遂廢，諸具本聽奪。浙江台、寧等府久旱，民疫，命禮部右侍郎王英代禱南鎮。甫至紹興，大雨，既禱，復大雨，時稱侍郎雨。

正統十一年丙寅春三月，兵部侍郎于謙巡撫河南、山西，十年不調，忤閹振，降大理少卿，二省民咸赴闕留，復任巡撫，在鎮十有八年，入理部事。

秋七月，少保、大學士楊溥卒，贈太師，謚文定。溥在閣時，子來自石首，具言江陵知縣范理疎節不爲禮，溥即薦理守德安，再擢貴州布政，理不私謝。及溥

卒，乃爲位祭而哭之，以謝知己。

冬十月，上閱武於近郊。

正統十二年丁卯春，詔翰林官十人入東閣，習制誥，讀中秘書，侍經筵，以備他日内閣之選。祭酒李時勉致仕。宣大總督都御史羅亨信請於直沽等處增置城堡，以防也先内犯。留中。

秋七月，河決張秋，潰沙灣入海，尋決滎澤入淮。逮霸州知州張需下獄，謫戍邊。需佐治鄭州最，受旌；轉知霸州，捕蝗有法。侍郎魏驥下其法於諸郡，民便之。時有牧馬者擾其民，需笞之。領牧者譖於振，坐謫，廷臣莫敢出一言。

正統十三年戊辰春三月，殿試後定庶吉士，止北卷及四川萬安、劉翊、劉吉等十一人。

夏四月，福建墟集長鄧茂七反，僞稱閩王。汀州推官王得仁擒其黨陳正景，伏法。賊據松關，攻光澤及邵武，破順昌、龍溪，攻沙縣，同知鄧洪二十人戰没。據貢州沙縣，伺殺我二都指揮。詔都御史張楷、都督劉得新等討之。

秋七月，處州賊葉宗留反，與其黨周明松、陳諫胡、陶得一等四出掠，殺都指揮紀綱。征閩官軍便道攻之，不利，都督陳榮、指揮戴禮戰敗死。詔遣工部尚書石璞、都督徐恭督諸軍討宗留。恭閉壁不敢出，已進兵，敗績，三司官沈麟、耿定、王成皆陣死。河決滎陽，東至淮遠入淮。時思任子思機、思上，復據孟養叛命，靖遠伯王驥率兵討之。

冬十月，驥渡金沙江，攻破賊柵，進次孟養，拔其鬼哭山及芒崖山等寨，斬獲無算。貴州都指揮路宣、九溪都指揮翟亨陣没，二孽竟失所在。增驥禄百石，賜券世襲守備。監察御史朱瑛以計生致處州賊黨周明松，賊三萬欲劫明松，瑛立誅明松於市，賊退去。

正統十四年己巳春正月，復命寧陽侯陳懋爲征彝將軍，出尚書金濂，益兵討閩賊茂七。都督得新大捷連陽，斬首一千五百餘級，招賊徒黄琴等，誘擒僞將劉宗、羅海、郎七等。二月，茂七寇延平，都御史楷戰却之，斬首千餘級。賊移寇建寧，左參政張英戰死。再犯延平，而金濂等大兵亦至，合擊敗之，茂七中流矢死。衆推其兄子伯孫爲主，聚後萍，平江伯陳豫追縛之，閩平。詔張楷還師定處州，大捷銅山。時宗留已陣死，葉希八者爲渠帥，與其黨來降。獨陶得二敗去。瓦剌也先遣使二千餘人進馬，報三千人。閹振怒其詐，減損馬價，也先遂以兵寇邊。貴州苗叛。先是麓川之役，用兵十年，列衛空虚，苗獠乘間竊發，攻圍城堡，雲南凱歸師張軏被截，死亡數萬，軏等僅以身免。命總督兵部侍郎侯璡、副總兵都督方瑛率兵討之。二月，擢御史韓雍爲僉都御史，巡撫江西。録浙江僉事陶成招降處州賊陳諫胡功，進副使。時久旱，命太監金英同三法司堂上官會審獄囚，以消天變，英中坐，尚書以下左右列，此内臣五年審録之始。靖遠伯驥討擒叛蠻蟲富，檻京師伏誅，召驥還。

夏五月，湖廣苗叛，右都御史王來、保定伯楊瑶率兵討之。六月丙辰夜，南京雷火，發自謹身殿，延及奉天、華蓋二殿，奉天諸門皆燼。時紹興山移地震；陝西山移，數里有聲，吼三日；黄河改徙。所在不敢以聞。閹振新居初成輒燬。詔大赦天下。前少保、大學士黄淮卒，謚文簡。

秋七月，侍講徐珵見熒惑入南斗，私語其友劉溥：「禍不遠矣！」亟遣妻子南還。鹵也先大舉入寇，大同兵戰失利，邊塞城堡率陷没。警甚，閹振遽挾天子親征，廷臣伏闕留，不聽。十有七日，車駕發京師，太監金英輔郕王居守。上以五十餘萬人出居庸，過懷來，至宣府。邊將井源敗報踵至，儒臣連章請駐蹕，振怒，皆令掠陣。次大同，振復麾兵北進，成國公朱勇膝行聽命振。户部尚書王佐稟事，率跪伏振草中，獨欽天監正彭德清叱振曰：「象緯示警，不可復進，倘有疎虞，陷乘輿於草莽，誰執其咎？」學士曹鼐曰：「臣子不足惜，主上係天下安危，豈宜一擲？」振怒詈之，且曰：「果然，命矣。」會有黑雲繖營雷雨，前鋒西寧侯宋瑛、武進伯朱冕全軍覆。鎮大同官郭敬密言於振，勢萬不可復進，振始命明日班師。副總兵郭登請駕從紫荆關入，可獲萬全，振不聽。師過鷄鳴山，鹵躡至，遣朱勇反兵五萬禦之，戰鷂兒嶺下，全軍没。兵部尚書鄺野請帝疾驅入關，而嚴兵爲殿。振怒曰：「豎儒安知兵事！」八月之十二日，次土木，日尚未晡，走懷來二十里，文武請促走保懷來，乃以振輜重千餘輛在後，駕遲之土木之水泉。明日欲行，鹵已逼，四面合圍，大軍不敢動。又明日，人馬渴極，掘井深二丈無泉。鹵僞退請平，方召學士鼐草詔與鹵，使使往，振令移營。未三四里，鹵兵來追，我軍行列大亂，勢不能止。鹵跳蕩入，大呼解甲投刃者不殺。衆裸袒相蹈藉死，蔽野塞川，官侍虎賁矢被體如蝟毛。上與親兵乘馬突圍，不得出，遂下馬盤膝南面坐。有一鹵索衣甲，不與，且舉刃，其兄至，曰：「此舉動非凡人，以見主。」遂擁以去。百官死者：英國公輔、尚書野及王佐、學士曹鼐、張益而下數百人，而振亦爲亂兵所殺。其幸免者蓬垢負飢，踰山墮谷，乃得至關。驢馬二十餘萬及衣甲器械輜重盡棄鹵。上見賽刊王，鹵中通事意大明天子，急語也先。也先與所

爲乃公者商之，乃公曰：「大元之讐，天落我手。」伯顏帖木兒色變，呼也先爲那顏，那顏者，華言大人也。若曰「安用此人開口」，推其面去之：「大明天子從雲空推下，萬死之中鏃矢不沾，寸兵不及，此知天意猶在矣。且吾等受其賜積多，安得害之！當報中國使來迎之歸。那顏，那顏！豈非萬世美名！」時虜衆皆曰者者，然辭也。於是也先以上送伯顏營，令護之。伯顏，也先弟也。

十七日報至，京師大震。皇太后遣使齎黄金珠玉衮緞，駝以八馬，詣也先營，請還帝，命郕王權總萬機。王於午門南面見百官，啓□行。二十日，皇太后詔立皇長子見深爲皇太子，時僅二歲。百官請於監國，王奉令旨族誅王振，立毆死振黨馬順於朝，血流殿廷，復索振所親信王、毛二長，隨殺之。於是移王座入奉議門左，籍振家，臠其侄山於市，族屬無少長皆斬。皇太后命以于謙爲兵部尚書。

虜挾上至大同，給金幣，都督郭登閉關不納。上傳旨曰：「朕與登姻婭，何外朕若此！」登遣人傳奏曰：「中國有君，臣奉命守關，不得擅啓閉。」隨駕校尉袁彬以頭觸門大呼。知府霍瑄自水竇出謁，修獻犒。廣寧伯劉安等，括公私金銀萬餘兩輸虜，乞駕。虜得之，笑擁駕去。登初謀飽壯士七十餘人，激以忠義，往奪駕入，約事成高爵厚賞。會有沮者，不果行。時也先欲起賊駕，是夜忽大雷雨，震死所乘青騙馬，遂不果。彬侍上，又得哈銘爲周旋。哈銘者，初隨使臣吴良羈虜中者也。彬嘗出侍帳外，見赤光倚罩上卧處，虜視之皆然。繼雪夜，虜令人行刺上，見大莽蛇盤繞，畏不進，自是益加敬禮。也先營野松林，上至其營，也先拜稽首，乃侍坐，出妻妾以次奉上酒，歌舞以爲樂。復還伯顏營，伯顏與妻亦如也先禮。每二日獻羊，七日獻牛或馬。二人出獵，又以所獲次第上，進窩兒帳房一頂，差達婦管起管下。

二十九日，皇太后遣太監金瑛傳旨：「皇太子幼冲，未能遽理萬機，郕王年長，宜正大位，以安國家。」内外文武亦以時方多故，人心危疑，思得長君以弭禍亂，於是交章勸進，擇日行禮。是日令旨命翰林修撰商輅、彭時入内閣辦事。廣東盜黄蕭養圍廣州，殺副總兵都指揮使王清。命都督同知董興總諸道兵討之。九月朔，也先使來言，欲送上還京師。使回，厚賚也先。初五日，郕王即皇帝位，尊上爲太上皇帝，大赦天下，改明年爲景泰元年。於是天下始知有君，朝綱整肅，號令得行。也先復遣使至，書詞嫚。尚書于謙奏上：虜氣盈滿，勢必長驅，宜急分投召募，隸神機營操演聽用，仍令工人戒造功戰器具。京師九門，宜用都督統領，出城守護；徙郭外居民入内，毋爲虜所掠；通州壩上倉糧，宜令在伍人員悉詣關支，准作月糧之數。上皆從之。擢郕府左長史儀銘爲禮部左侍郎，右長史楊翥爲兵部右侍郎，審理正俞綱爲太僕卿，審理副俞儼還僉都御史，伴讀俞山爲鴻臚寺卿，楊興爲户部郎中。武清伯石亨初協守萬全，坐不救乘輿，詔獄尚書謙請釋出，總京營兵馬，退虜贖罪。

冬十月，也先與其可汗脱脱不花，名返上皇，入寇紫荆關，京師戒嚴。先是，内侍喜寧，胡種也，土木之敗，降也先，露我情實，自是導虜持上皇闖紫荆關，殺指揮韓清等，都御史孫祥走死，朝野洶洶無固志。太監金瑛奉命召廷臣問計，侍講徐珵以占象，倡南遷之議，瑛叱之，挾珵出。明日，于謙抗疏：京師天下根本，本一動，大勢盡去，萬無爲宋南渡故事。瑛遂大言曰：「死則君臣一處死，敢言遷都者殺無赦。」於是衆心稍定。時各處倉場草束芻料充牣百萬計，所不盡散給者，于謙聞虜臨關，急使人盡火之，然後奏聞，曰毋以資虜。虜果長驅至京師西北關外，焚掠諸陵。時石亨等軍城北，都督孫鏜軍城西，于謙及刑部侍郎江淵分督之，皆背城以待。以交趾舊將王通與都御史楊善守城。時尚寶司丞夏瑄原吉子陳四策，謂宜堅壁勿戰，設伏以覆之，且間夜襲其營，調邊兵之半内外夾攻。若進兵死門，宜以三隊爲法，前隊反走，中隊悉斬以狥，否者同罪。詔趣行之。閹臣陳循遂請疾勅遼東、宣府兵入援。亨等初與虜戰，殺傷相當。喜寧赈也先詭請和。姑以通政使王復爲禮部侍郎，中書舍人趙榮爲鴻臚寺卿，出迎上皇。也先以復、榮非大臣，不許。上皇微語二臣，彼無善意，爾等速去。二人歸，西虜復縱掠，攻城急。會宣府遼兵至，我軍大振。石亨與其從子彪激蕩虜陣，所向披靡。管神機營都督范廣以飛鎗火箭佐之，殺傷頗衆。也先奉上皇夜遁，脱脱不花聞之，遂不敢入關，亦遁去。上皇出紫荆，乘馬雪行上下坡岡，則袁彬爲控持，哈銘左右之。既入虜境，也先來見曰：「勿急，終當送還。」遂辭去。脱脱不花遣使獻馬議和，朝廷却之。胡濙、王直言，脱脱與也先君臣素不協，宜受其獻以間之，遂厚待其使蹄等。遣都督楊洪、孫鏜、范廣等擊餘虜之未去者，敗之於固安，奪回人口萬餘，其實胡人不過百餘騎。時舊降虜安置畿内者，乘勢起爲盜，命都指揮董寬率河間、瀋陽等衛兵遍行緝捕。改户部尚書周忱爲工部，仍巡撫南京，糧餉軍器鱗次發運，未嘗愆期。

十一月，京師解嚴，頒詔撫安天下，論功封楊洪昌平侯，石亨進封武靖侯，加于謙少保，總督軍務，餘陞賞有差。時有留邊將内衛之議，兵科給事中葉盛上

言，今日務守宣府、居庸爲急，毋爲近保四門之計。詔從之。先是宣府總兵官入衛，人心罩怯，幾欲棄城委鹵，都御史羅亨信仗劍坐當門，令曰：「敢有出城者斬！」鹵知有備，不敢攻，北門以固。

上皇北至小黄河，鹵營蘇武廟，伯顔帖木兒之妻阿撻剌阿除，促令使女設帳近駕。尋直聖節，也先來上壽，進蟒衣貂裘，侍宴。上皇在鹵庭，未嘗少降顔色。也先欲以其妹侍上，使譯使胡觀童言之。上皇以萬乘之尊無甥館於胡者，謝曰：「禮難野合，候還南朝聘之。」又選胡女數人薦寢，復不納，曰：「留爲他日嬪御。」也先益敬服。其下每見上皇所御帳上有火光，隱隱若黄龍交騰狀，即之不得。天寒，袁彬嘗以兩脇温上皇足。哈銘卧，或手加上皇胸，上皇候其寤，下之，遂引漢光武子陵故事，且曰：「還朝當都指揮彬也。」上皇常夜出帳，仰視天象，語彬、銘曰：「天意有在，我必不終鹵中。」令銘微致語伯顔妻，令勸伯顔還蹕。妻曰：「婦人何能爲！侍巾帨洗濯時或一言之。」鹵寇遼東，都督都御史王翱等嚴兵禦之，鹵遁去。

十二月，鹵寇甘州，提督都御史馬昂簡精鋭出屯隘伺之，鹵不進。尊皇太后孫氏爲上聖皇太后，尊生母吳氏爲皇太后，册妃汪氏爲皇后，皇子生母周氏爲貴妃；追封英國公輔爲定興王，謚忠烈，喪不還，以衣衾葬。以禮部右侍郎俞綱兼翰林學士，入内閣辦事。綱以生員薦起，舊恩驟進，時以爲異。

查繼佐《罪惟録》帝紀卷八 天順元年丁丑春正月，上皇在南宫。帝自南郊齋宫還，疾甚，儲位未定，内外危懼。内閣王文與太監王誠，謀迎立襄王子，頗洩。太監興安諷羣臣固請復立舊東宫，迎上皇。羣臣集議，問學士蕭鎡。鎡曰：「既廢矣，不可復。」王文遂對衆曰：「不如請立東宫，知上意屬誰？」衆始覺其有異謀矣。先是，胡濙等羣臣集左掖門，合請早建元良，以安人心。左都御史蕭維楨舉筆曰：「請改建字爲擇字，何如？」奏入，有旨不允，諭是月之十七日視朝，謂擇字非復立之意，遂閧傳王文及于謙遣使賫金牌勑諭敦促襄王世子入朝矣。既而禮部復會議，俟視朝日合辭必懇故太子正位東宫。而武清侯亨顧陰與掌兵都督張軏、張輗及左都御史楊善、副都御史徐有貞謀，迎上皇復辟。密結中官曹吉祥、蔣冕白於皇太后。十六日晚，軏、輗等會有貞所，託邊報急，呼兵入内。有貞登屋覽步乾像，亟下曰：「事在今夕，弗失。」將發，與家人訣：「事成，社稷之福，不成，沉滅之禍，歸人，不歸鬼矣。」亨乃收諸門鑰，入兵千人。夜四鼓，天色晦冥，亨、軏等内懼，獨有貞言弗疑，亟薄南宫，毁垣入。上皇問何爲？具以實奏。揮士進輦，有貞爲前導。忽天氣朗清，上皇顧問卿等爲誰？各具官對。舁入，昧爽，羣擁上皇奉天殿升御座，鐘鼓皆鳴。代廟疾中聞知之，曰：「兄爲甚善。」忽聞上皇已復位，驚愕，趣就列。

是日，逮尚書于謙，閣臣王文及都督范廣，太監王誠、舒良、王勤、張承等下詔獄。命徐有貞以本官兼翰林學士，直文淵閣，典機務，明日，陞兵部尚書，兼職如故。逮内閣學士陳循、蕭鎡、商輅，尚書俞士悦、江淵，侍郎項文曜、王偉、古鏞、丁澄、沈敬等下獄。出前禮部郎中章綸於獄，擢禮部右侍郎。以太常卿許彬爲禮部左侍郎，大理寺卿薛瑄爲右侍郎，兼翰林學士。石亨等初以迎復事語彬，彬曰：「此義舉也，第彬老矣，無能爲。」薦有貞爲之。至是，亨、有貞交薦彬，遂與瑄，有貞入閣辦事。論迎復功，封武清侯石亨忠國公，張軏爲太平侯，張輗文安侯（軏、輗，英國輔弟也），都御史楊善爲興濟侯，以上並世襲。封有貞武功伯，世指揮使。論隨駕功，擢鎮撫哈銘、試百户袁彬並爲錦衣衛僉事。斬于謙、王文、范廣及太監王誠等於市，陳循、江淵、俞士悦、項文曜發鐵嶺衛永遠充軍，蕭鎡、商輅、王偉等原籍爲民。

初謙等下獄，上頗猶豫。張軏揚言曰：「不殺謙等，吾等爲無名。」大訊謙等迎襄王事，坐「意欲」二字，獄定。命翰林官故帶東宫官銜者，俱改別職。奪郭登定襄伯，以爲南京都督僉事。尋石亨遽以千户盧旺、顔敬入侍文華殿，上問伊誰？對曰：「臣心膂也，復辟與焉。」遂擢二人指揮使。自是求請無虚日，冒功陞職至四千餘人。太子太傅高穀與吏部尚書王直、禮部尚書胡濙並致仕。上曰：「穀無他腸。」俞其請。

二月，以皇太后誥，廢景皇帝仍爲郕王，歸西内，降皇太后吳氏仍宣廟賢妃，皇后汪氏仍郕王妃。是月十有九日，郕王病已愈，太監蔣安希旨以帛扼殺王，報郕王薨。上不問，祭葬如親王禮，謚曰戾，妃嬪唐氏等，俱賜紅帛以殉。并欲殉王妃汪氏，李賢奏止之，繼令出居舊邸，亦以賢言，兩郡主故加恩。欽天監奏革除景泰年號，上曰：「朕心有所不忍。」仍其元。贈故御史鍾同大理寺丞，官其子丞知縣，謚同忠愍。召前南京大理寺卿廖莊謫所，陞南京禮部侍郎；贈少監阮浪爲太監，仍令儒臣撰碑文以旌之。召巡撫陝西副都御史耿九疇爲右都御史，掌院事；南京督儲副都御史軒輗爲刑部尚書。百姓八十歲以上者，賜冠帶，禮京師民百四歲茹文中特厚。三月，前吏部尚書何文淵以預草易儲之詔，家居，訛傳都御史至，懼，自經死。械前給事中吳江徐正坐離間、伐樹、錮門之罪，磔。賑

山東飢，徐有貞不可，李賢力贊之。上嚮賢。

夏四月，復沂王見深爲皇太子。詔處士負才學不求聞達者，所在以聞。襄王瞻墡初疏請皇太子居攝，訓諭郕王盡心輔政，奏上而郕王已即真八日矣。至是得其疏於宮中，上覽之感嘆，勑王入朝，禮待甚隆。王爲脱被誣按察使王槩於獄。及辭歸，曰：「願皇上省刑薄斂，以萬姓自愛。」上拱手謝曰：「敬受命。」追復王振官，刻木視其形，招魂以葬之，即奉化寺爲祠，賜額曰「旌忠」。

五月，御史楊瑄自河間印馬還，奏亨、吉祥家人攔占民田，乞加禁約。上以瑄敢言，令户部覈實以奏。於是十三道御史張鵬等，合糾亨諸不法。兵科給事中王鉉急以告亨，亨疑内閣徐有貞、李賢等主使，遂與吉祥等環泣上前，數其奪門功力，苦爲有貞等所排，且曰：「鵬故伏誅内官張永從子也。」上感，命收瑄、鵬，及十三道御史，盡下錦衣衛獄，并波及右都御史耿九疇，副都御史羅綺，與有貞、賢皆下獄。會風雷大作，雨雹如注，拔木走石，吉祥之門老樹皆折，亨宅水深數尺，京師震恐。翌日，即赦出有貞等，降有貞、賢、綺皆參政，九疇布政使，御史鄭顒等調知縣，瑄、鵬戍鐵嶺，言路從此塞。於是内閣學士薛瑄及刑部尚書軒輗，咸引疾致仕。上勞輗曰：「昔按察考滿歸朝，載二竹器敝馬，非卿耶？」賜金幣。六月，命翰林脩撰岳正入内閣，典機務。

秋七月六日，承天門災，大赦，復下廣東參政徐有貞於獄。亨等慮有貞復起，假養病給事中李秉彝名，奏有貞毁謗，連所親馬士權，事無實，遂摘武功伯誥券有「纘禹神功」之語，謂有貞自撰，實謀作逆，故出語不臣。令都指揮門達痛鞫，士權大呼曰：「即有逆謀，何須預露誥券？」達不能折。上以赦前事，發有貞金齒爲民。亨勸上榜購有告捕前匿名者，官三品。内閣奉旨撰榜格，吕原、岳正奏曰：「爲政有體，無天子自出榜購募奸人之理。」上是正言。岳因數密奏曹、石勢張，宜早節制。且奉上命，曲諷亨等斂戢。亨等切齒正。會承天門災，上令岳草詔罪己，草中稱奸邪蒙蔽，詞頗切直。亨益大怒，造蜚語，指正謗訕，内批降遠州。前御史張鵬、楊瑄戍鐵嶺未至，奉赦還。或謂宜詣曹，石謝，鵬、瑄不從，復戍南丹。初亨請放歸官軍之守諸關者以示恩，内閣徐有貞、許彬、李賢、薛瑄不可，上重違亨意，別選人代之。至是，亨薦其私人參議盧彬、太常少卿王謙入内閣。上不聽，以尚書王翺議，復李賢内閣。八月，追論都督僉事郭登閉大同不納，謫居甘州。復用私事，逮置欽州同知岳正繫詔獄，謫戍肅州。正既謫，上每語及，輒云大膽。時石亨、張軏輩每朝退輒内謁，所絮及小故，出則張大以自威。上頗厭之，召賢入，謂先生有文書，宜不時面奏，其餘總兵官何用頻來？九月，勑左順門：非有宣召，總兵官不得擅進。自此專任賢，必咨可否以行。

冬十月，遣勑書禮聘撫州處士吴與弼。時石亨欲借儒行以自餙，薦弼，上問賢，賢曰：「此本朝盛舉。」上從之。鹵酋孛來迹邊，石亨請出兵不意，刦其所藏古傳國璽。李賢曰：「景泰以來，災異頻仍，倉府詘乏，豈宜動衆？且相傳璽自秦皇，爲李斯所篆，亡國之物，何足爲寶？」上從之，勑罷巡邊。曹、石黨兵部尚書陳汝賢有罪下獄死，籍其家，貲仞大内廡下，上變色曰：「于謙得君專且久，死無長物，汝賢何人，乃至是！」亨等内慴，爲俛首。初謙死，皇太后不及知，後始知之，爲上力言匡濟功，并及金牌之誣。及事久，迎立益無狀，上始悟謙冤。而亨等歸罪有貞，故貞廢，而亨等卒亦不免。太平侯張瑊卒。賜初名軏，貴州征蠻，召還。于謙常劾其失機，恨謙毒，奪門後首謀殺謙，以謙親范廣并及之。至是，出半道，忽下車作拱揖，恭爲款語。左右駭，問之，曰：「頃范都督過此。」歸來發病，不起。

天順二年壬寅春正月，郊天後，念皇太后保護恩，加尊徽號四字，曰聖烈慈壽，賜爵太后家長孫繼宗蔭會昌侯，次皆都督，子侄數十人蒙秩有差。太后爲不樂者累日，曰：「物極必衰，一旦干憲綱，如老婦何？」且誡後不可爲例。出建庶人等於鳳陽。或以爲不可，帝曰：「有天命者，任自爲之。」賜第鳳陽。勑有司上供億，出入自便。嚴僧徒濫度之禁。勑内閣及儒臣修《大明一統志》。會昌侯弟顯宗，縱家奴横奪民田，私起店房禦商貨，上命議如法。以會昌侯曲請，戍其奴。徵士吴與弼至京，授左諭德。弼三辭，放歸。與弼條陳十事以謝。漳州布衣陳真晟詣闕，上《程朱正學纂要》，不報。歸將往質吴與弼於江西，編修張九楨曰：「許魯齋、吴草廬未是，如聘君者，不可見，亦不必見也。」布衣歸，尋卒。上以曹、石干預，屏人語閣臣賢：「即奈何？」對曰：「惟在獨斷，可以絶之。」上曰：「吾不能覩其怫然者也。」賢曰：「於理果不可行，且從容諭之。人主之權既不下移，彼之勢自消，趨附之人當亦自少。」上深以爲然。孛來寇延綏，守將都督僉事張欽連戰，敗之，進同知。先是，也先以騎鹵爲其部哈剌所殺，哈剌復爲孛來所殺，諸酋迭雄長，自相讐難，久之始定。孛來、毛裡該、阿羅出、孛羅忽等相繼入寇，西掠延寧甘涼，東侵宣大，北邊無寧歲。

天順三年己卯春二月，定遠侯石彪及忠國公亨次第論死。彪以亨故，鎮大同，滛恣不簡，數侮其總兵。總兵爲流言彪懷異志，上疑彪，召彪。彪諷大同千

户斌等奏留彪爲總兵，上按得實，即日縛彪棄市。時亨氣焰薰灼，强持朝政，挾恩故，輕朝廷，上久不堪。亨門下有瞽目指揮童先者，手出妖書，曰惟有石人不動，勸亨謀異，遂有塞紫荆，南據臨清，絶餉道，以孤京師之説，勸亨禦敵延綏，乘便發。亨不應，童先曰：「時者，難得而易失也。」罵亨石人不足與共事。已而彪事發，連亨。上念其功，令謝兵權，本爵歸第。未幾，露怨謗語，收亨獄死，其黨皆坐死。嗣上從容與李賢言及奪門事，賢曰：「奪之一字，豈宜爲萬世口實？幸陛下洪福獲濟，假奪而不得，諸臣不足惜，不知置陛下何地？且郕王不諱，文武羣臣敦請復位，雖欲陞賞，以誰爲功？老誠者舊依然在職，豈有殺戮降黜之事，致干天和！」上悟曰：「此輩豈社稷臣，旦夕富貴耳！」

天順四年庚辰春正月，致仕工部尚書大學士高穀卒。三月，法司録迎駕冒功之罪，上恐人心驚疑，以問李賢。賢曰：「使彼不自安，許令自首免罪爲上。」從之。或請追其支過俸糧，賢曰：「是不可。」傳旨免。於是冒陞者四千餘人盡行改正。封皇子七人。德、許、秀、崇、忻、喜、徽。策貢士已，其下考者鼓衆，奏考官較文顛倒有弊。賢曰：「即臣弟不在選中，考官無弊。」鼓衆者荷校。

夏五月，靖遠伯王驥卒，贈侯，謚忠毅。

秋七月，鹵孛來大舉入寇，直抵雁門，沿邊四掠。既遣都督顔彪赴紫荆關，馮宗赴倒馬關，合鼓雁門，鹵去。南京刑部尚書耿九疇卒，上聞之，稱可惜者再，謚清惠。

冬十月，釋徐有貞歸田。以僉都御史韓雍巡撫大同。雍精悍，負智略，在都察院時，錦衣都指揮劉敬坐與石亨值房同飯，雍曰：「同飯有罪，彼晝夜酣亨所，更何律以處之？」敬得免議。閏十一月，月食。欽天監湯序不報，坐隱匿，降級。

天順五年辛巳秋七月，曹吉祥及其從子昭武伯欽謀叛，爲都指揮馬亮等所覺，猝發，以兵誅之。其黨伯顔也先、湯序、馮益及兄弟鋒、鏞、鉉等咸伏法，事在吉祥傳。以滅賊功，加孫繼宗太保，孫鏜進封懷寧侯，馬昂、王翺、李賢並加太子少保。擢吏部郎中萬祺爲太常寺卿，進完者禿亮爲都督。進封吳瑾梁國公，謚忠壯。贈寇深少保，謚忠愍。李賢因論工部尚書趙榮常奮呼擊賊，帝曰：「忠臣也。」馬昂初附吉祥，至欽誅，有功，賜賚無虚日。衣有虎撒哈剌者，雖貴戚不可得，昂得之。

冬十月，鹵酋阿羅渡河入套，寇延綏。十一月，上召李賢語及吉祥事，因曰：「朕復位五年矣，未嘗一日忘南宫時。且一日之間，五鼓起，拜天及九廟，退朝母后，親覽諸奏無暑暇，及進膳，未嘗揀擇，被服亦隨宜，雖親布紵，人不以爲非天子也。而若輩驕淫，問南城時不知若何過來。」令天下生員年四十以上者考選，送國子監。

天順六年壬午春三月，調鎮江知府林鶚於蘇州。

秋八月，内閣吕原艱，歸卒，贈禮部侍郎，謚文懿。九月，皇太后孫氏崩，謚孝恭章皇后。太傅吏部尚書王直卒，贈太保，謚文端。是年，泰山震。詔東宫選婚。

天順七年癸未春二月，會試場屋災，改期。以錢皇后言，追謚宣宗廢后静慈仙師胡氏爲恭讓章皇后。是月晦，夜空中有聲。李賢密奏，無形而有聲，謂之鼓妖，官不恤民之徵也。因疏十事，帝皆從之。又謂罷所造緞疋及磁器，清錦衣獄，止各邊守臣進貢，并止下番所遣使臣，停中外採辦買辦。上不能從。左右恐上怒，爲賢寒慄。賢曰：「古之大臣，知無不言，國家大利害，豈容默默！」上終不以爲忤。

秋八月，致仕少傅禮部尚書胡濙卒，贈太保，謚忠安。錦衣都指揮門達，總督官旗緝事，兼鎮撫問刑，權傾中外，惡指揮僉事袁彬，欲并中内閣賢，陰摭彬數十陰事以聞。逮彬獄。會採漆軍匠楊塤一名瑄於三法司大言白彬及賢，釋彬，調南京，事在袁彬傳。賢以所誣既白，乞休。上曰：「此細故，何足介意？」不許。

天順八年甲申春正月，帝不豫，意摇東宫。李賢以國本不可動，扶皇太子謝，譏言不行。既而大漸，命太監牛玉執筆，口占，使書之：一、東宫即位，百日成婚；二、定后妃名分；三、勿以嬪御殉葬；四言殯殮器服事。與玉付内閣潤色行。李賢與陳文、彭時警愴，因嘆曰：「止殉，真盛德事，度越千古矣。」十有七日，上崩。

雜録

備録

王錡《寓圃雜記》卷一三　天順五年夏，英宗召内閣臣李賢，謂曰：「朕自復

位以來，每日五鼓初即起，拜天畢，閲奏牘，處分訖乃朝廟，出視朝，退朝母后，還宫復閲奏牘罷進膳，飲食隨分，未嘗揀擇，衣服并隨便，雖著布衣，人豈以爲非天子也？」賢曰：「如此節儉，益見盛德。上節儉，則下民自然富矣。」英宗曰：《四書》《尚書》，朕嘗讀徧，如二典三謨，真是格言，帝王修身、齊家、敬天、勤民、用人，爲政之道，盡在其中矣。」賢曰：「然願陛下體而行之幸甚。」曰：「朕在宫中，雖極熱不揮扇，雖隆寒不近火。」賢曰：「陛下聖質，所稟堅厚，體備中和之氣，故能如此。臣聞宋仁宗亦然。」英宗曰：「朕聞景泰不與大臣接言。」賢曰：「自古明君，未嘗一日不與大臣論治天下之道，所以天下常安。先儒謂接賢士大夫之時多，於君德大有益。」英宗曰：「然。」

尹直《謇齋瑣綴録》卷五　錦衣衛掌衛事都指揮僉事臣袁彬謹題：爲纂修事，成化元年七月二十一日，該太保、會昌侯孫繼宗等題：英宗皇帝車駕北征，往還事蹟，有錦衣衛都指揮僉事袁彬一向隨侍，必能詳知，合無令其開寫具題。」奉聖旨：「是，欽此。」欽遵。本月二十二日，臣將事蹟録寫，欲送該館，未敢擅便，具題。奉聖旨：「是録寫完了，還封進，欽此。」欽遵。今將事蹟開坐，謹題請旨。

計開：正統十四年八月十五日，臣在土木爲回回賽伏剌所虜。十六日，皇上在雷家站高岡地上坐，衆達子圍著。是臣遠觀認的是我英宗皇帝，臣叩頭哭，上問：「你是甚麽人？」臣說是校尉。當奉聖旨：「你不要說是校尉，只說是原在家跟隨的指揮。」又問：「你會寫字不會？」臣說：「會寫。」就令在左右隨侍答應。本日奉聖旨討珍珠六顆、九龍蟒龍段疋、金二百兩、銀四百兩賞也先，著臣寫書與千户梁貴回京奏討。

十七日，隨到宣府西城角答話，城上放短鎗，不得近。又轉到南門，有聖旨宣楊洪、范廣、朱謙、羅亨信，著開門接我城上去。城上人回說：「今日晚，不敢開門。這城池軍馬是爺爺的。楊洪也出去了，不在城裏。」星月上時，隨上渡宣府河，臣下水控馬，渡訖。至二更時，大雷雨，就陣上震死也先所騎青白騙馬。雨止，上令臣出帳房外窺視，但見赤光罩定御帳，隨即奏知。先是，虜衆累謀欲害上，數見瑞應，謀遂沮。明日，也先就來帳房前叩頭致敬。

十八日，聖旨差喜寧回京奏討賞賜。十九日早，也先令伯顔帖木得知院來進熟肉、鋪蓋、皮襖。

二十日，到大同東塘坡。上聖旨著寫書，差力士張林到大同城裏，有總兵官劉安、都督郭登、都御史沈固，將張林付斷事司審問來歷。是晚，就差人出來答話。

二十一日早，過西門答話。上又令忠勇伯到城下，城中不信。著臣白騎馬到城下，跪說：「我是寫字的校尉，見有駕牌寫照。我原籍是江西人，這裏委的是。皇帝在土木時，軍馬盡被也先殺散了，下吊橋放我進去。」臣入城見劉安、郭登、沈固、霍瑄，衆官計議良久，留臣在城，劉安出城見上，慟哭。上問：「城裏有會說話的通事，著一人出來。」劉安說：「有通事指揮李讓。」奉聖旨：「便著他出來。」劉安入城，方遣臣出。臣見上，又令臣入城取李指揮。李指揮說：「我女兒許與大同王對親，如今不與他，我若出去，他定殺了我。」臣扯住繫腰說：「皇帝在門外，你如何不去？」劉安又言：「我在上前說過了，你便去。」遂同李指揮出見上。得知院等言說：「我太師也先曾說，我有甚麽本事征伐南朝？只是天著我和皇帝一會。」李指揮說：「官人，你這說話有天理。」得知院等到城下，令臣於上前索羊酒賞賜。是日，劉安等同大小官員出城朝見及進羊酒等物。上問大同有多少錢糧，劉安說有十四萬兩銀子。當令臣取銀一萬兩，以五千兩賞也先，五千兩賞得知院等三人。虜又索衆軍馬賞賜，上令臣再入城取銀五千兩，散與衆達子。

二十二日，臣傳奉聖旨：討武進伯朱冕、西寧侯宋瑛、内官郭敬的家財及三人的蟒龍衣服、酒器，盡都拿來賞與也先。城内衆指揮、千、百户幇衣服、綵段來賞與也先，大小頭目又著擺筵席管待他。

至晚，離城西二十里駐蹕。有夜不收楊總旗來與臣說，今夜有五箇夜不收來密請爺爺石佛寺去，待他尋不見時，便乘間入城去。臣備奏知，上曰：「此危事，使不得。先在土木時不曾死，我命在天，若萬一不虞，如何好？」遂不用其計。

二十三日，也先等說，我每到猫兒莊外會議，擬送皇帝南歸。是日晚，到水盡頭，指揮盛廣等送至銀三千兩。二十四日，送衣服。二十六日，送綵段、羊、酒、蜜食。二十九日，到黑河。三十日，到八寶山。

九月十六日，季鐸齎奉聖母皇太后寄來貂裘、胡帽、衣服等件到營，見上說：「初六日，郕王已即皇帝位。」又說：「文武百官，奉皇子三人中年長者一人爲東宫。」皇上令臣寫書三封，一禪位於郕王，一問安於太后，一致意於百官，絶也先地闢之心，動景皇天倫之念。上看之，甚喜，當時祝天。

本月十七日，到斷頭山，住五日。也先每日進諸般熟野味。二十一日，又往北行二日。也先會議，復往南行一日。也先號令，選斷殺馬匹，五更時分起營，至暮駐札。

二十八日，到大同。上至北門下，郭登等朝服在月門裏設交床一把，伺候叩頭。上不肯下馬，郭登潛令人伏城上，欲放下月城閘板，虜覺之，就擁上出門。也先到大同東門，邀城中頭目出見，城中不從，惟進羊酒諸物。上親説與城上官軍：「這厮每説謊，不肯送我。你每守祖宗的城池，操練軍馬，不可怠慢。」

十月初一日，至聚樂店，内官喜寧説：「如今送爺爺從居庸關進去。」初三日，至陽和，討了牛、羊、酒。初四日，到紫荆關北空地駐札。有通事都指揮岳謙與臣説，喜寧會説達達話，説他前領哨馬進紫荆關，去搶北京。臣思喜寧頗知中國虚實，今爲虜用，恐其乘虚入關，當以岳謙所説奏聞，上曰：「只憑著天理去。」初五日，喜寧領前哨進紫荆關北口。初九日，喜寧等燒燬紫荆關，殺都御史孫祥。初十日，過易州，至良鄉縣，本縣里老人等進茶食、果品、羊、酒。十一日，到蘆溝橋，有果園署官以果品來進。

上又令臣寫書三封，奉聖母皇太后及御弟皇帝暨文武羣臣，通報虜情，固守社稷，當差岳謙同那哈出到彰義門答話。岳謙爲官軍殺了，那哈出奔走回營，與也先説：「他南朝人也不認得，殺了岳謙。」也先聽得，當令達子擺一字陣，直至西直門。上御德勝門外空房内。十二日，臣送上登土城答話，有王復、趙榮來進羊、酒。得知院等説：「怎麽没大頭目來接，著你小官人出來？」十五日，上令臣與得知院説：「哈銘會説達子話，就帶回去，不要放他入城。」又宣喜寧，三次不至。是日，回至良鄉。十六日，到易州。十七日，出紫荆關，連日雨雪，上下艱難。十八日，到渾河。十九日，到蔚州。二十一日，到順聖川駐札。二十三日，往陽和、後口，到猫兒莊。二十四日，北行。

十一月十六日，到老營，得知院妻宰羊迎上，遞盃。十七日，宰馬做筵席，在蘇武廟駐札，凡四十日。時天寒甚，臣得宿寢傍，每至中夜，令臣伏卧内，以兩脇温上足。上時出帳房，仰視天象，或示臣曰：「天意有在，我終當歸耳。」也先每二日進羊一隻，七日進牛一隻，五日、七日、十日做筵席一次，逐日進牛乳、馬乳。又進窩兒帳房一頂，差達婦管起管下。上在行營，或坐暖車，或乘馬，途中達子達婦遇見，皆於馬上叩頭，隨路進野味并奶子。也先每宰馬設宴，先奉上酒，就自彈虎撥思兒唱曲，衆達子齊聲和之。得知院、大同王賽罕王跪奉上酒。

至十二月初二、三，在老營起往來駐札。也先并達子每夜見上所御帳房上火起，隱隱若黄龍交騰其上。也先欲以妹進，上竟却之。初六日，喜寧與也先議請上往高橋兒，寧夏去，臣説：「如今天氣冷凍，爺爺如何去得？」遂不成行。喜寧與也先説：「都是校尉袁彬撥置阻住。」將臣賺去蘆葦地内，綑了欲開剥。忠勇伯密令人走報上，令哈銘與也先説饒臣死，方解皮條放了。也先等領達賊四散搶擄，至月盡回營，日期不等。上累令臣寫書，差人回京與御弟皇帝并文武羣臣，以祖宗社稷爲重，好生操練軍馬，謹守城池，不要顧我。

景泰元年正月初一日，上自將白紙寫表，宰羊一隻，視告天地，行十六拜禮。至二月初一日，也先請上至其帳，奉酒彈唱，也先三妻皆出，叩頭，獻鐵脚皮。

四月二十二日，上以久無使臣往來，喜寧又潛懷二意，數教也先擾邊，於是令臣寫分豁本，差人回京，若爲喜寧申理者。又令臣至也先處説：「爺爺有旨，要差總旗高磐、太監喜寧、達子那哈出回京。」也先依聽。又密書喜寧謀叛情跡，函於木中，内繫高磐腿上，令至宣府與總兵等官以計擒之。及至野狐嶺，高磐與喜寧飯於城下，密約城上至進湯時即發短鎗。少頃，短鎗發，達衆走散，高磐抱住喜寧滚下濠中，遂擒入城。那哈出走，回營見上説：「喜寧在野狐嶺被高磐抱住滚下濠裏，綁入城内去了。」上大喜，説：「使兩下裏動干戈，害人民，都是這厮。如今拏了他，邊上方得寧静，我南歸也可望了。」五月内，李實、羅琦、馬顯齎賞來與也先，見上，本月内回京。

七月初三日，哈銘來説，也先會議送爺爺回朝，要京裏著頭目來接。就差哈銘詣京奏報。二十七日，哈銘同楊善至龍門地方接見。

八月初二日，也先、得知院等進馬匹、貂鼠、銀鼠皮張，也先、得知院等及其妻妾俱送上。行約半日程，也先下馬，叩頭，跪著解所帶弓箭、撒袋、戰裙以進，與衆達子羅拜伏地，慟哭辭云。惟得知院領部下人馬直送至野狐嶺，又進馬匹，齊叩頭拜别。到宣府右衛城外官廳住一夜，宣府都督朱謙同男朱永帶領人馬到右衛接見，上到宣府城外搭殿住二日。十三日，就著朱謙設宴，討綵段、衣服等件賞達子那哈出等。又有商輅、王謙、許彬接到。朝見畢後，上令臣宣許彬等到，上説：「爲我家祖宗社稷，著恁官人每多費心憂。念我如今幸得回還，到京時情願退居閒處，你便寫書與御弟皇帝知道。」十四日，到雙泉鋪，已夜。其夜上打點衣服，以舊所服白綾中衣一件及也先所獻戰裙賜臣。

十五日，至京，入南宫。十六日早，臣朝見。二十五日，蒙陞臣試百户。

天順元年正月十七日，上復位。十九日，陞臣指揮僉事。二十五日，欽賜第一所於澄清坊，舊北向，上令内官監改造面陽，本衙役夫千人。又賜銀三百兩，綵段六表裏。三月内，臣娶妻，上命國舅孫顯宗主親及賜金三十兩、銀二百兩、綵幣八表裏。天順二年二月内，臣生子，賞金二十兩、銀一百兩、綵幣六表裏。又陸續賜大紅織金紵絲蟒龍，并各色織金胸背衣服，綉春刀、磁器等物。

右題本臣在史館時已備載諸《實録》，頗加損益潤色之。及此，又蒙袁錦衣出示，乃復具録垂後，於以昭我英皇之神功聖德，感化醜虜。而袁錦衣之攄忠效勞，始終遭際，皆曠古所未有，信乎天意之有在，而非人力所可及也。臣直謹識。

黄瑜《雙槐歲鈔》卷六《北京十景》 北京自元建大都，已有所謂八景，不知何人品題。至我朝，太宗文皇帝因潛淵定天邑，當時翰林諸儒臣胡廣輩作《八景詩》，傳播海内。天順辛巳端午節，英宗睿皇帝賜文武侍臣以扇，有御製七言古詩十首，凡千一百二十言，即前所謂八景。曰瓊島春雲、太液晴波、薊門煙樹、西山霽雪、居庸疊翠、玉泉垂虹、盧溝曉月、金臺夕照，而益以二景，則東郊時雨、南囿秋風也。明年壬午，亦以端午賜扇，扇面御製《清暑》、《解愠》二歌，大概言爲臣者仰輔上德，俯恤民隱，助隆代天之績云爾。蓋國朝賜常朝官扇，竹骨銅釘鉸，書經傳格言，以示訓飭。越一二日，乃召大僚於内殿，賜象骨銀釘鉸扇，然但畫以物象，其有御製詩，惟此二年爲然。

沈德符《萬曆野獲編》卷一 英宗在位，前十四年，後八年。先以正統十四年八月十五日壬戌車駕北狩，至次年八月十五日丙戌還京，凡蒙塵恰一年，不差一日。自是居南宫者七年，以天順元年正月十七日壬午復辟登極，至天順八年正月十七日己巳晏駕，前後不差一日。

備論

李賢《天順日録》 按：天順初，以迎駕爲功者大開賄賂之門，在朝文武之士靡然從風，奔走其門，惟恐或後。以財寶先投者先得美職，無復論才之賢否，風俗大壞，不可勝言。上亦頗知其非，但復位之初，俯而從之。明年，稍自振作，十從其四五。又數月，十從其二三。又明年，凡百自斷，其賄賂之門徒開而已。初時有美要職事一缺，謀之者如蠅聚腥，爭欲得之，自後缺雖多，而謀之者無一人，蓋用人之柄在上，權貴不與焉，雖欲賄賂，何所投乎？向日奔競之風，變而爲恬退之習，可見士風之振否，顧上之人力行何如耳！

鄧元錫《皇明書》卷六《英宗睿皇帝紀》 稗史臣曰：睿皇帝始以幼沖嗣位，中更大難，益明習於國家之故。又性至仁孝，日鷄鳴卷冕覲天、覲祖宗，拜跪有常儀。已乃視朝。朝退，朝母后。已復親政。又加之以節儉，戒侍臣毋忘南宫時，故能敬恭神人，禮賢逮下，而光復前烈也。至釋建庶人囚、上恭讓皇后謚、止殉葬，尤偉。《書》曰：「天命不於常，歸於有德。」夫敬，德之本也。敬天、敬祖宗，天、祖宗祐之矣。

焦竑《皇明人物考》卷一 陳建曰：英廟以一人之身，而行事前後大徑庭，何耶？蓋初以幼沖即位，生長深宫，未諳世故，故王振得擅權誤國，天下幾危。及北狩踰年而歸，險阻備嘗，情僞悉知，復登大寶，遂躬親政務，屏遠權奸，精明之治，光於祖考。

尹守衡《明史竊》卷四《北狩紀》 論曰：閹振挾至尊之萬乘，授手於鶻起烏合之虜，身罹參夷，亦何云及哉。羈靮諸賢莫不心甘受命，力謝回天，雖復捐軀草野，與鴻毛等耳。所幸天心默護乎帝躬，國是不摇於南播，寧戮而外亡蜂蠆之虞，謙用而内獲干城之重，遂令凶醜啖銷，六飛返蹕。語曰：存亡在所任，信夫。

尹守衡《明史竊》卷五《奪門紀》 論曰：英宗委體宦孽，萬里蒙塵，亦國運之一屯乎。厥後虜雖悔禍，權歸監國，身幽南内，子遭廢黜，蓋利器之假人則然。幸而天意有歸，國之大寶不可僭移。奪門乘便，雖曰非正，卒能矯鑒前違，挫抑群姦，一時曹、石諸人三四年間竄滅殆盡，信任忠賢，薦開中興，殷憂啓聖，亶其然乎。

何喬遠《名山藏》卷一四《典謨記·英宗睿皇帝三》 臣喬遠曰：上始即位，十有四年，北廷兩歲，南宫七載，豈非天哉。自古人君憂患困横未有如上者也。其初沖年嗣統，雖賴三楊輔以簡静，邪閹王振尚得干其間。復辟以後，總覽明察，内臣莫敢奸，外臣莫敢貪。至其釋建庶人之囚，復胡皇后之號，罷殉葬之令，廟號曰「英」，信不誣也。孟氏稱動心忍性，亶其然乎。

朱彝尊《静志居詩話》卷一 裕陵以沖齡繼寶命，即崇尚文治，賜循良以招隱之歌。及翠華返駕，紫禁奪門，而峴首襄陽，頻頒宸藻，昭同雲漢，爛若星辰，固知朔漠驚塵，南宫夜雨，文字之助所得良深耳。御製詩文一册，後附寶文圖書春對酒帘諸□，今亡。

《明史》卷一二《英宗後紀》 贊曰：英宗承仁、宣之業，海内富庶，朝野清

晏。大臣如三楊、胡濙、張輔，皆累朝勳舊，受遺輔政，綱紀未弛。獨以王振擅權開釁，遂至乘輿播遷。乃復辟而後，猶追念不已，抑何其惑溺之深也。前後在位二十四年，無甚稗政。至於上恭讓后謚，釋建庶人之繫，罷宫妃殉葬，則盛德之事可法後世者矣。

藝文

朱彝尊《曝書亭集》卷六《土木堡》 平蕪一簣狼山下，九月驅車白霧昏。到眼關河成故迹，傷心土木但空屯。元戎苦戰翻迴蹕，諸將論功首奪門。早遣金繒和社稷，祠官誰奉裕陵園。

嚴遂成《西堂詩集·擬明史樂府·北狩》 大明天子雲端坐，誰人推向沙場墮。窩兒帳外黃龍臥，赤光籠罩望如火。也先耶，伯顔耶，大同賽刊耶，今日宰牛，明日宰馬，大婦唱歌，小妻洗斝。風吹草低，橐駝盈野。送君還歸，羣呼者者。君不見周驪山，魯鸜鵒，青衣行酒愍懷辱，五國城中徽欽哭。

于謙部

綜述

《英宗實録》卷二七四　謙字廷益，浙江錢塘縣人。永樂辛丑進士，拜監察御史。從征武定州，被命數庶人高煦罪，稱旨。巡按江西，執法不撓，豪猾攝服。還，陞行兵部右侍郎，巡撫河南、山西，轉左侍郎。招徠流民，設勸糴法，奏免沿河鹵地馬户。正統間，王振用事，有御史與謙同姓名者忤振，振疑爲謙，因事下謙獄。久之，得釋，左選大理少卿，罷巡撫。尋以親王及有司奏，復命往巡撫，未幾，復兵部右侍郎，視部事。正統十四年八月，郕王攝政，陞謙爲兵部尚書，委以軍國重務。時北征將士十亡八九，械器署盡，京師人心洶洶。侍講徐珵勸南遷避之，謙厲聲曰：「言遷者可斬。京師根本重地，惟召天下兵以死守之。」群議乃定。武備稍緝，而虜已奪關入犯京師。列營九門禦之，謙與石亨營德勝門，數戰敗之，虜衆宵遁。進少保，兼兵部尚書，總督軍務。時獨石等八城失守，議者欲因棄之，謙薦宣府副將孫安率兵收復。上在虜中，廷臣議講和，爲迎復計。謙言：「虜欲無厭，雖竭府帑予之，車駕未必還。莫若内修外攘，使彼不得遂其欲，車駕當自還矣。」卒如其謀。後以寇難漸平，求解兵柄，不允。又以天變自劾，乞罷歸田里，亦不允。有小田兒者，亡命投虜中，受僞官，導虜入寇，又以貢馬爲名，入窺虚實。謙密計授侍郎王偉，至大同誅之。初，謙與石亨同事，謙論議斷制，宿將斂伏，而亨不能贊一辭，銜之。至是亨迎上復位，誣謙與王文謀立外藩，唆言官劾之，鞫於廷。文反覆力辯，謙曰：「亨意如此，辯之何益。」竟誣伏，斬於市。既久，事白，上亦知其冤。

《明史》卷一七〇《于謙傳》　于謙，字廷益，錢塘人。生七歲，有僧奇之曰：「他日救時宰相也。」舉永樂十九年進士。

宣德初，授御史。奏對，音吐鴻暢，帝爲傾聽。顧佐爲都御史，待寮屬甚嚴，獨下謙，以爲才勝己也。扈蹕樂安，高煦出降，帝命謙口數其罪。謙正詞嶄嶄，聲色震厲。高煦伏地戰慄，稱萬死。帝大悦。師還，賞賚與諸大臣等。出按江西，雪冤囚數百。疏奏陝西諸處官校爲民害，詔遣御史捕之。帝知謙可大任，會增設各部右侍郎爲直省巡撫，乃手書謙名授吏部，超遷兵部右侍郎，巡撫河南、山西。謙至官，輕騎偏歷所部，延訪父老，察時事所宜興革，即具疏言之。一歲凡數上，小有水旱，輒上聞。

正統六年疏言：「今河南、山西積穀各數百萬。請以每歲三月，令府州縣報缺食下户，隨分支給。先菽秫，次黍麥，次稻。俟秋成償官，而免其老疾及貧不能償者。州縣吏秩滿當遷，預備糧有未足，不聽離任。仍令風憲官以時稽察。」詔行之。河南近河處，時有衝決。謙令厚築隄障，計里置亭，亭有長，責以督率修繕。並令種樹鑿井，榆柳夾路，道無渴者。大同孤懸塞外，按山西者不及至，奏别設御史治之。盡奪鎮將私墾田爲官屯，以資邊用。威惠流行，太行伏盗皆避匿。在官九年，遷左侍郎，食二品俸。

初，三楊在政府，雅重謙。謙所奏，朝上夕報可，皆三楊主持。而謙每議事京師，空橐以入，諸權貴人不能無望。及是，三楊已前卒，太監王振方用事，適有御史姓名類謙者，嘗忤振。謙入朝，薦參政王來、孫原貞自代。通政使李錫阿振指，劾謙以久不遷怨望，擅舉人自代，下法司論死，繫獄三月。已而振知其誤，得釋，左遷大理寺少卿。山西、河南吏民伏闕上書，請留謙者以千數，周、晉諸王亦言之，乃復命謙巡撫。時山東、陝西流民就食河南者二十餘萬，謙請發河南、懷慶二府積粟以振。又奏令布政使年富安集其衆，授田給牛種，使里老司察之。前後在任十九年，丁内外艱，皆令歸治喪，旋起復。

十三年以兵部左侍郎召。明年秋，也先大入寇，王振挾帝親征。謙與尚書鄺埜極諫，不聽。埜從治兵，留謙理部事。及駕陷土木，京師大震，衆莫知所爲。郕王監國，命羣臣議戰守。侍講徐珵言星象有變，當南遷。謙厲聲曰：「言南遷者可斬也。京師天下根本，一動則大事去矣，獨不見宋南渡事乎！」王是其言，守議乃定。時京師勁甲精騎皆陷没，所餘疲卒不及十萬，人心震恐，上下無固志。謙請王檄取兩京、河南備操軍，山東及南京沿海備倭軍，江北及北京諸府運糧軍，亟赴京師，以次經畫部署，人心稍安。即遷本部尚書。

郕王方攝朝，廷臣請族誅王振。而振黨馬順者，輒叱言官。於是給事中王竑廷擊順，衆隨之。朝班大亂，衛卒聲洶洶。王懼欲起，謙排衆直前掖王止，且啓王宣諭曰：「順等罪當死，勿論。」衆乃定。謙袍袖爲之盡裂。退出左掖門，吏部尚書王直執謙手歎曰：「國家正賴公耳。今日雖百王直何能爲！」當是時，上

下皆倚重謙，謙亦毅然以社稷安危爲己任。

初，大臣憂國無主，太子方幼，寇且至，請皇太后立郕王。王驚謝至再。謙颺言曰：「臣等誠憂國家，非爲私計。」王乃受命。九月，景帝立，謙入對，慷慨泣奏曰：「寇得志，要留大駕，勢必輕中國，長驅而南。請飭諸邊守臣協力防遏。京營兵械且盡，宜亟分道募民兵，令工部繕器甲。遣都督孫鏜、衛穎、張軏、張儀、雷通分兵守九門要地，列營郭外。都御史楊善、給事中王竑參之，徙附郭居民入城。通州積糧，令官軍自詣關支，以贏米爲之直，毋棄以資敵。文臣如軒輗者，宜用爲巡撫。武臣如石亨、楊洪、柳溥者，宜用爲將帥。至軍旅之事，臣身當之，不効則治臣罪。」帝深納之。

十月敕謙提督各營軍馬。而也先挾上皇破紫荆關直入，窺京師。石亨議斂兵堅壁老之。謙不可，曰：「奈何示弱，使敵益輕我。」亟分遣諸將，率師二十二萬，列陣九門外：都督陶瑾安定門，廣寧伯劉安東直門，武進伯朱瑛朝陽門，都督劉聚西直門，鎮遠侯顧興祖阜成門，都指揮李端正陽門，都督劉得新崇文門，都指揮湯節宣武門，而謙自與石亨率副總兵范廣、武興陳德勝門外，當也先。以部事付侍郎吴寧，悉閉諸城門，身自督戰。下令：「臨陣將不顧軍先退者，斬其將。軍不顧將先退者，後隊斬前隊。」於是將士知必死，皆用命。副總兵高禮、毛福壽却敵彰義門北，擒其長一人。帝喜，令謙選精兵屯教場以便調用，復命太監興安、李永昌同謙理軍務。

初，也先深入，視京城可旦夕下，及見官軍嚴陣待，意稍沮。叛閹喜寧嗾使邀大臣迎駕，索金帛以萬萬計，復邀謙及王直、胡濙等出議。帝不許，也先氣益沮。庚申，寇窺德勝門。謙令亨設伏空舍，遣數騎誘敵。敵以萬騎來薄，副總兵范廣發火器，伏起齊擊之。也先弟孛羅、平章卯那孩中礮死。寇轉至西直門，都督孫鏜禦之，亨亦分兵至，寇引退。副總兵武興擊寇彰義門，與都督王敬挫其前鋒。寇且却，而内官數百騎欲争功，躍馬競前。陣亂，興被流矢死。寇逐至土城，居民升屋，號呼投磚石擊寇，譁聲動天。王竑及福壽援至，寇乃却。相持五日，也先邀請既不應，戰又不利，知終弗可得志，又聞勤王師且至，恐斷其歸路，遂擁上皇由良鄉西去。謙調諸將追擊，至關而還。論功，加謙少保，總督軍務。謙曰：「四郊多壘，卿大夫之恥也，敢邀功賞哉！」固辭，不允。乃益兵守真、保、涿、易諸府州，請以大臣鎮山西，防寇南侵。

景泰元年三月，總兵朱謙奏敵二萬攻圍萬全，敕范廣充總兵官禦之。已而寇退，謙請即駐兵居庸，寇來則出關勦殺，退則就糧京師。大同參將許貴奏，迤北有三人至鎮，欲朝廷遣使講和。謙曰：「前遣指揮季鐸、岳謙往，而也先隨入寇。繼遣通政王復、少卿趙榮，不見上皇而還。和不足恃，明矣。況我與彼不共戴天，理固不可和。萬一和而彼肆無厭之求，從之則坐敝，不從則生變，勢亦不得和。貴爲介胄臣，而恇怯如此，何以敵愾，法當誅。」移檄切責。自是邊將人人主戰守，無敢言講和者。

初，也先多所要挾，皆以喜寧爲謀主。謙密令大同鎮將擒寧，戮之。又計授王偉誘誅間者小田兒，且因諜用間，請特釋忠勇伯把台家，許以封爵，使陰圖之。也先始有歸上皇意，遣使通款，京師稍解嚴。謙上言：「南京重地，撫輯須人。中原多流民，設遇歲荒，嘯聚可虞。乞敕内外守備及各巡撫加意整飭，防患未然。召還所遣召募文武官及鎮守中官在内地者。」

於時八月，上皇北狩且一年矣。也先見中國無釁，滋欲乞和，使者頻至，請歸上皇。大臣王直等議遣使奉迎，帝不悦曰：「朕本不欲登大位，當時見推，實出卿等。」謙從容曰：「天位已定，寧復有他，顧理當速奉迎耳。萬一彼果懷詐，我有辭矣。」帝顧而改容曰：「從汝，從汝。」先後遣李實、楊善往，卒奉上皇以歸，謙力也。

上皇既歸，瓦剌復請朝貢。先是，貢使不過百人，正統十三年至三千餘，賞賚不饜，遂入寇。及是又遣使三千來朝，謙請列兵居庸關備不虞，京師盛陳兵，宴之。因言和議難恃，條上安邊三策。「請敕大同、宣府、永平、山海、遼東各路總兵官增修備禦。京兵分隸五軍、神機、三千諸營，雖各有總兵，不相統一，請擇精鋭十五萬，分十營團操。」團營之制自此始。具《兵志》中。瓦剌入貢，每攜故所掠人口至。謙必奏酬其使，前後贖還累數百人。

初，永樂中，降人安置近畿者甚衆，也先入寇，多爲内應，謙謀散遣之。因西南用兵，每有征行，輒選其精騎，厚資以往，已更遣其妻子，内患以息。楊洪自獨石入衛，八城悉以委寇。謙使都督孫安以輕騎出龍門關據之，募民屯田，且戰且守，八城遂復。貴州苗未平，何文淵議罷二司，專設都司，以大將鎮之。謙曰：「不設二司，是棄之也。」議乃寢。謙以上皇雖還，國恥未雪，會也先與脱脱不花搆，請乘間大發兵，身往討之，以復前仇，除邊患。帝不許。

謙之爲兵部也，也先勢方張，而福建鄧茂七、浙江葉宗留、廣東黄蕭養各擁衆僭號，湖廣、貴州、廣西，瑤、僮、苗、僚所至蜂起。前後征調，皆謙獨運。當軍

馬倥傯，變在俄頃，謙目視指屈，口具章奏，悉合機宜。僚吏受成，相顧駭服。號令明審，雖勳臣宿將，小不中律，即請旨切責。片紙行萬里外，靡不惕息。其才略開敏，精神周至，一時無與比。至性過人，憂國忘身。上皇雖歸，口不言功。東宮既易，命兼宮僚者支二俸。諸臣皆辭，謙獨辭至再。自奉儉約，所居僅蔽風雨。帝賜第西華門，辭曰：「國家多難，臣子何敢自安。」固辭，不允。乃取前後所賜璽書、袍、錠之屬，悉加封識，歲時一省視而已。

帝知謙深，所論奏無不從者。嘗遣使往真定、河間采野菜，直沽造乾魚，謙一言即止。用一人，必密訪謙。謙具實對，無所隱，不避嫌怨。由是諸不任職者皆怨，而用弗如謙者，亦往往嫉之。比寇初退，都御史羅通即劾謙上功簿不實。御史顧曨言謙太專，請六部大事同內閣奏行。謙據祖制折之，户部尚書金濂亦疏爭，而言者捃摭不已。諸御史以深文彈劾者屢矣，賴景帝破衆議用之，得以盡所設施。

謙性故剛，遇事有不如意，輒拊膺歎曰：「此一腔熱血，竟灑何地！」視諸選耎大臣、勳舊貴戚，意頗輕之，憤者益衆。又始終不主和議，雖上皇實以是得還，不快也。徐珵以議南遷，爲謙所斥，至是改名有貞，稍稍進用，嘗切齒謙。石亨本以失律削職，謙請宥而用之，總兵十營，畏謙不得逞，亦不樂謙。德勝之捷，亨功不加謙而得世侯，內媿，乃疏薦謙子冕。詔赴京師，辭，不允。謙言：「國家多事，臣子義不得顧私恩。且亨位大將，不聞舉一幽隱，拔一行伍微賤，以裨軍國，而獨薦臣子，於公議得乎？臣於軍功，力杜僥倖，決不敢以子濫功。」亨復大恚。都督張軏以征苗失律，爲謙所劾，與內侍曹吉祥等皆素憾謙。

景泰八年正月壬午，亨與吉祥、有貞等既迎上皇復位，宣諭朝臣畢，即執謙與大學士王文下獄，誣謙等與黄竑構邪議，更立東宮，又與太監王誠、舒良、張永、王勤等謀迎立襄王子。亨等主其議，嗾言官上之。都御史蕭惟禎定讞，坐以謀逆，處極刑。文不勝誣，辯之疾，謙笑曰：「亨等意耳，辯何益？」奏上，英宗尚猶豫曰：「于謙實有功。」有貞進曰：「不殺于謙，此舉爲無名。」帝意遂決。丙戌改元天順，丁亥棄謙市，籍其家，家戍邊。遂溪教諭吾豫言謙罪當族，謙所薦舉諸文武大臣並應誅，部議持之而止。千户白琦又請榜其罪，鏤板示天下。一時希旨取寵者，率以謙爲口實。

謙自值也先之變，誓不與賊俱生。嘗留宿直廬，不還私第。素病痰，疾作，景帝遣興安、舒良更番往視。聞其服用過薄，詔令上方製賜，至醯菜畢備。又親幸萬歲山，伐竹取瀝以賜。或言寵謙太過，興安等曰：「彼日夜分國憂，不問家産，即彼去，令朝廷何處更得此人？」及籍没，家無餘貲，獨正室鐍鑰甚固，啓視，則上賜蟒衣、劍器也。死之日，陰霾四合，天下冤之。指揮朶兒者，本出曹吉祥部下，以酒酹謙死所，慟哭。吉祥怒，抶之。明日復酹奠如故。都督同知陳逵感謙忠義，收遺骸殯之。踰年，歸葬杭州。逵，六合人，故舉將才，出李時勉門下者也。皇太后初不知謙死，比聞，嗟悼累日。英宗亦悔之。

謙既死，而亨黨陳汝言代爲兵部尚書，未一年敗，贓累巨萬。帝召大臣入視，愀然曰：「于謙被遇景泰朝，死無餘貲，汝言抑何多也。」亨俯首不能對。俄有邊警，帝憂形於色。恭順侯吴瑾侍，進曰：「使于謙在，當不令寇至此。」帝爲默然。是年，有貞爲亨所中，戍金齒。又數年，亨亦下獄死，吉祥謀反族誅，謙事白。

成化初，冕赦歸，上疏訟冤，得復官賜祭。誥曰：「當國家之多難，保社稷以無虞，惟公道之獨持，爲權奸所並嫉。在先帝已知其枉，而朕心實憐其忠。」天下傳誦焉。弘治二年用給事中孫需言，贈特進光禄大夫、柱國、太傅，謚肅愍，賜祠於其墓曰旌功，有司歲時致祭。萬曆中，改謚忠肅。杭州、河南、山西皆世奉祀不絶。

冕，字景瞻，廕授副千户，坐戍龍門。謙冤既雪，并復冕官。自陳不願武職，改兵部員外郎。居官有幹局，累遷至應天府尹。致仕卒。無子，以族子允忠爲後，世襲杭州衛副千户，奉祠。

于謙《忠肅集》附録于冕《故明少保兼兵部尚書時特進光禄大夫柱國太傅謚肅愍于公行狀》 公諱謙，字廷益。其先家河南，仕金爲汾州節度使，知開封府者，於公爲八世祖。階朝請大夫令延津者，於公爲七世祖。定遠大將軍令沁水者，於公爲六世祖。值金末之亂，譜牒散落，獨存其官秩而亡其諱。五世祖諱伯儀，幼遭金亡，奉母遷雲中，元括新附之衆，復遷薊，仕元，官至朝列大夫、太常丞兼法物庫使，累贈嘉議大夫、禮部尚書、輕車都尉，追封河南郡侯，娶晉氏，贈河南郡夫人，生夔。起家中書掾，累贈中奉大夫，河南、江北等處行中書省參知政事，護軍，追封河南郡公，娶張氏，贈河南郡夫人，生九思。歷官中奉大夫、廣東道宣慰使都元帥，改湖南，乞致仕，以嘗爲杭州路總管，遂家於杭，故今爲杭州人，公之曾祖也。承德公當國朝洪武初任兵部主事，改工部，爲時聞人，至榮禄公復隱德不仕。

公以洪武戊寅四月二十七日生於里第，骨相異常，甫七歲，僧蘭古春見而奇之，曰：「此他日救時宰相也。」比長，補邑庠生。永樂十八年，領浙江鄉薦，明年登進士第。太宗皇帝嘗命賫命帛使湖廣犒勞官軍，即以廉幹著名。宣德元年授山西道監察御史。

公才貌英偉，聲如洪鐘，每入侍奏對，宣宗皇帝爲之傾聽。院長顧佐風紀最嚴，少當其意者，獨於公加重。奏差巡按江西，有平民被讐誣指爲賊首，久不決，公取成案閲之，(德)〔得〕其冤白之，抵誣者罪，人稱爲神明。王府官屬素驕横，每遣人和買市物，民甚苦之，有司莫能禁，公廉得其實以聞，罪黜其尤者十數人，弊乃息。諸不便於民者釐革殆盡，奸吏巨族素不法者縮氣屏息，不聽肆，民戴公，至今祀於郡學名宦祠。比代還，命率錦衣官校捕長蘆一帶快馬船之夾帶私鹽者，公不避權貴，悉置之法，河道爲之肅清。上親討漢庶人高煦，簡公侍從，罪人既得，上命公數其不軌罪，亂嚴義正，肆口而成，大稱上旨。師還，賞賚與文武諸大臣等。蓋自是受知於上，屬意用公矣。

五年，河南、山西兩省各奏災，廷議欲命大臣經理。上親署公名，特陞行在兵部右侍郎，巡撫二處地方，時年三十有三。公感上知遇，晝夜經畫，遍歷河南、山西，問民所疾苦，爲之興利除害，二省之民獲蘇。越五年，英宗皇帝嗣位，公還朝議事。復出九載，九載秩滿，進左侍郎。公在河南屢布夫政，其一勸糴糧米：大略以爲積粟備荒，雖一時之勞，實萬世之利。其法先儘上户，次儘中户，以十分爲率，用官庫鈔物糴買一二，以備饑荒。後連年水旱，民賴以濟。其二備物堰水：公嘗親至汴城相視河勢，令所司每年趂農隙之時採取秋青柴草堆積近水之處，以備捲埽。自是堤備無虞。其三減價糶賣：太略以爲河南懷慶、陝州餘糧有在倉五七年之上者，屢奏量減價值，糶與陝西、山西餓民并直隸潼關衛軍餘與河南安插逃民食用，全活者衆。其四攄誠祈禱：公每見天久不雨，卜日齋戒，丹誠疏懇，雨澤隨降，人以爲精誠所致。其五税糧折請：缺糧地方徵收本色，其不缺者存留税糧，每石折鈔五十貫，以備支用，官民兩便。其六種樹浚井：大略以爲本處四方孔道，奏於所在急遞大路中築高阜，旁開壕塹栽柳，而於十里則穿一井，以便行者盛暑無病渴之苦。其七分豁差遣：議者欲將山東柴炭人夫、大名府孳生馬匹分調河南餵養應當，公具言本處民情艱難，差役繁重，停止之。其八修築堤岸：請當農隙之時修築大堤一座，以遏黄河水勢，仍於旁堤種樹，以(問)〔固〕根基，每五里各立窩(餔)〔鋪〕，專人巡守，坍損者隨即修補，堤至今在焉。其九撫賑流民：時山東、陝西流民逃移甚衆，公慮貽患地方，令住居相近者編成里甲，另立鄉都，住居星散者就與各州縣原鄉都就近安插，各立里長管束，撥荒田并退灘地令其耕種生理，地方賴以無虞。其十，減徵糧布：時本處州縣所在旱災，公具奏起運京邊糧料、布花、馬草係國家軍需，不敢請減，其存留糧草并被災衛所秋田子粒量減三分，成四分，軍民卒賴以甦。

至於山西地方極臨邊塞，比之河南大不同，公廉知大同鎮守備司等官私役軍人耕種莊田，邊方之患莫此爲甚，盡行勘數，具奏撥與軍人屯種，徵收子粒，軍還原伍。又奏山西行都司十三衛俱在大同府，地方窵遠，巡按御史不能遍歷，軍衛有司事多不法，乞專差監察御史一員於大同巡按。(應)〔雁〕門關控壓邊境，所係不小，關城坍塌，工程浩大，本處修理人力不敷，請暫留本衛原調京操放回官軍協同修理，工程卒完，無告勞者。柴炭人夫本處通計七千八百餘名，議者欲附近紫荊關、易州山場州縣差撥。公以附近紫荊關者如無太同、太原二府地方，大同極邊，已奏將人夫改添腹裏州縣矣，太原所屬艱難尤甚，其餘州縣亦合斟酌民力，分派共以七分爲數，通減一分。詔從公議，人皆稱便。公又奏乞將逃民宣德六年秋糧、馬草并宣德七年夏税停徵，後遇有司官員考滿牌册，務令開寫有無人民逃移并已未復業數目繳報吏部，以憑黜陟，庶有司知所警懼，人民不致逃竄。邊儲折收輕齎金銀等物，大户往往中途拐回，公奏令布政司封收押送大同管糧官處，出給通關。議者欲將金銀重別煎銷，公以邊方給散官錢每兩折四石，今金六錢折銀一兩，每銀一兩折米二石，比與日常官銀多得一半，若復煎銷，則木炭黑鉛必須出於糧户，設或虧折，又將何以陪償。奏免煎銷，官民便之。公自河南抵山西，夜徑大行山，羣盗各持兵刃喊而前，從者相顧駭愕，公厲聲叱曰：「汝何爲者？」羣盗覺公，遂奔散。其德威服人如此。山西叅議劉孔宗律己過嚴，流輩寡合，羣小誣以贓汙，累及妻子，公上章白其事，卒不坐。公巡歷梁晉間年久，事蹟不可勝紀，每以盈滿自懼。

十一年上章舉叅政孫原貞、王來以自代，時太監王振方用事，御史有類公姓名者常忤振，振忘其人，疑爲公，迺乘機嗾言者劾其擅舉自代之罪，降大理寺左少卿，罷巡撫。河南、山西之民聞之，倍道赴闕，交章顧留，親藩亦以地方不可無公爲請，乃復命巡撫。會得榮禄公之訃，詔起復，公累章懇乞終制，不許，上遣行人汪琰諭祭，有司營葬。事畢，還朝陛見，有河南、山西民安事妥之諭，尋復兵部右侍郎理部事。明年聞劉夫人喪，復懇終制。朝廷以邊事方殷不許，仍遣行人

汪琰論祭，有司開壙祔葬，畢，冬還朝。

又明年，爲正統十四年，於時額森入寇獨石馬營，至秋勢益猖獗。上將親率六師討之，公偕尚書鄺埜上言：「聖朝備邊最爲嚴謹，將士用命，可坐收功，不必親帥六師以臨塞下。皇上宗廟社稷之主，誠不可不自重。」不聽。是年八月三日，六師啓行。初，上命公隨征，忽改遣鄺埜，留公理部事。十有五日師駐狼山土木，主將不識地利，遠絶水路，我軍焦渴，甚窘促，玩不爲備。俄而敵騎奄至，王師敗績，死者填委，溝壑爲滿，蓋曠世所無之奇禍也。上北狩報至，京師大震，公北望號哭，誓不與敵俱生。太后命郕王監國。是日臺諫廷議土木之變罪歸王振，王方攝朝，倉卒未有處分。錦衣衛指揮馬順素附振意，頗不平，衆怒擊順死於廷，且索振所親信二内侍將擊之，彼此喧譁，班行雜亂，無復朝儀。文武諸大臣皆驚避，公堅立不動。王亦疑懼，屢起欲退。公直前扶掖勸止，更且請降旨，令羣臣立班勿擅動，命紅盔將軍用瓜擊二内侍，期亟死。王從之。時在廷上下相顧，未已，公恐事出不測，復進言曰：「請再宣諭羣臣，王振罪固當赤族，俟啓太后行誅未晚，馬順罪惡應死，勿論。」衆稍定，退朝，時過午刻矣。公袍袖皆裂，徐步出左掖門，吏部尚書王直迎執公手謂曰：「今日事起倉卒，賴公以定，雖百王直將焉用之。」公辭謝不敢當。

太后以公人望所屬，陞兵部尚書。公固辭不獲，始就職。公以鑾輿未回，大敵垂至，若前日扈從失律者一概寬貸，則今日被堅臨陣者何所畏憚，乃上章劾其罪，大略曰：「武臣如顧興祖等茫無一計可施，遂使三軍覆没，上棄君父於北廷，下委生靈於兵壑。文臣如王佐等雖無敗軍之罪，難逃違法之誅。」王令法司議罪以（間）〔聞〕。時親藩有上章願赴闕勤王者，太后遣太監金英傳旨：「皇太子冲幼，未能遽理萬幾，郕王年長，宣宗皇帝親子，宜嗣大統。」言者亦以時方多事，國有長君，社稷之福。（子）〔于〕是文武羣臣交章勸進，王涕泣固辭，避歸郕邸不出。太后後降旨責王，不得已乃即位，遥尊英廟爲太上皇帝，改明年爲景泰元年。天下始知有君，朝綱始肅，法令始行。公見上泣曰：「額森不道，氣滿志得，將有長驅深入之勢，不可不預爲計。邇者各營精鋭盡揀隨征，軍資器械十不存一，宜急遣官分投召募官舍餘丁義勇，起集附近民夫，更替沿河漕運官軍，令其悉隸神機等營操練聽用。仍令工部齊集料物，内外局廠盡夜併工成造攻戰器具。京城九門最爲緊要，令都督孫鏜、衛潁、張軏、張義、雷通等統領軍士出城守護。列營操練，振耀軍威，遣給事中、御史等官王竑等〔分〕投巡視，勿令疏虞。各城門外居民，敵若迫其脅從，則聲勢愈大，宜令兵馬司排門曉諭，遷徙城内，聽各隨便居住。通州、壩上等處倉糧不可捐棄，令在官諸人關支准作月糧之數，一舉兩得，計無便於此者。大同、宣府等處曾經敵騎往來剽掠者請救，各處守臣諭以今日國家之事，必須輯和衆庶，固守城池，整搠人馬，互爲應援，一切關隘、樓櫓、墩臺、壕塹務在挑修深固，不許虚應故事。至於選用人材，尤爲當今急務，文臣如軒輗者宜令巡撫，武臣如楊洪、柳溥者宜爲將帥。凡軍旅之事臣請身任其責，不効則治臣之罪。」上深嘉納，悉施行之。

時邊報絡繹，訛言萬端，事情百出，公先事預防，攝權制變，衆一視公爲安危輕重。太監喜寧本北種也，土木之敗降額森，書以中國虚實告之，遂爲鄉導，奉英廟趨紫荆關。京師戒嚴，人無固志，往往擊而南奔。侍講徐理安言占象，倡議南遷以避之，事聞六宫，而二三大臣復依違其間。公慟哭於廷，抗言：「京師天下根本，宗廟山陵社稷咸在此，百官萬姓帑藏倉儲咸在此，此處不守，何處可守。若一動則大勢去，去宋南渡之事可監矣。」上是公言，堅持固守之議。先是京揚草束自永樂以來承平日久，俱在城外堆積，動以千數百萬計，壩上養大馬草束料荳亦置倉場於野外，公一聞敵騎臨關，急分遣五城兵馬司官縱火焚燒，一面奏聞。或謂事重，何不待報。公曰：「事有經權，今寇在目前，若少緩待命下，適以資敵。」及京城解嚴，人皆服公經濟遠畧，設不預爲焚燒之計，則在野倉場皆敵囊中之物，藉此持久坐困我必矣。主將石亨與公謀議頗異，只欲盡閉九門堅壁以待之，公不聽，乃請率先將士，躬擐甲胄，軍德勝門外，閉闔城門，示以必死，泣諭三軍，誓言國恩當報，忠義難得，事機一失，禍患立至，生不如死。人人感奮，勇氣百倍。

十月之朔，額森入紫荆關，傳言送駕還京，長驅直前，其先至者四散前突，我軍堅不爲動，知我有備，稍自引却。額森次至城下，對我壘而陳。英廟在額森所，額森覘知我軍嚴整，不敢有加，我亦不敢向敵輕放一矢。喜寧嗾額森邀我六七大臣出城議和，奉駕還宫，所邀金帛以萬萬計，蓋責我所難從以起釁端。廷議恟恟，禮部使來問公，公曰：「今日止知有軍旅，他非所敢聞。」對壘七日，是爲十月既望，諜知額森移英廟車駕雜其壘漸遠，乃砲擊其壘，敵死砲下者萬計，額森大沮，宵遁，仍奉駕以北。我軍奮欲追擊之，公不許，止令逐出境外，縱之自去。初，紫荆失守，公集議所以禦寇之策，皆曰：「額森善戰而我軍新集且脆弱。」公曰：「聞善戰不若不戰而屈人也。」乃一以忠義干城，卒致一矢不遺，敵衆自退，

人謂天實生公以爲社稷。朝廷論功，特加少保，總督軍務。固辭，不允。人言今日宋李綱不能及。公曰：「四郊多壘，卿大夫之耻，城下但不盟耳。今日惟有聲罪討賊，復還車駕，此臣子之職分，餘非所宜言。」

適大同參將都督許貴議奏遣使齎敕與敵假名和好，暫示休兵，待人馬强壯，密定討伐之計，朝廷下其議。公奏謂去年秋冬亦嘗遣都指揮李鐸、指揮岳謙齎執金帛往使敵庭，賄賂纔入於穹廬，敵騎已至於關口。繼遣通政王復、少卿王榮又往敵營，不見皇上鑾輿而回。此可見敵情譎詐，和不足恃。竊計今日之事，揆之理與勢皆不可和。何者？中國與敵有不共戴天之讐，和則背君父而忘大義，理有所不可和也。萬一和議既行，彼或有無厭之求，從之則有害，違之則速變，勢有所不可和也。爲今之計，莫若選將練兵，養威蓄鋭，敵若遣使入貢，量與賞賜齎回。若欲先遣使臣往彼通好，適足以啓其輕侮之心，萬萬不可。上以公言爲然。公又以涿鹿、保定、真定、易州地方密邇京城，雖有衛所官軍，勢孤援寡，先已奏遣都督僉事劉安統領京軍，往來巡視，以張形勢，邇者額森知我有備，不敢輕犯，或分投在彼剽掠，一時截殺不及，奏添京軍，遣都揮陳旺、石端、王信、王虹等前去應援。又恐地方廣闊，劉安倉卒不能周遍，仍請敕右都督楊俊統領京軍往彼節制，務使緩急相濟，人民有所倚仗。公又以敵騎入必先攻犯白羊、紫荆、倒馬等關口，誠係緊要處所，奏將調撥京軍與同原衛官軍相兼隄備，仍將涿州原操官軍應策白羊口，易州、保定官軍應策紫荆關，真定官軍應策例馬關，庶使聲勢連絡，彼此應援，無僨事者。

俄報額森逼朱謙於關子口，又明日報追石亨於鴈門關，烽火連接，遠邇騷動。言者謂(言)[宜]急發京軍往援。公曰：「京軍不可輕動，敵衆料難持久。」迺奏上方畧，遣人密授朱謙等，仍令各營整點器械，調度官兵，若將尅日大舉者，遥爲應援先聲。旋報敵已出境，人皆服公料敵之明。公慮不早除喜寧，邊境無由得安，乃計授都督楊俊擒寧解京。朝廷猶預未決，公上章廷劾其罪，其畧曰：「喜寧以打話爲由，引領强敵入關，本朝廷之腹心而反爲北狄之腹心，本敵人之讐敵而反爲朝廷之讐敵，若不明正典刑，是使敵人有輕視之心，禍亂無可彌之日。」上從其言，誅寧，識者快之。額森果知懼，悔禍効順，遣使詣闕，請自送大駕還京。上集羣臣廷議，多言敵情譎詐難信。公曰：「此天意也。君臣大義，兄弟至親，當速遣使奉迎以承天心，若果額森言而無信，則我爲有辭矣。」衆議乃決。二年秋九月，太上皇帝還京，衆歸公一言之重。

公以敵情尚未可測，益爲安内攘外之策：河間、東昌地方去京城不遠，自永樂以來安置投降達人數多，生聚蕃息，驕縱莫馴，額森入關之際，勢將乘機騷動。公因南征之師舉其有位號者重與犒賚，選抽隨征，事平，遂奏留其地，爲國家銷此積久難除之患於一日。天壽山，我祖宗陵寢所在，有衛無城，軍民散處，敵人嘗稔惡其地。公奏起成山伯王通築城昌平縣，軍民徙家城中，保護陵寢，居庸關亦相(奇)[倚]爲勢。臨清縣漕船往來，商賈輻輳，實我喉襟之地。或謂額森將由紫荆關入據臨清，公隨薦平江侯陳豫鎮守其地，築立城池，設置軍衛，防禦完固。後諜知據臨清之計河間亡命小田兒者道之，後又雜敵使中進馬，入瞰我虚實，適侍郎王偉使大同，公密奏命偉以計誅之。公又以京營軍馬雖有總兵官掌管，彼此各異，一遇調遣輳撥，號令不同，兵將不識，或至誤事。議以五軍、神機、三千等營揀選馬步官軍一十五萬，分爲十營，每營各以都督總領，每五千用都指揮一員，每千又用都指揮或指揮一十五員把總，每五百各用指揮三十員分管，每隊用管隊官二員，常令在營操練，統體相維，兵將相識。設有調用，就京原管都督等官統領，前去征勦策應，號令歸一，行伍不亂，迄今團營之法守而不易。其獨石馬營等處藩籬共有八城，土木之變，各城奔避，皆爲敵所據，議者欲棄之，公曰：「棄之則不但宣府、懷來難守，京師不免動摇。」乃薦都督孫安於久擯之餘，定議方畧，令率兵度龍門關，且戰且守，自是八城完固如初，祖宗舊疆不失尺寸。都督楊俊議奏調撥遼東永平、山海、宣府、大同、延綏、寧夏并在京五軍、神機等營官軍盡行統領，出自勦殺達賊。公以調撥諸路軍馬出境則京師各邊一切空虚，敵若緝知，内外軍馬掣動，分兵迎截，牽制我軍，别遣人馬間道剽掠所在城池，何以禦之，進退之間，兩爲所礙，豈兵家全勝之計。上深然其言，俊議乃沮。

時浙江、福建、廣東、廣西等處賊人鄧茂七、華宗流、黄蕭養輩蜂起，殘破州縣，一切軍中事宜所司待命方行，公雖在千萬里之外，常若身處其地，目擊其事，凡百籌畫議奏，痛切人情利害，用能所在撲滅，地方以寧。獨貴州苗賊聲勢猖獗，侍郎何文淵議奏貴州山嶺高峻，林木深密，雄兵猛將卒難成功，乞照舊置立宣慰司管屬土人，設都司、都指揮等官鈴束軍衛，遣大將一員在彼鎮守，其被賊燒毁衙門不復起蓋，布按司府官員悉取回京。公謂貴州我祖宗開創經營，迄今八十餘年，法制已定，地方無虞，比因兵疲於久戍，民困於遠輸，遂致各種賊寇乘機竊發。況土地，祖宗之土地，人民，祖宗之人民，豈可輕易委棄。事遂寢。公

以北庭殘滅，軍國之務規重甫定，邊方無復多事，懇辭解兵柄。又以天變自劾，乞罷職，皆不許。

初，額森臨城之時，石亨雖爲主將，其實因人成事，得封世襲武清侯爵，一向內有所歉。至是驀然以公有軍功，宜録用其後爲請，朝廷授冕府軍前衛副千户。公累章懇辭，有曰「臣果欲代子求官，自當乞恩於君父，何必假手於石亨」。不得已受命，語冕曰：「我本書生，不知兵，惟聖主憂勤，吾分當死，遂不揣調度軍馬。區區犬馬之勞，顧荷寵異之重，爾宜砥礪名節，毋忝朝廷官爾之意。」不肖孤言猶在耳，痛切肝肺。朝廷賜公第京城，公上章懇辭，謂「國家多事之秋，非臣子安居之日。邇者土星犯太微上相，臣忝備大臣，正宜貶損以禳天譴，豈可厚享以重災愆」。不許。乃以所賜玉帶、金帛、器皿、圖書、盔甲、蟒龍服飾移置第內，封識加謹，以侈大朝廷之賜，間一往視之。

公夙染痰疾，動輒喘急，寓宿直房，以便朝謁。一日疾舉，上遣太監興安、太醫院使董宿視疾，宿云此疾得竹瀝和藥可愈，興安爲上言之，且言公自奉甚儉，京城地寒無竹，惟大內萬歲山竹頗成林，上親幸伐竹賜之，仍令計所資用一切給自尚方，蓋異寵也。病中懇求罷歸，不許，乃降手敕慰諭，免公朝參，且屢促公出視事。

公總督軍務漸久，凡各營號令進退賞罰皆由公出，平日議論斷制宿將斂伏，石亨等不能贊一辭，況亨素貪縱，多壞軍政，公恐悞大計，不得已悉裁之，以法無少貸，遂成嫌隙。亨姪石彪頗驕勇，議者嫌其一門同握京兵，公奏以石彪充遊擊將軍，往大同等處截殺，本善處也，反切齒於公，思有以傾之。七年，杭郡湖水竭土裂，人皆驚異。尚書孫原貞方鎮守兩處，間語人曰：「人材之生，鍾山川之秀，今日之兆，哲人其萎乎。」蓋指公也。

明年正月，景泰帝不豫，在廷文武羣臣同公等上章請憲廟臨朝。議未下，太上皇帝光復寶位，改元天順，實天與人歸之。會石亨等貪天之功，掩爲己有，假奪門迎復之名以欺朝廷，誣迎立外藩之罪以報私怨。原其奸計，蓋謂此罪不重，則彼功不高，不大殺服肱重臣，則威不立，不搆成黨逆大獄，則權不專，乘機嗾言官劾公與王文等六七大臣俱下獄。所司勘得金牌敕符見存禁中，別無顯跡，亨等揚言雖無實跡，其意則有。廷鞠之日，徐有貞對衆大聲令所司痛加考掠，文不勝其忿，反覆力辨，公徐曰：「辨之何益？」所司畏懼亨等，羅織煅煉，添揑「意欲」二字文致成招，蓋踵於秦檜所云「莫須有」之故智也。忠良被誣，古今如出一途，痛哉。是月二十三日，狀聞，上猶豫良久曰：「于謙曾有功。」衆相顧未及對，徐珵避倡南遷之故，改名有貞，素以前事憾公，直前對曰：「若不置謙等於死，今日之事爲無名。」上意乃決，公與文遂遇害。時錦衣衛指揮劉敬帶刀侍衛，目擊其事，後每言及公，未嘗不切齒於有貞。有貞又與亨輩令所司奏列被害諸臣姓名，誣以奸黨，榜示天下，遣官來杭繫家屬戍邊，没産於官。

公歿之日，天日無光，陰霾蔽天，行路嗟咨。太監吉祥麾下達官有素不與公視者，聞公死，慟哭都市，且以紙錢壺漿酹公。吉祥聞之，切責，明日號哭如初。忠義感激，雖降人異類，天理昭在，不可泯也。所司籍公第，自昔所嘗賜外無他物。其後陳汝言代公爲尚書，以賂敗，上御便殿，以所籍財物陳大內廡下，召大臣入視，且曰：「景泰間任于謙久且專，殁無餘物，汝言未期，何得賂之無算耶。」時上色變，亨輩俛首不敢動者久之。越數日，上擊毬內苑，恭順侯吴瑾、撫寧伯朱永等數勳舊隨侍，石亨、張軏、張輗自外，未及至御前，上遥見亨等，連以毬杖戳地，曰：「好箇于謙。」如此者數聲，瑾、永等皆流汗沾背，戰慄無所措。出語所親曰：「觀上意，亨輩將無所逃矣。」一日，邊報忽急，集羣臣廷議未定，恭順侯吴瑾進曰：「于謙若在，邊患何足慮。」上爲之默然。既出，有詰瑾者曰：「召先世爲謙所劾，幾敗事，君何過言。」瑾大聲曰：「豈可以私家之怨而廢天下之公議耶。」初，公被害時，皇太后宫中閎而莫知，後聞之，嗟悼累日，適上來問安，太后語之曰：「于謙曾效勞，不用當放彼歸田里，何忍置之於死。」上益悟其冤而深悔之。不旋踵間徐有貞以罪遠竄，石亨等竟坐謀逆，夷滅無噍類，此天道好還之明驗也。

公之遺骸，都督陳逵密賂守者收殯城西淺土，且囑居民守之。又踰年，冕遣義兄康謁逵，逵復備棺衾，康扶歸塋祖塋。明年，憲宗皇帝即位，改元成化，詔釋冕等之戍邊者，仍給還家産。天日開明，公道始白。冕還，自龍門詣闕，訴先公之冤。仰荷朝廷大恩，復公故秩，遣行人馬暶祭於墓，其文曰：「當國家之多難，保社稷以無虞，惟公道而自持，爲權奸之所害，在先帝已知其枉，而朕心實憐其忠。」中外稱快。冕亦復官，從使臣歸，展拜墓下，痛墓道圮毁，有浙江參政何宜仰公高義，力爲修葺。三年，特旨令天下有司燒毁奸黨榜文，盡復榜內被誣者官秩，間有復起而大用者。二十一年，杭之父老白其事於巡按御史劉魁，立祠於公故第，以風勵鄉人，名曰憐忠祠，遵制語也。山西、河南民多繪公(豫)[像]於家，出入飲食必祝之，河南開封府城亦有庇民祠以祀公。

越三年，今上皇帝即位，是爲弘治元年，冕以應天府尹致仕，始得專守公墓。鳳陽府學訓導儲衍奏公功績卓異，宜賜贈謚，立廟祭祀，言甚愷切。禮部將上其事，給事中孫孺議奏：古之節義若諸葛亮在漢，張巡在唐，文天祥在宋，今之〔節〕義若侍講劉球、祭酒李時勉、少保于謙，俱合一體祭祀，表勵將來。蒙朝廷歲賜一祭於鄉民所立之祠，恩至渥也。冕痛念公未蒙贈謚，尋復乞恩於上。事下禮部，議得古今人臣能爲國家建大義、成大功者，生則有旌擢之恩，死則有褒恤之典，若前宋岳飛盡忠報國，死非其罪，其追謚祠祀在宋就已舉行，于謙受冤雖同，而功業所就則大過之，宜如其子所請。朝廷從之，建祠墓所，賜額「旌功」，有司春秋祭祀。其文曰：「逢時艱危，安内攘外，社稷之功，世永不忘。」仍賜贈謚誥命，其畧云：「當皇祖北狩之時，正國步艱危之日。乃能殫竭心膂，保章家邦，回鑾有期，論功應賞，不幸爲權奸所搆，乃損其身，輿論咸冤。恤恩已錫，茲復贈特進光禄大夫、柱國、太傅，謚肅愍，用昭旌崇之典。」天語丁寧，垂之萬世，朝廷終始恩典雖天地之廣大，何足以盡之。六年，浙江左布政使劉大夏莅事之初，即祀公於杭郡學鄉賢祠。十年，巡按御史姚壽爲公建忠節坊牌於城隍祠下以表彰之。蓋皆知所重云。

公天性狷介，謝絶交通，不立黨援，一以忠誠上結主知，分謗任怨，但知有國，不知有身有家。平居未嘗言及於私，惟事之有關休戚，雖違衆，行之無所憚。不貸贓吏，不見小過。急於薦賢，惟恐没人之善。凡公所甄拔，後皆一一知名，如巡撫時薦孫原貞、王來以自代，後二人皆官至尚書，令名彰彰，公知人之明，大率類此。方額森犯邊之時，軍旅方興，中外交章論事，紛紛不一，議下兵部，公皆一一裁之，以理可者奏而行之，否者止之，知無不言，言無不用，卒能坐困額森，匡濟王室。若昔晉武帝時郭欽上徙戎之疏而卒不見聽，宋欽宗時李綱沮和議之非而爲羣小所譖，遂使劉淵竊號中土，金人入據汴京，臣主俱辱，貽天下後世笑，方今之時，又未嘗不爲公幸。獨其所司，專於兵政，其他一切大小之事，各有攸主，有不盡如公所願者。且如動摇儲位一事，比先首建邪謀迎合朝廷者，廣西都指揮王洪也，職掌邦禮，欣然定議者誰與？天生下民，作之君父，有天下傳之子，報筆草詔者誰與？當時密受黄金重賞，略無難色，人所共知。況會官定議之日，舉朝羣臣莫不俯首聽命，臺諫言職並無一人喘息。奈何石亨等用徐有貞之策，情知迎立外藩之罪出於誣捏，不能服天下人心，仍諷所司以衆人之僉謀，遂事一概加公，必欲置人於死地哉，冤哉，此窮天極地之冤也。

公歷事三朝，服官三十餘年，位極人臣，先世室廬之在故鄉者未嘗增飭尺寸，丁内外艱，家居衰絰徒跣，無異常人。其孤忠峻節，更歷夷險，先後一日。凡遇休暇，諸子百氏之書涉獵無遺。爲文有奇氣而主於理，詩詞清逸流麗，人争誦之。在江西時和祭酒胡順菴《山居十詠》詩，在河南時周獻王索和馮海粟《梅花百詠》詩，皆揮筆立就。尤長於奏疏，每政事旁午，章日數十上，累千萬言，不假搆思，揮翰如流，人稱爲天下奇才云。自號節菴，有《節菴詩文稿》行於世，恨遭變故，僅存什一於千百耳。

配董氏，累贈一品夫人，前翰林庶吉士永豐知縣鏞之女，實生冕。柔惠静專，通詩書大旨，公平日得以盡心職業而無内顧之憂者，夫人蓋有助焉。先公十一年卒。公年未五十，竟不再娶，亦不更置妾媵，人皆義之。男一，即冕。女一，適錦衣千户朱驥，亦以公故謫戍，後釋，累官都指揮使，掌錦衣衛事，後公三十餘年相繼卒。孫男一，曰允忠，不肖孤冕無子，立同宗子爲嗣，初名恕，今以字行。孫女六，長適吏科給事中張晟，卒；次適工部主事倪阜，次續適張晟，次適德清縣學生徐九萬，次適益都知縣孫武卿，次聘杭州府學生沈繼榮。

竊念冕性資庸下，加之老耄，不能肖公萬一，仰愧俯怍，至無以自容於世。顧公門生故吏鮮有存者，無以質公功業之所遺，其梓行奏議亦不能悉公之所有。幸公是非已白，大冤已雪，大功已彰，傳之天下後世無疑者。謹摭拾其立朝行己履歷之大，進白於著述之家，幸採擇焉。孤哀子于冕泣血謹。

于謙《忠肅集》附録倪岳《神道碑》 憲宗皇帝紀元成化之初，故少保兼兵部尚書于公之子冕歸自謫所，即銜哀列疏以訟父冤，上聞而憫之，追復故秩，遣行人司行人馬暶往祭其墓，其文有曰「當國家之多難，保社稷以無虞，惟公道而自持，爲權奸之所害，在先帝已知其枉，而朕心實憐其忠」。由是天下稱快，曰「此誠天日開明，公道暴白之秋也，於乎休哉」。已而，杭之父老白於巡撫監察御史，請即公所居建祠祀公，榜曰「憐忠」，遵制詞也。今上皇帝紀元弘治之初，訓導儲衍奏公功績，宜賜贈謚立廟以記，言甚剴切。禮部將上其事，會給事中孫孺復言古之節義則諸葛孔明、張巡、文天祥，今之節義則李時勉、劉球與公，宜一體報祀，以厲後來。廷臣合議以聞，詔歲一祀公於鄉民所立祠。未幾，冕以應天府尹致仕歸，復列公平生行業，請如制贈謚以慰泉下，累數千言。事下禮部議，僉謂古今人臣能爲國家建大議、成大功者生則有旌擢之恩，殁則有褒恤之典，若前宋岳飛盡忠報國，死非其罪，其追謚祠祀在宋俱已舉行，公之受冤雖同，而功業所

就則大過之，宜如其子所請。制可，賜謚曰「肅愍」，建祠於墓，表曰「旌功」，命有司春秋致祭，其文有曰「逢時艱危，安内攘外，社稷之功，世永不忘」。復賜贈官(詰)〔誥〕，其略曰：「當皇祖北狩之時，正國步艱危之日。乃能殫竭心膂，保障家邦，迴鑾有期，論功應賞。不幸爲權奸所搆，乃殞其身，輿論咸冤。恤恩已錫，兹復贈特進光禄大夫、柱國、太傅，用昭旌崇之。」天語丁寧，垂之萬(蓋)〔世〕，至是而公之冤已白，公之功以著矣。於乎休哉！於是冕抵書京師，謂岳在里姻之末，又適官禮曹，親承德音，宜爲具述其事，勒之墓碑，以昭示無極。岳不敏，何足以知之。

按狀，公諱謙，字廷益，姓于氏，號節菴。其先家河南，八世祖某仕金爲汾州節度使，知開封府；七世祖某階朝請大夫延津令；六世祖某定遠大將軍沁水令。金末兵亂，譜牒散佚，僅存官秩而亡其諱。五世祖諱伯儀，金亡奉母遷雲中，元初收括新附，復遷薊州，仕至朝列大夫、太常丞兼法物庫使，累贈禮部尚書，上輕車都尉，追封河南郡侯，妣晉贈(禮)〔河〕南郡夫人。高祖諱夔，起家中書掾，累贈中奉大夫，河南、江北等處行中書省參知政事、護軍，追封河南郡公，妣張贈河南郡夫人。曾祖諱九思，階中奉大夫，湖南道宣慰使、都元帥，延祐間爲杭州路總管，致仕，遂家於杭，故今爲錢塘人。祖諱文大，入國朝仕爲兵部主事，改工部。父彦昭，隱德不仕。自曾祖而下皆以公貴，累贈榮禄大夫、少保、兵部尚書。曾祖妣馬、楊，祖妣施，妣劉皆贈一品夫人。

公生有異質，甫七歲，僧蘭古春奇之，曰：「此他日救時宰相也。」長游邑庠，領永樂庚子鄉薦，明年登進士第。宣德紀元丙午，拜山西道監察御史。公風儀峻整，音吐鴻暢，每入侍奏對，上必注聽。院長都御史顧佐風紀甚嚴，獨器重公。巡按江西，奏白誣獄，出數十百人於死。劾治王府之以和買害民者，一道肅然。比還，復同錦衣官校往理官船之貨私鹽者，公不避權貴，河道以清。上親征武定州罪人，既得，命公數其罪，公辭嚴義正，肆口而成，大稱上旨，師還，受賚與從征大臣等。自是受知於上，屬意用公矣。

庚戌，河南、山西災，廷議必得大臣兼理之，上親署公名，擢兵部右侍郎，賜敕以往，年方三十有三，朝野榮之。公感上知遇，夙夜經畫，遍歷梁晉間，問民之所欲惡而興革之，民大感悦。九載秩滿，進左侍郎。公在鎮久，多善政，在河南者尤著。若勸民糴粟，官爲收糴，以備賑荒；預擬河患，督採近地草束以備築堰；公庾積久易敗，即減價而糶，旁省亦獲以濟；征輸脱有贏餘，即以鈔折納，官民交以爲便；歲旱，奏減存留糧草，積誠以禱雨澤，民忘其災；河流嚴衝土城，遂築大隄以障，植柳以爲固，立鋪設夫役以備修補；復植柳於道以蔭行旅，鑿井以濟道渴，迄今存焉。時議者欲移山東薪炭及大名牧馬於河南，公抗疏止之。山東、陝西流民徙其地，公爲立里以居，給田以耕，不使貽患地方，後皆視以爲法。其在山西奏革大同鎮將役軍耕種之弊，盡入其田爲軍屯；復以大同遠在北邊，乞專差御史一員巡歷其地，庶奸弊可革，遂爲永例。議處修築鴈門車役，議没柴炭人夫通融有法，仍奏減七分之一以甦民困。時災傷民流移，公設法招徠，又恐復業者憚於徵輸，無復固志，即奏免所欠税糧，復請著令有司考績，以有無流民爲殿最，使知警焉。其地霜旱，田薄收，當輸邊者多折齎金銀，奸民恒竊以逃，公奏遣官解以懲其弊，且請免煎銷以便分給，尤爲民利。公嘗自河南抵山西，夜經太行山，有羣盜持兵喊而前，從者駭愕。公厲聲叱曰：「汝何爲者耶？」盜聞公言，大驚散去，其德威(所)〔服人如此〕。參議劉孔宗者律己其嚴，頗與流輩寡合，衆搆贓罪污之，公知其誣，即奏白其事。恒以盈滿爲懼，請舉參政孫原真、王來以自代，時中璫王振方用事，有御史姓名類公者嘗忤之，意以爲公，遂乘機嗾言者劾公擅舉自代，罷爲大理左少卿。二省之民倍道赴闕，交章乞留，親藩亦以不可無公爲請，乃復命巡撫，實正統丙寅歲也。

明年，復爲兵部右侍郎，留理部事。時公考妣相繼歿，皆命奔喪，兩遣行人汪琰抵杭，賜祭，治葬事。懇乞終制，不許。又明年己巳，於時額森犯獨石馬營，至秋遂猖獗，上下詔親征，公與尚書鄺公埜上言邊方將士皆可託以制敵，不必上煩六師，且皇上宗廟社稷主，無輕臨戎。懇留，不聽。八月望日，師次土木，敵奄至，主將失律，王師敗績，皇輿北狩，宣府、懷來僅以自保，沿邊城堡奔潰一空，京師大震。時公獨任部事，北望號泣，誓以滅敵，將議集兵，爲守護京師計。會皇太后命郕王監國，以係人心。於時臺諫廷論土木之變罪歸王振，王始攝朝，倉卒未有處分。錦衣指揮馬順素附振意，頗不平，衆起捽順，擊死，復索振所親信二内侍將擊之，班行諠雜，無復朝儀。王疑懼，屢欲退，諸大臣亦多歛避，公堅立不動，時掖王請留，且請降旨，宣諭羣臣無擅動，振罪俟請命太后行誅，順罪應死(忽)〔勿〕論，命將軍亟擊二内侍死，衆乃定。退朝，漏過午刻，公袍袖爲裂。吏部尚書王公直執公手曰：「今日正賴公等，若某百輩何能爲。」公辭謝不敢當。進兵部尚書，固辭，不獲，始就職。

公受任多事之際，首劾扈從失律者武臣顧興祖輩，文臣王佐輩，皆宜議罪以

聞，庶後之任事者知所用命。從之。王嗣位，尊上太上皇帝號，改明〔年〕庚午爲景泰元年。公入見，泣對曰：「額森不道，犯我邊疆，遮留大駕，彼既得志，將有長驅深入之勢，不可不豫爲計。邇者各營精鋭兵械且盡，宜亟募兵，易漕卒以備調，令工部分局治兵器以備用。京師九門尤爲要地，宜令都督孫鏜、衛穎、張軏、張義、雷通分兵以守，選給事中、御史如王竑輩佐之，列營於外，以振軍威。徙郭外居民於城内，隨地安插，無爲敵所掠。通州所積糧數百萬，挽運固難，棄之或以資敵，宜令在官食糧者悉詣關支，人以多寡受糧而歸，坌集京師，庶幾兩便。大同、宣府嘗經敵剽掠，請敕各地守臣協力防鎮，訓練修飭，務使有備。至於選任人才，尤爲至務，文臣如軒輗者宜令巡撫，武臣如楊洪、柳溥者宜爲將帥，軍旅之事臣請身任其責，不効則治臣之罪。」上皆嘉納行之。時邊報絡繹，訛言萬端，公先事預防，達權制變，衆視公以爲安危。太監喜寧北種也，土木之潰降歸，也先因爲之用，導之入犯。敵奉車駕趨紫荆關，京師戒嚴，朝臣至有挈家南奔者，侍講徐珵因謬言占象，倡議南遷。事聞，六宮人心摇動，公爲慟哭，抗言於廷曰：「京師天下根本，宗廟、山陵、社稷在此，百官萬姓帑藏倉儲在此，此而不守，去將何之？一動(大)〔則〕大勢去矣，宋南渡之事可鑒也。」上是公言，守議遂定。主將石亨復爲異議，欲盡閉九門，堅壁以避賊鋒。公言不可，請率先士卒，躬擐甲胄，出營德勝門外，閉門以示必死，泣以忠義諭三軍，人人感奮，勇氣自倍。

十月朔，額森入紫荆關，傳言送駕還京，前驅突至，我軍堅不爲動，知我有備，稍自引却。額森次至城下，對我壘而陣，駕亦在敵營，敵覘我軍嚴整，不敢有加於我，我亦不敢向敵輕發一矢。喜寧啖額森邀大臣出議和，且需金帛萬萬計，蓋强所難從以起釁耳。對壘凡七日，是爲十月既望，敵移扈蹕漸遠，乃舉砲擊敵營，敵死砲下者萬計，額森大沮宵遁，京師解嚴。時謂不戰而屈人兵，實天生公以爲社稷也。論功加少保，總督軍務。固辭，久之，乃受。嘗謂人曰：「四郊多壘，卿大夫之恥。今日惟有聲罪討賊，復還車駕，乃臣子之職，他復何言。」大同參將許貴奏欲遣使議和以緩敵兵，徐爲討伐計。公謂去冬嘗遣都指揮李鐸、指揮岳謙厚齎金帛以往，敵輒深入，繼遣通政王復、少卿王榮往議迎復，亦不見鑾輿而回。敵譎詐叵測，和不足恃。況與敵不共戴天之讐，和則背君父而忘大義，理固不可，萬一可(知)〔和〕，敵肆無厭之求，從之則害，違之則變，勢亦不可也。莫若選將練兵，養威蓄鋭，無輕遣使以取其侮。從之。公以涿鹿、真定、保定、易州皆京師近地，兵力單弱，雖嘗遣都督劉安率兵巡視，猶慮敵方遠遁，或肆剽掠，力弗能及，即奏遣都指揮陳旺、石端、王信、王虹輩分益以兵往爲之援，復請敕右都督楊俊節制之，民恃以安。又以敵之深入必先攻犯白羊、紫荆、倒馬諸關，復奏撥京兵與其原守官軍互爲應援，俾無僨事。

諜報敵逼總兵朱謙於關子口，明日復報追石亨於鴈門關，烽火甚急，遠邇騷動，衆謂宜急發兵往援。公不爲動，即奏上方畧，密授亨等，仍令各營選調軍馬，若將尅日大舉者。旋報敵已出境，乃服公料敵之審。公謂喜寧不除，邊方弗靖，乃以計授楊俊，擒送京師，公廷劾其罪，誅之。自是敵竟畏憚悔禍，不敢復犯矣。辛未額森遣使入貢，請送大駕還京，朝廷疑未之信，下廷臣議，公曰：「此天意也，君臣大義，兄弟至親，當速遣使奉迎以承天心，萬一敵果懷詐，我有辭矣。」議乃決。秋九月，大駕至自北庭，衆韙公一言之重。

時邊事稍寧，公益修安内攘外之政：河間、東昌諸處永樂間安置降人甚衆，方敵入寇時，勢欲乘機而動，公因南征，奏遣其有名號者以行，遂留於彼，以爲潛消之計。天壽山，祖宗陵寢所在，而無城郭，敵嘗犯其地，乃奏起成山伯王通城昌平，徙兵民其中以衛陵寢，且重邊關之援。臨清，漕舟所經，商舶輻輳，實喉襟之地，敵入關時嘗有往據之謀，乃奏遣平江侯陳豫築城以守，遂爲重鎮。尋諜知爲敵謀者乃我亡命小田兒也，適雜敵使中來瞰虚實，公奏授計於侍郎王偉，因使大同道誅之。初，北邊獨石馬營八城爲敵所據，公謂此不可棄，即奏都督孫安授以方畧，率兵度龍門關，且戰且守，由是八城復完。公謂京兵分隸五軍、神機、三千諸營者雖各有總兵，然不相統一，或遇調發，動相選摘，兵將不識，卒難濟事。乃議以諸營馬步兵擇其精者十五萬人分爲十營，各立名號，每營以都督一員總領之，每五千用把總都指揮一員，每千用把總指揮一員，每隊用管隊官二員，團結訓練，體統既定，兵將相識，有警當調某營，則自其總領都督以下督率以行，號令專一，行伍不亂。兵制之善者也，故其法迄今守之。楊俊議奏盡出京營兵併調三邊各路軍馬大舉勦敵，可以得志。公報不可，曰如此則京師各路軍馬敵或分兵牽制，何以應之，非兵家全勝之謀也。上從公言。俊素跋扈，時謂此議足以奪其心。

是時浙江、福建則有鄧茂七、葉宗流，廣東西則有黄蕭養乘時竊發，殘破郡邑，一時命將出師，皆出公籌畫，雖遠處千萬里之外，懸制切中，不啻親歷其地，卒用勦平。貴州苗賊作亂，侍郎何文淵奏乞罷布按司，復置宣慰司，以土官莅其地，留都司以轄諸衛，遣大將鎮之。公謂貴州自祖宗開創餘八十年，顧因小寇遽

褒成功，況土地民皆受之祖宗者，豈可輕棄。事遂(事)〔寢〕。公念北方既平，軍國之務可緩，懇辭兵柄以答天變，乞罷，皆不〔許〕。

初，額森犯京師，石亨因公成功，驟躋侯爵，心自不安，乃奏公功宜官一子，朝廷即授冕府軍前衛副千户。累疏懇辭，且曰：「縱欲爲子求官，亦不當假手於亨。」不許。既受命，語冕曰：「我本書生，當聖主憂勤之日，分以死報，顧功微報腆。爾宜砥礪名節，毋忝恩命。」朝廷復於京師之西賜公第一區，公上疏辭，謂：「國家多事之秋，豈臣子安居之日，況星文示變，正宜貶損，豈可厚享以(以)〔重〕咎愆。」不許。乃以平日所得賜物盔甲、袍帶之屬移置第内，封識加謹，時一往視焉。

公素苦痰喘，恒寓直房，以便朝謁，一日疾作，上遣太監興安、太醫院使董宿來視焉，云此非竹瀝不可愈。安爲上言，具述公自奉儉約，上親幸萬歲山伐竹以賜，仍命計公所用，悉給自尚方，蓋異寵也。病少間，復懇乞罷歸。不許，特降敕諭留，免公朝參，屢遣中使促公出視事，其爲上所倚重如此。

公握兵久，號令賞罰皆出於公，言議所及，宿將斂伏，亨等不能措一詞。亨素貪縱，尤爲公所裁，積成嫌隙，亨姪彪本驍將，時皆慮其一門同握京兵，公乃奏遣彪充游擊將軍，往戍大同，二人不得遂所私，益切齒於公，思有以傾之矣。丁丑正月，景皇帝不豫，公同廷臣上章乞復皇儲，未報，英宗皇帝復至宸極，此實天與人歸之。會亨等貪天之功，掩爲己有，即誣公等迎立外藩以爲罪，與大學士王文六七大臣俱下獄。所司以金牌敕符俱存，他無顯迹可據，亨等必欲置公於死。會徐珵等以倡南遷爲公所斥，久不獲進，因易名有貞，尤銜公者，廷鞫之日，力言大肆拷掠，宜無不承。文不勝，忿力辨不已，公曰：「亨等意已如此，辨之何益。」所司承亨風，指乃以「意欲」二字，附會成獄，蓋即秦檜莫須有之故智也。是月二十三日，狀上，上猶預良久曰：「謙實有功。」衆未及對。有貞直前曰：「若不置謙於死，今日之事爲無名。」上意乃決。時錦衣指揮劉敬方帶刀在宿衛，目覩其事，每言及，未嘗不以爲恨。

公歿之日，天日無輝，朝野冤之。太監吉祥麾下達官名某者聞公死，慟哭都市，以壺漿酹公。祥聞之，切責焉，明日往哭如初。此實忠義感激人心，雖異類而天理固未泯耳。先是，杭之湖水竭土裂，人驚異之。孫原貞方以尚書鎮浙，語人曰：「賢才之生，實鍾山川之秀，今日之兆，哲人其萎乎？」蓋指公也，至是卒驗云。公之生爲洪武戊寅四月二十七日，得壽六十而已，惜哉。所司籍公家，自朝廷所賜外，他無一物，蓋公平日自律之嚴也。未幾，陳汝言代公爲兵部，以賄敗，上命陳所籍物於大内廡下，召大臣入視，且曰：「景泰間，謙任事久且專，没無餘物，汝言未期，何得賄無算耶？」上色變之，亨等俯首不敢動。撫寧伯朱永出，語人曰：「今日觀上意，亨輩將無所逃矣。」一日邊報甚急，集廷臣議，(公)〔恭〕順侯吴瑾進曰：「于謙在，邊患不至此。」上爲之默然。初，公被害時，皇太后未及知，比聞，嗟悼累日，上聞之，益悟其冤，深悔之。既而有貞以罪遠竄，亨等坐謀逆夷滅，此皆上心有所懲而亦天道好還之明驗也。初，公之遺骸賴都督陳逵憫公無辜，密賂守者收瘞。踰年，冕遣義兄康謁逵，逵乃具棺衾俾康扶歸杭，葬於祖塋，即今建祠地也。

公天性狷介，不立私黨，一以忠誠結上知，分謗任怨，無所顧忌，不貸贓吏而恒宥小過，急於薦賢，不遺一善，凡公所甄拔如孫原貞、王來皆在巡撫時所舉，其他文臣武將功名顯著者尤多，蓋公知人之明如此。公所至聲績懋異，遺愛不忘，故江西祀公郡學名宦祠，河南祀公開封庇民祠，三省之民家有公像，飲食必祝，皆至於今不廢。及己巳之變，軍旅方興，中外論事者紛然，議下兵部，公悉裁之，以理可者行之，否則止之，知無不言，言無不盡，一時克詰戎兵，登崇智勇，卒之肅清大憝，迎復乘輿，以安社稷，以固邊圉，此誠不世之功也。歷事三朝，位極人臣，然故廬之在杭者未嘗增飭尺寸，丁内外艱，歸蕭然，不異寒士，孤忠峻節，夷險弗踰，可謂難矣。平居好學，手不釋卷，爲文有奇氣，詩詞清麗，在江西時和祭酒胡頤菴《山居十詠》，在河南時和馮海粟《梅花百詠》詩，皆頃刻而就，膾炙人口。尤長於奏疏，至今視以爲準。當政務旁午，章日數十上，累千萬言，揮筆如流，一切皆中事機，人服公明決，卒推爲天下奇才焉。平生著述甚多，今僅有《節菴詩文稿》、奏議各若干卷，禍變之餘，蓋千百中什一耳。

配董氏，累贈一品夫人，翰林庶吉士，永豐知縣鏞之女，柔惠静專，克謹内助，先公十一年卒，公年未五十，遂不娶，亦無媵侍，人皆義之。生子一，即冕，自副千户改授兵部員外郎，進禮部郎中，南京太僕少卿，應天府尹，文學、政事無忝家法。女一，適錦衣千户朱驥，坐公累戍邊，比有還，累官都指揮使，掌錦衣衛事。孫男一，曰允忠。孫女六，吏科給事中張晟、工部員外郎倪阜、益都知縣孫武卿、德清縣學生徐九萬、杭州府學生沈繼榮其壻也。

丁丙《于公祠墓録》卷四《憐忠祠記》 公持身嚴，非分一毫不取諸人。位至卿孤，先世室廬盡畀其弟，已唯市廛數閒以居。夫人董氏卒，時公未五十，不再

娶。以王事之多艱，窮年不還私第，居止朝房，留一養子自侍。食無重味，非公燕不置酒。嘗末疾在告，太監興安、舒良、王成受旨更番來視，見公自奉諸凡過於簡樸，歎息，因以聞。特爲計所資用一切尚方製之，至輟尚膳醯醬蔬菜之屬爲賜。特幸萬歲山，伐竹爲瀝以和藥，尤異數也。爲官三十年，不立黨援，一以忠義結主知。其用人行法功必賞，罪必罰，不貸贓吏，一有犯，終身不齒。分謗任怨，但知有國，不知有身，有家。言官嘗言柄用過重，興安言：「只說日夜與國分憂，不要錢，不愛官爵，不問家計，一子一女且不顧，朝廷正要用人，似此等尋一箇來換于某。」衆默默退。自是任之愈堅。惟任重而嫌猜者衆，道行而怨謗隨興。英廟光復寶位，有敢盜天以徼功者，借公以重其地，與素所銜於公辭加迎立外藩之罪而甘心之。不幸之日，天日無輝，陰霾蔽天，行路咨嗟，冤聲一口。他日聖烈慈壽太后言公竭忠所事，死於非罪，英廟大悟而深悔之。不一二年，甘心公者皆以反逆伏誅，夷滅無噍類。嗚呼，天道好還，不□而速如此哉。而公保安社稷億萬世以無虞，致厪天語憐忠，沛然時雨之降，浣慰忠魂於地下，歷千百年猶生存。計公有所圖報如生存，應當結草以自効也。

袁袠《皇明獻實》卷一九　書過目成誦，爲文雲行水湧，不知止極。稍長，補邑庠生，即以古人功業自期。謙夜行吳山道中，人遥見燈燎，騶從甚盛，若數百人，及前視之，則謙也。【略】

謙長身山立，面白，自項以下甚黑，嘗對鏡自照曰：「此一腔血竟灑何地。」又嘗曰：「終當角頭上喫一刀。」謙自知功高必不免也。

唐樞《國琛集》卷上　兵部尚書于謙，錢唐人。自入官，所至著經畧，朝望特隆。己巳，大駕蒙塵，公誓不與虜俱生，整衆操練，黽勉百方，動切機宜，正誤國之罪，懲失事之臣，阻南遷之策，尊嗣君以定國。威選材將以當敵愾，皷揚中外，輯安四方，卒使社稷如故，鑾輿復還，纖毫皆公力也。天順復辟，公磔於市。卒之日，道路咨嗟，天日無輝。謚肅愍。

鄧球《皇明泳化類編》卷五一　是年（景泰三年）五月，廢皇太子。先是，恐文武諸臣有不從者，用太監王誠計，先啖閣下諸學士賞賚，時受賜金五十兩、銀一百兩。既而，易太子疏下。禮部會多官議，進太子太傅。時兵部觀政進士楊集常熟人致書，大意謂「奸人黃竑進易儲之説以迎合上意，本爲脱死之計耳。公等國家柱石，乃戀宮保之賞而不思所以善後乎？脱二人死杖下而公坐享崇高，奈清議何。」謙以書示王文，文曰：「書生不知朝廷法度。」議遂寢。【略】

丁丑春，上有疾，儲嗣未定，内外以爲憂，人心有屬意舊太子沂王者。王文揚于衆口，今只請立東宮，安知朝廷之意在誰。謙意不逆。於是人競傳王文、于謙已遣金牌勅符迎襄王世子矣。既而，石亨等迎復上皇，逮謙詔獄斬之，籍沒其家，家屬發邊遠充軍。

王世貞《名卿續紀》卷一　謙幼穎敏有大志，弱冠舉進士，授監察御史，督錦衣官校捕察鹽鹺，不問戚畹中貴常侍家，一置理，無少貸者。謙長身，貌白皙如冠玉，每奏對，聲朗朗徹衎陛間，宣皇帝固目屬之。

王世貞《弇州山人續稿》卷八五《浙三大功臣傳》　于謙，字廷益，其先河南人，七世祖某仕于金，爲汾州節度使，子孫世世爲大官。至高祖夔而仕元爲河南江北行中書省叅知政事，追封河南郡公。曾大父九思仕至湖廣宣慰使都元帥，最後遷杭州路摠管，卒老於杭，遂爲杭人。大父文始仕明爲兵部主事，改工部。父彦昭有隱君子行，受謙封兵部右侍郎，再與其曾大父、父俱贈少保、兵部尚書。

謙生而頎皙，美容止，七歲，僧蘭古春善相，見而大奇之，曰：「所相人毋若此兒者，異日救時宰相也。」十六，補邑諸生。時按察僉事行學，督責諸生過峻，爭噪而掎之，方詎攘間，僉事墮泮宫池，諸生皆驚走出，謙獨前掖之起。僉事瞀，乃欲以罪歸謙。謙徐對曰：「噪公者走，不噪公者留，此易曉事也。今不罪噪公者，而罪不噪公者猶可，而因以罪援公者，其謂何？」僉事意悟乃止，而謙由此顯名。

二十三舉進士，拜江西道監察御史。謙風骨秀峻，音吐鴻鬯，每奏對宣廟前，上必爲傾聽。而是時，顧端肅公佐長臺事，其御寮屬甚嚴，而獨才謙，以爲己弗如也。按江西，辯一誣獄，出數百人之冤死者。藩國挾和買爲市廛害，謙復按懲之，一方若滌，頌聲滿道。歸，復偕錦衣官校捜捕官河之匿私鹺者。謙所按覈，於權倖不小避。【略】謙感上知遇，夙夜拊循郡邑，延訪父老，以便益病苦。歲饒則多出官鏹糴民粟歸庾，儉則吐庾粟減直以糶，公私得相贍，而於下尤利。齊秦民飢徙入河南者，謙令邑各給田。初與之牛種，而以次責其税，毋令與土著淆。河勢將潰，謙厚築堤障之，多植榆柳，其上五里有亭，亭有長暨卒，責以脩補，乃至所過經由官道俱責種樹，間鑿井以蔭行者而飲渴者。其在山西則以大同在塞外，巡按御史不能至其地，往往翫狎，請别設御史，併上谷治之。而又盡奪大同鎮將之役卒墾私田者爲官屯，邊用充溢。謙于吏術民事亡所不精剴，而尤以足兵食、明舉措、振綱紀爲急。當是時，居政本者三楊，皆重謙所奏請，朝上

毋不夕報可，以是得行其志。它措署多，遂著爲甲令。滿九歲，遷左侍郎，食二品俸，得封其父母。

謙既在官久，威惠流聞。嘗輕騎自河内歷太行，而盗有□窺者，謙厲聲叱之，皆大驚散走，曰：「不知爲我公，死罪，幸赦我。」謙異數，當入朝議事，人謂「即不槖金往，寧無一二土物如合薌乾菌裹頭之類足以充内交際耶？」謙咲而兩舉其袖曰：「吾惟有清風而已。」且交際物之幾何，而閭閻短長可畏也。」因賦詩見志。【略】

是時，南北屢用兵，大盗時起，尚書鄺埜以清幹著，而謙佐之以弘斷，部事雖稍稍餙，然尚扼於中貴人振，不能大展。而亡何，爲正統己巳，虜酋也先既破署獨石馬營諸鎮，至秋，益猖獗，振遂挾上下詔親征。謙與鄺埜上言：「也先醜豎子耳，諸邊將士足制之。陛下爲宗廟社稷主，奈何不自重奉以與犬羊角乎？請毋煩六師。」上不聽。埜乃從治兵，而留謙治部事。車駕至土木，蒙塵。報至，京師大震。【略】

郕王既即大位，益賢謙，虚己委焉。入對，慷慨泣奏，曰：「虜得志，挾我大駕，勢必長驅而南。今六軍實力武庫兵器盡矣，司馬宜急分道募兵及留漕卒自益，司空宜併日而蒐乘繕械，九門要地宜令都督孫鏜、衛潁、雷通、張軏等分守之，都御史楊善、給事中王竑等叅焉。凡兵皆出營郭外，毋令避而示弱。郭外之民皆徙入内安插，毋令失所而嚚。通州倉欲守之，或不能，委以與虜則可惜，宜令官軍皆給一歲禄奉，聽其自運，仍以羸米爲之直。虜所急者草，諸廠宜亦聽軍稱力取之，不盡則焚之，毋以飽虜馬。」而是時，石亨方坐繫，楊洪亦以逗遛當譴，謙惜其材勇，請赦之，與安遠侯柳溥爲大帥，而身摠其機宜，進止不効則治臣之罪以謝天下。上皆嘉納之。【略】賊遂退，有詔褒于謙進加少保，總督軍務。謙固辭，言：「臣以猥薄致位六卿，任重才踈，已出望外。今虜寇未靖，邊事未寧，當聖主憂勤之時，人臣効死之日，豈以犬馬微勞遽膺保傅重任，所有恩命未敢祇承。」不許。謙退而語人曰：「四郊多壘，卿大夫耻之。今謙不能死而以微功賞，能無重耻哉。」復上疏固辭，不許。【略】雖有楊洪、石亨、柳溥爲大帥，而進止賞罰一由謙，相顧頫首而已。洪、亨皆老將，宿猾，而亨尤貪，縱侈自快，謙事裁之。洪死，而子俊恃勇，驁桀不可馴，嘗疏請悉發京營與諸鎮兵大舉逐虜而犁其王庭，可以得志。謙持不可，曰：「大舉未必能值虜，值虜未必勝，而彼率其別部異道而擣我虚，寧萬全策也。」俊語塞，後竟以不法爲謙糺論削。亨有從子彪，以驍勇著，亨恃而强，謙出之爲大同遊擊將軍，以是益恨謙切骨。而中貴人曹吉祥、劉永誠者，與謙共兵事，亦啣謙氣陵之。【略】

謙爲文肆筆立就，詩亦爽儁，然少裁割，獨其於奏疏尤明切，嘗口授兩史傳寫，指腕爲痛。

王兆雲《皇明詞林人物考》卷二　胡虜欵戢，羣盗悉平，口不言功，益自斂飭，上推誠倚任，獨秉朝綱，文武大臣面酬進退，宫庭密務指膝調停。清廉方正，一錢不私，力遜賜第，止宿直房，旁無姬妾，鄉廬數椽，僅蔽風雨，薄田幾畝，纔供饘粥，食無兼味，衣無絮帛。

何喬遠《名山藏卷六三臣林記·于謙》　于謙字廷益，錢塘人。自爲諸生，英邁過人，每有難事，於人中巡繞數行，輒得奇計。讀書過目成誦。爲諸生時，習容止，骯髒有聲。巡按御史目之，入視學，召使講書，謙乃爲御史講高皇帝大誥，御史撤坐避席，跪而聽講，謙反復推解甚悉。聞者悚服。【略】

也先送上皇駕至都城下，曰：「見我謙，亨，與我金帛，迎爾君。」下廷臣議，謙曰：「君忘臣之不才，使臣司馬。司馬知戰，臣知死。」壘七日，數敗虜，虜竟退。蓋其始，也先擁上皇大同城下，大同之士登陴而語虜：「賴天地宗社之靈，國有君矣。」[至]宣府，宣府之士登陴而語虜：「賴天地宗社之靈，國有君矣。」及至都城下，都城之士登陴而語虜：「賴天地宗社之靈，國有君矣。」謙颺言曰：「豈不聞社稷爲重，君爲輕。」則上疏曰：「也先違天負義，久留上皇，深犯京畿，其爲仇恨，庸可勝言。若許以和，萬有不可。去歲秋冬間，虜勢方張，我遣指揮季鐸、岳謙齎金賂虜以迎車駕，其時賄方入於穹廬，騎已迫於關口。繼遣少卿趙榮、通政王復往虜營，不見乘輿返夫中國。與虜不共戴天，若必從和，背君忘義，莫此爲甚。且虜貪以詐，和成，其欲無止，長之則難餍，違之則速變。昔者宋真宗澶淵之役，契丹挫敗，斂心就盟，尚輸歲幣過三十萬。徽、欽北轅，奸臣誤國，至割土納賄，屈己貶尊，滅而後已。前事之不忘。以臣之計，莫若選將厲兵，貯威育勇，來則震武，去不窮追。虜若稔惡，鬼啓其衷，大舉入寇，以我肄十，加之奮帥，臣等蒙死前行，可以銼權而服。或皇天厭亂，列聖有靈，虜知不利，反面内貢，酌賜津遣，不絶而已。若使臣通好，漢禮必先示弱啓侮，臣所謂萬不可者也。」

謙之與羣臣請立景帝也，鄭公孫申之謀也。以爲帝於上皇義兄弟，得絶虜，乃景帝因之不渴上皇，乃虜亦因帝不渴上皇以爲抱空質而不義中國，乃歸上皇。上皇入塞，景帝猶曰：「虜詐。」謙曰：「陛下天位已定，誰復異論。君臣大義，兄

弟懿親，惟陛下念之耳。」上皇還，居南内六年。景帝廢上皇子而立其子，遂加謙太子太傅。及景帝疾，石亨、徐有貞夜開長安門，内甲士，迎上皇復位。因誣謙與王文、太監王誠謀帝襄王子，下獄。都御史蕭維禎責簿對曰：「而何外求君？」文曰：「藩王非金符不可召，金符藏内府，安從得之。」争之急，謙曰：「無庸。石亨有先意奏論死。」上猶豫曰：「謙功。」有貞從旁言：「謙不功，陛下不奪門矣。」有貞即珵也。是日，詔謙、文、誠並棄市，籍其家，戍謙子冕。龍門都督同知陳逵獨收謙屍葬之。

謙歷事三朝，知無不言，識達大體，毅然任天下。年未五十，喪妻不娶。門第蕭然，不容私謁。政務旁午，日上章十數，累千萬言，揮筆立就，當世歎其才。然矜傲自用，遇勳庸國戚若嬰稚，視士類亡當也。其始薦石亨與同事，既亨見謙議論斷制，宿將斂伏而已，不能贊一詞，固銜之。

談遷《國榷》卷三二　謙字廷益，錢塘人。永樂辛丑進士，授御史。從征漢庶人，數其罪，稱旨。久之，進行在兵部右侍郎，巡撫山西、河南十八年，甚有遺愛。正統丁卯，還部。己巳，北變，進尚書，主戰守，絶和議。吐論斷制，宿將斂伏，石亨因銜之。方誣獄，左都御史蕭維楨責簿對，曰：「而何外求君？」王文曰：「藩王非金符不召，金符藏内府，安從得之。」争之急，謙曰：「無庸。彼不論事有無，直死我耳。」獄具，上憐謙功，未忍。徐有貞前曰：「今日不殺謙，事無名。」遂決。

其歷事三朝，知無不言，識達大體，毅然任天下。年未五十，喪妻不娶。門第蕭然，不容私謁。政務旁午，日上章十數，累千萬言，揮筆立就，當世歎其才。然矜傲自用，遇勳庸國戚若嬰稚，視士類亡當也。

湯斌《潛菴先生擬明史稿》卷一〇　謙於吏術民事無所不精到，而尤以足兵食、明舉措、振紀綱爲急。

王鴻緒《明史稿》卷一五四《于謙傳》　帝知謙才可大任，會增設各部右侍郎出爲巡撫，乃手書謙名授吏部，遂超遷兵部右侍郎，巡撫河南、山西，年僅三十三。謙感帝知，甫至官，徧歷諸州縣，察時所急，事所宜興革，即具草言之，一歲章數上。當是時，三楊在政府，皆重謙所奏，朝上夕報可，以是得行其志。英宗立，奏免山陵役夫萬七千人。正統初，數上便宜事，民間少有水旱，即立奏。河南近河地河流歲衝土城，謙令厚築隄障之，五里置亭，亭有長，以時督率修繕。植榆柳，鑿井，以蔭行旅而飲渴者。民皆稱便。【略】

初，敵之深入也，意驕甚，謂京城可旦夕下。及是，見官軍嚴陣待，意少沮。叛人喜寧乃嗾也先邀大臣迎駕，索金帛以萬萬計，復邀謙、亨及王直、胡濙等出。帝不許。庚申，敵數騎來窺德勝門，謙、亨先設伏空舍，令數騎誘敵。敵遂以萬騎來薄，副總兵廣發火器擊之，伏兵齊擊，也先弟孛羅、平章卯那孩中砲死。敵轉至西直門，都督孫鏜與戰，斬數人，鏜逐之。敵益兵圍鏜，戰不解，還附城求入。給事中程信不納，鏜戰益力，信於城上發箭砲助之。禮、福壽來援，禮中流矢。會亨分兵至，敵引去。副總兵興擊敵彰義門，與都督王敬挫其前鋒。敵且卻，而内官數百騎在後欲争功，躍馬競前，陣亂，敵乘之，遂敗。敵逐至土城，興被流矢死。居民皆升屋投磚瓦，争擲之，歡聲動天地。王竑及福壽援至，敵望見旗幟，乃不敢前。相持五日，也先邀請既不應，戰又不利，知終勿能得志，又聞勤王師且至，恐斷歸路，遂擁上皇由良鄉而西。謙調諸將追擊至關而還。【略】一遇災祲，則請帝敬天法祖，仁民慎終如始，以回天意。

雜録

備録

王錡《寓圃雜記》卷一《英宗復辟》　景皇帝之八年正月，病久不能朝，外議稍籍籍。王冢宰直與諸大臣議請舊太子某（憲宗舊名）監國，太上還内。議畢，具本，時正月十四日，以燈假有妨，候十六日早進，其稿留于禮部尚書姚夔家。諸臣中有一人泄其議，其貪功喜事若曹、石諸人知之，遂亟造謀，先於十五夜，部聚整定，至四鼓，斬關而入，亦有内應者，遂成「南城之計」。而前諸臣之議竟寢焉。英宗既復辟，雖賞諸人之功，而恒不悅，以其有輕朝廷之心，後皆不得其終。成化初，姚爲冢宰，嘗以其稿出示郎中陸昶，且曰：「朝廷本無事，但庸人擾之。兼亦無迎藩之謀，特以此誣于謙輩之死耳。」昶向爲余言如此。

葉盛《水東日記》卷一　駕將旋，禮部累有會奏言迎復事，上多以敵情多詐爲言。將抵居庸，一奏始得旨，羣臣同禮部議迎復儀注，兵部總戎議防變方畧，輿情甚欣慰。朝下，多官集會議所，都御史王文忽厲聲曰：「來孰以爲來耶？黠敵豈誠真？彼不索金帛，必索土地，有許多事在，孰以爲來耶？」衆素畏文，聞此

皆相顧莫敢言，武弁有趨出門去者矣。既而，少保于公言：「防變方畧，則在我與總戎。」如是而退。

葉盛《水東日記》卷二　于節庵之先世有顯宦，至其父幼孤貧流落，雖知家世之貴，而不能詳。所知者，黄鶴山有先塋，其兄弟名山壽、海壽耳。節庵既長，爲董鏞先生壻。先生藏書有元黄文獻公溍集三山大字本，載《湖南宣慰于九思行狀》可考，節庵能知其先，以得此文焉爾。然則人品家世，託之名筆，其效有如此。大董先生子中書舍人璵與予隣居，間語及此事云。【略】

景泰元年八月十一日，朝退，禁門側，尚書胡公手一揭帖，文武重臣羣立傳觀。尚書王公曰：「此禮失而求之野耳。」盛等因趨就觀，語多文而切直。首備登極詔旨，以爲「由此而觀，上皇之出，非游畋無益，爲宗社計爾。今都人一聞駕旋，無不喜躍，則人心尚未厭上皇也。今日奉迎，禮當從厚，主上當避位懇辭，而後受命乃可，不然恐千載史書難洗」。末有書上修史先生等語，而逸其名，甚驚異之。胡公言此得之高學士，衆因告公曰：「連日言迎復，上意屢以敵情多詐爲疑，此所言若封進，兒朝野同情，或可感動上心。」公走質之三法司，都御史王文曰：「匿名文書，不得言。」以告于少保，于第言：「使封進，亦無妨。」蓋其意亦持兩端。因詣禮科草疏同上，疏謂告言人罪，蓋以破匿名之説云。俄頃，得旨繳進。時衆候諸塗扣之，胡公欣欣言：「適三法司云不可進，已還之高矣。茲復取來，故遲耳。」王公有憂色，曰：「諸公勿累小子喫牢飯也。」兩人之量不同如此。旋聞有襲千户者，聞捕治急首罪，下錦衣獄。門、謝二鎮撫以其當具奏而不具奏，坐不應，尋會赦得釋。聞襲千户其名遂榮，惜不曾識之，而揭帖亦留中矣。

葉盛《水東日記》卷三　訓導吾豫，景泰中膺薦至京，以屢言邊事，兵部奏宜邊用。而在邊久，不得支俸，請於吏部。項侍郎曰：「是嘗攪我兵部者，何可與之。」尚書泰和王公曰：「官必有俸，自須與之。」然竟亦莫能與也。豫私計，侍郎尚然，尚書于公當何如。然不得已，乃以請於兵部。于公見公牘，喟然曰：「奈何使應薦士至此。」遽與準收。諸公所存不同如此。

葉盛《水東日記》卷五　于節庵以兵部侍郎巡撫河南、山西，遷大理少卿，前後幾二十年。其入京議事，獨不持土物賄當路。汴人嘗誦其詩曰：「手帕蘑菇與線香，本資民用反爲殃。清風兩袖朝天去，免得閭閻話短長。」

葉盛《水東日記》卷六　侍郎于公巡撫河南、山西，妙年敏手，下視無人。尚書海豐王公學行樸實，時以侍郎幹事河南，頗不相能。未幾，王陞户部，議事常期，于輒不得還，人謂兩皆有不平者。于因有參政孫原貞、王來薦代之舉，坐降官。景泰中，于當軸，乃最不喜議事官入朝，當先期奏止之。七年夏，聞四川侍郎羅綺將還，奏遣人驅之使還，不復有以禮待下之意。予協贊嶺北，與今年尚書富、寇都憲深、李都憲秉然皆亦在奏中。又聞兩宰執之子，皆領欽取舉，人固虞事變將作矣。

葉盛《水東日記》卷一一　景泰中，徐左僉有貞治河無成功，于少保嘗笑謂同官曰：「徐先生五墨匠耳，奈何令脱土墼也。」

葉盛《水東日記》卷一六　于節庵公舊居小蘇州巷，與余南北隣，其自河南以大理少卿塟父回，始相識，一再往來。後予亡妻金氏物故，相見即有悼惜語，且慰問兒子輩。適張篠庵書來，云金氏如是賢，有是不幸，宜得名公顯，即語白之。予亦重其意，竊以爲必求墓文，無踰公者，因偕董仲魯謁於朝房，蓋時董又西隣也。公讀行狀既，曰：「嘉木易伐，甘泉易竭，奈何。」不數日，爲是年十一月八日，德勝門軍馬躪死，予等舉勅，詔原之。是日午，郎中王偉持墓表來還，且云少保今日朝退，坐堂上曰：「葉公近日求作一文，不意今日有此事，若稍遲，則俗矣。」即命紙，一揮而成。監生净本呈，僅改定一字，此本是已。當時皆以高致稱之。

葉盛《水東日記》卷一七　于節庵養子于康，頗好聚圖畫。天順中白邊宥還，將以節庵柩歸葬于鄉。一日無聊中坐裱褙巷人家，見賣畫人負數軸來，呼而取觀之，則兩軸者節庵夫婦畫像也，納微價而得之。初，節庵家圖畫皆被籍，自分不可得矣。蓋同時籍入者，太監盧永後被旨宥免，籍物皆給還，兩畫像乃誤給還盧氏物也。若于氏有此事，不亦一奇幸哉。張郎中座中言如此。

陸容《菽園雜記》卷六　兵部侍郎王偉先任職方郎中，用少保于公薦陞是職。未幾，伺于公過誤，密奏之。景皇帝信任于公方專，召入，以偉奏授之。公叩頭謝罪。上曰：「吾自知卿，卿勿憾也。」公既出，偉下堂迎問曰：「今日聖諭爲何？」公曰：「姑入語之。」既入，復請。乃笑曰：「老夫有不是處，賢弟當面言之，未敢不從也，何忍至此！」乃出奏示之，偉局蹐無地。君臣相與如此，誰得而間之。此于公所以得成安社稷之功也。【略】近聞于少保薦王偉爲侍郎，時商狀元嘗密言其非所宜薦，然疏已入矣。既而于公有不愜意時，每自嘆云：「先見不如商大朴。」大朴，商公舊字也。

陸容《菽園雜記》卷七　少保于公謙爲兵部尚書，時葉文莊公在兵科，屢劾

之。後喪偶，請于爲誌墓，慨然成之。李文達公之於文莊，聞人譖其議已，則深銜之，且抑之，至其没，文莊始得入爲禮部。其不同如此。

陸容《菽園雜記》卷八 于公謙、王文公遇害時，以迎立外藩誣之。文稱寃，謙但云親王非有金符不可召，當辯之。時印綬、尚寶諸内官聞之，檢閱各王府符，具在，獨無襄王府者，衆皆危疑，不知其故。乃問一退任老内官。云嘗記宣德間老娘娘有旨取去，但不知何在，老宫人某尚在，必知其詳。遂往問之，云是宣廟賓天時，老娘娘以爲國有長君，社稷之福，嘗欲召襄王，因取入。後以三楊學士議不諧而止，符今在後宫暖閣中。老娘娘，張太后也。於是啓太后求之，果得於其處，已積塵埋没寸餘矣。其後英宗悟二人之寃而悔者，亦以此云。

尹直《謇齋瑣綴録》卷二 英廟初復辟，徐有貞等嗾言官誣劾王、于二少保等以召立外藩不軌事，至謂「事雖傳聞，情實難容」，下多官會問。于俛首不辨，但言：「辨也死，不辨也死，朝廷赦得我，衆人亦不肯。」惟王文析折條辨，衆莫能難。蕭都憲維禎謂：「事出朝廷，不承亦難免。」總兵張軏，即封太平侯者，嗔目語蕭都云：「此輩自犯，如何謂出朝廷？」蕭若不聞。時刑部劉清旁欲回語，張軏怒斥之曰：「看你這等臉嘴，也不是這才料。」而一時附勢者皆軒軒然。刑科給事中尹旻，當衆奮然攘臂拳，脚踢王、于二公，且謂：「此二奸臣，正好毆。」識者含笑。越明日，有貞等遂陞旻通政參議。後有貞等敗，王、于事亦昭雪，旻頗慚悔，掩護不及矣。

尹直《謇齋瑣綴録》卷三 景泰間，用人多密訪於少保于謙。時缺祭酒，翰林徐有貞嚮意補之，以門生楊宜爲少保内姻，託爲之請，至於再四，少保曲意從之，因中使言於上。一日退朝，宣少保至文華殿，辟左右諭之曰：「徐有貞雖有詞華，然其存心奸邪，豈堪爲祭酒？若從汝用之，將使後生秀才皆被他教壞了心術。」少保無所對，惟叩頭謝而已，退則汗出浹背。左右遥聞祭酒之説而未悉，有貞竟不得知，遂啣少保，至天順元年正月十七日事，果誣以重罪。

雷禮《國朝列卿紀》卷四七 《可齋雜記》云：十月，虜酋也先糾衆擁太上皇帝入關，直造城下，索大臣王直、胡濙、于謙出迎。知其詐，不出，乃遣通政參議王復、中書舍人趙榮充大臣出迎，親見太上，諭二人曰：「彼無善意，汝等宜急去。」三人方回，而虜騎四面剽掠，勢益張。於是兵部尚書于謙總督兵分營憑城與戰，互有殺傷，連戰二三日不退。陳公循乃請寫勑調各邊精騎入衛，又請聖旨榜文數道，諭回回達達并漢人有能擒斬也先來獻者賞萬金、封國公，冀以疑其心。是月十四五，也先果先遁去。是時居内閣者咸未明而入，抵暮方出，勤勞比他日爲甚，而内外贊畫防禦于、陳二公之力居多。

張瀚《松窗夢語》卷四 至正統己巳之變，錢塘于公謙，計安社稷焉。謙自幼英敏，讀書過目成誦，行文泉湧，爲詩清麗。宣德中授御史，從討漢庶人，公數其罪，庶人流汗伏地。巡按江西，平反寃獄，人稱神明。山西、河南災，上命以兵部侍郎巡撫二省，公遍歷梁、晉，問民疾苦，百弊湔剔。馬政、河防、民租、軍賦，一經擘畫，遂爲規式。後去兩省，詣闕請留者萬人，去後皆尸祝公。正統北狩，京師大震。郕王監國，給事中王竑等糾劾王振，廷擊二長隨，流血禁廷。郕王驚起，公上陛止之，宣諭振罪當族，衆稍定。是時人心危疑，思得長君以弭禍亂。公曰：「今日之事，社稷爲重，君爲輕。」率百官伏文華門，力請勸進。郕王辭讓再三，會皇太后旨下，始即位。乃擢公兵部尚書，尋加少保，内外倚公爲安危。公選調三營兵健鋭者，合營團操，名曰團營。令工部理戎器，户部輸兵食，傳檄邊鎮，堅壁清野，迎擊邀遮。方略已定，乃躬擐甲胄，泣諭六軍。適虜擁衆至城下，索金帛萬萬，廷議計無所出。公曰：「吾司本兵，知有軍旅，他非所聞。」石亨欲盡閉九門，以待勤王兵。公力争，率兵出營德勝門，發大礮擊死虜數千。揚言能斬也先者，賞萬金，封國公。也先氣沮遁去。石亨欲追擊，公又力争，縱之北去。蓋出戰以護京師，縱虜以安上皇也。後虜悔禍，遣使奉上皇還京。羣議洶洶，公曰：「天位已定，誰復異議！惟君臣大義，兄弟至情，自當迎還。」至，居南宫。迨睿皇復位，因石亨、徐有貞言，乃殺公。是日天日驟變，陰霾蔽空。公居，嘗有不如意，輒拊膺忿曰：「此一腔血，竟灑何地！」聞其言，孰非酸鼻流涕者耶？

張瀚《松窗夢語》卷七 忠肅于公勳業在朝廷，世人共仰；而廉清方正，一錢不私，世所罕知。景廟時力遜賜第，止宿直房。與夫人董氏居，共甘淡泊，旁無姬妾，食不重味，衣不重裘。鄉廬數椽，僅蔽風雨，薄田數畝，纔供饘粥。後英廟復辟，石亨、徐有貞謀殺公，時年六十。籍其家，無長物，惟上賜盔甲袍帶。英廟悔悟曰：「于謙囊橐蕭然，乃言贓穢山積。賢否相去，奚啻天壤！」亨從旁聽之，低首大慙。俄有邊警，廷議紛紜。恭順侯吴瑾曰：「謙不死，虜豈至此耶？」夫公之精忠，廟謚肅愍，誠爲未當。余向爲巡撫傅公孟春言之，乃具疏請改忠愍。廷議謂：「死天下之事易，成天下之事難。于謙之謚，第當表其所以成，不必悼其所以死也。」乃更謚忠肅。

耿定向《先進遺風》卷上　于肅愍公謙被害時，籍其家，無長物，惟上賜盔甲袍帶。未幾，代公尚書陳汝言敗，上曰：「于謙囊橐磬懸，汝言贓穢山積，賢否相去奚啻天淵。」石亨害公者，從旁聽上言，低頭大慚。

田藝衡《留青日札》卷二八《于肅愍公辟鬼》　肅愍公爲諸生時，忽窓外有巨人持一扇乞詩。公醉中即揮筆書曰：「大造乾坤手，重扶社稷時。」其人大驚，悲躍而去，乃鬼也，所遺扇則蕉葉一片耳。余祖言之。

李紹文《皇明世説新語》卷三《方正》　于肅愍甥欲公援入中書科，公不許，第曰試日但書「大明一統，聖壽萬年」八字而已。林如其言。閣下雖不滿其字竟不敢言其不佳，遂置上等。

張萱《西園聞見録》卷五　于公謙居少保時，有錦衣百户朱驥者家貧未娶，落魄，不爲人所知。嘗給事少保門下，晨傴而候掃。少保出見，奇其貌，謂之曰：「家有弱息以奉箕箒，可乎。」驥巽謝不敢。夫人恚曰：「老悖生女，不嫁官人，乃得窮輩耶。」少保笑謂非兒女所知，卒以歸。後用少保勞至指揮僉事，少保死，坐累戍邊，還，累遷都指揮使，治錦衣者二十餘年。

張萱《西園聞見録》卷九　景泰間，北伐南征，軍務旁午，于肅愍時爲大司馬，一日而平章者數端，皆凜凜關國家休戚。入則面陳，出則手疏，夜分乃罷，事有不如意，輒撫膺忿曰：「一腔血竟灑何地。」公敏達端毅，不以機械疑人。總兵石亨、楊俊、郭登、范廣、衛穎、王禎、張軏、任禮、楊洪、毛忠、顧興祖皆頡頏僚寀，一不稱旨即請勅切責，或明正典刑。王采以公薦起參政都御史，守貴州，一爲李匡所糾，即請罷斥。公爲諸生時，孫原貞舉進士，以《實録》事至杭，屬學諸生給事筆硯。時公在庠，進曰：「學校之設，將養賢以爲用耶，抑供事者書辦耶。」孫下席迎上至，謝過，遂與定交。公居大位，薦孫爲知己。

張萱《西園聞見録》卷一三　于肅愍公謙巡撫河南、山西前後幾二十年，每入京議事，獨不持土物賄當路，汴人常誦其詩曰：「手帕（麻）（蘑）姑與線香，本資民用反爲殃。清風兩袖朝天去，免得閭閻話短長。」

張萱《西園聞見録》卷一六　于公謙與葉公盛皆同寓北京小蘇州巷，一再往來。後葉公夫人金氏故，于公見公，即有悼惜語，葉公因偕董公仲魯謁于公朝房，求于公誌金夫人之墓。于公讀行狀既，曰：「嘉木易伐，甘泉易竭，奈何。」不數日即有得勝門軍馬躪死之變，葉公時爲給事，遂與同科者疏劾于公，以于公爲大司馬也。後奉詔原之。是日，郎中王偉即持墓表與葉公，且云：少保今日朝退，坐堂上曰：「科中葉公近日求作一文，不意今日有此事，若稍遲其俗矣。」即命紙一揮而成。監生浄本呈，僅改定一字，此本是已。當時皆以高致稱之。

談遷《棗林雜俎》聖集　于少保有寄内弟書云薄俸五錢。

地師某云：「少保祖墓當奇貴不可言。」少保即馳書其子，令遷葬，另一緘俟遷葬訖啓視。子冕得書，移葬如命，始啓緘，則述地師事也。不半載，遘禍。今書稿藏於家。張元岵説。

錢謙益《列朝詩集小傳》乙集　公少英異，過目成誦，文如雲行水湧，詩頃刻千言，格調不甚高，而奕奕俊爽。

孫之騄《二申野録》卷二　于謙在梁、晉間年久，上章舉參政孫原貞、王來以自代。時太監王振用事，于謙素無餽奉，振遂嗾言官劾其擅舉自代，降大理寺左少卿，罷巡撫。河南、山西之民聞之，赴闕乞留，復命巡撫。按，于肅愍以兵部右侍郎巡撫山西、河南十八年，轉左侍郎，因奏中疏請入朝。内陽許之，而有旨命科道官候其入，庭奏下錦衣獄，及法司論當徒贖，不許。復論斬罪，因監至熱審，都察院以請，降行在大理少卿。碑狀第言其忤王振降官，而不言所以與下獄事，蓋有諱也。

天順復辟前一夕，肅愍獨坐。忽聞有聲如雨灑然，視屏上皆血點，心惡之，拜祝祠前，神主俱倒。明發入朝，遇害。肅愍總角時，隨諸生告考。巡按令隸卒逐之，衆奔散，或蹂踐幾死。肅愍獨不去，巡按問曰：「汝何不去？」肅愍曰：「若皆去了，天下大事誰當。」巡按奇之，收入試。後發解時，嘗聽響卜，有人曰：「中舉中進士，做到尚書也要殺。」【略】又曰，少保既殺，夫人夢公謂曰：「吾被刑，魄雖殊，而魂不亂，獨雙目失明，吾借汝目光，將見形于帝。」次日，夫人忽喪明，已而承天門災，英宗臨視，見公于火光中隱隱閃閃也。時夫人方貶，次山海關，復夢公曰：「吾已見形于帝矣，還汝目光。」未幾，有詔：「貸其夫人。」

丁丙《于公祠墓録》卷五于繼先《先忠肅公年譜》　公姓于氏，諱謙，字廷益，號節庵。其先世河南考城人。七世祖某仕金爲汾州節度使，歷南京尹，六世祖某階朝請大夫，延津令，五世祖某定遠大將軍，沁水令。值金末之亂，譜牒散佚，獨存官職而忘其諱。四世祖諱伯儀，娶晉氏，金亡，奉母還雲中，元初復還蘇州。三世祖諱夔，娶張氏，俱仕元爲顯官。曾祖諱九思，娶馬氏、楊氏，歷官廣東道宣慰使，後爲杭州路總管，致仕，遂家於杭，居錢塘太平里，即建祠地也。祖諱文，娶施氏，洪武初仕至工部主事。父諱彦昭，娶劉氏，隱德不仕，後以公貴自四世

祖而下俱贈榮禄大夫、少保、兵部尚書，自四世祖妣而下俱贈一品夫人。

洪武三十一年公一歲，戊寅四月二十七日午時公生。先是，公之祖、父常念宋文丞相死極忠烈，奉其遺像甚虔，夜夢一緋袍金幞神言曰：「吾感汝父子侍奉之誠，頃即爲汝之嗣矣。」公父遜謝不敢當。至是生公。

洪武己卯年二歲。

庚辰年三歲，取名曰謙，以誌夢中遜謝之意。

辛巳年四歲。

壬午年五歲。公生而穎異，相貌豐偉，識者知爲不凡器。

永樂元年癸未年六歲，公時就外傅讀書，過目成誦，尤善屬對，有「癸辛街、子午谷」；「今朝同上鳳凰臺，他年獨占麒麟閣」；「樓上書房樓下店，圖名圖利；山東宰相山西將，一文一武」之對。

甲申年七歲，有僧蘭古春善風鑑，一見奇之，曰：「相人多矣，無若此兒者，異日救時宰相也。」

乙酉年八歲，公聰明日啓，通經書大旨，屢出奇語，師喜曰：「此真英物也。」由是人呼爲神童。

丙戌年九歲。

丁亥年十歲。公經書悉通，有志古文詞，篤學不倦，父母珍之，鄰里親族見皆稱賞。

戊子年十一歲。

己丑年十二歲。公讀書於里中慧安寺，先一夜寺中伽藍託夢於主僧曰：「明日有丞相至，當起迎之。」次早公赴館，僧以夢中之語告之，且曰：「此公異日大貴之兆。」

庚寅年十三歲。先是己丑學士解縉所撰試録，士林争傳誦之，公寓目輒記，一日家宴客，客有盛稱其録之佳者，父問之曰：「子曾讀否？」公朗朗背誦，一字不遺，滿座贊歎。

辛卯年十四歲。公文譽日起，更留心詩賦之學，於古人雅慕諸葛亮、文天祥之忠義，有題詠贊跋，詩詞清逸，膾炙人口。

壬辰年十五歲。宗師校士杭州，公膺鑒拔取，充錢塘縣儒學生員。

癸巳年十六歲。公同友人高孟昇輩讀書於吴山三茅觀。公天分最高，喜讀先秦兩漢及蘇長公書，爲文有奇氣，一筆揮成，如陣馬風檣，勢莫能遏，且留心史學，同究古今治亂興亡之故，尤喜陸宣公奏疏，手録一册，朝夕披閲，慨然有天下已任之志。

甲午年十七歲。鄉試不第，仍同高孟昇讀書三茅觀，濡首下帷，足不越户。

乙未年十八歲。時有督學僉事恣行威福，督諸生過峻，謁廟日，諸生羣譟，致督學驚墮泮池，諸生走出，公獨前掖之，僉事罪公，公徐對曰：「譟公者避，掖公者留，此易曉耳。今不罪譟公者而反罪掖公者，其謂之何？」僉事乃止。公自此名益顯。

丙申年十九歲。時競傳星宿閣有邪鬼魅人，公慨然往宿，至夜半，聞空中有丞相在此之語，衆鬼悉遁，遺一銀杯。次早，聞人傳某家因女病酹獻五通，杯被攝去，公持杯造其家，告以故，因書「于謙在此」貼於女房，遂獲痊。是年聘夫人董氏。

丁酉年二十歲。科考，公列名第一，補廩。四書題「其如有容焉」、「王自以爲與周公孰仁且智，至且有過與」二文至今傳誦。

戊戌年二十一歲。娶夫人董氏，乃翰林董公鏞之女，柔惠静嘉，孝友敦睦，稱賢内助。公兩科不第，是歲除夕用響卜法，有做尚書、做丞相，天殺之語，公鬱鬱不樂，居嘗歎曰：「吾一腔熱血，不知灑於何地。」

己亥年二十二歲。先是，公外父董公以直言忤時貴，降濟南教授，陞山東永豐縣令。公往省親，適妖人唐賽兒作亂，公密授奇計於滕縣許令，遂平其亂，時制府傅公欲上公功，公堅辭不受。

庚子年二十三歲。鄉試，以《易經》中第六名。中後益謝絶世棼，不交勢利，人稱公有錚錚不奪之節。是科解元永嘉陳鎣。

辛丑年二十四歲。會試，復得魁。時主考春坊楊公士奇、侍讀周公述皆以國士相待，試録用公「博厚所以載物」二節文作程式。殿試，以策語傷時，當軸者置之三甲第九十二名。是科狀元泰和曾鶴齡。

壬寅年二十五歲。時吏部遴選人才，奏授公山西道御史。是年長子生。

癸卯年二十六歲。是年，公奉命使湖廣，犒勞官軍兼招撫川貴猺獞。公查勘功過，賞罰嚴明，仍令有司招致，諭以禍福，申明朝廷大義，衆心悦服。

甲辰年二十七歲。公回京覆命，疏劾將臣貪功妄殺之過及邊遠服義歸順之由。旨下，切責川廣將臣，仍敕自後當相機撫馭，不許邀功妄殺，遂著爲令。時皆以廉幹稱公。

洪熙元年乙巳年二十八歲。仁宗登極，覃恩封公父母及妻。公冠服受敕，因名其子曰冕，以紀君賜之榮。

宣德元年丙午，年二十九歲。公材貌英偉，聲音鴻鬯，每奏對，上必爲之傾聽。八月，漢王高煦反，車駕親征，簡公扈從。罪人既得，上命公數其罪，公詞嚴義正，矢口而成，自是受知於上，眷顧獨隆。

丁未年三十歲。時都憲顧公佐力持風紀，馭寮屬最嚴，諸御史中鮮當意者，獨雅重公，奏差公爲江西巡按。公至任，廉明公正，執法不阿。有民被仇誣指爲賊首，獄久不決，公取成案閲之，奏白其冤，抵誣者罪，出數百人於死，江西稱爲神明。

戊申年三十一歲。江西王府官屬素驕横，每抑買市物，闤闠苦之。公據實以聞，罪其黨十數人，弊乃息，諸不便於民者釐革殆盡。百姓戴公，遂祀生主於郡學名宦祠。

己酉年三十二歲。公巡歷告竣，復命，率錦衣衛官搜捕長蘆一帶巡役船之夾帶私鹽者，悉置之法，河道爲之振肅。是年公女生，字瓊英。

庚戌年三十三歲。時河南、山西兩省各奏災荒，廷議欲用大臣經略，上特署公名，親賜手敕，超陞兵部右侍郎兼巡撫河南、山西都御史，各省專設巡撫自此始。公感上知遇恩，單車赴任，晝夜經畫，遍歷所屬地方，問民利弊，爲之興除。

辛亥年三十四歲。時梁晉民饑，公疏請賑，欽給内帑銀三十萬兩。公亟發兩省有司，令計口分給，以廣皇恩，仍查各府無礙錢糧及預備倉米，盡行散賑，以甦民困，兩省之民賴公存活者數百萬。

壬子年三十五歲。公以巡撫重任往來梁晉間，屢布大政：首議勸糴備荒，其法先儘上户，次儘中户，以十分爲率，用官庫鈔物糴買一二，以備饑荒。後連年旱澇，民賴以濟。又議以河南、懷慶、陝州餘糧在倉五七年已上者量值減價，糶與陝西、山西饑民，并直隸潼關衛軍餘與河南安插逃民食用，全活者甚衆。是年太原府沂州民武焕家生龍駒，公有進龍馬表。

癸丑年三十六歲。公念洊饑之後民多疫痢，命設惠民藥局以療民疾。又親相河勢，令所司乘農隙時採薪草貯水次以備捲埽之需，自是隄岸堅固，水患永息。

甲寅年三十七歲。天久不雨，公齋戒虔禱，雨澤隨降，人以爲精誠所感。有祈雨文、祭蝦蟇石文。

乙卯年三十八歲。公以河南中州爲四方孔道，行人苦暍，奏於所在官道中築高阜，旁開壕塹，多植槐柳，以蔭行人，十里則穿一井，雖盛暑無病暍者。以黄河遷徙不常，必需隄岸，起奏民夫築大隄一座以遏河衝，仍夾隄種樹以固根基，每五里立一窩鋪，專人巡守，坍損者隨即修補。隄成，民永無水患。又議稅糧折鈔，請於缺糧地方徵收本色，其不缺者存留稅糧，每石折鈔五十貫以備支用，官民兩便。是年次子生，未幾殤。

正統元年丙辰年三十九歲。公以山東、陝西流民甚衆，恐貽患河南，設法撫賑，令聚居者編成里甲，另立鄉都，散居者就於州縣鄉都聽里長管束，撥荒田并退灘地給其墾種，豁免差遣。議者欲將山東柴炭人夫、大名府孳生馬匹分調河南餵養承應，公具言本處民生艱難，差徭繁重，悉停止之。又奏減征糧布。時州縣所在旱災，公具奏起運京邊糧料、布花、馬草繫國家軍需，不敢請減，其存留糧草并被災衛所秋田子粒糧減三分或四分，軍民咸甦。

丁巳年四十歲。公以山西地方極臨邊塞，比河南不同，廉知大同鎮守、都司等官私役軍人耕種莊田，爲邊方大患，盡行勘數，具奏撥與軍人，糧徵子粒，軍歸原伍。又以山西行都司十三衛俱在大同，地方窎遠，巡按不能偏歷，軍衛有司事多不法，請專差御史於大同巡按。雁門關控壓邊境，關城坍塌，工程浩大，本處修理人力不敷，請暫用本衛原調京操放回官軍協同修理，工程卒完，無告勞者。本處柴炭人夫通計七千八百餘名，議者欲於附近紫荆關、易州山場州縣差撥，公以附近紫荆關者無如大同、太原二府，大同極邊，已將人夫改添腹裏州縣矣，太原所屬艱難尤甚，其餘州縣亦合斟酌分派，以七分爲數，通減一分。詔從之，人皆稱便。是年四月公誕辰，有《初度自責》詩。

戊午年四十一歲。公巡撫所在，威德並行，興利除害，稍有不便於民者，咸以上聞。至是又奏將逃民宣德六年秋糧、馬草并宣德七年夏稅停徵，後遇有司官員考滿文册，務令開寫有無人民逃移并已未人民復業數目，繳報吏部，以憑黜陟。邊儲折收輕齎金銀等物大户往往中途拐回，公奏令布政司封收押送大同管糧官處，出給通關。議者欲將金銀重别煎銷，公以邊方給散官錢每兩折米四石，今金六錢折銀一兩，每銀一兩折米二石，比日常官銀多得一半，若復煎銷，則木炭黑鉛必須出於糧户，設或虧折，又將何以賠償，奏免煎銷，官民咸快。是年爲子冕娶邵氏，憲副悰之女。

己未年四十二歲。時二省機務文移叢雜，公一一批答，動中肯綮，日於吏治

民情無不精晰。又以足兵食、明舉錯、振紀綱爲急務。是時三楊居政府，皆重公，凡有奏請悉得行其志。九歲職滿，晉兵部左侍郎，兼巡撫如故，加封三代如公官。

庚申年四十三歲。公嘗以輕騎由河南抵山西，夜經太行山，有羣盜持兵刃噪而至，從者駭愕，公厲聲叱曰：「汝何爲者。」羣盜覺悟，遂大驚奔散，曰：「不知爲我公也。」其德威服人如此。

辛酉年四十四歲。時有山西參議劉孔宗律己過嚴，頗與流輩忤，羣小誣搆以贓罪，累及妻子。公憤然曰：「此廉吏可受誣邪？」上章白其事。卒不坐，舉家獲全，人誦公之德。是年三子生，名曰廣。

壬戌年四十五歲。公在鎮久，恒以不得侍奉二親爲念，屢疏乞歸養，不許。公鬱鬱不樂，每於登臨，夢寐中有詩寄慨，人稱公忠孝兩全。

癸亥年四十六歲。公在鎮一十四年，清節自矢，不受私謁，撫循百姓不啻家人父子，凡民間有冤抑不法事，人人得直詣軍門自陳，公必立爲判決。或曰：「公節鉞重臣，今與小民分理瑣屑，毋乃褻憲綱體耶？」公笑曰：「某蒙聖恩，擢任巡撫二省，若不開誠布公，悉心體察，則下情無由得達，幽隱無由得明，不惟上負朝廷，抑且下乖臣職。」聞者敬服。

甲子年四十七歲。公在鎮久，除姦剔蠹，舉賢任能，卒致地方寧謐，人民安堵，當時有「于清天」、「于龍圖」之稱。梁晉二省之民家家尸祝，即諸藩王亦雅重公，有周獻王索和《梅花百詠》詩。是年公女適錦衣千户朱驥。

乙丑年四十八歲。公自庚戌出鎮，即遣子冕歸杭侍養淑人董氏，同女及三子居京，是年病卒。公作悼内詩，每逢時節有祭。董淑人歿時，公年未五十，竟不再娶，亦不置妾媵，人皆義之。

丙寅年四十九歲。公當入朝議事，人謂公即不橐金往，寧無一二土物充交際耶。公笑舉其袖曰：「吾惟有清風耳。」因賦詩見志。入朝，舉參政孫原貞、王來自代。時太監王振用事，嗛公無私謁，嗾言官劾其擅舉自代罪，降大理寺左少卿，罷巡撫。二省之民赴闕乞留，親藩亦以地方不可無公爲請，迺復命巡撫。是年有《鐵犀銘》。

丁卯年五十歲。封翁年八十，以病卒於家。訃聞，公泣請終制，不許，乃遣行人汪琰諭祭，有司營葬事。事畢還朝陛見，有河南、山西事妥民安之諭。尋復兵部右侍郎，留理部事。

戊辰年五十一歲。時兵部尚書鄺埜以清幹著名，而公佐以明斷，遇事敢爲，經畫悉當。福建鄧茂七反，僭號稱王，公舉都督劉聚討平之。浙江葉宗留反，殺死征閩官軍，主將陳韶敗死，公奏遣都督徐泰討平之。是時大盜蠭起，四方用兵皆賴運籌之力。適聞太夫人喪，復懇終制。朝廷以邊事方殷，仍命起復，再遣行人汪琰諭祭，有司開壙祔葬。事畢還朝，補兵部右侍郎。

己巳年五十二歲。時也先入寇獨石馬營，勢甚猖獗，朝廷下詔親征，公抗疏懇留，不聽。是年八月三日，王師啓行，留公理部事。十五日，師駐狼山土木，車駕蒙塵。報至，京師大震。太后命郕王監國。於是九卿臺諫廷議，罪歸王振，王方攝朝，倉卒未有處分。錦衣衛指揮馬順素附振，妄傳王旨叱衆退，衆怒爭捶之，順立死。復索振素所親信二内侍，將擊之。彼此諠譁，班行雜亂，無復朝儀。文武諸大臣皆驚避，王亦疑懼，屢起欲退。公直前掖□之，且請降旨，令羣臣勿擅動，命將軍用瓜擊二内侍死，請再宣諭羣臣：「王振罪固當族，俟啓太后行誅。馬順罪惡應死，勿論。」衆乃定。王起退朝，漏過午刻。公袍袖皆裂，徐徐步出掖門，吏部尚書王直執公手曰：「今日事起倉卒，賴公以定，若某雖百輩何能爲。」公遜謝不敢當。太后以公人望所屬，陞兵部尚書。公固辭，不獲，始親職。公受任於多事之際，首劾扈從失律文武大臣皆宜治罪，即死亦不當濫卹，庶後之任事者知所警。從之。郕王嗣位，益信任公，公入見，泣奏曰：「也先不道，犯我邊疆，遮留大駕，勢必長驅而至，不可不預爲計。邇者各營精鋭盡揀隨征，軍資器械十不存一，宜急募兵治器，以備戰攻之用。京城九門最爲緊要，宜令都督孫鏜、衛穎、張軏、雷通分兵守護，復徙郭外居民於城内，隨地安插，無爲賊所掠。通州積糧數百萬，挽運固難，棄之或以資敵，宜令官軍皆給一歲禄俸，聽其自運。壖上養馬芻豆亦聽軍人稱力取之，不盡則縱火焚之，毋以飽賊馬。」是時石亨方坐繫，楊洪亦以逗遛當遣，公惜其才勇，請赦之，復舉安遠侯柳溥爲大帥，而身親總其任，上皆嘉納之。時邊報絡繹，譌言萬端，而侍講徐珵妄言占象，倡議南遷。事聞，六宫揺動，人心恟懼。公乃痛哭廷諍曰：「京師天下根本，宗廟、社稷、山陵在此，百官萬姓帑藏倉儲聚此，此而不守，去將何之？一動則大事去矣，宋南渡之事可鑒也。」上是公言，守議遂定。十月，也先挾上皇破紫荆，直窺京師。石亨議欲閉城，堅壁以避賊鋒。公言不可，請率先士卒，躬擐甲胄，統大軍於德勝門外。敵見我軍嚴整，不敢輕犯。對壘凡七日，公乃設伏敗之，孫鏜復敗之西直門。時駕在賊營，公使諜諜知上皇移蹕漸遠，乃舉礮擊其營，賊死礮下者

不可勝〔計〕。也先大沮宵遁，京師解嚴。十一月，論功加少保，總督軍務。公固辭，不許，久之乃受。嘗謂人曰：「四郊多壘，卿大夫之恥。今日惟有聲罪致討，復還車駕，乃臣子之職，他復何言。」是年尊上爲太上皇帝，改元景泰。

景泰元年庚午五十三歲。時大同參將許貴奏議欲遣使議和以緩寇兵，徐爲討伐計，公奏和戎不便。已而賊計益窮，憚威悔禍，遣使入貢，請送大駕還京。上集羣臣廷議，多言賊情譎詐難信。公曰：「此天意也。君臣大義，兄弟至親，當遣使奉迎以承天心，如彼果懷詐，我有辭矣。」衆議遂決。公於是即日奏請遣官充使，而令禮部尚書胡濙亟定儀注，公統兵督理，隄防叵測。是年九月上皇回鑾，衆歸公一言之重。十六日進南宮，百官朝見，大赦天下。

辛未年五十四歲。時南北用兵，邊陲多故，徐淮饑饉，寇盜發生，公益修安内攘外之政，遂奏舉都御史王竑巡撫兩淮，設法賑濟。復舉侍郎孫原貞鎮撫兩浙，遂平浙閩寇盜。又奏請各省專設巡撫，薦軒輗、王來、李秉、王翺等爲巡撫官，分鎮其地。天壽山陵有衛無城，軍民散處，賊嘗犯其地，公奏起成山伯王通築城昌平，軍民從家城中，保護陵寢，且重邊關之援。臨清漕艘往來，商賈輻輳，爲喉襟要地，當也先入寇時，嘗有往據之謀，公奏遣平江侯陳豫築城以守，遂爲重鎮。尋諜知謀據臨清之計乃河間亡命小田兒者導之，雜衆進馬中來瞰虛實，公授計於侍郎王偉，於大同道誅之。公又以京營軍馬雖有總兵官掌管，彼此各異，一遇調遣，號令不齊，兵將不識，至誤軍機。乃立京營團操法，集五軍、神機、三千等營揀選馬步官軍一十五萬，分爲十營，每營以都督一員總領之，每五千用把總指揮一員，每隊用管隊官二員，團結訓練，統體相維，兵將相識，設有調用，就令原管都督等官統領前去征勦策應，號令歸一，行伍不亂，迄今團營之法永爲遵守。是時公總六師，統理樞務，軍事旁午，中外交章論議，紛紛不一，公皆裁之，以理可者奏行，否者止之。章日數十上，累千萬言，不假思維，一筆揮就，而景皇帝信任不疑，卒成蕩平之績。

壬申年五十五歲。先是永樂年間降寇多安置於河間東昌，生養蕃息，驕悍不馴，方也先入寇，衆將乘機騷動。至是發兵南征，公奏遣其有名號者厚與犒賞，隨軍征勦，事平，遂奏留彼處安插，數十年積患一旦潛消，識者謂公此舉有功於國家甚大。公又以獨石馬營等處八城土木之變爲寇所據，議者欲棄之，公曰：「不可。棄之不惟宣府、懷來難守，京師不免動搖。」乃奏命都督孫安鎮守，授以方略，令率兵渡龍門關，且戰且守，八城完復如舊。又請官銀五千兩買牛千餘頭，揀戍卒不任戰者俾事耕稼，歲亦屢登，邊人賴以寧謐。時廣東盜黄蕭養作亂，殘破州縣，公奏遣都督董興總諸道兵勦平之。又遣寧陽侯陳懋討福建盜，執鄧伯孫，誅之，閩廣遂平。是歲立皇子見濟爲皇太子，加公少保兼太子太傅。固辭，不許。

癸酉年五十六歲。時貴州苗賊作亂，聲勢猖獗，侍郎何文淵議奏貴州山嶺高峻，林箐深密，兵將猝難成功，乞照舊置立宣慰司以治土人，設都司官鈐束軍務，再遣大將一員鎮守，其被賊燒毁衙門不復起蓋，布按司府官員悉取回京。公謂貴州我祖宗經營開創，迄今八十餘年，法制已定，地方無虞。比因兵疲於久戍，民困於遠輸，遂至苗賊乘機竊發。況土地祖宗之土地，人民祖宗之人民，豈可輕易委棄。事遂寢。至今貴州爲朝廷一方藩垣，皆賴公保全之力。當是時，浙閩川廣盜賊四起，前後命將出師，皆公一人裁決，號令明肅，動合機宜，雖宿舊勳臣小不中程即請旨切責，究治不貸，奇謀祕計，雷厲風行，所至靡不惴惴効命，毋敢飾虛辭以應，故能殄滅寇盜，地方以寧，人皆稱公運籌帷幄之中，決勝千里之外，用兵如神焉。初，也先臨城之時，石亨雖爲主將，實因公成功，驟躋侯爵，心不自安，至是因四方軍功，乃奏請官公子，朝廷即授長子冕府軍前衛副千户。公累疏懇辭，且曰：「縱欲爲子求官，自當乞恩君父，何必假手於亨。」不許。既受命，語冕曰：「我本書生，不知兵，惟聖主憂勤，吾分當死報，遂不自揣，調度軍馬，區區犬馬之勞，顧荷寵異之重，爾宜砥礪名節，毋忝恩命。」是年，一品秩滿，榮封四代。

甲戌年五十七歲。時序乖和，雨雪不降，公有災異乞罷疏。景帝再四勉留供職。又有御史鍾同、禮部郎中章綸合疏請朝南宮，請復沂王爲太子。帝覽疏震怒，命收捕拷掠。公密疏救之，不聽。一旦，召公見於便殿，公候上諭完，即面奏曰：「臣竊見懷獻太子立未踰年，不幸遘疾早逝，鍾同、章綸二臣所奏未爲無益，乞賜矜宥。」景帝聞言，怫然不悦，曰：「卿亦爲是言耶。」即起駕還宫。公竦懼而出，嗣後屢上章乞解兵柄，告歸田里，帝不允所奏。侍講徐理更名有貞，以祭酒員缺，嚮意補之，託公爲之請。公因中使言於帝，帝退朝，宣公至文華殿，辟左右諭之曰：「徐有貞雖有詞華，然其心姦邪，豈堪作祭酒爲人師傅耶？若從汝用之，將使後生秀才皆被他教壞了心術。」公叩頭謝。左右遥聞祭酒之説而不悉，有貞亦竟不知，遂深銜公。

乙亥年五十八歲。廣東瀧水猺賊趙音旺作亂，合諸山叛猺大肆殺掠，民罹

其害。公命兩廣總督、御史馬昂討之。昂乃調廣西狼兵同官軍直擣猺巢，斬獲甚衆。捷聞於朝，帝欽賜公闕西宅第一區以爲褒功之典。公上疏懇辭，帝不允，公不得已將帝平日所賜物袍帶、金帛、圖書、盔甲之屬移置第内，封識加謹，時一往視，以感朝廷賞賚之榮。一日，帝命中使召公入大内，以本部侍郎王偉劾公疏授之，公叩頭謝罪，上曰：「吾自知卿，卿勿憾也。」公既出還部，偉下堂迎問曰：「今日聖諭謂何？」公曰：「姑入言之。」既入，復請，公笑曰：「某有不是處，第面言之，未敢不從，何忍至此。」乃出奏示之。偉惶愧，跼蹐無地。君臣相遇如此，此公所以卒成奠安社稷之功也。是歲榮封五代。

丙子年五十九歲。公以病在告，帝遣太監興安、舒良視之。公以王事多艱，窮年不歸私第，居止朝房，留一養子自侍，諸凡自奉，過於儉約，安等相與歎息。至是風痰疾作，復遣太醫董宿視疾，宿云：「此疾非竹瀝不能愈。」興安爲上言，且言京城地方無竹，惟萬歲山竹頗成林。帝親駕幸山，伐竹以賜，仍命計公所需，悉給自尚方，蓋異寵也。病中懇求罷歸，不許，特降手敕諭留，免公朝參。其爲上所眷顧若此。公握兵久，號令賞罰皆出於公，言議所及宿將斂伏，雖大帥如楊洪、石亨、柳溥輩亦相顧頫首，不能措一辭。而亨素貪縱，公尤裁之以法，積成嫌隙。亨有姪彪頗驍勇，議者慮其一門同握禁兵，公奏以石彪充遊擊將軍，往大同守備，二人不得遂所私，益切齒於公，屢嗾言官論公柄用過重。帝曰：「謙純臣也，後有言者罰無赦。」十二月，景帝不豫，公同百官問安於午門外。越二日，公復同御醫董宿問疾禁中。帝命宣至榻前，有慰勞語，且曰：「卿可悉心辦事，輔朕不逮。」公叩謝而出。是年杭郡湖水竭，土龜裂，人皆驚異，尚書孫原貞鎮浙，語人曰：「人材之生，鍾山川之秀，今日之兆，哲人其萎乎？」蓋指公也。

天順改元丁丑年六十歲。正旦，公同百官候於午門朝駕，景帝不豫，遂不御朝，外議籍籍，忽傳旨明日上出行郊禮。至次日，公同羣臣候駕，少頃，中使傳言上因疾稍愈，强欲行郊禮，不期反勞，適間嘔血甚多。」公聞言，心中驚悸。至初七日，公復請見問安，上召至御前曰：「朕自登極以來，謹守祖宗家法，前者該郊祀日期，朕蒙祖宗默佑，身體以安，欲親行祀典，不覺復勞嘔血。」公俯奏曰：「陛下聖壽無疆，還宜保重。且陛下敬天法祖，天必默佑，聖體自獲平安。」上曰：「若如此，至後日朕當視朝矣。」公叩謝辭出。時儲嗣未定，内外憂懼，公會羣臣議欲奏請復立沂王爲太子，惟王文之意頗不然，對衆曰：「只今請立東宮，安知朝廷之意在誰。」衆始覺其有異議。十一日早，公同文武羣臣集於左掖門僉奏，乞早建元良，以安人心。左都御史蕭維禎舉筆曰：「我更一字。」乃更「建」字爲「擇」字。公謂擇之一字似非復立之意，乃急邀吏部尚書王直與六七諸大臣議請沂王監國。學士商輅主筆草奏曰：「天下者，太祖、太宗之天下，傳之於宣宗，陛下宣宗之子，沂王宣宗之孫，以祖父之天下傳之於孫，此萬古不易之法。」本具，時十四日，以燈假有妨，候十七日早進，其稟留存禮部尚書姚夔家。諸臣中有洩其議者，石亨、徐有貞輩知之，遂亟造謀迎請上皇復位，陰結中官曹吉祥等通報於南宫，許焉。十六日既暮，亨等搆同掌兵都督張軏會於有貞宅，時邊報有北寇，有貞以爲宜乘此以備非常爲名，納兵入内，誰不可者。軏首肯之。部署已定，至四鼓，斬關而入，遂成南宫之計。十七日，上皇復位，改元天順。公聞設朝，徐整衣就班朝賀。有旨逮王文、于謙下獄，亨等誣以迎立外藩之罪，所司勘得金牌符敕見存禁中，别無顯迹，亨等揚言雖無實迹，其意則有。廷鞫之日，徐有貞對衆大聲令所司痛加拷掠，文不勝其忿，反覆力辯，公俛首曰：「辨之何益。」亨等羅織鍛鍊，捏「意欲」二字文致成招。二十二日，狀聞，上猶豫良久曰：「于謙曾有大功。」衆相顧未及對。有貞直前對曰：「若不置謙等於死，今日之事爲無名。」上意乃決。公遇害時，神色不變，口占辭世詩一章，真所謂從容就義者也。公死之日，都督同知陳逵密賂守者，收瘞其屍，都城人士無不慟哭嗟歎，至有挈壺漿、紙錢酹公於市者。所司籍公第，自上所賜外無他物，遣官械繫家屬。時有太監裴姓者，憐公忠義，竊其少子廣而逃之考城，時人不知也，惟公子冕、養子康、婿朱驥俱謫戍邊衛，康没於官。初，公被害，太后未及知，比聞，嗟悼累日。適上問安宫中，太后語帝曰：「于謙曾有功於國家，不用當放歸田里，何必置之於死。」爲之涕下。上深悟其冤而悔之。後有貞以罪遠竄，亨輩謀逆誅滅，此皆上心知其枉而亦天道好還之明驗也。憲宗登極，首釋冕等之戍邊者，仍給還家産。後一年，復公故秩，遣官諭祭。孝宗改元，建祠墓所，賜額「旌功」，令有司春秋祭祀，贈特進光禄大夫。後一年，贈柱國、太傅，謚肅愍。萬曆庚寅，改謚忠肅。

備論

李賢《天順日録》　按：正統己巳之變，于謙以社稷爲重，力排羣議，選將

練兵，坐擁强虜，光輔中興，厥功非細。當時天下之人皆知以身佩安危，功在社稷，而豈虞其有殺身亡家之禍於後哉！何于公效用之日，正小人側(□)(目)之秋，而石亨擅威福之權，操生殺之柄，故事機一變，于公於是乎難免矣，可寒心哉！

又按：于肅愍此舉有功社稷甚大，真所謂曲突徙薪，不然難保無西晉陸沉之禍矣。

《英宗實録》卷二七四 謙英邁過人，歷事三朝，知無不言。巡撫十有八年，政達大體。土木之變，毅然以天下事爲己任，朝廷卒賴以安。年未五十，喪妻不復娶。門第蕭然，不容私謁。故鄉惟舊廬，不治田宅。官籍其家，惟所賜金帛而已。學問該博，善詩文，尤長於奏疏。政務旁午，章日數十上，累千萬言，揮筆立就。然恃才自用，矜己傲物，視勳庸國戚若嬰稚，士類無當其意者，是以事機陰發，卒得奇禍。

尹直《謇齋瑣綴録》卷三 按：景帝信任于公而不足於有貞，固帝知人之明，而于公之禍實胎於此時。廷鞫于謙，上念于有功，不忍加罪。有貞曰：「不殺于謙，則今日爲無名。」遂與王文同斬，籍没其家，有貞心術真險矣哉！

趙寬《半江趙先生文集》卷一三《祭于肅愍少保文》 聖明撫運，光嶽氣淳。篤生偉人，爲國藎臣。明明肅愍，一世才傑。大旱霖雨，巨川舟楫。靖難康時，厥功洋洋。權姦群搆，竟罹其殃。身雖凶危，道則永昌。唐張柬之，齊斛律光。一日之短，萬世之長。寬等祇奉明命，持節兹土，再拜公墓，懷賢弔古。敬潔一觴，靈其來歆，空山寂寥，孤猿夜吟。

王瓊《雙溪雜記》 正統己巳秋，兵部尚書于謙以社稷爲重，力排和議，身任總督軍務，選將練兵，坐擁强虜，光輔中興，厥功非細。及虜酋也先遣使來言，欲差大臣往迎上皇，都御史楊善使虜，不恃一縚，以口舌曉譬，國威不屈，遂得回鑾。當時天下之人皆知謙以身佩安危，功在社稷，而謙亦自信其得効忠藎，揚眉吐氣於班行，而豈自虞其有殺身亡家之禍於後日哉。奈何于公效用之日，正小人側目之秋，故事幾一變，挾之以忌嫉之私，而乘之以衆怒之隙，于公於是乎難免矣。蓋上皇回鑾，居於南城，又廢皇儲，而謙乃見用於景泰之人，此第一可乘之隙也。景泰舊臣失倚，苟以迎駕爲名，自可邀功希寵，此可乘之隙二也。非造讒言中傷謙等，則奪門之事爲無名，迎駕之舉爲無功，此可乘之隙三也。危疑之際，兵權是賴，故奸深者必欲假石亨而後事可濟，然不怵之以大利害，則亨或不從，故駕其説于石亨等曰：「王文、于謙已遣金牌勑符取襄王世子矣。」又曰：「欲拿亨等數人掌兵者。」由是亨懼禍及，而與吉祥、徐有貞輩内外相應，密謀固結，而謙等駢首就戮矣。程篁墩先生敏政論于肅愍公謙之受誣，以謂主于柄臣之心，和於言官之口，裁于法吏之手，不誣也。首禍之罪，則通於天矣。《春秋》討賊必先黨與，惡可置之末減而自異于孔氏之家法哉。可謂萬世之公論矣。

邵寶《容春堂前集》卷二〇《謁于肅愍墓文》 寶嘗論名臣於正統、景泰間，劉忠愍惇君臣之大義，章恭毅明國家之大紀，于肅愍建社稷之大功，皆所謂願爲執鞭而不可得者。今也守官浙藩，實維肅愍公鄉邦，謹用酒脯奠于墓下，惟公鑒之。

李夢陽《空同集》卷四一《少保兵部尚書于公祠重修碑》 開封城馬軍衙橋西故有于少保祠，云初公以定傾保大之功居，無何而死，於是天下人聞公死咸驚而疑而涕泣，語曰：「鷺鷥冰上走，何處尋魚嗛。」而公前巡撫河南時，實廨馬軍衙橋西，而梁父老於是聞公死則咸涕泣，日相率潛詣公故廨，爲位哭奠焉。會純皇帝立，詔白少保謙冤，宥其家，而遣祭其墓，乃梁父老則又咸涕泣相率，私起祠故廨傍祠公。伏臘忌，梁父老則把香曳笻趿履，若少壯咸翼如，不期至，稽首祠下哭，填門塞户矣。會又敬皇帝立，詔曰：「少保謙贈特進光禄大夫、柱國、太傅，謚肅愍，立祠，歲春秋祠之，而曰『旌功祠』。」乃於是梁父老則又咸涕泣，相率數百千人詣闕門，伏訴少保謙前兵部侍郎時巡撫功，云願梁立祠如杭祠。不報。而梁父老歸，伏臘忌歲，仍聚哭公于私祠，今三十餘年矣。

正德十年，監察御史巡按張君、清軍許君並謁公祠，下見其門屋三間僅存堂，敧漏欲頽矣，鴿雀擾擾，栱棟鼠走鴟嘯，周垣盡圮，羊猪外來，於是悄然思俯而悲也。已仰而欷曰：「嗟，斯非梁地耶。宋不此都，載靖康之事，千載銜焉。二帝不南矣。夫定傾者世，保大者食，澤流者思，故祠之言思也，血食使之世者也。」於是下令曰：「少保祠撤故易腐，扶敧植，頽起圮，新而繪堊，而級、而隅、而榮、而序備矣。」曰：「謁者奚止也，則重而堂。器奚貯也，則翼而廊。」而道士元林守焉。西北隅其房也，望之栗栗而巉巉，枚枚而嚴嚴，是使之世者之道也。李夢陽曰：予觀今人論肅愍公事，未嘗不酸鼻流涕焉，蓋傷爲臣不易云。夫事莫大於君出，虜入、排遷、主戰四者，旦夕之勢而存亡之判也。乃今人議則異是。或見鮑莊事輒曰：「夫葵猶能衛其足，然獨不思勇士不忘喪其元乎。」孟子曰：「所欲有甚於生者，故生而有所不用也。」然將軍蠡，留侯良功成身抽，天下兩高

焉，此又何焉。於乎，難言乎，難言乎？豈所謂計免者非忠，貪盛者違智歟？而賊酋擁太上皇大同城下，勒降也，大同人登城謝曰：「賴天地宗社之靈，國有君矣。」至宣府城下，宣府人登城謝曰：「賴天地宗社之靈，國有君矣。」至京城下，京城人又謝曰：「賴天地宗社之靈，國有君矣。」於是公颺言曰：「豈不聞社稷爲重，君爲輕。」斯言也，事以之成，疑以之生者歟？且太子之易，南宮之錮，二者有能爲公恕者否耶？公有不如意，輒拊膺忿曰：「此一腔血竟灑何地。」聞其言，孰非酸鼻流涕者，而獨咎予也。於乎，傷乎，傷乎！雖然，宗澤、岳飛，非下於人者，艱難百戰，卒愠衂而死，若公者，死可矣，死可矣。公巡撫諸所業載傳狀，乃今不復述，第述其始終若是亦大者云。

祠修於是年春，越夏而告成。張君名淮南，皮縣人。許君名完，丹徒縣人。事祠事者，開封知府賀君鋭也。系之詩曰：

於鑠旋運，曷平不陂。康屯傾否，哲者斯利。於維哲英，鑒精含貞。匪時曷徵，匪猷曷興。靡疑靡驚，厥伐用成。厥育是輕，委躬於誠。蛇何盤社，龍何在野。乾極尪𢙢，日月易舍。惷爾乃賊，乃曩國邑。之亂之訌，陵廟岌岌。公丁其時，矢身以殉。山仡排議，不懾不震。僉曰和宜，公曰有戰。四方之事，譬絲游刃。帝畀弗疑，公泣視師。義激六軍，如虎如羆。惟直斯壯，人心干城。肅肅我壘，悠悠我旌。羯奴喙突，疆埸載清。載清載寧，皇歸於京。古曰荷難，今謂曰癡。忠古爰嘉，今胡嫉而。何譏非名，何毀非功。孰譏靡和，孰毀弗同。彼巧彼荏，厥膚斯厲。古則曰直，今曲自爲。於乎少保，時晦時昭。古誰無死，死有榮褒。峩峩廟祠，棟隆崇基。神之遊之，旆旆其旗。白馬朱衣，有風淒其。歘其有光，若往若來。即而罔見，跂望漣洏。兹邦胥居，祇實爾思。

周復俊《涇林詩文集》卷六《于少保》 世皆以錮君易儲爲于少保致禍之端，愚竊以景帝臨御已久，三公百辟皆已祗承，四海威福之權出其掌握，疇能易之。英廟南轅，雖由天命，倥傯返駕，亟欲扶之以正位宸極，將置景帝於何地乎。激而行之，必招大變，斯則揆情未易，審勢尤艱，不獨廟堂帷幄之臣明之，一介之士亦慮及之矣。自古帝王失陷夷域，率多不返，觀景帝批答諸臣奉迎之疏，辭意靦然，甚或不答。乃若王文則曰：「來，誰送來耶。」少保之謝虜使也，亦曰：「賴天之靈，中國已有君矣。」一時君臣自信舊君決無反正之理，故比其返也，別無良圖，惟知錮之而已。倘於南轅消息已有真傳，未至而圖，先事而料，凡奉安調護之宜、侍御起居之適，皆已預定于衷，逮其既至，則聞于上曰：「太上皇臨御若干年，今賴天之靈，祖宗之祐，氈裘洗心，復歸華夏。邇者伏蒙皇上篤君臣之倫，敦兄弟之愛，鑾輿甫屆，即奉之爲上皇，尊崇已極，海宇臣民，孰不稱慶。然臣愚伏自退忖，皇上於上皇尊則君也，親則兄也，北轅留滯既已竭奉迎之忱，南内尊安何可忘友于之敬。臣亦竊計上皇於燕閒之暇不無念皇上之情，皇上宜委曲體之，或五日一至，或朔望一朝，總率百官周旋殿陛，瞻望清光，務使親愛之意昭示無窮，率而行之，春秋匪懈，懽然有加，彼此相安，渾然無迹。庶上有以寧上皇朝夕之懷，下有以慰華夷頌禱之願，而我皇上尊君敬兄之盛德將光于四方，格于上下，而萬邦黎獻皆仰止高風，歌咏亡極矣。」嗟乎，如此舉動，俊尤慮其不免也。何者？太皇幽閟之中，歡愉恒少，慘淡居多，必思曩時之羈留而衣帛之常供胡爲靳而弗致，今來之扃鐍而防閑之祕術胡爲久而彌深，至於皇儲之棄而弗立，則大有所憤懣于中而瞬刻不忘者矣。今少保諸臣乃曰：「吾已投之幽閒。」便謂勝筭已得，求諸分内，絲毫莫加焉。當時通達國體之臣亦嘗勸景帝之朝與群工入覲，而帝皆不從，少保亦寂無一言以捄正，此何心哉？不過習爲防禦之工，陰輸翼戴之計，以全其禄位已耳。豈知嫌積釁開，恨深讐鉅，縱英廟寬仁大度，罪疑惟輕，然待之若敵國，謙固不能悔其已甚之爲，而負之若芒刺，帝亦不能移其已成之怨矣，豈待曹、石諸臣之愬而帝始動心哉。迨廷詰易儲之事，帝曰：「朕固得罪于社稷，太子何罪，汝乃舍之而不立邪。」少保至是亦無辭矣。公抱豪傑之才，挾濟時之噐，自任天下之事皆惟吾所得爲，吾欲爲輒爲之，不疑也，自非聖人安能與世推移，機權順適，矧其强直自遂，高視一世，無所顧惜，樹怨于人，則以繁矣，其能免邪。

李默《群玉樓稿》卷七《祭太傅肅愍于公墓文》 嗚呼，死社稷易，安社稷難。公以赤手障彌天之虜，而廟謨獨運，以危言折南遷之議，而肝膽俱寒。使中國失君而有君，皇輿幾缺而復完，雖茹冤于珵、亨之手，賴英皇尋已察其忠丹。獨易儲之際，孰啓禍端。豈力制于中斷，抑事奪於禮官。矧景皇大漸其汲汲，公嘗抗正而衆讙。吁嗟乎，公之情事，揭日月而同觀。彼晉移江左，宋竄臨安，何謀國之大□，竟齎憤于回鑾。哀古人之著節，横斧鑕而糜腸。或心蹟未白而輒得奇禍，或身先殞越而志業未殫。揆公樹立，孰與巑岏。苟功收于定國，縱虀醢其奚嘆。旂常炳朗，百代欣看。某等感公氣偉，奉國憂攢，慨邊防寖其極壞，安得起精爽之桓桓。松楸瞻敬，魂佩珊珊。牲牷玄沘，寫恨幽壇。

薛應旂《方山薛先生全集》卷二四 嗚呼，公平生忠誠狷介，不立私黨。身

值危疑，計安社稷。大業在天下，公論在人心。一時之屈，萬世之信。公亦可以無憾也已。

論曰：天道好還，其真遠而邇，微而顯，昭然其不爽哉。方亨、有貞之搆成公獄也，自以爲快其私忿，且張威福矣。未幾，有貞以罪遠竄，亨等坐謀逆夷族，公則不惟勅祀于杭，大啓爾宇，而山西則祀，河南則祀，隨在血食，公固不死矣。此固人心不息之機而天之報施何如哉。余拜瞻公像，英爽凜然，詎謂杭俗披靡，公真山嶽矣。金匱有傳，人未獲窺。余忝司學校，特采公家乘，掇其大都，俾諸士知所仰止，不外於鄉之先達云。

袁袠《皇明獻實》卷一九 袁袠曰：己巳之變，至今可爲寒心。方也先之入寇也，中外震駭，皇皇南奔，呼吸間即有永嘉、靖康之禍，而于公以一書生砥柱狂瀾，屹然不動，坐使社稷危而復安。觀其分守九門，移營城外，堅壁清野以挫賊鋒，而喪君有君，廟算亡失，專意戰守，罷絀和議，計擒喜寧，芟除禍本，故能反皇輿於絶漠，正帝座乎黄屋，謀國之善古未聞也。而卒以駿功取奇禍，夫功蓋天下者不賞，于公之謂矣。向使景皇帝之不豫也，首帥百官迎復英廟于南城，或請立憲廟，早正宸極，則何至紛紛奪門哉。而當時大臣計不出此，乃建易儲之議，自陷大戮，又誰咎矣。夫以于公之功，猶將十世宥之，而走狗先烹，長城自壞，此則石亨諸人之罪也。始余讀太宰倪岳所撰碑銘及李夢陽《于少保祠堂碑》，輒流涕者久之，乃附以舊聞，稍爲櫽括，作此傳并論斷焉。

唐樞《國琛集》卷上 論忠賢至肅愍，未嘗不高其功而悲其報，及語易儲事，輒閣舌岐疑。偶見《唐史編》論曰：是有大難處者。社稷一綫繫肅愍去留，以景皇之鋭念，不可以口舌諍兩可，一決未爲依違。夫白痰清夢之間，泫然心淚，不知幾成墮，豈惟功利計哉。又曰：道不可變，以難易易心，非乎。或曰：禮從時，事從重，勢從順，守故軌以覆公餗，罪尤大矣，肅愍肯忍爲耶。

何良俊《四友齋叢説》卷六 己巳之難，英宗既北狩，撻虜將犯京城，聲言欲據通州倉，舉朝倉皇無措。議者欲遣人舉火燒倉，恐敵之因糧於我也。時周文襄公適在京，因建議令各衛軍預支半年糧，令其往取，於是肩負者踵接於道，不數日京師頓實，而通州倉爲之一空。一云，己巳之變，議者請燒通州倉以絶虜望，于肅愍曰：國之命脈，民之膏脂，顧不惜耶？傳示城中有力者恣取之，數日粟盡入城矣。

項篤壽《今獻備遺》卷一六 論曰：方額森之入侵也，中外震駭，永嘉、靖康之禍，呼吸間耳。于公以書生砥柱狂瀾，屹然不動，使社稷危而復安。觀其分守九門，移營城外，堅壁清野，以挫其鋒，而喪君有君，廟算亡失，專意戰守，罷絀和議，計擒喜寧，芟除禍本，反皇輿於漠漠，正帝座乎黄屋，謀國之善，古未聞也。而卒取奇禍，何哉。假令當景皇帝不豫之日，首帥百官迎復英廟，或請憲廟嗣之，何至紛紛奪門哉！當時大臣計不出此，更誰咎耶？夫以肅愍大功，猶將十世宥之，而走狗先烹，長城自壞，亨等諸人讒賊何慘也。讀倪太宰、李獻吉著碑銘，令人哽咽久之，杭三少保，兩少保死亦相類，於呼痛哉！

耿定向《先進遺風》卷下 少保于肅愍公謙，己巳之秋，邊塵翳天，皇輿播越於迤北，戎馬躪蹂於郊坰，變在呼吸間耳，幸不至如靖康、永嘉之禍者，公之力也。惟公時擘畫所最難者有七：彼時闕庭閧然而譁，監國欲退，已成甘露之變矣。公上陛掖留，請立郕王、毛二豎以紓衆憤，請宣諭王振應族，俟命行誅，馬順應死，擊死勿論，而羣情乃定。一也。嗣監國新立，法紀不章，戰守無具，邊患且方熾也。公首正扈駕失律之罪，亟請遣官募義勇、集民夫、更漕卒、練營兵以備征調，且除戎器，調兵食，傳檄邊鎮近省，並授方畧，遏敵勤王。二也。嗣徐珵倡議南遷，踵宋季南渡之覆轍矣。公慟哭抗言，力排其議，自是根本始固。三也。石亨請閉九門以避敵鋒，幾以百萬生靈畀敵矣。公令盡移郭外居人入城，背城而軍德勝門外，堅壁清野，急散官軍通州倉糧百萬盡入都城，不以資敵。四也。喜寧啖敵邀大臣議和，後參將許貴亦請與和緩師，是季宋欵軍之愚計也。公即出德勝門對壘約戰，勵將誓師，而敵始震沮。五也。喜寧異族，以國爲市，此奸細也。公授計擒之，以絶禍本。六也。嗣是額森悔禍，奉上還京，其時外患甫戢，內釁漸萌，奉迎之議，上不樂聞，調停少失，干戚之事兆矣。公昌言：「大位已定，不敢異議，惟君臣大義，兄弟至情，自應遣使奉迎。」上乃勉從。七也。且其時閩越嶺南劇盜鋒起，南蠻西蕃亦復蠢動，公內固京師，外籌邊鎮，防衛陵寢，散遣降人，抗控漕渠，開鎮臨清，收復獨石八城堡，蒼黄注厝，動中機宜，一時經畫，奕世永賴者不可殫述，殆若天授神啓。豈公之智算異等，抑公之精誠無二耳。惟額森擁上皇大同城下，勒降也，大同人登城謝曰：「賴天地宗社之靈，國有君矣。」至宣府城下亦然，至京城下亦然。公實引據孟子社稷爲重之言，實合漢帝分羹之謾對，襲鄭人伐許之故智也。事以之成，疑以之生，悲夫。公嘗言此一腔血不知竟灑何地，嗟嗟，公之血誠已灑於此矣。太子之易，南城之錮，公何以自解於英皇。顧九廟列聖享血食於無疆者當亦鑒公此血誠也，抑世僉謂倜儻

非常，駘宕不羈者可濟緩急，彼繩尺修謹士齷齪難與應卒支變云。乃公故潔廉方正，一錢不取。力遜賜第，止宿直房，旁無姬妾，數椽敝廬，僅蔽風雨，幾畝薄田，纔供饘粥，食無兼味，衣無累帛。巡撫兩省幾二十餘年，議事入京也，不持一土物以賄貴要，兩袖清風之咏，汴人至今傳誦之。由是以觀，論材品者尤重原本哉。蓋未有侈於奉身而能致其身，未有急于狥世而能以身狥國者也，視公可鏡已。

鄧球《皇明泳化類編》卷五一　夫人臣大節所在，萬古不可泯滅，尤立身所當致慎。于公智識敏悟，當國大難，力排群議，選將練兵，坐挫勍胡，元輔大業垂宇宙矣。若夫先廬畀弟，所居數間，食不重味，衣服粗惡，此近好名者之事，而何足爲于公多哉，通紀所云特其淺焉耳。後讀《吴郡文林》，有云大概，廢太子一節凡署名者皆當誅，豈獨少保，但少保最得君從違，唯頤指，故其罪獨深。又曰憲宗時但知有奏章遂復其官與官其子，然當時廢太子而立之，豈其本心哉。然其功復社稷，僅足以寬其誅，觀者詳之。李夢陽序公祠碑有云：方虜擁上皇至城下，謝曰：「賴天地宗社之靈，國有君矣。」公颺言曰：「豈不聞社稷爲重，君爲輕。」斯言也，事以之成，疑以之生者歟。且太子之易，南城之錮，二者有能爲公恕者否耶？公有不如意，輒拊膺忿曰：「此一腔血，竟灑何地。」聞其言，孰非酸鼻流涕者，而獨咎于也。於乎，傷乎傷乎！雖然，宗澤、岳飛非下於人者，艱難百戰，卒慍衂而死，若公者死可矣，死可矣。

王世貞《弇州山人續稿》卷八五《浙三大功臣傳》　弇州外史曰：比地蓋有李夢陽云其爲于謙祠記，而曰：「謙死，一時痛之，云『鷺鷥冰上走，何處尋魚嗛。』而當虜之擁太上而南至宣府，宣府人登陴曰：『賴天地社稷之靈，國有君矣。』至大同，而大同人登陴曰【略】。謙以介胄，分不言和，而言戰守。當太上之迎復，謙不爲梗，小梗者，王文、楊俊耳。景帝之信謙，謂其能禦圉，非有布衣腹心素，一不合則睽，再不違則去。夫人主以私愛欲易太子，雖留侯不能得之漢高，而謙能得之景帝乎哉。天命所眅，大寶中奪，小人貪功，伏機猋發，元勳甫就，膺此禍烈，智不及避，勇不及決，悲哉天乎。不十載而旋定，旌與雪偕，皦矣純皇帝之爲純也，令後世思君臣矣。

王世貞《名卿績紀》卷一　逸史氏曰：北地李生作于謙廟碑，其畧曰：虜時擁英宗諭下大同，［大同］之人登城謝曰：賴天地社稷之靈，已有君矣。即他處，無不然者。嗚呼，斯言也，功以之成，禍以之生歟。謙死後，田畯行伍無弗哭者，且曰：「鷺鷥水上走，何處尋魚嗛。」而大梁人爲立祠祠之。當時同與難者王文，然文未有稱也。謙死極慘，又一時首功，今無後，天所以報之何薄哉。

王世貞《明詩評》卷四　評曰：少保負頴異之才，蓄經綸之識，詩如河朔少年兒，無論風雅，頗自奕奕快爽。

沈應魁《皇明名臣言行録新編》卷八　廷議南奔，妄占星數，惟公抗言曰：宋南渡殷鑒在兹。堅持守固，天命佑純，公適來遇，非公居危，而有弗懼。寃聲載塗，天日昏晵。託鑑聖慈，一言斯悟。《言行録贊》【略】

偉器間生，兼資文武，爲才御史，爲名巡撫。運厄陽九，中興砥柱，力沮南遷，遠却北虜。狩馭回鑾，四方按堵，功高身危，竟爾棄輔。天道好還，權奸尋庾，恤典薦加，荷我明主。尹直撰贊。

焦竑《皇明人物考》卷三　太原王瓊曰：正統己巳之變，于謙以社稷爲重，力排群議，選將練兵，坐擁强虜，光輔中興，厥功非細，當時天下之人皆知。其以身佩安危，功在社稷，而豈虞殺身亡家之禍于後日哉。奈何于公效用之日，正小人側目之秋，故事機一變，于公于是難免矣。程篁墩謂于公之受誣，爲主于柄臣之心，和于言官之口，裁于法吏之手，斯固公論也夫。

張弘道、張凝道《皇明三元考》卷二　己巳之變，呼吸間有永嘉、靖康之禍，公砥柱狂瀾，使社稷危而復安。功蓋天下者不賞，于公之謂矣。

何喬遠《名山藏》卷六三《臣林記·于謙》　郎曰：上皇車駕至城下，于謙主論不納，欲求無誅，豈可得乎？李夢陽曰：于公當其急時輒曰「此一腔血竟灑何地」，悲夫，悲夫。南宫之錮、太子之易，當時廷臣獨謙肺腑，血胡不灑此耶？至其力斷羣嚚，與王竑之奮擊權豎，真英偉丈夫矣。

尹守衡《明史竊》卷五一　論曰：景帝之易儲也，于公不一闕其忠，或者憾焉。君子曰：此正留侯所不能得之漢高者也。留侯之言曰：「骨肉之間，雖臣等百餘人何益。」公奈何肯以所不能爭之口舌，而輕與鍾同、章綸輩爲先嘗哉！曷不覩公當日之世態乎？當太上之蒙塵也，主我社稷者誰乎，國幸有君。謙曰：「吾事吾君而已，社稷重，則君爲輕。」而何有於太上。虜氛之未息也，謙任之，社稷之未定也，謙任之，太子之宜立不宜立也，則太后主之，君定之，閣臣任之，諍臣持之，謙何與焉。懷獻之立，謙曰：「此吾君之子也，吾事之而已，烏能使吾君之不子其子而子太上之子也。」沂王之廢，謙曰：「此太上之子也，吾聽之而已，吾不能使太上之子復爲吾君，又惡能使太上之子復爲吾君之子也。」奪門之

事，幸而濟，社稷無恙也，則太上今日之復爲吾君也。猶昔日之爲吾君也。設不濟，而景帝無恙也，夫庸知太上之不爲簒，徐、石諸人之不爲逆耶。設景帝先不諱，而國人思舊君也，又庸知太上之反正于大位，沂王之反正于東宫也，豈出于群小之僥倖。而安劉氏者，非勃耶？社稷不幸而至于奪門，王文無憾也，竟使忠良頸血猥與共灑，東曹君子是以不能不含悲于百世之下矣。

沈守正《雪堂集》卷四《于忠肅公文集序》代　某守杭時，憑吊其土之先賢，北望紫雲，松栢北指者，宋忠武岳鄂王墓耶？回瞻南阜，蜿蜒鬱葱，碧血儼如，登其堂，不寒而栗，則少保于忠肅公祠也。嗟乎，邊疆多事，東夷一小醜戕文武吏不可勝計，人人無不扼腕，思起忠武秉鉞，而公主樞，父老涕洟，争來談説其軼事，爲之愾然。顧今之時，亦非公之時比也。奴即跳梁，其桀鶩未至如北也先。東隅蹙國二千里，虜騎猶未薄城下也。今蜀有變，黔有變，而公當日亦有貴竹之苗，楚之猺獞。近者一二不逞盜兵潢池，似猶遜往日之鄧、之葉、之黄之牽連數省也。公隨事指畫，輙亂輙定，如不經意。若夫主播虜偪，排遷主戰，如斯大事，今有一於此乎？公持社稷爲重，君爲輕之説，而虜不得挾以爲餌。設伏用火攻，而胡馬不敢久牧；叩庭慟哭，而金甌不至如南宋；劾許貴，而邊將無人敢不言戰。公雖主中樞，而盈庭大疑大政，黄髮拱手，一聽決於公。蠭起雲湧，公口斷手裁，左畫右擘。每有餘閒，嘗口授章奏，兩吏夾書，手指爲痛，公之才真天授也。其尤不可及者，在識定而任堅。公之功以識，而成公之禍以任而種歟。説者謂南宫之錮，太子之易，不無少委蛇，是亦有難言者。景皇帝之知公，真同魚水，廓清再造之勳臣何有焉，皆君之功也。公自以肺腑重臣，不欲得之於口舌，而冀默回之於不見。不聞觀其議和，不懌而從容以對，兼二俸而再疏控辭，意可知已。至上非不省而重難返，君臣之際，亦將奈之何。

嗟乎，公不可作矣！今集與國史並傳，按方治病，豈無可施用於今者。攷公行事大畧，足兵食、明舉措、振紀綱，今日三者如何也，不可師其意而覈實行之乎。土木之難，公議文武俱當以失機論，即死亦不得濫卹，不可用之以定功罪乎？選京軍十五萬爲十大營健將領之，不可用之以壯聲勢乎？兵營郊外，徙流民城内，不可用之以守山海乎？精兵出龍門關，奪獨石八城，不可用之以復遼廣乎？計擒喜寧、小田兒行間，不可用之以縛叛人乎？雖然，今亦有不敢望公者：公受知三楊，用於方富之年，景皇帝攝政時，已心器公。定馬順變，即位以來，虚己委聽，知無不爲，爲無不盡，片言尺楮，捷于風雨，群盜强虜，咋指於萬里之外，即宵人如有貞、吉祥輩能鈎奇以殺公之身，而當其任事，不聞一闟公之口、掣公之肘。是公雖抱冤千古，而生前固已愉快勝任矣。此則公之遭而今人之所以難也。某媿無以效公，得奏議卷、詩卷，將梓之，而冏卿李公又以《旌忠録》至，遂成全書，俾經國者咸得而仰止焉。

唐鶴徵《皇明輔世編》卷一　太常氏曰：余觀於晉人執鄭伯于銅鞮與厮養卒之歸趙王也，而知宋人之失策，我茂陵之所以得歸與忠肅之歸茂陵也。夫敵之制我，嘗視我之輕重，我而示之以重，則彼必以重制我，我而示之以輕，則我反得以輕制敵，此必至之情，一定之勢也。徽、欽之北狩，宋人今日曰迎二帝，明日曰請和，是明示之以重也，彼安得不挾以要我。晉人執鄭伯，申叔謀之曰：「我出師以圍許，將爲改立君而紓晉使，晉必歸君。」既而髡頑立，欒武子曰：「鄭有君矣，我執一人焉，何益。」因伐鄭而歸其君。趙王爲燕軍所獲，使者十餘輩往輙死，厮養卒反其道而用之，謂燕將曰：「耳、餘名求趙王，實欲燕殺之而分趙自立。」燕將然之，竟御趙王以歸。此非以輕制敵之明驗乎。藉令也先之擁茂陵而南，遽與之議迎，則彼必邀我以所難從，增幣割地，何所不至？從之則無以立國，不從則必仍擁而北。聽其去則示重之形已見，求其必從，則要挾之勢何厭？二帝之不南，即在今日矣。故分羹之説，雖非人子所忍言，當時所以全太上皇者，外此無策也。方諸兇欲甘心忠肅，茂陵猶豫曰：「于謙實有功。」則聖心曉然知國有君之説甚于信使之日至卑詞之懇請矣。何者？宋襄公見執于楚，謂目夷歸國曰：「國固子之國也。」宋公豈獨爲社稷計，又豈爲目夷計哉？卒以此得歸，乃所以自爲計也。豈以茂陵之明聖而不及此哉？則郕王之立，謂茂陵不言之意可也。説者謂事以之成，疑以之生，豈惟失謀國之要機，不亦大昧聖王之明鑒乎。南宫之錮，于目夷之義不無稍失，第未知遽爾遜位，則元仁之儲能必之否，二者忠肅必有一負矣。東宫之易，説者以留侯不能得之高帝爲解，此亦未然。余聞之莫道望，言忠肅止易儲之謀用心甚苦，踪跡甚秘，確乎有據，後不傳也。忠肅一腔熱血不知灑于何地之語，信以此兩者耳。總之，非人臣之力所能及，歸其命於天可也。

談遷《國榷》卷三二　程敏政曰：「自昔權奸將有所刑于忠勳之臣，則必内寘腹心，外張羽翼，蛇盤鬼附，相與無間，而後得以逞焉。若漢太尉李固之死梁冀，宋趙汝愚之死韓侂胄，與肅愍公之死石亨，一也。夫以胡廣、京鏜執政，而馬融爲之草奏，李沐爲之疏詆，司刑之臣又相與文致之，而後衣冠之禍成。故竊以

爲肅愍公之死雖出于亨，而主于柄臣之心，和于言官之口，裁于法吏之手，不誣也。首禍之罪，則通于天矣。噫，廣、鏜、融、沐之流，其始特出于阿鄙，或鍾于忌嫉，或幸于迎合，以乘時邀利而已，詎知一念之酷，至于蔽主聽，變國是，而空善類，不可拯救也哉。」

王廷相曰：「于肅愍何如？」曰：「子獨不見楚人執宋襄，宋人立目夷乎？楚謂宋人曰：『不與而國，乃殺而君。』宋人曰：『賴社稷之靈，吾國已有君矣。』」曰：「不幾于棄襄公乎。」曰：「時也。社稷爲重，君爲輕。國有政不可一日勿攝，置君以攝之，大計也，可以與權矣。」曰：「目夷終不取之，何如？」曰：「斯人也，非乘時徼利者，賢矣，惜乎肅愍之不遇目夷也，命矣夫。」

于慎行曰：嗟夫，于少保之功，豈不大哉！然君父蒙塵，普天怛痛。而少保以社稷爲重，擁立新主，無一語及于奉迎，豈非慮禍之深，不暇兩全耶。吁，亦忍矣。是時，去建文時尚四十年，而人心不同已至如此。然天下莫以爲非，豈非利害之説深溺而不可返耶？少保嘗自歎曰：「此一腔熱血，竟灑何地。」其言悲矣。夫一心可以事百君，死生利害，惟其所遇，盡吾心而已，何所不可灑耶？當時羣臣奉迎之請，景帝不欲也，使少保一言，未必不信。其後易儲之議，使少保以死争之，憲廟亦未必出宫。徘徊隱忍，兩顧不發，身死西市，飲恨亡窮，可不哀耶？夫社稷爲重，君爲輕之言，爲人君詔也，非爲人臣權衡于送往事君之間，可以是語決也。若乃登陴而謝曰「國有君矣」，所以消敵人之望，如分羹之對耳，豈爲私議于君臣之間，可以爲動止哉。而一時迂緩之士，卒以爲口實，至使君父辱在于旃廬，坦然不問，社稷爲重，君其弁髦耶？

屠隆曰：奪門之役，徐、石密謀，左右悉知而以報謙，時重兵在握，滅徐、石如摧枯拉朽耳。顧念身一舉事，家門可保，而兩主勢不俱全，身死則禍止一身，而兩主亡恙。方徐、石兵夜入南城，公悉知之，屹不爲動，聽英宗復辟，景廟自全，功則歸人，禍則歸己。公蓋可以無死，而顧以一死保全社稷者也。

黄志清曰：公之忠于景帝其功顯，而忠于裕陵其用微。人臣易危而安，國危與危，忠在死生成敗之内而易見；使國當危亡之形而收安存之實，忠在死生成敗之外而難保。讒言高張，邀功始禍者，公安所逃死哉。當公決疑奮命，其自顧無身耳。不以死敵死守，而死于國安君存之日，彼一時也。

陳繼儒曰：裕陵既返，見濟薨，郕王病，天人攸歸，非裕陵而誰？又非茂陵而誰？明率百官，朝請復辟，直以遵晦行耳。若徐有貞、石亨奪門之舉，乃變局，非正局，乃劫局，非遲局，乃縱横家局，非社稷大臣局也。或曰：曷去諸？嗚呼，公何可去也。公在則裕陵安，而茂陵亦安，若公諍之而公去之，則南宫之錮後，不將燭影斧聲乎？東宫之廢後，不將宋之德昭乎？公雖欲調郕王之兄弟，而實密護吾君之父子。乃知回鑾，公功也，其他日得以復辟，公功也，復儲，亦公功也。人能見所見而不能見所不見，能見者豪傑之敢，不見者聖賢之悶，敢于任死，而悶于暴名，公真古大臣之用心也哉。

談遷曰：于少保最留心兵事，爪牙四布，若奪門之謀，懵然不少聞，何貴本兵哉。或聞之倉卒，不及發耳。時景帝聲廢，設上變，事未必即下，須便宜制之。少有舉動，則石亨一李多祚，而上皇不復自白矣。危哉此一瞬也。徐有貞曰：「今日不殺謙，事無名。」雖以誣坐，未謂不知謙也。

王世貞曰：李文達《天順日録》：王文初謀，于謙輩未必知，亨輩不過因于謙平日總督軍務，一切兵政專而行之，不遂其意，因乘機圖謙，併中傷所不足者耳。此語可爲實録。醜正之徒，至必以易儲、迎襄釀誣肅愍，而史仍并王毅愍之謀掩之，遂得與肅愍同贈謚，而肅愍至今尚有功罪魁之説，抑何幸何不幸也。

于謙《忠肅集》于冕跋　先少保尚書平生所作詩文惟巡撫梁晉時爲多，迨歸兵部，適罹劻勷之秋也，雖日不暇給，而猶不廢揮灑，然亦罕矣。不幸奸讒搆難，原燎烈烈，片隻不遺，痛可言哉。越至天順甲申，恭遇聖明嗣統，明年改元，聖政維新，渥恩汪濊，漏澤九京，沉冤昭雪，不肖孤亦得効犬馬，馳驅輦下。亟訪舊稿無得，僅於士林得抄録者計若干首，如梁晉所作得之都憲無錫楊公，今南昌二守同邑夏世芳，兵部所作得之少宰崑山葉文莊公。今祠部主事表弟董序近於鄉曲之家又得公進士御史時所作，若《畫魚》《葡萄》諸詩，所謂存什一於千百也。嗚呼，痛哉！然以屢經謄寫，中間魚豕雜然。去年秋，得告南還，南京大理寺卿仁和夏先生致政家居，間求是正，先生欣然爲之手校，而又序其首簡，因題之曰「節菴先生存稿」，時一展誦，豈勝痛憤之極。嗚呼，天地無終窮，此痛曷終窮哉！惟先公德行政事之大載之國史，著之人心，千載一日也。此其支餘，然亦不可不傳。故用謹刻諸梓，若天假之以年，當極搜羅以爲續稿。泣血再拜，謹書以俟。成化十二年歲次丙申冬十月初吉，孤子于冕識。

于謙《忠肅集》附録《誥命》　奉天承運皇帝制曰：朕惟功大者褒典宜隆，行偉者揚名必遠，惟顯忠于既往，斯勵節于方來，古今攸同，豈容緩也。故少保兼兵部尚書于謙氣禀剛明，才優經濟，兼資文武，茂著聲猷。當皇祖北狩之時，

正國步難危之日，乃能殫竭心膂，保障家邦，選將練兵，摧鋒破敵，中外賴以寧謐，人心爲之晏然。迴鑾有期，論功應賞，不幸爲權奸所搆，乃隕其身，輿議咸冤。卹恩已錫，茲復贈特進光禄大夫、柱國、太傅，謚肅愍，命有司立祠致祭，用昭旌崇之典。於戲！執羈靮、守社稷，勞蓋均焉；表忠直、愧回邪，理則明矣。誕敷嘉命，永賁幽扃，靈爽如存，尚其歆服。弘治三年三月十四日。

于謙《忠肅集》附録倪岳《神道碑》 嗚呼，公之功業（時之屈，萬世之伸，一時之冤）（在天下，公論在人心，傳在國）史，列聖眷恤，恩命屢頒，一時之屈，萬世之伸，一時之冤，萬世之雪，公于此可以無憾也已。岳生也晚，雖自童丱得見之，聞之日久，然才力綿弱，不能揄揚朝廷褒忠録功之曠典，與公忘身爲國之大節，姑即冕所述掇拾其概，俾之立石墓道以示後世，以爲他日爲臣者勸焉。惟公諱與先考同，未敢以私故闕而不書，蓋公之所關者大也。臨文悚然。銘曰：

惟天純佑，賢俊挺生，實商昭周，爲國之楨。惟公之生，允濟斯世，雄才卓識，孤忠正氣。始鎮兩藩，迄司五兵，民困畢甦，邊塵肅清。時方宴安，虜忽竊發，皇曰往哉，執挺以撻。公疏懇留，六師已陳。越關而北，曾未浹旬，敵敢犯邊，皇輿達狩。公獨治兵，痛心疾首。浮議譊譊，公斥正之。人心摇摇，公鎮定之。內決廷論，外當敵衝，一時安危，萬目視公。國步載寧，皇輿遂復，名高毀來，功大弗録。公存以功，公亡以冤，於惟聖明，克俾昭宣。萬世之名，一日之厄，失短獲長，公亦何責。穹祠顯號，報祀無窮，西湖之曙，岳廟攸同。廟貌儼然，公其如在，嗟嗟後人，守視無懈。

于謙《忠肅集》附録《諭祭文》 維成化二年，歲次丙戌，二月戊戌朔，越十一日戊申，皇帝遣行人司行人馬璇諭祭故少保兼兵部尚書于謙曰：卿以俊偉之器，經濟之才，歷事先朝，茂著勞績，當國家之多難，保社稷以無虞，惟公道而自持，爲權奸之所害。在先帝已知其枉，而朕心實憐其忠。故復卿前官，遣人諭祭。嗚呼，哀其死而表其生，一順乎天理；厄于前而伸于後，允愜乎人心。用昭百世之名，式慰九泉之意。靈爽如在，尚其鑒之。

于謙《忠肅集》附録《賜謚忠肅諭祭文》 維萬曆十八年，歲次庚寅，二月癸酉朔，十六日戊子，皇帝遣都御史傅孟春諭祭太傅、兵部尚書于謙謚忠肅曰：惟卿鍾靈間氣，著望先朝，屬多難以馳驅，矢孤忠于極蕩。社稷是守，力摧城下之要盟；樽俎不驚，坐鎮道傍之流議。肆返皇輿于萬里，迄維國祚以再安。赤手扶天，不及介推之禄；丹心炳日，寧甘武穆之冤。此卹典所以洊加，而公論猶有未愜。爰頒諭祭，載易嘉名。賁華衮于重原，表清風于百世。卿靈不昧，尚克祇承。

查繼佐《罪惟録》列傳卷一一 論曰：忠肅故與上皇失國之罪，卒免要挾，吾兵名不挫，還蹕實以此。顧景皇無意迎復，安置南宮，更易太子，則謙以前議自厄，此中有不得已者矣。襄王之舉，實無是事。然故太子復立，廷臣寧無過慮，則不止謙一人之隱也。至「不殺無名」數語，實録謂徐有貞言之。攷李賢《日録》云：亨輩害謙，藉此除之。而武功傳出程敏政手，敏政以父信夙郄有貞，遂溢出此。余以己巳一案，可與壬午同觀，準以社稷爲重之義，功可補過。而謙之再造，更光于靖難，萬世有口也。若夫家乘所云，復辟有草而不及上，則阿其祖而實失情。嗟乎！社稷安，謙生死可勿論矣。按敏政以僞姪子後謙，猶之姚少師之後繼也。謙鄉人稱敏政無子，其妻僞娠，抱他人子爲敏政子，敏政寔不知之。以僞與人，已復受僞，似相報然，却兩僞實有不同。謙功在後世，血食十載，西湖祠下，卜夢者每有奇驗，寄靈于後世，活在人心。敏政即有子，與無子同，況餙無子爲有子者哉。或云迎襄之説亦有其故，凡親王非金符不可召，肅愍方被誣，印綬尚寶諸內官檢各府金符在，獨少襄符，遂此疑不解。久之，有一退任老監云：初宣廟大漸，太后曾以國有長君福社稷之論，責取襄符入宮，嗣三楊奏止，記此符猶在太后宮暖閣，按之，果得此符，而王、于已早伏法，遂無有追白之者。

朱彝尊《静志居詩話》卷六 少保社稷之臣，其詩特多秀句，如「風來疎牖銀燈暗，月轉高城玉漏遲」「紫塞北連沙漠去，積河西繞郡城流」「野花偏向愁中發，池草多從夢裏生」「千里逢人俱是客，十年持節未還家」「鳥飛不過巖頭石，人渴難尋澗底泉」「風約閒雲難作雨，渠分流水不成河」「炕頭炙炭燒黄鼠，馬上弩弓射白狼」「天外青山圍故國，雨中黄葉下空潭」，皆意態自然，不煩雕琢。其論詩曰：「詩豈易言哉，發於心，形於歌詠，盡乎人情物變，非深於理而適於趣則未易工也。」觀其持論，造詣深矣。

王源《居業堂文集》卷一 王源曰：吾聞忠肅公年未五十，喪妻不復娶，所居僅蔽風雨。嘗請瘞土木陣亡將士，瓦剌通好，又請贖所掠人庶歸其鄉。其持身愛人多此類，傳皆不具載，載其大者。或以不爭易儲爲公過。公任重，國家多難，諫不聽，殺身無足恤，而朝廷之禍有不可勝言者，天下事尚可問乎？故隱忍以圖全，君子所爲扼腕而流涕也。然而其功偉矣。於戲，寧不悲哉！

《明史》卷一七〇《于謙傳》 贊曰：于謙爲巡撫時，聲績表著，卓然負經世之才。及時遘艱虞，繕兵固圉。景帝既推心置腹，謙亦憂國忘家，身繫安危，志

存宗社，厥功偉矣。變起奪門，禍機猝發，徐、石之徒出力而擠之死，當時莫不稱冤。然有貞與亨、吉祥相繼得禍，皆不旋踵，而謙忠心義烈，與日月争光，卒得復官賜卹。公論久而後定，信夫。

汪有典《史外》卷一　汪有典曰：嗚呼，英宗委心閹寺，身縶穹廬，得罪祖宗臣民，萬無復君天下之理。況爲强虜奇貨，隨其驅遣，雖青衣行酒，不辱於此矣。奪門之後，羣臣力請復辟，猶當引罪退避，遜位元子，顧乃貪天位、戮元勳，詎知即殺公於奪門之事，尤無名乎。景帝奉母后命監國，即真名正言順。革除帝號，仇同氣，推刃仇景帝，是仇母后也。且景帝當多難之秋，而能任賢選將，南征北拒，轉危爲安，功在社稷，固有明中興之君也。使時無景帝以任公，則中國六七年間不爲盗藪，即爲虜窟，宗廟社稷剪爲坵墟，即英宗亦何自得返乎。逆閹陷身辱國，事定之後，尚建祠復官，加恩身後，兄弟功臣，獨甘心焉。人之無良，亦至是哉。

丁丙《于公祠墓録》卷四張寧《旌功祠碑記》　皇上紀元弘治之初，仰體先朝德意，俯從致仕應天府尹于冕所請，贈故少保兼兵部尚書于謙特進光禄大夫、柱國、太傅，賜謚肅愍，表祠曰「旌功」，命有司春秋致祭。時鎮守藩臬郡縣官屬皆欽承不懈。祠祀畢舉，冕瞻拜涕泗，思報無曰，謹當刻石志感，以寧素辱少保知譽，又嘗備員禮科，宜書所見，式昭久遠。

越惟自昔人臣才高任重，功大冤極，勞生於艱危，罔死於平治，肅愍公百世一人。重華協德，反正除邪，彰不賞之功，辯切膚之譖，我聖朝千古一時也。事之始末詳實，有《諭祭文》、《國史傳》、《旌功録》，天下士大夫弔慰之作亦既顯赫流傳，無煩衍述矣。竊念公平生憂勤中外，遺致身家，己巳之變，誓死殉國，守經行權，施無弗濟。揆其要切，莫重於捄留監國、斥沮南遷、燒散芻糧、閉關出敵、堅絶和議、決迓回鑾、計徙寓虜、不援虚報八者，皆當時樞機關鍵，一得失則廢興所繫，少遲速則安危相倚。惟公材器絶倫，識度超越，隱然以大司馬兼統五卿之務，動無牽制，處斷如流，用是坐却强胡，奠安社稷。及邊警解嚴，六職仍舊，更張建定，各有專屬，而所司類以僉謀遂事託公鎮重，不知者固宜責備於公，公亦未嘗自辯。顧以久總兵柄，監往虞來，過於嚴峻，一時貪功習矯如石亨、徐有貞輩置不能行，禁不得肆，恣睢積怨，伺甘心於公者殆非一人，公亦未嘗自恤。夫責不辯則疑謗易乘，怨不恤則禍難陰蓄，卒致彼投變於安，動險於順，媒孽附會，誣云欲立外藩，搆陷殊死。事及，公猶舉止安詳，略無餘言申解。蓋自任忠以來常奉懸宋丞相文山畫像於卧所，其志念明遠，操履堅定，雖萬不幸當亦無所移奪矣。未幾，亨輩脅權肆姦，竄殛相踵，天道好還，刑賞類應，而公之忠枉夙荷知憐者今皆顯被褒恤，一命而復官，再命而錫祀，三命而有贈秩，易名、建祠、專祀之典。意肇於英皇，事舉於憲聖，恩廣於皇上，於崇德報功之典、繼志述事之大，非特一家之慶幸也。昔周公避位居東，蒙譖入楚，雖君臣賢聖不能無無妄之禍，及其末也，亦惟因事顯白，而成王終無良悟之心。褚遂良、岳飛皆以忠死，今皆秩祀於杭，遠者歿百五十年，近者六七十年，更歷數朝，依違忌沮，漸加追重，求如今日之離明乾斷速自宸衷，而恩澤世洽如肅愍者，古未前聞也。寧故曰：千古一時，百世一人。宜府尹君服膺兢惕，汲汲圖永，以俟首邱於祠墓之傍，可謂忠孝無忝矣。於乎，至哉！

丁丙《于公祠墓録》卷四張鏊《重修旌功祠記》　張鏊曰：嗟乎，公之功大矣。昔者管氏禦一楚子耳，聖人大其功，以一匡稱之。矧乎公力摧强虜，奠安天京，保我二祖萬禩擴□之烈，若管氏奚足埒哉。故嘗謂公乃二祖之臣，宜伯仲元勳，侑食清廟，不獨可祠于墓也。乃若公忠義天至，昭假明主，而一時媒孽得志如此其極也，何哉？誠處其嫌者也。昔漢楚之争，太公立鼎上，高帝望而見之，不詞巽，又從而罪焉，非忘太公，蓋全之之術也。而公也愚敵伐謀，古今英智相類，然豈甘心也哉。而錮南宫，易儲貳，又無能以公貸，嗟乎戚矣，謂之曰不幸，非耶？公臨斧鑕，懸宋文山像，坐卧對之。大學士王文力白公無罪，公瞪目却之，曰：「何益，何益。」公亦自亮也已。雖然，公猶幸哉。岳武穆之冤也，有異於公乎，而宋之帝業不以百戰還其尺寸，蒙塵之駕竟莫之返也。視公之所就，何如哉，何如哉！公與武穆皆墓於杭，又皆祠焉，三台去棲霞不三里許，南北對峙，穹祠顯號，煇赫湖山之上，皆亦天定云。

丁丙《于公祠墓録》卷七夏時正《于節菴先生存稿序》　方以天下未治爲憂，言之輒見於色，秉正持公，門不容謁，請託蹤銷，屏臟污，抑奔競，賢是舉而勞不遺，仁雖溥而罰必行，如是者蚤夜皇皇，如不暇給，亦將求所謂奮庸熙載以成一日之治而不能者，數也，亦天也。公持身甚嚴，平居惡衣菲食，不問家之有無。先業在故鄉者盡讓與弟，自買宫一區，不異民廛。封君董夫人下無媵妾之奉，夫人没，公纔年四十之年，不再娶。領家僮一人自隨，棲之直廬，人不堪之，公裕如也。孟子曰：「堂高數仞，食前方丈，侍妾數百人，我得志，弗爲。」蓋内有所重而於外也自輕，彼其欲有所立而乃蠱於宫室妻妾，所識窮乏者得我且暮營不休，視公果何如哉。故今没已久，而人思之久不忘。上而朝廷，内而士夫，遠而小民，其事不同，而思之則同。夫朝廷思之，士夫思之，小民思之，宜也，何至素爲公所

厭棄如彼儉人鄙夫而亦思之，豈聲音笑貌之可爲哉。《中庸》曰：「誠之不可掩，如此夫。」斯之謂也。竊嘗因之有以知公文章不爲無用空言，事君不爲黨援，惟以忠誠自信，政之有益國家，爲之無顧慮，用能翼際昌辰，難靖一時，信乎，有冥冥者宰之。故公之所以不負所學，乃所以不負朝廷，即以不負天也。

陳田《明詩紀事》乙籤卷一一《西湖志餘》：于肅愍高風大節，不在詞華，而其斷簡殘篇，得於煨燼之餘，往往膾炙人口。如「蕭颯行囊君莫笑，獨留長卷倚青天」，「天外冥鴻何縹緲，雪中孤鶴太清癯」，「風穿疏牖銀燈暗，月轉高城玉漏遲」，「渭水西風吹鶴髮，嚴灘孤月照羊裘」，皆直寫胸臆，不當以風雲月露比擬也。

田按：辛丑一科，有三偉人：薛文清、劉忠愍、于忠肅也。科目得人，于斯爲盛。忠肅絶句，極有風致。

藝文

尤侗《西堂詩集·擬明史樂府·覓魚嗛》 上皇狩，在土木，國有君，難迎復。上皇返，在南城。君有子，難力争。少保本爲社稷計，竭其忠貞圖事濟。不濟則以死繼之，此一腔血灑何地。當時景帝果不起，不於上皇必太子。謀立襄藩豈有之，不過亨等意如此。石將軍，下獄死，武功伯，戍金齒。天道復反反乎爾。旌功祠，西湖南。鷺鷥冰上走，何處覓魚嗛。

沈德潛《清詩别裁集》卷九孟亮揆《于忠肅墓》 曾從青史弔孤忠，今見荒丘岳墓東。冤血九原應化碧，陰燐千載自沉紅。有君已定還鑾策，不殺難邀復辟功。意欲豈殊三字獄，英雄遺恨揔相同。

沈德潛《清詩别裁集》卷九魏麐徵《于忠肅祠》 當年天子已蒙塵，中外安危寄此身。首建一言存社稷，獨鳴孤掌定君臣。丹心縱死還如鐵，碧血長埋未化燐。千載湖山留正氣，不須涕淚灑松筠。

嚴遂成《明史雜詠》卷二《于忠肅謙》 狼山一潰帝塵蒙，千騎憑陵趁朔風，定策飴甥惟卜貳，成功魏絳不和戎。戒嚴久失邊關險，備豫誰籌甲仗空。若使此腔無熱血，奉迎安得至南宫。

大廈全憑一木支，欲加之罪究何辭。蟒衣封貯貧如素，竹瀝親調寵太奇。曾沮徐珵南渡議，未齋楊善北行貲。東宫廢立臣心苦，自有千秋汗簡知。

李賢部

綜述

《憲宗實録》卷三七　賢字原德，河南鄧州人，宣德癸丑進士。初授驗封主事，歷考功文選郎中。景泰辛未，超擢兵部侍郎，奉命四川考察官，尋改户部，又改吏部。英宗復位，以張軏薦命兼翰林院學士，入内閣，叅預幾務，進尚書，與武功伯徐有貞共事。時御史楊宣劾曹吉祥、石亨不法事，二人疑出有貞，意入譖之，遂併賢下獄。是夜，雷雨大作，二人恐，復請輕之，乃降福建右叅政。既而，留爲吏部左侍郎，尋進尚書，兼學士如故，寵遇益隆，宣召顧問無虛日。五年，曹欽作亂，傷賢臂膂，令草請罪疏，意欲害之，賴吏部尚書王翺力救獲免。欽伏誅，賢亟上疏請寬脅從者，英宗降勑曰：「卿力疾供事，忠勤可嘉，特加太子少保。」上即位，進少保、吏部尚書兼華蓋殿大學士，知經筵事，加光禄大夫、柱國。成化二年，丁父憂，命奔喪還治事。累上疏請終制，不許，遣中官輔行，月餘復任。至是得疾，卒年五十九。上震悼，輟朝一日，賜葬祭如例，贈特進光禄大夫、左柱國、太師，謚文達，官其子璋爲尚寶司丞。

《明史》卷一七六《李賢傳》　李賢，字原德，鄧人。舉鄉試第一，宣德八年成進士。奉命察蝗災於河津，授驗封主事。少師楊士奇欲一見，賢竟不往。

正統初，言：「塞外降人居京師者盈萬，指揮使月俸三十五石，實支僅一石，降人反實支十七石五斗，是一降人當京官十七員半矣。宜漸出之外，省冗費，且消患未萌。」帝不能用。時詔文武臣誥敕，非九年不給。賢言：「限以九年，或官不能滿秩，或親老不待，不得者十八九，無以勸臣下。請仍三年便。」從之。遷考功郎中，改文選。扈從北征，師覆脱還。

景泰二年二月上正本十策，曰勤聖學，顧箴警，戒嗜慾，絶玩好，慎舉措，崇節儉，畏天變，勉貴近，振士風，結民心。帝善之，命翰林寫置左右，備省覽。尋又陳車戰火器之利，帝頗採納。是冬，擢兵部右侍郎，轉户部。也先數貢馬，賢謂葦金帛以强寇自弊，非策。因陳邊備廢弛狀，于謙請下其章厲諸將。轉吏部，採古二十二君行事可法者，曰《鑑古録》，上之。

英宗復位，命兼翰林學士，入直文淵閣，與徐有貞同預機務。未幾，進尚書。賢氣度端凝，奏對皆中機宜，帝深眷之。山東饑，發帑振不足，召有貞及賢議，有貞謂頒振多中飽。賢曰：「慮中飽而不貸，坐視民死，是因噎廢食也。」遂命增銀。

石亨、曹吉祥與有貞争權，並忌賢。諸御史論亨、吉祥，亨、吉祥疑出有貞、賢意，訴之帝，下二人獄。會有風雷變，得釋，謫賢福建參政。未行，王翺奏賢可大用，遂留爲吏部左侍郎。踰月，復尚書，直内閣如故。亨知帝嚮賢，怒，然無可如何，乃佯與交驩。賢亦深自匿，非宣召不入，而帝益親賢，顧問無虛日。

孛來近塞獵。亨言傳國璽在彼，可掩而取，帝色動。賢言釁不可啓，璽不足寶，事遂寢。亨益惡賢。時帝亦厭亨、吉祥驕横，屏人語賢曰：「此輩干政，四方奏事者先至其門，爲之奈何？」賢曰：「陛下惟獨斷，則趨附自息。」帝曰：「向嘗不用其言，乃怫然見辭色。」賢曰：「願制之以漸。」當亨、吉祥用事，賢顧忌不敢盡言，然每從容論對，所以裁抑之者甚至。

及亨得罪，帝復問賢「奪門」事。賢曰：「迎駕則可，『奪門』豈可示後。天位乃陛下固有，奪即非順。且爾時幸而成功，萬一事機先露，亨等不足惜，不審置陛下何地。」帝悟曰：「然。」賢曰：「若郕王果不起，羣臣表請陛下復位，安用擾攘爲。此輩又安所得邀陞賞，招權納賄安自起。老成耆舊依然在職，何至有殺戮降黜之事，致干天象。《易》曰『開國承家，小人勿用』，正謂此也。」帝曰：「然。」詔自今章奏勿用「奪門」字，併議革冒功者四千餘人。至成化初，諸被革者愬請，復以賢言，并奪太平侯張瑾、興濟伯楊宗爵，時論益大快之。

帝既任賢，所言皆見聽。于謙嘗分遣降人南征，陳汝言希宦官指，盡召之還。賢力言不可。帝曰：「吾亦悔之。今已就道，後當聽其願去者。」帝憂軍官支俸多，歲入不給。賢請汰老弱於外，則費省而人不覺。帝深納焉。時歲有邊警，天下大水，江南北尤甚。賢外籌邊計，内請寬百姓，罷一切徵求。帝用其言，四方得蘇息。七年二月，空中有聲，帝欲禳之，命賢撰青詞。賢言君不恤民，天下怨叛，厥有鼓妖。因請行寬恤之政，又請罷江南織造，清錦衣獄，止邊臣貢獻，停内外採買。帝難之。賢執争數四，同列皆懼。賢退曰：「大臣當知無不言，可卷舌偷位耶？」終天順之世，賢爲首輔，吕原、彭時佐之，然賢委任最專。

初，御史劉濬劾柳溥敗軍罪，觸帝怒，賢言御史耳目官，不宜譴。石亨譖賢

曲護。帝寖疎賢，尋悟，待之如初。每獨對，良久方出。遇事必召問可否，或遣中官就問。賢務持大體，尤以惜人才、開言路爲急。所薦引年富、軒輗、耿九疇、王竑、李秉、程信、姚夔、崔恭、李紹等，皆爲名臣。時勸帝延見大臣，有所薦，必先與吏、兵二部論定之。及入對，帝訪文臣，請問王翺；武臣，請問馬昂。兩人相左右，故言無不行，而人不病其專，惟羣小與爲難。

曹欽之反也，擊賢東朝房，執將殺之，逼草奏釋己罪。賴王翺救，乃免。賢密疏請擒賊黨。時方擾攘，不知賢所在，得疏，帝大喜。裹傷入見，慰勞之，特加太子太保。賢因言，賊既誅，急宜詔天下停不急務，而求直言以通閉塞。帝從之。

門達方用事，錦衣官校恣横爲劇患，賢累請禁止，帝召達誡諭之。達怙寵益驕，賢乘間復具陳達罪，帝復召戒達。達銜次骨，因袁彬獄陷賢，賢幾不免，語載《達傳》。

帝不豫，卧文華殿。會有間東宫於帝者，帝頗惑之，密告賢。賢頓首伏地曰：「此大事，願陛下三思。」帝曰：「然則必傳位太子乎？」賢又頓首曰：「宗社幸甚。」帝起，立召太子至。賢扶太子令謝。太子謝，抱帝足泣，帝亦泣，讒竟不行。

憲宗即位，進少保、華蓋殿大學士，知經筵事。是年春，日黯無光，賢偕同官上言：「日，君象。君德明，則日光盛。惟陛下敬以修身，正以御下，剛以斷事，明以察微，持之不怠，則天變自弭，和氣自至。」翌日又言：「天時未和，由陰氣太盛。自宣德至天順間，選宫人太多，澣衣局没官婦女愁怨尤甚，宜放還其家。」帝從之，中外欣悦。五月大雨雹，大風飄瓦，拔郊壇樹。賢言：「天威可畏，陛下當凛然加省，無狎左右近幸。崇信老成，共圖國是。」有司請造鹵簿。賢言：「内庫尚有未經御者，今恩詔甫頒，方節財用，奈何復爲此。」帝即日寢之。每遇災變，必與同官極陳無隱，而於帝初政，申誡尤切。

門達既竄，其黨多投匿名書搆賢。賢乞罷，有詔慰留。吴后廢，言官請誅牛玉，語侵賢，又有造蜚語搆賢者。帝命衛士宿賢家，護出入。成化二年三月遭父喪，詔起復。三辭不許，遣中官護行營葬。還至京，又辭。遣使宣意，遂視事。其年冬卒，年五十九。帝震悼，贈太師，謚文達。

賢自以受知人主，所言無不盡。景帝崩，將以汪后殉葬，用賢言而止。惠帝少子幽禁已六十年，英宗憐，欲赦之，以問賢。賢頓首曰：「此堯、舜用心也，天地祖宗實式憑之。」帝意乃決。帝嘗祭山川壇，以夜出未便，欲遣官代祀。賢引祖訓争之，卒成禮而還。嘗言内帑餘財，不以卹荒濟軍，則人主必生侈心，而移之於土木禱祠聲色之用。前後頻請發帑振貸卹邊，不可勝計。故事，方面官敕三品京官保舉。賢患其營競，令吏部每缺舉二人，請帝簡用。並推之例如此。

自三楊以來，得君無如賢者。然自郎署結知景帝，超擢侍郎，而所著書顧謂景帝爲荒淫。其抑葉盛，擠岳正，不救羅倫，尤爲世所惜云。

程敏政《篁墩文集》卷四《光禄大夫柱國少保吏部尚書兼華蓋殿大學士贈特進光禄大夫左柱國太師謚文達李公行狀》 曾祖諱寬甫，贈光禄大夫、柱國、少保、吏部尚書兼華蓋殿大學士；妣喬氏，贈一品夫人。祖諱威，故雲南江川縣丞，累贈光禄大夫、柱國、少保、吏部尚書兼華蓋殿大學士；妣楊氏、孟氏，俱贈一品夫人。考諱昇，累封榮禄大夫、少保、吏部尚書兼華蓋殿大學士，加光禄大夫、柱國；妣葉氏，贈一品夫人，繼常氏，封一品夫人。

公諱賢，字原德，姓李氏。世居河南之南陽鄧州，爲鉅族。其先相傳有兄弟四十八人同爨，宋宣和中旌爲義門。值兵燹，失其譜牒，至諱成者生義卿，寬甫之考也。寬甫生威，元至正末起鄉兵捍州里，歷陝西乾州揔帥，佩金符，與主將不合，棄官而歸。國朝洪武初，以薦起至雲南江川縣丞，有惠政，是生榮禄公，公之考也。

公生而氣宇凝重，不妄舉止。嘗得疾劇，葉夫人危之，有老嫗來視曰：「此非凡子，幸母無以爲憂。」言已即去。明日，疾愈，人以爲神。七歲知向學，稍長入爲州學生，學業騰進，一時師友皆莫敢與齒。舉宣德壬子河南鄉試第一，方宴鹿鳴，有鶴數十旋繞廳上，布政使李昌祺舉酒酹曰：「將必有名世之才乎？」癸丑，舉進士，奉命察山西河津蝗災。時學士薛公瑄以御史家居，公往造之，叩質所疑，薛公亟稱之，以爲英悟淳確，非流輩可及。

英宗皇帝嗣統，公上疏言：「帝王之道在愛養黎民，踈遠降户，雖聖人一視同仁，其施也必由親及疏，未有赤子不得其所而先豢養降户者。今京師降户不下萬餘，以俸言之，指揮使俸三十五石，而實支一石，降户則實支十七石五斗，是降户一員當京官十七員半矣。傳曰：朝無幸位，則食之者寡。此豈幸位之比。況降户旅寓京師，一旦有警，其勢必不自安，前代已覆之轍，可不鑒哉。乞斷自宸衷，爲萬世計，勑兵部漸次出之於外，不惟省國家萬萬無益之費，又可以消未萌之患。」蓋公筮仕即有志當世如此。雖議者難之，而已巳之變，畿内降户羣起

扇亂以應敵，公言始驗。正統丙辰，授吏部驗封主事，會有旨文官誥勅三年不得請，必俟九年者，公以職守所在，復上言此獎勵臣下之良法，若俟九年，則得者恒少，不得者恒多，廉貪不分，勸懲不立，乞仍舊便。後卒從公言。公以人才繫太學，而太學因元之陋，上疏言國家建都北京以來，所廢弛者莫甚於太學，所創新者莫多於佛寺，舉措如是，可謂舛矣。若重修太學，雖極壯麗，不過一佛寺之費，請及時修舉以致養賢及民之效。後數年，詔新太學，實自公發之。乙丑，陞考功郎中。踰兩月，丁母葉夫人憂。久之，轉文選郎中，俟終制赴京。

公官吏部，更三任，率公暇手不釋卷。尚書王文端公以公輔期之，而少師楊文貞公每以不識公爲歉。南陽知府陳正倫，文貞友也，因要公往見之。公不肯，曰：「無一面之雅而造門，是求知也。」士大夫兩賢之。己巳秋，敵攻大同，時中官王振貴用事，力主親征，吏部侍郎當扈從，以疾告，公代之行。師潰於土木，英宗北狩，扈從官多預其難，公瀕死而還。

景泰初，上正本十策曰：勤聖學、顧箴警、戒嗜慾、絶玩好、慎舉措、崇節儉、畏天變、勉貴近、振士風、結民心。大畧言朝政闕遺，有司利病，生民休戚，中外進言已詳，然有關於上之身心者或畧，臣以爲陛下一身，家國天下之本，而心又一身之本也，正其本，萬事理，惟陛下之心既正，則家國天下之事可以次第推行，乞留中以時省覽。詔付外，而給事中李侃等以災異上疏，謂李某忠言，宜賜鑒納。乃復取奏入，命翰林繕寫，置左右焉。辛未，敵遣使求通好，有詔絶之，令廷臣公議長策。公上言敵所以輕舉無忌者，恃其弓馬之强而已。在吾長策，惟有所謂戰車若衛青之武剛車者可以禦之，而又有取勝之道，則火鎗是也，用得其法，行可以退敵，驅之出境，止可以衛民，使得耕作。然此策固善，又在將士何如。夫今之將士猶古將士，而朝廷於將帥特彰剖封之典，於士卒頻加賞勞之恩，待之厚矣，然不能一爲國家復讐雪恥，此忠臣義士所以扼腕而不能安寢也。詔加奬諭，仍飭中外將臣采取而行。

是歲冬，以合廷薦，陞兵部右侍郎。壬申，奉命察四川有司之不職者。癸酉，還京，轉户部右侍郎。公以敵欲無紀，不宜終徇，上疏言敵相額森近弑其主并吞諸國，包藏禍心，其志非小，若只聽其講和貢馬，圖金帛之利，蔑敬順之誠，增數冒名，曾無定約，竭生民之膏血，供無厭之貪求，在彼日見盛强，在吾日加罷弊，持此悠悠，實非長慮。惟陛下奮仁者之勇，勵總戎之臣惕然於心，不少自逸，觀釁而動，以挫長驅之勢，振在吾之威，則在彼之心自懾，方來之患自弭。詔下兵部。少保于公謂李某言誠爲正論，請下其章。以勵邊臣。甲戌，轉吏部右侍郎。詔頒《君鑒録》於羣臣，公擇其中善可爲法者二十二君，又詮其最切者數事，曰《鑒古録》上之，蓋深有意效忠於上，爲孝友恭儉之事，而力莫能與也。

英宗復位，一時輔臣多竄殛，遂以人望召公兼翰林學士，入内閣，典機務。未幾，進吏部尚書，兼官如故。左右欲以汪后徇葬者上問武功伯徐有貞及公，公言景泰初，汪后即不得志，況二女皆幼，可憫，臣愚以爲宜厚遇之。上憮然以公言爲是。山東奏民饑，雖得内帑銀二萬而不足。上復召有貞及公議，有貞持不可，曰散銀有弊，無益饑者。公言天下事未嘗無弊，顧奉行何如耳。散銀有弊，而不貸是視民饑死而不拯也，因噎廢食，豈爲人上之理。上深以爲然，命增銀四萬兩，民賴全活甚衆。時太監曹吉祥、忠國公石亨以迎上復辟爲己功，竊弄威福，上漸不能堪，乃密語有貞及公宜協心輔朕。公自念遭逢不偶，凡事一以至公處之，吉祥與亨滋不悦。亨率兵西征，御史楊瑄劾吉祥與亨縱家人奪民田，上嘉其敢言，命吏部識其名，將擢用之。亨還，與吉祥謀，此必有貞及公所使，相與愬於上，言己有迎復功，爲有貞、賢等所傾，將俾臣等無噍類，因伏地流涕不已。乃諭旨言官，劾公等并下獄。其日風雷雨雹大作，損殿宇公署瓦木，甚異。上知天怒在此，亨等反言上天亦怒公等，雖强解釋，終不自安。明日言於上，釋之，詔俱謫外任，公得福建布政司右參政。將辭，而吏部尚書鹽山王公是日得專對，語有間，上曰：「李某與有貞雖同事，未嘗阿比。」王公因頓首力言公淳謹，可大用。上頷之。即日留爲吏部左侍郎。踰月，承天門災，詔復公尚書學士。公上章懇辭，不允。戊寅春，賜玉帶，以示優寵。

皇太子將出閣，公請擇學術端良之士備輔導，乃上劉珝等數人爲春坊官。上仍命公總之，日授書正字於文華殿。時崇仁處士吴與弼以薦聘至京，上喜其來，問公曰：「與弼當授何官？」公曰：「與弼老儒，必能成就君德，授春坊諭德，專輔青宫爲宜。」與弼固辭恩命不受，乞歸田里。公復請徇其志，以勵士節。上思建庶人幽大内六十年，欲赦之，左右多以爲不可。召問公，公曰：「陛下此一念，太祖在天之靈實臨之，堯舜存心不過如此。」上意遂決，遣中官衛送居之鳳陽，出入自便。初，石亨以文臣總軍務于邊，使武臣不得逞，因請罷之。居無何，邊徼騷然，上悟其非，命公舉可任巡撫者，蓋都御史李秉、芮釗、白圭、王宇、陳翌皆公所薦，一時號稱得人。尋命公總修《大明一統志》。公偶患足疾，不能造朝，上遣御醫來視，又數遣太監安寧以政務問公。旬日方愈，入謝。時御史劉濬劾

太傅安遠侯柳溥敗軍之罪，上怒曰：「與賊遇，安能保其無損，且將校聞潛言，豈不解體。」將遣人縶之。公曰：「耳目之任，職所當言，惟明主用其是，舍其非而已，不當見譴。」石亨等遂乘間譖公，以爲回護文臣，會上知公已深，譖率不行，而大悟公言爲是，潛得薄責。已而，溥還自陝西，上曰：「溥爲主將，畏縮致敗，不罪之，何以警衆？」諭言官廷劾之，奪其太傅。景泰間，三年一度僧數萬，是歲如期來集，公言於上曰：「此輩有損無益，宜後十年一度。」爲著令。

初，上於便殿屏人謂公曰：「吉祥好預國政，聞四方奏事者必先造其門，奈何。」公曰：「自古人主權不可下移，若陛下每事自斷，惟公道處之，則彼漸不敢預，而趨附之人亦自少矣。」上曰：「朕意亦然。」會石亨敗家居，其從子定遠侯彪謀出鎮大同，諷大同人薦己。上廉其詐，并逮亨置於法，因問公迎復事。公曰：「當時亦有要臣者，臣不敢從。」上怪，問何也。公曰：「天位乃陛下所固有，若景泰不起，羣臣表請復位，名正言順，何至以奪門爲功。奪之一字，何以示後？此輩實貪富貴，非爲社稷計。倘景泰先覺，亨等何足惜，不審陛下何以自解。幸而事成，得以貪天之功，然天下人心所以歸向陛下者，以正統十數年間凡事減省，與民休息所至，今爲此輩損大半矣。」上竦然大悟，詔凡以迎駕奪門冒功陞者四千人悉褫職，中外肅然。蓋非公忘身徇國，不避讐怨，莫敢發者。前此榮禄公以封贈恩詣闕謝，至是陛辭，上特賜寶鏹三千貫，因顧謂公曰：「先生已盡天倫之樂乎。」公頓首曰：「臣父子所以有今日者，皆陛下之賜。」是冬，賜甲第一區。公上章懇辭，上曰：「聞卿舊宅去朝頗遠，特賜近居，以便宣召。」所辭不允。遷居之日，上及皇太子皆有落成之賚。

公以朝覲官黜陟之典往往應故事，無以示懲勸，言於上，罷不職者數百人，旌異者十人，賜宴禮部，上命公與尚書鹽山王公主之。庚辰，敵帥博囉攻大同，守將失利，遂深入鴈門關，烽火徹於京師，民驚遁不可止。公請急發兵，遣兩都督將之，出鴈門，倒馬二關，旬日始定。明年，敵西攻涼州莊浪。公知上以敵入爲憂，陳邊事五條，上從之，遣懷寧伯孫鏜率兵往禦。時江南北大水，而加以師旅，公言宜布寬卹之典，遂罷天下所取花鳥、板枋之類，及暫免采柴、追馬、清匠、刷卷諸事，而采柴一事歲省銀三十餘萬兩。吉祥從子昭武伯欽殺人事覺，御史劾之。上雖見原，而下詔戒諭勳舊之臣，欽益懼，與吉祥養死士謀不軌，幽上於南宫，而立皇太子，因西師行，乘機入内爲亂。朝臣當道或有憾者戕害之，擊公，傷首及耳，且持公謂曰：「某等迫於讒間，不得已爲此，請入疏以申救。」公曰：「爾既殺讐償怨，能止戈反正，我當言之。」上得疏，乃知公在，甚喜。既脱於難，上急召公入，公手疏曰：「逆賊就禽，此非小變，宜詔天下一切不急之務，悉皆停罷。」且言自古治朝未有不開言路者，惟權奸欲塞之以遂其非，由是陷於大惡而不悟。自石亨等排黜臺臣，言路閉塞，其流遂至此極。上悉報可，下寬卹十餘條，而以開言路殿焉。

上念公忠勤，下勑加太子少保。公上章懇辭，不允。公以西師未解，而京師有變，大軍未可輕出，請復都御史王竑，俾與兵部侍郎白圭分道禦敵。虜引出，邊臣請罷兵，而議者懼有後警。公上言兵出在外，可暫而不可久，暫則爲壯，久則爲老。且敵安能保其不來，若慮其復來，更無休息之期。況人民供輸疲困已極，宜趁河開班師，使民得屯種爲便。上命廷議，率從公言。聖烈慈壽皇太后崩，上見公所服斬衰與衆異，取視之，乃知公服制合古，即以公服者爲法，命宫中悉易之。孟冬，享太廟，適大喪禮未終，上以問公，公言宜俟釋服後，庶人情事理兩安。上曰：「微卿言，幾舛於禮。」癸未春，上以足疾不視朝，召公曰：「大祀將至，而疾未愈，欲遣官代行，可乎？」公曰：「亦須至壇所，雖不能行禮，人心亦安。」上至齋宫，復召公曰：「朕惟俯伏難於起身，欲令一人扶之，何如？」公曰：「陛下能力疾行禮，尤見敬天之誠。」遂蕆事而還。

二月晦夜，公聞空中有聲。明日，密疏曰：「傳言無形有聲，謂之鼓妖。上不恤民則有此異，惟陛下憫念黎元，凡一切不便於民者悉皆停罷，則災變可弭。」上覽之，即召公曰：「此事正須先生言，先生不言，誰復言者。」其具寬恤事條密封以來。」公遂疏十事：一，清淹禁罪人。二，止銀場煎辦。三，停歲造紙劄。四，蠲被災糧稅。五，弛芻粟之徵。六，罷虧損馬疋。七，飭邊臣撫恤兵民。八，命有司存恤流移。九，戒御史糾察貪吏。十，禁外官因事科斂。上曰：「朕諦觀之，皆實惠也，宜即詔天下。」公又請罷江南所造段疋及燒磁器，清錦衣衛所監罪人，止各邊守臣進貢已下番所，遣使臣停内外買辦采辦。上不從，公執之數四，止取前十條行之。左右見公力争，皆寒心，同列亦爲公懼。公曰：「古之大臣知無不言，今雖不能盡，然至於利害繫國家安危者豈可默默以苟禄位。」然上聖明，亦不以爲忤也。上以母后胡氏因疾請閒尊號静慈仙師非令典，欲上皇后尊謚，而左右以爲不便。一日召問公，公曰：「陛下此一念，天地鬼神實臨之，然臣之愚必須以陵寢享殿神主皆如奉先殿之式，庶幾稱陛下之明孝，不然爲虚文。」上即命舉行。是時錦衣指揮門達有寵於上，專理詔獄，且兼緝事，於中外道路洶洶

相視以目。公嘗以爲言，達銜之，會指揮袁彬爲其誣下獄，有救之者。上命達訊之，達欲并傾公，啉其人使誣公爲草奏狀，牽捕數十人，勢危甚。上令廷鞫之，其人遂吐實，曰：「此達所教也。」公以事白，上疏力辭，且以知足不辱、知止不殆爲言。上不允，曰：「此細故無用介意。」

甲申春正月，上不豫。久之，疾劇，命中官以遺詔示公。十七日，上賓。後五日，今上嗣位。有欲專致隆於上生母者，公曰：「天子新即位，四海顒望，凡事宜悉遵遺詔，庶幾順天理、服人心。脱或不然，則當尊母妃爲太后，於皇后爲太后上加二字以别之。」卒如公議，尊皇后爲慈懿皇太后，貴妃爲皇太后。進公少保、吏部尚書兼華蓋殿大學士。未幾，而門達以附中官謫遠方，又爲言者劾其欺罔故殺諸罪，戍嶺表，不知者以謂出公意，其黨相與爲匿名文書，指公姓名，欲中之。公不自安，懇乞退休，上不允，下令禁謗議者。

時災異屢見，公請出宫人以昭聖德。又上疏言：「人君一身，天下之主，若行事合宜，中外順服，不然則人皆離心離德，而欲天下治安不可得矣。然治安之本在於君德，輔養君德又在於左右前後皆老成端謹之人。若輕浮頑猾、喜好生事，逢迎取悦，供耳目之玩、信佛老之教者望即日退出，毋令隨侍，庶於君德無損。臣受朝廷禄位，爲宗社生民至計，不敢不竭忠盡言，惟陛下剛斷而進退之。」五月五日，風雹大作，飄瓦拔木，上及郊壇。公復疏言：「天戒顯赫如此，惟陛下勉加修省，雖在閒静之中常如對越之際，不可一毫與左右狎，亦不可聽其誘而寵用之，惟日與老成之臣商議君德何以修，朝政何以舉，念兹在兹，頃刻不忘。仍寫勑戒諭羣臣同加修省，庶回天意。」公以疾在告，詔免早朝，尋降勑命公知經筵事及總修《英宗睿皇帝實録》。有司請造鹵簿，已得旨，公聞之，亟入言：「先朝所造車駕尚有貯内庫未經御者，今恩詔方頒，百姓蘇息未久，奈何復爲此。」上即日寢其旨。皇后吴氏之廢，小人乘機欲害公者益甚，上命錦衣衛嚴禁之，且遣衛士夜宿公第，護公以行。有内直將軍恕天順初因入直迎駕而陞，非冒功者，今一切褫職，非法意。上念其久於役，特復之，而以迎駕奪門陞者紛然入恕不已。公言於上曰：「自石亨輩此舉之後，人以得富貴之易，貪利者惟幸有事，宜早治之。且請復故少保于公謙等官，賜祭改葬，以雪幽枉。」上亟是公言，命兵部按其以迎駕奪門陞者自太平侯張瑾、興濟伯楊宗以下俱奪爵。蓋公欲消患於未萌，故於上即位極言之，由是洶洶者衰息，有識者至今以爲難。

丙戌二月，聞榮禄公之喪，詔起復公，賜賻甚厚，復賜素品，備途中食用，而令有司爲營葬事。公上疏言：「士見用於盛時者無分小大，於父母喪皆得盡三年之制。若臣以所任之事而不得盡，恐無補於名教。」得旨：「朕賴卿輔導，卿勿以私恩廢公義，宜抑情遵命，以成大孝。」公復疏言：「陛下必欲起臣，以爲國家事重，不得以彼易此。但今内外大臣當任者皆忠正老成之人，使臣在此，不過贊成其事，無臣贊之，亦不爲欠，臣之去就甚輕。昔富弼累詔不起，亦以朝廷有人，不至甚不得已故也。臣之蹤跡似亦類此，乞容臣終制。假使未填溝壑，則驅策駑鈍以報皇上，固有日矣。」詔：「卿當深念職任之重，移孝爲忠，不必固請。」遂遣太監林興輔行。公聞故鄉歲侵，加以師旅，請止官營葬。不從。既抵家襄事，興即日促公上道。五月至京師，入見，上慰勞有加。公退，即疏言：「陛下謂臣可以委託，堅使奪情，而不知臣實駑劣不堪，有類折足之鼎。且古之大臣若張九齡、寇準輩，雖起復而人不非者，良以其人之才足勝重任，有益於天下國家也。如臣不過尋常之流，無事之時亦招物議，今不獲命，則不知者謂臣心實以此爲榮，姑陳奏章，免人之議而已。乞察臣至情而矜從之。」詔：「禮有經有權，朕特從權制用卿，若固違君命，豈得爲孝。卿當深念大義，勿恤微言，勉起就任，毋得再陳。」公復疏言：「臣累訴衷情，而陛下曲加勉諭，終不矜允。奉誦恩旨，涕泗交頤，所以不能仰遵聖訓者，區區之心誠有所不忍也。況臣日迫衰朽，縱起供職，未必能副陛下盛意，徒重臣之慙，增臣之罪。」詔：「卿言之再三，但委託尤重，宜體至懷，即日就任，慎勿再言。」又遣中官至公第道上意，乃供職。

公因上道中往來所得軍民利病八事，大約乞重守令之選，毋拘常格以免瘝政，留河南所運之粟以備民飢，停通州諸衛薪炭之徵以蘇民困，蠲江南馬户而復本處民户代之以均勞役，增天津諸衛及河南滎澤、新鄉諸處驛遞以便往來，開衛學軍生歲貢以振淹滯。上即命所司議行。是歲秋，率廷臣言：「今天下盜賊未息，災傷未止，仰惟祖宗創業垂統，宫禁甚嚴，内外不許混雜，府庫充積，金銀不肯妄費，遊宴有常所而不縱情，賞賜有常規而不濫及。至於祖訓一書，尤爲明備，惟陛下逐一省覽，刻意恭儉，以繩祖武，以幸天下。」上方虚己以聽，而公感疾，浹旬不愈。上遣中官臨問，賜尚食，及命御醫日夕診視報疾狀。凡三閲月，疾亟，語弟監察御史讓及子璋，惟以國恩未報、史事未成爲念。以是年十二月十四日卒于賜第之正寢，享年五十有九，距生永樂戊子十二月十六日。先是，京城内外木稼三日，太白曳入南斗杓中。訃聞，上震悼，輟視朝，遣中官賜鈔一萬緡爲賻，贈公特進光禄大夫、左柱國、太師，謚曰文達。明日，遣禮部尚書姚夔諭

祭，詔每遇七日及下壙皆遣使祭，命工部給棺槨與齋糧麻布，兵部給驛舟還其喪，仍官其子爲尚寶司丞。哀榮始終，自三楊先生之後一人而已。

公少即有志聖賢之學，爲諸生時提學者問所志，對曰：「爲學之道，當如周子言，蘊之爲德行，行之爲事業。」其人大異之。在吏曹，遍書箴銘於坐右。及故學士薛公瑄交厚善，務以性學相切劘，而窮理之功益密，故言益純、行益充。立朝四十年，不立黨與，惟守一誠，蓋不知者始或疑，而終大服之無異議。自以受知英宗，遂身任天下之重，知無不言，言無不力，天下亦倚公爲重，雖遭讒罹謗，處之泰然，登對之際，氣象雍容，言辭簡當，將順匡救之力甚多。英宗嘗論景泰不與大臣接言，公曰：「自古明君未嘗一日不與大臣商確治道，所以天下常安。先儒謂接賢士大夫之時多，親宦官宮妾之時少，於君德方有益。」又言：「朕自復位以來，未嘗一日忘在南城時，每以此戒左右。」公曰：「安樂不忘患難，古昔聖賢之君存心正如此。又以戒左右，最善。」又言：「飲食隨分，曾不揀擇，衣服亦隨宜，雖著布衣，人不以爲非天子也。」公曰：「如此節儉，尤見盛德。若朝廷節儉，天下自然富庶，前代如漢文帝、唐太宗、宋仁宗皆節儉，是以當時海内富庶，非其餘可及。」又曰：「朕於《四書》、《尚書》皆嘗遍讀，如二典、三謨真是格言。」公曰：「誠如聖諭，凡帝王修身、齊家、敬天、勤民、用人、爲政之事皆在其中，此時正宜玩味，體而行之。」英宗每爲首肯。

愛惜人才，惟恐弗力，而以獎恬退、厲名節爲先。耿公九疇及軒公輗皆以廉介聞，公首舉耿爲都御史，軒爲刑部尚書。未幾，耿爲石亨所排斥，軒以權貴侵官託疾去，公屢言於上而還之。年公富亦爲亨姪彪所誣陷，及亨敗，公力言富有執守，可大用，遂起爲户部尚書。上嘗謂公曰：「左右多不悦富者。」公曰：「不悦者衆，愈見其賢。」禮部侍郎缺員，有求近習薦陞者，上問公何如。公對曰：「不知其人，臣所知者，學士李紹可任此。」因進言：「邇者士風不立，多夤緣以求進，如用紹，請於黼座召吏部面命之，庶幾士類知警。」上從之。命下之日，傾朝懽然。其後任事大臣多公所薦，已薦矣，其人不之知，反有訾公者。或以告公，公曰：「吾知用其才耳。」三選庶吉士，儲養於翰林，親加督教，如愛子弟。與故學士吕文懿公及今學士陳公、彭公相處十餘年，未嘗失辭色，每語，具以忠言相告。而於講學論政，至終日忘倦。人有善，若己出，不白之不已。兩廣兵興，編修邱濬實廣人，具嶺南事宜告公。公繳奏言濬言可用，請付軍中爲平賊之助。

遇天變民瘼，憂形於色，每以裁抑浮費、蘇息民力爲本。謂内帑財物非濟兵民，則人主必生侈心，而移之於土木禱祠聲色之用。自公柄政前後，發内帑銀救荒卹邊凡數十萬計。人有急難，以身救之，而於植臺諫、慎刑獄尤惓惓焉。有會試被黜者訴考官有弊，上不悦，以章示公。公曰：「此乃私忿，考官實無弊，如臣弟讓亦不在中列，可見其公。」上意方解。言路屢閡屢闢，而不至於銷鑠，皆公力主之。惟成化初，言者歷詆中人之惡，謂不可使與國政，得補外，而或咎公不申救者，公曰：「此事何可激也。甘露之變，黨錮之禍，諸君獨不知之。」天順中，宗室臨川王、弋陽王前後爲緝事者發其陰事，已而多涉虚，因召問公。公曰：「觀此，則其餘所枉多矣。法司雖知其枉而不敢辨，非明詔理官不許畏勢避嫌，實傷和氣。」上乃召三法司面戒飭，中外感悦。

凡朝廷大政令涉於軍情邦計者必經公議而後决。敵帥博囉近邊，有言傳國璽在其處，請發兵乘機掩取之，上爲之動。公曰：「頻年災荒，府庫空虚，兵民困極，宜與之休息。且敵近邊而未嘗犯塞，無故伐之，必賈釁。况秦璽，亡國之物，亦不足寶。」上矍然罷議。内府奏乏金用，詔下户部議，請以蘇、松、嘉、湖四府歲折糧銀折金五萬兩。公言國家財賦仰給東南，而金非其所産，今欲折，金價必湧貴。聞雲南諸夷有歲辦金銀，若以銀折金，亦足以充國用。衆以爲便。松潘羌叛亂，已勑三司調兵勦之，久不下。公曰：「三司頡頏牽制，自不能成功，若朝廷命一大臣統之，則事定矣。《易》曰：長子帥師，弟子輿尸。不可不慮。」上問公可將者，公薦都督許貴，遂用之，而松潘羌始靖。凡册后妃與諸王大喪、大祀、冠婚之禮及今上之初親耕、視學諸大典禮悉命公與禮官增損儀式而後行，白金、文綺、上尊、珍饌與夫四方貢獻、内帑、圖書賜賚無虚月。公每以盈滿爲戒，取《小旻》詩中語扁其堂曰「臨深」，以寓安不忘危之義。雖位極三孤，不治田宅，不蓄女侍。

爲學務實踐，不爲空言，因自號浣齋，孝友敦睦之行有人所難能者。所居圖書左右，口誦手録，雖老不懈，每有得，即識之。有《體驗録》一卷、《雜録》二卷，所被顧問有《天順日録》三卷。文章以理爲主，不爲艱深靡麗之詞，每教人以晦庵、草廬爲法，有《古穰集》若干卷。詩冲澹温厚，有《和陶詩》二卷、《和杜詩》一卷、《讀詩記》一卷、《讀易記》一卷、《南陽李氏族譜》若干卷。平居無疾言遽色，其容粹然，見者如在春風中，浮躁者爲之自失，陰狡者爲之中沮。蓋其所禀者厚，所養者深，故其所得有大過人者如此。論者謂自天順以來所以正君德、恤民生、進賢才、廣言路、抑佞幸、靖邊徼皆公之力，天不慭遺，可爲世道斯文之不幸。

公配黄氏，武畧將軍某之女，早卒，累贈一品夫人。繼周氏，安慶知府濟之女，累封一品夫人。所生子男二：長曰璋，即尚寶司丞，次曰玠。女二人，長適翰林院編修程敏政，次適衍聖公孔弘緒。璋、玠將以明年春奉柩歸葬於故鄉刁河之原，乃以狀屬敏政。敏政大人實公之友，故爲童子時公不鄙而收教之，且妻以子，至親大義，抱慟無窮，而謭才末學不足以發公勳德之萬一，平生之託又不敢辭，用直書其概，以告當代立言之君子，且以備異日史氏之采擇。謹狀。

廖道南《殿閣詞林紀》卷二《華蓋殿大學士李賢》 甲申春正月，上不豫，賢受顧命惟謹。憲皇登極，加少保、吏部尚書兼華蓋殿大學士，知經筵事，進光禄大夫、柱國。丙戌，以父憂奪情復任，修撰羅倫抗疏論之，上怒，左遷倫於嶺表。

袁袠《皇明獻實》卷二三 李賢字原德，河南鄧州人也。美姿貌。年十八始受學，二十五舉鄉試第一，宣德癸丑登進士第。使山西，見河津薛瑄，講論源淵，心悦之，益究理學不厭。授驗封主事，轉文選郎中。公餘閉户讀書，五經要義多所自得。【略】

大同巡撫年富被逮，上問賢曰：「富何如？」對曰：「能奉公革弊。」上曰：「此必石彪私惡之耳。」因請命官往勘，果無實，富得致仕。【略】上患左右招權納賄，賢曰：「權不可下移，人主能自攬，則彼之勢自消。」上曰：「然。無此相礙，何事不順。吾每日起拜祖宗畢，視朝退，御文華殿。或有大政事訪問大臣，復省決章奏，左右乃曰：『此何必一一親覽。』亦不可送與閣下看，奸邪不忠如此。」賢曰：「古之哲王脩德勤政莫不皆然，願陛下持此不衰，堅如金石，可以爲堯舜之君矣。」上一日語賢曰：「内官蔣冕雖曾効勞，其實讒亂小人。朕初復位，即於太后前曰：『皇后無子，當换。』朕即斥之。及立東宫，復曰：『其母如何？』朕曰：『當爲皇貴妃。』乃止。以此遠絶之。」賢曰：「讒説殄行，古帝王所深惡者，絶之最是。」

二年，郊禮成，上太后徽號，因褒崇外家，以元舅會昌侯總大營兵。其弟復乞陞，上曰：「足矣，復希恩澤，太后必見怒。」賢曰：「祖宗以來，外戚不與政。今會昌侯若此不識，太后知之乎？」上曰：「太后正不樂此，今猶悔之。」賢曰：「此見太后聖德，但後不可爲例耳。」禮部請東宫出閣，上語賢曰：「宜先讀何書。」對曰：「宜先《大學》、《尚書》。」上曰：「《書經》有難讀者，朕昔讀《禹貢》、《盤庚》、《周誥》，殊費心力。寫字必用心，朕初習字，任意寫去，以此寫得不佳。」賢曰：「二典、三謨、《太甲》、《伊訓》、《説命》諸篇可先講讀。字不必求佳，但點畫不苟且率易爲善耳。」上嘗從容問政治得失，因極言錦衣官校差出抄提罪人，勢如狼虎，黷貨無厭，有司不勝其擾。左右多譖賢妄言，上頗疎賢。乃後密察之，盡得其實，尤有甚於所言者，乃召其指揮戒之，而待賢如初。或謂招怨，賢曰：「若除此弊，怨亦不辭。」

四年正月，天下吏入覲，上將以布政賈銓爲户部尚書，命賢觀之，以貌不稱名對，乃薦年富，而以銓爲副都御史。【略】五年，上言：「官軍一季俸闕銀十四餘萬兩，何以處之。」賢曰：「自古國家惟患冗食，今軍官有增無減，如人只生不死，無處著矣。自古有軍功者子孫一再犯法即國除，豈有累犯不革職者邪？及今不爲之所，天下將官多軍少，民心大困，不可不深慮。」上曰：「此事誠可慮，當除爲之。」【略】成化丙戌廷試，太宰王翺以程敏政善書，力薦爲第一。賢曰：「論文不論書。」卒取羅倫第一。及賢丁父喪起復，倫奏請許賢終制，不許。

唐樞《國琛集》卷下 李賢謚文達，鄧州人。天順改元入内閣，迄成化丁亥卒，以文學得君行政，人謂三楊之繼。公初當曹、石驕恣，又值徐武功爲之僚，繼承門達擅權，能黽勉調停，遇主於巷，其力可謂艱矣。而海内士匍伏以干恩澤者紛如，則甚嫌於自植，豈亦固有爲乎？然止殉葬，釋庶人，禁冒功，疏正本，安邊鼓妖，斥仙師號，應曹欽傷臂之變，皆明識所及，曾可以少之也？

鄧球《皇明泳化類編》卷五一 景泰辛未，條正本十策進奏之，上詔付外。已而，給事中李侃等因災異上疏，謂賢言忠，宜賜採納。遂復取入，命翰林繕寫，置之左右。禮部尚書楊寧閱其疏，嘆曰：「吾讀崇節儉一事，殆欲淚下。」【略】適吏部尚書王翺欲老，賢言：「翺廉謹老成，精力未衰，吏部非此人不可。」遂留用，上眷翺益篤。故一時銓法清，賢一言之力也。【略】

國初，翰林官不拘進士科，至景泰間，陳循輩私所舉，遂濫以委靡昏鈍浮薄之流。至是詔重修通志，凡任翰林者恐不稱此託，皆乞外補。賢乃言於上，命吏部別除之，翰林爲之一清。是後非進士起家不得居翰苑，自賢始。會昌侯弟有家人行事不法，上謂：「皇親豈可如此。」即論家人如法。賢頓首曰：「真主者無私，貴戚爲斂迹。」【略】

戊寅春，法司奏石亨輩冒報陞官者俱合查究，上恐驚動人心，賢因對曰：「若朝廷許令自首者免罪，事方妥帖。」上遂行，故冒報陞職者四千餘人，皆許自首改正。或有議欲追其支過俸糧者，賢復請貸，從之。辛巳秋，吉祥反，賢夙爲

賊憾，是夜被賊擊傷，幸不死。吉祥誅，進太子少保。賢因言朝廷自張鵬、楊瑄具獄後，言路閉塞，自古治朝未有不開言路者。上悟，遂詔天下許言。初，賢之被賊執也，萬祺在旁，謂欽曰：「尊翁碑文非李公筆邪，公忽忘父。」欽俛首，其兄鐸曰：「萬君言是也。」賢遂不遇害。【略】

時葉文莊公盛爲兵科給事中，有時名，賢素不喜盛，且抑之。盛巡撫廣東，或譏之賢曰：「盛自負其文，嘗訾公文未善。」賢聽之。未幾，以韓雍代盛，勑曰：「無若葉盛之殺降也。」蓋亦中其譏云。賢没，盛始得入禮部侍郎。【略】久之，爲門達所誣，賢嘆曰：「知足不辱，知止不殆，古名言也。」遂乞休。上召見，諭之曰：「細故無用介意。」慰留之。

甲申，憲宗即位，加少保兼華蓋殿大學士，尚書如故。會太監牛玉有罪，爲南科王徽、王淵等所奏，中官惡之，因摘其語以激上怒，徽、淵俱謫遠州。或咎賢不申救，賢曰：「此事何可激也。甘露之變，黨錮之禍，諸君獨不知之。」【略】

成化乙酉，會兵書及左都缺，時給事中張寧欲起李秉爲兵書，王竑掌都察院，因以奏草請教於賢。賢視草哂之，謂寧曰：「薦人但當言其人可用，若預擬某官，於事體得無礙乎？」寧深服之，遂易草以進。明日批旨，以竑爲兵部尚書，秉左都御史。張寧、岳正皆一時名流，寧以會六科申救王徽等忤賢，正被中傷者僞爲正劾賢草疏，賢皆啣之。是年四月，會推寧堪僉都，正堪兵侍郎，賢假託歷練之説絛旨寧知汀州，正知興化，士論惜之。

成化丙戌春二月，丁父憂，詔奪情起復，賢乞終制，不許，遂入閣視事。尋扶父喪還鄉，上遣太監林興護往。夏五月，襄事還朝。時脩撰羅倫上疏，力請許賢終制，反覆數千言，不報，倫遂詣賢私第，告以不可。賢怒倫，内批黜倫提舉乃已。時御史陳選上章乞留倫，不報；尚書王翺引文彦博待唐介故事請賢留倫，賢謝曰：「潞公市恩，歸怨朝廷，吾不可襲。」竟謫倫。

鄭曉《吾學編》卷三六《皇明名臣記・太師李文達公》 公名賢，字原德，鄧州人，宣德八年進士。才藝有名，使山西，見御史薛文清公，益好學沉潛。裕陵即位，疏言帝王之道，赤子、黎庶、禽獸、夷狄，理一分殊，愛有差等。【略】公恭莊端重，練達政務，不屑爲小廉曲謹，薦用耿九疇、軒輗、年富、王竑、李秉、程信、姚夔、崔恭、白圭、許貴、顔彪、馮宗諸文武大吏皆得其人。天順四年，上諭選庶吉士必北人。公曰：「立賢無方，何限於南。」政務任九卿議擬，不相侵奪，時於上前參酌可否爲行止。王、馬二公在吏、兵部，皆上信任，公又能調護，以是兩尚書得行其志。

《皇明詞林人物考》卷二《李文達》 公恭莊端重，練達政務，不屑爲小廉曲謹，政務在九卿議擬，不相侵奪，薦用耿九疇、軒輗、年富、王竑、李秉、程信、姚夔、崔恭、白圭、許貴、顔彪、馮宗諸大吏，文武皆得其人。他若止汪妃之殉葬，出建庶人、吴庶人於中都，公預力焉。其著作明爽有致。

鄧元錫《皇明書》卷一六 賢莊肅端重，達大體，雖受上倚毗，未嘗侵九事權，接人和粹可親。位極三孤，每以榮滿自懼，堂曰「臨深」。不治田宅，不畜姬侍，終其身。

談遷《國榷》卷三四 賢字原德，鄧州人。宣德癸丑進士，授吏部驗封主事，歷考功文選郎中。景泰辛未，超兵部右侍郎，考察四川，頗不愜望，還歷户、吏部。天順初，兼翰林學士直閣。曹、石忌之，降福建右參政。已拜吏部左侍郎，進尚書。進對無虚日，應變救時，薦文武大吏多得人，相業過于前後。年五十九。贈太師，謚文達。

雜録

備録

陸容《菽園雜記》卷三 羅修撰倫上疏論閣老南陽李公奪情事，調泉州市舶提舉。章編修懋、黄編修仲昭、莊檢討㫤，皆上疏論元夕觀燈事，章調知臨武，黄調知湘潭，莊調桂陽州判官。李公殁後，淳安商公復入閣，言於上，皆得復其官。於是羅爲南京翰林修撰，章、黄皆爲南京大理評事，莊爲南京行人司副。適廬陵陳公文亦卒，士人有爲詩悼之者，末二句云：「九原若見南陽李，爲道羅生已復官。」蓋章、黄、莊三人之謫，實出上意，而羅之謫，李公不能無意，故云。先是，大臣遭父母喪，奪情起復者，比比皆是。至是始著爲令，皆終喪三年。奪情起復者，亦間有之，實出朝廷勉留，非復前時之濫，是則羅生一疏之力也。

陸容《菽園雜記》卷四 李文達公賢在内閣時，太監曹吉祥嘗在左順門，令人請説話。文達語云：「聖上宣召則來，太監請，不來也。」曹乃令二火者挽而

至。文達云：「太監誤矣。此處乃天子顧問之地，某等乃謹候顧問之官。太監傳聖上之命，有事來説，自合到此，豈可令人來召耶？」曹云：「吾適病足耳，先生幸恕罪也。」聞李公殁後，有事，司禮監只令散本内官來説，太監不親至。今日閣老請太監議事，亦不至矣。内閣體勢之輕，又非前比。【略】

成化初，給事中張寧等欲上疏乞起曹州李公秉爲兵書，河州王公竑掌都察院事。恐左右或問之，密以奏章請教南陽李公，且求調護。公視草，哂之，復正言曰：「薦人但當言其人可用，若預擬某爲某官，於事體得無礙乎？」寧深服之，乃退而易草以進。翌日，御批出，王爲兵書，李掌院事。後有問其故者，文達云：「事在朝廷，不可知也。意者上以王公少度，恩讎太分明，置之彼處，恐或不靜而然邪？」人服其有識而慎。

陸容《菽園雜記》卷五　天順七年二月十二日，兵部奉特旨，遣使臣下旱西洋，曰哈列地面、曰撒馬兒罕地面、曰哈失哈兒地面、曰阿速地面、曰土魯番地面、曰哈密地面、曰乩加思蘭處。各正副使一員，皆外夷人仕中朝者，或大通事，或都督，或都指揮等官，皆有主名矣。居無幾何，寢而不行，或云李文達公之力也。此事一行，朝廷爵賞糜費，固不可言，而沿途軍民勞苦損費，亦何紀極。況異時引惹邊釁，又未可知。使此事果自李公而止，正所謂仁人之言也。【略】

文莊葉公巡撫兩廣時，素與丘内翰仲深不合，丘每投間毁之。庚辰進士廣西張某嘗短葉於丘，丘因爲先容，進謁李文達言：「賊至城下，葉猶詠詩不輟，乃殺無辜之民爲功。」文達素知葉公，默識而已。蓋張某歸省時，葉嘗知其不檢，疎之，由是致怨，丘不察之也。丘素知文事非文達所長，且復護短，乃謂葉笑其詩文不佳，李公銜之。他日，錦衣吕指揮貴、湯都指揮胤績，盛稱葉公學問文章之美，且云：「置之内閣於先生無忝。」文達撫然曰：「與中笑我，乃爲入閣地邪？」及大藤峽用兵，敕韓公雍書有云：「往者葉某虚張捷報，致賊猖獗。」蓋張某先入之言，至是始發也。葉公後因言官之薦，僅以右僉轉左僉而已，文達殁後，始得入禮部云。

陸容《菽園雜記》卷六　天順間，文臣閣老李文達公賢，武臣錦衣衛指揮門達，最得君，而達尤聲勢隆赫，傾動中外，常忌李出己上，欲乘隙間之。有軍匠楊暄者，以工彩漆著名於時，一日疏達不法事以聞。達因愬於上云：「此李賢嗾之也。」知上必親鞫，密召暄囑之。暄懼死，陽承順惟謹。上果鞫於内苑山子下，暄以實對，云：「事非由賢，門達囑臣誣賢。臣與賢素不識，不敢枉也。」達由是寵衰而禍作矣。古人謂無好人三字，非有德者之言，觀此可知。

王錡《寓圃雜記》卷七《楊暄》　楊暄景和者，北京人，善彩漆之藝，亦智謀士也。天順間，錦衣指揮門達擅生殺之權，多陷害人。同時袁彬指揮者，隨英宗北狩，有扈蹕功，爲達所間，久在散地。憲宗初立，達恐其逼己，令邏卒發其陰私，欲置之死地。暄素不識彬，因抱不平之氣，爲彬訴屈，遂奏達違法二十餘事。奏入，上方與太監裴瑺擊毬，遽令達逮問暄，至其廨，達陳諸淫刑恐暄，暄神色不變，佯若無所與者。達歷詢其事，皆曰不知，且曰：「暄素係賤工，不識書字，又與君侯素無讎怨，何得爲此？望君侯屏去左右，暄有實告。」因告曰：「此閣老李賢與君侯不善，固爲此本，使暄抱進，亦不知所言何事。」達喜得其情，方飯至，因以酒肉賞其直。達早朝，因復奏，上命中官押諸大臣會問於午門之前，方引暄至，達欣然謂賢曰：「此皆先生所命，彼與我無干也。」賢方驚訝，暄即曰：「此達以酒肉賜暄，使暄言如此，當有某某見。」即指斥所奏達二十餘條，略無餘蘊。監押官與諸大臣皆曰：「達不得辭其罪矣。」録詞以進。上命法官正達罪，得免死，謫戍廣西以死。暄得脱，袁復寵任如故。京師人多能道其事。後暄至僉欽玉家，余亦見之。

王錡《寓圃雜記》卷八《李賢入閣》　天順改元之初，徐有貞方得君，上以閣下缺人，因問：「岳正可用否？」有貞曰：「臣性剛褊，正又過臣，恐不能共事。」又問：「李賢何如？」有貞遂贊其賢，因得入閣，蓋不虞上之連問也。後有貞之貶，賢反擠之，以其無誠心薦己耳。

尹直《謇齋瑣綴録》卷二　天順初，閣老皆被逐，徐有貞、薛文清公、許道中、李文達公代之。其中惟李公儀度端凝得體，薛雖學行老成，而因奏對誤稱學生，遂以失寵求退，可謂明哲保身者。徐則貌陋心險，許則鄙劣放曠。英廟始見徐退，諭左右曰：「徐有貞可惜無福。」一日，朝退，上東閣，階峻雪滑，許失脚傾仆倒地，匍匐復上，徐俛首側項，噱然而笑。至東閣，與衆官會揖後，與許笑不已，殊失觀瞻，僉咸鄙之。徐性多疑，方草即位詔，改竄不一，至經三宿，内閣乃完。及讀卷日，駕御文華殿，中官促進至再，尚遲延不至，故示偃蹇。後岳正繼之，進對盡言，甚至語唾鼻息，濺觸御衣，亦不自覺。英廟諭侍臣曰：「齷齪胡子對我言，指手畫脚。」故此數人旋被棄斥，而李則始終保全，安享富貴。蓋容貌詞氣，乃德之符；而高卑俯仰，吉凶之兆，君子可不慎歟！

尹直《謇齋瑣綴録》卷三　李文達公初薦布政陸瑜爲刑部尚書，石亨以私譖

之，久不召對，衆爲公危。及瑜至，當擬旨到任，同事者謂且擬侍郎，公曰：「吾以尚書薦，而改擬侍郎，則自慊不信矣。」竟擬尚書，從之。後瑜頗稱旨，乃復召對如舊。公爲人恭莊嚴重，得時行志，不爲小廉曲謹，平居號崇正學，能納人言，容善類，無南北之分。天順庚辰會試罷，予同衆考官見公，詢及人物，予曰：「《五經》魁中，張元禎神童也。人物獨王一夔，願先生留意。」及請選庶吉士，英廟諭公專選北人，公曰：「南人亦須選。」及會選於吏部，元禎初不與，公曰：「此神童，不可以貌取。」急追回，與進之。

成化丙戌廷試，王冢宰以程敏政卷字精楷，力贊爲第一。公曰：「論文不論書。」卒取羅倫第一。憲廟即位，進公少保、華蓋殿大學士，尚書如故。踰年，丁父憂，乞終制，不許。羅倫進言，請許公終制，詞涉詆訐。公怒，力辭，朝廷黜倫乃已。予引文彦博待唐介故事，請公留倫，公曰：「潞公市恩，歸怨朝廷，吾不可襲此。」公之言亦未爲無理。

天順中，李文達公獨見寵任，時冢宰王九臯以老成，大司馬馬昂以儀表，雖皆爲英廟所眷遇，而尤賴公所維持。凡公有所薦舉，必先諭意於二公。至御前疇咨時，於文則諉諸王公，武則諉諸馬公。或既自舉其人，亦必曰臣所知如此，還須召某等再審，二公亦如公言，以是上不致疑，下皆信服。

尹直《謇齋瑣綴録》卷四　至天順七年，錦衣指揮門達，總督官校緝事，兼鎮撫問刑，權傾中外，道路以目，人莫敢言。自計得以進言別是非於御前者，惟李閣老賢與袁指揮彬二人而已，謀排去之。乃捃摭數十事，上欲法行，不以彬沮，諭之曰：「從汝拿去問，只要一箇活袁彬還我。」彬既下獄，考訊苦楚，莫能自白。時有一藝人楊暄，善倭漆畫器，號「楊倭漆」者，憤然上疏論救。達欲并中李閣老，逼楊暄供指爲李所主使。楊懼拷死於獄，乃誑達曰：「此實李所主使，但我言於此，無人證見，不若請會多官廷詰，我對衆言之，李無得辭。」達信之。明日，遂遣二官徑詣閣門，要李出午門聽對。時李方自東宫講退，陳安簡、彭純道乃詰曾得旨否？曰：「未也，且暫去一對。」二公沮之。及至多官會問時，楊大言曰：「死則我死，我何敢妄指人？我一市井小厮，如何見得閣老？鬼神昭鑒，此實門達教我指也。」達失色。於是彬得從輕調南京錦衣衛帶俸，楊亦得免，人義之。李有從兄任安慶府同知，達又遣校尉往緝之，務欲傾李。尋以英廟上仙得免，達坐劾謫戍。彬復職，餞送達出城如禮，亦人之所難也。

黄瑜《雙槐歲鈔》卷八《玉堂賞花》　文淵閣右植芍藥，有臺，相傳宣廟幸閣時命工砌者。初植一本居中，澹紅者是也，景泰初增植二本，純白居左，深紅居右。舊常有花，自增植後，未嘗一開。天順改元，徐有貞、許彬、薛瑄、李賢同時入爲學士，居中一本遂開四花，其一久而不落。既而三人皆去，惟賢獨留，人以爲兆。明年暮春，忽各萌芽，左二右三，中則甚多，而彭時、吕原、林文、劉定之、李紹、倪謙、黄諫、錢溥相繼同陞學士，凡八人。賢約開時共賞，首夏四月，盛開八花，賢遂設燕以賞之。時賢有玉帶之賜，諸學士各賜大紅織衣，且賜宴，因名純白者曰玉帶白，深紅者曰宫錦紅，淡紅者曰醉仙顔。惟諫以足疾不赴，明日復開一花，衆謂諫足以當之。賢賦詩十章，閣院宫寮咸和，彙成曰《玉堂賞花詩集》，賢序其端，謂：「昔韓魏公在廣陵時，是花出金帶圍四枝，公甚喜，乃選客具樂以賞之，蓋以人合花之數也。予今會客以賞花，初不取合於花數，蓋花自合人之數也。夫人合花數者係於人，花合人數者係於天。係於人者未免有意，係於天者由乎自然。雖然，魏公四人皆至宰相，豈獨係於人哉？蓋亦合乎天數之自然矣。花歇於前而發於今，且當復辟之初，實氣數復盛之兆，所關甚大，又非廣陵比也。」然不久，諸學士中有從戎謫官者，事見《水東日記》，而不悉其詳，故識之。

王鏊《王文恪公筆記・李賢》　國朝自三楊後，相業無如賢者，其得君最久，亦能展布才猷。然在當時以賄聞，亦頗恣横。岳正自内閣出貶，後召還館中，賢欲以爲南京祭酒，正不欲。或譏之，正曰：「吾閣老也，乃欲逐吾於外？」都給事中張昂有時名，因失賢意，吏部擬二人京堂，乃皆出之於外，二人自是不振。葉盛巡撫廣東，或譏之曰：「盛自負其文，嘗指公某文爲不善。」因以韓雍易之。其敕曰：「無若葉盛之殺降也。」羅倫疏賢奪情，賢怒甚，欲貶於外，王翱勸其依文彦博故事，説留之，賢謝曰：「吾不能矯情如此。」

徐竑《皇明名臣琬琰録》後集卷九楊廉《少保李文達公言行録》　德足以附衆，量足以容物，學問則師古而通今，儀度則淵止而山屹。早貳秩於銓衡，遽超居於密勿，聳百僚之具瞻，偉朱衣而赤黻。預斷國是十有餘祀，而寵恩孰得而比肩；位列三孤禄享萬鍾，而富貴獨得以兩全。蒼生素望乎霖雨，賢才多賴乎推遷。履險如夷，卒免危顛。蓋惟小人之間不行，而君子之論具在，雖不永年，抑亦奚害。《澄江文集》

楊廉、徐咸《新刊皇明名臣言行録》卷二　公爲人孝友忠信，謙恭嚴密。居位號崇尚正學，能容善類，得時待志，自三楊後莫能及之。

焦竑《玉堂叢語》卷四　天順癸未，空中有聲，大學士李賢密疏曰：「傳言『無形有聲，謂之鼓妖』。上不恤民，則有此異。」因條不便於民者十事，上皆從之，即詔天下。賢又請罷江南所造段疋、磁器，清錦衣衛囚，止各邊守臣進貢，下番所遣使臣，停中外買辦、采辦。上不從。賢執之數四，止取前十條行之。左右見賢力爭，皆寒心，同列亦爲賢懼。賢曰：「古之大臣，知無不言，今雖不能盡然，至於利害繫國家安危者，豈可默默以苟禄位？」然上聖明，亦不以爲忤也。

天順末，讒者謂：憲皇，景帝嘗廢之，當別立嗣。英皇意頗疑之，獨李賢不從。一日，上病卧便殿，乃賢諭曰：「今庶事頗寧，顧大者反揺，奈何？」賢曰：「此國本也。」力陳不可動。上曰：「然則此位竟傳太子乎？」賢叩頭賀曰：「宗社幸甚。」遂傳旨召太子，須臾至，賢曰：「殿下事定，趨出謝。」太子抱上足對泣，讒遂不行。成化初，賢遭喪奪情，實憲皇固眷云。《後渠雜識》

焦竑《玉堂叢語》卷五　楊文貞欲識吏部郎李賢，示意南陽守陳正倫，因邀往見，賢不肯，曰：「無一面之雅而造門，是求知也。」

李賢奉命察山西河津蝗災，時學士薛公瑄以御史家居，往造之，叩質所疑。薛公亟稱之，以爲英悟淳確，非流輩可及。

李紹文《皇明世説新語》卷一《言語上》　李賢啓英廟云：「聞陛下夏不揮扇，冬不近爐，果然否？」上曰：「實然。」賢奏曰：「陛下聖質所稟堅厚如此，蓋由體備中和之氣。聞宋仁宗亦然。臣等受氣薄者，不用扇、不近爐，不能過也。」

李紹文《皇明世説新語》卷八《惑溺》　李文達云：予少見掛佛老像者，即斥其非，以爲名公必不如此。後居驗封，造冢宰宅，見正寢東嚴整一室，問之，曰：「佛堂也。」方駭嘆。已而見石首先生堂中高掛一幅，乃觀音像，不覺失笑。

蘇茂相《皇明寶善類編》卷下《言語》　李文達嘗言：天順初，衆議薦予入内閣，翰林黄諫即來恭喜，予曰：「何喜。昔寇準問王嘉佑外議如何，對云：『丈人蚤晚入相，以僕觀之，不如不相愈。』寇問故，對曰：『丈人負天下望入相，天下即以太平責之，丈人自料君臣能若魚之有水乎？』寇深嘆服其高見遠識。今以入閣爲拜相，時事如此，入閣何爲？未見其可喜也。」

張萱《西園聞見録》卷八　李文達公賢所居，圖書左右，口誦手録，雖老不懈。每有得，即識之。有《體驗録》一卷，《雜録》三卷。

張萱《西園聞見録》卷九　李公賢字原德，鄧州人。楊文貞每以不識公爲歉。南陽知府陳正倫，文貞友也，因邀公往見，公不可，曰：「無一面之雅而造門，是求之也。」英廟實録稿初成，總裁諸先生揭公會議，擇數老成者檢閱校正之，與者皆以朱筆點其名。時劉主静先生獨先指程編修敏政名以希合公，公不允。既而，主静又謂：「此編修年雖少，其實聰明，公勉從點之。」主静退，公謂左右曰：「君子愛人以德，何必爾也。」遽命刮去點，乃出示衆。

張萱《西園聞見録》卷一五　李文達公賢登左輔，受寵遇，每以盈滿爲戒，取《小旻》詩中語扁其堂曰「臨深」，以寓安不忘危之義。雖位及三孤，不蓄女侍。爲學務實，不爲空言，因自號淣齋。

樑維樞《玉劍尊聞》卷一〇　羅倫疏李賢奪情，賢怒甚，欲貶倫於外。王翱勸賢依文彦博故事留之，賢謝曰：「吾不能矯情如此！」

朱彝尊《静志居詩話》卷七　内閣紅芍藥一本，宣宗移自南大内植焉。代宗增植二本，左純白，右深紅，七年未花。裕陵復辟，徐武功有貞、許襄敏彬、薛文清瑄、李文達賢同時入爲學士，中一本恰開四花，其一久而不落。既而，三人皆去，惟文達獨留。明年春，萌芽，左二右三，中一本甚多，而彭文憲時、吕文懿原、林襄敏文、劉文安定之、倪文僖謙、錢文通溥、李侍郎紹、黄講學諫同升學士，凡八人，文達因約花時共賞。夏四月開八花，是日講學不至。明日，復開一花，僉謂講學當之。文達乃主賞花會，賦詩者四十人，裒成一集。蓋自宣德八年本院有文淵閣賞雪詩，未有若是會之盛者。至正德中，大學士梁儲、楊一清猶有詩倡和。嘉靖初，長洲陸粲爲庶吉士，賦詩云「此花初種自宣皇，百曲雕闌七寶妝。玉堂學士看花早，賦成芸閣留詩草。」度其時遺種尚存，其後不可問矣。

孫之騄《二申野録》卷二　賢立朝三十餘年，多委曲以容，卒贈太師，謚文達。陳文誌其墓，謂賢量宏而福厚，大臣遭遇之隆，無與比者。夫福誠厚矣，遭遇實隆矣，但忌岳正、張寧、王徽、王淵，俾終身棄置，而奪情戀位，不能釋憾于羅倫，則未見其量之宏也。王鏊曰：「國朝三楊後得君最久，無如李賢者，亦能展布才猷，然在當時，亦以賄聞。」夫爲相而以賄聞，此固竊攘之流也，比來益接踵矣。雖小有才猷，皆矯僞以自文耳，安足論哉！

陳田《明詩紀事》乙籤卷一六《李賢》　《國史唯疑》：郭璡爲兵部尚書，雅持正，試進士李賢嘉禾詩，謂有公輔器，與張紞之識楊士奇事同。

納蘭成德《淥水亭雜識》：玉堂賞花會，賦詩者四十人：學士則南陽李賢、安成彭時、檇李吕原、莆田林文、安成李紹、永新劉定之、錢塘倪謙、東吳錢溥，侍讀則金城黄諫，詹事則廬陵陳文、長洲劉鉉，侍講則眉山萬安、漁陽李泰，中允則

古杞孫賢，贊善則范陽牛綸，修撰則吴中陳鑑、博野劉吉、錢塘童緣、華容黎淳，編修則西蜀李本、毘陵王㒢、餘姚戚瀾、宜興徐溥、瓊山丘濬、泰和尹直、安成彭華、雪川陳秉中、臨川徐瓊、四明楊守陳、臨江吴匯，檢討則嚴州傅宗、安成張業、河東邢讓，翰林五經博士則天台鮑相，典籍則西蜀李鑑、泰和陳穀，侍書則浙江謝昭，其二人，則禮部員外郎臨淮淩耀宗、中書舍人江東曹冕。詩成，李賢序之，彭時作後序。

田按：諸公和李文達内閣芍藥黄字韻詩，彭學士時句云：「色借宫袍近柘黄。」林學士文句云：「玉帶肇名新賜白，金花應瑞舊圍黄。」倪學士謙句云：「託根終近省闈黄。」又云：「近侍曾聞亞姚魏，品題今喜得蘇黄。」黄侍讀諫句云：「資福玉盤先逞白，廣陵金帶總腰黄。」永新劉學士定之，則玉帶白、宫錦紅、醉仙顔各賦一詩，見本集。此後成化中，徐少傅溥賦内閣芍藥，用吟、扉二韻，本院官皆和之。正德中大學士梁儲、楊一清賞芍藥，用東、冬、清、青爲韻，詩各别紀於後。

備論

習經《尋樂習先生文集》卷一四《贈考功郎中李君序》 南陽李君原德日者自驗封主事，秩滿九載，吏部以考功郎中缺員，亟擬爲請，遂從，超授之，朝之大夫士莫不以爲宜焉。謂驗封、考功皆吏部屬也，君在驗封，自卿佐而次，歲月相處，朝夕相視，必審其爲德之美，莅職之善，故擢之考功，專長一司，以考課内外百司，而黜陟之，所係凢重，非見知平昔之有素，奚委託如是哉。又謂其先世以義相聚，兄弟輩同爨而食者五十人，宋時嘗旌爲義門。至于有元，義卿仕行省平章，威仕乾州總帥，並有時名，以忠厚相遺，家世所積，非一日矣。原德始用明經登進士第，躋踐仕途，兹復擢任華要之地，黜陟百司，由是底于遠大以食其報者從可卜也。

或曰黜陟百司，所以爲有位者勸戒也，誠欲詳乎黜陟，而較其功狀，則巧詐偏出而能否相淆，及察其毁譽，又或所司臨莅之者。愛憎非正，以承順風旨、狥其所私者爲能，其有自持剛介、確焉無變者則扞格不合，非惟不能要譽，而毁亦隨之，凡若是者何由得其實。以爲之勸戒。予曰：是無難也，第切責其上司親臨而考□□，一有不當輒反坐之，奚患不得其實而不能勸戒也。□□特循常格而爲之，亦非所以待非常之才德者也。古之人有自郡守而任三公者焉，有布衣而位宰相者焉，朝上書而暮爲卿佐者焉，是又本乎薦舉而出乎考課之外也。誠如是，又奚有位者之不勸戒矣乎。故曰：舜有天下，選於衆，舉皋陶，不仁者遠矣；湯有天下，選於衆，舉伊尹，不仁者遠矣。然求其爲有司者必本諸至公至明，而後能耳。

君之受任也，郡邑之同仕于朝者徵文爲賀，予辱相知之雅，故序以贈，并爲凡在同僚者告，且以告夫當路者云。

丘濬《瓊臺詩文會稿重編》卷二四《祭李學士文》 嗚呼，世所謂貴貴，莫如三公。公居師保，位重望崇。世所謂富富，莫如萬鍾。公品第一，禄厚秩穹。名揚四海，心結九重，一世之人，孰能踰公？得君如此其久，委任如彼其隆，天下方待其膏澤，百師共仰其威風。胡木冰之是變，忽楹夢之兆凶。一疾弗起，俄然告終。訃聞中外，孰不怨恫。某等幸居禁近，每親德容。賴扶持之有自，咸涕泪之無從。薄陳卮酒，用表哀悰。

彭韶《彭惠安集》卷一〇《少保文達李公贊》 河岳之英，鍾爲哲人。體貌明粹，踐履貞純。潛心六籍，濯舊來新。不二以止，乃翕而信。受知英皇，忠信日親。密勿帷幄，人望如神。太平宰輔，定策元勳。

尹直《謇齋瑣綴録》卷四 按：昔石亨初欲陷徐有貞，得馬士權不屈而免。今門達欲陷李賢，以楊暄不屈而免，世曷嘗無義士哉！主使之套，今猶襲用之，豈成憲然哉？賢之不爲有貞，特天幸爾！吾於二義士有感。

程敏政《篁墩集》卷五《祭婦翁大學士李文達公文》 維成化三年，歲次丁亥，正月戊辰朔，越八日乙亥，壻翰林院編修程敏政謹以牲醴之儀，泣奠于少保、尚書、大學士贈太師文達公尊丈之靈座前曰：嗚呼，政生十齡，粗守庭訓，誤蒙召命，遠赴京師。惟時我公，實司帝制，命題試我，喜溢長眉。親教詩書，正其句讀。動止語默，罔不容心。迨及壯年，遂妻以子。奈何遐棄，失我依歸。屬纊之前，遺書見屬。政愚不肖，此任曷堪。惟當竭心，以還治命。但所恨者，生不能侍藥左右，殁不得執紼塋園。薄奠載陳，有淚如雨，尊魂如在，鑒此哀誠。

程敏政《篁墩集》卷三八《書古穰續集後》 先師文達公《古穰集》三十卷，走所編者梓行已久。公子尚寶卿士欽及其弟錦衣千户士敬蒐其家之所藏與得之

四方者，復畀走詮次爲續集以傳，敬諾之而未暇也。適者蒙恩納禄，屏居山中，始克定著爲二十卷如右。

嗚呼，公之歿，今二十餘年，天下之人猶頌其盛烈，思起之於九京而不可得，則公所爲不朽者，豈直文而已哉。士欽昆弟名位日升，知先訓之爲重，相與謹之，不遺餘力，蓋君子之澤益衍益長如此，爲善者可以勸矣。獨以走之不肖，行毁業荒，不能副公之教，而謬當編次校讐之責，恒懼議者不足，尚累師門，每作復止。然士欽之託甚堅，不可以弗盡也。謹什襲歸之，而竊識其後。

程敏政《篁墩集》卷五二《鄧州新建李文達公祠堂時祭文》代作　惟公高文碩學，一代宗儒。重德令猷，兩朝元輔。儀刑雖遠，盛烈如生。乃眷鄉邦，有嚴祀典。仲春吉旦，恭薦常儀。仰止高山，曷勝景慕。

程敏政《篁墩集》卷五三《寄安福吴學士先生書》　奉違風采，轉首數年。緬想林下道體安和，足慰後進翹企之私。往者婦翁文達李公先生《古穰集》荷蒙寵以序文，泉壤增重。手藁藏于生所，方欲鋟梓，不意隣有回禄之變，倉卒搬移，書帙散亂，竟爾亡去，不勝惘然。用是輒敢冒昧再請録過一本，遇便示及，足見前輩始終相與之意。生與妻弟尚寶君日夕引領在此，老先生必能諒之。

《明文衡》卷九七劉定之《翰林院祭李文達公文》　公生中土，河嶽降英。魁鄉對廷，際于聖明。宣廟擢材，英皇授職。遂由宰屬，薦陞華級。諸部乃佐，黄閣乃居。天順返正，日贊訏謨。公之事主，有始有卒。裕陵復土，甫終遏密。公亦往矣，龍髯追攀。乘彼白雲，仙馭乃叅。公之事親，封以孤保，父子横玉，以至于老。既送考終，遽從九原，忠孝克終，其曷如焉。天子念公，贈謚葬蔭。朝行惜公，弔賻哭臨。矧僚與屬，永訣顯幽。陳辭靈几，以侑醪羞。

王瓊《雙溪雜記》　中官吉祥者，傳太后勑旨，令石亨等迎駕有功，然不通文墨，恐事歸司禮監，以此極力贊説，凡事與二學士謪議而行。時徐有貞、李賢爲吉祥所引，入閣辦事，故除于謙等皆用徐有貞策，而賢陰助之。先吏部侍郎缺，調兵部侍郎項文曜於吏部，李賢以吏部郎中陞至兵部侍郎代文曜，蓋嫌於陞本部，與尚書王翺並之意。謙嘗薦文曜，賢以爲今調出謙意，深啣之。後給事中王鎮等劾文曜爲賢奸黨，都御史蕭維禎亦吉祥所引用，文致謙罪，以爲欲行主立外藩依謀反者律，淩遲處死，以文曜爲知于謙謀反故縱者，律斬。其事載于李賢所著《天順日録》，并都察院蕭維禎所搆獄案皆有可攷。《天順日録》内賢自言助有貞展盡底藴，知無不言。又言「有貞素行持公者少，及其當道，予持公以助之，遂改前轍。」觀此，則有貞誣害于謙之事，謂賢不與謀，情乎。況《日録》所著屢短文曜，以爲黨附于謙，士林非笑，不知于謙非邪人，而文曜黨附爲何事也。唐李訓、鄭注爲宦者王守澄等所引用，既而欲除王守澄等以自新，而李訓又恐鄭注獨擅其功，遂致甘露之禍。徐有貞、李賢爲吉祥、石亨所引用，既而慮爲二人所累，欲以至公除之，幾致禍變。如石亨每來内閣議事，則欲出己意，而令内閣行之，徐有貞等得無厭乎？一日，論及江西隱士吴與弼，亨慨然欲薦之，賢乃代草，付亨奏之，則吉祥、石亨與徐有貞等、李賢相親厚可見矣。

天順間，蕭維禎爲都御史，阿附吉祥、石亨、徐有貞害于謙等，文獄案故入死罪，律當反坐。後維禎陞南京刑部尚書，都御史寇深爲吉祥姪曹欽殺死，舉代者，李賢首薦維禎可用，上曰：「此人曾在吉祥處通情，吉祥力薦之，非端士也。」遂不用。夫蕭維禎奸黨誣忠，而賢薦用之，則賢爲有貞之黨益昭昭矣。

張璧《陽峰家藏集》卷三一《過鄧州寄奠李文達公文》　惟公一代偉人，三朝元老。才名負公輔之望，德量爲帝者之師。功業在朝廷，惠澤滿天下。百辟望其風采，四方倚爲安危。是宜享有榮名，丕振弓裘之業；施諸後裔，克承鍾鼎之勤。某晚進樗才，謬膺史職，兹者道經宛洛，望切斗山，庸將蘋藻之儀，少寓斯須之敬。靈爽不昧，尚冀時歆。

廖道南《殿閣詞林紀》卷二　廖道南曰：予觀《天順日録》，乃知賢之相業僅有此耳。及觀國史，謂徐有貞既去，賢獨留被眷，英廟每視朝畢，左右顧，則呼賢與門達語，良久乃已。時召入文華，有所咨詢，言無不從，自三楊以來得君未有如賢者。然而海内之士奔走匍伏以干恩澤者紛如，獨立不懼，惟一羅倫而已。於乎，難哉。

贊曰：賢哉賢也，志可則也。遇主於巷，重納約也。始扼曹石，繼門達也，豶豕之牙，勿躑躅也。得專行久，茂功烈也。賢哉賢也，胡可埒也。

《憲宗實録》卷三七　賢博厚有度量，誠心待物，有事輒以詢諸人，矢口出言，不爲城府。立朝三十餘年，惟一出四川考官，進退臧否，頗不協人望。天順初，徐有貞既去，獨被眷顧。時常召入文華殿，有所咨詢，然多杌於權姦，不敢盡言。後權姦敗，機務悉委賢，言無不從。英廟每視朝畢，立寶座上，左右顧，左顧則呼賢，右顧則呼門達，賢至御前，語良久方出。正統以來，大臣得君未有如賢者。天順初，石亨等以迎復爲功，恃功干政，言多不遜，賢密進言曰：「天位乃陛

下所固有，景泰不起，羣臣自行表請復辟，何以兵爲。萬一不成，禍且不測。況宮禁非用兵之地，不懲之，後將效尤，以階禍於無窮。」英宗大悟，而亨等恩寵自是漸衰。天順末，門達怙寵作威，分遣官校於天下緝訪事情，所至紛擾，軍衛有司聞風戰慄，需求賄賂，動以萬計。賢因百户陳以節者擾害江西以爲言，英宗以戒達，達黨始少戢，然啣賢次骨，百計摭賢罪，將寘之死地。英宗知之，譖不行。上初嗣位，每因事進諫，頗切治理。性喜讀書，公暇手不釋卷。好談性理之學，作爲文章援筆立就，不事雕琢。陳文誌其墓謂：賢量宏而福厚，大臣遭遇之隆無與比者。蓋實録云。

鄭曉《吾學編·皇明名臣記》卷一五　公恭莊端重，練達政務，不屑爲小廉曲謹，薦用耿九疇、軒輗、年富、王竑、李秉、程信、姚夔、崔恭、白圭、許貴、顔彪、馮宗諸文武大吏，皆得其人。天順四年上諭選庶吉士必北人，公曰：「立賢無方，何限於南？」政務任九卿議擬，不相侵奪，時於上前衆酌可否爲行止。

唐樞《國琛集》卷下　自正統前，三楊碩贊，繼世迪德，海内晏安，人相忘於治平之間。及國事倥偬，主上多凶多懼，典機密者叢計慧以戕元氣，如陳、如王、如江、如徐，百較蝟發，而天子孤立於上，豈不畏乎。文達賢能，而又黜機，可謂粱肉輿平矣。然本然普照之靈，萬物皆備之體，爲天下者不可以自損，則又所當講也。

袁袠《皇明獻實》卷二三　袁袠曰：國制，罷丞相而任六曹。文皇帝始簡文學行誼之士入直内閣，備顧問，司王言，參與謀議，寵任冠百僚。百七十年以來，其當國最專且久，言行計從，終始恩禮者，三楊之後文達而已。天順初，英廟勵精，徐、薛罷位，而吉祥、亨、彪怙寵侵權，竊簸蟠結，作孽無已，賴李公燮調其間，數進匡順，竟以無虞，故世稱賢相者必曰三楊、文達云。

何良俊《四友齋叢説》卷七　我朝相業，獨稱三楊與李文達。然文貞不死建文之難，而文達奪情一節，皆於大節有虧，他復何論耶？獨文貞不肯移兵征趙府，李文達當英宗復辟時能調停中外，此二事乃二公之卓然可稱者也。

朱睦㮮《皇明中州人物志》卷八　論曰：睿皇之復辟也，旁求俊髦，布列三事，李公以特達見知，爰立作輔，言行計從，始終恩禮，雖馬周之遇太宗不啻過也。當是時，吉祥、亨、彪以翊戴之功妄恣貪虐，覬覦神器，賴文達調停匡救其間，卒戡除大亂，坐臻太平，其功烈偉矣。晚節以起復蒙訾毁，余嘗竊議文達亦有不能去者：受先帝顧命，當主少國疑之時，四上章請，不許。於戲，義之所在，將安所之？論者弗度時宜，聞者又復附和，使公之志遂不獲暴白，惜哉！

項篤壽《今獻備遺》卷一九　論曰：國朝入直内閣，當國最專且久者，三楊之後惟李文達公。方天順初，徐、薛罷位，吉祥、亨、彪怙寵蟠結，李公燮調其間，數進匡順，可謂良矣。儷美三楊，以勳名終，不亦宜乎？

鄧球《皇明泳化類編》卷五　嘗觀尹直《瑣綴録》載賢爲人恭莊嚴重，得時行志，不爲小廉曲謹，平居好崇正學，能納人言，容善類，無南北之分。竊觀文達始以斥倫之事甚輸相度，後有嘲以詩云：「九泉若遇南陽李，爲道羅倫已復官。」《雙溪雜記》載李賢爲曹吉祥所引入閣，其除于謙也，陽用徐有貞策，而賢陰助之。又云《天順日録》内賢自言助有貞展盡底蘊，知無不言。又言有貞素行持公者少，及其當道，予持公以助之，遠改前轍。觀此，則有貞誣害于謙之事，謂賢不與謀，情乎？《震澤紀聞》云：國朝自三楊後相業無如李賢，其得君最久，亦能展布才猷，然在當時以賄聞，亦頗恣横。

李贄《續藏書》卷一一　李禿翁曰：既已食君之禄，官居一品，君命起復，即宜不俟駕行矣，不必怪東怪西，謂彭華嗾使羅倫，以代公表白，反使羅倫亦蒙不韙之名也。余謂若欲盡孝，自不宜出仕，既出仕，藉君養親，又持終喪之説以買名，皆無廉恥之甚者。苟在朝不受俸，不與慶賀，不穿吉服，日間入公門，理政事，早晚焚香哭臨，何曾失了孝道。況忠以事君，敬以禮國，委身以報主，忘私忘家又忘身，正孝之大者，乃反以爲不孝，可與？天順反正八年之間，非文達挺身負荷，則曹、石之徒依然敗壞潰裂，不可收拾矣。何莫非文達行孝去處，而必以區區廬墓哭泣，乃爲孝邪？吾不知之矣。

鄧元錫《皇明書》卷一六　論曰：李文達使河東時，聞薛文清語學，心大動，欲執贄從受學，以使事弗果，乃心終不忘。及見吴聘君，降意推挹，即尹翰林譏，弗貳也，終全其休休，故好善優於相也。

尹守衡《明史竊》卷六七　論曰：李公游目於華韡雜處之中，慨然有辛有爲戎之歎，卒之辛巳之變，喋血朝堂，稱兵禁闥，曩日之言不其驗乎？至其紊權凶譏，終調鼎鼐，忠以悟主，和以處邪，八年之間，左右雖煩有徒，國是不淆君小，天子固云明聖，夾輔之力良多。但其狃旦夕之權宜，忽蕭墻之早計，倉卒禍興，狼狽亡及，幾不免於虎口，將所謂當斷不斷，反受其亂，非耶？自貽伊慼，尚誰

懟也。

張弘道、張凝道《皇明三元考》卷三　賢恭嚴莊重，不爲小廉曲謹，平居無疾言遽色，其容粹然，見者如在春風中。論者謂天順以來所以正君德、恤民生、進賢才、廣言路、抑僥倖、却夷狄，皆賢之力云。三楊之後，文達一人而已。

唐鶴徵《皇明輔世編》卷二　太常氏曰：文達歷事三朝，皆虚懷受善之主，委任甚隆，蓋人臣千古之一遇也。文達亦盡展生平，隨事効力，周旋於武功、曹、石諸人之間，力抗其鋒，雖取怨禍，曾莫之恤。卒能開明奪門之非，芟除倖位，廓清朝宁，俾利國家之有事以取富貴者，杜其邪心，功顧不偉歟？一時文武大吏多所薦拔保全，鹽山、懷遠、均州、華容之得展其志，説者謂有賴焉。何以於羅修撰、岳太嘗不可磯如是？余觀自來有能宰執，遇事多有妙用，以彌縫天下之耳目，而蓋其缺失獨於正人少左，獨甘心敗露，此《大學》於好惡一念自誠意以至修齊、治平，不厭三復爲人告也。文達所切磋於文清之學，又安在哉。

孫奇逢《中州人物考》卷二　野史氏曰：文達得君之知，作相之久，據其言，議其事，既不違乎天理，又不拂乎人情，可謂通達治體者矣。惜也，奪情一事，相業不光。羅倫詣私宅告以不可，始以其言爲然，乃不能引決。及倫抗疏極論，遂落職，則過矣。後王翺引文彦博留唐介故事，請賢留倫，又曰「潞公市恩，歸怨朝廷，吾則不敢」，則尤過矣。總之，休休有容，未免遜古一介臣耳，此豈小失也。神廟時江陵才相復蹈此轍，沈懋學之上書，與羅倫之抗疏，可稱明朝二嶽。

談遷《國榷》卷三四　談遷曰：睿皇之復辟也，旁求俊髦，布列三事。李公以特達見知，爰立作輔，言行計從，始終恩禮，雖馬周之遇太宗不是過也。當是時，吉祥、亨、彪以翊戴之功，妄恣貪虐，覬覦神器，賴文達調停匡救其間，卒勘大亂，坐臻太平，其功烈偉矣。晚以起復蒙訾毁，予嘗竊議文達亦不能去者：受先帝顧命，當主少國疑之時，四上章請，不許，於乎，義之所在，將安所之。論者勿度時宜，聞者又復附和，使公之志遂不獲暴白，惜哉！

查繼佐《罪惟録》列傳卷一一　論曰：處羣小黨簇之時，得行其志，古大臣格君心之非，賢是矣。夫便坐屏人時，何不直以誅滅佞倖快進苦口，而但曰每事睿斷，公以處之？知過激事必不終，識得宣尼女樂之饋，不尚廷諍，則所慮誠遠且大哉。至于斥冒功，定國本，安汪后，卹于謙，數事關國是最大。雖然，風雷不作，倭漆無言，帝悔亦遲矣。後世良臣，較難于唐虞之日，衆正之與孤忠，豈止尋丈也歟！按《雙溪日記》謂文達爲石亨代草，薦吴與弼，寔比亨。而尚書項文曜坐黨謙故縱，坐戍。其西市謙也，或曰賢亦預之。賢手著《日録》，有云：有貞素行持公者少，予持公助之，遂改前轍。知賢諸有權用矣夫。獨《日録》又云景皇不孝于親，不敬其兄，不睦其配，流於荒淫數語，不用微詞。夫帝即降郕王，賢故君也，侍郎禮部，恩不爲薄，豈將以直訐阿復辟乎？此則不可以權例。

傅玉麟《明書》卷一二五　史官曰：漢文自代來，絳侯等欲請間，文帝謝曰：「所言公，公言之，所言私，王者無私。」大哉言乎，杜萬世邀立邀功者之倖門矣。英宗以啓寵北轅，及復辟之日，貪功怙勢，實繁有徒，倒持太阿，使天子不得舉手。微李賢忠以犯難，勇以斷割，知以當機，奪羣小威福之柄以還天子，其不蹈土木之轍者幾希矣。賢之功以是爲烈。至於止汪后之殉，出建庶人之錮，其言足貫幽明，古稱社稷臣，何以尚諸。

《明史》卷一七六　贊曰：英宗之復辟也，當師旅饑饉之餘，民氣未復，權奸内訌，柱石傾移，朝野多故，時事亦孔棘矣。李賢以一身搘拄其間，沛然若有餘。獎厲人材，振飭綱紀。迨憲、孝之世，名臣相望，猶多賢所識拔。偉哉宰相才也。彭時、商輅侃侃守義，盡忠獻納，粹然一出於正。其於慈懿典禮，非所謂善成君德者歟。輅科名與宋王曾、宋庠埒，德望亦無愧焉。吕原、岳正、劉定之雖相業未優，而原之行誼，正之氣概，定之之建白，咸有可稱，故以時次，並列於篇。

藝文

嚴遂成《明史雜詠》卷二《李文達賢》　三楊以後推賢相，大體調和遇最優。敢諫匏開文靖口，重傷璮裹晉公頭。先朝故后追封號，大内孱孫釋繫囚。獨惜受知由景帝，荒淫書詆晉陽秋。

泣扶帝足拜東宫，文武同心部論公。邊釁不開傳國璽，禪儀竟冒奪門功。禳災九事言之盡，起復三辭制不終。蜚語滿空危已甚，特煩衛士宿家中。

王士禎《居易録》卷二一　張寶菴璽妹壻知新野縣，寄李文達公賢《古穰文集》寫本三十卷，《天順日録》、《古穰雜録》皆在集中。予按：《篁墩集》云《古穰

集》三十卷，走所編者梓行已久，公子尚寶卿士欽、弟錦衣千户士敬蒐其家藏與得之四方者，復畀走詮次爲續集，定爲二十卷如右。此蓋前集也。篁墩撰公行狀又云有《和陶詩》二卷、《和杜詩》一卷、《讀易記》、《讀詩記》各一卷，《南陽李氏族譜》若干卷，《體驗録》一卷，今本皆無之。大抵公之得君與李文饒相似，才畧相業亦畧相當，然公遇石亨、曹吉祥而不死，以功名終，文饒晚遭貶竄，見死太牢之黨，則命也。

明景帝部

綜述

《明史》卷一一《景帝紀》　恭仁康定景皇帝，諱祁鈺，宣宗次子也。母賢妃吳氏。英宗即位，封郕王。

正統十四年秋八月，英宗北狩，皇太后命王監國。己巳，皇太后詔立皇子見深爲皇太子。九月癸未，王即皇帝位，遥尊皇帝爲太上皇帝，以明年爲景泰元年，大赦天下，免景泰二年田租十之三。十二月庚戌，尊皇太后爲上聖皇太后。癸丑，尊母賢妃爲皇太后。甲寅，立妃汪氏爲皇后。

景泰元年春正月丁丑朔，罷朝賀。辛巳，城昌平。壬午，享太廟。丙戌，大祀天地於南郊。二月戊寅，耕耤田。〔秋七月〕己巳，楊善至瓦剌，也先許上皇歸。八月癸酉，上皇發瓦剌。戊寅，祀社稷。甲申，遣侍讀商輅迎上皇於居庸關。丙戌，上皇還京師，帝迎於東安門，入居南宮，帝帥百官朝謁。庚寅，赦天下。

二年春正月庚戌，大祀天地於南郊。二月辛未，釋奠於先師孔子。三月壬寅，賜柯潛等進士及第、出身有差。〔秋八月〕辛巳，復午朝。

三年春正月丙午，大祀天地於南郊。夏五月甲午，廢皇太子見深爲沂王，立皇子見濟爲皇太子。廢皇后汪氏，立太子母杭氏爲皇后。封上皇子見清榮王，見淳許王。大赦天下。

四年春正月辛未，大祀天地於南郊。十一月辛未，皇太子見濟薨。

五年春正月戊午，黄河清，自龍門至於芮城。甲子，大祀天地於南郊。三月壬子，賜孫賢等進士及第、出身有差。

六年春正月戊午，大祀天地於南郊。五月己巳，禱雨於南郊。

〔七年春正月〕壬午，大祀天地於南郊。二月庚申，皇后崩。甲子，營壽陵。六月庚申，葬肅孝皇后。〔冬十二月〕癸亥，帝不豫，罷明年元旦朝賀。

〔八年春正月〕丁丑，帝輿疾宿南郊齋宮。己卯，羣臣請建太子，不聽。壬午，武清侯石亨、副都御史徐有貞等迎上皇復位。二月乙未，廢帝爲郕王，遷西内，皇太后吳氏以下悉仍舊號。癸丑，王薨於西宫，年三十。謚曰戾。毁所營壽陵，以親王禮葬西山，給武成中衛軍二百户守護。

成化十一年十二月戊子，制曰：「朕叔郕王踐阼，戡難保邦，奠安宗社，殆將八載。彌留之際，奸臣貪功，妄興讒構，請削帝號。先帝旋知其枉，每用悔恨，以次抵諸奸於法，不幸上賓，未及舉正。朕敦念親親，用成先志，可仍皇帝之號，其議謚以聞。」遂上尊謚。敕有司繕陵寢，祭饗視諸陵。

焦竑《皇明人物考》卷一　景皇帝諱祁鈺，宣宗第二子，賢妃吳氏所生，初封郕國王。正統十四年，英宗北轅，乃即皇帝位，尊母吳妃爲皇太后。景泰八年，英宗復辟，仍爲郕王。是月薨，壽三十。謚曰「戾」，葬金山。成化十一年，復皇帝號。后汪氏，中兵馬指揮英之女。初爲郕王妃，景皇即位，立爲皇后。英宗復辟，仍廢爲郕王妃。正德元年薨，合葬金山。再立皇后杭氏，以天順元年廢而死。當兒皇之北轅，則攝步以維艱，逮神器之有歸，則服藩以多遜。惜乎，未幾而遽薨，且又乏嗣而罔繼。靖言思之，良足致慨。

何喬遠《名山藏》卷一三《典謨記・景皇帝》　景皇帝景泰元年正月，太上皇在迤北，燒表告天地。也先設羊酒斷頭山，奉宴，也先妻及酋衆進皮條爲賀。【略】閏正月，韓王範圳薨。大同總兵官右都督郭登敗虜栲栳山，封定襄伯。初，喜寧引虜破紫荆關。虜欲以輕騎送上皇，喜沮虜者再。至是，登獲虜諜言誘擾邊者出喜寧。二月，上皇居東勝州。也先使那哈來朝，上語也先使喜寧及高旺與之俱。既行，上皇使袁彬、哈銘送。微雨，上皇曰：「此洗屍雨也。喜寧不反矣。」高旺至邊，亦言喜寧於邊人。及野狐嶺，右參將楊俊令邊人爲喜寧置酒，將食，縛之，歸京師，磔之市。三日，報至，上皇亦喜，曰：「我故言洗屍雨。」是月也，命石亨佩鎮朔大將軍印，充總兵官，巡哨大同。都指揮楊能充遊擊將軍，巡哨宣府。太上皇第四子見淳生。三月，也先聞喜寧誅，與賽刊王議領部屬異道入寇，必送上皇。【略】

五月，虜分道入犯河曲縣，復犯義井屯堡，盡殺其守卒及指揮僉事劉受，復圍代州，寇宣府。已虜酋阿剌知院以虜主脱脱不花之命來，遣其參政完者脱歡貢馬，請和。至懷來，使太常寺少卿許彬、錦衣衛指揮同知馬政往察其情僞。完者脱歡言：「講和退兵，即奉上皇還，不，且率衆大舉。若見疑，請以爲質。」帝問户部尚書兼翰林學士陳循曰：「虜可和耶？」循曰：「遣而備之。」是月，旱不雨。

六月，太子太保兼吏部尚書王直率諸大臣言：「上下神祇，陰誘虜衷，使來請和，臣等切惟陛下大寶嗣登，天與人輸，永永無二。陛下隆敬兄之心，尊爲太上，昭告天地宗廟社稷，名位已定，天下之人皆以爲宜。今車駕還虜中，太上尊居，不復事天臨民，陛下但盡崇奉之禮，即稱天倫之厚。伏望俯從虜請，遣使答之。如果至誠，即別令大臣迎駕。」帝曰：「當時大位，卿等歸我，非出朕心。大兄蒙塵，朕累使往，虜不聽從，無如詐何？」于謙從旁對曰：「陛下大位已定，誰復異議？答使盡禮，紓虜難也。」帝曰：「從汝，從汝。」既出，帝使人追問曰：「即使虜，誰可者？孰爲富弼、文天祥？」王直對曰：「孰非廷臣？孰敢不應？」丙戌，也先帖木兒奉太上皇至大同城下。郭登開門以迎，朝服立于闉，伏人城上，約駕入下懸閘。及門，虜覺，復擁上皇去。遂轉犯懷來。戊子，月食。

七月，以禮科給事中李實爲禮部左侍郎，羅綺爲少卿，馬顯爲指揮使，偕完者脱歡往以報請和之議。帝遣可汗及也先書，不言及迎上皇事。頃之，虜主脱脱不花使復至，求與廷臣同往。王直等以請，帝曰：「李實方行。」已命都察院右都御史楊善、工部右侍郎趙榮爲正使，都指揮同知王恩、正千户湯胤績爲副使，與使同往。禮部尚書胡濙等請量齎服食御用太上所需，不報。實至，朝上皇，上皇皮帳布幃，席地而寢，獨袁彬等三人侍傍，牛車一輛，馬一匹，以備徙營。上曰：「爲天下生靈，躬率六軍，不意被陳友、王振等所陷，念非樂酒從獸。以至於此。也先送我，固其誠意。喜寧導行引破紫荊關，再圖京城，以此不得還歸。後嘗一到小黄河，一到乾河，又復阻也先送我。振、寧死矣，陳友罪不可赦也。」因問聖母，今上安否，問舊臣，一一道其名姓。上曰：「我居虜一歲矣，何故不來迎歸？我衣服冠帶帽靴將得來否？」實對曰：「陛下蒙塵，天下臣民如喪考妣。從虜中還者有言見陛下，有言不見，虛實難知。遣臣來探，故不將得。」上曰：「汝言當今皇帝及文武羣臣遣人迎我，還守祖宗陵寢也可，爲百姓也可。也先言不迎我，擾邊十年，亦不甘休。我不足惜，須念祖宗社稷生靈。」實奏臣誠悲痛，陛下昔日錦衣玉食，今至惡陋。輒有白粲數升，欲進厨下，上曰：「此小節爾，朕念歸也。」實曰：「當日王振一宦官耳，陛下何故寵之太過，以至今日？」上曰：「我亦知之。無事時人皆不言，今乃罪我，我悔何及？」實退將行，復朝辭，請返國之日引咎避位，上皇嘉之。日暮，上皇情色凄然。

實與虜使還朝，具述虜情及上皇起居狀。諸文武大臣合上疏曰：「臣等共詢李實，言出塞道中行，群虜聞欲議和，皆舉手加額。及見也先，殊喜，言迎使夕來，大駕朝發。天日在上，決非妄言。引見上皇，亦謂虜信。上皇淒切不忍之情，實又具道。臣等切詳虜人悔過請和，實天地宗社之福，宜仍遣實詣虜迎復。」上曰：「虜詐。楊善已去，第以迎復之意書勅付虜使還。」文武大臣言：「虜非詐也，臣等詢李實詳矣。虜使來和，尚遣使答，今請迎復，乃不與偕，是輕迎駕，重講和也。虜之復疑，和且不終，不迎駕歸，何以和爲？」帝令再議。李實言：「也先約臣迎駕毋出八月五日，臣言須得朝旨，不敢擅爲期，也先言此期決不可失，遂令酋長偕羅綺往大同一帶調回擾邊人馬。臣還過宣府、懷來，見軍民始敢出郊芻牧，誠非空言。臣曩將命止爲講和，迎復日期實出也先，伏望陛下俯從群請，即遣材智大臣往。脱虜有詐，亦可塞之。若過所期，更欲使臣，亦不敢往。」帝命再議。及虜使還，竟付迎復於勅書而已。文武大臣復言：「事會不再，機不可緩，願陛下體上皇之心，順臣民之情，不然，虜人指此爲兵端矣。」乃命擇人以聞。群臣皆言實方從虜來，得其要領，即實可再。帝竟不遣，曰：「待楊善歸。」監察御史畢鑾等復言：「群臣之請切矣，陛下必待善歸。夫中國所恃者信義也，不迎不義，失詞不信，就令虜詐，我備在也。」不報。翰林院簡討邢讓復以爲言，帝曰：「上皇朕兄，豈有不迎？虜情叵測，正欲探之，情誠而迎，又何暮焉？」

八月，楊善至虜中。也先曰：「大臣來矣，不可無信。」引見善於上皇所，與伯顔帖木兒殺馬牛爲酒送上皇行。【略】帝以太上皇且至，勅禮部具迎復儀注，兵部總戎具防變方略。先是，累奏不得旨。至是，群情欣慰。朝下，多官集議，都御史王文厲聲曰：「來耶，來耶。虜不索金帛，必索土地，便謂上皇來邪？」皆相顧莫敢言。于謙曰：「防變方略，謙之職也。」胡濙上儀注：宜令遣本部堂上官一員至龍虎臺，錦衣衛遣堂上官一員并官較執丹陛駕輦至居庸關，各衙門分官迎接土城外。太上皇入安定門東，上北門坐。皇帝見畢，文武百官朝。太上皇自東上南門入南城大内。帝曰：「迎居庸用轎一馬二，丹陛駕第迎安定門内。」户科給事中劉福等言：「禮太薄。」帝曰：「朕之即位，非得已也。尊稱太上，何云薄耶？」禮部會議之，胡濙言：「福無他意，大抵欲皇上篤厚尊親。」帝曰：「太上皇自虜中寄言迎禮從簡，朕敢違也？」朝退，諸大臣得一亡名書，聚觀之，書上修史先生，隱其名，言都人一聞駕旋，人人喜躍近之，不厭遠望，可知今日宜請主上厚奉迎之禮，避位婉辭，然後受命。因述唐肅宗故事。諸臣曰：「若封進，或可感動上心。」胡濙以謂諸同官，王直曰：「可。禮失而求諸野。」工文曰：「不可。匿名文書不得以告。」禮科給事中于泰以聞。帝詰濙何從得書，濙

言臣得之高穀。帝怒，命按捕其人。高穀云：「臣得之隸。」隸云：「臣拾之道。」王文曰：「勿累小子喫牢飯也。」千户龔遂榮出承曰：「臣爲之。」胡濙因奏：「考之唐史，天寶之亂，玄宗幸蜀，肅宗即位靈武，尊玄宗爲太上皇帝。肅宗收復兩京，迎還上皇至咸陽，備法駕望賢樓，上皇在宫南樓，肅宗著紫袍，望樓下馬趨進拜，舞樓下，上皇降樓，撫肅宗，雨泣，辭黄袍，自爲肅宗著之。肅宗伏地，頓首固辭。上皇曰：天下人心皆歸於汝，使朕得保養餘齡，汝之孝也。肅宗乃受。此已行之令典，政可効之良規。今備法駕安定門內，誠爲太簡。」帝曰：「慮墮虜詐，故簡其禮。但大兄入城，朕知尊親。朕今迎太上皇東安門內，行叩頭禮畢，領群臣隨至南城内便殿，太上皇升座，朕行禮畢，文武百官皆朝，毋再紛更。」

癸未，太上皇至宣府。下詔曰：「朕之不明，蔽於權奸，被留虜廷，聖母賢弟，數遣迎取。以天地之恩、祖宗之佑，幸得還京。爾文武群臣請重迎接之禮，朕辱國喪師，其何顔復見？」是時禮部復請帝迎駕安定門外，文武衙門分官詣龍虎臺，百官萬姓迎接土城外，會太上皇詔至，帝曰：「太上皇命簡，朕事已定。」乙酉，太上皇至雙泉。賜袁彬以所御白綾衣及也先所獻戰裙，賜哈銘衽褥靴。望日，丙戌，車駕還京。至東安門，送駕虜揭簾審視，叩頭退。帝迎東安門內。駕入南宫，文武百官行見禮。庚寅，以太上還京，祭告天地社稷山川之神，遂頒詔赦天下。陞楊善爲左都御史，仍掌鴻臚寺事，王恩等賞有差。宴虜使。

九月，封朱謙爲撫寧伯。十月，祀故翰林侍講劉球於鄉，賜祠忠節。十二月己酉，月食。禮部請以正旦群臣朝太上皇於延安門。詔罷。【略】

（二年）五月，虜使來，欲求使答。諸大臣請許之，以慰其心。帝曰：「祖宗開創以來，醜虜遠遁，不敢窺伺，正爲絶其來往也。小人通使，語言不一，坐生釁端，朕甚恨之。今其切已。」群臣復言：「虜情至黠，我備未修，人情求不得則慚，再則憤，求而不得，虜無憤耶？」帝曰：「虜之狗竊，未嘗忘心。去年入寇京師，豈因不遣使臣？國家久安計不在此。」太子太保兼吏部尚書王直言：「比見聖諭，絶虜講和，臣知陛下有爲之君也。如是則當有以備之。」帝曰：「天下雖安，猶備不虞，況今日耶？有智勇謀略當舉用者總督總兵具名以聞，亡論戎伍。」太子太保兼户部尚書金濂言：「我備未也，虜慚而憤，孰遏其釁？昔漢高帝自將三十餘萬衆往擊冒頓，而有平城之圍。矧今人民邊儲凋弊耗損，伏望念祖宗創業之艱，憫遠近生靈之苦，俯就所請，答其來意。」帝曰：「朕志已定，所引平城之事恐非臣下所以顧國家者。」太子太保、禮部尚書胡濙等言：「續出瓦剌番文一通，令臣詳議。觀其語意，專在求使。臣謂虜情雖譎，未保其終，然始則奉送上皇，今又還我制使，使人絡繹，駝馬迭貢，歸誠悔過，亦不可誣。夫厚往薄來，柔遠常經，彼使再來，此不一報，似非其義。往年土木之事，雖臣子痛心切齒，皇上卧薪嘗膽之日，然邊無儲蓄之素，野有奔亡之憂，將帥趨生，士卒忘死。爾者邊報稍急，曾無一人敢言戰伐，甚至張惶失措，安邦大計，諒不如是。伏望皇上深惟曲慮，量遣往和，乃勑武臣修治軍實，庶彼無可執之詞，我有預爲之計。」帝曰：「卿言良是，朕志定矣。」遂賜虜脱脱不花王可汗書曰：「朕自祖宗以來，四裔來朝，竝加恩待，殊不遣使至彼，以此和好，久久保全。比歲可汗、太師累使朝貢，朝廷嘉厥款誠，頻使還答，豈期答使貪功嗜利，激怒可汗、太師，致使前日暫失歡好。以天之靈，要約如故。朕與可汗可不思所以保終之？使至，業厚宴勞，所賜可汗若可汗妃有金銀及金銀器皿、織金蟒龍文綺等物，即付領去，自今但可汗使來，朕終始善視，決不食言。」【略】

（二年）十一月，太上皇聖節，禮部請令群臣朝延安門，命罷。

三年正月，太上皇居南宫。【略】二月，太上皇第五子見澍生。【略】五月甲午，廢汪皇后。立見濟爲皇太子，册見濟母妃杭氏爲皇后，改封太上皇帝皇太子爲沂王。封次子見清爲榮王，見淳爲許王。【略】十一月己未朔，日有食之。太上皇帝萬壽節，群臣請賀延安門。詔罷。【略】

四年正月，太上皇居南宫。【略】十一月，太上皇萬壽節，群臣請賀。詔罷。帝所立太子見濟薨，謚曰懷獻。

五年正月，太上皇居南宫。【略】十月癸巳，月食。十一月，太上皇萬壽節，群臣請賀。詔罷。【略】

六年正月，太上皇居南宫。四月丙子朔，日有食之。太上皇第六子見澤生。【略】十一月，太上皇萬壽節，群臣請賀。詔罷。【略】

七年正月，太上皇居南宫。【略】六月，太上皇第七子見浚生。【略】十一月，太上皇萬壽節。群臣請賀。詔罷。【略】

八年正月，太上皇居南宫。

傅維鱗《明書》卷九《景皇帝本紀》 帝諱祁鈺，宣宗次子，母賢妃吴氏。宣德三年八月三日生。十年，宣宗崩，英宗即位。二月，册爲郕王。正統十四年八月，英宗北征，爲監國。土木駕陷，己巳，皇太后命上攝輔皇長子見深。庚午，上御午左門。【略】丙子，羣臣以國籍長君，請皇太后立上爲皇帝。九月戊寅，皇太

后詔曰：「皇太子幼冲，未能踐祚理萬幾，郕王年長，宜早正大位，安國家。」癸未，上即皇帝位。詔改明年爲景泰元年，大赦。遥尊英宗爲太上皇帝。進陳循、高穀、商輅、彭時並直文淵閣。召邊將孫鏜等赴京。□乜先遣使致書，辭悖慢。于謙進防禦方畧，上嘉納之。宥顧興祖、楊洪、石亨於獄。御史李著上書，稱上曰「殿下」，自稱曰「下官」。召入，上曰：「御史醉耶？」著曰：「今日宜聲罪致討，迎還主上，而先據大位，失藩王禮。」上遂殺之。癸巳，皇太后命以金幣至上皇處報郕王即位及立皇太子日月。【略】十二月，上皇在迤北。尊皇太后孫氏爲上聖皇太后，母賢妃吴氏爲皇太后，立妃汪氏爲皇后，册太子生母上皇嬪周氏爲貴妃，徙上皇后錢氏居仁壽宫。定郡王喪禮止有司致祭，不遣官。【略】

景泰元年庚午，春正月，上皇在迤北。選河間東昌達官往貴州勦賊。分廷臣協守紫荆諸關隘。開納粟入監例。築城天壽山南。勒邊將出塞守堡。癸未，上皇書至，廷臣請遣官北進衣物，上以有稔識上皇者行，羣臣俱謝罪繳奏，事遂寢。【略】（六月）癸酉，廷臣請因敵求和，遣使迎上皇。令更議，勿貽後患。【略】七月，上皇在迤北。遣禮部侍郎李實等同敵使如迤北，勑可汗及乜先。脱脱普花王入貢。瓦剌使來議和。貴州賊阿趙伏誅。瓦剌使乞遣同往大臣，令俟李實還再議。右都御史楊善等偕瓦剌使出塞，慰安上皇。癸亥，侍郎李實及乜先使把秃等至自瓦剌，願送上皇還京。廷臣懇請奉迎，令李實方回，楊善已去，不須再遣使臣。李實及廷臣數請迎上皇，令詳議之。瓦剌使把秃還，勑諭乜先還大駕。廷臣請以李實同往，不許。城臨清。已巳，楊善至塞營。庚午，見上皇。辛未，敵餞上皇。八月癸酉，上皇發迤北。太常寺卿許彬往宣府奉迎。辛巳，□衆送上皇至野狐嶺，辭去，以五百人入護行。是夕蹕宣府右衛。壬午，宣府都督朱謙及其子以兵迎。癸未，上皇命寫罪己勑，諭文武羣臣仍遣祭土木陣亡將士。甲申，商輅出迎。乙酉，駕入居庸，遣使諭避位，免羣臣迎。丙戌，上皇還京，遜位南宫。頒詔大赦。加楊善左都，餘陞賚有差。宴送駕北使。甲午，上宴北使於南宫。九月，上皇在南宫。【略】（十一月），荆王瞻堈請朝上皇，不許。十二月，有司請賀上皇正旦，不許。

【略】（二年）二月，幸太學。也先入貢。皇后命瘗戰亡骸骨。三月，策士，賜柯潛等進士及第、出身有差，選吴匯等二十五人爲庶吉士。【略】五月，諸大臣屢請報使乜先，不許。有司屢請賞給，從之。徵天下軍器輸京師。六月戊辰朔，日當食不食。頒詔安南。秋七月，詔于謙子授千户，辭，不許。妖僧趙才興及蔚州妖人王伯通伏誅。辛巳，復午朝舊制。復國師、禪師供養。初用御史印馬。九月，定午朝許翰林官先奏事。申明奪情起復之禁。冬十月，敵遣使通好，求我使往報，詔絶之。閩浙盜平。中書舍人何觀言大臣如尚書王直、胡濙等皆阿附權奸，老猾不宜在左右。又言北敵來歸，宜置南方。上命杖謫之。減巡河。停捕盜御史。減京師税課。乜先貢馬三千餘匹。十一月，均湖州田税。廣通王徽煠等通苗，廢爲庶人。十二月，加乜先使人左都督等官。選官軍十萬分五營團操。壬辰，乜先弑其主脱脱普花王。有司請朝賀上皇，不許。

三年壬申，上皇在南宫。【略】夏四月，廣西都指揮使繫獄論死。黄玹請易太子，命廷臣會議，乃請立見濟爲皇太子。上欲易太子，恐廷臣不從，命太監王誠等先啗内閣及諸大臣金寶，命廷臣俱兼東宫官。五月甲午，立妃杭氏爲皇后，廢皇后汪氏居别宫，立上長子見濟爲皇太子，廢皇太后所立皇太子見深爲沂王，上次子見清榮王，見淳許王。大赦天下，頒賚羣臣有差。復黄玹原職，尋陞都督。【略】

四年癸酉，上皇在南宫。【略】（二月）乙未，皇太子見濟冠。減近侍日給酒肉價。乙卯，故皇太子沂王見深冠。【略】十一月，皇太子見濟薨。謚懷愍。【略】

五年甲戌，上皇在南宫。【略】（四月），大隆福寺成，擇日臨幸。太學生楊浩疏諫，罷行。五月，安置谷庶人、齊庶人眷屬於南京。禮部郎中章綸、御史鍾同請復東宫，逮下獄。秋七月，給事中徐正請出故太子沂王於國，增高南城，伐其樹，錮門鎖。上怒，黜爲雲南經歷御史。高平請伐南宫樹，上命盡伐之。南京大理少卿廖莊請問慰上皇及上皇諸子講學，不許。八月，頒君鑒録於羣臣。【略】

七年丙子，上皇在南宫。春正月，于謙病，上遣興安往視。藥需竹瀝，上親幸萬歲山伐竹製之。【略】（二月）庚申，皇后杭氏崩，謚孝肅，營建壽陵。【略】十二月癸亥，上不豫。

八年即天順元年丁丑，春正月己卯，羣臣請立東宫。上命即日視朝，不許。庚辰，上大漸，内外憂懼，王文與太監王誠謀取襄世子爲東宫，事漸洩，僉謂故太子宜復位，惟王文不然。李賢因問蕭鎡，鎡曰：「既退，何復？」文曰：「今弟請立東宫，事在朝廷。」衆遂覺有異謀。越明日辛巳，文武集左掖門，公請蚤建元良，左都蕭維禎曰：「更建字爲擇字，何如？」奏上，不許。朝廷傳文、謙已遣人齎金牌取襄世子。禮部復集，百官請故太子復立，商輅草疏，畧云：「天下者太

祖太宗之天下，傳之於宣宗，陛下宣宗之子，見深宣宗之孫，以祖宗之天下傳之於孫，此萬古不易之常法。」疏入，未報。壬午，武清侯石亨等、左都御史楊善等毀南宮門墻，見上皇，遂共掖駕前導，升奉天殿，登御座。先是，上有旨十七日視朝，羣臣皆入。有頃，南城呼譟震地來，羣臣相顧愕然。須臾，鐘鼓大鳴，上皇復即皇帝位，羣臣遂入賀。上聞，伏枕問曰：「何爲？」左右曰：「上皇復辟矣。」上頷之曰：「吾兄也，好好。」是日，遷上於西宮。二月乙未，以皇太后誥廢上復爲郕王。癸丑，薨於西宮，壽三十。謚曰戾，禮如親王，葬金山。成化十一年十二月尊謚上爲「恭仁康定景皇帝」，稱景帝陵。

查繼佐《罪惟録》帝紀卷七 代宗恭仁康定景皇帝，名祁鈺，母賢妃吴氏生。

景泰元年春正月朔，帝受朝，免賀。上皇在鹵營，寫表祝天，行十六拜禮。也先迎作年斷頭山。初七日，上皇書至，索大臣來迎。廷議北使，進冬衣。奉旨有能識太上皇者行，羣臣俱謝罪，繳原旨，不行。閏正月，初開講筵，以太保寧陽侯陳懋知經筵事，內閣陳循、高穀同知經筵。都督王全恃戚畹，横奪民田，御史朱瑛廷劾之，有旨還民田。鹵入朔州大同，總兵郭登敗擊之，封登定襄伯。侍講劉定之上言十事：一、固關防，二、遷降胡，三、練兵馬，四、勤奏議，其餘戰陣選將，選使臣、簡守令、重經筵、教武胄，皆切時務，上嘉納之。令天下生員納粟上馬者，許入監，限一千人止。贈前侍衛劉球爲翰林學士，謚忠愍。大學士彭時乞終繼母喪，不許，忤旨去。

夏四月，喜寧伏誅。寧屢爲也先嚮導，苦不願上皇還京。忌袁彬，誘出營，將殺之，上皇急救之，乃免。時遣寧傳命京師，彬奉密書繫軍士高磐髀下，令與寧俱。至宣府，參將楊俊出受命，磐抱寧大呼，俊得書，縛寧以獻，正法。大同參將許貴奏鹵請和，尚書于謙曰：「中國與北鹵有不共戴天之讐，和則背君父而違大義，理有不可。敵貪而詐，和議一行，彼有無厭之求，非分之請，從之則不可，違之則速禍，於勢亦有不可。」移文詰責貴。國子祭酒李時勉卒。五月，處州賊黨陶得二復起，寇武義縣，副史陶成禦之，戰死。以尚書謙議，立京營團操法。城固原，戮棄城左都督楊俊以殉。六月，北使議和，遣禮部左侍郎李實等使鹵。時脱脱不花雖爲可汗，兵勢與知院阿剌大遜也先，前合兵南侵，利多歸也先，弊則均受，以是外親而內忌。也先恥屈意言和，遂陰使阿剌爲書，遣參政完者脱歡南請。帝御文華殿，諭羣臣曰：「朝廷因通和壞事，欲與鹵絶，而卿等累以爲言，即奈何？」吏部尚書王直首對，謂上皇在鹵，理宜迎復，乞速遣使，勿使有他日之悔。帝不懌，曰：「當日即真，卿等爲之，非朕意。」少保于謙對曰：「大位已定，孰敢異議，但欲發使盡禮，以紓邊患。」帝意始釋，曰：「惟若。」拂衣入。須臾，興安出傳旨，即欲答使，且問孰可行者？今文天祥、富弼何人？王直面發赭，厲聲曰：「今日陛對，皆朝廷人，孰敢不行？」興安復命，乃陞都給事中李實爲禮部左侍郎，羅綺爲大理寺右少卿，充正副使以行。既勑書下，惟言報禮，不及迎駕。實驚，請閣白之，遇興安，安曰：「汝第爲之，他何與？」

秋七月，實等與鹵使俱北。也先歷詰前所遣使臣見殺之故，實坐辯不屈，因謝也先厚待上皇至意。也先喜，明日引見上皇，且曰：「大臣朝以至，駕夕以發。」上皇見實，問三宫安否，爲泫然泣下。實後有詩紀其實。詩曰：重整衣冠拜上皇，偶聞天語重凄涼。腥膻充腹非天禄，草野爲居異帝鄉。始信奸臣移國柄，終教胡鹵叛天常。只今天使通和好，翠輦南旋省建章。也先復曰：「勑書只云講和，不及迎駕，駕在此，定不能皇帝我，速還汝國，千載美名，而以大臣來，今去，自輕汝皇帝，不可。」上皇與三書，實辭歸，也先即撤回山西、大同一帶擾邊人馬。時可汗脱脱不花亦遣其平章皮兒馬黑麻來議和，朝廷復遣右都御史楊善、侍郎趙榮出塞報命。道遇實，實以鹵情告之。

八月，也先見善等至，甚喜。平章昂克問將何禮儀？善曰：「太師仁義，克順天道，敬我君父，豈以貨故！此萬代瞻仰。」也先曰：「都御史言是。」也先復問：「上皇還，復御殿否？」曰：「天位已定，不復更。」因也先言及堯舜，遂言堯讓位於舜，今日兄讓位於弟，恰相合。明日，善等見上皇於伯顔帖木兒營。又明日，也先餞上皇其營，令妻妾奉酒，而身撥琵琶爲樂，顧善等曰：「都御史坐。」善不坐。上皇曰：「太師云坐，坐！」對曰：「雖草野，不敢失君臣禮。」也先嘖嘖曰：「中國好禮數！」繼伯顔亦具餞。初八日，上皇啓駕。也先率衆頭目禮拜別，伯顔以兵護行。至野狐嶺，慟哭別曰：「皇帝去矣，何日復得相見！」仍命頭目五百騎送至京。

時禮部會議奉迎禮未決，千户龔遂榮投匿書翰林學士高穀所，以上皇之出，非遊畋比，總爲宗社計，奉迎禮須厚，即主上當遜位，懇辭而後受命，不然，恐千載史筆難洗。穀袖其疏入朝，示廷臣曰：「武夫尚知此禮，況儒臣乎！」王直曰：「禮失而求之野。」胡濙欲即以封進，都御史王文止之。內閣陳循見之，恚甚，言於上，求匿名急，遂榮出自承，循請治其罪，下錦衣衛獄，後會赦得免。十有四日，上皇至懷來，將抵居庸，始得旨，禮部共議迎復儀注，兵部議防變方略以

聞。同官集會議所，王文忽厲聲曰：「孰謂上皇來？不金帛，必土地，憂方大。」諸臣素畏文，相顧無復言。胡濙獨具儀注送内閣。是月之望，上皇至唐家嶺，遣使回京諭遜位，免羣臣迎。明日，百官迎於安定門，上皇自東安門入，今上迎拜，上皇答拜，相抱持哭，各述受授至意，推讓良久，乃送上皇至南宫。百官隨至南城，請朝見。上皇勑曰：「先帝遺命，祖宗鴻業付朕負荷，朕朝夕祗懼。去年秋，醜虜傲虐，背恩負德，拘我信使，率衆臨邊。朕不得已，親典六師，往問其罪，不意天示譴罰，被留虜中。屢蒙聖母上聖皇太后、皇帝賢弟篤念親親，遣人迎取，又賴天地祖宗鴻庇，幸得還京。自惟辱國喪師，有玷宗祀，尚有何顔受爾文武羣臣朝見，所請不允。」帝宴瓦剌使人於奉天門，上皇復宴之南宫，陞賞有差，大赦天下。

冬十一月，上皇萬壽節，禮部請羣臣朝南宫，有詔免。南京吏部尚書魏驥表乞骸，許之。驥門下内閣陳循欲私驥，曰事在吾輩。驥不從，退謂人曰：「渠將朝廷事爲家事，安得克終？」十二月，尚書胡濙請明年正旦百官朝上皇於延安門，不許。荆王瞻堈請朝上皇，不許。

景泰二年辛未春正月，上皇在南宫。二月，命右僉都御史王竑巡撫兩淮諸郡。時徐淮以北饑，流亡載道，竑不待奏報，設法賑濟。上大言曰：「好御史！否餓了我百姓矣。」兵部右侍郎項文曜每媚附于謙，出入必附耳，即語，無大要，一時笑文曜爲于謙妾，調吏部以離之。三月，都御史王來擒苗酋韋同烈香爐山下，賊平，移討貴州賊。夏六月，巡撫都御史李匡破草塘賊。

秋七月，詔擇顔子後裔希惠、孟子後裔希文，並授翰林世襲五經博士，誠意裔孫劉禄亦授是職。文選郎中李賢上正本十策，勤聖學、顧箴警、戒嗜欲、絶玩好、慎舉錯、崇節儉、畏天變、遠貴近、振士風、結民心。詔下部。既而給事中李侃等以災異上疏，稱李賢言是，急宜採納，上乃命翰林繕寫賢策，置左右省覽，擢賢兵部侍郎。禮部尚書楊寧嘗讀至節儉一則，撫案曰：「是當使人流涕也。」時帝頗尚侈靡，近聲色，宫中嘗擲銀荳金錢爲嬉戲，編修楊守陳賦《銀荳謡》寓諷諫。錦衣指揮盧忠與尚衣太監高平，使人告少監阮浪，謀欲挾衆發南宫，出上皇，詔收浪窮治。浪不承，獄死。忠恐反坐，作風狀以解。學士商輅與司禮王誠等，謂不宜因風者言傷骨肉。勇治忠，忠謂家供真武像，得其報，坐妄言伏誅。浙閩盜平。南直隸巡撫工部尚書周忱致仕，以户部侍中李敏代之。中書舍人何觀追訐尚書王直、胡濙等正統中阿附權奸，無所救正；又言北虜來朝，宜驅置南方不遣。下臺省會議。給事中毛玉作覆草，比觀誣陷大臣、擅開釁律。同列林聰、葉盛勸玉易草，不從。盛曰：「獨不念劉球之事乎？成朝廷不容正直之名，未便。」遂易數語，杖觀調外任。

景泰三年壬申春正月，上皇在南宫。上遣使貽瓦剌脱脱可汗書。二月，也先攻破脱脱，告捷，兼通好，固邀我使往報。詔絶之，備邊，以右僉都御史李秉參贊宣府軍務。抵任，發帑三萬兩，買牛給貧乏軍民樂業。時北虜以所掠男婦叩關易米，責人米一石，朝議大小殊，虜不從。秉曰：「何用貴物而賤人。」如數與之。帝以秉爲能。

夏四月，命都督同知孫安鎮獨石、馬營等處，以都給事中葉盛爲山西右參政，協贊軍務。盛先在獨石五年，邊人賴之。五月，詔立皇子見濟爲皇太子，生母杭氏爲皇后，廢皇后汪氏居别宫。改封皇太子見深爲沂王，王弟見清爲榮王，見淳爲許王，廷臣俱兼宫僚。先是，帝酷欲易太子，猝語内侍金瑛曰：「七月之二日爲東宫生日矣。」瑛叩頭曰：「記東宫生日爲十一月之二日。」瑛蓋正對也，上遂不與瑛謀。内侍王誠、舒良輩請先啖内閣諸學士各黄金五十兩，白金一百兩。大學士陳循輩感恩最，會土官都指揮黄玹方爰事在獄，侍郎江淵令馳奏請立見濟爲皇太子，事在懷獻皇太子傳。時循主筆草奏，跪而從事，已大附賞，遂有「滿朝皆太保，一部兩尚書」之謡。上既立見濟爲太子，尚書楊翥以潛邸舊人入賀，僉事陳祚語翥曰：「異乎公之此行，不諫而賀爲！」

秋七月，也先弑其主脱脱不花，併其部，入貢。八月，改各處鎮守兵部侍郎爲巡撫都御史。九月，南京兵部尚書王驥致仕。冬十月，命太子太保左都御史王文入閣，參議機務。

景泰四年癸酉春正月，上皇在南宫。詔陝西市羊角，爲上元燈具，鎮守副都御史耿九疇上疏止之。尚書何文淵以奸穢，爲言官交訐，致仕去。二月，改王翺爲吏部尚書。太監阮安治決河張秋，道卒。安介潔，工經營，私橐悉上官，不私一黍。召大同總兵郭登還朝。登嘗疏和邊不足恃，宜急固大同，勇興屯田，未竟其用。

冬十月，以左諭德徐有貞爲右僉都御史，代治張秋。有貞初名珵，以南遷議爲大内所指名，意悵惘，獻玉帶陳循求遷，循曰：「必更名而後可。」及改今名，河工成，轉右副都。十一月，皇太子見濟薨。

景泰五年甲戌春正月，上皇在南宫。積雪恒陰，詔求直言。夏四月，南京大

理少卿廖莊應詔上言，請篤親親之情，朝上皇於南宮，或講明家法，或商榷治道，仍令羣臣時得朝見，以慰清宴。又曰：「上皇諸子，皇上之猶子也，宜令親近儒臣日侍講讀，以待皇嗣之生，使天下曉然知皇上有公天下之心。」奏入，不報。新建龍福寺成，車駕擇日臨幸，太學生楊浩、姚顯並上疏諫。儀制司郎中章綸曰：「佛者聖人所不道，以萬乘之君，臨非聖之地，史官書之，傳之萬世，如聖德何？」上即日罷行。五月，下章綸及御史鍾同於獄。同手疏請朝上皇，復沂王爲皇太子，未上，以示都御史劉廣衡，廣衡止之，因諷尚書胡濙，濙縮不敢，對曰：「作死！作死！」同不聽，竟上之，下禮部會多官議。適章綸疏陳修德弭災十四事，其一謂上皇君臨天下十四年，是天下之父也，陛下嘗登受册封，是上皇之臣也，朝見南宮之禮似不宜緩。更請復汪后于中宮，以正天下之母儀；復沂王於儲宮，以定天下之大本。帝覽疏大怒，時已暝，旨從門隙出，夜收綸入獄，又二日并逮同，並酷掠，流血被體，逼令誣引大臣及南宮通謀狀，不承，復炮烙窮治，慘毒濱卒，無一語。會天大風雨，黄沙四塞，乃密勅錦衣衛緩其獄。兵部觀政進士楊集上書于謙，略曰：奸人黄玹進易儲之説，以迎合上意，計脱於理，而公等國家柱石，乃戀戀宫僚厚賞，不思所以善後乎？脱同、綸死獄，而公等坐保崇高，清議奈何？謙以書示王文，文曰：「書生不知朝廷法度，然頗有膽氣，當進一級。」出集知六安州。於是給事中吴江、徐正密請召見，屏左右，言上急出沂王於所封，增高南城牆數尺，伐去城樹，鎔灌封鎖，以防不測。帝怫，黜二人雲南經歷，留未行，復謫戍鐵嶺。時御史滑縣甲亦請盡削宫樹，會盛暑，上皇每露涼樹下，得其故，頗戒心。以薛瑄爲大理少卿。瑄初到南京大理，獨不從公卿祖太監金瑛江上，瑛至京，亟口瑄。及内召，會蘇松饑，民貸粟富家，不與，焚其室，懼罪蹈海，王文按治，坐謀反，連及五百家，瑄抗章力辯之，獲免者衆。文曰：「此翁崛强猶昔。」齊庶人瞻㷆、谷庶人瞻焮移置鳳陽。

景泰六年乙亥春正月，上皇在南宮。命太監班祐鎮守兩廣。總督兩廣右都御史馬昂征龍水猺賊，破之，轉左。秋八月，南京大理少卿廖莊，以内艱起復至京。帝追恨莊前疏，出前章綸、鍾同，並杖午門。同死杖下，謫莊陝西定羌驛丞，綸禁錮詔獄。

景泰七年丙子春正月，上皇在南宮。少保于謙以病在告，帝遣太監興安、舒良番視之。謙未五十，鰥居，以王事多艱，不再娶，窮年入直，飲食澹泊，醯醬蔬菜，分尚膳賜之。至是病，上幸萬歲山，伐木爲瀝，以和謙藥。言官或訾謙柄用過重，興安曰：「果如所言，請再覓一分憂國家，不要錢，不愛官，不問家事，如謙者易之。」言者慚而退。順天、河間二府民饑，命刑部右侍郎周瑄往賑之，以七事請。一、裁省冗官，一、停徵糧草，一、免追久欠馬驢牛羊，一、暫罷供應柴炭夫役，一、聽民採取皇莊湖泊之利，一、招商中納鹽糧損其半數，一、移借水次官倉之粟。命工部尚書石英、兵部尚書江淵换任理事。

秋八月，欽賜内閣陳循子瑛、王文子倫爲舉人。時右春坊大學士劉儼及侍講學士王諫爲順天考試官，瑛、倫俱落中式，循、文矯請重試。高穀朝罷面奏：大臣子與寒士並進不可，況搆罪考官乎？繇是儼等得釋，而瑛、倫蒙特旨許一體會試。禮科給事中張寧劾奏循等私其子，失大臣體，宜謝閣務，不報。九月，湖廣苗叛，命兵部尚書石璞討之。冬十二月，巡撫江西僉都御史韓雍劾寧王奠培不法，削王護衛，罪宫僚。福建僉事致仕陳祚卒。

姜紹書《無聲詩史》卷一《景皇》　景皇帝諱祁鈺，宣宗仲子。建元景泰。予曾於户部郎中何九説處見景皇畫著色田瓜，仿宣和筆意，雖傳世不多，亦能手也。

雜録

備論

彭時《可齋雜記》　景泰數年中，敬禮大臣，寬恤民下，賞罰亦無甚失。獨易儲、媵后，爲害大義，所以失人心者在此二事也。

焦竑《皇明人物考》卷一　陳建曰：景帝當多難之際，能任賢選將，南征北距，轉危爲安，易亂爲治，其功偉矣。然不欲奉迎英廟，只此一事不是。然而英廟之歸，實由於此。何也？蓋無意於迎者，乃所以迎之也，不欲其歸者，乃所以趣其歸也。此意在帝不知之也，廷臣亦不知之也。使當時急于奉迎，則彼以爲所重在此，虜必挾留爲質，如宋之徽、欽，迎請愈勤，而愈不可得。惟不急其君，而無意於迎，則彼以爲與其抱空質而無用，曷若歸之以樹恩。此漢高分羹之漫語，所以謬敵而致太公之歸。是英廟之復歸天也，非人也。雖然，亦會逢其適

爾。使遇五胡劉、石、阿骨打、奇渥温輩争中國爲帝圖，豈但如是乎。

傅維鱗《明書》卷九《景皇帝本紀》 史官贊曰：英宗轅北，國無主，無主則亂。帝逢多難，爲之主，乃能任賢選將，使危如一髮之宗社轉而爲治，南征北距，天柱弗摇，雖臣之功，帝可謂明於知人者矣。英宗不復腼然於天下臣民之上，而帝卒傳位皇太子，雖古誼辟何以加焉。卒之聽鐘聲則曰「吾兄好」，悲夫。然而焦勞固圉，神器有歸，厥功豈細哉。

查繼佐《罪惟録》帝紀卷七 論曰：帝之信任專，而社稷以安，功不可没。肅愍之以上皇失國，權詞耳，滄鹵欲，并以安上皇，不謂帝心必鹵其兄不眷也。奉迎遲怠，或亦可原，南宫之後，防之已甚，天時奪太子見濟以奇其報以教弟也。夫帝果避位，固遜上皇，上皇謝閉以老，太子仍東宫，豈不父子兄弟各得其道，中無少歉□歟？而此事不能責之於大司馬謙。

又曰：周公負扆事，本堯老舜攝來，在永樂初不得借以爲名，在此日正宜奉此爲正。二十日，太后命立見深爲皇太子，則前權總二字不宜改行。越九日權總者，又以太后命，直曰年長正大位，則後之廢儲，錮南宫，皆本此。處以私，而復公置之，舜以後不幾見矣。向使見濟不薨，奪門不著，爲憲廟者，能相忘南宫之錮，不一發憤試不測乎？即見濟薨，而襄世子立，爲憲廟者，能自詘其故太子之名，不一稱兵責大義乎？諸臣倉□□□□遠慮，則自太監金瑛□傳懿旨，幾長内□□□□□□□□□係世德之長矣。

《明史》卷一一《景帝紀》 贊曰：景帝當倥傯之時，奉命居攝，旋正大位，以繫人心，事之權而得其正者也。篤任賢能，勵精政治，强寇深入而宗社乂安，再造之績良云偉矣。而乃汲汲易儲，南内深錮，朝謁不許，恩誼恝然。終於輿疾齋宫，小人乘間竊發，事起倉猝，不克以令名終。惜夫！

藝文

王士禛《漁洋先生精華録》卷二《故明景帝陵懷古》 金山南臨裂帛湖，荒陵十里鵂鶹呼。奪門事往二百載，行人過此猶欷歔。紅墻剥盡古瓦落，莓苔溜雨生銅鋪。老松離立色枯槁，但穴蟲蟻餘根株。菆塗龍輴禮本殺，矧乃劫火經樵蘇。咫尺天壽雲氣接，坏土獨葬西山隅。洪宣老臣稍凋喪，國成一旦歸刑餘。勃鞮之問史所貶，詎有宦寺干征誅。黄沙慘澹鼓聲死，萬乘一擲成纍俘。國有君矣社稷重，孫申謀鄭無差殊。白登城南翠華返，錢塘司馬功難誣。紛紛南渡議和戰，乃知計左非良圖。仝寅之占信奇中，朝衣東市嗟何辜。劍南歸來西内閉，唐家父子輸厩奴。處人骨肉事非易，子臧季札今則無。功罪千秋有特筆，九鼎一髮須人扶。謚同泉鳩理太酷，紀年猶幸無革除。裁令流水良亦足，寧論玉匣還珠襦。欲落不落夕陽下，弔古且復留斯須。殘碑滅没牛礪角，石獾横卧蒼髯鬚。君臣一代盡宿草，雍門太息當何如。

陳文述《頤道堂詩選》卷一《景泰廢陵》 土木鑾輿去竟遥，誰扶鼇極奠重霄。肅宗自合承唐統，安帝何緣祚晋朝。北狩曾聞識鸛鵒，東山又見詠鴟鴞。荒陵莫比泉鳩里，復辟君臣墓草凋。

徐有貞部

綜述

《明史》卷一七一《徐有貞傳》 徐有貞，字元玉，初名珵，吴人。宣德八年進士。選庶吉士，授編修。爲人短小精悍，多智數，喜功名。凡天官、地理、兵法、水利、陰陽方術之書，無不諳究。

時承平既久，邊備媮惰，而西南用兵不息，珵以爲憂。正統七年疏陳兵政五事，帝善之而不能用。十二年進侍講。十四年秋，熒惑入南斗。珵私語友人劉溥曰「禍不遠矣」，亟命妻子南還。及土木難作，郕王召廷臣問計，珵大言曰：「驗之星象，稽之曆數，天命已去，惟南遷可以紓難。」太監金英叱之，胡濙、陳循咸執不可。兵部侍郎于謙曰：「言南遷者，可斬也。」珵大沮，不敢復言。

景帝即位，遣科道官十五人募兵於外，珵行監察御史事，往彰德。寇退，召還，仍故官。珵急於進取，自創南遷議爲内廷訕笑，久不得遷。因遺陳循玉帶，且用星術，言「公帶將玉矣」。無何，循果加少保，大喜，因屢薦之。而是時用人多決於少保于謙。珵屬謙門下士遊説，求國子祭酒。謙爲言於帝，帝曰：「此議南遷徐珵邪？爲人傾危，將壞諸生心術。」珵不知謙之薦之也，以爲沮己，深怨謙。循勸珵改名，因名有貞。

景泰三年遷右諭德。河決沙灣七載，前後治者皆無功。廷臣共舉有貞，乃擢左僉都御史，治之。至張秋，相度水勢，條上三策：一置水門，一開支河，一濬運河。議既定，督漕都御史王竑以漕渠淤淺滯運艘，請急塞決口。帝敕有貞如竑議。有貞守便宜，言：「臨清河淺，舊矣，非因決口未塞也。漕臣但知塞決口爲急，不知秋冬雖塞，來春必復決，徒勞無益。臣不敢邀近功。」詔從其言。有貞於是大集民夫，躬親督率，治渠建閘，起張秋以接河、沁。河流之旁出不順者，爲九堰障之。更築大堰，楗以水門，閱五百五十五日而工成。名其渠曰「廣濟」，閘曰「通源」。方工之未成也，帝以轉漕爲急，工部尚書江淵等請遣中書偕文武大臣督京軍五萬人往助役，期三月畢工。有貞言：「京軍一出，日費不貲，遇漲則束手坐視，無所施力。今泄口已合，決堤已堅，但用沿河民夫，自足集事。」議遂寢。事竣，召還，佐院事。帝厚勞之。復出巡視漕河。濟寧十三州縣河夫多負官馬及他雜辦，所司趣之亟，有貞爲言免之。七年秋，山東大水，河堤多壞，惟有貞所築如故。有貞乃修舊隄決口，自臨清抵濟寧，各置減水閘，水患悉平。還朝，帝召見，獎勞有加，進左副都御史。

八年正月，景帝不豫。石亨、張軏等謀迎上皇，以告太常卿許彬。彬曰：「此不世功也。彬老矣，無能爲。徐元玉善奇策，盍與圖之。」亨即夜至有貞家。聞之，大喜，曰：「須令南城知此意。」軏曰：「陰達之矣。」令太監曹吉祥入白太后。辛巳夜，諸人復會有貞所。有貞升屋覽乾象，亟下曰：「時至矣，勿失。」時方有邊警，有貞令軏詭言備非常，勒兵入大内。亨掌門鑰，夜四鼓，開長安門納之。既入，復閉以遏外兵。時天色晦冥，亨、軏皆惶惑，謂有貞曰：「事當濟否？」有貞大言必濟，趣之行。既薄南城，門錮，毁牆以入。上皇燈下獨出問故。有貞等俯伏請登位，乃呼進輦。兵士惶懼不能舉，有貞率諸人助挽以行。星月忽開朗，上皇各問諸人姓名。至東華門，門者拒弗納，上皇曰「朕太上皇帝也」，遂反走。乃升奉天門，有貞等常服謁賀，呼萬歲。

景帝明當視朝，羣臣咸待漏闕下。忽聞殿中呼譟聲，方驚愕，俄諸門畢啓，有貞出號於衆曰：「太上皇帝復位矣。」趣入賀。即日命有貞兼學士，入内閣，參預機務。明日加兵部尚書。有貞謂亨曰：「願得冠側注從兄後。」亨爲言於帝，封武功伯兼華蓋殿大學士，掌文淵閣事，賜號奉天翊衛推誠宣力守正文臣，禄千一百石，世錦衣指揮使，給誥券。有貞遂誣少保于謙、大學士王文，殺之。内閣諸臣斥逐略盡。陳循素有德於有貞，亦弗救也。事權盡歸有貞，中外咸側目。而有貞愈益發舒，進見無時，帝亦傾心委任。

有貞既得志，則思自異於曹、石。窺帝於二人不能無厭色，乃稍稍裁之，且微言其貪横狀，帝亦爲之動。御史楊瑄奏劾亨、吉祥侵占民田。帝問有貞及李賢，皆對如瑄奏。有詔獎瑄。亨、吉祥大怨恨，日夜謀搆有貞。帝方眷有貞，時屏人密語。吉祥令小豎竊聽得之，故洩之帝。帝驚問曰：「安所受此語？」對曰：「受之有貞，某日語某事，外間無弗聞。」帝自是疏有貞。會御史張鵬等欲糾亨他罪，未上，而給事中王鉉泄之亨、吉祥。二人乃泣訴於帝，謂内閣實主之。遂下諸御史獄，併逮繫有貞及李賢。忽雷雹交作，大風折木，帝感悟，重違亨意，乃釋有貞出爲廣東參政。

亨等憾未已，必欲殺之。令人投匿名書，指斥乘輿，云有貞怨望，使其客馬士權者爲之。遂追執有貞於德州，并士權下詔獄，榜治無驗。會承天門災，肆赦。亨、吉祥慮有貞見釋，言於帝曰：「有貞自撰武功伯券辭云『纘禹成功』，又自擇封邑武功。禹受禪爲帝，武功者曹操始封也，有貞志圖非望。」帝出以示法司，刑部侍郎劉廣衡等奏當棄市。詔徙金齒爲民。

亨敗，帝從容謂李賢、王翱曰：「徐有貞何大罪，爲石亨輩所陷耳，其釋歸田里。」成化初，復冠帶閒住。有貞既釋歸，猶冀帝復召，時時仰觀天象，謂將星在吳，益自負。常以鐵鞭自隨，數起舞。及聞韓雍征兩廣有功，乃擲鞭太息曰：「孺子亦應天象邪？」遂放浪山水間，十餘年乃卒。

有貞初出獄時，拊士權背曰：「子，義士也，他日一女相託。」金齒歸，士權時往候之，絶不及婚事。士權辭去，終身不言其事，人以是薄有貞而重士權。

廖道南《殿閣詞林紀》卷一《華蓋殿大學士徐有貞》 徐有貞初名珵，字元玉，蘇州吳縣人。宣德癸丑進士，選庶吉士，授編修。正統初，進侍講。己巳之變，倡議南遷，尚書于謙斥之于廷，遂懷悵惘。大學士陳循授之策曰：「汝當更名，無使内家習知也。」即更有貞。以易儲事轉左諭德，遷左僉都御史，往視水災。時河決沙灣，居民播蕩，漕運阻艱。有貞奏曰：「凡平水土，在知天時、地利、人事三者。天時既經，地利既緯，人事庶可施也。今欲捄之，請先疏其勢，水勢平，乃治其決，決止乃濬其淤。茲爲之方，以時節宣：一曰置造水門，二曰開分水河，三曰挑濬運河。」於是決渠以平水勢，築堤以平水性，作閘以平水道。功告成，爲文紀之，召還爲副都御史。

歲丁丑，天象告變，有貞陰結太監曹吉祥、武靖侯石亨及太平侯張軏等密謀迎請上皇復辟。禁漏下數十刻，有貞等擁至南内，躬舁步輦陞奉天殿。夜已嚮晨，鼓三嚴，百官班定，而景定已彌留不起矣。英廟嘉其功，加特進光禄大夫、柱國，封武功伯，兵部尚書兼華蓋殿大學士，掌文淵閣事。值山東薦饑，發内帑賑之，有司奏請增給，上召有貞同李賢議可否。賢曰：「可。」有貞怫然曰：「不可，竊恐里胥滋弊，惠澤阻遏，罔及小民。」賢曰：「雖有滋弊，民方待哺，不可不救也。」有貞退而不樂。時石亨、張軏外雖結納，中實猜疑。御史楊瑄、張鵬糾其不法，上謂有貞曰：「御史敢言如此，實爲難得。」因語有貞及賢協心輔政。亨輩聞之益懼，遂訴其奪門之功，詬有貞泄其謀。上怒，下有貞及李賢于獄。是日震雷雨雹，大風拔木，乃出有貞爲廣東參政。行至德州，會有投匿空名文書者，亨輩以爲有貞所爲。上怒甚，覆逮詔獄拷治，無驗，乃命取誥券出示三法司。刑部侍郎劉廣衡等劾奏有貞詐撰制文，竊弄國柄，自謂治水希蹤神禹，敢以定策冒貪天功，大不敬，無人臣禮，宜戮市曹。會承天門災，乃宥之，編置雲南金齒爲民。及曹吉祥、石亨、張軏相繼伏誅，上御奉天門，論及人才，謂李賢曰：「徐有貞才學亦難得，當時有何大罪，乃石亨、張軏輩害之耳。茲若不宥，後世其謂何。」可令生還故里。」於乎，聖人恩法，可謂兩盡矣。

《明功臣襲封底簿》卷二《武功伯》 徐有貞，原籍直隸蘇州府吳縣人。由進士初任翰林院編脩，歷任左副都御史、兵部尚書兼翰林院學士。天順元年二月初十日欽奉勑令特封兵部尚書徐有貞爲武功伯，仍掌文淵閣事，子孫世襲指揮使，食禄一千一百石，本部題奉欽依封奉天翊衛推誠宣力守正文臣，特進光禄大夫，柱國，武功伯，給賜誥券，本身免二死，子免一死，三代追封。閏本年六月內徐有貞爲糾劾事該錦衣衛問擬明白，題奉欽依徐有貞降廣東布政司右參政，本部題奉欽依將原封誥券行令各該衙門住追，後又爲姦臣謀爲不軌等事問罪，欽發雲南爲民。

袁袠《皇明獻實》卷二三《徐有貞》 七年，景皇帝大漸，都督張軏、張輗，武清侯石亨、太監曹吉祥共謀復辟，以問大學士許彬。彬曰：「此社稷功也。彬耄矣，無能爲也，盍謀之徐元玉？其人經濟材也。」天順元年正月己卯夜，亨、軏就問計。有貞曰：「太上皇北狩，以赤子故，非游畋也。今天下無離心，能奉以復辟，此天人同符也。」因互陳籌畫。亨、軏去，越二日，辛巳夜，復來。有貞升屋覽乾文，亟下曰：「時在今夕，不可失也。」亨、軏唯唯去。有貞焚香祝天，訣家人曰：「事成，社稷之福；不成，家族之禍。吾去矣，歸耶，人；不歸，鬼矣。」遂潛會亨、輗、軏、吉祥及鴻臚卿楊善盡收諸城門鑰，夜四鼓，開皇城門納兵，直宿衛士咸錯愕，不知所爲。兵盡入，復鎖諸門，匿鑰水竇中。進薄南宫，城門鐵錮牢密，扣之不應。有貞命壯士踰門入，與外兵合毁墉，墉壞門啓，亨等入。太上皇燭下獨出，亨等俯伏，合聲請陛下登位。有貞命兵士舉輿來，兵士咸顫栗，莫能舉。有貞手挽之前，遂掖太上皇登輿。顧問有貞曰：「卿爲誰？」對曰：「都御史臣徐有貞。」太上皇遂升奉天殿，悉開諸城門。久之，辨色，皷鍾鳴，群臣入，及朝，始知爲太上皇，咸驚喜，群情始安。即日，陞翰林院學士，掌文淵閣事。尋陞兵部尚書，進柱國，封武功伯，賜鐵券，文多不載。一日數召對，使者絡繹于道，上時反席以伺，恩寵隆渥。有貞感知遇，以身任天下，條奏剴切，無復顧慮，施行若

流，一時威權震赫，百僚畏忌，而曹、石等始嫉之。

初，朝廷批旨皆閣臣調進，旨藁留閣中，號絲綸簿，後中官收簿司禮監。有貞請復故事，還簿於閣，宦者權益衰，怨有貞。而曹、石等私謁多不從，凡所陳請復諫止節縮，由是益恚怒。御史楊瑄劾曹、石奪民田，上曲宥之，乃曹、石疑有貞所使也，愈憾有貞，數巧辭激上怒，上殊不爲動。上時時屏人與有貞語，中官伏人竊聽之，以告上。上曰：「何自知之？」對曰：「此有貞宣言之。」上大驚，始疑。久之，讒益深，上愈惡有貞。亨、吉祥因竊造封事誹毀朝政，假給事中李秉彝名上之。時秉彝以丁憂去，逮至拷訊死。曹、石因言此徐有貞怨望，使所親馬士權等爲此，而假託以滅口耳。遂捕有貞并士權等下獄，雜訊之。上猶念功，出爲廣東左參政。乃曹、石必欲殺之，復上急變，追下詔獄，備極考掠，竟亡狀。士權曰：「今欲吾等何所承邪？」刑官曰：「徐有貞謀逆，汝等同謀耳。」士權大呼曰：「徐有貞欲使今皇帝爲堯舜之君，今百姓爲堯舜之民，如此而已，不知其他。」獄久不成，適承天門災，上寤，出有貞安置金齒爲民。至滇，寓僧舍中，日讀《易》而已。

居三年，詔還田里，家居杜門謝客。曹、石敗，始出，游湖山以自娱，自稱天全居士。憲廟即位，詔賜冠帶閒住。有貞之學自經傳、子史、稗虞百氏、天文地理、釋老醫卜，下至星禄風角、奇遁異術無所不通，文章雄奇，詩效李白，書法出率更、南宫。所著有《史斷》及《文集》若干卷。

鄧球《皇明泳化類編》卷五一《徐有貞》 有貞初名珵，字元玉，蘇州吴縣人。性慧敏而譎。少入京，從吴文恪公訥遊。訥一見，奇之曰：「徐生昪鉉器也。」遂留之受業。登宣德癸丑二甲三十三名進士，選庶吉士，授編修，以文學著。【略】已而，召還，屬虜逼京城，甚亟。太監金英奉旨召廷臣詣左順門，問計。珵自謂善占天象，以京城不可守，必須南遷。衆内臣皆叱詈之，珵力主所議，至泣下，語瑣瑣不已，英令人扶珵出。自是聲價大損，嘗抑抑不自理。【略】

王世貞《名卿績紀》卷三 徐有貞，初名珵，字元玉，吴人也。穎敏善記，目過即不忘。【略】有貞既以僥倖得君，乃欲悉裁去僥倖，且性偏而氣傲，一時大璫曹吉祥及亨等多不悦之。【略】流金齒。有貞初遇異僧，受摩利支天法，奉斗母，至是衆以爲奇術驗云。

張泉《吴中人物志》卷五 徐有貞，吴郡人，夙負高才，談鋒文氣並英邁。在(章)〔張〕秋治水，久未就功，問於王尚書來。尚書曰：「分水勢，尋水源。」有貞於是先開數渠引水，散各支流去，再三求發源處，不得，乃授以物，使人離數十里候之，物復浮出，如是者數處。有貞曰：「水流則不受物，源不在是。」再投之，一處不浮。曰：「此乃真水源也。」百計塞之，莫效。聞一僧有道，有貞就往謁之，問術。僧不言，强之，但曰：「聖人無欲。」有貞歸，思而不得。數日，忽悟，曰：「此下殆有龍窟耶。龍所欲者，珠也，吾能使之去。」於是鑄長鐵柱，洞釜底貫而下焉。水始受塞，不踰時，遂成平陸，蓋鉄汁能蝕珠，龍愛珠故去也。後封武功伯。援毫數行，輒重購收去。

劉鳳《續吴先賢讚》卷二《徐有貞》 徐有貞初名珵，其先以豪右徙。有貞生而短小精悍，目光映人，爛爛慷慨，有當世志。【略】以進士讀書中秘，時楊文貞諸公在内，每都郎得其試文，輒嘆息。有貞以士所以謀議濟萬世業，乃獨以文焉爾乎，肆其力於學，無不究通，資故絶人，非有從授，若星曆、運度、緯候、數象、禁方，既所該綜，而智計、權畧、意算又非書所盡也。【略】至事變作，中外戒嚴，以有貞素善言兵，令之河南起兵以爲聲援，行御史事，守便宜，不待報，使恣所爲。貞直馳至鄴，民已匿山谷不出應，爲諭以無恐，命善吏能得民者四出招之，遂大集，因申約束，教之司馬法，脩器甲什伍之，特不置尺藉，謂事寧當任所之，故士爭願効行，間皆太行驍勇可用，惟得當爲快。會虜退召還，以舊學侍帷幄。【略】晚始縱尋山壑，隨所之，流連不舍，俛仰慷慨。時游於酒人中，酣歌狼籍，酒數行已往，起舞相屬，雖寓之窅冥怳惚而忠國益主之念惓惓不忘，若所賦詠迭宕無所之，而奇致可想。書散在人間，得者輒藏之，貴甚。亦習黄老言，有神仙想，惜未能升陵。喜夜與客語，或遂徹曙，興至孤往，冀有遇之。又或謂其有異術能變幻者。至其雄沉有深概，卓犖精識，善謀能斷，爲一代宗臣，豈虚乎哉。

雷禮《國朝列卿紀》卷一〇二 徐有貞字元玉，直隸蘇州府長洲縣人。宣德癸丑進士，累官左春坊左諭德，兼翰林院侍讀。

景泰四年冬十月十一日，景皇以河決沙灣七年，久弗克治，集左右丞弼暨百執事之臣於文淵閣，議舉可治水者，僉以有貞應詔，乃錫璽書，命行之。有貞祇承明命，戒吏飭工，撫用士衆，咨詢羣策，率興厥事。已乃周爰巡行，自北東徂南，西踰(灣)〔濟〕、汶，沿衛及沁，循大河道濮、洸以還。既究厥源，因度地行水，乃上陳於上曰：「臣聞用平水土，其要在得天時、地利、人事而已。天時既經，地利既緯，而人事於是乎盡。且夫水之爲性，可順焉以導，不可逆焉以湮。禹之行水，行所無事，用此道也，今或反是，治所以難。蓋河自雍而豫，出險隘而之夷

曠，其勢既肆。又由豫而兖，土益疏，水益肆。而沙灣之東所謂大洪之口者，適當其衝，於是決焉，而奪濟、汶入海之路以去。諸水從之而洩，隄以潰，渠以淤，澇則溢，旱則涸，此漕途所謂阻者。然欲驟而堙焉則不可。今欲救之，請先疏其水，[水]勢平乃治其決，決止乃濬其淤。因爲之方，以時節宣，俾無溢涸之患，必如是而後有成。」制曰：「可。」

有貞乃經營焉。作治水之牐，疏水之渠。起張秋今隄之首，西南行九里而至於濮陽之濼，又九里而至於博陵之陂，又六里而至於壽張之沙河，又八里而至於東西影塘，又十有五里而至於白嶺之灣，又三里而至於李塢之涯，由李塢而上又二十里而至於竹口蓮花之池，又三十里而至於大豬之潭，乃踰范暨濮，又上而西，凡數百里，經澶淵以接河、沁。河、沁之水過則害，微則利，故遏其過而導其微，用平水勢。既成，名其渠曰「廣濟」，牐曰「通源」。渠有分合，而牐有上下。凡河流之旁出而不順則堰，有九，長袤皆至萬丈。九堰既設，其水遂不東衝沙灣，乃更北出，以濟漕渠之涸，阿西、鄄東、曹南、鄆北沮洳而資灌溉者爲頃百數十萬。行旅既便，居民既安。有貞知事可集，乃參綜古法，擇其善而爲之，加神用焉。爰作大堰，其上建以水門，其下繚以虹隄，堰之架濤截流，柵木絡竹，實之石而鍵之鐵，蓋合土木火金而一之，用平水性。既，乃導汶、泗之源而出諸山，匯澶、濮之流而納諸澤。遂濬漕渠，由沙灣而北至於臨清，凡二百四十里，南至於濟寧，凡二百一十里。復作放水之牐於東昌之龍灣、魏灣，凡八，爲水之度，其盈過丈則放而淺之，皆通古河以入於海。上制其源，下放其流，既有所節，且有所宣，用平水道。由是水害以除，水利以興。初，議者多難其事，至欲棄渠弗治而由河沁及海以漕，然卒不可行也。時又有發京軍疏河之議，有貞因奏蠲瀕河州縣之民馬役、庸役而專事河防，以省軍費、輕民力。天子從之。

是役也，凡用人工聚而間役者四萬五千有奇，分而常役者萬三千有奇，用木大小之材九萬六千有奇，用竹以竿計倍木之數，用鐵爲觔有十二萬，鋌三千，絙百八，釜二千八百有奇，用麻百萬，荆倍之，藁秸又倍之，而用石若土則不計其筭，然其用糧於官以石計僅五萬而止。自始告祭興工，至於工畢，凡五百五十有五日。承命於景泰癸酉之冬，經始於甲戌之春，施工於乙亥之夏，而告成之於秋。上詔見奉天門，嘉勞焉，因命之居京管臺事。

丙子春，有貞請勑載至，乃擴前功，益爲大水之備。時方暵乾，衆莫喻其意，頗以爲過防。及秋，而大水洊至，泗、汶、淇、衛、河、沁一時俱溢，環東兖之間若海之浸者三月，逮冬始平。運河南北千餘里故隄高岸之缺而不完者，無慮百數十所，而沙灣之正隄大堰獨歸然而存，嶷然而安，其旁近之城郭田疇皆恃焉而免墊没之患，以水之來有所捍而去有所洩也。於是東兖之軍民耆老合辭以請：「今兹之水蓋洪武以來所未嘗有，而耄耋之人所未嘗見也。今隄與堰爲之保障，非牐與渠爲之排解，吾田吾産其池潢矣，吾耄吾倪其魚鱉矣。然水之變不測，今兹之溢，以龍灣六牐洩之而猶未盡也，以故感應祠之缺隄，又須公爲之救築焉，而益爲之防焉。」有貞曰：「唯唯。」月中既築感應祠之缺，而作堰月之隄，鑿甲之堰，比沙灣水門大堰差小，而埽法略等。復行度東昌龍灣六牐之上、官窑之口置牐一，穿新渠而屬之東平，載廟之津置牐一，疏古河而屬之大清，并前六牐爲八，而皆注之海焉。乃探禹之遺秘，本星土經緯之理，鑄玄金而作法象之器，建之隄表大河感應二祠之中，以爲悠久之鎮。蓋盡人事、符天造、制物宜、假羣神，其道并行也。既訖工，有貞復回院，後入閣。

王世貞《弇州山人續稿》卷八八 徐有貞初名珵，字元玉，後改今名。蘇之吴縣人。生而短小精悍，目光炯炯注射，穎敏絶世。十二三即能爲古文辭。以其業贄都御史吴訥、太子賓客胡儼，皆賞異之。宣德中，舉進士高第。是歲，以三月選進士尹昌等爲庶吉士，僅六人，至十月而復選庶吉士，得十三人，有貞居首。命學士王直教之。【略】

久之，也先犯宣府、大同諸陵，中貴人振挾上北伐，且啓行，而有貞指天象謂所親曰：「兹行也必敗，上不歸矣。」已而敗問至，大駕果蒙塵，中外籍籍謂有貞知兵。【略】

貞謫金齒之四年，而復指天象語人曰：「曹、石禍作矣，是慘於我，我且歸。」而石亨坐死獄，家籍，有貞以赦還里。而又二年，吉祥之族滅。有貞時尚壯，負其材，謂：「上思我，必且召。」而上竟弗召也。天下亦頗惜有貞才，而惜于謙才甚於有貞，其冤有貞又不如冤于謙，以故里居者十餘年，無推轂之者。晚乃放浪山水間，頗以詞翰著聲，竟鬱鬱不得志而死。

王世貞《弇州山人續稿》卷一四六 公於書少所不窺，能詩歌，善行草，得長沙素師、米襄陽風，然不爲一切無用學，凡天官、地理、兵法、刑名、水利種種精究。【略】

吴學士爲狀，稱公短小精悍，目光射人，今像且老矣，而冠貂蟬服侯服，故不能釋然也。

《皇明功臣封爵考》卷七《奪門》 徐有貞，字元武，初名珵，字元玉。吴人。宣德八年進士，庶吉士，授編脩，陞侍講。己巳之變，有薦其才者，召問計，泣曰：「驗之星象，稽之歷數，天命已去，請幸南京避虜。」于謙力言不可，遂止。景帝即位，勑十五人守要害，屯兵爲京師援，有貞權監察御史，守彰德。景泰四年秋，爲諭德兼侍講矣，上疏言人臣避國諱，子孫避家諱，禮也，臣幼誤犯祖諱，禮當避，請更名有貞。

是冬，河決張秋，石璞治之，久無功。集議文淵閣，推有貞擢僉都御史，治河。有貞自北東徂南，西踰濟、汶，沿衛及沁，循河道濮、范，究源流，度地行水，上疏曰：「臣聞平水土要在知天時、地利、人事而已。蓋河自雍而豫，出險之夷，水勢既肆，又由豫而兖，土益疎，水益肆。沙灣之東所謂大洪口者，適當其衝，于是決而奪濟、汶入海之路以去，諸水從之而洩，隄潰渠淤，澇則溢，旱則涸，此漕途所由阻。然欲驟堙，則潰者益潰，淤者益淤。今請先疏其水，水勢平，乃治決，決止乃濬淤，多爲之方，以時節宣，俾無溢涸，必如是而後有成。」制曰「可」。有貞往來展布經營，作治水閘，疏水渠，渠起張秋、金隄，西南行九里至濮陽濼，又九里至博陵陂，又六里至壽張沙河，又八里至東西影塘，又十有五里至于白嶺灣，又三里至李窪，而上，又二十里至蓮花池，又三十里至大豬潭，乃踰范既濮，又上而西，凡數百里，經澶淵以接河、沁。有貞曰：「河、沁之水過則害，微則利。」乃節其過而導其微，平其水勢。既成，渠名廣濟，閘名通源，渠有分合而閘有上下。凡河流之旁出不順者，則堰之。堰有九，長袤皆至萬丈。九堰既設，其水遂不東衝沙灣，乃更北出濟漕渠。阿西、鄄東、曹南、鄆北，出沮洳而資灌溉者爲田百數十萬頃。有貞又叅綜古法，就長擇善加神用焉。爰作大堰，其上楗以水門，下捍以長隄。堰崇三十有六尺，厚什之，長百之；闊廣三十有六丈，厚倍之。隄之厚如闊，崇如堰，長倍之。架濤截流，柵木絡竹，實之石而鍵以鐵，蓋合土木火金，以平水性。又導汶、泗之源出諸山，匯澶、濮之流納諸澤。又濬漕渠，由沙灣北至臨清，凡二百四十里；南至濟寧，凡二百一十里。復作放水閘於東昌龍灣、魏灣，凡八，爲水之度，其盈過丈則洩，皆通古河以入于海。上制其源，下放其流，既節且宣，用平水道。初議者欲棄渠弗治，而由河、沁及海以漕，又欲出京軍疏河。有貞因奏蠲瀕河民馬牧庸役，專力河防，以省軍費，紓民力。工部請如有貞言，不中制，以是得成功。

是役也，聚而間役者四萬五千人，分而常役者萬三千人，用木大小十萬，竹倍之，鐵斤十有二萬，錠三千，絙八百，釜二千八百，麻百萬斤，荊倍之，藁秸又倍之，而用石若土不可筭，然用糧于官僅五萬石，爲日五百五十有五。君子曰：「元武之才徵于是役也。白渠溉而不漕，鄭渠漕而不貢，工皆累年，費萬萬計。匏子不溉、不漕，又不以貢，久役勞，人至勤，萬乘獻璧，馬籲神視，張秋輕重難易何如也。」七年，陞副都御史，還朝。

有貞負文武材，臨事敢爲，有經畧，乃與石亨善，竟以奪門功陞兵部尚書、華蓋殿大學士，封武功伯，食禄千一百石，世指揮使，入内閣。時内閣諸臣盡得罪死徒落籍去，有貞得爲首相。欲立功名自異，稍與石總兵相左，李賢旁助有貞，凡用人行政，稍持正，左右已不能堪。内臣曹吉祥亦以奪門功與國政，不通文墨，恐事歸司禮，力賛上事須經内閣，意籠絡内閣附己。已而，吉祥薦用私人，内閣輒相阻，吉祥固不悦。天順元年，御史楊瑄劾曹、石，曹、石疑出有貞意，見之盛氣，乞逮御史。初，曹、石争寵，利不相能，至是遂合，率牽上衣哭訴，曰「内閣專權，欲除奴輩」，伏地哭不已。又言奪門時出萬死立功，今爲内閣所陷。遂下楊御史及都御史耿九疇及有貞、李賢詔獄。即日，雷雹交作，大風拔木，承天門災，二凶家大木皆折，冰雹甚，不自安。上遂釋賢，謫有貞廣東叅政。行至德州，會有投匿名書斥朝政者，曹、石以爲出有貞，復逮詔獄。拷治無驗，命取有貞誥券示三法司。刑部侍郎劉廣衡等遂劾有貞詐撰制文，竊弄國柄，自謂治水希蹤神禹，敢以定策冒貪天功，大不敬，無人臣禮，論斬上。會災變得宥，編置金齒。

四年冬，上坐文華殿，諭賢、王翺曰：「有貞才學亦難得，當時有何大罪，爲石亨、張軏所陷，如後世議何，可釋歸田。」始得還鄉，卒於家。有貞短小精悍，博學多能，有膂力，天官、地理、兵法、水利、陰陽、方術無不通貫，文雄奇，詩亦遒勁。

何喬遠《名山藏》卷六四《臣林記・徐有貞》 徐有貞字元玉，初名珵，以庶吉士授翰林編修。爲人短小，敻傑有志，當世討究世務無不涉穿。【略】

于謙誅，陞兵部尚書，兼職視事如故。當是時，武清侯進封忠國公矣，有貞謂曰：「願冠側注以從兄。」後忠國公入言，亡何，封武功伯，兼華蓋殿大學士，仍供職文淵，賜勳號、散官及章服、玉帶，封三代如爵。有貞益自喜，當給誥券，而自爲之辭，其辭曰：「朕惟褒有功，顯有德，國家首典，天下大經也。若夫定策以安宗社，代言而贊皇猷，自古爲難，於斯乃兼。咨爾兵部尚書兼翰林院學士徐有貞，資弘毅而秉忠純，貫天人而通今古。簡自先朝，貽于朕用。史館秉

《春秋》之筆，經筵陳仁義之言。作鎮北州，勤王展略；治河東郡，纘禹成功。叙長憲臺，總司風紀。迺者奸臣謀變，社稷幾危，賴爾忠誠，遂擁朕躬，以復天位。乃自中丞，進兼司馬，采展論思，弘資謨猷。夫既委膂屬心，是宜酬勳胙土。爰錫西周之世封，用承東海之宗祏。特封爾奉天翊衛推誠宣力守正文臣，特進光禄大夫、柱國、武功伯，食禄千一百石，子孫世襲錦衣指揮使。仍與爾誓：除謀逆不宥，其餘雜犯死罪，身免二死，子免一死。仍命爾兼華蓋殿大學士，掌文淵閣事。於戲，中外宣力，朕用爾功；左右納忠，爾輔朕德。居黄閣而兼典戎機，禁中頗牧；直紫宸而彌綸國體，王室甫申。匹休前人，貽榮來裔。欽哉。」

上時時念有貞，日數召見，往往仄席佇俟，或命不時自赴。有貞益自喜，盡言所欲言。學士李賢亦從旁相資，上施行若流。上命御用監作條壓紗以賜，它日行監中，壓紗就，上問且賜誰，對曰：「曹欽。」上曰：「徐有貞窮秀才，先與之。」欽者，曹吉祥嗣子，壓紗者，細窄玉帶也。石亨與吉祥自詡迎立，求請無虚日，上心厭之。有貞既從亨求得伯，則數諫裁縮亨、吉祥，禁止其私謁。始，吉祥欲與國政，自歉不通文墨，心歸有貞，時時力贊上聽任内閣，外與亨不相下，至是始怨有貞與亨比。會亨、吉祥侵奪民田，御史楊瑄以奏，上問賢、有貞瑄疏是否，皆贊瑄是，上批旨亨、吉祥饒罪，御史瑄敢言，吏部記之。亨、吉祥言：「記瑄何意，上忘我曹邪？瑄劾章固徐使，旨徐筆。」因與諸閹哭訴皇太后曰：「奴奪門時出萬死一生，有貞今殺奴矣。」數作謗上前，或險詞觸上。上所屏語輒令小豎竊竊聽，還白上某日某事某語，云：「寧有之乎？」上曰：「安得知？」左右對：「有貞告外。」上驚：「我語獨有貞聞，當真是其發耶？」左右對：「何寧兹，上前後語，有貞無所不揚播。」上自是稍衰，亨、吉祥益合讒之。而十三道御史張鵬等復共謀劾亨，爲亨所知，先入譖。上怒，並下十三御史獄，究主使。錦衣承風謂：「右都御史耿九疇、右副都御史羅綺實諷之。」上又下九疇、綺獄。亨入見，益言賢、有貞，乞解兵柄，求上哀憐。錦衣上獄，復謂實賢、有貞主九疇、綺。上即命六科十三道劾有貞、賢專權威福、排斥勳舊，遂並下獄。是時，雷雹大作，怪風拔木，承天門東吻牌摧毁飛出郊外，吉祥家大木折，冰雹尤甚。上感悟，降有貞廣東右叅政，燬其誥命，鐵券停造。而亨、吉祥未已也。

吏科給事中李秉彝者，久以憂去家矣，亨、吉祥僞爲秉彝章，假貌似者入奏，極言亨、吉祥欺罔，有訕上語。接奏之豎怪其牘長，詰之不答，取視其牙牌，識其官。明日，上省奏，召秉彝，已亡去。校尉無所出，妄執一人以質接奏豎，豎曰：「非是。昨者肥而髯。」吴人張廷瑞客都下肥而髯，執入拷掠，亡狀。有馬士權者，泰州人，故宦家子，讓官與弟，教授京師，學士先生多從之游，有貞尤與善。亨、吉祥言士權者，有貞最密布衣，當是其主謀，有貞有所親信某官某吏，當是爲執筆書。是時，有貞既行，上復使追捕之，及德州。并執士權等以入。歧入禁，風還作，捕者決仆地。上召指揮門達承口旨，領趨出，就門下痛杖之數十，前引一門，復痛杖之，因與三法司雜治。士權既受苛考，仰問曰：「今欲因何承耶？」曰：「徐有貞與汝等謀誣朝廷，欲作逆耳，爾顓計，某執筆、某書。」士權大呼曰：「徐有貞以非常之功蒙皇帝非常之遇，自謂魚水投契，意欲獨任國家事，立使吾君爲堯舜之君，如是者，失太驟，豈有它哉。」蓋獄不成者半月，亨、吉祥笴乃言有貞所封武功伯券詞出自手，雜它制誥中進，上不詳省，得給授。禹帝王也，何得云纘？自擇封邑曰武功，武功，曹操所始封。上出示三法司會議。刑部左侍郎劉廣衡等覆奏：「有貞險邪曲士，陋鄙庸夫，叨蒙聖恩，忠不報德，詐爲制文，竊弄國柄。等功神禹，擬跡仲尼，武略無能，猥誇頗牧。謀猷不著，謬任甫申。自居謨謀，取擬定策。天人今古，妄以自尊，弘毅忠純，言而不怍。市朝可肆，法紀斯存。」上曰：「有貞罪不容誅，念在赦前，其押發雲南，爲民金齒。」有貞出獄，拊士權背：「公義士也，他日一女相託。」

至金齒，居頃之，有奏雲南守臣不法者迎合内權，辭連有貞，上不問。它日，問有貞於吕原，原對曰：「有貞被讒遠謫，不勝困頓，惟陛下哀憐，予民本州。」因爲上疏訟冤曰：「臣伏見徐有貞負經濟之才，堪棟樑之重，勞勤三朝，終始一致。己巳之變，車駕蒙塵，固守彰德，聲援京師。河決張秋，莫治有年，承命儒臣，奮然以往，窮源通漕，厥勤不細。及郕王大漸，廷議乖異，不顧身家，擁請陛下光復寶位，功亦偉矣。一旦陷誣，含冤萬里，沉淪草莽，好爵無及，所謂廊廟之寶棄于溝中。年命有訖，桑榆行盡，臣誠傷心，私用流涕。」疏入，上爲喟然。皇太后亦言上。上諭李賢曰：「徐有貞才學難得，彼時爲亨、軏所陷，有何大罪？其釋還田里。」天順四年也。

有貞質雖短小，目光爛爛。聲若金石，談辨無窮，與客語常達旦。自視皦然，鄙夫矗人蔑棄弗少留矚，故方顯遽斥，其爲相封伯蓋三月耳，而士流莫歸，毁譽叅半。既歸金齒，縱浪湖山，妓樂歌嘯，孤步遐逝，有冲昇之想焉。上行召之，亡何，宫車晏駕矣。初，有貞奉斗甚虔，下獄時，引鏡自鑑曰：「吾定不免。」因默

拱誦斗母，呪數日，曰：「免矣。」天順末，一日，語客近觀天文，曹吉祥且敗，其禍乃不但所中我者。既從金齒歸，而士權時往候之，出物相贈而已，絶不言婚事。士權辭去，終身不言所以白有貞。又上捕僞章時，逮秉彝至，問誰相惡，秉彝言：「刑部主事傑等七人。」上並令拷掠，不伏，俱坐妄議朝政，調之遠方，而秉彝竟斃于刑下。

尹守衡《明史竊》卷九三 居常鞅鞅，醉酒則繞屋馳走，連聲呼曰：「人不知我。」嘗觴其門下士杜堇，醉問曰：「汝謂何等人可作宰相？」堇謝不知。有貞曰：「左邊堆數十萬金，右邊殺人流血，而目不轉睛者，真宰相也。」有貞負文武才，臨事敢爲，有經畧，常自歎惜不見用，然天下人惜于謙者時時切齒有貞，以故里居十餘年上竟弗肯召，而人亦無推轂之者。晚乃放浪山水間，頗以詞翰著聲，竟鬱鬱不得志而死。

吴寬《匏翁家藏集》卷五八《天全先生徐公行狀》 公諱珵，更諱有貞，字元玉。徐之先出伯翳，爲嬴姓，國于夏毅。周世周穆王時偃王誕當國，以仁義得諸侯心，後死彭城，傳徐子章禹。章禹被執於吴，子孫散處徐揚間，歷秦、漢、三國、晉、唐而下，代有聞人。公之先皆樹德，遭時沉晦，連世不仕，至孟聲甫生三子，以其仲有異質，始教從名師學，即公也。

公年十二三入小學，已能古文詞，頴敏殊甚，卓然出諸生上。少長，再學于都憲思菴吴先生，學益進，文益奇。公時已有用世意，慨然欲經濟天下，其議論所發，往往出人意表。思菴曰：「子欲求仕乎？」乃率之見國子祭酒頤菴胡先生，請授進士業。時頤菴以事稱病不出，坐卧一土牀，雖親故至皆伏枕與語。初見公，頗以幼小易之，既而使面賦一詩，公援筆立就，皆老成句，頤菴爲之蹶然起而循牀行，極加稱賞，遂以其業授之。公學未幾月，即了其義。

宣德七年，年二十三，中順天府鄉試。明年，登進士第，有詔簡進士績學翰林爲庶吉士，數視列宿，公與其列，所以作養而期待之者甚至。久之，一日，宣宗御便殿，召所簡二十八人者親命之題試之。上覽公文粲然成章，擢居第一，即日授翰林編修。公之入翰林也，一時前輩若楊文貞、文敏諸公皆雅知公名而器重之，而公不屑以文名也，益欲爲有用之學，凡軍旅、刑獄、水利之類無不講求其法，而一欲通之。或曰：「公職業在文字事，此奚爲？」公曰：「此孰非儒者事？使朝廷一日有事用我輩，吾恐學之已無及矣。」聞者以公有遠大志。宣宗崩，預修實録，纂述之際多所補益。尋簡命修玉牒，再遷侍講。英宗之世，公思天下承平日久，宜先時爲外攘計，上疏言武備事，凡數千言，所以制禦北虜者殆無遺策。上嘉納之。

及己巳之變，京師戒嚴，朝議以文臣分守要害地，錫之璽書，使行監察御史事，而公得河南。公視詔旨言于執政者，必得便宜行事，卒易書而行，至則作鎮彰德。民時聞變，相率竄匿山谷間，公馳騎往招之，而以郡縣吏素所得民者從行，旬日還其家就業者數萬人。遂糾義旅爲京師聲援，至者多太行群盜，公日親閲之，教以坐作、進退、擊刺之法，然使自相團結，不籍其名，以故其人雖難制，皆踴躍願爲之用。既而胡寇遁，京師解嚴，而公亦召還矣。

景泰二年，充經筵講官。明年，遷右春坊右諭德，仍兼侍講。會河決山東之沙灣，前此遣治者率築其決，水大至築輒壞，更七年，績用弗成，饟道既阻，而役卒疲甚。朝廷不知所爲，議舉可以治之者，大臣乃以公應詔，遂擢公左僉都御史以行。于時運河水涸，舟楫不通，公始至，適冬月，水忽暴發，舟人皆歡呼，以爲神水。公乃謂其屬曰：「是役甚大且難，非積歲不能成功。彼數萬疲卒吾不能用也，宜散遣以休息之，吾與之期，使來。」然又虞其遺於一日，衆且生亂，因量其地之遠近而日遣之，道路寂然，若無知者。卒既去，公乃乘小舟以究河之源流，遂踰濟、汶，沿衛及沁，循大河道濮、范還。始度地行水，而前所遣卒亦依期而來矣。公因上疏言治水之策，大意謂：凡平水土，其要在知天時、地利、人事而已。天時既經，地利既緯，而人事於是乎盡。且水之爲性可順焉以導，不可逆焉以堙，禹之行水行所無事，用此道也。今或反是，治所以難。蓋河自雍而豫，出險固而之夷斥，其水之勢既肆，又由豫而兖，土益疏，水益肆，而沙灣之東所謂大洪之口者適當其衝，於是決焉，以奪濟、汶入海之路而去。諸水從之而洩，隄以潰，渠以淤，澇則益，旱則涸，此漕運所爲阻者。然欲驟而堙焉則不可，故潰者益潰，淤者益淤，而莫之救也。今欲救之，請先疏其水，水勢平乃治其決，決止乃濬其淤。因爲之方，以時節宣，俾無溢涸之患。必如是，而後有成。制可之。

公因作制水之牐，疏水之渠。渠起金隄、張秋之首，凡百餘里而至于大瀦之潭，踰范暨濮，又上數百里，經澶淵以接河、沁，用平水勢。既平，命其渠曰廣濟，牐曰通源，渠有分合，而牐有上下。凡河流之旁出而不順者則堰，有九，長袤皆至萬丈。其水既不東衝沙灣，及更北出以濟漕渠之涸。治既有緒，乃作大堰其上，捷以水門，繚以虹隄。堰之崇三十有六尺，其厚什之，長伯之。門之廣三十有六丈，厚倍之。隄之厚如門，崇如堰，而長倍之，用平水性。既平，乃濬漕渠至

數百里。復作牐于東昌之龍灣、魏灣者八，積水過丈則放而洩之，皆通古河以入于海。蓋及三年而功成。先是，有發京軍疏河之議。公又奏蠲瀕河州縣之民牧馬庸役，而專事河防，以省軍費，紓民力。水患既治，國家至于今賴之。歸奏，朝廷嘉其功，陞左副都御史。

及英宗之復位也，以公有迎復功，擢兵部尚書兼翰林院學士，與典內閣事。未幾，封推誠宣力守正文臣，特進光禄大夫、柱國、武功伯，食禄一千一百石，兼華蓋殿大學士，典內閣事如故，追封三代如公，子孫世襲錦衣衛指揮使。公既感上知遇，即以身任天下之事，每奏對，多至數百言。上亦才公，數開納，一時寵遇既隆，而曹、石輩舊所與同功者始忌而疾之矣。會監察御史楊瑄糾曹、石侵奪民田事，上既曲宥之，而曹、石以爲公所使也，遂以事中傷公，下之獄。賴上之明，出公參政廣東。公去數日，而曹、石恨不釋，必欲置之死地，復以事誣公，致之京獄，苦訊三日，竟無狀。適承天門災，上感悟，竟宥公爲民金齒。公至其地，闢一室，日惟玩易而已。時有奏守臣胡姓者事詞連及公，上察其誣，不問。居三年，上益念公，特使還其家。公既還，杜門却掃，人罕見其面。及曹、石相繼敗死，始出遊湖山間以自樂，買地林屋洞天，將爲終焉之圖，因自號天全居士。今上即位，覃恩海內，詔賜公章服閒居。又九年，以病不起，實成化八年七月十五日也，年六十六。

公爲人精悍短小，目光炯然。共論古今事纚纚終旦不倦，而慷慨激烈，音吐清亮，聽者竦然。其奉命所至，多所建白。鎮彰德時，問諸父老，得岳武穆父祖之墓于湯陰，因具牲醴祭之，以作義旅之氣。復奏請于朝，即其地建廟以祀武穆。治水之餘，行視鄒、魯間，奏復前元賜顔、孟二氏田六十頃之没于官者，且增置二十頃，悉畀其嗣人以供祀事。及既遭遇先帝，大見於用，方將盡展所蕴以行其志，未及半載而遭讒被逐矣。公之學自經傳、子史、百家、小説以至天文、地理、醫卜、釋老之説無所不通，其爲文古雅雄奇，有唐宋大家風，致晚歲文筆益老。所著有《史斷》若干卷，《文集》若干卷。

公娶蔡氏，宋忠惠公襄之裔孫，有賢行，前封武功伯夫人。子男一，曰世良，儒學生，側室蘇氏出也。女六人，長適祝瓛，次適王環，次適鄉貢進士蔣廷貴，次適朱琇，次二未行。葬卜卒之明年某月某日，墓在吴縣玉遮山之原。

寬與公居同里，而生後，於事行有未盡知，間得之學士大夫與公之故舊者數事，謹爲之狀，以備執筆者采而書焉。

雜録

備録

李賢《天順日録》 景泰間，山東連歲災傷。天順初，人猶饑窘，已發內帑銀三萬兩賑濟，有司以爲不敷，乞增之。上召有貞與賢曰：「可從否？」賢對曰：「可。」有貞怫然曰：「不可。不知其弊者以爲可。臣常見發銀賑濟，小民何嘗沾惠？俱爲里老書手得之。」賢曰：「雖有此弊，猶勝於無銀。」上曰：「增銀是也。」吉祥亦曰：「朝廷錢財如山，不必吝惜。」有貞不得已從之，遂增銀四萬兩。有貞退而不樂，賢曰：「先生誤矣！朝廷欲出內帑濟饑民，而我輩反沮之，萬一迫而爲盜，責將誰歸？」蓋其初不論可否，惟欲事事出於己，古之人惟其事之當而從之，不必出于己也。後上亦覺有貞之非，嘗曰：「如增銀濟民一事，有貞不然先生之言，其謬如此。」

王錡《寓圃雜記》卷四《武功天文》 天順五年七月十三日，余與劉宗序同謁武功徐先生。日已午，尚未盥櫛。坐久方出，即問曰：「二子曾見夜來天象否？」錡二人對無所見。先生徐曰：「宦官之禍作矣！我被曹吉祥所害至此，其禍猶甚於我也。」錡二人唯唯而退。是月，吉祥之姪欽果反，誅連吉祥焉，公之言始驗。

王錡《寓圃雜記》卷六《彭閣老議修史》 成化初，彭閣老時、商閣老輅、陳司成鑑會飲於王廷尉概家，論及前史，彭曰：「唐之《新書·紀志》屬歐文忠，《列傳》屬宋景文，爲二手書。今館閣無事，當刊爲一體，但未得一良總裁。」陳徐曰：「徐元玉久閒，若以一學士召之必來，來必集事。」彭詢之商，商色動而不荅，二公皆默然而罷。蓋商爲英宗之貶，徐不救，故終銜而阻之。陳與徐爲鄉人，兼有師生之好，率然而舉，不能無疑，且忘商之陳也。彭以己意欲刊前賢已成之典，必有人議其後，縱使徐出，亦難要其成。時事之參會每如此，可嘆也。

王錡《寓圃雜記》卷七《馬士權》 馬士權，泰州人，讓於官，第寓京師教授，博極羣書，多與學士先生游。劉元博、徐有貞輩凡有疑，必往質，士權故與徐尤

厚。天順元年，石亨、曹欽等引有貞共爲南城之計，不久權勢相拉，疑有貞文臣，不時見上，將爲所間，遂搆其事，自武功伯降廣東參政。猶慮其復起，必欲殺之，令人僞造奏本，毁謗朝政，特過於理。假丁憂給事中李秉彝進士，令入索，李至，拷掠竟死。石、曹因譖有貞怨望，使親信馬士權等爲此而滅其跡，上命權臣門達分遣邏卒捕有貞于途，收士權等俱下錦衣獄。達陳諸惡刑於庭，必欲士權承，以及有貞，士權遍嘗，幾死數，終無一言，若少齟齬，禍及有貞矣。七月廿五日，以天變得釋。有貞出獄，感士權，許以一女嫁其子，以奉湯藥，灑泣而別。天順四年，有貞自金齒歸蘇，士權自泰州來謁，欲成婚約，有貞頗有難色，士權辭曰：「貧儒不能當侯家女。」有貞遂實其言而以微物贈之。士權略無怏怏意。將行，余偶見士權於劉宗序所，貌甚鄙陋，長不踰五尺，譚論雄偉，氣節凜然，無一言及徐之事，真信義士也。

王錡《寓圃雜記》卷八《湯胤績獻書》 英宗在南内，音問久不通，指揮湯胤績兩獻書，皆託鄉人許内使以進，不知其所言何事。英宗復辟，問徐有貞曰：「湯胤績乃信國公孫，朕欲用之，何如？」有貞奏曰：「與臣素熟，真一酒風漢耳。」遂止。

王錡《寓圃雜記》卷八《李賢入閣》 天順改元之初，徐有貞方得君，上以閣下缺人，因問：「岳正可用否？」有貞曰：「臣性剛褊，正又過臣，恐不能共事。」又問：「李賢何如？」有貞遂贊其賢，因得入閣，蓋不虞上之連問也。後有貞之貶，賢反擠之，以其無誠心薦己耳。

尹直《謇齋瑣綴録》卷一 正統以來，諸學士與閣老每早朝退，俱入東閣，圓揖畢，講讀以下官序立閣門内，中書等官雖進四品以上秩者，亦從衆序於閣門外，總揖諸學士與閣老，乃散。天順初，徐有貞驟進大位，欲示私恩，乃聽西敕書房中書等官請，另揖於文淵閣下，不復從衆行禮。惟東誥敕房中書等官，尚仍舊揖。尾大不掉，其有自哉！

尹直《謇齋瑣綴録》卷二 天順初，閣老皆被逐，徐有貞、薛文清公、許道中、李文達公代之。其中惟李公儀度端凝得體，薛雖學行老成，而因奏對誤稱學生，遂以失寵求退，可謂明哲保身者。徐則貌陋心險，許則鄙劣放曠。英廟始見徐退，諭左右曰：「徐有貞可惜無福。」一日，朝退，上東閣，階峻雪滑，許失脚傾仆倒地，匍匐復上，徐俛首側項，噱然而笑。至東閣，與衆官會揖後，與許笑不已，殊失觀瞻，僉咸鄙之。徐性多疑，方草即位詔，改竄不一，至經三宿，内閣乃完。及讀卷日，駕御文華殿，中官促進至再，尚遲延不至，故示偃蹇。【略】

國朝凡頒詔敕，閣老先期視草，繕正用寶。至日早，閣老預約左掖門，内官先放入，於内閣取詔敕捧立於殿上寶桌之北。俟禮部尚書請頒詔，乃稍南移數步俯授之，尚書則跪受以出。英廟復辟，頒詔之日，適直侍班。時徐有貞、許道中二公捧詔授尚書，乃似跪非跪，禮容乖錯，甚不雅觀，蓋不習故也。

尹直《謇齋瑣綴録》卷三 景泰間，用人多密訪於少保于謙。時缺祭酒，翰林徐有貞嚮意補之，以門生楊宜爲少保内姻，託爲之請，至於再四，少保曲意從之，因中使言於上。一日退朝，宣少保至文華殿，辟左右諭之曰：「徐有貞雖有詞華，然其存心奸邪，豈堪爲祭酒？若從汝用之，將使後生秀才皆被他教壞了心術。」少保無所對，惟叩頭謝而已，退則汗出浹背。左右遥聞祭酒之説而未悉，有貞竟不得知，遂啣少保。至天順元年正月十七日事，果誣以重罪。

祝允明《野記》卷三 武功方被殊眷，劉原博溥謂曰：「公氣甚不佳，適與天氣合，公將不免。」武功曰：「奈何？」劉曰：「天上金氣甚沴，應當在公。」既而，果罹其咎。武功奮志疾惡，湯都閫胤績謂曰：「省齊誤矣。」公曰：「東谷亦爲是言耶。」湯曰：「公身在殿上，乃可推人不階陛，今公自立庭下，乃欲挽殿中人出乎。」公默然。

陸粲《庚巳編》卷六 武功伯徐公有貞天才絶世，其學自天文地理、釋老方伎之説，無所不通。己巳之禍前數月，熒惑入南斗，公私語於劉原博溥，原博亦善占候，曰：「吾亦知之，若社稷有福，天子或感疾而瘳，庶可厭當時之罰耳。」久之，終不退舍，公曰：「禍不遠矣。」亟命妻孥南歸，皆重遷，有難色。公怒曰：「汝不急去，直欲作韃人婦也。」遂行。比過臨清數驛，而土木敗報至矣。其後得君柄國，鋭意功業，而居間多不樂，時謂所親曰：「火星甚急，俟稍退，吾方可以爲。」未幾，竟爲曹、石所擠，訖不得伸其志以去。

天順辛巳七月，公居鄉。一日語客曰：「子見天象乎？宦官之禍作矣！吾爲吉祥所陷，今彼之受禍，視吾更慘也。」未旬日而吉祥從子欽被誅。甲申春，茂陵嗣統，公推運造，當得二十四年。族人以他事憾公，將發其語，公謝而得免。以成化改元，併嗣統之歲數之，正得一紀。辛卯歲，偕太守林公入郡學，指大成殿鴟吻曰：「此有青氣，上徹重霄，乃文明之祥也。來年吴士其有魁天下者乎！」明年，吴文定公及第。公雅重文定，家食時，已有大魁鼎輔之期。嘗謂客曰：「吴君入閣之後，天下始多事矣。」洎弘治末，文定入綰綸綍，没後半歲而泰

陵鼎成。未幾而逆瑺擅命，時事大變，繼以潢池之擾，而朝野不靖蓋累年云。

公初下制獄，引鏡自鑑曰：「面色灰敗，吾定不免。」乃日拱手默誦其所奉《斗母咒》。又數日，復就鏡曰：「吾今乃知免矣。」迨獄且論決，而風雷大作，承天門災。方暝晦中，或見錦衣堂上有物如豕者七，蹲焉，蓋斗神所爲也。公奉斗極誠，每日必北向四十九拜，雖寒暑無間。闔門不食豕肉，公亦自秘其術，不輕示人。沈處士周少被公賞愛，嘗燕見，從容請其術，公笑曰：「子欲試之乎？」顧庭中有犬卧焉，因取所佩一人髮圈，加於臂，以指旋而左，犬若被扼繫者，展轉欲絶，又旋而右，犬帖然安卧如故矣。長洲薛副使英祖墓在夷亭，公舟過之，指謂人曰：「此地當出一繫金帶者。」時薛猶未達，後竟舉進士第，至今官。金齒衛學舊鮮成名者，公謫居，相其地，謂：「植樹木其西以爲障，當有益。」有司從之，科第由是遂盛。其他巧發奇中者尚多，不能悉記。

李詡《戒庵老人漫筆》卷六《徐武功順正堂銘》 徐天全先生有貞爲侍郎徐主一公作《順正堂銘》曰：「坤德惟順，婦道則之。以順爲正，室家攸宜。主饋相祀，維婦之職。織紝組紃，維婦之勣。閨門之内，事事有儀。閨門之外，所不敢知。孝爾尊嫜，睦爾娣姒。容爾媵貳，謹助君子。毋效薄俗，爲彼勃磎。毋作長舌，爲彼厲階。所從有三，爲德惟四。戒之敬之，其永勿替。」此乃其早年筆，字畫甚是遒美，宜其爲吴中藝林冠冕。

焦竑《玉堂叢語》卷七 武功伯徐公有貞，天才絶世，其學自天文、地理、釋老、方技之説，無所不通。己巳之禍前數月，熒惑入南斗，公私語劉元博溥，元博亦善占候，曰：「吾亦知之，久之不退舍，禍不遠矣。」亟命妻孥南歸，皆重遷，有難色，公怒曰：「爾不急去，直欲作達人婦也？」遂行，比過臨清數驛，而土木敗報至矣。其後得君柄國，鋭意功業。而居閒多不樂，時謂所親曰：「火星甚急，俟稍退，吾方可以爲。」未幾，竟爲曹、石所擠，迄不得伸其志以去。

天順辛巳七月，公居鄉，一日語客曰：「子見天象乎？宦官之禍作矣。吾爲吉祥所陷，今彼之受禍，視吾更慘也。」未旬日而吉祥從子欽被誅。甲申春，茂陵已嗣統，公推運造，當得二十四年，族人以他事憾公，將發其語，公謝而得免。以成化改元併嗣統之歲數之，正得二紀。辛卯歲，偕太守林公入郡學，指大成殿鴟吻曰：「此有青氣，上徹重霄，文明之祥也。來年吴士其有魁天下者乎！」明年，吴文定公及第。公雅重文定，家食時，已有大魁鼎輔之望，後果如其言。【略】

徐武功平生好奇，每遇遊覽，必窮其勝。林屋洞天在包山，其中深窈幽黑，久無遊者。武功列炬而入，行頗久，至一處，平敞寬崇，特爲幽妙。壁上下皆作金色，有石乳自上滴下，相接至地，瑩如白玉，謂之曰金亭玉柱者是也。中設石床，類爲仙者之外室。再欲進步，則有流水，阻絶漸深，不能前矣。不知何人題曰「隔凡」，字勢飛逸，疑非人間書也。武功欲留作其間，爲同遊所促，悵然而出。自後更無往者。

焦竑《玉堂叢語》卷八 英廟有意江南買辦，徐有貞度不可言，將入對，謂學士薛瑄曰：「予若多言，恐忤上意，若度稍可，從後觸止之。」瑄以爲信。然語半，伺其後，有貞即大聲曰：「薛瑄欲有所言。」上問：「言何事？」瑄倉卒無所對，即以江南買辦一事言之，上不悦。

景泰間，用人多密訪於少保于謙，時缺祭酒，翰林徐有貞嚮意補之，以門生楊宜爲少保内姻，託爲之請，至於再四，少保曲意從之，因中使言於上。一日退朝，宣少保至文華殿，辟左右，諭之曰：「徐有貞雖有詞華，然其存心奸邪，豈堪爲祭酒？若從汝用之，將使後生秀才，皆被他教壞了心術。」少保無所對，惟叩頭謝而已，退則汗出浹背。左右遥聞祭酒之説而未悉，有貞竟不得知，遂銜少保。

李紹文《皇明世説新語》卷二《言語下》 玄墓山寺門有巨松甚鬱茂，堪輿家言當門不利，勸僧去之。天全翁至山中，僧以是請。翁笑曰：「木在門中，成『閑』字，僧家正要閑也。」僧遂止。

李紹文《皇明世説新語》卷二《文學》 徐武功入翰林，不屑詩文，凡軍旅行役、水利之類無不講求。或曰：「公職在文字，事此何爲。」公曰：「此孰非儒者事。使朝廷一日有事用我，雖欲學，無及矣。」

李紹文《皇明世説新語》卷三《識鑒》 都憲徐有貞治張秋河，有撓其議者曰：「不能塞河，而顧開河耶。」使者至，徐出二壺，一竅五竅者各一，注而瀉之，則五竅者先涸。使歸而議決。

李紹文《皇明世説新語》卷四《捷悟》 正統間，虜逼京城，徐珵倡南遷之議，内臣皆叱詈之，乃命人扶出。江時宜值于左掖門，徐曰：「吾主南遷不合矣。」江乃昌言固守之策，遂見稱賞，命入閣。

李紹文《皇明世説新語》卷六《術解》 徐武功問劉宗序曰：「見夜來大象乎？宦官之禍作矣。我被曹吉祥所害至此，恐其禍尤甚于我。」是日，吉祥之侄欽果反，誅連及吉祥。

徐有貞善天文，已巳之禍，前數月熒惑入南斗，亟命妻孥南歸。皆重遷，有難色，公怒曰：「爾不急去，直欲作達子婦也。」遂行。過臨清數驛，土木敗報至。

李紹文《皇明世説新語》卷七《簡傲》 徐有貞氣岸高兀，韓襄毅雍父死，求公志墓，公但立視其行狀，不爲答。或訝問，公曰：「彼爲父而拜，吾爲其父而受，豈不當禮。」

李紹文《皇明世説新語》卷七《輕詆》 徐有貞治河無功，于少保笑謂同官曰：「徐先生五墨匠耳，奈何令脱土墼也。」

李紹文《皇明世説新語》卷八《讒險》 徐有貞以迎復功進閣，坐陳循諸公不軌，榜示天下，且私報商文毅曰：「我無奈何，只得置足下于末矣。」徐有貞寵幸，宫中末務上必咨之。曹、石欲傾其權，常令小竪伏御溝竊聽，備書其語于册。上嘗欲立舊宫人爲妃，有貞力言不可。小竪以報，曹、石達于太后曰：「有貞誇于外，舉朝皆知之。」太后因謂上曰：「南人輕薄，宫人事彼亦自詫于外，帝乃以爲賢耶。」上默然。有貞遂得罪。

英廟有意江南買辦，徐有貞度不可言，將入對，謂學士薛瑄曰：「予若多言，恐忤上意，若度稍可，從後觸止之。」瑄以爲信。然語半伺其後，有貞即大聲曰：「薛瑄欲有所言。」上問言何事，瑄倉卒無所對，即以江南買辦一事言之。上不悦。

張萱《西園聞見録》卷一五 景泰皇帝有疾，都督張軏、武清侯石亨、太監曹吉祥以南城之謀扣太常卿許彬，彬曰：「此社稷功也，雖然，老矣，無能爲矣，盍圖之徐元玉。」軏、亨等悦其言。是月十四日夜會，徐有貞曰：「太上皇帝昔出狩，非以遊畋，爲赤子故耳。今天下無離心，謀必在此。特不知南城知此意否。」軏等曰：「兩日前有陰達者。」有貞曰：「必伺獲審報乃可啓議。」軏等去兩日，夜，復會有貞言：「報得矣，計將安施？」有貞乃升屋，覽步乾象，亟下拊軏等云：「時在今日，不可失。」遂相與密語，人不可得聞。已而，軏云：「今虜騎薄都城，奈何？」有貞言：「正宜乘此以備非常爲名，陰納兵入内，誰不可者。」軏等首肯之。復密語，既，倉惶以出。有貞焚香祝天，與家人訣曰：「事成，社稷之福，不成，家族之禍。歸也，人，不歸，鬼矣。」遂往會軏、亨、吉祥、王驥、楊善、陳汝言等收諸門鑰，夜四鼓，開長安門内，起兵千人。宿衛官軍驚愕，不知所爲，有出入者兵輒叱止之。有貞命仍鎖門，曰：「萬一内外夾攻，事去矣。」鎖訖，有貞取鑰投水竇，并軏等莫知所爲。時天色晦冥，軏等惶惑輒行，軏顧謂有貞曰：「事當濟否？」貞大言：「時至矣，勿退。」薄南宫城門，門錮密扣不應。俄聞城中隱隱然有開門聲。有貞等命取巨木架懸之，數十人舉撞城門。又令勇士踰垣入，與外兵合毁垣。垣壞門啓，城中黯無燈火。軏等入見，太上皇燭下獨出，呼軏曰：「爾等何爲？」俯伏合聲請陛下登位。乃呼兵士舉輦來，兵士驚懼，不能舉，有貞助挽以行。忽天色昭明，星月輝光，上皇顧問有貞等「卿爲誰」，各對某官某。有貞等前導，密邇屬車。既升奉天殿，諸臣猶有在輦前者，武士以椎擊有貞，上叱止之。時黻座高在殿隅，諸臣往推之至中升座，鐘鼓齊鳴，羣臣百官入賀。景泰皇帝聞鐘鼓聲，問左右云：「于謙耶。」左右對曰：「太上皇帝。」景泰皇帝曰：「哥哥做，好。」上既復辟，即日，命有貞依舊左副都御史，兼翰林院學士。明日，陞兵部尚書，命掌内閣事。三月，封武功伯，仍命兼華蓋殿大學士，掌文淵閣事。

張萱《西園聞見録》卷二一 徐公有貞自金齒赦歸，放迹湖山，縱情烟霞之賞，妓樂歌嘯，風趣超逸，輝照岩谷，望之若真仙下游，古賢復出。然念念朝廷，恒懷隱憂。平生意氣所寄，敻存物外，探祕剔幽，莫非奇致。嘗買地包山之岨，有冲昇之想焉。性喜夜燈與客坐語，徹曙無倦狀。或孤步選勝，若有遇奇流至人，下視汙濁糠粃如浼。及曹、石敗，自號天全居士，日以山水爲樂。遊靈岩小寺，調《水龍唫》詞云：「佳麗地是吾鄉，看西山更比東山好。有罨畫樓臺、金碧岩扉，彷彿十洲三島。却也有風流安石、清真逸少。向西施洞口，望湖亭畔，對雲影天光，上下相涵相耀。似寶鏡裏，翠娥粧照。且登臨，且談笑，眼前事幾多堪弔。香徑蹤消，屧廊聲杳，麋鹿還遊未了也莫管，吴越興亡爲煩惱。是非顛倒，古與今一般難料。嘆宦海風波幾人歸，蚤得在家中老。遇酒美花新歌清舞妙，儘開懷抱，又何須較短量長，此牛心應自有天知道。醉呼童進餘盃更酌，得到三更乘月回仙棹。」此天全歸田時自慰之作也。

張萱《西園聞見録》卷七四 徐武功有貞自金齒赦歸，復冀召用。夜觀天象，見將星在吴地，謂己可以當之，每早起輒舞鐵鞭數十回，以當運甓。及聞韓襄毅鎮兩廣，乃投鞭太息曰：「孺子亦能將乎？吾已矣。」居常鞅鞅，酒醉則繞屋馳走，連聲呼曰：「人不知我。」時同里祝參政灝自山西致仕歸矣，行且憂盜劫。有力士李金鎗者，武藝絶倫，名壓一境，因挾以自衛。既到吴，武功造祝所，召試其藝。李運鎗庭中，公首肯曰：「信佳，然步鎗法耳，能爲騎鎗乎。」李如命，公哂之曰：「汝疏矣。」李跪請教，不答。明日往見，公呼家人：「以吾棒來。」棒乃純鐵所爲，重六十餘斤。顧李曰：「盍試諸？」李謝曰：「非所習也。」公笑起運棒

如飛，時時及李頸，李懾汗，伏不敢起。」公擲棒叱之去，曰：「吾豈與若校技者耶？」

朱謀垔《續書史會要》　徐有貞初名珵，字元玉，號天全，吴縣人。生而短小精悍，潁敏絶世，十二三即能古文辭。宣德中舉進士，入翰林。公于經濟之學無不淹貫，尤善占驗，後以英皇復辟首功封武功伯。書法古雅雄健，名重當時。

朱彝尊《静志居詩話》卷七　武功《羽林》之作源出右丞。

梁廷樞《玉劍尊聞》卷二　徐有貞好習兵法及刑名、水利諸家言，於天文、風角、占驗尤精究不倦。人或謂：「公職業在文字事，此奚爲？」徐笑曰：「此孰非儒者事？使朝廷一日有事用我輩，而後習之，則已晚矣。」

梁廷樞《玉尊劍聞》卷二　有貞初名珵，字元玉，吴縣人，短小精悍，目光炯炯注射，潁敏絶世。舉進士，選庶吉士，歷編修、御史、諭德，久不遷。改今名，乃進僉都御史治河，嘗欲築一決口，下水石若無者，沉思竟日而始悟曰：「此其下有龍穴，龍惜珠，鐵能蝕珠。」於是鑄長鐵柱，同龢底貫而下焉，龍一夕徙，而決口塞。進左副都御史。迎太上皇於南宫，進兵部尚書兼學士，直文淵閣、華蓋殿大學士，封武功伯。御史楊瑄糾石亨，亨訴於上，謂有貞、李賢實使之下獄。謫叅政。亨復訴，又逮歸置獄，窮極鍛鍊，無所得，而摘其誥詞「纘禹神功」語，謂爲有貞自草，坐大逆不道，當死。以雷震奉天門，宥爲黔首，發金齒安置。放浪山水間，以詞翰著聲，棒法絶倫。

備論

李賢《天順日録》　士大夫行己交人不可不慎，若徐有貞，素行持公者少，而所交者亦然。及其當道，予輩持公以助之，有貞遂改前轍，不復徇私。其所交者，猶以平昔素情望之，多拂其意，遂以有貞爲改常，從而媒孽其短者甚衆。向使素持公道，豈有此乎？

陸容《菽園雜記》卷五　武功伯徐公金齒之謫，或以爲太監曹吉祥搆讒害之，非也。聞上皇復位時，稱兵南内者，以于謙輩迎立外藩爲辭，故論功行賞，謂之奪門有功。時石亨由武清侯進封忠國公，都督張輗封文安伯，張軏封太平侯，公由右僉都御史封武功伯，楊善由鴻臚卿封興濟伯，其餘都指揮而下陞職有差。未幾慈烈皇太后備言于謙匡濟多難之功，迎立外藩之誣，英宗始悟其冤而悔之。又嘗以問李文達公。公曰：「天下，陛下之所固有，誰得而奪之？此輩似圖富貴，妄生事端耳。」由此削奪諸封爵及軍職功陞者。公金齒之謫，石亨詔獄之死，殆若霍氏之禍萌于驂乘耳。

尹直《謇齋瑣綴録》卷一　朝廷以内閣政機重繁，欲增一二人而未得。時錦衣劉揮使素善徐珵，薦於金太監，乃召至左順門問計。徐甚言城不可守，必須南遷。衆内臣皆叱詈之，而徐力主前議，至泣下，語嘖嘖不已。金乃命人扶出之。江時宜先生值於左掖門，問曰：「如何？」徐曰：「吾主南遷，不合矣。」江入，昌言固守之策，遂見稱賞，命入閣。既而，徐屢被薦，皆不允。一日，徐爲芳洲推一命狀，侑以玉帶一束，謁於芳洲先生，曰：「推先生命，玉帶當至矣，故敢以獻。」先生納之，乃教徐易名，庶朝廷忘前議而薦可允，於是更名有貞。他日，張秋河決，徐欲假往治進官，商先生託王公度諳内閣舉之，遂陞僉都。至景泰丙子十二月，修河功訖還，上召詣御前，慰勞給賞，陞副都。有貞又求芳洲舉其入閣，不得。乃潛告石亨等，上有病，容圖舉事。踰歲，春正月，遂以迎復功進閣，出芳洲諸公以不軌，榜示天下。且私報商先生云：「我無奈何回互，只得置足下於末。」其亦可謂蜜口劍腹者歟！

天順初，以景泰易儲之故，凡翰林有帶東宫官銜者皆改別職用，是改李克述、林恒簡、黄廷臣尚寶卿，劉主静、倪克讓、吕逢原通政參議，錢原博尚寶少卿，俱兼翰林講讀以下官，仍舊供職。蓋出有貞意，且曰：「若改以翰林之職，則是陞，非改矣。」未幾，吕先生遂帶參議銜同可齋彭先生入閣。是冬，陳汝言用事，言於上曰：「翰林院官皆帶別衙門銜，而本院學士乃無一人，事體自不便。」上召冢宰王九皋承旨，九皋對曰：「學士之職不輕，今似太多。」汝言折之曰：「唐有十八學士，今何多？」於是俱改學士，錢則侍讀學士，而可齋則以少太常兼侍讀改兼學士。明年，廷臣使交南還，亦援例改。輿論汝言所行可稱者，惟此一事，有貞有愧耳。

按：景泰易儲之意，天下後世共非之。而徐有貞逢迎，凡翰林院帶宫銜者俱改別職，變亂舊章，尤萬世罪人也。而九皋亦濟其惡，幸陳汝言折之，仍復舊制，而有貞得無抱愧乎！

尹直《謇齋瑣綴録》卷三　按：景帝信任于公而不足於有貞，固帝知人之明，而于公之禍實胎於此時。廷鞫于謙，上念于有功，不忍加罪。有貞曰：「不

殺于謙，則今日爲無名。」遂與王文同斬，籍没其家，有貞心術真險矣哉！

吴寬《匏翁家藏集》卷四九《跋天全翁賞燈聯句》 天全翁自南詔歸，適大參祝公、僉憲劉公皆致仕家居，三公有斯文知契，凡登臨游賞之樂必共之，酒酣興發，更倡迭和，落紙，人争傳之，以爲奇玩。此燈夕於魏公美所聯句也，公美持以示予。於是翁與僉憲謝世數年，獨大參公在耳，當此夕覽此詩，尤深慨然。予又聞之，聯句時初人爲三韻，至劉當結尾，翁嫌其語意蹙，爲益二句，以今觀之，則如樂止以圉爲一成，又以祝奏，有禪續不絶之意，因併及之，以示世之知詩者。

吴寬《匏翁家藏集》卷四九《跋天全翁詞翰後》 長短句莫盛於宋人，若吾鄉天全翁，其庶幾者也。翁自賜還後，放情山水，有所感歎不平之意悉於詞發之。既没，而前輩風流文采寥寥乎不可見已。明古舊爲翁所知愛，得此數篇，示予光福舟中，酒酣耳熱，相與歌一二闋，水風山月間有不勝其慨然者矣。

楊循吉《吴中往哲記》卷一 武功伯徐公有貞夙負高才，談鋒文氣並英邁莫敵。治水章秋，載免泛溺之患。景泰末歲，贊决鉅策，忠重捐軀，寰寓再朗，晝日三接，□爲儒臣之極遇，一時廊廟大謨畫悉預參决，朝野聳望。不幸讒搆中作，幾墮於死，賴天子明聖，得末減爲金齒之謫，隨返桑梓。能以憂患自外，放情絃管泉石之間，若忘其先貴。賓侶乞文，崇朝坌集，援毫數行，輒重收去，用是亦不落寞，閲世六十餘蕘。議者謂公人物殆是四海物望，不但爲吴之增重。

廖道南《殿閣詞林紀》卷一《華蓋殿大學士徐有貞》 廖道南曰：予觀吴志，謂有貞短小精悍，其學自天官、地理、兵法、河渠、陰陽、方術無不通貫。及讀其所爲漕河碑，閎博爾雅，當時詞臣無出其右。然而心術險賊，急嗜功利，首倡南遷，繼謀奪門，比昵奸回，屠戮忠良，金齒之行亦天道也。

贊曰：謂天蓋高，不敢不跼；謂地蓋厚，不敢不蹐。彼其之子，狡焉猖狂，負氣以逞，搆謀匪臧。遷國奚忠，奪門奚智，亦已焉哉，胡不惴惴。

袁袠《皇明獻實》卷二三《徐有貞》 袁袠曰：司馬相如言，有非常之人而後有非常之功，信哉。若武功伯者，今之社稷臣也。方其鎮彰德、治水張秋，其材已槩見矣。景皇帝之大漸也，英皇錮於南城，大臣倡易儲之議，朝野皇皇，人懷異心，公獨奮其智勇，與二三武人决機定策，取日虞淵，呼吸之頃，天下晏然，功存乎社稷，忠貫乎天地，此豈瑣瑣常人所能哉。及其秉鈞軸，胙茅土，晝日三接，舉國而授之以政，訏謨贊畫，方將立致其君於堯舜，而憸壬側目，巧言如流，卒以遠竄。甚矣哉，小人之能傾人也，吁，可畏哉！曹、石既敗，英皇數欲召用，竟沮於李相賢。而世之議者又多詆訾公，謂少保于公之死出公意，此與兒童之見何異。夫南城之錮，易儲之議，英皇之欲甘心於少保久矣，公何與邪。或者又謂英皇北狩時，公常倡議遷都金陵，此誠跦繆，然議竟不行，未嘗壞家國天下事也。以公之功而不免雌黄之口，世之君子無公之才之功而遭讒受誣，生有竄殛之禍，死有汩没之譏者，豈少哉！

項篤壽《今獻備遺》卷一九 論曰：方武功伯之鎮彰德、治水張秋，其材已槩見矣。英皇復辟之初，公獨奮其智勇，與二三武人决機定策，取日虞淵，呼吸之頃，天下晏然，功存乎社稷，忠貫乎天地，可謂奇矣。及其秉衡軸、胙茅土，舉國授政，方將致君堯舜，而憸壬側目，卒以遠竄，讒夫之禍，吁，可畏哉！夫以徐公大功，猶不免于雌黄之口，況下此者乎？

王世貞《弇州山人續稿》卷八八 弇州外史曰：是三伯者而皆材人也。靖遠材而欲，武畧則優，興濟材而巧，武功材而躁。其隱忮忍鸷，偕有陰慝，然而靖遠差寬之矣。不然，以麓川之三役，塗炭幾天下半，而卒以長世也。武功之占候奇矣，其事再驗，一不驗幾遂悮國，世之所謂不祥人也耶。

王世貞《弇州山人續稿》卷一四六 贊曰：赫赫武功，天質胡異。職司藝文，迺慕經濟。萬象肅括，九河康乂。功成倏忽，皇輿奠位。辱以榮伏，毁繇名致。瑕瑜千載，矛盾一世。

王世貞《名卿績紀》卷三 逸史氏曰：有貞善天文地理之學，自謂無遺筭，其治河亦號能吏，至南遷之説，抑何舛錯懦弱也。爲相日裁冒功濫賞，似矣，已獨先冒濫焉，屠剪勳賢，快志報復，傳曰：不能三年而思小功，其有貞之謂乎。

劉鳳《續吴先賢讚》卷二 贊曰：士當無事時，雍容濟盛治，然猶稱焉。及制變圖難，定傾扶危，决策無濡忍之意，存亡以之，此其謀烈顧不丈夫哉。且其身嘗貴爲徹侯，受辱獄吏不耻，謂不能裁耶。人臣義不當貳，一旦被污惡言，不以死明責，誰當知者。若有貞事無可疑，何至今論未定也。或以于司馬死罪之。夫于誠有功於守，若城下之役與乘輿南旋，信預有力焉。至南城、易儲，二者謙既股肱大臣，且獨親信，何無一言争，而謂其猶有翊戴之意者，將誰欺哉。不有所廢，其何以興。謙與貞本無怨，而勢適然。尚何云貞之卒廢，由南陽之媢功，乃謂迎衛之舉，無事者又何其重誣也。傳有之，使好我者勸，惡我者懼，乃易之矣。惜夫，若士權忍死以明有貞，雖任安、田叔之義又何以

加焉。

徐子陽《皇明天全先生遺事》 贊曰：皇皇盛業乎。英宗之復辟，公實贊之，可謂社稷之功矣。方其時，一二臣亦能識此，然才力不逮，沈潛不發。公揮霍數武人，謀完力充，不崇朝事定於一，其才焉可誣也。初蒙被渥典，公法甚明，讒邪遮蔽，誣構百出，卒不免流放之禍。悲夫，甚哉，小人之能傾人也！夫小人之構禍，以爲媢嫉，及至君子，亦從而非之，何哉？嗚呼！則何小人之尤也。蓋直道不章，而處滿之難如此夫！

何喬遠《名山藏卷六四臣林記徐有貞》 郎曰：有貞藉二豎立功，既被知眷，欲守正自異，身爲伊周，何其壯哉。得意失意，在反覆間。《書》曰：汝惟不矜，天下莫爭功，汝惟不伐，天下莫爭能，禹矣。

談遷《國榷》卷三二 史鑑曰：或曰：國家授受，自有常典，徐公豈當預哉。蓋公假迎復之功，以爲富貴之實耳。嗚呼，是誠何言哉！君臣大倫，根于天性，苟利社稷，死生以之。先帝在幽閉之中，至穴牆以通飲食，勢同狴牢。華督之弒宋殤，子翬之弒魯隱，高渠彌之弒鄭昭，南宫萬之弒宋閔，慶父之弒子般，商臣之弒楚成，李兑之弒主父，劉劭之弒義隆，皆以得罪畏誅，姑欲脱死于一時也。然則先帝當此之時，豈不謂之至危極殆乎。而公奮不顧身，決此大策，翊衛先帝，出險難之中，尊居九五，其功可謂偉矣。但以震主之威，易生讒謗，此正李泌所謂殺臣者五不可耳，豈公之罪也哉！

談遷曰：徐有貞本縱横之學，以迎襄陷于司馬，而陷有貞者即踵之，曰：「纘禹神功」，俱不臣也，俱子虚也。函矢同術，有貞南流，亦少自悔否乎？

傅維鱗《明書》卷一二三 史官曰，徐珵狡猾傾險，怙恃才技，幸天下有事，沾沾自喜，當駕出而私語所親，驅妻子去國，不聞叩馬之忠，及北狩而倡議南遷，傾摇人心，幾蹈靖康之禍。賴廟堂君非宣和，臣有宗、李，屹然不惑，再猷鍾簴，而珵自愧其言之不酬，包藏禍心，嘗欲動危天下，而已有大功，奪門之役，所自來也。玉帶賂陳循，貂冠比亨、軏，志驕意得，潛伏殺機，遂至蔽鵬舉之誅，碧萇弘之血，貽人主藏弓之悔，傷天下忠臣義士百身莫贖之心，珵之肉豈足食哉！跡其守國之智，曾不如金英，而媢嫉之才，乃甚於林甫，千秋萬世當比於盧之殺顔，張之殺岳，並污青史，區區河功，何足道哉。

錢謙益《列朝詩集小傳》乙集《徐武功有貞》 公器質魁傑，文武兼資，于天官、地理、河渠、兵法、風角之書，無不通曉，志在經世，詩文取通達，不屑爲雕章飾句。晚遭屏廢，放情絃管泉石之間，好作長短句，以抒寫其抑塞，激昂感慨，有辛稼軒、劉改之之風。草書奇逸，自負入神。登山臨水，酬酒悲歌，筆墨淋漓，流傳紙貴。至今吴下推風流儒雅，亦必以武功爲領袖云。

查繼佐《罪惟録》列傳卷一六 論曰：程敏政預修《英廟實録》，頗有誣衊，謂有貞迎復後，向曹、石乞哀，願以武弁從，因得封武功。觀其自負，抗不下，致傾陷幾死，使非帝垂念，老金齒矣。然則思廟食或有之，亦寧附賢者以爲名。余按南宫復辟詔草，有貞獨不預名，另出一草袖中，有云：「豈期監國之人，遽攘當宁之位。」迹其意，以代廟爲篡云，是則不滿於物論者矣。既得君驕，頤指六卿若掾吏，或諸曹□集其堂，偃卧不起。堂中但設一座，或勉出一揖，託他故入，然則所以居功者未善也。又相傳景泰七年，祭酒缺，有貞託其門人爲于謙内戚楊宜者，必謙言之，謙不得已，聞上。上曰：「有貞雖詞華過人，存心奸慝，豈堪坊士？」謙不言故，有貞終以不得祭酒啣謙。

《明史》卷一七一 贊曰：人非有才之難，而善用其才之難。王驥、王越之將兵，楊善之奉使，徐有貞之治河，其才皆有過人者。假使隨流平進，以幹略自奮，不失爲名卿大夫。而顧以躁於進取，依附攀援，雖剖符受封，在文臣爲希世之遇，而譽望因之隳損，甚亦不免削奪。名節所繫，可不重哉！

《四庫全書總目》卷一七〇 有貞究心經濟，於天官、地理、兵法、水利、陰陽、方術之書無不博覽，惟傾險躁進，每欲以智數立功名，與石亨等倡議奪門，僥倖孤注之一擲，幸而得濟。又怙權植黨，威福自專，卒亦爲人搆陷，所謂君以此始，必以此終，實深爲君子所詬病。祝允明爲有貞外孫，所作《蘇談》往往回護其詞，究不足以奪公論也。然其幹畧本長，見聞亦博，故其文奇氣坌涌，而學問復足以濟其辯。集中如《文武論》、《制縱論》及《題武侯像》、《出師表》諸篇多雜縱横之説，學術之不醇，於是可見，才氣之不可及，亦於是可見。擬諸古人，蓋夏竦《文莊集》之流，遺編具存，固不必盡以人廢也。至其詩則多在史館酬應之作，非所擅長。集中《羽林子》二首，《静志居詩話》謂源出右丞，然語亦平平，僅具唐人之貌。人各有能有不能，存而不論可矣。

陳田《明詩紀事》乙籤卷一六 《姑蘇志》：徐元玉詩文雄偉奇麗，詞尤妙絶。

田按：武功恒云：「左邊堆數十萬金，右邊殺人流血，而目不轉者，真宰相也。」此語亦太露殺機。陷于忠肅，傾險甚矣。得流金齒，亦幸事。

明憲宗部

綜述

《憲宗實録》卷一　憲宗繼天凝道誠明仁敬崇文肅武宏德聖孝純皇帝，諱見深，英宗睿皇帝之長子。母今聖慈仁壽皇太后。於丁卯十一月二日生上于宫闈。生時，紅光滿室。是歲，天下大稔，海宇清晏。至十四年己巳，虜寇也先大舉犯邊，英宗睿皇帝率師親征，抵大同，而還至土木，爲虜所遮，車駕北狩，京師戒嚴，中外洶洶，朝不保暮。時上甫三歲，郕王監國，公侯駙馬伯皇親及文武群臣請命于聖烈慈壽皇太后，册上爲皇太子，詔告天下，人心始安。既而，聞虜復至，在廷文武群臣請立監國爲皇帝，以紓國難。聖烈慈壽皇太后復勉從所請立焉，是爲景泰帝，遂尊英宗睿皇帝爲太上皇帝。逾年，太上皇帝迴鑾南宫，上□聖烈慈壽皇太后居清寧宫，年雖幼，已岐嶷如成人，視瞻非常，不輕言笑。稍長，知讀書，天資穎悟。聖烈慈壽皇太后恒令人爲直説大義，輒通解不忘。景泰三年，賊臣廣西都指揮黄竑犯罪當死，自廣西獄中遣其子上書，勸景泰帝立其子見濟爲皇太子，遂降封上爲沂王。制下之日，人心皆痛憤不平。未幾，見濟薨，朝臣有請復上爲皇太子者，輒被箠撻幾死。

天順丁丑，英宗睿皇帝爲衆所擁戴，復辟，廢景泰帝仍爲郕王，復立上爲皇太子。上初名見深，至是更名見濡，詔書失寫其故，頒行天下，人皆驚，相問曰：「此非向所立太子乎，何名之不同也。」蓋上爲天下人心歸向久矣。戊寅，出閣讀書，命内閣臣李賢、彭時、吕原及翰林諸儒臣侍講讀於文華殿。群臣見上相表奇異，玉色和粹，無不驚服。廣額豐碩，方面大耳，目睛如漆，黑光彩射，左右侍者皆莫敢仰視。英宗睿皇帝欲上進學，賜勑講讀官二帝三王之心法與凡修齊治平之要道，務令以見諸行事于他日。上讀書音響洪亮，不數遍即□□作字運筆有法，尤便習騎射，至於侍膳問安，孝敬備至。英宗睿皇帝特鍾愛焉，嘗謂慈懿皇太后及今聖慈仁壽皇太后曰：「此太平天子也。福德非吾所及。」至是年十七，英宗睿皇帝不豫，召上至榻前，屬以後事甚悉，□□□□□受命。已而，英宗賓天，上哀痛之甚，令自成□□□□□典禮而行，中外臣民益忻忻仰戴焉。

《明史》卷一三《憲宗紀一》　憲宗繼天凝道誠明仁敬崇文肅武宏德聖孝純皇帝，諱見深，英宗長子也。母貴妃周氏。初名見濬。英宗留瓦剌，皇太后命立爲皇太子。景泰三年，廢爲沂王。天順元年，復立爲皇太子，改名見深。

天順八年正月，英宗崩。乙亥，即皇帝位。以明年爲成化元年，大赦天下。免明年田。三月甲寅朔，尊皇后爲慈懿皇太后，貴妃周氏爲皇太后。〔夏四月〕庚申，葬睿皇帝於裕陵。秋七月壬申，立吴氏爲皇后。八月癸未，御經筵。甲申，命儒臣日講。癸卯，廢皇后吴氏。下太監牛玉於獄。冬十月壬辰，立王氏爲皇后。

成化元年春正月乙卯，享太廟。己未，大祀天地於南郊。二月戊子，祭社稷。甲午，耕耤田。〔三月〕丁巳，釋奠於先師孔子。夏五月辛酉，大雨雹。壬戌，避正殿減膳，敕羣臣修省。

二年春正月戊申，罷團營。乙卯，大祀天地於南郊。辛酉，英宗神主祔太廟。三月甲辰，賜羅倫等進士及第、出身有差。秋七月辛巳，封弟見治爲忻王，見沛徽王。

三年春正月己卯，大祀天地於南郊。冬十二月庚子，左庶子黎淳追論景泰廢立事，帝曰：「景泰事已往，朕不介意，且非臣下所當言。」切責之。

四年春正月甲戌，大祀天地於南郊。〔六月〕甲寅，慈懿皇太后崩。九月庚申，葬孝莊睿皇后於裕陵。

五年春正月乙丑，大祀天地於南郊。三月辛丑，賜張昇等進士及第、出身有差。

六年春正月己丑，大祀天地於南郊。〔二月〕丁丑，禱雨於郊壇。

七年春正月辛巳，命京官五品以上及給事中、御史各舉堪州縣者一人。丙戌，大祀天地於南郊。十一月甲寅，立皇子祐極爲皇太子，大赦。十二月甲戌，彗星見，下詔自責，敕羣臣修省，條時政得失。

八年春正月庚戌，大祀天地於南郊。癸亥，皇太子薨。三月癸丑，賜吴寬等進士及第、出身有差。

九年春正月丁未，大祀天地於南郊。〔夏四月〕壬午，閱武臣騎射於西苑。

冬十一月丁酉，復閱騎射於西苑。

十年春正月丁亥朔，振京師貧民。丁酉，大祀天地於南郊。

十一年春正月癸亥，大祀天地於南郊。三月壬子，賜謝遷等進士及第、出身有差。冬十一月癸丑，立皇子祐樘爲皇太子，大赦。十二月戊子，復郕王帝號。

《明史》卷一四《憲宗紀二》 十二年春正月辛亥，南京地震有聲。戊午，大祀天地於南郊。秋七月庚戌，黑眚見。乙丑，躬禱天地於禁中，以用度不節、工役勞民、忠言不聞、仁政不施四事自責。

十三年春正月庚戌，大祀天地於南郊。

十四年春正月甲戌，大祀天地於南郊。〔三月〕己卯，賜曾彦等進士及第、出身有差。

十五年春正月丁卯，大祀天地於南郊。

十六年春正月甲午，大祀天地於南郊。

十七年春正月丙戌，大祀天地於南郊。三月辛卯，賜王華等進士及第、出身有差。

十八年春正月壬午，大祀天地於南郊。十二月庚午，御製《文華大訓》成。

十九年春正月丙午，大祀天地於南郊。

〔二十年春正月〕丁酉，大祀天地於南郊。三月庚寅，賜李旻等進士及第、出身有差。

〔二十一年春正月〕乙未，大祀天地於南郊。

二十二年春正月己未，大祀天地於南郊。

二十三年春正月，免陝西、湖廣被災税糧。庚戌，大祀天地於南郊。〔三月〕丁巳，賜費宏等進士及第、出身有差。秋七月戊申，封皇子祐杬爲興王，祐棆岐王，祐檳益王，祐楎衡王，祐橒雍王。八月庚辰，帝不豫。甲申，皇太子攝事於文華殿。己丑，崩，年四十有一。九月乙卯，上尊謚，廟號憲宗，葬茂陵。

焦竑《皇明人物考》卷一 〔憲宗純皇帝〕諱見濟，英宗第一子，太后周氏所生。初名見深。郕王攝政，册爲皇太子。景泰三年，降封沂王。天順元年，改今諱，復立爲皇太子。英宗崩，即皇帝位。在位二十三年，崩于乾清宫，壽四十一。葬茂陵，廟號憲宗。后王氏，中軍都督追贈阜國公鎮之女，至正德十三年崩，合葬茂陵。憲宗之子十有四，其第三子即孝宗也。第五子岐惠王祐棆絶，第六子益端王祐檳絶，第七子衡恭王祐楎存，第八子雍靖王祐橒絶，第九子壽定王祐榰絶，第十子成化十九年生，尋以本年死，第十一子汝安王祐梈絶，第十二子涇簡王祐橓絶，第十三子榮莊王祐樞存，第十四子申懿王祐楷絶。憲宗女六人。

鄧元錫《皇明書》卷七《憲宗純皇帝紀》 憲宗皇帝諱見深，睿皇帝元子也。正統末，立爲皇太子。景泰中，中廢。天順復辟，復爲皇太子。上崩，以天順八年春正月乙亥即皇帝位。時閣學士賢方柄用，而輔臣在閣者，陳文、彭時。詔尚書王翺、年富、馬昂，武臣會昌侯孫繼宗、懷寧侯孫鏜充議事官，尊皇后錢氏爲慈懿皇太后，尊上生母貴妃周氏爲皇太后，加李賢少保兼華蓋殿大學士，陳文、彭時吏部左、右侍郎。三月，復前修撰岳正、監察御史楊瑄、張鵬官。夏五月，大風雹，拔木，壞郊壇。復定襄伯郭登爵，鎮甘肅，尋召提督團營。六月，致仕禮部侍郎内閣學士薛瑄卒。秋七月，立皇后吴氏。九月，廢。冬十月，立皇后王氏。十一月，勑都督姜銘備倭。是年，虜數寇宣大、延寧邊。

成化元年乙酉春正月，雪故少保謙冤，盡復官，遣官諭祭。二月，耕籍田。彗星見西北。兩廣、荆襄盜起。以王恕爲副都御史，撫南陽，討平之。兩廣蠻叛，遣征夷將軍趙輔總兵，僉都御史韓雍督師討之。三月，上視學，釋奠于先師。加吏部尚書王翺太子太保。夏四月，出給事中張寧爲汀州知府，修撰岳止爲興化知府。襄陽流民劉千斤反。始流民聚襄鄧山中，不占籍盜□，莫爲意故也。夏五月，兵部尚書王竑致任。狄虜寇延綏，都御史項忠、寧遠伯任禮禦却之。冬十月，進閣學士彭時兵部尚書。冬十一月，承天門成，下寬恤詔。十二月，兩廣盜平。

成化二年丙戌春正月，令三品以上京官薦舉堪任布、按二司官。二月，人學士李賢丁父憂，詔起復，賢乞終制，命太監護歸視葬，促還京。江淮旱饑，人相食，遣右副都御史林聰賑撫，給借支運糧。三月，賜羅倫等進士及第、出身有差。夏五月，大學士李賢還京，乞終喪，不許。謫翰林修撰羅倫福建市舶司提舉。遣撫寧伯朱永、都督李震總兵，兵部尚書白圭督師，討劉千斤，平之。進永爵侯，封震興寧伯。秋八月，以邢讓爲國子祭酒。冬十月，毛里孩寇陝西，都御史項忠、彰武伯楊信禦却之。十二月，少保、華蓋殿大學士李賢卒，贈太師，謚文達，命太常少卿兼侍讀學士劉定之直文淵閣。

成化三年丁亥春正月，丁酉朔，日食既。三月，召前兵侍郎兼翰林學士商輅復官，仍直文淵閣。貴州、山東都掌蠻叛，命襄城伯李瑾總兵，兵部尚書程信督

帥，討平之。夏五月，震午門。復羅倫南京翰林院修撰。秋七月，吏部尚書王翺致仕，卒，謚忠肅。封太后弟前慶雲侯彧長寧伯，始世襲。虜寇榆林，陷開城縣，徙縣于固原。冬十月，建州女直寇遼東，武靖伯趙輔總兵，都御史李秉督師，討破之。召秉還，進吏部尚書。逮翰林編修章懋、黄仲昭、檢討莊昶，仗闕下，調外任。十二月，始立十二團營。慶雲伯彧奪民田，遣刑部郎中彭韶□武強覈之，下詔獄，尋釋。是歲，以方士李孜省爲上林監丞，尋遷右通政。

成化四年戊子春二月，壬辰朔，日食。夏四月，陳文卒。五月，京師大旱。六月，慈懿皇太后錢氏崩。葬孝莊皇后。秋七月，有星孛於台斗。八月，京師地震，下修省詔。冬十月，進閣學士彭時、商輅吏、兵部尚書，劉定之禮部左侍郎。陝西王達、滿四反，伏羌伯毛玉戰死。僉都御史項忠督師進討，破平之，進左都御史。十二月朔，日食。虜寇榆林。

成化五年己丑春正月，吏部尚書李秉罷。萬安以侍郎翰林學士直文淵閣。六月癸丑朔，日食。秋八月，侍郎閣學士劉定之卒。冬十一月，徵士吴與弼卒。

成化六年庚寅春四月，命右都御史韓雍總督兩廣軍務，兼理巡撫，平江伯陳鋭總兵開府蒼梧。夏五月京畿大水，遣右都御史項忠巡行賑視。六月戊申朔，日食。初罷會官保舉。秋七月己卯，皇太子生於西宫。九月，遣總制陝西軍務都御史王越總兵，武靖侯趙輔帥師，搜河套，尋召還。冬十月，虜寇陝西，總兵劉聚擊却之。冬，巡撫遼東都御史彭誼討建州女直，敗之。

成化七年辛卯春正月，京師饑，發粟賑貸。定長運法，遣大臣出，分道巡視民瘼，散廩勸分，興革利害，罷有司之貪酷不職者。襄陽賊反，總督右都御史項忠討平之，進左都御史，召還臺。三月，有星孛于天田。夏四月秋，虜入河套。置榆林衛。冬十一月，立皇子祐極爲皇太子。彗出軒轅。十二月，皇太子薨。

成化八年壬辰春三月，以余子俊爲副都御史，巡撫延綏。夏，畿省水旱。秋，虜寇臨鞏，入固原，都御史馬文升連敗之，命總制陝西邊務。冬，定襄伯郭登卒。

成化九年癸巳春三月，山東晝晦。夏四月辛酉朔，日食。京畿、山東、河南饑，詔賑恤。進萬安、商輅户、禮部尚書。六月，延綏徙鎮榆林。秋，虜寇廣寧。冬，上閱武西苑。

成化十年甲午春三月，吏部左侍郎葉盛卒。起右都御史林聰掌南京都察院事。秋，劉吉以侍郎入閣，預機務。

成化十一年乙未春三月，少保、兵尚書、文淵閣大學士彭時卒，贈文憲。夏四月，進商輅文淵閣大學士，萬安禮部尚書，命侍郎劉珝兼翰林院學士，直文淵閣。夏五月，勑禮部擬皇子名。皇妃紀氏徙居永壽宫。六月，皇妃紀氏薨。秋九月，丁未朔，日食。冬十月，立皇子祐樘爲皇太子。十二月，復景皇帝號，上尊謚。先是，上欲復景帝位號，遣中使誼詣闕議，閣學士輅舉手加額曰：「此堯舜盛德也！」贊之決。於是下勑曰：「曩朕叔郕王踐祚，戡難興邦，奠安宗社，亦既有年，屬寢疾彌留，貪人生事，妄興讒搆，請去帝號。先帝尋知其枉，深懷悔恨，羣姦以次抵法，不幸上賓，未及舉正。朕嗣大業，一紀于兹，敦念親親，用成先志。其復帝號，謚恭仁康定景皇帝。」

成化十二年丙申春，遣副都御史王恕撫定雲南。右副都御史朱英總督兩廣。副都御史原傑經略鄖陽，撫定流民，開設鄖陽府縣。二月乙亥朔，日食。夏六月，進右都御史傑南兵部尚書，卒。秋，京師黑眚見。妖人李子龍伏誅。冬十月。

成化十三年丁酉春正月，增先師籩豆樂舞之數。置西廠，太監汪直督官校刺事。山陰雨血。夏四月，進商輅謹身殿大學士，萬安太子少保，劉珝、劉吉户、禮部尚書。罷西廠，直入司理監。六月，御史戴縉、王億請復西廠，直復出廠刺事。兵尚書項忠除名。少保、謹身殿大學士商輅致仕。進萬安文淵閣大學士，王越兵部尚書，陳鉞副都御史。京師雨錢。巡撫遼東都御史彭誼致仕。陳鉞巡撫。

成化十四年戊戌春三月，皇太子冠。福建上杭盜起，僉都御史高明討平之，尋辭病歸。夏，建州夷叛，寇遼東。秋七月，兵部侍郎馬文升撫平之。

成化十五年己亥春，復以宦官出各省鎮守。夏，畿省水旱。六月，逮兵部侍郎馬文升下詔獄，謫戍，用直、鉞奏也。秋七月。冬十月，陳鉞襲建州夷。十二月，建州夷大寇遼東。

成化十六年庚子春正月，直監督團營。二月，寇榆林。夏六月，福建長樂平地山突起。下御史强珍獄，謫戍遼，以論越失機匿敗故也。逮巡撫副都御史秦紘下詔獄，尋釋之，巡撫河南。冬十月，陳鉞進兵部尚書，封王越威寧伯，以襲虜威寧海有捕虜功也。

成化十七年辛丑春二月，命湖廣都督僉事王信撫定諸蠻。夏四月，勑司理大監及三法司録囚。秋七月，虜寇大同。冬十月，以余子俊爲兵部尚書。

成化十八年壬寅春，虜寇山西，巡撫都御史何喬新擊敗之。妖人王臣伏誅，中官王敬充浄軍。罷西廠。夏五月己巳朔，日食。秋七月，徵廣東貢士陳獻章至京，授翰林檢討，予告歸養。劉吉起復。冬十一月，汪直以罪罷。奪王越威寧伯，編管安陸，陳鉞、戴縉竝除名。進萬安太子太傅、華蓋殿大學士，劉珝謹身殿大學士，吉武英殿大學士。

成化十九年癸卯春二月，以職方郎中劉大夏爲福建叅政。復前兵部尚書項忠官，致仕。三月，南禮部侍郎章綸卒。夏五月，起前兵部侍郎馬文升巡撫遼東。冬，大旱。十二月，罷傳奉官。大雪。

成化二十年甲辰春正月，京師地震，畿省大旱。江西處士胡居仁卒。秋，逮刑部員外郎林俊及後府經歷張黻獄，謫官。九月乙卯朔，日食。令天下生員納粟入監。冬，虜寇宣大，命列侯諸將分道禦之。

成化二十一年乙巳春正月，星隕有聲，下寬恤詔，求直言。工部主事張吉、中書舍人丁璣、進士敖毓元謫官。三月，泰山屢震。夏四月。秋七月，太子少保，右都御史朱英卒。九月，户部尚書、謹身殿大學士劉珝致仕。以彭華爲吏部侍郎兼翰林院學士，直文淵閣。

成化二十二年丙午春，正月，南兵部尚書王恕落太子少保，致仕。二月丁酉朔，日食。巡撫大同左都御史余子俊落太子太保，致仕。虜寇開原。夏四月，逮廣東左布政司陳選，道卒。秋七月，致仕少保、吏部尚書、謹身殿大學士商輅卒。九月，以尹直爲侍郎，兼翰林院學士，直文淵閣。冬十月，進萬安少傅，劉吉少保，彭華，尹直尚書。淮北、山東大饑。

成化二十三年丁未春三月，妖人李孜省爲工部尚書，仍掌通政司事。夏，京師大旱，下寬恤詔。六月，震南京午門，勑修省。秋八月戊子，上崩於乾清宫。九月壬寅，皇太子即皇帝位。上大行皇帝尊謚曰「繼天凝道誠明仁敬崇文肅武宏德至孝純皇帝」，廟號憲宗，葬茂陵。

何喬遠《名山藏》卷一五《典謨記·憲宗純皇帝》 憲宗純皇帝御諱〔見深〕，英宗皇帝長子也。故名〔見濬〕。母周太后。生時紅光滿室，其歲天下大稔。英宗北狩，郕王監國，慈壽皇太后立爲皇太子，方三歲。郕王即位，立其子見濟，降封沂王。英宗復辟，更名，上復立爲皇太子。上廣額豐頤，方面大耳，目睛如漆，光彩射人，左右莫敢仰視。出閣講學，敏於讀書，便習騎射，侍膳問安，孝敬備至。英宗大漸，召屬後事。既崩，羣臣三勸進，以正月乙亥即皇帝位，下詔以明年爲成化元年，大赦天下。【略】

二月乙未，上大行皇帝尊謚。詔天下科道官重劾門達罪浮於降，繫獄論死，籍其家，餘黨皆貶戍。召還袁彬代之。始傳陞司禮監人匠旺爲文思院副使。湖廣苗賊平。乙巳，黄塵四塞。壬子，風霾晝晦。三月甲寅朔，尊母后皇后爲慈懿皇太后，母妃爲皇太后。【略】〔五月〕庚申，葬英宗於裕陵。戊辰，祔廟。勑曰：「朕雖在疚，敬天恤民，不敢忘。慮天災屢見，朕甚懼焉。意者德未脩、政未舉歟？心未誠、行未至歟？抑爾羣臣弛慢不飭，無能匡輔安和歟？其各恪恭以回天意。」庚午，始視朝。禁天下朝覲官徵斂於民。命囚徒守瞭沿邊墩臺，死罪五年，流罪四年，徒罪如律條年限，每月給糧叁斗，著爲令。以順聖川牧地爲屯田。六月，改賜真人張元吉封號，及其母。

七月，禁邊將朘削所部士。壬申，立皇后吴氏。大學士李賢等言：「山西大同饑，邊報日夕至，宜令撫臣加謹。」上曰：「寇猶邪氣，善攝生者，毋令虚入，卿等慮是。」革官吏科斂弊。總管神機營撫寧伯朱永薦甘肅總兵官定襄伯郭登自代，上嘉之，召登還。八月，革冒迎駕功陞職者。癸未，初御經筵。甲申，初日講。科道官薦漕運副都御史王竑、巡撫宣府副都御史李秉宜召而大用之，廷議皆是，上曰：「古者夢卜求賢，況今有輿論。竑可兵部尚書，秉可左都御史。言官交論兵部尚書馬昂不職，其改於户部。」廢吴皇后。下選婚太監牛玉獄，安置南京。九月，册見潚爲荆王，見鈜爲蜀王。增京畿府州縣儒學生員廩米。十月壬辰，立皇后王氏。【略】

十一月，復設京衛武學。以順義縣故所没太監吉祥地爲宫中莊田，始名曰「皇莊」。南京給事中王徽、王淵、朱寬、李翔、李鈞等言牛玉罪重罰輕，宜寘之死，并劾及李賢，俱謫州判官。都督僉事何洪殺賊趙鐸於梓潼縣，死之，贈一級，予祭葬。襄王瞻墡於先帝時請興工造牌鑄鐘，至是請以詔書趣成，上曰：「朕初即位，一切省不急，已布詔，即失信於下，亦無益叔祖德，叔祖亮之。」十二月，初定諸羣王府將軍、中尉并妻及縣君、鄉君儀賓冠服制。始傳陞道士孫道玉爲真人。肅王瞻焰薨。是歲，廣西猺賊流劫湖南境，入桂陽州城。

成化元年正月，上朝，行郊廟之祭。命中軍都督同知趙輔佩征夷將軍印，充總兵官，右都督和勇充遊擊將軍，浙江左參政韓雍爲都察院左僉都御史，贊理軍務，調番漢軍大征廣西蠻賊。使御史二人束軍。祭故死賊者汀州府推官王得仁于汀州。【略】二月，諭北虜曰：「自開闢以來，中國必有聖人受命，主四方，天命

不與，不能久也。我高皇帝受天明命，傳世至朕，惟成憲是遵。今爾欲我遣使往來，非我高皇帝成憲。正統中，以此失好，英宗皇帝悔而止之。爾能歲遣朝貢，朕如故事賞，不爾薄。」弗提衛都督察阿奴請進海青，上曰：「野禽蕩心，有司却之。」廣西流賊攻劫梧州、博白等處，鬱林尤甚，上曰：「都御史吳禎蔽賊不以聞，其記過。」御史趙敔爲故尚書于謙諸臣訟冤，乞收回暴章於天下，施存歿之恩。上曰：「是自昔奸凶不誣人惡，不能甚人罪，不甚人罪，不能大已功。朕在青宫，稔聞謙冤，謙社稷臣也，他諸如敔言，亟行之。」甲午，耕籍。【略】

〔三月〕丁巳，幸太學。癸亥，月食。覆天下屯田。【略】十月，吏科給事中沈琉等言：「比來納米粟，監生得爲學正、教諭，非所以重學校。請用乙榜舉人，如故事，限年五十以下者。」吏部覆奏，從之，著爲令。【略】〔十一月〕後軍都督同知季鐸使朵顔三衛歸獻馬四十餘匹，上曰：「鐸不能宣布威德於外夷，乃求馬來獻，却之。」十二月，祠元儒劉因於容城。荆襄賊劉通、石和尚起，命撫寧伯朱永佩征虜將軍印，總兵官都督同知喜信充左參將，都督僉事鮑政充右參將，以官軍萬五千餘討之。以工部尚書白圭提督軍務。

二年正月，虜三萬騎近安邊營境，使備之。諭荆襄流民復業，被賊脅者許自歸，有能擒賊者倍軍功之賞。復歸十二營官軍於三營。命貴州巡撫副總兵會剿都掌蠻賊。詹事府少詹事孔公恂言邊下獄，尋出爲漢陽知府。劉通賊僭號王，分其黨與劉長子、石和尚爲將軍、軍師。辛酉，祔英宗主於太廟。壬戌，皇長子生，母曰萬氏。命九卿大臣各舉堪任布、按二司官，吏部從公分職，日後坐贓連坐舉者。二月，重修闕里孔子廟成，御製文紀之。虜入寧夏環縣及保德州。三月，大學士李賢丁父憂，命傳而奔喪，葬畢亟來。賢乞終制，不許。册封萬氏爲貴妃，柏氏爲賢妃。命禮部度僧以賑民。【略】

三年正月，以平荆襄賊功，加白圭太子少保，支從一品俸。進朱永爲侯。廣西斷藤峽賊破容縣，焚劫而去。賜朝鮮國王瑈曰：「周却旅獒，朕甚慕焉。王三致白鵲鳥、海青諸物，獵致珍異，未免勞民，或生其咨。夫王詩書禮義之國也，尚忱念之。」賜蘇州知府邢宥勅曰：「比歲守令匪人，朕甚念焉。爾治蘇多年，庶民瞻之，特陞爲浙江布政司左參政，仍掌府事，爾無渝心，庶副朕委。」勅京營總兵太保會昌侯孫繼宗曰：「虜酋毛里孩渡河而東，以侵大同，聲言求貢，殊無誠心。今欲選一宿將統御團營精兵五萬以俟調遣，孰可者？選兵五萬，果足用否？卿爲朕畫之。」繼宗請調二萬赴代州，調三萬繇宣府至大同接應，禦虜總兵主將請聖裁。下兵部，議可任者，遂以撫寧侯朱永佩平胡將軍印，充總兵官，右都督劉聚充左參將，都督同知鮑政充右參將，率京營馬步官軍十五萬往。二月丁酉朔，日有食之。毛里孩三上書求貢，許之，勅曰：「朕受天命，承祖宗，内華外夷，皆赤子也，弗率政化，有怒無拒。爾毛里孩昔嘗來廷矣，忽擾我邊，悔過歸誠。朕特允爾來，爾即率領部落退處邊外，所調使臣人毋過三百。夫天道好生，朕所奉以子民也。爾體朕心，朕將錫爾福焉。」【略】七月，加封漢董仲舒廣川伯，宋胡安國建寧伯，蔡沈崇安伯，真德秀浦城伯。勅曰：「地載失寧，南京午門復有雷震之異，朕齋滌求過，爾在廷諸臣共朕天職，得無有竊位蔽賢、懷利狥私、未達聽聞者乎？夫怠而能勉，過而能改，知止足而能退，朕所與也。」遂并勅南京文武羣臣。【略】

〔四年三月〕，户科左給事中丘弘等言：「國初，北直隸、山東地方土廣人稀，太祖、太宗屢涣綸音，許民耕種，永不起科，聖謨遠矣。乃權豪勢要專利病民，或稱爲退灘，或指爲空圖，往往朦朧奏請。切見嘉善長公主累請文安等縣閒地，西天佛子劄實巴奏求静海縣地及宛平佃户，俱蒙俞允。夫公主，帝女也，兼以駙馬，兩禄，猶稱不足。劄實巴，佛徒也，反慈愛，行剥奪。承行者受其囑託，勘報者畏其權勢，失百姓之恒業，飽谿壑之無厭。伏望收回前命，還給下民，仍勅該部痛革往弊，示以重法。」上是之，繼自今一切不許，著爲令。【略】五月，册祁瑛爲鄭王，祁埤爲肅王。詔順天府存恤孤貧。封周壽爲慶雲伯。都察院左僉都御史張岐有罪，除名。御史謝文祥奏張岐故禮部尚書姚夔所舉，及科道劾岐，左給事中陳鉞與同里，不署名，二臣皆宜罪，因爲主事彭韶訟直，上下文祥獄，已降爲南陵丞。甲寅，慈懿皇太后崩。上屈於太后，欲無附裕陵，下羣臣議。

七月戊午朔，越明日己未，又明日庚申，羣臣連章言不可，禮部尚書姚夔率諸大臣跽伏文華門俟命。上固請於太后，乃命合葬。辛酉，上始衰而見羣臣。【略】丙子，上慈懿皇太后尊謚。【略】九月庚申，祔葬皇太后裕陵。癸亥，彗星見。六科給事中魏元等言：「竊見今春以來災異疊見，近又彗見東方，皆陰盛陽微之證也。臣聞君之與后，猶天與地，不可得參貳焉。聞陛下於中宫有參貳之者，禮部尚書姚夔等嘗言之，陛下謂『内事朕自處置』，屏息傾聽，將及半年，而昭德宫進膳不聞減，中宫不聞增。夫宫牆雖深，視聽猶咫，衽席雖微，懸象甚著。陛下富有春秋，震宫尚虚，豈可以宗社大計一付愛專情壹之所，不求子孫衆多，固萬年之業哉。君者民父母也，子有饑寒疾苦，父母必寢食不安。今四方旱澇，

民困日急，盜賊日盛，荊襄流民所在劫殺，人心揺撼。陛下覽饑民之奏，不蒙省懼，尚循故事，付部施行。尚書馬昂等持尋常活套之言以爲題覆，殆猶子訴饑寒，父母若不聞知。今賣官鬻爵徧於內外，征稅未罷，內帑未發。兩京文武大臣多奸貪蒙蔽之徒，陛下謂先朝舊臣，不忍遽去，夫大臣者，君之冢子，而小臣，衆子也。若冢子懷姦，衆子効尤，父恬不治，家道散矣。至於僧徒過爲信待，每遇生愍之辰，輒費無限貲財，建無益齋醮；而西番劄實巴等又加以法王名號，賞賚隆厚，出乘椶轎，導用金吾，計其奉養，過於親王。又朝廷賞賚無節，玩好太多，或印施經懺，或填寫佛經，或爲繪畫之像，或造寶石之具。雲南等處鑛場採辦不止。如此而欲民富國安，不可得也。伏惟陛下思祖宗傳體之重，正宮闈之分，罷征稅之務，施賑濟之政，革去法王等號，勅止寺觀不得建醮修齋，節無益之賞，罷不急之好，大臣不職者許其自陳休致，則天變可弭，治道克舉。」上曰：「宮中事朕自處之，其餘所司施行。」十三道御史康永韶等亦奏：「比者雷震殿門，風拔陵木，旱澇地震，中外迭聞，星象垂異，密邇三垣。兼今西兵失利，南北薦饑，人事天時，皆可憂懼。臣聞太子天下本，古者人君一娶九女，以廣繼嗣。今前星未耀，宗廟神靈，四海人物所託，陛下宜念也。伏望均六宮之愛，協宜家之祥，庶幾螽斯麟趾，繩繩振振。如是，則大本立。佛之無益，從古論之。今寵遇番僧有佛子、國師、法王名號，儀衛過於王侯，服玩擬於供御。錦衣玉食，徒類數百。竭閭閻之脂膏，奉虛幻之妄徒。又多中國之人，習爲番教，圖寵貴者。伏望資遣番僧，使之還國。若繫中國人，追奪成命，使供稅役。如是，則民生厚。祖宗以儉立國，嚬笑不輕。近年予既太濫，用亦大奢。一美珠而賞銀數百，一寶石而累價巨千。傾府庫之財，易無益之物。又後宮供奉倍增，光祿常供不足以給，則和買於外，如唐宮市，民心惶惶，怨言盈路。伏望節珠寶之費，減宮闈之供。如是，則民心悦。陛下即位之初，放鷹犬，罷土木，海內欣欣。近日以來土木漸興，鰲山預建。伏望痛自挹損，罷去不急，其採辦銀鑛印馬內臣已行者取回，未行者停止。如是，則民困舒。」上納之，命西天佛子劄實巴出所求田地歸民，勅曰：「朕弗克修心正身，近御家邦，遠寧海宇，將奚繇格高，厚感神祇。八月癸巳，京都地震。九月初以來，彗見北斗。朕齋滌自新，祇告天地，非徒言之。爾文武羣臣輔朕，尚各警怠去欺，堅忠固節，天將鑒之，以不致罰。朕將資之以不負，使三光上全，九域下安，豈非君臣同德之效，與爾文武羣臣圖利之。」禮部請發遣番僧，上曰：「恐失遠人心，惟禁僭耳。」監察御史左鈺言：「比者言官陳言，請革番僧名號，斷天下之疑，絶後代之惑，陛下是之。及禮部欲行發遣，又復停罷。伏望師周孔之格言，行堯舜之常道。佛若有知，必是臣言。」不報。彗之見也，給事中董旻、陳鶴、胡深，監察御史陳宏、鄭已、何純、方昇、張進祿、林誠各劾奏商輅、姚夔、程信等不職當罷，上皆留之。輅各上章求退，而夔自負才氣，心不能平，其章多詆言者，至比之匿名之書、疏言之謗。旻等復劾論輅、信，而攻夔尤切，謂「先王之世，採民謠以觀政，而夔以比匿書。祖宗之制，許言官風聞言事，而夔以比流謗。欺天罔人，亡忌特甚，乞早罷之。如以臣等所言不信，即乞補臣等於外。」上震怒，謂言官糾劾，生殺予奪，悉聽上旨，此祖宗憲綱，旻等乃故違再劾，命錦衣衛三法司執同多官廷鞫之。林誠又言：「臣以病軀勉强供職，近劾商輅當郕邸廢儲之際不能救正，今復起用，不合人心。蒙聖諭以輅居內閣，累有諍言，非外所知。臣思言既失實，宜加罪譴，乞放歸田里。」上曰：「唐太宗用王珪、魏徵，朕用商輅，有何不可，而屢瀆奏？」亦命廷鞫之。

十月，給事中毛弘等上疏救解，商輅亦言於上，上命人杖二十，復其官。以脩德弭災考察內外官員。項忠等征勦滿俊賊，敗之，伏羌伯毛忠死焉，賜贈謚祭葬，忠等皆降勅獎諭之。【略】〔十二月〕，監察御史邵有良巡視光祿寺，以寺多蠹費，令所司報實，而署吏遲之，有良杖吏。中官回保不便其執法，誣奏有良索報各宮日用之數，事涉不敬。上大怒，令陳狀。既陳狀，杖之，調外任。御史戴用上六事，其一言薦舉。上曰：「今後兩京四品以上官缺，吏部具缺，朕自簡除。方面官如正統間例保舉。」御史劉璧等言：「除吏不必躬親，即保舉用人亦恐有市恩植黨之弊。」上曰：「特旨擢用大臣與大臣保舉方面，皆祖宗法也。」令吏部具疏永樂以來除授勅旨、宣德正統間保舉故事以聞，因責璧等陳狀。【略】

〔五年〕四月，皇子生。【略】

〔六年〕二月，兵部尚書白圭等言：「陝西延慶、平涼等處人民累遭寇掠，加以官府酷虐，轉徙流離，困苦已極。四川瘡痍未瘳，兩廣盜攘未息，疫癘大行於閩粵，災異迭見於淮南，且旱潦相仍者連歲，南北畿甸、河南、山東雨雪愆期，二麥稿死，而荊襄流民動以四十萬計，衣食所迫，姦盜繇之。乞簡命兩京大臣循行天下，考覆政事，黜罷不才官吏，便宜興革。其有巡撫官者，就委行之。」上曰：「其與吏部計。」於是圭與吏部尚書姚夔等議陝西、山東、山西、湖廣、荊襄、兩廣、貴州、南、北直隸具有巡撫都御史，勿論；江西有撫民按察使趙敔，雲南多繫土官衙門，可無遣。當遣者，河南、四川、浙江、福建及直隸大名等府。上命刑部左

侍郎曾翬往浙江，户部左侍郎原傑往河南，右副都御史滕昭往福建，南京户部右侍郎黄琛往四川，大理寺少卿宋旻往大名。召趙敔還京，以南京大理寺少卿夏時正往。召巡撫湖廣都御史羅篪掌南京都察院，以南京右僉都御史吴琛代之，賜勅以行。勅曰：「朕夙夜治理，自冬阻春，災異薦臻，雨雪不降，豈德不敏而政多缺與？抑爾郡臣弗克竭誠盡公，輔朕不逮也。朕將率爾禱于山川，其各洗心滌慮，勤脩乃職，凡政事未善、刑罰失中及有惠利可興舉、寃抑可伸理者，條具以聞。」於是吏部等衙門尚書姚夔等官合奏引罪辭職。上曰：「朕勅爾脩省，合辭求退，豈交脩哉。所命條具，速議以聞。」丁丑，車駕詣禱，大風沙昏。是日，河南開封府晝晦如夜。三月庚辰，京師雨霾晝晦。陝西、寧夏大風揚沙，黄霧四塞。翰林院編修陳音請上御經筵之外，召問一二儒臣，以弘講學之功。佛子、法王、真人、妖妄之徒乞降其位號，杜其恩賞。上曰：「佛子、真人名號，祖宗之舊，如何可更？」【略】

五月，上欲建佛閣於西山，尋以六科給事中言罷之。復置興山縣。六月戊申朔，日有食之。以會舉官未得人，命吏部自今方面官缺推舉兩員來聞，不必會舉，著爲令。七月，皇子生，是爲孝宗皇帝，母曰紀宫人。以京師大水，民舍倒壞，命户給米一石，死傷者給二石。乙酉，奉安孝莊睿皇后主于太廟。【略】八月，詔曰：「比者災沴薦臻，畿甸尤劇，三時不雨，一雨連旬，旱澇相仍，民食乏絶。循省厥咎，在予一人，百姓何辜，罹兹艱厄？其令所司理輕繫，蠲租税，諸逋負、鹽鈔、鹽課毋徵，踣失馬駒、上林苑虧損生口毋責償，及採辦物料未入者已之。召還北直隸、河南、山東、清軍御史。發各預備倉資賑濟荆襄流民。所司謹視，毋令失所，事有便民者以聞。」九月，秀王見澍之國。發京、通二倉平糶以賑民。十月，刑部覆奏真人張元吉行刑。詔免死，杖之百，發肅州衛充軍。都給事中毛弼等言：「元吉罪重惡極，殺人獲生，何以馭天下。伏望市戮以昭國法。」上曰：「已之。」十一月，以荆襄流民羣聚爲亂，命項忠總督河南、湖廣、荆襄軍務，復設淅川縣。十二月，以冬深不雪，命大臣禱于山川，遣官分賑近畿饑民。以畿輔水澇，遣官祭告于北嶽、北鎮。以賑饑無策，降順天府府尹嚴鐸爲知府。户科都給事中丘弘等言：「京城内外風俗僭侈，簇盤糖纏，豐備酒席，服飾用織金寶石，亡論貴賤，射利之徒至販賣寶石以爲專業。或以進獻爲名，邀取官職，倍獲價利，蠹國病民。乞嚴禁革。」下刑部議。上命備榜禁約，犯者不宥。【略】

〔七年三月〕乙酉，上復御經筵。丙戌，上復御午朝。禮部左侍郎邢讓、國子監祭酒陳鑑、司業張業俱坐罪，除名。四月，命外任考滿應選用風憲者悉聽吏部推擢，著爲令。【略】〔十月〕甲辰，月食。深州知州韓儒言：「比歲累廑明詔，嚴察官治，而奔競滋甚，貪暴遂多。乞自今在外有司必待三年或六年，政績卓異，民心悦服，察之鄰境，如出一口，方許薦舉。凡有舉主，下吏部先察之，舉得其人，不必覆劾，非其人者，必詳核之，後以奸貪敗者皆行連坐。」下吏部覆奏，從之。十一月甲寅，立太子，詔天下。荆襄、南陽等處流賊悉平。

十二月，彗星見，勅曰：「乃者彗見天田，光芒西指，仰觀玄象，祇懼實深。豈朕淺涉闇道、刑政乖與？用人未當、賢否淆歟？聽言不察、是非紊歟？將用度奢侈，賞賜不節，妄費財歟？營繕頻煩，科斂無正，傷民心歟？有一於此，皆朕之過。爾文武臣亦可不痛修省歟？凡時政得失，生民利病，尚條聞之。」壬午望，以星變避正殿，徹樂，御奉天門如常朝儀。癸未，朝退，御文華殿召見太學士彭時等。文武大臣及科道官各條陳時政，皆嘉納之。併石康縣于合浦縣。光禄寺少卿陳鉞上言：「近來蟲蟻房并清河等處畜養猴豹鷹犬之類不下八千有奇，計其費每歲肉三萬七千八百斤，雞千四百四十隻，雞子三千六百九十枚，棗栗四千六百八十斤，粳稻等料七千七百七十六石，直銀通數千餘兩。今歲歉民貧，流殍載路，而羽毛之微得食人食，乞行放散。人匠倪忠等畫佛雕像，歲費食米五百六十餘石，工銀三千五百餘兩，又多以技藝陞官，乞行裁罷。歲時及齋醮等事所用菓品囊皆散撮，近乃黏砌裝盛尺盤，斤數加增，至千有餘，侈於郊祀廟享。至其求福、求嗣、祈雨、祈晴并無實効，夷狄餘教斷難信重。乞黜無益，停不急，以養聖德，節財用。」命所司省之。兵科給事中郭鏜言：「曩歲彗見，皇上下容直之詔，禁增修廟刹，納尚書姚夔疏，處内庭有道。今復見者，豈於三事未克永終歟？陛下試思羣臣有以言罪否，近習有以禱祠惑否，宫闈有以嬖倖寵否，内省杜漸，則善治可成，天變可弭。」上曰：「諸大臣已言矣，鏜復煩瀆，固當逮問，姑恕之。」是時，工匠任文思院副使等官夤緣陞擢至三百餘員。又有以奇巧託監局官進獻輒乞傳奉，一歲三四遷至太常卿，通政使者。每朝會宴饗，參厠班行，偶伍公卿，冗濫猥多，無慮千人。至是，吏部覆奏，廷臣所議，乞技精工匠，量與賞賜，愛惜名爵，毋輕遷官。從之。工科給事中張琳奏：「彗今久出，大臣科道既有會議，又復上奏，竝蒙俞允，朝野慶幸。郭鏜之言雖賜優容，尚怒煩瀆，異求言初意矣。祖宗設給事中、御史，所藉以廓聰明、輔紀綱也，即其人未必賢，言未必是，願須容納，養其鋭氣。宋臣胡寅有曰：『聽受忠鯁，不憚拂逆，非止面從，必將心改。』

伏惟陛下應天以實，從諫弗咈，人心悦，天意回矣。」上曰：「諸臣言當，朕曷不從，否亦不罪，琳何又有此奏？」起用閒住都御史滕昭爲兵部右侍郎，自内旨。左春坊左諭德王一夔言：「陛下因彗星之變，令大臣科道陳言，徒毛舉耳，有可大憂而不昌言。臣敢陳五事：一曰正宫闈。臣聞家齊而後國治，國治而後天下平。正倫理，篤恩義，厚所厚，薄所薄，定尊卑，遠寵倖，溥恩惠，廣繼嗣，如是者家齊。二曰親大臣。臣見皇上接見大臣，常朝之外，唯有經筵講讀而已，其他四方章奏，悉付左右内臣。伏乞時御便殿，少霽天威，面召商略，如是者大臣親。三曰開言路。臣惟御史、給事中之臣近多因言坐罪降黜，乞悉許召還，如是者言路開。四曰慎刑獄。臣見皇上斷遣刑獄，法司唯唯，惟順之將。夫祖宗舊制，大辟覆奏必三，所以重人命、廣好生也。近吉安知府許聰立命處決，決復以夜。夫殺聰當罪猶且不可，況又不當，而法司之官絶不論執。乞自今刑有不衷，容其執奏，大辟三覆，遵用舊章，如是者刑獄慎。五曰節妄費。臣唯京師創造寺宇，費動以數十萬計，又連歲不休。報國之工甫畢，崇國之役嗣興。奉佛無益，古事已明。竭財不經，儉德匪慎。至如寶石，藏在内府，儘足充後宫矣，京民涂宗順進獻無算，靡濫難言。所宜一切罷斥，如是則妄費節。」上曰：「陳言耳，而妄自張，固當治也。方求言，姑宥之。」虜入西安州、固原二路。虜入寧夏花馬池等處，參將都指揮錢亮擊走之。

何喬遠《名山藏》卷一六《典謨記・憲宗純皇帝二》 八年正月，虜入大同西路。募民納馬予冠帶。揀閲各營馬步官軍。兵部言：「日者四川盜起，燒劫榮、犍爲二縣，山西、河南、山東草寇竊發，南、北直隸水旱相仍，淮河淤塞，湖水耗竭，所在民多轉徙，行舟財被劫掠，浙江旱潦齊患。去歲江潮益漲，草盜竊起，兩廣之賊、陝西之虜，荆襄之流民寧息靡日。所在有司既不能消變於未然，又不能弭患乎已發，事機一失，爲憂將大。伏惟申飭中外，除盜安民，禁嚴撫捕，罰重隱蔽，務絶其根類，毋容玩愒。」納之。猺獞賊首黄公剛等劫濱州及上林縣等村峒。癸亥，皇太子薨。【略】二月，上命户部右侍郎陳浚總督陝西軍餉。命吏部右侍郎葉盛往延綏等處議處兵事。謚皇太子曰「悼恭」。以山西、河南災傷，連歲虜寇深入，復設兩省巡撫，榜諭奸徒之藏妖書者。【略】七月，修隆善寺畢工，工匠陞文思院副使者三十人，書碑官尚寶司少卿任道遜等並進卿少。工科都給事中王詔等言：「比歲以來，星妖示見，江海泛溢，天變於上，地變於下，災夏霜降，平地阜出，猛虎食人，雨雹傷稼，夷狄侵疆，水旱相仍，瘟疫流行，下民疾苦。陛下此時汰冗去濫，猶恐不足節用捄凶，寺成碑完，官爵陞授一至於此，西征北伐，捐軀隕命之人胡以勸之？伏望追寢前命，慎重名器。」不允。【略】

九年正月，真人張元吉既免死謫戍，其子玄慶爲父求免，以母老子幼爲辭，上允之。給事中虞瑶、監察御史龔晟等劾奏：「元吉擅作威福，棄絶倫理，改易勑書，僭用器物，姦收祖婢，勒要人財，挾讎謀死三十八人，造意殺死一家三人，罪當淩遲，處死有日。獲宥發戍，當時科道之臣尚以爲言，今復得放歸，愚昧小人未諭聖意。若以元吉私情可憫，則其所殺四十餘人之中與獄中他罪囚豈無母老子幼如元吉者？元吉本五斗米賊後，奉非道教，有何功益，蒙此眷遇。一事雖細，關繫祖法朝綱，伏惟審度。」上曰：「待其親終，戍邊如舊。」【略】命儒臣考訂宋儒朱熹《資治通鑑綱目》及後儒所著《考異》、《考證》諸書，而以王逢《集覽》、尹起莘《發明》附其後。【略】〔四月〕，上閲騎射于西苑，黜其最下者，命自後精選以補缺。【略】八月，尚寶司卿楊導言：「尚寶司官終身不調，旅進素餐而已，欲求試如諸司。」上曰：「果有材，吏部舉用之。古人云：『立賢無方。』」宣城人阮廷珪言：「故父遷千自交趾歸附有功，歷官知府。垂老致仕，旅死宣城，因苦流離，乞授臣一職，冀圖自活。」下吏部，難之，上曰：「其授官縣丞，食禄，不事事，稱朕柔懷意。」九月，監察御史楊守隨等言：「頃因山東災傷，議者爲捄荒權宜之計，許在京辦事及寄名吏納銀俱免京考，見在當該者俱免考試，與冠帶，悉依資格選用。如是則文移通否、年歲老耄，一切不問，黷貨規進，倖門靡極，害政莫甚焉。」上曰：「朕患吏道不清，嚴考試爲進退，募入貲賑饑，免考登仕，教吏貪也。御史言是，亟罷勿行。」重建伯夷、叔齊廟于永平，賜祠額曰「清節」。【略】十一月，重閲騎射於西苑。命翰林院編纂宋元二史，上接《通鑑綱目》，開八館編纂之。【略】

十年正月，勑王越專居固原，總督三邊諸鎮軍馬。二月，晉王奏鎮國將軍美埒有母喪，請并以其子應得禄米量支本色爲喪費。下户部議，無例。上曰：「人子不得自盡於送終，則終身悔。雖無例，特允之。」三月，南昌知府王詔詣京考滿，以疾，久不還任，巡視侍郎原傑奏罷之，詔略中官，自陳疾愈，累疏稱屈。下吏部辯理，得復。六科給事中劾詔宜黜，上曰：「原傑黜詔以病也，病瘳矣，何不可。」責給事而恕之。崇王之國。大應法王劄實巴死，有旨如大慈法王例建塔葬之，撥官軍四千供役。禮科給事中王坦言：「劄實巴夷狄之人，假名釋氏，陛下待之殊禮，封之顯號，特借此以撫其種類，使不患邊耳。如例祭葬之足矣，而祭

祀之品逾於王者，造塔之費幾於山陵。今畿甸饑饉連年，餓殍載路，即以是費拯流離垂死之民，豈不愈於厚一荒誕之胡僧哉。」上曰：「給事中言濫矣。大應法王造塔比大慈法王已減三之二。」不許。【略】六月，岷王音埑爲其乳母子觀請免戍。吏部覆奏不宜。上曰：「觀母老失養，王爲請，厚道也，其放歸養，母死而戍邊。」陞工部右侍郎王詔爲左侍郎，通政司右通政程萬里爲右侍郎，自内旨。南京科道官言王詔、寧珍既退復用，啓奔競貪緣之端。上曰：「既命之矣。」兵部會吏部舉可巡撫寧夏者二人，上不允，已復推，上曰：「邊境巡撫不宜用未練事者，吏、兵二部故當究之，姑宥罪。」而陞南京都察院左僉都御史張鵬爲右副都御史以往，起養病右都御史林聰，以代鵬。給度僧道。南京監察御史任英言：「比歲旱澇相仍，災異迭見，内地薦饑，邊塞多警，京城内外民食孔艱，若復行給度，則天下僧道紛集京師，米價益貴。況此輩奸盗者多，即如四川僧徒悟昇乃爲賊首。乞罷其令。」不從。發團營官軍三千疏浚京師溝渠。七月，遼王壕墭之長子卒，亡子，請以其妃妾殉。上曰：「先帝顧命毋殉後宫也，王何戾耶？婦無子，別室遷之。」濮州民有乘饑爲亂者，州捕殺之，其弟同居當連坐，上曰：「民饑思亂，朕甚憫焉。同居者不預謀，杖戍之，殺者家屬財産悉毋籍。」【略】十二月，起復太常寺掌寺事禮部左侍郎萬祺於家，自内旨。科道官言：「國家大祀時享，諸司不敢以刑喪奏，刑喪之人不得陪祀供事，而況掌祀之大臣？太常則掌祀也，禮卿之貳，則大臣也。」上曰：「朕將別用焉。」都察院右都御史李賓奏：「錦衣鎮撫累問妖言罪人，所追妖書圖本悉妄誕不經，愚民往往被惑，乞備録書名，榜示天下，使咸知其謬幻。」詔可。【略】

十一年正月，考察朝覲官，吏部奏罷寧珍、王詔。從之。故真人張元吉母死當戍，釋爲民。祀故監察御史伍驥、都指揮丁泉于福建上杭縣。二月，閉宜陽等縣銀峒。申明酷刑之禁。【略】〔三月〕，寧晉伯劉禄卒。禄年故少，命賜祭，不予葬，免輟朝，著爲令。分命監察御史清理天下軍伍，以多少爲殿最。【略】五月，紀宫人之生孝宗皇帝六年矣，以萬貴妃寵且妬，不敢聞上，至是上始知之。下禮部擬名，名不愜上意，上自名之，遂見皇子於羣臣，中外人心莫不歡慶。六月，湖廣總兵官左都督李震等奏：「沅靖等邊衛控制川、貴、廣西諸種蠻夷，頃者苗賊攻掠不已，雖已調兵捍禦，卒難成功，請如正統、景泰年閒靖遠伯王驥等故事，大勦之。」上曰：「蠻夷猾夏，自古而有，要在邊將羈縻得宜。其令震等與四川、貴州、廣西參將土官人等分屯禦之，肆侮拒敵則行勦殺，聞風畏威則加撫諭。」皇子母紀氏薨。【略】十一月癸亥，册立皇太子。【略】〔十二月〕己亥，復郕王帝號，上尊謚曰「恭仁康定景皇帝」，修飾其陵寢。【略】

〔十二年〕七月，皇第六子生。定京操軍逃亡罪例。黑眚見。命宋儒朱熹十世孫墩襲翰林院五經博士，奉祀事。設貴州程番府。大學士商輅等條陳時政六事，其一言：哈密等處番人來京，攜帶玉石多被細人誘引進貢，計囑行户高直賣官，規取厚利。閒住番僧往往自都綱、禪師陞至國師、佛子、法王等，給與金銀印信、圖書，其有死亡，徒弟承襲，更求造塔。二者皆侵耗朝廷財物，宜行禁治。其一言：廣東雲貴等處有貢奇花異草、珍禽奇獸、珍珠寶石、金銀器物，此物非出所貢之人，必取諸民，取民不足，又取之土官、夷人家，一物之進，其直十倍，暴横生靈，激變邊方，莫此爲甚，乞勑内外臣自後皆毋進。其一言：永樂閒以交趾爲郡縣，其後守鎮非人，遂致陷失。今兩廣、四川、貴州、雲南俱係邊遠，雲南與交趾尤爲切近，蠻夷土官易生事變，宜命吏部推選剛正有爲大臣一員巡撫其處。上嘉納之。以黑眚見，祭告天地于禁中，遣官審録天下罪囚。八月，改南京户部左侍郎王恕爲都察院左副都御史，巡撫雲南。丁丑，内承運庫監生袁慶祥見帑藏虚耗，歲入不供，而售直寶石無虚日月，因上章極言，命杖五十，送吏部，令肄業國子監。大學士商輅言：「郊祀之禮歲一舉行，至重事也。邇聞皇上廣敬天之心，建祠宫北，奉祀玉皇，製造祭物、祭器、樂舞之具，一如郊廟，并新編樂章，命内臣習之，欲於道家所言神降之日舉行祀禮。臣等竊詳，皇上爲此，毋非欲上爲母后祝釐，下爲生民祈福，但稽之於古，未合禮經。昔傅説告高宗曰：『黷于祭祀，時謂弗欽。禮煩則亂，事神則難。』伏望停罷。凡内廷一應齋醮亦悉禁止。」從之。【略】十一月，《續資治通鑑綱目》成，上製序文弁首。陞南京禮部左侍郎倪謙爲本部尚書，翰林院侍讀學士錢溥爲南京吏部左侍郎，國子監祭酒周洪謨爲禮部右侍郎，仍掌監事，自内旨。開設鄖陽府。

十三年正月，庚子朔，增孔廟籩豆樂舞之數。【略】四月，封芝北爲唐王。修《續資治通鑑綱目》成。【略】八月，命杭州府祭唐臣褚遂良。上曰：「山東兖州及南直隸諸府州雨水爲災，民甚饑窘，朕實愍之。户部臣其擇廉能郎官五員分往賑濟。」復設河南巡撫官。詔留巡鹽御史雍泰一年，以撫恤兩淮竈丁。東廠官校發雲南百户左昇私事，詞連通政司掌司事工部尚書張文質及他官，錦衣衛遂併執文質。左通政何琮等以掌印請，上始知之，即命釋文質，而責問錦衣衛官胡擅繫大臣者。指揮使朱驥自伏命，停驥俸三月。九月，詔逐罷閒官吏人等之匿

京師者。詔自今邊儲三年一盤查，著爲例。置三水縣。陞蘭縣爲州。吉王見浚之國。是月也，以傳奉得官者三十有餘人。十月，復立哈密衛於苦峪谷。以淮安、鳳陽饑荒，暫止徵備用馬。詔會舉將材。十一月，嚴文武乘轎之禁。詔稽覈遼東屯田。【略】上以天下官吏朝覲，姦詐之徒或緣私仇，妄相告訐，嚇騙財物，及陰搆以事，中傷良善，又賢否黜陟，朝廷自有常典，乃有與京官往來交通、營求作弊者，竝命都察院榜禁之。十二月，户部郎中李烱然陳鳳陽諸州府救荒之策，其一言：「建、吴二庶人家眷十八口已物故大半，而月給米二十五石如舊，請量減之。」下户部議，可從，上不許，曰：「此先帝之賜數。」【略】

〔十四年二月〕，皇太子出閣進學。【略】三月，冠皇太子。十三道監察御史言：「竊見巡撫寧夏賈俊奏稱邊儲匱乏，欲將河南、陝西、山西、北直隸兩考吏典及在京各衙門辦事滿者俱令納銀，免其考試，即與冠帶，民間子弟納銀許充知印、承差，府、州、縣等官三年、六年考滿納銀，免其赴部考績，户部議爲准擬，詔旨許其通行。稽之往年，陝西一方偶有納馬、納草事例，至今朝論不以爲是。堂堂天朝，富有四海，令量入爲出，用一省百，邊儲胡患不充，軍需胡患不足，而爲此賣官鬻爵之事。伏乞痛革前弊，别圖長策，使邊備不乏，名器不濫。」上曰：「漢文帝從晁錯備邊之策，後人惜其作俑。納銀足邊，後世謂何？御史言是，一切罷之。」【略】〔五月〕，翰林院儒臣編集御製詩成。〔六月〕，英國公張懋等奏：「京師大圓通等寺非有不可已之役，而官軍所以威勢而懼戎者也，而動撥營造，當此暑雨，下情不堪，且今邊報迭至，正蓄威養鋭之日，請行暫止。」上曰：「内官監材料具備，借力一運，秋可畢工，毋止也。」【略】八月，上曰：「畿内、山東諸府災傷甚，其令追糧草馬匹，及一應差役宜停止，分豁者具奏聞，選官分賑之。江西亦水，其令南京刑部右侍郎金紳往視。」科道官各上救災事宜，因言：「比來各色工匠或自叙斤斧微勞，或造奇巧玩物，希求恩典，輒受官職。至於官軍捕獲妖言，乃其本事，不論輕重，一槩遷官，況其中枉誣比比，刑賞過中，亦災所繇。乞勅吏部，自官匠出身者裁其月俸，第許榮以冠帶。勅兵部計議捕獲妖言明白者，止加給賞，不予以官。」下所司。停徵順天府民借支倉糧，免其所負羊毛。禁私鑄錢。戊申，早朝，東班官若聞有甲兵聲者，皆辟易不成列，衛士露刃備不虞，久始定，莫知故。已，命班居下者百餘人跽午門，踰時釋之。因申明朝儀八事。執巡撫蘇松等處都察院右副都御史牟俸下錦衣獄。傳陞錦衣衛故帶俸百户施良子仁爲實授百户，百户王英爲帶俸正千户。九月，定隱匿賊情罪例，免被災囚人納紙。十月，勅捕倭於揚州。給宛、大二縣養濟院貧人布二千五百餘疋。巡撫遼東右副都御史陳鉞奏：「比聞建州衛夷虜酋卜剌答等仍糾餘黨盜邊，宜復調軍擣巢，永除患苦。」下兵部，尚書余子俊言：「建州海西諸虜近蒙恩諭，多已改悔。鉞出傳聞，復請加兵，恐起舊釁。乞令嚴飭所部，詳加偵瞭，至乃出擊，去勿窮追。倘卜剌答等服罪入貢，及朶顔三衛被滿都等仇殺避難近邊，俱宜曲加慰撫，毋貪功妄殺，失朝廷懷柔之義。」詔可。十一月，始令翰林官習儀。裁革廣西養利州土知州、永康縣土知縣，置流官。修南京櫻殿。十二月，諭户部臣曰：「今歲北直隸水災殊甚，聞紫荆關水門被水，闔流至涿，則人民禾稼災困可知，有田畝應免者悉免之。」【略】

十五年正月。二月，禁自宫以求進者。四月，以吏部聽選官李孜省爲太常寺寺丞。監察御史楊守隨等言：「我祖宗立法定制，官人必繇資格，核士必考素行，是以奸僞衰止，流品疏清。至於祭祀之禮，罪人不得供事，刑官不得省牲，疾病、刑喪不得陪從，其典尤重。李孜省故胥也，受賂逃匿，藪於京師。其資格則刀筆也，其情罪則胥靡也。小方投合，忽無級陞，命下之日，士論沸騰，奈何用此奸罪穢人，瀆事天地宗廟之駿奔？」吏科給事中李俊等亦以爲言。上曰：「其改之上林苑監。」乃以爲左監副。慶王邃壆薨。五月，兵部左侍郎馬文升坐招撫建州、海西夷，夷人復犯邊，都察院右副都御史牟俸坐受人財，皆下獄謫戍。上曰：「牟俸職司風紀，大肆奸貪。馬文升撫夷也，夷復變。六科十三道胡容隱不糾奏者，其陳狀。」於是給事中李俊等二十七人、御史王濬等二十九人合詞請罪，詔廷杖之，人二十。陞都察院右僉都御史戴縉爲右副都御史，自内旨。特加工部尚書萬祺太子少保。七月，命汪直行邊。八月，南京刑科給事中李鸞先奏南京工部所屬虚費官錢，下南京工部覆之，覆上言妄，調鸞爲判官。已，南京科道奏鸞言無非爲國節費，雖不實，乞宥罪。上曰：「有旨。」【略】〔十月〕太子少保户部尚書楊鼎乞致仕，不許。再請，許之，賜勅曰：「卿歷官翰苑，纂修講讀，効勞良多。殫心户部，國賦通融，厥績茂焉。朕方圖任老成，卿乃引年至再。兹特允請，命給驛舟送歸，仍令有司月給米二石，歲撥人夫四備贍用。夫優老敬賢者，朕之心，執禮養恬者，卿之志，功成身退者，士之榮，去國懷忠者，臣之厚。卿篤念此，尚優遊田里，化導鄉人，使風俗歸淳，治理臻盛，則足副朕眷，卿亦永烋譽哉。」時方簡臣，朝論以爲優。【略】

〔十六年正月〕，兵科給事中孫博言六事，其一言：「東西二廠緝事旗較多毛

舉細故，以中復大臣，旗較故廝役之徒，大臣則股肱之任，豈廝役可信，反過股肱？縱其皆公，已非美事，一或失實，所損實多。」汪直聞博奏，怒甚，召詰之。上下旨：「博不諳事，固當治也，姑恕焉。」二月，詔天下學校孔子廟廷所在，凡過門者皆下馬。【略】上曰：「順天府并直隸府州縣、山東饑荒特甚，朕不遑寢食。光禄寺一應派納供用，凡被災處悉爲減省。《書》曰：『民惟邦本，本固邦寧。』」【略】五月，河閒府東光縣地，官莊在焉，管莊之人畝徵糧二斗。科道官言：「天子四海爲家，何必莊田。東光之民失土地矣，賦斂比之公田數及三倍，民困如此，非死即徒，非徒即盜耳。」上命畝徵五升三合五勺，如開墾荒田則例。六月，禁貴戚世家侵佔民田。巡按遼東監察御史强珍奏：「建州班師亡何，虜即四入叆陽、清河，殺掠男婦五百餘人，頭畜無筭，實繇前巡撫都御史陳鉞啓釁邀功，致其報復。諸守將不能禦却之，又畏罪貪功，隱匿不聞，直待朝廷論功陞賞，陳鉞回京之後，始以入奏。請逮問欺罔，用正厥罪。」兵部尚書余子俊等覆奏，引《皇明祖訓》參鉞累犯死罪，不宜再縱，當從珍言。上命守將吴瓚、崔勝戴罪殺賊，鎮守太監韋朗停歲賜食米半年，總兵都督緱謙與鉞各停俸一年，餘皆屬珍逮問之。兵科都給事中吴原、監察御史許進亦論劾韋朗等冒功匿罪，雖已停俸，尚宜重處，其劾陳鉞以爲黄潛善、賈似道之流。上曰：「是業處分，姑已之。」已汪直自遼東還，奏珍行事乖方，所參被虜人畜皆妄，請治其欺罔。命錦衣衛千户蕭聚往勘，若不實，即械京鞫之。七月，逐自宫以求進者。申明存恤孤老之令。蕭聚至遼東，不能有所勘，但械强珍以來。汪直先執珍拷掠之，然後聞奏，命會官廷鞫，坐奏事不實，贖杖還職，内批謫戍之遼東。尋以兵部及科道官先嘗妄劾陳鉞及都察院奏差强珍不當，俱令回奏，皆服罪。上責都御史王越不謹，姑宥之，兵部科道官停俸各三月，鉞舊所停皆免之。以儀真批驗所盤掣私餘等鹽三萬引賜太監梁芳。丙子，曉刻，月當晦不晦。十二月，命汪直同太監傅恭、劉恒於神機營把總，仍提督十二營。南京科道官復劾奏陳鉞罪，上曰：「前者給事官劾鉞不實，已責之，而又何言？故當執治，姑罰俸半歲。」【略】

〔十七年〕四月，掌太醫院事右通政蔣宗武乞原籍官地爲業，予之。户科都給事中劉昂等劾宗武猥以末技攘取顯官，請求亡厭，乞收前命。上曰：「已賜矣，毋擾。」【略】六月，司設太監王助建寺西直門，以工料不足，請存積官鹽二萬引。下吏部。尚書翁世資極言鹽課禁約之例，不可開端，以匱邊計。上曰：「予引千，不爲例。」鎮守太監劉忠奏：「山西不歲，諸府、州、衛所該輸柴炭乞暫免之。」上曰：「其即免二季。」【略】十一月，汪直奏：「臣至宣府分守要害，虜知有備，遁去，近邊無烽火，乞班師還京。」上曰：「冬月正宜隄備。」提督光禄太監楊鵬請陞本寺寺丞楊惇爲少卿，典簿徐敏、署正王佐爲寺丞。從之。十二月，改錦衣衛百户何瑾爲尚寶司司丞。命王越佩征西前將軍印，鎮守大同，仍與汪直提督京營、宣府右路軍馬。是月也，以傳奉陞官者二十餘人。【略】

〔十八年〕五月，刑部右侍郎林鶚子薇援例乞爲國子監生，下禮部，以舊例奏。上不允，曰：「蔭叙大臣，所以崇德報功、示激勸也。自今在京三品以上官果政績顯著，許一子自陳，試能通經，方許入監，容容保位，無益於時者，無濫授。」【略】六月，虜寇延綏河西、清水營等處，邊將分兵禦之，有斬獲，論功行賞。傳奉南京住俸太監錢能同安寧等守備。是月也，以傳奉得官者十有一人。七月，起右副都御史程宗勘處雲南木邦夷情。命雲南布政司歲祭故翰林院學士王褘之祠。是月也，傳奉太常寺少卿陳敩爲卿，尚寶司卿李景華爲太常寺少卿，其餘以傳奉得官者六十餘人，道流、畫士、工匠皆與其選。八月，久雨，衛、漳、滹沱等河漲溢，運河口岸多決。【略】閏八月，武城後衛倉使應時用建言六事，其一事言：饒州燒造御器，使内臣監督，供費濫溢，自後請但降式於諸司，使造上。上詰通政司官何琮等，何不參駁，皆服罪停俸。遂命錦衣執問之。錦衣坐時用建言希進，指斥不恭，法司擬贖杖還職，命調之邊方。巡撫山西左副都御史何喬新劾奏按察僉事尚敬、劉源曠職延獄，併乞通行天下巡按御史，凡三司官滯訟半年以上者悉奏請執問。上曰：「刑獄重事也，《周書》曰『要囚服念五六日，至于旬時』，桎梏絏絏，久拘攣之，不瘐死耶。喬新劾奏甚善，其即究治其人，令天下刑官謹獄以副朕意。」是月也，以傳奉得官者十有四人。九月，分守獨石馬營右少監崔榮、署都指揮僉事吴儼追虜被圍，棄而逃，上怒，逮獄，論斬。榮求於近幸，乃自訟。上曰：「念其追敵，非坐視者。」於是榮、儼並得降級。十一月，禁諸王府不得與親屬爲婚姻。【略】十二月，《文華大訓》成，以授皇太子。其書四綱二十四目，四綱曰進學、曰養德、曰厚倫、曰明治，上親序之，復題其後曰：「惟我祖宗定制，皇太子既立，中外政務率令啓聞，欲其廣見識、達治體也。朕侍皇考日，亦嘗命見羣臣預聞政理。臨馭以來，兢業圖治，十有九年于兹。蓋嘗因旱郊禱，惕于星變，肆赦海内。葺郊壇以奉大祀，增籩豆樂舞以禮先師。廣進士之額，重老臣之歸。加養濟窮民之廩，開武學儒生之貢，減糶出賑以濟民饑，恤刑審録以清獄訟，修文究武，飭内攘外。朕宵旰靡遑，慮功業之未茂也。夫爲治之道，舉

綱必挈其要，張目必該其凡。是編所述，庶幾盡之。爾尚究心副朕豫教之意，念之哉。」手勅陞太子太保、吏部尚書萬安爲太子太傅，兼華蓋殿大學士。太子少保、户部尚書劉珝爲太子太保，兼謹身殿大學士。少保、禮部尚書劉吉爲太子太保，兼武英殿大學士，尚書如故。録克復哈密〔功，陞哈密〕衛右都督罕慎爲左都督，仍掌衛印，其餘論功有差。

何喬遠《名山藏》卷一七《典謨記・惠宗純皇帝三》〔十九年二月〕，都察院奏：「文職官有犯，聽許財物，問發爲民，此律文也。今有援例奏辨求復者。夫其人贓雖未入己，已見貪矣。按官吏凡犯貪淫俱罷職役不叙，此亦律文，請加考焉。如素行不謹，令其冠帶閑住。」上曰：「居官本廉，聽許與受，雖若有間，心羶之矣。如律爲是。」録贈大理寺寺丞鍾同子越官，勅有司月給同妻米。給工部文思院大使等官牙牌，以八十餘員。户部尚書翁世資乞致仕，上曰：「卿乞休者屢，朕不違卿志，加卿太子少保，給驛以歸，有司月給米二石，歲辨應役人夫四。」賜勅曰：「朕聞《羲易》繫終吉之辭，《禮經》明進退之節。卿累疏求去，蓋得節於禮經，朕用錫卿終吉之福，卿歸念之。優游田里，化導鄉人，俾後賢覩法，風俗淳厚，則治理自臻，足副朕眷遇之懷。」是舉也，朝恩以爲渥。【略】四月，巡撫陝西都御史阮勤奏：「岐山縣有周公廟，咸陽縣有周公墓，沔有漢諸葛亮，鳳翔府有宋范仲淹，藍田縣有吕大忠、大臨、大鈞祠，竝歲久淪毁，乞修治賜祭。」上曰：「周公之制作，諸葛亮之興復，范仲淹之經畧，功在當時；吕氏兄弟得傳伊洛，有補名教。祠墓弗治，祀禮缺廢，失古祭法之遺，下有司修飭之。周公墓歲兩祭，墓以二丁守視。亮、仲淹及吕氏兄弟歲一祭焉。」封朝鮮國王李娎長子隆爲世子，諭禮部臣曰：「娎恭順，異他國，賜其世子，作勅諭王焉。」英國公張懋等四十三人自陳祖父以靖難除叛功，予爵禄世世，近有減除禄米之例，非祖宗報功意，請復其舊。事下户部，左侍郎潘榮言：「頻年水旱，倉廩缺之，所入有限，所出日滋，非經久計。懋等無事之時，欲請增禄，若其功，何以勸賞？」上曰：「勿許也。」實授試御史陸淵等十一人。上曰：「御史之設，不第取諳練刑名，將以求體貞度焉。有老成有學行者乎，慎選之。」是月也，以傳奉得官者二十有餘人。

五月，減浙江銀課三之一。鎮守大同太監汪直馳奏：「近得虜報，言虜且大入，乞將臣故所統達官頭目都督深等千一百人兼程赴援。」下兵部，尚書張鵬等議：「時方盛暑，師難久戍，抑大同各邊士馬計且四萬，足守禦矣，請姑勿許，而第勅謹備之。」因言京軍之設，所以控四夷，優遊蓄養乃可望折衝。邇來差役疲困，鋭氣消沮，乞停罷之。詔可。保國公朱永等亦言團營見軍九萬三千四百有奇，各處更番赴工者五萬二千，下場者二萬四千六百，操練者僅萬六千七百而已，勞逸頻繁，不遑蓄鋭，即馬匹亦散牧遠郊，恐警急卒生，難以調集，乞暫令回營，俟調遣。上令止京倉之役。大慈恩寺趣工下場，蘆溝隄岸并通州倉繕治畢即令休舍之。是月也，以傳奉得官者十有餘人，而太常寺顧玒得陞本寺寺丞，趙玉芝母得賜誥命。六月，調汪直於南京御馬監，總督兩廣軍務。右都御史朱英等馳奏：「廣西桂林、平樂等府蠻賊猖獗，總兵官陳政等部分漢達官軍十兵尅期竝進，以有成功。蓋攻破黄姜、桂山等峒一十六，擒斬首從二千一百二十四，奪回被虜男女以三十七。」命賜勅褒勉之。是月也，以傳奉得官者十有餘人，而高士王應裿得援文職例貤封其父母。

七月，大同總兵官許寧等奏：「分守左參將劉寧、左監丞石岩自宣府移守至陽和之三日，虜入境殺掠，當論罪。」下兵部，覆上，上曰：「二日爾，號令未行，威愛未立，部下勇怯，地利險易，未究知也。其令勉圖自贖。」增置四川布政司參議一員，提督銀課。皇第八子生。後兩月薨。宣府總兵官周玉、巡撫都御史秦紘等馳奏：「煤峪口等處有虜萬餘，越山而南，大肆劫掠。大同總兵官許寧等督戰數合，比暮，斂兵相持。翼日，以三萬餘騎突至，與鏖戰二晝夜，勝負未決。臣等尋調副將江山等應援，仍行緣邊屯兵戰守，臣玉、臣紘則分駐於萬全左右節制之。」上命兵部令馬俊率所統兵兼程進擊，以圖犄角。頃之，寧兵失利，謬以捷聞，得勅奬焉。【略】八月，虜復擁衆犯邊，大同總兵官許寧以聞。下兵部會議，請勅宣府總兵周玉將兵二千馳合擊之，仍勅太監簡顒、都御史秦紘練兵防守，其他諸將俱令協守赴援，選委重臣二員，一自居庸關抵龍泉關，一自古北口抵山海關，令歷視險易而區畫之。上曰：「是。」遂勅侍郎李衍、何喬新巡歷邊關，大理寺少卿侯鍾往保定等處。監察御史徐鏞等言：「軍旅之興，倚辦芻糧。比歲諸邊倉庫費出無經，言及出師，輒云糧乏，聽征之馬，則第支草，無備甚矣。請勅户部，悉心規畫。」尚書余子俊等覆奏：「洪武、永樂時，以天下歲徵給諸邊軍馬歲用之外，尚有餘積。自正統末年以來，京城及諸邊添調數多，無事之時俱給糧草，而民間田地又因册籍詭寄者多，以故賦税日減，供費日虧。且水旱蟲災，歲賑有常，例在還官，今竝槩爲赦免。鈔、錢、鹽三法乃國家財源，胡椒、蘇木俱官吏俸銀之助，今竝沮廢，此何得不憂將來？請自今凡賑濟逋負之糧，第從緩征。若頒恩詔，則如古者賜明年田租之法行之，凡諸詭籍悉令改正，而踏勘災傷則使

風憲官同軍衛有司訪察勘奏，分巡官使兼理糧草，巡鹽、巡茶、管屯官使歲滿具報本部。而其原尤在朝廷務本而節用也。」上曰：「善。務本節用，朕留意焉。」【略】〔九月〕乙巳，月食。都察院右都御史李裕，右副都御史屠滽奏：「太監汪直偏信兵部尚書陳鉞、錦衣衛指揮吴綬，報怨仇良，都御史牟俸坐誣至謫死，翰林院侍講學士江朝宗亦緣俸親被調遠外，巡視遼東兵部侍郎馬文升、巡按御史王宗之、强珍俱以犯鉞忤直謫戍調官，給事中趙良、張善吉、工部主事方賓、御史沃頫、張鋭、陳遵毅、按察司副使王齊亦以忤直官較枉下法司，被綬文致，或坐除名，或坐遠調。今直罪已露，乞復諸臣故職，并賜召還。」上以事已處分，裕等煩擾，且中有不出直誣者，命陳狀。既上，上又以其不輸情，命錦衣衛先執首領官鞫之，已各停俸半歲。【略】

〔十二月〕，吏部都給事中王瑞等言：「爵賞天下公器，帝王所以驅策羣臣、制馭四海者也。祖宗列聖，法古爲治，設官分職，各有定員，自非功德才能，難以倖取。納粟冠帶起近年，然亦榮身而止。倖竇如逵，鶩榮若市。恩典内降，始第京師藝術之人，今則漸及無庸胥吏矣。武階廕叙，始第内使有功之家，今則溢於外方白丁矣。列文階者，或待選未到，便得授官，或外任雜流，驟遷京職，除授有司。戴武弁者，世襲錦衣，虚擔伯爵，厮養賤夫，市井童稚，竝得夤緣。蓋名器之濫至此已甚。臣等伏覩英廟復辟之初，懲景泰間倖用者多，率皆黜罷。皇上臨御之日，察天順初冒功者衆，一切省除，史册書之，天下頌之。伏乞斷自宸衷，悉行革絶。」監察御史張稷等亦言：「比年以來末流賤技參厠卿列，屠狗販繒躡踐華貫。靡識一丁，濫班鷺齒；不挾半矢，雜詠兔罝。身起布韋，驟登金紫；資淺歲月，累晉秩階。或有父子同堂而坐，亦有兄弟分署而居。甚至逃軍逃囚易姓名而冒進，贓官贓吏隱罪過以求榮。一日而有數十人得官，一署而有數十員帶倖。倖進大開，姦計轉熾，至有見任視事、外補親民者。末流已極，朝綱何在？伏望皇上大彰公道，一清仕路，以昭盛世平明之理。」上是之，命繼今有奏擾希進者必罪不宥。於是一時被倖李孜省、董紀、千寶、淩中之徒或如舊官，或加奪職，朝市翕快焉。

二十年正月庚寅，京師地震。是日，永平諸府及宣府、大同、遼東地皆震，宣府裂湧水，天壽山、密雲、古北口、居庸關一帶城垣、墩臺、驛堡多潰裂，人有壓死者。壬辰，勅諭文武羣臣曰：「朕夙夜政理，治効未著，地震京師，天戒至矣。齋心滌慮，省愆脩德。爾文武羣臣宜各痛加省改，懋稱厥職，以毗朕志。」監察御史徐鏞、何珖言：「皇上省躬修德，勅諭羣臣，罷貢獻，慎獄刑，凡百事宜，條示施行。茲者大禮慶成，故事有宴，乞勅禮部暫免，以比古先王遇災減膳徹樂之意。」上曰：「此祖宗定制，鏞、珖不諳大體，錦衣衛其執訊之。」已俱調爲知縣。遣樂舞生十八人賫香帛祭嶽鎮、海瀆等神。免修理沙河行殿橋梁工役官軍五千人。停各處燒造磚料。減雲南歲辦銀課三萬兩，四川五千兩。乙巳，英宗睿皇帝忌晨，上祭奉先殿，遣祭于裕陵。退朝，顧左右曰：「先皇奄棄天下，忽二十年。今晨行禮，追念罔極，感傷于懷，泫然淚下，不能自已。」東廠行事司禮監太監尚銘有罪，黜往南京，尋追械還，將窮治之，既而止焉，第令押赴南京。守備太監杖之百，充凈軍，種菜孝陵。吏科都給事中王瑞等奏：「尚銘舊爲太監汪直所引，得入東廠。近爲太監李榮、蕭敬所引，得入司禮監。榮昔使大同，嘗黨汪直，隱蔽邊情。敬使湖廣，所過貪殘無厭。司禮監機密重地也，豈可同惡相引，以損聖治。皇上寘銘於法，中外大悦，乃臣謂不去榮、敬，來患未已。」上曰：「有處。」科道官復言：「内臣犯法既不能免，若趨附外臣，置之不問，則内外之勢偏；小臣有過尚不可容，若通賄大臣，寘之不究，則輕重之倫失。外臣所以交結内臣者，無非需求於小臣，小臣所以奉承大臣者，無非剥削于民庶。惟察外臣結内臣之姦，下民受上民之害，然後國法昭明、朝綱振肅。臣謂尚銘既以賄敗，宜追究其通賄之人。」奏入，上怒無指名，召而將杖之，已解，命太監懷恩數責之。【略】

七月，巡撫陝西右副都御史鄭時等奏：「陝西連年水旱，至今益烈，餓殍盈途。或氣尚未絶，已被割食，見者痛心。乞將歲課物料暫爲停止。」下工部覆奏，上曰：「關中屢凶，民死徙不能保其命，朕甚憫焉。歲辦物料即暫停徵，以舒瘡痍。」【略】〔九月〕，太監趙陽乞兩淮官鹽二萬引，黄治、劉闔各二萬引，李杲一萬引。户部左侍郎潘榮言：「今西北用兵，東夷有警，山、陝、河南等處災傷，備邊救荒措置無從。陽等不撙節用度，上紓宵旰之憂，重違榜禁，奏乞官鹽，動以萬計，伏望處治。」上曰：「此曹朦朧累奏，偶爾曲從，實非朕意。鹽課國法也，豈可請乞得者？竝不許關支，違者論如罪。」都察院經歷李晟言：「方今攘夷有大勢，有先務。在國初都燕京，山後控三邊，得御夷形勝。其時北邊地荒人稀，且我方盛强，虜衰弱不敢來。即來，亦無所得。今承平既久，士馬多耗，人畜頗豐，虜又適熾。小入小利，大入大利，出入無常，倉卒難備，至而後應，勢每不及，此大勢有未便矣。加以將怯兵弱，來既不敢迎敵，去又不能邀擊，此先務有未得矣。臣謂審大勢在固外藩，急先務在用舊臣。所謂固外藩者，臣聞威寧海子可耕可牧，

去大同僅二百里，在元爲要地，今棄爲虜衛也。請城其中，以二萬人守之，翼以墩堡，令無事屯牧其間，約虜近吾北則出奇以遮其前，過吾南則會勦以乘其後，非惟門庭愈固，而飛輓之費，亦可漸省。苟謂人力不及，兵難勢分，亦當城大同近北地，量戍以兵，使虜一觸藩，可從犄角。朵顏三夷衛，當縻之以術，俾藩于東，不宜徒以空言相諭。哈密都督當封以王，俾藩于西，不宜徒以金印未得，久失事機。至於河套之地，廣袤千里，土厚物蕃，不宜棄以資寇。今陝西饑民多徙荆襄，若使邊臣按視其便，守其要害，據其水草，且燒其餘，使虜不敢入，乃大招流民，俾耕牧以資糧馬，盡閱丁壯，俾射獵以習戰鬭，不數年，民皆戰士，地皆樂土，既免荆襄之嘯聚，又奪虜寇之巢穴。自河以東至山之後屯堠相望，首尾相應，豈不强中國之勢哉？所謂用舊臣者，邊事非老成人莫可仗。今山後有余子俊，遼東有馬文升，獨延綏西至甘涼無一重兵鎮撫。臣聞前吏部尚書李秉、兵部尚書王竑、僉都御史高明，除名威寧伯王越力材可用，威名素著。秉、竑嘗有薦，以老而寢，明頃起用，以疾而還。然昔者趙充國、韓弘皆成功老病之日。越坐開邊被劾，乃後來劾其可罪之人，即前日議其可封之人，同事異辭，至今未定。臣謂即令越有罪，功亦可贖。今若起此數人，使與子俊、文升各當一面，則三邊之勢壯，而中國之威强矣。」有旨：「晟泛言煩擾，下所司看詳之。」兵部尚書張鵬等言：「晟罪宜究治。」命錦衣衛鞫問之。法司坐罪以請，命調爲漢陽府通判。己亥，月食。巡撫左僉都御史葉淇奏：「山西連年災傷，平陽一府逃移者五萬八千七百餘户，内(西)〔安〕邑、猗氏兩縣饑餓死男婦六千七百餘口，蒲、解等州，臨晉等縣餓殍盈途，不可數計。父棄其子，夫賣其妻，甚有全家聚哭投河而死者，棄子女市井而逃者，雖嘗設法勸借，加意撫卹，其奈散給不周。乞發太倉銀備賑。」上曰：「山西凶荒，民莫必命，覽奏深用惻然。其亟發京庫銀三萬齎付洪賑貸之。」【略】

十一月，朵顏衛都督阿兒乞蠻遣其弟影克孛羅送所獲北虜生口，兵部譯審，牧虜也。上曰：「夷虜牧放爲生，追逐水草，其常事，何罪之足誅？其編戍之。」賞孛羅以慰其勞，仍諭三衛貢夷毋得貪掠啓邊。通玄翊教廣善國師繼曉乞歸養母，許之，詔母終供職如故。【略】總督大同宣府軍務户部尚書余子俊言：「虜已遠遁，請班師以省儲費。」命太監張善、定西侯蔣琬悉統京營官軍還京，子俊暫留總督，令冬末具奏而還。運河南兑軍糧三萬五千石於山西救荒。【略】

二十一年正月，甲申朔，申刻，有火光自中天少西下墜，化白氣，復曲折上騰，其聲如雷。踰時，西方復有流星如碗大，赤色，自中天西行，近濁，尾跡化白氣，曲曲如蛇形。良久，正西轟轟，如雷震地，須臾止。勑曰：「上天垂戒，災異迭見，歲暮及今正旦，星變有聲如雷，朕甚驚懼。爾文武百官其指陳國家生民之利病，朕采行之。」復林俊爲南刑部員外郎，張黻爲南京左軍都督府經歷。降李孜省上林苑監左監丞，鄧常恩本寺寺丞，繼曉革去國師爲民，追奪其誥勑。庚寅，詔曰：「朕思惟艱荷，罔敢自遑。治效未著，災沴迭興，地道弗寧，天時亢旱，土無所演。朕切憂遑，齋心勤禱，遣廷臣祭告山川。奈歲竟不登，而河南、山東、畿内率多饑饉，陝西、山西尤劇，至有棄恒産、家室不相顧。元元何辜，罹此危阨。朕已博采羣議，發内帑倉儲，勑所司小大賑濟，期此矜人，咸歸樂土。不意冬暮春初，星變有聲，朕愈兢惕。載勑廷臣備陳時政，采納而行。今春時和，祇承資始之仁，誕敷寬恤之典，其大赦天下。」巡按山西監察御史周洪奏：「翼城、絳、陽城、垣曲等縣，饑民嘯聚爲盜，招撫不服，宜發兵捕之。」上曰：「民迫饑寒，朕甚憫焉。其令鎮守巡撫等官宣布朝廷寬宥之意，明示有司撫御之方，果有執迷不服，然後相機除勦。」勑總督陝西軍餉户部左侍郎李衍兼理賑濟，户部郎中張禎、主事吳紀佐之，刑部左侍郎何喬新往山西，工部右侍郎賈俊往河南，吏部郎中吳珉等十三人佐之，付以京庫銀二十五萬。

二月，吏部應詔書奏列傳奉陞除者，除勳戚功陞、廕授録用外，通得五百十四人，御筆點閲之，留者六十一人。吏部又疏傳奉官爲事妄冒者，御筆點留五人，而其一爲上林苑監左監丞李孜省。兵部奏列傳奉陞除者除勳戚功陞廕授録用外通得五百三人，御筆點閲如文職例，留者三百九十四員。復命太子太保、户部尚書余子俊兼都察院左副都御史，往宣府、大同等處總督軍務，兼總理糧儲，整飭兵備，總督倉場。丁卯，月當食不食。詔四川募人納粟給散官，以備荒。三月丁酉，皇第九子生，母曰楊恭妃。自正月至是，風霾不雨，命羣臣齋戒祭告于天地、社稷、山川。【略】

五月，監察御史汪奎、工科給事中盧瑀、刑科給事中秦昇、工科給事中董祝、工部主事張吉、刑部主事李旦俱應詔直言，吏部承密旨外調之。吉疏尤讜，留中不出。【略】六月，内批户部尚書兼督糧儲殷謙代子俊爲本部尚書。定武臣納粟許子孫襲職例，歲盡而止。周王子堃薨。南京兵部臣奉詔書覆按南京武職不繇軍功陞授者，具名以聞，中率多内臣廝養。上曰：「毋動，使任事如故。」【略】〔八月〕，韓王偕灚奏：「羣牧所千户朱政曾祖信年一百八歲而終，祖一百二歲，父鏞

八十二，俱正千户致仕。一門同壽，古今稀有，乞賜褒嘉，以表聖世之瑞。」命有司勞羊酒，進階爲宣武將軍，賜米布。【略】十二月，皇第十子生，母曰潘端妃。

【略】

〔二十二年，四月〕先是，樊忠、韓錫者，兵部武選司吏也，吴鑑、吴興則大興縣民匠，鑑出入會同館，與貢夷通易，有建州衛夷人謀買舊勅，鑑言於忠，輒盗本司廢勅十六道，同往售之，錫故盗勅二十一道，至是亦託鑑、興轉售，爲緝事所發，下錦衣鞫實。兵部左右侍郎阮勤、侯瓚，郎中鄒襲、朱紳，員外郎彭綱、主事高鑑等五人并吏役人等俱逮下獄，刑部各擬合坐律。上以忠等通夷盗勅，大不畏法，命即誅之，襲等防範不謹，免贖調外，勤、瓚亦調於南京別部，餘各坐罪有差。襲，旻鄉人也，與旻子翰林侍講龍素厚，侍讀焦芳亦與往返。襲至通州留數日，芳與龍謀爲蔚州左等衛署指揮使旺等保留襲，旻爲覆奏，旺等保留，公論也，乞復襲官。上第姑許之，而責旻曰：「爾何繇知公論者。」已，緝事復發襲、旺交通作奏狀，下錦衣鞫實。科道官劾奏旺嘗以宿娼事覺，襲庇之，故爲此以報私恩，尚書尹旻，侍郎耿裕、黎淳，郎中鄭宏，員外郎邵賢，主事修珍等狥私妄請，俱宜究治。上命執宏、賢、修珍鞫之，令旻、裕、淳對狀。旻自服，上責旻典選不公，狥情罔奏，落其太子太傅爲太子少保，裕、淳竝罰俸，襲發爲編民，宏降一級，賢、珍俱調外任，旺等調外衛差操。貴州苗作亂，巡撫右副都御史謝琭請調四川、湖廣近衛官軍士兵四萬餘人勦滅之。勑曰：「苗賊肆惡，出師撲滅，至計也。第念前此亦嘗興師致討，屢以捷聞，然率兵之方出，賊覺即逃，及其甫歸，跳梁如故。蓋緣苗性靡常，依險負固，貪功之徒，未免傷及無辜。爾今詔諭諸夷，何久聽撫化，又復攻圍搶殺？是何堡寨軍民與爾有讎？明白訴告，照依夷俗體例，爲爾處分。賊如執迷不從，即於貴州屬衛及都督僉事彭倫所轄衛所再調官軍士兵一萬，密切討議，務出萬全，勿墮欺計。若畏感輸服，即仍撫定，庶不濫及無辜，貽患鄰境。其欽承之。」是月也，以傳奉得官者四十有餘人。

五月，東廠官校發尹龍納賄，下錦衣衛獄。諸給事中張雄、劉清、劉昇、御史陳孜等交章劾龍，并及旻。上宥旻，令三法司、錦衣衛執龍及通龍賂得官者通判王範，經歷張燧于午門外拷訊，併得禮部郎中劉紳，兵部員外郎董寧、常德同知朱紳，按察副使何顯，王錦、馮蘭等六人。獄上，上革旻宫保，令以尚書致仕，發龍爲編民，降範、燧三級，調降遠方，紳等各令執問降官。復令侍郎裕等對狀，皆伏罪，上復責其旁視阿默，仍停俸三月。紳，尚書劉昭子也，科道官并劾昭，昭亦具伏，上宥之。而工部右侍郎談倫故與龍獨親，不及於罪，官校復緝其多費官錢諸事，上革倫職爲民，而太常寺少卿劉淳亦坐外調。已，上以給事中張雄、御史劉孜等居常妄議朝廷，工部侍郎倫侵欺官錢數多，何不言者，復令降一級，調之邊方，而芳坐與指揮旺起奏草，亦降爲桂陽府同知。於是，刑部右侍郎侶鍾、户部右侍郎秦紘、大理寺丞劉瓛、太僕寺卿張海、順天府丞董傑、司經局洗馬羅璟、御史劉璧、于璧、高輔、張鼐，禮部員外郎楊棨，翰林編修王勑，刑部員外郎袁弼、給事中馬良、大理寺副蘇泰竝以山東人悉從調降。

六月，勑諭文武羣臣曰：「朕惟人君圖治，必先得賢，人臣輔治，必謹奉法。太祖高皇帝創業貽謀，百司庶務，具有成憲，列聖相承，守而勿失。朕繼統遵承，夙夜兢兢，恒思人輔。奈歲月滋久，文恬武嬉，往往有恣情玩法、瘝職僨事，形跡敗露，已寘憲典。尚慮爾羣臣罔知儆戒，以致名節不立，勳業無聞，國家何賴焉。特兹戒諭，當各惕然奉公，或内省有疚，須痛自懲艾，稱朕求賢圖治之意。」山西潞城縣有劇盗，數十家羣居一村，其刧奪人至燻死平人一家十六口。縣捕之急，盗悉遁。其家屬居村中，莫誰何。他日，彰德府有盗，知縣王濬遣人緝獲，則皆其潞城村中盗，而其半得逸去。濬令拘逸者眷屬以致盗。盗白晝至潞城下，擄平人，大書其臂曰：「爲我語令，速釋眷屬，不且殺令。」濬懼，出眷屬三十六人，令縣民分食之。縣民告濬：「盗家屬也，誰能食盗？此時縣中人相食，又安所得食盗家屬？盍殛之。」濬佯不問，曰：「聽汝等之所爲。」民分領三十六人，擁入土窑，亦燻殺之。事久不發也。縣當解折糧金於巡撫，金多贋，巡撫詰濬，濬召治金匠而將治之，冶金匠故與濬妾家有連，其敢治贋金者，實以濬寬之，欲使牟衣食，不意大僞惡，則大怒，聲言「痛治匠」。匠恐，亡入京師，發濬事於東廠。朝命刑部員外郎蕭仲賢往勘，仲賢了無辯析，坐濬淩遲刑。濬臨刑歎曰：「以我贖三十六人命者，我罪也，何至乃極刑。」同時行刑者有父子二人，父坐淩遲，子坐斬，父子相語：「我則已矣，以施王令，不亦冤乎？」六科聞其事，以參劾問刑官，自布政使而下悉罰降有差，而刑部侍郎何喬新亦伏罪。上諭法司曰：「刑重事也，所司慢之，其尚明慎，毋曠厥官。有不敬，繇是惟府辜。」【略】

〔八月〕，廷臣會舉吏部右侍郎黎淳、工部右侍郎賈俊可任户部尚書，巡撫四川右副都御史劉璋、巡撫大同左僉都御史葉淇可任户部侍郎，右僉都御史張悦、大理寺少卿可任刑部侍郎。上曰：「何輕忽乃爾，其再推。」遣監察御史鄧庠、兵部員外郎費瑄勘處貴州邊事，勑曰：「貴州守臣奏苗賊爲惡，欲增兵致討，事難

遥制，命爾往察，豈覺在我。或尚可招撫，即許自新，如其執迷，乃痛勦之，毋輕調大兵，邀功僨事。慎之重之。」是月也，以傳奉得官者九人。九月，南京兵部左侍郎馬顯乞致仕，許之。上批顯疏曰：「南京米貴民饑，尚書王恕參贊機務，無一策賑濟，知其老劣矣。可革太子少保，亦令致仕。」工部主事王純奏恕：「昔莊助論汲黯於漢武帝，稱爲社稷之臣，臣謂如恕近之，乞賜寬假，仍復其官。」上曰：「恕未有社稷功，純何得妄引。」命杖訊純，降二級，外調之。遂改兵部尚書馬文升于南京，以代恕。【略】十一月，申明推舉將才之令。始命錦衣衛官一員守登聞鼓。【略】十二月，進士敖毓元故以星變言時政，甚切直，疏留中，後循例放歸。至是謁選，得横州知州，内旨降爲雲南縣丞。吏部擬授臨西，從之。是月也，以傳奉得官者十八人。

二十三年正月，命南京右都御史屠滽諭占城國王古來於廣東。調應天府丞楊守隨爲南寧知府，并陞其從弟翰林院編修守阯爲南京翰林侍讀。是月也，以傳奉得官者二十人。二月，皇太子婚。吏部奏通政司缺官，請以禮部王傳爲右通政，禮科給事杜明爲右參議。上可之，遂内批陞通政李孜省爲禮部右侍郎，仍掌通政司事。是月也，以傳奉得官者四十四人。四月丙戌，以皇太子婚，上徽號于皇太后，曰「聖慈仁壽皇太后」。壬辰，諭文武羣臣曰：「朕憂亢旱，虔心祈禱，自二十五日爲始，各加祇慎，毋或追遑。」丁酉，分遣勳臣告于天地、社稷、山川。是月也，以傳奉得官者七十餘人，而汰黜匠官給半俸者八十有八人。五月，以江西多盜，命河南左布政使李昂爲都察院右副都御史，巡撫之。乙卯，遣廷臣齎香帛分禱天下山川以祈雨。丙辰，勅諭文武羣臣曰：「上天示戒，旱久田枯，民庶驚遑，朕甚愍之。寬恤刑獄，遍禱神祇，雨尚未也。冤未伸歟？用未節歟？困未蘇歟？抑爾百官罔上而厲下歟？朕已節減用度，疎放宫人，爾等各體朕心，痛自修省，紓朕憂憫元元之意。」六月，册同鑣爲周王，貢琮爲肅王。定武職隱匿舍餘，立功久近之法。

七月，召致仕左都御史余子俊復爲兵部尚書。册皇子祐樘爲興王，祐棆爲岐王，祐檳爲益王，祐梓爲衡王，祐橒爲雍王。癸丑，月食。追謚大理寺丞鍾同曰「恭愍」。是月也，以傳奉得官者四人，舊減俸半支許全支者五十餘人。八月，究治天下諸司僞吏。自庚辰至于甲申，上不豫，命皇太子視朝于文華殿。戊子，上大漸，召皇太子，使早即位，諭以敬天法祖、勤政愛民之道。己丑，上崩，壽四十一。九月乙卯，上尊謚「繼天凝道誠明仁敬崇文肅武宏德聖孝純皇帝」，廟號「憲宗」。十二月壬午，葬茂陵。

查繼佐《罪惟録》帝紀卷九　憲宗繼天凝道誠明仁敬崇文肅武宏德至孝純皇帝，名見深。母周貴妃。生時，紅光灼卧，廣額豐頤，威容如神。初以皇太子侍皇太后坤寧，見廢，復辟後，仍册東宫。時以二月乙亥即皇帝位，必尊母錢氏爲慈懿皇太后，生母周氏爲皇太后，上大行皇帝尊謚，以明年爲成化元年。釋原任參政羅綺於獄。逮錦衣都指揮門達，戍南丹，死謫所。袁彬復原職。傳陞匠役姚旺爲文思院副使。復前御史楊瑄、張鵬及修撰岳正等官。兵部侍郎韓雍以他罪連及，坐降。放免宫人。三月，補廷試。甘肅總兵宣城侯衛經、巡撫命都御史吴琛，討西番，破之。復定襄伯郭登爵，鎮甘肅，尋提督團營。侍讀周洪謨上言人主守器之道三：一、聖學，一、内治，一、外攘。禁賜寺額。廣賊陷陸川、平安等縣。户部照磨黎獻奏，兩廣失事臣宜急正罪，上從之。四川賊趙鐸流劫銅陵及内江、漢川、德陽等縣。刑部司務朱貴奏陳賊勢。上令給事中章軒仕視，決策用兵。

夏四月，欽天監奏日食，陰雲不見，下天文生賈信於獄。分命内臣十一人坐管監鎗。户部尚書年富卒。以軒輗爲南京左都御史，尋卒。禁匿名帖子。五月，葬大行皇帝於裕陵。編修張元楨上三事：勤學、聽政、用賢。以郭明爲南僉都御史。庚午，上始御奉天門視朝。哈密國王卒，無嗣，乩加思蘭欲襲據之，勅西番安定王選兄弟一人代主國事。六月，致仕禮部左侍郎兼翰林學士薛瑄卒，贈吏部尚書，謚文清。

秋七月，立皇后吴氏。南禮部侍郎章綸奏以明年行，不聽。八月，開經筵，詔修《英宗實録》。調兵部尚書馬昂於户部。召宣府巡撫李秉爲左都御史；陞巡撫陳泰爲副都御史，督漕。葉盛爲左僉都御史，巡撫宣府，修屯易馬，不數月，修廢堡七百餘所。吏部尚書王翺請致仕，不許。廢皇后吴氏，謫太監牛玉，吴熹於南京。后父俊戍登州，連京營總兵懷寧侯孫鏜閒住，撫寧侯朱永代之。九月，免運軍應輸耗糧四萬六千有奇。增京畿府州縣生員廩米。

冬十月，復册王氏爲皇后。皇太后壽節，禮部尚書姚夔，率大臣建醮行香，給事中張寧建言非例，上曰：「以後不許。」十一月，勅四川巡撫王浩討賊。議大征廣寇。天城邊警。南給事中王徽等列太監牛玉罪，多所株連，坐調判官。都督僉事何洪討川賊，戰死。免宴賜節錢。十二月，上嫌奪門功紛訴不已，李賢請復于謙等官，而太平侯以下俱令奪爵，上從之，訴者始息。以故逆監吉祥所没安

欒里爲宫中莊田，皇莊之設始此。傳陞道士爲真人，并給誥命。始定朋合折買馬匹法，行天下。湔除文武犯贜以外罪名。正統十四年後立功者，俱不准襲。是年，鹵阿羅出結乩加思蘭，孛羅出結毛里該數寇宣大、延寧、延綏，參將房能請搜河套，下部議。擢束鹿知縣盛顒爲邵武知府。

成化元年乙酉春正月，釋戍邊陳循、江淵、俞士悦等，及王文子宗彝、于謙子冕、謙婿朱驥還家，復謙故秩，子冕世襲千户。冕後改文銜，至應天府尹。孛來貢使至，二千一百餘人；孛羅赤貢使至，六百六十餘人。泗城州土官岑豹攻殺上林長官岑志威，奪印，有其地。以都督同知趙輔爲征彝將軍、僉都御史韓雍征兩廣蠻寇，川廣三司俱充爲事官，立功贖罪。二月，上行籍田禮。拂提衛都督進海青，却之。三月，以陳文爲禮部尚書。擢布政使王恕爲副都御史，撫治荆襄流民。内外鎮撫等官，置買莊田店鋪，僭役軍士養馬，湖廣巡撫王儉言之，不問。上行釋奠先師禮，宴衍聖公及三氏子孫於禮部。

夏四月，減孔子子孫田租三分之二。襄鄧流民劉通數十萬人作亂，僭號於南漳。初，錦衣千户楊英奉使請行賑恤，以解散之，至是益熾。詔撫寧伯朱永、尚書白圭討之。命襄城伯李瑾、廣義伯吴琮益兵征蜀。贈兩廣死事副使毛吉、知縣王麟等官。時以餉餘輕紀吉喪，吉附僕婦言：「須夏憲長至，以銀還官，毋污我地下。」出岳正興化知府，張寧汀州知府。初，給事中王徽等劾内閣李賢不職，坐謫，寧倡論申救。又有忌正者，僞爲正彈賢文，會尚書王竑薦寧與正，李賢啣之，二人竟外轉，竑病歸。五月，添設户部主事六員。斬妖人趙春、張仲威等。四川賊趙鐸伏誅。六月，革太平侯張瑾爲錦衣指揮使，興濟伯楊宗爲指揮同知。定光禄寺每年買辦牲口不許過十萬，菓品不許黏砌。

秋七月，總鎮胡貴、李震獲賊首苗蟲蝦。廣賊流入江西界，監生廖世傑率土兵敗之。賑水災。八月傳陞文思院副史李景華爲中書舍人。九月，寧波太守李瓚，列市舶内官福住罪狀，勅戒之。禁陝西、河南取鑛。

冬十月，定學正教諭用副榜舉人。留廖莊爲刑部左侍郎。韓雍、趙輔等大破大藤峽蠻寇。十二月，詔每年所旌節孝不以額。

成化二年丙戌春正月，復三大營舊制。二月，重修闕里孔廟成。是時，鹵屢犯河套、延綏及慶陽、環縣、陝西、大同、保德州、花馬池等處。册萬氏爲貴妃，柏氏爲賢妃。大學士李賢外艱，詔奪情辦事。鎮守荆襄王信擊走劉賊，石和尚龍等，陞都指揮同知。已賊復起，焚劫夔州，通判王楨陣死。論兩廣蠻寇功，趙輔封武靖伯世襲，韓雍進左副都御史，提督兩廣軍務，廕一子。置武靖州。江淮旱，人相食。南尚書李賓請開納粟入監之例，以備賑濟。禮部尚書姚夔稱天下以貨爲賢，他日何以資治？上是之。閏三月，復順德知縣錢溥爲侍讀學士。銅鼓等苗作亂，勅總鎮李震討之。祭故少保兵部尚書于謙，有云：「先帝已知其枉，朕心實憐其忠」等語，聞者感嘆。

夏四月，湖廣苗合廣西猺僮焚劫溆浦等處。延綏紀功郎中楊璩奏：「延綏、慶陽二境，東接偏頭關，西接寧夏花馬池，相去二千餘里，宜依故副總兵黄鑑所議，偏頭、東勝沿河西岸，地名一顆樹等處，至寧夏黑山嘴、馬營等處，共立十二城營，七十三砲臺，東西不過七百餘里，較二千餘里近三之二，但隔一黄河耳，如是可免套鹵邊患，一勞而永逸。」下部議，不果行。五月，修撰羅倫奏大學士賢奪情之非，降倫福建副提舉。毛里該屯聚河套。以彰武伯楊信爲平鹵將軍，出延綏討鹵，陝西巡撫都御史項忠督其軍。六月，免今年屯田子粒十分之三。反賊劉通伏誅。論功，撫寧伯朱永進侯，李震封興寧伯，加尚書白圭太子少保。

秋七月，鹵入寧夏，都指揮焦政等戰没。入固原，再入延綏，參將湯胤績陣死，指揮同知秦傑戰却之，陞都指揮使。湖廣兵破靖州苗。八月，進士周鑑以避選王府官，黜爲民。斬妖書惑衆者趙覽。九月，陞袁彬都指揮同知。免太原、大同秋糧。改李秉提督遼東。

冬十月，科道交劾武靖伯趙輔欺玩諸罪，不聽。十一月朔，有露凝樹，孝之災。賊石和尚、劉長子即馮喜伏誅。時傳陞光禄、太僕、尚寶等官益衆。刑部員外彭韶以言事下獄。平鹵將軍信獻俘。十二月，瓦剌入貢。少保、吏部尚書、大學士李賢卒，贈太師，謚文達。刑部左侍郎廖莊卒，贈尚書，謚恭敏。太常少卿兼侍讀學士劉定之直閣辦事。太監韋朗失機開原，召還，不問。

成化三年丁亥春正月，切責建州毛憐等衛不許冒貢。鹵犯遼東，復深入大同。詔撫寧侯朱永掛平胡將軍印，總京營剿鹵。二月，毛里該三上書求貢，遣通事獎諭。吏部奏起王竑原任，内批致仕。以大同巡撫王越總理軍務，擒鹵酋長十二人。套鹵移犯寧夏。廣賊陷北流縣，韓雍遣兵破之。銅鼓苗平。三月，復商輅兵部左侍郎兼學士，召入内閣。復羅綸修撰，調南京，疾歸。貴州都掌蠻作亂，破四川合江縣，詔襄城伯李瑾、兵部尚書程信討之。准在京三品以上官功績顯著者，廕一子入監讀書，有志科舉者聽。封周太后弟壽慶雲伯，彧長寧伯，壽加世襲，壽進侯，其諸子皆錦衣指揮。頃兩家受奸民投獻，奏討莊田共七千餘

頃。敘西征功，封左都督毛忠伏羌伯。

夏四月，以故脱歡帖木兒外孫把搭木兒爲左都督，權攝哈密國事。重立十二營。改白圭兵部尚書，王復工部尚書。四川前後地震凡三百七十五次。十三道御史合奏，以風霾地震，災異屢見，請側身修省，日御講筵，節無益之事，惜無名之賞。帝頗事遊宴，故及之。建彝董山入貢，勑送之還，令諭降部落。五月，大同禦鹵，却之。荆門訓導高瑶請復郕王位號，庶子黎淳疏駁之。上曰：「景泰中事，朕不介意。」然卒不果行。

秋七月，内批御史章瑶以僉都代項忠巡撫陝西，尋改太僕少卿。追封董仲舒、胡安國、蔡沈、真德秀皆伯爵。吏部尚書王翱致仕卒，贈太保，謚忠肅。八月，以周洪謨爲南國子祭酒，項忠署都察院事。廣西賊入化州，殺知縣黄智。董山留廣寧，殘，武靖伯趙輔、提督都御史李秉等討破建彝，擄山等二百餘人，山伏誅。進秉吏部尚書，加太子少保，輔進侯。鹵破開城，殺知縣于達教。徙縣治固原。

冬十二月，令詞臣預作鰲山燈火詩。編修章懋、黄仲昭，檢討莊㫤疏諫，杖謫外縣。給事中毛弘等力救，改懋、仲昭南評事，㫤南行人司副。時遷官太速，或數月即一遷，或一歲數遷，其起自謫籍者尤甚。始立十二團營。擢山東布政使彭誼爲工部右侍郎，尋改右副都御史，巡撫山東。

成化四年戊子春正月，朝鮮會討建彝，獻俘，厚賞之。免高郵州三年秋糧、馬草。令有司採辦江浦紅土，免差内官。韓雍破廣西賊奏捷。二月，土達滿俊反，據石城，廷議恐與鹵合，令官軍急討之，失利，伏羌伯毛忠戰死。李希安以樂舞生歷官加禮部尚書，預經筵，尋免。大破都掌蠻，平之，加程信大理寺卿，襄城伯瑾進侯，都督羅秉忠封順義伯。太監錢能鎮守雲南。三月，增雲南布按官一員，管銀場。禁外戚乞田，着爲令。

夏四月，天旱，罷修西山塔院。封西僧爲大寶法王及國師二人，賜誥命，儀衛踰等，齋醮無度。大學士陳文卒。禮部主事陸淵、御史謝文祥劾文不當與謚，削其官，尋復之。五月，仍復學校附學生。六月，免江西秋糧。遼東巡撫張岐爲軍士所訐，坐除名。初，彭韶嘗論岐倖進，至是，御史謝文祥等并論尚書姚夔舉用之失，詔下文祥獄，降南陵縣丞。慈懿皇太后錢氏崩，帝嫌于生母周太后，詔别卜陵寢。大學士彭時以爲必合葬祔廟如禮，禮部尚書姚夔等贊之。帝意未決，時率百官痛哭文華門，伏地不起，聲聞内庭。帝感動，母后亦悟，得許同葬裕陵，謚孝莊皇后。

秋七月，命副都御史項忠、都督同知劉玉出捕滿俊。尋起馬文升巡撫陝西，以撫寧侯朱永代玉。俊就擒，餘黨悉平。上恤刑，親覽獄囚，多所平反。九月，彗星見。時萬貴妃擅寵，兄弟皆顯官，侍郎萬安、劉吉附之，頗震耀。羣臣執災異以諫，不聽。於是彭時諸大臣引咎乞休，不允，止令馬昂致仕。時上書請修省，且曰：「宫中宜正名分，均恩愛，以廣繼嗣。」追回西天竺僧所求田地。言官林誠、董旻、胡深等十人，再劾商輅、姚夔、程信不職，兼追論景泰中易儲事，下誠等獄，杖之。輅力爲誠請，上復其官。加輅兵部尚書，劉定之禮部左侍郎，楊鼎户部尚書。刑部郎中彭韶陳四事，首論正家之法、馭宦之術，不報。給事中魏元條奏時事，力言内寵宜節，外教宜屏，上是之。

冬十一月，南科道會劾侍郎章綸、王恕、范理，府尹畢亨，少卿金紳等，以察事不清，命侍郎葉盛、給事毛弘往按之。十二月，贈朝鮮國王李瑈謚莊惠。定簡贈死事通判王禎、王麟爲同知，知縣李珏爲通判。敗寇延綏。定簡除保舉官員例。

成化五年己丑春正月，論平滿俊功，擢劉玉左都督，項忠右都御史，太監劉祥加歲俸。罪失機寧遠伯任壽、廣義伯吴琮、都御史陳介，俱謫戍，都指揮使劉清及守備馮傑棄市。考察給事中蕭彦莊等，劾吏部尚書李秉十三罪，落秉太子少保，致仕。秉剛介不阿，前祭酒陳鑑作詩送之，有云「古道自無三黜恤，秉臣又見一番歸」之句。彦莊等下獄。二月，生員劣等免充吏，發爲民。衍聖公弘緒有罪，逮問，道免桎梏，坐削爵。賜田州土知府岑鏞誥命，土官誥命自此始。閏二月，致仕南京左都御史石璞卒，興化知府岳正致仕。三月，鹵入河套。

夏四月，以葉盛爲吏部侍郎，復前户部尚書蕭鎡官。械真人張元吉下獄礫之。贈故祭酒李時勉禮部左侍郎，謚忠文。賜故左僉都御史楊信民謚恭惠，故刑部尚書耿九疇謚清惠。祠元臣賽典赤於雲南。禮部左侍郎萬安附萬貴妃，稱一家，晉學士，直内閣。六月，改姚夔吏部尚書。

秋七月，定番僧三年一貢。八月，侍郎大學士劉定之卒。帝復經筵，視午朝。九月，下刑部郎中彭韶於獄。先是，長寧伯彧與民争田，命御史黎福按之，不得已，没民田七十四畝，稱爲餘地。彧少之，命韶覆視。韶往，一至田所，輒報田皆民有，並無閒田，奏民安則國安。忤旨，付錦衣。言官交章，釋之。

冬十一月，復總督兩廣於梧州，以右都御史韓雍填之。鹵寇延綏及榆林諸邊。定納粟世授軍職者止襲子孫二世。

成化六年庚寅春正月，鹵駐河套，謀南侵，總兵楊信殿兵討破之。郊，甘露降於天壇松柏。給事中郭鏜乞禁天下上書獻瑞，上曰：「朕未嘗以此怠政。」置不問。湖廣地震。遣官祭封内山川。大同巡撫王越敗鹵延綏。侍讀尹直等請録諸司職掌，名曰《大明彙典》。二月，朝鮮國王李晄卒，封其從子娎爲王，賜晄謚襄悼。洮岷番寇作亂，千户李盤戰没。遣侍郎曾翬等六人往浙江、河南、江西、福建、四川、大名等處考察官吏，訪求軍民利病，其已設巡撫者，一體行事。祈雨南郊，大風沙，昏黯竟日。三月，以水旱免租。湖廣、山東、蘇松四府。鹵屢犯延綏，撫寧侯朱永掛平鹵將軍印，與王越擊敗之。致仕右通政使羅通卒。編修陳音上正學闢佛疏，不報。

夏四月，詔右都御史項忠巡視順天、河間、永平災荒，所活二十七萬八千餘人。減各彝入貢之數。以孔弘泰襲封衍聖公，仍國學讀書三年。鹵屢犯宣大、遼東等處，襄陵王沖烌請率宗人禦鹵，止之。停造西山佛閣。

秋七月己卯，皇三子生，是爲孝宗皇帝。時萬貴妃寵而妬，帝行内藏，一幸紀妃，有娠。貴妃譖上，謫居安樂室。及誕，貴妃與帝皆不知，惟吴廢后常哺養之。八月，定科目出身歷任三年者不限内外，通選御史。御史楊守陳言六事，首請改郕戾王謚。套鹵阿羅赤求貢，鹵酋孛羅渡河，與之合。

冬十月，免租。河南、山東。賑濟。右都御史項忠總督楚豫軍務，討襄陽賊李胡子。復大學士陳循官，賜祭。禦套鹵功，撫寧侯朱永世襲，王越右都御史。尋又破鹵，鹵退。致仕工部左侍郎霍瑄卒。瑄常守大同，精幹理，惜不盡其用。

成化七年辛卯春正月，發太倉粟，減糶利民。許在京五品以上管事官、科道掌印官各舉所知一人，不爲例。南御史沈源，請核南守備軍士虚額，忤成國公朱儀，屬太監安寧械訊調外。陸布政余子俊副都御史，巡撫延綏。懷寧侯孫鏜卒。定長運法。二月，復九江、蘇、杭三府鈔關，添設三主事，抽分竹木。三月，封劉聚寧晉伯。乙酉，復御經筵，午朝。封琉球世子尚圓爲中山王。

夏四月，以陝西、延綏兩巡撫馬文升、余子俊請，築邊牆。自安邊營起，至鐵鞭川，自清水營起，至花馬池。磔極酷嘉善知縣林弘於市。五月，中書舍人吕嵩乞應順天鄉試，從之。陝西妖人李奉先伏誅。寧化王美壤宫人高氏、崔氏，自縊殉王，追封夫人。

秋八月，賑水災。浙江、山東。存問尚書魏驥，閱月卒，年九十有八，謚文靖。追謚故學士宋濂曰文憲。獄囚請寬者，聽改調別問。九月，浙海溢，遣侍郎李顒致祭，修堤岸。置榆林衛。常州府增設靖江縣。

冬十月，奸人丘弘敏通番，詐稱朝使，伏誅。十一月，立皇子祐極爲皇太子，母栢賢妃。荆襄賊李胡子伏誅。己卯，上以彗星見，入紫薇，歷犯帝星、北斗，正晝猶見，避殿撤樂。羣臣各疏政事缺失，請上時召大臣面議政務。上乃一御文華，輔臣彭時等爲内監所紿，止言天變及減京官，皂隸一二事，欲俟再召盡言之，萬安竟叩頭呼萬歲出，自是不復召見。彭時上修德安民七事，上嘉納之。諭德謝一夔上弭災五事，正宫闈以端治本，親大臣以詢治道，開言路以决壅塞，慎刑罰以廣好生，謹妄費以足財用。上怒，斥之。鹵數入河套，爲西北患，廷議搜逐，或議築堵，命侍郎葉盛親視之，奏駐牧耕種皆非便，止宜增兵守險，以爲遠圖。上從之。

成化八年壬辰春正月，以星變免朝賀，郊，免慶成宴。廣西猺賊黄公剛等掠賓州等處。皇太子薨，謚悼恭。

夏四月，增築大同沿邊諸堡。定襄伯郭登卒。五月，武靖侯趙輔總兵，與右都御史王越討套鹵乩加思蘭。總督韓雍攻忻城八寨，破之。封占城國王槃羅陀全。

秋七月，山吼，地震，海漂，死三萬八千餘人。鹵深入環鹿、固原等處。巡撫馬文升敗鹵臨洮，逐北，擒其平章鐵烈孫。命兼節制三邊。九月，勑安南勿侵占城。修隆善寺，内旨工匠三十人爲文思院副使，寫碑官爲尚寶司少卿。工科都給事中王詔等極諫，請追寢前命，以慎名器，以正國體，不允。鹵復寇韋州深入，文升設伏湯羊嶺，誘敗之，勒石得勝坡紀功。

冬十月，武靖[侯]輔有疾，詔寧晉伯劉聚代之。減光禄寺供應。十二月，破鹵寧夏。

成化九年癸巳春二月，免租。武昌、太原、大同、平陽、澤、潞、淮、徐。吏部尚書姚夔卒，贈太保，謚文敏。寧晉伯劉聚、巡撫王越屢破套鹵，加聚世襲，越升副都。三月，減雲南銀課十之五。塞外野燒，逼山陵。發官軍萬人遏之，反風延出西北。

夏四月，帝頗耽外國玩好，下部索宣德中王三保西洋水程急，車駕司郎中劉大夏入庫匿之，不可得，事卒已。土鹵番速檀阿力侵哈密，據其城，擄王母金印。詔都督同知李文若、通政使劉文往規復哈密。三衛結女直屢犯遼東，擊破之。上御西苑，召諸將騎射，中三矢者止四人，至有不能開弓執矢墮地者，切責總督朱永。

秋七月，免秋糧，彰德、衛輝。賑。山東蝗。復設江南勸農官。副都御史王越襲破套虜於紅鹽池，虜始出套。復破虜於常州。給事中韓文、王詔、梁璟等，劾王越邀功啓釁，語涉宮禁，逮訊，得釋。

冬十月，虜自花馬池復入陝西。十一月，再閱射西苑。諭內閣倣朱熹凡例，纂《宋元續綱目通鑑》。免糧。畿內重修南京靈谷寺。勑邊軍：衆寡懸，雖失利，不罪，反走者坐失機。

成化十年甲午春正月，左都御史王越駐固原，總督諸路兵馬。總督三邊始此。重給朵顏衛印。敗虜遼東。旌岷府安昌王膺鋪孝行，旌王府例始此。三月，起致仕右副都御史林聰，掌南京都察院。時廷臣率尚緘嘿，以悅權倖。聰令諸御史得盡言。或以故事尤之，聰曰：「已不能言，而又必使人不言哉？」吏部左侍郎葉盛卒，謚文莊。免租，南直三州八縣、鳳陽七衛一所子粒，湖廣七府、武昌等十一衛子粒。太原、平陽、西安等五府。賑饑。山東。

夏四月，太監張敏死，其侄苗太常丞，盡上敏家產求陞侍郎。上曰：「苗承差出身，豈宜預執政，其與南通政使。」五月，追贈寧晉劉聚爲侯，伯贈侯始此。六月，武靖侯趙輔世襲伯爵。旌韓府襄陵王範址孝行。免租。湖州、南昌等府。閏六月，延綏巡撫余子俊奏邊牆成，延亘幾二千里，晉右都。榆林遂與寧夏、甘肅稱三重鎮，而延綏徙鎮榆林。

秋七月，刑部尚書王概卒。概初按察河南，案無留牘，獄無冤詞。勑初襲職公、侯、伯兼駙馬俱送國子監讀書。止遼府毋殉葬。八月，乩加思蘭擾邊，都督同知趙勝督兵禦之。虜入宣府、薊州，亦入遼東、大同。九月，免租。蘇、松等四府，河南開封等府。

冬十一月，復郕王帝號，謚恭仁康定景皇帝。改左都御史項忠爲刑部尚書，尋改兵部。太寧縣逃民張蓬頭殺署縣事驛丞曹彥莊爲亂。總督兩廣右都御史韓雍致仕。雍在鎮十年，威震百蠻，時有誣以不法事，勘虛，雍遂引疾。十二月，罷寶慶府及遼東黑山淘金。時金場二十有一，失不償得，夫役之傷於虎狼、陷於沉溺者無算，詔以有司贓罰補額，閉金場。録妖書名目榜示天下，使民不惑。虜寇榆林。

成化十一年乙未春正月，大計吏。浙江參議寧珍、南昌知府王詔，內批留任，部院再疏，黜之。勑陝西巡撫馬文升總制各路兵馬。二月，南京兵部尚書程信疾歸。閉銀峒。河南、宜陽等衛及遷安縣。虜入大同，拒却之。三月，少保、兵部尚書、文淵閣大學士彭時卒，謚文憲。

夏四月，侍郎劉珝、劉吉俱兼學士，入直內閣。五月，清理營軍虛額。自立團營，冒餉至七萬五千有奇。召皇子於西宮，即孝宗皇帝，生母紀氏。初畏萬貴妃，匿西宮，年六歲矣，帝不知也。門監張敏閒露之，上喜，親定名祐樘，令文武大臣謁見文華門。敏復厚結昭德主宮段英，聞於萬貴妃。貴妃恨，佯具服進賀，厚賜紀氏，擇吉詔皇子就昭德宮撫視，徙紀氏於永壽宮，立爲妃。敏懼中變，使人諭內閣，亟請册爲皇太子。尚未得命，商輅獨疏請紀氏就近居住，皇子無往昭德宮，遂母子之至情，愜朝野之公論。上乃以祐樘名書於玉牒。六月，皇子生母紀貴妃暴薨，帝不能問，贈恭恪莊僖淑妃，殯葬如宋宸妃故事。皇太子哀慕，深自斂晦。獎襄陵王沖炑女清澗縣主，并孫輔國將軍徽鍈婦王氏孝行。免租。武昌等府及江北。

秋七月，朵顏三衛援舊例請開市，不許。八月，虜滿都魯、乩加思蘭入貢。閉秦州銀鑛。九月，定擬銅錢折俸例。降襄垣王仕壥等爲庶人。

冬十月，定國子監生科貢及納粟兩途分例撥歷。十一月癸丑，立皇子祐樘爲皇太子，大赦。命復郕王帝號。

成化十二年丙申春正月，都御史原傑請湖廣置鄖陽府，轄湖廣及陝西、河南三省，設撫治都御史於鄖陽統治之，并設行都司衛所，詔可。兵部尚書白圭卒，謚恭敏。二月，給獄囚藥餌，減內府供用物料。虜首滿都魯自稱可汗，乩加思蘭自稱太師。三月，申荆襄流民入山之禁。

夏四月，京師旱。五月，傳陞工部侍郎萬祺爲本部尚書。設大同四衛儒學。六月，通惠河成。趙王見𤁴有罪，削官帶，給禄米三之二。

秋七月癸卯，皇第二子生，是爲興獻王，宸妃邵氏出。京師黑眚見，滿城夜喧。帝御奉天門視朝，忽侍衛驚擾，兩班大喧，不知何以，帝起太監懷恩按之，有頃定。帝以災異，製祝文，即禁中祭告天地。八月，承運庫歷事監生袁慶祥，極言買辦寶石之弊，杖五十，遣還監中。後舉進士，歷官僉事。撤北宮玉皇祠。土魯番速檀阿力復求入貢，願奉歸金印。九月，妖人李子龍伏誅。子龍以術誑惑愚民，將起真定，爲太監黃賜所發。設西廠，命太監汪直詗事，事無大小，即方言諺語，無不以聞。靖州苗平，封總兵李震興寧伯，副都御史劉敷而下各陞賞有差。以周洪謨議，增文廟籩豆佾舞之數如天子。

冬十月，傳陞監生儒士等官十餘人。册貴妃萬氏爲皇貴妃，邵氏爲宸妃。

南京禮部左侍郎章綸致仕。

十一月，密諭吏部傳陞官勿復補奏。鑄哈密衛印，給都督慎罕。十二月，傳旨陞倪謙南禮部尚書，錢溥南吏部左侍郎，仍任國子祭酒。從馬文升議，造遼東浮橋，聯舟鐵纜，横魚水上，以便東西應援。

成化十三年丁酉春正月，免租。浙江、山東、河南。日本入貢。二月，寧王奠培、樂安王奠壘有罪，革禄米半。旌代府靈丘長子仕墹孝行。閏二月，禁傳報旨意。

夏四月，災變頻仍，京師旱。時爲西廠所誣，坐累者最夥。禮部郎中樂章、行人張廷綱使安南還，咸坐貿易，革爲民。太醫院判蔣宗武、浙江左布政使劉福起復，並贖還職。福建東楊孫都指揮楊曄，直誣指不軌，窮索，曄匿親中書董嶼，連嶼，復連嶼叔兵部主事仕偉，備極五毒，卒無實，曄與其父泰並死獄，籍其家。仕偉、嶼調外通判。連仕偉之從弟仕儆亦調外。御史黄本奉使還，搜得象笏等物，革爲民。刑部郎中武清勘事廣西還，被執嚴訊，無所得，不以聞。五月，大學士商輅、兵部尚書項忠偕九卿極論西廠之害，並直訐直與錦衣百户韋瑛等過惡。帝立罷西廠，直還本監，瑛發還衛差操。瑛復以誣緝事棄市。以河決，免被災州縣税糧，并免鳳陽等衛子粒。內旨直黨吴綬爲鎮撫司理刑。兵部尚書項忠乞歸，許之，尋誣坐忠他事，逮鞫，黜爲民，子錦衣千户綬調九溪衛差操。六月，以御史戴縉、王億之奏，復設西廠。大學士商輅乞歸，加少保致仕。

秋七月，賑。京師、山東、南直。免租。江南、福建、長沙。雲南鎮守太監錢能私通安南，巡撫都御史王恕疏劾之，即勘，改恕南京掌院。給事中趙侃劾户部尚書薛遠，兵部侍郎滕昭，鴻臚卿楊宣，南工部侍郎程萬里四人，皆致仕，此爲拾遺之始。南吏部尚書崔恭致仕。召陝西巡撫余子俊爲兵部尚書，南右都御史林聰爲刑部尚書，參政秦紘爲僉都御史巡撫山西。掌通政使工部尚書張文質爲西廠所執，上聞，特釋之。八月，遂黜罷官吏之居京師者。九月，京師地震，南禮部尚書倪謙自陳，致仕。重災地方取回清軍御史。

冬十月，命四川巡撫張瓚討松潘叛蠻。兩淮饑，暫免徵備用馬。十二月，王越自陳紅鹽池功，加銜兵部尚書。南刑部尚書周瑄滿四考，致仕。太原奸民桑冲，以婦人裝術誘良家，事敗，黨七人咸伏誅。暹邏國來貢。兵部郎中陸容出印馬，廉訪其弊。時新樂縣民所受牝馬歲不受孕，名飄沙，九年累賠六駒矣，容請改給，不果。

成化十四年戊戌春正月，宥錢能通安南罪。免租。鳳陽、壽州等衛，河南、杭州等府。二月，鹵犯遼東。皇太子出閣就學，典璽局内監覃吉匡導功多。罷朝天宫工役。加萬安吏部尚書、謹身殿大學士，劉珝、劉吉皆太子少保、文淵閣大學士，吏、户、禮尚書尹旻、楊鼎、鄒幹俱太子少保。遼東巡撫陳越、總兵歐信襲殺建州彝二百餘人。三月，簡儒臣充東宫官。改南右都御史王恕爲兵部尚書，贊機務。妖人陳廣平伏誅。閉烏撒衛銀峒。復開遼東、廣寧馬市。致仕翰林修撰羅倫卒，後謚文毅。起僉都御史高明巡撫福建，未幾致仕。免浙江收買花木。

夏四月，免租。山東、遼東、揚州、淮安、廬州、南直。五月，内旨尚寶司少卿戴縉爲僉都御史，協院事。六月，勅馬文升會陳鉞招撫遼邊。越奏破鹵。太監汪直出遼東，處置邊務。英國公張懋請止圓通寺修造，不允。

秋七月，江西奸人楊福，貌太監汪直，自蕪湖歷浙閩，恣威福，事敗伏誅。復趙王見灂爵。賑。北直、山東。免租。湖廣、北直。赦私鑄人死罪。八月戊申蚤朝，東班中有甲兵聲，衛士皆警，露刃推問，莫能得。應天巡撫牟俸、侍讀學士江朝宗忤巡撫陳越，爲汪直所搆詔獄。鹵數入宣府邊。九月，陞御史戴珊爲陝西副使督學。擢嘉興知府楊繼宗爲浙江按察使。例遣御史三人出良鄉、固安、通州捕賊。

冬十月，追降韓府漢陰王徵鍉爲庶人，坐謀取他人子受封，妃父周恂磔于市。法王國師死，聽自葬，免官給。總督都御史朱英與總兵平鄉伯陳政爭坐，廢總督，既而復之。傳陞鴻臚卿施純禮部侍郎，仍置鴻臚寺。

成化十五年己亥春正月，手敕尹旻進太子太保。河患，遷滎澤縣治。外戚都督同知錢雄卒，特贈會昌伯。二月，免租。湖廣、山東、廬、鳳、淮、揚，河南、山西、成都四府、江西。令南工部葺開國功臣墳墓。各省盡設鎮守太監。

夏四月，傳陞聽選官李孜省太常寺丞，改上林苑左監。副右都御史韓雍卒。整飭遼東，兵部左侍郎馬文升下錦衣獄。文升每節制巡撫陳鉞，鉞譖直禁鐵器釁邊，謫戍重慶衛。特加工部尚書萬祺太子少保。起吏胥，所勤柴炭之役，驟居保傅，廷臣無有諫者。鹵乩加思蘭爲所部亦思馬因所殺，代爲太師。陞御史屠滽爲僉都御史，王濬爲南僉都御史，加僉都御史戴縉爲左副。貴州雲南叛蠻皆平。以縱放軍士，下京衛等經歷二百四十九人於獄。却鹵大同。

秋七月，太監直行邊。三衛以鹵酋已死，乞入貢開市，不許。鹵犯遼東。九月，致仕南京兵部尚書兼大理卿程信卒，謚襄毅。貴州苗叛。

冬十月，户部尚書楊鼎、工部尚書王復、兵部尚書薛遠、南禮部侍郎錢溥，咸爲科道官所公訐，鼎、溥等致仕。勅朝鮮國王李娎夾擊建彝。徙延綏安邊營於中山坡。傳陞僧繼曉左覺義。巡撫陳鉞等襲建州女直。時鉞等附直，虚張邊警。直請出撫寧侯朱永總兵，而鉞參贊軍務，以貢使頭目六十人爲窺伺，殺之，妄殺老弱，掘骷髏報捷，積儲一空。加永保國公，陞鉞右都御史，右監丞藍榮等陞賞有差。閏十月，革華陽王申鐽兄弟爵。會昌侯孫繼宗卒，贈郯國公。致仕南吏部尚書崔恭卒。召陳鉞爲户部尚書。

成化十六年庚子春正月，太監汪直、尚書王越、保國公朱永，督兵赴延綏，襲威寧海子，鹵無備，斬獲無算。令所在下馬先師廟門。鹵入寧夏，却之。封王越威寧伯世襲，掌院，督團營如故。

夏四月，擒田州叛苗黄□、蔣江，諸寨就平。寢侍郎周洪謨所纂《疑辯録》。免租。湖南、河南、福建。申存恤孤老之令。鹵犯薊州。六月，遼東巡按御史强珍奏陳鉞啓釁邊彝，奪鉞俸一年。都給事中吴源、御史許進等遂交章，鉞得殿旨。鉞疑掌院王越所使，逮珍拷主使，不承，戍邊，坐源、進等奪俸。平江知縣宋鑑、典史張澄捕賊見殺，贈鑑并州通判，澄本縣主簿。

（中闕）

成化十八年壬寅春正月（中闕）購買寶石。免租。遼東、湖廣、陝西、河南、太原、畿内、浙江、鳳陽、濟南、蘇州、武昌。二月，陞報捷人汪鈺都督僉事。鈺，直之從子也。命汪直總鎮宣大，專鎮大同。鹵入開原。巡撫山西何喬新敗鹵於灰溝。三月，復罷西廠。言官頗以既設東廠，則西廠宜可以已。閣臣萬安拉同官劉珝言之，珝不從。安乃獨奏，得允。逮妖人王臣下獄。臣初以奸盗受刑，折脛，復習□術，與太監王敬奉命採藥，所至縱暴，横索無度。兵部尚書王恕發之，敬充净軍，棄臣於市，傳首江南。

夏四月，兵部尚書陳鉞免。都督馬儀劾鉞貪妄弄權，誣陷御史强珍、侍郎馬文升以戍，并陷御史王崇全謀報復，并及其子錦衣千户澍冒濫之罪。上免鉞，勘問，令致仕，而坐儀閒住，澍調永平衛帶俸差操。罕慎合兵破牙木蘭，復歸哈密，賜勅獎諭。旌貴州土官妻適由貞節。令考察毋及内官出守者。連敗鹵遼東、延綏、宣大等處。

秋七月，許珠池太監韋助捕盗。杖修練人李文昌，發還泰州。九月，遣郎中四入出賑濟災傷地方。禁中都守備内臣擅斷民事。倉副使應時用陳六事，内云：「饒州燒造宜歸有司；馬快船擅絶私貨，宜區處。」以妄言下獄。閏八月，刑部尚書林聰卒，謚莊敏。

冬十月，取太倉銀四十萬入内庫。十一月，傳奉太常卿、禮部左侍郎劉乃爲本部尚書。通政李孜省分獻郊祀。十二月，降慶成王奇澗爲庶人，仍戒諭晉王。

成化十九年癸卯春正月，詹事彭華、左中允周經進講東宫，皇太子每起立拱聽。内閣萬安謂講官宜跪請坐聽，華、經持禮，不從安議。起項忠兵部尚書，致仕。三月，南京禮部侍郎章綸卒。大同副總兵周璽力禦鹵亦思馬因於懷仁，進都督僉事。平大掌壩叛番。擢職方郎中劉大夏爲福建右參議。

夏四月，謫陝西巡撫鄭時爲貴州右參議。時在秦中，多惠政。時太監梁芳導上滛巧，致傳奉官數十人，李孜省、繼曉皆其所薦，時遂上保國安民五事，詞多切直，大率指斥監芳等。既謫，陝人哭送境上，如失父母。封朝鮮世子李㦕。五月，鹵入大同，汪直請舊達官頭目禦鹵，不果。六月，調鎮守大同太監汪直於南京御馬監。直挾權驕肆，上久亦厭之，會與總兵許寧不協，巡撫郭鏜奏聞，帝遽遠之。

秋七月，丹藥道士高宗諒等革職遣歸。鹵犯大同，戰失利，旋入渾源州等處及紫荆、鴈門關，巡撫秦紘、邊鏞、總兵周玉、參將支玉互擊之，退去。八月，復降南京御馬監太監汪直爲奉御。時御史徐鏞等劾直結黨挾權，羅織中外，誣戕貢彝，致開邊釁，妄報功次，傾貲賞賚，與陳鉞、王越等虚張鹵勢，潛出劫搜，因而冒陞官爵者至數百人，鹵懷報復，連年擾害，軍民横罹鋒刃，糧草所在缺乏，罪不容誅。詔三法司會訊，降奉御南京。其黨威寧伯王越革職，追誥券，編管安陸州；錦衣指揮使吴綬謫戍；兵部尚書陳鉞、南工部尚書戴縉並除名爲民。太監尚銘初因直以進，繼傾直，卒以罪充净軍。馬文升、項忠、强珍並復職。文升巡撫遼東，却鹵宣大及代州。工部右侍郎張頤致仕。九月，傳陞上林院録事邵義爲蘇州府通判。右覺義繼曉請旌母朱氏孝行，許之，免勘，母係娼家女。傳陞右通政李孜省爲左通政。右都御史李裕及副都屠滽追劾太監汪直，坐奪俸。

冬十月，科臣王瑞等、道臣張稷等，極言傳奉之弊，有曰：「末流賤妓，多至公卿，屠狗販繒，亦居清要。有不識一丁而濫叨文職，有不挾一矢而冒任武官。」報聞。降李孜省、于寶、淩中等官，劉均等九人黜回原籍，尋復留之。傳陞僧録司繼曉爲左善世，惠升右善世。十一月，東安王見潰狎家奴吴安童，欲賊正妃，詔切責王，令戴民巾讀書，安童棄市。十二月，旱，無雪，詔出傳奉官十餘人，翌

日大雪。時帝頗以梁芳不協公論，言官因禱雪不應，交章論芳。上諭吏部：今後內旨除官不論有無勑者，俱覆奏明白後行。即日召吏部降四人，黜九人，下六人於獄，皆逃自軍囚者。徵廣東鄉薦陳獻章爲翰林院檢討，旋乞終養，許之。

成化二十年甲辰春正月，御史徐鏞、何珫，以地震邊京最遠，請罷慶成宴。帝以爲故事，鏞等妄言，獄訊，調外縣。大察，黜三千五百餘人。免租。大同、延綏、淮南、慶陽、太原等府，山東、河南。二月，余子俊以兵部尚書總督宣大，督邊墩，尋節制山西鎮撫。三月，處士胡居仁卒。

夏四月，卻鹵山西。擢浙江按察使楊繼宗爲副都御史，整飭永平、山海及順天等處。重建象山書院，祠陸九淵兄弟。五月，致仕尚書周瑄卒。起馬文升左副都御史，巡撫遼東，召兩廣總督朱英還掌院事，尋加太子少保。以太監陳準代尚銘提督東廠。準令其下曰：「大逆告我，非此，有司事也，勿預。」久之，有非其罪而被籍沒者，下準，準不忍，逡巡累日，整衣冠自經。

秋八月，工部司務高鳳以星命得傳陞本部員外郎。九月，鹵復入河套，尋復入宣府。

冬十月，建大鎮國永昌寺。下刑部員外林俊及後軍都督府經歷張黻於獄。奸人繼曉既以媚道得倖，穢亂宮中，賜女賚金寶無算，至是欲刱寺西華門，科道官莫敢言，俊獨抗疏，陳繼曉及梁芳諸惡，上怒，收俊。黻復上書訟俊，并詔獄。帝意頗不測。太監懷恩力諍帝，以爲古未有殺諫官而天下治者。上怒甚，手御硯擲之。懷恩哭地，不起，扶出。上心動，傳諭鎮撫司：「俊死，若輩不獨生。」于是俊得不死，各杖，謫俊雲南姚州判官，黻降師宗州知州。罷雲南銀坑。封皇后弟王源瑞安伯。傳加吏部尚書尹旻太子太傅，及七尚書一都御史皆太子少保。十一月，鹵入宣大。賑。山西、陝西。度僧道七萬人。初以方術進者張善吉，復爲兵科都給事中。令考滿官員納粟備賑。令天下覈實預備倉，不足補之。左善世繼曉乞歸養，與空度牒五百道，諭母終後來供職。萬全衛百户韋瑛伏誅。瑛初以直黨外調，至是自撰妖言，誣坐劉中興等十餘人，上曰：初罪已不赦矣。

成化二十一年乙巳春正月，甲申朔，有星變，火光上騰，聲如雷。勑羣臣修省。工部主事張吉、中書舍人丁璣、進士敖毓元合詞以天變，並歸罪孜省、繼曉所致，留中，尋以他事坐吉等，皆謫外。户部主事周軫、兵部郎中崔陞、蘇章復疏星變，以爲宜急誅元惡，不宜閒處王恕南京。疏中頗及宮闈秘密，不報。御史姜昂益疏論孜省奸惡，帝怒，杖之，因通書言者名六十人於屏，行次弟議處。已而帝悟，詔復林俊、張黻原官，傳陞官二千餘人着察究定奪，赦天下。郊免慶成宴，遣官賑山、陝、河南。時御馬太監王敏袖草謁太監懷恩，欲令馬房傳奉不復動。恩怒曰：「天之示變，專爲我輩，今甫欲正法，若復亂之乎？」敏恐，不敢復入言。會章瑾以寶石幸，乞鎮撫，仍命恩傳旨，恩不奉詔。上怒曰：「恩乃違我！」恩曰：「非敢違命，違祖宗法萬死。」上別命覃懷傳之。恩諷尚書余子俊具奏，而已從中持之。子俊不敢，恩嘆曰：「安得王恕不南尚書！」已而恕疏果至，請復林俊等以安天下，罷建寺以理兵荒。是時閣臣萬安、劉吉等略無匡救，京師有「紙糊泥塑」之謡。謡曰：紙糊三閣老，泥塑六尚書。二月，卻鹵延綏。丁卯，月當食不食，治欽天監官罪。三月，地震，風霾晝晦，風雹殺千人，諸災異不勝數，河南大飢。時椒寢漸繁，帝頗有易儲意，欽天監奏泰山震動，應在東宮，得喜乃解。帝驚，意遂已。

夏四月，申溺女之禁。免租。山東、陝東、四川，蘇、常二府，江北、河南、山西。設法賑濟，抽分杭州、荆州、蕪湖竹木。五月，停買獅子，給京師流民米。六月，定武臣納粟，許子孫襲職例。贈死事贛州府同知王廷桂爲參議。

秋七月，總督余子俊築宣大偏頭諸墩。右都御史朱英卒，陞都督御史屠滽代之。八月，以韓府羣牧所千户朱政家世壽，致羊酒。九月，大學士劉珝致仕。珝初論直，再論孜省，爲同官萬安、劉吉所傾，致假俳優以中傷之。

冬十月，傳奉官降黜者復進。加陶魯湖廣按察使，仍廣東兵備。十一月，廣東布政使陳選奏太監韋眷有通番之罪。奸民葉玘專發骷髏頂骨爲椀及素珠，誅之。詔詹事彭華爲吏部左侍郎，兼學士，入閣辦事。華以黨萬安得進。僉都御史高明卒。

成化二十二年丙午春正月，免租。江南、湖廣、應天、陝西、畿內、廣東、江西。二月，坐總督大同尚書余子俊修邊濫費，落太子太保，致仕。以李孜省薦，手勑南侍郎尹直爲吏部右侍郎，兼學士，入閣辦事。三月，平陽蝗。

夏五月，鹵寇大同，入宣府，亦入涼州，再犯遼東。罷吏部尚書尹旻、其子翰林侍講龍爲民。以工部尚書耿裕代旻。先是，李孜省託言神降，有「江西赤心報國」字樣，因旻父子不檢，協濟之而進裕，裕籍江右。於是起劉泰爲右都御史，謝一夔爲工部尚書，劉宣爲吏部侍郎，黃景爲禮部侍郎，皆江西人。唯盱江何喬新不與黨。六月，陝西旱，鼠食禾稼，凡九十五州縣。武靖侯趙輔卒。

秋七月，致仕少保、吏部尚書大學士商輅卒，謚文毅。廣西猺叛，殺二千户。侍講焦芳以尹龍連及，降桂陽州同知。八月，李孜省搆降江西巡撫閔珪爲廣西按察使，復搆洗馬羅璟爲南禮部員外。傳旨陝西巡撫鄭時降外參政。九月，以梁芳請，復建大永昌寺。允南兵部侍郎馬顯致仕，即顯疏批王恕奪太子少保，致仕。恕以傳奉復進，讀上信詔令，忤旨。工部主事王純争恕，逮獄，外謫。廣東左布政使陳選道卒。選忤市舶太監韋泰，被誣入訊，士民數萬人號哭，扳留不得，病卒南昌之石亭寺。并連番禺知縣高瑶，謫戍。傳旨改右都御史屠滽於南京，起致仕都御史劉敷代之。

冬十一月，僧道仍考試入選。占城國王孛古來爲安南所逼，奔崖州，詔撫恤之。傳陞左通政孜省爲通政使。破鹵陝西。十二月，追論横州知州敖毓元，傳旨改邊方縣丞。復召余子俊爲兵部尚書，還其太子少保。

成化二十三年丁未春正月，大察，增不及一例，汰三千九百餘人。國子生虎臣疏諫萬歲山非登眺所，勿架棕棚。祭酒費誾慮得罪，輒伏鎖臣以待。俄有温旨與臣官，臣聲滿天下。萬貴妃卒，上震悼，輟朝七日，罷慶成宴。妃擅寵威福，窮買採，興方術，以致啓兵搆禍，逆天召災，幾致大亂。李孜省搆謫遷應天府丞，楊守陳爲南寧知府，復搆轉編修楊守阯爲南侍讀。二月，册張氏爲皇太子妃。免租。陝西、鳳陽、徐州、湖廣、温、台、西安。以鄉試卷文理乖謬，追奪考官訓導黄奎等聘禮。加通政使孜省禮部左侍郎，仍管司事。鹵寇遼東。閩賊流入江西，殺廣昌知縣莊英。武城生員高謹爲母訟冤，得直。初，謹母冤死，父及問官咸得賄，漏殺母者，謹自刎不殊，聞於朝，抵罪人。

夏四月，上皇太后徽號曰聖慈仁壽。左府都督同知袁彬致仕。六月，朵顔三衛爲鹵所逐，遁入塞，給芻糧，賜勅。青田童子葉珠四歲能書，又瑞安張天保七歲，俱入翰林院習字。

秋七月，册皇子祐杬爲興王，與岐、益、徐、淮並日封。贈章綸尚書，謚恭毅，補鍾同謚恭愍。八月壬辰，金星犯亢宿，上不豫，皇太子文華門視事。大漸，召皇太子，諭以敬天法祖，勤政愛民。太子頓首受命。戊子，帝崩，壽四十有一。

姜紹書《無聲詩史》卷一《憲宗》 憲宗純皇帝，諱見深，英宗長子。建元成化。帝遊戲繪事，長於神像，識以年月及御寶焉。

雜録

備録

王錡《寓圃雜記》卷一《憲宗不殺》 憲宗好生，每奏讞大辟，多所寬宥，或不得已而行刑，其日必卻八珍之奉，默坐焚香，哀矜之意，惻然見于玉色。仁之至矣。

陸深《谿山餘話》 晉共太子曰：君安驪姬，是我傷公之志也。其言如此，異世悲之。我朝憲廟最寵萬貴妃，萬嘗得罪孝廟，外傳萬自盡。嘗見一中官説萬體豐肥，一日以拂子撻一宫人，怒甚，遂痰厥而死，蓋卒疾云。內人傳報，憲廟玉色憮然云：「萬使長去，我也待要去也。」不久，遂賓天，鍾情之傷若此，申生之言益信。清心寡欲，自是人主壽命之源，可不慎哉。

朱謀垔《續書史會要》 憲宗皇帝嘗題張三丰像，聖藻偎容，兩絶塵表。

朱彝尊《静志居詩話》卷一 明憲宗諱見濟，初名見深，英宗長子。建元成化，在位二十三年。崩，葬茂陵，謚曰純皇帝，廟號憲宗。有詩集四卷。

備論

鄧元錫《皇明書》卷七 稗史臣曰：純皇帝仁愛天縱，每死刑覆奏，輒恭怛竟日，或當食廢食也，手牘不忍下，勑法官詳緩。遭易儲之變，無幾微怨對。及即位，復景皇帝位號，事景后篤恩，慈懿尊祔，開母后，咸周于典禮，可謂至德矣。

何喬遠《名山藏》卷一七《典謨記・憲宗純皇帝三》 臣喬遠曰：上睿明仁恕，淵默勤恭，孝事母后，如古帝王。郊廟齋祭，必極誠敬。景皇帝嘗有封沂之命，未嘗一語及之。委任大臣，畧無猜忌。或即干紀，屏黜無疑。一聞四方水旱，戚戚然下所司賑濟，或輦內帑給之。重惜人命，斷死刑累日乃下。夙興視朝，但遇雨雪輒放常參官，而不廢奏引。隆寒盛暑，或減奏事，以恤衛士侍立之

勞。閒有遊豫，不出大內。如南囿，祖宗時不廢遊獵，上未嘗一幸焉。時御翰墨，作爲詩賦，以賜大臣。諸司章奏手自披閱，字畫差錯，亦蒙清問，臣下益兢業職事，莫敢或欺。蓋上以守成之君，值重熙之運，兵革不試，萬民樂業，垂拱而天下大治矣。

汪砢玉《珊瑚網》卷三六《名畫題跋十二》 憲廟御製：

曉晴色染山林紅，陣陣寒鴉喜弄風。雲斂碧空秋意重，山横野店畫橋東。

成化己巳孟春吉日。中作白地團扇，週圍以墨泥金寫詩及年月，用二小璽。

《圖繪寶鑑》云：皇明宣廟御筆有山水、有人物，有花果、翎毛、草蟲，憲廟、孝廟御筆皆神像及金餅、金盤、牡丹、蘭菊、梅竹之類，今觀此山水小景，瀟灑出塵，宛勝國氣韻，蓋聖能天縱，自各極其妙也。

談遷《國榷》卷四〇 李維楨曰：《詩》有之：「靡不有初，鮮克有終。」人情哉。純帝初載，亦何其斤斤也。中官幸，禱祠繁，而治槩矣。錢后之祔廟食，景帝之復位號，此兩者，雖甚盛德，蔑以加已。

鄭曉曰：帝仁恕英明，少更多難，練達情理。臨政蒞人，不剛不柔，有張有弛。進賢不驟而任之必專，遠邪不亟而御之有法。值虜寇數侵邊，惟遣將薄伐，不勤兵以竭我財力，虜亦離散，内外寧輯。荆襄嶺海，時有寇竊，推轂之際，戒勿妄殺，或不用命，賞罰兼行。崇上理學，褒封儒賢。江淮大祲，截漕賑饑，星文示變，側身省過。臣僚進諫，即涉浮僞，時有干忤，薄示譴謫，旋蒙牽復。若乃尊禮孝莊，追尊景帝，保護汪后，褒卹于謙，其于愛憎恩怨，絶無芥蔕，帝惇然于天理彝倫者也。以故雖屢有彗孛之災，而國家康靖，有繇然矣。

談遷曰：卹饑察冤，求言課吏，先後史不絶書，而于胡僧幸閹，斜封墨敕之濫，亦不能爲帝掩也。當其時，朝多耆德，士敦踐履，上恬下熙，風淳政簡，稱明治者，首成、弘焉。而或有遺議，則汪直、李孜省、繼曉輩蝕其一二，于全照無大損也。尺璧之瑕，烏足玷帝德哉。未諭太子以敬天法祖、勤政愛民之道，儼然成周之遺訓也。説者謂帝初欲易儲，以太山屢震而止，噫，帝能尊錢后，復景帝，俱事出常情之外，而乃輕視東宫，必不然也。

朱彝尊《静志居詩話》卷一 茂陵撰《文華大訓》一十八卷，以進學、養德、厚倫、明治爲綱，聖敬日躋，終始典學，間留意於詩章。益莊王《勿齋集》有「恭次皇祖憲宗皇帝四景連環詩韻」四首，則當時天藻曾頒諸藩服，惜乎今不得而見之矣。

《明史》卷一四《憲宗紀二》 贊曰：憲宗早正儲位，中更多故，而踐阼之後，上景帝尊號，卹于謙之冤，抑黎淳而召商輅，恢恢有人君之度矣。時際休明，朝多耆彦，帝能篤於任人，謹於天戒，蠲賦省刑，閭里日益充足，仁、宣之治於斯復見。顧以任用汪直，西廠横恣，盜竊威柄，稔惡弄兵。夫明斷如帝而爲所蔽惑，久而後覺，婦寺之禍固可畏哉。

明孝宗部

綜述

《孝宗實録》卷一　孝宗建天明道誠純中正聖文神武至仁大德敬皇帝，諱祐樘，憲宗繼天凝道誠明仁敬崇文肅武宏德聖孝純皇帝第三子也。母孝穆慈慧恭恪莊僖崇天承聖皇太后紀氏。憲宗登極，今太皇太后正位中宮，寬仁逮下。而皇貴妃萬氏專寵，生皇子輒薨。賢妃柏氏生皇子祐極，立爲皇太子，未久，亦薨。憲宗以儲嗣未立，方厪聖慮，中外以爲憂，廷臣亦有以溥恩澤爲言者。孝穆太后既有娠，以疾遜于西宮，而上生焉，成化六年七月三日也。是日，有雷風之異。

上隆準高額，顱骨聳起，儼如龍形。寡言笑，慎舉止，出于天性。生六歲，當成化十一年五月，太皇太后育之宮中，食飲居起親爲保抱。會乾清宮災，憲宗欲顯示于衆，乃命司禮監太監懷恩等至内閣，諭意大學士商輅等，因請勑禮部擬名，於是廷臣相賀。六月，孝穆太后遽崩。上雖冲幼，極知感慕，而深自潛晦，弗自衒露。十一月，册立爲皇太子。詔下之日，天下皆欣然曰：「吾君有子矣。」九歲，出閣進學，容儀嚴整，班行皆肅。聖性聰穎，每背誦所授書，未始錯誤。講官進讀，有誤字，輒不繼讀，待其改讀，然後應之。憲宗製《文華大訓》，間以進講，必令左右撤案，降座立聽，已乃復坐。凡聽講之際，專心注目，不移視聽。講官有不在直者，必賜問其故，以爲常。喜作字，點畫飛動，有龍翔鳳舞之勢，顧專門者所不及。時諭教嚴甚，非祁寒盛暑不輟，而典璽覃吉，日夜啓導，凡句讀、字音、禮儀、政事及民情世故，皆從容講說，委曲詳盡，上耳熟焉。久而聖性堅定，聖學緝熙，中外臣民已預識爲太平天子矣。

《明史》卷一五《孝宗紀》　孝宗建天明道誠純中正聖文神武至仁大德敬皇帝，諱祐樘，憲宗第三子也。母淑妃紀氏，成化六年七月生帝於西宮。時萬貴妃專寵，宮中莫敢言。悼恭太子薨後，憲宗始知之，育周太后宮中。十一年，敕禮部命名，大學士商輅等因以建儲請。是年六月，淑妃暴薨，帝年六歲，哀慕如成人。十一月，立爲皇太子。

二十三年八月，憲宗崩。九月壬寅，即皇帝位。大赦天下，以明年爲弘治元年。〔冬十月〕乙亥，尊皇太后周氏爲太皇太后，皇后王氏爲皇太后。丙子，立妃張氏爲皇后。壬辰，追謚母淑妃爲孝穆皇太后。十二月壬午，葬純皇帝於茂陵。

弘治元年春正月己亥，享太廟。丙午，大祀天地於南郊。己未，始考察鎮守武臣。二月戊戌，祭社稷。丁未，耕耤田。〔三月〕癸酉，釋奠於先師孔子。丙子，御經筵。丁丑，命儒臣日講。

二年春正月丁卯，收已故内臣賜田，給百姓。辛未，大祀天地於南郊。〔八月〕己酉，憲宗神主祔太廟。

三年春正月甲子，大祀天地於南郊。〔三月〕庚午，賜錢福等進士及第、出身有差。

四年春正月癸未，以修省罷上元節假。己丑，大祀天地於南郊，停慶成宴。〔秋八月〕己未，封皇弟祐楮爲壽王，祐桲汝王，祐橓涇王，祐樞榮王，祐楷申王。冬十月丙辰，以皇長子生，詔天下。

五年春正月壬午，大祀天地於南郊。三月戊寅，立皇子厚照爲皇太子，大赦。

六年春正月己卯，大祀天地於南郊。三月癸未，賜毛澄等進士及第、出身有差。

七年春正月丁酉，大祀天地於南郊。

八年春正月乙未，大祀天地於南郊，以太皇太后不豫，免慶成宴。

九年春正月壬辰，大祀天地於南郊。三月丙申，賜朱希周等進士及第、出身有差。

十年春正月庚戌，大祀天地於南郊。

十一年春正月丁未，大祀天地於南郊。

十二年春正月辛未，大祀天地於南郊，免慶成宴。三月丁丑，賜倫文叙等進士及第、出身有差。

十三年春正月乙丑，大祀天地於南郊。

十四年春正月庚戌朔，陝西地大震。己未，大祀天地於南郊。

十五年春正月丙子，朱暉帥師還。丙戌，大祀天地於南郊。〔三月〕庚寅，賜康海等進士及第、出身有差。十二月己酉，《大明會典》成。辛亥，以疾不視朝。

十六年春正月癸酉，遣官代享太廟。二月辛丑，視朝。戊申，大祀天地於

南郊。

十七年春正月辛未，南京工部侍郎高銓振應天饑。甲戌，大祀天地於南郊。三月壬戌，太皇太后崩。癸未，定太廟各室一帝一后之制。夏四月己酉，葬孝肅皇太后。

〔十八年春正月〕乙未，大祀天地於南郊。二月戊辰，御奉天門，諭户、兵、工三部曰：「方今生齒漸繁，而户口、軍伍日就耗損，此皆官司撫卹無方，因仍苟且所致。其悉議弊政以聞。」三月癸卯，賜顧鼎臣等進士及第、出身有差。夏四月戊寅，刑部侍郎何鑑撫輯荆、襄流民。甲申，帝不豫。五月庚寅，大漸，召大學士劉健、李東陽、謝遷受顧命。辛卯，崩於乾清宫，年三十有六。六月庚申，上尊謚，廟號孝宗，葬泰陵。

焦竑《皇明人物考》卷一〔孝宗敬皇帝〕諱祐樘，憲宗第三子，太后紀氏所生。憲宗即位，立爲皇太子，憲宗崩，尋登太寶，改元弘治。在位十八年，崩於乾清宫，壽三十六，廟號孝宗，葬泰陵。后張氏，壽寧侯追封太保昌國公巒之女，至嘉靖二十年崩，合葬泰陵。孝宗只有二子，長即武宗也，次子蔚悼王厚煒。

鄧元錫《皇明書》卷八《孝宗敬皇帝紀》 孝宗皇帝諱祐樘，憲宗皇帝元子也，母紀淑妃。上在青宫時，仁孝恭儉，尊師隆傅，令聞浹于四海，日講《文華大訓》，輒拱立肅聽。比諒闇，菅麻未嘗去體，絶酒肉不御，退，苫坐靈帷側，哀躃不自勝。既即位，尊皇太后周氏爲聖慈仁壽太皇太后，皇后王氏皇太后，立妃張氏爲皇后，勅宫中憲宗廢后吴氏進膳如母后禮。既公除，減御膳供具，斥内府諸奇禽異獸不畜。日課講讀，抑畏自慎，聞諫不咈，御經筵，諸講官稱先生不名，天下想望至治。成化末，方士、僧頗倚神怪爲奸，至是妖人李孜省伏誅，方士太常卿鄧玉芝等謫戍邊，番僧國師、法王等俱革職事，奪詔勅印信，遣還，罷吏部尚書李裕、右都御史劉敷、禮部侍郎黄景。冬十月，有大星飛流，長亘天，光燭地如龍。詔求直言。於是庶吉士鄒智應詔言：「星變流隕，此陽不能制陰，徵表顯著，宜進君子，退小人，以答天意而正天下，當自内閣始。少師安恃權怙寵，貪慾無厭，少師吉附下罔上，漫無可否，太子少保直挾詐懷奸，恬無廉耻，皆小人，可退。南京兵部尚書致仕王恕忠，可任大事，兵部尚書致仕王竑剛，可寢大姦，都御史彭韶正，可決大謀，皆君子，當進。然君子所以不進，小人所以不退，非他，宦官陰主之也。願陛下法太祖以待宦者，法太宗以任内閣，則君子進、小人退，而天下之治成。乃其本在正心。」上以初嗣位，重進退輔臣，疏留中。已而，安、直俱罷，而吉獨以諂言官得留。尋召恕爲吏部尚書，加太子太保，以劉健爲禮部左侍郎，兼翰林學士，直文淵閣。

弘治元年戊申春正月，召馬文升爲左都御史，召何喬新爲刑部尚書。二月，上耕藉田，謁先師，視學。敕舉謫籍遺才。贈前少保、尚書謙柱國、太傅，謚肅愍。開經筵，賜講官金鈔。夏四月，天壽山大風雨雹，遣官祭告。六月，癸巳朔，日食。虜寇大同，詔鎮守官各陳備禦方略。僧繼曉伏誅。秋，以許進爲僉都御史，巡撫大同，楊繼宗爲左僉都御史，巡撫雲南。冬十月。

弘治二年己酉春二月，太子太保、兵部尚書余子俊卒，贈太保，謚肅敏。御史湯鼐謫戍，庶吉士鄒智降邊任。夏五月，河決汴入淮，復決黄陵岡入海。六月，京師大水。録囚徒，求直言。秋七月，敕恤刑。冬十月，吏部左侍郎掌詹事府楊守陳卒。令州縣選民壯。十二月甲申朔，日食。

弘治三年庚戌春二月，封后父張巒爲壽寧侯。三月，築高郵康濟河堤。夏，河決原武。定預備倉法，敕州郡以里爲率，預積儲。秋，撒馬兒罕道南海貢獅，却之。冬十一月，彗星見于天津。上敕曰：「朕承祖宗大統三年，于今夙夜孜孜，罔知攸濟。兹者玄象垂戒，彗見天津，將朕德凉薄，行事乖違，天特示異致警懼與？抑邪慝將萌，咎徵先見，戒朕消弭之與？抑政事缺失，軍民困苦，朕與爾文武大臣交脩之道缺而惠澤不下與？事關朕躬，朕以齋沐告天，不敢自赦，期消變異。爾等同朕休戚，可不痛自修省與？其軍民利病，時政得失可興革張弛者，各條奏以聞。」

弘治四年辛亥春正月，刑部尚書何喬新致仕。兩廣總督都御史秦紘劾總兵安遠侯柳景罪，徵下獄，褫爵，尋逮紘獄，免官。二月，敕恤刑曰：「曩因天變，勅天下諸司審録重刑，諸情可矜疑及有辭者勿拘成案平反之，原問官亦不究，欲廣仁恩以全民命。其間推鞫不真失入者有之，然亦有强爲出脱者，非中正也。兹當春和，朕本天地好生之德，思與其寬之於終，誠莫若謹之於始。兩京三法司及天下大小問刑衙門務存心仁恕，持法公平，察詞辨色，詳審情罪，大惡當懲者毋務姑息以長奸，小過可宥者毋事苛刻以啓怨。其無憑証驗，情節難明者尤當加意推究，毋令傳訛，以致脱罪，庶不背古人欽恤之意，於朕期無刑之意，亦有裨焉。」夏四月，勅釋輕繫囚。五月，以章懋爲南京國子祭酒。冬十月，命禮部尚書丘濬兼文淵閣大學士，入内閣。尚書入閣自濬始。皇太后兄王源、清、濬竝侯。

弘治五年壬子春三月，立皇太子厚照爲皇太子。詔大赦，蠲逋負，減坐派，

省刑輕稅，招流亡復業，停土木營造，給高年，收孤獨，旌孝順，舉逸民，録饗高廟功臣子孫。夏，討貴州蠻。秋七月，河決張秋。八月，勒劉吉致仕。九月，壽寧侯張巒卒，子鶴齡襲侯。冬，廢荆王見潚爲庶人，徙永昌。

弘治六年癸丑春正月，勑考察官未三載被黜非貪暴實跡者留用。太子太保吏部尚書王恕致仕。以先聖後孔彥繩爲翰林世襲五經博士。夏四月，不雨，敕修省，敕恤刑，釋輕繫囚。秋七月，刑部尚書彭韶致仕。冬十月。

弘治七年甲寅春三月，己卯朔，日食。夏，閉嘉峪關，絶西域貢。夏，遣太監(徐)[李]興、平江伯陳鋭協都御史劉大夏治決河。下山東按察副使楊茂仁獄，謫長沙府同知。加吏部尚書、謹身殿大學士丘濬少保，户部尚書劉健太子太保，竝武英殿大學士。

弘治八年乙卯春二月，大學士丘濬卒。贈太傅，謚文莊。命禮部侍郎、侍讀學士李東陽，少詹事、侍講學士謝遷竝直文淵閣。占城請討安南，不許。三月乙酉朔，日食。五月，東南諸省大疫。秋七月，西北諸省大旱，上杭盜起。冬十月，南京地震。十一月，陝西、貴州地震。

弘治九年丙辰春，追封宋儒楊時爲將樂伯，從祀孔子廟廷。夏四月。秋七月，遣副都御史許進巡撫陝西。冬，尹直上賀萬壽聖節表，却之。

弘治十年丁巳春二月，上御文華殿，召輔臣議政，敕纂修《大明會典》。夏五月，京師風霾，各省天鳴地震。秋七月。冬十月。

弘治十一年戊午春，皇太子出閣講學，命閣學士兼宫保官。夏四月。秋七月，華蓋殿大學士徐溥致仕。冬十月，清寧宫災，敕求直言。

弘治十二年己未春正月。夏五月，以張敷華爲右都御史，督漕兼巡撫江北。夏六月，闕里先師廟災，遣大臣往祭告。秋九月，少師、吏部尚書、華蓋殿大學士致仕徐溥卒。冬，虜寇榆林、寧夏、大同。

弘治十三年庚申春正月，虜寇大同、宣府，京師戒嚴，分遣文武大臣守潮河川、天壽山及京北諸關。二月，翰林檢討予告陳獻章卒。三月，問刑條例成。夏五月甲寅朔，日食，彗星見。六月，上御平臺，召輔臣議政。河決曹、單。秋，虜寇榆林。冬，寇偏頭關。

弘治十四年辛酉春正月，陝西地震。以陳壽爲僉都御史，撫延綏。夏，禁諸邊擅伐林木。敕遞減各王府房直，裁光禄寺内臣供辦。秋九月丙子朔，日食。冬十月，太子少保、吏部尚書倪岳卒。馬文升爲吏部尚書，劉大夏兵部尚書。

弘治十五年壬戌春，陞平涼開城縣爲固原州，鎮套中虜。夏四月，以羅欽順爲南國子司業。夏五月庚午朔，日食。秋八月，兵部尚書致仕項忠卒。九月庚午朔，日食。冬十一月，雲南晝晦。十二月，刑部尚書致仕何喬新卒。

弘治十六年癸亥春正月。夏，京師大旱，貴州女苗作亂，尋討平之。

弘治十七年甲子春二月，太皇太后周氏崩。夏，敕都御史閻仲宇、通政參議熊偉分理邊關軍餉。秋，虜寇大同。禮部尚書兼翰林學士吴寬卒。九月，上御暖閣，召輔臣議政。冬十月。

弘治十八年乙丑春，求讜言。夏四月，上御暖閣，召輔臣議政。五月，上不豫。庚寅，召輔臣受顧命。辛卯，上崩於乾清宫。太子即位，上大行皇帝尊謚「達天明道誠純中正聖文神武至仁大德敬皇帝」，廟號「孝宗」。

上仁明弘恕，即位初，從人望，召六卿，毘大政，閣學士頗從中沮短其事，上從容調劑，聽其自明，乃已廓然。自成化來，天子自朝參外深居高拱，即閣大臣希得召，召不過一二語，事頗中掣。十年，上御文華殿，遣内臣趣召閣學士溥等入，諸司禮等環跪榻旁，上命諸司禮，其諸司奏牘進付諸學士，曰：「與先生輩調議。」諸學士擬批答上，上覽畢，親刪定，輒應手批發。有山西巡撫題參副總兵，上持本顧閣臣曰：「當提否。」溥等對曰：「事體輕，副總兵重，恐不必提，提都指揮而下可也。」上曰：「然邊情事大，小官提無疑矣。」又禮部覆擬一「是」字止，上曰：「事大，須詳覈毋闕。」已取本閱之，曰：「果一是字而足。」時溥等懼不能稱上意，頓首請曰：「疏中事多者臣等乞持下閣詳擬上。」上意頗沮，曰：「朕意欲竟閱，得面議。」乃頓首終閱。閱已，賜茶退。時天子至仁聖，虚己，酬復，欲有聞，諸大臣見上明睿，自以爲不及，又格心無素業輒慚懼，所應對僅瑣瑣奏牘間，未能卓然當上心，故自是不復召。久之，上益明習國家事，憂勞思治，倚任内閣，而内閣三臣者健確直，東陽敏達，遷方質，皆頗稱得人，時人爲之語曰：「李公謀，劉公斷，謝公尤侃侃」，皆喜之也。朝廷有大議，亦稍稍召入面議。

十三年，督京營列侯疏自陳乞罷，上召閣臣問所宜去留，上曰：「留懋，罷鏞、劉福，何如？」諸學士皆贊決。懋，英國公也。已問祐何如，東陽對曰：「譚祐視劉福似勝。」上曰：「朕意亦然。然獨可提督神機，即團營，似非顧溥不可。」健等合辭曰：「溥鎮湖廣，能其職。」東陽曰：「又新有貴州功。」上曰：「然則神機營亦令溥兼之耳。」蓋先入言者語頗厭祐也。東陽曰：「祐掌神機久，有功，然第伯爵，令溥同營，當爲副，而溥新自外入，體非便，若令掌五軍營，副張懋，而令

張偉副祐，即體統均適矣。」上曰：「善。」即允行。時諸邊有警，故上留意武臣如此。

十六年，太皇太后周氏崩，詔議尊諡立廟，别祀禮也，召輔臣語禮尤詳，詳具《禮儀志》中。是年冬，大同鎮巡言虜入塞捕殺墩軍，乞濟師。上手疏召輔臣對暖閣，言：「墩軍皆赤子，虜乃入捕殺，不道，非興師不可矣。」健等對曰：「皇上垂念赤子，甚盛德。然兵危事，第令整軍經伍，而動未可輕。」遷進曰：「邊事固急，京師居重，馭輕尤急，京軍未可動也。」上意猶未釋。東陽具言：「大同稍險遠，可自支，而潮河川去京師一日而近，今北虜與朵顔交通，即潮河川、古北口爲内憂。又賊在大同，今未委所向，倘聲東擊西，我軍奔走無所當，此自疲之道也。」上曰：「即未便出軍，亦宜備預以需。」皆頓首曰：「備之善已。」上復召兵尚書劉大夏，諭令出師。大夏亦力言京軍未可出。上曰：「太宗時頻年出師，捕逐虜數千里，動無不克，何也？」大夏曰：「太宗時兵精餉足，將士經百戰健鬬，故利也。今承平久，將愞脆，糧缺馬頓，軍玩法，奈何得效之。今出師，非獨不能殺賊，且出即暴害人，有損無益也。」上曰：「朕幾爲人所誤。」蓋中官苗逵陰主用兵畫也。乃寢師，而虜爲沿邊將所拒，尋引去。當是時，三人者在内閣，馬文升、劉大夏、韓文、閔珪、戴珊列院部，皆得人，同心戮力，而上御大臣特體貌有恩。

右都御史珊累以疾求退，不獲，至懇大夏助爲言。一日，竝召，上問珊：「卿數辭疾，何也？」大夏爲珊請曰：「珊老，誠病，故求退，恐誠微不能動天聽，丐臣爲上達。」上閔然者久之，已而，曰：「卿毋困我。賓客寓宿者告歸，脱主人懇留，亦置家事而留，重咈之也。朕推誠付託，猶家人父子，然今太平未効，卿何忍捨朕遽去乎。」珊感激流涕，上相對愴惻不能言者久之。珊退，慨然語大夏曰：「吾不得生還矣。」上每召大夏入内庭計事，輒造御榻前，上顧左右，近侍即退避却立數丈地。或伏屏隙中竊覩，見上時時首肯稱善也。奏事畢乃前，語秘莫得聞。嘗有爲飛語帖宫門中大夏者，上曰：「宫門豈外人能至，直内臣忿不得役軍士爲之耳。」一日，大夏專對久，語畢，力自起不能，上曰：「司禮監來，朕與劉尚書論事久，彼老不能興，爾掖之出左順門。」

上嘗坐暖閣，召冢宰馬文升入，面諭以明年百官當入覲，卿用心察訪，明黜陟以肅官紀。時文升老，上虞其老瞶，復諭曰：「卿聞未？」對曰：「聞之。聖心留意庶官，爲天下蒼生計，此宗社之福，臣敢不盡心。」上喜，命中官掖下階。又召大夏、珊至幄中，言：「爾等各科道官諸所陳政業行矣，然使天下府州縣親民官非人，即政何自行，民何由被澤，是文具無益也。卿等其悉心體訪，諸巡撫三司必慎揀得人耳。珊更慎擇巡按御史巡歷黜陟，庶有司得人而民可受福也。」大夏、珊頓首受命。明年考察竣，加文升少師。召大夏及都御史珊入，賜元寶各一錠，謂之曰：「日朝覲文官諸司皆閉門謝客，今如卿二人，即張門，誰從以賂通乎。」又曰：「勿朝謝，令公卿知内愧也。」

時天下承平久，蘖牙萌滋，上眷念民瘼，欲盡革諸煩苛弊蠹，然終仁慈敬慎，欲守成法，憚更張。閣大臣見太子未壯，上體清臞，甚恐一旦不可測，務却謀遠顧，未敢輕動也。户部主事李夢陽具大下二病、三害、六漸以上，而指切貴近，壽寧侯張鶴齡切齒憤，訐夢陽十罪，言夢陽訕母后，謂疏末張氏指后也。皇后母金夫人日在上前泣訴不平，上無以難，下之獄，欲借閣臣力爲諍。朝退，召問，時夢陽與何景明、徐貞卿殫力於古騷賦，左、馬之文，閣學士健方柄國楪，抑惡之，遷對曰：「此狂妄小人耳。」上默然良久。遷前對曰：「是其心無非爲國。」上頷之，曰：「然。」會科道交章入，得釋。釋之日，金夫人復詣上，自訴求重治，上推案出，竟批止罰俸已。大夏入見，上問近外事云何，大夏前頓首曰：「近釋李夢陽，中外懽呼，謂聖度如天。」上曰：「夢陽言關戚畹，又言頗狂率，不得已下之獄。朕欲輕遣，而左右輒乃曰輕莫如撻數十，釋之耳。」顧大夏曰：「卿解渠意否？」大夏頓首言：「臣愚不解也。」上曰：「撻必送錦衣衛，渠拴關節斃之矣，渠輩誠快，如朕殺諫臣何。此朕所以釋復職，不復關法司也。」大夏頓首，賛上德而退。

比上不豫，先日昧爽，司禮監出左掖門，宣大學士健、東陽、遷入宫。頃之，趣召者道相屬入，上便服坐寢殿中，南面，健等叩頭已，上令前者再造榻下，上玉色發赤，聲重氣煦煦，謂健等曰：「朕承祖宗大統十八年，于今年三十六，今得疾，殆不能興，與先生相見。」時少健等對曰：「陛下萬壽無疆，偶違和，幸自攝，何遽爲此言。」上曰：「命也。」因呼水，御藥監太監進水，嗽已進藥。上不答，既又言：「朕爲祖宗守法度，不敢怠荒天下事，賴先生輩盡心。」因執健等手爲訣曰：「朕蒙皇考恩，選張氏爲皇后，生東宫。今十五歲矣，乃未婚，社稷事重，可亟令禮部舉行。」已又曰：「東宫聰明，然尚幼，好嬉逸，先生勤請渠出讀書，輔渠成好人。」健等皆再頓首，受命出。明日崩。

何喬遠《名山藏》卷一八《典謨記・孝宗敬皇帝一》 孝宗敬皇帝御諱祐樘，憲宗子也，母曰紀淑妃。憲宗王皇后無子，萬貴妃寵而妬，它妃不得子，淑妃一幸上，爲萬貴妃所譖逐，既有身。及生上，周皇太后、王皇后私育之而不敢以聞。

及六歲，憲宗方知有上，即册立爲皇太子。憲宗崩，以其年九月壬寅即位，大赦天下，以明年爲弘治元年。

始憲宗册上爲太子時，詔至，南京瑞雲見孝陵，如車蓋。既稍長，仁孝恭儉，聞於東宫。及是，持麻衰，絶酒肉，日侍靈幄，哀擗有加。時覽記《孝經》、《尚書》、《家禮》、《大明律》四種書，皆有日課，有疑義即召問法吏儒臣，天下翕然望治。於是放省内苑鳥獸虎豹之屬，勿飼之，使自斃。追奪李孜省、鄧常恩、趙玉芝、淩中、顧玒、顧經、曾克彰、黄大經、江懷、李成等故所賜冠劍、印章，謫戍之，降太監梁芳、陳喜、韋興於南京閒住，其餘以左道附孜省進者悉罷黜。癸卯，上大行皇帝尊謚廟號，詔天下。十月，享廟，樂設不作。乙亥，上周太皇太后、王太皇后尊謚曰「聖慈」、「仁壽」，立張皇后，詔天下。降革成化中傳陞冗員及大慈恩等寺法王、佛子等職。御史姜洪、湯鼐、庶吉士鄒智連章論劾大學士萬安，許致仕。追尊紀淑妃爲皇太后，上尊謚。【略】（十一月）辛巳，憲宗喪百日矣。先是，上服喪二十七日，禮官請易服如制入朝，上素服如故，羣臣服吉者皆趨出。至是百日，又如之。進士潘府請行三年喪，下輔臣詳議。禮部侍郎倪岳定儀注，三年不鳴鐘鼓，不受朝賀，朔望宫中素服舉奠，繇是上孝德感動中外。十二月壬午，葬大行皇帝茂陵，以紀太后祔。己丑，祧懿祖皇帝，奉祔大行皇帝主太廟，作奉慈殿奉紀太后主焉。唐王芝址薨。

元年正月庚戌，月食，不及一分，免救護。改南京刑部尚書何喬新爲刑部尚書。虜寇靖虜、蘭州等處，分守都指揮同知廖斌等戰敗之，賜璽書。閏正月，始用朔望。御奉天殿，百官公服朝參禮。李孜省死于獄，其他方士仍戍邊。紀太后賀人，其親屬莫知，遣使入賀求之。科道官劾奏諸武將不職，上曰：「將才難，姑評，留其稍可者。」二月丁未，祭先農，遂耕籍。封哈密衛左都督罕慎爲忠順王。虜寇廣寧，參將崔勝等連敗之，賜璽書。三月癸酉，視學，釋奠先師，加幣，用太牢，改分獻曰分奠，賜祭酒閻、司業震坐講。丙子，開經筵。丁丑，命日講。壬午，午朝，壽州知州鄧璩上封事，納之。【略】九月，封誠泳爲秦王，膺鉟爲岷王，官紀太后親屬貴、旺二人。追贈太后三代，修其先塋之在賀者。十月，代王獻海青，報書返之，曰：「朕靡敢盤于遊，《詩》不云乎：『視我周行』，叔祖或有忠讜，可時益朕。」【略】

二年正月。二月，以災異問輔臣消弭之道。【略】四月，都察院覆奏巡按廣東御史南言叛賊繫獄者三百餘人，久恐變，請皆決之。上曰：「豈無可矜疑？錦衣驛人令巡撫都御史秦紘覆審之。」【略】七月，敕曰：「近京師大雨水，南京又有風雨之異，朕恭祗天戒，爾文武百官其修省斟酌，以缺政聞。」於是廷臣各言事，皆從之。遣郎中瑗賑河間、永平，免其糧税，户給一石米。給畿内貧民二麥種各一石。命四川鎮巡官查勘成都府衛去歲賑恤後今府庫餘積幾何，收成幾何，猶有被災者量免税糧，流移復業者免雜役三歲。八月，奉憲宗主太廟，罷浦城縣銀冶。九月，虜屢入大同，改南京兵部左侍郎白昂爲户部左侍郎，修理河道。十月，崞縣妖賊王良等伏誅，連山縣民告紀貴，紀旺非太后宗支，命給事中珪、御史祐入賀，詳訪其虚實。【略】

三年正月。二月，户部以鳳、淮、揚、鄖、襄、南陽、鄧、唐諸府水旱，免其糧草麥絲之税。上曰：「凶歲損上，甚稱朕指，急行之。」三月，命天下州縣預備倉積糧，視里數爲差，以定黜陟。黜陟府州正官亦視其屬之積數。損糴蘇州倉米四萬以濟饑。給曾子廟祀田，令同姓一人主廟，給田户五，灑掃户十，免其繇。增設四川按察僉事一員，提督都江大堰，以興水利。發太倉銀萬兩賑泰安等縣達官餘舍。損糴永豐等倉，復以固安、文安二縣民饑，不能糴，驗口賑。四月，舉懷才抱德山林之士。賑蕃育，良牧二署被災人户。敕巡撫陝西右副都御史蕭禎兼督馬政。五月，復設興山縣。潞、沁二衛所屯田被水災，不及三歲，例不免糧，上曰：「民饑方賑，可復徵？特免之。」【略】七月，給事中珪、御史祐還，言紀貴、紀旺詐冒亡驗，發戍邊。【略】十一月，彗星見天津，歷營、室，入室宿。敕諭文武羣臣曰：「天示星戒，朕齋沐告天，省己脩德，爾等宜各舉職慎操，毋惰毋私，凡軍民利病，時政得失，條奏來聞，庶盡交脩之道。」於是廷臣言事，悉從之。

四年正月，户部尚書李敏疾，乞歸。上曰：「君臣一體，卿毋去，朕使醫視卿。」二月，封張巒爲壽寧伯。敕三法司曰：「曩天下諸司審録重囚，矜疑及辯遣者奚啻十數百人，與其寬終，孰若謹始。其令繼今問刑之際察審辭色，加意究之，毋傅致於一時，冀不坐於他日。」【略】九月，皇子生。【略】

五年正月，命織彩粧絨氈曳撒於甘肅、陝西二處，御史張文諫，命減之。【略】三月，虜入宣、大、甘肅等處。丁丑，名皇子。戊寅，立爲皇太子。詔天下命吏部訪求太祖功臣子孫之失禄者。進封張巒爲壽寧侯。四月，給事中工綸請絶龍船燈火之戲，禁齋醮戒壇之妄。納之。五月，致仕太子少保、禮部尚書鄒幹疏言：「浙江水旱相仍，民窮而盗，請行蠲恤。」上曰：「幹老致仕，尚憂公，其持羊酒、綵幣即家勞勉之。」六月，監察御史彭程言：「臣監收光禄寺，見皇壇造器，云

先帝修齋用也。切見陛下即位，諸如此類廢盡矣，何猶製此。異時李孜省、僧繼曉倡爲邪術，虛耗民財，先帝篤信加禮者，無他，希福壽也。二人竟身不保，妄明甚。伏望遏邪崇正，治逢迎罪，以明章陛下之惡好。」上曰：「彭程暴揚先帝，逮繫錦衣獄。」復改永安長官司爲州。【略】八月，定王府妾媵數，郡王毋過四人，將軍毋過三，中尉毋過二。命工部左侍郎陳政兼都察院右都御史，總理河南等處水道。命户部左侍郎吴原兼右僉都御史，巡視賑濟浙江，察其吏弊當興革者。南京監察御史澤等劾奏南京成國公儀、兵部尚書鎣、禮部侍郎瓊、右通政紀、右副都御史瑀，吏部請令自陳休致。上曰：「猶可使濯劘當事。」以水停南京、兩浙額外織造。【略】十二月，壽寧侯巒卒。使其子鶴齡襲封，陞次子延齡爲都督同知，并陞其義兄璘正千户，從弟岳、小姨夫麒俱副千户，從姪倫、養子純、義姪恪俱錦衣百户。逮荆王見潚，上與廷臣會訊之，降爲庶人，錮西内。

六年正月，南京科道官劾奏不職官二十員，命吏部從公考察，毋枉。已吏部、都察院會考中外官當降黜者千四百員，上令方面知府指陳實跡，府州以下未三年者皆疏列之。尚書恕等疏上，因言：「陛下考察府州以下，謂必待三年，其人誠感激上恩，顧貪鄙在位者留之一日，則民受一日之殃，昔黄次公雖惜送迎之費，范仲淹亦分家路之哭。」上曰：「祖宗愛惜人才，百官考滿，初任再任，有平常不稱者俱令復職，必待九年，方明黜降。今或因風聞浮謗，遽革其勤勞所積官，令其泯默，不敢伸陳，無以開天下自新路，非治世宜。其令方面知府年未六十者，疾不妨治事，素行不謹在陞任前，及見任不謹，罷軟無爲，非本部訪實或巡撫、巡按不互坐，并其餘官員到任未二年非老疾貪酷顯著者，俱留治事。」於是吏部奉旨復留九十餘人。上勉其加意當官，毋來後議。二月，上曰：「報功，古今所重也。我皇祖佐命元勳皆已配饗廟廷，其子孫或泯焉，朕詔求之，得常遇春玄孫復、李文忠玄孫璿、鄧愈五世孫炳、湯和六世孫紹宗，可令世襲指揮使，各銓附祖塋衛，以便其奉祀。」【略】七月，太皇太后病瘍，上夜禱宫中。【略】九月，賜荆庶人見潚自盡。十月，行取番僧領占竹來居大慈恩寺。禮部尚書倪岳等言：「領占竹被劾遣還，復承召命，騷驛傳，啓倖門，後難杜也。」上曰：「毋傳，令自來。」禮科右給事中夏昂劾奏：「領占竹先因獻頂骨數珠、骷髏法盌，叨冒陞賞，皇上登御，革職遣還，遠近稱快，岳所諫阻，豈區區一傳哉，願皇上嚴邪正治忽之防也。」上猶未允。工科給事中柴昇等上疏極論，遂罷。【略】〔十二月〕，西安知府嚴永濬疏言：「災變之來，恒以類應，天久不雨，陛下近察禁幄服御之物，遠驗工作司局之費，則德澤流滯，皎然可知。臣頃見陝西雜造局二次降下圖式，令織造綵裝絨毾凡四十九疋，先次坐派二十五疋，行布政使司辦料傭作，費金三千餘，未就，今復造二十四疋，曰毋停。臣不知陛下珍此之多，何以用之？以之上用，則毋過一再襲，以之賞賚，則羣下不敢當。其色若象比陝西積欠軍士冬衣布花無慮百十餘萬，前者辦料傭作之費皆扣除那借所出，向移所取，以益所欠，未必不足補十一。乃令民百餘家男輟其耒，女弛其機，窮年營造，以備上供，不堪甚矣。昔唐太宗納馬周之言，遂省供奉御器，明皇聽李德裕之諫，而罷銀盝織綾。夫豈聖明後唐二君？」下工部覆，命織未就者悉罷。

七年正月。二月，以災異命羣臣修省，并極言時政得失、軍民利病，損糴保定、真定、河間三倉之一以濟饑。三月，貴州苗乜富架、長脚等平。命有司督民捕蝗，捕一升者予米倍之。以十事榜禁天下：曰弛盗，曰殃民，曰淹獄，曰虐小，曰弊賦，曰濫罰，曰不遵信牌，曰積年民害，曰凶徒，曰奸賭。四月，設陸涼州元謀縣，爲流官，改設馬龍州流官知縣一員。五月，命太監李興、平江伯陳鋭同劉大夏治張秋決河。設都匀府，更設獨山、麻哈二州及清平縣隸之。【略】

八年正月，以皇太后聖體未安，免慶成宴。【略】三月，巡撫山東都御史翀等請黜沂州知州昌等九員，吏部覆請，上曰：「人才能否，久乃見，任未二年者姑留之。從今有如此奏黜者，吏部酌量以聞。」四月，科道官言：「本朝朝覲考察委之撫、按二院，參之布、按二司及州郡長，吏部、都察院又積其歲報殿最，據爲去留，有不當者朝野得非之，科道得劾之，法最精盡。臣伏讀弘治六年詔旨，令吏部先期行文布、按二司考合屬，巡撫、巡按考方面，年終奏行部院立案，待朝覲日，詳審考察，如有不公，許其伸理。臣仰知皇上愛惜人才至意，但人心巧僞，所宜隄防。如第委二司考合屬，恐未盡諮訪之公，如部院立案待考察，恐致疎泄之弊，如許考退者伸理，恐開攻訐之門。明年又當朝覲考察之期，乞一依弘治三年以前故事，加密與公，天下自服。」吏部及都察院奉旨議覆，上曰：「人才進退，重典也，尚審詢之，毋有枉偏。」【略】

九年正月，經筵講罷，賜講官王華食。二月，增先師文廟樂器如天子之樂。皇第二子薨，追封爲蔚王。三月己亥，冠皇子。【略】閏三月，諭六部都察院：「凡天下奏事，有旨令看詳者，覆奏毋過二日；看議者，毋過三日。」四月，虜入平虜，殺千户一人。虜數入雲州等堡。岷王奏武崗知州劉遜諸不法事，命錦衣往執之。六科十三道皆言：「錦衣天子親軍，非不軌、妖言重情，不可輕遣。岷王

與遜牴牾，僅坐祿米愆期，所奏干犯幾百餘人，逮獨止遜，單詞難明，曲直孰辯，乞下法司行鎮巡官體勘，必有開坐。」上曰：「科道官不諳事也。親王奏一州官而已，有旨逮輒交阻，其悉下錦衣獄。」府、部、司、寺諸大臣爲科道臣請寬，上即日出之。【略】十二月戊子，月食既，賜故禮部侍郎兼翰林院學士薛瑄祠額曰「正學」，故伏羌伯毛忠祠額曰「武勇」。【略】

十年正月，加封張鶴齡母夫人金氏爲昌國太夫人。設太倉州。三月，勅諭少傅兼太子太傅、吏部尚書、謹身殿大學士徐溥，太子太保、禮部尚書兼武英殿大學士劉健，禮部右侍郎兼翰林院侍讀學士李東陽，詹事府詹事兼翰林院侍讀學士謝遷曰：「朕惟我高皇帝創業定制，所貽子孫至矣。御製之書連篇累牘，宏綱衆目，極大以精，隨製隨改，靡有寧歲，後所施行，未盡更定。迨我太宗繼正大統，益弘遠圖。列聖相承，至于皇考，因時制宜，或損或益，其條貫散見簡牘間，百司艱于考據，閭巷或未悉知。皇祖英宗睿皇帝有志纂述，事弗克竟，以遺朕躬。茲欲仰遵聖製，徧稽國史，以本朝官職制度爲綱，事物名數儀文等級爲目，一以祖宗舊制爲主。有損益同異，據事繫年，彙列于後，緝以爲書，以成一代之典，俾天下臣民是訓是彝。爾等詳録謹書之，俾文質適中，事理兼備，稱朕法祖圖治之意。」遂命溥、健、東陽、遷充總裁官，太常寺卿兼翰林院侍讀學士程敏政、翰林院侍讀學士兼左春坊左諭德王鏊、翰林院侍講學士楊守阯充副總裁官，名其書曰《大明會典》。甲子，始召徐溥、劉健、李東陽、謝遷文華殿榻前商議諸司章疏。溥等各擬旨面録，上或更定二三字，或削去一二語，皆得體要。復應手親批，極其敏妙。有一疏條件多，劉健請退詳擬，上曰：「即商是。」已，賜茶出。下内官何鼎錦衣獄。四月，虜大入大同境。五月，寇潮河川，指揮劉欽等二十七人死之。虜大入大同，連營二十里。六月，命户部左侍郎劉大夏、兵部左侍郎李介俱兼都察院左僉都御史，整飭大同、宣府兵糧。乙酉，月食。七月，山東巡撫都御史翀等奉例考察，請黜老疾不謹等官。吏部覆奏，命任未一年者留。巡按陝西御史菽亦考察其屬以上，吏部如前旨請，上更命斟酌聞奏。【略】

十一年正月，苗賊入靖州境。三月，皇太子出閣講學。虜入遼東，復入肅州。四月，禮科給事中馮子聰陳二事：一言壽寧侯賜第役作未休，毓秀亭繼之，興濟廟繼之。礲石鏤木，百匠竝興，帖翠塗朱，萬民失業，功延累歲，費過鉅萬。今者四方天鳴地震，水旱災傷，京師風霾連日。陛下高拱九重，耳不聞中外愁歎之聲，目不擊斯民貧苦之狀，土木之工不止，豈謂世道之際方亨？乞將臣言下所司，集議緩急，區別停減。一言陛下即位，首革傳奉冗員，近來蹊徑百千，經營鑽刺。夫祖宗以來百三十年于茲，玉葉金枝，徧滿天下，造第乞禄，不絶歲歲。經費既不可少，額外又復加多，虧損名器，耗蠹財用。設有不虞之事，且別出無名之征，國急民困，怨變所繇。乞繼今定擬銓選，文官必繇吏部，武官必繇兵部，陰陽、醫術、僧道雜流必繇禮部。有夤緣傳奉、陳乞恩澤者許當職奏治。」下所司。【略】十月甲戌，夜，清寧宫災。乙亥，上遣召閣臣左順門宣旨曰：「宫災，朕奉侍聖祖母，徹旦不寐，今尚未敢去左右，暫免朝參，可乎？」李東陽、謝遷對曰：「宫闈大變，太皇太后震驚，皇上方左右，免朝可也。」乃免朝，勅曰：「清寧宫災，中夜達旦，朕心驚懼，寢食靡寧。已齋誠遣告于天地、太廟、社稷、山川。爾文武臣宜各省躬思咎，殫心効力，凡百司弊政，姦貪顯跡，及一應軍民利病，皆直陳無隱，以助朕勵精之實，答上天仁愛之心。欽哉。」閹人李廣以左道見幸，至是死，上意藏有奇方秘書，使索之，得其籍，或黄米若干石，或白米若干石，皆中外所饋送。上曰：「妄也。吾嘗行廣第，足容哉？」左右曰：「此隱語，黄米金，白米銀。」上震怒，於是中外紛然。而籍在上所，不得其主名。刑科都給事中朝用，監察御史天祐請執廣親任責籍中主名付法司。上曰：「科道官自指之。」吏部員外郎張綵言：「聖德仁厚，恐或姑息，怒過且弛，恐或輕貸，請勿入左右解釋之言，大小臣有實跡者悉以法輕重治。」翰林院編修羅玘言：「諸臣平生自有定論，請涵容勿究，以全臣工之體。」頃之，朝用、天祐等各臆指文武廷臣名對。上曰：「人多無證，姑已，簿籍亦勿明。」免明年上元節所用烟火，以後作派修理錢糧内官監酌減之。户科給事中徐昂言：「織造太多，宜停，詐僞太縱，宜禁，主將大不稱，宜簡，工役太盛，宜止。興濟縣修廟之役，諫諍太疎，宜復大班糾劾之典。」下所司。十一月，免陝西織造上用羊絨，令小民舊欠歲派物料勘貧奏免。閏十一月壬戌朔，日有食之。言官屢請取回鎮守内臣者，命如故。虜入懿路城。南京科道劾奏文武大臣二十餘，皆留之。御史胡獻劾奏太監泰、壽寧侯鶴齡，下獻獄，降藍山丞。十二月，都察院覆奏故太監李廣招權納賄，累贓鉅萬，莊田鹽貨尤多，乞没入。報罷。以乾清宫災，下寬恤詔于中外。命祠故尚書夏原吉、工部尚書周忱于蘇州，故少保、禮部尚書楊溥于石首。授徐珪爲桐鄉丞。南京科道官舉劾備考察，吏部覆奏，上曰：「其公議，毋枉。」

十二年正月，虜入涼、錦二州。【略】九月，虜入蔣鼎、陽和。命大學士劉健等：「凡有擬票文書，卿手書密進，毋令人代寫。」重建清寧宫成。十月，吏科都

給事中魏江、監察御史姚壽等言：「邇清寧宮告成，匠官人等陞授若冠帶米給者至百餘人，營繕郎中堂等陞京職二級或一級，太監興、太監瓚、太監訓、英國公懋、兵部尚書文昇各子姪一人百户錦衣，工部尚書貫加太子太保。夫清寧方災，闕里繼之元旱，星文加之示變，陛下降詔修省，而名器反濫，乞照宣德以來及近年增修祧廟舊例，量與恩賞，庶盡修弭之道。」上曰：「有成命，其置之。」以清寧宮成，命大能仁寺灌頂國師那卜堅參等設壇慶讚二日。大學士劉健等言：「佛老異教，宮庭禁地，胡羯妄徒，累日連朝，喧雜掖庭，驚動寢廟。廢祖宗之法，重聖德之累。且以皇上至孝純誠，保佑自天，豈必假異術、干宮禁，然後可以上奉重慈，永祈福壽哉。臣平日尸素，臨事乏規，此等詔旨猝不與聞。伏望速頒明詔，撤壇斥僧，臣不勝待罪俟命。」時科道官皆以爲言。上曰：「卿言是，顧永樂朝亦有之。」既，府部科道皆極言。上曰：「有舊事，姑胥後。」十一月，奉太皇太后入居清寧宮。虜入寧夏境，殺百户一人，復入宣府、遼東境。初，遼東總兵官指揮僉事李杲、鎮守太監任良、巡撫都御史張玉奏：正月中，虜分道寇我軍，三禦之，前後連斬首三百餘級。廷臣謂遼東久不振，意杲等誘殺之。其後朵顔三衛來貢，具言是，又人自虜中還，云三衛怨我，且與虜合入寇。上命右副都御史顧佐往覈，佐行久不決。海州致仕知縣鑚奏言：「李杲、任良、張玉自知屢僨邊，祈掩罪，使都指揮崔鑑、王璽、魯勳等以酒食誘虜，掩殺之，三百餘人者，男女幼稚胡漢半。」兵科都給事中于宣等劾杲三人失機狀。兵部會議，請取還，上命待佐報至。監察御史韓春等奏杲三人匿敗抵欺，宜服上刑，言官屢劾，廷臣合請，詎意遲留，尚獲寬詔。《禮》言冬月天子「是察阿黨，則罪無有掩蔽」。此正陛下察黨之月，有罪不討，若天命治化何。下所司。已科道官交章請，兵部尚書馬文升再以爲言。上曰：「待顧佐奏，其促之。」十二月，科道官交章奏祖宗稽古建官，額數一定，陛下初年已痛革額外傳陞乞陞之弊，近又復然。前清寧宮恩臣等論列未蒙俞允，文職少卿、寺丞等官，武職千户等官，士子砥礪名節，武人衝冒矢石，積歲閱月，始得一階，今雜流末藝坐得之，無以勸天下。乞從革去，仍令舊職供事，庶可塞倖而蘇民。上曰：「業已賞勞，其置之。」吏部尚書屠滽等言：「近日節次傳陞文職官員及冠帶人等七百九十餘人，大臣科道非不論，列臣等非不執奏，聖恩弘貸，曲賜包容。伏惟惜名器之濫，究夤緣之姦，已傳奉者，盡褫其職，未傳奉者永絶其源。」兵部尚書馬文升奏：「祖宗設武階以待軍功，非有臨戰斬獲不得輕授，實欲奔走天下之豪傑責其効死以報國家。張玘輩繪技畫工，有勞者支俸給，無官者予月糧，此外或賞金帛，或榮冠帶，足矣，何至概受武職，全註錦衣，徑准襲替？夫百官俸賜盡出閭閻，竭其膏血，養此闒茸，非陛下愛民保邦意。伏望俯察諫官之言，上尊祖宗之法。」皆不報。【略】

十三年正月，工部尚書徐貫等言：「改樣紵絲紗羅，近歲織造以萬計，尚未就緒，今又織諸色花樣於蘇杭千五百餘疋，疋價或至四五十金，費財淫工，度非皇上崇朴尚儉之意，殆近習希寵，不恤民艱，伏望斷自宸衷，概賜停罷。」不允。顧佐反命，李杲、任良、張玉掩殺虜實。上曰：「無證，干多人，其從輕。」降崔鑑、王璽、魯勳一級，杲、良、玉降勅責之。命尚衣太監趙榮監督通州倉。户部尚書周經諍，上曰：「已差遣，姑置之。自今總督一員，京、通監督各三員，著爲令。」賜宋譚節婦祠額曰「貞烈」。四月己亥，月食，彗星見室、壁間，芒尺餘。兵科右給事中屈伸言：「陛下近者遊燕太頻，視朝太晏。晏頻倦神，晏朝廢政。今災異頻告，邊方多警，願惕然敬畏以應天，赫然震怒以禦侮。」納之。虜大入大同，威遠遊擊將軍王杲禦之，敗績。守臣上失亡數不實，命吏科給事中許天錫往按，恤陣亡軍士及邊民被虜者。以大同洊警，命平江伯陳鋭掛靖虜將軍印，充總兵官，太監輔監督軍務，户部左侍郎許進兼都察院左僉都御史提督軍務，都督劉寧充副總兵，楊玉充左參將，太監姚舉監鎗，往禦之。【略】壬子，上御平臺，召劉健、李東陽、謝遷顧問章奏，次第裁決。上晏朝，劉健諫，納之。五月甲寅朔，日食。丙寅，復召劉健、李東陽、謝遷，出諸營提督官辭任疏，逐名訪問，面裁決，御書手勅，付兵部行之。虜大入大同，遊擊將軍張俊率兵抵之于東荆莊。周經致仕。六月，命兵部左侍郎王宗彝兼都察院左僉都御史，經畧密雲、潮河、古北口。工部左侍郎史琳兼都察院左僉都御史，經畧紫荆關等處。虜數入大同。上曰：「陳鋭受命出師，今月餘，嬰城自守，諸將怯懦不足仗，其召鋭及金輔、許進、劉寧還。」遂命太監扶安監督軍務，保國公朱暉掛征虜將軍印，充總兵官，都指揮僉事神英充右參將，再領京營官軍五千往。命取太監任良別用。七月，李杲、張玉予致仕。科道官言：「人臣致仕，優禮也。李杲、張玉誘殺姦欺，固宜顯戮，而優之以禮，恐三衛夷聞之積恨反側，非所以警邊臣、懲有罪。」上曰：「姑如旨。」虜入義州松山。以禦虜無功，革金輔管營，并革陳鋭、劉寧禄俸閒住，許進令休致。【略】八月，立宋楊太后廟新會縣。先是，吏部覆府部科道等官所言汰冗員、革傳陞等事，有旨待查奏至定奪。至是，吏部奏上，上曰：「罷。」九月，翁源縣流賊平，置靈州。行人司行人王雄言：「比者，皇上命平江伯鋭率衆征虜，不能一矢

相加遺，則遣朱暉往代。夫兵部始與諸臣廷議，曾不審鋭謀勇有無，猥以上請，謾若姑試，斯不貴議矣。一試於鋭，已爲寒心，今又再試於暉。臣料舉暉者必謂其從父征伐，多習戰陣，顧處囊之錐末未見也。昔蕭何舉韓信，謝安舉兄子玄，杜黄裳舉高宗文，大惟天下豪傑能知豪傑，漢、晉、唐三君即未悉信、玄、崇文，固悉其舉〔信〕、玄、崇文者。陛下未悉朱暉，悉舉朱暉者乎。夫今監督、提督，即唐觀軍容使，以郭子儀、李光弼之勇略不勝一魚朝恩，一觀軍容，九節度之師皆潰相州，況其下哉！今天下之大，豈無古名將者？但以太平久，無所見才。臣願陛下及暉未發而止其行，責前推舉陳鋭者，正其輕罔之罪，毋發。然後再會廷臣，就邊方都督中選任其生長邊陲、結髮習戰者，俾專閫外，勿復置監督、提督撓之。」上責雄妄言阻軍，下錦衣獄，已，調爲浪穹丞。【略】〔十二月〕，吏科給事中許天錫還，言威遠之敗，偏裨將領死者五十二人，軍士失亡千有餘人，戰馬兵仗稱是。上命遊擊將軍王杲并副總兵昇、右參將恭處決如律，總兵王璽并家屬悉謫戍，巡撫都御史洪漢革職閒住。工科給事中張文奏：「近太監李興有燈節烟火之請，皇上以三分爲率減去分半，興改奏止減一分。夫以今年吴、楚、徐、淮巨浸滔天，山西旱甚，虜窺伺未已，加以雲南思、陸之爲變，兩廣猺獞之貽患，荆、襄流民之嘯聚，江西腹裏之强盗公行，何謂無事，宴樂以嬉？臣請停免明年上元鰲山烟火，百官筵宴，以其費給軍，使天下曉然知陛下憂民足國之心，其所撙節培養甚大。」工部覆奏，上曰：「即減分半如前旨。」頃之，工部復言：「陛下允張文之奏，中外忻賀，惟光禄寺供辦乾清等宫燈節茶飲攢盤之類，比弘治初元加倍，請命光禄寺節省如舊。」從之。己酉，歲除，遣太監榮傳意内閣：「連日奉侍兩宫勤勞，少須調理，今日視朝稍遲，特諭卿知。」

何喬遠《名山藏》卷一九《典謨記・孝宗敬皇帝二》 十四年正月。二月，内府針工局請比例招收幼匠千名，工部議：「往年尚衣監招匠千名，兵仗局効之，遂至加倍，軍器局司設監又効之，亦招一千，今針工局復請，乞停止以節冗濫。」上曰：「收五百。」【略】〔四月〕，南京户科給事中張宦等奏：「陛下初年禁絶奢淫，以求固本而足邊，何比者横恩濫賜之溢出，修飭繕造之泛興，禱祠遊玩之紛舉？偶因内帑稍乏，即命支取太倉，耗散財物，無此爲甚。臣等遠聞，近取太倉糧銀四十餘萬，明命不下於所部，秘旨特奉于中官。人心驚愕，皆曰常費爲經，無名屬浪，未必盡出聖意，或因左右之言。夫今兩邊虜跳，數戰不利，軍資耗損，請給相仍，芻馬燬斃，買補方急。正宜存省府庫，整飭邊儲，奈何釁門大開，夤緣連茹，前費復興，前革復進，前裁抑復寵遇，前竄戮復崇禮。大小臣工力捄此弊，陛下雖不疎斥，亦不採納，臣恐冗途日滋，國計日詘，乞下所部議，請取自上斷，仍以四十餘萬還太倉，非邊餉軍需毋輕動。」户部覆議，上納之。司設監太監鮮奏近收充幼匠千名，乞附籍錦衣，月支米一石，歲給冬衣布花。户部議給米五斗，花布免支。上曰：「月八斗。」以南京鴻臚寺卿王璟爲右僉都御史，理兩淮鹽。五月，賑山西、大同等處軍民被虜家。遼東鎮夷堡火，軍民死者七百餘人。命鎮巡等官痛脩省，撫民而飭邊。禮部言：「光禄歲辦牲口不下十萬，近屢言不足，天下物産有限，額外費出無已。以十萬牲口而解送爽期，民窮可見。牲口十萬歲供不足，費繁可知。年復一年，何有窮紀。伏願裁近幸宴賞，悉如元年之舊，省無名浮費，一準先朝之實。」上曰：「有處。」【略】命天下繪地理圖進御。太監李興請建寺大興縣東皋村以祝聖，更乞賜額護勅，以僧録司左覺義定錡住持。得旨陞定錡右講經，額寺曰「隆禧」。禮科都給事中寧舉等奏：「禮部請從之。」上曰：「已有旨，置勿論。」七月，秦王秉欆薨。遼東巡按御史車梁言：「虜擁八千餘騎直入長勝諸屯堡，大殺掠，老弱死，少壯驅繫去，鎮守太監孫振、定西侯蔣驥、巡撫都御史陳瑶匿報不實。」遣吏科右給事中鍾渤等按問之。初，海西兀者前衛指揮尚古與海西諸夷有怨，尚古入款於驥、瑶，驥、瑶使人招之，許之陞官，而海西諸夷怨不釋，請誅尚古，驥、瑶則又請誅之。兵部議尚古入款固以求釋諸胡之忿，當時止當待其自貢，不應遣人招之；招之既來，又不宜誅。上命行鍾渤併按以聞。虜入甘州、山丹、永昌境。虜數入宣府、甘州，復入薊州，朱暉、史琳、苗逵帥五路師出紅城子墩，乘夜搗虜河套，虜已覺，北徙。還，斬首三級，得其駝馬牛羊器械。虜入平凉。遣科道官清理天下屯田。閏七月，寧夏總兵郭鍧等分兵禦虜鹽池諸處，先後有斬獲，行賞賚。虜數入薊州。御用監王瑞等賫送玄武像武當，奏帶隨行官舍、勇士、人匠八十餘人，用黄馬快船六十餘艘，科道交章諫，不允。吏部尚書岳、兵部尚書文升力言，上曰：「有成命，第毋生事擾人。」【略】〔九月〕初，陝西有地震泉湧之變，府部等衙門請革傳陞軍官三百餘人，不允。至是，山西同日地震，復以請，上曰：「如舊，非特旨夤緣乞者乃罷之。」【略】十月，虜入延綏柏林堡。吏部尚書倪岳卒，廷議舉兵部尚書馬文升、刑部尚書閔珪代之，御史文森、張大有、曾津奏薦致仕户部尚書周經、總督兩廣軍務右都御史劉大夏。上曰：「大臣進用自朝廷，森等何得輒與？」下錦衣鞫訊之。吏科給事中許天錫與科道官論救，乃命贖杖還職，而以文升爲吏部尚書，劉大夏爲兵部

尚書。岐王祐棆薨。陞工部營繕所所副海等三十二人，官各一級。吏部言：「海等夤緣乞陞，當治如前旨。」上曰：「罷。」命日講添《周易》一書，暫停《貞觀政要》。劉健等言：「聖學日增，廷臣相慶，乃《貞觀政要》多載唐太宗致治之跡，事切而代近，祖宗列聖率崇是書，伏望少延天聽，仍舊進講。」納之。十一月，鍾渤等還報長勝屯堡敗狀，喪亡男婦千九百餘，畜産三千餘，且劾蔣驥、陳瑶納侮邀功，致虜深入。下刑部議，副總兵孫文毅、指揮使白璽皆論斬。會廣寧復師敗，驥、瑶以捷聞，言者攻之，下巡按御史勘實，於是刑部請逮驥、瑶京師廷鞫之。有旨命召驥、瑶還。以兩畿、山東西、河南等處旱災，使刑部左侍郎何鑑、大理寺右寺丞吴一貫往賑。河套搗巢之役紀功，御史王用報有功官軍萬餘，上兵部定擬，陞賞四千四百五十餘人。有旨再擬，將大賚焉。兵部覆奏：「搗巢雖有勞，斬獲僅三級，若過蒙殊恩，國論未協，予奪不謹，人有幸心。惟陛下慎重，命官軍人等照原擬陞賞，内奮不顧身并被傷者二百十人各陞署一級。」於是苗逵、朱暉、史琳等皆蒙賞賚有差。兵科都給事中屈伸等奏：「虜住河套侵邊，諸臣雖曾領軍搗巢，斬首僅三，且坐擁重兵，僻守一隅，致其無忌，累犯寧夏、固原等處，殺死官軍至千數，搶擄人犯以億計。詔書切責，冀其感奮。師出踰時，機會屢失，令功過相准，尚難贖罪，而陞賞不貲，物議爲之不平，兵部所以執奏。大隨征陞級之人非綺紈子弟即廝養庸流，一切蒙恩，將生戰士旋踵之心，餒邊將死綏之志。」御史陳珀等亦以爲言。竝報罷。封睦樒爲周王。遼東大饑，命户部濟銀五萬。諭吏部都察院：「明歲當考察，其詳咨黜陟，毋偏狥。」【略】

十五年正月，朱暉、苗逵、史琳以虜出套，率師還京，遣内臣勞之酒于榆河。兵科都給事中屈伸、御史林世遠等劾奏：「暉等師出無功，獲首三級，報功萬餘，寧夏、固原之警，逗遛不援，當治失機，又何勞也。」兵部覆奏，不允。南京科道官劾奏方面官以下可罷黜者十有五人，上嫌其多，且無指實，下吏部詳訪之。及吏部與都察院考察上，上曰：「斥過當，再詳如前旨。」皆言：「臣奉命以來，盡心焉耳矣，至于再三，乃敢以請。」上曰：「朕念才難，丁寧焉，既云然，其如擬。」趙王見滫，晉王鍾鉉薨。三月，取回督造磁器内官於饒州。戊子，月食。四月，陞致仕僉事章懋爲祭酒。祠宋文天祥廬陵，以趙士賞等四十餘人配。蔣驥、陳瑶至，宥之，使驥帶俸舊府，瑶對品調外。刑科都給事中瑁、監察御史允中言：「驥、瑶命下之日，中外沸騰，咸謂前者大同失機，總兵璽論死，都御史漢斥罷。驥、瑶貪以啓釁，坐而喪師，事敗之日欺以罔上，反得輕釋，無以息嗷嗷之議，服璽、漢之心。請明正其罪，爲守邊戒。」不允。設内臣金齒，騰衝，兵部科道官請罷，不允。命順天府賑恤都城内外貧民若殘疾孤寡者。虜入遼東清河等堡。涇王之國。祠宋朱熹於徽，如建陽，祠宋江萬里於饒。五月，以災異脩省，下羣臣言事。劉健請早朝以勤政，日講以視學，節儉以省費，剛斷以決事，納之。行取番僧國師領占竹于大慈恩寺，禮部尚書張昇諫，不允。【略】九月庚午朔，日有食之。光禄寺具内外官員人等每日酒飯及西華門等處所畜鳥獸料食之數以聞，上手批百二十條，於是大放内苑雜禽獸。命南京右僉都御史林俊巡視江西，以弭盜。【略】十一月，劉健等請上早朝、勤政。納之。十二月，科道官交章言：「總兵、副將、守備任缺，兵部參與論推舉，制也。山東缺總督備倭官，兵部所推不蒙簡用，御筆親批王寧，陛下何至以寧一人，壞祖宗法？乞治其奔競罪，擇用兵部舉者。」上曰：「有前旨。」纂修《大明會典》成。以南京太常寺卿楊一清爲都察院右副都御史，督理馬政。

十六年正月，己巳朔，上疾，不朝。二月辛丑，始朝。改郊，以將郊，始賜大學士劉健、李東陽、謝遷蟒衣人一襲。戊申，大郊祀。鑄弘治通寶錢。三月，置成步縣。傳旨以壽寧侯姻黨生員孫伯堅爲中書舍人，盧水春、孫伯義爲司賓署丞，孫伯强爲司儀署丞，舍人朱臣、粱路、李衢、桂實爲錦衣百户。吏、兵二部執奏，不允。【略】五月，增設四川按察副使一員，整飭威茂兵備。命翰林院編纂三皇五帝以來歷代事跡，以便御覽。【略】七月，命修《本草》書。上好醫藥，常以劑賜臣民，至是命修書焉。【略】十月，祀元陳澔於都昌。以脩《詩海珠璣》書成，傳旨陞文華殿辦事、鴻臚寺左少卿周惠疇等二十一人官一級。吏部科道官交章言：「故事，雖館閣修書，非重大者，行賞而已。詩韻小學，無補治道，一有微勞，輒陞級加禄，醫卜技藝，濫觴何既？乞收回成命。」不允。【略】十一月，陞授朝天等官高士杜永祺等四十三人道官有差。科道官奏杜永祺等或陞真人，或兼住持，或榮以誥命，或與之印信，擁尊專寵，非聖朝美事，乞一切罷，毋開後端。上曰：「有旨。」已，命内閣給與誥命封號，劉健諫，納之。【略】

十七年正月，内批命盧龍衛指揮使胡震署都指揮僉事，分守通州。兵部尚書劉大夏、兵科都給事中屈伸等争，不允。監察御史劉玉疏言：「幸門開則羣枉進，言路塞則庶政隳。孫伯堅等以傳奉列文階，金琦等以傳奉任武職。傳奉不已，繼之内批，始者王寧，今則胡震。昔王寧命下，兵部言官猶交章入争，胡震効尤，今皆緘默。此見聖志稍移，羣心益靡，甚可懼也。」上曰：「業用矣。」申嚴誣

告禁。陸太常寺卿崔志端爲禮部尚書，仍掌寺事。科道官劾志端羽流，不宜濫清秩。上曰：「先朝有之，業陞矣。」二月，加賜太保壽寧侯張鶴齡禄米歲四百石，建昌侯張延齡歲六百石，通前千六百石。巡撫北直隸都御史緡以淮、揚、廬、鳳四府并徐州災傷，請折收今歲兑糧十五萬五千石備賑，三年後補還。上曰：「既災重，民饑以流亡，其即如奏，不用補也。」命造延壽塔朝陽門外。大學士劉健諫，上曰：「其即罷。」兵部尚書劉大夏等言：「江北南諸府災甚，陝西往歲困用兵，江浙諸省亦多事，乞命撫按蠲減租役，專務生養。」上曰：「中外災傷民困，朕甚憫焉。卿言深切時弊，有當行者明白議擬以聞。」户部議覆。吏部尚書馬文升奏乞減光禄寺廚料十之二。上曰：「歲荒民貧，朕實痛心，各衙門支用物料其務節約，毋濫費。」虜掠義州。

三月壬戌朔，聖慈仁壽太皇太后崩。丁丑，既朝退，上以錢太后與裕陵異葬，不合禮，召劉健、李東陽、謝遷面議，復講祔廟禮，曰：「好爲朕處之。」連稱「心腹大臣」，呼「先生」。既對，上下板階，顧内臣啓扉，立送出。戊寅，又議之。乃下廷臣集議，既議上，癸未，又召議之。凡三召對，乃命特建廟奉享，仍稱太皇太后，以伸朕尊親之意。壬午，上周太后尊謚。增設陝西苑馬寺并行太僕寺寺丞各一員。四月，享廟，樂設不作。丁酉，上大行太皇太后尊謚，詔天下。己酉，祔葬于裕陵。思恩府土官知府岑濬攻破田州府，命兩廣總鎮官調三廣兵剿之。上諭禮部曰：「朕服制雖遵遺詔，中心痛疚，月朔望其暫免陞殿，百官常服奉天門朝參，凡節免宴，百官毋朱衣，大節，天下毋慶賀，使豫聞之。」閏四月，重修闕里孔廟成，御製碑文，遣大學士李東陽往祭告立碑。【略】刑科給事中楊褫言：「兩畿、河南、山東自春徂夏不雨，黄河以北旱風大作，窮民晝奪，嘉、湖、淮、揚人相食，乞痛勅百官，同加修省。」從之。遣大臣分禱天地、社稷、山川。南京刑部左侍郎兼都察院左僉都御史樊瑩巡視雲貴，考察復命，上曰：「過多，吏部酌其履歷考語以聞。」既奏上，留五人焉。上曰：「庶政多弊，害于軍民，上干和氣，朕甚軫焉，有最要者以聞。」

五月，荆王祐欄薨。吏科給事中許天錫言：「天視聽在民，民殃禍在政，而政之蠹弊在人。自古災變未有多若今者，天鳴地震，水火之患，昆蟲草木之妖，風霾星雹之異，甚至晝晦八日，赤地千里，而盗賊縱横。皇上勅中外尋求弊政矣。今外臣方面以下三歲一考，歲有撫、按監臨，間從科道糾劾，惟兩京堂上官不也，即屢經彈奏，率見優容，五品以下惟十年考察，而居官大約九載爲期，又或轉陞復除別改者。乞今兩京五品以下通行考察，如例黜降。以後每六年一考，兩京堂上官經彈奏者悉令自陳，休致取上裁，罷黜數人，用儆有位。臣又聞之，古有災異策免三公，霖雨恒陰亦或避位。今文武大臣既不能引咎避位，陛下又未遽策免，亦宜且暫革其公、少之銜，以昭憂勤之實，俟天心既回，乃復還厥職。臣又聞祖宗朝之御内官也，恩不泛施，法不輕貸，内外各有定額。近年内府各監局掌印僉書多至三四十員，外而各衙門管事不知其數，留都亦然。憑陵奢暴，莫可彈舉，蠹蝕朝廷之命脈，塗塈生靈之脂膏。乞勅司禮監會同内閣悉行考察，嚴加革裁。以後三年、五年，著爲定例。」上善之，命所司速看詳。於是命六年一考察兩京五品以下官，著爲令。【略】以畿内山東等處旱災，命禮部左侍郎李傑祭告天壽山，各巡撫官祭告北嶽、北鎮、東嶽、東鎮、東海之神。文武大臣皆避位，上皆慰留之。勅吏部都察院曰：「朝覲考察三歲一行，我祖宗法古圖治盛典也。比歲考察後籍籍奏訴，蓋因撫、按官考語不實，爾等詢訪欠周，勤敏廉直者或被抑，貪黷貪緣者或苟容，以致人無勸懲，士風日壞。夫生民休戚係有司，有司不得人則民愁歎，上干於天。今四方災異頻仍，率繇此。明年正當朝覲考察期，其預行各撫、按官慎之重之，爾等亦宜精白一心，精別賢否，庶幾澤被生民，上回天意。欽哉。」

六月，襄王祐材薨。兵部尚書劉大夏自劾乞休，不許。召問故，對曰：「民貧恐變，本兵重地，臣不足任之。」上曰：「夫徵於民，有常制乎？」對曰：「近恐多。」問兵，曰：「貧等民。」因舉鐸木香材無藝之征與轉漕番操了責私役諸苦。上曰：「豈知至是，其條聞。」既條，上嘉納之，仍詔諸司議處各條弊政與分外之徵以聞。上問大夏曰：「歲儲不給，財安在？」對曰：「昔臣備員廣東，見廣省歲廩與中鎮歲索殊不相當。」上諦思久，曰：「求如鄧原、麥秀者無寧已。」上諭劉大夏曰：「事有不可，每欲召卿，以非部事止。有當行罷者，卿以揭帖密進。」大夏對曰：「不敢。」上曰：「何哉？」大夏曰：「先朝李孜省可以爲戒。」上曰：「國事也，豈比孜省。」大夏對曰：「臣下以揭帖進，朝廷以揭帖行，是亦前代墨勅斜封之類也。願陛下外付府部，内諮閣臣，公是非焉。」上稱善。虜數入潘家口等處。北虜小王子營大同、宣府邊外，聯絡四十餘里。兵部以聞，上曰：「邊事重，即推選廷臣有文武畧者分付諸邊整飭之。」辛巳，召劉健、李東陽於煖閣，命語劉大夏謹備虜。健請并整點京營官軍聽征，慎選總兵官，上可張懋。健對須習戰者，上曰：「在方畧。」東陽曰：「京營軍徒名耳，故有十萬，今損過半。古云足食足兵，

今乃兩乏，臣思及此，寢食不下。」上曰：「軍不堪削，將宜恤士。」東陽曰：「近工役太多，官軍困以窮，外衛輪班，過期不至，坐此矣。」上曰：「宣德以前，内官監自有人匠營繕之事，不及軍也。」東陽曰：「陛下習典故，幸甚。朝廷養軍，故不爲工役，所以養其鋭氣。」上曰：「然。」語大夏：「夫先生輩腹心大臣，國事不言，朕惡從知之？」皆諾，叩頭出。已，健等擬户部侍郎顧佐等行諸邊，上復召面議曰：「佐恐弱。」健對户部尚書紘未任，左侍郎儼方視尚書事，是以擬佐。上曰：「亡論在廷臣有才力者皆可。」留佐與儼於户部，謀斷相資矣。」乃遣在副都御史閻仲宇、通政參議熊偉等往。劉健等上禦虜安邊事宜，上深嘉納，今亟行毋後。虜入大同，遊擊將軍衛勇與指揮鄭瑀禦之，軍各殊死戰，瑀手刃數賊，爲所支解，勇竟失利還。虜入延綏、宣府。

七月，大同鎮巡言：「虜掘墩殺軍甚急。」上召劉健、李東陽、謝遷至煖閣，曰：「墩軍我赤子也，被殺如此，苦何可言。朕與作主，其即日出所選京軍一萬往征之。」健等對曰：「皇上垂念赤子，宗社之福，京軍恐未可輕動也。」上再三言，三臣皆不敢決。東陽曰：「近北虜交通朵顔，潮河川、古北口甚可慮。聞賊在大同稍遠，欲東，正不知何處。若彼聲東擊西，而我軍出大同，未免顧彼失此，須少待其定，徐議所向。」劉健曰：「大同險遠，東鎮尚可支，潮河去京師一日，切近，宜先慮。」上曰：「今亦未便出軍，備而待耳。」皆稱善。而上意未釋，後三日，召劉大夏面諭。大夏力言不可，上曰：「太宗朝頻年逐虜，何以不可出京軍？」大夏對曰：「今芻穀乏而兵馬疲，將鮮材而士玩令，何可望太宗朝。抑太宗朝丘福兵亦嘗陷，臣恐軍出不能弭賊，且因害人，徒費財物，有損亡益。」戴珊曰：「大夏言是。」上曰：「幾誤。」乃更命工部左侍郎李鐩、大理寺右少卿吴一貫、通政司左參議叢蘭分往經略邊關。陛辭，退朝，上召鐩等至煖閣，面諭之，賜金段鈔貫，使悉心整理，得以便宜行事。選聽征京營軍二萬，因命御馬監太監苗逵監督軍務，保國公朱暉掛征虜大將軍印，充總兵官，都察院右副都御史史琳提督軍務，并令司設太監張林管領神鎗，都督神英、李俊充左右參將，待報啓行，運太倉銀五萬於宣府。户部上備虜事宜，從之，命多方計議長策聞。上問劉大夏、戴珊天下何時太平，朕安得如古帝王。大夏對曰：「難以急。如近日與臺閣議當行之，將自治。」上曰：「閣臣劉健亦可，第所交雜，嘗獨薦一人於朕，朕意殊不愜。」上不言姓名，久之，乃知爲劉宇。先是，遼東致仕指揮使楊茂與其子欽匿名告故指揮僉事張斌使其孫都指揮僉事天祥掩殺虜，巡按御史王獻臣以奏。亡何，獻臣坐它事逮，上命大理少卿吴一貫、錦衣指揮使楊玉往會御史余濂按之。一貫復奏委山東左參政寧舉、副使錢承德、僉事王忠、指揮僉事趙承文轉按斌、天祥及其叔父洪、指揮徐還及茂、欽，皆概坐斬絞有差。既奏，得旨天祥等累疏訟冤而尋死。上下都察院，令巡按御史再勘。別遣東廠，具揭帖言：「獻臣率爾入奏，止憑茂、欽言，一貫又不自行，第屬舉等勘報，事多虚。」上召問劉健，曰：「張天祥大獄也，雖物故，洪屢訟冤，當明白。」健曰：「下都察院，令御史再勘。」旨下矣。上出東廠揭帖付健曰：「朕已令密訪，情如是。今欲提入京師，令三法司錦衣衛會審之。」健退，具奏東廠揭帖不宜批，業下都察院，請待勘，不許。促擬旨，健附奏，猝改命，非體也。遼東去京師不遠，誰能掩是非，請待勘。乙巳，上朝退，面召健等，盛氣曰：「先生何阻朕。」健等對曰：「非敢阻也，猝改命，未合於政體。且臣等欲少待，亦爲證在彼，恐勞人動衆耳。」上曰：「朕不敢私賞罰，欲求情焉。夫大獄也不明白，邊將肯効死？撲殺貪功，豈可縱之，功而被誣，固合伸理，何得論動勞？」語久，天顔霽曰：「須傳旨。」丙午，上從容問健：「昨先生輩云猝改命，緝訪事，先朝殊有故。猝，暴疾也，此亦未爲暴，今使東廠具奏批行，則何如？」皆對曰：「不如傳旨。」乃令擬旨進。甲辰，月食。

八月，授張延齡特進光禄大夫、柱國，歲加禄米六百石，通前千六百石。丁亥，召吏部尚書馬文升、都察院左都御史戴珊煖閣前曰：「明歲考察，卿慎之。」上恐文升聵，再顧曰：「卿審否？」既對，命左右掖下。吏科給事中龏、户科給事中蓋言：「文升子、珊妻妾近日贓事敗露，乞下廷理，別委考察者。」文升、珊各自劾，上曰：「毋辭避。」下龏、蓋鎮撫獄究問，既得素行實跡，上曰：「龏惡尤甚，宜爲民，蓋與冠帶閒住。」劉健、李東陽曰：「耳目之臣也，陛下優容之。」上曰：「以優容言事臣可也，考察不爾。」九月，上召劉健曰：「巡按御史查勘邊功，多久不報，邊將或病死不沾恩，人心靡激勸。可令兵部與爲期，違者罪之。」上召劉健等曰：「大同總兵官江奏臨陣用軍法，先生擬許之，恐邊將且輕戮。」皆未敢對。健曰：「臨陣用軍法，所從來矣，人不効死，難取勝。」上曰：「雖然，命將出師可也，邊總兵禦敵者，第許以嚴法從重治。」李東陽曰：「奏而不許，恐將難。」健曰：「昨兵部擬奏云：尋常小敵，偏裨出戰，皆毋得用軍法。此有斟酌矣。」上曰：「旨曰，是將且玩，其明白言之。」上諭劉健等曰：「昨講官講『陳善閉邪』，釋『陳』陳說，不如云敷陳，以善道啓沃他，他不如之。」皆對曰：「善。」上曰：「語日講官要明白透徹，無有顧諱，乃盡論思。」

十月，南京祭酒章懋乞致仕，不許。以刑部尚書閔珪緩解死囚，召面責之，罰其俸。上召劉大夏曰：「閔珪讞重獄，數忤朕。」對曰：「珪能執法而實効忠。」上曰：「古有何君何臣若此？」對曰：「舜、皋陶。」上頷之。上召劉大夏，從容問裁抑内臣事，左右顧，内臣皆離數丈許。大夏久未對，上曰：「畏之乎，猶疑朕聽寺人之君？」語久起，踉蹌行，上命左右曰：「朕與劉尚書話長，尚書老，掖出之。」上曰：「兵部所取中武舉將才闒焉，其特引見，賜宴。令内閣主席三年一舉，不中者與再試。」秦紘乞致仕，許之。十一月，虜八萬餘騎連寇莊浪。張斌等逮至，令法司、錦衣會問於午門。獄詞異，上命逮前諸勘官親鞫焉。曰：「虜也殺之何罪，當以死？」皆對曰：「出一貫。」楊玉曰：「臣武人也，而不知律。」上曰：「知人死乎？」問一貫，一貫對：「臣固疑之。」上曰：「罪疑惟輕，曷從重？」左都御史戴珊從容解，上霽威，乃命茂、欽依律處決，斌與辯釋，叙洪、還功，宥其罪，除一貫、玉五級，濂、舉、承德、忠、承文各二級，調遠方，獻臣降邊方雜職。

十二月，改思恩爲流官，封祐榮爲淮王。南京户科給事中戴銑劾方面以下合考察者，吏部覆奏，上曰：「考察不公，科道宜糾。今猶未也，銑等先奏，無指實，其公之如前旨。」虜圍靈州，都指揮焦芳等力戰却之。令督理馬政都御史楊一清兼巡撫陝西，悉心禦賊，清騰驤四衛軍人勇士。是時上益明習國家事，自三月以後每朝退，頻御煖閣，召内閣大臣、六卿長講究典禮，諏詢治道，綜核庶職，制馭四夷，親鞫大獄，午門之下每一召對，天顔開霽，聖慮周詳。其於劉健、李東陽、謝遷輩皆稱爲心腹大臣，或連稱先生而不名。論議層出，或累數十語，臣下即欲進一二語無閒，不能竟其辭，退而尋繹所云，人亦不能悉記。諸臣皆感激奮厲，天下欣然望太平。

十八年正月，辛亥，月食。虜三萬圍靈州，别騎入花馬池，掠韋環等處，復陷寧夏清水營、延綏高家堡。上諭兵部曰：「清水營堡要害地，賊直入焚抄，邊弛甚矣。其令户部侍郎顧佐往治糧餉，巡按御史閔實閱。」復設廣東按察僉事一員，駐清遠督捕盜。左都御史戴珊乞致仕，不允。上召劉大夏，既對，大夏進曰：「珊在告，臣往視之，恐微誠不能動天，求臣上達，請許之乞身。」上曰：「渠倩卿奏乎？卿尚語珊，朕推誠付託家人父子也，太平未兆，忍捨朕去？」大夏告珊，珊感泣，遂出視事。上召大夏、珊議政畢，賜白金二錠曰：「朕聞朝覲日文官有避嫌賄賂，閉户不通人，如二卿者，日開門延客何害。」且命曰：「勿朝謝，恐公卿聞而媿。」二月戊辰，面諭户、工、兵三部臣於奉天門曰：「方今生齒漸繁，而民間户口，軍伍匠役，月就耗損，此皆官司不能撫恤，暨清理無方，以致徙亡脱漏。厥弊非一，爾所部又因仍苟且，不悉心究之，今宜從長議處以聞。」乃命户部推素有才望大臣一人撫治流民於荆襄諸處。上曰：「朕方圖新政，樂開讜言，祖宗成憲不可更也，他諸軍民利病切治體者，毋大小官悉心陳之。」祠故都御史羅通於居庸。虜圍靈州，久不克，散掠内地。指揮仇鉞伏而要其歸路，總兵官李祥馳援，戰走之，斬獲甚多。虜再入遼東清河等堡，復入寧夏、興武等營，延綏遊擊將軍率所部分援，勝之。申嚴伐沿邊樹木禁。虜入大同青松嶺。

四月，户部推撫治荆襄大臣，擬起復刑部侍郎何鑑。上召劉健曰：「户部推何鑑，何不會吏部？」健對曰：「所部事也，以前有之。」上曰：「此前人失也。推舉人才乃吏部事，會吏部，即他日不稱，無後詞。」健曰：「則處置流民通令吏部會議否？」上曰：「是户部事，推官則當會吏部。」南海縣十三村遺賊復起，巡按御史聶賢以聞。上召問劉健：「鎮巡官職盜，乃不奏，奏者御史，可降勅責之。」上謂劉健：「言官言崔志端道士也，不宜掌太常，言都御史季麟喪師律，言都御史鍾鑾潮河致傷人命，言南京刑部侍郎撫卑諂。夫道士掌太常，向亦有之，喪師律非一人罪，鍾可人也，大臣宜剛正有氣節，果卑諂當退，今亦無指實，其皆命供職如故。」上曰：「太常寺奏鋪户領物價中有洪武等錢，市不通使，何也？」健曰：「必自朝廷先之，如賞賜折俸、鹽鈔船鈔之類，兼用舊錢，乃可。」謝遷曰：「請禁私錢。」李東陽曰：「鑄錢徒費，有司之慢也。」健等因奏今公私困竭之時，鑄錢最要，他若屯田茶馬皆理財事，不可不講。東陽曰：「鹽法尤重，今壞盡矣。諸邊開中徒名耳，商人無利皆莫肯上納。」上問故，健等因極論奏討之弊。東陽曰：「奏討之中，又有夾帶，奏討一至夾帶十，商人無利坐此也。」健等又言：「太祖高皇帝時，初行茶馬，歐陽駙馬坐私販茶斤論死，高皇后不敢救，其嚴如此。今王府歲禄萬石，不薄矣，今亦恒有奏討，亦恒求莊田税課，朝廷念親親輒許之，常額有限，自後宜絶。」上曰：「善。」遂召户部尚書韓文，令計議鹽法舊制及諸弊端以聞。户部主事李夢陽上疏言事，末請裁抑外戚張氏。張鶴齡、延齡奏辯夢陽謗訕母后，有斬罪十，上下夢陽錦衣獄置對。上問劉健曰：「夫李夢陽言事何若？」健曰：「小臣狂妄。」上默然。謝遷曰：「無非心爲國。」上頷之。會科道官交章救，上曰：「夢陽妄言，其罰三月俸。」居有閒，上問劉大夏近外事何如，大夏曰：「釋李夢陽，中外皆懽呼。」上曰：「朕始欲輕譴此人，左右輒曰夢陽奏涉皇后，陛下即欲輕，莫若少杖而遣之。」已顧大夏曰：「知其意否？」大夏對：「臣不

知。」上曰：「杖必送錦衣，死之矣，渠輩快矣，奈朕殺諫臣何？」翰林院學士張元禎上疏勸經筵講、太極、西銘、諸書，上索、太極圖、觀之，曰：「天生斯人，開朕也。」

五月，上憂旱，居齋宮，見微雨，端坐凝思，欲下寬恤十五事。未詔，遂嬰寒疾。庚寅，大漸。遣司禮監太監戴義急召劉健、李東陽、謝遷入。上燕服榻坐，呼前三，皆前叩頭。上命左右水布拭舌熱，既，曰：「朕承統十有八年，今三十六歲，遘疾，殆不興，故召先生。」健等皆慰藉。上曰：「朕自知命也。」上曰：「朕守祖宗法，不敢怠荒，天下事多累先生。」執健手若永訣者，曰：「東宮十五矣，未選婚，可急令禮部行之。」太監扶安、李璋捧紙及硯，義奉朱筆，及陳寛、蕭敬、李榮皆羅跪，上口授義遺旨，義謹書。上執健手曰：「先生輩輔導之勞，朕所備知。東宮慧，幼嗜佚，先生勸之學，成就之。」皆飲泣對。辛卯，上召皇太子：「朕不豫，皇帝屬爾，務遵祖法，奉兩宮，修德用賢，毋有怠惰。禮儀悉依先帝遺典，祭素羞。」午刻，有旋風起，大揚塵，雲蒙三殿，空中若有騎龍升者，上崩。六月，庚申，上尊謚曰「建天明道純誠中正聖文神氏至仁大德敬皇帝」，廟號「孝宗」。十月庚午，葬泰陵。方掩壙，有五色雲見陵上。

史臣曰：上簡言慎動，愨誠充粹，闇然而日章。燕處必衣服冠，雖置筆硯有常處，曰：「凡事皆合如此。」又曰：「吾不自治，誰能治吾。」日五鼓率起祝天，每值水旱災異，輒齋心露禱，減税緩獄。郊祀奏樂，有誤召樂官，詰之。惇叙彝典，動據太祖，移置太宗《永樂大典》於宫中，時時省閲。小民章奏，披覽必盡。有以人命訟冤者，未嘗不爲覆訊，寧失不經。臣下逆耳苦口之言紛然雜進，而含容茹納，未嘗輕有罰謫。雖小官末吏，考察黜退，如不得已，尤軫恤武臣邊帥。在位既久，見内外諸司弊端日積，欲痛加釐革，以復祖宗之故，而旁詢博訪，務窮根節，含洪隱忍，不欲太驟。愛惜財用，宫中進包索積累，左右欲棄之，特命送貯光禄備雜用。宫中所畜牲口，日給粟豆，皆有常籍筆記。尤重名義，論及後世青史，恒爲悚然。中外方延頸跂踵，翕然望治，忽罹大變。哭臨之日，贊畢，臣民俯伏號慟，頓不能興，梓宫所過，道傍老稚無不悲痛。主至土城行殿，羣臣瞻望御容，哭聲訇天，其得人心之深如此。

傳維鱗《明書》卷二《孝宗敬皇帝本紀》 帝諱祐樘，憲宗第三子，母御妻紀氏。先是，己丑九月，憲宗幸昭德宮，幸上母。既娠，萬貴妃知而恚之，百方苦楚，胎不墮。憲宗令託病出居安樂堂，以痞報，而諭中官善事之。於成化六年七月己卯生上於西宮，時有風雷之異。容貌奇聳，儼如龍形，太監張敏以粉餌哺之。西内廢后吴氏抱保惟謹，不使萬妃知。萬妃生長子薨，而皇太子祐極復薨。成化十一年，上生已六歲，太皇太后育之宫中。五月，憲宗宣示羣臣，命名，册紀氏爲貴妃。六月，萬妃鴆貴妃暴薨，贈謚恭恪莊僖淑妃。上哀慕過甚，然天性沉默，深自斂晦。十一月，立爲皇太子。既出閣，聰明穎露，所受書未嘗錯誤。憲宗製《文華大訓》，時進講，必撤案，降坐立聽，已乃復坐。書法飛動，不習而能。聖性堅定，學問淵博，中外喁喁頌德焉。成化二十三年八月戊子，憲宗崩。九月六日壬寅，上即皇帝位，頒詔大赦，改明年爲弘治元年。是日，上大行皇帝號謚。妖人李孜省伏誅，僧繼曉發原籍爲民，方士趙玉芝等遣戍，内官梁芳南京閒住，法王國師領占竹等奪印勑儀仗，安寘四川光相寺。賜賚宗室及文武羣臣軍民人等，命查革異端冗官、進獻傳奉官。安南入貢。乙卯，尊皇祖母周氏爲聖慈仁壽太皇太后，皇后王氏爲皇太后，謚上母貴妃紀氏爲孝穆慈惠恭恪莊僖崇天承聖皇太后，册妃張氏爲皇后。召懷恩於鳳陽，掌司禮，尋卒。冬十月，盡罷傳陞官，盡革僧道官。乙亥，徽號禮成，詔赦封占城國王子古來爲王，勑安南還其侵地。朝鮮入賀。賜各邊官軍銀人各二兩。十一月，罷萬安，革内外倉場太監。召王恕爲吏部尚書，馬文升爲左都御史。十二月辛未，建祧廟，奉安懿祖，升祔憲宗，别祀孝穆太后曰奉慈殿。御史曹璘請削萬妃謚號遷葬，上曰：「止勿復言。」壬午，葬茂陵，孝穆皇太后祔葬。免湖廣屯租十之六。内侍郭鏞請選妃嬪，謝遷以上在諒陰止之，上是遷弗選。

弘治元年戊申，春正月，詔天下舉異才。閏正月，詔修《憲宗實録》。詔録用諸註誤官。遣官如廣西訪孝穆太后親屬。取回各處抽分御史。賜太監懷恩祭葬。二月，上耕籍田。辛丑，命興王等五王出閣讀書。令問刑官讀律。遣官祭諸陵及闕里，歷代帝王陵、嶽瀆、山川。敵犯廣寧，擊敗之。三月，幸學，用太牢。允起謫籍遺逸。丙子，開經筵。賜齊庶人增宅及婚嫁費，仍令傳寫朝報。【略】秋七月，日講畢，上曰：「先生每辛苦。」因賜程敏政等緋衣金帶。先朝留中疏悉付史館。禁雲南太監進貢。命詳讞疑獄。八月，停各處採辦貢獻。詔考正孔廟從祀名位。給守祖陵庶人銀幣。【略】〔九月〕，孝穆太后親屬紀貴、紀旺至京，賜田宅人口。【略】

三年庚戌春正月，大覲考察。【略】八月，增南奉先殿日供，立孝穆皇后廟於廣西。准袁彬世襲。【略】冬十月，給事中韓鼎請選妃嬪、廣儲嗣，許之。【略】

〔四年〕八月己未，封諸弟祐楮壽王，祐㮮汝王，祐橅涇王，祐樞榮王，祐楷申王。丁卯，《憲宗實録》成。九月，皇長子厚照生，是爲武宗皇帝，頒詔天下。【略】

〔五年〕三月戊寅，立皇長子厚照爲皇太子，詔赦。【略】八月，劉吉致仕去。太后父張巒卒，追贈昌國公，命其子鶴齡爲壽寧侯。【略】

八年乙卯，春正月，募甘肅士兵禦敵。都御史許進上議哈密方畧，詔可之。【略】夏四月，封朝鮮世子李㦕爲國王。始設南贛巡撫。命撰《三清樂章》。大學士徐溥執不可，上嘉納，止之。【略】冬十月，修舉社學，取前寘相光寺番僧入居慈恩寺。給事中柴昇疏諫，上讀疏曰：「左右果欺朕也。」即勅止之。【略】

九年丙辰，春正月，大觀考察。户部主事胡瓘疏諫，災變屢告，由宦官李廣、楊鵬引用劉良輔等以左道惑聖心齋醮糜費致。上由是漸疏廣等。諭卜六阿反與興奄先孛剌結親和好，賞以幣布。科道拾遺。二月，增文廟樂舞，如天子之制。修孟廟。癸酉，皇第二子萿，追封蔚王。三月，策士，賜朱希周等進士及第、出身有差，選顧潛等二十人爲庶吉士。廣賊劫信宜，官軍失利。乙亥，皇太子冠。閏三月，御文華殿，日講官王華以上方信任李廣，諷上講唐李輔國與張后表裏用事。上聽之喜，命反復詳説，頌之曰：「古昔然矣。」即撤御食賜華。【略】五月，上命依劉遜削岷府禄。六月，尹直表賀萬壽，并上皇太子承華箴。上鄙之曰：「此獻諛希恩也。」却之。秋七月，敵屢入大同、宣府。冬十月，停取寶坻銀魚。刑部吏請革東廠，發爲民。大學士徐溥疏請嚴早朝之節，復奏事之規，勵講學之功，優接下之禮，遠邪佞之人，斥誣妄之説。上嘉納之。

十年丁巳，春正月，奉御張瑄獻閒田爲東宫莊田，下詔獄罪之。【略】二月，上遊後苑畢，御講筵，學士王鏊進文王不敢盤于遊田。上悟，退責李廣等曰：「今日講官所指，殆爲若輩，好爲之。」自是不復遊獵。考察京官，惟學士免考。三月，始纂修《大明會典》。上御文華殿，召輔臣議政事，每奏疏，反復詳審乃行。自天順至此三十年始舉，其天質明睿如此。許進數鎮守太監劉瑯罪，瑯懼遁去。夏四月，災異，詔求直言。【略】八月，上御平臺，召輔臣議政事。敵警，禁訛言。冬十月，起左都王越總甘涼，經略邊務。十一月，土魯番歸哈密勅印，求入貢，切貴之。十二月，□□赤斤百户劉達擊破之。復萬貴妃家官。王越率兵擣賀蘭山後敵，破之。巡撫甘肅都御史周季麟戰□勝之，多斬獲。兩廣兵征麓川猺獞，平之。

十一年春正月，清宣大屯田。二月，小王子入貢。三月，皇太子出閣講學。【略】冬十月甲申，清寧宮災。時李廣以左道貴幸，進言建毓秀亭于萬歲山，亭成，幼公主病，飲廣符水殤，清寧隨燬。太皇太后怒，數廣罪，上亦悟，切責之。廣遂自酖死，詔籍没其家。十一月，詔寬恤天下。閏十一月戊戌朔，日有食之，詔停一切齋醮。十二月，停四川採大木。冊封安南。敵犯遼東，都指揮劉剛戰死。

十二年己未，春正月，大觀考察。敵入遼東，官軍連擊敗之。二月，定武職旁支襲官遞降法。忠順王陝巴復入哈密。三月，下給事華昶、學士程敏政以洩題，及舉人唐寅、徐經于詔獄。甲戌，策士，賜倫文叙等進士及第、出身有差。敵犯宣府，都御史馬中錫敗之。丙子，衡王之國。夏四月，古田猺獞作亂，下督撫勦之。命禮部議復建文君帝號。五月，水，免江北子粒二十七萬有奇。六月，歸土魯番使人。甲辰，闕里先師廟災，遣大臣祭告。敵入甘州。秋七月，築山海抵居庸邊牆，延千里，繕城堡二百七十。荆襄妖賊何淮僭稱王，兵備李善擒平之。八月，雍王之國。降石城王宸浮爲庶人。甲申，重建清寧宫成。【略】十一月乙丑，太皇太后還居清寧宫。上高王宸濠嗣封寧王。十二月，詔大能仁寺國師那卜堅參等入宫，設壇慶讚。廷臣切諫，上曰：「卿言是，顧永樂間亦有之。」既而遂止不行。【略】

〔十三年〕夏四月，上御平臺，召廷臣親簡京營將帥。敵入大同者八日。五月甲寅朔，日有食之。丙申，復召廷臣諭兵部推舉各官，即宣手勅。六月戊戌，許進、陳鋭無功，下詔切責。以保國公朱暉佩印，召陳鋭等還。秋七月，陝西巡撫熊翀得玉璽來獻，禮部辨其僞，上命置之庫。【略】

十四年辛酉，春正月，馬文昇因地震切諫，上報以忠愛，遂撤織羢使臣及停傳奉，禁奏討，中外稱慶。二月，敵犯石匣城，禦走之。命征□將軍保國公朱暉、都御史史琳等西禦敵，至河套，敵遁，獲其畜物而還。三月，上躬閲列侯騎射，賞罰有差，仍賜武經命誦習。停江南導河夫役。夏四月。五月，賑山西荒。延綏兵破敵，賞之。六月，普安州女賊米魯反，會兵討之，敗績。海西酋尚古求入貢。秋七月，敵屢入甘肅。命南户部尚書王軾率兵討米魯。閏七月，保定進白鴉，斥遣之。寧夏禦敵，却之。□火篩寇固原，恭順侯吴瑾無功，罷之，以武安侯鄭英率兵禦之。八月，賑兩直隸、山東、西、河南災傷。米魯等聽撫。革景泰以來内外鎮守、協守、分守等官。九月丙子朔，日有食之。停武當山齋醮掛像。甲午，

汝王之國。史琳無功,起秦紘代之。冬十月,米魯復叛。岐王祐棆薨。十二月,賑兗州、徐、邳等處。欽天監改造渾儀。

十五年壬戌,春正月,大覲考察。【略】三月,湖廣兵破賊李再萬,平之。丁亥,策士,賜康海等及第、出身有差,改胡煜等二十人爲庶吉士。命九門内官止督譏察,不可干預國課。【略】

十六年癸亥,春正月,孟養思陸歸我侵地,入貢。二月,上郊祀,賜閣臣蟒衣。鑄弘治通寶錢。詔取牡丹,廷臣諫,即命止之。【略】

十七年甲子,春正月,盗發慶恭王墓。【略】三月壬戌,太皇太后周氏崩,謚曰孝肅貞順康懿光烈輔天成聖睿皇后,立廟别祀。夏四月己酉,孝肅皇太后祔葬裕陵。【略】秋七月,上召廷臣至暖閣,議以京軍出援邊。兵部尚書劉大夏陳利害,遂止不遣,敵尋引去。八月,考察京官,學士免考。【略】冬十月,上屢召廷臣至暖閣議機密。初設武科,定三年一次。十一月,敵犯莊浪、環慶。奸人劉山伏誅。敵圍靈州,邊將戰却之。命看詳試録,乖違者罪之。

十八年乙丑,春正月,大覲考察。【略】上召劉大夏、戴珊曰:「當朝覲,大官閉門謝客,若卿二人,雖日延客,孰敢以賄通。」手白金二錠賜,止勿謝,恐他人知未免懷慚耳。二月,詔曰:「朕圖新政理,樂聞讜言,除祖宗成憲不可紛更,其事關軍民利病,切於治體,但有益於致治者,無論大小,臣工咸直言勿隱。」三月,禁密雲銀治。上召劉大夏,面諭之曰:「事有可否,欲召卿議,又以事非兵部。今後有當行止者,具密揭以聞。」大夏對曰:「不敢。」上曰:「何也?」對曰:「先朝李孜省可爲鑑戒。」上曰:「卿論大政,豈彼營私者比。」大夏曰:「揭行亦前代斜封之類,願陛下遠師聖帝,近法祖宗,凡事商之内閣府部。如揭帖久,則上下俱有弊。」上曰:「善。」户部主事李夢陽指斥時政,下獄,既而釋之。問廷臣曰:「外議以爲何如?」廷臣對曰:「皇上釋李夢陽,中外頌聖德。」上曰:「夢陽奏有張氏二字,左右謂其語涉中宫,朕不得已下之獄。及詔獄讞詞上,左右奏曰:『此狂妄人,宜付錦衣杖而釋之。』朕悟此輩欲重撲夢陽致死,以洩中宫之忿,朕所以即釋之,不令法司擬罪也。」廷臣曰:「陛下此事真堯舜之仁。」三月,策士,賜顧鼎臣等進士及第、出身有差。改崔銑等三十人爲庶吉士。夏四月,上召大臣至便殿,凡弭治盗賊、會推官員、鹽法錢法、刑獄徭役,一咨詢處置,且昃乃罷。如是者久之。每召對,天顔和霽,問答詳審,藹然家人父子,中外稱慶焉。甲申,上不豫。五月庚寅,上大漸,召劉健、李東陽、謝遷入乾清宫,命近御榻,上曰:「朕承祖宗大統,在位十八年,三十六歲,乃得此疾,殆不能興,與先生每相見少矣。」健等曰:「陛下萬壽無疆,偶而違和,漸須調攝,安得遽爲此言。」上又曰:「朕爲祖宗守法度,不敢怠荒,凡天下事先生每可謂盡瘁。」又曰:「朕蒙皇考厚恩,選張后,生東宫,今十五歲,尚未選婚。社稷事重,可命禮部速行。然東宫頗聰明,但年幼,好逸樂,先生每勤勸之讀書講學,輔之作一好人。」皆頓首曰:「臣等敢不盡力。」辛卯午刻,旋風大起,雲籠宫殿,空中若有人騎龍上昇者,都人皆驚視。俄傳上崩。六月,上號謚曰「達天明道誠純中正聖文神武至仁大德敬皇帝」,廟號「孝宗」。冬十月庚午,葬泰陵。掩壙時,五色雲見於陵上。先是,遺詔下,中外震悼。哭臨之日,臣民號慟不能興拜,梓宫所過,哭聲震野,其得人心之深如此。

查繼佐《罪惟録》帝紀卷一〇　孝宗達天明道誠純中正聖文神武至仁大德敬皇帝,名祐鏜,母紀貴妃,生時有風雷之異。天姓沉默,能書法。九月壬寅,皇太子即皇帝位,大赦,以明年爲弘治元年。尊皇太后周氏爲聖慈仁壽太皇太后。母后王氏爲皇太后,册妃張氏爲皇后。上大行尊謚。禮部侍郎、通政使李孜省謫戍甘州;内監梁芳降少監,南京閒住;太醫各官皆削秩逮獄;僧繼曉原籍爲民;方士太常卿趙至芝、鄧常恩等俱戍邊;番僧國師、法王領占竹等悉降革,追奪勅印,議杖,發回四川;原居光相寺他僧道官,下部察處。其孜省黨吏部尚書李裕、右都御史劉敷、禮部侍郎劉景等俱奪職。戊申,上御西角門,給事中李賨上四事,有旨:異端冗官及進獻各衙門察革。縣丞徐頊請追究先皇妃紀氏所以死狀,上寢之。有旨下禮部:皇親萬吉等官爵先行辭退,其金寶違禁器物、支過内府價銀,並追還官。召太監懷恩於鳳陽,掌司禮監事。

冬十月,盡罷傳陞官。陞王嶼、何喬新、黎淳爲户、刑、工三部尚書。丙子,有星變,詔求直言。庶吉士鄒智請進君子,遠小人,因言閣臣萬安貪狡,劉吉陰刻,尹直奸譎,薦致仕尚書王恕、王竑,巡撫彭韶可任,不報。進士李文祥上言新政,語切直,除咸寧縣丞。封占城王子孛古來爲王,勅安南還其侵地。少師、大學士萬安、刑部尚書杜銘致仕。清錦衣武職。追尊紀氏爲皇太后,上尊謚。葬大行皇帝於茂陵。十一月,革内外倉場太監九員。加王恕爲太子太保、吏部尚書;改南兵部尚書馬文升爲左都御史。大學士尹直致仕,侍郎王景閒住。加大學士劉吉少傅,陞徐溥禮部尚書,進文淵閣。以劉健爲禮部侍郎,兼學士,並入内閣。楊守陳爲吏部侍郎,掌國子監事。丘濬進所著《大學衍義》,補陞禮部尚

書，掌詹事府事。逮問梁芳、李孜省等。以耿裕爲南京兵部尚書，參贊機務。十二月，復按察使閔珪巡撫順天。議祧懿祖廟，以德祖視周后稷，太祖視周文、武，百世不遷，乃立祧廟於太廟之後，藏懿祖神主，祫祭則出之，升祔憲宗。別廟祀孝穆皇太后，曰奉慈殿。御史曹璘請削萬妃謚號，遷葬。上曰：「止！勿復言。」致仕兵部尚書王竑卒，謚莊肅。孝穆皇太后祔葬於茂陵。李孜省死於獄。旱災，免湖廣屯糧十之六。擢南刑部員外林俊爲雲南按察使。鹵寇甘、涼、蘭、鞏。保國公朱永提督團營，掌後府事。以鄧廷讚爲南京左副都御史，黄孔昭爲南京工部右侍郎。

弘治元年戊申春正月，改尚書王恕於南吏部，黎淳於南禮部；陞臨潼知縣徐鏞爲淮安知府，姚安縣判劉昂爲敍州知府。毀各祠廟石函爲太監所賚者。禁賜蟒衣。鹵入密雲、蘭州、廣寧。閏正月，起參政鄭時爲副都御史，巡撫鄖陽。陞强珍爲副使。侍郎楊守陳請開經筵早朝，午朝聽政，可行。訪孝穆太后親屬，取回各處抽分御史。賜太監懷恩祭葬，祠曰「顯忠」。江西賊楊九隆平。二月，籍田禮畢，宴，教坊承應或出狎語，都御史馬文升正色曰：「新天子當知稼穡艱難，豈宜此瀆聽。」帝斥去之，而坐二糾儀御史下獄。文升以即位之初，宜優容言官，得釋。禁在京私囑帖字。擢按察使許進爲僉都御史，巡撫大同；都御史屠滽督兩廣；秦竑督漕運。晉世子母喪，乞廬墓，勅止之。封哈密都督罕慎爲忠順王，使未即而罕慎爲土魯番所殺。三月，幸太學，釋奠先師。南吏部主事儲(瓘)[巏]疏舉謫籍丁璣、張言、王純、敖毓元、李文祥等，有曰：「與其別求敢諫之士，無如即用已試之人。」詔付吏部起用。賜齊庶人子孫名。仍令傳寫朝報。南守備太監錢能閒住。

夏四月，加贈前尚書于謙謚忠愍，祠曰「旌功」。復按察使楊繼宗爲左僉都御史，巡撫雲南，卒於道。追復廣東左布政使陳選官。天壽山大雨雹，震驚陵寢，祭告，戒中外修省。侍讀張昇因數閣臣劉吉十罪，且謂祈免彈射，昏夜欵門，尤宜譴斥。言官魏璋等阿吉，交章論昇，昇坐左遷。御史陳嵩請復昇官，不報。定贈繼母例。嘉興百户陳輔劫庫放囚，殺吏民，且爲亂，命刑部侍郎彭韶巡視，事平。鹵犯蘭州、宣府、甘肅，小王子自稱大元大可汗，近邊求貢，嚴備之。存恤高牆庶人。六月，吏部尚書王恕請暫罷寒暑經筵，被劾辭任，不許。詔録章綸原疏，付史館。南給事中方何等，御史黎昪等，劾大學士劉吉以下十九人。寧陽侯陳輔有罪，罷爲民。逮妖僧繼曉，伏誅。

秋七月，封皇后父張巒壽寧伯。南僉都御史高明卒。贊善張元禎疏聖志、聖孝、聖智三事。禁雲南太監進貢。兵部尚書陸容奏罷營求都指揮二人，遂請武職薦舉如例，停各處採辦貢獻。八月，鹵犯獨石馬營等處。九月，鹵請報使通和，不許。乞比例陞職，許之。勘事提人，復給精微批。

冬十月，以旱災，免河南等府稅糧。尚書周洪謨、少詹程敏政、庶子王臣咸被劾，致仕。洪謨卒，謚文安。代王獻海青，書諭却之。勅東昌、兗州、濟南三府還魯府種羊勿飼。賑。四川、湖廣。召南兵部尚書耿裕於禮部。十一月，陝西回彝及兩廣流賊平。十二月，贈建昌死事知縣莊英爲通判。自是每歲旌節孝不以數。

弘治二年己酉春二月，太子太保、兵部尚書余子俊卒，贈太保，謚肅敏，改馬文昇代之。謫御史陽鼐壽州知州，復與御史劉槩並戍河西。謫庶吉士鄒智爲廣東石城縣吏目，李文祥爲驛丞。先是鼐、槩慷慨，嘗微論朝政，意在激清。內閣劉吉追恨鄒智「君子小人」疏，囑御史劉璋誣劾鼐、槩、智、文祥等，下獄即訊，不爲屈，强坐妖言惑衆律，大辟。大理寺評事夏鍭、吏部尚書王恕次第疏救，得改謫。帝頗事齋醮，言官韓鼎疏諫，并請設妃嬪以廣儲嗣。召兩廣都御史屠滽掌都察院事，以秦紘代滽。三月，免租。湖廣、四川三之二。鹽法都御史彭韶上灶户疾苦圖，係以詩，留覽。罷江西、福建巡撫官。

夏四月，免王恕午朝及風雨早朝。致仕吏部尚書李秉卒，贈太子太保。六月，鹵入遼東、宣府、大同等處。革錦衣衛傳奉等官。

秋七月，免南京各衛屯糧之半。詔三科舉人不許復試。下第舉人林潤陳請再寬一科，許之。踰年弛此例。田州知府孔鏞招平峒獠。

冬十月，吏部侍郎楊守陳卒，謚文懿。哈密襲牙蘭走之，以罕慎弟奄克孛剌襲都督同知，仍給金印。山西妖賊王良伏誅。十一月，賑順天饑。擢蘇州太守倡鍾爲大理寺少卿。阿里黑麻王由海道進獅子，却之。天地壇齋宮祭服庫火。令州縣遷民壯。

弘治三年庚戌春正月，壽寧伯巒進封侯。太監蔣琮有罪，奉勘三法司及侍郎、御史十餘人停俸降調有差，琮視事如故。烏斯藏定三年一貢。二月，免租。直隸、河南、開封。兩廣總督秦紘再劾安遠侯柳景，景反劾紘，革景職，追贓，紘致仕。三月，致仕大學士劉珝卒，謚文和。

夏四月，改刑部侍郎彭韶於吏部。鹵入宣府、大同。以韓文爲副都御史，巡

撫寧夏。土官岑欽攻逐田州知府岑溥，總督秦紘以兵歸溥。

秋七月，河決原武，命户部侍郎白昂治之。皇親紀貴、紀旺以詐冒遣戍。廢武邑王聰沫爲庶人。占城國王罕古來得入國，奏謝，并以所餽勞苦都御史屠滽，滽以歸朝廷。上固予，滽曰：「臣臺長也，而受外國金，何以率下？」卒不受。八月，立孝穆皇太后祠於廣西。閏九月，禁藩府請田。授宋儒朱熹九世孫貞婺源訓導。

冬十一月，以彗星見，停諸工作，撤江西燒造内官。鄖陽巡撫戴珊勦蜀盜野王剛，平之。

弘治四年辛亥春正月，以修省，免上元節假。郊，免慶成宴。小王子來貢。户部尚書李敏疾歸，卒。二月，右都御史屠滽疾歸。盡驅番僧，止留一百八十二人。討陵水縣黎賊，敗之。南禮部尚書黎淳致仕。禁胡服胡語。

夏四月，禮部尚書耿裕、侍郎倪岳，坐失火下獄，以丘濬代裕。番賊入河洲。五月，追謚吴雲忠節。南祭酒謝鐸致仕。

秋七月，鹵入甘肅白石崖等處。八月，以水災，暫停江南織造。土魯番入貢，以哈密城金印來歸。刑部尚書何喬新素與閣臣吉不協，吉嗾御史鄒魯誣訐喬新私所親魏紳躐陞大理，逮獄訊，無實，喬新致仕。封皇弟五王。秦、汝、涇、榮、申。復午朝。九月，陞彭韶刑部尚書。皇長子厚炤生，是爲武宗皇帝。彰平盜流入安溪，擊平之。大學士劉吉罷。

冬十月，改封興王於安陸州。陞劉璋南禮部尚書。禮部尚書丘濬入文淵閣辦事。黄河溢，賑沿河被災者。鹵寇甘肅，住牧古北口。八寨峒賊韋柒旋等攻劫賓州。擢吏部左侍郎張悦爲南兵部尚書。十一月，代府寧化王鍾炳、晉府慶成王長子奇湞，皆以罪革爵。廣東賊平。十二月，貴州苗乜富架作亂，掠都匀、清平等處。南渭王長子應鏃有罪，廢徙鳳陽。掌錦衣衛事都指揮使朱驥卒。驥性寬厚，初妖人真惠者，僞爲書惑衆，多株連，驥但坐首事惠復，潛滅傳示諸書，得活數百人。起秦紘南户部尚書。皇太后推恩兄王源瑞安伯，弟清崇善伯，濬安仁伯。源尋進爲侯。

弘治五年壬子春正月，遼府鎮國將軍思鐳有罪，廢徙鳳陽。代府輔國將軍成鈋有罪，廢爲庶人。福建賊温文進伏誅。立陝巴爲忠順王，填哈密。三月，册立皇長子爲皇太子，大赦。討廣西猺賊，副總兵馬俊、參議馬鉉戰死，贈鉉參政。兩廣會兵討之，賊流劫瀧水縣。鹵犯甘肅、宣大。禁永平等府開鑛。

夏四月，大學士丘濬以災異迭見，疏請端身以立本，清心以應務，禁私謁以肅内政，明禮義以絶神仙，節經費勿至於耗國，公任用勿至於偏聽。上嘉納之。詔録開國功臣之失所者，開平曾孫常復、寧河玄孫鄧炳、岐陽支孫李濬、東甌玄孫湯紹宗。俱授南京錦衣衛指揮使。給事中吴士偉奏景泰中以誠意伯之裔與顔、孟並爲五經博士，不合例，改其九世孫瑜處州衛指揮使。六月，從大學士濬議，建重樓藏寶訓、實録并諸書籍内府。光禄寺供應自白糧外，俱停解，收直置辦。鹵入宣府及古北口。

秋七月，録曾子贛榆遺派。八月，改鹽課中邊例，俱於運司投納額課解部，貯太倉備邊。壽寧侯張巒卒，子鶴齡襲封。

冬十二月，廢荆王見瀟爲庶人。

弘治六年癸丑春正月，鹵入宣府，戰敗於龍門。免山東鹽課。大計，察二千五百餘員。二月，擢浙江布政使劉大夏爲副都御史，治張秋決河。三月，免大學士徐溥早朝。頒《武經七書》於武學及應襲舍人。科臣吴世中請卹逐國方孝孺等，事格。

夏四月，速檀阿黑麻襲執哈密陝巴，據其城，降勅責問。太醫院判劉文泰劾吏部尚書王恕作傳，頗彰先帝之失，下文泰獄，詞連閣臣丘濬，降文泰御醫，濬免究，燬所作《王大司馬傳》版。恕請致仕，許之。五月，禦鹵寧夏，失利。久旱，修省，求直言。閏五月，免應天等處秋糧，禁勳戚奏乞莊田。六月，趙府湯陰王見準敗倫，誅之。陞倪岳刑部尚書。兩廣賊平。

秋七月，召屠滽掌都察院事。刑部尚書彭韶致仕，尋卒，謚惠安。八月，旌士官妻守節者。荆庶人見瀟不軌，勒自盡，推都梁王祐柵襲封。復户部官管鈔關。鹵入密雲。

冬十月，免造明年煙火，止番僧領占竹入京。檢討徐浤等九人不願就王府官，噪吏部，黜爲民。西安知府嚴永濬疏諫裝織綵絨，悉停之。鹵犯大同。十二月，擢儒士潘辰爲翰林待詔。旌表五世同居四人、六世同居二人、八世同居一人。五世爲密雲民李琚、合肥民鄭元、陝西千户朱勇、陵州民徐梁。六世爲靈州壽官李需、慶遠民黄鐘。八世泰州醫官王玉。咸題曰義門。

弘治七年甲寅春正月，河南水旱，免税加等。鹵再入甘州。三月，貴州苗平。

夏四月，韓府儀賓文顯宗私通宫妾，律斬，郡主以翁姑老，請代杖百，閒住。

廣西賊首黄鑑臣就擒。貴州苗賊長脚等伏誅。五月，旌代府靈丘王長子成鍛孝行。下山東按察使楊茂元獄。茂元請以治河專任劉大夏，不宜復以太監李興、平江伯陳鋭分其事權，且請戒飭后戚，防禦邊患，坐妖言律。科道官交章論救，得謫降長沙府同知。

秋七月，土魯番求貢。令哈密之衆暫居甘州，授以官，曰回回，曰禿九兒，曰哈剌灰。八月，户部員外牛通管倉庫貪，惡代者余完，挺逐之，且污以醜語，完憤自經。通坐戍四川衛。

冬十月，苗賊入靖州焚掠，殺百户一人。鹵入山丹衛及宣大、甘肅。十一月，以經略哈密侍郎張海、都督僉事侯謙無成功，下獄，閉嘉峪關，與土魯番絶。都御史大夏堤河工，五旬而事竣。

弘治八年乙卯春正月，破鹵涼州。二月，少保大學士丘濬卒，贈太傅，謚文莊。禮部侍郎兼侍讀學士李東陽、詹事兼侍讀學士謝遷並入内閣。三衛連寇密雲，詰責之。三月，革鄭府涇陽王見濍爵。賜朝鮮國王李娎謚曰康靖，封李㦕爲國王。己亥，太皇太后病平，以帝誠孝感格，特頒誥諭。

夏四月，封皇后弟張延齡建昌伯。陝西妖僧據山中爲逆，馬文昇曰：「毋動衆，巡撫張敷華能了此。」未幾，敷華果以計授山中父老縛妖僧捷至。五月，鹵節入宣府、遼東、密雲、延綏、大同等處，别部欵肅州。大學士徐溥等請昧爽視朝，納之。

秋七月，追封宋儒楊時將樂伯，從祀孔子廟，特允襲封孟氏博士。八月，復設山東勸農參政。

冬十月，以都御史鄧廷讚爲兩廣總督。安南數侵占城，占城請興師問罪。上欲馳詰安南，閣臣徐溥等疏云：「海島茫茫，徒掉寸舌，小必掩過飾非，大或執迷抗命，若置而不問，損威已多，若果問罪興師，貽患尤大。」議遂止。十一月，禮部尚書倪岳以地震日食等災異，條修省三十三事，行之。晉府寧化王鍾炳有罪，廢爲庶人，發高牆。免雲南逋課。十二月，中官傳旨命閣臣撰《三清樂章》，徐溥等謂文淵閣所職謀議政事，講經論史，培養本原，弼正得失，詖悦非所尚也。上然，止之。鹵數入遼東、義州、宣府。流賊破桂陽縣，轉掠江西會昌府。時天皷鳴，五省地震，太監李廣、梁鵬引用劉良輔等以左道惑亂帝心，齋醮燒煉，靡濫失度，差遣四出，吞噬横行，士大夫賄賂乞哀，言官瞻顧塞責，户部主事熚士因災異極言之，且曰：西北旱熯，父子相食，東南饑疫，骨肉流離，其變非小。報聞。大學士徐溥疏曰：「人君之心必有所繫，不於此即於彼。今每歲經筵不過數日，於是異端惑世之説進，以致熒惑失度，太陽無光，天鳴地震，草妖木異，奏報無虚日。伏乞嚴蚤朝之節，復奏事之規，勤講學之功，優接下之禮，遠邪佞之人，斥誣罔之説。」上嘉納之。以都御史屠滽奏，寢麻峪山銀鑛。

弘治九年丙辰春正月，吏部尚書耿裕卒。科道所拾遺十二人俱留用。河南巡撫徐恪以傳陞辭任，不允。二月，改左都御史屠滽於吏部。保國公朱永卒，子暉襲，俾世侯。皇第二子厚煒薨，追封蔚王。三月，鹵數入宣大及黄花鎮，再入薊州。閏三月，命皇太子文華殿受朝。阿黑麻復襲哈密。

夏四月，妖僧張金峯伏誅。金峯以藥餌符水聚衆終南山，且爲亂，捕誅之。陞吏部侍郎周經爲户部尚書，改禮部尚書倪岳爲南吏部，加太子少保。五月，許北鹵定以千人入貢。致仕大學士尹直上皇太子承華箴，以其獻諛，却之。武岡知州劉遜以忤珉王，下錦衣獄。言官龐判、劉紳率同列論救，并逮繫。御史張淳不得與，亦上疏申救。大學士徐溥等謂言官弗罪，上從之。

秋七月，哈密復國。桂陽賊平。

冬十月，鹵入陝西、宣大、寧夏，却之。十二月，賜薛瑄祠曰「正學」。祀伏羌伯毛忠於甘州，額曰「武勇」。刑部典史徐珪請革東廠。發爲民。

弘治十年丁巳春正月，奉御張瑄獻閒地爲東宫莊田，下獄治罪。福建流賊劫雩都五縣。三月，鹵數入甘肅。内官何鼎言事，下獄，言官論救。上經筵畢，召閣臣徐溥等，面議章奏批發。湖廣左布政使兼廣東按察副使撫治兩廣地方陶魯卒。

夏四月，南吏部尚書莊昶閒住。科臣葉紳言事，劾太監李廣八大罪。五月，翰林檢討范兆吉因災異陳言，内涉宫闈，下獄，贖杖還官。鹵寇潮河川，指揮劉欽等二十七人戰死。大同禦鹵敗績。户部侍郎劉大夏經理北邊糧草，榜告報法，邊足。各省天鳴地震，詔求直言。刑部主事鄭岳以陳言下獄，户部侍郎許進疏救，始獲赦。

秋七月，南工部尚書侯瓚致仕。八月，改兩廣都御史鄧廷瓚總漕。九月，鹵數入陝西及宣府、肅州、莊浪，尋入薊州。賑山東蝗疫。

冬十月，録于謙從孫允忠爲杭州副千户，世襲。起致仕左都御史王越總甘涼各邊軍務。贈前少保王文太保，謚毅愍。十一月，南禮部尚書童軒致仕。晉府慶成王鍾鎰薨，王子女百人，公會至不能相識。黑阿麻歸陝巴，乞通貢。進貢

太監奏管閘主事盛應期、范璋阻滯，坐降驛丞。治兩廣官軍殺良民報功者。定土官陞賞之例。祠祭司郎中馬雲鳳，以駕後乘馬降陝州知州。復萬貴妃姪喜爲千户等官。敗鹵赤斤衛。

弘治十一年戊午春正月，苗賊犯靖州。二月，許小王子二千人入貢。三月，皇太子出閣講書。鹵數入肅州、遼東、宣府、莊浪，再入宣府、寧夏。

夏四月，江西宗室與藩臬訐奏，上親鞫平之。五月，旌晉府鎮國將軍鍾鉻、鍾鈇孝行。六月，額通政司日引奏七事，唯五月至七月減二事。總督越破鹵賀蘭山後，加少保。

秋七月，大學士徐溥致仕，尋卒，贈太師，謚文穆。鹵入遼東，都指揮王臣戰死。

冬十月，南户部尚書秦紘、户部侍郎劉大夏俱致仕。甲戌，清寧宫災，免朝。先是，有熊入城，尚書馬文升謂宜防盗，郎中何孟春謂宜防火，自後禮郎燬，宫中屢火。太監李廣自殺。金星晝見，免明年上元烟火。閏十一月，各官奏本差一二字，免劾。各處税課，俱不許王府陳乞。停醮齋。御史吴獻奏劾太監韋泰、皇親張延齡，坐失實，謫外縣丞。十二月，總制三邊少保都御史王越卒，贈太傅，謚襄敏。册安南世子黎暉爲王。擢陝西提學副使楊一清爲太常少卿。薊州巡撫洪鍾請鑿潮河渠，立外關，行之。鹵寇遼東，都指揮劉剛戰死。

弘治十二年己未春正月，監生江瑢以排斥閣臣下獄，尋釋之。敗鹵及朵顔於遼東。以兵部尚書馬文升議，復送前忠順王陝巴入哈密。二月，會試未曉，給事中華昶、林廷玉劾副主考禮部尚書程敏政鬻題舉子徐經，詔下昶獄。既曉，同考給事中復疏敏政可疑六事，併逮敏政。廷鞫經，詞伏，并連南畿解首唐寅，問黜舉子十餘人，經、寅咸充吏。坐程賄不真，謫昶太僕寺典簿，廷玉海州判，敏政致仕。三月，鹵連入遼東、大同、永平，尋敗虜於宣府。

夏四月，古田傜僮作亂。致仕禮部主事楊循吉請復建文君尊號，不果行。察光禄寺器皿入内者，加數發出。湖廣賊首江欽、蘇瑛等伏誅。以水災免江北子粒。都勾殘賊作亂。

秋七月，鹵入并州、遼東、宣府、寧夏。八月，副都御史顧佐覈三衛彝人所訴邊臣誘殺事，切責總旗官。南尚書鄭時卒。起謝鐸禮部侍郎，掌國子監事。九月，改南兵部侍郎張敷華右都御史，總漕。寧府石城王宸浮、輔國將軍宸潤有罪，降爲庶人。重建清寧殿成，延灌頂國師那卜堅參等設壇慶讚。大學士劉健等力諫，既而府部科道亦言之，不荅。

冬十月，以上虞人張津知兵，出兩廣參謀軍事。十一月，廣西流賊入湖廣寶慶長河界。鹵入遼東、大同、涼州。上高王宸濠嗣封寧王。十二月，諸大臣請革冗官，不報。

弘治十三年庚申春正月，陞死事布政使陶魯子荆民爲副千户，世襲。二月，户部侍郎許進，勘河間貴戚莊田，還之民。歸養檢討陳憲章卒。修宋儒兩程子墳祠，給田土守户。僮賊劫平樂府，殺推官吴景暉。

夏四月，鹵入大同，官軍敗績。五月，上連御平臺。工、刑二部尚書徐貫、白昂咸致仕，加太子太傅。户、禮二部尚書周經、徐瓊致仕，加太子太保。吏部尚書屠滽致仕。六月，召倪岳爲吏部尚書，戴珊爲左都御史。兩廣總督、左都御史鄧廷讚卒，謚襄敏，劉大夏以右都代之。陞吏部侍郎林瀚爲南吏部尚書。鹵入遼東。

秋八月，革周府義寧王安渼爵，廢樂平王安泛爲庶人，置高牆。九月，破鹵宣大。鹵入馬蘭谷，復入大同、冀州。徽國公朱熹十一世孫墅任五經博士，十世孫燔婺源學讀書。

冬十二月，停抽分御史。

弘治十四年辛酉春正月，鹵入冀州，數入遼東。以大理寺丞陳壽爲右僉都御史，巡撫延綏。罪延綏失事總兵陳瑛、朱瑾等。益兵赴之，三勝火篩於河套，鹵遁去。壽任邊振刷，開屯採牧，不數月，省費二十七萬。同事者諷以子弟名册上蒙恩，壽曰：「吾子弟皆不諳弓馬。」不許。寶定府獻白鴉，黜之。南京大理寺評事夏鍭上言：民困養馬，困於責駒；煎鹽苦於賠課；王府侵奪，戚里恣睢；孔道支應爲艱，土産貢獻爲累。下所司知之。

夏五月，裁各處添設官員。免租。（山東、大同。）賑。（山東、山西、河南。）武岡州苗叛。鹵數犯遼東。起致仕僉事章懋爲南祭酒。以户部尚書王軾兼左都御史，討普安賊婦米魯。鹵寇延綏、甘州、宣府，數入冀州、固原、寧夏、韋州。

秋七月，近天壽山三十里風火，延七十里，林木俱盡。遞減王府房價造墳銀。閏七月，兵部尚書馬文升以星變，請免齋醮，止傳奉，惜濫費。以鹵在河套，請撤回絨織内臣，從之。却鹵寧夏。八月，掌國子監侍郎謝鐸請塞捷徑，以澄國學之源，今日納馬納粟之例，即他日貪利患民之媒。并請盡革冗員。遂革景泰以來内外鎮守、守備、協守、分守、兵備等官，止留曹州兵備。九月，以日食，停武

當山齋醮。起秦紘，以尚書兼副都御史，代史琳總督陝西軍務。

冬十月，吏部尚書倪岳卒，謚文毅。米魯欸，復叛。改兵部尚書馬文升於吏部，以兩廣總督劉大夏代文升。岐王佑棆薨，無子，國除。十一月，獎秦府汧陽王誠洌孝義。威州番賊作亂。

弘治十五年壬戌春正月，計察過多，上諭勿濫。三月，破擒湖廣賊首李再萬等。取回督磁内官。

夏四月，以羅欽順權署國子監司業，候章懋服闋赴任。鹵入遼東、偏頭、密雲。南刑部主事胡世寧言時政六事切直。取回番僧領占竹。贈死事貴州右布政使閻鉦、副使劉福、廣東參議劉信官蔭。獎楚世子榮滅孝行。陞開城縣爲固原州，設制府，督三邊。六月，逆賊胡天秀等伏誅。唐王彌鍗言藩封謚號，乞勘實行，獎諭之。大學士劉健辭擬釋迦像讚，允之。尚書劉大夏請減軍夫十之五，上命内閣傳旨切責。劉健曰：「愛惜軍夫，司馬職也。大夏蒙切責，亟辭去，更從何處得此人？」上輒如大夏請。

秋八月，致仕尚書項忠卒。九月，敗鹵遼東。命御史王哲巡按江西，甫之任，首劾鎮臣不法數事，下勅獎諭。

冬十月，免明年元宵煙火。尚書劉大夏擬團練京營於保定，有飛語揭宮門。上曰：「宮門豈外人可到，必有不得私役此軍者所爲矣。」楚府輔國將軍均鉻有罪，賜死。十一月，言官請以《大學衍義》進講經筵，納之。以水災免南直税糧。瓊州賊符蚺蛇作亂。尚書張悦卒，謚莊簡。命御史王哲巡按江西。哲恤民作士，持權貴，雪寃抑。民爲之謡曰：江西有一哲，六月飛霜雪。十二月，陞南京太常卿楊一清爲副都御史，理陝西馬政。致仕尚書何喬新卒，謚文肅。核天下黄册。甘肅副總兵魯麟貪求掛印不得，棄官歸大同。上語劉大夏，恐變生。大夏曰：「麟貪酷失士心，無能爲也。」聽之。

弘治十六年癸亥春正月，孟養思陸降，歸侵地。二月，都御史秦紘兼督寧夏，築花馬池墩堡。巡視江西林俊劾撫臣韓初問，召還，即以俊代。

夏五月，左僉都御史樊瑩巡視雲貴。尚書劉大夏以災異，引咎求退，不許。言兵政十弊，上悉准行。令大夏揭帖言事，大夏不敢，曰：「此古斜封墨勅之弊所由也。」帝稱善。陞吏部左侍郎韓文爲南兵部尚書。杖桂陽知州敖毓元死。

秋七月，致仕尚書白昂卒。申王祐楷薨，無子，國除。八月，察内府積貯。遣官巡視各省災傷。進建昌伯張延齡爲侯。户部尚書王軾督兵討普安女苗米魯，平之。

冬十月，起張元禎太常卿兼學士。詔建壽塔於朝陽門外，且諭武當山設像齋醮，撰真人杜永祺誥命。大學士劉健等奏止。十二月，鹵入寧夏、遼東。閉沂州礦。

弘治十七年甲子春正月，御史陳茂烈陳情終養，許之。停福建尋取禽鳥。二月，廣東盜古三仔、唐大髩伏誅。四川巡撫林元甫、貴州巡撫劉洪互任。鹵入遼東、薊州。三月，太皇太后周氏崩，詔撰尊謚孝肅，册文未及上，下閣議祔葬祔廟禮。上曰：「事須師古，古廟一帝一后，廢大禮乃自朕始之乎？」遂罷尊謚，仍稱太皇太后，立廟別祭。陞樊瑩南刑部尚書。

夏四月，討土知府岑濬。江西賊謝福、陳金、徐九齡等伏誅。取回南京、蘇、松織造内官。户部尚書侶鍾致仕。六月癸亥，回賊流劫直隷、山東、河南等處。戰鹵大同，指揮鄭瑞死之。却鹵延綏及宣府。

秋七月，上屢召大臣煖閣議政事及禦寇方略，隨欲出京軍大創之，兵部尚書劉大夏力諫，乃止。掌詹事府禮部尚書吳寬卒，贈太子太保，謚文定。昌平賊王爾玉伏誅。掌國子監禮部尚書謝鐸致仕。給事中吳蕣、王益值京考，以不謹當罷，挾奏禮部尚書馬文升、左都御史戴珊，反坐下獄。舜爲民，益閒住。刑部主事張敷復挾奏珊，亦坐黜。尋上考察疏，報允。以後准京官六年一考察。

冬十月，總督尚書秦紘致仕。鹵入莊浪，犯甘涼、寧夏及花馬池。討饒平盜蘇孟凱。召韓文爲户部尚書。奸人劉山伏誅。王女兒事，謂入宮生王子者。十二月，却鹵靈州。廣西賊流寇武岡州。獎曲陽王輔國將軍奇渾賢孝。看詳省直試録，乖違者參究。

弘治十八年乙丑春正月，帝召對煖閣，劉健等論鑄錢法、茶馬法諸弊，凡以鹽法奏討爲大弊。詔遵舊制。鹵復入靈州、韋州、花馬池等處，陷寧夏清水營，入遼東。二月，却鹵延綏及寧夏。崇明縣賊施天泰降，戍之。户部主事李夢陽上言時政，頗涉宮闈，上不得已下獄，尋手批復職，不復付錦衣。賜尚書劉大夏、都御史戴珊各元寶一，且曰：「朝覲時，文臣率避嫌，如二卿日開門延客，負不至。但勿謝，恐公卿知之，未免各懷愧悔。」三月，鹵入大同，寇獨石。泰寧鹵首欵塞。

夏四月，造册内外武職官員姓名履歷，按季進覽。降寧府鍾寧王覲錐父子爲庶人，發鳳陽。甲申，上不豫，大漸，召閣臣劉健、李東陽、謝遷，就煖閣受遺

命，曰：「東宮聰明，幼好逸樂，須令讀書。」辛卯午刻，旋風大起，雲籠三殿，空中若有人騎龍上昇者，上崩。葬泰陵。掩壙之際，有五色雲見。

帝簡言慎動，燕處必衣冠，曰：「吾不自治，誰肯治吾？」顧惜名義，論及後世青史，恒爲悚然。即位之初，徐溥、劉健在内閣，王恕入吏部，自是名臣並進。李東陽、謝遷、丘濬、耿裕、倪岳、馬文昇、劉大夏、周經、戴珊、張敷華、黄紱、何喬新、彭韶、楊守陳、周洪謨、許進、楊繼宗、屠滽、秦紘、鄧廷瓚、謝鐸、章懋、閔珪、林瀚、吴寬、張允禎、王鏊、楊天和、劉忠、韓文、林俊、楊一清、樊瑩、熊繡。十八年間，財以足，民爲富，兵以薄伐爲威，刑以緩死爲恩，禮以隨時爲大。壬辰，頒遺詔。癸巳，金澤民右都御史之命下。下太監張愉、醫官施欽、劉文泰於獄，論戍。壬寅，皇太子即皇帝位，大赦，以明年爲正德元年。

姜紹書《無聲詩史》卷一《孝宗》　孝宗敬皇帝，諱祐樘，憲宗第三子。建元弘治。帝萬幾之暇，間亦好琴，臺諫時以爲言。上笑謂近臣曰：「彈琴何損於事，勞此輩言之。」然終不以爲忤也。兼長繪事，曾賞畫工吴偉綵緞數匹，命曰：「急持去，毋使酸子知道。」

雜録

備録

王錡《寓圃雜記》卷一六　弘治十年三月，經筵畢，上召大學士徐溥、劉健、李東陽、謝遷至文華殿御榻前，上出各衙門題奏本曰：「與先生輩商量。」溥等每本擬定批詞，録於片紙以進，上覽畢，親批本面，或更定二三字，或删去一二句，皆應手疾書。有山西巡撫官本，上曰：「此欲提問一副總兵，何如？」溥等對曰：「此事輕，恐不必提，止提都指揮以下三人可也。」上曰：「然邊情事重，小官亦不可不提。」又禮部本擬一「是」字，上曰：「天下事亦大，還看本内事情。」因取本閲之，曰：「是只須一『是』字足矣。」又一本，健奏曰：「此本事多，臣等將下細看擬奏。」上曰：「就此商量，豈不好？」既又指餘本曰：「此皆常事，不過該衙門知道耳。」命左右賜茶而退。宣召顧問，藹然有都俞一堂之風。

陸深《谿山餘話》　我朝君臣隔絶，寔以憲廟口吃之故。至孝宗末年，有意召見大臣與議機務，李西涯文正公東陽載在《燕對録》。比來南劍，聞之蕭少卿九成韶言：一日孝廟嘗問司禮監祖宗時召見大臣其禮如何，當在何處，蕭敬對云：「英宗多在文華殿，嘗見臨殿前檻見吏部尚書王公翺問對。畢，王公辭去，顧見其衣後破損，再呼還，問衣破何不令家人補之。王公答曰：『今日偶服此到部，適聞命，不及更衣。』英廟撫掌笑，命賜一綺。」孝廟聞之，曰：「朕不能如祖宗簡易若此。」數日間，遂召見兵部尚書劉公大夏，見後稱好好。向見遼菴楊公一清，亦談一事云：「時甘肅闕總兵官，會推恭順侯吴瑾，英廟以爲得人，召問王公如何，王公以爲不可用，英廟遽曰：『老王執拗。外庭皆道此人好，獨爾以爲不好，何也？』王公叩頭曰：『吴瑾是色目人，甘肅地近西域，多回回雜處，豈不笑我中國乏人。』英廟即撫掌曰：『還是老王有見識。』即命另推。」祖宗時君臣之間契會如此。孝廟有意修復，真聖政也。

焦竑《玉堂叢語》卷三　劉忠宣公大夏任兵部尚書，戴莊簡公珊任左都御史，時有大政事，上每召二公面議。弘治乙丑春，二公對畢，上令中使出白金二笏以賜，且面諭曰：「卿等將去買茶果用。朕聞朝覲日，文官避嫌，有閉户不與人接者。如卿等，雖開門延客，誰復有以賄賂通也？朕知卿等，故有是賜。」且命不必朝謝，恐公卿知之，未免各懷愧恥也。《延休堂漫録》

孝宗好親儒臣，一日經筵，劉學士機進講「責難於君謂之恭」二句，上注聽久之，俯賜清問，因辯析「陳」字之義，劉倉卒進講，語不逮意。上謂之曰：「此即敷陳王道之陳也。」羣臣叩首謝。又問：「何以不講末句？」答以「不敢」。上又曰：「何害？善者可感善心，惡者可懲逸志，自今不必忌諱。」《歷代小史》

何良俊《四友齋叢説》卷一八　昔孝宗皇帝嘗問一内侍云：「今各衙門官，每日早起朝參，日間坐衙，其同年同僚與故鄉親舊亦須燕會，那得功夫飲酒？」内侍答云：「當是夜間飲酒。」孝宗曰：「各衙門差使缺人，若是夜間飲酒，騎馬醉歸，那討燈燭？今後各官飲酒回家，逐鋪皆要籠燈傳送，兩京盡然。」雖風雪寒凜之夕，半夜叫燈，未嘗缺乏。乃知孝廟體悉羣臣，可謂備極，故德澤在人，至今猶念之不忘。若今之當事者，皆能推廣此心，每事如此，則諸人有不盡心王事者耶？

朱謀垔《畫史會要》卷四　孝宗皇帝萬幾之暇，游筆自娱，點刷精研，妙得形似。

朱謀垔《續書史會要》 孝宗皇帝酷愛沈度筆跡，日臨百字以自課，又令左右内侍書之。

錢謙益《列朝詩集小傳》乾集上 孝宗皇帝，本朝之周成王、漢孝文也。聖學緝熙，光明純粹。學士張元禎進講性理，索《太極圖》觀之，曰：「天生斯人，以開朕也。」《静中吟》一絶，見於李東陽《麓堂集》。粹然二帝三皇，典謨訓誥，不當以詩章求之也。

陳田《明詩紀事》甲籤卷一上 《翰林記》：弘治初，上注意講學，遣太監戴義傳示聖意，命學士李東陽等各撰詩十首，用寓啓沃。東陽擬十題，各撰七言律詩一。

備論

何喬遠《名山藏》卷一九《典謨記·孝宗敬皇帝二》 臣喬遠曰：帝仁心爲質，布政優優，右威左德，先賞後罰。至於外戚太厚，中貴太盛，予賜太廣，冗員太多，臣下發憤扼腕而帝寧與之爲有餘，可謂如天之度，末年而聖。崩殂之日，深山窮谷，田畯紅女，無不哀吟思慕，若喪考妣。明自二祖而後，誦宣、孝二宗比成、康焉。

談遷《國榷》卷四五 史臣曰：上簡言慎動，愨誠充粹，闇然而日章。燕處必衣冠，雖置筆硯有常處，曰：「凡事皆合如此。」又曰：「吾不自治，誰能治吾。」日五鼓率起祝天，每值水旱災異，輒齋心露禱，減税緩獄。郊祀奏樂有悮，召樂官詰問。惇叙彝典，動據太祖，置文皇《永樂大典》于宫中，時時省閲。小民章奏，披覽必盡。有以人命訟冤者，未嘗不爲覆訊，寧失不經。臣下逆耳苦口之言，紛然雜進，而含容茹納，未嘗輕有罰謫。雖小官末吏，考察黜退，如不得已。尤軫恤武臣邊帥。在位既久，見内外諸司，弊端日積，欲痛加釐革，以復祖宗之故，而旁詢博訪，務窮根節，含洪隱忍，不欲太驟。愛惜財用，宫中進包索積累，左右欲棄之，特命送貯光禄。宫中用牲口，日給粟豆，皆有籍記。尤重名義，論及後世青史，恒爲悚然。中外方延頸跂踵，翕然望治，忽罹大變。哭臨之日，臣民號慟，頓不能興。梓宫所過，哭聲震野。其得人心之深如此。

鄭曉曰：帝仁恕恭儉，敬慎英明，清心寡欲，愛民節用。方術宦寺，莫敢干撓。憫災思患，戢盜防胡。且崇德報功，興滅繼絶，憂勤惕勵，始終不渝。迹其修齊治平之效，蓋有得于二南、六典、九經之道矣。若乃崇祀奉慈而秩分甚嚴，友愛興獻而恩禮愈篤，悼念昭德而保護甚至，廟號孝宗，不亦宜乎。即位之初，徐溥、劉健入内閣，王恕入吏部，自是衆賢並進，李東陽、謝遷、丘濬、耿裕、倪岳、馬文升、劉大夏、周經、戴珊、張敷華、黄紱、何喬新、彭韶、楊守陳、周洪謨、許進、楊繼宗、屠滽、秦紘、鄧廷瓚、謝鐸、章懋、張悦、林瀚、吴寬、張元禎、王鏊、楊廷和、劉忠、韓文、林俊、楊一清、樊瑩、熊繡諸君子，襄贊皇猷，旬宣方岳。當是時，朝多耆俊之臣，野無廢錮之彦，士修端静之節，人懷躁競之恥，吏鮮苛黷之風，民懷樂利之澤，洋洋乎，蔚蔚乎，有豐芑棫樸之化焉。説者又曰：泰陵晝接再三，虚懷霽色，勵精訪治，將大有爲，而諸君子志在包荒，意存裕蠱，多思少斷，坐失良期。然十九年間，財以足民爲富，兵以薄伐爲威，刑以緩死爲恩，禮以隨時爲大，可謂與民休息、培植元氣者矣。内外安寧，幾至刑措，商周甲戊、成康之盛，何以加焉。升遐之日，萬方哀痛，如喪考妣，豈偶然哉，豈偶然哉。

李維楨曰：諸帝山陵作原廟，后並坐配食，皇貴妃而下左右侍，一帝一后，獨泰陵耳。體貌大臣，開廣言路，節用愛人，休息乎無爲。近者歌謳而樂之，遠者竭蹶而趨之，德澤上昭天，下漏泉，至于今父老稱弘治之盛，雖漢文、宋仁，何以加焉。

朱國禎曰：三代以下，稱賢主者，漢文帝、宋仁宗，與我明之孝宗皇帝，匪獨天資粹美，亦由學問優長。漢文得之黄老，宋仁宗亦如之，我孝宗儒而兼綜，故其學獨正，其治獨隆。學士張元禎疏勸經筵講《太極圖》、《西銘》諸書，上索而觀之，曰：「天生斯人開朕也。」其淵源如此。故發揮事業，巍然焕然。十八年中，深仁厚澤，幾于必世，遠非漢、宋可及。説者猶曰外戚太厚，賜予太廣，此皆自兩太后起見，即慶讃亦所不廢，愈見其大。又曰冗員太多，則先朝傳奉革之殆盡。曰中貴太盛，則李廣至于自盡，苗逵不聞弄權。蓋寬以成其孝，節以制其流，内外時措，各有攸當。稱曰聖主，又何疑焉。

談遷曰：明當中葉，國家積歲熙洽，嗚吠烟爨，蒸蒸如也，豈不稱盛際哉。僅一二秕政，賢僉雜迹，或反爲所用，吏民嗛焉。孝宗在東宫久，稔知其習，首罷幸相，次第釐革，改步之初，中外鼓舞，曉然誦明聖，識上意所嚮也。優容言路，彙籲良士，六卿之長皆民譽，三事之登皆儒英。講幄平臺，天聽日卑，老臣造膝之語，不漏屬垣，少年慟哭之談，嘗爲動色。故良楛鑑斷，刑賞恬肅，雖青寧之

戚，天下豔之。然寵如竇憲，尚難泌水之園，驕即武安，未請考工之宅，則帝心端可知矣。宵旰之勤，盡十八年如一日，而宣室之謨畫，天章之筆札，諸臣惟鎮靜之是務，補苴呵護，神理舒謐，欲脱略凡近，強往迴圖，尚未之逮也。而纓緌恥于速化，閭閻媿于佻達，考其歸宿，兢兢于先民，非德澤深厚，能摩切如此哉。詔不反汗，兵不屢駕，最軫念民力。于時水旱夷盜多見告，吏民喁喁，忘流徙屠掠之憯，俱交口慕説。噫，孝宗何以得此于天下哉。億萬載無疆之休，一傳而斬，古者天子一娶十二女，帝姬嬪不廣，繇今而觀，先王之慮遠矣。

查繼佐《罪惟録》帝紀卷一〇　論曰：帝業幾於光昌矣。羣賢輻輳，任用得宜，煖閤商量，尤堪□法。斥妖淫，辟冗異，停採獻，罷傳陞，革倉差，正抽分，種種明斷外，尤莫難於孝穆、孝肅之別祀，萬貴妃之免議，于肅愍之旌功。所謂情而安之於義，又列辟之所不能望也。升遐之日，萬姓哀號，豈偶然哉！若夫待外戚過厚，賜予頗濫，冗員尚多，中貴太盛，□或移心齋醮，紛費□□，蓋積漸者久，未能遽革也。夫果深有得於《太極》《西銘》諸圖書，即何難騎龍而上僊哉！

朱彝尊《静志居詩話》卷一　泰陵聖學緝熙，德修時敏，非惟政事之勤，實啓人文之化。置《永樂大典》于便殿，暇即省覽，又命儒臣集歷代御製詩以爲規範，其賜李東陽《静中吟》一首，論者謂同二帝典謨、三王訓誥焉。帝既殂落，羣臣哀輓之章徧於朝野，有云「日月無私照，乾坤仰聖功」，「孝可通金石，誠能動鬼神」，「雲容常昃日，露禱必深更，歲旱憂疑獄，天寒憫戍兵」，「近臣常造膝，元老不呼名」。「孝宗天子真聖人，平生好武復好文，文多咨諏武籌畧，坐鎮海宇清風塵」，李東陽詩也。「人間何日忘弘治，天下茲辰哭孝宗」，楊一清詩也。「惻怛蠲租詔，丁寧餽戍金」，儲巏詩也。「年年揮淚地，不見長蒼苔」，顧璘詩也。「十年放逐同梁苑，中夜悲歌泣孝宗」，李夢陽詩也。「彌留念諸將，顧命託三公」，何景明詩也。「當時侍從者，慟哭幾人存」，徐禎卿詩也。「祠官如可乞，長奉泰陵園」，邊貢詩也。「誰期陵樹果，猶許侍臣嘗」，王廷相詩也。「微官渾忘却，唯記孝皇年」，鄭善夫詩也。「弓劍仙原閟，謳歌帝德昭」，王謳詩也。要其觸景傷情，引端百出，雖不足包帝德之大，而公是之不可泯固灼然矣。近聞史局有專毁泰陵非令主者，將使是非混淆，是不可以不辨。

《明史》卷一五《孝宗紀》　贊曰：明有天下，傳世十六，太祖、成祖而外，可稱者仁宗、宣宗、孝宗而已。仁、宣之際，國勢初張，綱紀修立，淳樸未漓。至成化以來，號爲太平無事，而宴安則易耽怠玩，富盛則漸啓驕奢。孝宗獨能恭儉有制，勤政愛民，兢兢於保泰持盈之道，用使朝序清寧，民物康阜。《易》曰：「無平不陂，無往不復，艱貞無咎。」知此道者，其惟孝宗乎。

王恕部

綜述

《武宗實録》卷三七　恕字宗貫，陝西三原人。正統戊辰進士，改翰林庶吉士，授大理評事，歷左寺副，條陳刑罰不中六事。出知揚州府，屢析疑獄，歲饑賑濟，多所全活，揚人立石頌之。天順中，擢江西右布政使，轉河南左布政使。成化間，陞都察院右副都御史，撫治南陽諸郡流民，以母憂去。會襄陽盜起，詔起復，會兵剿平，轉左副都御史，巡撫河南。遷南京刑部左侍郎，丁父憂。服闋，改刑部，巡視河防。復改南京户部，值雲南多事，遂改左副都御史，巡撫雲南。劾鎮守中官不法事，没其部下所得金寶，動戚咸憚之，使人至夷方，無敢索其賂者。居雲南九月，疏二十上，言皆剴切，由是直聲動天下。進右都御史，尋改南京都察院，兼督巡江。又改南京兵部尚書，爲同事者忌，復以尚書兼左副都御史，巡撫南直隸。會蘇松諸郡災傷，請停織造、罷貢獻，奏免税糧數十萬。劾中官王敬、千户王臣科索罪，敬被收，臣梟首于市，中外快之。復南京參贊，時刑部員外郎林浚、經歷張黻言事下獄，恕力救之，因請罷永昌寺役。尋加太子少保。左右有嫉之者，俄有旨落太子少保，以尚書致仕。

孝廟在東宫，聞恕名，即位，首遣使召爲吏部尚書，加太子太保。在吏部抑僥倖，奬名節，振拔淹滯，人不敢干以私。有内批傳陞，恕輒言：「天下官以待天下材，奈何狥私戚妨公義。」有建白，或内批業已行之，則曰：「天下事設未當，雖十易何傷。」識者以爲名言。恕遇事輒論，不合即引疾求去，每恩詔勉留。會太醫院判劉文泰阿當道意，誣奏恕，恕疏辯，下文泰獄。事既白，而恕求去益力。上允之，命馳驛還鄉，賜寶鏹三千貫，有司歲給禄米人夫。今上即位，遣行人齎勑存問。至是卒，年九十三。訃聞，上輟朝一日，贈特進光禄大夫、左柱國、太師，謚端毅，給葬祭如例。

《明史》卷一八二《王恕傳》　王恕，字宗貫，三原人。正統十三年進士。由庶吉士授大理左評事，進左寺副。嘗條刑罰不中者六事，皆議行之。遷揚州知府，發粟振饑不待報，作資政書院以課士。天順四年以治行最，超遷江西右布政使，平贛州寇。憲宗嗣位，詔大臣嚴覈天下方面官，乃黜河南左布政使侯臣等十三人，而以恕代臣。

成化元年，南陽、荆、襄流民嘯聚爲亂，擢恕右副都御史撫治之。會丁母憂，詔奔喪兩月即起視事。恕辭，不許。與尚書白圭共平大盜劉通，復討破其黨石龍。嚴束所部毋濫殺，流民復業。移撫河南。論功，進左副都御史，稍遷南京刑部右侍郎。父憂，服除，以原官總督河道。浚高郵、邵伯諸湖，修雷公、上下句城、陳公四塘水閘。因災變，請講求弭災策。帝爲賜山東租一年，畿輔亦多減免。旋改南京户部左侍郎。

十二年，大學士商輅等以雲南遠在萬里，西控諸夷，南接交阯，而鎮守中官錢能貪恣甚，議遣大臣有威望者爲巡撫鎮壓之，乃改恕左副都御史以行，就進右都御史。初，能遣指揮郭景奏事京師，言安南捕盜兵闌入雲南境，帝即命景齎敕戒約之。舊制，使安南必由廣西，而景直自雲南往。能因景遺安南王黎灝玉帶、寶縧、蟒衣、珍奇諸物。灝遣將率兵送景還，欲遂通雲南道。景懼後禍，給先行白守關者，因脱歸，揚言安南寇至，關吏戒嚴。黔國公沐琮遣人諭其帥，始返。而諸臣畏能，匿不奏。能又頻遣景及指揮盧安、蘇本等交通干崖、孟密諸土官，納其金寶無算。恕皆廉得之，遣騎執景，景懼自殺，因劾能私通外國，罪當死。詔遣刑部郎中潘蕃往按之。能又以其間，驛進黄鸚鵡。恕請禁絶，且盡發能貪暴狀，言：「昔交阯以鎮守非人，致一方陷没，今日之事殆又甚焉。陛下何惜一能，不以安邊徼。」能大懼，急屬貴近請召恕還。而是時商輅、項忠諸正人方以忤汪直罷，遂改恕掌南京都察院，參贊守備機務。能事立解，蕃勘上得實，置不問。

恕居雲南九月，威行徼外，黔國以下咸惕息奉令。疏凡二十上，直聲動天下。當是時，安南納江西叛人王姓者爲謀主，潛遣諜入臨安，又於蒙自市銅鑄兵器，將伺間襲雲南。恕請增設副使二員，以飭邊備，謀遂沮。

還南京數月，遷兵部尚書，參贊如故。考選官屬，嚴拒請託，同事者咸不悦。而錢能歸，屢譖恕於帝。帝亦銜恕數直言，遂命兼右副都御史，巡撫南畿。舊制，應天、鎮江、太平、寧國、廣德官田徵半租，民田全免。其後，民田率歸豪右，而官田累貧民。恕乃量減官田耗，稍增之民田。常州時有羨米，乃奏以六萬石補夏税，又補他府户口鹽鈔六百萬貫，公私便焉。所部水災，奏免秋糧六十餘萬石。周行振貸，全活二百餘萬口。江南歲輸白糧，民多至破産，而光禄概以給庖

人、賤工。又中官暴横，四方輸上供物，監收者率要羡入。織造繒綵及採花卉禽鳥者，絡繹道路。恕先後論列，皆不納。

中官王敬挾妖人千户王臣南行採藥物、珍玩，所至騷然，長吏多被辱。至蘇州，召諸生寫妖書，諸生大譁。敬奏諸生抗命，恕亟疏言：「當此凶歲，宜遣使振濟，顧乃横索玩好。昔唐太宗諷梁州獻名鷹，明皇令益州織半臂褙子，進琵琶桿撥、鏤牙合子諸物，李大亮、蘇頲不奉詔。臣雖無似，有慕斯人。」因盡列敬等罪狀。敬亦誣奏恕并及常州知府孫仁，仁被逮。仁，新淦人，由進士歷知府，爲人方峻，敬至不爲禮，以是見忤。恕抗章救，三疏劾敬。會中官尚銘亦發敬奸狀，乃下敬等獄，戍其黨十九人，而棄臣市，傳首南京。仁亦得釋歸，後積官至巡撫寧夏右副都御史。

二十年復改恕南京兵部尚書。時錢能亦守備南京，語人曰：「王公，天人也，吾敬事而已。」恕坦懷待之，能卒斂戢。林俊之下獄也，恕言：「天地止一壇，祖宗止一廟，而佛至千餘寺。一寺立，而移民居且數百家，費内帑且數十萬，此舛也。俊言當，不宜罪。」帝得疏不懌。恕侃侃論列無少避。先後應詔陳言者二十一，建白者三十九，皆力阻權倖。天下傾心慕之，遇朝事有不可，必曰「王公胡不言也」？則又曰「公疏且至矣」，已，恕疏果至。時爲謡曰：「兩京十二部，獨有一王恕。」於是貴近皆側目，帝亦頗厭苦之。

二十二年起用傳奉官，恕諫尤切，帝愈不悦。恕先加太子少保，會南京兵部侍郎馬顯乞罷，忽附批落恕宫保致仕，朝野大駭。恕數爲巡撫，歷侍郎至尚書，皆在留都。以好直言，終不得立朝。既歸，名益高，臺省推薦無虚月。工部主事仙居王純比恕汲黯，至予杖，謫思南推官。

孝宗即位，始用廷臣薦，召入爲吏部尚書，尋加太子太保。先是，中外劾大學士劉吉者，必薦恕，吉以是大恚，凡恕所推舉，必陰撓之。弘治元年閏正月，言官劾兩廣總督宋旻、漕運總督丘鼒等三十七人，宜降黜，中多素有時望者。吉竟取中旨允之，章不下吏部。恕以不得其職，拜疏乞去，不許。陝西缺巡撫，恕推河南布政使蕭禎。詔别推，恕執奏曰：「陛下不以臣不肖，任臣銓部。倘所舉不效，臣罪也。今陛下安知禎不才而拒之，是必左右近臣意有所屬。臣不能承望風指，以固禄位。且陛下既以禎爲不可用，是臣不可用也，願乞骸骨。」帝乃卒用禎。

時言官多稱恕賢且老，不當任劇職，宜置内閣參大政。最後，南京御史吴泰等復言之。帝曰：「朕用蹇義、王直故事，官恕吏部，有謀議未嘗不聽，何必内閣也。」恕嘗侍經筵，見帝困熱暑，請依故事大寒暑暫停，仍進講義於宫中。進士董傑、御史湯鼐、給事中韓重等遂交章論駁，恕待罪請解職，優詔不許。恕上言：「臣蒙國厚恩，日夕思報。人見陛下任臣過重，遂望臣太深，欲臣盡取朝政更張之，如宋司馬光故事。無論臣才遠不及光，即今亦豈元祐時。且六卿分職，各有攸司，臣豈敢越而謀之。但傑等責臣良是，臣無所逃罪，惟乞放還。」帝復優詔勉留之。恕感激眷遇，益以身任國事。方以疾在告，聞帝頗擢用宦官，至有賜蟒衣給莊田者，具疏切諫。中官黄順請起復匠官潘俊供役，恕言不可以小臣壞重典。再執奏，竟報許。

劉吉既憾恕，吉所陷壽州知州劉槩及言官周紘、張昺、湯鼐、姜綰等，恕又抗章力救，吉以是益恨，乃合私人魏璋等共排之。恕先後推用羅明、熊懷、强珍、陳壽、丘鼒、白思明等，咸諷璋等糾駁。恕知志不得行，連章求去。帝輒慰留，且以其老特免午朝，遇大風雨雪，早朝亦免。

徽王見沛乞歸德州田，已得旨。恕言王國懿親，不當争尺寸地，使小民失業，帝婉辭報焉。盧溝橋成，中官李興乞進文思院副使潘俊等官。恕言：「營造常職，安得録功。成化季始有此事，陛下初政幸已革汰，奈何復行。且山陵大工未聞陞職，援例奏乞，將何詞拒之。」帝納其言。已，修京城河橋，帝復從興請授四人官，許五人冠帶。恕執奏，不從，再疏争曰：「臣職掌銓選，義當盡言，而再疏莫回天聽，以爲業已許之不可易。夫事求其當，設未當，雖十易何害。不然，流弊有不可救者。」報聞。先後以災異條七事，以星變陳二十事，咸切時弊。壽寧伯張巒請勳號、誥券，恕言：「錢、王兩太后正位中宫數十年，錢承宗、王源始邀封爵。今皇后立甫三年，巒已封伯，遽有此請，累聖德，不可許。」通政經歷高禄，巒妹壻也，超遷本司參議，恕言：「天下之官以待天下之士，勿私貴戚，妨公議。」中旨以次等御醫徐生超補院判，恕請選上考者，不納。文華殿中書舍人杜昌等夤緣遷秩，御醫王玉自陳乞進官，恕皆力争寢之。

是時劉吉已罷，而丘濬入閣，亦與恕不相能。初，濬以禮部尚書掌詹事，與恕同爲太子太保。恕長六卿，位濬上。及濬入閣，恕以吏部弗讓也，濬由是不悦，恕考察天下庶官，已黜而濬調旨留之者九十餘人。恕屢争不能得，因力求罷，不許。太醫院判劉文泰者，故往來濬家以求遷官，爲恕所沮，銜恕甚。恕里居日，嘗屬人作傳，鏤板以行。濬謂其沽直謗君，上聞罪且不小。文泰心動，乃

自爲奏草，示除名都御史吳禎潤色之，訐恕變亂選法，且傳中自比伊、周，於奏疏留中者，概云不報，以彰先帝拒諫，無人臣禮，欲中以奇禍。恕以奏出濬指，抗言：「臣傳作於成化二十年，致仕在二十二年，非有望於先帝也。且傳中所載，皆足昭先帝納諫之美，何名彰過。文泰無賴小人，此必有老於文學多陰謀者主之。」帝下文泰錦衣獄，鞫之得實，因請逮濬、恕及禎對簿。帝心不悦恕，乃貶文泰御醫，責恕沽名，焚所鏤版，置濬不問。恕再疏請辨理，不從，遂力求去。聽馳驛歸，不賜敕，月廩、歲隷亦頓減。廷論以是不直濬。及濬卒，文泰往弔，濬妻叱之出曰：「以若故，使相公齮王公，負不義名，何弔爲！」

恕歷中外四十餘年，剛正清嚴，始終一致。所引薦耿裕、彭韶、何喬新、周經、李敏、張悦、倪岳、劉大夏、戴珊、章懋等，皆一時名臣。他賢才久廢草澤者，拔擢之恐後。弘治二十年間，衆正盈朝，職業修理，號爲極盛者，恕力也。武宗嗣位，遣行人齎敕存問，賚羊酒，益廪隷，且諭以讜論無隱。恕陳國家大政數事，帝優詔報之。正德三年四月卒，年九十三。平居食啖兼人，卒之日小減。閉户獨坐，忽有聲若雷，白氣瀰漫，矙之瞑矣。訃聞，輟朝，贈特進左柱國、太師，謚端毅。五子、十三孫，多賢且顯。

焦竑《國朝獻徵録》卷二四《太宰王公傳》 王恕字宗貫，號介菴，晚號石渠，三原人。軀幹偉大，貌豐而見骨，微鬚，音如洪鐘。正統辛酉舉人，戊辰進士，歷官庶吉士、評事，揚州知府，江西右布政、提學，巡撫、右左副都御史，南京刑部侍郎，南京兵部尚書，吏部尚書，光禄大夫、太子太保。平生篤信好學，自始學筮仕，至卒年九十有三，每夜書燈達旦不熄，倦則眠，覺即誦讀。日與士大夫相接，終日講説。其進德業老而忘倦，似衛武公，然務爲實學，不立門户。所業不殊乎人，而衣錦尚絅則殊，所行不異乎人，而任重道遠則異。嘗曰：「仲尼不爲已甚，中庸而已。」故求道以中庸爲的，苟合乎此，雖芻蕘之言不以爲非，儻有不合，雖先儒之言不以爲是。其擇乎中庸，守而勿失，似顔子。居常反身循理，以集義爲事，故其浩然之氣剛大莫過，似孟子。平生不與惡人遊、惡人言，常禄之外秋毫無取，省身克己，日求寡過，其方嚴如程正叔。簡而易，温而厚，見者悦，聞者來，其和氣如程伯淳。其在官也，衮職有闕，以爲己責，思補之；生民有害，以爲己責，思除之；君子未用，以爲己責，思進之；用而有患，以爲己責，思衛之；小人未退，以爲己責，思黜之。故當其時，天下之君子敢爲敢言者皆有所恃而不恐，天下之小人黨惡害民者皆有所畏而不爲，其自任以天下之重似伊尹應湯之日。及巡撫之時，凡惠政之行必先鰥寡，其有不法，雖戇奄王公有所託而不從，雖當路撼之而不摇。其王敬、王臣、錢能、段英之屬皆口託天憲以擾民者，西廠汪直則屈辱大臣矢射有司者，守備蔣琮則勢傾科道者，乃皆奏之，或誅戮，或謫戍，或折使屈服，罪有攸歸，譬之鳳鳴高岡而鵰鶚無聲，虎嘯深巖而豺狐遁跡。其不侮鰥寡，不畏彊禦似仲山甫。才之所施，左右咸宜。由評事以至侍郎，所如底績，未嘗一考，而輒遷其官，此文治綏民之效也。

其戡亂也，在廣平則平吳廣華，在荆襄則殲劉千斤、石和尚、蔣虎力，在雲南則伐羅雄而奠蠻服，在湖州則撫定饑民之亂，於山西則誅妖賊王良而宥其脅，其全活隨在不下數萬餘人。至於用兵謀略，皆懸合機宜，雖良將不過。其才兼文武，似李衛公。其在揚州立資政書院，如高尚書銓、儲侍郎瓘，所造就孔多。在江西提學，如浮梁戴恭簡珊、泰和蕭尚書楨、淦縣孫都憲仁、安福劉祭酒震，皆文藝之外而別其器識，誘以遠到。在留都時，如錢福不與科舉之列，一經品題，則名魁天下。在兵部則考選京衛，得將官四千餘員。在吏部，政務之暇，輒引屬官講學，致當世名儒布列函丈。又延訪海内之士，隨器薦用，如盧氏耿冢宰裕、莆田彭少宰韶，盱江何尚書鑑、太原周司徒經、錢塘倪宗伯岳、蘭溪章祭酒懋，皆引而置之政事之地，以弼成弘治之治。其誘進後學、薦達賢才似范文正。荆襄剿賊，我師失利，將欲退走，乃鎮定不摇；留都有賊夜入寢所，乃觀書不顧；雲南之行，憸人欲戕以蠱毒，嘗誠以撫下，居之不疑，竟亦無患。其經變歷險無所動心似韓魏公。故劉文和公以國朝第一正人稱之。

卒，賜祭九壇，謚曰端毅，復賜祠曰「彰德」，其嘗宦遊之所立碑頌德，立祠祀焉。所著有《石渠意見》及《玩易意見》、《漕河通志》、《典籍格言》、《介菴奏議》、《石渠文集》各若干卷，《歷代諫議録》一百卷。

關西都御史缺冢宰，三原王公薦某官蕭楨及□□某人堪任，内批不允，而命別選二人。公執奏曰：「陛下不以臣爲不才，任臣銓選，則臣之所舉不効，臣之罪也。且陛下安知蕭楨等之不可用而拒臣也，是必左右近臣別有所主而圖以與之也，承順風旨以固此位，臣誠不能，臣之所知，楨與某，陛下既以爲不可用，是臣不可用也，願乞骸骨歸老。」上優詔慰之，竟用蕭楨，稱其任。説者謂公是舉有過於趙普補牘之勇果云。《復齋日記》

【略】王端毅公恕初知揚州，折獄，咸得其情。有一老婦常誣隣人爲盜，公閲其贓，有二裙，一寬而長，一短而窄，老婦謂其子婦之裙，其隣謂其嫂與妻之裙。

公詰老婦曰：「爾一人之裙詎宜有長短廣狹不同耶？」遂明其非盜。有二人爭牛，公紿之曰：「一牛而二人爭之，吾將焉歸，盍以入官。」命左右拽出之。其一人默然，一人喧爭不已。公以與爭者曰：「此己物也，故悋惜如此。」人稱公爲神明。《瑯琊漫抄》

袁袠《皇明獻實》卷二八《王恕》　丁外艱，服除，改刑部左侍郎，巡視漕河。上疏乞禁馬快船私貨及轉輸通州倉糧赴京，汰巡河冗官。上皆納之。作《漕河通志》。【略】

戊戌，改南京都察院右都御史，叅贊機務，兼督操江，進南京兵部尚書，叅贊如故。上言內庫歲久物貨當焚毀者請出之易銀，以造官艦；江北五衛京操官軍不宜放回，先居重馭輕之道；考選四十八衛指揮等官四千員，進退一以至公。己亥，命巡撫南直隸。條上六事，請禁兩京收糧官苛政，罷光禄寺厨役所食白粲，易以脱粟。從之。【略】上林苑録事邵義以傳奉驟遷蘇州府判，具疏論之，有旨邵義勒爲民，併降黜李孜省等十二人。【略】

恕忠清直亮，遭時得君，知無不言，言無不盡。在刑部時，順德知府黎永明以毆公使人獲譴，浙江布政使劉福等以督造段疋不如式致罪，會赦不原，恕言：「詔所以示信於天下，而黎永明等獨不蒙宥，是不信也。乞復其職。」復上疏論鎮守太監許提問四品官及濫受民詞之害，語極詳切。既秉銓衡，如鉅鹿耿公裕、華亭張公悅、襄城李公勉、莆田彭公韶、盱江何公喬新、太原周公經、錢塘倪公岳，悉引置當路，極天下之選。恕致仕家居幾二十年，以碩德宿望，師表海內。卒年九十三，贈太師，謚端毅。子承裕官至户部尚書，清慎有父風。

唐樞《國琛集》卷下　尚書王恕，三原人。奇器瑋瓌，直任當世事。一征湖湘，三出巡撫，兩贊留務。凡言無不當，知無不行，威畧足以平寇難，貞廉足以激貪墨，仁惠足以蘇困窮。著蔡縉紳，典刑攸寓，所在立石建祠。時王敬乘傳取寶，錢能進貢禽鳥，郭瑑私市外夷，公皆劾而罪之。及執奏無驗，駕帖救留林俊、李興、周紘處，增五府勸米并奏却貢獻，禁擅殺流民。晚登銓府，一時人望，悉引而置之政事之地，以毗孝皇之治。謚端毅。

鄭曉《吾學編》卷三七《太師王端毅公》　會侍郎馬顯乞致仕，內批附公名，落太子少保，與顯並致仕。主事王純論公忠亮，下純獄，謫思南推官。當是時，天下無事，內則宦戚，外則閣部，各引私朋置清顯。及汪直、李孜省內外交結，得進退大臣，大臣亦多低頭甘心依附，惟公著節不撓。二十三年冬，泰陵召爲吏部尚書加太子太保。公薦楊守陳、彭韶、張悅、周經爲左、右侍郎，耿裕、何喬新、倪岳皆引置執政，忠諫久廢，如王徽、黄仲昭、賀欽，迂直被抑，如周瑛、祁順，並皆薦用。裁抑僥倖，裒奬名節，無敢以私干者。博野在內閣，每持公，公直己不屈。南科道劾博野薦公入閣，博野惡南科道，會南守備內臣與南科道相訐，南科道多貶斥者。公力言「宮中府中，俱爲一體，陟罰臧否，不宜異同」。【略】徐生者，太醫諸醫也，傳陞院判。公執奏，下吏部會禮部、太醫院同御藥房太監選用。公力爭：「祖宗來未有吏部會內官推選官員例，成憲不可更，末流不可救。」上曰：「徐生善藥，與院判。」公遂乞休，屢疏上。上曰：「卿持正輔佐，朕心知之，勿辭。」公遇事輒言，有不合即引疾求退，上每温言留公，內閣滋不悦，謂公好名。【略】公仕四十五年，凡上三千餘疏，皆忠直剴切。蓋憂世之志如范希文，濟世之才如司馬君實，直諫如汲長孺，惠愛如鄭子產。年九十矣，猶考論著述，言動必揆矩度。嘗言：「我垂老方理會學問。」

鄧球《皇明泳化類編》卷五二《王恕》　恕字宗貫，三原人。登正統戊辰三甲第三十名進士。幼穎敏篤學。【略】癸丑，大學士丘濬亦階太子太保兼禮部尚書。一日會宴，濬以內閣坐恕上，恕以己冢宰，不欲下之，遂嘖嘖成隙。適大醫院判劉文泰援例乞進，恕抑之，文泰因憾，遂訐奏恕變亂選法，及不當令人作大司馬王公傳，內多詳述留中之疏，并其刻傳以進。上頗疑恕賣直，恕亦上疏自列。詔文泰獄，降御醫，恕懇致仕，許之。時年七十有八。里居幾二十年，閉户讀書，老而不倦。正德三年戊辰夏卒，年九十三。是日既就正寢，戒其家人曰：「吾將逝，必有風雨環繞吾居，爾輩謹無哭，當静以待之。」比公方瞑目，頃之，果震雷，大風雨。

雷禮《國朝列卿紀》卷二五　王恕字宗貫，陝西西安府三原縣人。生而魁偉高岸，音吐如鐘，見者異之。正統戊辰，登進士，選入翰林，爲庶吉士。授大理寺評事，歷左寺副。操履剛正，人不敢干以私，於奏當之成，原情比律，犂然當人心。【略】天順間，遷江西右布政使，揚人立石頌德。比至，磊落洞達，遇事敢爲，苟有便於民者，毅然主之，無少顧忌，而操履皭然，不入義外一錢。【略】成化八年，河道淤阻，饟道不通，特起刑部左侍郎總理。恕躬視上下，僉稽衆論，且奏：「揚州一帶河道南臨大江，北抵長淮，别無泉源，止藉高郵、邵伯等湖所積雨水接濟，湖面雖與河面相等，而河身比之湖身頗高，每遇乾旱，湖水稍耗，則河輒爲之淺澀，不能行舟。若將河身比湖身濬深三尺，則湖水自來，河水自深，雖遇乾旱，

亦可不阻船。又云：高郵湖自杭家嘴至張家溝南北三十餘里，俱係磚砌岸，每遇西風大作，波濤洶湧，損壞船隻，失落錢糧人命不可勝計。況前項堤岸之外地勢頗低，若再濬深三尺，闊十二丈，取以爲外堤，就將内堤原有減水閘三座改作通水橋洞，接引湖水，以内行船，仍於外堤造減水閘三座，以接水利，雖遇風濤，亦無前患。并查雷公上下塘、句城塘、陳公塘俱係漢唐以來古跡，各有放水、減水閘座，年久坍塌，遺址尚存。近來止是打造土壩攔水，隨修隨坍，不能蓄積水利。若每塘修造板閘一座，減水閘二座，潦則減水，不致衝決塘岸，旱則放水，得以接濟運河。疏入，俱允行之。【略】

〔成化〕二十三年丁未，星變，庶吉士鄒智等抗章言事，極論萬安、劉吉天下之小人，王恕、彭韶天下之君子，乞黜萬安、劉吉而用王恕、彭韶。疏入，不報。【略】劉吉深啣之，及恕至，不得入閣。旋加太子太保。在吏部裁抑僥倖，褒奬名節，甄拔淹滯，中貴無敢以私干。吉代萬安專政，每有所軒輊，恕亦倜倜不輒撓。守備蔣琮與南京科道相訐，奏，吉報前劾已恨，票給事中方向等貶謫殆盡，琮自如。恕言：「宫中府中，俱爲一體，陟罰臧否，不宜異同。」又給事中周紘、御史張昺南京教場點軍數少，不准破調，守備官奏其刁蹬，劉吉票旨令吏部調外任。恕執奏紘、昺奉命點軍，不宜調。吉票旨云：「周紘、張昺點軍不到，如何不即奏聞，却乃展轉刁蹬，挾制人，已從寬調外任了罷。」恕復奏：「天下大事，賞與罰而已。賞必當功，罰必當罪，此爲治之良法也。今不治失伍之罪，反責點操之官，後來何以使人哉。」未允。臺諫交奏以爲老臣言宜聽，紘、昺乃得改京任。

壽州知州劉概考滿來京，與御史湯鼐議時政。概嘗遺書與鼐，言：「夢一人騎牛背上陷澤中，公左手把五色石子，右手提牛角，引入正路，其人謝而去。蓋人騎牛背正我朝姓字，惟五色石子不可曉意者。公首抗疏論時政，爲彈之第一義耶。」鼐嘗劾内閣，附内閣者發其事，下獄。鼐以受概餽遺，誹謗朝政，發衛充軍。概比擬造妖言者律，罪至死。恕上言：「概之書詞固爲狂妄，其夢有無亦未可知，原其心不過與人爲善之意，初無惑衆亂民之心，今比擬妖言論死，使概死於獄中，豈不傷天理之和哉。」卒得減死。初，司樂徐啓端已經革罷，尚書劉㝢題稱本寺缺官供祀，乞復其官。恕議：「陛下嗣位之初，首罷傳陞，官員奔競稍息。今劉㝢要將徐啓端復職食糧，是爲傳陞官員立赤幟也。若用一人，將數千百相率而來，豈勝煩擾。」寢格不行。【略】

兩廣都御史秦紘奏安遠侯柳景不法事，坐致仕。恕極言：「柳景當追贓，聖恩免之矣，而恩不及於秦紘，是爲地方軍民之害者可恕，而除地方軍民之害者不可用，其將何以服人心而勵將來。」乃起爲户部尚書。【略】

恕遇事輒言，有不合，即引疾求退，上每温詔留之，但執政擠忌日深，明示沮抑。如舉羅明，丘鼐則謂私故舊，票旨留邊方用。舉太僕寺少卿白思明爲僉都，撫延綏，則諷御史魏璋等劾其不協人望，調外任知府。甚至臺諫劾巡撫及藩郡官，俱票旨黜革，不由吏部定擬。恕以不得其職，屢疏辯明求退，則票旨云「不必深辯」。

王世貞《弇州山人續稿》卷八九《弘治三臣傳》 王恕字宗貫，陝之三原人。少治《易》，傍通他經子史。三十餘成進士，改翰林院庶吉士。翰林業治古文辭，而恕不喜爲古文辭，其學務以明體適用，本之經術，博極經濟而已，以是不得留。出爲大理寺左評事，遷左寺副，所(□)〔讞〕決必麗情法。嘗條刑罰之不中者六事上之朝，而議行之。擢知揚州府。揚，淮南大都會也，恕以直道精心爲之，吏民皆愛服。歲再饑，上疏再請賑。度事已迫，不待報而發倉庾，且别市菽以施病者，其人不至後時而殍。立書院，群少年諸生於其間，而延文學行誼之士爲之師。太守以間按行，召諸生褒衣講説，恂恂禮讓，文事亦大振。

以考最，超拜江西右布政使。揚人挽留之不得，相率伐石勒德政。其在江西，而嶺寇有犯贛州者，恕奉檄帥師討平之。轉河南爲左，以公廉稱，賦税出納，吏無所容舞。進都察院右副都御史，撫治南陽、襄、荆諸府。時以襄南地多山險，秦楚之流民萃焉，日剽攻殺畧，而礦賊亦不時發，特開府撫治，而恕自得之。軍府取草創，恕事事經畫，有成筭，首捕獲南陽之争礦而稱兵者。已，會兵搗襄盜巢，平之，殲其魁，釋脅從之衆累累。又平湖廣劉千斤、石和尚之亂，既捷，而大將欲搜山，盡取其首，以徼功賞，恕持不可，久之乃聽。念所從將卒必有乘間爲賊者，乃下令曰：「抆殺一人即抵死。」衆肅然亡敢犯。因榜諭流民，各使復業。後流民聚貲立生祠祀恕，仍家繪一像。【略】復改左副都御史，巡撫雲南。恕於遷若左，然朝議以雲南在萬里外，西控諸夷，南接交人，而鎮守中貴横甚，欲借恕彈壓之。恕心知所謂，單車携二童子以往。【略】

品滿九載，進右都御史，辱召掌南京都察院事。往返衣書各一橐，無纖毫增。掌院之未幾，叅贊南京守備，遷南京兵部尚書，參贊如故。盡攝營將之占役者，一卒不得走私門，番使過龍江驛，嚴禁織作工賈，非奉旨，毋得自爲互市。考選軍政，即同事者無敢干，頗不便恕。而適有奥力，取中旨，改兵部尚書兼左副

都御史，巡撫南畿，兼總督糧餉。恕益日夜孜孜於職，下車必首延耆碩，降色與談民間利病，因而刺及屬城吏賢否。諸屬城吏故已耳恕名，其墨不可洗者望風解印綬去，留者相刮濯，爭欲獻其長以自效，以故恕不勞力而治。乃責以天下一切納貢賦者苦收取過重，至破家，乞嚴禁革。光禄寺歲供白粲概及庖人賤工，請稍裁别。派市物料、織造繒彩及貢獻花木禽鳥，請賜蠲省。皆報可。常州時有羡米，請以六萬石補常州之夏税，又以補諸府户口鹽鈔六百萬貫。以官田賦太重，減耗米十餘萬。明年水災，奏免秋糧數十萬，草半之，而周行賑貸其貧者至二百餘萬口。三吴之人頌之，以爲自設巡撫來幾一甲子，獨恕與周忱，忱以十八年，恕不二年，其久與暫不相當，然忱彷彿姚元之，恕則賢於宋璟矣。【略】巡按御史李興有風裁而微過刻，爲同事者所中，以多杖人死，當大辟。恕謂非故勘，於法不當大辟，亦減從戍。【略】

恕家居健無恙，日覩《大學》諸書，草《石渠意見》，能發前賢所未發。而薦紳大夫過三原里者必屏呵從(之謁)[謁之]，再拜叩質疑難，恕亦應之不少倦。如是者十餘年，而爲正德改元之歲，恕九十矣。

鄧元錫《皇明書》卷一七　敬皇帝即位，用輿論起爲吏部尚書。恕既至，首薦楊守陳，張悦、周經爲侍郎，耿裕、何喬新、倪岳列尚書。諸忠諫久廢如王徽、黄仲昭、賀欽，迂直被抑如周瑛、祁順並薦用，皆豐芑數世所培植而爲海内所注向者，終弘治之世，皆賴其用。諸裁抑僥倖、褒勵名節尤嚴。【略】

恕入仕四十五年，疏三千餘上，皆忠直剴切，清約自敕，在位每夕蒼頭出沽油。然先留意人才，即邊郡守縣令靡不留意，具知其隱衷賢行也。論者稱其憂世心如范希文，濟世才如司馬君實，直諒如汲長孺，惠愛如鄭子産。年玖拾猶考訂著作，言動必揆矩度，而自言：「我垂老方理會學問。」歉歉未盡云。

何喬遠《名山藏》卷六八《臣林記·王恕》　王恕字宗貫，三原人。正統十三年舉進士，改翰林院庶吉士。博學果練，喜以經術用世。出爲大理左評事。景泰間，遷左寺副，擢知揚州府。夙夜在公，請謁不行，事無大小，寬猛惟當。歲再饑，再不俟監司報下，輒發賑民。既安阜，乃選士教肄，講解課勢，如張鼒、高銓、馬岱、丘俊、俞俊、張鋭輩後皆顯達，揚人比之文翁。【略】流民劉通爲變，聚衆數十萬，推石龍爲謀主，劉長子、苗龍、苗虎爲羽翼，勢甚猖獗。擢恕都察院右副都御史，捕治之。南陽、襄、荆諸郡以都御史開府自恕始。恕雖軍府草創，經畫有條。【略】恕在江南，崑山人有李元壽者工書，嘗書諸經四書小本，楷法精善。恕見而愛之，呼爲李生，召使侍舟中，無事輒令生琅誦《大禹謨·咎繇篇》，斂衽而聽之。【略】

當是之時，天下無事，廟堂之上内而宦戚，外而閣部，各引置私朋。及汪直、李孜省内外交結，得進退大臣，大臣多爲下，惟恕著節無所撓。與恕同名者彭韶，時人爲之語曰：「兩京王恕，天下彭韶。」然公卿大臣皆側目，天子亦漸心厭之，最後所言政令失信尤中上諱。會南京兵部右侍郎馬顯以病告，忽附批落恕太子少保，以尚書致仕。工部主事王純請留恕，比之汲黯，上下純獄，外調之。而恕名益高。【略】

恕在吏部，有少子承裕年二十餘爲舉人，恕令開門納客，具得人才文武之概，退叩所聞，用多稱職。延安知府崔某考滿，考功郎持牘上，恕曰：「此人廉吏也，君所考未盡其節。」因署美考。次日，往謝曰：「某忝郡吏，何繇辱知。」恕曰：「吾諸子留三原，鄰郡守惟公無問遺耳。」恕在吏部，有賢士大夫至部堂者，延之後堂，以賓禮命坐，留茶，人人謂恕能傾心好賢也。【略】

恕在位，志無日不在天下國家，無日不與賢士大夫往來，垂老更究心學問。在留都時嘗出，有狂夫向恕騎呼萬歲。恕入部，延諮僚屬。駕部婁性曰：「昔張忠定行軍時有故事。」恕曰：「止勿言，待我自思。」比曉，得數策，還語性，性皆不答。因問當時忠定所以處者，喟然歎息，謂古人之不可及。家居年八十八矣，猶作《石渠意見》，取先儒傳註稍悖聖經者與諸生商訂可否，務剗俗學，以求合不傳之旨。正德改元，年九十，武宗遣行人存問加恩，恕復疏數事。又四年卒。

恕魁偉高岸，居常噉食兼人。至其日少減，已入閉户，忽有聲若雷，白氣瀰漫，矚之瞑矣。訃聞，上輟朝，予祭葬，超六官贈特進左柱國、太師，賜謚端毅。恕五子十三孫，多賢顯。承裕爲南京户部尚書，有學行。

尹守衡《明史竊》卷五〇《王恕傳》　恕有五子十三孫，多賢顯。爲太宰時，子從三原來省，自騎一騾，途中有司不聞也。少子承裕，弘治六年進士。正德中，瑾用事，以給事中上書，罰米三百石輸邊。官至南京户部尚書。恕年八十猶考論著述，嘗言：「我垂老方理會學問。」承裕釋褐即歸養，恕語之曰：「汝宜静覽群書，參歷世務，庶可他日得實用耳。」承裕亦有學行，不墜其家聲。

談遷《國榷》卷四七　己卯，前太子太保吏部尚書王恕卒。恕字宗貫，三原人。正統戊辰進士，館選，授大理評事，歷左寺副。疏失刑六事，出守揚州濟饑。自江西、河南左、右布政轉撫南陽諸郡流民，平襄陽盜。以左副都御史撫河南。

遷南京刑部左侍郎。起復，改刑部，又南京户部，改撫雲南。鎮閹錢能不法，没其下金寶，疏二十上，聲震天下。進右都御史，改南京。又南京兵部尚書，改撫江南，拯蘇松之災。劾中官王敬、千户王臣。復兵部南京，以直免。孝廟首召，進吏部。諫傳陞，止内批，遇事輒論，不合則去。方嚴偉特，樹望四十年，完名終始。篤老好學。年九十三。贈太師，謚端毅。子承裕，户部尚書。

汤斌《潛菴先生擬明史稿》卷一七《王恕傳》 論者謂南畿自設巡撫以來，前有周忱，後有恕。忱官十八載，恕未及其半。忱善調物情，而恕剛方，爲權倖所嫉。忱易，而恕尤難也。

黄宗羲《明儒學案》卷九《端毅王石渠先生恕》 王恕字宗貫，號介菴，晚又號石渠，陝之三原人。正統戊辰進士，選庶吉士，而先生志在經濟，出爲左評事，遷左寺副，擢知揚州府。歲饑請賑，不待報而發粟，民免溝壑。超拜江西右布政使，轉河南爲左。時以襄南地多山險，秦、楚之流民萃焉，日出剽略，於是特設治院，以先生爲右副都御史領之。累平寇亂，又平湖廣劉千觔、石和尚，榜諭流民，各使復業。母憂歸。起復巡撫河南，轉南京刑部左侍郎。父憂歸。服除，起刑部左侍郎，治漕河。改南京户部，復改左副都御史，巡撫雲南。而中人錢能横甚，使其麾下指揮郭景，私通安南爲奸利。先生遣人道執景，景迫，投井死。盡發能貪暴諸狀，上遂撤能還，安置南京。進右都御史，召掌留臺。遷南京兵部尚書，參贊守備。尋以部銜兼左副都御史，巡撫南畿，興利除害。三吴自設巡撫以來，獨周忱與先生耳。中人王敬，挾其千户王臣，以妖術取中旨，收市圖籍珍玩，張皇聲勢。先生列其罪狀，敬下錦衣獄，臣論死。一年而復還參贊，錢能貪緣爲守備，與先生共事，先生坦然，不念前事。能語人曰：「王公，大人也，吾惟敬事而已。」加太子少保。林見素以劾妖僧繼曉下獄，先生救之得出。先生益發舒言天下事，天子不能無望意，因批落太子少保，以尚書致仕。

孝宗即位，召用爲吏部尚書，加太子太保。上釋奠文廟，先生請用太牢加幣，從之。先生崇禮風義之士，故一時後進在朝者，如庶吉士鄒智、御史湯鼐、主事李文祥十餘人，皆慷慨喜事，以先生爲宗主。先生侍經筵，見上困於酷暑，請暫輟講。鼐即言「天子方向學，奈何阻其進？恕請非是。」先生惶恐待罪，謂：「諸臣責臣是也。然諸臣求治太急，見朝廷待臣太重，故責臣太深，欲臣盡取朝事更張之，如宋司馬光。毋論臣不敢望光，今亦豈熙豐時也？」上優詔答之。已而鼐劾閣臣萬安、劉吉、尹直，中官示以疏已留中，鼐大言：「疏不出，且併劾中官。」中官避匿。亡何安、直皆免，鼐與文祥等日夜酣呼，以爲「君子進，小人退，雖劉吉尚在，不足忌也」。於是吉使門客徐鵬、魏璋伺鼐。鼐家壽州，知州劉概與書：「嘗夢一叟牽牛入水，公引之而上。牛近國姓，此國勢瀕危，賴公復安之兆也。」鼐大喜，出書示客。璋以此劾之，鼐、概皆下詔獄。都御史馬文升故爲鼐所劾，欲以妖言坐之，先生力救，事始得解。

凡中官倖人，恩澤過當者，先生輒爲裁止，雖上已許，必固執也。丘濬以禮部尚書故班先生下，及直文淵閣，先生自以前輩仍序尚書之次，濬意弗善也。每有論奏，陰抑之，且使其私人太醫院判劉文泰，訐先生所刻傳文，詳列不報之章，爲彰先帝之拒諫。先生言：「臣傳所載，皆足以昭先帝納諫之盛，何名彰惡？文泰無賴小人，其逞此機巧深刻之辭，非老於文法，陰謀詭計者不能，盍無追其主使之人？」乃下文泰錦衣獄，則果丘濬所使也。上以先生賣直沽名，俾焚其傳草，文泰出而先生絀矣。遂乞骸骨歸。又二歲濬卒，文泰往弔，其夫人叱之出，曰：「汝搆王公於我相公，憸人也，何弔爲？」聞者快之。

先生家居，編集《歷代名臣諫議録》一百二十四卷。又取經書傳註，有所疑滯，再三體認，行不去者，以己意推之，名曰《石渠意見》。意見者，乃意度之見耳，未敢自以爲是也。蓋年八十四而著《意見》，八十六爲《拾遺》，八十八爲《補缺》，其耄而好學如此。先生之學，大抵推之事爲之際，以得其心安者，故隨地可以自見。至於大本之所在，或未之及也。九十歲，天子遣行人存問。又三年卒，贈特進左柱國、太師，謚端毅。

王與《王文肅公集》三集卷七《王氏先塋之碑》 上即大寶位，纘承洪業，圖任舊人，乃首詔起尚書王公于家，命有司勸駕。公在道辭，比至京，又辭，皆不可。立拜吏部尚書，未幾，加太子太保。又辭，不可。蓋每辭皆答以温詔，有「年德老成，久繫人望」之褒。公感知遇，黽俛就職，銓鏡人物，澄汰流品，振幽滯，杜請託，異時丐賕宿弊，一旦掃除略盡。至於大政事、太號，令凡廷論未決者，公正色讜言，力扶國是，聞者拱服。蓋公既悉心奉國，上亦虚己以聽，志叶道同，言行計施，豈非千載一時之嘉會哉。

公在位五年，爲弘治四年五月，賜誥命，進階光禄大夫，勳柱國，貤恩三代，曾祖彦成、祖真、考智皆贈光禄大夫、柱國、太子太保、吏部尚書，曾祖妣張氏、繼侯氏，祖妣張氏，妣周氏皆贈一品夫人。雲漢之章，照耀門閥，雨露之澤，滲漉泉壤。公感激，圖惟不朽。適予自南都入朝，過予言曰：「恕世家關中，高祖樂耕，

府君以上皆居櫟陽司馬村，元至正中曾祖始徙三原之龍橋。龍橋距司馬村七十里，實爲唇齒之邦。曾祖字安止，性耿介不群，治家勤儉，人有緩急，赴之恐後。卒葬縣北三家里，與二妣合兆。祖字惟真，侯夫人所出，居鄉恂恂執禮，嘗兩爲鄉飲大賓，縣大夫雅敬慕之。生四子，長諱禮，好學樂善，言動不苟，卒葬三家里祖塋。娶任氏，守節四十年，辛勤撫育遺孤。次即先考，字仲智，號西園翁，淳誠謙虚，禮賢好施，篤於教子。配先妣，有賢行。次諱德，篤實不欺，勤於治生，娶李氏。次諱和，爲人質直，非善不交，娶袁氏。恕昔爲寺副京師，正室蓋夫人卒，歸葬西園。時景泰癸酉六月也，遂舉祖考妣、伯妣、叔考妣數喪而同窆焉。天順甲申，繼室張夫人卒于江西藩司，亦歸葬西園。成化乙酉，恕擢副都御史，未久，先妣卒，朝廷遣官賜祭。戊子，先考卒，復賜祭。遣進士蔡晟即西園治塋域，以己丑十月二十日襄事，於是享祭之堂、制勑之碑，法所宜有靡不具完，扁其門曰『王氏先塋』。厥後叔和兄約齋卒，亦葬于其次。惟恕學寡能鮮，幸際明聖，以至有今日，皆先祖考之敷遺也。不有紀述，何以昭示我後人，使知所自而迓承之乎。君其爲我作先塋之碑，垂諸悠久，幸莫大焉。」

予聞公家自渭川處士以來，傳六世，積德百餘年，宜臻顯融者久矣，然猶務韜晦，訖不一施用，以遺之後人，以俟公而大發焉，此公所爲積學勵行以出應時需，敭歷中外，致位通顯，而晚益際遇，輸忠竭誠，茂建勳業，爲國元老。蓋公既發其祖考之遺以顯融而光大之，而復斂其餘贏以遺之子若孫，而公子七人並稱時彦，一官留府，兩舉鄉闈，文學、政事無愧世濟，諸孫纍纍，亦復秀頴，名門世胄，當時鮮儷。大書深刻，植之墓隧，以侈上賜，以彰先德，乘之無窮，詎曰匪宜？詩曰：

三原之王，系出太原，譜迭其傳，派演枝蕃。櫟陽之居，龍橋之遷，一德相承，代産仁賢。蓄而未施，窒而未宣，其宣其施，其在公焉。維公挺生，英禀卓異，奮身儒科，以階禄仕。自庳而崇，由遠而邇，出入五朝，綿歷四紀。指斥權倖，觸冒忌諱，苟利國家，他非所計。維公忠誠，帝所簡知，公休于家，驛使交馳。公來在廷，國有蓍龜，一節始終，不植黨私。維帝聖明，曰予舊老，豈無寵章，覆其祖考。秩之冢卿，爵之宫保，兩國之封，載錫嘉號。公拜稽首，祗服休命，匪臣之能，祖考之慶。懿美斯彰，優渥殊幸，曷顯詩之，傳之有永。睠彼西園，松栢蒼蒼，三家里塋，蔚乎相望。遺蔭後昆，俾熾而昌，更千百年，眎此石章。

王恕《王端毅公文集》卷六《石渠老人履歷畧》 予姓王氏，字宗貫，號介菴，石渠老人乃晚年號也。西安三原縣光遠里人。曾大父彦成，號安止；大父惟真，號恒齋；父仲智，號西園翁，皆累贈光禄大夫、柱國、太子太保、吏部尚書。曾大母張氏，侯氏，大母張氏，母周氏，妻蓋氏，繼室張氏，皆累贈一品夫人，繼室文氏封一品夫人。

予十有三歲遊邑庠，二十有六，以《易經》中正統辛酉鄉試，登戊辰進士，改庶吉士。己巳，授大理寺左寺左評事。景泰壬申，陞左寺副。甲戌，陞直隸揚州府知府。天順庚辰，陞江西右布政使，揚民爲之立石。甲申，陞河南左布政使。成化乙酉，陞都察院右副都御史，仍支從二品俸。奉勑諭撫治南陽、襄陽、荆州三府流民。以任評事寺副俱未滿三年，至是始給勑命，封父爲左評事，母爲孺人。尋聞母喪，乞守制。上以地方有事，止許奔喪，復賜以祭。會襄陽房縣盜起，授勑調兵征勦。賊平，再乞終制，不許。丁亥，授勑巡撫河南，進左副都御史，賞平賊功也。戊子，轉南京刑部右侍郎。己丑聞父喪，給誥命，進通議大夫，贈大父、父皆通議大夫、都察院左副都御史，大母、母并二妻皆淑人，又賜父塋祭。辛卯，服闋，改刑部左侍郎，奉勑總理河道。癸巳，再改南京户部左侍郎。丙申，改都察院左副都御史，授勑巡撫雲南，不帶家人，隻身自去。丁酉，陞右都御史，仍前巡撫。未幾，改南京都察院右都御史，叅賛機務。戊戌，陞南京兵部尚書，仍前叅賛。己亥，上特命爲兵部尚書兼都察院左副都御史，授勑巡撫南直隸蘇、松等十一府州地方，總理糧儲，兼管浙江杭、嘉、湖三府糧儲。庚子，給誥命，進資政大夫，大父、父皆加贈資政大夫、兵部尚書兼都察院左副都御史，大母、母并二妻皆加贈夫人。甲辰，復轉南京兵部尚書，仍叅賛機務。乙巳，加太子少保。丙午，以尚書致仕。丁未，復起爲吏部尚書，加太子太保。

予乃中人之資，無大知識。其在大理也，惟盡心審録，期得其平而後已，否則叅駁之。嘗條陳刑罰之不中者六事，誤蒙嘉納。在揚州五年半，頗修政刑，革奸弊，連年凶荒，民饑且疫，發倉賑濟，遣醫治療，盡此心耳。復作資政書院，訓迪諸生，頗有成効。

在江西、河南雖無卓異聲績，亦未嘗逸豫尸素。撫治流民，擒金斗山争礦殺人强賊汪四等二十餘徒，餘黨解散。撫安流民二萬二千户，編成里甲，撥給田地、牛具、種子，給與户帖，令其住種安業，願復業者聽其回還。同總兵官都督李震等進兵討賊，至大木廠，搗其巢穴，賊皆奔潰。遣裨將追擊之，失利，具疏請兵。兵至，分路進勦，元惡千斤劉就擒。捷奏，奉勑奬勵。繼獲石和尚等千餘人

解京。賊平，條陳防患安民六策，同提督尚書白圭等上之，皆准行焉。巡撫河南，歲旱且蝗，禱于濟瀆，大雨三日。既命有司捕蝗，復上疏自劾，且援宋真宗故事勸上崇儉去奢，以回天意。頃之，蝗皆附禾而死，不爲災。

赴京議事，條陳六事，悉蒙采納而行。比至南京，刑部缺尚書，獨理其事，率屬聽讞，務令速，俾無冤滯。總理河道，督率分管郎中等官徧歷審視，防遏疏濬，不失其宜，凡洪閘、塘壩、鋪舍、井樹之類無不修整。壬申，維揚迤北久旱，河水消耗，上疏乞禁馬快船附載私貨，及轉輸通州倉糧數事。又上疏言：「雨澤愆期，河水淺澀，五穀不登，沿河一帶軍民艱食，山東尤甚。三月初四日，德州迤南晝晦，民心驚愕，非休徵也。乞命廷臣講究救災卹患之策而力行之，必有明驗。」疏入，上曰：「既是山東百姓十分艱難，須行實惠。」便降詔將今年稅糧等項盡行蠲免，順天等府有災處也量宜減免。詔至之處，軍民如獲更生。

在南京戶部獨理部事三年半，期革吏弊，凡文移往來、錢穀出入，必親看驗，亦嘗建明十餘事。在雲南九閱月，不知酒味，平昔作威作福雪害軍民者皆自收斂。上疏言交趾邊情及備禦方畧等十餘事，又拏解私通交趾、擾害夷方犯人及所取寶石等物赴京。又言鎮守內臣違例進黃鸚鵡，不宜受，仍乞通行禁止。又言齎來駕帖與勘事郎中而無印信，設有賜死重事，其人將死乎，將不死乎。二疏俱留中。

巡撫南直隸，庚子，常、鎮等府二麥告災，上疏言災傷，及言各府州奉勘合派買物料及織造紵絲紗羅等項數多，又各處進貢禽鳥花木等物經行之處亦頗騷擾，合無將差來織造匠師取回，禽鳥花木玩好之物俱不必進貢，俾民息肩，感戴聖德。不報，疏內所請災傷亦不得旨。以羨餘米補償戶口食鹽錢鈔六百餘萬貫。辛丑，夏旱秋澇，田禾災傷，奏免蘇、松、常、鎮、應天、太平六府秋糧六十五萬四千八百九十餘石，馬草二十七萬餘包；又免蘇州府停徵銀九萬兩，布九萬疋，秋糧九千餘石；湖州府秋糧二十六萬六千九百八十餘石，馬草一十九萬餘包；又包補嘉興府秀水、嘉善二縣水災糧一萬二千餘石；又行令蘇、松、常、鎮等府減價糶糧，以平米價；又令開倉賑濟饑民，煑粥給食，乞丐行間；又奉勑令其賑濟，復備榜曉諭，措置賑濟。共賑濟過缺食人戶以戶計者一百九十九萬三千五百四十一，以口計者二百五十二萬二百一十九。共放過糧八十八萬五千三十五石，銀五萬二千五百四十兩，銅錢二百一十四萬五千三百三十九文。煑粥食過乞食男婦二十二萬六千三百四十六口，用米四百五十二石六斗有奇。勸給過無牛具，種子人戶九萬四千一百三十八戶，每戶牛一具，稻五斗。舊例，應天、鎮江、太平、寧國、廣德五府州官糧減半徵收，民糧全免，以致富家多民糧，下戶多官糧，富者愈富，貧者愈貧。乃以便宜處置，爲之裒多益寡，量減是歲官糧加耗米一十萬九千九百七十九石有奇，勸令民糧人戶代輸所減之糧。有司設監太監杜福友傳差監生湯姿來常州取截江網、拜刻絲羅漢等件，乃上疏言：「帝王之學，不在乎博，在乎知其要。若佛老之學、神仙之說、黃白之術，妖怪妄誕，俱不宜留意。進退人材，用刑賞罰，當如孟子、孔明之言而後可。」留中。又言太監王敬載鹽來江南，買玩好之物，聲勢張皇，皆是千戶王臣等撥置主使，括索金銀，無有紀極，地方爲之騷然，非民之福，亦非國之福也，所以失人心、捐國體、傷和氣、召災沴者，皆在於此。備述所得金銀寶玩之數。凡三上疏，乞將王敬、王臣等明正典刑。由是王敬貸死，發充淨軍，王臣斬首，發江南梟令，隨行同惡人張麒等一十八名俱發充軍。又上疏言太監段英來造藥梅、冰梅，不過用銀一千兩，已取去銀六千兩，復有蘇合油、牛黃、沉香、乳香、花毯、彩綾諸物之求。因請止之，亦留中，而段英遂被斥絶，不得近前。先是，王敬誣奏常州知府孫仁被逮，上疏申救，言孫仁治郡以廉守己，以仁得民，若加之罪，雖快言者之意，將失小民之心。然快一人之意，其事小，失千萬人之心，其事大。由是孫仁竟免重譴，得復任焉。又上疏言備邊方畧曰：「臣聞邇者醜虜入寇，內外戒嚴，京營不足於調遣，邊儲不足於饋餉，內帑不足於犒賞。今醜虜既退，乞一勑諸司，明其政刑，量減冗食之人，無輕冒功之罰，則不加賦而糧自足；少作無益之事，不貴珍異之物，則不厚斂而財(而)〔自〕足。免畚土輦石之差，嚴私役買閒之禁，則不招集而兵自足。三者既足，則元氣自壯，根本自固，邪氣自不能入，外侮自不能侵，以守則固，以戰則克。」不報。又聞主事林俊因言建永昌寺勞費鉅萬下獄，經歷張黻申救林俊，亦下獄，皆降謫遠方，乃上疏言：「佛法不足信。天地生成萬物，祖宗創業垂統，孔子明道立教，其功其德，豈佛氏所能彷彿萬一，然京師止設一壇祀天地，內府止設一太廟祀祖宗，京都以及天下郡邑亦各止設一文廟祀孔子。就使佛法有靈，其佛寺亦不宜多於天地、祖宗、孔子之壇也。今都城內外佛寺不知幾千區，兹又建寺於皇城之側，遷移軍民數十百家，計費帑藏銀數十萬兩，似爲過之。人皆不言，獨林俊言之者，是林俊能盡忠於陛下而不顧身家也。人皆私議以爲林俊之言是，而無一人公言於朝，獨張黻言之者，是張黻亦能盡忠，欲陛下納諫旌直，以隆治道也。今皆不之省而悉寘之於法，此臣之所未喻也。臣恐

由是人皆以言爲諱，設有讒佞之害正、奸邪之誤國，誰復言之，陛下何由以知之？乞暫罷建寺之役，復林俊等之官。」疏入，遂罷建寺之役，復俊、黻之官。

九年秋滿，加太子少保，在兵部巡撫參贊，除日行政務外，考選南京各衛軍政官二次。同成國公奉勅書十餘道，俱欽遵奉行無違。又同各衙門應詔陳言二十一事，又議事條陳三十九件。孝陵功完，賞賜大紅紵絲衣一襲、鈔一千貫。乞休之疏凡四五上，俱蒙優詔免留。丙午八月，聞内府有聖旨告示，禁約内官奏討陞官，引鹽、莊田、蟒衣等項數事，以爲若禁得住，天下國家無有不治，但恐不能持久，乃上疏言：「伏望陛下執此之政堅如金石，行此之令信如四時，仍將禁約事意傳與各衙門并科道官知道，今後敢有故違奏討者，俱照勅旨參奏，其奉特旨而與者亦要執奏，不可有失大信。」留中。却於侍郎馬顯乞致仕本上批云：「馬顯准致仕，尚書王恕革了太子少保也，着致仕去。」蓋忤左右意也。工部主事王純上疏留之，反覆數千言，純亦謫官遠方，樂然就道，人皆高之。予聞命即啓行，時九月十三日也。抵家，杜門却掃。

丁未，憲宗皇帝宴駕，遺詔至，衰服哭臨如制。今上皇帝即位，遣使齎勅來召。十一月二十五日啓行，至西安府，遘疾，上疏辭避。奉聖旨：「卿老成重望，特兹起用，所辭不允。偶有微疾，還著所在有司撥醫調治，痊痾即便前來。」中途聞陞吏部尚書之命。到京朝見，賜酒飯。上疏辭職，奉聖旨：「卿年德老成，久爲人望，特兹簡任，不允所辭。」隨即加太子太保。復上疏辭，奉聖旨：「吏部重任，朕特起卿。用典銓衡，以圖治理。加陞職事，卿不必辭。」然後就職。十二月三十日也。弘治改元，戊申正月聽宣諭賜大紅織金紵絲衣一襲。南京監察御史吴泰等奏保入閣，奉聖旨：「吏部重任，近因尚書更换不一，朕循祖宗朝用蹇義、王直、王翱故事，特起王恕任用，以服衆心。若有謀議，亦無不聽納，不必動罷典選。」六年，大選主事、評事、府同知、知州、知縣等官一萬九千八百餘員，推陞侍郎、都御史、布政使、按察使、參政、副使等官千餘員，急選遠方州縣官并教職等官九千餘員，考察在京五品以下官，黜退降調寺丞等官一百二十三員。大朝二次，考退老疾罷軟不謹參政、副使、知府、知州、知縣等官五千三百三十餘員。覆奏數百事，論諫數十事，悉蒙皇上嘉納。若釋奠分獻官准拜及先師前加幣用太牢，暑月暫止經筵，寢無干之奏，已陞府之請，罷幸進之官，停已陞之俸，活比律之死，宥因公之誅，陞致仕都御史爲尚書之類，此皆聖明從諫如流之明驗也。請老之章凡二十餘上，悉蒙優詔勉留，此又聖明不遺壽考之大德也。從駕大祀天地六次，皆分獻内壇；與慶成宴三次；從耕籍田，與九推之列；從幸太學，爲分獻之官。初開經筵，賜文綺衣四襲，銀一錠，重五十兩，鈔五千貫，又賜宴，司禮太監侍。持節封親王，賞賜與開經筵賞賜同。殿試讀卷一，與恩榮宴二，待纂修實録官宴二。又賜大紅織金麒麟衣一襲，雲鶴衣二襲。患病三次，每次遣太醫院判御醫來視，又遣中官存問，賜猪羊各一，米二石，酒十瓶，甜醬瓜茄一罈。考滿，又遣中官以羊二隻、酒十瓶、鈔二千貫賞勞。又賜誥命，進階光禄大夫，勳柱國，三代皆贈一品官。每年賜鮮梅、楊梅、枇杷、鰣魚、鮮筍、鮮藕、雪梨，又賜象牙邊骨畫扇、紅羅織金扇袋、全虎頭緌、百索艾虎。每壽誕時節，又小宴經筵，又賜酒飯，引選官員亦有酒飯。

癸丑年，七十有八，請老之章再上，始允致仕。許乘傳歸，又命有司月給食米二石，歲撥人夫二名應用。及其陛辭，又賜酒飯一卓、鈔三千貫。予以菲薄，荷蒙列聖知遇，得行其志。歷官一十九轉，食禄四十五年，寵錫如此，始終保全如此，感激莫既，補報無由，敬述履歷受恩之畧，以寓不忘之意云。

王鏊《震澤集》卷二九《太子太保吏部尚書贈特進光禄大夫左柱國太師謚端毅王公墓誌銘》 国家有宿德重望之臣曰王公，諱恕，字宗貫。仕至太子太保、吏部尚書，年七十八致仕。今上即位，遣行人即其家存問，而公卒於家，年九十有四。上爲輟視朝一日，諭祭者九，仍命工部治葬事，贈特進光禄大夫、左柱國、太師，謚端毅。朝之公卿罔不嗟悼，已又羨焉，謂公禄位名壽終始具全，近古所未有也，公可謂一代偉人矣。

王世家陝西三原縣。公生而魁偉高岸，音吐如鐘，見者異之。正統戊辰，登進士，選入翰林，爲庶吉士，授大理評事，歷左寺副，出知揚州府，擢江西右布政使，轉河南左布政使。成化初，進都察院右副都御史，撫南陽、荆、襄流民。丁内艱。會荆、襄盜起，特起復公征勦。遂勅巡撫河南，進左副都御史。改南京刑部左侍郎，巡視河防，又改南京户部左侍郎。所至有異政，然猶未甚爲人知也。會雲南夷獠爲梗，改公都察院左副都御史，巡視其地。時鎮守内臣私市外夷，誅求無厭，人莫敢問，公劾之，其下郭英懼而自盡，没其寶石於官，并械送其下數人於京，且勸上不寶異物，凡花木禽獸寶玩宜一切拒絶。有駕帖下郎中鍾蕃所，公言舊例，駕帖下諸司，司禮監印刑科號，皇門諸司關防，今皆無之，何以為信？設駕帖有賜死者，其人將何如？死之恐孤臣節，不死恐違君命。又言昔交阯鎮守非人，致一方陷没，騰衝啓釁，致麓賊叛逆，今日之事殆又甚焉。在雲南九閲月，疏

二十上，由是直聲動天下。進都察院右都御史。又改南京都察院，參贊守備機務，提督巡江。進兵部尚書，仍參贊，同事者忌之，改巡撫南直隸。公以近年貢獻太多，所在騷擾，因言：「古之明王有投珠抵璧，却千里馬，焚雉頭裘者，非不知珍玩之可愛也，恐因而妨政害事，所以投之、抵之、焚之、却之以固結人心，爲宗社計也。乞崇恭儉，爲天下先，凡織造官一切取迴，珍玩奇貨令四方無來獻。」中官王敬乘傳東南，搜索奇玩，所至驚懼，公言：「當此凶歲，謂宜遣使賑濟，而乃横求玩好。昔唐太宗遣使涼州，諷李大亮獻名鷹，明皇令益州織半臂背子、捍撥、鏤牙，大亮與蘇頲不奉詔，臣敢不效之。」又具言其失人心、損國體、傷和氣而召災沴。上乃詔戒敬，久之，敬等俱收捕下獄，同惡王臣斬於市，中外稱快，謂公有回天之力。仍轉南京兵部尚書，參贊機務。刑部員外郎林俊以諫建永昌寺下獄，經歷張黻救之，亦下獄。公言二人志在盡忠而得罪，恐人自此以言爲諱，設有奸邪誤國，誰復爲朝廷言者。俄有旨令致仕，公怡然就道。

孝宗在東宫則聞公名，即位，召爲吏部尚書，旋加太子太保。公在吏部，裁抑僥倖，褒奬名節，甄拔淹滯，中貴無敢以私干。劉文穆在内閣，每有所軒輊，公亦不屈。守備蔣琮與南京科道相訐奏，科道多得貶黜，琮自如，公言：「宫中府中，俱爲一體，陟罰臧否，不宜異同。」知州劉槩、御史李興以忤文穆下獄，公力辯之，得減死。内旨以通政司經歷高禄爲本司參議，公言禄出自科目，自可遠到，而越次超陞，恐非所以愛之也。唯以天下之官待天下之士，勿以親戚妨公議。事乃止。時有建白，多謂業已行矣，公言：「天下事設未得其當，雖十易之不爲害，若謂已行無及，則古之納諫如流者豈皆未行乎。」公遇事輒言，有不合，即引疾求退，上每温詔留之。執政有不悦，謂其好名者。太醫院判劉文泰因誣奏公，公疏辨，下文泰獄鞫問，事遂白，而公求去益力。詔允之，命乘傳以歸，有司給月米。既歸，日優游園林，讀書、著述不輟。言者每欲起公，不果。以正德三年四月二十日卒，明年月日葬某原。

公在揚州，屢折疑獄，歲饑且疫，發倉廩，給醫藥，全活不可勝紀。襄陽賊平，首帥欲縱兵搜山，因公言而止。東南大水，士庶咸望公奏蠲歲額，公獨持其議，以軍國之計重也，然所免各郡亦且數十萬，而人莫之知。舊例，應天、鎮江、太平、寧國、廣德官田減半徵，而民田全免，久之，民田多歸豪家，官田多歸下户。公乃爲之損益，官田量減，其耗民田稍增之，公私便焉。

公曾祖諱彦成，祖唯真，考仲智，皆贈光禄大夫、柱國、太子太保、吏部尚書，曾祖妣某氏、祖妣張氏、妣周氏累贈一品夫人。公先娶蓋氏，繼張氏，俱累贈一品夫人，文氏封一品夫人。子男五：承祐，都督府經歷。承禄，義官。承祥，順天府通判。承禋，義官。承裕，吏科給事中。女二。孫男十三：紞、綬、基、埜、節、簡、潛、璿、璟、輅、輶、犨、輿。女九。曾孫男四：安邦、安民、安世、安國。女二。公所著有《石渠意見》四卷、《拾遺》二卷、《玩易意見》一卷，詩文十卷，《歷代諫議録》一百二十卷，《漕河通志》二十卷，奏議若干卷。

李東陽《懷麓堂集》卷八〇《明故光禄大夫柱國太子太傅吏部尚書致仕贈特進左柱國太師謚端毅王公神道碑銘》 自古凡治朝盛世，必有恢弘博大之臣，布列廊廟，陳昌言，著偉績，顯於天下，播在史册，以傳不朽。然不可遽得，亦什一於千百，得焉，亦足矣。自我英宗皇帝旁求賢哲，其所敷遺，閱憲宗、孝宗，累數十年，時則有若王端毅公，固其人哉。

公諱恕，字宗貫，陝西三原人也。正統戊辰舉進士，爲翰林庶吉士，授大理寺左評事。景泰間，遷左寺副，條刑罰不中六事上之朝，擢知揚州府。屢辨疑獄，歲飢發廩不俟報，且給醫藥，多所全活。作資政書院，教羣子弟，科不乏人。天順間，遷江西右布政使。揚人爲立石頌德。廣賊寇贛州，公帥兵勦平之，遷河南左布政使。成化間，擢都察院右副都御史，撫治南陽諸府。南陽豪爭礦殺人，公獲其魁，餘悉解散。以内艱去。會襄陽盜起，詔公起復，會兵搗其巢，走之。及劉千斤輩作亂，公亦會王師勦平之。大帥欲縱兵搜山，公不可，因下令曰：「擅殺者斬。」復榜示流民，諭使復業。民爲建生祠，繪像事之。乞終制，不許。尋奉勑巡撫河南，遷左副都御史。歲旱蝗，上疏請崇儉去奢，以回天意。入朝，言時政六事，遷刑部左侍郎。丁外艱，服闋，改刑部。巡治漕河成，言弭災數事，未幾，而蠲租之詔下矣。

改南京户部，再改左副都御史，巡撫雲南，進右都御史。以地切交趾，言禦夷方略。劾鎮守中官諸不法事，没其部下所得金寶，輸之京師，勳臣世帥亦爲斂戢。所役官軍士民皆還部業，使人至夷方，無敢索賂，勢家假驛傳般私貨者皆自雇役，於是聲震遠邇。改南京都察院，參贊留務，兼督巡江。尋改南京兵部尚書。考選官屬，不受請託，爲同事所忌，命兼左副都御史，巡撫蘇松諸府。會江南地震，乞歸，不許。言内外官收納過重，請爲禁革。光禄寺歲供白粲，概及庖人賤工，請爲分別。派買物料、織造綵幣及貢獻禽鳥花木，請爲節省。又請免常州夏税六萬餘石，以羨米還之。又以補諸府户口鹽鈔六百萬貫。又以水旱災，

請免秋糧數十萬，草半之。以官田賦重，減耗米十餘萬。發廩賑饑民，令減價糶穀。又同行賑貸，以户計者幾二百萬，以口計者有加焉。有中官以買書收藥爲名，搜括遍江南，千户王臣者爲之助惡。公累疏言之，上乃命械繫中官，（泉）〔梟〕臣於市。而中官亦誣奏公及知府孫仁，仁就逮，公又力救之，得免。又請罷内降官數人。又以京師地震，乞辭位，不許。尋復改南京兵部尚書，仍叅留務。聞秦、晉飢，言便宜十事。聞林俊、張黻之謫，乞還其官，因請罷永昌寺役。加太子少保。言政令必信，不宜數改，語尤激。旋落太子少保，以尚書致仕。

孝宗在東宫，已聞公名，既登極，首降勅召之，改吏部尚書，加太子太保，階榮禄大夫。臺諫劾巡撫及藩郡官，奉旨黜革，公以爲不得其職，連疏乞休，皆不許。南臺薦公可入内閣，上曰：「朕用蹇義、王直故事，委怨吏部，若有謀議，亦無不聽。」乃已。弘治初，從耕籍田，預九推禮。視學命下，公請釋奠用爵，用三獻，分獻官致拜，上許分獻行拜禮，公又争之，乃於孔子加幣用太牢，改獻爲奠，至日分奠鄭國亞聖公。侍經筵，偶議不合，辭印乞休。上曰：「君臣之間恩同父子，各陳所見，何嫌何疑，可視事如故。」乃起就職。屬有疾，上命醫診視，遣中官賜酒米諸物。南京給事中周紘、御史張昺奉命點軍，爲留司所奏，出補外，公論捄之。未得命，臺諫交奏，以爲老臣言當聽，紘、昺乃得改南京别任。徵王奏知陸鈞州爲府，晉王乞爲世子别設典膳，皆論止之。知州劉槩與御史湯鼐言涉狂誕，當道欲坐以死，御史李典多枉罪人至死，亦坐重辟，公皆論救，乃從末減。山西叛賊王良等既伏誅，或議除其黨千餘輩，公以爲脅從宜免，議始定。又請老，詔大風雨雪免朝，又免午朝。復以彗見自劾求退，不許，進階光禄大夫，勳柱國，封三代。有旨令中官會選御醫，公執不可。壽王冠，充副使。都御史秦紘以總督兩廣軍務，奏安遠侯柳景不法，坐致仕去，公極言紘當用，乃起爲南京户部尚書。大醫院判劉文泰者，奏公不當令人作傳，議者以爲有所受，公具自列，乃下文泰獄，降御醫。公又乞休，蓋自蘇、松以來前後疏十餘上，乃賜允，命給驛還鄉，有司月給米二石，歲給夫役二人，賜寶鏹三千貫。居十有三年，聖天子登極，詔賜牢醴，遣行人存問於家，復加米及夫隸，數倍於昔，且賜璽書，有嘉猷入告語。公復上疏言數事。

正德戊辰某月某日卒於正寢，壽九十有三矣。訃聞，上震悼，贈特進左柱國、太師，賜謚曰端毅，遣官諭祭者九，令有司給棺椁治凡葬事。公墓在西園尚書府君墓次，其所自卜地也。子曰承祚，爲義官。有丈夫子五人：承祐，南京前軍都督府經歷，早卒。承禄，義官。承祥，順天府通判。承禋，亦爲義官。承裕，舉進士，累官吏科都給事中。孫十三人，某某。公平生好學，博涉經籍，至老不倦。所著有《漕河通志》、《介菴奏議》、《石渠意見》、《經籍格言》行於世。承裕，予禮部所舉士，因奉户部尚書劉公用齋狀來請銘，是惡可不銘。

雜録

備録

王錡《寓圃雜記》卷四《巡撫得體》 王冢宰恕爲巡撫時，革牟俸之煩苛，復周文襄之舊政，民皆樂業，惟與宦寺權豪爲敵，如水火之不相容。每御府縣小官，少所黜罰，嘗曰：「此輩去，此輩來，無益於事，徒費迎送耳。」真得大臣之體。

陸容《菽園雜記》卷一二 吏部尚書王公恕，在南京參贊機務時，與王公㒜友善，作《大司馬三原王公傳》，刻板印行。太醫院判劉文泰與公有怨，上書訟其變亂選法數事。且言其作傳刻板，皆諷人爲之，彰一己之善，顯先帝之過。以印本封進，上不罪公，令燒毁板籍而已。公遂乞致仕去。予謂板刻之舉，或出於門生故吏，而公以老成位冢宰，初無禁止之言，坐致奏許以罷，不亦深可惜哉！

蔡清《虚齋集》卷一《與郭文博書》 **其一** 皇上一日御經筵，公侍講退，召問予以《大學》「心有所忿懥」一章之旨。予畧述舊聞以對。公頗然之，因曰：「今日當講，先生於此數句各貼一『先』字，謂事未至而心先有所忿懥，則忿懥之行不得其正。不知若無箇事有以激其忿懥，彼亦安得無端而生忿懥耶。即是有所忿懥，則忿懥即著於其事矣，又安得謂之無事而先忿懥耶。」予意公此説儘精切，苟非有得於體驗者宜道不到此，故録之。公且微笑當講，先生未必有體驗身心之學也。

其二 《中庸》「道不遠人」章，自「詩云伐柯伐柯」，至「君子胡不慥慥耳」，公亦疑只是一串，意謂忠恕貫天下之道，如何只把作愛人一端之事。吾故意朱子或先入於張子《正蒙》中所載之三言也。

其三 《論語》「夫子之道，忠恕而已矣」，公不以予舊説爲然，曰：「朱子之

説亦未當也，忠恕不宜分貼一貫，曾子本意是謂忠恕一理，貫天下之道而無餘者也，故曰『有一言而可以終身行之者，其恕乎』。」不知朱子若得聞此説，以爲何如。亦可見此公之高也，此方是真學問者乎。

其四 《孟子》「無爲其所不爲，無欲其所不欲」，公亦以爲上句是以義制事，方外之功也，下句是以禮制心，直内之功也，且曰：「盡之矣，故曰如此而已矣。」

其五 「人之有德慧術智者恒存乎疢疾」，公亦謂朱子所解恐未當。蓋孟子本言凡人之無智慧者心常安泰不知憂患，甚者安其危而利其菑，惟有智慧之人則心便常存夫憂患，故獨孤臣孽子身履乎逆境，其操心也危，其慮患也深，故能在邦必達，在家必達，行無不得也。此説如何疑朱子解恒存爲常，由「存」字與「由」字義本相遠，此亦可備一説也。

其六 《易經》「仁以行之」，公亦欲主當理無私之説，謂愛字狹但寬以居之欲作寬緩以區處之，此説未能無疑。

其七 《繫辭傳》之説亦多未能合，公本治《易》，然於各經亦皆涉獵，尤熟於《書》、《詩》，常言：「我亦垂老，方理會學問。」此亦可見學問之有益於人矣，不然，此老何以至今日尚拳拳也。而公之德之才垂老而不衰者，其有得於學問之力益信矣。公今年七十四。

其八 有一給事中奏請求天下之異才者，事下吏部議。公偶問予曰：「此事當何如議處。」予謝以淺陋，不足與此等言論。公固令述所聞，於朋友間議論云，何予對言；異才尤光岳所靳，亘古不多得。今日上之人雖未可絶望當世之無人，然亦不可必求其人以實其科，端教養、精舉察而已矣。至於天下之人尤宜自量，不可因上之有求而妄應其選，以遠大自勵而已矣。況今天下人才大概以科目收盡矣，此外所遺異才宜不可多得。然清亦疑天下異才或不入於科目，但恐亦須以試而知。堯之於舜且歷試之，必若求之於林野，亦當先求於庶官之已試者也。」

其九 公又問今學者滿天下，何故異才難得。予對言：「是固有由也。上之人所以養之者本未盡其道，下之人又幸際時之昇平而售之急耳。以生所見言之，如生稍知章句訓詁，人便舉而進之於學宫矣。未幾，作經義甫成篇，便得補廩，以爲當然矣。又未幾，作三場文字纔可讀，便迫迫期中舉、中進士矣。一中進士，則官已到手，或無暇於學，或自以爲無用學矣，其仕而能學者無幾耳。又或有過時扞格之患，蓋識見既淺，踐履必薄，規爲必粗，非所謂俟其熟而食之者也。況自幼入小學，而其所學者多非學做人之實事，人才之不如古者以此。故雖有異質者，亦不能成異才。生等躬坐此病，今日雖知悔前之欠實，蹈扞格之患矣。」公曰：「然。吾兒子承裕今年二十三，丙午年已中舉，然吾未欲其急於仕，且令静覽羣書，間閲世務，冀他日得實用耳。」此一段似有益於吾輩，故詳録之。

張志淳《南園漫録》卷一《惜才》 三原王公爲吏書時，天台夏進士鍭放回，違限例，當送刑部問罪。鍭以爲母不服，且以詩風貢郎中欽。欽不懌。時予爲主事，欽據法白公，必欲送問。鍭急，因言曰：「必欲問，有死而已。」鍭嘗以所爲文獻公，公因停其事，命予勸鍭。鍭曰：「果不可免，則以進士還官，長歸養母而已。」予因解之曰：「子節誠高矣，然已中進士，則不比隱者可行其志。今公惜才好文乃如是，故遣某相告，果不服而長歸，任子歸矣，則據法行浙江巡按御史下縣提子，顧不驚令堂乎？」夏遂語塞。還以白公，公喜見顔色。即遣官持手本引鍭送刑部，又丁寧所遣官善慰諭之。及官回，又召予引官面問曰：「鍭去云何？」曰：「送至刑部門外，鍭發嘆而易衣進矣。」公微笑曰：「汝在道還使之衣冠乘馬否？」官曰：「然。」公又微笑謂予曰：「此少年有文而不知法，故當委曲成之。」公於一進士而愛惜保護之如此，而法則不少屈也，可謂難矣。

張志淳《南園漫録》卷一《署門》 公爲吏書，署於門曰：「宋人有言：有任於朝者，以饋及門爲恥；受任於外者，以包苴入都爲羞。今動曰贄儀贄儀而不羞於入我，寧不自耻哉。」一時帖然無異議者。使非真誠積久而孚自不敢書，書之，適足以憎多口矣。予目擊爲吏書者先後凡幾人矣，竟不敢署門如此，亦各自知也。

張志淳《南園漫録》卷二《稱謂》 弘治初，三原王公恕爲吏書，鈞州馬公文升爲兵書，同朝。王公長馬公十歲，及王公以太子太保致仕，馬公於弘治中以少師兼太子太師爲吏書，每對予言及王公，不姓不號，但曰「老天官」，前輩之謙己敬德如此。

張志淳《南園漫録》卷二《巡撫》 成化丁酉，王端毅公恕來巡撫雲南，不挈僮僕，唯行竈一、竹食羅一，服無紗羅，日給唯猪肉一觔、豆腐二塊、菜一把，醬醋水皆取主家結狀，再無所供。其告示一：「欲携家僮隨行，恐致子民嗟怨，是以不恤衰老，單身自來，意在潔己奉公，豈肯縱人壞事云云。」人皆録其辭而焚香禮之。後公爲吏書，予見公衣服飲食雖不侈而亦如常。後見公祭兄文，有曰：「昔往撫滇，人皆言錢能勢不可犯，犯即有大禍，惟兄勸從正，果遇禍，兄以死理雪。」

從是觀之，公畏天憫人，固非利害所能怵，而公兄之賢亦有以助公之氣與志也。

張志淳《南園漫録》卷八《蒟醬》 蒟醬之名見於《史記》，注釋亦明矣。因宋周益公偶失記而妄對蒟醬之名，顧益顯。此物余地所産，《蜀都賦》所謂「緣木而生，其子如桑椹，長二三寸」是已。生時深緑色，日乾即黑，雲南檳榔以此及濾浄石灰合而嚼之，呼爲蘆子。郡人販於雲南，動數十駄也。檳榔，廣西所食即其心，乃藥中所用也。以三賴及蔞葉共之，乾硬無餘味。雲南所食採其嫩者，分爲四，連皮與心，合以蒟醬，浄灰食之，軟而有香味。然此物只下氣破氣，飽後頗宜。今日食不置，脣齒皆紅，而士夫反從之爲宜，殊不雅也。唯三原公至滇不食焉。

張志淳《南園漫録》卷一〇《服善》 吏書河南耿公裕嘗曰：吾爲禮書時，暮自部歸，必經過王三原之門，過必見其老蒼頭持秤買油於門首。因自念入官至今，初不知買油點也。故每過輒面城墻而行，蓋愧之也。時耿公方代王公爲吏書，而心服王公如此，可謂賢已。志淳爲吏部主事時親見公子自三原來省公，只如商旅，騎一騾而已，有司驛遞，何從奉之。又見公女適宋監生者，出只乘市井所顧兩人小轎。嘗以銀二兩託雲南張鳳儀知印買寶石，叮嚀切勿使公知。暨正德元二爲吏書家首飾皆雲南所造寶石，皆比勳戚而更過之矣。揆厥從來，何以闖王公之藩籬乎。

梅純《損齋備忘録》上 孝廟即位之五年，以開國功臣追封王爵者，俱輔佐太祖高皇帝平定天下有大勳勞之人，今其子孫有不霑寸禄，與編氓無異者，欲量加恩典，俾奉其祀，乃下詔命皆查出明白，具實以聞。於是，吏部奉詔惟謹，即各行所在查取赴京。既而，開平王曾孫常復至自雲南，寧河王玄孫鄧炳至自湖廣，岐陽王玄孫李濬、東甌王玄孫湯紹宗皆至自南京。比至，命各授以指揮使職，遂轉送兵部，皆定以南京錦衣衛使，各近其墳塋。夫當太平盛世，不忘於報功，此固聖天子之大德，而所司急於將順，亦賢宰輔之公心也。時承行者則吏部尚書三原王恕，兵部尚書鈞州馬文昇，驗封郎中安陸孫交，武選郎中蘇州徐源，皆一時名望也。

陸粲《庚巳編》卷六《王端毅公》 三原王端毅公，以清忠勁節，負天下重望，爲近時名卿之冠。年七十八致仕，九十三而終。臨終之日，既遷正寢，戒家人曰：「吾氣將絶，必有風雷環繞吾居。爾輩謹無哭，當静以待之。」比公方瞑目，少頃，雷震大風，雨下如注。家人相戒屏息，良久開霽，乃敢舉哀。及殮，視公貌如生焉，時正德戊辰四月二十日也。嘗聞河津薛文清公没時，亦有風雷之異，白氣貫空，經時乃滅。正人君子，氣與天地相爲感召者，固如此夫。

楊廉、徐成《新刊皇明名臣言行録》卷三引《陝西逆志》 平生篤信好學，自始學筮仕至卒年九十有三，每夜書燈達旦不熄，倦明眠覺，即誦讀。日與士夫相接，終日講説。其進脩德業、老而忘倦似衛武公，然務爲實學，不立門户。所業不殊乎人而衣錦尚絅則殊，所行不異乎人而能里道遠則異。嘗曰：「仲尼不爲已甚，中庸而已，故求道以中庸爲的。苟合乎此，雖芻蕘之言不以爲非。儻有不合，雖先儒之言不以爲是。」其擇乎中庸，守而勿失，似顔子。居常反身循理，以集義爲事，故其浩然之氣剛大莫遏，似孟子。平生不與惡人遊，惡人言，常禄之外秋毫無取，省身克己，日求寡過，其方嚴如程正叔。簡而易，温而厚，見者悦，聞者來，其和氣如程伯淳。其在官也，衮職有闕，以爲己責，思補之；生民有害，以爲己責，思除之；君子未用，以爲己責，思進之；用而有患，以爲己責，思衛之；小人未退，以爲己責，思黜之。故當其時，天下之君子敢爲敢言者皆有所恃而不恐，天下之小人黨惡害民者皆有所畏而不爲，其自任以天下之重似伊尹。守揚之日及巡撫之時，凡惠政之行，必先鰥寡，其有不法，雖讞奄王公有所託而不從，雖徐伯友禎及當路撼之而不摇，其王敬、王臣、錢能、段英之屬皆口託天憲以擾民者，西廠汪直則屈辱大臣矢射有司者，守備蔣宗則勢傾科道者，乃皆奏之，或誅戮、或謫戍、或折使屈服，罪有攸歸。譬之鳳鳴高岡而鴟鴞無聲，虎嘯深巖而豺狐遁迹，其不侮鰥寡、不畏彊禦似仲山甫。才之所施，左右咸宜，由評事以至侍郎，所如底績，未嘗一考而輒遷其官，此文治綏民之效也。其戡亂也，在廣平則平吳廣華，在荆襄則殲劉千斤、石和尚、蔣虎力，在雲南則伐羅雄而奠蠻服，在湖州則撫定饑民之亂，於山西則誅妖賊王良而宥其脅從，其全活隨在下不數萬餘人。至於用兵謀畧，皆懸合機宜，雖良將不過，其才兼文武似李衛公。其在揚州立資政書院，如高尚書銓、儲侍郎巏所造就孔多；在江西提學，如浮梁戴恭簡珊、泰和蕭尚書禎、淦縣孫都憲仁、安福劉祭酒震，皆文藝之外而别其器識，誘以遠到；在留都時，如錢福不與科舉之列，一經品題則名魁天下；在兵部則考選京衛，得將官四千餘員；在吏部，政務之暇，輒引屬官講學，致當世名儒布列函丈，又延訪海内之士隨器薦用，如盧氏耿冢宰裕、莆田彭少宰韶、盱江何尚書鑑、太原周司徒經、錢塘倪宗伯嶽、蘭溪章祭酒懋皆引而置之政事之地，以弼成弘治之治。其誘進後學、薦達賢才似范文正。荆襄勦賊，我師失利，將欲退

走，乃鎮定不摇。留都有賊夜入寢所，乃觀書不顧。雲南之行儉人欲戕以蠱毒，嘗誠以撫下，居之不疑，竟亦無患。其經變歷險，無所動心似韓魏公。故劉文和公以國朝第一正人稱之。

何良俊《四友齋叢説》卷九 王端毅恕巡撫雲南，不挈僮僕，唯行竈一、竹食羅一，服無紗羅，日給唯猪肉一斤、豆腐二塊、菜一把，醬醋皆取主家結狀，再無所供。其告示云：「欲攜家僮隨行，恐致子民嗟怨，是以不恤衰老，單身自來，意在潔己奉公，豈肯縱人壞事？」人皆録其詞而焚香禮之。【略】

孔子曰：「臧文仲其竊位者歟，知柳下惠之賢而不與立也。」《秦誓》言：「大臣一無他伎，但休休有容。人之有伎，若己有之，遂能保我子孫黎民。」則大臣愛才，豈細故哉。若端毅公者，非但近代之所絶無，雖古人亦以爲難矣。以余所見，近來唯顧東橋、馬西玄二公，見人有一言一字之可取者，即稱譽不絶口，誠有若己有之之意。夏鍭，天台人，號赤城，王石粱先生鄉人也，石粱甚重之。嘗憶得石粱舉其七言律二句云：「雙禽自卧青苔巷，一杖驚飛翠竹墻。」此詩亦失之尖新，似南宋人語。惟詠麻姑酒二句云：「紫泥四尺高於軀，使我未飲先愁無。」頗迭蕩可誦。大率是有才者，端毅公愛惜而成全之如此。惜東橋、西玄不曾當事，未得行其意耳。二百年來宰相唯楊東里、李西涯肯薦士，故二公之賢聲特著，亦是百世不朽之業也。嚴介溪爲南宗伯時，余嘗見之，其謙虚愛才之意優然可掬。及在政府，但以言語誘人，未曾着實舉行，或者其奪於小相歟。昔秦檜當國，其子秦熺用事，當時稱爲小相。大抵骨肉情深，恩能掩義，若不以義自克，能不奪於小相者鮮矣。

冢宰耿公裕嘗曰：吾爲禮書時，暮自部歸，必經過王三原之門。過必見其老蒼頭持秤買油於門首。因自念入官至今，初不知買油點也。故每過輒面城墻而行，蓋愧之也。時耿方代王爲冢宰，而心服其賢如此。余謂此特端毅公之一節，亦其最小者耳。然觀人正當於其小者，蓋其打點不到處也。只此一事，而王公之清嚴，耿公之服善，皆前輩之盛者也。今有如三原公者，寧不羣詆而訕笑之耶。

何良俊《四友齋叢説》卷一〇 我朝列聖培養賢才輩出，當憲、孝二朝名臣極多，一時如王端毅、馬端肅、彭幸庵諸公，皆有物論，獨薛文清、劉忠宣、章文懿三公，雖婦人女子皆知其賢，無毫髮可議。

耿定向《先進遺風》卷下 公家居時，見子姪易左右鄰居爲業，公呼而讓之曰：「是與我世比居者，何忍俾之遠去。」乃召之各還居，給以原券，不問價。年八十餘，葺廬於先隴之次，搜閲典籍，編《歷代名臣諫議》一百二十卷。又作《石渠意見》，務剗俗學，而求合於聖賢之旨，凡四卷。後又作《石渠意見拾遺》二卷。已又搆玩易軒，討究《易》理，作《石渠意見》一卷。讀書至耄不倦，視衛武公之九十不忘交儆不殊也。

焦竑《玉堂叢語》卷一 王端毅公羣經無不涉獵，尤熟於《書》《詩》。嘗言：「我亦垂老始知學耳。」公之才德，老而不衰者以此。時公年九十，猶考論經史，著述爲書。一言一動，必揆諸矩度。嘗問蔡清：「今學者滿天下，何故異才難得？」清言：「上之所以養之者，未盡其道，下之人又幸時之昇平，而售之急耳。官既到手，或無暇於學，或自以爲無用學矣。識見既淺，踐履必薄，規爲必麤。以此雖有異質，亦不能成。」公曰：「然。吾兒承裕，今年二十三，已中鄉舉，吾未欲急於仕，且令静覽羣書，間閲世務，冀他日得實用耳。」

焦竑《玉堂叢語》卷二 王端毅公恕，初知揚州，折獄咸得其情。有一老婦嘗誣鄰人爲盗，公閲其贓，有二裙，一寬而長，一短而窄。老婦謂其子婦之裙，其鄰謂其嫂與妻之裙。公詰老婦曰：「爾一人之裙，詎宜有長短廣狹不同耶？」遂明其非盗。有二人争牛，公紿之曰：「一牛而二人争之，吾將焉歸？盍以入官？」命左右拽出之，其一人默然，一人喧争不已。公以與争者，曰：「此己物也，故恡惜如此。」人稱公爲神明云。《瑯琊漫抄》

王公恕蒞鎮守中官諸不法事，没其部下所得金寶，輸之京師。勳臣世帥，亦爲斂戢。所役官軍士民，皆還部業。使人至夷方，無敢索賂。勢家假驛傳搬私貨者，皆自顧役。於是聲震遠邇。

焦竑《玉堂叢語》卷四 關西都御史員缺，冢宰三原王公薦某官蕭禎及某官某人堪之，内批不允，而命別選二人。公執奏曰：「陛下不以臣爲不才，而任臣銓選，則臣之所舉不效，臣之罪也。且陛下安知蕭禎等之不可用而拒臣也，是必左右近臣別有所主而圖以與之也。承順風旨，以固此位，臣誠不能。所舉禎與某，陛下既以爲不可用，是臣不可用也，願乞骸骨歸老。」上優詔慰之，竟用蕭禎，果稱其任。説者謂公是舉有過於趙普補牘之勇矣。

王端毅巡撫蘇松，以災異，上疏曰：「臣奉命巡撫，節據撫屬申呈，各部勘合派買各項物料，未免取辦於民，里甲多致逃移。臣惟凡此之類，朝廷之上固有不可缺者，亦有可減省者，亦有可缺者。糧餉軍需不可缺者也，花樣段疋可減省者

也，珍奇玩好可缺者也。今當軍民凋弊之際，凡百冗費，俱宜撙節，一應不急之務，俱宜停止，俾軍民息肩，寔爲社稷之福。又兩京一應收受錢糧，内外官員，請勅戒諭，各公乃心，憫念民艱，毋刁蹬留難，毋巧取財物，毋多收斛面，務愛惜民力，培養元氣。如或不悛，令科道官指實，參奏拿問，則東南困苦，庶其少甦矣。」上命查理禁約。傳

焦竑《玉堂叢語》卷五　王公恕在揚州立資政書院，如高尚書銓、儲侍郎巏，所造就孔多。在江西提學，如浮梁戴恭簡珊、泰和蕭尚書禎、淦縣孫都憲仁、安福劉祭酒震，皆文藝之外，而別其器識，誘以遠到。【略】

三原王公爲都御史時巡撫南畿，嘗一日至吴市，市井無賴乘醉面罵公於道。公見之，略無怒色，但從容言曰：「此人醉矣。」命吏卒遣之。【略】

王公恕以中丞填滇，先此，鎮守中官多不法，乃百方冀悦公，公不爲動。察其政不便人者，悉革之，并剪其羽翼，中人銜之。公每出行部，導從者十數人而止。一日公出，中人令刺客雜其中，將乘罅賊之，公於馬上遽問曰：「今從者何多一人？」因檢之，得其懷刃，客吐實，因具爰書，杖遣之，而不加罪。中人聞之，欲自殺，公偕三司謂之曰：「我所行之事，不過爲民除害耳，所罪之人，不過爲公清惡耳，公何與？毋用過自疑也。」中人知無害己意，乃惶恐謝罪，不敢別行非義，而百姓安堵矣。【略】

王恕以中丞撫兩浙，致政，朝廷命馳驛還鄉。公每至驛旁，先命夫人與家衆投宿民居，然後單騎赴驛，官吏固請同寓，公辭之，一切餽遺不受。

李紹文《皇明世説新語》卷四《規箴》　王恕召爲大冢宰，至京，鄒智往見，曰：「老先生且勿受職，先請見君。時政不善者歷陳上前，庶其有濟。一受官職，再無可見之時矣。」

劉宗周《人譜類記》卷下　王端毅公恕守揚時，有德公者餽千金爲壽。公雖謝却之，然亦未能忘情，終夜不寐，每念一動，即大呼曰：「王某汝何得起此念。」如是者數四。比明，此念遂息。

蘇茂相《皇明寶善類編》卷上《廉儉》　端毅以都御史至京，見一閣老，以羊毛口袋爲餽，閣老問之曰：「此物何爲？」對曰：「可盛米二三十年。」《涇野集》

張萱《西園聞見録》卷四　王端毅公子自三原來京省公，只如貧士，自僱一騾，毫不干有司。一女適宋監生，止乘兩人所舁肩輿。

張萱《西園聞見録》卷一五　三原王公恕巡撫江南，中貴得白鸚鴿進御，所過聲勢烜赫。過蘇，公遣人懇求一見，至，即開籠放之。

張萱《西園聞見録》卷一六　工太宰恕爲巡撫時，革牟俸之煩苛，復周文襄之舊政，民皆樂業。惟宦豎權豪爲敵，如水火之不相容。每御府縣小官，少所黜罰，嘗曰：「此輩去，此輩來，無益於事，徒費迎送耳。」真得大臣體。

張萱《西園聞見録》卷二五　工端毅公恕以太子太保、吏部尚書致仕家居幾二十年，以碩德宿望師表海内。年九十，朝廷差行人吴志乘傳存問，并賜牢醴，月給米二石，役夫四名。子承裕以刑科左給事中便道歸省，陝西宗藩暨鎮巡守臣藩臬司大夫相率致賀，賀有詩，里巷喧闐，觀者如堵。楊文襄爲序《舊臣存問録》曰：「尊貴養老，虞周之制，代以日詳，而漢唐以下莫之能及，間有之，情弗稱其文，或加之匪人，不足以爲訓。今王公自郎官至極品，幾五十年，中外想望其風采。其在方鎮有虎豹當關之勢焉，在廟堂有泰山喬嶽之重焉。比其家居，如玉在山，如珠在淵，光景不呈而川陸增媚。故受知憲、孝二朝，言聽計行，天下陰受其賜。始終一節，完名而歸。天又錫之上壽，以有今日。煌煌使命，賁於里閭。敕詞藹然，義雖君臣，情猶父子，且望其嘉謨讜論，以裨不逮，是即周康王嗣位求助羣臣諸侯之意也，而非公，其孰敢當之哉。在昔唐之裴晉公、宋之文潞公，皆以高年耆德爲世所尊，而當時所以待之者未嘗有此。我先朝尚書蕭山魏公驥嘗被存問，而不及拜命，君子有遺憾焉。公年雖耄而聰明强固，猶日親書史，筆削不倦，其壽殆未可量。於呼，若公者，於斯文爲名賢，於斯世爲大老，朝廷所以尊且養之者，寧止是哉。」公年九十三，猶討論經史，著述爲書，而一言一動必揆諸矩度。王虎谷贊公曰：「憂天下之志如范希文，濟天下之才如司馬君實，直諫如汲長孺，惠愛如鄭子產。」子承裕官至户部尚書，清慎有父風。

張萱《西園聞見録》卷三〇　王端毅恕爲冢宰日，關西都御史缺，公薦蕭禎及某官某人堪任。内批不允，而命別選二人。公執奏曰：「陛下不以臣爲不才，任臣銓選，則臣之所舉不効，臣之罪也。且陛下安知蕭禎等之不可用而拒臣也？是必左右近臣別有所主，而圖以與之也。承順風旨，以固此位，臣誠不能。臣之所知禎與某，陛下既以爲不可用，是臣不可用也，願乞骸骨歸老。」上優詔慰之，竟用蕭禎，稱其任。説者謂公是舉有過于趙普補牘之勇果云。又上林苑監録事邵義以傳奉驟遷蘇州府通判，公具疏論之曰：「邵義先爲録事，正九品官也，今驟遷通判，正六品也。無乃有壞官則，士無定志，奔競之事日起矣。」

張萱《西園聞見録》卷八六　王端毅公恕初知揚州，折獄，咸得其情。有一

老婦常誣隣人爲盗，公閲其贓，有二裙，一寬而長，一短而窄，老婦謂其子婦之裙，其隣謂其嫂與妻裙。公詰老婦曰：「爾一人之裙詎宜長短廣狹不同耶。」遂明其非盗。有二人争牛，公紿之曰：「一牛而二人争之，吾將焉歸？盍以入官。」命左右拽出之。其一人默然，一人喧争不已。公以與争者曰：「此故物也，故吝惜如此。」人稱公爲神明云。

談遷《棗林雜俎》聖集《王恕》 王端毅冢宰日，有御史李興巡按關中，酷刑殺人。至三原，斥公名而詈之。後罪人多，罪當大辟。又御史韓雍值點郊齋，入部堂中道，呼公名，時議輕薄當斥。公奏興雖酷，無私，可免。雍直而有才，可超遷，從之。崔銑湏詞。端毅配蓋夫人，繼張氏、文氏，並贈一品夫人。按成化四年，南京御史楊智等劾南京刑部右侍郎王恕不顧名節，託本部郎中黄紱，娶故劉指揮妻文氏爲繼室云云。夫以端毅之賢，言動不苟，臺抨風聞，斷不足信。

梁廷樞《玉劍尊聞》卷六 王恕，字宗貫，三原人，貌豐而見骨，啖食兼數人。成進士，改庶吉士，出爲評事。弘治間爲三吳巡撫，常州監生湯棨以中旨取其鄉人段銓家古書《截江網》及刻絲觀音羅漢，恕奏免之。官至吏部尚書。以直諫重天下，凡朝事有所不可，人必曰王公疏且至矣，恕疏果至。時爲謡曰：「兩京十二部，獨有一王恕，公卿大臣皆側目。」大學士丘濬、都御史吴貞主使太醫院判劉文泰奏恕矯詐强悍，妄行選補御醫吏目，非故事，及託人作傳而鏤行之，以彰先帝拒諫之失，恕辯，乞休。許之。家居每夜書燈達旦不熄，倦則眠，覺即誦讀。卒年九十三，贈太師，謚端毅。

梁廷樞《玉劍尊聞》卷七 王三原一日出，有狂夫向之呼萬歲。入部，延僚佐諮之，婁駕奇曰：「昔張忠定行軍，三軍呼萬歲。」王曰：「止勿言。」即反覆思得數策，乃問曰：「忠定何以處之？」曰：「亟下馬同呼萬歲，衆遂不敢歡。」王歎曰：「吾輩安能及古之人？彼倉卒應變而有餘，吾終日思之而不足。」其好善如此。

沈佳《明儒言行録》卷四 於戲，此真聖明時之偉人、正人，天地間之英氣、正氣。張元禎贊。

先生秉心迪行，守古典禮，不詠於勢利，不暴於寡弱，威略足以平寇亂，廉貞足以激貪鄙，仁惠足以蘇困窮。公暇手不停，批諸經百氏，有得輒書，疑者辨，訛者訂，發前賢所未發。體之身，驗之家，而推之以輔治天下，蔚爲一代之望，可謂有得者矣。是以身任天下之重，遇事敢諫，皆關社稷至計，名教大經，直指權奸而不忌，力救正直而無阿，婉而不迫，直而不譎，頌而不諂，真得伊周、孔孟、程朱告君之遺意。先生雖極人臣之位，能折節下士，與講明道理，故士之有志者咸樂及門而親炙之。程廷珙《介菴先生奏議序》

備論

王恕《王端毅公文集》李濂序 天之生是人也，其有意弼成一代昌明之治乎？公舉正統戊辰進士，敭歷中外幾五十禩，累官太子太保、柱國、吏部尚書，丕著風節於憲宗之朝，其碩望偉度足以懾四夷，沉謩遠識足以熙庶績，仁心惠政足以福黔黎，讜論嘉謨足以裨治化，毁譽不動其心，進退必以其正，海内之士無不仰其風采，其諸孔子所謂大臣以道事君者邪。孝宗御極之初，首召公還朝，秉鈞政府。于時泰運方亨，君子道長，公引拔群賢，布列當路，如盧氏耿公好問，襄城李公公勉，莆田彭公鳳儀，盱江何公廷秀，太原周公伯常，金陵倪公舜咨，華亭張公時敏，皆一時縉紳冠冕，同寅協恭，共輔太平之業。非公之休休有容，人之有技若己有之，而無毫髮娼嫉之意，其何以致彙征之效而措天下於至治哉。公去今四十餘禩矣，而其高風令聞猶使人嚮慕詠歌，不能自已，是以撫其遺文興三歎焉。

公平生所作多不刻意，雖或出於信筆爲之，而其要歸必本諸仁義忠孝，有補於天下國家。夫豈若世之墨卿藻士雕琢其詞，艱澁其句，苦心於一字一句之間，動以之自夸，詡曰「是擬某代也」，「是擬某篇也」，而竭一生之精力以爲無益之空言者哉！

公諱恕，字宗貫，别號介菴，晚年號石渠老人，陝西之三原人。所著有《介菴奏議》、《經籍格言》、《漕河通志》、《歷代名臣論諫録》總若干卷，不在集中。

王恕《王端毅公文集》卷首喬世寧《刻王端毅公文集叙》 王端毅公仕丁成化、弘治間，會主上明聖，時時上書，言便事，其計畫皆長久治安者。而爲太宰時，風烈尤著云。當是時，海内治業之盛，寔太宰爲之，而身所推轂者，盡當世賢人君子也，又各以其功能遇時報主，而聲烈至數十年不衰，斯非社稷臣邪？其事在《奏議稿》中。蓋學術盡施于政事，而當時所爲序記雜文亦數百餘篇，顧公豈藉此以自見哉。晚年復自著《意見》數卷，則又研究經學與訓詁異同者以詒後

世。公没之後，《奏議》與《意見》盛傳海内，獨文集未傳也。余于是刻傳公文集而以《意見》附焉。

喬生曰：端毅公世安可以文辭論也？公志在弼亮，自任以伊傅之徒，何嘗篤意藝文如學士家爲也。而斷理陳事，當實可據，足以信世而傳遠，要自爲有德者言也。世多言公之文無假英藻而質厚有餘，不務爲閎辨而歸準于躬行，後因以議政決策均有取焉，是猶未睹其大也。余覽公答劉太保書，引責大義，先國家之急而罔忌諱之禁，斯古大臣之風與？是非徒士氣昌也。其繫于國紀治體者豈其微哉，是安可以文辭論也。故讀公集者，宜以此知公矣。公奏議世多施用，蓋人人頌説矣，而《意見》一書則羅整菴、蔡虚齊二公又亟稱焉，余不復論，論其文之關氣運大者若此，令後世不以文辭矚公也。

王恕《王端毅公奏議》崔銑《書王端毅公奏議後》 耿文恪公居太宰，有譽公可繼端毅公者，文恪公曰：「王公孰可當之？其在位，吾夕過其第，必見蒼頭沽油也。」銑先公守延安考滿，考功郎中佐持牘上，王公曰：「汝未盡斯人之節。邊吏率自潤，斯人約身裕民，歲歉止徵，坐是停禄，恒餒其妻子。」公乃自署考曰：「清白之操，詳明之政。」次日，先公堂辭，謝曰：「某遠郡吏，何由辱公之知？」公曰：「吾諸子留三原，鄰郡，惟君無問遺爾。」秋日撿書，覽公奏議，摯奸守法，一介弗撓，乃籍上事。嗟乎，元臣勛名，固不以巧辭飾行而取哉。

王恕《王端毅公奏議》程啓充跋 《介菴奏議》六卷，舊刻之姑蘇。三原，公故里也。公逝矣，時縉紳知公者重其名，思其手澤之新，惟公不可見，得見是集也，斯可矣。然乃不能應諸縉紳之求，乃圖廣之，乃因舊本别爲三集，逾冬工始刻成。讀其辭直而不矯，婉而不隨，危而不激，仰承俞允，播宣中外。時則有若削兵權、出侍近、誅大奸惡以丕覃聖化，華夏夷服，想望風采，是固聖明從諫好善之懿，夫其轉移孚動，果敢剴毅，公之精微固自有不可及者。

公殁之明年，啓充來尹三原。又三年，奏議重刻。説者謂公之質直如長孺，心事如希文，奏疏如包孝肅，好學如衛武公，表正鄉閭如陳太丘，一時出處屹然朝著，俾善類賴以有立，是集也，猶吾足徵也。惟公不可見，得見是集也，斯可矣。遂藏棗於弘道書院，併志歲月以傳。

王恕《王端毅公奏議》陳公懋後序 古有謨，若禹曰克艱，皋陶曰知人安民，益曰無怠無荒，迺臣告君之嘉言，爾後之章奏即謨也。其紀綱之大體，義理之至情，政事之要道具於是，關繫大矣哉。蓋自古人君莫非忠臣弼而朝廷正，天下理，以經綸大經，謀猷大業，天工其代，股肱倚毗，不可相無而相舍，故用其言則國福以興，棄其言則國禍以亂，若龜筮之孚灼然而不誣者。然臣必能盡其忠，俾君其堯舜，君民其堯舜民，庶幾無負所任，而亦不過爲分内也。何忠者爲麟角、爲鳳嘴，靳靳乎不多見邪？忠其難矣乎？夫忠者，盡其所當然而無歉焉爾。盡己則盡物，盡物則盡道，非循天理弗能也，非持大義弗能也，非抱貞固弗能也，非純誠不欺弗能也，非剛直不阿弗能也，非大公無私弗能也。能焉，則政無不舉，知無不行。陳其善、閉其邪，利害當機，極言無諱，己不求知而自爲，人不見知而不悔，烏有嫌疑窺避哉，盡己而已矣，若今大司馬陝右王公其人焉。

公號介菴，歷事三朝，敭歷中外幾四十載，讜論滿朝廷，忠名滿天下。始評大理，平反克允。刺揚州，吏民赤子。布政江西、河南，長城數千里。撫荆襄、撫中州、總河防、撫雲南、守陪都、撫南畿，安危康濟。居司寇、居司徒、居司馬都臺憲，佑辟經邦，前後章疏餘二百上，真大體立於紀綱，至情切於義理，要道深於政事。偉哉言乎，古人之心也。使今征求息而民力甦，權姦伏而士氣作，君心明而成憲彰，是誰之功歟？蓋公存心以道，始末惟忠，蓄有學問本源，施爲實用，其厚如此，所以揚翹特立，風采凝峻，盛德休望，光明正大，爲國之楨也。《詩》云「衮職有缺，惟仲山甫補之」，公其謂歟？《書》曰「政貴有恒，辭尚體要」，今公之言忠誠剴切，流出肺腑，而無綺繪之浮辭，可謂深得乎體要者矣。將見千載之下讀之者，未必不與陸宣公之《奏議》、諸葛武侯之《出師》二表並稱也耶。公懋辱厚公雅，敢以荒謭辭謹載拜序其概。

王恕《王端毅公奏議》李東陽序 周官冢宰即唐虞百揆之職，雖列於六曹，而實總衆務。歷代宰相之設，則别立六曹以隸之。迨於我朝，始不置相，然所謂吏部尚書者，獨爲六部之長，所領人才又天下首務，非他政事比，蓋大臣之最重者也。故非德足以格君正國，才足以察理辨物者，莫宜爲之。顧世遠制異，天下事不盡于都俞吁咈之間，則必假於辭而後能達，於是謨訓之體變爲章疏，爲題爲奏，代代有之。晉山濤有所銓注，必先啓而後奏，宋趙普有所薦而不用，則拾殘藁復上之者，皆是物也。今部曹所奏、朝報所録，人皆傾耳而聽之。今日行某事，事之善者，必曰「吾君之仁也」。明日用某人，人之賢者，必曰「吾君之明也」。是雖書簿格例之細，而所謂格君正國者亦於是關焉。固諸曹之所同，而在吏部爲尤重也。

今天子御極之初，三原王公復召爲吏部尚書，進太子太保，天下翕然望之，

而公亦毅然以天下人才爲己任，凡有會議，必手自屬藁，雖部曹所擬，官屬所具，亦親爲改訂，四三年來散於諸司者不可悉記。文選員外郎孫君交擇其關於政之大者，萃爲一編，以藏於家。東陽得而觀之，則歎曰：於乎盛哉！皋陶論知人，必曰載采，孟子言尚友，必曰論世，後之人聞公之風，不獲見其人而接其論言者必於是觀之，而一代之盛亦從可識矣。東陽承乏翰林，脩兩朝實録，皆在史館，蓋自正統以來迄於成化，選舉之典式、人才之名籍，未嘗不得與也。聖天子之休風善政、大臣元老之嘉謨偉績，乃復於今日見之，敢不爲天下賀哉。且難進易退，公之夙心，而眷注方切，未可以言去，則所以益於君與國者尚多，又敢不益爲天下望之哉。公自立朝，累有獻納，在南部者尤爲天下所傳誦，則既編爲別卷，而序之者已詳，故獨識於此，庶公之任以天下者，有所考云。

王恕《王端毅公奏議》李東陽《書介菴王公奏稿後》 往在憲宗朝，聞三原王公爲南京部臺，章奏迭至，奉旨施行者固已録之，有司播之四方，其留中不報者世莫得而傳也。公既爲今天子簡用，復起爲吏部，有傳其家所藏奏稿者，蓋自爲評事、爲知府、爲布政凡所嘗陳奏舉劾者，皆在焉。觀其剖析事理、論法斷獄，人或能之，至於批鱗苦口，排大姦，摧巨敵，身任天下而不爲私謀者，則卓乎不可及也。夫内告外順，見於《君陳》之命，先儒以爲此固成王之言，非文武之言也。中古之世或匿諫草而不以示人，甚則焚之，世俗相傳以爲美事，議者則以爲孔光之徒匿姦釣譽之爲者，故韓魏公諫垣存稿，寧不避賣直之嫌而彰人主從諫之美，豈無所見而然哉。若王公所諫奏、所舉劾，蓋有削兵權、黜近侍而元惡大憝亦有肆諸市朝者，則公之忠先帝固鑒之深矣。雖有危言極論，未暇宣佈，然亦優而容之，未始有譴怒訶責之語，盛德所在，亦豈容掩而不彰哉。使天下傳之，後世傳之，謂公之言如此，而先帝之所以容之者如此，則未必非是稿之助也。

吴寬《匏翁家藏集》卷三六《敬義堂記》 昔者聖人以其存於心、見於事者發之於言，莫過於釋《易·坤》六二之爻兩言之備者也。夫敬、義，德之大者，有其一已足，而聖人猶以爲偏，必並舉而言之。蓋主敬以直其内則體立，守義以方其外則用行，内外兼全，體用具盡，此所謂德不孤也。爲學之道無出於此，世之人莫不能誦其言，有能用其言者乎？

太子太保、吏部尚書三原王公以進士起家，歷官四十餘年，出撫萬民，入統百官，凡所以見諸事業者率用兩言。至於切劘治道、啓沃君心，往往見於章疏，天下人皆傳誦之，亦自兩言而推之也。然此皆見於事者，故人知公以義方外，而不知直其内者之有敬也。公以平生之所得者在此，期於終身行之，乃題其私居之堂以自警，不鄙寬。使文選主事李君贊來徵爲記，寬謝不敏，而李君道公之意不舍也。蓋此兩言儒先發其意也已盡，而公之蹈其言已久，何俟區區之文哉。惟公爲世名臣，聲望表然與古人等。今上即位之初，知公之賢，特起於致政之餘而信用之。二歲間，公雖以求去者數上，固留不聽，然天下有識者亦惟恐公之去也。惟昔武王踐阼三日，欲聞藏之約、行之行，萬世爲子孫恒者之道，召師尚父問之，師尚父舉丹書以告曰：「敬勝怠者吉，怠勝敬者滅，義勝慾者從，慾勝義者凶，是已。」武王受其言，至銘諸器物，以示不忘。所謂敬義蓋已啓乎《易》之説，然必以怠慾吉凶從滅爲言者，武王雖聖，訓戒之道當如是也。公事先帝既必出此，及是起用，猶惓惓焉以是爲説，則公平日之所得者豈止於《易》，所以名堂者豈止於身，必欲武王其君萬世爲聖子神孫恒者乃公之志也與？因書以諗於公，不知以爲何如。

莊㫤《定山集》卷七《壽大司馬王公介庵七十序》 有大付託之天，必有大負荷之人；有大負荷之人，必有大感通之天。此自然之理，有不可誣者。在昔堯、舜、禹、湯、文、武之時，天欲平治天下也，謂天下之大可一人有，不可以一人治，苟不得人以共理之，天下不可以平治也。於是付之皋陶，付之稷、契，付之伊、傅，付之周、召。厥後漢、唐、宋之時，又付之丙、魏、房、杜，付之司馬光，付之韓琦，付之范仲淹、富弼。是時，諸聖賢之臣知天之所付託在是也，又各能極其負荷之重而不負焉。有是天者未嘗無是人也，天以其能不負所付託也，於是與之以桓圭衮冕，高牙大纛，無少吝惜，使之出入將相，各極其榮盛，而又享之以期頤耄耋，雖至於老而不衰。有是人者又未嘗無是天也，天人之所以相感通者，豈有他哉。蓋以天下大器，非有非常之才，力兼萬人者，莫克舉之，而非常之人又不可不以非常待也。今我聖天子左右之臣有克大負荷天下大器相與感通於天者，若南京參贊機務大司馬三原王公，豈非其人哉。

公以戊辰進士，出入侍從，受知列聖幾四十年，朝廷繫其重輕，天下以爲安危，君子賴之得以自安，小人畏之而不敢肆，天下之士無貴賤、無小大，莫不孰公之德、知公之名，望之爲泰山喬岳，仰之爲青天白日也。始公之來南京也，舊邦之人各相自慶，謂如東人之得周公，西土之得司馬温公。及其去也，莫不咨嗟嘆息，如赤子之失慈母。而於再至，又皆歡忻踴躍，以爲天不棄我民，而使我公之來，得以終其惠也。至於鎮撫南詔，巡撫南畿，莫不皆然。而退休巖壑之人如張

東白者至爲中流砥柱圖贊以寄誇美，而杲亦有和魏野上寇萊公「有官居鼎鼐，無地起樓臺」之詩以頌公，而景仰之無已。公何以得此於天下哉？是皆天以我列聖爲堯舜、爲禹湯、爲文武，而慭遺是老，俾之以輔成唐虞三代之治故也。不然，何以有此萬人之英，克大負荷天下大器而挺然不拔如公者哉。杲嘗聞公之名，觀公之大私，竊念之，以爲天人之理雖至相合，然亦不苟合也。而公之於天，夫豈無有以爲之大哉。往年公巡撫江北，杲始拜公於江浦，今又得拜公於南京，公不以杲爲不肖，每見，必與之坐以論古今天下之事。杲聽其論議，叩其學術，公之大者莫過於誠，故公於天下之大計無一言一事不出於誠也。記曰：惟天下至誠，爲能盡其性，能盡其性，則能盡人之性，能盡人之性，則能盡物之性，能盡物之性，則可以贊天地之化育矣。又曰：至誠無息，無息則久，久則徵，徵則悠遠，悠遠則博厚，博厚則高明。公之誠至於如此，是宜德望愈老愈重，功業愈老愈大，福禄壽考愈老愈尊。而公所以有是天者，有以爲之大也，以公有以爲之大也，則爲稷契，爲皋陶，爲伊傅，爲周召以及司馬、韓、范之得於天者，夫豈徒然哉。今年公上章求去，聖天子以公元老，不可一日去朝廷，勉留，如成王之留召公者。公不可辭。

十一月十八日，公初度也，公之子某求諸名公卿詩以爲捧觴之圖，聯爲大軸，不可無引，因駕部主事某以命諸杲。公之壽蓋天付之，享之以期頤耄耋，而命之以福我天下之民，負薪傴僂之夫，何敢贅一辭哉。然以其請也，猶得以致夫天與公之大於一言間者，亦杲私竊景仰之意得以因是而少見也。

李東陽《懷麓堂集》卷六四《壽太子太保吏部尚書王公九十詩序》 弘治乙丑，今天子新嗣大位，恭上兩宫尊號，覃恩天下。時太子太保、吏部尚書三原王公致政於家，年及九十。特賜勑備物，遣使詢問，仍月如舊所給米二石，歲加輿隸二人，蓋盛舉也。於是部院以下諸公皆賦詩爲公壽，户部尚書韓公貫道以首簡授予。乃爲之説曰：

人之壽以百歲爲期，雖或過之，而弗及者天下皆是也。七十謂之稀年，八十謂之中壽，以九計者雖閭閻之下亦難其人，況公卿乎。昔有虞氏貴德而尚齒，夏后氏貴爵而尚齒，蓋齒之尊者聞見廣而猷慮熟，惟有爵者能見之，然非德性之堅定、氣節之完固，則亦有鮮終之戒、多辱之議。故三者必兼貴而互尚之，然就問之禮、珍從之物，非九十者不與也。王公生永樂全盛時，聞祖宗之遺風餘烈，歷宣德、正統間，樂育庠序，沾富教之澤，歷内寺、外郡以至方岳。當天順勵精之日，熙洽既久，上安下恬，曁於成化之季極矣，而力自振奮，彈壓權勢，劾佞邪而置之法，一咈意則浩然引去，身退而名益高。比弘治更化之初，特起爲吏部，執法秉政，爲讒邪所間，竟不失其正以去。自政體風俗之大罔不周知，刑獄、水利、兵戎、人物之務徧嘗而歷試，其斂而弗用也，有遺力焉。今耳目聰明，筋力如故，高談劇飲之暇，書卷不去手。平生所著《意見》及《典籍格言》、《歷代奏議》日取而閲之，雖興寄沖漠，而愛君體國之念猶耿耿不能忘也。昔文潞公以太師致仕，復起而歸，年過九十，史稱國家當隆盛之時，其大臣必有耆艾之福，推其有餘，足庇當世。公之風聲、氣節、高年、盛福大畧近之。潞公有八子，歷要官，公子六人，其半皆在仕籍。孫男十有三人，曾孫三人，而來者尚未艾，亦今人之所鮮見者也。然則侈稱樂道，形諸賦頌，以播之鄉國，傳之天下，爲衣冠盛事，亦惡可已哉。六子者某某，承裕爲刑科左給事中。刑科，予禮部所舉士，知其清簡有家法，每詢公居起狀。茲特奉使命便道歸省，因以諸公之意序是詩，而畀之爲壽觴侑云。公字宗貫，號介軒，「石渠老人」則暮年所更號者也。

李東陽《懷麓堂集》卷八〇《明故光禄大夫柱國太子太傅吏部尚書致仕贈特進左柱國太師謚端毅王公神道碑銘》 銘曰：巖巖華嶽，雄鎮秦封。靈秀攸萃，爲人中雄。端居廟堂，進退不辟。高舉長步，直言正色。奮翼而起，排雲厲空。紛彼羽族，瞠其下風。羣疑糾紛，中有定括。南山可移，三軍可奪。用我則出，舍我則還。外若可撓，其中浩然。秉彝在躬，弗枯弗失。其所餘者，以還造物。拄車守閭，世豈無才。持以大用，匪違則乖。滔滔江流，中有砥柱。頹波狂瀾，不見其處。功名始終，自古謂難。我所自立，其成則天。國史有書，鄉賢有祀。公銘不隳，公墓在此。

王鏊《震澤集》卷二九《太子太保吏部尚書贈特進光禄大夫左柱國太師謚端毅王公墓誌銘》 銘曰：國有正氣，曰唯忠義。忠義斯存，國勢乃尊。侃侃王公，奮自三原。歷事五朝，正色危言。其言維何，别邪與正。邪正既分，國是斯定。逆鱗屢犯，犯且弗傷。唯公之誠，唯先皇之明。帝曰老臣，國之耆耇，卹典榮名，有加於舊。公如汲黯，逆亂寢謀。公如裴度，邪佞所仇。公雖亡矣，神豈云邈。上騎箕尾，下壯河嶽。刻碑詔後，唯昧之覺。

蔡清《虚齋集》卷五《祭三原王先生文》 維正德某年月日，門下生致仕江西按察司副使晉江蔡清聞宫保太宰介庵先生三原王公之喪，謹就家爲位哭奠而告以文曰：公自三十登仕，至八十而致政，所在爲麟，爲鳳，爲長城，爲砥柱者蓋

五十年，其望實之在天下後世者，舉無庸門下生小子之喋喋矣。況小子無狀，嘗辱恩教，而尸素十載，全無一毫樹立於世，今則杜門待盡之人矣，雖有言，亦奚足爲公重輕哉。然由前所言，則哲人之萎，固可爲天下慟；由後所言，則不肖愧負恩教，又不勝師門永訣之痛也。

王恕《王端毅公奏議》楊循吉《新刊介菴奏議後跋》 大冢宰三原王公清忠大節著天下，章縫士識與不識莫不知推尊之。顧其平生章奏往往傳聞于人而全帙多未之覩，慕公者蓋日企焉久矣。侍御東魯王公往使關中，以風節高峻爲公所期重，且道雅相合，因録得疏草二百餘篇，每攜自隨。玆奉命按江南，激揚之暇思，欲廣之以資有志事功者，因謂我郡守林侯曰：「三原公一代耆德，固今後輩楷模，況勷歷既久，所建明多地方事，亦司風紀者之所宜習也。盍刻而傳之。」侯勵精郡政，雅志遠大，欣然請捐俸督其成。以余之居郡下也，遂授而俾編焉。魯魚亥豕，微效刊正，得八十六篇，釐爲六卷。其再起爲吏部時撰又不在是。大凡校編事宜皆請質二執政而後定眇焉，末學直董書而已。既成，復承命志所由刻。

古語云：「惟賢知賢」，信然哉。公之大勳業自筆太史，固非愚生之所敢論。侍御公按茲周稔，執法秉公，始終一心，而侯篤尚惠愛，以風化率下，皆所謂三原公之徒歟？且公桃李滿門，晚得相知，乃更在四海之內，則知君子道同則合，雖千載猶金蘭契，非是鄰墻旦暮而後相爲謀也。侍御公言公引年家居後，在邑城外數里許築草堂，日著書其中，以爲課，今年垂九十而聰明强健，好學不衰，且增廣古今章疏甚富，其自得而不忘世又如此。公又問語侍御公曰：「士大夫是劄得脚住，然後可以有爲。」亦名言也，敢併志云。

儲巏《柴墟文集》卷六《壽介菴王先生九十叙》 太子太保、吏部尚書介菴王公致政歸關中今十有五年矣，海内之士想其風采，誦其言説，詢其起居之狀，如裴晉公之在東都，司馬温公之在西洛，以爲世之輕重焉。今上皇帝初即祚，既上尊號於兩宫，爰下優老之詔，凡大臣致仕年及九十者，降璽書，遣使者賜繒幣酒餼，存問於家。于是公年九十矣，乃命禮官如詔舉行，儀文繁縟，寵靈焕赫，實昭代之盛典也。公既拜賜于家，亟遣其子詣闕陳謝，且手疏政事之未行者以獻。於乎休哉，上之待公，公之報上，可以追配古昔而無忝矣。承平百年來，斯典也僅兩見之：昔魏文靖公歸老蕭山，垂及百歲，先朝嘗遣使問勞之。公與魏公名位德誼雖不甚上下，至於論功與言，則公或非魏公所及也。因憶公弘治之初，柄政銓府，陽德方亨，羣賢彙征，如鉅鹿耿公、華亭張公、襄城李公、莆田彭公、盱江何公、太原周公、錢塘倪公，才猷風節，維國之禎，皆豐芑數世之培埴，海内所慕望者，公皆引而置之政事之地。宣謀猷，輸忠赤，同寅協公，以毗弘治之治，君明臣忠，至今天下之人追思遐咏而不能已。今天子訪落之初，優老之詔首及於公，吏民跽讀，皆謂覃恩宇内，概及老者耳。及禮官按籍求之，公之外九十者無人焉，乃知特爲公發也，則其眷顧屬望之念已先定於淵衷矣。如或起公於家而授以大政，公能皤然而來，又豈不引其善類以復成正德之治乎？夫世之治也，常於其君子敦龐碩大、壽考遐久占之。公春秋高矣，著書玩《易》，閲天下義理不少休，且飲啖動履健强無恙，宛如五六十歲人，諸公凋謝之餘，國家更化之後，而獨巋然以存，爲天下之大老，安知上天之無意乎。或以爲公謝事家食久矣，使其一旦復起，亦焉能遽知天下之善類而舉之。夫公善類之宗也，公復起則天下之善類亦將作而從之矣。矧公雅意當世，安知天下之善類今不歷歷在其胷臆乎？

適光禄卿王佐、太常少卿孫交、喬宇、楊旦皆舊天官屬，樂公之德壽而被休命也，相與諉巏以詞。

張志淳《南園漫録》卷三《功業》 淳安商文毅公輅自鄉試至廷試皆第一，百五十年再無比，但人不傳其功業。然觀成化中太監錢能怙寵敷虐，滇人如在水火而無敢言者，公獨奏請推舉剛正有爲、智識超卓大臣一員巡撫雲南，遂得三原王公以南京户侍改左副都御史，以去能甦困，此亦後來典機務者所未見也。及王公舉劾能罪，而眉山萬公安、大名王公越乃受能賂沮之，皆任事大臣也，而賢不肖相遠如此。

張志淳《南園漫録》卷三《三臣》 眉州萬公安、濟南尹公旻、三原王公恕皆舉戊辰進士。成化弘治間，俱官一品。其存心律己，爲國憂民，驗之。於弘治以來萬衰特甚，尹次之，王益盛。天之報施隨人善惡而應，未嘗少爽，爲大臣者於此觀之，亦可猛省矣。

王雲鳳《博趣齋藁》卷一三《太子太保吏部尚書王公生祠記》 太子太保、吏部尚書王公年九十，而公之子承禋作公生祠成。祠周垣五畝，前有門，有重門，後有圃。重門之内爲堂，肖公像。堂有東西序，東刻公初止作祠詩。堂前有亭，亭内碑一，四面刻公所受勅。亭東西碑二，一刻學士張元禎《底柱圖贊》，元禎以公特立若底柱然，故贊以獻公；一刻祭酒劉震所作公壽像記。堂後爲寢，亦有序。寢後西偏有門達西園。始公家居，築書室祖塋之傍，名曰「西園」，雜植松、栢、梅、竹、牡丹、芍藥諸花於圃，而堂序之間亦然。公六子：承祚、承祐、承禄、

承祥、承禋、承裕。仕者致其禄，居者致其養。承禋以養於庭，若無以悦親者，故作祠焉。祠之費皆自爲之，不一干有司。每遇和適之時，奉公居於寢，率其子璿、璟捧觴爲壽，公甚樂也。先是，承裕作弘道書院，以教諸生之秀者，諸生請公爲詩，以故諸生謁雲鳳爲記。

予觀於天下宫室、臺榭、苑囿之盛，惟關輔之間爲最盛，以秦、漢、唐皆在焉故也。今豈惟頹垣遺礎，無一存者，乃並其處失之。大者若阿房、未央，且不知其所在，而況於他乎。祠之有無，不足爲公輕重也。公自進士爲翰林庶吉士，歷知府、布政、都御史、兵部尚書、太子太保、吏部尚書，或事君於朝，或治民於外，或平亂於賊寇之方殷，或賑飢於水旱之交至，憂天下之志如范希文，濟天下之才如司馬君實，直諫如汲長孺，惠愛如鄭子産。今年九十矣，猶孜孜論經史，著述爲書，而一言一動必揆諸矩度。濟南伏生九十餘，能口授經，衛武公朝夕儆戒，亦九十餘，公與二人無不相似，此殆傳之終古而不朽者，然則公亦無待於祠也。雖然，古之賢人君子今其鄉多有祠，或有像在圖記，亦惟其人焉耳。若公者，後世觀於史，見其事業之隆，讀其書，見其論議之正，慨然有奮乎百世之上之嘆，則是祠也，是像也，嗣而葺之，繪而傳之，如今視古，不獨王氏子孫之私有也，此承禋之志也夫。

公名恕，字宗貫，三原人。嘗以介名其菴，學者稱爲介菴先生，晚自稱石渠老人。

《武宗實録》卷三七 恕方嚴偉特，歷中外四十年，以身負天下之重，屢疏時政，多所匡救，大臣完名終始如恕者蓋不易得云。

王九思《渼陂集》卷八《奉壽太子太保吏部尚書王公序》 天生大臣以爲天下國家也，必予之以剛明純粹之資，錫之以博厚悠遠之福，進也足以有爲，退也可以爲法，然莫能以數數見焉。夫惟其不是數數也，故天下之治常少而亂常多。夫固天之意不欲其常治也，然天實生之，而或是人也者舉其所以予我者而棄之，而後天之所以爲天下國家者始有不信。使是人焉生而能以自全，不輕以棄，而其君者又能以庸焉重焉信且託焉，則其所及于天下國家者宜何如也。

太子太保、吏部尚書吾鄉三原王公自擢進士入翰林，累官都御史、兵部尚書，以至吏部，其剛明純粹、博厚悠遠之所積而發乎其政，見乎其事。其紀綱法度之振飭，軍旅機務之贊畫，及愚賢不肖之黜陟，讒毀禍忠之承敵，有古昔英雄豪傑之所未嘗者，而公獨能裕然爲之，十國被其澤，外夷聞其名，若是者四十餘年而公不有焉。及其歸也，光明□絶，優游以適者又十餘年，今已九十矣。中國外夷無問識不識莫不仰望其風，詢其起居。古昔英雄豪傑之士固又有不能者矣。所謂進足以有爲，退可以爲法者，公顧不既備且盡邪？由公與同時而立者，其學力才術天豈無意也，顧自賊其身，且以及人，舉其所以予我者而棄之，則于公何如也。公自立朝，事列聖皆能自得其幼學之初。其爲吏部也，實先帝親拔焉。天子兩宫徽號之禮既成，遣使存問于公，夫固廣體先帝之意，而禮重夫舊臣故老，所以博化而施仁，崇古尚賢之道也。聞公今且日讀書考古，飲食動止如五六十人焉，公之所饗與國之所託以光者詎有涯也。鄉人相率爲歌詩壽公，以九思爲序，故僭論之，俾壽公者有考焉。

王九思《渼陂集》卷九《太師端毅王公奏議序》 公舉正統戊辰進士，出入内外且五十年，官至太子太保、吏部尚書，壽九十有三歲，卒贈太師，謚曰端毅。其孤忠大節之著，有贈謚之誥，有載德之碑，有哀死之誄。其文章存者甚多，而奏議爲最盛。自爲大理左寺副至南京兵部尚書者六卷，兵部尚書王公憲爲御史時嘗刻于蘇州，御史程君啓充爲知縣時復刻于三原。其在吏部者九卷，藏之公子太常卿承裕所，知縣王成章從諸生求得之，以告于巡按御史曹君珪。曹君曰：「久矣，吾慕于斯，迺今幸獲見之，是爲我師。」知縣其合前六卷者刻之，題曰「太師王端毅公奏議」，播之四方，詔後世焉。刻成，曹君命九思序之。

九思讀之終卷，仰而歎曰：嗟乎，世復有如斯人者乎。剛而弗屈也，明而能盡也，直而不餒也，公而不衒也，婉曲而有味也，其汲黯、陸贄之流乎？是故天子嘉其忠，豪傑讓其美，蒼生誦其德，夷夏仰其名，夫豈一朝一夕聲音笑貌之爲乎？孟子不云乎：「惟大人爲能格君心之非。」公蓋其人焉。夫自都俞風息，義理不明，道德放失，志氣卑陋，耽禄者多患失之心，全軀者尠憂國之謀，知弗遠者蒙覆餗之耻，事虚文者爲駭俗之行，知而自默者貽社稷之憂。嗟乎，責受朝廷之倚毗，身繫天下之安危，迺碌碌至于斯也，是公之罪人也。昔者主父偃讀樂毅之報燕王書，嘗廢書而泣，司馬遷讀《晏子春秋》，謂其犯顔敢諫也，願爲之執鞭，蓋其中有以合也，故士有曠百世而同心者。君子于是刻也，可以觀人矣。

李樂《見聞雜記》卷五 王恕謚端毅，陝西三原人。仕終吏部尚書，在官四十五年，疏凡三十餘上。公憂世之志如范希文，濟世之才如司馬君實，直諒如汲長孺，慈愛如鄭子産，卒年九十三。今人即在言職者，一歲中上十餘疏，士大夫必群起而誚之。公以道事君，遭時遇主，疏及三十，百代希覯。

馬理《谿田文集》卷六《乞建石渠先生祠呈》 呈爲崇德報功、以補助風化事。

竊見前太子太保、吏部尚書贈太師謚端毅王公某，以忠信剛毅之資，而充之以沉潛縝密之學。默□力行，罔事表暴，以多問寡，能問不能，不由隱怪，直趨平易，渾然之中，脈絡燦然。居若無爲，動期莫禦。嘗謂學者讀書所以明夫道，而聖賢之道不過在于日用行事之間而已，初非遠于人也。若其所誦説者如彼而所行却只在此，所言非所行，所行非所言，則不惟所行有不合於聖賢之道，而聖賢之道亦恐非其所言。某也則不然，必以所讀之書而施諸所履之行，即以所履之行而驗諸所讀之書，不必求道於聖賢，而惟求之於吾心。如求之吾心而愜，驗之吾行而安，則以爲聖賢之道即此而在，否則，未敢以爲是也。公之爲學也蓋如此。

及夫出而佐理，其道彌光。起家理寺，獄推平允。出爲郡守，撫字稱能。晉長名藩，旬宣著績。逮持臺憲，朝野聞名。北歷部曹，宗社倚重。或總理漕河，或倅司邦賊，或内撫流民，或外安遠人，或出領戎機，或入參留務，或上兼宫保之任，或下行端揆之職。敭歷中外五十餘年，或賑飢而救荒，或平亂而弭盜，或舉直而措枉，奇勳異政，未易殫述。至如佐我列聖，補闕拾遺，闢邪翼正，禁姦保民，正色危言，罔避鈇鉞，奏草具存，至今讀之令人毛寒，非徒批鱗逆耳，敢言當世所不敢言，而就事論事，的當剴切，憂國愛君之誠，溢於言表。君臣道合，諫行言聽，每收回天之功，有由然哉。逮夫歸田以來，不問生産，閉户讀書，學益上達。易簀之夕，猶不釋卷，望道之心，死而後已。所著遺編，動盈篋笥，有《石渠意見》四卷、《拾遺》二卷、《玩易意見》一卷、詩文十卷、《歷代諫議録》一百二十卷、《漕河通志》二十卷、《奏議》二十卷。

居鄉恂恂，立朝蹇蹇，矜而不廉，簡而不傲，剛而不雪，和而不同，孤忠大節，當代罕儔，盛德高名，華夷均仰，誠昭代之大賢而有光史編者也。故一時公卿大臣舉加崇讓，有或稱爲皇明之正人者，有或贊爲中流之砥柱者，有或目爲社稷臣者，有或以爲勇於聞善如子路、好學不倦如衛武公者，有或以爲重厚若周勃、清儉若楊綰、峭直若韓休、剛果若寇準者，有或以爲憂天下之志如范希文、濟天下之才如司馬君實、直諫如汲長孺、惠愛如鄭子産者。則公之爲人蓋可知已。

乃於去歲五月一夕寢疾，星月交輝，忽焉晦冥，雷風大作，飛石折木，已而公逝，旋復開霽，則公之考終，氣還造化，所關非細，視前世大聖大賢之殁之異若合符節。于時訃聞于朝，聖天子念惟累朝耆舊，德望素隆，不勝感悼，爲之輟朝，特加增謚如左，遣官營葬致祭，卹典有加，於公之功之德良不負矣。

生等竊惟古者鄉先生殁則祀于社，又嘗讀《祭法》有云：聖王之制祭祀也，法施於民則祀之，以死勤事則祀之，以勞定國則祀之，能禦大災則祀之，能捍大患則祀之。乃若公者，其爲鄉之先生，無容議矣，而其學行之純、之德、之勳海内人士争相矜式，斯可謂法施於民；其自入官以來所在著績，斯可謂以勞定國；其賑飢救荒、平亂除盜，與夫禁姦保民等勳，不可不謂之禦災、捍患。況在國典，凡名宦鄉賢所在並許立祠奉祀，若誠意劉公、潛溪宋公、忠宣黄公、文清薛公莫不有祠，近若公所推轂者莆陽惠安彭公，所銓註者我關西在中李公輩亦皆有祠。稽之古訓既如彼，考之聖典又如此，參之時賢之得祀者又如此，今以我公之功、之德，殁已踰年，祠猶未立，於我鄉人後學之意誠所未慰。矧昔公之在荆襄也，而荆人繪像以祀；在滇南也，而滇人立祠以祀。夫其生也猶得以祀之於四方，而其殁也顧不得祀之鄉祠，殆無是理。誠惟我後學小子之責無容諉者。緣係補助風化事理，未敢擅便，今來具呈。如蒙准呈，乞賜明文示下本縣，聽令鄉人建造祠宇，每歲春秋得以祀公，以伸崇報之意，庶使後學君子有所瞻仰興起，其於國家激厲士風、化民成俗之助不亦多哉。理合具呈，須至呈者。

呂柟《涇野先生文集》卷一四《贈太師左柱國謚端毅吏部尚書王公祠堂記》

記曰：古者聖人之以神道設教也，自天地、六宗、山川、帝王，載在祀典，固以觀天下矣。又祀其先正之有勳庸賢能者於其鄉，所以廣教也。柟嘗習于王太師端毅公矣，豈惟可祀于其鄉哉。

成化初年歲凶，劉千斤及蔣虎亂于荆襄、南陽之間，河南、陝西、湖廣騷然矣。憲廟選于衆，使公爲右副都御史，撫治之。公遂及平蠻將軍李震擣巢南漳，賊且潰，衆欲退保襄陽，公曰：「苟一舉足，襄陽亦不可保矣。」已而，賊平。於是給牛田以業貧，發衣廪以卹孤，編版圖以安來，與符節以從歸，復守禦以振武，建關隘以禦暴，斯年而襄陽、南陽底定矣。郭景、戎達鎮守雲南，太監錢能者之私人也，假勑入交，奸索金寶，遂啓邊釁，廷臣莫能往撫。時公已爲南京户部右侍郎，改左副都御史往焉。比至，首劾錢能之罪。郭景懼而殞井，遂没金寶，獻逆獄，繫戎達，禁侵擾，嚴賞罰，綏南甸，伐羅雄，而雲南平。我明衣食京師倍萬之費漕河耳，公嘗總理河道矣，其疏殺邵伯高郵之水纖悉備具，遂著《漕河通志》，雖百世可行也。昔者自景泰來，法司鹵於用律，人情未允，故公嘗論姦盜之皆削

職，懲凶德也；論僧道及僧道官犯罪之同律，正本也；論運米、做工及煎鹽、炒鐵、充軍、伴儀、膳夫之皆開釋，廣詔旨也；論義勇、民壯、舍餘、勇士、力士及軍匠囚逋者之皆免紙，著同仁也。至于諫雲南之貢黄鸚鵡，閉邪心而杜讒也；劾王敬、王臣之取寶玩，端上志而蘇下困也；救給事中周紘、御史李興、張昺、布政劉福、知州劉概、知府孫仁、黎永明，存法也；諫出員外郎林俊，經歷張黼于獄，闢言路而攘異端也；論叅議高禄，守備蔣琮，昭公道也；辨院判劉文泰，究姦邪也；諫逐繼曉，惡左道之惑衆也。

其初知揚州也，歲饑且疫矣。公曰：「吾惡在其爲民父母也。」乃嚴齋沐而禱神，省政事而責躬，發庾廩而賑饑，沮徵科而綏下，制醫藥而療病。雖于其親子若弟不過若是懇也，故揚人立頌德碑焉。厥後，陝西、河南大饑，人相食，公時司馬南京，既奏開納米納銀度牒諸例矣，又奏請湖廣、江西、浙江搬銀分餉。三省委京官以董振，且曰：「人一日不再食則饑，三四日不食則病，五七日不食則死。故救荒宜若救焚之棘也。」當是時也，三省之人民活于公者奚啻萬萬哉。昔王賀活百千人，以爲陰德，視公之廣狹何如也。初，高皇帝以應天、鎮江、太平、寧國、廣德、鳳陽興王之地也，令其田官糧徵半，民糧免。其後官糧十七，民糧十三。及其久也，民糧田率歸豪右，官糧田則細户也，故數府之人貧富懸絶，莫能損益。公奏令官糧量減其耗，民糧亦少徵焉，公私便而遠近悦，此於高皇帝之法奚可謂不善守也。而又奏免蘇、松、常、鎮、應天、大平諸府秋糧六十有五萬，湖州府糧二十有六萬，其馬草亦邇是，而民莫之知也。

世之致位通顯者匿天變而不告，忽民隱而不䘏，以爲固寵爾也。公曰：「惡用是人，臣者哉是。」故蝗生開封、衛輝、彰德則乞休，彗見地震南京則乞休，沙飛晝晦裏河一路則乞休，地震毛生常州則乞休，黄沙災傷鎮江、寧國諸府則乞休，旱災應天諸府則乞休，京師地震則乞休。然每乞必自責，自責必懇諫，懇諫必求任賢去奢，恤下蠲税而後已。故其卒也，天變回而民心悦以安矣。

公舉正統戊辰進士，自翰林庶吉士出爲評事，歷知府、布政、左右副都御史、南京户、刑部左右侍郎，南京兵部尚書叅贊機務、吏部尚書，既已鞠恭盡瘁，所至建勳，若是偉也。比其歸也，又以其餘力著《石渠意見》四卷、《拾遺》二卷、《玩易意見》一卷、詩文十卷、《歷代諫議録》百有二十卷并《奏議》二十卷、《漕河通志》二十卷。其言近而達于理，實而適于用，大而關于治體，顧山林隱逸，纂艱深書，騷人墨客作浮華文以駭世而諂俗者，真廢物耳。《祭法》曰：「法施于民則祀之，以死勤事則祀之，以勞定國則祀之，能禦大災則祀之，能捍大患則祀之。」夫五者有其一尚致祭而報焉，公兼有而俱懋，一三原之祀不足以爲公報也。然則都御史遼陽陳公之舉祠，西安同知太原楊君、三原知縣麻城鄭君之奉修者，其公祠之權輿乎。故柟既具應祀之績，又系之以詩，使有事春秋者歌頌焉。詩曰：

浩浩白帝，惟華之望。殞靈誕時，太師攸興。斡此帝室，四國是升。豈不令聞，銘于太常。一章

板板倔黠，亂我荆楚。太師爰征，南漳是擣。既登穀鄖，亦奠襄武。哀此流逋，南國千舞。二章

憲帝嘉士，乃烝太師。遡彼滇海，交人斯窺。波及羅雄，亦是潰其。太師爰赫，當道問豺。姦宄既伏，永奠南夷。三章

凡厥有位，惟此度民。太師秉心，慈介且宣。既鞠徐揚，亦拯晉秦。天降厥戾，黽勉刻身。無慮弗忠，無謀弗賢。膏澤爰下，四國攸均。四章

昔先皇帝，既恭既哲，惟太師是説。乃建冢宰，奸蚩攸哲。訏謨孔靈，補袞之闕。越有娼嫉，公是滋烈。五章

皇矣聖孝，敦禮維嘉。肇踐龍軒，寵存于家。公既云遊，輟朝悼嗟。司空九祭，乃造家阿。美矣陳公，建祠不那。史柟作誦，其風肆遐。六章

吕柟《涇野先生文集》卷三五《祭太師王端毅公文》 曰：嗚呼，誕惟秦華，篤生哲人。剛毅敦龐，學術貞介。廷評敷納，可補律亡。維揚拯饑，民到於今思之。剿賊鬼方，荆楚盪定。滇鄙弗靖，單車馳撫。郭景自殞，南夷無虞。蠲賦砥税，徐吴安堵。其定儲之策，光齊乎日星。玆固播人耳目，海内傳頌爾矣。柟近守史官，又獲覩在太宰之詳，乃知先皇帝十八年之治，用賢退醜，崇德省刑，歲稔天慶，邦家康乂者多公左右之力也。柟友馬理稱公言定行危，心易氣和，孝友性成，人人可即，邵雍之安成，蓋庶幾焉。或曰汲黯之直，陸贄之文，韓琦之功，范仲淹之經畧，文彦博之壽，疑又兼之也。嗚呼，我公信可謂一世之大人矣。公薨，皇帝悼憫，縉紳悲歎，庶民痛惜，學者失仰。況後生末學，居連邑里，蒙穉狎聞，日借光華，情私何堪。有拘在官，弗克臨窆，遠具薄忱，伏惟尚享。

焦竑《玉堂叢語》卷二 王端毅鯁亮峭直，好善惡惡，出於誠意，憫時悼俗，有甚護疾。故身雖在外，而其心無日不在朝廷。如公者，古之所謂社稷臣也。昔宋韓魏公雖在外，其心常在社稷，至身老而心益篤。或有時聞更祖宗一法度，壞朝廷一紀綱，則終日不食。富鄭公使虜，功甚偉，每不自以爲功。至知青州，

活饑民四十餘萬，常自言過於作中書二十四考矣。公自淮揚以至撫南畿，其所全活以億萬計。至其愛君憂國之心，發於至誠，故知無不言，言無不盡，嬰觸忌諱，死生以之，又不但終日不食而已也。世方以阿意順旨爲賢，剥膚椎髓爲能，吁，亦可以鑒矣。《哀談》

袁袠《皇明獻實》卷二八　袁袠曰：端毅公以忠誠受知憲廟，所論奏皆譏侵貴近，無復諱避，悉見優納。及秉衡鑑，抑躁奬恬，黜幽陟明，援薦群賢，布列三事，弘治初明良一德，朝野清晏，唐之貞觀、宋之慶曆不足多也。求之於古，其希文、君實之倫歟。

何良俊《四友齋叢説》卷七　商文毅公輅在内閣時，太監錢能鎮守雲南，恃憲宗之寵，大肆貪虐，滇人如在水火而無敢言者。公獨奏請推舉剛正有爲、智識超卓大臣一員巡撫雲南。遂得三原王公以南京户侍改副都御史以行，滇民爲之少甦。及王公舉劾能罪，而眉山萬公安、大名王公越受能賂而沮之。同一任事大臣，而賢不肖相遠如此。只此二事，則我朝當事大臣，其功業孰有能與之並者？張南園謂世不傳其功業，何耶？

項篤壽《今獻備遺》卷二四　論曰：端毅公以忠誠受知憲廟，諸所論奏不憚貴近，無復諱避，悉見優納。及秉衡鑑，抑躁奬恬，黜幽陟明，援薦羣賢，布列三事，迹其貞純直諒，希文、君實不足多也。

徐學謨《徐氏海隅集》卷二三《證王端毅公贈官》　《皇明異典》載王端毅公以吏部尚書卒，贈太師，爲超五等而至極品。按：端毅公成化二十一年以南京兵部尚書，七十一歲致仕，時已加太子少保。至二十三年孝廟登極，起吏部尚書，加太子太保，時年七十三。後七十八致仕，第有給驛及歲撥人夫，無加官也。則其卒以太子太保、吏部尚書明矣。端毅奏疏可証其贈太師止躐三孤一等，未有五等之超也。而《異典》謂其止于吏部尚書，恐悞矣。嘉靖間，朱恭靖希周卒，巡按御史周如斗爲之祈卹，部覆云：「陳乞不由子孫，恩卹尤宜優厚。」特引南京吏部尚書吴文端公一鵬例得贈太子太保，亦踰一等矣。《異典》不及載，故著之。又文待詔徵明作吴文端墓志，題銜有太子少保，而當時祭葬稿簿止載南京吏部尚書，無太子少保銜，故得引爲朱恭靖贈官之例。今《異典》載其爲改南時加銜，或未任而歸，祭葬疏不及之也。俟再考。

鄧球《皇明泳化類編》卷五二　吁，歷檢公之行事，觀公之心術，詎謂之一代大臣之未表者，非歟。

王世貞《弇州山人續稿》卷八九《弘治三臣傳》　弇州外史曰：弘治最多名臣，内閣則劉健、李東陽、謝遷，六曹則耿裕、倪岳、俞子俊、周經、張悦、戴珊、閔珪、韓文，侍從則楊守陳、吴寬、王鏊，方鎮則秦紘、王越，要未有如三君子之灼灼者也。恕直諫重天下，然不難於孝宗，而難於憲宗。孝宗仁君也，然而頗以齟齬終，豈非所謂事君數斯辱也耶。文升數更中外，歷權寄不屈不脞，蓋以才力勝者。大夏仁心爲質，道揆法守，晚際魚水，密勿都俞，庶幾有三代風哉。造膝之語小有傳者，覺主聖而臣微，不及也。人謂恕似魏玄成、韓稚圭，文升合姚、宋而小遜之，大夏似李沆、司馬光。又曰恕强差近名，大夏弱差近實，文升縛差用術，其然，豈其然哉！

焦竑《皇明人物考》卷四　海鹽鄭曉曰：公仕宦四十餘年，諫疏百餘上，皆忠直剴切，憂民之志如范希文，濟世之才如司馬君實，直諫如汲長孺，惠民如鄭子産。晚年尤考論著述、理會問學，可謂老而彌篤者。

馮時可《馮元成選集》卷四九　外史氏曰：王公以直著，人方魏玄成，然于憲廟時真稱批鱗，於孝廟直順風呼耳。魚水方契，駭波潛發，故知始終遇合其難哉。以公嶽嶽侃侃，死生進退，無介於意，而猶丐一傳自表，名□之難去如此。孔子曰：「君子疾没世而名不稱」，□其爲是。然公據尊踐嚴，萬里几席，龍潤九野，鶴鳴九皋，孰不瞻聽。而欲效幽貞隱士期附青雲、加丹艧以施後世，豈其未見夫焚書削草，鐘山之瑕，明月之纇，胡能掩也。彼甘爲壬人以齮君子，又何責。聞之徐文貞曰：三原雖公，但惡惡太嚴，亦有爲人所欺者。方大計時，内旨所留皆上使人密偵得之，大都强項吏不宜時者，非有奥援傍徑，三原堅執，致失上心。至立傳一事，遂令魚水之契不終，然其始終一節，侃侃不變塞，真孔子所謂大臣也。

尹守衡《明史竊》卷五〇　論曰：王三原望重朝堂，孝宗聖主，猶以齟齬終，豈謂數使然耶。或曰三原去，瓊山有力焉。夫小人借於君子之言以自文，往往有之，人自不見其睫，何乃罪口齒哉。

何喬遠《名山藏》卷六八《臣林記・王恕》　郎曰：王公立朝，身繫安危治亂者五十年，退以耆宿高天下者又幾二十年。王公没，名在士大夫間不衰，以擬韓、范、兩司馬，然在當時猶有漁色之譏，用是知士行之難也。

張弘道、張凝道《皇明三元考》卷四　恕以忠誠受知憲廟，所論奏皆譏侵貴近，無復諱避，悉見優納。及秉銓衡，抑躁奬恬，黜幽陟明，拔薦羣賢，布列三事。

弘治初，明良一德，朝野清晏，唐之貞觀、宋之慶曆不足多也。求之于古，其希文、君實之倫歟。

唐鶴徵《皇明輔世編》卷二　太常氏曰：愚讀端毅疏稿，而知先哲之所以告君者矣。其言質而不文，其説直而不激，如家人父子之相告。語事明，意盡不益一詞，而忠誠懇惻，憂世愛主之意洋溢其間，使讀之易曉，聽之易動。且其所言皆當官盡職，未嘗有一言之出位侵官，釣奇賣直，盜名取寵者，豈若今世之漫衍支離以鬬靡，巧詆深文以爲訐，藏機隱毒以争勝哉。是以前後三千餘疏，非劘切主上則催抑宦倖，卒未嘗以言取禍，雖繇主之聖明，亦端毅之就事論事、不文不激得之也。説者謂其憂世之志如希文，經世之才如君實，直諫如長孺，惠愛如子産，信然哉。其爲冢宰，凡所奬拔，一一皆海内名流，而於乞轉傳奉，雖卑官冗秩不一假借。傳曰：「惟賢者能以人事君。」又曰：「惟名與器不以假人。」斯其爲真冢宰乎。

談遷《國榷》卷四七　王世貞曰：大臣吾以端毅爲巨擘焉，次則劉忠宣。孜孜爲國，知無不言者，王端毅也。孜孜爲國，知無不爲者，劉宗宣也。雖然，吾不難二公，難時之容二公者也。

查繼佐《罪惟録》列傳卷一一　論曰：端毅之素能使人重，能使不便端毅者亦不能不重。得君言行，章數千上，亦可謂數矣。所云憂世之志如范希文，濟世之才如司馬君寔，直諫如汲長孺，惠愛如鄭子産，誠非溢美。吏部之日，嘗署於門曰：「宋人有言，受任於朝者，以饋遺及門爲恥；受任於外者，以苞苴入都爲羞。今動曰贄儀，請平旦着一迴想。」是其素汲汲内省爲多哉。耿裕爲禮部尚書，部歸必歷恕邸，每見老蒼頭市油兩許，歎曰：「恕儉如是，吾愧之。」恕女適宋監生，出必僱轎市。偶積二金，微託張知印貿雲南寶石二三，戒勿令恕知之，其家教如此。又進士夏鍭，至京違限，當赴刑部，鍭託母故不肯赴，三原使人勸，果爲母，歸養而已。鍭猶不服，勸者又曰：「子棄官歸，不以官呼子，以不官呼子，得無甞北堂否乎？」鍭乃勉赴。恕猶曲折爲之所，曰：「夏少年，吾所以善之也。」鍭卒感激。恕所薦給事陳壽，爲大理寺丞。吉諷御史論壽不諳刑名，改南光禄少卿。薦僕少白思明爲僉都御史，巡撫延綏，吉諷御史魏璋論思明不協人望，調外知府。如是，恕能一日在朝爲所爲哉！所著《漕河通志》、《介庵奏議》、《玩易意見》、《石渠意見》、《經籍格言》等書行世。

傅維鱗《明書》卷一二六　史官曰：明制文極六曹，天造無論矣。蹇、夏經綸悃愊，太宗北征，全國是屬。三楊熙績臺省，坐臻太平，君佚臣勞，所謂代天之相。英廟之遇李賢，密畫顯斷，萬機精覈，局體一變。成化間王恕、王竑、秦紘，居則岳屹，動則雷霆，大事斧斷，小細海蓄，帷幄佞幸，請劍必殛，使見之者畏，聞之者懾。斯其人死生富貴足動之哉？然較之天順以前則殊矣。時與位不同耶？抑委任權力殊耶？弘治中，劉大夏、韓文、馬文升、許進、周經、耿裕、倪岳、劉宣，咸稱名卿，然志存納約，行在精密，苟濟其事，小枉安焉，局體又一變矣。雖形迹罔暴，義遵矯直，亦運數然歟。

黄宗羲《明儒學案》卷九《端毅王石渠先生恕》　關學大概宗薛氏，三原又其别派也。其門下多以氣節著，風土之厚，而又加之學問者也。

湯斌《潛庵先生擬明史稿》卷一七　恕歷中外五十餘年，始終無一疵玷，天下稱名臣者，必首恕。一時如彭韶、張悦、周經、耿裕、何喬新、倪岳之徒悉引置至大寮，王徽、黄仲昭、賀欽等皆被薦用。宏治十餘年間，衆正盈朝，職業修理，號爲極盛者，恕之力也。恕五子十三孫，多賢且顯。少子承裕，字天宇，幼時著《太極動静圖説》，爲人傳誦。始婚，自著《婚禮用中》，呈父恕擇用之。年二十餘，領鄉薦，弘治六年成進士。恕嘗問蔡清今學者滿天下，何故人才難得。清言：「固有由也。上之人養之者未盡其道，下之人又售之急，既已得官，或無暇于學，或自謂無用學矣。識見既卑，踐履必薄，規爲必麤，雖有美質，安能成材乎？」恕深然之。會恕致政，即令承裕告歸侍養，授徒于宏道書院者十餘年。正德初，始除兵科給事中。以言事忤劉瑾，罰米三百石輸邊。父喪，歸。起故官，遷太僕少卿，累進户部侍郎。嘉靖元年，拜南京户部尚書。在部二歲，清逋税一百七十萬石，積羨銀四萬八千餘兩，人稱其幹濟，世宗手書「清平正直」褒之。致仕卒，謚康僖。人謂能繼父業，如范忠宣於文正云。

《明史》卷一八二　贊曰：王恕砥礪風節，馬文升練達政體，劉大夏篤棐自將，皆具經國之遠猷，藴畜君之正志。綢繆庶務，數進讜言，迹其居心行己，磊落光明，剛方鯁亮，有古大臣節概。歷事累朝，享有眉壽，朝野屬望，名重遠方，《詩》頌老成，《書》稱黄髮，三臣者近之矣。恕昧遠名之戒，以作傳見疎。而文升、大夏被遇孝宗之朝，明良相契，荃宰一心。迨至宦豎乘權，耆舊擯斥，進退之際所係詎不重哉！

沈佳《明儒言行録》卷四　佳按：先生取經書傳註有所疑滯，再三體認，以

己意推之，名曰「石渠意見」。大略與門人商訂之言，而不敢遽以爲是。蓋其垂老猶孳孳力學，與後儒稍有所見而即肆爲誕悖者異矣。

徐開任《明名臣言行録》卷二 公於弘治初柄政銓府，如鉅鹿耿公、華亭張公、襄城李公、莆田彭公、盱江何公、太原周公、錢塘倪公，才猷風節，維國之禎，海内所慕望者，皆引而置政事之地，宣謀猷、輸忠赤，同寅協恭，以毗上治，君明臣良，至今思咏而不能已。

丘濬部

綜述

《明史》卷一八一《丘濬傳》 丘濬，字仲深，瓊山人。幼孤，母李氏教之讀書，過目成誦。家貧無書，嘗走數百里借書，必得乃已。舉鄉試第一，景泰五年成進士。改庶吉士，授編修。濬既官翰林，見聞益廣，尤熟國家典故，以經濟自負。

成化元年，兩廣用兵，濬奏記大學士李賢，指陳形勢，纚纚數千言。賢善其計，聞之帝，命録示總兵官趙輔、巡撫都御史韓雍。雍等破賊，雖不盡用其策，而濬以此名重公卿間。秩滿，進侍講。與修《英宗實録》，進侍講學士。《續通鑑綱目》成，擢學士，遷國子祭酒。時經生文尚險怪，濬主南畿鄉試，分考會試皆痛抑之。及是，課國學生尤諄切告誡，返文體於正。尋進禮部右侍郎，掌祭酒事。

濬以真德秀《大學衍義》於治國平天下條目未具，乃博採羣書補之。孝宗嗣位，表上其書，帝稱善，賚金幣，命所司刊行。特進禮部尚書，掌詹事府事。修《憲宗實録》，充副總裁。弘治四年，書成，加太子太保，尋命兼文淵閣大學士，參預機務。尚書入内閣者自濬始，時年七十一矣。濬以《衍義補》所載皆可見之行事，請摘其要者奏聞，下内閣議行之。帝報可。

明年，濬上言：「臣見成化時彗星三見，徧掃三垣，地五六百震。邇者彗星見天津，地震天鳴無虚日，異烏三鳴於禁中。《春秋》二百四十年，書彗孛者三，地震者五，飛禽者二。今乃屢見於二十年之間，甚可畏也。願陛下體上天之仁愛，念祖宗之艱難，正身清心以立本而應務，謹好尚不惑於異端，節財用不至於耗國，公任使不失於偏聽。禁私謁，明義理，慎儉德，勤政務，則承風希寵、左道亂政之徒自不敢肆其奸，而天災弭矣。」因列時弊二十二事。帝納之。六年以目疾免朝參。

濬在位，嘗以寬大啓上心，忠厚變士習。顧性褊隘，嘗與劉健議事不合，至投冠於地。言官建白不當意，輒面折之。與王恕不相得，至不交一言。六年大計羣吏，恕所奏罷二千人。濬請未及三載者復任，非貪暴有顯跡者勿斥，留九十人。恕争之不得，求去。太醫院判劉文泰嘗往來濬家，以失職訐恕，恕疑文泰受濬指，而言者譁然言疏稿出濬手。恕竟坐罷，人以是大不直濬。給事中毛珵，御史宋惪、周津等交章劾濬不可居相位，帝不問。踰年，加少保。八年卒，年七十六。贈太傅，謚文莊。

濬廉介，所居邸第極湫隘，四十年不易。性嗜學，既老，右目失明，猶披覽不輟。議論好矯激，聞者駭愕。至修《英宗實録》，有言于謙之死當以不軌書者，濬曰：「己巳之變，微于公社稷危矣。事久論定，誣不可不白。」其持正又如此。正德中，以巡按御史言賜祠於鄉，曰「景賢」。

查繼佐《罪惟録》列傳卷一三 丘濬，字仲深，廣東瓊山人。正統甲子，舉鄉試第一，卒業太學，祭酒蕭鎡深器重之。景泰甲戌，廷試第二甲第一，選庶吉士，授翰林院編修。天順七年，兩廣用兵，經年不決，濬條事。閣臣李賢韙其議，爲代上之。成化元年，陞侍講，預修《英廟實録》。或謂少保于謙就法當著其不軌之迹，濬曰：「己巳之變，微于公，天下不知何如？武臣挾私怨，誣以不軌，豈足信後世？」凡共議稍異同，輒怒捽冠于案，執愈堅。十三年，續修《宋元綱目》成，陞翰林院學士。濬又出己見，撰《史略》，謂《朱子綱目》以正統爲主，然秦、隋之末，未可遽奪，漢、唐之初，未可遽予，乃作《世史正綱》以著世變之升降，明正統之偏全。濬議論高奇，多所矯正。論秦檜，則曰：「宋家至是，亦不得不和，南宋再造，檜之力也。」論范文正，則以爲生事。論岳飛，則以爲未必能恢復。黜元不當與正統，許衡不當仕元。陞祭酒，加禮部右侍郎，仍掌國子監事。復謂西山真氏《大學衍義》有資治道，而于治國平天下之事缺焉，作《大學衍義補》。值孝宗嗣位，書適成，乃表上之，上覽之嘉賞。陞禮部尚書，掌詹事府事，時濬年七十餘矣。

弘治四年，《憲宗實録》成，加太子太保，兼文淵閣大學士，入内閣。上保治中興一疏，有曰：「我太祖恢復中夏，其建極始自戊申。而陛下踐祚之□適與相符，天意欲守成直追創業勿替也。通觀漢、唐、宋之世，大率百五十年後，繼體中微，政務積敝，綱紀漸衰，而風俗日流儇薄，卒至於不可復振。此無他，繼體之君皆生於豐亨豫大之日，宫闈逸樂之中，不歷險阻，不身憂患。天示變而不知畏，民失所而不知恤，羣謗興而不知警，良言進而不知信，好尚失其正，用度無其節，信任非其人，因循苟且，狃於一日之安，顛倒乖離，不爲明日之計，不亡何待？向使其君若臣，憂盛危明，灼然預卜式微且至，感上天之垂戒，汲皇不怠，反躬脩

省，以祈天永命，其國祚豈止此哉？今者彗星見於天津，地震天鳴無虚日，異鳥三鳴于禁中，其咎徵良可畏也。宜釐庶政，盡復舊規，以弭天怒。願陛下端身以立本，清心以應務。謹好尚勿流於異端，節財費不至於耗國，公任用勿失於偏聽，禁私謁以肅内政，明義理以絶神奸，慎儉德以懷永圖，勤政務以弘至治，庶可以回天災，消物異，帝王之治可幾也。」因擬爲二十二條，以爲朝廷抑遏奸慝，杜塞希求，節財用，重名器爲要。凡萬餘言，請列座右，等著鑑。上覽奏甚悦，謂切中時弊，命議行之。

濬生海外，負異敏，自以間世出。及兩首制科，隆列内閣，其觀古事必審至當，不阿衆吻，論者以爲孤異云云。又嘗論計典，曰：「唐虞三載考績，三考黜陟。今有居官未半載而黜者，徒信人言，未必皆實。」上從之。會禮部上大小官當黜者幾二千人，以歷官未三載者，俱復其任。雖經一考，非有貪暴實迹，亦勿黜。醫官劉文泰，往時數詣濬家，嗣失職怨望，突奏許冢宰王恕。乃濬故嘗言恕誠好吏部，頗好名，衆遂疑泰奏出濬意。又與劉吉不協，吉爲聯署其門唾之。

七年，加少保，兼太子太保，改户部尚書，武英殿大學士。以目疾辭，不允。八年，卒于官，贈太傅，特進光禄大夫、左柱國，謚文莊。官其孫甾爲尚寶司丞。濬常謂朱子家禮崇本敦實，然儀節略焉，爲作《家禮儀節》，使好禮者有所考。又謂朱子微言散見語録間，學者卒未易求，采其精者爲二十篇，倣《魯論語》，作《朱子學的》。其他著甚富，世稱其博。

論曰：世傳文莊少請婚於土官黎氏，黎誚之，不許。其後作《鍾情麗集》，稱黎女不倫，意在報復。余觀其學頗正大，依歸經傳，寧悒悒此一節。箬陂云：「瓊山學博貌古，其心術不可知。夫好爲原古入情之論，破俗見獨，未免滋口。」至以《大學衍義補》中無斥及内宦一語，輒疑之，則此其權用也。果與近侍顯忤，此書豈能尚帝聽哉！寬此一解，使帝心可之，衆善備，諸不足患矣。劉大夏、戴珊知無不言，其亮豈不如濬，不免顧忌在此，帝亦爲之口吃。然則文莊蓋權而不失乎經者哉！

焦竑《國朝獻征録》卷一四黄佐《大學士丘公濬傳》 丘濬字仲深，瓊山人。祖普性仁愛，專事濟人利物，爲臨高醫學訓科。宣德甲寅，郡中大饑，白骨遍野。業有第一水橋地，捨爲義塚，躬求全骴瘞之，纍纍凡百餘，清明灑以杯酒糲飯。其所行自少至老，多類此。父傳早卒，母李氏守志訓之。

濬生有異質，讀書過目輒成誦，日記數千言。六歲信口爲詩歌，語皆警拔。如詠五指山詩，識者知其必爲國器。稍長博觀羣籍，每借諸市肆，雖釋老伎術，亦所不廢。年十七，始習舉子業，落筆爲文，數千百言立就，夐出倫輩。弱冠著論，謂許衡仕元，無能改於其俗，又不能行己之道，雖不仕可也。耆儒碩師初見甚駭之，已而又大深服，以爲先儒未有言及此者。正統甲子，首舉於鄉。主司全録其五策。兩試禮部，名在乙榜，卒業太學，祭酒蕭鎡深器重之，爲之延譽，繇是名益重。景泰辛未告歸，所與厚者咸贈以詩。編修岳正知其後必大成，作序以送之。甲戌，復試于禮部。學士商輅主試事，閲論策，即意其爲濬，及揭名，果然。廷試當魁，或以貌不揚已之，乃寘第二甲第一，選入翰林爲庶吉士者十八人，濬爲首。被命修《寰宇通志》。時洗馬李紹偕諸學士會史館，指劉定之謂濬曰：「主静生廬陵文獻之郊，又承石□□□，宜其博洽爲一時之冠。子生海外，何從得書籍師友，而乃博洽如此？」濬自以遠方新進，一旦名動京師，方欿然不自足，益求人間所未見書而讀之，遂以博極羣書稱於時，尤熟本朝典故。書成，授翰林編修。濬既多識有獲，發之文章，雄渾壯麗，四方求者沓至，碑銘序記詞賦之作，流布遠邇，然非其人，雖以厚幣請之不與。

天順七年，兩廣用兵，經年不決。濬條列事宜，李文達公賢一見之即代上之，英宗嘉嘆，付所司舉行。八年，憲宗登極，充經筵講官。成化元年，陞侍講，命與修《英廟實録》。或謂少保于謙之死當著其不軌之迹，濬曰：「己巳之變，微于公，天下不知何如。武臣挾私怨謗，豈可信哉？」功過皆從實書之。三年《實録》成，進侍講學士。經筵嘗進講，吐音洪暢，憲宗竦聽甚悦。五年丁母憂，九年服闋，復原職。十三年續修《宋元綱目》成，陞翰林院學士。濬自出己見，撰《史略》。謂朱子《綱目》以正統爲主，然秦、隋之末有不可遽奪，漢、唐之初有不可遽予者。乃作《世史正綱》，以著世變之升降，明正統之偏全，有裨世教。是年祭酒員缺，僉謂非濬不可，乃陞祭酒。時同官劉健與濬相詆，然健自此不説。又有崇尚内典，自謂心學者，共誹且笑之。學士劉吉亦北人寡學，喜濬陞曰：「南獠止可爲教官耳。」十六年加禮部侍郎，仍掌國子監事。復謂真德秀《大學衍義》有資治道，而於治國平天下之事缺焉。乃采經傳子史有及於治國平天下者，附以己見，而其大要則尤在於審幾微以成天下之務，故又皆補誠意正心之要曰「審幾微」，自爲一卷，餘自正朝廷以迄成功化凡一百六十卷，名之曰《大學衍義》

補值孝宗嗣位之初，其書適成，乃表上之。上覽之甚喜，批答有曰：「卿所纂書，考據精詳，論述該博，有裨政治，朕甚嘉之。」賜白金二十兩、紵絲二表裏，

陞禮部尚書，掌詹事府事，且命録其副付書坊刊行。會修《憲廟實録》，充副總裁官。弘治四年《實録》成，加太子太保。三疏求致仕，不允。本年冬兼文淵閣大學士入内閣，復三疏固辭，不允。乃奏請擇《衍義補》中要務行之，上見納。乃就。務以寬大啟上心，忠厚變士習，凡人才進退，政事廢舉，一惟祖宗舊典是循。五年天變，上疏，大槩論上改元之初歲在戊申，與洪武初元同符，宜釐革庶政，盡復舊規。因擬二十二事，陳時政之弊。其略曰：成化間彗星三見，遍掃三垣，地震無慮五六百次，邇者彗見天津，地震天鳴無虚日，且異鳥三鳴于禁中。考諸經史，天變莫大於彗孛，在三垣三台尤爲重地。變莫大於震動，在京師邊防尤爲危急。矧禽鳥動物，得氣之先。春秋二百四十二年，彗孛者三，地震者五，飛禽者二。今乃屢見於二十五六年之間，變不虚生，必有其應。臣願體上天仁愛，念祖宗基業，端身以立本，清心以應務。謹好尚勿流于異端，節財費勿至於耗國，公任用勿失于偏聽，禁私謁以肅内政，明義理以絶邪姦，慎儉德以懷永圖，勤政務以弘至治，庶可以回天災，消物異。疏凡萬餘言，上命諸司議行。又請訪求遺書，上皆嘉納。

洪武、永樂以來，凡百司朝覲，命吏部、都察院考其尤不職者乃黜之，不過數十人。其後吏部患人言，務以多黜爲公，方岳以下，少有微瑕輒黜之，黜者亦不敢訴。濬深知其弊，言于上曰：「唐虞三載考績，三考黜陟。今有居官未半載而黜者，所黜徒信人言，未必皆實，此非唐虞之法，亦非祖宗舊制也。」上深然之。會吏部上大小庶官當黜者幾二千人，乃勑凡歴官未三載者俱復任，雖經一考，非有貪暴實跡者勿黜，蓋用其言也。醫官有療疾往來其家者，以失職怨冢宰王恕，奏訐其短。科道言疑出濬意，上察其誣，待濬益厚。七年，加少保，兼太子太保，改户部尚書、武英殿大學士以。目疾辭，不允。八年，薨于官。訃聞，天子嗟悼，輟視朝一日，賻寶鈔一萬貫，贈特進左柱國、太傅，謚文莊。

濬性剛直，與大臣論政，議所未安，必反覆辯論。言官論事，亦以是非詰之，不肯婞阿取悦。無歲不求歸，前後凡十三疏，皆不允，問勞賜賚之使，踵相接于門。初經生文士以奇怪相高，或不可句。濬考南京鄉試及禮部會試，凡怪詞險語，皆痛斥之，怨誹不恤也。及爲祭酒，尤諄諄爲學者言之，文體乃復渾厚。其在太學，論者謂師道尊嚴，無愧李文忠公；綜理微密，則文忠公不及。嘗謂朱子家禮最得崇本敦實之意，然儀節略焉，爲考諸儒所言，作《家禮儀節》，使好禮者可舉而行。朱子微言散見於傳註語録，學者率未易求，乃采其精切，彙爲二十篇，倣《魯論語》作《朱子學的》。其他述著甚富。自筮仕至位極人臣，凡四十餘年，而自處無異韋布，産業僅能卒歲，第宅不逾齊民。在都城市屋於蘇州巷南，規模卑陋，聊庇風雨，始終未嘗少拓，人到於今呼爲丘閣老巷。所得俸餘，即充官費，絶無贏餘。及卒南歸，行裝自欽賜白金綺幣外，惟圖書數萬卷而已。正德初，武宗素知其名，孫嶜廕尚寶司丞卒，復以曾孫□繼其官，賜額祀于鄉，曰景賢祠。以濬配宋學士蘇軾，以風示天下。何喬新稱嶺南人物，自唐張九齡、宋余靖，崔與之及濬四人。尹直贊曲江其師，東坡其匹，世以爲知言云。

談遷《國榷》卷四三　戊午，少保兼太子太保、户部尚書、武英殿大學士丘濬卒。濬字仲深，瓊山人，景泰甲戌進士。館選，授編修。歴侍講、侍讀學士、祭酒，以禮部尚書入相。天稟奇絶，博洽多聞，雖僻事俚語，類多諳曉，下筆滚滚數千言不休。自御醫劉文泰訐王恕，人皆不直濬。所著《大學衍義補》、《家禮儀節》、《世史正綱》等行世。贈特進左柱國、太傅，謚文莊，遣行人歸其喪，孫嶜尚寶司丞。

雜録

備録

黄瑜《雙槐羅抄》卷一〇《丘文莊公言行》　弘治乙卯春二月戊午，少保丘公薨于位，槩其平生不可及者有三：自少至老，手不釋卷，其好學一也；詩文滿天下，絶不爲中官作，其介慎二也；歴官四十載，俸禄所入，惟得指揮張淮一園而已，京師城東私第始終不易，其廉静三也。家積書萬卷，與人談古今名理，衮衮不休，爲學以自得爲本，以循禮爲要。自學士爲祭酒最久任，所著《大學衍義補》、《世史正綱》、《家禮儀節》每遇名流，必質問辯難，以求至當，皆足傳世。成化癸卯，陳白沙至京與談，不合，人謂公沮之，不得留用。時猶未入閣也，安有沮之之事乎？及入閣與太宰王三原皆太子太保，偶坐其上，三原嘖有煩言。會太醫院判劉文泰失職，奏三原變亂選法，以所刻傳封進内，多詳述留中之疏，上責其賣直沽名，致仕去。人以教訐議公，公實不知也。謝侍郎鐸至形諸言論，訾其著述。劉學士健謂曰：「丘仲深有一屋散錢，只欠索子。」公曰：「劉希賢有一屋

素子，只欠散錢。」健默然甚愧。又嘗勸其門生王鏊、謝遷二學士讀書循禮，毋狎飲廢事，至面檢毛修撰澄廷對策多出小學史斷，全無自得，以故翰林後進多憾之。撰公素履，於謚法例得文正、文清，而愁謚文莊者，其以此夫？

王鏊《震澤紀聞》　濬，瓊州人，問學該洽，尤熟於國家典故，議論高奇，務於矯俗，能以辨博濟其說。亦自恃老，故對人語衮衮不休，無敢難者。論秦檜曰：「宋家至是，亦不得不與虜和，南宋再造，檜之力也。」論范文正則以爲生事，論岳飛則以爲未必能恢復。其最得者絶元不與正統，論許衡不當仕元，亦前人所未發也。好著述，雖老，手不釋書。性剛褊不苟取，恬於仕進，年七十猶滯國學，意不能無少望。孝宗即位，進《大學衍義補》，陞尚書。時李廣有寵於上，濬因之得入内閣，每事欲有所紛更，衆不謂善也。嘗與劉健爭至脱帽投地。時王恕有重望於天下，濬每憎之，會御醫劉文泰誣奏恕，或謂濬嗾之也，以是尤爲衆所貶。

焦竑《玉堂叢語》卷一　丘濬文章雄渾壯麗，四方求者沓至。碑銘誌序記詞賦之作，流布遠邇。然非其人，雖以厚幣請之不與。公環奇硤蕩，限韻命題，即席聯句，動輒數百言。豪詞警語，如壯濤激浪，飛雪走雷，雲觸山而電迸發。同時文正公西涯，峰回海立，公直欲相雄長，無畏。

焦竑《玉堂叢語》卷四　丘瓊山謂《朱子家禮》最得崇本敦實之意，然儀節略焉，爲考諸儒所言，作《家禮儀節》，使好禮者可舉而行。《通鑑綱目》以正統爲主，然秦、隋之末有不可遽奪，漢、唐之初有不可遽予者，乃作《世史正綱》，著世變之升降，明正統之偏全。又謂西山真氏《大學衍義》有資治道，而治國平天下之事缺焉，乃采經傳子史有係於治國平天下者，附以己見，作《大學衍義補》。

焦竑《玉堂叢語》卷八　丘文莊自製餅，軟膩適口，托中官進，上食之喜，命司膳監效爲之，不中式，俱被責。因請之，丘不告以故，中官曰：「以飲食器用進上取寵，此吾内臣供奉之職，非宰相事。」由是京師盛傳爲閣老餅。【略】

瓊臺丘公濬，學博貌古，然心術不可知，人謂陰主御醫劉文泰訐奏三原公令人作傳事，可見其槩矣。嘗與同寅劉閣老不協，劉作一對，書之門曰：「貌如盧杞心尤險，學比荆公性更偏。」時論頗以爲然。

梁維樞《玉劍尊聞》卷五　丘濬字仲深，瓊山人，登進士，選爲庶吉士。博極群書，尤熟本朝典故，文詞雄渾壯麗，著《世史正綱》、《大學衍義補》、《家禮儀節》，皆足傳世。議論高奇，其論秦檜再造南宋，許衡不當仕元，亦前人所未發。仕凡四十餘年，産業不逾齊民，性剛直，不肯媕婭取悦，翰林多憾之。時太宰王恕有重望，太醫院判劉文泰失職，奏訐恕，科道言濬嗾之，以是尤爲衆所貶。閣老劉吉作一對，書之門曰：「貌如盧杞心尤險，學比荆公性更偏。」位至户部尚書、武英殿大學士，薨贈太傅，謚文莊。

梁維樞《玉劍尊聞》卷一〇　丘濬嘗以粳米淘淨入水，粉之瀝乾，計粉二分，白麪一分，和團爲餅，其中餡隨用熯熟爲供，輭膩適口，上食之嘉，京師傳爲閣老餅。

孫之騄《二申野録》卷三　王守溪《長語》云：文莊議論高奇，人所共是，必以爲非，人所共否，必以爲是。其論秦檜曰：「宋家至是亦不得不與和，南宋更造，檜之力也。」論范文正則以爲生事，論岳飛則以爲亦未必能恢復。諸如此類，皆與人異云。

劉大夏部

綜述

《武宗實録》卷一三七　大夏字時雍，湖廣華容縣人。天順己卯鄉試第一，登甲申進士，改翰林庶吉士，授兵部職方主事，進車駕郎中，調職方。太監汪直怙寵貪功，謀取交阯，有旨：「檢永樂間征調故事。」大夏匿之，事遂寢。舉用守將，有暮夜懷金謝之者，大夏却不受。太監阿九之兄任京衛經歷，以罪爲大夏所笞。憲廟入譖，捕繫詔獄，求其過，無所得，乃釋之。陞福建右參政，巡視海道。以父喪去官。弘治己酉，擢廣東右布政使。田州泗城不靖，大夏往，以禍福諭之，兵遂不用。廣東寇作，督府檄大夏討之，大夏下生擒之令，有獲必審，實乃斬，得生者過半。壬子，陞浙江左布政使。癸丑，河北徙妨運道，擢大夏右副都御史往治之。未幾，決張秋鎮。大夏議於孫家渡、四府營疏上流以分水力，而築長堤捍之，堤起胙城，盡徐州，亘三百六十里。功垂就，中人有譖其縻費官錢者，復遣太監李興共事，且密察大夏所爲。興至，覈卷籍，卒無所得。甲寅冬，功成。乙卯，召還，視院事。進左副都御史，改户部右侍郎，進左侍郎。丁巳，虜寇宣大，以本官兼左僉都御史，往總兵餉。奏減價寬民，别設廩於近地，募商上納，勢家不得牟利。戊午春，還京，三疏請致仕，許之。

庚申，用廷臣薦，起爲右都御史，總督兩廣軍務，兼理巡撫。旌賢才、斥貪穢、裁冗費、更役法，上下不便者一切正之。踰年，召爲兵部尚書。壬戌夏至京，上召諭之曰：「朕召用卿，何爲累辭耶？」對曰：「朕實老病，況比年民貧財匱，萬一變生不測，臣懼力弗見濟，故不敢來。」上默然。後復因召對，備陳軍民困苦之狀。上歎曰：「朕豈知天下軍民貧至此耶。」乃詔内外諸司，凡損於軍民者俱晝議以聞。上一日召大夏及都御史戴珊，問天下何時太平。大夏對曰：「求治不宜太急。惟每事與大臣議之，必求其當行之，日久，天下自治。」又嘗言鎮守太監極爲民害。上曰：「徐思之。」越數日，諭曰：「鎮守之革，誠如卿言，第去之不宜太驟。莫若因其有罪，次第召回勿補爲愈也。」是後奏減光禄寺無名供饋，裁革騰驤勇士及諸監匠役之爲國蠹者，内外快之，而權姦側目。正德初，諸將軍當番直者故不入侍，曰：「大夏剪朝廷之爪牙矣。」幾及禍，賴中官有識者諫捄乃免。丙寅春，四疏乞休，加太子太保，賜璽書，月廩、歲夫，乘傳以歸。

後逆瑾用事，惡正醜直，而焦芳、劉宇復媒孽之。戊辰，遂以田州岑濬事逮繫詔獄，謫戍肅州。庚午夏，以寘鐇之亂，肆赦得歸。瑾敗，復官，致仕。至是卒，遺命毋乞葬奉恩蔭。撫按以聞，遣官諭祭營葬，賜謚忠宣。

《明史》卷一八二《劉大夏傳》　劉大夏，字時雍，華容人。父仁宅，由鄉舉知瑞昌縣。流民千餘家匿山中，邏者索賂不得，誣民反，衆議加兵。仁宅單騎招之，民爭出訴，遂罷兵，擢廣西副使。

大夏年二十舉鄉試第一。登天順八年進士，改庶吉士。成化初，館試當留，自請試吏，乃除職方主事，再遷郎中。明習兵事，曹中宿弊盡革。所奏覆多當上意，尚書倚之若左右手。汪直好邊功，以安南黎灝敗於老撾，欲乘間取之，言於帝，索永樂間討安南故牘。大夏匿弗予，密告尚書余子俊曰：「兵釁一開，西南立糜爛矣。」子俊悟，事得寢。朝鮮貢道故由鴉鶻關，至是請改由鴨緑江。尚書將許之，大夏曰：「鴨緑道徑，祖宗朝豈不知，顧紆迴數大鎮，此殆有微意。不可許。」乃止。中官阿九者，其兄任京衛經歷，以罪爲大夏所笞。憲宗入其譖，捕繫詔獄，令東廠偵之無所得。會懷恩力救，乃杖二十而釋之。十九年，遷福建右參政，以政績聞。聞父訃，一宿即行。

弘治二年服闋，遷廣東右布政使。田州泗城不靖，大夏往諭，遂順命。後山賊起，承檄討之。令獲賊必生致，驗實乃坐，得生者過半。改左，移浙江。

六年春，河決張秋，詔博選才臣往治。吏部尚書王恕等以大夏薦，擢右副都御史以行。乃自黄陵岡浚賈魯河，復浚孫家渡、四府營上流，以分水勢。而築長隄，起胙城歷東明、長垣抵徐州，亘三百六十里。水大治，更名張秋鎮曰「安平鎮」。孝宗嘉之，賜璽書褒美，語詳《河渠志》。召爲左副都御史，歷户部左侍郎。

十年命兼左僉都御史，往理宣府兵餉。尚書周經謂曰：「塞上勢家子以市糴爲私利，公毋以剛賈禍。」大夏曰：「處天下事，以理不以勢，俟至彼圖之。」初，塞上糴買必粟千石、芻萬束乃得告納，以故中官、武臣家得操利權。大夏令有芻粟者，自百束十石以上皆許，勢家欲牟利無所得，不兩月儲積充羨，邊人蒙其利。明年秋，三疏移疾歸，築草堂東山下，讀書其中。越二年，廷臣交薦，起右都御史，總制兩廣軍務。敕使及門，攜二僮行。廣人故思大夏，鼓舞稱慶。大夏爲清

吏治，捐供億，禁内外鎮守官私役軍士，盜賊爲之衰止。

十五年拜兵部尚書，屢辭乃拜命。既召見，帝曰：「朕數用卿，數引疾何也？」大夏頓首言：「臣老且病，竊見天下民窮財盡，脱有不虞，責任兵部，自度力不辦，故辭耳。」帝默然。南京、鳳陽大風拔木，河南、湖廣大水，京師苦雨沈陰。大夏請凡事非祖宗舊而害軍民者，悉條上釐革。十七年二月又言之。帝命事當興革者，所司具實以聞，乃會廷臣條上十六事，皆權倖所不便者，相與力尼之。帝不能決，下再議。大夏等言：「事屬外廷，悉蒙允行。稍涉權貴，復令察覈。臣等至愚，莫知所以。」久之，乃得旨：「傳奉官疏名以請；幼匠、廚役減月米三斗，增設中官，司禮監覈奏；四衛勇士，御馬監具數以聞。餘悉如議。」織造、齋醮皆停罷，光禄省浮費鉅萬計，而勇士虛冒之弊亦大減。制下，舉朝歡悦。先是，外戚、近倖多干恩澤，帝深知其害政，奮然欲振之。因時多災異，復宣諭羣臣，令各陳缺失。大夏乃復上數事。

其年六月再陳兵政十害，且乞歸。帝不許，令弊端宜革者更詳具以聞。於是，大夏舉南北軍轉漕番上之苦，及邊軍困敝、邊將侵剋之狀，極言之。帝乃召見大夏於便殿，問曰：「卿前言天下民窮財盡。祖宗以來徵斂有常，何今日至此？」對曰：「正謂不盡有常耳。如廣西歲取鐸木，廣東取香藥，費固以萬計，他可知矣。」又問軍，對曰：「窮與民等。」帝曰：「居有月糧，出有行糧，何故窮？」對曰：「其帥侵剋過半，安得不窮。」帝太息曰：「朕臨御久，乃不知天下軍民困，何以爲人主！」遂下詔嚴禁。當是時，帝方鋭意太平，而劉健爲首輔，馬文升以師臣長六卿，一時正人充布列位。帝察知大夏方嚴，且練事，尤親信。數召見決事，大夏亦隨事納忠。

大同小警，帝用中官苗逵言，將出師。内閣劉健等力諫，帝猶疑之，召問大夏曰：「卿在廣，知苗逵延綏搗巢功乎？」對曰：「臣聞之，所俘婦稚十數耳。賴朝廷威德，全師以歸。不然，未可知也。」帝默然良久，問曰：「太宗頻出塞，今何不可？」對曰：「陛下神武固不後太宗，而將領士馬遠不逮。且淇國公小違節制，舉數十萬衆委沙漠，奈何易言之。度今上策惟守耳。」都御史戴珊亦從旁贊決，帝遽曰：「微卿曹，朕幾誤。」由是，師不果出。

莊浪土帥魯麟爲甘肅副將，求大將不得，恃其部衆强，徑歸莊浪。廷臣懼生變，欲授以大帥印，又欲召還京，處之散地。大夏請奬其先世忠順，而聽麟就閒。麟素貪虐失衆心，兵柄已去無能爲，竟怏怏病死。

帝欲宿兵近地爲左右輔。大夏言：「保定設都司統五衛，祖宗意當亦如此。請遣還操軍萬人爲西衛，納京東兵密雲、薊州爲東衛。」帝報可。中官監京營者恚失兵，揭飛語宫門，帝以示大夏曰：「宫門豈外人能至，必此曹不利失兵耳。」由是，間不得行。

帝嘗諭大夏曰：「臨事輒思召卿，慮越職而止。後有當行罷者，具揭帖以進。」大夏頓首曰：「事之可否，外付府部，内咨閣臣可矣。揭帖滋弊，不可爲後世法。」帝稱善。又嘗問：「天下何時太平？」對曰：「求治亦難太急。但用人行政悉與大臣面議，當而後行，久之天下自治。」嘗乘間言四方鎮守中官之害。帝問狀，對曰：「臣在兩廣見諸文武大吏供億不能敵一鎮守，其煩費可知。」帝曰：「然祖宗來設此久，安能遽革。第自今必廉如鄧原、麥秀者而後用，不然則已之。」大夏頓首稱善。大夏每被召，跪御榻前。帝左右顧，近侍輒引避。嘗對久，憊不能興，呼司禮太監李榮掖之出。一日早朝，大夏固在班，帝偶未見，明日諭曰：「卿昨失朝耶？恐御史糾，不果召卿。」其受眷深如此。特賜玉帶、麒麟服，所賚金幣、上尊，歲時不絶。

未幾，孝宗崩，武宗嗣位，承詔請撤四方鎮守中官非額設者。帝止撤均州齊元。大夏復議上應撤者二十四人，又奏減皇城、京城守視中官，皆不納。頃之，列上傳奉武臣當汰者六百八十三人，報中。大漢將軍薛福敬等四十八人亦當奪官，福敬等故不入侍以激帝怒。帝遽命復之，而責兵部對狀，欲加罪。中官甯瑾頓首曰：「此先帝遺命，陛下列之登極詔書，不宜罪。」帝意乃解。中官韋興者，成化末得罪久廢，至是夤緣守均州。言官交諫，大夏等再三争，皆不聽。正德元年春，又言：「鎮守中官，如江西董讓、薊州劉瑯、陝西劉雲、山東朱雲貪殘尤甚，乞按治。」帝不悦。大夏自知言不見用，數上章乞骸骨。其年五月，詔加太子太保，賜敕馳驛歸，給廩隸如制。給事中王翊、張襘請留之，吏部亦請如翊、襘言，不報。

大夏忠誠懇篤，遇知孝宗，忘身徇國，於權倖多所裁抑。嘗請嚴覈勇士，爲劉瑾所惡。劉宇亦憾大夏，遂與焦芳譖於瑾曰：「籍大夏家，可當邊費十二三年。」九月，假田州岑猛事，逮繫詔獄。瑾欲坐以激變律死，都御史屠滽持不可，瑾謾罵曰：「即不死，可無戍耶？」李東陽爲婉解，且瑾詗大夏家實貧，乃坐戍極邊。初擬廣西，芳曰「是送若歸也」，遂改肅州。大夏年已七十三，布衣徒步過大明門下，叩首而去。觀者歎息泣下，父老攜筐送食，所至爲罷市、焚香祝劉尚

書生還。比至戍所，諸司憚瑾，絶餽問，儒學生徒傳食之。遇團操，輒荷戈就伍。所司固辭，大夏曰：「軍，固當役也。」所攜止一僕。或問何不挈子姓，曰：「吾宦時，不爲子孫乞恩澤。今垂老得罪，忍令同死戍所耶？」大夏既遣戍，瑾猶摭他事罰米輸塞上者再。

五年夏，赦歸。瑾誅，復官，致仕。清軍御史王相請復廩隸，録其子孫，中官用事者終嗛之，不許。大夏歸，教子孫力田謀食。稍贏，散之故舊宗族。預自爲壙志，曰：「無使人飾美，俾懷愧地下也。」十一年五月卒，年八十一。贈太保，謚忠宣。

大夏嘗言：「居官以正己爲先，不獨當戒利，亦當遠名。」又言：「人生蓋棺論定，一日未死，即一日憂責未已。」其被逮也，方鋤菜園中，入室攜數百錢，跨小驢就道。赦歸，有門下生爲巡撫者，枉百里謁之。道遇扶犁者，問孰爲尚書家，引之登堂，即大夏也。朝鮮使者在鴻臚寺館遇大夏邑子張生，因問起居曰：「吾國聞劉東山名久矣。」安南使者入貢曰：「聞劉尚書戍邊，今安否？」其爲外國所重如此。

劉大夏《劉忠宣公文集》卷一《壽藏記》 予家自宋都統制府君由東平來居華容，終元之世無仕者。至國朝，先考松巖府君爲瑞昌令，生予於官舍，時正統元年丙辰十二月二十五日也。六年，先考進御史，先妣嚴恭人攜予來京師，楊文定公見之，而名之曰「大夏」，遂許配以其姑之曾孫吕氏。後吕卒，繼以大理少卿傅公之孫。景泰初，先考出爲廣西按察副使，與參政泰和曾翬友善，曾公因教予讀《尚書》，習舉子業。既還華容，從黎文僖公學，補邑庠生。領天順己卯鄉薦，赴禮闈，脱癸未風火之變，登彭教榜進士，與今西涯李學士輩十八人俱改翰林庶吉士，讀中秘書。成化元年，授兵部職方主事，陞車駕郎中，再改職方。十九年冬，陞福建右參政，奉敕巡視海道。弘治二年春，陞廣東右布政使。時廣西田州泗城不靖，兵部以予名擬奏，承命往撫諭之。及歸，廣東後山寇復作，有事於軍旅。蓋二役凡歷七月而後竣事。五年，轉浙江左布政使司。六年，黄河北徙，朝廷慮妨運道，改陞都察院右副都御史，令往治之。未幾，河决張秋鎮，勢悍未可遏。惟疏上流以分水力，築長堤以捍横波。又明年，朝廷復遣内外臣共疏塞之，適河流循軌，功始克告成。八年，蒙召還視本院事。轉左副都御史，又改户部右侍郎，轉左侍郎。念病且拙，恐誤國計，兩上疏自陳，不允。復起就職，滿考，獲給誥，加贈先祖、考皆如今官，祖妣周孺人及先妣及吕、傅二室皆爲淑人。十年，虜寇大同、宣府，朝廷議出師禦之，命以本官兼左僉都御史，往總兵餉。明年春，虜款塞，遂召還京。逾六月，病復作，三上疏乞歸里，聖天子憐而從之。將歸，作壽藏於東山之陽以待終焉。

嗚呼，予嘗見士大夫家子弟愛其父兄者，俟其身後，必求名儒大筆鋪張其行業，以誌於其墓，作國史者亦或憑而採之。予無似，承祖宗世澤，竊科甲官禄，前後四十年，在家、在邦，無一事可述以傳者。萬一後人私其所親，謬言以誤名筆，縱可欺人，獨不自愧於地下也耶。用是自述平生履歷，書而勒諸石，歸付兒祖生等藏之，以俟他日。其詞雖俚，其事則核，庶予之心安焉。三代之詳則特刻於後，不敢溷書者，懼褻也。弘治十一年戊午秋九月二十一日書於都城寓舍。

邵寶《容春堂前集》卷一五《東山公前傳》 東山公姓劉氏，名某，字時雍，岳之華容人。其先自宋都統寶從岳武穆平湖南，武穆死，棄官，居華容，十一傳至松巖公某，歷官按察副使，實生公。

公幼時楊文定公見而器之，爲定今名。稍長，學于黎文僖公，領湖廣鄉薦第一，登甲申進士。改翰林庶吉士，與今大學士西涯李公輩十八人同時有文學名。授職方主事，進車駕郎中。嘗奉使山東、河南，上救荒事宜若干條，皆切時務。未幾，尚書項公忠以職方事劇，乃請調公職方。公按章酬應，動中事會。時有中官用事，獻取交南策，以中旨索永樂中調軍數急，公故匿其籍，使者旁午，吏數被捶，若弗聞者，獨徐以利害告尚書余公子俊，力言沮之，事遂寢。朝鮮使者爲隣境所邀刼，請改貢道，中官有朝鮮人爲之地，事下兵部議，將從之，公曰：「朝鮮貢自鴉骨關，由遼陽經廣寧，過前屯，而後入山海，迂回四三大鎮，此祖宗微意。今若自鴨緑江抵前屯、山海，路太徑，恐貽他日憂。」卒不從。敵數入雲中，邊帥失律，中外震驚，調發戰守，日無虚時，每一報至，尚書必曰：「劉郎中云何。」所言輒行，行輒獲效。

時右侍郎缺，中官有欲薦公者，遣人言于尚書，冀一往見，公巽辭謝之，然猶迫趣不已，乃自求外，尋出爲福建參政。奉勑巡海，海道兵久弛而倉儲既于勢盜，卒難就理，公曰：「在得人耳。」謀於鎮巡，首選衛所軍政官而擇其尤者總諸水寨兵，造戰哨船各若干艘，緩急異用，葺倉計儲，立收支法，寨設一館，而親督察之，不半年，海道肅然。琉球商舶遭風漂至平海，守者私于閫帥，以犯邊報，欲勦之而取其財，兵且集矣。公廉得其情，遣數人乘小艇，招其首領，厚恤而遣之，衆始讙然，後竟信服。陞廣東右布政使，適黄賊初靖，財匱費繁，有司城從化縣，

累年不就，民尤患之。公究事體，節費便民，擇人授之，逾月而城成。先是，廣西泗城州官族弄兵，方命兵部議撫諭之，不服，則繼以兵，謂是行非公不可。公承檄即往，反覆曉譬，先恩信，次福禍，詞懇意至，數月間，叛者大悟，胥戕以滅，兵竟不用。既還，廣東後山寇作，督府檄公率兵平之。公恐延及脅從，乃下生擒之令，有所獲，則集土人，審實乃斬，因而得生者過半。嘗過崖山吊大忠祠，念宋慈元后陵寢無主，輒泫然曰：「后與陸、張二臣同死國，今大忠有祠，而慈元不祀，忽諸？於義弗稱。」謀於白沙陳公，甫爲之立廟，人感其義，不日而就。轉浙江左布政使，在浙甫八月，吏蠹漸革，而用法優裕，犯者不怨。

於是河決張秋，擢公右副都御史治焉。公既至，乃集山東、河南二省守臣議，以事關運道，莫敢適主。公曰：「河性猛悍，張秋乃下流喉襟，未可輒治。治於上流，分導南行，復築長堤以禦横波，且防大名、山東之患，候其循軌，而後決可塞也。」遂疏孫家渡河三十里，四府營河十里，築長堤，起河南胙城，盡徐州，經滑、長垣、東明、曹、單諸縣，長三百六十里，量能任功，敷和宣勤，五旬而事竣。會上命内外臣來，乃於張秋口南開河三里通運舟，及冬水涸而塞之，已而決塞，悉如公初議。有勅就勞，且召之還，加賜羊酒、金綺。公曰：「兹惟天意，某敢貪以爲功？」聞者益重之。論功，進左副都御史，佐院事。公疏辭，不許。轉户部右侍郎，再轉左侍郎，又兩疏乞歸，不許。越一年，敵逼雲中上谷，上命兼左僉都御史往理兵餉。公以内地芻糧不能出關，出關者率以銀易之，利歸勢家，乃擬奏減價寬民，別設倉於近地，募商給軍，率以時直，由是宿弊潛去什九，有三便焉。及條上，他便宜皆從之。未幾還朝，居數月，移疾，乞歸。疏再上，不許，而同朝亦多願留者。公堅卧三請，僅得予告。因自爲壽藏記，叙其平生履歷歲月，刻石以歸，曰：「恐後人溢美我，重地下累耳。」君子謂公不伐之心遠及身後，况其生乎，其可謂忠直朴矣。

公釋褐迄請老，凡三十五年，所至士服民懷，有所爲，皆願盡力，至於權貴强悍號稱難處者，公夷然與之無不得，其愛慕至有終身焉者。接引士類，守善片長，每自以爲不及，憂時憫俗，形於色辭，事關國家利病，斷斷不易，而周旋其間，必求濟而后已。嘗以先世二宗屬族疏散，墓幾弗可識，作敦本堂，歲舉二祭，祭畢有燕，以合族人，且爲家規，誦燕所。教子讀書兼力農務，常命督耕雨中，曰：「習勤忘勞，習逸成惰，吾困之，將以益之也。」或勸公爲子乞恩，公曰：「此固國典，然以待賢有功者，某何敢哉。」公爲詩文有自得之趣，敷奏覆議操筆立就，而明白切要，轉折流通，足以動人。有《東山集》若干卷。公二子：長曰祖生，次曰祖修。

林俊《見素集》卷一九《光禄大夫太子太保兵部尚書劉忠宣公神道碑銘》

國家仁育區内，元氣毓和，名人間出，以茂贊鴻猷，弼成弘治之治，若東山公，殆非偶然者。公諱大夏，字時雍。上世東平劉氏，宋都統制寶從岳武穆平湖南，隱華容之東山，十三傳爲公。未名，楊文定公爲之名，未冠，黎文僖公成之學。發解，首爲進士，爲庶吉士，與李文正公同讀書中祕，主事職方、郎中車駕，而復爲職方也，名逾起。中貴人獻取交南策，索故籍，匿其籍。朝鮮貢道由鴉骨關，迂迴數大鎮達京師，奏由鴨緑江便，公曰：「祖宗微意。」孟密賂立安撫，爲滇夷患，固有以阻之於先者矣。敵犯雲中，師失律，檄書告急，倉劇有餘辨，權璫大異，屬意薦少司馬。亟求參知閩藩，進兩轄，尋進副都御史。有事河決，自上流孫家渡疏三十里，四府營疏十里，聯長隄以分大名山東水勢，而別河張秋之南以行運舟，河就馴。璽書褒賞，入爲户部侍郎。

宣大便就糴爲勢家利，公別儲募商，民寬士飽。乞告。起左都御史，總督兩廣軍務，兩鎮出私卒，十三村藪盜爲之衰止。入爲兵部尚書。召問所辭，故曰：「民貧，恐生變，本兵重地，臣無敢來。」數日再問徵有常制，曰：「近恐不止常制。」問兵，曰：「與民等貧。」舉鐸木、香材無藝之征與轉漕番操了責私役諸苦。上曰：「豈知至是。」詔諸司條弊政與分外之徵疏聞。淮南思變爲寢。問歲儲不給，財何在，曰：「廣閩省歲廪與中鎮歲索猶不相當。」上諦思久，曰：「求如鄧原、麥秀者用無寧已。」蓋廉璫也。又問安得泰平如帝王時，曰：「求治亦難太急，但如近日與臺閣議當而行，久之自治。」苗逵乘敵報，欲劫營，上語公，因及永樂時破敵之意。公曰：「當時丘福兵俱陷近河套，亦幸免。且今兵力不逮，未若戰守爲計。」時戴莊簡公在側，贊是言。上曰：「微二臣言，幾爲所誤。」甘肅副將魯麟恃部落要大將，不遂，棄歸，願撫其衆。奏至，上問公，公曰：「第叙其先世歸附之勞，從其奏，兵權去，無能爲。」麟果怏怏死。是時，上慨然君臣相與之盛，凡召公，偕莊簡爲多，名而不官。至幄前，左右却立，大政事、大封拜、大釐革密議移時，間及左右。未對，曰：「畏之乎？」曰：「猶疑朕聽寺人言乎。」語久，起，踉蹌行，上老之，令扶以出。不受私贄與金。請老，命温旨爲諭留，有間，密語之備忌，公無獨異流然者。薊州、密雲、保定繕城增戍奏還，其番閱萬兵，隱然京師兩腋。有造飛語宫門者，上曰：「是豈外人可到，有不得私役是軍者。」

至是，上眷益深，公之任益重，知無不爲。世方改視，而孝廟升遐，公亦致其仕去，柄移逆瑾，縉紳羅致以盡，尤甘心於公。芳、宇贊之，逮致詔獄，得屠公滽救解，猶戍甘肅。瑾誅，釋還，道復光禄大夫、太子太保、兵部尚書。歸六年，丙子五月晦日，雷電風雨大作，已，公殁，壽八十一。高祖光祖、曾祖必弘至祖御史公行簡、父察副公仁宅並贈兵部尚書，妣配並贈夫人。

公開朗平粹，休休然樂善，貴不忘貧。與人言忠孝，教士廉謹，教子孫士農。不乞蔭，預卜壽藏所居西五里，僅記其履歷大都。久之，追賜葬祭，謚忠宣，録其一孫國學。俊忘年味似虞公夢，公率寓詩於隱，公亦爲予，私念更燭情事，無復山東聽雨時矣。神道之文，祖修之請，抑公之欲也。公清約如知白，先憂如希文，公望如彦國，能處大事如子明，忠結主知，望實孚於中外，問安否於裔夷，其仕、其止、其世可知也。

劉大夏《劉忠宣公遺集》附録文卷一吴廷舉《書忠宣公壽藏記後》 弘治戊午秋，東山劉公自述壽藏記成，西涯李閣老見之，戲云：「天下皆如公，翰林文章無用矣。」公曰：「先生輩文章宜紀有大功德者，予非其人，敢以相累哉？」公爲户部侍郎，章三上，乞致仕。吏部依奏覆入奉，孝宗特旨，令馳驛歸養，病痊起用。廷舉寄公詩：「此去絲綸非待老，將來歲月豈終閒。」蓋指此也。公歸，足蹟不出里門，入官所得俸貲每賙族人之貧匱者。

庚申秋，進右副都御史，總督兩廣軍務，兼巡撫。初欲以老辭，而敕使臨門，即挈二僮以行，道衡永，上桂林。十月，抵蒼梧開府。辛酉春，巡行廣東。兩廣人士聞公來，如饑兒之得乳母也。旌賢才、斥貪穢、裁冗費、更役法，上下不便者一切正之，廣人駸駸樂生矣。是歲冬，遷兵部尚書。予因問公出處，公曰：「吾老矣，勉强造朝，焉能有爲。」予進曰：「古人疑事必占，請以筮決之。」公曰：「可。」明日，予以蓍揲之，得《泰卦》之九二，具辭象告。公曰：「包荒用馮河不遐遺可能也，朋亡不可能也。」壬戌正月，發蒼梧，至韶州，病作，取道郴陽，回華容，具本辭。孝宗優詔答之，且遣人促行。五月到京，於本兵外知無不言，言無不聽，國有大政大疑，每召公至内殿，面與參決，所議事雖左右貴近、元勳輔相有不與聞者，公亦不以告人，斯君臣魚水、萬世一時也，玉帶、蟒衣、元寶之賜，逈出諸大臣之上。甲子春，賜誥命，有「廊廟英資、湖湘間氣」之褒，貤贈祖禰皆如公官二代，妣與其二配皆夫人。乙丑五月，孝宗賓天。是年冬、丙寅春，公三上章辭老，今天子優詔勉留。三月，章四上，其辭懇切。乃從之，進太子太保，賜敕，給驛還鄉，月給禄米四石，歲給輿夫六名，蓋異數也。

先是，公在兵部，議革騰驤四衛勇士，議節光禄寺無名供饋，歲省宫府數百萬，近幸者滋不悦，正德丁卯，激怒於今上，將及禍，太監寧瑾知重公者，叩首諫曰：「此先帝意，非劉大夏建白。」遂免。時逆瑾用事，日誅求臣僚，而大臣中有欲中害公者，倡言云：「鈔劄劉司馬家，可得金數萬。」瑾因潘尚書蕃、毛總兵鋭獄詞連公姓名，戊辰，遂矯制差錦衣衛官校逮公。千户羅至廉，知公貧，雖以酒器爲贐，彼堅卻不受也。八月至京，繫北鎮撫獄。同繫者教公行賂爲求生計，公曰：「如此而死，惟累一身，稱貸免死，則累一生，且累子孫矣。」瑾怒，欲寘之辟，會官議於朝堂，屠左都滽曰：「檢律，劉尚書無死罪。」瑾曰：「充軍罪亦無耶？」法司比附守禦官撫馭無方，致所部軍人反叛律充軍。十月，遣戍肅州。當時士大夫以公生獄爲喜也。買驢雇車，挾二僮以行，故人贈送，謝絶不受。發都城日，觀者如堵，所在罷市，父老涕泣，士女攜筐饁進果食，亦有焚香密禱曰「願公生還」者。己巳四月，到配所，即買地爲墓，作終焉計。人問公曰：「何不挈親子姓以行？」公曰：「吾仕宦日，不能爲子孫乞得一官，今充軍老，顧令子孫補伍，豈人情所安也。」庚午夏，京師風霾蔽天，寧夏寘鐇叛亂，肆赦天下，公得釋歸。八月，逆瑾誅，朝廷復公原官，致仕。

居鄉，值歲祲，公鬻玉帶，買穀濟之。公家東山，自仕而老，不住城市。正德乙亥，羣盜入其室，家人擁公倉皇出，卧於舍北松陰，良久歸，而病作。諸子固請移居縣市新宅，以避再來，公乃許之。蓋新宅，公仲子祖修所創建也。居一年，丙子五月二十九日，以疾終於正寢。吕、傅二夫人，長子祖生先公數年卒。次祖修、嗣孫如愚等奉治命，不請祭葬。湖廣巡撫秦公金、巡按張君翰文章言於上，賜謚「忠宣」，遣官諭祭九壇，以一品官禮造墳焉。子孫以是年十二月二十六日安厝公於壽藏。

戊寅秋，予來祭公墓，祖修以公故爲《壽藏記》缺庚申以後事，使續筆。廷舉受公教久，知公深，遂忘其淺陋，書之，中無一語溢美，亦遵公志也。

陳沂《畜德録》 劉東山公大夏爲廣東布政，至新會縣，時吴廷舉爲令，公到久，乃迎，告以鄒智殯事，故迎遲。時鄒以名士出謫，公亦重之，不怪其遲，且嘉其賢。東山公當發戍，氈帽布袍徒步過大明門，匍匐頓首乃行，策一蹇驢赴戍所。時以兵部尚書謫發，莫不加禮，不欲至戍，公曰：「大夏有罪，不加之誅，今復不服役耶？」披甲持鋭，與諸卒無異。莫不歎服。

袁袠《皇明獻實》卷三三《劉大夏》 時右侍郎缺，中官欲薦大夏，遣人言于尚書，冀一往見。大夏遜詞謝之，遂乞外補，出爲福建參政。奉勑巡海，海道兵久弛，倉儲爲勢豪所侵且盡。首選衛所軍政官而擇其尤者總諸水寨軍，造戰哨船各千艘，葺倉計儲，立收支法。進廣東右布政。使嘗過崖山，吊大忠祠，念宋慈元后陵寢無主，立廟祀之。河決張秋，擢右副都御史往治。集山東、河南二省守臣議，大夏曰：「河性猛悍，張秋乃下流喉襟，未可輒治。宜治上流，導之南行，築長堤以禦横波，且防大名、山東之患。候其循軌，而後決可塞也。」乃疏孫家渡河三十里，四府營河十里，築長堤，起河南胙城，盡徐州，經滑、長垣、東明、曹，單諸縣，長三百六十里。量能任功，五旬而事竣。弘治丁巳，北邊乏糧芻，大夏以户部侍郎簡命經畫。至則召父老日夕問畫，得其要領，揭榜通衢云：「某倉缺糧幾千石，每石給官價若干，但願告報者米十石以上、草百束以上俱聽，雖中貴子弟不禁也。」故事，糴買糧百千石、草千萬束乃聽，中貴子弟争射利，轉買邊軍民糧芻以納。大夏既立法，邊軍民有糧芻者得自告報，中貴子弟即欲收糴，無處得買也，由是倉場有餘積而私家有餘財矣。尋乞致仕歸。庚申，進右都御史，總督兩廣軍務。旌材賢，斥貪穢，裁冗費，更役法，事不便者悉蠲之。【略】

上嘗召問天下軍士何如，對曰：「與民一般窮，安能養其鋭氣。」上曰：「在衛有月糧，從征有行糧，何以至窮？」對曰：「江南困于漕運，江北困于京操，此外浪費猶有臣等不能知者，所以俱窮。」翼日，詔諸司凡軍民弊政悉疏以聞。

【略】

脩清寧宫，奏減軍夫五千餘人。督工者訴于上，上令司禮監語内閣曰：「劉大夏不以大工爲事，率意減去人夫。」即調旨切責。大學士劉健曰：「愛惜軍夫，司馬職也。近日劉大夏累乞歸，朝廷每温旨勉留，尚請之未已，若切責，彼將以不職固辭，孰可代之？」司禮監入告，孝宗欣然納之，卒減工役。癸亥，四方奏災異，京師四月、五月不雨。條上十事：一曰京住官軍苦于出錢供用；二曰在營軍士困于私役做工；三曰江南軍士因漕運破家；四曰江北軍士因京操失業；五曰竭軍民之力運糧而濫食者衆；六(曰)馬馨生民之財，買馬而私用者不顧法禁；七曰各處鎮守太監貪婪；八曰各處守備内臣占軍數多；九曰陞賞被于勢要；十曰禁衛苞苴公行。悉施行之。上每有大政事，每召大夏及都御史戴珊面議。乙丑春，奏對畢，出白金二錠以賜，曰：「卿等將去買茶果。朕聞朝覲日文官避嫌，有閉户不接見人者，如卿等雖開門延客，誰復以賄賂通也。朕知卿等，故有是賜。」且命不必朝謝，恐大臣各懷慚懼也。

上一日召大夏，面語曰：「事有不可，每欲召卿商量，又以非卿部内事而止。今後有當行當罷者，卿可密寫揭帖封進。」對曰：「不敢。」上曰：「何也？」大夏曰：「先朝李孜省可爲鑑戒。」上曰：「卿與我論國事，豈孜省營私害物者比乎？」對曰：「臣下以揭帖進，朝廷以揭帖顯行，是亦前代斜封墨勑之弊也。陛下宜遠法帝王，近法祖宗，事之可否，外付之府部，内咨之内閣可也。如用揭帖，日久上下俱有弊，臣不敢効順。」上稱善者久之。上嘗問：「天下何時太平，朕幾時做得如古之帝王？」大夏曰：「求治不宜太急。凡用人行政有疑者即召内閣併執政大臣面議，務求至當，順理而行，便是太平。」上曰：「内閣亦未盡可托。劉健嘗薦劉宇可大用，以朕觀之宇，小人也，豈可用哉？」

户部郎中李夢陽言事下錦衣獄，尋詔復職。他日，獨召大夏奏事畢，上曰：「近日外事若何？」大夏頓首曰：「近釋李夢陽，中外歡呼，聖德如天地之大。」上曰：「李夢陽奏事關戚畹，且語言狂妄，朕不得已下之獄。鎮撫司本上，朕試問左右當作何批行，一人曰：『此人狂妄，宜付錦衣衛撻而釋之。』朕揣知此輩意欲得旨便令重責致死，以快中宫之怒，使朕受殺直臣之名。左右不忠如此，朕所以即釋復職，更不令法司擬罪也。」大夏頓首謝曰：「陛下此事，堯舜之仁也。」刑部尚書閔珪讞重獄忤旨，批答久不下。大夏獨召對，上因語及之。對曰：「人臣執法，不過效忠朝廷耳，古之聖帝明王往往屈意從之。閔珪所爲，無足異者。」上曰：「且道自古何君、何大臣亦嘗如此。」對曰：「臣幼讀《孟子》，舜爲天子，皋陶爲士，瞽叟殺人，皋亦執之而已。今之法司似未可深責也。」上頷之。旨下，一如珪所擬。

北邊總兵員缺，有李某者託近戚以請，欲傳奉得之。上曰：「傳奉先朝弊政，朕始罷革，豈可復踵。」其人懇請，上命司禮監與兵部議之。太監李榮對曰：「有旨傳奉，劉大夏且執奏，中官口傳，彼豈聽受邪？」其人懇不已。上一日朝罷，獨召大夏，受一帖子，啓視之，乃硃書其人姓名也。退語同列曰：「上既命推舉，當以堪任者聞，如某終不可用。」明日，推某某以請。内批徑用李某。未幾，其人以劾取回。上他日謂大夏曰：「向用李某，出不得已。今事敗矣，悔不用卿言。」光禄寺多冗食，大夏因歲饑疏論之。詔裁減，歲省銀錢八十餘萬。奏革騰驤四衛勇士，節宫府冗費數百萬。每奏事内庭輒造膝，上左右顧，内侍即退避。奏畢，復侍駕。一日奏對久，不能起，上命李榮與某扶掖出順門外。榮且扶且言

曰：「吾輩行事多失，幸於上前隱惡揚善。」大夏曰：「聖上聰明，某於政事外未嘗敢輕毀譽人。某今日求退，上曰：『李榮亦言卿是好官。』某與公踪跡踈遠，不知何以若此。」榮曰：「當朝大臣，公名第一，榮何敢蔽賢也。」

孝皇賓天，四上章請老致仕。逆瑾擅權，日誅求臣僚，而劉宇者素憾大夏，昌言于瑾言：「抄劄劉大夏家，可得金數萬。」瑾因尚書潘蕃、總兵毛鋭獄，詞連大夏，遂矯制逮赴北鎮撫獄。同繫者請行賂以求生，大夏曰：「如此而死，禍止一身，稱貸免死，則累子孫，且喪一生矣。」瑾怒，欲置之辟。會議朝堂，左都御史屠滽曰：「檢律，劉尚書無死罪。」瑾曰：「充軍罪亦無邪？」法司阿瑾意，引例戍肅州。士大夫聞大夏出獄，且喜且泣。發都城日，觀者如堵，所在罷市，父老涕泣，士女携筐饁進果食。有焚香密禱者曰：「天乎，願我公生還。」到配所，即買地爲墓，不挈子姓。侍行或以問，大夏曰：「吾仕宦日不能爲子孫乞一官，今發配老死，顧令子孫補伍，豈人情乎。」庚午，寘鐇逆亂，肆赦天下，得放歸。瑾誅，復官，致仕。卒於家。謚忠宣。

唐樞《國琛集》卷下　劉大夏，華容人，謚忠宣。明識治體，忠誠廉潔，自兵部郎至尚書，平生不以勢位自居，於功名富貴、子孫福澤泊如也。當出而靖難者三，行邊者二，治水者一，所至有成績。孝皇眷注，於本兵外凡國有大政大疑，每召公至内殿面議，或令隨御史中官進閘，久則令中官持護以出。嘗令公密進揭帖，公對以恐開斜封墨勅之弊，不敢從。公在本兵，臨事有明。正德初，忤逆瑾，構戍肅州。

鄧球《皇明泳化類編》卷五三《劉大夏東山先生》　大夏字時雍，湖廣華容人。淑乾坤之氣，亶廟廊之才，學先正己，功茂存誠，智綜微細，介夷蘊危。宋范仲淹自做秀才便以天下爲己任，於公亦云。楊文定公一見器之，爲定今名。舉湖廣鄉試第一，登天順甲申三甲第十一名進士。授兵部主事，進車駕郎中。嘗奉使山東、河南，奏救荒事宜若干條，皆切時務。是時朝廷頗好寶玩，中貴迎上意，言宣德間嘗遣王三保出使西洋等番，獲奇異無筭。上然之，命中貴至兵部查三保至一西洋時水程。時項忠爲兵部尚書，使一都吏於庫中檢舊案。大夏先入檢得之，匿其籍，都吏遂無從。尚書笞責，都吏復入檢，如是者三日，終莫能得，大夏亦秘不言。會言官交章諫阻，事罷。後尚書呼都吏詰之曰：「庫中案卷焉得失去。」大夏在傍微笑，徐曰：「三保太監下西洋時，所費錢糧數十萬，軍民死者亦以萬計，縱得珍寶，於國家何益。此一時弊事，大臣所當切諫者，舊案雖在，亦以毀之以拔其根，尚足追究其有無耶。」忠悚然避位，揖而謝之，且指其位曰：「此位不久當屬公矣。」未幾，調職方郎中。前後凡一十九年，畫邊籌、理兵計緩急皆中則。後余子俊爲尚書，尤雅器之。屬虜數寇雲中，凡議調發戰守，子俊必曰：「劉郎中云何。」所言輒行，行輒效。朝鮮入貢，請改貢道，又援祖宗制，竟不許。

成化甲辰，兵部缺右侍郎，有欲薦之者，遣人言于尚書，冀一往見。大夏巽詞謝之，卒不往。吏部又欲處以太僕寺卿，因私其知己者曰：「郎中轉京堂，固人所欲，但吾做秀才時，見府縣政事不得其平，輒曰：『使我做時，某事當如何，某事當如何。』今幸登朝，不得一親民官，非素志也。況郎中一出，非知府即參議，官階崇重，何爲不可，但恐人負官耳。」遂擢福建右參政，奉勅巡海道。時海防久弛，大夏嘆曰：「在得人耳。」首咨鎮巡，選軍政官而擇其尤者，總諸水寨兵，造戰艦，計倉儲，躬爲督察。不半年，防禦肅然。陞廣東右布政。審潮州士人之女而爲之擇配。適黄賊初靖，財匱費繁，有司城從化縣，累年不就。至即度事體，擇人授役，逾月而城成。先是，廣西泗州城官族弄兵，撫諭不服，因檄大夏往勸。大夏反覆曉譬，先恩信，次禍福，夷人爲之動，皆降。遂還廣東。道崖山，過大忠祠，念宋慈元后陵寢無主，輒泫然曰：「后與陸、張二臣同死國，今大忠有祠而慈元不祀，於義弗稱。」因與陳白沙謀爲立廟。尋輔浙江左布政使。歷任藩臬，不競勢，不泥俗套，接物從容和易。至其屬一有不良者，必裁以法，不少徇。或遇事有當行，未有先洩，有疑難處，亦不以文移顯行。雖屬下亦具手本直述其事，紙末必書名。以故僚屬皆屬公以心，事無巨細，皆樂竭力，圖有成績。所至愛百姓如己子，其民戴之皆若父母。吴廷舉嘗述古人言「憂民如有病，見客似無官」，而曰：「公足以當之。」【略】

既家居，屏跡私第，不事賓客。或出其俸入之餘者以振宗族之貧。二載疾痊，庚申夏，起爲右都御史，總督兩廣軍務。兩廣人聞有大夏命，忭然如饑兒之得乳母。既至，旌賢才，斥貪穢，裁冗費，更役法，百姓駸駸樂生。辛酉，會應天、鳳陽等處歲歉盜起，因奏減光禄寺内官供辦，人稱其仁。【略】

京輔重地，上欲即附近地方團操人馬，以爲京師左右掖。大夏對曰：「京西保定府獨設都司統五衛，仰思祖宗，恐亦是此意。」適御史陳言奏將保定兩班一萬人回衛團操，遂勅京營都指揮戴儀往督其事。然有憾於大夏所計者，陰誣造飛語帖子於宫門者。上曰：「宫門豈外人可到，必此曹忿不得私役此軍者所爲耳。」自是上遇大夏愈篤。大夏每承咨訪，必攄底蘊。【略】

正德改元，四上章請老，從之，遂致仕。因自爲《壽藏記》，叙其平生履歷歲月，刻石以歸，曰：「恐後人溢美，重我地下累耳。」既家居，因念先世二宗屬族疏散，墓幾弗脩，作敦本堂。歲舉祭，每祭畢，繼以燕會族人，且爲家規誦燕所，教子孫讀書兼力農。嘗命督耕雨中，曰：「習勤忘勞，習逸成惰，吾困之，將以益之也。」或勸公爲子乞恩，謝曰：「此固國典，然以待賢有功者，某何敢哉。」公在孝宗朝多獨對，雖左右貴近元勳輔相有不與聞者。而持讜祗承毋忤，藹然魚水共濟，而功業著於國家，自不可泯。既去，近倖憾之。正德初，小人有以言激怒上，幾不免，得太監甯瑾素重公，叩頭諫曰：「此先帝意，非劉大夏建白。」乃已。時劉瑾日事誅求，大學士劉宇夙有怨于大夏，告瑾云：「抄劄大夏家，可得金數萬。」瑾因廣西土官岑濬辭連大夏，遂欲孽致之。戊辰夏，遂揑旨逮至京，下錦衣獄。有謀公者教以行賂可得活，對曰：「如此而止唯累一身，稱貸免死則累一生，且累子孫矣。」瑾怒，欲坐以激變土官死罪。大學士王鏊曰：「岑氏未叛，何名爲？」左都御史屠滽亦謂檢律無死罪。時多官會議朝堂，瑾斥言曰：「充軍罪亦無耶？」時大學士焦芳公同年特忌公名，及劉宇遂與謀，署以守禦官撫馭無方，致所部軍人反叛律充軍。冬十月，讁戍肅州。遂買驢顧車，挾二僮以行。故舊皆避不來會。獨鄉人嚴仲宏贈詩和之。發都城日，觀者如堵，所在罷市，父老涕泣，士女携筐饁進果食。亦有焚香密禱，願公生還者。過六盤山，有感，爲詩寄李西涯，末句云：「寄與同年老知己，天涯孤客幾時還。」明年庚午夏，京師風霾蔽天，寧夏寘鐇亂平之，大赦天下，遂放歸。秋八月，瑾誅，復原職，致仕。辛未夏五月卒，壽八十一，謚忠宣。子二：長祖生，卒；次祖修。

徐學謨《徐氏海隅集》卷四一　劉大夏字時雍，岳州華容人。天順己卯鄉試第一，第進士，改翰林院庶吉士。授兵部職方司主事，陞車駕司郎中，改職方。是時，中官獻取交南策，以中旨索永樂調兵數，甚急也，大夏故匿其籍，尚書余子俊日杖吏促之，大夏曰：「吏死一人耳，交南即成，死者豈特萬人哉。」事遂寢。朝鮮使請改貢道，中官有爲朝鮮人地者，下兵部議。大夏曰：「貢道自牙骨關由遼陽，經廣寧前屯入山海，迂大鎮凡三四，非祖宗微意邪。今所請改道逕，懼貽他日憂。」事亦寢。雲南猛密曩罕弄侵木邦，中官王舉嘗索猛密寶石，不獲也，疏請征之。曩罕弄重賂大學士萬安，召大夏，啖以美遷，俾設安撫司。大夏不可。時論韙焉。虜數寇雲中，邊將失律。報每至部，尚書必詢策。大夏具言，輒驗白。久之，陞廣東參政，晉右布政使。田州泗城亂，大夏以檄往諭，厥詞懇惻，亂者悟，兵竟不用。陞浙江左布政使，凡八月，而吏蠹剗革，法令恢廓。會黄河北徙，張秋鎮、黄陵岡咸決，運道阻塞，輸輓爲梗，敬皇帝以大夏爲右副都御史，理河事。大夏集議：「河性猛悍，張秋其下流喉襟，未可輒治，治上流便。」于是大夏導河南行，復築長隄禦横波，且防山東、大名患，俟其勢塞焉。已，乃疏孫家渡河三十里，四府營十里，築長堤，起河南胙城，盡徐州，經滑、長垣、東明、曹、鄆諸邑，亘三百六十里云。是役也，五旬而告成。召還，以原官協佐院事。已而陞户部右侍郎，改左侍郎，兼僉都御史，使雲中，經略皆中機宜。既三疏請告，得歸。三年，上用群臣薦，陞大夏左都御史，總督兩廣軍務。大夏至廣，乃即興利削弊，靡所左顧。先是，班軍爲鎮守總帥私役者蓋千計，大夏于是述祖宗養士卒意，及上委付重托，告總鎮咸出所役還焉，軍威始伸。又戒諭降十三村盜，藩臬、將領、守令、武衛悉舉所臧否，數白處之。

踰年，上特以大夏爲兵部尚書。是時，上勵精爲治，任大夏如左右手，人材、政事、刑罰、軍民、興革、進退、可否、去留之宜靡不及大夏議行焉，而大夏亦殫竭所用，不爲遜避。視朝罷，即召大夏，屏左右，論國家事，即近侍親密，咸莫與聞。將進大夏吏部，因預閣柄，于是同位大臣多側目，大夏亦有去志矣。居無何，上崩，毅皇立。大夏數乞致仕，進太子太保，賜璽書、月廩、歲夫、乘傳歸。歸年，劉瑾亂政，素銜大夏，焦芳、劉宇贊之，乃摭他事捕大夏繫獄。左都御史屠滽力解，猶謫戍肅州。正德庚午，瑾誅，赦還。又七年丙子，大夏卒，謚忠宣。遣官諭祭，營塚墓，蔭其孫如愚國子生云。

雷禮《國朝列卿紀》卷三六　劉大夏，湖廣華容縣人，天順甲申進士。弘治八年，任右侍郎。九年，轉左。丁巳，宣大倉場糧草告乏，特命兼左僉都御史總督軍餉。瀕行，周司徒經謂曰：「邊上糧草半屬京中貴人子弟經營，公素不與此輩合，此行所謂剛取禍矣。」大夏曰：「處天下事以禮不以勢，定天下事在近不在遠，俟至彼圖之。」至，召邊上父老日夕講究，遂得其要領。一日，揭榜通衢云：「某倉缺糧幾千石，草幾千束，每石、每束給官價若干，封圻内外官員商客之家但願告報者，米自十石以上、草自百束以上，俱准告，雖中貴子弟不禁也。」不兩月，倉場積蓄有餘。蓋往時糴買法，有來告糧百千石者、草千萬束者方准，以致中貴子弟各争相爲市，乃轉買邊上軍民糧草，陸續運至。自此法立，有糧草之家自往告報，中貴家人即欲糴，無處得買也。邊上軍民云：「自劉公收市法行，倉場有

餘積，私家有餘財，三十年前僅見此耳。」踰年，上章乞致仕。孝皇特旨令馳驛歸養，病痊起用。歸，蹤跡不出里閈，入官所得俸資，每賙族人之貧匱者。

雷禮《國朝列卿紀》卷四八　劉大夏字時雍，湖廣岳州府華容縣人。天順甲申進士，改庶吉士。初，内閣李文達、彭文憲二公欲留官翰林，大夏與安福張敷華力辭不就，識者已知其有經世之志。初補兵部主事，即厭章句，於疆場之事多所討論，覈堅弱，究虛實，審形察勢，以自考鏡。及歷員外郎，晉職方司郎中，益侃侃自樹，不與世降趨。【略】

弘治三年，陞廣東右布政。時監督諸軍平後山賊，軍人俘賊屬數，中有一女子，儀容閒雅，步止羞澀，呼問，乃潮州士人家女，被賊虜去，長欲收爲妾，蠻婦妬忌，育以爲女也。大夏惻然興閔，閉在一室，令二老婦守之。統軍都指揮王永意其欲得之，給與衣裳鉛粉。又半月，出視，光彩動人。大夏問其所願欲，答曰：「願回本鄉。」大夏曰：「回鄉須差軍護送，千里之程，豈勝汙辱乎。」乃擇里長兒某者嫁之，且以數牛賜其家耕作。【略】

十四年辛酉，土官黄理殺嫡謀襲，大夏捕理誅之。上思州土人黄金因督府徵兵違期，州吏目黄文通促之不發，乃火其營。金怒攻州治，焚文通家，掠民貲。大夏捕誅之。壬戌，召陞兵部尚書。大夏代文升掌本兵，提督團營操練，遂以安内攘外爲己任，申飭將吏，昭示紀綱，每於利害可否之際侃侃不容中默。【略】

〔十七年〕六月，北虜小王子遣使求貢甚急，近又燒殺墩軍。大同守臣以聞。大夏具奏：北虜大衆即今在宣府地方住牧，亦有東行者，若寇宣府，山勢險阻，若寇大同，有延綏遊兵在此，必與朶顔相通。留虜衆於宣大邊外以制我之兵，分遣精鋭或從喜峯口，或從燕河營，不數十里即係腹裏，朝入搶掠，夕可計歸。乞揀精鋭官軍於永平、密雲二處相機截殺，仍揀集順天、真定等八府民兵備護京師。俱切中機宜。【略】

又光禄寺之設，供奉内府御膳、備辦使臣外夷宴享而已，近成化、弘治以來添有坐家長隨七八十員，又有傳添湯飲内臣一百五十餘員。天下常貢已不足用，仍責令京師舖户買辦，官中不給，負累市井賒借。弘治辛酉夏，因應天、鳳、廬、淮、揚、蘇、松等處民饑盜起，因以前事執奏曰：「光禄日辦桌面不勝查算，日殺牲口無慮數百，既已損民之財，尤虧愛物之仁。」疏上，上惻然，下令裁減，官民乃甦。後光禄卿艾璞曰：「東山此奏，歲省光禄銀錢八十餘萬。古云：『仁人之言，其利博。』此之謂歟。」

晚年，對便殿，以三營軍士多被占役，騰驤四衛軍士投充大濫，各營草場侵欺隱没甚多，議裁革節省。上首肯。久之，且諭以勿形奏疏，蓋恐權貴中傷之。方將有所釐正，而龍馭不久上賓矣。四上章請老，乃從之。正德丁卯，近倖素不悦者譖大夏擅革勇士、節光禄寺供饋，激怒於武宗，將及禍。大監甯瑾知重之者，叩首諫曰：「此先帝意，非劉大夏建白。」遂免。時逆瑾用事，日誅求臣僚，大學士焦芳、劉宇欲中害之，昌言云：「抄劄大夏可得金數萬。」瑾因尚書潘蕃、總兵毛鋭獄詞連大夏姓名，戊辰夏，遂矯制差錦衣衛官校逮之。千户羅某至廉，知其貧，雖以酒器爲贐，堅却不受。八月至京，繫北鎮撫。同繫者教其行賂爲求生計，大夏曰：「如此而死，唯累一身，稱貸免死，則累一生，且累子孫矣。」瑾怒，欲置之辟，會官議於朝堂。左都屠滽曰：「檢律，劉尚書無死罪。」瑾曰：「充軍罪亦無耶？」法司比附守禦官撫馭無方，致所部軍人反叛律充軍。十月，遣戍肅州。當時士夫以其出獄爲喜。買騾雇車，挾二僮以行，故人贈送謝絶不受。發都城日，氊帽布袍，徒步過大明門，匍匐頓首乃行。觀者如堵，所在罷市，父老涕泣，士女携筐，饁進果食，亦有焚香密禱曰「願公生還」者。已巳四月，到配所。衆以尚書謫發，莫不加禮，不欲至配戍。大夏曰：「某有罪，不加之誅，今又不服役耶。」披甲持鋭，與卒同。又買地爲墓，作終焉計。人問其何不挈親子姓侍行，大夏曰：「吾仕宦日，不能爲子孫乞得一官，今充軍老死，顧令子孫補伍，豈人情所安也。」庚午夏，京師風霾蔽天，寧夏寘鐇叛亂，肆赦天下，大夏得釋歸。八月，瑾誅，復原官，致仕。卒，贈太傅，謚忠宣。

《言行録》云：公平生不以勢位自居，爲參政、布政、都御史日，遇事有當行，未嘗先洩，事有疑難，心未明，不以公文顯行，雖於屬官亦具手簡直述其事，紙末必書名，以此士大夫於公所委事無大小無不盡心竭力，圖有成績，期不相負。人有言及勢要貪婪軍民有不得所者，公必蹙額不樂，於公所得爲者一一思以濟之。吴廷舉嘗謂：古人有言曰「憂民如有病，見客似無官」，公足以當之。

又云：公平生於功名富貴、子孫福澤泊如也，故自入仕以來，由壯至老，不營田宅之利。官至大司馬，不爲子孫求恩澤，其功德在人耳目，未嘗泯也。公歸後，大臣有子不當廕而自乞恩澤者，言官參駁不允，因言公官居一品，子孫當得恩典。公恥陳乞，今宜舉例以崇廉退。朝廷從之。勘合已到，公一無所言。族人以公長子祖生已故，孫如愚當廕，公不阻其進，不促其行，不作朝中故舊書，第云：「到京日先見西涯李閣老，必有所處。」正德丁卯，如愚到京，見西涯。時劉

瑾方用事，西涯云：「爾祖正人，瑾方忌之，其機無由發也。入監，禮部必請旨，本内必及爾祖姓名，瑾見之，媒孽平生，吾見其禍，未見其福也。」賺令速歸。如愚至家，公喜曰：「西涯愛我，一至於是。」

又云：公平生不刻意作詩，間有爲而作，皆事核意真，情到意具。如撫諭田州句云：「如何萬頃桑麻地，天與夷人作戰場。」雖土官岑溥亦感也。出錦衣獄中，有句云：「紅塵未了清時債，白髮重來此地遊。」蓋公爲兵部郎中嘗下獄也。謫戍甘肅，過六盤山句云：「緑野誤爲三品地，白頭今到六盤山。」蓋以爲終於侍郎不起，未必有此謫也。謫所示子姪句云：「報國未能平海宇，充軍終是累兒孫。」蓋以逆瑾有劉某永遠充軍批旨也。又云：「猶有先朝宣召夢，急趣黄幄面承恩。」蓋思孝廟君臣相遇千載一時，雖在謫所不忘情也。謫所贈同事詩曰：「時事何人苦變更，邊城持戟半儒生。」蓋刺劉瑾用事，士大夫有罪多遣戍甘肅也。至赦歸，過六盤，則直述其事曰：「憑誰寄語中州子，前度劉郎今已還。」蓋公下獄充軍事雖出於逆瑾，禍機則發於大學士劉宇也。宇河南人，嘗告瑾抄劄公云。

又云：公與吴廷舉書曰：「居官之道以正己爲先，所謂正己，非特當戒利，亦當遠名。吾友於利固素知其澹然矣，苟有意近名，則凡事皆有所爲而爲，即程子所謂今之仕者爲己也。持此以往，而欲政善民安，以成佐理之功，恐未可得。幸熟思而自考之。事上治下，皆當主之以誠，行之以恕。誠則自然動物，恕則能體上下之情。體其情而感動之，將無人不可馭，無事不可爲，豈徒可治郡而已哉。」

雷禮《國朝列卿紀》卷一〇二　初，安平鎮舊名張秋，實運河要地。景泰間，黄河支流決鎮之沙灣，壞運河。朝廷命都察院右僉都御史徐有貞塞而隄之。弘治六年，復決於下流十里許，汶水從之，由東阿舊鹽河以入於海，厥後霖潦大溢，廣至九十餘丈，運河自東昌而下率多淤涸，舟楫不通。孝廟以爲憂，勑大夏往治之，又特勑内官監太監李興、平江伯陳鋭總督山東兵民夫役，與之共事。時夏且半，漕舟已集，一經決口，輓力數倍，稍失手輒覆溺不可救。僉謂宜急先務，乃於西岸稍南鑿月河，長三里許，引舟中之，次第皆濟。及冬，水落，乃爲塞。決計規效古法，酌以時宜，築東西二臺，植木樁爲表，多施大索，用船雜置土石，鑿而沈之，壓以巨埽，囊土以實其罅。役夫番代，閲三晝夜弗息，而決始塞。其外則甃石樹杙，累築而固之。又於其南爲石壩，以備宣節。又上疏賈魯河、孫家渡、塞荆隆口、黄陵岡，築兩長堤，蹙水南下，由淮徐故道。又議以爲兩隄綿亘甚遠，河或失守，必復至張秋，爲漕河憂。乃相於舊決之處一里用近世減水壩之制，植木杙，中實磚石，上爲衝水，著以厚板，又上漫以巨石，屈鐵以鍵之，榆柳以植之，壩成，廣袤皆十五丈。又其上甃石爲竇五，梁而涂之。梁可引纜，竇可通水，俾水溢則稍殺衝嚙，水涸則漕河獲濟，庶幾役不重費而功可保。工既告畢，上更命鎮爲安平，賜興歲禄二十四石，加鋭太保兼太傅，增歲禄二百石，遷大夏爲左副都御史，佐院事。又命工部伐石，勑内閣臣爲文，各紀功績，命大學士李東陽記之。

雷禮《國朝列卿紀》卷一〇七　劉大夏字時雍，湖廣華容縣人，天順甲申進士。弘治庚申，進右都御史，總督兩廣軍務。勑使臨門，即携二僮以行。兩廣人士聞其來，如饑兒之得乳母。旌賢才，斥貪穢，裁冗費，更役法，上下不便者一切正之，廣人駸駸樂生矣。先是，知府黄智永生子長英，次敬，又次録。英先智永故，而英子鈞當襲，敬之子塗欲立其子理，乃賂思明府牘申以子理當襲。藩司駁其妄，將罪之，理遂糾遷隆峒王愷兵攻州奪印，官司擒理下太平府獄。暮夜，越出，仍授愷兵破，執鈞子濬渼，支解之。大夏以兵擒理伏誅。又左州土官絶，改流官治之。土人黄金挈家僑居上思州，後歸，賂吏目趙綸，疏金係官族，當復土職。至是又賄吏目汪文疏之，俱不報。會督府徵兵於州，金願充頭目，率兵以從。既而違期，府遣州吏目黄文通促之，不發，乃火其營。金忿，遂與其黨率所領兵還攻州治，焚文通家，殺其子武，盡掠州民貲畜，屯聚自保。大夏遣斥捕金下獄，誅之。

王世貞《弇州山人續稿》卷八九《弘治三臣傳》　大夏之郎中職方也，明練於天下事，所奏覆多當上意，大司馬倚之若左右手。而是時中貴人汪直與保國公威寧伯比而創邊釁，大夏欲抑絀之不能，時時扼腕。【略】尋大同師失律，倉卒告警，大夏規調兵食有餘。太宰才之，欲以爲少司馬，不則太僕卿，而大夏亟請外，得福建參政。已遷廣東右布政使，再爲左布政使。大夏之三任藩宣，日夜講求民瘼吏弊，所創革必經久，不爲目前計，一切以身當之，而旌尚風誼，舉隱逸，試士經術不小倦。陳獻章者以道學名，一世少許可，顧獨與大夏善，而稱之曰：「劉公愛民如子，守身如女，毋論於今人中，即古人亦未易當也。」

時河決張秋，詔進大夏右副都御史，往治之。祀河神，而所焚帛灰結若人形。物意洶洶，大夏不爲動。乃自上流孫家渡疏其壅，可三十里，復疏四府營之壅，可十里，聯長隄以分大名、山東水勢，而別河張秋之南以通運艘。河就馴，運

艘無滯，功重而費輕，逾於徐有貞甚。璽書褒賞，入爲户部右侍郎，遷左侍郎，治邊餉。時宣大之糴皆爲貴家利，大夏禁止之，別募商使上粟，而不抑其價，庚豐士飽。亡何，移疾，乞致仕。

大夏素倦功名，既歸，築草堂而居之，僅數楹，天下因稱之曰「東山先生」。而會廣東西督撫缺，即家起大夏，以右都御史任之。其吏人思大夏遺愛，鼓舞稱慶。大夏亦精心無倦，裁省供億，禁斥貪殘，一時肅然，盜賊亦爲之衰止。【略】時左都御史戴珊亦以材見知，上當常朝坐金臺，有宣必大夏，再宣必珊，而御文華有所召對，亦必大夏與珊偕。時虜數犯邊，而太監苗逵者在延綏嘗搗虜營妻子，小有剋獲，乃以捷聞。上器之，密謀令帥師搗虜，而問大夏曰：「若在廣，知苗逵之搗虜乎？延綏至今少息肩。」大夏對曰：「臣在廣，不知，然問之從征將士知之，所俘獲婦稚十數耳。幸而大虜方深入，不相值，值之則無噍類矣。」上曰：「即爾，太宗何以屢得志於虜？」大夏曰：「陛下神武故不後太宗，而將領士馬不能什二三擬也。且其時淇國公一小違節制而舉十萬衆悉委之沙漠，柰何易言之。度今上策，唯有守耳。」而戴珊亦從傍贊其語。上遽曰：「微二人，吾幾爲人誤。」蓋前是上以問大學士劉健等，亦力言其不可，上猶未曾也。刑部尚書閔珪持法忤旨，上與大夏語及之而怒，大夏曰：「法司持法任其怨，而上任其恩，似未足深怒也。」上曰：「古亦有之乎？」對曰：「孟子云：『舜爲天子，皋陶爲士師，執之而已。』」上默然，已而曰：「若固爲閔珪解也。」大夏皇恐，頓首謝上，徐曰：「珪第執之過耳，亦老成人，何可輕棄。」竟允珪請。【略】

司禮監太監陳寬選坐營中貴人，上面命大夏偕，大夏對曰：「故事，獨太監專之，非外臣所與聞。」上曰：「豈憂此曹惡汝耶？我在，何憂惡。」卒命大夏與英國公慰偕寬往。而中貴人苗瑋恃夙貴，恥不肯與選，上業許之矣。既而，謂大夏不至，即參奏大夏曰：「如前旨何？」上曰：「吾雖意許之，未發也，何謂旨。」既而，瑋果不來。大夏與陳寬等參上，上切責瑋，示若逮繫者，而姑宥之。上復語大夏：「諸司言弊政詳矣，而不及御馬監、光禄寺者何？夫弊莫甚於此二曹。」大夏曰：「上悉之，幸甚，在獨斷而力行之耳。」無何，特勅兵部侍郎，同給事御史清理，歲省費十餘萬金，自是中貴人聞而有側目大夏者矣。上嘗語大夏一侍郎才足任艱，大夏不對。再言之，又不對。上悟曰：「吾所言者才，不暇及大節，卿不對者是也。」既而，大夏亦稱一侍郎才，上曰：「劉健亦稱之。其人負虚名而寡實用，且擅作威福。」上又言健復稱其鄉人某，甚不合朕意，後知之乃都御史劉宇也。宇竟以媚逆瑾敗，而兩侍郎者亦皆不稱。上自是益信大夏與戴珊，賞賚金幣肴醴無虚月，至以玉帶麒麟服賜大夏。【略】蓋是時劉健爲内閣首臣，馬文升以師臣長吏部，皆篤老，而大夏、珊獨屢召，不能無少望而偏聽之説進，然上益重之。珊以老病乞骸骨，屬大夏一從(更)〔臾〕。上謂：「卿珊何以亟求去？」珊不敢對。大夏爲言：「珊實病，且用身率先御史，而病弗勝御史，當見彈射，不便。」上曰：「主人留客堅，客且爲强留，珊獨不能爲朕留耶？且天下尚未平，何忍舍朕。」已泫然者久之。珊與大夏皆叩首泣，出而相謂曰：「死此官矣。」

俄而，上崩，武宗立。大夏所條奏十餘事皆剴切，有詔行，而上少而從左右爲狎遊，幾已露。時戴珊已卒，大夏與馬文升相繼乞骸骨。詔進大夏光禄大夫、太子太保，賜璽書，乘遽，續廩，給夫。瀕行，又賜白金綵幣寶鏹。而郎中李夢陽爲《東山草堂歌》，語跌宕悲壯，天下傳之。大夏歸，未幾，而逆瑾亂政，與中貴人脩大夏郄，劉宇又微聞造膝事，銜之，與焦芳比，而譖諸瑾曰：「藉大夏家，可當邊費十二。」於是以廣西土帥岑濬事波及大夏而訊之，欲坐以激變死。中外識不識咸惜大夏先帝朝遺老，濬不反，何名變，事與大夏不相涉，何名激，而無敢以語瑾者。屬三法司議，左都御史屠滽言：「檢律，劉尚書無死罪。」瑾慢罵曰：「即不死，可無戍耶？」李東陽時居内閣首，不能直抗瑾，而婉解之。又瑾所使使詗大夏家實貧，始永戍甘肅衛。大夏怡然就道。所至人聚觀，相指識，争損金以資道路費。大夏謝不受。居甘肅久之，瑾誅，始赦歸，尋悉復其官爵。於是言官交薦大夏，謂當併復其廩秩，而中貴人在事者尚不平大夏，不許。大夏杜門教子弟，爲敦睦耕，稍赢即以貸予姻族，天下猶以其存亡爲重輕。居數歲，卒，壽八十一。言官復推大夏。詔予祭葬，特贈太保，謚忠宣。

焦竑《皇明人物考》卷五　公平生不以勢位自居，所至愛民如子，民亦愛如父母。遇事當行未嘗行先洩，未明者，不以公移顯行。雖屬官亦具手簡直述其事，紙尾書名，以故所委事無大小無不盡心力，期不相負。功名富貴，子孫福澤，泊如也。嘗預作《壽藏記》曰：「予嘗見士夫家子弟愛父兄者，俟其身後必求名儒大筆鋪張行業，以誌其墓，作國史者憑而採之。予無似，承祖宗世澤，竊科甲官禄前後四十年，在家在邦，無一事可述者。萬一後人私所親，謬言以誤名筆，縱可欺人，獨不自愧于地下耶。用是述平生履歷而勒諸石。」公嘗曰：「居官以正己爲先，所謂正己，不特當戒利，亦當遠名。」李東陽曰：「昔人謂與物無競，臨事有爲者，非東山其人也。」

鄧元錫《皇明書》卷一七　劉忠宣公大夏字時雍，湖廣華容人。幼而神穎，未名，楊文定公爲之名，未冠，黎文僖公成之學。發解首舉進士，爲庶吉士，與李文正同讀中秘書。出爲職方郎中。往安南調兵籍，弭安南兵。議朝鮮貢如故道，峻防守使，具《四夷志》中，業已有天下大慮矣。是時塞每有虜警，尚書輒問：「劉郎中云何。」郎中言輒行，行輒效。名籍甚，而大夏顧以未踐更親民官爲歉，曰：「生民困苦情僞非涉歷不親，請補外。」出爲福建參政。政益練，務省賦饒民，有大事委所屬州縣吏，往往手簡述事由，署名下，不專倚行移。人咸感恩意，爲盡力，靡欺負者。巡海，海道兵久弛，則造哨船，葺倉儲，立收支法，每沿海寨中道設一館，便督巡，海道肅清。陞廣東右布政使，禮名賢，念民瘼，愛百姓如子，褒先風教，民愛之如父母。【略】即家拜右都御史，督撫兩廣。兩廣人素熟其恩信，令不戒而從。大夏甄良斥貪，裁冗費，更試法，諸上下所便安靡不興舉，而兩廣大安。【略】

尚書閔珪讞重獄忤旨，久留中。大夏獨對，上語及之，大夏對曰：「人臣執法亦不過效忠，聖帝明王往往屈意從法，誠重法也。臣竊以爲珪所爲無足異者。」上曰：「爾第言古何嘗有如此執法者。」時色頗厲。大夏莫知所對，倉卒言：「臣幼讀《孟子》，舜爲天子，皋陶爲士，瞽瞍殺人，第曰『執之』而已，故臣竊以爲珪無足異也。」上默然，久之，大夏頓首曰：「惶恐，臣實愚，觸忌諱。」上徐曰：「朕亦知閔珪老成，覓一人易之，竟不可得，政當從之耳。」明日，報可下。是時，光禄寺添設内臣數百員，爲耗費歲經入多，不足於用，乃責京師和買不給直。大夏言：「光禄日辦不可會而費繁，且日殺牲無慮千百萬，損民財，傷物命，宜可省。」上惻然，裁減，歲省經費銀捌拾萬。【略】是時，大夏受上知特深，賜蟒玉。時時召咨訪，雖左右貴近，元勳碩輔有不與聞者，一與之調劑，而大夏出，壹不以語人，故莫得而著焉。上崩，而大夏慟哭不能興。而閹禍有端，遂屢疏求退。正德元年，加宫保致仕。時朝臣有乞恩蔭子者，言官言：「大夏官一品，有大功，子孫得恩典固當，而未嘗陳乞，宜舉例以崇恬退。」旨曰：「可。」【略】

大夏開朗平粹，休休樂善，貴不忘貧，平生忠誠謙謹，未嘗以名勢自居。與吴廷舉書：「居官以正己爲先，所謂己正，不特戒近利，且當戒近名。吾友於利固知澹然，苟有意近名，則凡事皆有爲而爲，持此而欲政善民安，恐未可得。事上治下，皆當主之以誠，行之以恕，將無人不可馭，無事不可爲矣。」語陸吉士深言：「初入仕途，不可受人知，知己多，難立朝矣。如朋友有三數人得力者自足，過多則累也。」

張弘道、張凝道《皇明三元考》卷六　華容人，字時雍。治詩。甲申進士，選庶吉士，累遷廣東右布政。征廣西田州叛苗，諭以恩信禍福，叛者大悟，兵竟不用。同按察使陶魯平後山寇，不妄殺一人。尋陞浙江左布政，勤于撫字，綏于催科。歷兵部尚書。受知孝廟，每與從容論事，裨益實多。逆瑾用事，時爲大學士劉宇所構，謫戍肅州。貧無所資，各學生徒相繼食之。瑾誅，復原官，致仕。卒年八十，謚忠宣。父仁宅，永樂庚子舉人，副使。孫如訥，嘉靖甲午舉人，知州。

馮時可《馮元成選集》卷四九　忠宣公坦夷温厚，清白方正，天下仰若山嶽。赦歸里，時時杜户。或戴笠乘驢，往來山水。守令往詣，必出相見，但不詣謝。嘗言：「財貨非祖遺與身力必不可有，況官貨悖入耶。」又言：「居官以正己爲先，所謂正己，不特當戒利，亦當遠名。」于祖塋次作敦本堂，歲二祭，祭畢合燕。喪祭嫁娶皆有賙，歲儉民饑，鬻玉帶買穀賑之。日食一味，留客方倍。吴司空廷舉贊之云：「憂民如有病，對客若無官。」朝鮮使至，輒問公起居曰：「聞中國劉司馬風節，李閣老風致，皆天人云。」

尹守衛《明史竊》卷四八《劉大夏傳》　劉大夏字時雍，華容人也。天順八年進士。父仁宅，舉永樂庚子，歷官廣西按察副使，以清約稱。大夏自少雅能知父意，父出按部歸，履新靴，大夏見之，輒以請。父示爲餘廪易者，意乃釋。弱冠領省解，臺司檄有司佐廳，大夏以里中阻饑力辭謝。既登第，選讀中秘書。解館，當留，願以勳業自見，乃出爲兵部職方司主事。凡歷郎署十餘年，益明練天下事，大司馬余肅敏深倚重之。【略】

時上鋭意太平，政事輒與閣臣講議。上與大夏言：「閣臣健儘可與計事，第門下人太雜。」健嘗薦稱劉宇才可大用，甚不合上意。而宇在大同私官馬遺權貴，大夏言于上，上欲究問，太監李榮爲解免。【略】大夏每承召問，上即轉顧近侍，皆退避數丈許。上或言及左右，大夏未及對，上曰：「卿趦趄不言，尚疑朕爲聽左右皇帝耶？」大夏惶恐謝。上令大夏往同英國選内臣爲坐營，大夏遜稱故典外臣不得與，上笑曰：「卿憂此曹他日害卿耳，有朕在，何憂。」竟令往。【略】大夏之遇泰陵也，鑒先朝汪直諸人生釁外夷，但遇邊警，第令料敵戰守。上憤小王子，慨然慕太宗遺烈，因太監苗逵欲出師，大夏力持不可，上頓爲止。

大夏歷官中外四十年，始終一節。嘗曰：「居官以正己爲先，所謂正己，不特戒利，亦當遠名。」故無奥援。朝著交李文正、張簡肅、戴恭簡，山林交陳白沙、

李西涯。大夏語人曰：「仕途不可廣交受人知，只如朋友若三數人得力者，自可了一生。」家居，薄田僅足供衣食。嘗言財貨惟務農服賈，凡力得者獲用，其餘易致之物終非己有，子孫視之亦不慎惜，況官貨悖入者乎。預作壽藏，自爲記曰：「予嘗見士大夫家子弟愛其父兄者，俟其身後，必求名儒大筆鋪張其行業，以誌于其墓。作國史者或憑而采之。予無似，承祖宗世澤，竊科甲官禄，前後四十年，在家在邦，無一事可述以傳者。萬一後人私所親，謬言以誤名筆，縱可欺人，獨不自媿于地下也耶。用是自述平生履歷，書而勒諸石，付兒祖生等藏之，以俟他日。其詞雖俚，其事則核，庶予之心安焉。」李西涯見之戲曰：「天下皆如公，翰林文章亡用矣。」大夏曰：「先生輩文章宜紀有大功德者，予非人，敢以相累哉。」大夏官至大司馬，不爲子孫乞恩澤。正德改元，有大臣自陳求蔭，言官參駁，欲舉大夏例以崇廉退，朝廷從之。正德十一年五月卒，壽八十一。贈太保，謚忠宣。

何喬遠《名山藏》卷六八《臣林記·劉大夏》 大夏天順中舉鄉試第一，連舉進士，選庶吉士。自負文武長材，以張皇六師爲己任，同時摛藻之士每竊笑之。成化初，當撤館，自請試吏，授兵部職方司主事，累轉職方司郎中。凡武職諸弊端事涉欺罔者，建白振刷亡遺力，酬應旁午，悉中窾會。奏疏書牘，口占授吏，不須屬草。邊警狎至，尚書必問：「劉郎作何處分也。」【略】

大夏旦入署，恒見一婦人攜少男，衣青布衣，候籍役。久不見籍，則其子布衣已失之。問，知爲故勇士妻，攜子求替司籍，同官稽慢不理，舉衣囑吏矣。大夏責吏還之，爲婦籍役。婦感泣還，祀大夏其舍。而中官阿九者，其兄某爲京衛經歷，坐事被笞，會旱，憲宗方齋禱，阿九從旁譖曰：「陛下慈悲，奈羣臣不體聖意何？即如兵部郎中齋而淫笞人。」經歷某亦誣上奏，憲宗大怒，捕繫詔獄，使中貴尚明緝大夏私事。明分遣較，無所得，笞之。較泣曰：「小人緝外，皆云：『劉郎中何所得瑕疵。』」或惎其物色向勇士妻籍役之易有賄乎，較往餂勇士妻，妻曰：「不費一錢也。」因具言其事，領入舍，舍祀大夏主。較驚歎走，還白。會太監懷恩亦力捄，憲宗杖大夏二十，還職如故。而有一中官知大夏者欲薦爲兵部右侍郎，大夏巽謝中官，即求補外，轉福建參政。以母喪去。孝宗初，服闋還朝，詔大臣各舉可都御史者，户部尚書敏薦大夏。大夏時已見二毛，不飾冠履，往謁銓司。銓司咸口笑：「老亦堪都御史耶？」良久，擢廣東右布政使。【略】

六年，河決張秋，治河侍郎陳政卒。下詔求通古今、識地勢、有巧思、可久任者，廷推無過大夏。進右副都御史，與太監興、平江伯鋭塞決隙，賜名安平鎮。【略】亡何，移疾致仕，屏居東山之麓，築竹室，出入棄驢駒，牝馬，作壽藏自銘焉。

大夏蒞官，所至不自矜重，事當行，不先洩，未可者，下僚吏，用尺書，不以移文，故其僚佐莫不盡心。至接引士類，片長寸善，自謂不及，雖强悍權貴，夷然亦得其愛慕。憫俗憂時，形於詞色，事關國家，内斷不易，外爲周旋，故天下之望歸焉。

居三年，即家拜左都御史，總督兩廣軍務。攜二僮豎之官。廣人大歡喜。一歲召爲兵部尚書，兼攝提督軍務。時上方注意太平，裁抑奄寺，搜剔冗蠹，大夏承上指行之，數與劉健、謝遷、李東陽、都御史戴珊被召對，而與珊尤頻。上語久，夾城日高，猶未下殿，天下忻忻望治焉。光禄寺自成化以來内臣猥多，湯飯煩費，封殺生口莫可筭數，常供不足，賒借之累，下及閭閻。大夏以上意請裁損之，歲減費可八十萬。【略】

武宗即位，【略】會廣西土帥岑猛先時據田州，猛平，設流官，以岑湖爲知府。湖畏猛尚在，淹留不至，及其至，則猛復據田州叛。瑾令逮湖至京考訊，湖訟冤，謂激猛者谿鎮守太監韋經、總兵官毛鋭、巡撫都御史潘蕃。經復訟冤，謂谿大夏。瑾矯旨，俱逮捕之。官較至華容，大夏方鋤菜園中。較曰：「孰爲劉尚書宅者？」大夏指其竹屋曰：「汝欲捕之耶？」即偕入。即入，就捕，乃故鋤菜者也。大夏以羨菜食官較，持數百錢，騎小頭口與往。較驚曰：「相公何簡易若是。」大夏曰：「此甚易事，即杖死，十餘錢買席可裹矣。」至則下廷鞫，欲坐以死罪。都御史屠滽曰：「劉尚書不得死比。」瑾嫚罵：「亦不得戍耶？」瑾已詗知大夏誠貧，李東陽又從中婉解，乃比守禦官撫馭無方，致所部軍人反叛律，與蕃俱謫戍，鋭革其太子太傅銜，罰禄米五石。大夏戍所得貴州之清平衛，芳、宇復曰：「善，適便其過家。」瑾改肅州焉。命下，覓載驢車。都城觀者如堵，所在焚香罷市，父老泣涕，攜筐餼餽餉之。既至，上伍如軍人。軍帥驚問曰：「軍當逐操耳。」軍帥跪曰：「相公請返舍，毋勞。」因復作壽藏，爲終計。【略】既至肅，乃有故所舉武帥二人齎金助，皆力卻之，曰：「語不云乎，及其老也，戒之在得。」【略】

大夏有外孫孫繼芳，仕提學副使，一日詣東山草堂，大夏與論平生，繼芳曰：「公全節完名，庶幾終始。」大夏曰：「古人蓋棺事定，今一日在世，尚憂未了。」因言晏子身没，家無餘財，我死，更何似。繼芳曰：「公孫子皆力田謀食，公必欲其餓死耶？」吴廷舉曰：「憂民如有病，見客似無官，劉公足當之。」陳獻章曰：「劉公守身如女，愛民如子，毋論當世，古人不多也。」士大夫無知不知，皆稱

大夏東山先生。天下以其存亡爲重輕，雖外夷亦聞慕。居數年卒，壽八十一。予祭葬，特進太保，謚忠宣。

唐鶴徵《皇明輔世編》卷三《劉忠宣大夏》　〔弘治〕十年，虜入塞，師行乏軍興，大夏以户部左侍郎出經畫。户部尚書周經曰：「諸邊糧草半屬京貴子弟，此行剛且取禍。」大夏曰：「處天下事，以理不以勢，定天下事，在近不在遠，俟至彼圖之。」至邊，召問父老，得其要領。一日，榜通衢云：「某倉缺糧幾千石，每石給官銀若干，凡境内外官員客商家願輸者，米自十石上、草自百束上聽，雖中貴子弟弗禁也。」不兩月，積蓄有餘。蓋往時糴米法，糧百千石、草千萬束方聽，以故中貴子弟争相爲市，轉買邊人糧草續運，牟利十五。此法立，有糧草家自得告輸，中貴子弟即欲收糴，無所得。邊人言：「自劉侍郎收市法行，倉場有餘積，私家有餘財矣。」還，奏宣府地險積寡，已於東城置倉數十間，未有以實之，而順聖川地肥饒，屯田團種之外尚多私占，請令巡撫、巡按等官清查歸官。其軍餘原額屯田團種者每分額外量與餘田，勿令過二十畝，清出歸官者，或原人領種，或别召承佃，每畝起科納糧三升，草一斤，與東西二城并蔚州衛屯田糧料俱令運赴新修米倉及附近草場上納，備宣府不足。於農隙時運去，備預其他地方及西城、蔚州二處不足，直發銀就彼糴買，不得那借。至古懷來城，極爲要害，亦須增置倉廒，糴苗糧料，以備倉卒之用。户部覆奏，從之。亡何，移疾，乞致仕。大夏素倦功名，既築草堂而居之，僅數楹，天下因稱之曰「東山先生」。

談遷《國榷》卷五〇　大夏字時雍，華容人。天順甲申進士。選館，授兵部主事，歷郎中。太監汪直欲取安南，命檢永樂征調册，匿寢之。出福建右參政，廣東、浙江左右布政使，進右副都御史。治張秋決河成，改左副都御史、户部左右侍郎，總宣、大、兩廣，并著(續)〔績〕，入正兵部。孝宗屢召對，最被知遇。清修剛介，敭歷中外，政績卓然。晚遭禍戍邊，毅然之氣卒不少變，天下重之。贈太保，謚忠宣。

徐乾學《明史列傳》卷五一　大夏嘗言：「居官以正己爲先，不獨戒利，亦當遠名。」所居東山草堂僅數楹。性不飲酒，客至，舉觴相勸而已。其被逮也，方鋤菜園中，入室携數百錢，跨小驢就道。赦歸後，有門下生爲巡撫，枉百里謁之，道遇扶犂者，問孰爲尚書家，引之登堂，即大夏也。朝鮮使者在鴻臚寺館遇大夏邑子張生，因問起居曰：「吾國聞劉東山名久矣。」安南使者入貢，曰：「聞劉尚書戍邊，今安否。」其爲外國所重如此。

湯斌《潛菴先生擬明史稿》卷一八《劉大夏傳》　劉大夏字時雍，華容人。父仁宅，以鄉舉知瑞昌縣。有流民千餘家匿山中，邏者索賂不得，則誣民反。有司議加兵，仁宅單騎入山招之，民争出辨，遂罷兵。擢御史，歷廣西按察副使。土酋黄竑殺其兄㺹及其家七百人，仁宅與參政曾翬往治之，竑密使人通欵，而父子挾重兵相詗。仁宅陽許諾，留翬潯州，而自至南甯。竑使二子來謁，伏甲執之，竑迫，則間遣人入京師，請易儲，遂得脱。且驟遷都督，因摭他事以報。仁宅遂謝事歸，橐僅七金，時稱廉吏。

大夏年二十舉鄉試第一，登天順八年進士，改翰林庶吉士。解館，當留，顧自請試吏，授兵部職方司主事，再遷郎中。討論邊疆、河漕，覈兵籍虚實强弱，奏覆悉中機宜。而是時中官汪直用事，與保國公永、威甯伯越比，而創邊釁，大夏欲抑絀之不能，時時扼腕。【略】

弘治六年，河決張秋，擢右副都御史往治之。大夏既受命，循河上下千餘里，周覽形勢，上言：「河性湍悍，張秋乃下流，勢難猝治，當於上流分導南下，再築長堤以禦横波，且防大名、山東之患。俟其循軌，而後決可塞也。」奏入，報可。工方興而東堤復決九十餘丈，于是命中官李興、平江伯陳鋭協理之，而山東副使楊茂仁請召還興、鋭，以專事權，抒財力，有旨逮茂仁下獄，羣議沸騰，謂河卒不可治。大夏屹不爲動，乃先疏荆隆口、黄陵岡，導河上流南下徐淮，復疏孫家渡、四府營，以通運道。築長堤，首起胙城，歷長垣、東明、曹縣以達于虞城，凡三百六十里。築新堤，自荆隆口至小宋凡一百六十里。五旬而告竣。更張秋曰「安平鎮」，賜璽書褒美。【略】

大夏既歸，葛巾野服，往來山水間。然嘗僦裝若遠行狀，或問之，曰：「瑾方横，須有地置我矣。」

雜録

備録

李東陽《懷麓堂集》卷三一《敦本堂記》　敦本堂者，吾友職方郎中劉君時雍

所作也。劉氏宋南渡時有都統制諱寶者從岳武穆平湖南，武穆死，棄官，隱華容，華容之劉氏自都統始。由都統傳六世，至天澤，天澤有弟天浩，爲元兵所掠，後得諸京兆以歸，以次子元輔後之。已而，天浩亦生子元英，子孫世繼，於是天浩之後益盛而天澤之再傳顧絶。由元輔三傳爲贈御史居敬，四傳爲按察副使廣居，始以本宗還系天澤之譜，而於天浩之宗猶惓惓終身焉。職方，御史之孫、按察之子也。蓋嘗推明先志，以爲二祖皆始自都統，禮於始祖有墓祭之義，而都統墓久弗識，譜傳在故宅後數步許，乃即其地爲堂，每歲春秋之仲與凡爲劉氏者望都統之墓祭于堂，而二祖之子孫皆在焉。祭畢而燕，以世次叙坐，立令子弟讀家規，講古今善惡成敗以垂戒之。乃名其堂曰「敦本」，屬予記以示于祭與燕者。

《禮》曰：「人本乎祖。」又曰：「尊祖故敬宗，敬宗故收族。」凡此者，情之所自致者也。然服窮於五世，祀止於四代，而墓歸於一生，人之情蓋有不但已者，而禮寔制之。君子使禮足以達情，而情不至於害禮，斯可矣。天澤之以次子繼其弟，禮也。御史、按察以所後之有繼，繼絶於所生者，亦禮也。二祖不可並祭，又祧而不及祭，則生我者之恩與我後者之義不得以兼盡，而二祖之子孫將益離矣。於是有不得已焉，與其無據而祭于家，孰若有所據而祭於墓；與其離於二而偏，孰若統於一而備，則都統之墓祭亦禮也。求其墓而不得，則於其近者求之，堂而不廟，時舉而不褻，非禮之以義起者乎。夫知都統之爲始祖，則二祖之子孫與凡爲劉氏者皆知出於一本，而不容以不合。由是言之，則劉氏之裔雖分爲數支，衍爲幾世，散爲百千指，無害其爲同也，而況二祖之後乎。君子謂斯堂設而尊祖之道明，斯堂設而敬宗之誼盡，斯堂設而收族之義備，職方之情其達於禮矣。且古之親親者未嘗不本諸其身。今職方材諝行誼顯于家，孚于鄉，揚于朝，著臺省之間，身教之道於斯乎在，登斯堂者使皆材諝如職方，行誼如職方，又遡而求之按察之剛直、御史之端諒，以至于二祖之友悌，則稱爲都統之後可以無愧矣。苟徒俎豆升降以爲祭，罇斝酬獻以爲燕，惡足以盡職方敦本之義哉。

徐紘《皇明名臣琬琰録》續集卷一　公嘗語陸深曰：「初入仕，不可受人知，知己多，難立朝矣。只如朋友若三數人得力者，自可了一生，過多則晚年受累。」吳廷舉嘗謂：「古人有言曰：『憂民如有病，見客似無官。』公足以當之。」東山先生愛百姓如己子，百姓戴之如父母，偏觀當世，未見有如此者。公嘗以先世族屬疏散，墓幾不可識，作敦本堂，歲舉二祭，祭畢，燕以合族，爲家規誦燕所，教子讀書，兼力農務。嘗命督畊雨中，曰：「習勤忘勞，習逸成惰。吾困之，將以益之也。」公自入仕以來，不營田宅之利，官至大司馬，不爲子孫求恩澤。白沙外傳。

陸深《谿山餘話》　户部尚書杏岡李公瓚嘗爲兵部主事，言東山劉公大夏當孝宗之朝最爲得君，公亦以天下爲任，議汰冗食，凡軍職皆以軍功爲準，通查裁革。既得旨行之，而一時侍衛、將軍、力士之流皆以才藝選，初無軍功，該司失于照詳，類行報罷，一時閧然。時駙馬都尉樊凱管紅盔將軍，特過兵部爲言：「此輩不宜裁革。」東山槩拒之。凱積不平，適當駕陞殿，凱立午門外，語諸人曰：「爾輩不用了，昨已奉旨裁革，雖我亦無地位矣。」蓋激之也。衆人遂散出。孝宗上殿，平昔執瓜帶刀之人皆不在，儀衛簡寂，恐恐不安，屢顧左右問故。既退，遂宣樊駙馬面究，凱奏昨兵部以行裁革去矣。孝宗大聲曰：「劉大夏敢如此。」玉色不怡。復宣兵部，東山至，走急氣促，不能了了，而裁革之事悉罷，聖眷遂衰矣。夫以東山之公忠與孝廟之有爲，事機一失，乃至于此，信乎，臣不密則失身，一時疎畧，甚可惜也，該司可謂無人矣。諺云：「倖門如鼠穴。」此言可以諭大。

陸深《停驂録摘抄》　予爲庶吉士時，謁東山先生劉公大夏時雍。公誨予曰：「初入仕不可受人知，知己多，難立朝矣。只如朋友若兩三人得力者，自可了一生，過多則晚年受累。」今五十有四，髮種種矣，益知其言之有味。嘗見周密公謹所記趙德莊誨趙忠定曰：今日於上前得一二語獎諭，明日於宰相處得一二語褒揚，往往喪其所守者多矣。乃知古人造就後進者每如此。

楊廉徐成《新刊皇明名臣言行録》卷四　公平生宦轍所至，不喜屬吏奉承，有曲意奉承者未嘗喜，不及者未嘗怒也。公居官接物雖稱從容和易，至屬官之不才者，則一裁以法，未嘗姑容苟免也。

何良俊《四友齋叢説》卷九　張南園云：華容劉東山爲兵書時，極意薦才。時張綵爲稽勳員外，欲求越次之舉，適值北虜火篩張甚，遂以談兵動劉，劉極推許。余素知綵姦險無學，貪財好色，其談兵亦妄也，頗不謂然。東山曰：「吾無才而居此，故急於取才耳。」余言就才之中須少有行檢，若通無行，恐亦不可任。劉不懌。後竟以僉都御史薦。時泌陽焦公芳爲吏書，吳郡王公鏊爲吏侍，靈寶許公進初爲兵書，焦亦才綵，王、許固不可，乃止。後綵附劉瑾，起爲文選郎中，陞僉都御史，即轉吏侍，竟以瑾事伏誅。忠宣爲張綵所欺，固是一時之誤，然其言曰「吾無才處此，故急於取才」，故是萬世之利也。張曲江猶爲安禄山所誤，於公也何尤。

何良俊《四友齋叢説》卷一〇　我朝列聖培養賢才輩出，當憲、孝二朝名臣

極多，一時如王端毅、馬端肅、彭幸庵諸公，皆有物論，獨薛文清、劉忠宣、章文懿三公，雖婦人女子皆知其賢，無毫髮可議。

李樂《見聞雜記》卷二　正統間，會塲災，舉子死者百十人，劉先生亟欲踰墻，忽墻上有人連呼曰：「劉大夏、劉大夏，這裡來。」從地若有扶掖而上者。先生得出，問曰：「汝是何人？」曰：「我東山之神也。」忽不見。故號東山先生。肖神小像，居家在官必與神俱。

李樂《見聞雜記》卷五　劉忠宣公大夏憂民如有病，見客似無官，固是學問所造，必其胞胎帶得分數居多，不然必有敗露之時焉，能永久不渝也？

耿定向《先進遺風》卷上　劉忠宣公大夏。成、弘間多碩人，粹然囂然，足稱古純臣者，公是已。公生而岐嶷穎敏，楊文定一見，目爲國器。【略】

先是，理河事竣，餘工費二千金。瀕行，藩臬舉爲公贐，公令籍之府帑。被逮經汴，二司擬以遺瑾，公曰：「此寧能飫彼意？第舉殘骸界之耳。」繫詔獄將甘心焉，同難者謀行賄紓禍，子姓丐貸四方，知舊擬醵金，公曰：「如此而死，拼一身耳，如此免死，則累一生，且累子孫矣。」賴厝中丞得減死，戍肅州。行時，故人贈遺悉謝絶，止受同年李文正一羊裘。至肅無資，諸司憚瑾，毋敢館穀，三學生徒輪食之。有總戎某公所舉者，遺百金曰：「患難中非復在位時。」公曰：「不聞語云『及其老也，戒之在得』乎？」參將某遣使致餽，勅其使不受亡返，公曰：「吾老，惟一僕，日食不過數錢，若受此，僕竊之逃，不將隻身陷此耶？」尋同戍鍾尚書橐貲果爲僕竊而逃，人服公先識云。公自髫至老，即患難顛沛中，介節不渝若此。

自理餉得請歸，預爲壽藏，紀其生平履歷歲月，刻石載歸，遺言子孫毋丐名人撰誌銘，毋援例求恩澤。公蓋不獨生忘榮利，身後名寵亦忘之矣。公嘗曰：「居官以正己爲先，所謂正己，不特戒利，亦當遠名。」不虛耶？任職方時，匿故牘，寢交南之用兵；陳形勢，阻朝鮮之改貢道。其慮遠，其識卓矣。參閩，經畧海防，分寨造艦，建廩計餉政，至今垂焉。轄廣東，以恩信撫諭田州叛，不煩一旅。繼平後山寇，下生擒令，不妄殺一人。公即經武，亦仁心爲質耳。在越提調棘圍，忽遭水沴，士人大譁，公權宜聽其出留，譁乃戢，且得士爲盛。隨機應卒，智亦圓矣。河決張秋，公身親量度，疏上流以分水勢，築長堤以捍横流，五旬而告成功。督餉雲中，行收市法，糧草少亦報，中權貴不得把持。公所至著績，隨事奏功，其通才哉，抑有此純心也。

晚遇泰陵，心膂是寄，帷幄疇咨，如謂去塞刼敵之非策，謂兩廣鐸木香料之耗材，謂漕運京操之累軍，謂事由閣部大臣則權不旁落，謂以揭帖論事則弊踵墨勅斜封。議汰騰驤四衛之冒充，議省光禄之冗費，議革中貴鎮守之蠹害。閔司寇讞獄忤旨，救解之。王文莊才堪大用，亟薦之。李本緣外戚干大帥，力格其傳奉。魯麟挾部落要驟遷，策任其還部。造膝矢謨，詳具宣召録者，無非宗社之至計，經國之遠猷也。惟公故無奥援，第此朴忠，蒙茲特眷，同僚之妒言，宫門之飛語，咸能鑒之，黄髮詢茲，魚水孚契，泰陵真聖主哉。

公自户侍予告歸，構草堂於先壟之次，讀書其中，作《東山賦》以見志。平生不爲人通私書請託，藩臬守令往造者不謁謝，薄田僅足供衣食，里隣或肆侵奪，任弗與争。嘗有李某併其世産，族人走書告公，公署其尾曰：「昔詹尚書家亦有是，詹報家人詩曰：『四鄰侵我我從伊，畢竟須思未有時。試上含光殿基望，秋風秋草正離離。』我雖不及古人，望爾輩弗爲詹氏子孫也。」公言財貨惟務農服賈凡力得者獲用，其餘易致之物終非己有，子孫視之亦不慎惜，況官貨悖入者乎。後起大司馬歸，仍居草堂，再著《東山後賦》，戴笠乘驢，往來山水間。於始祖塋次作敦本堂，歲舉二祭，祭畢，有燕，以合族人，爲家規，誦於燕所訓之。族人貧不能存、死不能葬、長而不能嫁娶者，皆有賙。值歲侵族阻饑，鬻玉帶買穀賑之。常欲效范文正置義田，以無貲未就。公居鄉忍讓敦睦類若此。

惟公轄廣東時常乘小艇訪白沙，白沙問其學，曰：「予存心之功十九，致知之功十一。」公之建樹良有本哉。又聞公語陸吉士曰：「仕途不可廣交，受人知，只如朋友若三數人得力者，自可了一生。」惟公朝著之交如李文正、張簡肅、戴恭簡，山林之交如陳白沙、李大涯輩，真可了一生耶。吳司空廷舉云：「憂民如有病，對客若無官，公之謂也。」李文正謂公與物無忤，臨事有爲。林司寇俊稱公清約如知白，先憂如希文，公望如彦國，能處大事如子明。确評哉。

焦竑《玉堂叢語》卷四　光禄寺之設，供奉内府御膳，備辦使臣外夷宴享而已。近成化、弘治以來，添有坐家長隨七八十員，又傳添湯飯内臣百五十餘員。天下常貢已不足用，内責京師舖户買辦，官中不給，負累市井賒借。至是，大夏因應天、鳳陽、淮揚、蘇、松等處民饑盜起，因以前事執奏曰：「光禄日辦桌面，不勝查算，日殺牲無慮數百，既非節財之道，虧愛物之仁。」疏入，上爲之惻然，即下令裁減，官民乃甦。後光禄卿艾璞曰：「劉東山此奏，歲省光禄銀錢八十餘萬，古稱『仁人之言，其利溥哉』，此之謂也。」

公卿中有一人善能結納變近，每於上前譽其才能。一日，上論大夏曰：「聞某極有才調。」大夏未敢對。上疑大夏聽之未真，復大聲曰：「工部尚書李某，爾知之否？」仍未敢對。上喻其意，遽笑曰：「朕惟聞其人能幹辦耳，未暇知其爲人也。」大夏叩頭曰：「誠如聖諭。」

劉忠宣公大夏造膝奉對，所謀雖輔臣不與聞。一日，上張綴衣于内宫之隙屏左右，召公問曰：「朕守祖訓，不敢踰分漁民，然各省歲奏民窮而亡者何？」大夏叩頭曰：「臣在廣東久，請言廣東事。市舶一閹，歲所斂，與省天下官俸廪埒，稍縱又倍蓰，皆出于民。」上曰：「此弊久病之，但朕在内勢孤，如陳寬、李榮，庸劣不足慮。惟蕭敬悉故事，朕所須問，然不假以權，此事卒難大更。但老者死，或以罪罷，不令嗣代可也。」綴衣後一童閹伏地竊聽。未幾，孝皇棄天下，忠宣竟戍甘州。

焦竑《玉堂叢語》卷五　劉公大夏善知人，自兩廣來，經某所，總帥毛倫謁公舟中，拜起，涕泣不已。公曰：「奸人之雄也。」竟公任擯弗用，後果附逆瑾。戍肅歸，至某所，遇都御史某，見其騶從服食之盛，公曰：「富貴之徒也，必不善其後。」卒如其言。

劉公大夏謫戍時，參戎某遣使饋公，勑使不受亡返。公曰：「第歸語，老惟一僕，日食不過數十錢。苟受汝金，而僕竊以逃，孤身沙漠，非陷之死地乎？」時同戍鍾尚書頗攜囊篋，未幾僕果竊而去，人謂公如神。

劉東山公當發戍，氈帽布袍，徒步過大明門，匍匐頓首乃行，策一蹇驢赴戍所。時以兵部尚書謫發，莫不加禮，欲不至戍。公曰：「大夏有罪，不加之誅，今復不服役邪？」被甲持鋭，與諸卒無異，莫不歎服。

東山劉公爲廣東方伯時，廣中官庫有一項羨餘錢，自來不上庫簿，舊任者皆公然取去，以充囊篋，相襲以爲固然。公初至，發庫藏，適前任有遺下未盡將去者，庫吏以故事白，云不當附庫簿。公沉吟久之，乃大聲呼曰：「劉大夏平日讀書做好人，如何遇此一事，沉吟許多時，誠有愧古人，非大丈夫也。」乃命吏悉附簿，作正支銷，毫無所取云。《南嶽集》

正德初，兵書劉公大夏既謝政，逆瑾窘，摘以事，遣官校逮繫，檢其槖，惟俸給三十餘金，公以與之，官校感涕不納。

劉公大夏嘗過厓山，吊大忠祠，念宋慈元后陵寢無主，輒泫然曰：「后與陸、張二臣同死國，今大忠有祠，而慈元不祀，於義弗稱。」謀於白沙陳公甫，爲之立廟，人感其義，不日而就。

劉忠宣忤逆瑾，矯旨逮詔獄。同繫者請行賄以求生，大夏曰：「如此而死，禍止一身，稱貸免死，則累及子孫，且喪此一生矣。」法司附瑾意，引例戍肅州。公至河西買莽地，不挈子姪侍行，或以問公，公曰：「吾仕宦日不能爲子孫乞恩澤，今發配老死，顧令子孫補伍，豈人情乎？」《後壽藏記》

劉忠宣居官接物，雖稱從和易，至屬官之不才者，一裁以法，未嘗姑容苟免。尤不喜屬吏承奉，有曲意承奉者，未嘗喜，不見者，未嘗怒也。

成化間，朝廷好寶玩，中貴有迎合上意者，言宣德間嘗遣王三保使西洋等番，所獲無算。上命一中貴至兵部，查西洋水程。時項公忠爲尚書，劉公大夏爲車駕郎中。項使一都吏檢舊案，劉先檢得之，匿他處，都吏檢之不得。項笞都吏，令復檢，凡三日夕，莫能得，劉竟祕不言。會科道連章諫，事遂寢。後項呼都吏，詰曰：「庫中案卷，安得失去？」劉在旁微笑曰：「三保下西洋時，所費錢糧數十萬，軍民死者亦以萬計，縱得珍寶，於國何益？此大臣所當切諫。舊案雖在，亦當毁之，以拔其根，尚足追究有無邪？」項悚然降位，向劉再揖而謝之，指其位曰：「公陰德不細，此位不久當屬公矣。」後劉果至兵部尚書。

焦竑《玉堂叢語》卷六　浙江較士日，大雨如注，號舍皆漂流。諸生急，乃投瓦礫，擲按察，按察走匿，堂階鬨然。監臨大懼，欲易明日試，劉公大夏曰：「非制也，且雨驟，勢必霽。」乃令一武官立案上傳言：「諸生宜自度，能決科則留，否者出。」諸生皆聽公言。已而出者雲湧，監臨懼，以爲遂空羣矣。薄暮雨止，諸生請燭者尚八百餘，諸執事方喜公處分得宜。是歲試者少，主司精於檢閱，得人最盛。

劉世節《劉忠宣公年譜》卷一　英宗睿皇帝正統元年丙辰十二月二十五日，公生。公諱大夏，字時雍，號東山居士。其先東平人也，始祖宗，宗子隆。宋高宗南渡時隆子都統制寶從岳忠武王平楊太，覩華容山川愛之，忠武冤死，遂棄官隱焉，爲劉氏始遷之祖。寶生皐，皐生文珍，文珍生用明，用明生安器，安器生天澤，天澤生元輔，元輔生光祖，光祖生止善齋必宏，必宏生贈兵部尚書行簡，行簡生副使贈兵部尚書仁宅。仁宅，公父也，字廣居，號松巖，中永樂庚子鄉試。是年，授江西瑞昌縣尹。公母嚴夫人以十二月二十五日生公於瑞昌官舍，因名瑞昌保。

六年辛酉，年六歲。松巖公令瑞昌，以治行第一，召拜浙江道御史。母嚴夫

人攜公至京師，少師楊文定公溥一見而奇之，爲定今名，且曰：「此子寧馨，他日不玉如我乎。」遂許字以其姑之曾孫呂氏。

十四年己巳，年十四。松巖公出爲廣西按察司副使，攜公與俱。時英皇帝北狩，詔舉方面十四員專領邊方，松巖公以陳都御史鎰薦，出爲副使。公少穎悟，神氣秀爽，每讀書籍，强記過人。時參政泰和曾公翬與松巖公交善，因教公習舉子業於桂林府學。一日，松巖公出按屬歸，履新靴，公即疑父出時無是也。松巖公曰：「然。餘廙易之耳。」有門者手一銀釧，公因松巖公出也，引赴參政某問所從來，參政大器之。

景皇帝景泰元年庚午，年十五。

三年壬申，年十七。松巖公謝廣西按察司副使事歸，舟至赤亭，公失足墮水中。時風悍湍急，舟行已遠，公浮沈三四里許，遇漁艇掠出，乃載至我舟。松巖公且悲且喜，因以米物謝漁者而去。

五年甲戌，年十九。時同邑黎文僖公淳讀書於圓覺寺，松巖公命公往從之。同處二載，補邑庠增廣生。邑去東山二十餘里，每有事出郭，諸生皆羣聚喧議，公獨默誦所讀書，迨返，已過半部。一日入校，有市人指曰：「劉秀才藍衫襞積墜矣。」公尚未之知也。

七年丙子，年二十一。如湖廣鄉試，不第。時黎文僖公淳爲增生，有聲，與公在省城同寓。一日，文僖他出，長沙一士人來訪，謂公曰：「君非華容人乎？」公曰：「然。」曰：「予昔夢華容有中第幾名者，姓名俱塗以金，而予亦附驥焉。」抵暮，文僖歸，公告之故。文僖曰：「今科可決，惟我與汝。汝年幼，即來科領解額未晚也，予長矣，得無少議我乎。」及揭榜，黎果中式，其名數與夢符。明年，狀元及第。

英宗睿皇帝元年丁丑改元天順，年二十二。

三年己卯，年二十四。舉湖廣鄉試第一。公赴試，中解元。是年大祲，民無以爲生，藩臬而下欲佐公行者，檄下有司。公之兄大中謂公曰：「汝發蹟之日，義不可苟。官府之財皆取諸民，而鄉里貧民且有相周之義，今若不顧義取之，則他日出仕以臨別省之民，將何所不至耶。」公曰：「兄言適合弟意。」遂謝有司以往。母嚴夫人慮其乏資，解耳金鐶佐之。明年下第回，完厥鐶以奉母。

五年辛巳，年二十六。長子祖生生。

六年壬午，年二十七，元配呂氏卒。

七年癸未，年二十八。八月，會試中式。是年二月，會試。貢院火，監察御史焦顯因鎖其門不容出，倉卒謀攀垣，攀數四，皆爲後人拽下，幾不免。乃解衣裸體，復氣歎不得上。俄若有人推之使上者，遂獲踰牆出。旁一人衣之白袍，問其名居，竟不言。後懸袍徧求，卒無所得，豈鬼神默有以相之歟。是科焚死者九十餘人，上憐之，賜死者俱進士，詔移試於八月，而以明年甲申三月廷對。時與試士幾三千人，取吳鉞等二百五十人，公第三十八名。

八年甲申，年二十九。登彭教榜進士。三月，廷試，公第三甲二十一名，與李東陽等十八人俱選爲翰林院庶吉士。

憲宗純皇帝成化元年乙酉，年三十。授兵部職方司主事。公爲庶吉士，與安成張敷華同詣大學士李文達公賢，辭乞外補。李懇留之，公曰：「爲學不力，孰與就習吏事，有惠及民也。」既而命爲諫官，公辭以親在，遂授職方司主事。中官汪直獻取交南策，以中旨索永樂中調軍數，甚急。公故匿其籍。大司馬余公子俊日杖吏索之，公曰：「吏死一人耳，交南業成，死者豈第萬人已耶。」因徐以國脈民命告余公，事遂寢。

四年戊子，年三十三。公秩滿，請封補父松巖公舊任，詔進一階，爲中議大夫贊治尹廣西按察司副使，母嚴孺人進封恭人。

五年己丑，年三十四。使浙江，便道湖廣省親。

九年癸巳，年三十八。遷兵部車駕司郎中，使山東、河南。便道省親。【略】

十一年乙未，年四十。改兵部職方司郎中。先是，公奉使山東、河南，上救荒事宜若干條，深切時宜，上皆採而用之。未幾，大司馬項公忠以職方事劇，奏請調之。

十二年丙申，年四十一。春，使趙府。夏五月，丁父松巖公憂。時黎文僖公淳爲左春坊左庶子，公泣請同年侍講李賓之爲行狀，淳志之。

十五年己亥，年四十四。服闋，起如京，再補兵部職方司郎中。【略】雲南猛蜜曩罕弄侵木邦，中鎮王舉因索猛蜜寶石不獲，疏請征之。曩罕弄懼，用江西人周賓五計，重賂萬閣老安。召公咲以美遷，俾往爲設安撫司，公不可。時論甚韙之。萬卒舉都御史程宗成其謀，盡奪木邦地。

十六年庚子，年四十五。敵數寇雲中，邊師失律，中外震駭，調發戰守，日無虚時。每一報至，司馬必詢策於公，曰：「劉郎中云何。」所言輒行，行輒效。嘗口占奏疏，命吏手書，不復屬草。中官聞之，亦奇其才。時兵部右侍郎缺，中官

有欲薦公者，遣人言於大司馬，冀一往見。公辭謝至再，然猶趣迫不已。司馬曰：「豈少贄物耶？」公曰：「固能辨也，第福薄，不堪是官耳。」竟辭謝。

十九年癸卯，年四十八。夏五月，下公獄，既而釋之。時主事有范英者司勇士，公每見婦人攜少子更役，久而未得。更一日，其子衣青布袍，既而無有。公詰其故，曰：「以易楮也。」公因呼還其袍，便與收籍。後其衛經歷抗公，公榜之。經歷，中官阿九之兄也，遂膚訴於中官。是時禱雨，上方齋居受釐，阿九乃從旁譖曰：「陛下慈悲至誠，柰羣臣不體聖意何如。劉某者致齋笞人，淫刑特甚。」經歷因誣奏公，上大怒，捕繫詔獄，敕中官尚銘緝公私事。人皆爲公危。尚銘遣校緝公私事，無所得，笞校。校泣詢人，人曰：「職方劉郎中安有瑕疵可指哉？」或謂前某婦子更役，必有賄成也。校因造婦室，餂之曰：「汝子更役時，寧有費耶？」婦曰：「不費一錢。」因延入啟户，則焚香祀公中堂。校泣，拉衆反命尚銘。中官懷恩復力解之，上乃還公舊職。公莫喻其端也。久之，懷恩遇公於朝，乃告之故，曰：「若先世何積慶乃爾，不然當時罪可測耶。」

二十年甲辰，年四十九。公因中官之救，乃益求外補，遂遷福建右參政。公爲職方郎中，聲價藉甚。任滿三載，朝中諸老皆欲以太僕卿處之。公知其故，私語所知曰：「郎中轉京堂，固人所欲，但吾做秀才時見府縣政事不得其平，輒曰：使我做時，某事當如何行，某事當如何罷。今幸登朝，不得一親民官，非素志也。況郎中一出，非知府則參議，官階崇重，何爲不可，但恐人負官耳。」吏部不能奪，公陞福建參政。後爲大司馬，嘗言所以可幸無罪者，得參政、布政之力也。十一月，仲子祖修生。

二十一年乙巳，年五十。公初至閩，海道兵久廢弛，倉儲頽乏，卒難就理。公因謀於鎮巡，揀選衛所官，拔其尤者總諸水寨兵，造戰哨船若干艘，大小之制、多寡之數隨其緩急而異用之。修倉計儲，立收支法，寨設一館，親督察之。不半載，海道肅然。有琉球商舶遭風漂至平海，守者妄以犯邊報於閫帥，欲勦之而陰利其財。兵且集矣，公廉得其情，遣數人乘小船招其首領，厚恤而遣之，其所活之命不啻什伯。

二十二年丙午，年五十一。九月，丁母嚴恭人憂。是年，福建鄉試，公以提調總裁，得人最盛。時母嚴恭人家居，壽九十餘，公念之，欲迎養，以弟與兄能供子職，極孝敬，而止。至是卒。九月初，訃音至閩，詰旦遂行，僚友皆不及知。清戎御史張昺聞之，追至四十里爲别而返。時公初室呂夫人卒，繼傅亦卒，不再室，宦遊惟攜一僕以從，所得俸貲悉寄之帑藏。

孝宗敬皇帝宏治元年戊申，年五十三。

二年己酉，年五十四。春，遷廣東右布政使。元年冬，公内艱服闋，上銓部，有詔大臣各舉堪都御史者，司徒襄城李公某因舉公。疏出，武弁皆酌酒賀。公於時髮已皤，又不自飾，其衣履厭厭，往謁，銓司咸目笑之曰：「老，亦堪都御史耶。」候半載，擢廣東右布政使。公之廣，值黄賊初靖，有司城從化縣，財匱費繁，累年不就，民甚苦之。公乃度工役，計財費，擇人授法，逾月而成。梧州界舊有公館，藩臬候撫臣所居，歲久傾頽，假宿僧舍。一日，公候某巡撫寓，方丈甚飾，公問之，僧曰：「徒某爲之也。」公因呼徒至藩司，具素飯，語以欲修館。徒即如命往，估費可三百金。公疑其不足，徒曰：「舊材堪用者若干，新材入山市焉。土木之工乘其隙，時而傭之，庶價廉而工易集。」公從之，不逾年而館舍悉就，諸僚尚莫之知也。

三年庚戌，年五十五。平田州。時廣西田州泗城土官數年不靖，事下，兵部以公名擬奏，命往撫諭之。公捧檄即往，反覆曉諭，先恩信，次禍福，詞懇意到，數月間，叛者感服，投誠歸命，兵竟不用而還。

四年辛亥，年五十六。後山不靖，平之。廣東後山寇復作，督撫檄公暨按察使陶魯領兵平之。公恐延及脅從，遂下生擒之令，有所獲則集士人審實，乃斬以狥，因而得生者過半。陳白沙獻章因遺以律句，有云：「東山此老同開手，南海今年定洗兵。」一時軍民大喜慰。一日，軍人俘賊屬，獻中有一女子，儀容閑雅，步止羞澀。公呼問，乃潮州士人女，被藍糞賊擄去，長欲收爲妾，蠻婦妒忌，育以爲女也。公聞惻然，遂令二老婦與同寢食，閉之一室中。後出之，問其所願，答曰：「願回本鄉。」公曰：「回鄉須要差軍人護送，千里之程，能保無虞乎。」乃擇里長兒某嫁之。兒之父辭曰：「家雖貧，税民也，取賊屬爲妻，恐貽鄉里笑。」公曰：「此固士人女也，胡爲不可。」父唯唯，因以數牛給其耕作。宏治辛酉，公總督兩廣，其兒來謁，謝曰：「蒙公賜，婦已生二子。」實公賜也。太監陳準，廣東順德人。爲人剛明仁恕。成化末年，繼尚銘掌東廠，即下令緝事。官校曰：「反逆妖衺則告我，他事各有所司，汝輩毋妄行也。」居數月，寂無一事，都城官吏軍民甚安之。或讒之以爲失職，準自知不免，一日閉門自縊死。至是，公爲右布政，述其事，語知縣吴廷舉，且令存恤其家。明年，修順德志，具告李承基收入人物

類。後廷舉語人曰：「漢有呂强，班固書之，唐有張承業，歐陽公記之，我朝有陣準，微東山公，孰知之。」時順德令吴廷舉有治聲，每以事至藩司，公輒延入内庭，對榻而談，問以軍民休戚，遂爲忘年友。間移文該縣，輒具尺牘。廷舉益盡力效職，後爲名臣。公每出按屬，常乘小站舟，減騶從。有時造陳白沙家倡和及論修身治國之道。白沙嘗問其學，公曰：「予存心之功什九，致知之功什一。」人以爲名言。公嘗過厓山，吊大忠祠，念宋慈元后陵寢無主，乃謀於白沙陳公曰：「元后，陸、張二臣同死國難，今大忠有祠，而慈元不祀，於義弗稱。」乃爲建廟。人感其義，不日而就。將請祀於朝，適轉浙江左布政使，不及請而去。中鎮王敬一日會三司飲，公不勝杯酌，與一同寮離席閒坐。至一所，几席鑪瓶具列，公指鑪曰：「制作何工也。」家僮聞之以報敬，敬明日以鑪瓶餽焉。公因語人曰：「古人謂見人器用不可羡毁，蓋有深意。吾向來頓忘斯訓，遂至於此。雖是微物，使此曹得以此妄窺吾心，甚不可也。自今以往，戒之戒之。」嘗行縣，至順德縣，佐以下俱郊迎，獨吴知縣廷舉不至，公亦不問。詰旦，廷舉入見，曰：「原任庶吉士鄒智左遷在此，死無所歸，某昨治具而殯之，故失參謁。」公聞之慘然，且曰：「即此，見公高誼。」因出俸金若干以賻，而爲文躬吊之。

五年壬子，年五十七。轉浙江左布政使。公爲浙江左布政使，節用愛民。履任雖甫八月，而吏蠹頓革，用法裕如。時右布政雍公泰剛直，頗使氣，每事至，公未及處分，雍輒令去。公候其人去遠，乃徐商之曰：「事當云云。」還詣雍聽指揮，雍亦不敢異同。久而化之，凡事悉聽公旨。雍或不在，公必遣吏白之。雍後語人曰：「劉某如春風冬日，可親可愛。」公亦服其直節，曰：「勁柏孤松。」後雍家居，公疏薦之。逆瑾時，雍以陝西鄉里獨不附瑾，瑾乃窮治薦雍者，公亦贖米二百石。是年，浙江鄉試，至期大雨如注，貢院號舍皆漂流，諸生避雨，悉奔公堂。（接）〔按〕察使令逐之，諸生急，乃投瓦礫擲按察。按察走匿，堂階閧然。監臨大懼，欲易明日覆試。公曰：「非制也。且雨驟，勢必晚霽。」乃令一武官立案上，傳言諸生宜各自度，拭目可決第者留，否者出。諸生皆聽如公言，已而出者雲湧。監臨懼，以爲遂空羣矣。薄暮，雨止，諸生請燭者尚八百餘，衆方喜。公處分得宜，是歲就試者既少，主司精於檢閱，得人最盛，而王守仁、胡世寧、孫燧俱出門下云。

六年癸丑，年五十八。黄河北徙。三月，改陞都察院右副都御史，令往治之。黄河北徙，未幾，張秋鎮、黄陵岡皆決，運道阻絶，民居墊溺。命工部侍郎陳政治之。政卒，乃詔廷臣會舉通古今、識地勢者久任責成之，僉舉公，陞右副都御史往治焉。【略】

七年甲寅，年五十九。下山東按察副使楊茂仁獄。謫長沙府同知。時茂仁上疏曰：「官多則民擾。治河既委劉大夏，又差李興、陳鋭，事權分而財力匱，乞將興、鋭取回，專委大夏。夫水者陰象也，其應爲内官，爲外寇，宜戒飭后戚，防禦邊患。」興等切齒，因誣奏茂仁爲妖言，逮繫錦衣衛獄。科道交章論救，乃謫長沙府同知。

八年乙卯，年六十。上遣使齎敕就勞，且召之還，賜羊酒文綺。公曰：「兹惟天意，何敢貪以爲功。」進左副都御史，佐院事。尋改户部右侍郎，又轉左侍郎。兩上疏自陳，不允，復起就職。

九年丙辰，年六十一。上給誥命，加贈先祖考皆户部侍郎，祖妣周、先妣嚴及吕，傅二室皆爲淑人。

十年丁巳，年六十二。時敵寇雲中，命兼左僉都御史，整理北邊糧草。公以内地芻糧不能出關，出關者率以銀易之，利歸勢家，乃擬奏減價，別設廩於近地，募商給軍，率以時值。由是宿弊潛去十九，有三便焉。及條上，其他便宜皆從之。【略】公見朝廷求將之意勢，而選將之路狹，乃上疏請行武舉，擬初場試騎射，二場試步射，三場試策論。上從之，詔以明年四月開科，在京兵部題試，在省巡撫御史題試。郊祀，陪祭天壇。上遣中使賚麒麟衣一襲，由齋宫中出。一中官問曰：「賜誰？」使臣曰：「賜兵部尚書馬文昇。」中官曰：「户部劉侍郎治河巡邊，有功德於人，何不以此與之？」使臣曰：「孰爲劉也？」乃於從官班中徧加矚目，尚書周公經遽使公雜於稠人中以避之，蓋恐羣公不安也。公嘗曰：「周公所以保全我者，一至於此。真古之大臣也。」

十一年戊午，年六十三。敵款塞，召公還京。六月，病復作，三上疏乞歸，許之。是年，公三乞致仕。特旨令馳驛歸養病，病痊起用。公自爲《壽藏記》，敘其生平履歷，矢將終身。西涯李公見之，戲云：「天下皆如公，翰林文章無用矣。」公曰：「先生輩文章宜紀有大功德者，予非其人，敢以相累哉。」又曰：「嘗見士大夫身後子弟多求儒臣撰列其行業，鋪張揚厲，國史或憑而採焉。予承祖宗世廕，竊科甲官禄垂四十年，一無可紀，倘後人妄爲纂述，虚辭標榜，縱可欺人，獨不自愧于地下邪？」公歸，病卧草堂，日課諸子孫讀書，力田種樹，及誨以修身齊家之道，蹤蹟不出里閈，凡入官所得俸貲每賙族人之貧匱者。公上世自宋都統

制諱寶徙華容東山，十餘傳猶依故里，及公父子登朝，人有勸徙城市者，不應。至是鄉居，惟教子姓業儒，否則農。嘗命督耕雨中，曰：「習勤忘勞，習逸成惰，吾困之，將以益之也。」公始祖寶墓，譜傳葬居地之西百武，世遠湮没，地可望而迹弗可識。公乃追惟祖父之意，即其地作敦本堂，歲舉二祭。祭畢有燕，以合族人，爲家規誦於燕所，具述善惡及古今成敗之迹以訓族人。族人貧不能存、死不能葬、長而不能嫁娶者，皆有以給之。每欲效范文正公作義田以贍内外貧乏，因無餘貲，有志未就。公家居，京舊或有以書問者，一無所答，曰：「大臣退，自不當通賓客。」有聲譽。

劉世節《劉忠宣公年譜》卷二　弘治十三年庚申，年六十五，秋，起公爲都察院右都御史，總督兩廣軍務，兼巡撫。上用廷臣之薦，擢公右都御史，總督兩廣。敕使及門，即攜二僮以行，道衡、永，上桂林。十月，抵蒼梧開府。興利除害，上下不便者一切正之，廣人駸駸樂生，如饑兒之得乳母焉。先是，班軍爲中鎮及總戎私役者以千計，每猺獞犯順，則兵力不支。公乃申明祖宗愛養士卒之意，示以朝廷委任付託之重，二公感其言，因各出其私役者還之，不數月，武備整飭，軍威大振。廣地有頑民十三村，素號强悍，衆盛，未可以力招。公乃移檄戒諭，動以至誠，而十三村首領悉來屈服。公因立什伍之法，朔望則限其赴命，而考其從違，由是頑民帖息。兩省藩臬將領下及守令武衛，公皆別白臧否，以爲賞罰黜陟，官皆得人。

十四年辛酉，年六十六。公嘗謂：「薦賢爲國，大臣職也。」莅任未幾，即薦按察使劉洪、參政張本、右布政鄧庠、副使張吉、知府姜綰可大任。朝廷從其言，次第用之。公居官接物雖稱從容和易，至屬官之不才者則一裁以法，未嘗姑容。聞廣西按察使武清受思恩土官餽金，僉事金章受驛丞何昶進獻女子，即日勒令解印綬去。僉事黄鑰素有才名，與同寮不協，被論。先是閔公珪、鄧公廷瓚相繼爲總督，俱避嫌置之。公至，察其枉，且在地方有功，亟疏於朝，遂得復職，明年，陞按察副使。潯州衛千户孫鈺驍勇過人，以事詿誤，謫戍貴州，公上疏理之，遂復其官。鈺感公恩，每遇戰伐，勇往直前，殺獲無算。至指揮使。中鎮王敬歲取廣州站船紅船夫百名納銀入己，號曰「柴薪銀」，驛遞缺人應役，公密以告巡按費公鎧，因語王曰：「聞巡按查理此事。」王曰：「爲之柰何？」公曰：「鎮巡同體，待巡按革去此夫，是亦可愧矣，莫若吾輩自以此爲民患，遣各夫還驛遞，則自處以理，體統亦光也。」王然之。公草一案，會行，其弊遂革。兩廣人多鑿池養魚，爲利甚溥，南海民駕船撈取魚苗，賣以爲生。鎮守太監每歲每船取銀一兩爲補進貢費。公總督日，知廣、肇二府河泊所逃絶蛋户遺米，俱令見在者賠償，不及，遂入海爲盗，乃奏請令大船納銀五錢，小船納銀二三錢，府官兑收解司，准作前項逃絶魚課，内外勢要不得干預。至今國課不缺，蜑民不逃，公之賜也。公因光禄供辦日增，奏曰：「光禄日辦桌面不勝查算，日殺牲口無慮數百，既以損民之財，尤虧愛物之仁。」帝惻然，即命裁減。光禄卿艾璞曰：「劉公此奏，歲省銀錢數十萬，古稱仁人之言其利溥，信哉。」八月，兄大中訃音至兩廣。大中，公伯兄也。先是景泰間，公父松巖公致仕歸，囊無餘貲，家人至不能自給，大中念二親垂老，公與弟大奇尚幼，奮志自樹，不數年衣食饒足，故公得免於仰事之累。至是卒，公甚痛悼之，因誌其墓甚詳。冬，召公爲兵部尚書。公聞報，語知縣吴廷舉曰：「吾老矣，勉强造朝，焉能有爲？」廷舉曰：「古人疑事必占，請以筮決之。」公曰：「可。」明日，廷舉以蓍揲之，得《泰卦》之九二，具象辭告。公曰：「包荒用馮河不遐遺，可能也，朋亡，不可能也。」

十五年壬戌，年六十七。是年正月，公以蒙召發蒼梧，至韶州，病作，取道郴州回華容，具本辭。上優詔答之，且遣人促行。五月入京，至邯鄲，再疏辭。復遣官坐侍，公不得已入朝。自是召問無時，益見信任矣。【略】上召都御史戴珊與公至榻前，諭曰：「爾等各衙門凡事都要奏行巡按御史勘報，豈以此官公道可託耶？」珊顧公未敢對。公進曰：「無他，以巡按御史一年一換，無久交，不掣肘，故事多責成之。」上曰：「責之固是，但權之所在，惟有識量者能不移其心，不然則恃權，好承奉，任喜怒，將或以是爲非，以賢爲不肖，使民不被其澤。爾珊今後遇差巡按御史務擇老成有識量者，毋用輕躁新進之人，仍以此意行令各巡按御史知悉。」珊承命退，與公歎曰：「聖諭諄諄，俱切中時弊，明見萬里之外，惜我輩猶不能悉記其詳耳。」珊即通行以警各處巡按御史云云。上諭公與都御史戴珊曰：「聞今軍民都不得所，天下何時太平如古帝王之世？」公對曰：「求治亦難太急，但每事皆如近日與内閣近臣講議，必求其當，施行日久，天下自然太平。」上曰：「内閣近臣如大學士劉健亦儘可與計事，但他門下人太雜。他嘗獨薦一人，甚不合朕意。」上不言其姓名，公亦不敢問。明日，公會内使陳寬因詢之，寬曰：「劉學士曾薦副都御史劉宇才可大用，上不答，劉學士重言之，上亦不答，必此人也。」北邊總兵員缺，李本因近戚以干上，欲傳奉得之。上曰：「傳奉先朝弊政，朕始革罷，豈可復踵？」已而命司禮監李榮與兵部議。榮叩頭曰：

「有旨傳奉，尚書劉某且執奏，中官口傳之詞，彼肯行耶？」其人懇不已。上一日早朝畢，獨召公，授一帖子，啟視之，乃硃書李本姓名也。時九卿候於外朝，詢公，公曰：「上即有成命，然帥臣可匪人比乎？」明日，另推一員以聞。内批仍用李本。未幾，被論，有旨著回閒住。他日，公進見，上曰：「向用李本，蓋不得已。今敗事矣，朕悔不用卿所奉之人也。」公叩頭謝。都御史戴珊累以病辭，不允。時公亦嘗自陳。上一日偶召公二人，同行閒，珊懇公曰：「珊老病子幼，萬一客死異鄉，地下不瞑目矣。」公同年好友也，受知於上，少頃進見，當舍己爲我言之。」及見，上諭曰：「爾珊昨日何以又陳老疾求去？」珊顧公未敢對。公遂進曰：「都察院與各道互相糾劾，衙門若堂上官卧病不出，恐爲御史所劾，不得不奏。珊實有病，不敢假。」上曰：「彼教卿來奏乎？」公曰：「彼恐微誠不能動天，令臣見陛下日，爲彼申達下情。」上曰：「賓客在人家告歸，主人懇留之，亦置家事而止。珊何忍拂朕意如是耶？且朕以天下事推誠付託，猶家人父子也，太平未兆，何忍舍朕而歸乎？」珊感而流涕，上亦爲之感動，上下相對不能言者久之，上曰：「爾等姑退。」珊退，謂公曰：「自此以後，雖死不敢言去矣。」公後語人曰：「主上明見如此，大臣奏對，誰敢説謊邪？」上一日召公議論國事，因及宦寺。公未即對，上曰：「爾趦趄不言者，豈疑我是聽左右人言語之皇帝耶？」公叩頭謝。【略】修清寧宮，有旨下兵部撥用軍夫萬餘人做工。公知工少人多，蓋監督中官有所利而爲此也，上言減去十分之五。督工者訴於上，上令司禮監語内閣曰：「劉大夏不以朝廷大工爲事，率意減去人夫，即調旨來切責。」劉閣老健曰：「愛惜軍夫，司馬職也。近日劉某每以老辭位，朝廷每下温旨勉留，尚請之未已。若切責旨下，彼將以不職固辭，更於何處討這等人來替他？」司禮監以其言告上，上欣然納之，用軍夫卒如公所裁之數。公嘗語人曰：「劉閣老健好惡雖不由中道，然於國家大事時復蹇諤，有古大臣風度。」長子祖生病歿。祖生篤實勤敏，事家人産，不以祖父故預官府事，公甚重之。至是卒，年四十餘。時李東陽子兆先亦卒，俱上疏引咎求退。不允。

十六年癸亥，年六十八。【略】户部主事李生某劾奏元舅張驕恣不法，語侵宫掖，上大怒，捕繫詔獄。越數日，上召公議邊事，畢，諭曰：「李某後生，進言太戇，因下之獄。頃有告朕避罪諫官之名，勿置法司杖而放之，爾謂何如？」公猶未及對。上遽曰：「此其意非善，欲因而捶殺之以快宫中之忿耳。」公頓首曰：「聖明洞見人情至此，豈徒言事之臣之幸？」公退，上疏乞賜曲宥。奏入，未移時，候本吏來報云：「朝廷有旨，放了李主事矣。」【略】卿佐中有善結納嬖近者，因譽之於上。一日，召公諭曰：「聞某極有才調。」公未敢對。上意公聽之未真，復抗聲曰：「工部侍郎李某爾知之乎？」公仍未敢對。上遽悟，笑曰：「朕惟聞其人能幹辦耳，未詳其爲人也。」公頓首曰：「誠如聖諭。」【略】司禮太監陳寬等奉命揀選坐營近侍内官，上欲公往預其事，公曰：「國朝故典，外官不得干預此事。」上笑曰：「豈憂此曹他日害卿耶？朕在，何憂之有？」竟令英國公張懋與公同往。内有太監岑璋者久侍寵眷，私乞不預選，上既許之矣，已諭公曰：「璋若失期不至，當據法按之。」公對曰：「事有成命，爲之柰何？」上曰：「朕一時許之者，情也。命未嘗下，何謂之成？」及期，璋果不赴。公因劾其，方命詔切責而貸之，璋聞惶懼。由是諸中官皆撿束不敢肆。上每召公至御榻後，諸中官環立，上舉目四視，則中官皆卻。閒從旁竊聽之，嘗曰：「當時此輩苟肯害，已遂爲所圖矣。」

十七年甲子，年六十九。【略】上一日召公諭曰：「諸司弊政，雖詔釐革，然聞弊莫甚於内廄及御廄，將一清之，如何？」公對曰：「事干左右，必須皇上見定而自主之耳。」先是，勇士及工匠率中官蒼頭京師無賴子弟一人而冒三四名，大耗國儲，上遂命佐司馬熊繡及給事御史盡削籍，置行伍，計一月頓減冗食十餘萬金，内外稱快。

十八年乙丑，年七十。上一日召公與都御史戴珊議曰：「爾輩暨言官勸朕圖治之説雖皆准行，然使郡縣親民官非其人，不過文具耳，百姓安得實被其澤？欲令銓曹擇其賢否黜陟之，顧天下官衆亦難周知。今欲與爾輩詢察撫臣、監司，先爲黜陟停當。爾珊更慎揀諸巡按御史，使擇郡縣衛所之官，庶幾官得其人，民受其福矣。」公二人承命退。不越月而上崩。嗚呼，天下之人皆無福也。公每稱上奉先思孝，接下思恭，不邇聲色，不殖貨利。梓宫發引之日，哀慟倍切，疾大作，幾不能起。其君臣相得之深，開國以來不多見也。每朝罷，百官猶侍側，宣公循御陛旁入，講論移時，諸寮友咸嘖嘖稱賞，而大臣多不悦之。三學士或於閣門伺公出，問上所言。嘗有朝士賦詩曰：「當時密語人不知，左右微聞至尊羨。」蓋實紀也。十二月二十五日，公初度，壽七十。同年進士之在朝者六人各賦詩壽公，李學士東陽爲作壽文。

武宗毅皇帝正德元年丙寅，年七十一。進官太子太保，致仕歸。公劾奏劉瑾罪狀，瑾恨公，欲致之死。李東陽爲解於瑾，瑾曰：「但令來跪我則已。」公聞

之，奮怒曰：「我爲大臣，肯見奴乎？死，吾分也。」瑾竟以東陽言釋怨。公以孝皇帝崩，歸志益決。適視太學，中官馬永成握公手曰：「公固樂易，何我輩畏之如虎也？」公因問及廣東中鎮某素廉静，誰爲易之。馬曰：「某之廣也，予亦餽贐，其後賂遺翏徧，而竟不予及，是用白上去之耳。今代者由我也，屬公注意。」公自去年冬乞休，至是疏凡四上，其辭懇切，乃從之。進太子太保，賜敕，給驛還鄉，仍命有司月給禄四石，歲撥輿夫六名。閣臣李東陽爲作《草堂賦》，刑尚李夢陽爲《歸草堂序》及歌以贈之。

二年丁卯，年七十二。先是，公在兵部時，議革騰驤四衛勇士，議節光禄寺無名供饋，歲省宫府濫費數百萬，故近倖者滋不悦。至是乃激怒于上，將及禍。太監甯某素知重公者，叩頭諫曰：「此先帝意，非劉某所爲建白。」遂免。逆瑾乃陰使人瞰公動静，田園、第宅、貲貨，既已無有，使者還報，瑾意乃少解。公在草堂度不免，而且夷然勿以爲慮。

三年戊辰，年七十三。逮繫詔獄，謫戍肅州。時逆瑾用事，日誅求臣僚，而大臣中有欲中害公者，昌言云：「鈔劄劉司馬家，可得金數萬。」瑾因岑濬之事以誣公。蓋先皇帝十六年鍾都御史治兩廣，岑濬謀逆，鍾討平之，事下兵部議。公曰：「去草不去根，終當復生。其從濬弟猛家屬閩海，以流官守其地。」制曰：「可。」遂除謝某思恩府知。謝某畏猛不往，而懇鍾都御史，身自亡歸。猛因厚賂瑾黄金、珍玩，求無從。瑾得之喜，曰：「是可以誅劉某矣。」於是矯制差錦衣衛千户羅至廉逮公。羅知公貧，公以酒器爲贐，堅卻不受。公贈以詩有「囊無金玉酬君德，聊寫衷情贈一詩」之句。先是，公與中官李興、平江伯陳鋭俱理河，事竣還，河南藩臬設祖餞，各贈金二千，曰：「河費羨餘也。」公辭，命籍之府。至是，公道經汴，藩臬議公前金遺瑾，公曰：「聞瑾欲以數萬計，寧能飫其意耶？當舉殘骸畀之耳。」八月至京，繫北鎮撫獄。時仲子祖修從之，公恐其憂危也，因韓司徒文出獄，密附札令侯天命，勿貸於人以求免。四方知舊咸欲集賂瑾以脱公繫，修因述公意辭阻。繫三月，瑾要賂無所有，欲置之辟，會官議於朝。諸臣皆戰慄局促，無敢出言者，獨左都御史屠滽抗聲曰：「劉某於國何罪，必致之死。當不應。」瑾大罵曰：「老畜黨劉某也。彼激變遺我邊患，死不足塞責。」大學士王鏊曰：「岑氏未叛，何名爲激變？」明日，屠都御史議奏，瑾乃署劉某輕議法司，比附守禦官撫馭無方，致所部軍人反叛律，充軍。初擬戍貴之清平，焦芳、劉宇曰：「善，適使其歸家也。」瑾乃改戍肅州。一時士大夫以公生爲喜也。公買騾僱車，挾二僮以行。遺其子孫書曰：「乃祖父不善吏治，致罪謫荒遠，固其所也。然念平生未嘗負國家，天地祖宗如有知，當不死而還。」公發都城日，惟受李公西涯一羊裘。是日，居民爲之罷市，父老觀者如堵牆，皆欷歔涕泣。士女争奔走進果食，擁道不得行。又有焚香密祝，願公生還者。公坦然就道，出燕、薊，經川、陝。郡縣吏及邊帥聞風贐遺，不遠千里，公一無所受，惟受食物少許。十二月，至涼州。卧病三旬，賴姜總戎調護而愈。

四年己巳，年七十四。居肅州。四月，到肅州。肅有總戎某舊爲公所舉，遺公百金，曰：「患難且老，非復在位時比矣。」公曰：「語不云乎？『及其老也，戒之在得。』」總戎復遺使饋公，戒使不受毋返。公曰：「第歸語：老，惟二僕，日食不過數十錢，苟受汝金而爲僕竊逃，隻身沙漠，非陷之死地乎？」時同戍鍾尚書頗攜囊篋，未幾，僕果竊去，人皆以公爲如神。公即買地爲基，作終焉計。人問公曰：「何不挈親子姓以行？」公曰：「吾仕宦日不能爲子孫乞得一官，今充軍老死，顧令子孫補伍，豈人情所安耶？」肅州在沙漠，非人所居，公與同難諸公日惟探韻賦詩，忘其在荒遠也。邑舉人張某會朝鮮使於鴻臚寺，使見其貫址，因問公起居。張詰其故，使曰：「吾聞中國有李西涯、劉東山。」張復叩其優劣，使晝地徐曰：「是何待言？」鄉人某令廣中，遇安南使者入貢，問曰：「爾鄉劉司馬遠戍西鄙，今安否也？」其爲遠人重如此。

五年庚午，年七十五。自肅還，復原官太子太保、兵部尚書。是年夏，京師風霾蔽天，寧夏寘鐇叛亂，肆赦天下，公得釋歸。公自肅歸，一日暮，將抵某堡，爲某懇留宿其家。明日，公至某堡，則堡人盡爲盜所殺矣。嗚呼，天地祖宗其有以默相之與？八月，逆瑾誅，朝廷復公原官。公自往肅州以及赦歸，凡應酬、贈送，懷古、感興與天時人事可悲喜者，莫不有詩，今所傳《西行藁》是也。

六年辛未，年七十六。弟大奇卒。公去年自肅還，兄弟友愛愈篤。至是奇卒，公哭盡哀，爲文祭之。其畧曰：「蚤年同吾學業，本期衣鉢相傳，不意霜蹏屢蹶，僅領府幕空銜。政施户庭，禄享田園。終身壽祉，樂乎堯天。我雖沾禄于王國，晚年遠竄于窮邊，偶得生還鄉里，幸全手足大緣。視吾弟安然自得，將孰失而孰賢。此吾所以歎人生如寄，而羡吾弟獨完。」時值歲祲，族人乏食，公設法賙濟，玉帶亦鬻以買穀，族人得以保全。公居草堂，有鹿角山楊齋公者來謁請記，公因爲記，勒碑于其上。

七年壬申，年七十七。公曾祖止善翁必宏國初客終于金陵，子孫未及迎葬，

賴同行親友嚴伯霖攜歸途中紀行詩十七篇，世藏而珍之，手澤猶新。公嘗請閣臣李東陽爲之傳，諸名公俱有題跋，名爲《東行稾》。至是，公痛祖靈無所歸，又恐子孫或至遺忘，乃取其手蹟詩裝潢成卷，貯以木匣，裹以石槨，涕泣而葬於九世祖元輔墓左，題曰「詩墓」。

八年癸酉，年七十八。命猶子祖震、祖裔重修族譜。族譜雖經累修，而自東平至此五百餘年子孫愈繁，未盡收録。公前以大司馬歸，即欲修，而未果。至是乃命震與裔修之，成其志。公自肅還，每歲除夜，諸弟姪攜酒來草堂送歲，醉後感懷，俱有詩，具載《東山集》内，大都皆愛君憂國之意云。

十年乙亥，年八十。

公家東山，自仕而老不樂住城市。至是羣盜入其室，家人擁公倉皇出卧於舍北松陰，良久歸，而病作。諸子固請移居縣市新宅以避盜，公乃許之。新宅，公仲子祖修所創建也。

十一年丙子，年八十一。五月晦，公卒。公居新宅一年，五月二十九日，北河河水湧溢，流聲如號，渡舟覆溺，隄岸崩隤，雷雹風雨大作，已而復霽。公以是夕壽終。遺命窆於是年十二月二十六日，戒子孫勿乞祭葬恩蔭，雖有請者無待也。至期，仲子祖修、嫡孫如愚等悉如命葬公於公所卜之壽藏，在居西南五里許。湖廣巡撫秦公金、巡按張君翰交章言於上，賜謚「忠宣」，遣官諭祭九壇，以一品官禮造墳焉。

李紹文《皇明世説新語》卷四《品藻》 劉忠宣席上有譽威寧伯之才者，公正色曰：「王世昌有如此聰明方略，阿附權宦，以取功名，名節既壞，所得爵位畢竟削奪，爲天下笑，非不智而何。」

李紹文《皇明世説新語》卷四《規箴》 劉忠宣語陸吉士深曰：「初入仕，知己不宜多，朋友三數人得力者自可了一生，過多則晚年受累。」

李紹文《皇明世説新語》卷七《輕詆》 劉大夏自作《壽藏記》，李西涯戲云：「天下皆如公，翰林文章無用也。」公曰：「先生輩文章宜紀大功德者，予何敢相累哉。」蓋西涯先爲劉瑾作碑文，公嘲之也。

蘇茂相《皇明寶善類編》卷上《雅量》 劉忠宣薄田僅足供衣食，里鄰或肆侵奪，任與弗爭。嘗有李某併其世業，族人走書告劉，劉署其尾曰：「昔詹尚書家亦有是，詹報家人詩曰：『四鄰侵我我從伊，畢竟須思未有時。試上含光殿上望，秋風秋草正離離。』我雖不及古人，望爾輩勿爲詹氏子孫也。」

蘇茂相《皇明寶善類編》卷下《薦拔》 劉忠宣力求去，薦許襄毅自代。許至，執手謂之曰：「公幸來，吾可去矣。公勉爲國家負荷，報先帝。」《皇明書》

蘇茂相《皇明寶善類編》卷下《箴誨》 忠宣教子讀書，兼力農，常督耕雨中，曰：「習勤忘勞，習逸成惰，吾困之，將以益之也。」又言：「財貨惟務農服賈凡力得者獲用，其餘易致之物終非己有，子孫視之亦不甚惜，況官貨悖入者乎。」本傳

張萱《西園聞見録》卷七 弘治十五年，劉忠宣言馬政廢壞，因薦楊公一清陞副都御史督馬。召請面闕，授勅行。明年，拜理茶馬、鹽馬。公條上茶鹽、牧事宜及易置馬吏，奏請輒允，牧事有成。益開水草善地，起城堡廬舍，河、湟、涼、固間雲錦成羣。

張萱《西園聞見録》卷一三 劉忠宣公當宣廟時，户侍劉宇覬柄用，泰陵鑒識其人，曰：「宇小人也。」而宇故恨公不爲己地，又意閹有伏綴衣後洩公芾鎮守語者，中貴亦恨之。宇尋附瑾得入政府，嗾瑾曰：「籍劉尚書家，可得幾萬金。」瑾因摭岑濬事矯制逮公，屬官校羅某闞公貲産。羅至，廉知公貧，公惟餽羅以酒器，亦甚薄。羅固辭不受，惟索詩一律載之。耿公定向曰：「凡貨賄未有悖入不悖出者，于肅愍、秦襄毅、劉忠宣三公，皆以籍没，益顯其廉。俾分宜輩稍能識此，奚肯以身爲溝壑，以家爲縣官外府，藏蝎囊虺以自毒害其子孫哉，當代明王亦不蔑視天下士矣。悲夫，識不蚤也。」

張萱《西園聞見録》卷一四 劉忠宣公宅憂在里，董損齋公以差過岳州，造謁焉。忠宣留之飯，飯麥糈，饌惟糟蝦一碟，無他具。公因感省，終生持雅操云。噫嘻，賢喆之相與以有成也，豈情好周洽，語言懇款哉。雖然，亦存乎人耳。昔胡紘銜晦菴無隻雞斗酒之供而釀成禁學之禍矣。董公顧以是感奮勵修，其識豈不遠哉。【略】

劉忠宣公爲廣左轄日，吴公廷舉爲順德令，至省，忠宣公必館之省衙，尺書稱大夏頓首。生平不以勢位自高，爲參政、布政、都御史日，事有疑難，必未明者，雖於屬官亦具手簡直述其事，紙末必書名，故士大夫於公委事無大小無不盡心竭力，圖有成績，期不相負。

張萱《西園聞見録》卷一五 劉忠宣公以浙轄提調棘闈，忽遭水沴，闈中平地水湧數尺，士人大譁，當事者無以禁之。公權宜聽其出者出，留者留，譁乃戢，且得士爲盛。隨機應變，智亦圓矣。

張萱《西園聞見録》卷一六 劉忠宣公大夏善知人，自兩廣來，經某所，總帥

毛倫謁公舟中，拜起，涕泣不已。公曰：「奸人之雄也。」竟公任擯弗用。後果附逆瑾。

張萱《西園聞見録》卷三三　弘治間，各邊有警，守臣求增兵餉。户部奏稱錢糧不給。上召劉尚書大夏，諭曰：「永樂間頻年舉兵北征，況大興營造，費用無貲，當時未聞告乏。今百凡俱從減省，何以反不足用？昔人云『天下之財不在官則在民』，今安在哉？」大夏對曰：「祖宗時民出一文，公家得一文之用。今取諸民者數倍，而實入官者僅二三。」上曰：「歸之何處？」大夏乞退奏。上曰：「正欲與爾面諭此事。」詰之至再，倉卒不能對，乃舉所知一事對曰：「臣往年在兩廣時，曾通以省城中文武官俸給與某官一二人歲用計之，猶不相當，此亦侵民財之一端也。」蓋指鎮守内官。上曰：「曾有人説今天下應該裁革此官，熟思之，自祖宗以來設置已久，勢難遽革，況中間如某某亦儘有益於地方，莫若今後有缺，必求如某者，用不得其人，則姑停止之。」

張萱《西園聞見録》卷七八　甘肅副總兵魯麟自先世歸附，居莊浪之西，住牧大同，部落甚衆。至麟有才智，而性頗驕傲，納賄嬖近，求甘肅掛印總兵官。不得，遂棄官西歸大同，假托以子幼，奏願歸撫其部落，漸有不臣之風聞于京師。奏至，公卿私議有欲俯令其掛印，消其異心者，有欲召至京師，處以散地者。上召劉尚書大夏，諭曰：「若就令魯麟掛印，是遂其要君之心，不可。」「召之如何？」大夏對曰：「無遂彼要君之心，誠如聖諭。但其不得遂願，棄任走歸，則恐召之不至，難于處置。莫如縱彼撫部落之奏，不遂其心，而陰奪其將兵之權。」上曰：「朕意欲如此，惟恐彼將其部落胡爲。」大夏對曰：「聞此人貪酷，失部落之心，若失兵權，安能獨爲。」明日覆奏，遂降勑奬其上世忠順，而從其請。麟遂快快成病，不踰年而死。

張萱《西園聞見録》卷一〇二　劉忠宣公大夏爲大司馬，嘗言：「鎮守太監極爲民害。」上曰：「徐思之。」越數日，諭曰：「鎮守之革誠如卿言，第去之不宜太驟，莫如因其有罪次第召回勿補爲愈也。」

梁維樞《玉劍尊聞》卷一　吏部議陞郎中劉大夏爲太僕卿，大夏曰：「郎中轉京堂，固人所欲。但吾窮居時，見府縣政事未善，曰使我做時，某事當如何行，某事當如何罷。今幸登朝，不得一親民官，非素志也。況郎中一出，非知府即參政，官階崇重，何爲不可？但恐人負官耳。」乃陞大夏福建參政，後官大司馬。嘗曰：「我能至今日，參政之力也。」

梁維樞《玉劍尊聞》卷八　敬皇帝每朝罷獨宣劉大夏講論移時，三學士咸於閣門，伺劉出，問上所言。有朝士賦詩曰：「當時密語人不知，左右惟聞至尊羡。」

備論

李東陽《懷麓堂集》卷二六《送福建參政劉君詩序》　才之難，其信然哉。餘於材或歉於量，確於自立，或未可與權取給於事功，或離道背德而莫之顧，事事而求之，時時而驗之，内外之相符，終始之不少變者蓋千百中一見而已。吾友劉君時雍爲職方二十年，凡將士勇怯，名籍多寡，地勢利弗利皆極諳熟，内具章奏，外馳簿檄，頃刻數千言，皆援古義，酌時宜，既不失正，亦期於濟用，此固人之所難能也。自授官以來，官長屢易，知君者或移牒改除，或奏請增置，殊好異尚者雖時有牴牾，亦卒不能舍君。而他若位嫌地偪，或不相容，君以雅度弘量，避名讓善之不暇，及其久也，嫉者消，忿者釋，競稱其爲賢，無異辭，此又難也。然猶有甚難者。當賢勞時，物論騰播，於是有挾勢假義以尊官重位餌而致于其門者，君遜謝却避，惴惴焉，惟墮坑落塹是懼。及循次擢福建參政，人皆惜君，而君躍然若釋重負以去，此非人之所甚難哉。故予於君雖不敢爲佞，未嘗不私嘆竊慕，以爲不可及也。夫古之人知才之難也，必處之以難荷之任，責之以難爲之事，職方之地亦盡君才矣。今雖以福建大藩，參政高秩，亦不過一方事，君之行顧亦有不盡其用者乎，抑予所謂難也。世固有知其一而不知其二，得之淺而遺其深者乎。然制患於將然者易，圖事於未形者難。今福莆、泉、漳之地，外接倭夷，内雜海盜，而兵備久弛，政弊尚未除，非得藩臬之良，雖有賢守令彊將士宜無所用其力。夫使一方靖則一藩皆安，一藩安則東南諸保障皆賴以無事矣。是其地非不重，而其事亦不可謂不難，非君之才，其望之誰也。天下事尤有難於此者，請於君之行試之，惡可遽爲君惜哉。

李東陽《懷麓堂集》卷六四《壽兵部尚書劉公七十詩序》　吾友兵部尚書劉公時雍以弘治乙丑十二月二十五日初度，壽七十。同年進士之在朝者太子太保、刑部尚書閔公輩凡六人，皆賦詩以寓頌禱之意，循私例也。昔公爲户部侍郎，已以老乞歸，先皇帝遣使賜勅，俾總督廣東西軍務，敦迫以行，又召入兵部。

乃悉其忠勤爲國狀，廷宣面諭若家人父子然。及屢乞休退，必優詔勉留，至於六七。今天子嗣位，公復引年在告，疏三上。上特申先志，累賜褒嘉，辭益懇，而留之愈切。然公雖身在廊廟，而山林泉石之興未嘗一日忘於懷也。

夫人之德業必老而後成，而兵之政爲尤甚，故蹇叔以老而知止，王翦以老而知進，非勇夫少年所能及。兹當新政之初，邊務委積，心計手應，旁通曲當，而中所執守斷不爲勢利所奪。跡其平生所治水利、邊儲、民食諸事，猷慮愈熟，而志氣不少衰，雖引年之禮、知足之戒乃士君子之常，而朝廷之所眷注、天下所望以爲重者固不容釋也。近世有外夷聞其執政而不敢内侵，見其風采而相與嘆美者。然則公之壽其在今日亦惡可少哉。且平居意氣相許，皆欲以自見於世，及壯而相勵以有成，老而相要以有終者，則不能以皆同。予六人者與公同舉，而予又與同業，出入外内，勞逸之不齊者亦多矣。今諸公同朝而立，分曹而掌，爵齒勳業相輝映，惟予最少且劣，公之視予蓋不啻十年以長，而予亦老矣，則公之壽可知，而亦惡可以易得哉。《書》不云乎：「天惟純佑，命則商實。」又云：「天壽平格，保乂有殷。」多則實，壽則長，賢才之有益於國也如此，此古之大臣所以與其同列者，蓋將爲天下留之而亦爲天下頌之也。是詩之作，固以附諸《君奭》之義。予不善爲祝壽之辭，惟同年之壽如閔公者已四五作，此予所謂例也，則今之壽公豈敢後於諸公哉。六人者人再賦得詩十二章爲一卷，書以齒序者，詩爲壽作也。

王鏊《震澤集》卷一二《送太子太保兵部尚書劉公致仕序》 上之元年，兵部尚書華容劉公以年至乞致仕，鏊言於公曰：公於禮可以去，於義未可以去。君臣不相接久矣，先帝晚年益明習國家事，屢御便殿延訪大臣，而尤喜見公，一時所言，天下傳以爲盛事，蓋近世君臣所未見。今龍馭上賓，意在天之神猶不能無惓惓於公也，而可去乎。今上春秋鼎盛，亦唯三四老成耆艾置在左右，况今事勢未能無可憂，天之災異未盡滅息，民之凋瘵未盡甦，惰兵驕將未盡蒐練，邊鄙未盡妥，府庫未盡充，此皆公受知先帝而當報之今上者也，而可去乎。惟上亦重公之賢，憫勞以煩，加太子太保，家居不絶其禄，觀公所以自處，上之所以處公，何其盛也。而自朝著以至閭巷，咸齎咨嘆息，以爲不當聽其去。區區之愚，亦不能不重爲天下惜也。公行有日，公卿大夫傾朝出餞，於是相與賦詩爲别，所以嘆其賢，侈其逢，惜其去而不能不望其復來也。

林俊《見素集》卷二七《祭大司馬劉東山》 曰：聖作物覩，雲風景從。憲廟出震，我公是逢。首讀中秘，載署司馬。物品一時，有風斯下。同升意屬，懇以驟辭。出參大政，乃正藩司。懿懿中丞，經紀河決，奔流爲馴，宣防爽烈。司徒陟佐，引疾祈哀，孝廟遂公，箕潁初懷。鷗石猶涼，薦書聯絡。帝曰：「汝行，殿我南服。」三邊震蕩，特付本兵。温國入内，人卜泰平。孝廟勵精，圖惟化理。寄任老成，朝多君子。魚水之會，一日三宣。股肱心腹，禮絶隨肩。孝廟升遐，公慟幾殞。力乞遺骸，東山待盡。蟲妖鬼燐，水簸岡燔。烟熖漲黑，白晝爲昏。坎止流行，徐值其定。翳收日明，天子仁聖。公既西下，我亦東還。過從一宿，别泪斑斑。青野回翔，交情滿帋。床褥何時，竟乃罷市。繄人無禄，喪我宗臣。謂誠可贖，言百其身。一日公存，一日元氣。木折山頹，世風委地。嗚呼，木落兮山秋，悵跡孤兮誰留。蛇蟠兮鳥叫，下夕陽兮江悠悠。

邵寶《容春堂前集》卷一五《東山公前傳》 贊曰：寶幼聞公名而未獲識，及至京師，則聞西涯李公謂公乃昔人所謂與物無競、臨事有爲者，退竊自嘆，安得一接風采，以慰平生。而今乃得朝夕承候，參之所聞，信不誣也。公歷中外，八遷厥官，靖寇者三，行邊者二，治水者一，皆天下之所謂難事，而從容暇豫，以能有成功。其所不爲，又皆夫人所未及見，且不敢執者。由是觀之，則其所養亦足暴於天下矣。乃若壯而奮庸，老而委順，而皆不失己焉。非盛德，其能與於斯。《詩》稱明哲，《書》敘孝恭，公有之。而或乃謂古今人不相及，豈其然哉，豈其然哉。

湛若水《湛甘泉先生文集》卷三二《送少保劉先生歸東山詩序》 孟子曰：「孔子進以禮，退以義。」大臣與新進，異義而同禮。同禮也，故其進必以正；異義也，故其退必以時。一言不從，一朝而去，此新進之士，以其身爲安危者也。若夫大臣之道則不然。招不可來，麾不可去，惟社稷之安危而身焉以之，少保華容劉先生其人乎？

先生始者宦遊齊、越、閩、嶺之間，所在惠人，不立奇節。及以都御史理黄河，召爲户部侍郎。既即求歸，高卧東山，若將終焉，人皆曰：「清矣。」然此猶爲易。及起爲大司馬，孝廟倚重，邊患方殷，言路齟齬，中人側目，人曰：「未可以去乎？」曰：「未也。」超然自信，正色立朝。今上幼沖，公以顧命，邊事益急，腹心未孚，齟齬者起爲騰口，側目者轉而裂眥，内方洶洶，欲中殊禍，人又曰：「未可以去乎？」公曰：「未也。」自信如初，益篤。邊寇既平，明主親政，公乃從容拂衣而起，累章决去，若駕孤鶴，御長風，飄然而莫之能留。人乃知公之不去也任，

其去也時，蓋至此然後爲難也。若公者，古所謂社稷之臣，非耶。然吾又聞昔召公去，周公留之曰：「公無去哉，我不以後人迷。」不知公之去亦有留之如周公否；又不知公去時，獨能恝然無召公之意否。

劉世節《劉忠宣公年譜》卷二 按：公休休樂善，坦易和厚，慈仁謙遜，生平行事皆出誠心。自爲郎吏至公卿，不修邊幅，嘉人之善，恕人之不及，與童稚語若父子，接下僚若朋友，事上官不卑亦不亢。好汲引後進，聞庶官小臣之賢輒進與論議，惟不喜人奔競。宦遊四方，所許可諸生後皆爲名士，所排擯不用、不與相交者後皆敗露，蓋知人之哲也。其屬文賦詩簡易明白，下筆立就，不務巧纖艱深而詞旨渾厚和雅，尤善章疏，才數語而事意具足。有詩集若干卷藏於家。

鄭曉《吾學編・皇明名臣記》卷二二 公平生不以勢位自居，所至愛民如子，民亦愛之如父母。遇事有當行，未嘗先洩，有疑未明者，不以公移顯行，雖屬官亦具手簡，直述其事，紙尾書名，以故所委事無大小，無不盡心力，不相欺負，功名富貴，子孫福澤，泊如也。

袁袠《皇明獻實》卷三三 袁袠曰：敬皇帝之御極也，寤寐忠良，優禮元老，廟堂有都俞之風，薄海奏熙和之績。維時華容劉公獨以篤棐之忠，受特達之遇，晝日三接，寵冠百僚，造膝黼扆，前席宣室，屏人密語，日旰未退，雖元勳碩輔、腹心禁近不得與聞，君臣之交不啻魚水，朝野望治，立登三五。而鼎湖抱泣，遐荒僻裔，如喪考妣。劉公白首束縛幽囹，遠戍青海，士大夫聞者，知與不知無不流涕。遂使毒流縉紳，幾揺社稷。剥復相倚，天實爲之。余讀劉公事，輒掩卷泣不能已，豈天未欲平治天下邪？將虞夏世遠，終不可復邪？夫既有君有臣矣，而垂成之功隳於奄忽，是曷故邪？

雷禮《國朝列卿紀》卷四八 《實録》序云：公之爲人也，明識治體如賈太傅，通達國事如陸敬輿，質直不阿如汲長孺，廉潔不私如包希仁，忠誠懇切如司馬君實焉。是故先民之遺軌也。世以爲確論。

項篤壽《今獻備遺》卷三一 論曰：敬皇御極，寤寐忠良，優禮元老，廟堂有都俞之風，薄海奏熙和之績。維時華容劉公獨以篤棐之忠，受特達之遇，寵冠百僚，造膝黼扆，屏人密語，日旰未退，雖元勳碩輔、腹心禁近不得與聞，君臣之交不啻魚水，即登三邁五不足異也。而鼎湖抱泣，遐荒僻裔，如喪考妣。劉公白首束縛幽囹，遠戍青海，士大夫聞者，知與不知無不流涕。遂使毒流縉紳，幾揺社稷。剥復相倚，天實爲之。嗟乎，君子不患弘道，遭時難，遭時匪難，遇君難，乘時遇合矣，而垂成之功隳于奄忽，曷故邪？

徐學謨《徐氏海隅集》卷四一 大夏性坦夷謙厚，慈仁清白，而所自植立堅不可易。歷中外四十餘年，學士大夫無問識不識即無不仰之若山嶽者。朝鮮使集鴻臚寺，輒問大夏起居，曰：「聞中國有李西涯、劉東山云。」其爲華夷所重如此。

鄧球《皇明泳化類編》卷五三《劉大夏》 按：公之《實録》謂公明識治體如賈太傅，通達國事如陸敬輿，質直不阿如汲長孺，廉潔不私〔如〕包希仁，忠誠懇切如司馬君實。以户部侍郎去，得際孝廟，當出以共致太平。及正德初，以老成德業如公而不以一日稽，則又孰不惜其去也。王鏊送别序有云：「自朝著以至閭巷，咸齎咨歎，以爲不當聽其去，區區之愚亦不能不重爲天下惜。」蔡虚齋清致公書亦云：「今日之去，爲先生計，固得之，若爲朝廷計，爲天下計，則有大不然者，不知誰當執其咎。」即此則知公當時不忍其去位。公嘗見士大夫家子弟愛其父兄者多私所親名筆以遺後，因作壽藏於東山之陽，皆自爲之記，述其平生歷履。一日，李西涯見之，戲云：「天下皆如公，翰林文章無用也。」公曰：「先生輩文章宣紀有大功德者，予非其人，敢以相累哉。」蓋東陽先爲劉瑾，而公嘲之也。自肅州放歸，過六盤山，和前韻云：「憑誰寄與中州子，前度劉郎今又來。」蓋中公禍機者大學士劉宇也，中州子指之。故論一時人物，若劉東山者，其挺秀之松栢也哉。

父仁宅。宅字廣居，領永樂庚子鄉試，歷官按察司副使，所至聲籍籍。景泰壬申去位。《楚紀》謂其以黄竑之事而歸，家居凡二十有三年，足跡不一至城府。夫劉廣居起于草，容有忠宣爲之子，可謂世濟其美爾矣。然而忠宣之誠格於皇天而弗克免酒泉之戍，蓋其所遇之時殊也。廣居克開厥先，粹乎其無以議爲矣。

王世貞《弇州山人續稿》卷八九《弘治三臣傳》 弇州外史曰：弘治最多名臣，内閣則劉健、李東陽、謝遷，六曹則耿裕、倪岳、俞子俊、周經、張悦、戴珊、閔珪、韓文，侍從則楊守陳、吴寬、王鏊，方鎮則秦紘、王越，要未有如三君子之灼灼者也。恕直諫重天下，然不難於孝宗而難於憲宗，孝宗仁君也，然而頗以齟齬終，豈非所謂事君數斯辱也耶。文升數更中外，歷權寄，不屈不挫，蓋以才力勝者。大夏仁心爲質，道揆法守，晚際魚水，密勿都俞，庶幾有三代風哉。造膝之語，小有傳者，覺主聖而臣微不及也。人謂恕似魏玄成、韓稚圭，文升合姚、宋而小遜之，大夏似李沆、司馬光。又曰恕强差近名，大夏弱差近實，文升練差用術，

其然，豈其然哉？

焦竑《皇明人物考》卷五 豐城楊廉曰：劉忠肅之爲人也，明識治體如賈太傅，通達國事如陸敬輿，質直不阿如汲長孺，廉潔不私如包希仁，忠誠懇切如司馬君實，是故先民之遺軌也。吴廷舉謂古人云「憂民如有病，見客似無官」，公足以當之矣。

馮時可《馮元成選集》卷四九 外史氏曰：敬皇帝神聖，惟知人安民是急。公于斯時，吐大赤，抱大素，外屏而内襄。迨登常伯，嘉猷嘉謀，與環珮雲韶並響巖廊，天子爲之都俞，如唐虞廷也。偉矣乎，嚴師佛士心切望殷，如策追不顧騎，如急響不安絃。及其末路，卒爲佞倖所中，人嗜其薺，已啜其荼，休咎之不常如此。獨其始終持一節，盟諸上帝，不載兩心自岐，宜其建樹炳炳乎明，洸洸乎大，所謂五百年昭世，豈偶然哉？

何喬遠《名山藏》卷六八《臣林記·劉大夏》 郎曰：鬼神之事，誠亦有之。予見華容人言天順會場之火，若有三神人推劉公出之棘牆之外，公方裸，踰牆出，若有神人與之衣，其後先報以吉凶事。劉公卒用至大官，抑大神之所助者德也。三神人者，華容東山之神。劉公今子孫蕃衍，盛於詩書，家歲遞祀三華容神云。

尹守衡《明史竊》卷四八 論曰：劉大夏之初謝史館就郎曹，已又辭京秩而請外補，此其志豈矯之乎，爲名高乎？固欲朝布政而夕及民，急有以大展其懷抱也。晚遇孝宗，密勿都俞，庶幾三代風哉。弘治最多名臣，大夏與三原、鈞陽三人名最重，或曰恕强差近名，大夏弱近實，文升練差用術，然與？

傅維鱗《明書》卷一二六 史官曰：弘治最多名臣，内閣則劉健、李東陽、謝遷，六曹則耿裕、倪岳、余子俊、周經、張悦、戴珊、閔珪、韓文，侍從則楊守陳、吴寬、王鏊，方鎮則秦紘、王越，要未如恕、文升、大夏之灼灼者也。恕直諫重天下，然不難於孝宗，而難於憲宗。孝宗仁君也，然而頗以齟齬然，豈非所謂事君數斯辱耶。文升數更中外，歷權寄，不屈不挫，蓋以才力勝。大夏仁心爲質，道揆法守，晚際魚水，密勿都俞，庶幾有三代之風。所恨造膝之語，少有傳者。

湯斌《潛菴先生擬明史稿》卷一八《劉大夏傳》 大夏嘗言：「居官以正己爲先，所謂正己，不獨戒利，亦當遠名。」又嘗謂陳獻章曰：「予存心之功十九，致知之功十一。」所居東山草堂，僅數楹。性不飲酒，客至，舉觴相勸而已。其被逮也，方鋤菜園中，入室攜數百錢，跨小驢就道。已家居，有門下生爲巡撫，枉百里謁之。道遇扶犁者，問孰爲尚書家，扶犁者引之登堂，即大夏也。嘗曰：「人生蓋棺論定，身在一日，猶有一日之憂。」朝鮮使者在鴻臚寺館遇大夏邑子張生，因問大夏起居，曰：「吾國聞劉東山名久矣。」安南使者入貢，曰：「聞劉尚書戍邊，今安否？」其爲外國所重如此。

朱彝尊《静志居詩話》卷八 忠宣謀猷是經，王室倚賴。李景文《東山草堂歌》：「九重移榻數召見，夾城日高未下殿。英謀密語人不知，左右微聞至尊羡。」明良景象，百世猶起遐思。

《明史》卷一八二《劉大夏傳》 贊曰：王恕砥礪風節，馬文升練達政體，劉大夏篤棐自將，皆具經國之遠猷，藴畜君之正志。綢繆庶務，數進讜言，迹其居心行己，磊落光明，剛方鯁亮，有古大臣節概。歷事累朝，享有眉壽，朝野屬望，名重遠方，《詩》頌老成，《書》稱黄髮，三臣者近之矣。恕昧遠名之戒，以作傳見疎。而文升、大夏被遇孝宗之朝，明良相契，荃宰一心。迨至宦竪乘權，耆舊擯斥，進退之際所係詎不重哉！

劉大夏《劉忠宣公遺集》李元度《重輯劉忠宣公遺集敘》 吾郡介南北楚之中，山曰天岳，水則洞庭，江自岷山邐迤走數千里來會，扶輿磅礴，雄厚之氣代毓偉人，而莫著於明華容劉忠宣公。公由甲科起家，洊歷大司馬。初坐笞中官阿九兄，詔獄廷杖。晚歲忤劉瑾，再逮繫論戍，瑾誅，復官，致仕。其訏謨偉烈具詳本傳。余獨味公軼事，歎其堅苦卓絶，有寒畯所萬不逮者。其起兩廣總制也，敕使及門，立攜一僮行。其入爲兵部也，有李氏併公世産，族人訟官，書告，公無所答，署紙尾曰：「四鄰侵我我從伊，畢竟須思未有時。試上含光殿基望，秋風秋草正離離。」此詹尚書詩也，吾不能及尚書，若等可不爲詹氏子孫哉。」其被逮也，方鉏菜園中，入室攜數百錢，跨小驢就道。其戍肅州也，徒步荷戈，攜一僕詣人明門下，叩首去。抵戍所絶糧，儒學生徒傳食之。遇團操輒荷戟就伍，曰：「軍固當役也。」其赦歸東山草堂也，門下生爲巡撫，枉百里謁之，遇扶犁叟，問孰爲劉尚書家，引之登堂，即公也。留之飯，食品惟糟鰕一器。此其芥千金，屣萬乘，實有清聖伯夷之風，能無使百世下頑廉而懦立哉。

吾鄉與公齊名者，爲湘陰夏忠靖，忠靖文集已入《明史·藝文志》，且著録《四庫》，而公集闕焉。蓋初刻本未盛行於世，而所收亦稍略。公十一世從孫小山學博命其仲子棃生太守蒐輯遺文，增多數十首，併其詩及《宣召録》、《年譜》都爲八卷，附録三卷，將鋟板以行，而屬元度序其始末。烏虖，公孔子之所謂剛者，

孟子所謂天民大人也。國朝定歷代帝王廟祀典，特詔以公配饗明孝宗，是誠間氣所特鍾，豈吾郡所得而私，抑豈藉文集以不朽哉。而學者不及見公，猶幸得見公之文，則其蒐討而傳布之，抑亦爲公子孫與生公鄉者之責也。雖然，讀其文與傚法其人二者孰重，有志者可以慨然而興矣。

光緒元年冬十月，同郡後學李元度謹序。

劉大夏《劉忠宣公遺集》卷首《劉忠宣公像讚》 李西涯曰：劉東山乃昔人所謂與物無競、臨事有爲者也。

陳白沙曰：劉公愛民如子，守身如女，無論今人中，即古人亦未易當也。

王弇州曰：東山先生仁以爲質，道揆法守，晚際魚水，密勿都俞，庶幾有三代之風，所憾造膝之語，少有傳者。

新喻傅瀚曰：其才隨劇易而克濟，其智燭幽隱而不眩，其操更老少而弗渝，其機超等夷而獨見。蓋具偉器成於宿學，實心見諸真踐。於諸藩勚歷，去則見思，於諸役經承，勞而無怨。階遷已峻，見之者疑若無官；例守惟公，干之者知非可援。慨方恃其屹砥柱於中流，顧乃見其遂初衣於寵眷。是維洞庭、衡岳得相須以爲高深，而青壁、丹崖徒相望而爲繾綣也。

吴寬曰：觀其貌無毫髮之或差，論其心得砥礪之皆正。其餘則正而不迂，和而有辨，簡樸而好文，勤瘁而忘倦。功在朝廷而口不自言，名滿寰區而志欲無見，其生平可謂自信不疑、孤立無援者也。維引去之勇決，見晚節之益高，慨吾徒之莫從，望雲漢之羽毛。

楊廉曰：劉忠宣通達國體如陸敬輿，質直不阿如汲長孺，廉潔無私如包希仁，忠誠懇切如司馬君實，是固先民之遺軌云。

吴廷舉曰：古人有言：憂民如有病，見客似無官。忠宣足以當之。

劉大夏《劉忠宣公遺集》劉乙燃跋 韓昌黎有言：「莫爲之前，雖美不彰；莫爲之後，雖盛不傳。」知世之享大名、垂休光者，前與後若不相遇，而欲彰美以傳盛，其道亡由。乙燃十一世從祖忠宣公號東山居士，有明一代純臣，其鴻勳駿烈，元祀宗功，彪炳史册，昭昭在人耳目，無俟闡發，表揚美正，無弗彰於前矣。然而生平手澤所遺半散軼於蛛絲蠹窟，中有傳而未盡傳者。若《宣召録》，明嘉靖時公之孫如訥始刊行；若《年譜》，若《西行草》，公從曾孫槐門公始授梓撫州府署；若《東山存稿》，公九世孫允瑶、允椅始鐫於乾隆中，迄今歲久，板字日益漫漶。乙燃學識譾陋，未足恢宏前業，課士之暇，博採舊聞，搜羅故家遺編，得公立朝章疏、家居譔題竝前後名人投贈記述共若干首，卷而次之，彙爲全集，命次男敏該校訂訛舛，勉力付梓，俾海内人士讀其書可想見其爲人，聞風者且興起於百世下。乙燃年踰七十，歎老耄之已及，愧祖武之莫繩，而其兢兢於彝訓勿替者，非敢云傳盛也。亦惟是景仰前徽，敬承槐門公之先志云爾。

陳田《明詩紀事》丙籤卷四 何孟春《燕泉集》：劉東山公晚年肅州之謫，雖由逆瑾，其實公同年焦閣老芳爲之。公與焦素無他，焦特忌公名耳。岑猛賂既行，瑾集大臣議，欲寘公重辟，諸大臣惴不敢吐一語，獨都御史屠公滽曰：「劉某何罪，必欲文致之。」瑾怒。明日，大臣以屠議奏，謹謀於焦及吏部尚書劉宇，宇又素嫉公者，署劉某輕議夷人，遷徙發遠戍。瑾初擬廣西邊衛，焦曰：「是送彼歸也。」乃定肅州。公《西行稿》載，公赴肅州時，故舊皆避不來會，獨鄉人嚴仲洪贈詩，公和答之。公過六盤山，寄西涯閣老詩，末句云：「寄語同年老知己，天涯孤客幾時還。」歎同年也。後歸自六盤，和前韻，末句云：「憑誰寄語中州子，前度劉郎今已還。」中州子，焦與劉也。其事蓋如此。

《蠖齋詩話》：劉忠宣公平生不刻意作詩，間有爲而作者，皆事核意真，情到興具。如撫諭田州句云：「如何萬頃桑麻地，天與夺人作戰場。」雖土官岑溥亦感也。出錦衣獄中有句云：「紅塵未了清時債，白髮重來此地遊。」蓋公爲兵部郎中，嘗下獄也。謫戍甘肅，過六盤山句云：「緑野誤爲三品地，白頭今到六盤山。」蓋以爲終於侍郎不起，未必有此謫也。謫所示子姪句云：「報國未能平海宇，充軍終是累兒孫。」蓋以逆瑾有劉某永遠充軍之批旨也。又云：「猶有先朝宣召夢，急趨黄屋面承恩。」蓋思孝廟君臣相遇，千載一時，雖在謫所不忘情也。謫所贈同事詩曰：「時事何人苦變更，邊城持戟半儒生。」蓋劉瑾用事，士大夫有罪多譴謫甘肅也。

田按：忠宣一代名臣，詩非所留意，語特軒爽。

藝文

嚴遂成《明史雜詠》卷三《劉忠宣大夏》 嘉猷讜論冠諸臺，不信陽剛結禍胎。萬里團操携僕去，四夷八貢問安來。子孫只合謀農業，科第何當試吏才。爲問扶犂鋤菜處，東山書舍没荒苔。

劉健部

綜述

《世宗實録》卷七四　健河南洛陽人。天順庚辰進士，改翰林院庶吉士，授編修。成化甲午，《英廟實録》成，陞修撰。歷陞春坊、諭德、左庶子、詹事。侍孝廟東宫講讀。及孝廟登極，晉禮部右侍郎，兼翰林院學士，入内閣。《憲廟實録》成，晉禮部尚書，兼文淵閣大學士。甲寅，加太子太保、武英殿大學士。戊午，《大明會典》成，加少傅兼太子太傅，户部尚書，謹身殿大學士。癸亥，加少師兼太子太師，吏部尚書，華蓋殿大學士。九載考績，加特進，兼支大學士俸。乙丑，武皇嗣位，加左柱國，支正一品俸。正德丙寅，累疏乞休，優詔賜歸。家居垂二十年，嘉靖改元，降詔存問，加賜廪米與隸，又遣撫臣即其家，賜束帛、餼羊，上尊酒。至是卒，年九十有四。訃聞，上爲輟朝一日，命給祭葬如例，贈太師，謚文靖。

《明史》卷一八一《劉健傳》　劉健，字希賢，洛陽人。父亮，三原教諭，有學行。健少端重，與同邑閻禹錫、白良輔遊，得河東薛瑄之傳。舉天順四年進士，改庶吉士，授編修。謝交遊，鍵户讀書，人以木强目之。然練習典故，有經濟志。

成化初，修《英宗實録》，起之憂中，固辭，不許。書成，進修撰，三遷至少詹事，充東宫講官，受知於孝宗。既即位，進禮部右侍郎兼翰林學士，入内閣參預機務。弘治四年進尚書兼文淵閣大學士，累加太子太保，改武英殿。十一年春，進少傅兼太子太傅，代徐溥爲首輔。

健學問深粹，正色敢言，以身任天下之重。清寧宫災，太監李廣有罪自殺。健與同列李東陽、謝遷疏言：「古帝王未有不遇災而懼者。向來奸佞熒惑聖聽，賄賂公行，賞罰失當，災異之積，正此之由。今幸元惡殄喪，聖心開悟，而餘慝未除，宿弊未革。伏願奮發勵精，進賢黜姦，明示賞罰。凡所當行，斷在不疑，毋更因循，以貽後悔。」帝方嘉納其言，而廣黨蔡昭等旋取旨予廣祭葬、祠額。健等力諫，僅寢祠額。南北言官指陳時政，頻有所論劾，一切皆不問。國子生江瑢劾健、東陽杜抑言路，帝慰留健、東陽，而下瑢於獄，二人力救得釋。

十三年四月，大同告警，京師戒嚴。兵部請甄別京營諸將，帝召健及東陽、遷至平臺面議去留。乃去遂安伯陳韶等三人，而召鎮遠侯顧溥督團營。時帝視朝頗晏，健等以爲言，頷之而已。

十四年秋，帝以軍興缺餉，屢下廷議。健等言：「天下之財，其生有限。今光禄歲供增數十倍，諸方織作務爲新巧，齋醮日費鉅萬。太倉所儲不足餉戰士，而内府取入動四五十萬。宗藩、貴戚之求土田奪鹽利者，亦數千萬計。土木日興，科斂不已。傳奉冗官之俸薪，内府工匠之餼廪，歲增月積，無有窮期，財安得不匱。今陝西、遼東邊患方殷，湖廣、貴州軍旅繼動，不知何以應之。望陛下絶無益之費，躬行節儉，爲中外倡，而令羣臣得畢獻其誠，講求革弊之策，天下幸甚。」

明年四月，以災異陳勤朝講、節財用、罷齋醮、公賞罰數事。及冬，南京、鳳陽大水，廷臣多上言時務，久之不下。健等因極陳怠政之失，請勤聽斷以振紀綱，帝皆嘉納。《大明會典》成，加少師兼太子太師、吏部尚書、華蓋殿大學士。與東陽、遷同賜蟒衣。閣臣賜蟒自健等始。

帝孝事兩宫太后甚謹，而兩宫皆好佛、老。先是，清寧宫成，命灌頂國師設壇慶讚，又遣中官齎真武像，建醮武當山，使使詣泰山進神袍，或白晝散燈市上。帝重違太后意，曲從之，而健等諫甚力。十五年六月詔擬《釋迦啞塔像讚》，十七年二月詔建延壽塔朝陽門外，除道士杜永祺等五人爲真人，皆以健等力諫得寢。

是年夏，小王子謀犯大同，帝召見閣臣。健請簡京營大帥，因言京軍怯不任戰，請自今罷其役作以養鋭氣。帝然之。退復條上防邊事宜，悉報允。未幾，邊警狎至，帝惑中官苗逵言鋭欲出師，健與東陽、遷委曲阻之，帝意猶未回。兵部尚書劉大夏亦言京軍不可動，乃止。

帝自十三年召對健等後，閣臣希得進見。及是在位久，益明習政事，數召見大臣，欲以次革煩苛，除宿弊。嘗論及理財，東陽極言鹽政弊壞，由陳乞者衆，因而私販數倍。健進曰：「太祖時茶法始行，駙馬歐陽倫以私販坐死，高皇后不能救。如倫事，孰敢爲陛下言者。」帝曰：「非不敢言，不肯言耳。」遂詔户部覈利弊，具議以聞。

當是時，健等三人同心輔政，竭情盡慮，知無不言。初或有從有不從，既乃益見信，所奏請無不納，呼爲先生而不名。每進見，帝輒屏左右。左右間從屏間

竊聽，但聞帝數數稱善。諸進退文武大臣，釐飭屯田、鹽、馬諸政，健翊贊爲多。

未幾，帝疾大漸，召健等入乾清宮。帝力疾起坐，自敍即位始末甚詳，令近侍書之。已，執健手曰：「先生輩輔導良苦。東宮聰明，但年尚幼，好逸樂，先生輩常勸之讀書，輔爲賢主。」健等欷歔頓首受命而出。翌日帝崩。

武宗嗣位，健等釐諸弊政，凡孝宗所欲興罷者悉以遺詔行之。劉瑾者，東宮舊豎也，與馬永成、谷大用、魏彬、張永、丘聚、高鳳、羅祥等八人俱用事，時謂之「八黨」，日導帝遊戲，詔條率沮格不舉。京師淫雨自六月至八月。健等乃上言：「陛下登極詔出，中外歡呼，想望太平。今兩月矣，未聞汰冗員幾何，省冗費幾何。詔書所載，徒爲空文。此陰陽所以失調，雨暘所以不若也。如監局、倉庫、城門及四方守備內臣增置數倍，朝廷養軍匠費鉅萬計，僅足供其役使，寧可不汰。文武臣曠職僨事、虛糜廩祿者，寧可不黜。畫史、工匠濫授官職者多至數百人，寧可不罷。內承運庫累歲支銀數百餘萬，初無文簿，司鑰庫貯錢數百萬，未知有無，寧可不勾校。至如縱內苑珍禽奇獸，放遣先朝宮人，皆新政所當先，而陛下悉牽制不行，何以慰四海之望。」帝雖溫詔答之，而左右宦豎日恣，增益且日衆。享祀郊廟，帶刀被甲擁駕後。內府諸監局僉書多者至百數十人，光祿日供驟益數倍。健等極陳其弊，請勤政、講學，報聞而已。

正德元年二月，帝從尚書韓文言，畿甸皇莊令有司徵課，而每莊仍留宦官一人、校尉十人。健等言「皇莊既以進奉兩宮，自宜悉委有司，不當仍主以私人，反失朝廷尊親之意」，因備言內臣管莊擾民。不省。

吏、户、兵三部及都察院各有疏爭職掌爲近習所撓。健等擬旨，上不從，令再擬。健等力諫，謂：「奸商譚景清之沮壞鹽政，北征將士之無功授官，武臣神英之負罪玩法，御用監書篆之濫收考較，皆以一二人私恩，壞百年定制。況今政令維新，而地震天鳴，白虹貫日，恒星晝見，太陽無光。內賊縱橫，外寇猖獗，財匱民窮，怨謗交作。而中外臣僕方且乘機作奸，排忠直猶仇讎，保奸回如骨肉。日復一日，愈甚於前，禍變之來，恐當不遠。臣等受知先帝，叨任腹心。邇者旨從中下，略不與聞。有所擬議，竟從改易。似此之類，不可悉舉。若復顧惜身家，共爲阿順，則罔上悮國，死有餘辜。所擬四疏，不敢更易，謹以原擬封進。」不報。

居數日，又言：「臣等遭逢先帝，臨終顧命，惓惓以陛下爲託，痛心刻骨，誓以死報。即位詔書，天下延頸，而朝令夕改，迄無事日。百官庶府，倣傚成風，非惟廢格不行，抑且變易殆盡。建言者以爲多言，幹事者以爲生事，累章執奏謂之瀆擾，釐剔弊政謂之紛更；憂在於民生國計，則若罔聞知，事涉於近幸貴戚，則牢不可破。臣等心知不可，義當盡言。比爲鹽法、賞功諸事，極陳利害，拱俟數日，未蒙批答。若以臣等言是，宜賜施行，所言如非，即當斥責。乃留中不報，視之若無。政出多門，咎歸臣等。宋儒朱子有言『一日立乎其位，則一日業乎其官；一日不得乎其官，則不敢一日立乎其位』。若冒顧命之名而不盡輔導之實，既負先帝，又負陛下，天下後世其謂臣何。伏乞聖明矜察，特賜退休。」帝優旨慰留之，疏仍不下。

越五日，健等復上疏，歷數政令失，指斥貴戚、近倖尤切。因再申前請。帝不得已，始下前疏，命所司詳議。健知志終不行，首上章乞骸骨，李東陽、謝遷繼之，帝皆不許。既而所司議上，一如健等指。帝勉從之，由是諸失利者咸切齒。

六月庚午復上言：「近日以來，免朝太多，奏事漸晚，遊戲漸廣，經筵日講直命停止。臣等愚昧，不知陛下宮中復有何事急於此者。夫濫賞妄費非所以崇儉德，彈射釣獵非所以養仁心，鷹犬狐兔田野之物不可育於朝廷，弓矢甲冑戰鬬之象不可施於宮禁。今聖學久曠，正人不親，直言不聞，下情不達，而此數者雜交於前，臣不勝憂懼。」帝曰：「朕聞帝王不能無過，貴改過。卿等言是，朕當行之。」健等乃録廷臣所陳時政切要者，請置坐隅朝夕省覽：曰無單騎馳驅，輕出宮禁，曰無頻幸監局，泛舟海子，曰無事鷹犬彈射，曰無納內侍進獻飲膳。疏入，報聞。

先是，孝宗山陵畢，健等即請開經筵。帝初勉應之，後數以朝謁兩宮停講，或云擇日乘馬。健等陳諫甚切至。八月，帝既大婚，健等又請開講。命俟九月，至期又命停午講。健等以先帝故事日再進講，力争不得。

當是時，健等懇切疏諫者屢矣，而帝以狎近羣小，終不能改。既而遣中官崔杲等督織造，乞鹽萬二千引。所司執奏，給事中陶諧、徐昂，御史杜旻、邵清、楊儀等先後諫，健等亦言不可。帝召健等至煖閣面議，頗有所詰問，健等皆以正對。帝不能難，最後正色曰：「天下事豈皆內官所壞，朝臣壞事者十當六七，先生輩亦自知之。」因命鹽引悉如杲請。健等退，再上章言不可。帝自愧失言，乃俞健等所奏。於是中外咸悅，以帝庶幾改過。

健等遂謀去「八黨」，連章請誅之。言官亦交論羣閹罪狀，健及遷、東陽持其

章甚力。帝遣司禮詣閣曰：「朕且改矣，其爲朕曲赦若曹。」健等言：「此皆得罪祖宗，非陛下所得赦。」復上言曰：「人君之於小人，不知面誤用，天下尚望其知面去之。知面不去則小人愈肆，君子愈危，不至於亂亡不已。且邪正不並立，今舉朝欲決去此數人，陛下又知其罪而故留之左右，非特朝臣疑懼，此數人亦不自安。上下相猜，中外不協，禍亂之機始此矣。」不聽。健等以去就争。瑾等八人窘甚，相對涕泣。而尚書韓文等疏復入，於是帝命司禮王岳等詣閣議，一日三至，欲安置瑾等南京。遷欲遂誅之，健推案哭曰：「先帝臨崩，執老臣手，付以大事。今陵土未乾，使若輩敗壞至此，臣死何面目見先帝！」聲色俱厲。岳素剛正疾邪，慨然曰：「閣議是。」其儕范亨、徐智等亦以爲然。是夜，八人益急，環泣帝前。帝怒，立收岳等下詔獄，而健等不知，方倚岳内應。明日，韓文倡九卿伏闕固争，健逆謂曰：「事且濟，公等第堅持。」頃之，事大變，八人皆宥不問，而瑾掌司禮。健、遷遂乞致仕，賜敕給驛歸，月廪、歲夫如故事。

健去，瑾憾不已。明年三月辛未詔列五十三人爲奸黨，榜示朝堂，以健爲首。又二年削籍爲民，追奪誥命。瑾誅，復官，致仕。後聞帝數巡遊，輒歎息不食曰：「吾負先帝。」世宗立，命行人賫敕存問，以司馬光、文彦博爲比，賜賚有加。及年躋九十，詔撫臣就第致束帛、餼羊、上尊，官其孫成學中書舍人。嘉靖五年卒，年九十四。遺表數千言，勸帝正身勤學，親賢遠佞。帝震悼，賜䘏甚厚，贈太師，謚文靖。

健器局嚴整，正己率下。朝退，僚寀私謁，不交一言。許進輩七人欲推焦芳入吏部，健曰：「老夫不久歸田，此座即焦有，恐諸公俱受其害耳。」後七人果爲芳所擠。東陽以詩文引後進，海内士皆抵掌談文學，健若不聞，獨教人治經窮理。其事業光明俊偉，明世輔臣鮮有比者。

孫望之，進士。

廖道南《殿閣詞林紀》卷二《華蓋殿大學士劉健》 庚申，健率同官上言：「自古願治之君必早朝晏罷，日省萬幾。祖宗視朝在黎明以前，每日奏事二次，邇者視朝太遲，散本或至昏黑，四夷朝貢奚示觀瞻，庶府文移多致寢閣。矧今各邊啟釁，四方薦災，尤爲可慮。怠荒是戒，勵精是圖，庶可以回天意、慰人心也。」孝宗嘉納。尋加特進光禄大夫、少師兼太子太師、吏部尚書、華蓋殿大學士。辛酉，健率同官上言：「近有旨：中官往武當山設像掛旛修舉齋醮，命臣等撰敕并祝文。竊聞兹山宫觀像設已極壯麗，若復差官，實爲無益。矧今災異迭出，生民困苦，苗賊肆亂，軍旅方興，糧餉供餽猶恐不給，君門萬里豈能悉知？宜斥邪妄以遏無良。」甲子，健率同官上言：「近有旨欲於朝陽門外修建壽塔。臣等竊惟人主信佛莫梁武帝爲甚，卒餓死臺城；信老莫宋徽宗爲甚，卒因豢金地。本以求福，反以致禍，觀諸往事，可爲明鑒。我祖宗相傳以治天下者，堯、舜、周、孔之道而已，似此異端蠱射惑衆，何關於治。欲造佛塔，非所以訓天下、垂後世也。」又令撰真人杜永祺等誥命及封號。臣等竊惟異端不可信，誥命封號不當與。夫誥命，朝廷所以奬貞勵能，雖卿士大臣必待秩滿考最乃得頒給，況祖宗廟號不過十六字，親王及文武大臣有功德者謚號止一二字，此輩何賢何能，封號多至十八字。流布朝野，傳聞後世，皆曰：『此朝廷所給與，儒臣所擬撰也。』天下後世其謂之何？」俱報罷。毅皇履極，詔健總裁孝廟實録，加左柱國，食正一品俸，倚毗甚隆，健亦盡言無諱。未幾，焦芳媢劉瑾，以健同鄉不附己，遂力攻之。健居家，遭目眚，年九十餘卒。

焦竑《國朝獻徵録》卷一四賈詠《特進光禄大夫左柱國少師兼太子太師吏部尚書華蓋殿大學士贈太師謚文靖劉公健墓誌銘》 嘉靖丙戌冬十一月六日，特進光禄大夫、左柱國、少師兼太子太師、吏部尚書、華蓋殿大學士致仕晦菴劉公壽九十有四，考終於家。河南撫臣以聞，上震悼，輟視朝一日，遣官祭葬如制，贈太師，謚文靖，皆極異數。其孫中書舍人成學以禮部左侍郎劉君舜卿所次狀請銘，詠辱鄉後進，受公知，可以不文辭？

按狀，公諱健，字希賢，姓劉氏，别號晦菴。其先太康人。曾大父諱紹祖，元順德路總管，配翟氏。大父諱榮，配曹氏。父亮，以永樂庚子舉人授華州學訓導，終三原教諭，配張氏，次白氏。以公貴恩及三代，俱贈特進光禄大夫、左柱國、少師兼太子太師、吏部尚書、華蓋殿大學士，妣俱一品夫人。

先是，總管公卒，值元季兵起，翟夫人携子榮趨洛陽避居，因家焉。榮生亮，初任華州司訓，時張夫人夢天使捧紫衣玉帶入中堂，驚晤，公乃生，實白夫人出也。骨相甚奇，教諭公大異之。幼不好弄，視羣兒嬉戲，獨端坐默然。天資穎絶，嗜學尤篤，爲文務思至理，以發聖賢之藴，不事詞藻。景泰癸酉舉於鄉。嘗與洛中名士閻禹錫論學，闊改容禮之，謂鄉人曰：「伊洛淵源，續有人矣。」又與白良輔論不合而罷，比曉，白扣門揖曰：「吾中夜乃思得之，始知吾子賢于遠甚。」由是益知名。天順庚辰舉進士，會選庶吉士，得十五人，公居首，時宰執以得人爲國家慶。及授編修，以憂去。未幾，召修《英廟實録》，成，陞修撰。有薦

公以憲職董學政者，公取《易》筮之，得咸之九五，爻辭曰：「咸其脢，無悔。」徐曰：「此周公教我也，當終身佩之。」不果行。因號晦庵。成化丙午，陞春坊諭德，歷庶子，遷少詹事。命祀西嶽，賜金帶襲衣。明年，陞禮部右侍郎兼翰林院學士，簡入内閣，參預機務，有胡馬夷奴之賜。弘治改元，孝廟臨御，勑知經筵事，尋陞禮部尚書兼文淵閣大學士，凡朝廷大制作皆出公手。甲寅，加太子太保、武英殿大學士，有玉帶麟袍之賜，與西涯李公、木齋謝公同心輔政。上方倚任，入告之謀多所嘉納，而人不及知。終十八年，海内晏然稱治。《會典》成，加少傅兼太子太傅、户部尚書、謹身殿大學士，廕孫成恩爲中書舍人。癸亥，加少師兼太子太師、吏部尚書、華蓋殿大學士，再賜蟒衣玉帶。滿九載，加特進，兼支二俸。乙丑，加左柱國，支正一品俸，再贈三代悉如其官。孝宗大漸，召至寢殿御榻前，與李、謝同受顧命，握手諄諄，至歔欷不能語。正德改元，力贊新政，百度肅然，期於正始，以承弘治之盛。而逆瑾方恣横，擅權沮撓，公遂引年乞休，累疏得請。上遣中使賜寶鏹襲衣於第，許乘傳歸，降璽書褒諭，有「完名全節，世以爲難」之語，有司仍給月廩歲輿。公既去位，杜門謝客。瑾銜之不置，乃以他事罪公落職，一時正人皆罹禍，聞者悚息。逮瑾誅，再復公官，盡還其所廢及罹禍者官。肆我皇上維新，庶政首問遺老，加公廪月八石，輿隸歲十名。及壽躋九十，復勑守臣以束帛、餼羊、上尊慰之，再廕孫成學爲中書舍人。越四歲乙酉，公不豫，數夕前，有星隕於洛，赤氣亘天，不散者連日，遠近驚愕，已而報公逝，人皆以爲不憖之驗云。距生宣德八年二月八日也。

配王氏，贈一品夫人。子二：長來，以子貴贈中書舍人，次東，舉進士，累官兵部車駕員外郎，俱蚤卒。繼張氏生子一：杰。孫男二：成恩、成學，俱中書舍人，恩蚤卒。曾孫男二：望之、得之。成學等將以丁亥十月二十六日改印山平樂鄉之原，啓王、陳二夫人匶合而葬焉。公立朝幾四十年，其典文衡鄉試一、會試四、廷試讀卷六，俱號得士。有《晦菴集》若干卷，藏於家。

弘治十一年三月，監生汪瑢奏言：「劉健、李東陽杜絶言路，掩蔽聰明，妬賢嫉能，排抑勝己，急宜斥退。」健、東陽疏言：「近日兩京科道指陳時弊，并劾奔競交結乞恩傳奉等官，雖未盡當，類多可採。而乃漫無可否，槩不施行，自祖宗朝至今未有此事，皆臣等因循將順，苟避嫌疑，不能力贊乾剛，俯從輿論，別白忠邪，明正賞罰，以致人心惶惑，物議沸騰，草野之下其言乃至於此，乞罷。」上不許，下瑢詔獄。健等又上疏力救，瑢得釋。《今言》

弘治十八年二月初七日，上召閣臣劉健等至煖閣，健等因奏曰：「今國帑不充，府縣無蓄，邊儲空乏，正公私困竭之時，鑄錢事最爲緊要，其餘若屯田、茶馬皆理財之事，不可不講也。」臣東陽因奏曰：「鹽法尤重，今已壞盡，各邊開中徒有其名，商人無利，皆不肯上納。」健等因極論奏討之弊。上曰：「奏討亦只是幾家。」東陽曰：「奏討之中有夾帶，奏一分則夾帶十分，商人無利，正坐此等弊耳。」上曰：「夾帶弊亦誠有之。」健等又言：「王府奏討亦壞鹽法，每府禄米自有萬石。又奏討莊田税課，朝廷每念親親，輒從所請，常額有限，不可不節。」上曰：「王府所奏近多不與。」皆對曰：「但乞今後更不輕與，則不敢奏矣。」健因奏曰：「臣聞國初茶馬法初行，有歐駙馬者販茶數百斤，太祖高皇帝曰：『我纔行一法，乃首壞之。』遂寘極典，高皇后亦不敢勸。此等故事，人皆不敢言。」上曰：「非不敢言，乃不肯言耳。」因言鹽法須整理。遷等贊曰：「請下户部查議。」上曰：「然。」明日降旨云：「祖宗設立鹽法以濟緊急邊儲，係國家要務，近來廢弛殆盡，商賈不行，各邊開中雖多，全無實用，户部通查舊制及今各項弊端，明白計議停當來説。」於是中外稱慶，知上思治勵精如此。《治世餘聞》

孝宗憂勞思治，益明習機務，眷念民瘼，欲盡革諸煩苛弊蠹，召劉文靖公，屏左右，人罕得聞，因大懼，竊從隙中覰，但聞上數數稱善。上仁慈敬慎，尤欲守成法，公等亦見太子未壯，上體清癯，恐一旦禍起，不可測，務却謀遠，顧省機密發，天下隱受其福。至上語及宫中事，毅然欲創抑，盡刷洗近侍，權復高皇帝舊，亦未敢輕動也。《哀談》

沈應魁《皇明名臣言行録新編》卷一六《劉健文靖公》 字希賢，河南洛陽人。天順庚辰進士，仕至少師、吏部尚書、華蓋殿大學士，卒贈太師，謚文靖。公登進士，簡爲庶吉士，授翰林編修。成化甲午，修《英廟實録》。丁酉，續修《資治通鑑綱目》，書成，歷進少詹事。丁未，孝廟登極，遷禮部右侍郎，入内閣，參預機務。弘治辛亥，修《憲廟實録》成，遷禮部尚書。戊午，修《大明會典》成，歷進太子太師、吏部尚書、華蓋殿大學士。正德丙寅，乞致仕，給傳還鄉，月給公廪。始終遭際，蓋文臣之極致也。

公之學根極理性，以伊洛爲師，書非正不讀，發爲文章，務闡明義理，羽翼風教，刊落華藻，而悉歸于純厚。作舉子業亦以理爲主，門生受業學多知近裏，其主考鄉會試讀卷皆以是爲的，故所得多名士。

公晚年遭際孝廟，與西涯李公、木齋謝公同心輔政，有所獻納，多荷采納，遇

有缺失，盡言匡正，無所顧忌。上推心任之，不時顧問，三公亦慨然以天下爲己任。大漸之日，召公及李、謝至寢榻前受顧命。逮事武宗，屬逆瑾竊柄，姦諛盤據，國事日非。公與二公上疏，極言至再，不報，相率求退，蓋不旋踵而公與謝公去矣。既去，忌者媒孽未已，幾中奇禍。公杜門不出，過客請見，一例謝絶，然聞六飛出狩，終日不樂，至廢眠食，曰：「古人處江湖則憂其君，況嘗備位大臣者乎。」並楊一清撰《神道碑》

鄧球《皇明泳化類編》卷五一《劉健》 健字希賢，河南洛陽人。性端簡持正。登天順庚辰二甲第三十九名進士，選庶吉士，授編脩，轉脩撰，遷左春坊左庶子、少詹事，侍東宮。弘治元年春正月，進禮部右侍郎兼翰林學士，入内閣，尋纂脩《憲宗實録》。辛亥，實録成，陟禮部尚書兼文淵閣大學士。甲寅，進榮禄大夫、太子太保、武英殿大學士。丁巳春三月，經筵講罷，上復遣太監韋泰召至文華殿，賜擬諸臣奏章。是時，上方勵精，凡國家大事皆及輔臣而決。明年，徐溥致仕，健首相。【略】三月，太皇太后周氏崩，率同官首請正附葬附祭之儀。七月，延綏邊將有警，報甚急，召至煖閣，諭以出師意。健力言京軍不可輕出，又言潮河川卑弱當守，尋罷兵。乙丑，夏六月，復召至煖閣，面決諸臣奏章。上指一本言：「錢法原何市不通？」健曰：「今國帑不充，府庫無蓄，邊儲空乏，行賈不賞，正公私困竭之時，鑄錢一事最爲緊要，其餘若屯田、茶馬皆理財之事，不可不講也。」李東陽因奏言鹽法尤重，今已壞盡，健遂極陳皇親王府及内官奏討之弊。上深然之。五月，上不豫，召入乾清宫，至寢殿，受遺命。正德改元，加少師、大學士、左柱國，支正一品俸。已而，太監王瓚、崔果奏討鹽一萬二千引，健執不可，上難之，退而具揭力請如户部議，上不得已從之。尋乞休，不許。未幾，劉瑾有寵，言官交章劾瑾，下閣議，健執奏請擬行，因以去決之時，焦芳洩於瑾，瑾得先訴上前，尋有旨准致仕。健居家，遭目眚。瑾恨不怠，矯旨奪公官，罰輸粟。瑾誅，得復官致仕。嘉靖初，降詔存問，尋賜束帛、餼羊、上尊酒，官其子爲中書舍人。年九十四卒，贈太師，謚文靖。

鄭曉《吾學編》卷三六《太師劉文靖公》 公初在翰林，閉户讀書，交遊稀寡，衆謂公木强人。已入閣，益練習國家典故，人又謂公有經濟才。當是時，萬安、劉吉相繼去，宜興、瓊臺與公在内閣，公正色簡言，廉靖不肯依違。七年，進太子太保、武英殿大學士。明年，薦李、謝二公入内閣。十一年，《大明會典》成，進少傅、太子太傅、户書、謹身殿大學士。時上方勵精，凡國家大事召見輔臣，宜興去，召公及李、謝二公至文華殿平臺煖閣面議大政，如吴一貫、張天祥獄，睿皇后陵寢，殿禮進退，五府四營公侯伯災異去留，大臣皆上前相可否。公確直，見事稍遲，李公才敏達，謝公方質，三人同心，時人語曰：「李公謀，劉公斷，謝公尤侃侃。」十六年，加少師、太子太師、吏書、華蓋殿大學士。是年五月，一品滿九載。當是時，國家治平無事，上顧公喜諭曰：「勞卿久矣。」兼支大學士俸。【略】

上仁慈敬慎，尤欲守成法，惡參核。公等亦見太子未壯，上體清癯，恐一旦禍起不可測，務却謀遠顧，省機密發，使天下隱受其福。至上語及宫中事，毅然欲創抑，盡刷洗近侍權，復高皇帝舊，然亦未敢輕動也。當是時，三人者在内閣，鈞陽在吏部，華容兵部，浮梁都察院，洪洞户部，同心戮力，天下仰望風采。

朱睦㮮《皇明中州人物誌》卷一〇《劉健》 十三年夏，上御平臺，召健議諸營提督官，欲留英國公懋、保國公暉、惠安伯偉，罷成山伯鏞、寧晉伯福，問健何如。對曰：「誠如聖鑒。」又問：「鎮遠侯溥、新寧伯祐何如？」健曰：「溥宜督五軍營，祐宜督神機營，其人雖不如溥，然在營久，以張偉副尤便。」上皆從之。【略】

十七年三月壬戌朔，周太后崩。丙子，上召健，與之議，且示之圖，欲啓裕陵，以孝莊合葬，而復祔之廟。蓋是時左右有欲請二后並者。上曰：「一帝一后，禮也。大行之恩雖深，然孝莊，皇祖后也，能私之乎？」復曰：「奉先之祭，英廟一座而已。」又曰：「孝穆，朕生母也，别祠于奉慈，今仁壽殿可以事人行，他日則奉孝穆于後殿，時享之禮如太廟焉，敢闕之乎。」健力贊之，乃決。遂别建廟于奉先之西偏，祠孝肅焉，而以西室居孝穆。君子謂兹役於是得禮矣。

雷禮《國朝列卿紀》卷一一 性聰慧，又絶嗜學，自幼所與遊皆洛陽老生知名者，於是洛陽人長幼無不知名也。景泰癸酉舉鄉試，天順庚辰登進士，改庶吉士，尋授翰林編修。成化甲午進修撰，丙申陞春坊右諭德，丁酉進左庶子，丙午陞詹事府少詹事，凡三任皆職輔導皇太子。二十三年丁未，孝宗録輔導功，陞禮部右侍郎兼翰林院學士，入内閣參預機務，賜胡騎夷奴。【略】

蓋自戊午以來孝廟之御極十餘年矣，益明習機務，勵精治平，而健亦身任天下無所私，凡進用大臣及政事臧否，必反覆密喻，侃侃竭忠悃，而上亦推心而用，未嘗不嘉納也。【略】

成化年，健嘗掌制勑，比又修兩朝實録成，又續《通鑑綱目》，總裁《會典》，皆直質宏雅，無溢詞。又嘗主文試，所第皆海内名士，即不第者不怨也。教子務依

儉嗇忠厚，鄉里信而化之，無間言。賦性剛正，理學深邃，以伊洛爲宗，任天下大事未嘗迂曲。翊運三朝，夷險一節，終輔孝宗，位冠羣臣，天下想望風采。即所建立，聲施後世，至今雖深山窮谷，語及弘治時事，未嘗不太息殞涕也。卒年九十四，贈太師，謚文靖。

鄧元錫《皇明書》卷一七　劉文靖公健，河南洛陽人。初入官翰林，閉户讀書，簡交遊，咸見謂木强。敬皇帝即位，以青宫恩陞禮侍郎兼學士入閣，乃練國政如素習。與徐、丘同官，正色簡言，無依違。時召見於上前，可否亦確直不阿。徐公卒，當國。【略】

是時劉尚書大夏爲本兵，以上眷爲中官媢忌。一日，劉執奏修清寧宫工役當減十之五，上怒，令内閣擬旨詰責。健曰：「惜軍力，兵部職也，近劉尚書欲謝病，疏甚懇，朝廷數温旨勉留，然且請未已。若詰責，彼以不職固辭，當於何處得若人本兵乎？」語聞，上悟，遇大夏如初。李長沙爲次相，風士於唐詩古文，健每爲諸吉士言：「古人之學在尋繹義理以消融胷次，次者考求典故以經綸國體，如徒以詩文爲者，即學成李、杜，亦酒徒，何用。」語稍過激，而敦本意終不遠矣。

劉孟雷《聖朝名世考》卷二《碩輔傳·劉健文靖公》　健之學根極理性，以伊洛爲師，文章務闡明義理，羽翼風教，悉歸純厚。晚年遭際孝廟，與李東陽、謝遷同心輔政，有所獻納，多荷采納，遇有缺失，盡言匡正，無所顧忌。上推心任之，不時顧問，三公亦慨然以天下爲己任。

張弘道、張凝道《皇明三元考》卷六　健骨相奇古，學問深粹，行淳履正，偉識宏才。早際聖明，晚罹好佞，進不盈移，退不窘戚，近世賢輔稱健爲最。

何喬遠《名山藏》卷七十《臣林記·劉健》　弘治以前，士攻舉業，仕則精法律、勤職事，鮮有博覽詞賦，間有之，衆皆慕悦，必得美除。孝宗在宥，朝政有常，冠佩委蛇，士各奮興。健獨教人看經窮理。李東陽以詩文氣節援引名流，健處之若不知者。吴寬文學著名，謝遷欲健薦之同相，健外示唯唯而已，强之，則曰：「待公柄事，與之同升。」何景明年少有文，兼健同鄉，人謂得選翰林無疑，健獨嫌景明福薄也。【略】

世宗嗣位，健年九十，不可起，賜勑存問曰：「朕惟人臣事君，行道樹功，豈不難哉，而名遂身退，壽老康寧，身繫天下之望，尤不易得。卿自早年究心理學，蜚聲藝苑，勞勤著茂，聞望彌隆，遂受知孝宗皇帝。弘治十八年之治，卿與二三大臣佐理爲多。顧命之日，推誠付托，至切至專。卿感激知遇，益竭瘁勞。武宗改元，隨事納忠，曲爲匡救，其毅然不可回之氣往往見於詞色，群小難容，告老而歸。中間復遭讒抑，而昭雪隨之，高風大節，播仰天下有日矣。今年近九旬，體履康泰，盛福完名，求之於古，則有宋名賢卿鄉先哲若司馬光、文彦博輩不多讓焉。累朝舊德，實軫朕懷，特遣行人至家存問，仍賜羊酒，令有司月餽官廩八石，歲給輿隸十名，式表異數。卿尚頤養天和，茂膺壽祉，用表儀于天下。抑朕聞老臣體國，義不忘君，方兹初政，嘉謨至計，尚無秘隱，輔我不逮。欽哉。」

張師繹《月鹿堂文集》卷四《太師劉文靖公小傳》　劉健字希賢，號晦菴。天順四年庚辰進士。生平學問以伊雒爲師，書非正不讀，爲文務闡理義，羽翼風教，刊落浮華，悉歸淳厚，於舉子業亦然。初授編修，歷官特進光禄大夫、左柱國，少師兼太子太師，吏部尚書，華蓋殿大學士，致仕贈太師。主考兩京鄉試一，同考會試四，主會試一，殿試讀卷六，取人皆以是爲準的。修撰時有薦爲提學憲者，公筮之，得《咸》之九五「咸其晦，無悔」，公喟然曰：「周公教我矣。」因取爲別號，遂不果行。纂修國史，簡而核，無溢無蔓詞。晚際孝廟，舉李文正西崖公、謝文正木齋公同心輔政，時人語曰：「李公謀，劉公斷，謝公尤侃侃。」所被白金、廐馬、文綺之賜無虚日。會龍馭上賓，面受玉几，顧命。武宗耕藉，幸學册婚，赫然正始。屬瑾盤踞，國事日非，公極言再三，不顧，決意引退，遂與謝同歸。而忌者媒孽不已，奪公官，罰粟輸邊，將中以奇禍。公杜門不出，過客請見，一槩謝絶，然聞六飛出狩，輒憂形顔色。世廟改元，賜廪及輿隸。次年九十，復遣巡撫存問，并致束帛、餼羊、上尊。公疏謝。復廕一孫。公素善調攝，無疾病，偶小示極即絶粒。屬纊前數日，大星隕雒，赤氣亘天云。壽九十有四。劉之先太康人也，徙居雒陽。父亮，舉永樂庚子鄉薦，仕三原學正。【略】

別記：康德涵太史使事過雒，謁公里第，公坐帳中，鬚髮如漆，童顔孺色，已見之，客座頽然老翁也。因言向借得俞光《參同契》，是汝批抹者否，我幾爲此書所悮。臨行，囑康：「我眼目瞶瞶，頭岑岑也，見人莫胡說。」易簀時，夫人戒從者無哭，舉廣柳輕如無人，疑尸解去。以不語怪，故不傳。

余讀《石蹤文稿》十一册，有劉文靖公墓誌，畧節其事爲小傳。劉公，我明第一人也，功烈炳炳琅琅，多載史册，當以類攙入之。此篇做實録體，故其詞質，猶之野記云爾。

談遷《國榷》卷三四　壬午，前少師兼太子太師、吏部尚書、華蓋殿大學士劉

健卒。健字希賢，河南洛陽人。天順庚辰進士。入館，授編修。弘治中，直閣。正德丙寅乞骸。家居垂二十年。嘉靖改元，詔問加賜。年九十四。風節凝重，練習典故，有經濟才。受知孝廟，盡言匡正，多所采納，受顧命，惜武宗之不能用也。謝政歸。聞帝數巡邊，幸江南，輒泣不食，曰：「吾死無以見先帝矣。」人稱有古大臣之節，爲近世賢輔云。贈太師，謚文靖。

湯斌《潛菴先生擬明史稿》卷一七　健在内閣，正色率下，同鄉無所黨比。僚宷謁私宅，不與交一言，及入朝論事，關大體者輒侃侃言之。時李夢陽、何景明詩賦高天下，士爭效之。李東陽以詩文汲引名士，而健若不聞，獨教人通經窮理，至斥李、杜爲酒徒。景明年少有文名，且健同鄉，人謂當得翰林，而健以爲其福薄不許也。

雜録

備録

沈應魁《皇明名臣言行録新編》卷一六　公罷政歸，西涯李公祖餞，嚱吁泣下。公厲聲曰：「何用今日哭爲，使當日出一語，則與我輩同去耳。」《近峰聞略》公入内閣，信陽何景明年少能詩，人以爲首相鄉人，必選入翰林無疑。公曰：「此子福薄，能詩何用。」後景明除中書舍人，官至提學副使，不壽，卒。自内閣大臣不黨比故舊，僅見公一人。《雙溪雜記》

【略】公自官翰林，崇尚理學，不事華藻，而立心亦端，自徐溥去後，專代言之任，一以公平爲主，人無間。然李東陽同時在閣，以詩文氣節援引名流，健處之若不知，誠可謂君子人矣。而論者惟以報復私怨少之，蓋敏政與東陽齊名，嘗語人曰：「劉先生殊不能詩。」公聞而啣之。敏政爲會試主考，人有言其賣題者，及揭曉，同考給事中林廷玉上言敏政賣題雖未發露，而可疑者七，遂捕舉人徐姓及敏政下獄，命多官廷鞫。徐姓者雖未中式，曾以二幣饋，敏政受之，坐是落職。然翰林官爲座主受門生饋亦係常事，而獨廷鞫敏政，坐以贓罪，所以不能不起人之議也。

陸深《谿山餘話》　予爲庶吉士時，一日，侍坐于少師洛陽劉公健，因問予章德懋可爲今日何官，予亦遜謝不敢對。公大聲曰：「以爾知德懋，故問。」予始起對曰：「恭而安，宜爲日講經筵官，以輔養聖德。」公摇手曰：「不得，不得。德懋居山林久，未聞講筵禮數，萬一山野，使人主不肯親近儒臣自此始。」同年崔子鍾銑聞之，曰：「此公私意，孰謂德懋不習禮度耶。」由今日觀之，深之去講筵也，雖所自取，亦以少誠意，無感悟之效。如盛庶子端明、魏祭酒校皆以生疎改秩，半歲之間，屢有變動，聖心可想矣。乃知前輩練事久，自有長識，後生未易以一言斷也。

陸深《停驂録摘抄》　劉名健，字希賢，號晦菴，洛陽人。相孝廟首尾二十年，相業甚可觀，素以理學自負。予乙丑登第爲庶吉士，與衆同謁公於安福里第。公告諸吉士曰：「人學問有三事：第一是尋繹義理以消融胸次，第二是考求典故以經綸天下，第三却是文章。好笑後生輩才得科第，却去學做詩，做詩何用，好是李、杜，李、杜也只是兩箇醉漢。撇下許多好人不學，却去學醉漢。」其言如此。雖抑揚之間不能無過，然意則深遠矣。

雷禮《國朝列卿紀》卷一一　《雙溪雜記》云：劉健在内閣時，河南則有馬文升、許進、劉宇、焦芳、李燧，健雖同鄉而不阿比。文升在兵部，每以軍職官不堪委任，欲添設兵備按察司官監之，健屢止之，票旨不准。後因奏設九江兵備，兵科都給事中夏祚論之，令文升回話認罪。許進爲户部侍郎，同平江伯陳鋭統師出宣大禦虜，畏怯嬰城自守，無功，罷進職致仕。焦芳爲吏部侍郎，建言禦虜四事，健票旨云這本所言窒礙難行，芳以爲愧。李燧爲鴻臚寺少卿，年深，止轉太僕寺少卿。又何景明年少能詩，人以爲首相同鄉，必選入翰林無疑，健曰：「此子福薄，能詩何用。」不取。後景明除中書舍人，官至提學副使，不壽，卒。自來居内閣不黨故舊，僅見健一人。

又云：河南洛陽劉健自官翰林，潛心理學，不事華藻，立心亦端正，自徐溥去後，專代言之任，以公平爲主，絶無言議。李東陽同時在閣，以詩文氣節援引名流，私植朋黨，健處之若不知，誠可爲君子人矣。

《近峯聞略》云：公罷政歸，西涯李公祖餞，嚱吁泣下。公厲聲曰：「何用今日哭，爲使當日出一語，則與我輩同去耳。」

李紹文《皇明世説新語》卷一《言語上》　劉文靖去國，杜門謝客。然聞六飛出狩，終日不樂，曰：「古人處江湖則憂其君，況嘗備位大臣者乎。」

李紹文《皇明世説新語》卷四《賞譽》　劉閣老健嘗語人曰：「國家養士百四五十年，當其時，只養得一箇韓貫道者。」

蘇茂相《皇明寶善類編》卷下《企羡》　劉文靖與李、謝二文正同在内閣，李以詩文氣節援引名流，劉、謝若不知者，同寅協恭，竟成孝廟十餘年之治。時人語曰：「李公謀，劉公斷，謝公尤侃侃。」劉九十四，謝八十三，李七十，俱贈太師。

張萱《西園聞見録》卷九　劉文靖公健在内閣，與馬文升、許(□)〔進〕、焦芳、李燧皆河南人，雖同鄉而不爲阿比。信陽進士何景明年少能詩，人咸以爲首相同鄉，必選入翰林，公曰：「此人福薄，能詩何用？」不取。後景明除中書舍人，遷提學副使，不壽，卒。自來居内閣不私鄉故，惟公一人。

張萱《西園聞見録》卷二七　劉文靖公健成化二十三年以少詹學士入閣。弘治十一年三月，監生汪瑢奏言：「劉健、李東陽杜絶言路，掩蔽聰明，妬賢嫉能，排抑勝己，急宜斥退。」公與東陽疏言：「近日兩京科道指陳時弊，并劾奔競交結、乞恩傳奉等官，雖未盡當，數多可採。乃漫無可否，概不施行，自祖宗朝至今未有此事。皆臣等因循將順，苟避嫌疑，不能力贊乾剛，俯從輿論，別白忠邪，明正賞罰，以致人心惶惑，物議沸騰，草野之下其言乃至于此。乞罷。」上不許，下瑢詔獄。公又上疏力救，瑢得釋。十八年二月，上召閣臣劉健等至煖閣，公等因奏曰：「今國帑不充，府縣無蓄，邊儲空乏，正公私困竭之時，鑄錢事最爲緊要，其餘若屯田、茶馬皆理財之事，不可不講也。」李公東陽因奏曰：「鹽法尤重。今已還盡，各邊開中徒有其名，商人無利，皆不肯上納。」公因極論奏討之弊。上曰：「奏討亦只是幾家。」東陽曰：「奏討之中有夾帶，奏一分則夾帶十分，商人無利，正坐此等弊耳。」上曰：「夾帶弊亦誠有之。」公又言：「王府奏討，亦壞鹽法。每府禄米自有萬石，又奏討莊田税課，朝廷每念親親，輒從所請，常額有限，不可不節。」上曰：「王府所奏近多不與。」公對曰：「但乞今後更不輕與，則不敢奏矣。」公因奏曰：「臣聞國初茶馬法初行，有歐駙馬者販茶數百斤，太祖高皇帝曰：『我纔行一法，乃首壞之。』遂寘極典，高皇后亦不敢勸。此等故事，人皆不敢言。」上曰：「非不敢言，乃不肯言耳。」因言鹽法須整理。公與謝公遷等贊曰：「請下户部查議。」上曰：「然。」明日，降旨云：「祖宗設立鹽法，以濟緊急邊儲，係國家要務。近來廢弛殆盡，商賈不行，各邊開中雖多，全無實用。户部通查舊制及今各項弊端，明白計議停當來説。」于是中外稱慶，知上思治勵精。皆公之力也。正德元年，以少保華蓋殿大學士致仕。忌者媒孽，幾中奇禍，公杜門不出，過客請見，一切謝絶。卒年九十四。

公及李公東陽、謝公遷同在内閣，公敢於任事，東陽長于爲文，遷直亮，明斷可否，其間不阿不激，同寅協恭，所以成弘治十餘年之治。【略】公初在翰林，閉户讀書，交遊稀寡，衆謂公木强人。已入閣，益練習國家典故，人又謂公有經濟才。當是時，萬安、劉吉相繼去，宜興、瓊山與公在内閣，公正色簡言，廉靖不肯依違。時上方勵精，宜興去，召公及李、謝二公至文華殿平臺煖閣，面議大政。如吴一貫、張天祥獄，睿皇后陵寢殿禮，進退五府四營公侯伯，災異去留大臣，皆上前相可否。三人同心，時人語曰：「李公謀，劉公斷，謝公尤侃侃。」先是，公率同官上疏：「近有旨令中官往武當山設像懸旛修醮，命臣等撰勑并祝文者。竊聞玆山宫觀像設已極壯麗，復有此舉，實爲無益。矧今災異迭出，生民困苦，苗賊肆亂，軍旅方興，轉餉繕兵，猶恐不給，君門萬里，豈能悉知。宜斥邪妄，以遏無良。」十七年，又率同官上言：「近有旨朝陽門外修建萬壽塔者。臣等竊惟人主信佛，莫梁武帝爲甚，卒饑死臺城；信老莫宋徽宗爲甚，卒因斃虜地。本以求福，反以致禍。觀諸往事，可爲鑒戒。我祖宗相傳以治天下者，堯、舜、周、孔之道而已，似此異端，蠹財惑衆，何關于治。佛塔之役，非所以訓天下、垂後世也。」又令撰真人杜永祺等誥命及封號。疏言：「臣等竊惟異端不可信，誥命封號不當與。夫誥命，朝廷所以獎貞勵能，雖卿士大臣必待秩滿考最乃得頒給。況祖宗廟號不過十六字，親王及文武大臣有功德者謚號止一二字，此輩何賢何能，封號多至十八字。流布朝野，傳聞後世，皆曰此朝廷所賜，予儒臣所撰擬，天下後世其謂之何。」

上時憂勞思治，益明習機務，眷念民瘼，欲盡革諸煩苛弊蠹。召對輒屏左右，左右不得聞，大懼，竊從屏隙中觀，但聞上數稱善。上仁慈敬慎，尤欲守成法，惡慘核。公等亦見太子未壯，上體清癯，恐一旦禍起不可測，務卻謀遠顧，省機密發，使天下隱受其福。至上語及宫中事，毅然欲創抑之，刷洗近侍權，復高皇帝舊，然亦未敢輕動也。上遽病，外議籍籍，謂禍本有所起也。上大漸，召公三人入乾清宫，受顧命，力疾起，坐寢榻，語在李公傳中。康陵即位，新政猶肅。未幾，劉瑾等導上遊戲廢政，公三人上疏極諫，請誅瑾等，不報。又與諸大臣伏闕門諫，焦芳洩于瑾，瑾得先見上泣請，并斥言諸大臣過欺官家幼沖。上果疑怒，諫竟不得入。公因乞致仕，謝公亦去，焦芳遂入内閣。自是奸黨益熾，羣小附之，盡逐諸骨鯁卿士大夫。瑾尚恨公不已，矯旨奪公官，罰輸粟。瑾欲起大

獄，盡殺諸不附己者，矯勅羣臣指內官王岳、范亨、徐智，公及謝公、洪洞韓公文、浮梁楊公守隨、張公敷華、林公瀚，郎中李夢陽，主事王守仁、王綸、孫槃、黄孔昭，檢討劉瑞，給事中湯禮敬、陳霆、徐昂、陶諧、劉茝、艾洪、呂翀、任惠、李光翰、戴銑、徐蕃、牧相、徐暹、張良弼、葛嵩、趙士賢，御史陳琳、貢安甫、史良佐、曹閔、王弘、任諾、李熙、王蕃、陸昆、張鳴鳳、蕭乾元、姚學禮、黄昭道、蔣欽、薄彦徽、潘鏜、王良臣、趙祐、何天衢、徐鈺、楊璋、熊卓、朱廷聲、劉玉爲奸黨，榜朝堂。公益懼，杜門謝客。瑾誅，得復官，致仕。比上數巡邊，幸江南，輒泣不食飲，曰：「吾死無以見先帝矣。」

張萱《西園聞見録》卷七八　弘治十七年九月，上屢御煖閣，召輔臣議政事。一日，上袖出大同總兵官吴江本授劉健曰：「吴江奏欲臨陣以軍法從事，昨所議太重，恐邊將輕易啓妄殺之漸，輔臣皆未敢應。」少頃，健對曰：「臨陣用軍法，自古如此。兩軍相持，退者不斷，則人不效死，何以取勝。」上曰：「雖然，亦不可輕許。若命大將出師，勅書內方有軍法從事之語。各邊總兵官親禦大敵，官軍有臨行退縮者，止許以軍法嚴令，從重處治，如此方可。」李東陽奏曰：「此事若不説起方行，今既奏請，若明明不許，卻恐號令從此不行。」健亦力贊其説。上復申前論，健奏曰：「昨日兵部擬奏，儘有斟酌尋常小敵或偏裨出戰，皆不許，似止依所奏足矣。」上曰：「兵部所擬固好，總兵官既奏了一場，若止答一是字，亦不爲重，外邊視奏詞亦不甚着意，亦須于旨意説出乃爲重耳。」謝遷曰：「今遵聖諭，批答仍用一『是』字爲宜。且軍法亦不專爲殺，輕重各有法，決打亦軍法也。」上曰：「然。可去整理停當。」皆諾而退。

徐開任《明名臣言行録》卷三〇　楊邃菴罷相後，年七十餘，世廟特起於家，改兵部尚書兼總制三邊。道經洛陽，謁公。公出見，辭色甚倨，佯問曰：「前我記汝亦曾爲閣老耶？」楊隨問而對。公曰：「既爲閣老，而復出作總制，內閣體統爲汝一人壞盡矣。」楊亦細云：「朝命不得不赴。」公曰：「進止由汝，何得乃爾，我老，不能對客矣。」遂命二孫陪茶。楊大慙而出。

梁維樞《玉劍尊聞》卷四　楊邃庵歸田起總制三邊，道經洛陽，謁劉文靖公。文靖出見，辭色甚倨，曰：「汝亦曾爲閣老，復出作總制，內閣體統爲汝一人壞盡矣！」楊云：「朝廷簡命，不得不赴。」文靖曰：「進止由汝，何得乃爾？我老，不能對客！」遂命二孫陪茶，楊慙而出。

備論

沈應魁《皇明名臣言行録新編》卷一六《劉健文靖公》　國朝大臣得謚文靖者，尚書蕭山魏公驥年九十八，顧未得柄用，不甚顯。少師宜興徐公溥顯矣，壽纔七十二耳。公位極人臣，壽至九十四，功成身退，完名以歸其鄉者二十年有奇，謂爲古今之僅見者，非邪。

廖道南《殿閣詞林紀》卷二華蓋殿大學士劉健　廖道南曰：弘治間，予從先大夫遊京邸，飫聞文靖劉公當國，正色率下，凡諸僚寀謁私宅者不與交一言。及入朝，事關大義，累幾千言不缺。及子登甲科，列史館，公尚無恙，卒無一言干求恩澤，豈古之所謂大臣與？

贊曰：嵩嶽峨峨，汴河湯湯。伊洛瀍澗，迴繞北邙。惟彼東都，元氣攸萃。爰有大老，鍾兹間氣。耿耿大節，侃侃正言。力詆邪説，中扼權姦。公考正命，公神不死。以道事君，不可則止。

孫灝、顧棟高等《河南通志》卷五九　劉健字希賢，洛陽人。天順庚辰進士，選庶吉士，授編修。謝交遊，鍵户讀書，人以木强目之。然練習典故，有經濟才。修《英宗實録》書成，進修撰，三遷至少詹事。充東宮講官，受知孝宗。既即位，進禮部右侍郎，兼翰林院學士，入內閣，參預機務。弘治四年，進禮部尚書，兼文淵閣大學士。尋加太子太保。是時，健與李東陽、謝遷三人同心輔政，竭情盡慮，知無不言。每進見，帝輒屏左右。或從屏間竊聽，但聞帝數數稱善。時人語曰：「李公謀，劉公斷，謝公尤侃侃。」一時進退文武大臣，釐飭屯田、鹽馬諸政，健翊贊爲多。屢加少師兼太子太師，與東陽、遷同賜蟒。大臣賜蟒自健等始。帝寵任特甚，天下方想望太平，未幾，孝宗崩。武宗即位，健等雖受顧命，盡心輔導，而逆瑾用事，屢諫不入。健推案痛哭，必欲盡誅八黨，反爲所中，與謝遷同日去位。既歸，聞帝巡遊，輒涕泣不食，曰：「吾負先帝。」世宗立，首降璽書，遣使存問。年九十餘卒。贈太師，謚文靖。健器局嚴整，正己率下，無黨無偏。朝退，寮寀私謁不交一言。其事業光明俊偉，爲明世輔臣第一。孫望之，進士。

鄭曉《吾學編·皇明名臣記》卷一五　公骨相奇古，學問深粹，行淳履正，偉議宏材，早際聖明，晚罹奸佞，進不盈移，退不窘戚，爲近世賢輔。嘉靖二十一年

又官其曾孫一人爲尚寶司丞。

《世宗實録》卷七四　健性簡静，重風節。在翰林閉户讀書，不事交遊。入閣練習章有經濟才。既受知孝廟，盡言匡正，多所採納。大漸之日，召至榻前，顧命累十數言。逮事武宗，册大婚、耕耤田、幸太學、頒詔天下，肅然正始。會逆瑾導武宗遊畋荒政，健累疏極請誅瑾，皆不報，遂謝政歸。後每聞武宗數巡邊、幸江南，輒泣不食，曰：「吾死，無以見先帝矣。」人稱健進退有古大臣之節，爲近世賢輔云。

雷禮《國朝列卿紀》卷一一　太史氏曰：國朝監前代壅蔽之禍，罷宰相官，事歸六曹，權在人主。迨文皇帝時肇設内閣，立大學士，與天子議機務可否，稍稍有權矣，然官不過五品。比後乃至三孤，領尚書職，猶不得專制外事。嗚呼，慮深遠矣。然自設立内閣以來，稱賢相者，前有三楊公，宣宗皇帝垂拱，承弼同心，君逸臣勞，庶幾代天之吏。弘治間，帝即位既久，勵精思治，登庸俊賢，内則文靖暨李、謝二公參議朝政，外則鈞陽、華容、洪洞、浮梁諸公戮力陳列，君明臣良，此萬世一時也。迨敬皇帝遽崩，武廟即位，逆瑾以黠悍竊政，構去公等，又罷諸大臣，朝政反覆盡矣。比其時内閣顧命元老猶知敬畏，其誅瑾時，即人不私報瑾，上不聞交構言，無先疑，又重違公等，必誅瑾。瑾誅，公等未必去，守法順流，承先帝之後，上雖好遊豫，於政無損也，此豈非天哉，此豈非天哉。或者謂公受先帝命，當以身狥國，乃即引身去，爲公歉。嗟乎，蕭望之固漢元臣，且帝傅也，計去恭顯，竟誣望之下獄死，其於漢事何如哉。即使公不歸，復抗節不詇瑾，公必罹禍，即罹禍，於瑾無悛也，徒重壞國體耳。公既諍不從，義惟有去，即去後，亦落職，公蓋孰慮之矣。嗚呼，文靖始終之義備矣哉。

項篤壽《今獻備遺》卷一九　論曰：徐、劉諸公受明主知，造膝論議，可謂榮遇。跡其直言不阿、正色立朝者，非耶。

鄧球《皇明泳化類編》卷五一《劉健》　健歷孝宗朝，始終得君，歷有嘉猷，以贊廟謨。逮其宦成之日，焦芳欲引共交劉瑾，不從同鄉稍爲阿比，君子哉若人乎。當孝廟眷倚，有李、謝二大臣，公確直，遇議稍遲，而敢於任事，李通敏善文，遷直亮明斷，三人可否其間，不阿不激，同寅協恭，所以成弘治十餘年之治。時人語曰：「李公謀，劉公斷，謝公尤侃侃。」《雙溪雜記》謂：「公自官翰林，潛心理學，不事華藻，而心亦端正，自徐溥去後，專代言之任，一以公平爲主。李東陽同時在閣，以詩文氣節援引名流，私直朋黨，健處之若不知，誠可謂君子矣。」廖道南謂其正色率下，凡諸僚宋謁私宅者不與交一言，及入朝，事關大義，累及千言不折，及其家居，卒無一言干恩澤，豈古之所謂大臣與。若何景明不入翰林以爲不私同鄉，而程敏政之獄有議其成於報復，此亦大醇而小疵也。吁！居官自守，寡結交，時謂其爲木强。及任國，益練習典故，不隨浮沉，而以相業令終如公者，可多得哉。

李贄《續藏書》卷一一　《白沙語要》云：劉文靖講「人之生也直」章一論，判善惡於一言，決興亡於萬代，其天下國家治亂之符驗與。

朱睦㮮《皇明中州人物誌》卷一〇《劉健》　論曰：余聞劉文靖公當國，正色率下，凡諸寮屬謁私第者，不交一言。及入朝，事關大義，累千言不已。平臺暖閣之對，無少隱避。遭值明聖，多所采納。又薦劉忠宣公大夏、馬端肅公文升、戴恭簡公珊、周文端公經、王端毅公恕、韓忠定公文，諸公分布六曹。有大政，文靖必造膝，面請裁決，以故敬皇臨御十有八年，夷夏清寧，民物富庶，雖唐之貞觀、宋之慶曆不啻過也。正德初，自公去位，邪倖引用，法紀廢隳，海内困窮，盜賊蜂起。傳曰：「邦之榮懷繫於所任一人之是，邦之杌隉繫於所任一人之非。」今以文靖觀之，詎不信哉。

鄧元錫《皇明書》卷一七　健骨相奇古，學問深粹，行淳履止。早際聖明，晚罹近倖，進不盈多，退不窘戚，稱近世賢輔云。

尹守衡《明史竊》卷六八　論曰：劉、謝二公並以宫僚入參大政，受知孝廟，弼成弘治一十八年至理，平臺煖閣之疇咨，具見都俞吁咈之遺焉。夫惟聖君賢相，千載一時哉。迨事武宗，皆以顧命老臣，無能改于其德，么麽小豎急欲芟夷於旦暮之間，卒俱受其蠆螫，世道之不流爲甘露者無幾，豈亦智不足而才有餘乎。木齋懸車廿載，猶濡足于新貴，當軸之時，一籌莫展。數月掛冠，完名全節，畧稱蛇足矣。

張師繹《月鹿堂文集》卷四《太師劉文靖公小傳》　蝶花外史曰：國朝文臣謚文靖者三人：尚書蕭山魏公年九十六，顧未柄用，功業不大顯。少師宜興徐公顯矣，壽七十有二。公位極人臣，壽躋大耋，功成身退，完名令終，歸其鄉，而長邱壑者二十許年，使人主欽其風範而後進奉爲儀型，豈不善始善終，夐隻今古，莫之與京哉。

唐鶴徵《皇明輔世編》卷二　太常氏曰：劉文靖蓋古之遺直也。毋論其言之入與不入，而知則無不言，言則無不盡也。然當孝廟在御，則天下並受其福，

武廟嗣登，則一身幾於不靖。晏子謂一心可以事三君，然歟？否歟？

孫奇逢《中州人物考》卷二 野史氏曰：健之論列，所關朝政國體。如詔遣中官子武當山設像脩醮，因健等上疏已之。詔建寺塔於朝陽門外，因健等上疏罷之。又罷撰真人杜永祺誥命及封號。凡浮圖異端、蠹財惑衆一切擯不得逞。直曰：「我祖宗相傳以治天下，堯、舜、周、孔之道而已。」庶幾乎古之大臣以道事君者與。至上問李夢陽言事若何，輒對曰：「此狂妄小人耳。」亦未免失言。其不爲同鄉徇情面，亦當另有説。如事在當從而必不從以示公，則偏亦甚矣。祁奚舉子，未嘗有咎其私者，《春秋》責備賢者之意。

查繼佐《罪惟録》列傳卷一一 論曰：劉洛陽、謝餘姚兩恭重，以顧命臣贊太平，頗不欲爲奇節，即逆瑾初亦頗下之。自韓户部一激，而焦芳鼓焰，奄勢崩天矣。蓋王岳等之得君，未及張永也。文靖九十有三，文正八十有三，夫藩服履尊，必無短算，盛時碩輔，定獲長齡，氣運使然乎，抑有所自也？相傳木齋少館于毘陵某氏，有女年踰二十未嫁。一日，乘父母出，潛叩館門。木齋善謝之，不去，因正色嚴拒。女情熱，咍其背去。明日，束裝力辭主人還里，必不明言。楊一清入閣後，七十餘，復起三邊總制，便道謁文靖。文靖色倨，曰：「汝曾入閣來，尚出總制乎？閣體壞自汝矣。」對以簡命。曰：「進退由汝。」輒入内，令二孫陪茶。一清慙，亦服義去。以晚近論，似太倨。然此等嚴重，孟子所云世臣，又云社稷臣，長治之朝不可無此。相傳劉文靖生彌月，有僧過門，摩頂：「此兒七死不死，齒爵莫倫。」果生平遇七險獲免。

傅維鱗《明書》卷一二六 史官曰：當孝宗之朝，君明臣良，劉健相而李、謝連茹以進，所造膝密陳，皆天下大計，或謀或斷，蓋有房、杜之風焉。晚際沖主，姦閹擅朝，機事不密，幾蹈訓、注之禍。連翩去國，以明靖獻，語及顧命，未嘗不隕涕也。嗚呼忠哉！均躋上壽，以俟河清，斯平格之佑矣。

湯斌《潛菴先生擬明史稿》卷一七 論曰：孝宗之世最多名臣，内閣五人：溥以寬和著，濬以博綜聞，雖各有所短，皆稱賢焉，未可執一而論也。健、遷正色直道，蹇蹇匪躬，閹竪亂政，秉義固諍，確乎其不可拔，庶幾古大臣風烈。説者謂申屠嘉之於鄧通、韓琦之於任守忠，皆能伸威廟堂、決策呼吸，似非健、遷所能及。然自太祖廢丞相，閣臣權微，與漢、宋迥異，而閹竪盤結根深，武宗溺于宴佚，欲以力争而誅其左右之近習，亦已難矣。使因羣閹之請謫之南京，俾離左右，不至蠱惑君心，或可從容得志。而幾事不密，遂令僉邪得以抵隙示恩，垂成而敗，可爲痛惜。要之，剛直之節始終不渝，事君之道，健、遷無媿焉。兩朝章疏載其大者，庶後有所考。東陽依違固寵，晚節不振，若當時一言相助，並出都門，何至獨蒙垢厲乎。

《明史》卷一八一《劉健傳》 贊曰：徐溥以寬厚著，丘濬以博綜聞。觀其指事陳言，懇懇焉爲憂盛危明之計，可謂勤矣。劉健、謝遷正色直道，蹇蹇匪躬。閹竪亂政，秉義固諍。志雖不就，而剛嚴之節始終不渝。有明賢宰輔，自三楊外，前有彭、商，後稱劉、謝，庶乎以道事君者歟。李東陽以依違蒙詬，然善類賴以扶持，所全不少。大臣同國休戚，非可以決去爲高，遠蹈爲潔，顧其志何如耳。王鏊、劉忠持正不阿，奉身早退。此誠明去就之節，烏能委蛇俛仰以爲容悦哉。

藝文

嚴遂成《明史雜詠》卷二《劉文靖健》 二公鼎鼐调和地，翊贊無如少主昏。諫書淚漬金縢册，奸黨名刋端禮門。居洛人思重入相，廿年顧命答明恩。

李東陽部

綜述

《武宗實録》卷一三九　東陽字賓之。先世本湖廣茶陵人，以戎籍居京師。生四歲能作徑尺大書，景皇召見，抱置膝上，且試之書，賜果及鈔。六歲、八歲兩召見，試對，偶講《書》大義，稱旨，賜皆如初，命肄業京學。年十六舉鄉試。十八登進士，改翰林庶吉士，授編修。秩滿，遷侍講。秩再滿，遷侍講學士，尋侍東宫講讀。丁内艱。弘治二年服闋，以從龍恩，遷春坊左庶子，仍兼侍講學士。四年，《憲廟實録》成，遷太常少卿，兼官如故。七年，大學士徐溥等奏大臣誥敕當如舊專官撰擬，遂擢禮部右侍郎兼侍讀學士以領其事，尋被命兼文淵閣大學士，參與機務。十一年，進太子少保、禮部尚書。十六年，進太子太保、户部尚書，改謹身殿大學士。武宗即位，進少傅兼太子太傅，尋加少師兼太子太師、吏部尚書、華蓋殿大學士。正德七年，累疏懇辭，致仕，至是卒。訃聞，上輟視朝一日，祭葬如例，仍賜米布五十石疋，新鈔一萬貫，贈太師，謚文正，給之誥命。

《明史》卷一八一《李東陽傳》　李東陽，字賓之，茶陵人，以戍籍居京師。四歲能作徑尺書，景帝召試之，甚喜，抱置膝上，賜果鈔。後兩召講《尚書》大義，稱旨，命入京學。天順八年，年十八，成進士，選庶吉士，授編修。累遷侍講學士，充東宫講官。

弘治四年，《憲宗實録》成，由左庶子兼侍講學士，進太常少卿，兼官如故。五年，旱災求言。東陽條摘《孟子》七篇大義，附以時政得失，累數千言，上之。帝稱善。閣臣徐溥等以詔敕繁，請如先朝王直故事，設官專領，乃擢東陽禮部右侍郎兼侍讀學士，入内閣專典誥敕。八年以本官直文淵閣參預機務，與謝遷同日登用。久之，進太子少保、禮部尚書兼文淵閣大學士。

十七年，重建闕里廟成，奉命往祭。還上疏言：

臣奉使遄行，適遇亢旱。天津一路，夏麥已枯，秋禾未種，輓舟者無完衣，荷鋤者有菜色。盜賊縱横，青州尤甚。南來人言，江南、浙東流亡載道，户口消耗，軍伍空虚，庫無旬日之儲，官缺累歲之俸。東南財賦所出，一歲之饑已至於此。北地皆窳，素無積聚，今秋再歉，何以堪之。事變之生，恐不可測。臣自非經過其地，則雖久處官曹，日理章疏，猶不得其詳，況陛下高居九重之上耶？

臣訪之道路，皆言冗食太衆，國用無經，差役頻煩，科派重疊。京城土木繁興，供役軍士財力交殫，每遇班操，寧死不赴。勢家鉅族，田連郡縣，猶請乞不已。親王之藩，供億至二三十萬。遊手之徒，託名皇親僕從，每於關津都會大張市肆，網羅商税。國家建都於北，仰給東南，商賈驚散，大非細故。更有織造内官，縱羣小掊擊，閙河官吏莫不奔駭，鬻販窮民所在騷然，此又臣所目擊者。

夫閭閻之情，郡縣不得而知也。郡縣之情，廟堂不得而知也。廟堂之情，九重亦不得而知也。始於容隱，成於蒙蔽。容隱之端甚小，蒙蔽之禍甚深。臣在山東，伏聞陛下以災異屢見，敕羣臣盡言無諱。然詔旨頻降，章疏畢陳，而事關内廷、貴戚者，動爲掣肘，累歲經時，俱見遏罷。誠恐今日所言，又爲虚文。乞取從前内外條奏，詳加採擇，斷在必行。

帝嘉歎，悉付所司。

是時，帝數召閣臣面議政事。東陽與首輔劉健等竭心獻納，時政闕失必盡言極諫。東陽工古文，閣中疏草多屬之。疏出，天下傳誦。明年，與劉健、謝遷同受顧命。

武宗立，屢加少傅兼太子太傅。劉瑾入司禮，東陽與健、遷即日辭位。中旨去健、遷，而東陽獨留。恥之，再疏懇請，不許。初，健、遷持議欲誅瑾，詞甚厲，惟東陽少緩，故獨留。健、遷瀕行，東陽祖餞泣下。健正色曰：「何泣爲？使當日力争，與我輩同去矣。」東陽默然。

瑾既得志，務摧抑縉紳。而焦芳入閣助之虐，老臣、忠直士放逐殆盡。東陽悒悒不得志，亦委蛇避禍。而焦芳嫉其位已上，日夕構之瑾。先是，東陽奉命編《通鑑纂要》。既成，瑾令人摘筆畫小疵，除謄録官數人名，欲因以及東陽。東陽大窘，屬芳與張綵爲解，乃已。

瑾兇暴日甚，無所不訕侮，於東陽猶陽禮敬。凡瑾所爲亂政，東陽彌縫其間，亦多所補救。尚寶卿崔璿、副使姚祥、郎中張瑋以違制乘肩輿，從者妄索驛馬，給事中安奎、御史張彧以覈邊餉失瑾意，皆荷重校幾死。東陽力救，璿等謫

戍，奎，或釋爲民。

三年六月壬辰，朝退，有遺匿名書於御道數瑾罪者，詔百官悉跪奉天門外。頃之，執庶僚三百餘人下詔獄。次日，東陽等力救，會瑾亦廉知其同類所爲，衆獲宥。後數日，東陽疏言寬恤數事，章下所司。既而户部覆奏，言糧草虧折，自有專司，巡撫官總領大綱，宜從輕減。瑾大怒，矯旨詰責數百言，中外駭歎。瑾患盜賊日滋，欲戍其家屬並鄰里及爲之囊橐者。或自陳獲盜七十人，所司欲以新例從事。東陽言，如是則百年之案皆可追論也，乃免。劉健、謝遷、劉大夏、楊一清及平江伯陳熊輩幾得危禍，皆賴東陽而解。其潛移默奪，保全善類，天下陰受其庇，而氣節之士多非之。侍郎羅玘上書勸其早退，至請削門生籍。東陽得書，俛首長歎而已。

焦芳既與中人爲一，王鏊雖持正，不能與瑾抗，東陽乃援楊廷和共事，差倚以自强。已而鏊辭位，代者劉宇、曹元皆瑾黨，東陽勢益孤。東陽前已加少師兼太子太師，後瑾欲加芳官，詔東陽食正一品禄。四年五月，《孝宗實録》成，編纂諸臣當序遷，所司援《會典》故事。詔以劉健等前纂修《會典》多糜費，皆奪陞職，東陽亦坐降俸。居數日，乃以《實録》功復之。

五年春，久旱，下詔恤刑。東陽等因上詔書所未及者數條，帝悉從之。而法司畏瑾，減死者止二人。其秋，瑾誅，東陽乃上疏自列曰：「臣備員禁近，與瑾職掌相關。凡調旨撰敕，或被駁再三，或徑自改竄，或持回私室，假手他人，或遞出謄黄，逼令落稾，真假混淆，無從别白。臣雖委曲匡持，期於少濟，而因循隱忍，所損亦多。理宜黜罷。」帝慰留之。

寘鐇平，加特進左柱國，廕一子尚寶司丞，爲御史張芹所劾。帝怒，奪芹俸。東陽亦乞休辭廕，不許。時焦芳、曹元已罷，而劉忠、梁儲入，政事一新。然張永、魏彬、馬永成、谷大用等猶用事，帝嬉遊如故。皇子未生，多居宿於外，又議大興豹房之役，建寺觀禁中。東陽等憂之，前後上章切諫，不報。七年，東陽等以京師及山西、陝西、雲南、福建相繼地震，而帝講筵不舉，視朝久曠，宗社祭享不親，禁門出入無度，谷大用仍開西廠，屢上疏極諫，帝亦終不聽。

九載秩滿，兼支大學士俸。河南賊平，廕子世錦衣千户。再疏力辭，改廕六品文官。其冬，帝欲調宣府軍三千入衛，而以京軍更番戍邊。東陽等力持不可，大臣、臺諫皆以爲言。中官旁午索草敕，帝坐乾清宫門趣之，東陽等終不奉詔。明日竟出内降行之，江彬等遂以邊兵入豹房矣。東陽以老疾乞休，前後章數上，至是始許。賜敕，給廩隸如故事。又四年卒，年七十。贈太師，謚文正。

東陽事父淳有孝行。初官翰林時，常飲酒至夜深，父不就寢，忍寒待其歸，自此終身不夜飲於外。爲文典雅流麗，朝廷大著作多出其手。工篆隸書，碑版篇翰流播四裔。奬成後進，推挽才彦，學士大夫出其門者，悉粲然有所成就。自明興以來，宰臣以文章領袖縉紳者，楊士奇後，東陽而已。立朝五十年，清節不渝。既罷政居家，請詩文書篆者填塞户限，頗資以給朝夕。一日，夫人方進紙墨，東陽有倦色。夫人笑曰：「今日設客，可使案無魚菜耶？」乃欣然命筆，移時而罷，其風操如此。

法式善《明李文正公年譜》卷六楊一清《特進光禄大夫左柱國少師兼太子太師吏部尚書華蓋殿大學士贈太師謚文正李公東陽墓誌銘》 公姓李氏，東陽名，賓之字也。少居京師。先本湖廣茶陵人，國朝洪武初以戍籍隸燕山左護衛，後改金吾左衛。曾祖文祥、祖允興、父淳皆以公貴累贈如其官，曾祖妣、祖妣、妣俱累贈一品夫人，繼母麻氏再封一品太夫人。

生正統丁卯六月九日。方三四齡輒能運筆大書至一二尺，中外稱爲神童。景皇帝召見，親抱置膝上，命給紙筆書，賜果鈔送歸。六歲至八歲再召見，賜賚如初，送順天府學肄業。天順丁丑，受舉業於華容黎文僖之門。壬午年，十六，舉順天鄉試。癸未，中會試。甲申，殿試得二甲第一，入翰林爲庶吉士。成化乙酉，授編修，修《英廟實録》。丁亥，《實録》成，陞從六品俸。壬辰，予省墓湖南。甲午，滿九載，遷侍講。乙未，經筵侍班。癸卯，再滿九載，遷侍講學士。甲辰，選侍東宫講讀。父卒，解官守制，賜祭一壇。五品父例無祭，實自公始。孝宗嗣位，弘治戊申，召修《憲廟實録》，以喪辭。己酉服闋，乃起供職，以從龍恩，遷左春坊左庶子，仍兼侍讀學士。辛亥，《實録》成，遷太常少卿，兼職如故。壬子，始供事日講，并經筵講書。時大旱，應詔上疏，摘經筵所講《孟子》中要論切于治道者析爲數條，極論其理，而時政得失以類附焉，上嘉納。甲寅，内閣薦陞禮部右侍郎兼侍讀學士，專管誥勅。

乙卯，與木齋謝公並命入閣，中外相賀，以爲得人。公感知遇，力持國是，知無不言，兼稽古纂述之務。上嘗命撰祭三清樂章，公等上疏言：「天子祭天地禮以簡爲貴，祭不過南郊，故漢祀五帝，儒者非之，况三清者，道家邪妄之説，不敢奉詔。」科道官劾近幸二人，召公等議所當去留者，且出諸司題奏，令一一擬斷。親賜可否，蓋自是始復奏事之制云。武岡知州劉遜爲藩府所奏訐，被逮至京，科

道奏乞寬貸，上怒，俱下詔獄。公等言遜誠情輕譴重，言官爲國盡忠而槩以爲罪，後有大利害、大闕失誰肯言者，事竟得釋。戊午，皇太子出閣講學，加太子少師、禮部尚書兼文淵閣大學士。上慮京營總戎多不得人，召公等議更置，乃出英國公輩所辭疏面與商搉，曰「某可去」、「某可調」，公執筆撰稿，上御書下兵部行之。辛酉，病眩，三上疏辭，不允。壬戌，賜玉帶。癸亥，賜蟒衣一襲。《大明會典》成，凡議例表奏皆出公手，加太子太保、户部尚書、謹身殿大學士。甲子，孝肅太皇太后喪，上以廟制事重，屢召内閣臣面議，多公言是用。自是不數日輒召問，因事納忠，每稱意旨。闕里孔廟重建成，勅遣公往行祭，告禮還朝，以途中所見民物困敝狀具疏言之，因乞罷。是年冬，復以病屢辭。乙丑春，又辭。俱不允。五月，上不豫，召内閣三人入造乾清宫，直叩御榻，聖諭諄復，以今上皇帝爲託，公等頓首奉慰出。翼日，宫車晏駕，公號慟幾絶。

今上嗣位，凡詔册議謚大製作出公手尤多。以侍從輔導恩加少傅兼太子太傅、户部尚書、謹身殿大學士，又以上兩宫尊號恩賜誥命，階光禄大夫，勳柱國，贈及三代。修《孝廟實録》，爲總裁官。正德丙寅春，初開經筵，命同知經筵事。上親耕藉田，豫九推列。三月，幸太學，釋奠先師，公分獻兖國復聖公。八月，册皇后，充納吉、納徵副使。公既受顧命，毅然以天下爲己任，事有未當，偕同事二公盡言匡正，無所忌避，至再至三不輟。又以詔書不信，政令失中，條陳十事，指斥貴近，自劾失職，乞解任。時逆瑾柄用，于是劉、謝二公皆得謝去，而公獨留，公據案涕泣，連疏懇乞同罷。上素重公，兩宫亦言舊臣惟此一人，不宜聽其去，瑾不得已故留之。公以病不良于行，乃詔免朝，日赴閣與新命焦、王二公同治事。已而，進二公官，遞加公少師兼太子太師、吏部尚書、華蓋殿大學士，公卧家懇辭。丁卯春正月，猶不起。閏正月，上偶違和，力疾出，尚寶卿崔璿、御史姚祥、張彧、主事張偉、給事中安奎，各因事被繫，瑾方欲示威，俱令枷號。公奏各人所坐自有本法，枷號重典不宜濫施，俱得寬釋。《通鑑纂要》書成，賜宴于禮部，瑾以修書盛典，欲因以示恩。公謂：「此書先帝所命，不及進御，豈敢言功。」瑾内銜之。會進焦、王二公少傅，而加公正一品俸。鎮守中貴有請便宜行事者，公執不可。一日早朝，有文書一卷投於丹墀，録瑾過惡，上命瑾等詰問，無肯承者，遂執朝官三百餘人送詔獄。公奏此事必一人所爲，同朝諸臣倉皇拜起，豈能知之，一人之外皆無罪之人，乃盡得釋。

時瑾立苛法，公卿重足立，道路以目，分遣徼卒四出，真僞莫辨，遠近驚悚，争以厚斂祈脱禍。公上疏極論之，大忤瑾意，然亦稍稍戢。瑾又患盗賊日滋，欲并其家屬俱坐編蓄戍。公言爲盗之人惡心猝動，雖其父兄有不豫知，自古罪人不孥，若玉石俱焚，何以開自新之路，於是得從末減。有徼卒捕盗不得，并其無服親執送官，法司承風旨槩坐以籍没發遣，公謂即如新例，亦不當連坐，乃令改擬如律。又有以例前盗援新例處分者，悉止不行，所全活者不知幾何，其他類此者不能盡述也。瑾威權日盛，狎視公卿，惟見公則改容起敬。然他人瑾前論事唯諾，無敢與可否，公獨事事辨析，瑾不能平，每切齒焉，卒不能害也。

庚午夏四月，寧夏慶府寘鐇與都指揮何錦等叛逆，朝廷出師征討，公請詔天下稍革近時苛政，勅旨日數十降，迅筆擬奏，動中機宜。王師出而捷報至。八月，寧夏獻俘，瑾罪惡暴著伏誅。乃贊新政，凡瑾所變更者令所司察革，悉遵成法，天下忻忻想望太平。上録公功，特進左柱國，廕一子爲尚寶司丞，力辭，不允。是年冬，復與同官上疏，以儲嗣未建爲言。辛未，又屢疏乞休，屬羣盗蔓延，兵事方殷，不敢決去。一品九載，考績，降勅奬諭，令兼支大學士俸，仍賜宴禮部，再給一品誥命，加厚賚。公辭，不許，以修省辭宴，許之。壬申，羣盗寖平。公卧家，凡七上疏辭，俱荷慰留，屢遣吏部諭意鴻臚官敦迫，乃復出。無何，賊首爲王師所殲，捷至，論功，内閣臣各有賜賚及廕子姪一人爲錦衣千户，公等三疏辭，特改授文階，又辭，乃命公兼支尚書俸，公仍辭大學士俸。十二月，公復卧家，再辭。上察其誠，勉從所請，賜勅褒諭，令有司時加存問，月支米八石，歲給輿隷十人，仍廕其姪兆延爲中書舍人。

公既致仕，非展墓不出。宅東有隙地，構軒爲石假山，諸所厚者日造問，碁局詩酒，隨意所適。丙子年六月，公卿大夫士奉觴獻壽者彌月不止，積勞與熱病，卧不能興，至七月二十日終於正寢。聞者莫不嗟嘆曰：「西涯先生亡矣。」有司以訃聞，上震悼，輟視朝一日，賜寶鏹一萬貫，致米、布爲賻，遣禮部官諭祭九壇，贈太師，謚文正。國朝文臣謚文正者自公始。

公天資英邁，讀書一目數十行下，輒成誦不忘。少入翰林，即負文學重名，然恒持謙沖，未嘗以才智先人。資望既積，而當道殊不意慊，每阻抑之，士論諱然不平，公裕如也。比柄用，遭遇孝宗，不時召對，啟沃之功爲多。更化以來，值權奸用事，隨事應變，所以解紓調劑，潛消默奪，天下陰受其賜者，公不自言而人亦或鮮知之。是時微公，衣冠之禍不知何所極也。公位既顯，恒以盛滿爲憂，顧受知兩朝，求退愈切，而眷留愈至，有疾必命太醫院官診視，遣内官齎厚賚，禮意

隆重，無與爲比。至於謝政，歲時賜鮮及頒上尊、珍饌皆與任事同，郊祀、慶成，光禄猶致宴，皆先是所未有者。事父孝謹，嘗夜歸寒甚，父口占一絶諭之，自是終身不夜歸。痛母劉夫人早世，語及，哀不自勝。養繼母麻太夫人如母，事季父如父。同母弟東川、東山早卒，無子，哭之痛。東溟，麻太夫人所出，亦没，遺二男，公撫之如子。所著有《懷麓堂前後稿》各若干卷，別有《南行》《北上》《東祀》諸録。真行草隸俱有法，而篆書則一剗近習，復古之功爲大。樂汲引人才，有善輒稱揚不已，所薦士不使人知。同考、主考禮部會試者各二，主順天、應天鄉試者各一，廷試讀卷者八，門生半四方，凡經指授，多有時名。

初娶劉氏，累贈一品夫人。繼岳氏，蒙泉先生女，贈宜人。再繼朱氏，故成國朱公女，累封一品夫人。子兆先，岳夫人出，蔭國子生，少有盛名，其卒也，舉朝惜之，孝廟遣近臣慰問賜賻。次兆同，朱夫人出，今以溟子爲後，即兆蕃，恭謹有文，能世其家。擇以卒之年九月二十八日葬於京城西直門外畏吾村，蓋公祖塋也。

廖道南《殿閣詞林紀》卷二《華蓋殿大學士李東陽》 癸丑，主考會試，得汪俊爲第一。甲寅，擢禮部侍郎兼侍讀學士，典誥勑。乙卯，命兼文淵閣大學士，預機務。時安南侵占城國，奏請命官往問，上欲從之。東陽會同官上疏曰：「《春秋》王者不治夷狄。安南雖奉正朔、修職貢，然恃險負固，積歲已久。今若遣官往至其國，海島茫茫，徒淖寸舌，小必掩過飾非，大或執迷抗命。若置而不問，損威已多，若問罪興師，貽患尤大，宜勿聽。」丁巳秩滿，賜金犀帶。時中官李廣以燒煉齋醮被寵，東陽覆會同官上疏曰：「我祖宗自洪武至天順年間面召儒臣諮議政事，今朝參外不得一覲天顔，且經筵日講成就君德、裨益治道，今每歲進講不過數日。夫人君之心必有所繫，不繫於此，必繫於彼，正士既疏，則邪説乘間而入。近有以齋醮燒煉進者，此乃異端惑世之術，聖王之所必禁。宋徽宗崇信道流，及金兵圍城，方士郭京誑稱作法，卒使乘輿播遷，社稷顛覆，求福不得，反以致禍。至若燒煉，其禍尤慘，金石之藥性多酷烈，一入腸腑，爲禍百端。唐憲宗藥發致疾，雖杖殺方士柳泌，竟亦何益。今上清龍虎宮神樂祖師殿及番經廠皆焚燬無遺，神如有靈，何不自保。天厭其穢，亦已明甚。昔李絳有言：憂先於事可以無憂，事至而憂無益於事。矧熒惑失度，太陽無光，天鳴地震，草妖木異，四方奏報殆無虚日。伏望嚴早朝之節，復奏事之期，勤講學之功，優接下之禮，遠邪佞之人，斥誣罔之説，太平之業可保矣。」【略】

戊午，皇太子出閣，加太子太保、禮部尚書。五月，復召問親定團營總兵官。九月，清寧宫災，東陽上疏曰：「近年以來災異頻仍，内府火災尤甚。或以爲天道茫昧，變不足畏，此乃慢天之説。或以爲天下太平，患不足慮，此乃誤國之言。或以齋醮祈禱爲弭災，此乃邪妄之術。或縱囚釋罪爲修德，此乃姑息之術。熒惑聖聽，莫此爲甚。且賄賂公行，賞罰失當，紀綱廢弛，賢否混淆，工役繁興，軍民困憊，下情不達，上澤不宣，愁嘆之聲上干和氣，災異之積正此之由。」越二日，有爲李廣乞祠額者，東陽以爲不可。又召能仁寺僧入大内慶贊，東陽又以爲不可。上俱從之。己未，程敏政典試，給事中華昶劾之，命東陽覆試。【略】

劉瑾擅權，適尚寶卿崔璿、御史姚祥、主事張偉爲邏卒誣執，枷號於長安門外，東陽上疏力救之，命戍邊。時聞内苑御船獵獸，上疏曰：「今歲自端陽後金鼓砲火聲徹都邑，廐牧厮役紛充禁廷。大臣畏忌不敢言，小臣震懾不敢諫。不知祖宗分職設官，朝廷糜禄養士將焉用之。昔漢司馬相如諫繫熊豕，以爲逸羣之獸，輿不及還，轅人不暇施巧，非天子所宜近。薛廣德諫御樓船，以爲乘船危，從橋安，聖主不乘危。伏望鑒古道以端好尚，視朝加早則炎暑不侵，進膳有時則元氣日盛。」上褒答之。戊辰六月，給事中安奎、御史張彧忤瑾枷號，東陽又上疏救之。都御史楊一清逮繫至，東陽又力救之。【略】

庚午六月，旱霾。東陽上疏曰：「近時威令大行，中外悚懼，但霜雪之後必有陽春，雷電之餘必有甘雨，此天道所當法也。臣謹條上：一曰寬逃軍拐馬之罪，二曰寬僉書職員之罪，三曰寬查盤糧草之罪，四曰禁官校羅織之非。」疏上，會慶府寘鐇叛，命太監張永同都御史楊一清討平之。師旋獻俘，永發瑾奸狀，上即命擒之。以東陽有反正功，加特進左柱國，蔭其從子兆蕃爲尚寶司丞。【略】

遂乞休。賜之勑曰：「君臣相遇，自古爲難。卿資禀神異，慧悟夙成。爰自童年，召見中禁，應制稱旨，名動四方。遂以宏博之學，蜚英藝苑，資産既深，聞望彌重。逮我皇考擢居政府，朝夕獻替，便殿延訪，平臺賜問，有懷必吐，無言不從，不激不隨，無私無比。顧命付託，感激知遇，益竭忠勤，委曲匡救。西鄙戡亂，兩河討賊，廟謨勝筭，多所贊畫，釐革敝政，率循舊規。樂育人才，明揚善類。代言宣意，敷奏達情。文學詞翰，獨妙一時。立朝五十年，輔政十八年，清慎之操終始不渝，自古大臣兼茲衆美者代不數人。屬時多艱，方切倚仗，乃以止足爲念，章數十上，重違雅志，特賜允俞。於乎，功成身退，卿自處善矣。國有大政，將就而問焉。」

徐紘《皇明名臣琬琰録》續集卷三　逆瑾用事，雖慕公，欲致之不得。適都御史楊一清逮繫至京，事且不測，公力爲之請，因約一會。公嘆曰：「此爲知己屈也。」乃詣外第訪之，楊公遂得免。【略】總兵平江伯陳熊漕運江南米，以温潤米折爲臟，遂至大獄。公力争之，得戍海南。寘藩之變，朝廷命將出師，詔告天下，内一欵取回各處差出官校。瑾以舊制不可革。公曰：「舊制，行事官校止在京城，今差出四外，聲勢烜赫，驚疑天下，奸詐之徒因而矯托，真僞莫辨。若真者取回，則僞者無所容矣。」因取天順元年舊稿示之，瑾語塞。流賊聲勢甚大，王師屯德州，惠安伯張偉不敢出，提督馬中錫以鄉黨墳墓所在，倡議招撫。張永以問，公憤然曰：「此賊本朝廷編氓，非外夷比，今攻破州縣，拒敵官兵，赤子殘害數十萬衆，朝廷養兵百五十年，用在今日，而以招撫爲計，何也？」永等嘆服，議遂定。時有獻密計者，託言京軍不習戰陣，欲調宣府邊軍三千人入衛京師，而以京軍兑數邊戍，每歲春秋番操，如班操例。上遣谷大用至閣議，公陳十不便，上不聽，遂懇疏乞休。年譜

公忠信豈弟，操履端嚴，從事于持志養氣者甚密。公未嘗以語人，而人亦莫之識也。汪俊撰年譜序

先生素行金完玉粹，名滿天下，而自視欿然，雖位極人臣，而樂善如不及，履常應變恒介介不易所守。蓋其文章與功業並懋，謂不本之德不可也。楊一清撰文集序

唐樞《國琛集》卷下　李東陽大學士，茶陵人，謚文正，文學雄傑一時。入内閣，在弘治中議罷訊安南，止燒煉齋醮，敕劉遜逮繫及屢上封事，復平臺奏事，禁李廣乞祠額、寺僧入大内，在正德初論怠政，救安奎、張彧，楊一清，論爲君難及指失政數事，論邊軍入衛不便，救逮問匿名書，章翰炳然，於公多之。時海内治平，人思藻麗，公當國，各以文翰淬礪以競顯物，於是王九思、王鏊、夏鍭、羅玘、喬宇、邊貢、邵寶、熊桂、殷雲霄、徐禎卿、顧璘、李夢陽、何景明輩羣然起矣。

鄧球《皇明泳化類編》卷五二《李東陽》　東陽字賓之。其先湖廣茶陵人，曾大父文祥以戎藉隸金吾，遂居京師。文祥生允興，允興生淳，淳，東陽父也。嘗閲《芝園集》云：淳家貧業渡，因渡一孝婦，終身不受其直。一日忽遇一老叟，告以善地葬親，乃指一山示之曰：「此中狐卧處即是。」淳往，果白狐稔耳不起，淳驚狐去之而葬訖。老叟復來，淳具語之故，老叟曰：「惜也，俟狐自起，乃爲全耳。驚之而去，後當中衰，然汝子不失爲三公矣。」後東陽果爲師保，而子兆先天死不嗣。【略】

時劉瑾等日道上以非，韓文會諸大小臣具疏列瑾罪，奏入，劉健、謝遷力持閣議，有旨捕瑾等。東陽與瑾有舊，瑾亦素敬東陽文名，因泄之。瑾遂得先訴上前，上亦爲之動。已而健、遷皆准致仕，獨東陽留。東陽復上言：「臣等三人責任一同，獨留臣，將何辭以謝天下。」不允。劉、謝二公行，東陽餞之郊，欷歔泣下。劉健正色曰：「何用今日哭，爲使當日出一語，則與我輩同去爾。」東陽默然。是冬十二月，加少師兼太子太師、吏部尚書、華蓋殿大學士。自是瑾入司禮監，上以天下章奏委瑾，瑾寡學，雅不諳文理，凡中外奏疏處分皆送内閣。時東陽居首相，秉筆自爲觀望，一本至須先問此事云何，皆逆探其意爲之，有事體大者令堂候官探問門下然後擬，以故瑾益四，東陽亦坐保富貴，不與忤慢，爲稱詞有爾剛明正直，爲國弊等語以重其心。【略】

瑾起玄真觀於正陽門，邀東陽爲製碑文，極其稱頌。又瑾專，右中官皆得受封，及造墳葬祭等撰文皆屬東陽爲之。己巳夏，瑾奏追奪倫會典陞職，惟東陽得不動。

雷禮《國朝列卿紀》卷一二　天順壬午，年甫十六，舉順天鄉試。甲申，登二甲進士第一，選庶吉士。劉文安公見閣試《炎暑賦》，嘆曰：「此文殆絶無而僅有者，觀子之志，殆欲爲世用，吾老，不及見矣。」【略】

瑾欲巧取横歛，因以窘迫文臣，凡有公錯詿誤者假以姑免提問爲名，各罰米以實邊儲。士大夫畏其凌虐，亦甘於從罰，初自一二百石，後漸增至千五百石，坐是破家者衆。東陽委曲開導，瑾執不從，乃從邊倉移爲關倉，地雖稍近，猶不能堪。後因瑾欲積天下司、府、州、縣預備倉糧，因言各官罰納者其在邊關多勞少益，不若令於原籍預備倉上納，却爲實用，遂免輸邊之苦。其隨事應變、潛消默奪，使天下陰受其福者類如此。

四川鎮守太監羅籥請便宜行事，瑾實主之，力言不可，因奏曰：「太祖高皇帝設官定制，在外都、布、按三司，都司管兵而不管錢糧，布政司管民而不管軍馬，又有按察司管糾劾、問刑名而軍馬、錢糧皆不得管，其權蓋分而不專，此祖宗防微杜漸之深意。永樂以後，漸差都御史在外巡撫，其有番夷去處，則置鎮守總兵官。又後差内臣一同鎮守，撫安軍民，防禦賊寇，其權則同而不專，故敕諭之詞曰『會同計議，停當而行，毋得偏執違拗』。未有一人專制一方者。且如四川所奏，則王府宣慰皆其綜理。夫以親藩之隆重、土官之强悍，彼心不服，則釁隙

必生。又如舊有草寇生發則調兵征勦，土官必須奏請，所有關係尤非細故，今既革去巡撫，若并付鎮守衙門，任其進止，非惟事體不便，恐鎮守一人一自擔當不起，百五十年所未有，豈敢一旦增添。若天下鎮守比例而行，則其所係又不止一方而已。」乃批出不許，餘如所議。

又陳俊之得罪也，瑾因以及漕運總兵官平江伯陳熊以濕潤米等項銀爲贓，遂至大獄，必欲寘之死地。乃力争之。瑾謂熊所犯罪重，不宜姑息。東陽曰：「某誠姑息，但非姑息陳熊，乃姑息陳瑄耳。瑄在太宗朝，開濟寧河道以通漕運，有大功，金書鐵券，子孫皆免死，豈可盡革，傷天下武臣心。」瑾曰：「國初功臣如常遇春、鄧愈、湯和輩百戰之功，今其子孫俱已革罷，陳瑄不曾厮殺，有功當代，豈足深惜。」東陽曰：「漢高祖親定十八功臣，位以蕭何爲第一，蕭何不曾厮殺，但因供給餽餉不絶，遂以爲萬世之功。蓋足食然後足兵，使當時餽餉不繼，雖百張良、十韓信，豈能助漢。蕭何餽餉猶是一時争戰之日，陳瑄通南北漕運，每歲四百萬石至京師，誠國家萬世之利也。」瑾不答，止革熊爵。【略】

八月十三日寧夏獻俘，既入東安門，上親賜宴勞。太監張永乘間出懷中疏，奏劉瑾十七事，且言其事多不軌。武宗震怒，當夜遣人執瑾。次日早，令太監温祥等持永疏至内閣，讀畢，徐問曰：「今當如何？」祥輩曰：「已收逮矣。」東陽曰：「此聖政也，天下望此久矣。」祥輩乃曰：「須傳旨行之。」東陽乃援筆擬進，上降旨，瑾罪幾百餘言，皆應死律，末云：「劉瑾所壞事情，科道官指實來説。」翌日，科道列劉瑾罪惡三十餘條。乃下瑾鎮撫司獄，會鞫於午門前，得其私製兵甲，刻期起手，罪狀明白，坐謀反。於是降旨，極言惡逆罪狀，特令凌遲三日。諸被害者争拾其肉嚼之，須臾而盡，天下聞而快之。於是時，籍瑾書籍，得秦府永壽王爲瑾慶壽詩序，中間稱謂過於卑謟，上怒甚，欲降勑切責。東陽上疏曰：「自古治亂賊者正名定罪，誅止其身。昔漢光武平叛賊王郎，得吏民交通文書數千章，不一省視，會諸將燒之曰：『令反側子自安。』歷代相傳以爲故事。當瑾專權亂政之時，假託朝廷威福以劫天下，生殺予奪，惟其所欲，中外臣民誰不屈意待之。往來書信禮意雖於律法有礙，但因畏罪避惡，多不得已，情有可原。況王府懿親，尤宜優待，自非知情助叛法不可赦者，其細故小過亦須曲賜包容。若指諭罪實，降勑切責，則凡有書信饋送者不知其幾，傳聞驚駭，各不自安，或愧懼終身，或遂致失所，不可不爲之慮。今劉瑾罪狀明白，已正典刑，伏乞聖明洞察，廣人涵容，將此壽詞置之不問，并一應文書涉叛逆事情者并行燒燬，以滅其迹，使人心安。」上以爲然，於是悉焚其往返文字，無延及者。【略】

七年，巨寇劉六衆至數十萬，東陽晝畫宵籌，卒至底定，加廕一子爲錦衣衛指揮。上疏力辭。有獻密計者托言京軍不習戰陣，欲調宣府邊軍三千入衛京師，而以京軍如數戍邊，每歲春秋番换，如班操例。上遣司禮監與谷大用至閣議，東陽力辨，以爲不可。大用等謂「此事非我輩所爲，自有先入之言，牢不可破，盍姑試之，以俟再議。」東陽曰：「某等職在論思，預聞國計，知其不可，若勉强曲從，即有後患，獻計者不知何在，而執筆者固存，國事一壞，雖死何贖。」往返再日，乃具揭帖，略陳其故曰：「宣府京師北門，切近胡虜，十分緊要。朝廷中宿鎮兵，分地防守，尚恐不給，每年河南等處軍輪班備禦。近因劉賊猖獗，動調官軍，乃是一時權宜，亦非得已。況今正是防冬時月，縱使京軍在彼，徒爲勞擾，亦難濟事。祖宗百餘年來未嘗有此，恐傳聞四邊，未免驚疑，臣等不敢輕議。」如謂聖駕看牲在邇，欲比常加意，竊見總兵郤永見在滄州，宜令兵部密切行文，暫帶領邊軍近京住劄，事畢之日，仍令還鎮，庶事體穩當，人心安靖。」乃下兵部會議。兵部始以爲可行，及聞閣議，乃知衆議多未協者，覆議至再，皆云不可，而内意已定，司禮監文書官迫令擬票，云：「上坐乾清宫門，必欲今夜批出。」東陽等乃具題極言其不便曰：「京邊官軍各有分地，必有急事乃可互相應援，今無事而動，一不便也。京軍備邊不習戰陣，難保必勝，恐傷國威，二不便也。京軍出京，駭人耳目，傳聞各處，未免驚疑，三不便也。京軍在外倚恃强勢，占住房屋，索要錢物，需索酒食，强買貨物，姦汙婦女，將官護短而不肯禁，邊方受害而不敢言，四不便也。邊軍在内狎恩恃愛，傲睨軍民，蔑視官府，小則怠玩，大則違法，治之則或不能堪，縱之則愈不可制，五不便也。違遠鄉井，抛棄骨肉，或風氣寒煖之不相宜，或盤纏供給之不相續，六不便也。糧草之外必有行糧，布花之外必須賞賚，非緊急不得已之時，爲縻費無極之計，七不便也。往來交錯，日無寧息，倉卒之際，或變起於道途，厭倦之餘或患生於肘腋，八不便也。示京營之虚空，見中國之單弱，九不便也。西北諸邊見報，聲息唇齒之地，正須策應，脱有疎失，咎將誰歸，十不便也。凡此一事不便者有此數端，今五府以爲不便，六部等衙門以爲不便，六科十三道皆以爲不便。臣等以心腹之臣，居輔導之地，若阿諛委順，勉强曲從，是滿朝之臣皆有爲國之心而臣等獨當誤國之罪，萬死不能以塞責矣。伏望聖明洞察，博采人言，稍俟從容，務求至當，實宗社萬萬年無疆之福也。所有前項事情，臣等不敢别議。」翌日，乃内降行之。遂乞休。

鄧元錫《皇明書》卷一七　方救楊公時，詣瑾，瑾禮之恭甚，瑾家人嘖嘖以爲自柄國來未嘗見此客與此禮也。【略】東陽慧悟夙成，愷悌周慎，位極人臣而自視欿然。弘治中，嘉謨密畫，流被海内。康陵時沈幾曲濟，保護善類，而清謹一節，終老不渝。爲文章明暢爾雅，又能奬進才雋，爲之推挽，故弘德間士自奮於古學，文章蔚然，東陽之力居多。

何喬遠《名山藏》卷七〇《臣林記・李東陽》　成化元年，授編修。東陽詩詞清麗，字畫遒美，所作文章殆遍天下，以貌寢、好詼諧，不爲時宰所器，爲侍講學士者久之。孝宗五年無雪，至于明年不雨，其五月，下詔求言。東陽上疏曰：「伏見去冬少雪，今春缺雨，自都邑畿甸，東接齊魯，南抵淮濟，西連襄隴，赤日坼地，黄塵蔽空，冬麥不收，秋穀未種，或饑死道途，或典賣兒女，或流徙他鄉。蘇、松、嘉、湖諸府霖雨經年，大水横溢，瘟疫流行，盜賊交作；河南、寧夏、遼東等處地震有聲。半年之間，奏牘累聞。陛下遇災而懼，下詔求言，此古帝王盛心也。臣被擢先朝，繼塵侍從，三十年來，略無寸補。而職在講筵，不關政務，惟君心爲化理之源，經傳乃致治之法，似緩實急，似淺實深。顧講讀有時，章句有限，宏嗣奥義，未易悉陳。嘗慕宋范祖禹講《月令》而深論誠於奉天之道，林機講《禹貢》而極言勤儉爲治之理，又聞唐崔郾半歲不問經義則謝無功，李絳踰月不訪理道則慚飽食。臣之曠瘝，實又過之。臣於經筵輪講《孟子》，不敢遠引，謹就《孟子》以對。《孟子》曰：『至誠不動者未有也，不誠未有能動者也。』臣謂此言天人之際也。陛下即位之初，雨暘休若，不祈自至，近年旱虐經時，累禱不荅。若齋醮一事，偶獲者有賞，不効者無刑，徒費資財，復傷治道。請斷今日，凡事關祈禱，上涉于天，以經呪干賞賚者，竝加斥絶。陛下齋明勵精，用對天人之際，凛日鑒於屋漏，目民瘼於深宫，天意不回，未有也。《孟子》曰：『君仁莫不仁，君義莫不義。一正君而國定矣。』仁義行政，用人之首也，經筵講學，仁義之所繇生也。今盛暑亢旱，經筵暫輟，臣願陛下取累年講官所進直解，時時繙閱，用代温書，以俟秋涼，講讀如舊。將根本融徹，行政用人，舉而措之，無不得宜。《孟子》曰：『《詩》云：經始勿亟，庶民子來。』古聖王用民之力而得其心。諸營官軍本以壯國本，制外患，工作累歲，操練日少，諸司屢嘗執奏，陛下雖亦量停，乃如金水河、昌國公墳等處，當鑠金汗血之日，兼工倍力，特令儹完，此不得人心之大者也。《孟子》曰：『不違農時，穀不可勝食也；數罟不入洿池，魚鱉不可勝食也；斧斤以時入，山林材木不可勝用也。』今天下萬物之利無處不貧。就舉三端而論：山東諸府穀麥所宜，草根樹皮，掘食殆盡，繼以人肉。荆沔諸湖魚産極富，水竭魚荒，河泊歲課，多用折納。易州諸處柴炭所需，林木已空，漸出關外一二百里。他諸賦税，大抵皆然。若據圖按籍，計口數物，都邑之内，臺省之間，猶無以知之，而況九重之上哉。至如京師市舖，光禄寺科派太繁，供應之物急於田賦，買辦之使亟於催徵，官價不充，支給踰時。曩因户部委官侵剋招怨，商賈幾絶，陛下降旨切責，然後貿遷不滯，天下歸心。但其起例太重，難頓輕減，物價踴貴，皆繇於兹。今即不能蠲租罷税，請雜泛差役，額外科派，痛令所司裁省，尤望陛下守訓行儉，爲天下先。《孟子》曰：『饑者易食，渴者易飲。』切見山東等處災傷已極，廷臣屢請量賑漕粟，未見准行。臣惟京儲固重，歲給尚贏，何靳百萬之數，不假饑渴小民以一二歲之期哉。《孟子》曰：『仁政自經界始。』經界者，所以格兼并，禁侵奪也。今畿甸奸民，競揭空閒田地，籍名投獻。藩王世家輒行請乞，每有賜予，動數百頃，得請之後，標立界，至包村羅落，發塚夷墓，訟牒纏綿，寃號震動。夫天地之間物各有主，生齒既衆，地寧有遺？凡以空閒請者皆爲欺也。禁令雖下，俞允繼之，投獻者謫罰相仍，陳請者竟終得地，歲復一歲，當何時已？《孟子》曰：『君行仁政，民親其上，死其長矣。』近者廣西蠻賊攻圍州縣，占據村落，彼地官軍因乏糧器闘，幾成大變。及出軍之際，總兵方面等官横被截害，有司畏罪，不敢悉聞。夫仁政之大不過教養，攻守之議莫先兵食。宜下巡撫總兵大臣亟議方略，措置儲蓄。《孟子》曰：『君盡君道，臣盡臣道，二者法堯舜而已。』又曰：『責難謂恭，陳善閉邪謂敬。』近者群臣交章請赦彭程，蒙旨看詳，聖心當必有處。切見任儀所坐亦以扶持國體，非爲私謀，而小小過差，未蒙湔雪。仰惟陛下初元，若汪奎、蕭顯、徐鏞等多以先朝貶謫言事之臣次第叙遷，至如林俊，特加超擢，今當求言之日，而不宥罪言之臣，欲效敬恭，孰知所嚮？夫陛下已復數人於前矣，責難陳閉，本自逆事，以爲敬恭，夫惟堯舜能容之也。」書奏，下所司議處。【略】

劉瑾專權亂政，東陽彌縫其間，外爲隨順，内亦多所周旋捄解。而瑾尚心銜，出所脩《通鑑纂要》及《會典》，摘其疵謬及書畫不精者諷科道官劾東陽不敬，奪禮部侍郎劉機等俸，使改書。書成，進焦芳、王鏊少傅，東陽加俸而已，而焦芳、張綵乃稍稍爲解釋。東陽每調旨，先探瑾意，即瑾有奏，輒擬優答，最後云：「且有殊等封。」中外駭曰：「其加九錫乎？」瑾建玄明宫，東陽撰碑頌德，瑾乃大悦。是時瑾魚肉朝士，株連民庶，他人唯唯而已。東陽既結托契固，緩頰寬譬，

雜以詼調，其隨事應變，潛消默奪，天下亦陰受其福。然瑾以纂脩降東陽俸，旬日間以脩《孝宗實録》復之，乍降乍復，東陽不能去也。

瑾敗，東陽言：「臣備員禁近，於劉瑾事體相關，先後調旨撰勑，或被駁再三，或徑自改竄，或持回私家假手他人，或遞出謄黄逼令落底，臣雖委曲匡持，期於少濟，而因循隱忍，所損亦多，自知不職，甘從褫奪。」且請磨玄明宫碑文。上慰止之。頃之，以寘鐇誅，特進左柱國，蔭一子尚寶司丞。疏言：「今天意昭回，聖心洞悟，奸閹屏除，罪藩斯得，明詔再頒，弊端盡洗，奉身乞退，實維臣時。」不許。南京御史張芹劾東陽當逆瑾專恣之日禮卑貌詘，無所不至，令其事成，傳位之詔，當出袖中。南京吏部侍郎羅玘者，東陽門人，亦寄書曰：「公竭忠盡赤，天下皆知，大事無所措手矣。《易》曰：不俟終日。此言非歟？謂公當依依者，皆自爲謀者也。百歲後公身集詬，誰能解之？白首老生受恩居多，當此不言，誰復言者。請先削玘門生之籍，然後公言于衆，大加誅伐，以彰叛恩之罪。」因自致仕去。而是時，中外有流賊之變，中書舍人何景明則上記東陽曰：「近者河南盜賊日益横起，山東士卒經年暴露，國有强禦，而獄有言官，野有屠戮，而朝方宴笑，廷議大謬，市令不行，勢急燔溺，恃明公拯救。爾昔者召公告老，公旦挽留。今明公責深望重，宜惋時悲人，略疑忌之嫌，捐顧愛之意，勉强就列。若引而棄去，非所以後身而急國家。」然東陽累疏辭讓。是時，提督馬中錫督兵平賊，倡招撫之説，東陽獨力持之。【略】

東陽夙負文章之望，朝廷稽古代言，盡出其手。平生善獎才雋，朝罷，海内名流畢集其家，東陽開懷茹納。崔銑爲翰林時，冬夜，與客劇飲長安市，東陽前呵入朝，銑持杯詣前請下。東陽下車，大嚼數升去。旦悔，與客詣謝，東陽曰：「尚能飲否？」復與大醉罷。東陽所著《懷麓堂集》，天下翕然宗之。又以漢魏閒樂府歌詞皆有爲之作，文人代興，重襲故常，無復歸趣，李白才調雖高，亦仍舊而已，張籍、王建以下無譏焉，元楊廉夫力去陳俗而縱其辯博，不卹聲調，因取古今忠臣義士、幽人貞婦奇蹤異事，命題立義，擬古樂府，時人誦之。東陽與楊一清相善也，病瀆，一清偕同列省視，曰：「無可爲公身後者，國朝百五十年人臣未有謚文正，請用以尊公。」

尹守衡《明史竊》卷六八　先是，諸學士知制誥有專官，於是大學士徐溥言於上，以屬東陽，陞禮部右侍郎兼侍讀學士，典誥勑。弘治八年，與謝遷同入内閣，參預幾務。時徐溥掌閣務，素重東陽文學，閣中章奏，溥悉屬筆東陽。每有數陳，東陽稽古證今，多存納牖。上方鋭意太平，數御便殿，宣召内閣四先生，命司禮出諸司題奏，令一一擬斷，東陽因及鹽法，極陳奏討之弊，上明日即降旨停禁。【略】

東陽立朝五十年，輔政一十八年。晚遇權璫，從權守正。好以詩文接引後進，坐上常滿，清操雅度，推重一時。門下士有爲興化守入覲，饋兩帕四扇，東陽曰：「扇以染翰，固可，多帕奈何。」啟緘，取扇，歸其帕。冬月不爐，披册操觚不勝慄，輒就日暴，日移亦移，有寒士風。正德十一年卒，贈太師，謚文正。國朝文臣謚文正自東陽始也。

談遷《國榷》卷五〇　癸未進士。館選，授編修。遷侍講，歷侍講學士、左庶子、太常少卿，擢禮部右侍郎，直閣時召對多規益。逆瑾擅政，狎視公卿，惟重東陽，東陽亦隨事彌縫，去其太甚，否則衣冠之禍不知何所極也。或訾其依違隱忍，不即決去，識者悲之。所著《懷麓堂前後續稿》百餘卷行世。贈太師，謚文正。

查繼佐《罪惟録》列傳卷一一　及清寧宫成，僧入大内慶讚，東陽又持不可。上俱從之。已加太子太保、户部尚書、謹身殿大學士，奉命祀孔子於闕里。還，上時政疏，命有司議行。亦及鹽法，以爲鹽法壞盡，各邊開中，徒有其名，商人無利，不肯上納。上問何以？同官劉健等因極論奏討之弊。上曰：「奏討亦只幾家。」東陽曰：「奏討之中，必有夾帶。奏一分，夾帶十分。商人無利，正坐此等。」又言□王奏討亦壞鹽法，請下部行，嚴飭之。【略】東陽孝友天植，内行完粹，名滿天下，而自視欿然。雖位極人臣，而樂善如不及。履常應變，不易所守，蓋其文章與功業並懋。

孫承澤《畿輔人物考》卷五《李文正東陽》　成化元年，授編修。十年，陞侍講。十九年癸卯，進侍讀學士。二十二年，主考順天鄉試，其妻弟劉釗令回避，不得入試。【略】

公之祠在禁籞西大僕街，公召對時衫履存焉。公之墓在阜城門外畏吾村，後人式微，麗牲之石無復存者。楊公一清稱公孝友天植，其素行金完玉粹，名滿天下，而自視欿然，雖位極人臣，而樂善如不及。履常應變，恒介持不易所守。蓋其文章與功業並懋，斷乎有以立於世者。嗚呼，可謂知公者矣。

湯斌《潛菴先生擬明史稿》卷一七　御史張芹言：「東陽顧命大臣，方瑾亂政，降禮屈辱，遂使驕横，荼毒天下。今又冒受恩賞，雖善爲身謀，如先帝之命

何。」疏入，東陽持之而泣。帝奪芹俸以慰之。帝雖事遊嬉，終以東陽先朝老臣，體貌頗優，東陽亦時時爲正言。有旨增修豹房，禁内建立佛寺，東陽言此舉上累聖德，無以垂示將來。中官谷大用辭免西廠，復命提督官校，緝訪訛言，東陽言：「訛言禁之足矣，更增官校，徒滋驚疑。且大用既免驟復，恐損政體。」最後帝雖不盡聽，然優詔答之。【略】

東陽慧悟夙成，文章遍天下，朝廷詔令典册多出其手，數典文衡，程式爲時所重。工篆隸，尤嫻樂府。好雅挽才儁，一時名士皋出其門。朝罷，講藝談文，吐納風流，而稍近通脱。東陽之病也，楊一清視之，東陽曰：「身後事敢以相累。」一清曰：「本朝無謚文正者，請用以奉公。」東陽自床上頓首曰：「荷公厚意。」後竟得之，故人以爲溢美云。

雜録

備録

雷禮《國朝列卿紀》卷一二 尚書汪俊云：畿甸羣盜勢甚張大，王師屯德州，惠安伯張偉不敢出。提督馬中錫以鄉黨墳墓所在，恐爲所脇制，倡爲招撫之議。司禮張永以問，公憤然曰：「此賊本朝廷編氓，悖理犯法，非夷狄國比。今攻破州縣，拒敵官兵，赤子遭其荼毒，數千萬衆，朝廷養兵百五十年，用在今日，無分寸效。且方出師而以招撫爲計，有血氣者宜痛心疾首而食不下咽也，更有何説！」永等皆嘆曰：「老先生終是老成人。」議遂定。

《近峯聞略》云：少師西涯李公東祀歸，上通達下情疏云：「請以所見喻之，節用度如開河，然節一分則上有一分之益；廣儲蓄如淵泉，然積一分則下有一分之利。惟在聖心一轉移之間而已。」人稱其引類親切，善啓人主之聽者。

雷禮《内閣行實》卷八 《雙溪雜記》云：東陽以神童與程敏政齊名，專以詩名延引後進，海内名士多出其門，往往破常格，不次擢用，寖成黨比之風，而不能迪知忱恂，舉用真才實學。當時有識士私相講論，以爲數年後，東陽柄用，引進一番詩文之徒，必誤蒼生，尚名矯激，世變將起。後李夢陽草疏，急欲殺劉瑾等，而謀慮不審，且疏中既以甘露之變爲言，而躬自蹈李訓之淺謀，致貽數年衣冠之禍，中官自爲制度，自此不可變更。且草疏者李夢陽一部屬官耳，而諸司英明傑士平昔以文章氣節取重于世者翕然和之。韓文亦與東陽交厚，在名士之流，夢陽所作詩甚爲東陽所賞鑒，故文不敢少遲夢陽之奏，而九卿大臣景從文後，亦不敢畧出商量萬全之策，皆氣節之盛，使人不敢致思也。

又曰：劉瑾竊政，户部韓文爲首，率九卿共劾之。司禮監太監王岳、范亨、徐智内應，内閣劉健等亦助之。時王岳等大爲上所信任，密奏朝中多官劾奏瑾等，不可不從。上不得已允之，會晚，待明早發旨，捕瑾等下獄。瑾等遂趨至御所，俯伏哀號，訴岳等内外交通，欲害我等。上以爲無此事。瑾等曰：「若待明日，臣等再不得見天顔矣，須今晚拿岳等三人送獄方可。」上不得已，頷之。瑾等出傳旨，夜捕岳等繫獄。明日奏請劉瑾入司禮監，兼提督團營兵馬，設内行官校巡察，丘聚提督東廠官校巡察，谷大用提督西廠官校巡察，張永等並司營務，王岳、范亨、徐智俱發南京充净軍。行至臨清，將王岳縊死之。由是權歸瑾等，勢傾中外。瑾等先嘗奏内閣專主大事，納賄行私，及言文官欺内官軍職之事，至形於劇戲。上久信之，至是遂令劉健等三人自陳致仕，李東陽獨留不允。東陽上言：「臣等三人責任一同，而獨留臣，將何辭以謝天下。」章屢上，竟不從。東陽門徒最盛，初皆以爲東陽素有文名，故得不去，及後劉瑾於朝陽門外創造玄真觀，東陽爲製碑文，極其稱頌，人始議其有泄捕瑾等之事。

又云：劉瑾既誅，而政權仍在内臣，魏彬掌司禮監印，決大政。馬永成等又奏，有旨：「朝廷大事須彬等同議。」時東陽、廷和、梁儲、費宏四人在閣，以「窮苦無菜」四字爲題，各作長詩以獻永。東陽爲窮字，拆點畫爲句，極工巧。永大悦，命工刊印，裝錦軸送人。未久，山東盜起，人以爲窮苦之應，遂秘不以示人。東陽又屬楊一清作平定寧夏碑，頌永功德，後泯不傳。

又云：正德間，内官賜生祠額獲勑，皆劉瑾分付内閣李東陽、楊廷和創爲之。使東陽執奏，我輩不過講讀視草之官，不由六部職掌，奏行者不敢撰寫。且舉《大明律》，結黨亂政之法最重，如此，縱使不從，亦不過如劉健等去位而已，乃不能然。後東陽卒謚文正，何所據哉。

何良俊《四友齋叢説》卷八 劉瑾擅國日，人皆責李文正不去。蓋孝宗大漸時，召劉晦庵、李西涯、謝木齋三人至御榻前同受顧命，親以少主付之。後瑾事起，晦庵去，木齋繼去，使西涯又去，則國家之事將至於不可言，寧不有負先帝之

托耶？則文正義不可去，有萬萬不得已者。西涯晚年，有人及此，則痛哭不能已。此一事，顧東江言之。【略】

李西涯晚年致政家居，致臨歿時，其門生故吏滿朝，西涯凡平日所用袍笏、束帶、硯臺、書畫之類，皆分贈諸門生，東江亦分得數件。東江子顧伯庸親對余言之，即書籍所載古之宰相，亦未有如此者。【略】

李西涯當國時，嘗冬月五更入朝，至長安街，值崔後渠方在道上酣飲。後渠拱立於轎前曰：「請老先生少飲數酌，以敵寒氣。」西涯即下轎連進數觥，升轎去。時後渠尚爲翰林院編修。王元美《藝苑卮言》亦載此一事。大宰相憐才愛士，脱略勢位，如此風流，世豈能多見？

何良俊《四友齋叢説》卷一五　李空同作朱凌溪墓誌中，其言是賣平天冠者，與作詩到李杜，亦一酒徒耳。此劉晦菴語也。晦菴敦朴質實，不喜文士，故有此語。同時唯李西涯長於詩文，力以主張斯道爲己任。後進有文者，如汪石潭、邵二泉、錢鶴灘、顧東江、儲柴墟、何燕泉輩，皆出其門，獨李空同、康滸西、何大復、徐昌穀自立門户，不爲其所牢籠。而諸人在仕路亦遂偃蹇不達。

何良俊《四友齋叢説》卷二六　李西涯當國時，其門生滿朝，西涯又喜延納獎拔，故門生或朝罷或散衙後，即羣集其家，講藝談文，通日徹夜，率歲中以爲常。一日有一門生歸省，兼告養病還家，西涯集同門諸人餞之，即席賦詩爲贈。諸人中獨汪石潭才最敏，詩先成，中有一聯云：「千年芝草供靈藥，五色流泉洗道機。」衆人傳翫，以爲絶佳，遂呈稿於西涯。西涯將後一句抹去，令石潭重改。衆皆愕然，石潭思之，亦終不復能綴。衆以請於西涯曰：「吾輩以爲抑之此詩絶好，不知老師何故以爲未善？」西涯曰：「歸省與養病是二事。今兩句單説養病，不及歸省，便是偏枯，且又近於合盤。」衆請西涯續之，西涯即援筆書曰：「五色宮袍當舞衣。」衆始歎服。蓋公於弘治、正德之間爲一時宗匠，陶鑄天下之士，亦豈偶然者哉？

何良俊《四友齋叢説》卷二七　憲孝朝，李西涯與喬白巖用小篆，徐子仁宗玉筯，皆入妙品，此篆書之流派也。

耿定向《先進遺風》卷上　李文正公東陽幼負儁才，藉有清譽，藝林推爲神駿，雲路比之祥鸞。其推轂天下士孜孜如不及也。其爲相也，會逆豎劉瑾亂政，毒螫縉紳，公委曲周旋，多所全濟，衆頗賴之。蓋瑾竊太阿之柄，大肆憑陵，目中已無天子，獨公以素望稍加欽重。其清約之操出自性成，冬月不爐，披册操觚，不勝其惵，輒就日而暴之，日移亦移，其儉如此。余家尚書邦奇，公門人也，一日侍坐，有興化守者亦公門下士，以覲事至京，緘兩帕、四扇，令從吏饋公。公曰：「扇以染翰，固可，但多帕奈何。」吏頓首于庭。乃啓緘取扇，而歸其帕云。即此一事，古風可想已。見張東沙《芝園集》

公致政後，邃菴楊閣老載酒肴過懷麓堂爲壽，觴以金。公訝曰：「公近亦有此器耶。」邃菴有慚色，自是不敢用以觴云。

附：趙司成永號類菴，京師人，一日過魯學士鐸邸，魯公曰：「公何之？」司成曰：「憶今日爲西涯先生誕辰，將往壽也。」魯公曰：「吾當與公偕。公以何爲贄？」司成曰：「帕二方也。」魯公曰：「吾贄亦應如之。」入啓笥索帕，無有，躊躇良久，憶里中曾餽有枯魚，令家人取之。家人報已食，僅存其半。魯公度家無它物，即以其半載與趙公俱往公所稱祝。公烹魚沽酒以飲二公，歡甚，即事倡和而罷。

右聞諸都人劉憲副效祖者，劉耳承之趙司成云。趙司成亦都人，與魯公皆公門人也。

焦竑《玉堂叢語》卷六　焦芳入閣，仍欲兼部事，瑾屢遣人來與李閣老商議，李云：「無此例。」瑾云：「曾聞李賢兼管。」李云：「李賢是吏部侍郎，入閣後陞尚書，時王翱掌部事。」又問：「前有之乎？」答曰：「蹇義爲吏部尚書，與户部尚書夏元吉五日一赴東閣，與大學士三楊議事，未嘗兼學士也。」次日吏部請印信，内批令焦芳兼管部事。芳以問李，李曰：「某已言之，此二事實難兼攝。内閣佐天子出令，吏部所擬陞調官間有可否，今自擬之，而自可否之邪？又每日通政司奏事奉旨吏部知道者，即當廷跪承旨，内閣班侍立聽。今亦將出跪而更起立耶？又部事差謬，或章奏錯悮，小則回話認罪，大則罰俸，脱有之，亦將隨同認罪乎？」芳乃辭部事。

焦竑《玉堂叢語》卷七　李文正當國時，每日朝罷，則門生羣集其家，皆海内名流，其坐上常滿，殆無虚日，談文講藝，絶口不及勢利。其文章亦足領袖一時。正恐興事建功或自有人，若論風流儒雅，雖前代宰相中，亦罕見其比也。

【略】

李西涯當國二十餘年，一日有人投以詩云：「清高名位斗南齊，伴食中書日已西。回首湘江春水緑，子規啼罷鷓鴣啼。」李得之大慚。《北窻瑣語》

正德時，李西涯於劉瑾、張永之際，不可言臣節矣。士惠其私，猶曲貫而與

之，幾無是非之心。羅公玘乃李之門人，引大義責之。書云：「生違教下，屢更變故，雖常貢書，然不敢頻頻者，恐彼此無益也。今則天下皆知，忠赤竭矣，大事亦無所措手矣。《易》曰『不俟終日』，此言非與？彼朝夕獻諂以爲常依依者，皆爲其身謀也。不知乃公身集百垢，百歲之後，史册書之，萬世傳之，不知此輩亦能救之乎？白首老生，受恩居多，致有今日，然病亦垂死，此而不言，誰復言之？伏望痛割舊志，勇而從之，不然，請先削生門牆之籍，然後公言於衆，大加誅伐，以彰叛恩之罪，生亦甘心焉。生蓄誠積直有日矣，臨楲不覺狂悖干冒之至。」李得書淚下。【略】

李東陽四歲能作大書，景皇帝召見，抱置膝上，賜上林珍果。六歲、八歲，復兩召之，試講《尚書》。嘗與程敏政同召，上試對云「螃蟹渾身甲胄」，敏政對曰：「鳳凰徧體文章。」東陽對曰：「蜘蛛滿腹經綸。」後程官學士，李大拜，兆於此矣。

焦竑《玉堂叢語》卷八　西涯在翰林時，偶失朝被罰。翰林舊有語云：「一生事業惟公會，半世功名只早朝。」言其清無事也。至是，西涯續二句云：「更有運灰兼運炭，貴人頭上不曾饒。」一座鬨然。

李紹文《皇明世説新語》卷二《言語下》　李西涯論節用度如閘河，然節一分則上有一分之益，廣儲蓄如源泉，然積一分則下有一分之利。人稱其引類親切。

李紹文《皇明世説新語》卷三《雅量》　李西涯延徐文靖溥、徐尚書瓊飲，左右誤進酸酒，文靖連飲二巵，次至瓊，瓊曰：「真秀才酒也。」西涯語文靖何不早言，公笑曰：「鼻中尚欲吸三斗，況兩盞耶。」

李紹文《皇明世説新語》卷五《夙惠》　李東陽四歲能作大書，景皇帝召見，抱置膝上，賜上林珍果。六歲、八歲復兩召之，試講尚書。嘗與程敏政同召，上試對云：「螃蟹渾身甲胄。」敏政對曰：「鳳凰徧體文章。」東陽對曰：「蜘蛛滿腹經綸。」後程官學士，李大拜，兆于此矣。

李紹文《皇明世説新語》卷七《排調》　李東陽在京邸欵會試貢士，酒數行，俱起辭謝，公曰：「且止。有埸中題，願商之。『東面而征西夷怨，南面而征北狄怨。』」衆未解，公笑曰：「無他意也，只是待湯。」

李西涯善謔，庶吉士進見，公曰：「諸公試屬一對，云：『庭前花始放。』」衆哂其易，李曰：『不如對『閣下李先生。』」

李西涯作相，其子好嬉遊，西涯題其書室曰：「今日柳巷，明日花街，繼晷焚膏，秀才秀才。」明日，其子亦題曰：「今日驟雨，明日狂風，爕理陰陽，相公相公。」

西涯當國，二編修考滿，來謁，公曰：「有一策題：兩翰林九年考滿，推擢何官？」對曰：「策破，未有先有。策結，執事事也，執事責也，愚生何與焉。」公大笑，奏補宫坊。

李紹文《皇明世説新語》卷七《輕詆》　李東陽與劉瑾有舊，舉朝欲攻瑾，東陽泄其謀，因得預爲之所。既而劉健、謝遷去位，東陽獨被眷留。二公瀕行，東陽祖餞，欷歔泣。健曰：「何用今日哭爲？使當日出一語，則與我輩同去爾。」

李紹文《皇明世説新語》卷八《儉奢》　李西涯冬月不爐，披册操觚，不勝其慄，輒就日暴之，日移亦移。

李紹文《皇明世説新語》卷八《紕漏》　李文正嘗得良馬，贈陳愧齋。公騎入朝，歸至門，成詩二章，恠而還其馬。文正問故，公曰：「吾舊所乘馬，朝回必成六詩方至門，此馬止二詩耳，非良也。」文正笑曰：「馬以善走爲良，此固非良耶。」

李紹文《皇明世説新語》卷八《惑溺》　李西涯耽奕，何燕泉勸之。李曰：「將何消日？」何曰：「詞翰兼美，足娛日力。」後西涯偶在碁酒間，當道以巨軸乞詞翰，乃大書云：「莫將性命作人情，寫字吟詩總害生。惟有圍棋堪遣興，客來時復兩三枰。」

張萱《西園聞見録》卷二　李公賓之事父極孝，雖位至公孤，周旋承順，略不少怠。公飲酒不多，然遇酒邊聯句或對弈則忘倦。嘗中夜飲酒歸，其父猶候之，賓之愧悔，自是赴席誓不見燭。又曰，父不欲傷公意，遣孫兆先以一詩示之，曰：「朔風凛凛雪漫漫，詩酒棋枰取次歡。何事爾情猶未洽，冰霜不問僕夫寒。」公自是赴席必先歸。

張萱《西園聞見録》卷六　劉瑾用事，雅慕李公東陽，欲致之。適都御史楊一清逮繫至京，事且不測，公力爲之解，因約一會。公歎曰：「此爲知己屈也。」乃詣外第訪之。瑾虚賓席以待，禮恭遜甚。其家人云：「自柄國以來，未嘗見此客與此禮也。」楊公遂得免。

張萱《西園聞見録》卷一一　李東陽當國時，正德□□年，《通鑑纂要》書成，賜宴於禮部。瑾以修書盛典，欲因以示恩，公謂：「此書先帝所命，不及進御，豈敢言功。」瑾内銜之。

張萱《西園聞見録》卷一五　正統間，朝廷敕一邊將，本左軍都督府之職，而

誤寫右軍。邊將既受敕，具疏請於何府支俸。疏下内閣，召武選主事鄭原至。衆皆詰其請敕手本之誤，欲罪之，惟東陽先生徐曰：「鄭主事爾何出身？」對曰：「生曾與會試。」東陽曰：「然則豈不解王言如絲，其出如綸乎？敕書既云右府，便合於右府帶俸，何誤之辨？」衆釋然。

張萱《西園聞見録》卷二七　耿定向曰：公仕宦五十餘年，柄國且十有八年矣。鄭端簡公謂：公卒之日，不能治喪，門人故吏醵金錢賻之，乃克葬。又嘗過其門，蕭然四壁，不足當分宜輩一宴會之費。則公平生所以褆身者又可知已。彼時權璫狂猘，公卿鮮不受其螫者，而卒不敢有加于公，公豈有權術牢籠之哉，毋亦貞操潔履有以服其心耳。每日朝罷，則門生群集其家，皆海内名流，其坐上常滿，殆無虚日。談文講藝，絶口不及勢利，風流儒雅，亦足領袖一時。嘗冬月五更入朝，至長安街，値編修崔公銑方在道上酣飲，銑拱立于轎前曰：「請老先生少飲數酌，以敵寒氣。」公即下轎，連進數觥，升轎去。王元美《藝苑卮言》亦載此一事。夫宰相憐才愛士，脱略勢位，如此風流，世豈能多見，即書籍所載古之宰相亦未有如此者。正德七年以少保、華蓋殿大學士致仕，卒年七十。

錢謙益《列朝詩集小傳》丙集　公慧悟夙成，風神娟秀，歷官館閣，四十年不出國門，獎成後學，推挽才雋，風流弘長，衣被海内，學士大夫出其門牆者，文章學述，粲然有所成就，必曰：「此西涯先生之門人也。」罷相家居，購請詩文書篆者，填塞户限，頗資以給朝夕。一日，夫人方展紙砥墨，公有倦色，夫人笑曰：「今日方設客，可使案無魚菜耶？」遂聽然命筆，移時而罷，其風操如此。詩文有《懷麓堂集》及《續集》、《南行》、《東祀》諸集若干卷。

梁維樞《玉劍尊聞》卷一　李東陽，字賓之，金吾左衛人。方三四齡，輒能運筆大書，中外稱爲神童。景皇帝召見，抱置膝上，命給紙筆書，賜果鈔送歸。舉進士，仕至特進光禄大夫、左柱國、少師、吏部尚書、華蓋殿大學士，贈太師，謚文正，天下稱爲西涯先生。東陽天資英邁，讀書一目數行下，成誦不忘。少入翰苑，即負文學重名，比柄用，感知遇，力持國是。値權奸劉瑾用事，解紓調劑，天下陰受其賜。樂汲引人才，門生半四方，多有時名。每日朝罷，門生群集其家，談文講藝，殆無虚日，風流儒雅，前代宰相中亦罕見其比。操貞履潔，卒之日不能治喪。著《懷麓堂稿》，字書精絶逼古。

梁維樞《玉劍尊聞》卷二　李西涯有門生歸省兼告養病還家，西涯集諸人餞之，即席賦詩爲贈。汪石潭詩成。汪俊，字器之，弋陽人，官至刑部侍郎。中聯云：「千年芝草供靈藥，五色流泉洗道機。」衆傳翫以爲絶佳。西涯將後句抹去，令石潭重改。衆愕然不知何故，以爲未善。西涯曰：「歸省與養病是二事，今兩句單説養病，不及歸省，便是偏枯。」石潭請西涯改之，西涯援筆書曰：「五色宫袍當舞衣。」

梁維樞《玉劍尊聞》卷八　西涯晚年耽對棊酒，何孟春以爲勸。西涯曰：「將何消日？」孟春曰：「詞翰熟自天成，足娱日力，既惠後生，又垂遠世。」西涯笑曰：「此後生計吾老，不暇爲此。」一日，西涯在棊酒間，乞詞翰者踵至，西涯色弗怡，大書一絶云：「莫將性命作人情，寫字吟詩總害生。惟有圍棊堪遣興，客來時復兩三枰。」孟春觀之悚然，知其前意之所在。

朱彝尊《静志居詩話》卷二四　茶陵李東陽等爲翰林長，而王九思等爲檢討。時人語云：「上有三老，下有三討。」

朱景英《李文正公年譜》　正統十二年丁卯，一歲。是年六月初九日公生。案公祭朱文鳴文云：「君生丙辰，我卯在丁。」又案公生日有感詩云：「六月九日多鬱蒸，我生初度未相仍。」公先世以戍籍居京師，父淳官翰林，母劉太夫人。

十三年戊辰，二歲。

十四年己巳，三歲。

景泰元年庚午，四歲。案公本傳云：「四歲能作徑尺書，景皇帝召試之，甚喜，賜果鈔。」又案牧齋《列朝詩傳》云：「四歲舉神童，景皇帝抱置諸膝。」

二年辛未，五歲。

三年壬申，六歲。

四年癸酉，七歲。景皇帝召見。

公次弟東山以是年生。案公《侍御展公墓誌銘》云：「東陽七歲時始知讀書，爲文皆藉公啟迪。」

五年甲戌，八歲。景皇帝再召見。案《列朝詩傳》云：「公六歲、八歲兩召見，講《尚書》大義，命入京學。」案公《邵先生墓表》云：「東陽髫時，籍順天府學爲生。」又《陳先生墓誌銘》云：「景泰初，東陽以童子奉詔入奉天府學爲諸生。」

六年乙亥，九歲。公三弟東川以是年生。

七年丙子，十歲。公母劉太夫人卒。案公哭弟東山詩自注云：「先孺人棄世時，東陽十歲，山四歲，川僅兩歲耳。」

天順元年丁丑，十一歲。

二年戊寅，十二歲。

三年己卯，十三歲。公四弟東溟以是年生。繼母麻太夫人出。

四年庚辰，十四歲。

五年辛巳，十五歲。

六年壬午，十六歲。是年，公舉順天鄉試。案：公京闈同年會詩序云：「天順壬午，予同舉順天鄉試者百三十有五人。」

七年癸未，十七歲。案：《明紀編年》：是年春二月會試場屋災，秋八月命禮部補行會試，公中式。【略】

十五年己亥，三十三歲。公官翰林侍講。案：公集有《己亥中元陪祀山陵道中奉和楊學士先生韻十首》。

十六年庚子，三十四歲。公官翰林侍講。是年秋，公充應天鄉試考試官。

十七年辛丑，三十五歲。公官翰林侍講。是年公有《自止夜歸用陶韻》詩。案：公《先考誥命碑陰記》云：東陽嘗雪夜歸自外，不忍斥責，遣孫兆先致一絶云：「朔風凜凜雪漫漫，詩酒棋枰取次歡。何事爾情猶未洽，冰霜不問僕夫寒。」東陽自是歸不敢到夜，戒之終身。

十八年壬寅，三十六歲。公官翰林侍講。【略】

二十二年丙午，四十歲。公官翰林侍講學士。子兆同生，朱夫人出。秋八月，充順天鄉試考試官。十二月，丁父淳憂。案：公《誥命碑陰記》云：「十齡而失恃，四十而失怙。」

二十三年丁未，四十一歲。公守制。

宏治元年戊申，四十二歲。公守制。案：公辭起復纂修本云：宏治元年閏正月，召修《憲宗實録》，公以喪，其疏辭不赴。

二年己酉，四十三歲。四月，服闋，以從龍恩選春坊左庶子，仍兼侍講學士。是歲掌司經局印。

三年庚戌，四十四歲。《實録》久不就緒，内閣請公等四人校正。公殫慮竭力，雖大寒暑不少輟。是歲掌春坊印。

四年辛亥，四十五歲。八月《實録》成，陞大常寺少卿，仍兼侍講學士。是歲署翰林院印。

五年壬子四十六歲。始入日講，拜經筵講書，音節清暢，特爲稱旨。

六年癸丑，四十七歲。奉命爲會試考官，得弋陽汪俊爲第一，松江顧清第二，諸名士猶多。復奉命同傅文穆公教吉士業。時禮部缺侍郎，廷薦兩以公名進。是歲旱，公應詔上疏，摘《孟子》中格言切於君心治道者七條，極論其理，而利疾得失以類附焉。上之，孝宗稱善。

七年甲寅，四十八歲。是年，從閣臣請，擢公禮部右侍郎兼侍讀學士，入内閣專典誥勅。案公八年辭免重任本云，去年仰蒙聖恩陞授今職，令在内閣專管誥勅，輒欲具本辭避，但念誥勅一事或可勉强效勞。

八年乙卯，四十九歲。公官禮部侍郎兼侍讀學士，與謝公遷同直文淵閣，參預機務。案：《列朝詩傳》云八年以禮部左侍郎兼文淵閣大學士，直内閣。是年，公次子兆同殤。

九年丙辰，五十歲。公官禮部左侍郎兼文淵閣大學士，尋擢禮部尚書，兼官如故。時以内官李廣、楊鵬引用劉良輔左道惑亂，公同大學士劉公健、徐公溥、謝公遷上疏切諫。

十年丁巳，五十一歲。公官禮部尚書、文淵閣大學士。是年奉勅纂修《大明會典》，公充總裁。

十一年戊午，五十二歲。春二月，進公太子少保，兼官如故。是年，公四弟東溟没。

十二年己未，五十三歲。春二月，公以太子少保、禮部尚書、文淵閣大學士充會試考試官。

十三年庚申，五十四歲。公官太子少保、禮部尚書、文淵閣大學士。

十四年辛酉，五十五歲。公官太子少保、禮部尚書、文淵閣大學士。五月，公以疾上疏乞休，不許。閏七月，長子兆先没。【略】

十六年癸亥，五十七歲。《大明會典》成，公有進表。二月，公進太子太保、户部尚書、謹身殿大學士，復奉命修《歷代通鑑纂要》。

十七年甲子，五十八歲。公官太子太保、户部尚書、謹身殿大學士。是年，重建闕里廟成。閏四月，公奉命往祭。五月，上通達下情本，帝嘉納之。案：公《東祀録》序云：宏治己未，宣聖廟災，有詔重建，及今年甲子告成。上以爲國家重典，用國學時祭之制，遣内閣臣往祭，而東陽實承敕以行。又云：自發軔至返櫂爲日四十有七。公定《闕里志》，踰年書成。

十八年乙丑，五十九歲。

公官太子太保、户部尚書、謹身殿大學士。五月，孝宗崩，公與劉公健、謝公

遷同受顧命。

正德元年丙寅，六十歲。進公少師兼太子太師、户部尚書、華蓋殿太學士，尋進吏部尚書，兼官如故。《通鑑纂要》成，公有進表。復奉勅修《孝宗實録》。二月、三月、十月公三上疏自劾，乞罷黜，帝慰留之。時劉瑾入亂政，劉公大夏劾瑾罪狀，瑾欲置之死，公爲解之，遂釋怨。

二年丁卯，六十一歲。公官少師兼太子太師、吏部尚書，華蓋殿大學士。

三年戊辰，六十二歲。八月，公患鼻衄，上疏辭，不允。

四年己巳，六十三歲。五月，進《孝宗實録》。

五年庚午，六十四歲。進左柱國，廕一子爲尚實司丞。是年，瑾伏誅。

六年辛未，六十五歲。公官特進左柱國、少師兼太子太師、吏部尚書、華蓋殿大學士。六月、七月，公以老病乞休，疏兩上，不許。時武宗嬉遊如故，皇子未生，多居宿於外。又議大興豹房之役，建寺觀禁中。公憂之，前後上章切諫，不報。

七年壬申，六十六歲。公官特進左柱國、少師兼太子太師、吏部尚書、華蓋殿大學士。公以京師及山陝各省相繼地震，而帝講筵不舉，視朝久曠，宗社祭享不親，禁門出入無度，谷大用等仍開西廠，屢上疏極諫，不聽。河南賊平，廕子世錦衣千户。公再疏力辭，改廕六品文官。時欲調宣府軍三千入衛，而以京軍更番戍邊，公力持不可，帝坐乾清宮，趣草勅，公復陳十不便狀，終不奉詔。明日，内出旨，竟以江彬邊兵入京。十二月，公上疏力乞休，詔以本官致仕，寫勅諭意，賞銀紵，著有司時存問，月給米八石，歲撥人夫十名應用，仍廕子姪一人中書舍人。

八年癸酉，六十七歲。公致政家居。正月，賜公慶成宴卓面。四月，賜勅諭一道及銀紵衣物。公兩具本謝。

九年甲戌，六十八歲。公致政家居。

十年乙亥，六十九歲。公致政家居。

十一年丙子，七十歲。公以特進光禄大夫、左柱國、少師兼太子太師、吏部尚書、華蓋殿大學士致政家居四年，至是年七月二十日卒於第。上聞，贈太師，謚文正，葬京城西畏吾村。

法式善《明李文正公年譜》卷一　八年甲申

十八歲。選庶吉士。

憲宗成化元年乙酉

十九歲。授編修職。《館閣漫録》：「八月辛丑擢庶吉士李東陽爲翰林院編修，仍舊譯字。」

三年丁亥

二十一歲。官翰林院編修。《館閣漫録》：「八月丁巳進《英宗皇帝實録》，賜稽考參對官編修李東陽等人白金二十四兩，文綺二表裏，羅衣一襲，各升俸一級。」

六年庚寅

二十四歲。官翰林院編修。《懷麓堂集》是年有《送四川按察副使彭君序》、《送周揚州序》。

八年壬辰

二十六歲。官翰林院編修。《館閣漫録》：「二月甲戌，編修李東陽乞歸展墓，許之。」《懷麓堂集·南行稿序》：「成化壬辰歲二月，予得告歸茶陵，奉家君編修公以行。至則省始祖州佐公及高祖處士府君之墓。既合族序燕居十有八日，乃北返，以八月末入見於朝，蓋閲七月而畢事。」【略】

十年甲午

二十八歲。陞翰林院侍講。《懷麓堂集·哭舍弟東川詩》註：「甲午正月川亡。」《館閣漫録》：「十二月庚寅，陞編修李東陽爲侍講，仍支原任俸，加一級，以九年任滿也。」

十一年乙未

二十九歲。官翰林院侍講。《懷麓堂集》是年有《兵部武選員外郎郭君墓表》、《姚孟栗墓誌銘》。六月，子兆先生。《哭弟東山詩》注乙未十月岳氏妻亡。

【略】

十二年丙申

三十歲。官翰林院侍講。《懷麓堂集·講讀録序》：成化丙申始入經筵侍班，兼撰講章。《哭舍弟東山詩》注：「丙申五月山亡。」

十三年丁酉

三十一歲。官翰林院侍講。《懷麓堂集》有《賀陳先生誕孫詩序》、《送施彦章通判黄州序》。

十四年戊戌

三十二歲。官翰林院侍講。【略】

十九年癸卯

三十七歲。擢翰林院侍講學士。

二十年甲辰

三十八歲。官翰林院侍講學士，充殿試讀卷官。《懷麓堂集・講讀録序》：「甲辰，以侍講學士侍東宫班。」

二十一年乙巳

三十九歲。官翰林院侍講學士。【略】

法式善《明李文正公年譜》卷二（弘治）十五年壬戌

五十六歲。官太子少保、禮部尚書兼文淵閣大學士，充殿試讀卷官。八月乙丑，繼子兆蕃補蔭爲國子監生。從其請也。【略】

十八年乙丑

五十九歲。官太子太保、户部尚書、謹身殿大學士，充殿試讀卷官。

法式善《明李文正公年譜》卷三（正德）三年戊辰

六十二歲。官少師兼太子太師、吏部尚書、華蓋殿大學士，充廷試讀卷官。

朱謀垔《續書史會要》 李東陽字賓之，號西涯，茶陵州人。博學工詩文。官至少師、大學士，謚文正。篆書有古則，行草亦清健，深得魯公筆法。但評者云其欲效正鋒而不知結構，體勢疏懈，特入俗品，如色厲内荏之靡，無端人正士之德。

備論

吴寬《匏翁家藏集》卷四一《西涯遠意録序》 西涯學士遺方石侍講詩十三首、書六通爲一卷，而詩則與蕭文明、李士常、潘時用聯句爲多，總題曰「西涯遠意録」者，蓋其意倡於西涯，且出其筆也。初，成化間，方石以内艱去，服滿不起，即所居緦山之下結屋讀書，有終焉林壑之志，故西涯所遺書自道契濶外，惓惓焉趣之出。及方石志不可回，言不即復，其後遂有果哉之歎。蓋以義處人如此。自是凡十年，爲弘治改元，國史既嚴，有司奉詔旨入緦山敦勸上道，方石始來，蓋其計慮之審，動以其時，卒能以義自處，君子益重之。夫市朝之上争名競勢之徒相擠相陷惟恐不及，固不足爲二公語，然其得罪於二公者可勝言哉。凡西涯筆札之妙，人多得之，而方石以同年故相契尤厚，所得殊多，不下數百紙，此特家居時出於浮沉之餘者耳。寬從二公後已久，竊觀是卷有出處之義在，非常時贈遺者比，乃書而識之。

吴寬《匏翁家藏集》卷四一《後同聲集序》 館閣日長，史事多暇，方石、西涯二公凡所會晤、遊賞與夫感歎、懷憶、餽遺悉發之詩，今見卷中者，西涯特録已作，而方石則有聯句在焉，總五十首，號《後同聲集》。蓋往時二公同在翰林，詩已成卷，陳愧齋太常嘗以《同聲集》號之。此則二公竝以家艱先後終制，從修《實録》之命，復聚于翰林，相與倡和者，故以「後」云。

予嘗觀古詩人莫盛于唐，其間如元、白、韓、孟、皮、陸生同其時，各相爲偶，固其人才之敵，亦惟其心之合耳。合則其言同，同則其聲自有不得不同者。然君子小人莫不有聲，其聲之同亦各以其類。二公平生以道義相重，志節相高，非特以詞章相勝者，故發之于詩和平深遠，覽之可誦，誦之可聽，譬之樂則如鳬氏之鍾，薄厚適宜，侈弇中度，自然無石播柞鬱之病。其爲聲也真同，所謂金聲乎。予之鄙陋固不足以識其妙，然以是論之，亦可謂聞樂知德者乎。方石以翰林侍講初擢南京國子祭酒，欲别去，持此示予，曰：「願有序。」則漫應之，竟不予舍也。

李東陽《懷麓堂集》卷首楊一清序 古之人所以名世而不朽者有三：立德、立功、立言是已。今天下政化出於一，六經四書之旨如日麗天，固無俟於所謂立言者。其見於著作，若紀述鋪叙之爲文，詠歌吟諷之爲詩，可以考見得失、垂世鑒戒而興起其善端，大則用之朝廷，施諸天下，以鳴一代之盛，謂非古者立言之遺意哉。

今少師致仕西涯李先生，以扶輿間氣，挺生於重熙累洽之朝，弱冠入翰林，已負文學重名。金梓所刻，卷帙所録，幾徧海内。大夫士得其片言以爲至寶，後進之士凡及門經指授輒有時名。中年益深造遠詣。比掌帝制、登政府，則又衍而爲經綸黼黻之文，稽古代言以定國是，變士習，裨政益化，有非文章家之可名言者矣。且文至今日而盛，而弊亦隨之，故聯篇累帙盈天壤間，皆是物也。其能追古名家、超然自立於世者，蓋亦不數數見已。自餘作者各挾所長，非無足取，匯而閱之，樂恣肆者失之駁而不醇，好摹擬者傷於局而不暢。近或習爲瘦辭硬語，使人不復可句，以是爲古，所謂以艱深文淺近者，文之弊一至是，可慨也。先

生高才絶識，獨步一世，而充之以問學，故其詩文深厚渾雄，不爲倔奇可駭之辭，而法度森嚴，思味雋永，盡脱凡近而古意獨存，每吮毫伸紙，天趣溢發，操縱開合，隨意所如而不踰典則，彼旬鍛月鍊，以求工者力追之而不可及也。譬之大人君子冠冕佩玉，雍容委蛇於廟堂之上，指麾百執事各任其職，未嘗有叱咤怒罵之威，而望之者起敬，即之者傾心。至其衆體具備，無所不宜，探之而益深，索之而益遠，則如大河之源出於崑崙，至於積石，又至於龍門底柱，既乃吞納百川，以達於海，涵浴日月，頃刻萬變，而不知其所窮。嗚呼至矣！孔子曰：「有德者必有言。」先生孝友天至，其素行金完玉粹，名滿天下，而自視欿然。位極人臣，而樂善如不及。履常應變，恒介介不易守。蓋其文章與功業並懋，斷有以立於世者，而謂其不本之德不可也。

先生嘗自輯其詩文，凡九十卷，總名之曰《懷麓堂稿》，詩稿二十卷，文稿三十卷，在翰林時作；詩後稿十卷，文後稿三十卷，在内閣時作。外有《南行稿》、《北上録》以及經筵講讀、東祀集句、哭子求退諸録則附於全稿之末，以皆雜記，故不入卷中。徽州守熊君桂，先生禮闈所取士，間從所知得副本，乃謀諸同知王君仲仁輩刻之。郡齋走書京師，索余序。

予辱先生知與四十年，多所規益，每有操述，輒爲指摘疵垢，不少隱。顧庸惰不立，少而學焉，老而未能測其谿徑，況望窺其室堂哉。然平生企向之懷，得托姓名於不朽以爲幸，而熊君汲汲公善之心亦不可以不白，故僭爲之言。先生所著别有《燕對録》，藏於家，及密勿章疏文字甚多，人不及見。予承乏内閣，始得窺見之。若致仕以後詩文則别爲續稿，他日當自有傳之者。

李東陽《懷麓堂集》卷末靳貴後序 此少師西涯先生李文正公之集也。詩賦共若干首，銘誌雜文若干首，奉勑碑記若干首，奏疏若干首，總若干卷，而續集不與焉。嗚呼，富矣。

予嘗聞有一代之興，必有一代英賢之佐進，而左右厥辟，考修班制，敷爲述作，以昭覩文華國之美。然其成也有漸，其發也有機，必治極百年，天鑒昭格，篤賢輔始，克際登兹盛。如周至宣王數更九世，作材復古，紹休先王。于時尹吉甫、仍叔、申伯、仲山甫、方叔、召虎，咸能先後禦侮，升政大猷，而仍叔、吉甫之徒又能鋪張贊詠，以道其事，如《車攻》、《嵩高》、《蒸民》、《江漢》、《韓弈》諸作是已。夫周之治，固郁郁其文，然微諸賢，則所謂至今望其君臣若神人然者，又惡能若是其烈哉。我皇祖受命開極，肇隆文化，列聖相繼，引養引恬，至於成化、弘治間，人文之盛，於斯爲極。公適出會其期，攄其所藴，見於詞章，高文大册，既已光朝著而澤海宇，而長篇短述又皆流播四方，膾炙人口。蓋操文柄四十餘年，出其門者號有家法，雖在踈逖，亦竊效其詞規字體，以競風韻之末，而名一時，豈偶然哉。

夷考公平生小心慎密，不事矯襮，歷官禁近，節儉正直，雅有羔羊之風。方今上嗣德訪落之初，及元凶鞠人忮忒之際，公以耆望屹然在服，中間扶持善類，將順德意，陰利天下，蓋有人不及知者。罪人斯得，益啟淵衷，進賢屏惡，溥惠滌瑕，以植民生，而綿國脉，傳謂爲人臣者怠則張而相之，廢則掃而更之，謂之社稷之役，公實有焉。及其憂則違之，賁於丘園，賓從游歌，若忘素顯，而聞朝廷用一善人，興一善治，必喜動顔色，如自己出。或議及古今政疵民瘼，亦復痌瘝乃身。故予嘗爲文壽公，謂其居廟堂未嘗不以山林爲念，在山林未嘗不以廟堂爲憂，其心始終不廢民胞物與之情，乃心王室之義，正謂此也。公既捐館，國論益明，朝貽節惠，謚曰「文正」。孔子曰：「言有物而行有恒也。」是以生則不可〔奪〕志，死則不可奪名，公固今日之山甫、仍叔也。向非文與功偕、德與位侔，亦烏能獲是名于天下後世哉。公平生志節之大如右，俾讀是集者有所考焉。

林俊《見素集》卷二七《祭太師涯翁李文正公》 正德丙子冬之月，吾師涯翁文正公李先生訃至，俊爲位雲莊以哭。訃再至，又連哭。附小奠我師先生之靈曰：

嗚呼，我國家河洛効靈，人文啓聖，鉅儒宿學，高詞大策，步典墳而追風雅，固已岡連峰出矣。巍然而特起者，洪武時則潛溪翁，永樂而後則楊文貞公。成化及今，文之盛又極矣，吾師文正公又特起其時，渾厚紆徐，無刻深峭絶之態，而油然其光，蒼然其色，抑揚正變，如迴風立海，倐焉砥平，良將勍敵，優游而暇豫，又如長江大河，滀之不盈，支之千百派無見其縮。先生於文蓋深矣。書兼六體，真行草篆，點畫韻致，宗秦晉而參以獨得之妙。先生之於藝亦精以習矣。粹衷完質，離垢而絶瑕，含洪邃永，居以益晦，歛焉其若無。先生於道德，蓋亦純以備矣。少以神童宣入宫，荷有殊錫。弱冠第甲科，不出館職者五十年，在宥密者二十餘年，陟元樞，預顧命。既致其政，猶給禄終其身，歲時勞問。訃，上輟視朝，卹恩加于數等。先生之遇，奇且極哀，榮且至矣。仁焉春，義焉秋，生生落落，而莫知誰之爲經猷注措，顔之所謂大勇者也。

俊承誤收，迹疏心往，僅侍先生者數四。丙辰入覲，先生曰：「見素太迂，吾師生何嫌倘一刺門下以去。」先生時遺俊書，無敢答解。元柄詩來我雲莊，謹和

付達。子來，上先生語，哽揮泪者一再，始及成禮。嗣是和篇，往還達還。先生出詩三十首命和，和上，先生病且甚，猶命扶强讀，泪油油曰：「平生見素知己，詩其永訣矣。」嗚呼，謂後之倨簡，苟先生知愛之深如是耶。其忍聞，其忍言。一尊附奠，涕與神來。心長語塞，其惡足寄耶。

邵寶《容春堂後集》卷一《記先師文正公小像》　此吾師西涯先生李文正公小像也。先生薨後，某寓書求諸崔尚寶世興得之。某昔侍先生，嘗竊觀於架上亂書中，蓋先生爲學士時所畫，於今三十餘年矣。烏乎，先生不可作矣，得斯像而時展焉，亦足以慰我岑鬱無涯之思耳。聽松庵某世墓所在，旬月必一至，擇静室懸焉，謁墓退，則謁於斯，勤且弗褻之道也。

邵寶《容春堂後集》卷三《李文正公麓堂續藁序》　《麓堂續藁》若干卷，太師西涯先生李文正公致仕後所著也。公所著有《麓堂前後藁》者刻於徽郡，公門下士提學侍御張君汝立實與圖焉。公卒之明年，汝立復得是藁，遂於蘇郡刻之，而屬某爲序。

某嘗聞之，道之在天下，其極至於萬變。君子之言行以之文也者，言之精而行之著也。是故道盡乎變而後可以言道，文盡乎變而後可以言文，苟非其人，則何以與於此。公生四年，以神童承顧寵，儲養進修。又十餘年，學用大成。既舉進士，迴翔翰苑。久而後登秘閣，進位師傅。歷三朝五十餘年，高明端雅，盛德嘉謨，上沃下敷，澤被海内。乃或當艱應遽，定震稽疑，所謂道者隱然在公之身。故其爲言弘衍旁流，即物陳義，惟其所當，皆能極乎其所止，雖其言篇篇殊而所謂道者錯然在焉。蓋自六經至諸傳子史，上焉準之，次焉資之，下焉亦時取之，如大將御戎，不聞號令，而一鼓一麾無不如意；如金之鑄於良冶，造化自我而不知所以爲之者，有道哉。文乎可謂能盡其變矣，其卓然稱大家而爲學者宗師，有以也。夫世固有承迂襲隱，謂之理學，否則荒於釋老，否則雜於稗野，自以爲玄、爲達，爲辯博者，皆公門之棄也。

寶不敏，出公門下幾四十年，辱公指教，多且深矣。東歸以來，病餘閒居，竊有所論如此。方將書以請焉，而公已矣。先是，公嘗作信難遺寶，乃今有餘思焉，敢以是爲汝立復。公德厚而彰，功鉅而遠，古稱三不朽，公實兼之，天下後世當有公論焉。

邵寶《容春堂後集》卷八《祭先師文正公文》　正德丙子七月己亥，少師兼太子太師、吏部尚書、華蓋殿大學士致仕西涯先生李公薨於京第。越三十有九日，八月戊寅晦，門生邵寶聞訃於汪司業器之，既爲位寢，哭三日。又十三日，九月甲午，謹具瓣香、束帛，遣家人寧奔奠于几筵之下，力疾陳詞，跽授寧以致之。

烏乎哀哉，先生已矣，今歲何歲。惟先生壽七十，寶嘗爲辭祝之，願其耋且期以至無疆，而不意遽至此也。今日何日，旦夕企望，復書且至，而不意其遽聞此也。烏乎哀哉，昔在壬申，寶初請養，先生難之，寶曰：「寶之情先生所知也。古人以知己進，今非知己不能退，先生其謂寶何。」不答。未幾再請，得省視歸。先生謂曰：「汝年尚强，或可再至。吾老矣，恐不及見耳。」寶時雖聞此言，然自度再見無期，悲慘而別。既歸，復請，得侍養之命。先生致政後，貽寶書曰：「鄉見孫九峰言國賢行時，不欲顯言别去，此情此誼，亦可與知者道也。」寶之心先生固知之，今果然矣。烏乎哀哉，先生於天下有默旋弘濟之功，有允孚中立之德，有大雅振古之言，古稱三不朽者，先生兼之。先生我師，而能成我所以生，處我所以爲食，蓋有罔極之恩焉。昌黎所謂傳道、授業、解惑三者，先生皆有意於不肖，或遠或近，或合或離，無非教者，而寶未之能承也。蓋至于今慚負方切，而先生已矣。眇哉我躬，既病而衰，未耆而老及之，誠有如今日者。烏乎哀哉，昔蘇子瞻祭歐陽子，其言曰：「上爲天下慟，下以哭吾私。」寶於先生亦云。雖然，寶愚且遜，敢慟而不敢陳重華之詞，敢哭而不敢擬尼父之誄。北向長號，有淚如水，惟先生鑒之。

邵寶《容春堂後集》卷九《涯翁先生七十壽辭有序》　正德十有一年，歲在丙子，吾師今致政少師西涯先生李公壽躋七十。七十禮稱老，平格之得天，於是乎始。寶也疎遜莫能庭祝，敢爲之辭。辭曰燕山高、曰湘水深，凡二章。公楚人也，實産於燕。師傅三朝，道濟天下，凡天下之勝，惟公儀範所臨、文翰所及，莫不繫以爲重，而況生焉世焉公所敬止焉者哉。興而祝焉，宜也，祝而不頌，天下之人固有頌之者矣。

燕山高九重，宫闕相岧嶤。台斗錯落聯層霄，下有碧海深且寥。閶風中峙瀛周遭，萬里咫尺通虹橋。群仙相望手可招，烟光霞綵夕復朝。清氣磅薄無塵囂，降神維嶽生賢豪。童年冠目茲遊敖，偉如元凱逢唐堯。自天題賜雲錦袍，維帝有制手所操。斟酌元氣迴招摇，坐今四海妖氛消。鏗然大雅鳴鈞韶，晚開緑野方逍遥。壽公何以燕山高。

湘水深來明，一穴遠可尋。蒼梧九疑雲氣陰，雲飛入溪升復沈。分爲三湘流古今，東行洞庭西有潯。白沙碧石清人心，復有菉竹如球琳。雲陽先生多德

音，又歷數世達者興叶。文章道德宗儒林，玉堂不啻臺千金。昔嘗南遊和楚吟，歸挾天漢爲商霖。正聲尚在薰風琴，舊相居洛海内欽。雲山千里空北南，老人星照衡陽岑，何以壽公湘水深。

邵寶《容春堂續集》卷八《李文正公小像贊》 先是，正德丙子冬，某得先師文正公先生小像於吾友崔世興，軸而懸諸松風之閣，以便時省。戊寅，世興復寄大像至，軸而藏諸。庚辰春，小像爲人竊去，乃臨諸大像，敬贊數語，屬僧圓金懸奉如故。烏乎，公之德，天下之所同慕也，彼竊者獨無此心哉，而況他人乎。尚相與守之，勿爲風雨蟲鼠之所傷也。

以神童始，以元老終。師保兩朝，進退從容。紓紛納污，辯幾信誼。力贊化原，民受其賜。學無標榜，而有典刑。四海之内，濟濟門生。歐未秉鈞，韓不入相，惟公文章，千載下上。

蔣冕《湘皐集》卷三三《代祭涯翁文正李公文》 昔我孝廟鋭意太平，賢輔登用，治功克成，公於其間，尤稱大老。魏魏堂堂，百僚師表。受遺玉几，光輔今皇。朝野倚重，柱石巖廊。康濟經綸，備殫忠力。勳業文章，兩臻其極。聖眷彌篤，公請益堅，幅巾藜杖，緑野平泉。位極人臣，壽屆七袠，優游考終，公亦何戚。謚曰「文正」，當代所無，范暨司馬，與公爲徒。出處進退，完名全節，生死哀榮，光垂簡册。某等曩以公務，屢承指教，訃音忽聞，不勝嗟悼。靈輀既駕，窀穸有期，一觴奉奠，侑之以辭。

羅欽順《整庵存稿》卷七《奉壽少師西涯先生李公七十詩序》 斯文之在天地間，必於其人焉，是託其人之得與於斯文者天也。天以斯文託諸其人矣，宜必從而佑之，是以福禄恒集於其躬，而禍害終莫之及。孔子曰：「天之未喪斯文也，匡人其如予何。」固其理也。我國家誕敷文教，亦惟濟濟多士是資。頃歲賊瑾盜權，仇視搢紳，拘囚黜罰，殆無虚日，而百度以之皆舛。我師西涯先生李公嘗受遺先帝，方爲輔臣之首，名高而德厚，瑾獨不敢以非禮見加。公夙夜憂勤，彌縫調護於其間，所以爲斯文計者無或不至。及瑾伏誅以死，而公之志益伸。於是申飭舊章，削除密網，顯拔幽滯，登進忠良，俾斯文之命脈垂微而復振。事勢已定，乃從容乞身而退，以休於家，伴奂優游，以介眉壽。今兹薦登七袠，非天之所佑，其有是哉。

欽順違遠門牆凡十有五年矣。有自京師來者，輒奔問公起居。以今所聞較之，向之所見聰明志意，曾無不及，有以知公之福禄蓋方殷而未艾也。今内而臺省，外至藩方，居高位、當事任者往往多公之故人與其門生弟子，微言奥論，人懷所得，既以見諸行事，其有不合，亦必於公焉質之。几杖之操，箋牘之貢，日相繼於門下，而公皆樂爲之，盡其出也，源源不窮，身雖退藏於家，而道未始不行於天下。此天下之士所以莫不願公之壽千萬以爲期，況於門生弟子，有位於南都者凡十有一人，大司馬喬公宇先期訂議，期各賦詩一篇，以效南山之祝。詩以「八荒開壽域，一氣轉鴻鈞」爲韻，而韻不及欽順，則俾序於卷端。

欽順學日落而業日荒，無能副公教愛之一二，方深愧悚，尚敢以不腆之辭瀆獻於門下哉。然非辭則無以達區區祝願之誠，是以不敢終讓。凡公之文章德業與夫歷官本末有非淺陋所能備書，敬書公克壽斯文之大節以爲公壽，以見天之所以壽公者，誠有意也。

《武宗實録》卷一三九 東陽在翰林以文學名，前輩或忌之，遷侍講學士，數年，始與經筵，然不以爲意也。嘗大旱，應詔陳言，剖析《孟子》中語切治道者數條，附以時政得失爲獻，孝廟甚嘉納之。既入閣，不時召對，遇事多所規益。末年，受顧命，縷縷數百言，東陽感激思報。正德初，群小壞政，遂與同官劉健、謝遷條陳十事，指斥貴近，言甚剴切，因自劾求退，健、遷皆罷，而東陽獨留。命下，據案涕泣，連疏乞歸，不許。於是劉瑾威權日盛，狎視公卿，惟見東陽則改容起敬。時焦芳與東陽同官，又助瑾煽虐，東陽隨事彌縫，去太去甚，或疏論廷辯，無所避忌，所以解紓調劑、潛消默奪之功居多，否則衣冠之禍不知何所極也。或者乃以其依違隱忍不即決去非之，過矣。所著有《懷麓堂》前、後、續稿百餘卷，凡朝廷詔册謚議諸大制作多出其手，詩篇碑板傳播四裔，雖字書小技亦精絶逼古，人罕及之。

廖道南《殿閣詞林紀》卷二《華蓋殿大學士李東陽》 廖道南曰：予觀楊邃菴叙《懷麓堂藁》云：高才絶學，獨步一世，如大河之源出崑崙，至積石，至龍門，至底柱，吞吐百川，涵浴日月，頃刻萬變，而不知其所窮。邵二泉叙《續藁》云：盛德嘉謨，澤被海内，如大將御戎，不聞號令，一節一麾，無不如意。嗟乎，可謂知言矣。予以爲弘治間薄海外内，泰和流行，兵以不試爲威，財以不蓄爲富，刑以不措爲治，伊誰之力耶。君子是以知文正之不可及也。

贊曰：雲陽秀鬱，皇雩蜿蜒，洞庭浩渺，湘水淪漣。惟彼黎老，端亮沉潛，歷事四朝，一德格天。翼翼匪懈，休休不專，稽厥勳謨，鼎石有編。

張邦奇《張文定公環碧堂集》卷九《祭西涯李文正公文》 嗚呼，功業文章，

古難兼得，姚、宋、韓、柳，人有遺惜。公之文章，遠追漢、唐，秉鈞二紀，相業輝煌。生而神靈，毀齒騰聲，老而致政，樂此昇平。禄位名壽，生前身後，既享極隆，亦垂不朽。某等咸辱公知，夙瞻山斗，聞訃孔哀，將此絜酒。

嗚呼，公之名動海内久矣，而吾猶恨夫知公之希也。國家開太平貞元之氣，交構磅礴數十年，乃發爲亨嘉之會。而公生焉，神智天成，不假人力，自經書道術以及乎百家衆技靡不通究。文章詞翰，極工且富，以爲一代宗而莫敢或尚焉者，人固得而知之矣。至其察始慮終，審微知著，極力殫謀，以陰裨乎世道，公固不以言而人亦未易以測也。

先皇帝時，民熙物豐，百司庶府，率由成憲。公秉鈞軸，□一事可見，而内閣所陳、便殿所對，凡以益□□而俾治化者，人未必聞其詳也。及夫憸兇竊柄，□流□□，剛者觸，柔者靡，公于其間，鎮以譽望之重，感以俠氣之純，左隄右防，先縱後操，以全士類而銷虐焰者，功亦偉矣，而人未或窺其際也。已而致政家居，身不接匪人，足不踰户，閾口不談時事，□□□□廬儵然。蓋廉夫狷士或不能及，乃又掩于文章功業之盛，而人或不以名言。信乎，知公之深者亦或希矣。

某也雖未敢謂知公，抑辱公之見知已非一日。天下士聞公之没，雖邈不相識亦當爲之欷歔而不自禁，況久受知愛者邪。顧兹肅命遐方，趨奠末由，敢以腥爛遥薦重帘之下，而緘詞以聲予哀，公尚有以知予之言乎。嗚呼悲夫！曩者手教問及，竊見詞翰之精，以謂精力未艾，固天壽平格以佑我國家，身雖已退，而所以備諮訪、參謀議以係屬斯人之望者，猶自有在，方竊爲天下慶，今也又安得不爲天下慟邪？嗚呼，悲夫！

鄭曉《吾學編·皇明名臣記》卷三〇　公慧悟夙成，文章流麗，代言敷奏，明暢爾雅。又能奬進才雋，推挽聲譽，風韻所漸，人皆嚮附。事太陵稱忠勤，康陵時周旋曲濟，保護善類。清謹弗渝，休休不專，政歸卿寺，人顧思之。

何良俊《四友齋叢説》卷八　《震澤長語》云：劉瑾雖擅權，然不甚識文義，中外奏疏處分，亦未嘗不送内閣。但秉筆者自爲觀望，本至閣下，必先與商量，問此事當云何，彼事當云何，皆逆探瑾意爲之。有事體重大者，令堂候官至河下問之，然後下筆。故瑾益恣肆。若當時人人據理執正，牢不可奪，則彼亦不敢大肆其惡也。劉瑾擅國日，人皆責李文正不去。蓋孝宗大漸時，召劉晦庵、李西涯、謝木齋三人至御榻前同受顧命，親以少主付之。後瑾事起，晦庵去，木齋繼去，使西涯又去，則國家之事將至於不可言，寧不有負先帝之托耶。則文正義不可去，有萬萬不得已者。西涯晚年，有人及此，則痛哭不能已。此一事，顧東江言之。

何良俊《四友齋叢説》卷二三　弘治、正德以前之文，楊東里規模永叔，李西涯酷類子瞻，各自成家，皆可領袖一時，要之均爲不可廢者。

何良俊《四友齋叢説》卷二六　我朝如楊東里、李西涯二公，皆以文章經國，然只是相沿元人之習。至弘治間李空同出，遂極力振起之。何仲默、邊庭實、徐昌穀諸人相與附和，而古人之風幾遍域中矣。律以古人，空同其陳拾遺乎。

項篤壽《今獻備遺》卷四　論曰：西涯善調護周旋逆瑾間，和不失正，所保全善類尤多。跡其抗言時政，要亦侃侃不阿者矣。

徐學謨《徐氏海隅集》卷四一　東陽長於文章，書法遒麗，稱一代宗匠，學者以宋歐文忠擬之，一時文士李夢陽、何景明輩俱羅致門下。當劉瑾用事時，顧命大臣劉健、謝遷相繼去位，獨東陽浮沉亂朝，故中外有伴食之誚，然縉紳攖瑾羅織，猶不至如漢黨禁、唐白馬之酷烈者，多其寬解調護之功，瑕瑜自不相掩云。

顧起綸《國雅品·士品二》　李文正賓之學既該博，詞頗弘麗，且老於掌故，其詠史樂府乃所優也。當時如丘、邵二文莊，吳文定、石文隱諸縉紳先生倡酬多作七言律，甚至疊和累篇，每以什計。昌穀謂先輩便於七言者，以聲長字縱，可以牽合成章也。今京師縉紳每謂七言律書軸，庶不寥索，遂失作者之意。殊不知律者以古雅沈鬱爲難，而七言尤不易。往有誦先輩七言律句，各減去二字，亦成章，舉座大笑，故在句句、字字不可斷爲工，又以句句、字字直屬爲病，在氣貫節續，如脉絡然。所謂圓如貫珠者，即衲子數珠，若減截一二子，便不成串矣。雖盛唐諸公，惟王維、李頎二三家臻妙，太白、浩然便不諳矣。明興，自高侍郎以還，七言律流而極弊，文正公以大雅之宗，尤能推轂後進，而李、何、徐諸公作矣。《戹言》曰：「長沙之於何、李，其陳涉之起漢高乎。」頗善比興。讀公之《花將軍歌》，丘之《羅都御史》，吳之《送武靖西征》，邵之《胥門》，石之《契苾兒》諸篇，稍頡頏馳騖矣。

鄧球《皇明泳化類編》卷五二《李東陽》　論曰：文正公以孩提入禁地，御天顔，亦奇矣。長有文名，壓於海内，楊邃菴稱之曰：「高才絶學，獨步一世。」邵二泉曰：「盛德嘉謨，澤被海内，如大將御戎，不聞號令，一鼓一麾，無不如意。」嗟乎，可謂知言矣。比病劇憂謚，蓋自分權瑾一節恐人不輕放過，然以一清之報，得謚文正，美矣。《守溪長語》云：劉瑾之權有能自守者，亦脂韋曲從，過爲謏

佞，以求自全。蓋指東陽也。《雙溪雜記》云：東陽以神童舉，與程敏政齊名，皆以詩名延引後進，海内名士多出其門，往往破常調不次擢用，寖成黨比之風，而不能迪知忱恂，舉用真才。當時有識之士私相講論，以爲數年後東陽柄用，引進一番詩文之徒，必誤蒼生，尚名矯激，世變將起，蓋意有所指矣。《西湖麈談》所録士人投尺素詩云：「才名直與斗山齊，伴食中書日又西。回首湘江春草緑，鷓鴣啼盡子規啼。」萬世公論將與歸，否耶。後鄭端簡公曉云：余見學士大夫多訾李公，豈其然哉，豈其然哉。文正爲政值奸兇，隕名毀迹，保護善類，卒之日，諸門生故吏斂金錢爲葬具，不一二年，家人不免於凍餒。余嘗過其門，蕭然四壁，不足當近日輔臣一宴會之費。吁，公所言輔臣宴會，蓋有感而發也。顧大臣以正直忠厚立朝，激以長亂，隨以毀方，非也。文正處瑾時，似有先漢陳太丘之風，今取其不彰賂一節而無暇他論焉，恐亦簞食豆羹之義耳。

耿定向《先進遺風》卷上　耿子曰：公仕宦五十餘年，柄國且十有八年矣。鄭端簡謂公卒之日，不能治喪，門人故吏醵金錢賻之，乃克葬。又謂嘗過其門，蕭然四壁，不足當分宜輩一宴之費云云。則公平生所以褆身者可知已。彼時權璫狂猘，公卿鮮不受其螫者，而卒不敢有加于公，公豈有權術牢籠之哉，毋亦貞操潔履有以服其心耶。

王世貞《明詩評》卷四　評曰：東陽髫年供奉，早捷賢科，一時才名大噪。晚登三事，鈞握二紀，聲施四垂，詩家達者。惜乎未講體格，徒逞才情，枚生累紙，少遊揮毫，角險争捷，加災墨卿。予嘗譬之如積潦成陂，雖復汪洋，輕淺易涸。樂府自謂絶世，定則史斷一章。有子名兆先，未立而夭。其風韻奕奕，絶句四首大類竹枝佳境，少加鉛槧之年，奚止箕裘之業。

李贄《續藏書》卷一一　《雙溪雜記》云：東陽以神童與程敏政齊名，專以詩名延引後進，海内名士多出其門，往往破常格不次擢用。當時有識之士以爲數年後東陽柄用，引進一番文士，尚名矯激，世變必起。後李夢陽草疏欲殺劉瑾，而謀慮不審，且疏中既以甘露之變爲言，而躬自蹈李訓之淺謀，致貽數年衣冠之禍。中官自爲制度，自此不可變更矣。且草疏者李夢陽一部屬，而諸司英傑平素以文章氣節取重於世，皆翕然和之。韓文亦與東陽交厚，夢陽詩甚爲東陽賞鑒，故文不敢少遲夢陽之疏，而九卿大臣景從文後，亦不肯略出商量萬全之策，皆氣節之盛，使人不敢致思也。

李禿翁曰：此段亦是一大議論。但當時洛陽爲首相，其識見亦只是夢陽等，雖文正爲次輔，亦不敢與之商量萬全之策，況韓文、九卿諸公哉。故謂當時諸老盡出一時搏擊之習，無一人能爲朝廷計久遠，圖萬全者可也，謂其咸相隨而就夢陽之後不可也。文正雖以才學知夢陽，然夢陽實不知文正。使其能知文正一兩分，則文正不孤矣，何待結識新都，倚託梁、費，而後致身以去邪。故知爲文正者實難，後之學者，慎勿容易草草論文正。

又曰：劉瑾竊政，户部韓文爲首，率九卿共劾瑾。司禮監太監王岳、范亨、徐智爲内應，而内閣劉健等又助之。時王岳等大爲上所信任，密奏朝中多官劾奏瑾等，不可不從。上不得已，允之，欲待明早發旨，捕瑾下獄。瑾等遂走至御所，俯伏哀號，訴岳等内外交通，欲害我等。上曰：「且待明日。」瑾等曰：「若等明日，臣等再不得見天顔矣，須今晚拿岳等三人送獄方可。」上不得已，頷之。瑾等遂出傳旨，夜捕岳等繫獄。明日奏請，劉瑾入司禮監，兼提督團營兵馬，設内行官校巡察，丘聚提督東廠官校巡察，谷大用提督西廠官校巡察，張永等並司營務，王岳、范亨、徐智俱發南京充浄軍。行至臨清，將王岳縊死。由是權歸瑾等，勢傾中外，卒令劉健等三人自陳致仕，李東陽獨留不允。東陽上言：「臣等三人責任一同，而獨留臣，將何辭以謝天下。」章屢上，竟不從。東陽門徒最盛，初皆以爲東陽素有文名，故得不去。及後劉瑾於朝陽門外創造玄真觀，東陽爲制碑文，極其稱頌，人始議其泄捕瑾等之事，真所謂以小人之心，度君子之腹者也。哀哉。

又云：劉瑾既誅，而政權仍在内臣，魏彬掌司禮監印，決大政。馬永成等又奏，有旨，朝廷大事，須彬等同議。時東陽、廷和、梁儲、費宏四人在閣，以窮苦魚菜四字爲題，各作長詩示永。東陽爲窮字折點畫，爲句極工，永大悦，命工刊印，裝錦軸送人。未久，山東盜起，人以爲窮苦之應。東陽又囑楊一清作平定寧夏碑，頌永功德，後泯不傳。嗚呼，傳亦有何嫌也。

又云：正德間，内官賜生祠額護勅，皆劉瑾分付内閣李東陽、楊廷和創爲之。使東陽執奏，我輩不過講讀視草之官，不由六部執掌奏行者，不敢撰寫。且舉《大明律》，結黨亂政之法最重，如此，縱使不從，亦不過如劉健等去位而已，乃不能然。後東陽卒，謚「文正」，何所據哉。

李禿翁曰：此真是放臭屁也。

鄧元錫《皇明書》卷一七　耿刑侍定向曰：公自孺孩時受知，上加之膝。已遇泰陵，造膝委心者十年，乃大漸，憑玉几，諄諄以嗣皇托也，公獨何心能復忘此

身哉！或謂當是時，劉、謝皆知不可止矣，而公不與俱，何栖栖也。權璫狂猘，國事日非，公居首輔，不能糾虔而規隨，非過與。噫，乃斯時何時哉？新主甇甇於上，國事洶洶於下，劉、謝去矣，如公者復視若墮甑，委之不顧，即有胸無心，何詎能若是恝哉。嬰、杵之於趙孤也，謂死易立孤難，劉、謝爲其易者，亦藉公當其難耳。矧公乞身疏歲數十上，而竟不得請，卒攖其難，則天實疚之矣。且羣陰上剥，碩果僅存，大厦垂傾，厘厘一柱耳，可太直乎。迹公平生，豈異悏惜死者，顧以其身狥忠節之名，孰與以其身爲宗社之衛？公籌之審矣，故不爲戇直之安國，而爲户牖之深念，不爲名高之三君，而爲太丘之委蛇，蓋存我所以庇善類也。他日過瑾第，救巴陵而脱之難，卒授鉞西征，密計行間，閹瑾授首，此與梁公之薦用張柬之，蓋千載同功也。公居常第以文章自命，言經濟必首遜新都，汲與同升，託國而退。則曲迂其身，庇一巴陵。已避位，進一新都，保安宗社，黎民賴焉至于今。《秦誓》所謂大臣道，當如是矣。竊嘗論公事泰陵撲事矢謨則智，事康陵迂身毁迹若愚，所謂其智可及，其愚不可及也。鄭端簡稱公卒之日不能治喪，門生故吏醵錢賻之，乃克喪。又云嘗過其門，蕭然四壁，子兆蕃蔭爲符丞，而孫食不厭糟覈，席户繩樞，無異庸保。如公者孔孟復起即不得稱聖與仁，將不謂之忠且清乎？謹勒狀與楚宦中外者出俸，復其賜第，爲祠奉公，凡楚紳之勛德光顯者次祔，伏臘祠焉。

尹守衡《明史竊》卷六八　論曰：正德之初，凶竪擅恣，其去劉、謝二相臣，猶掇之也，斯豈東陽可與同朝共事之日耶？伴食五載，乃其風槩有足以褫狂猘之魄而服其心，又豈懷禄苟容而焉用彼相者。幾年間，國是賴以調停，善類多因保護，則固正之不能以邪勝，而法之不能以權奪也。卒能假手石淙，共鋤凶逆，道固委蛇，殆謂是乎。或吸吸猶援去就之迹見繩，吾未敢隨聲而共訾之也。

何喬遠《名山藏》卷七〇《臣林記李東陽》　郎曰：東陽當閣十有八年，請退屢矣，不可不止，世以爲大譏，君臣之際固未易割也。智深而不伐，旁行而不失其守，古之人有行之者，狄梁公歟。

張弘道、張凝道《皇明三元考》卷六　東陽慧悟夙成，文章瀟灑，代言敷奏，明暢爾雅。又能獎進才雋，推挽聲譽。事孝宗稱忠勤，武宗時周旋曲濟，保護善類，清謹弗渝，休休有容，人顧思之。

唐鶴徵《皇明輔世編》卷二　太常氏曰：世之病文正者，謂其當内竪持疏下閣時，不與劉、謝二公同諍，又玄貞觀之碑文稱頌逆瑾，因而疑其洩言於瑾。考之當時，欲芟薙此輩，原未嘗密，何待於洩也，藉令文正爲首揆而不諍，或以文正之不諍而敗事，則脂韋之罪誠無所逃。乃雒陽寔首相，文與餘姚力諍，即文正更加詆訾，安見有益於事。谿其後之調停保全，則知人各有見，亦各有志矣。故予以爲在内閣争論之時，少一文正不重於鴻毛，在縉紳流毒之日，得一文正不輕於泰山。蓋潔其迹以全名，此曲士之所易，濡其跡以救世，乃聖賢之所難。論人者必當以孔、孟爲宗。孔子曰：「殷有三仁焉。」孟子曰：「或遠或近，或去或不去，歸潔其身而已矣。」比干既諫，微、箕相繼而死，何捄於紂。惟去者不嫌於避禍，奴者不嫌於受辱，而後死者之心斯慰。文正生平操履端嚴，不媿屋漏，身死之後家無贏財，其身又焉有不潔哉。《易·夬》之四曰「壯于頄，有凶」，劉、謝之謂也；「獨行遇雨若濡，有愠，無咎」，文正之謂也。

談遷《國榷》卷五〇　周聖謨曰：西涯公當國時，有士人投絶句云：「才名直與斗山齊，伴食中書日又西。回首湘江春草緑，鷓鴣啼罷子規啼。」蓋譏其不能與劉、謝同去位也。果如所見，是使朝廷之上有小人便無君子，成何世界。且西涯受顧命，不幸而當逆瑾，疏論廷辨，無所避忌，非伴食者。後生輕薄，恣其綺舌，乃至于此，後世豈無公論哉。

孫承澤《畿輔人物考》卷五《李文正東陽》　歲寒老人曰：公立逆瑾之朝，劉、謝被逐而公獨加官，此處自難解於人言。然公能用瑾委蛇而不失其正，其所維挽大矣。楊一清稱公孝友天植，其素行金完玉粹，名滿天下，而自視欿然，雖位極人臣，而樂善如不及。履常應變，恒介持不易所守。蓋其文章與功業並懋，斷乎有以立於世者。嗚呼，可謂知公者矣。

查繼佐《罪惟録》列傳卷一一　論曰：按文正草劉瑾父封都督誥有曰：「積善以貽子孫，嘗聞其語；揚名以顯父母，今見其人。」又曰：「號令風行于天下，威名雷動乎八方。」或以頗比瑾，不知此諧諷也，正以彰瑾之擅，挽回儘大，有機用焉。相傳有士人瞰亡投以一絶：「才名直與斗山齊，伴食中書日又西。回首湘江春草緑，鷓鴣啼罷子規啼。」似諷以知止。嗟乎！使茶陵去，而諸竟行其所争，又益以諸所不及争，恐宫車不待晚豹房也。相傳入朝小履，恰二寸餘，絆結而成。衫則粗紵爲之。耿天臺得之，後屬督學大謨家。子兆先早故，無後，兆蕃其嗣子也。既致仕，猶四時賜賚，頒上尊珍饌，與現任同。郊祀慶成，光禄猶致宴，蓋殊數云。其謚文正，係同官楊一清生與之。一清忤謹不測，東陽力持之。及易簀，以二字相報。若曰前言官張芹所訐比瑾，東陽自不邪云，知茶陵深也。

傅維鱗《明書》卷一二四　史官曰：李東陽高才絶學，掩映一世，而休休容物，使慕之者傾，忌之者服，故能謇諤於治朝，委蛇於亂世。弘濟時艱，保護善類，天下陰被其澤，而人不知也。夫陳實不去以全鈎黨，吕好問不去以圖反正，彼以潔身之義見繩，惡知龍蛇之用乎？

錢謙益《列朝詩集小傳・丙集》　國家休明之運，萃於成、弘，公以金鐘玉衡之質，振朱弦清廟之音，含咀宫商，吐納和雅，渢渢乎，洋洋乎，長離之和鳴，共命之交響也。北地李夢陽，一旦崛起，侈談復古，攻竄竊剽賊之學，詆諆先正，以劫持一世；關隴之士，坎壈失職者，羣起附和，以擊排長沙爲能事。王、李代興，祧少陵而禰北地，目論耳食，靡然從風。吾友程孟陽讀懷麓之詩，爲之擿發其指意，洗刷其眉宇，百五十年之後，西涯一派焕然復開生面，而空同之雲霧，漸次解駁，孟陽之力也。余嘗與曲周劉敬仲論之曰：「西涯之詩，原本少陵、隨州、香山，以追宋之眉山、元之道園，兼綜而互出之。其詩有少陵，有隨州、香山，有眉山、道園，而其爲西涯者，自在試取空同之詩，汰去其吞剥撏撦吽牙齟齒者，求其所以爲空同者，而無有也。」敬仲深思久之，亦以余言爲然。今年録西涯詩，思與孟陽、敬仲後先揚扢之語，爲之慨然，而又念西涯、北地升降之間，文章氣運，胥有繫焉，不得不詳切言之，非欲與世之君子，争壇墠而絜短長也。

王元美《書西涯古樂府後》云：「余嚮者於李賓之先生擬古樂府，病其太涉議論，過爾剪抑，以爲十不得一。自今觀之，奇旨創造，名語叠出，縱未可被之管絃，自是天地間一種文字。若使字字求諧於房中、鐃吹之調，取其字句斷爛者而模倣之，以爲樂府如是，則豈非西子之顰、邯鄲之步哉！余作《藝苑巵言》時，年未四十，方與于鱗輩是古非今，此長彼短，未爲定論。至於戲學《世説》，比擬形似，既不切當，又傷儇薄，行世已久，不能復秘，姑隨事改正，勿令多誤後人而已。」嘉、隆之際，握持文柄，躋北地而擠長沙者，元美爲之職志。至謂長沙之啓何、李，猶陳涉之啓漢高。及其晚年，氣漸平，志漸實，舊學銷亡，霜降水落，自悔其少壯之誤，而悼其不能改作也，於論西涯樂府，三致意焉。今之譚藝者，尊奉弇州《巵言》，以爲金科玉條，引繩批格，恐失尺寸；豈知元美固晚而自悔，以其言爲土苴唾餘乎？平津刻舟之人，知劍去已久，未有不爽然自失者也。微元美之言，將使誰正之哉！

湯斌《潛菴先生擬明史稿》卷一七　論曰：孝宗之世最多名臣，内閣五人，溥以寛和著，濬以博綜聞，雖各有所短，皆稱賢焉，未可執一而論也。健、遷正色直道，蹇蹇匪躬，閹竪亂政，秉義固諍，確乎其不可拔，庶幾古大臣風烈。説者謂申屠嘉之於鄧通，韓琦之於任守忠，皆能伸威廟堂，決策呼吸，似非健、遷所能及。然自太祖廢丞相，閣臣權微，與漢、宋迥異，而閹竪盤結根深，武宗溺于宴佚，欲以力争而誅其左右之近習，亦已難矣。使因羣閹之請謫之南京，俾離左右，不至蠱惑君心，或可從容得志，而幾事不密，遂令僉邪得以抵隙示恩，垂成而敗，可爲痛惜。要之，剛直之節始終不渝，事君之道，健、遷無愧焉。兩朝章疏，載其大者，庶後有所考。東陽依違固寵，晚節不振，若當時一言相助，並出都門，何至獨蒙垢厲乎？

朱彝尊《静志居詩話》卷八　文正宏奬羣英，力追正始。由其天材穎異，長短豐約，高下疾徐，滔滔莽莽，惟意所如。其自序，謂耳目所接，興況所寄，左觸右激，發乎言而成聲，雖欲止之有不可得而止者，此自得之言也。昔賢以人謝繁蕪爲累，大陸才多爲患，此翁亦然。若其擬古樂府，因人命題，緣事立義，別裁機杼，方之楊廉夫、李季和輩，似遠勝之，至或剛而近虐，簡而似傲，文之佳惡，文正蓋自得之矣。

法式善《明李文正公年譜》卷四　東陽慧悟夙成，文章流麗，代言敷奏，明暢爾雅。又能奬進才雋，推挽聲譽，風韻所漸，人皆嚮附。事泰陵稱勤，康陵時周旋曲濟，保護善類，清謹弗渝，休休不專，政歸卿寺，人顧思之。

法式善《明李文正公年譜》卷六孫承恩《賀少師西涯先生李公致仕啟》　伏審抗疏乞閒，蒙恩得釋解機衡之重務，遂退託之初心。詔旨温存，禮義隆重。顧眷注而未替，超倫等以獨優。出乎風塵者，公致之高；同乎天地者，聖恩之大。君臣之道兩盡，出處之義兼全。實仕宦之極榮，斯志願之方畢。里閭欣嘆，縉紳聳觀。

伏以造物每忌夫完名，君子當慎其晚節。然而寵利之地，人情之所易安；得失之計，世俗之所難免。自非道足以經世，理足以勝私，明乎進退卷舒之機，究乎消息盈虚之數，率多迷惑，終之玷汙。是以古今之英豪，少有盡善之出處。況自常情而論，則位之極者，棄之愈難；然由君子而觀，知任之重者，辭之必果。老氏垂功成身退之戒，詩人著明哲保身之言。故以周公忠勤，亦欲明農於成王攬政之日；伊尹自任，即已請老於太甲允德之時。非特出處之當然，亦是聖賢之高致。惟其時勢不能無異，故其去就卒有不同。或天下之責，實不可以必辭，故在己之志，遽不能以自遂。然而其念之所及，則未嘗不以去爲賢，而況功名之

已成，去就之甚裕，維時望容有未釋。而已志可以必行，若猶恥止足而戀君恩，誘行道以便身計，則是終無可去之日，甘冒固寵之嫌。古今一途，彼此更異，孰能獨覺，蓋尠其人。

此蓋伏遇致政榮禄少師相公閣下，德業皐夔，文章韓孟。著忠勤於四世，蹈夷險以一心。功業施於天下而人不知，風節表於一世而士咸服。曩者内朝變故，以及西寇搶攘，左右維持，馴致底定。方當坐享太平之福，庶以少酬贊襄之勞，而乃決志求閒，奉身言退，雖眷留之甚切，而此志之莫移。蓋宰相致仕，始於韋賢，而事業則未見；功成請老，見於裴度，而文章則無傳。其或兼是二長，則又多虧晚節，未有全美之善，卓如我公之賢。磊磊落落者，無所繫累之心；空空洞洞者，不可窺測之量。此蓋天眷碩德，故特付以完名，卓爲人臣之師，以彰一代之盛。自兹頤養，坐致松喬。雖世俗塵紛，已不關於念慮；而元老德望，猶默鎮乎華夷。某自昔登門，雅深受教，顧此瞻依之久，尤深喜慰之私。頌禱不文，慚惶莫既。

法式善《明李文正公年譜》卷六靳貴《賀少師西涯先生李公壽詩序》　少師兼太子太師、吏部尚書、華蓋殿大學士西涯先生李公致仕之明年六月九日，實維嶽降之辰，是春秋六十有七矣，内閣少師石齋楊公、少傅厚齋梁公、太子太保鵝湖費公過公第，賦詩爲壽，而翰林春坊諸君又各獻詩以致祝頌之意，聯爲一軸，石齋公以貴受教最久，命僭爲序。

竊聞之，自古天佑人國，必生賢輔，保乂夾輔，以延受命之休於無疆，而爲賢輔者果克靈承於兹，則雖釋政以歸，亦必永享壽康，以陰爲天下國家重。故論世者惟於其人占之，而皇天眷佑之純之篤可知也。我祖宗奉天圖治，匹休帝王，馨香發聞，天心克享，至於宣德、正統之際盛矣。公生其時，甫五齡，景皇帝召見中秘，應對稱旨，中外稱爲聖童。既而登甲科，官詞林，優遊養望餘三十年，乃以青宫舊學入相孝廟，熙洽之治於斯爲至。逮皇上嗣位，公以顧命元老，屬時權奸竊柄，欲去不可得，正色讜言，力扶國是，擊撞震撼，確不爲動，卒能潛攝其心，而天下陰被其澤於紓徐茹納之餘。已而釐革弊事，收用才賢，二三載間，屢平巨盜，光復太平之舊，迺請老歸焉。公道德之懿非淺薄所能贊述，而行事之槩亦有可得而窺者。蓋公之孝友畏慎，萬石君之篤行也；不矜功、不伐善，丙定侯之厚德也；守法奉公，無偏無比，宋廣平之持正也；隨機應變，剖決如流，姚文獻之成務也；孳孳汲引後進，久益不厭，歐陽子之好士也。至於決大事而不動聲色，當

更化而不恤怨尤，則雖韓忠獻之重厚，司馬文正之忠實，亦何以過之。凡公所有，足以兼古名臣之所長，而制作之善，詩賦之妙，翰墨之精又足以兼古文人藝士之所有。是以立朝五十年，柄用十有八年，嘗以其一身繫天下安危，謂非天故生之以爲保乂夾輔之計，其孰能與於斯歟。明農之請或匝月再陳，或朞歲十上，而恩旨懇留，志久不遂。今朝廷雖重違公意，而降勑褒諭，加賜輿隸，官廪白金綵幣，蔭一姪爲中書舍人，祝以頤天和、膺壽祉，而仍以國有大政將就問焉望之。此其慎終始之節，審出處之義，罔以寵利居成功，固公所自致，而亦豈無陰鑒默相者玉成於其間耶。比侍杖，屢見公聰明愈强，步履復健，觴詠笑歌之樂終日不倦，殆非人力所能，所謂天壽平格者於此益有徵焉。吾知壽考百年既昌且豫，所以仰慰皇上優老謀政之意歟。夫多方多士頌禱祝望之，誠者，且將次第見之，其慶不亦遠哉。故敬爲天下道，以見大之錫純嘏於公者所以眷佑皇家而非有所私也。

法式善《明李文正公年譜》卷六靳貴《諭祭致仕特進光禄大夫左柱國少師兼太子太師吏部尚書華蓋殿大學士贈太師謚文正李公文》　曰：卿純粹清和，得於天賦，文章德業，光輔明時。始遵晦於詞林，若無心於用世；既專司於帝制，猶自牧以如愚。迨我先皇中求良弼，遂從人望，簡置黄扉。日告嘉猷，允受股肱之託；時當倉卒，親承顧命之音。朕嗣位以來，遹遵先志，於予舊學，信任尤專，雖嘗稍間於匪人，終益仰成於大老。至於戡亂西鄙，討賊兩河，廟算既於此而深資，弊政復因之而改紀。眷壽俊之在服，方切倚毗；顧累疏之懇辭，難違高尚。温公既老，猶廑走卒之思；明道既亡，孰副後賢之望。訃音來告，良用震驚，永念老成，特隆卹典，載加穹秩，肇易嘉名。既敕有司爲營葬事，復兹諭祭，用示寵懷。靈爽如存，尚克歆享。

法式善《明李文正公年譜》卷六靳貴《祭西涯先生李公文》　惟公文章山斗，如韓退之；通經學古，如歐陽子；朝野倚重，身繫安危，如裴晉公。天不憖遺，一朝奄逝，嗚呼哀哉！某以多病，曩既不能隨衆稱觴於壽筵，今又不能朝夕供事於靈几，俯仰門墻，徒增媿悼。惟公英靈，尚其諒之。

法式善《明李文正公年譜》卷六梁儲《祭李西涯文》　正德十一年八月庚戌朔，越九日戊午，後學南海梁儲謹以少牢庶品、清酌之奠致祭於特進光禄大夫、少師兼太子太師、華蓋殿大學士西涯李公之靈。嗚呼，儲晚進末學，無所肖似。其始也，辱公知顧，竟引置於内閣論思之列。其中也，公乃以直道勇退，使儲也

不得有所則傚以爲依歸。其終也，公又忽然長逝，使天下蒼生無復有東山之望。然則儲之憂慟夫豈直一己之情而已哉。不盡之詞尚當嗣布於几筵之下，兹但畧陳其一二，公獨不能鑒我之隱憂心曲也耶？

法式善《明李文正公年譜》卷六謝遷《祭西涯先生文》 惟公海内文宗，詞林人傑。嗟我晚生，幸從後列。荷公接引，不鄙疎拙，紫閣同升，屢更歲月。敬皇殊遇，我慚淺劣，同寅協恭，不爲容悦。榻前顧托，相期盡節。龍馭上賓，憸邪作孼。於時乞身，草草言别，詎謂與公，遂成永訣。自我告歸，茫茫燕越，公嘗念之，音問不絶。聖明嗣統，邪黨熄滅，我已衰頽，困卧巖穴。召命下臨，勉强赴闕，公不可見，徒勞企渴。公墓在兹，敬來瞻謁，宿草已荒，含淚嗚咽。公靈不昧，鑒我衷切。尚享。

法式善《明李文正公年譜》卷六孫承恩《壽少師西涯李公序》 昔者嘗讀書，至《君奭篇》「天壽平格，保乂有殷」，未嘗不悚然曰：「天欲眷一代非常之命，必生一代非常之人以爲之輔。既俾其得君專政以行其志，而復錫以眉壽，夫豈偶然之故哉。」蓋賢才之生也，其壽亦天也。天惟爲國永佑命，故篤其所倚賴者，於是見天之眷顧爲何如，而元老碩德之所以克至壽考者，其所關繫也大矣。求之於今，則惟我少師西涯李公其人焉。

公自弱冠登高第，歷仕四朝，秉鈞軸者十有八載，正己率物，鞠躬勤勞，誘導天衷，匡濟時事。其尤大者，則受顧命，定危疑，功業在朝廷，德澤在天下。異而不激，和而不同，清恭端靖之節，五十年如一日。至於宏才邃學，獨持文柄，精明俊朗，雄蓋一代，所謂平格之臣，公庶幾足以當之，是豈淺淺者所能躋哉。先是公以盛滿乞解機務，聖天子方切倚毗，章不啻數十上，乃允。祇今優游泉石，而忠勤一念猶不異在位時。兹壽六十有八矣，强實完厚，如少壯者，朝廷大政尚有待公一言以論定之。福履如此，非天之所相，其孰能與於斯耶。古之君子若漢之韋賢、唐之裴度與夫宋之耆英之會，非不盛也，然或徒以高致稱而事功不著，或但以事功著而文章不傳，固未有如公之能兼者也。而其享壽祉者，豈直公一身之慶而已哉。

六月九日爲公初度，館閣諸公自石齋而下各賦詩爲壽，而謬屬某爲敘。某不佞，獨有感於天爲國壽賢之意，而推公之壽，實有關於國家之運者如此。若夫尋常頌禱之詞，則海内之人固有飲食必祝者矣，固不俟夫區區之贅也。

法式善《明李文正公年譜》卷六梁儲《賀閣老西涯李公七十詩序》 正統丁卯六月九日，吾西涯李公實始生於京師元武湖之西滸。是時也，我國家方重熙累洽之日；而是湖也，尤京師委祉發祥之地；公之先少師又積善存仁，實家於此，有克昌厥後之道，是三者相與會合而無間。故公之生也鍾和毓秀，全備衆美，仁義忠孝，樂善不倦，自少至老，德無二三，雖道不相謀者亦必以公爲君子。至公秉鈞握軸，謨猷密勿，口不言功，以人事君常若不及，弼諧先帝，身致時雍，受遺詔，輔訪落，鞠躬盡瘁，不避艱險。不幸值權姦干政，時事一變，又能慮之以巽而行之以漸，包荒持重，圖善厥後，卒能感悟明主，殄除元惡，舊章成憲，率由罔墜，反正之功，於兹爲大。然則天之所以慭遺元老與先帝之所以顧命舊學者，夫豈偶然之故哉。乃若根本六經，沉浸子史，作爲文章，其書滿家，若入告奏議之文，代言應制之文，纂修筆削之文，其所以用之朝廷邦國以訓勑臣工，敷賁四海，傳之於千萬世而不泯者，其爲用也大而博矣。若夫碑志序記、聲詩詞賦，在公文章中又爲餘事，然敘事如書，銘贊如詩，簡嚴如《春秋》，雄深雅健如司馬氏。或清新俊逸而有餘味，或紆徐含蓄而可深思，或至足之餘溢爲奇怪，沛然莫禦而皆安流。蓋不專一能，兼具諸體，傳之後學，皆可爲法，古人所謂一代不數人者，是固宜然矣。

儲無似，獲侍教於公，今且四十年，近歲又辱公推轂，起從南部，入居内閣，與聞機政，自公謝事後，儲則無所依歸矣。然猶知遵用公畫一守而勿失早晚，欲編輯公閣中二十年小大製作以類相從，請公再經目，而以一語識之，庶俾後來有所矜式。使畢此志，則儲亦且歸老於南嶺之南矣。明年此際，雖欲再從吾邃菴、戒軒諸公作爲詩歌以祝公壽且不可得，而況至公百歲之年又安得再從杖屨侍公遊乎。兹因公初度之辰，述公德業文章之盛與儲區區景慕之情，庶幾與諸公之作亦互有相發云。

法式善《明李文正公年譜》卷七李紱《狄文惠公李文正公論》 古有不降其志、不辱其身以成其聖者，伯夷是也；古有降志辱身以成其聖者，柳下惠是也。而孟子並以百世之師稱之，蓋其悲天閔人之志同也。惟畏天命而閔人窮，故柳下惠降志辱身以成其志，然三黜不改其直，三公不易其介，則志固未嘗降而身固未嘗辱也。吾於狄文惠、李文正二公之事深有感焉。後人刻論前賢於史事未嘗詳考，偶聞一二稗官小説，見狄公有盧姨事女主之譏，李公有伴食中書之咏，輒妄加譏議，實未能深知二公之本末也。【略】

越八百餘年而明有李文正公東陽，其所遇與梁公頗類，而心蹟尤難明，至今

好刻論者訾之無異於梁公也。考文公清節天下後世所共知，富貴固不足以繫其心。其在孝宗之世，以講官直諫知名，宏治四年，與謝文正公遷同入閣預機務，時政闕失，盡言極諫，天下以爲得人。十七年，重建闕里聖廟，奉命祭告，還朝，疏言直隸、山東旱災，痛切敷陳，並及江南、東浙户口耗，軍伍虚，庫無旬日之儲，官缺累年之俸，恐事變不測。直斥冗食之衆，國用無經，役煩賦重，勢家請乞多，親王供億重，皇親網羅關津病商賈，内官攫河道，始于容隱，成於蒙蔽。又稱章疏動爲内廷貴戚遏罷，恐今日所言又爲虚文，乞取從前内外條奏並加採擇。其所論皆當時所畏而莫敢言者，此豈有死生利害之見入其心哉。明年，與劉公健、謝公遷同受顧命，數諫帝失德，不省。

《武宗實録》稱羣小壞政，東陽與劉健、謝遷條陳十事，指斥貴近，因自劾求退。健、遷罷，東陽獨留。命下，據案涕泣，連疏乞歸，不許。蓋公名在三朝，武宗素重公，而兩宫亦言舊臣惟此一人不宜聽其去，瑾不得已留之，非公有所暱於瑾也。《實録》又稱瑾威權日盛，狎視公卿，惟見東陽則改容起敬。時焦芳與東陽同官，又助瑾煽虐，東陽隨事彌縫，去太去甚，或疏論廷辯，無所避忌，所以解紓調劑，潛消默奪之功居多，否則衣冠之禍不知何所極。或者乃以其依違隱忍不即決去非之，過矣。《實録》所論如此，此非稗官小説所可比也。

横雲山人《明史列傳》言焦芳助虐，老成忠直放逐殆盡，東陽多所補救，劉健、謝遷、劉大夏、楊一清及平江伯陳熊等皆得危禍，賴東陽而解。尚寶卿崔璿、副使姚祥、郎中張瑋以違制乘肩輿，給事中安奎、御史張彧以覈邊餉失瑾意，皆荷重校幾死，並以東陽力救得釋。瑾又以匿名書詔百官跪奉天門外，頃之，令大僚及翰林皆出，執庶僚三百餘人下詔獄，東陽力救獲宥。瑾患盜賊，令戍其家，舊盜七十人欲加新令，東陽力争得免。《實録》所謂「解紓調劑」，信不虚也。

又稱内閣焦芳與中人爲一，王鏊雖持正不能與瑾抗，乃援楊廷和共事，倚以自張。已而鏊辭位，劉宇代之，宇去，繼以曹元，皆瑾黨，東陽勢益孤。然則文正之不附瑾也明矣。其功尤偉者，起用楊文襄一清，使偕張永平寘鐇，固結永，遂誅瑾，然後黜焦芳、曹元，用劉忠、梁儲，朝政始清，其經營苦心無異梁公也。夫大臣受顧命之重，奸惡弄權，委之而去，則先帝之付託者謂何。公不貪利禄，不畏生死，豈難於一去，不去，將爲其難者耳。如公去，無論國家安危莫之維挽，彼劉、謝諸公身家不保，烏能以一去鳴高，苟全林下也哉。瑾因術士俞曰明妄言，其從孫二漢、大貴遂爲逆謀，令兵仗局太監具兵仗，兩廣鎮監造弓弩，皆藏於家，將以八月十五日百官送其兄喪作亂。適楊文襄與張永捷疏至，以是日獻俘，乃得緩期。永至，即密奏擒瑾。逆雖未成，視梁公之時若有間，使其得逞，弒逆之禍及於武宗，吾不知劉、謝二公何以見孝宗於地下也。公既孤立，不與瑾爲黨，瑾所不敢侮者惟公一人，實國之重臣，豈以一去爲高，置國家之安危於不問哉。

後之人自度身當梁、李二公之世，處二公之地，能如梁公受武后宰相之命而即謀反周乎？能如梁公遭難復起，不改初志，卒復其故主乎？能如李文正公盡言極諫，不畏權貴乎？能如李公孤立於羣奸衆惡之中，不激不隨，遇事匡救，委任楊公，卒去大憝乎？能如李公位極人臣，仕宦五十餘年，而家無儲粟乎？二公而外，未見其人，然則後之人毋輕議二公也。

法式善《明李文正公年譜》卷七沈德潛《李東陽論》 明孝宗將崩，命劉健、謝遷、李東陽輔東宫爲賢主，三人頓首受命。武宗立，宦官劉瑾等亂政，健、遷、東陽極諫，不聽。繼健、遷力諫誅瑾，旨去健、遷，而獨留東陽。健、遷瀕行，東陽祖餞，泣下。健曰：「何泣爲。當日力言，與吾輩同去矣。」人以是咎東陽之委蛇，而羅玘上書至請削門生籍，後世遂罕知東陽之心者。

從來人臣顯行其節者易見，隱行其志者難知。東陽之不去，一在保全善類，使諸臣陰受其庇，一在受顧命之重，寧留其身以冀君之悛改，而不忍超然去國以自潔其身。時劉瑾所欲得而甘心者，健也、遷也。焦芳謟事瑾，必欲誅戮正人，而遷尤爲所忌，以遷爲餘姚人，矯旨籍餘姚者毋選京官。揆時度勢，諸君子幾於一網將盡，而當時健、遷雖奪誥命、雖追還服物，終得自全其身，必東陽彌縫默救於其間，而瑾與芳不得肆行其毒也。況健、遷而外如楊一清、劉大夏、陳熊諸人幾得危禍，均賴東陽潛移默奪以維持之，而顧責其委蛇不去。假使其時繼健、遷而去，舉朝皆焦芳、張綵、劉宇、曹元之徒，健、遷同類俱爲糜爛所必然者。觀於熹宗朝葉向高爲首輔，東林君子不致胥戕，迨向高去而楊、左諸正人無噍類矣。又其時以言誅劉瑾者張永也，以計授永者楊一清也，救一清之死而使之在位者東陽也。東陽不去，大有功於國，而不能諒其心者，第以悻悻小丈夫律之哉。

且竊東陽之心事又有不止於此者。蓋大臣之責任與小臣不同，受顧命大臣之責任與凡大臣不同。當孝宗諄諄以嗣君付託，涕泣受之，此身已爲嗣君之身矣。古來受命之臣，伊尹遇太甲，其變也，霍光遇昭帝，其常也，後遇昌邑，其變也，孔明遇後主，在常變之間也。三臣皆殫忠竭智，瘁心力以事之，而不敢置其身於局外。東陽所遭與三臣又異矣。主則耽聲色狗馬，宦寺八黨專以聲色狗馬

事之，而大臣自健、遷諸大臣相次斥逐，東陽之勢益孤，計一人之力欲除君側而不得，即欲行己志而不能，於是隨事隱忍，隨事匡維，寧晦其心迹而不敢標矯矯孑孑之名，窺其用心，總欲補益君德於萬一，以少慰先帝付託之重者。由是觀之，轉覺健、遷之去爲其易，東陽之留爲其難，則保全善類猶其淺焉者也。而羅玘之刺譏，毋乃衆人之識，固未知君子之所爲也耶。昔狄梁公事武后，人以屈身女主議之，卒之婉言諷諫，並薦五王，復返唐祚，人始服其轉移之功高於亢身去國。夫知梁公之有造於唐，即可諒東陽不去之心也夫。

法式善《明李文正公年譜》卷七法式善《李東陽論》 處危與處安不同，處大事、難事與處小事、易事不同，大臣之所處與小臣之所處更不同。生乎古人之後而論古人，弗要其所歷之始終而權其輕重緩急以究夫用心之所在，則指是爲非，指白爲黑，適以重古人之不幸耳。

故明大學士李東陽與劉健、謝遷皆孝宗顧命臣，武宗既立，瑾始横，爲大臣者度其能除則除之，不能除則當不顧毀譽，不計萬全而惟以保護社稷爲事，乃健、遷以諫不行相率去，東陽獨留。夫去而有益于國，則去之誠是也。當武宗不聽健、遷之諫，東陽豈不能出一語力争，争之不得，亦去，豈不計之熟哉。乃委曲隱默，卒謀誅瑾，是健、遷任其易，東陽任其難；健遷所見者小，東陽所見者大；健、遷所處者安，東陽所處者危。若東陽者，誠大臣之所爲也，孝宗在天之靈是健、遷乎，是東陽乎？千載而下爲顧命臣者當法健、遷乎，法東陽乎？使東陽與健、遷同日去，則楊一清必誅，一清誅，則瑾必更猖獗而難制，瑾猖獗而難制，則武宗必危，武宗危，則社稷且不可知，然則延明祚百有餘年，謂非東陽一人之力不可也。當時有投詩嘲其不歸長沙者，不知東陽自其曾祖以來居京師四世矣，老而無子，其稱茶陵者，特不忘所自耳。彼責東陽之不歸，東陽去京師，安所歸？謝簪組而居輦轂之地，可乎？抑餬口于四方，與遷人逐客等，以自明高尚，又非東陽之所宜爲也。或譏其元真觀碑頌瑾功德。夫危行言遜者，居亂邦之苦心，陽順陰違者，制小人之要術，使東陽貪慕爵禄，何以當柄政時不能復西涯舊業，及致仕以後並不能具魚飧欵客耶。大都身不履其境，則責人無難，而崇氣節，而立門户者，有明士大夫之積習，彼于東陽攻之不遺餘力，皆未權其輕重緩急而究夫用心之所在也。雖然，非處東陽之時，與東陽之位，則如健、遷者又可少乎哉！

《明史》傳贊云：「東陽以依違蒙詬，然善類賴以扶持，所全不少。大臣同國休戚，非可以決去爲高，遠蹈爲潔，顧其志何如耳。」此論發揮更爲深切。茶陵身後將及三百年，得此闡微之筆，後有重刊《懷麓堂集》者錄此於卷末，誠藝林不可少之文字也。 己未七月十六日覃溪識。

法式善《明李文正公年譜》卷七法式善《見聞考隨録引雙溪雜記辨》 明韓邦奇《見聞考隨録》引王瓊《雙溪雜記》云：正德初，韓忠定率九卿伏闕請劉瑾等八人下獄，內則太監王岳，外則大學士劉健，合謀，已得旨，欲於翌日宣之。瑾等不知也。大學士李東陽泄其謀於瑾，瑾等始大驚。時上御豹房，環泣叩頭於上側，且云：「待明日，臣等不得見爺爺矣。」是夜，以瑾爲司禮監，傳旨云：「已發落矣。」遂成正德中之禍。王瓊非君子，其言不足信。韓公賢士，而顧引其説，余惜其未之深考也。

按《武宗實録》載劉健、李東陽、謝遷連章請誅內侍劉瑾，以户部尚書韓文素剛正，令倡九卿伏闕固諍。吏部尚書焦芳洩其謀於八人，明早，健及文等率九卿科道方伏闕，俄有旨宥瑾等，遂皆罷散。是洩其謀於瑾者焦芳，《實録》已著之矣。《劉健列傳》稱健等謀八黨，帝召諸大臣於左順門面議，不得已許之。會暮，期明日逮捕。頃之事變。《謝遷列傳》稱遷與劉健、李東陽同心輔政，及請誅劉瑾不克，遂與健同致仕歸。焦芳既附瑾，亦憾遷嘗舉王鏊自代，摭遷爲內閣時，舉懷才抱德士周禮等，遂下禮等詔獄，屬主者詞連健、遷。瑾持自閣，欲逮二人，籍其家，賴東陽力解，瑾意少釋。芳從旁厲聲曰：「縱輕貸，亦當除名。」既而旨下，果如芳言。蓋帝雖許之，實出於不得已也。而焦芳之朋比爲奸，於遷傳可得其明徵矣。

《見聞考隨録》載《崆峒記》云：忠定韓公具疏率六卿請下八人獄，伏闕不肯起，太監李榮諭意，而忠定出。明日，召六卿入，衆懼叵測，襄毅許公進同行至掖門，謂忠定曰：「不知汝疏中如何説。」忠定不答，故拽履而後。蓋武宗不令忠定疏奏，不待瑾乞憐始決，忠定已於李榮諭意時知之矣，六卿已於召入時知之矣。九卿伏闕，朝市喧闐，以瑾之勢，安有不知？豹房環泣，誰實聞見。王瓊所云未可據以汙衊東陽也。《明史》本傳載瓊厚事錢寧、江彬，結交張璁、桂萼，而讐楊廷和、彭澤，斯其人可知矣。夫立言必觀其人，觀人必於其素。瓊之素行卑鄙彰彰如此，則其點汙善類，變亂黑白固無足怪。惟是邦奇賢而嗜學，乃信用其説以議文正，後之人不信瓊而或不能不信邦奇也，余不可以不辨。

法式善《明李文正公年譜》卷七謝振定《募修明大學士李文正公墓碣祠宇敘》 自古者冢人、墓大夫之職廢，而邱壠兆域之禁令度數茫然無爲之主者，是以侵盜及枯骨，而獄訟日繁。其或古墓爲田，松栢爲薪，啾啾然銜夜臺之泣者，所在皆是也。

前明相國李文正公吾楚茶陵人也，而世居於京師。公有子先卒，故無嗣。自曾祖下逮其身若子凡五世，皆葬畏吾村，《懷麓堂集》有告墓文可考。歷歲久，無過而問者，又無麗牲之石，遂軼其處。振定舊遊禮邸，得聞公墓在長河北何太監墓側。蓋其地舊隸禮邸，得故老所傳，故言之爲詳。後法梧門祭酒數過其地，訪得之，在今大慧寺西三十步許，太監墓在其傍，與所聞禮邸言脗合。祭酒爲之記，且質之大興翁覃溪先生，固鑿然可據者。方文正公之歿也，貧不能葬，門人故吏醵賻之，乃克葬。曾幾何時，而墓前石碑至爲士人盜售之，碎以和鹽，信可悲也已。嘉靖初，麻城耿尚書定向爲贖其舊宅，置專祠焉。萬曆中，宛平方公從哲封其墓。同時又有王進士文邁者重封樹之。而我朝廣濟金會公檢討有致新城王文簡書，於文正墓三致意焉，並屬其轉告黃岡王昊廬先生，其辭尤婉而多風。是文正身後之事，前之君子數數念之，稍稍經理之，而惜乎未竟其功也。

夫有明孝宗、武宗之世，權璫睒熾，毒及縉紳矣。文正以一身繫天下之重，彌縫匡救，委曲而保全之，其有功于士林甚鉅。至其風流文采，照耀人寰，尤前代宰輔中所僅見。而其藏身一坏之土蕩然爲耕烟牧雨之場，此在行路之人猶將爲之悽愴而太息，況乎冠冕人倫、巍然居士大夫之列者，其忍耳聞之而坐視之也耶？今其墓地屬浮屠氏，是宜請於典土者，而歛值爲之償，以次封崇之，碣表之，更得建祠或墓屋三數間，庶幾好事者幾時蘋薦，以妥鄉先賢之靈，垂之永久。維時法梧門、蕭昆田二先生首其議，同人任其事，思以成耿公、方公、王公、金公諸君子之志，屬振定識其緣起，以遍告夫當世士大夫之樂與人爲善者。

陳田《明詩紀事》丙籤卷一 《餘冬敘録》：西涯先生晚年耽對棊酒，春不善棊，然壽村有客，未嘗不與，頗以爲勸。先生曰：「將何消日？」春曰：「詞翰熟自天成，足娱日力。既惠後生，又垂遠世。」先生笑曰：「此後生計，吾老，不暇爲此。」一日，先生在棊酒間，有奉當道命以巨軸乞詞翰者踵至，先生弗怡，大書一絶云：「莫將性命作人情，寫字吟詩總害生。惟有圍棋堪遣興，客來時復兩三枰。」春觀之悚然，知先生前意之所在也。

《升菴集》：唐子元薦與予書，論本朝之詩，弘治間文明中天，古學焕日。藝苑則李懷麓、張滄洲爲赤幟，而和之者多失於流易。

《夢蕉詩話》：弘治庚戌，殿試進士，李西涯與諸老讀卷，相與倡和，有云：「國有禎祥非物寶，天將吾道付儒紳。」雲邊曉日中天見，夢裡春雷昨夜聲。「星辰晝下尚書履，風日晴宜進士巾。」諸作中最爲警句，人多誦之。

《翰林記》：弘治初，上注意講學，遣太監戴義傳示聖意，命學士李東陽等各撰詩十首，用寓啓沃。東陽擬十題，各撰七言律詩一章，曰敬天、曰法祖、曰勤政、曰務學、曰任賢、曰納諫、曰節用、曰愛民、曰恤刑、曰講武。上嘉納焉。

《弇州讀書後》：嚮者於李賓之擬古樂府，病其太涉議論，過爾翦抑，以爲十不得一。自今觀之，奇旨創造，名語疊出，縱不可被之管弦，自是天地間一種文字。

崔廷槐《樓谿集》：西涯樂府優於詩。

《四溟詩話》：李西涯閣老善詩，門下多詞客。劉梅軒閣老忌之，聞人學詩，則叱之曰：「就作到李杜，只是酒徒。」李空同謂劉因噎廢食，是也。西涯久於相位，陸滄浪以詩諷之曰：「聲名高與斗山齊，伴食中書日已西。回首湘江春草緑，鷓鴣啼罷子規啼。」

《存餘堂詩話》：李文正公《懷麓續稿》五月七日，泰陵忌日詩云：「祕殿深嚴聖語温，十年前是一乾坤。孤臣林壑餘生在，帝里金湯舊業存。舜殿南風難解愠，漢陵西望欲銷魂。年年此日無窮恨，風雨瀟瀟獨閉門。」讀之使人掩卷流涕。

《詩藪》：成化以還，詩道旁落，唐人風致，幾於盡隳。獨文正才具宏通，格律嚴整，高步一時，興起何、李，厥功甚偉。

王兆雲《烏衣佳話》：西涯李公曾與客聯句，拆敝褥中故絮以代燭，人或謂其好奇之過，余曰不然，亦古人刻燭之遺意耳。其次白洲留别詩，有「看花不厭傷多酒，燃絮還供未了詩」，蓋紀其實也。

《國史唯疑》：李長沙云：余今年作《詩止詩》，自戒越兩月，爲鳴治、師召、所督，得聯句四章。鼎儀聞之，拆簡告罰，乃以雞酒往受盟，鳴治、師召以豬紅三斤、蛤蜊數十爲助。亨父、明仲聞亦來稽。師召，太常音；鳴治，謝文肅鐸。太平休暇，詞臣共詩酒爲樂，最福德事。所飲饌僅爾，儉質具見。

《明詩選》：陳卧子云：文正網羅羣彦，導揚風流，如帝釋天人，雖無宗派，實爲法門所貴。

《池北偶談》：海鹽徐豐厓《詩談》云：本朝詩莫盛國初，莫衰宣、正，至弘治西涯倡之，空同、大復繼之，自是作者森起，於今爲烈。當時前輩之論如此。蓋

空同、大復，皆及西涯之門，牧齋撰《列朝詩集》，乃力分左右袒。長沙、何、李，界若鴻溝，後生小子竟不知源流所自，誤後學不淺。

高士奇《天祿識餘》：明朝典禮中，有慶成宴，每宴必傳旨云：「滿斟酒。」又云：「官人每飲乾。」故西涯李文正公詩云：「坐擁日華看漸進，酒傳天語飲教乾。」蓋紀實也。

《明詩別裁》：永樂以後詩，茶陵起而振之，如老鶴一鳴，喧啾俱廢。後李、何繼起，廓而大之，駸駸乎稱一代之盛矣。王元美謂長沙之於何、李，猶陳涉之啓漢高，此習氣未除，不免抑揚太過，宜招後人之掊擊也。

田按：西涯宏才碩學，汲引風流，播之聲詩，洵足領袖一時，惟相業差有可議耳。

藝文

尤侗《西堂詩集·擬明史樂府·鷓鴣啼》 鷓鴣啼，行不得，子規啼，歸何日。當時一言便同行，劉謝之間何默默。去一公，來一公，窮苦魚菜拆字工，臺閣大筆稱詞宗。老將至，學中庸，可憐四歲舉神童。

嚴遂成《明史雜詠》卷二《羅文毅倫李文正東陽》 名下奇童洵不虛，清貧亦復兩相於。弦歌養母樵薪後，衫紵登朝賜果初。留客何妨隣有粟，臨文可使案無魚。金牛山指茶山路，淼淼江湖訪故居。

嚴遂成《明史雜詠》卷三《李文正東陽》 經濟雖然倚介夫，二公歸去勢終孤。橫流都作抽帆計，晝寢空懸負扆圖。此獄可生宜善解，斯文將墜要潛扶。保全國體知多少，識得丹心一片無。

摘謬求疵猷老成，可堪削籍到門生。賣文作活寧貪祿，以謚爲憂尚愛名。顯禍不嬰楊伯起，成功終賴狄懷英。文襄被薦權璫斃，底用紛紛召外兵。

公五十年清節，人所共知。唯與劉、謝同受顧命，二公去，公獨留。焦芳入相，助劉瑾焰，搆而狎侮之。度不能争，援楊廷和共事，差倚自强氣節之士。至引狄文惠身事牝朝，爲盧姨所譏，與伴食中書並詠。吾師李穆堂先生推原本末，則曰：「公不去，將爲其難者耳。政事闕失，廷辨疏論，解紓調劑，諸賢荷重校下詔獄，幾得危禍，皆賴以解。而功尤偉者，薦起楊一清，偕張永平寘鐇，因爲畫誅瑾策，然後黜羣奸，用梁儲、劉忠，朝政一新。其經營苦心，實無異於文惠也。學者僅僅以高文典册，皮相燕許，其可哉！」

謝遷部

綜述

《世宗實録》卷一二七　遷浙江餘姚人。成化十一年進士第一，授翰林修撰，陞右諭德左庶子兼侍讀、少詹事，入閣辦事。歷陞詹事、太子少保、兵部尚書兼東閣大學士、少傅兼太子太傅、禮部尚書、武英殿大學士。孝廟之末，與劉健等俱授遺詔輔政。武廟即位，頗事遊狎，遷反覆諷諫，言慎切。逆瑾矯詔，逐諸大臣，遷與劉健皆去位。家居十有八年，望重朝野。上登極之六年，召還内閣，改户部尚書，謹身殿大學士。時遷已八十餘。七年二月，請老，優詔許之，賜驛以歸。是年二月卒。訃聞，上爲輟朝，賜祭九壇，遣官營葬，贈太傅，謚文正。

《明史》卷一八一《謝遷傳》　謝遷，字于喬，餘姚人。成化十年鄉試第一。明年舉進士，復第一。授修撰，累遷左庶子。

弘治元年春，中官郭鏞請豫選妃嬪備六宮。遷上言：「山陵未畢，禮當有待。祥禫之期，歲亦不遠。陛下富於春秋，請俟諒陰既終，徐議未晚。」尚書周洪謨等如遷議，從之。帝居東宫時，遷已爲講官，及是，與日講，務積誠開帝意。前夕必正衣冠習誦，及進講，敷詞詳切，帝數稱善。進少詹事兼侍講學士。

八年詔同李東陽入内閣參預機務。遷時居憂，力辭，服除始拜命。進詹事兼官如故。皇太子出閣，加太子少保、兵部尚書兼東閣大學士。上疏勸太子親賢遠佞，勤學問，戒逸豫，帝嘉之。尚書馬文升以大同邊警，餉饋不足，請加南方兩税折銀。遷曰：「先朝以南方賦重，故折銀以寬之。若復議加，恐民不堪命。且足國在節用，用度無節，雖加賦奚益。」尚書倪岳亦争之，議遂寢。

孝宗晚年慨然欲釐弊政，而内府諸庫及倉場、馬坊中官作奸骫法，不可究詰。御馬監、騰驤四衛勇士自以禁軍不隸兵部，率空名支餉，其弊尤甚。遷乘間言之，帝令擬旨禁約。遷曰：「虚言設禁無益，宜令曹司搜剔弊端，明白奏聞，然後嚴立條約，有犯必誅，庶積蠹可去。」帝俞允之。

遷儀觀俊偉，秉節直亮。與劉健、李東陽同輔政，而遷見事明敏，善持論。時人爲之語曰：「李公謀，劉公斷，謝公尤侃侃。」天下稱賢相。

武宗嗣位，屢加少傅兼太子太傅。數諫，帝弗聽。因天變求去甚力，帝輒慰留。及請誅劉瑾不克，遂與健同致仕歸，禮數俱如健。而瑾怨遷未已。焦芳既附瑾入内閣，亦憾遷嘗舉王鏊、吴寬自代，不及己，乃取中旨勒罷其弟兵部主事迪，斥其子編修丕爲民。

四年二月，以浙江應詔所舉懷才抱德士餘姚周禮、徐子元、許龍，上虞徐文彪，皆遷同鄉，而草詔由健，欲因此爲二人罪。矯旨謂餘姚隱士何多，此必徇私援引，下禮等詔獄，詞連健、遷，籍其家，東陽力解。瑾欲逮健、遷，籍其家，東陽力解。芳從旁厲聲曰：「縱輕貸，亦當除名。」旨下，如芳言，禮等咸戍邊。尚書劉宇復劾兩司以上訪舉失實，坐罰米，有削籍者。且詔自今餘姚人毋選京官，著爲令。其年十二月，言官希瑾指，請奪健、遷及尚書馬文升、劉大夏、韓文、許進等誥命，詔并追還所賜玉帶服物，同時奪誥命者六百七十五人。當是時，人皆爲遷危，而遷與客圍棋，賦詩自若。瑾誅，復職，致仕。

世宗即位，遣使存問，起迪參議，丕復官翰林。遷乃遣子正入謝，勸帝勤學、法祖，納諫，優旨答之。嘉靖二年復詔有司存問。六年，大學士費宏舉遷自代，楊一清欲阻張璁，亦力舉遷。帝乃遣行人齎手敕即家起之，命撫、按官敦促上道。遷年七十九矣，不得已拜命。比至，而璁已入閣，一清以官尊於遷無相下意。遷居位數月，力求去。帝待遷愈厚，以天寒免朝參，除夕賜御製詩，及以病告則遣醫賜藥餌，光禄致酒饌，使者相望於道。遷竟以次年三月辭歸。十年卒於家，年八十有三。贈太傅，謚文正。

迪仕至廣東布政使。丕鄉試第一，弘治末進士及第，歷官吏部左侍郎，贈禮部尚書。

《皇明名臣琬琰録》續集卷二朱希周《墓誌銘・文正謝公》　公諱遷，字于喬，浙江餘姚人。成化乙未進士，仕至禮部尚書、武英殿大學士、少傅，卒贈太傅，謚文正。

公狀元及第，有御史某驟陞都憲，臺中循例請公文爲賀，公曰：「此人素不與公議，惡可以諛言悦之。」竟不與作。歷進禮部尚書，入内閣。弘治戊申，上在諒陰，内侍郭鏞請選妃嬪以備六宫。公疏言：「先帝三年之喪未終，豈宜遽有此舉。姑俟祥禫禮畢，行之未晚。」上即已之。虜犯大同，兵部尚書馬文升以國用頗乏，奏請于南方折糧銀内更加銀若干，公執不可，曰：「南方税額甚重，宣德、

正統間因民不堪命，故立折銀以寬之。今若更加若干，則反重于本色，民愈病矣。且足國惟在節用，苟用之不節，雖加賦何益。」事竟寢。孝肅太后崩，上召內閣大臣議陵廟事，公請集衆議，以正典禮。先是，成化間，孝莊睿皇后崩，禮官預擬二后並祔太廟。至是，上從衆議，立奉慈殿以奉孝肅神主，寔公贊襄之力也。內府倉庫諸司宦官菹輸納者每多索賄賂，民不勝害，公嘗乘間言之。上令撰旨禁約，公曰：「虚言設禁，無益也。須令曹司搜剔弊端，明白開奏，而後嚴立條禁，有犯必誅，庶可以甦民困。」上悦，即如其言行之，由是諸司宿弊盡革。荆襄等處流民屯聚生育，漫無名藉，成化初區處失宜，幾至大變。公深以爲慮，每與户部議。後司徒韓公言于上，命刑部侍郎何鑑往經理，公撰旨，令隨宜安集，附藉往鄉，各從其願。附藉者衆，所得編户三十餘萬。復有沮其事者，遂中止，識者恨之。朱希周志。

《國朝獻徵録》卷一四費宏《光禄大夫柱國少傅兼太子太傅户部尚書謹身殿大學士贈太傅謚文正謝公遷神道碑》 孝宗敬皇帝臨御十有八年，敬天法祖，任賢使能，中國乂安，四夷賓服，其繼體守成之美，上媲聖祖，駕軼帝王，一時輔臣則有若太師晦菴劉文靖公、西涯李文正公、太傅木齋謝文正公。至與孝廟爲終始，明良相值，於斯爲盛。孝廟上賓，預受顧命，逮事武宗，功成身退，率歸於正。若夫里居二十餘年，再蒙召用，遐壽令終，子孫振振，克紹世美若木齋公者，又二公所不逮也。嗚呼休哉。公且卒，謂其子中書舍人正、太常少卿兼侍讀丕曰：「神道之碑必屬費君。蓋館閣舊人惟費君尚在，其知予之詳亦莫費君若也。」二君遵公治命，遣其曾孫敏行持公門人倪君本端所爲狀，造予廬而請焉。予素辱公愛誼，不忍辭。

按狀：謝氏之先出河南陽夏，太傅文靖公安顯於東晉，遂寓會稽，後徙台之臨海。少傅丞相惠正公深甫又顯于南宋，其行長二處士者，則自臨海徙餘姚之始祖也。五傳而至見賢，見賢生原廣；原廣生瑩，號直菴，仕終福建布政司都事；瑩生恩，號簡菴，則公之高、曾、祖、考也。自原廣而下，俱以公貴，累贈少傅兼太子太傅、禮部尚書、武英殿大學士，曾祖妣嚴氏、祖妣余氏、妣鄒氏俱累贈一品夫人。

正統已巳十二月二十八日，甫遷新居而公生，直菴公因以爲公名，後字之曰「于喬」。直菴在閩治道，多開釋無辜，人謂其必有後。及公生而聰慧異常，年數歲，屬對即有奇句，且志趣不凡，皆以遠大期之，且曰：「他日名位視晉太傅、宋少傅蓋不多讓，況當天下全盛之時，其勳烈之隆殆將過之也。」成化甲午，鄉試，爲第一人。乙未，會試，爲第三人。廷試，爲第一甲第一人，授翰林院脩撰，奉詔入館。進學勤而且謙，爲諸元老所重。御史某驟陞都憲，臺中循例請公爲文以賀，峻拒之，衆遂知公正直不可妄干矣。辛丑，同考禮部，一甲三人，其二皆公所取士也，咸服其精鑑。癸卯冬，滿九載，陞右春坊右諭德。甲辰，再同考禮部。孝宗皇帝毓德春宫，慎簡侍從，首及公。乙巳，充經筵講官。丁未，孝宗登極，推恩宫僚，陞左春坊左庶子兼翰林院侍講，仍加俸一級。初開經筵，奉勑爲日講官，與修《憲廟實録》。內侍郭鏞者，請選妃嬪，以備六宫。公言：「上方諒陰，豈宜有此，俟陵畢，徐議之，未晚也。」命禮部議，如公言。上方勤學，公務積誠以開悟聖聰，每先期輒焚香莊誦，如侍天顔。及當講，敷暢詳明，甚稱上意。庚戌，以省親請，上嘉其孝，聽給驛往，且賜金帛爲道里費。辛亥，《實録》成，陞詹事府少詹事兼翰林院侍講學士，加俸如前。冬十月，母鄒宜人卒。癸丑，簡菴公又卒。訃聞，皆蒙特恩賜葬祭。蓋上念公春宫舊臣，且在講筵，眷注甚切，思有以柄用之矣。乙卯春，詔以本官入閣辦事。時猶未終喪。八月，服闋赴京，疏辭，不允，且陞詹事，兼秩如舊。蓋皇太子將出閣讀書，欲重儲端之任，故以輔臣領之也。丙辰，命主會試，所取多知名士。是歲累有鶴袍、犀帶之賜。丁巳，勑修《大明會典》，爲總裁官。

戊午春，皇太子出閣，奉勑陞太子少保、兵部尚書兼東閣大學士。公因上疏，以親賢、遠佞、勤學、戒逸爲皇太子勸，上嘉納之。清寧宫災，上疏請修人事以應天變，詞甚剴切，且引咎避位，不允。己未，賜一品服。太監李廣死，欲例加恩典，公力陳其不可。辛酉，虜犯大同，上爲之旰食。公疏安邊機宜以進，上即行之。本兵預慮軍興或乏，欲加南方折銀每石三之一，公曰：「先朝以官田稅至重，故立折銀以寬之，今若再加，民不堪命矣。盍節用以紓之乎。」虜騎尋遁，國用不乏，其事遂寢。時視朝稍宴，諸司章奏或有不報者，兼以工役頗繁，公累言之，皆見采納，且有玉帶、蟒衣之賜。癸亥，《會典》成，陞太子太保、禮部尚書、武英殿大學士。武岡蠻寇平，賜俘奴一人。甲子，以災異，再乞避位。不允。孝肅太后崩，禮官預擬與孝莊太后並祔太廟，公請命集衆議以正典禮，尋别立奉慈殿以祀之。

時承平既久，政漸寬弛，而近習怙侈尤甚，有齊玄者奉使武當出，欲載「激濁揚清，便宜行事」等語于勑中。遼東守將張天祥妄殺冒賞，近倖欲曲庇之，公皆

執不可，至觸聖怒不卹也。內府各庫及諸倉場馬坊菹事內臣多作奸索賂，民不勝其害，而御馬監軍士自以禁旅不隸本兵，虛名冗食，莫敢誰何，其弊尤甚。一日，忽召對，命通行禁約，且令所司搜剔弊端，嚴立條科，有犯者必懲不貸。皆從公之請也。公知上圖治甚切，委任甚隆，思盡革諸弊，以肅政化。若軍將之曠缺，户口之衰耗，以及屯田、鹽法、馬政等事將漸次修舉，而宫車晏駕矣，憂世者有遺恨焉。時乙丑五月也，上大漸，召至御榻，執公等手諭之曰：「朕在位十八載，惟卿等數人皆與朕相知，朕今弗興寤，其善輔嗣君，聰明仁孝，可勸之進學，無忘朕今日之命也。」公等悲慟而退。

武廟登極，勑加少傅兼太子太傅，餘秩如舊。纂修《孝廟實録》，充總裁官。初開經筵，賜冠帶、衣履，蓋追念先帝遺命付託之重，待公等甚厚。但近習蠹政，漸不可長。户部尚書韓忠定公率百官伏闕論之，賴公等主張於內，寘諸犯于法，會事預泄，遂不克，公等皆不能安于位矣。十月，上一再引疾乞休，遂允之，賜勑給驛，月廩五石，歲隸八名，仍賜金幣、襲衣。公等既去，吏部尚書焦芳入閣，而太監劉瑾擅柄於內。芳急於倖進，憾公嘗舉王文恪、吴文定二公而不及己，瑾又以公等先嘗裁抑其黨及今廷論之故，尤切齒焉。二人乃深相結納，欲甘心于公，因遣偵卒四出伺察公事，竟無所得。會鄉人有以賢良應薦者，瑾謂違詔格，以爲公咎，與劉公俱褫秩。又矯旨令公弟武選員外郎迪致仕，子編修丕除名，且欲追奪公誥勑，會瑾敗而止。公之去位也，臺諫交奏留，皆逮繫詔獄，備遭慘毒，至死不悔，亦可見天理之在，人心不容泯滅矣。

公既歸，瑾意叵測，人皆危之。公曰：「天祐皇明，我當無他，不見劉元城之事乎。」處之裕如。日與客圍棋，賦詩以自娱，若不知有憂患者。歲嘗大饑，出粟以賙貧乏，族黨鄉閭賴之。祠堂成，每旦必具衣冠，率子孫焚香恭謁，忌辰必茹素，祭物豐潔，其儀一遵文公家禮，俾世守焉。庚午，瑾誅，詔復職致仕。乙巳，今上登極，臺諫疏薦公，遣行人齎勑存問，復官廩，輿隸如舊而增其數焉。武選君起爲參議，編修復任翰林。公遣正入謝，温旨褒荅，廕爲中書舍人。時徐夫人卒，正乞終制，仍賜祭葬如例。癸未，復令有司特加存問。

丁亥二月，遣行人陳侃齎勑起公于家，且命鎮巡藩臬敦請上道。十月，抵京，勑進户部尚書、謹身殿大學士。初，宏以衰病將乞休，曾具疏舉公自代，宏去，而邃菴楊公又以公薦，意若虛元佐以遜公者，天下皆相慶。公復入，而賢邃菴之能讓。及公至京，而邃菴以官視公爲尊，不肯處公之下，乃竟違初志。輿論頗少邃菴，然公盛德，不與之較也。公在舟中，嘗具二疏，大意以安静寬厚爲本。及入朝，自度衰年，且難狥時，力求生還，遂不果上。然上之待公則甚隆，嘗以天寒免朝參，以除夕賜御製諸詩，郊祀賜錦織大帶。以疾在告，遣太醫視藥餌，遣中官賜酒米，少間則遣鴻臚卿諭視事，而公竟以疾辭。上察公誠懇，特從所請，諸凡恩澤，視前加厚焉。中書正奉旨護送以歸，少卿丕亦欲請行，公曰：「汝方侍日講，豈可卹其私，宜盡心職業，勿以我爲念也。」

公歸，適生女孫，五世相見，人以爲難。己丑九月，病頗亟，寓書二子，以不及見爲恨。會中書以疾請告，少卿亦侍母還，相見甚歡，疾遂愈。又明年辛卯二月十八日，乃考終於正寢，享年八十有三。訃聞，上震悼，輟視朝一日，贈太傅，謚文正，遣官諭祭者九，遣工部主事羅餘慶治葬，以是歲冬十二月十有八日。墓在杏山之麓，與徐夫人合。夫人出同邑滸塘巨族，處士諱旻之女，賢淑可範，累受一品之封。子男六，長即中書舍人，老成博雅，無忝世休，方以翰墨供奉內閣。次即少卿，以進士及第入翰林，累今官，德望文學推重於時，可以繼公之相業，爲公仲弟于五公後。次豆，中書舍人。次亘，左軍都督府經歷，爲公季弟方伯石厓後。次至、次亜皆國子生。孫男十八，長用檳，贈尚寶司司丞。次用棁、用楷、用楨、用梅、用栻，廕國子生；用楫、用櫝、用樑、用棖、用梲、用梯、用樞、用模、用桂、用構。曾孫男一，即敏行，尚寶司司丞。玄孫男二。

唐樞《國琛集》卷下 謝遷餘姚人，貞毅天賦，豁豁不設鍵械。然淵衷寸尺，劑發如響。以狀元陟樞要，率履始終，不爲越進，不隱賢，亦無矯拂於時，未嘗以世升降自爲低昂。謚文正。

鄧球《皇明泳化類編》卷五三《謝遷》 【略】成化乙未進士及第第一，授脩撰，聲望與吴寬並爲時推重。【略】

（弘治）乙卯春，起復。適大學士丘濬卒，特擢入內閣，參機務。丁巳春三月，經筵講罷，復召至文華殿，面賜批答奏章。戊午，清寧宫災，上疏乞罷以應變，不許。復舉吴寬、王鏊自代，亦不許。初，遷雅推讓寬，自以先入閣，不安。時健爲首相，遷數言寬當入閣，健曰：「待我去，用之。」他日，又以爲言，又曰：「待我去，當用之。」爭之不得，厲聲曰：「吾豈私於寬邪？寬之科第先於予，年齒長於予，聞望重於予，越次在此，吾心慚焉，故言之。」而公終不入，何耶？」健但笑而已。【略】

庚申夏六月，召至平臺，面與裁定諸營提督官。【略】甲子，孝肅周太后崩，

遷援古議禮，別立奉慈殿以奉，如周姜源之制。是雖斷自聖心，而贊襄之力遷居多也。【略】

〔嘉靖〕六年春，以楊一清薦，遣行人陳侃齎勑起之，仍詔鎮巡藩臬敦請上道。是冬十月抵京，晉户部尚書、謹身殿大學士。五月，以病在告，世宗命和翊學詩，遷賡詠以進，仍奏云：「願皇上深味《衍義》之旨，允迪《大學》之序，以懋隆治平之休，天下幸甚。」已而，疾愈，復出閣視事。尋以病乞休。時翰林學士桂萼疏薦遷先朝重臣，貞德素著，以復内閣，必能咸有一德，以成陛下仁孝治功，而君臣之間隔可除矣。遷辭益懇，遂歸。【略】

諸載籍皆稱公持正，不失爲賢相。同時劉公敢於任事，而資公之謀斷，李公長於爲文，而資公之典則，公可否其間，不阿不激，同寅協恭，所以輔成盛治。蓋是時，泰陵方鋭太平，而公敷納，上合信乎上，下交而德業成也。未幾，焦芳入閣，劉瑾擅柄，二人深相結納，欲甘心於公。人皆危之，公曰：「天祐皇明，當無它，不見劉元城之事乎。」遂處之裕如，日與客圍棊賦詩以自娱，若不知有憂患者。已而去位，以故丙寅以後朝政不及前。是時長沙爲□，凡條答敷奏章疏皆出其手，然則持正若文正，可復能耶？觀費文憲公集，稱公忠誠端慤，始終不渝，所謂清白之操，百鍊愈精，剛毅之氣，萬人必往，誠如聖諭。又云楊邃菴初薦公，意若虚元佐以遜公者，天下皆相慶。公復入，而賢邃菴之能讓。及公至京，而邃菴以官視公爲尊，不肯處公之下，乃竟違初志，輿論頗少邃菴，然公盛德，不與之較也。

鄭曉《吾學編》卷四四《太傅謝文正公》【略】成化、弘治間，翰林聲望最重者，吴文定公及公。二人皆進士第一人，儀幹修整，文定温粹含弘，公明暢亮直，文定詩文尤有古意，一時並負公輔之望。丘文莊卒，文定適憂去，公入内閣，十餘年間號能持正，不失爲賢相，文定竟不得入内閣。【略】

正德初，天變，輔臣皆上章自劾。公求去不得，復上疏薦文定及王文恪自代。公初入内閣，宜興、洛陽相繼爲首相。當是時，長沙位在公上，凡條答敷奏章疏皆出長沙。公與洛陽並勒致仕，長沙爲首相，文恪以時望所屬，焦芳欲援以爲重，告瑾内閣宜南北各用一人，以故芳與文恪同入内閣。嘉靖初，遣使存問，公謝疏曰：「臣匪才，誤蒙孝宗知遇，顧託之重，欲圖報稱，不自知其力之不足。既而格心無術，輔導不效，引身退避，杜門省愆，俯仰懷慚，罪責難逭，分與草木同腐。幸溝壑未填，遇皇帝聖明，嗣承天統，一新萬化，疲困更生。如臣衰朽，特軫聖慈，不加負國之誅，重錫優老之典。寵命下及，慚懼交并。顧兹垂暮之年，諒無圖報之日，惟有一言獻納，庶幾少效涓埃。臣聞傅説告高宗曰：學于古訓乃有獲。又曰：監于先生成憲，其永無愆。古訓者，二帝三王之典謨訓誥及諸經史之所載者是已。成憲者，聖祖神宗之典章法度凡今諸司之所職者是已。仰惟聖性睿哲生知，而聖德成就必資問學。經筵儒臣分直進講，所以薰陶涵養者在是。燕閒之時，尤宜博覽群籍，以廣見聞，苟有疑義難明，即召勸講之臣，面賜質問，務求通解。戒一暴十寒之失，積日就月將之功。則聖學緝熙，追縱古昔帝王之盛，近代不足言矣。我朝祖宗之法，斟酌古今之宜，諸司而能恪守，萬世可以常行。柰何世遠人亡，政久弊積，漸失其初者有矣。聽覽之際，宜申飭百司，講求成憲，苟有窒礙難行，即召執政之臣，面加商確，務合舊制。究詰舛訛之端，振革廢弛之弊，則聖政有恒，而聖治之成可以紹休祖宗、垂裕無疆矣。夫一日萬幾，固未易縷陳，而一心萬化，惟在於知要。臣故特舉君道之至要，以裨聰明之萬一，其他軍民利病、政治缺失，陛下明詔許諸人直言無隱，況以言爲職者林立于廷，必能爲陛下次第陳之。惟望留神省覽，兼聽廣納，不以踈淺而或遺，不以拂逆而見拒，則宗社幸甚，生靈幸甚。

《狀元圖考》卷二《狀元謝遷》　成化十一年乙未，廷試王鏊等三百人，擢謝遷第一。

按：謝遷字于喬，號木齋，紹興餘姚人。大父新構宅成而遷，公生，遂以名。七歲能屬對，大父曰：「蛙鳴水澤，爲公平，爲私乎。」對曰：「馬出河圖，將治也，將亂也。」甚奇之。一日，客語曰：「白犬當門，兩眼錚錚，惟顧主。」即應曰：「黄蜂出洞，一心耿耿，只隨王治。」禮經鄉試第一。廷試對策，明白正大，得告君之體。臚傳陛引，上見儀貌脩潔，氣宇凝重，甚喜，公卿以下皆知其爲遠大之器。歸時年七十有九，年八十三卒，贈太師，謚文正。

張弘道、張凝道《皇明三元考》卷七　浙江謝遷，餘姚人，字于喬，號木齋。治《禮記》。年二十六，乙未，會試第三名，狀元及第。初入翰林，閉門力學，避遠權勢。弘治中，充經筵講官。李廣怙寵干政，公進講意存諷諫。上退，詔左右曰：「講官云云，意指若曹也。」後廣敗，大臣多被汚，公獨不與。戚畹壽寧侯與公有婣，絶不與通，歲時問遺輒麾去。或以爲過，公曰：「昔萬循吉攀附昭德，吾嘗恥之，乃今自附壽寧耶。」歷加少傅、吏部尚書、武英殿大學士。弘治末，疏乞致仕，薦吴寬、王鏊自代，一時恬讓之風感動中外。嘉靖初，起户部尚書，進謹身

殿，明年致仕。卒年八十三，贈太傅，謚文正。

何喬遠《名山藏》卷七十《臣林記·謝遷》 謝遷字于喬，餘姚人。其父恩以《禮經》名。塲屋久弗售，因遷居而生遷，遂以命之。成化十年舉鄉試第一。明年會試，考試官趙珏閲其文，欲置選首，而珏爲兵部主事，名位輕，寘第三。顧珏已批遷卷，曰：「狀元拜相，必此子也。」【略】遷長身玉立，儀觀都偉，爲人慎默簡重。其與劉健、李東陽同相，健敢于任事而資遷之剸斷，東陽長於爲文而資遷之典則。孝宗臨御十有八年，繼體守文，號稱至治，三人稱賢相焉。【略】

尹守衡《明史竊》卷六八 【略】時宜興已先去，洛陽爲首相，遷位次猶在東陽下，然三人中遷能持正。太監李廣以符籙見寵幸，有罪自殺，上欲加恩，遷諫止。【略】

徐乾學《明史列傳》卷四〇 【略】遷儀觀俊偉，秉節直亮，與劉健、李東陽同志相得，成就君德，匡救時政，三人皆共之，而遷見事尤敏，天下稱賢相。【略】

張岱《明越人三不朽圖讚》 木齋長身玉立，儀都偉，居官慎默簡重，朝廷有大事，必力争規正，一時稱爲賢相。

湯斌《潛菴先生擬明史稿》卷一七 【略】遷器量宏達而處事敏決，每中機要。大同邊警，孝宗欲選京軍馳援，遷曰：「京師固重於邊。」健、東陽亦力言之，遂止，然警亦尋息。荆襄流民將爲變，遷調旨隨宜安集，附籍還鄉，各從其願，時附籍者衆，編户約三十萬。後其議中止，而餘衆復叛，其明審如此。

毛奇齡《西河文集碑傳》卷二《明少傅謹身殿大學士文正謝公傳》 【略】遷爲晉謝太傅後。致仕時，居東山第四門，著《東山誌》。【略】

閻湘蕙《明鼎甲徵信録》卷二 謝遷字于喬，浙江餘姚人。父某。性不嗜殺，正統間鄧茂七倡亂福建，士民從賊者甚衆，鄞縣張都憲楷擒賊，委布政司謝都事搜殺賊黨。謝求賊中黨附册籍，凡不附賊者密授白布小旗，約兵至日插旗門首爲信，預戒軍兵無妄殺，全活萬人。生子遷，嚴氣正性，不欺暗室。少館毘陵，主家女踰笄未嫁，一日，乘父母出，叩館求見。遷卻步問故，女直前持其衣，遷諭之曰：「女子未嫁而失身於人，終身之玷也，將使父母、夫族皆無面目。」厲色拒之。女愧而退。明日託故辭館去，終不向人言。後於成化十年發解，次年廷試，亦第一，累官宰輔，卒年八十三，謚文正。子丕，弘治辛酉解元，十八年探花，位至侍郎。此救活人命、嚴戒邪淫之報也。

雜録

備録

王鏊《震澤紀聞》卷下《吴寬謝遷》 成化、弘治間翰林聲望最重者吴寬，次則謝遷，兩人皆狀元及第，儀幹修整。寬温粹含弘，遷明暢亮直，寬詩文俱有古意，遷亦亞之，故一時竝有公輔之望。及丘文莊卒，寬適以憂去，遷時亦居憂，服將闋，遂用。遷入内閣十餘年間，號能持正，不失爲賢相。寬遂逗遛，終不獲用，人頗爲不平，而寬處之裕如也。惟遷亦以先之爲不安。時劉健爲首相，遷數言寬當入閣，健曰：「待我去，用之。」他日又以爲言，又曰：「待我去，用之。」遷争之不得，至聲色俱厲，曰：「吾豈私於寬耶？顧寬之科第先於予，年齒先於予，聞望先於予，越次在此，吾心慊焉，故言之，而公終不入，何耶？」健但笑而已。其後天變，輔臣皆上章求退，遷求去不得，復上疏舉寬及鏊自代，健大不悦，宣言於内，以遷爲立黨。

倪宗正《謝文正公年譜》 正統十四年己巳冬十二月二十八日，公生。時新構落成，甫遷居而生公，大父直菴公在閩中聞之喜，遂以命名。

〔景泰〕五年甲戌，始就外傅。【略】

七年丙子，從舅氏憤齋鄒先生學。時已能屬對，一日，直庵公與憤齋夜坐，偶聞蛙聲，遽曰：「蛙鳴水澤，爲公乎，爲私乎。」應聲曰：「馬出河圖，將亂也，將治也。」直庵公與憤齋大奇之。

〔天順〕四年庚辰，時年十二，父簡庵公以《禮經》授之。初作經義即成章，不煩改削，直庵公見之甚喜。自是學日益進。【略】

七年癸未，時年十五。家事鞅掌，簡庵寡兄弟，無分其勞者，公早暮服勤，而學亦不廢。【略】

〔成化〕三年丁亥，郡守京口吉公惠見之，欲辟爲從事，懇辭。吉公嘉其志，白于提學憲副劉公，遂補邑庠弟子員。

四年戊子，初應浙江鄉試，不偶，歸，益勵志進學。【略】

七年辛卯，提學僉憲松江張公悦臨邑考校，擢置案首，大器之。是歲鄉試復不偶。

八年壬辰，張公再考校，仍置案首，遂補廪膳生。【略】

十年甲午，中鄉試第一名。藩臬諸公見之喜，咸相謂曰：「此甚似商公，異日名位必繼之矣。」

十一年乙未，會試，禮部學士瓊臺丘公得卷，甚稱賞，取置第三名。猶以得卷晚，不□□其文爲恨。廷對，擢第一甲第一名，授翰林院修撰。先是，京中苦霪雨，廷試之朝，制策甫降，天忽晴霽，縉紳皆喜以爲得人之徵。時方詔翰林諸臣就館閣進學，自是益肆力弗怠，閣老而下咸器重之。【略】

十四年戊戌，初考書最，授勑命，進階文林郎，推封簡庵公如其官，母鄒氏、妻徐氏皆安人。【略】

十六年庚子，時憲臺中有以附權倖驟陞都憲者，諸臺官相率持厚幣請文爲賀，峻拒之。公在翰林，廉慎自將，不妄交際，類如此。

十七年辛丑，同考會試，鄉人有不第者肆爲醜詆，弗與較。已而廷試，一甲第一、第二名皆公所取，而亦鄉人也，衆始服焉。

十八年壬寅，公次子丕生于京邸。公亟以書報簡庵公，即命爲仲弟于五公後。先是，于五公蚤世，簡庵公、鄒安人痛惜不置，公亦念未有爲其後者。徐安人自生長子正後，十四年而復生丕，人以爲孝友所感。

十九年癸卯冬，滿九載，銓曹例試一論，冢宰歷城尹公取董子「正心以正朝廷」語爲題授公，曰：「是語老夫端有望於子。」尹公在銓曹素名有知人之鑒，自公初登第即以台輔期待之，相見必加禮。既書最，陞右春坊右諭德。

二十年甲辰春，再與會試同考。時孝宗毓德春宫，憲廟慎簡侍從，公遂選充講讀官，内外咸以爲得人。

二十一年乙巳，充經筵講官。

二十二年丙午，三載書最，授誥命，進階奉直大夫，加封父如其官，母、妻俱宜人。

二十三年丁未，孝宗龍升。陞左春坊左庶子兼翰林院侍讀，加支從四品俸。

弘治元年戊申，初開經筵，奉勑充講官，仍日侍講讀，與修《憲廟實録》。【略】

二年己酉，乞告省親。【略】

三年庚戌春，簡庵至京邸就養，迄冬思歸。公再疏懇乞送父還鄉，且省母。上嘉其孝誠，特許之，賜白金文綺及寶鈔爲道里費，且詔馳驛往，促令速來。是歲冬十一月抵家。

四年辛亥，春三月還京。夏四月，滿三載，書最，進階奉政大夫。秋八月，《實録》成，陞詹事府少詹事兼翰林院侍講學士，加支從三品俸。冬十月，聞母宜人訃，乞還鄉守制。上命有司爲營葬，且遣官諭祭，實異數也。

五年壬子冬，葬母宜人于其鄉牛屯山之麓。

六年癸丑，繼丁簡庵公憂。

七年甲寅，葬簡庵公。預以開壙合葬，請上遣官諭祭，令有司如制終事。

八年乙卯春，内閣員缺，命多官公舉五六員，公與長沙李公同被簡擢。召命至家，時服尚未闋。秋八月，既終制，乃赴召。冬十月至京，具疏辭重任，乞仍供舊職，不允。優旨敦勉莅事，陞詹事，兼職如故。時武宗在東宫，將出閣，特重儲端之任也。公赴召，巡按移檄，有司具水手銀若干，公卻之，即以爲重建鄉賢祠費，邑人頌焉。

九年丙辰，命主考禮部會試，所取多知名士，衆咸稱之。【略】

十年丁巳，奉勑修《大明會典》，充總裁官，有諫禁中祀三清等疏。【略】

十一年戊午春，東宫出閣，奉勑陞太子少保、兵部尚書兼東閣大學士。冬，以詔書例授誥命，進階資政大夫，妻加封夫人，贈祖考、考皆如其官，祖妣、妣皆夫人。【略】

十六年癸亥春，賜蟒衣。《大明會典》成，陞太子太保、禮部尚書兼武英殿大學士。夏，授榮禄大夫。冬，征武岡蠻寇平，賜俘獲人口。

十七年甲子，以災異疊見，乞避位，不允。再疏懇辭，且舉禮部尚書吴寬、吏部侍郎王鏊自代。二公雅有時望，故特舉之。【略】

十八年乙丑夏五月，上不豫，與顧命。秋七月，奉勑加少傅兼太子太傅，尚書、大學士如故。疏辭，不允，乃拜命。

正德元年丙寅春二月，一品滿三載，給誥命，進階光禄大夫、勳柱國，妻加封一品夫人，追贈曾祖考、祖考、考皆如其官，曾祖妣、祖妣、妣皆一品夫人。初開經筵，奉勑同知經筵事，纂修《孝廟實録》，奉勑充總裁官。時政多缺失，自劾不職，上疏乞辭避重任，又條陳論列，懇辭重任。俱温旨勉留。既，又抗章乞休，仍温旨勉留。冬十月，再引疾懇疏乞休，奉勑給驛還鄉，并賜人夫食米。【略】武宗

之初即位也，以三臣皆受先朝顧託，曲加優禮，言無不從。已而，焦芳者求進彌急，既以鄉里之故怨劉公薦引不力，又怨公先薦吴、王二公，乃肆爲傾奪之計，益交結群小，媒孽百端，謗加於劉公者靡所不至，亦次及公。公與劉公既去，而芳遂進。讒間既入，事多掣肘，漸不可爲。公見其幾，遂力求去。逆賊劉瑾者擅柄，乃深相結納，表裏扇構，恣意妄作，無復顧。公歸鄉，杜門僻處，絶口世故，惟與一二故老徜徉山水間。而芳以公衆望所屬，恐其復起，深忌之，造爲不根之謗，激怒瑾賊，必欲置公於淵。人皆爲公危之，而公自處裕如也。公在内閣餘十年，與劉、李二公同輔政。李公雅與公善，劉公亦敬信之，二公或微有不合，公常委曲調和於其間，俾不相矛盾，故三人共事無少間隙。有所建明，必出於長，或有不可，併力争之，如出一口，至當任怨時，則未嘗以先後爲退託，故職任無曠，物論與之。孝廟任遇始終不衰，晚年於公尤加眷注。大臣以疾在告，例必數日後乃遣醫，公嘗以瘡疾，一日不入朝，朝始退，而太醫問疾者已至，前此所未有也。近習有欲竊弄者或巧爲浸潤，孝廟輒曰：「彼輔導之職，事固當然。」又嘗面諭曰：「先生輩職在輔導，先生不言，當誰言耶。」又嘗曰：「先生輩是腹心大臣，凡事正宜爲朕擔當。」聖明委任之隆槩如此。公接物甚恭遜，而自處甚嚴，非其人不苟合，居要地，門無雜賓，貴戚近倖，一無所交，惟以忠勤上結主知，善類倚以爲重。其去位，人尤惜之，留都科道交章奏留，觸怒權奸，駢首逮繫，備遭慘毒，有至死者不悔也。

二年丁卯，逆瑾遣詗事者絡繹旁午，竟無所得。無何，鄉人有應詔薦舉者，因波及公，且蔓延劉公，幾致不測，賴上保全之，與劉公俱奪職。瑾復移怒，捏旨公弟武選員外郎迪致仕，子編修丕爲民。

三年戊辰，公即杏山莊舊址構小堂，爲逸老之所。自是足跡不入城府，日與憲副雪湖馮公倡和其間，有湖山倡和傳於時。公在館閣及投老林泉詩文甚富，共若干卷，藏於家，皆正大温厚，不事雕琢，後當有垂之不朽者，此特緒餘耳。間與客或諸群從圍棋，不較勝負，興闌即推枰静坐。

四年己巳，歲饑，大賙鄰族之貧乏者。嗣後歲以爲常，雖踈戚遠鄉亦每有待粟舉炊，待櫬舉殮者。

五年庚午，逆瑾伏誅，公與劉俱蒙詔宥，而迪、丕亦復職。【略】

六年辛未，新刱祠堂，每旦必衣冠率子孫焚香參謁，遇忌辰，雖老，猶茹素，祭物必躬視，務極豐潔，祭儀一遵文公家禮而少加損益，俾世守焉。

七年壬申，海溢，公募人瘞溺屍數百，出餘粟賙族里之被患者。海堤乃元餘姚州州判葉公恒所築，比爲湖水衝齧，公遺書巡視都御史陶公琰，大加修築，堤外復修備潮塘，高厚俱倍昔。公念葉州判之功，議建祠以專祀之，有司嘗具請，祠費亦且徵于官，而事竟不就。公每論及，輒以爲恨。公家居，凡有司過訪，必備舉民間利弊爲言，而於水利尤惓惓，鄉人德之。【略】

九年甲戌，修族譜。謝氏之先有長二公者，自臨海徙居餘姚東山鄉之四門。宋末，壽和皇太后嘗詔族人各逃避，自爲生理，長二公之徙蓋其時也。譜逸不存，亦以此耳。後臨海有以舊譜來會者，寔祖晉太傅文靖公，傳至宋少傅惠正公，歷歷可考，而徙居四門，世次甚明，今續譜只以長二公爲始祖，蓋恪尊直庵公之訓也。【略】

十二年丁丑，公幾七十，患頸疽甚危，公忽憶飛龍奪命丹，進一服，病勢頓減，調理二月而愈，衆以爲神祐。【略】

十六年辛巳，今上登極，詔加優典，縉紳薦起公者甚衆，弟迪、子丕皆起用，迪陞參議，丕又以纂修《武廟實録》被召。是歲九月，適徐夫人大故，丕不果行。公每出遊湖山，必携子弟止杏莊，或經旬而歸，自徐夫人卒，雖遇風雨必返。

嘉靖元年壬午，遣進士邵經邦賫勑存問。上在藩邸即知公名，故恩典獨加隆焉。【略】公具疏，遣長子正入謝。温旨褒答，仍蔭正爲中書舍人，因及洛陽劉公、洪洞韓公，各蔭子一人。正以徐夫人殯在堂，乞終制。即降批查伊母應得卹典，於是遣官諭祭者再，造墳安葬，并造公壙，齋糧三十石，麻布五十疋。舊例，一品夫人卒，止諭祭一壇，齋糧、麻布必動戚始得，今加隆如此，以内閣重臣例耳。葬地在杏山之麓，即公逸老所也。

二年癸未，令有司時加存問。從都御史何公天衢請也。

三年甲申，仲子丕赴召北上，公曰：「我所望於汝者，盡臣職、報國恩耳。」是後凡寓書至京，必舉此二言爲訓，他事一無所及。【略】

六年丁亥，時公年雖八十，朝野允望，復起少師。鵝湖費公嘗薦公甚力，不果用，至是以邃庵楊公薦，遣官賫勑，起公于家。【略】公感上恩禮過隆，義不容已，迺八月發程，十月抵京。陛見之日，天顔甚悦，舉朝士大夫門生故吏咸以復見公爲喜。下至衛莊，途人衆觀如堵。越數日，勑改户部尚書、謹身殿大學士，餘如故，復命充《明倫大典》總裁官。公在舟中，嘗具疏稿。【略】公入朝後，自度衰年，不能久居位，遂力求生還，二疏不果上。十二月，上以天寒，且見公拜起頗

艱，特旨凡常朝免公朝參。【略】

七年戊子正月，從上郊祀，賜錦織大帶，賜翊學詩一帙。時公偶嬰微疾，上遣中官賜酒米食菜等物，遣太醫院官診視，復遣鴻臚寺卿鄭紳諭旨，令即出供職。二月，公以衰疾懇辭，上亦念公老，允之，賜勑，遣官護送，人夫食米照舊。陛辭，錫宴，仍賜白金、文綺、寶鈔、襲衣。勑曰【略】內閣楊公等請遣公子正護送爲便，上可。時丕亦欲請假待行，公曰：「日講在邇，汝宜盡心職業，勿以我爲念。」止之。我朝父子翰林固多，未有先後爲日講官者。又慶成宴班，父子俱在殿上，皆殊遇也，縉紳榮之。公歸，適生玄孫，五世相見，人尤以爲罕。

八年己丑九月，公冒氣偶傷，不食數日而愈。冬十一月，疾再作，公寓書正、丕，以不及見爲言。先是，正足患風濕，將乞恩養病，陸太孺人思歸，丕將欲給假，送母還鄉。及得書，即日具疏懇請，俱蒙允。公聞之喜，二子未抵家，而公疾愈矣。

九年庚寅，公見二子歸侍，樂甚，日宴聚一堂，鄉人羨之。公狀貌秀偉，高額豐頤，美髭鬚，衣冠有定制，不逐時好。耄年入朝，少壯無異，及得請歸，精神倍常，衆謂公之壽殊未可量也。十二月，忽舊疾再作，力疾撰憤齋先生墓表，復寄老友朱東谷詩一章。詩曰：「天上歸來久杜門，生平心事有誰論。衰殘伏枕還憂國，強起含飴且弄孫。元夕華燈喧里巷，新春淑氣滿乾坤。追思朋舊今無幾，何日相過倒一尊。」詩成前二日，東谷已死，公實未之知，誠一異事。然此詩雖出病筆，氣格不減，衆猶望公當勿藥，而公素知命，自度不能起矣。

十年辛卯元旦，公力疾具冠服，望闕行禮。守巡諸公過訪，猶懇懇以民間利弊爲言，無異平時。諸子見公飲食漸減，勸進藥餌，公笑而不答。至二月十八日，子孫家衆咸侍側，披衣起坐而逝。遠近聞之，莫不慟悼。公權疾幾三月，無一或語語諸子，惟曰：「吾生荷國恩已踰涯分，莫可爲報，身後慎勿乞卹典。」三月，撫按官以訃聞，上震悼，輟視朝，遣官諭祭者九，遣工部羅主事餘慶啓壙合葬，贈太傅，謚文正。謚出聖明特筆，殊愜輿情。誥曰【略】

何良俊《四友齋叢説》卷八　餘姚士夫與朋友皆言謝木齋致仕還家，每日與諸女孫鬪葉子以消日。常買青州大柿餅、宣州好栗，戲賭以爲樂，不問外事。由今觀之，木齋真一愚癡老子耳。

焦竑《玉堂叢語》卷四　弘治中，內府倉庫諸司宦官每多索賄，民不勝害。謝文正乘間言于上，上令撰旨禁約，公曰：「虛言設禁，無益也，須令曹司搜剔弊端，明白開奏，而後嚴立條禁，有犯必誅，庶民困可甦。」上悦，即如其言行之。由是諸司宿弊，一切革去。朱希周撰志

焦竑《玉堂叢語》卷五　謝公遷既歸，瑾意叵測，人皆危之，曰：「天祐皇明，我當無他，不見劉元城之事乎？」處之裕如。日與客圍碁賦詩以自娛，若不知有憂患者。【略】

弘治乙丑，大學士謝公木齋乞致仕，薦吴文定公寬、王文恪公鏊以代己，言極懇至。一時恬讓之風，感動中外。【略】

謝文正初入翰林，爲御史某騤陞都憲，臺中循例請公文爲賀，公曰：「此人素不爲公議所與，惡可以諛言悦之。」竟不與作。

沈德符《萬曆野獲編》卷七　【謝文正驟用】謝木齋之拜相也，以丁憂甫用，時弘治乙卯，尚爲侍講學士，從五品，特起以少詹兼學士，入直內閣，因服未滿留家。又半年抵京，甫到任即陞正詹事，由詹事二年，即晉太子少保、兵部尚書、東閣大學士。一時大臣崇進，未有如此之迅捷者。常見常熟楊憲副儀所作《明良記》云，謝初在詞林，上疏力止孝宗册妃，以故中宫德之。後來推閣員，一時殆盡，俱不得旨，最後以李長沙及謝名上，始並荷簡用。其後中宫妹入宫，上用內意，欲册爲妃，謝又奏娶堯二女爲比，上是之，竟以外廷力諍而止。然則文正初年直諫，本非容悦，而孝宗誤以爲德。其在閣也，受上恩已厚，娀、英之事，即將順亦不爲媚。但焦泌陽因之遂謂謝前疏逢迎孝康，以致孝宗不祀，則仇口無疑矣。

備論

李東陽《懷麓堂集》卷二七《贈右諭德謝君序》　儲宫之有左右春坊，猶朝廷之有翰林，以講説道德、制作文章爲職，地位清秘，聯華並峙，其有遷轉，則視其班級高下，或相出入，或相兼攝，以爲恒制，而臺閣之選皆於是須焉。其在春坊爲大學士，爲庶子，爲諭德，皆秩五品，階大夫，與翰林諸學士相埒，必累考屢遷而後得與。惟以狀元及第爲修撰者，九載一陟輒遷諭德，最爲超擢。然狀元名地榮峻，多不俟滿考而陟，近歲始稍稍有之，故雖一陟五品，人猶若以爲滯。於是知春坊之職固重，狀元之選爲尤重也。

餘姚謝君于喬以成化乙未狀元，在翰林爲修撰，甫九載，陟右春坊右諭德。

初，君廷對時，所獻策明白正大，得告君之體，臚傳陛引之際，儀觀修潔，氣宇凝重，公卿以下莫不目屬以爲遠大器，故其陟也，亦莫不宜之，臺閣台鼎之望蓋不謀而合也。宋王沂公賦詩未遇時，人已知其爲狀元宰相，世固有以文章占器業者，君之陟，寧直爲今日賀邪。夫春坊之官固以輔翼儲德，亦以基太平輔相之業於天下者也，故必德純學正，發之文章，形之議論，皆仁義禮樂之宣著，則其朝夕左右必有所感格規正，以歸于道，雖未見于用，而所以輔天下之治本者亦厚矣，況由此而施焉，其所沾被于天下可勝道哉。説者謂治安之策言忠而道疎，教本之書言華而要寡，承華之箴言切而心詐，君之賢宜擇之審矣，安知其經綸密勿之業不兆於今日一諭德時邪。初，君在翰林，有乞文爲達官贈者，君辭曰：「是人方不爲公議所予，惡可以諛言説之。」竟不作。推是以往，則其他日必能持節秉義，不爲諛説骫行以負天下，豈獨以文章占之哉。

予在翰林久，知君爲詳，既喜儲宮之得人，又將爲國家天下賀，將有言于君。君同年進士通政參議毛君秉彝實倡于六科，請給事六部諸郎官爲君賀，而屬予以辭，因次第所欲言者爲君贈。

王鏊《王文恪公筆記》 按：世俗之情，地逼則相傾，位近則相軋，望重則相忌，雖平時握手相親，出肺腑以相示，及一旦遇得失，臨利害，反面若不相識，非惟不一引之，又從而擠之下石焉者皆是也，此韓昌黎所謂慨然太息也。孰有如遷之舉寬以自代，以寬科第、年齒、聞望皆先，自以越俎爲慙，而不可多見。已故十餘年，號爲持正賢相云。而劉健不悦，以遷爲王黨，有媿于古大臣風矣。

林俊《見素集》卷六《元老木齋謝先生壽篇》 世之仕，孰不欲遭時遇主，樹勳伐，保有完名，耀當時而垂來世者哉？然而窮經皓首一第淹焉，龐白爲郎一官滯焉，鐘鳴漏盡晚節虧焉。元老少傅木齋謝公取第最早，二元一魁，與王沂公幾爲類，君子以爲奇。憲宗朝蓄學養望，在翰林者幾二十年，章得象安於其職，公有焉。相孝宗，輔遺今上，兩朝輔碩，允矣韓魏公之重。而委身人國，若又爲難，止足預戒，斂其身，與弟若子以寂居汝湖者十餘年，則又獨樂、緑野、二疏、二李風致無異，智且勇矣。

公長身玉立，儀觀都偉，而陶融景化，佛是仔肩，繪藻王言，奮庸熙載，致其主於明聖，運乂安於中國，而四方以之無侮。位既詣極，功亦時敘，知者猶以爲朝廷若不可一日無公，引領望其復相。古者舊德元臣八十猶應召命，公壽始七十，元老壯猷，載扶昌祚，壽固宜。歲隂前二日，督學胡先生文振遥致賀，勤以言謬屬。俊拙訥簡與，在刑部聯馬朝，趨論理，道及古今事，誤有所愛，逮預宥密，猶在教言，雖例無報書，私固謂之知己，於公於世道深有望焉。壽公，俊之欲也。夫所謂壽無過曰宜壽之家、之鄉、之國云爾已矣。公之壽，寄稽德於壽耉，基年所以平格，七廟賴以尊安，兩儀因之奠位，固非尋常爲壽者班。抑獨逸流韻輩把酒賦詩，樂枌榆之景暮已耶。謹書爲篇。

倪宗正《謝文正公年譜·小像贊》 才乏經綸，器非瑚璉，意廣智疎，量狹中淺。幸際昌期，濫叨盛選。跡誤厠於廟廊，榮謬膺夫軒冕。固知小載不可以大受，而綿力不足以致遠。每臨事而兢惕，恒捫心而懷赧。徒追先皇之殊遇，欲圖報塞而强勉。結舌之際，持論侃侃；匪躬之故，遭時蹇蹇。觸危機而罔恤，當逆鋒而直犯。豈見可而忘難，惟以縮而自反。向非聖明之護持，蓋將大僇之不免。既蒙庥而瓦全，亟奉頭而鼠竄。寂寞之坳，寬閒之畈，農圃是親，麋鹿爲伴。苟藏拙而引恬，因習閒而成散。謝世路之紛華，遂平生之疎懶。肆川泳而林棲，玩霞舒而雲捲。振素衣于高岡，濯敝纓於清澗。藉嘉蔭以夷猶，求素心而往返。遵王路之平平，履幽貞之坦坦。内深省乎百愆，德敢忘乎一飯。時歌咏夫太平，聊優游吾衰晚。木翁自贊。

倪宗正《謝文正公年譜·誥命》 奉天承運皇帝制曰：人臣盡忠，不以進退渝其節；朝廷眷舊，不以存亡異其恩。矧兹黄閣之耆英，雅繫蒼生之重望。懸車再遂，易簀俄聞，宜極優崇，用昭終始。故致仕少傅兼太子太傅、户部尚書、謹身殿大學士進階特進光禄大夫、左柱國謝遷少負奇才，出逢昌運。名魁多士，詞林擅華國之譽；資歷清階，經幄展格心之藴。典史局而萬世之是非不謬，司文柄而一時之俊彦兼收。丕際孝皇，擢居祕省。慶明良之交會，效丙魏以同心。玉几受遺，金縢載啓。雀鼠構釁，雖見沮於匪人；麟鳳儲祥，終應徵於治世。逮朕嗣統，首詔褒賢。勁氣清風，驗海内瞻依之切；高年碩德，孚朝端論薦之公。爰增級以殊霑，復遣官而存問。薦膺召命，深慰群情；屢上辭章，竟成雅志。旻天弗吊，慨大老之不遺；斯文未亡，怳令儀之長在。兹特贈爲太傅，謚文正。於戲，赫赫台垣，命數偶符于安石；明明輿論，聲稱奚媿于王曾。全歸河嶽之精，永作衣冠之範。幽靈弗昧，茂渥其承。

《世宗實録》卷一二七 遷學術純正，有大臣風節。弘治間，與劉健、李東陽同心輔政，一時稱爲賢相。正德初年，奸權擅政，遷以碩命大臣不能艱貞以濟難，捐軀以殉國，雖達權不足而守正有餘，所謂以道事君，不可則止者，遷蓋有焉。

項篤壽《今獻備遺》卷四〇　論曰：文正見幾明決，不俟終日。觀其累薦文定，可謂休休。文定卒不能得之洛陽，長沙故乃能容文恪。語曰：「力田不如逢年。」又信然矣。

鄧元錫《皇明書》卷一七　約論曰：聞之先哲言，成化之季，國無樞輔矣。孝皇禮相重賢，晝接日宣，而華容、三原之倫與密勿於廟堂。蓋是時朝多儒俊，野無廢錮，士恥競躁，吏鮮苛黷，洋洋乎，蔚蔚乎，樂利之澤至于今賴之。然輔臣賢者顧止於端靖，欲大更化，還盛時之舊，宜其難矣。故弘治之治遜於古，孝皇之澤斬於子，悲夫。

焦竑《國朝獻徵録》卷一四費宏《光禄大夫柱國少傅兼太子太傅户部尚書謹身殿大學士贈太傅謚文正謝公神道碑》　公器宇豐厚，風神秀朗，見者知其爲壽俊元臣。其忠誠端慤始終不渝，所謂清白之操百鍊愈精，剛毅之氣萬人必往，誠如聖諭也。其學以明義理爲先，爲文正大温厚，不事雕琢，可以垂之不朽。在内閣時，劉公敢於任事，而資公之謀斷，李公長於爲文，而資公之典則，公可否其間，不阿不激，同寅協恭，所以輔成盛治者，端在是也。

宏在翰林，侍公最久，凡此皆身親見之。倏忽數十載矣，赫赫如前日事。感今思昔，惟以永歎，衰病侵尋，舊殖荒落，莫能闡公之粹美。姑叙述大都，俾刻于石而繫以銘。銘曰：

天惟純祐，命我皇明。至於孝宗，實撫盈成。任賢圖治，日惟勵精。孰其輔之，二三名卿。公起南服，魁於大廷。羽翊青宫，久屬聖情。遂膺簡擢，作我股肱。惟時篤棐，竭其忠誠。裁抑倖濫，百度惟貞。十有八年，顧命是承。爰輔嗣皇，明昬亶乘。成功弗居，高舉冥冥。宦豎瀆徑，奇禍是攖。天久乃定，既困而亨。今皇紹統，大化一更。乃遣勑使，存問於庭。恩數稠疊，數被敉寧。安車載迎，爲時保衡。公弗時拘，力辭寵榮。令德眉壽，全節完名。亦有哲嗣，克紹芳馨。如吕如范，競爽同升。杏山之原，巋然佳城。帝有卹恩，賁於泉扃。崇碑峩峩，顯刻茲銘。惟德不匱，惟賢可徵。後千百祀，以俟雲仍。

尹守衡《明史竊》卷六八　論曰：劉、謝二公並以宫僚入參大政，受知孝廟，弼成弘治一十八年至理。平臺煖閣之疇咨，具見都俞吁咈之遺焉。夫惟聖君賢相，千載一時哉。迨事武宗，皆以顧命老臣，無能改于其德，幺麽小豎，急欲芟夷於旦暮之間，卒俱受其蠆螫，世道之不流爲甘露者無幾，豈亦智不足而才有餘乎。木齋懸車廿載，猶濡足于新貴，當軸之時，一籌莫展。數月掛冠，完名全節，畧稱蛇足矣。

屠應埈《蘭暉堂集》卷一二《祭太傅文正謝公文》　年月日，某等謹以束帛牲醴，遣某致祭于少傅兼太子太傅、吏部尚書、華蓋殿大學士贈太傅謚文正謝公之柩曰：嗚呼，於皇純佑，寔生哲人。英英文正，邦家之禎。承休遁否，玉振金聲。弱冠厲翼，純皇是嘉。清問克揚，天休薦加。奉轡儲皇，羽儀承華。協贊一善，仰培玄德。穆穆潛光，萬邦傒式。帝出於震，允懷厥功，崇崇天樞，簡茲登庸。於穆元化，斟之酌之，王言作命，佐時若之。維帝聖哲，任賢弗猜，萬機棼如，疇咨弼諧。文華肅清，峩峩平臺，帝穆在中，召公其來。于時三公，惟劉、惟李，寔維雍雍，偕侍宸扆。惟曰肱股，亦曰心膂，聽履則識，造膝則喜。嘉謨帝俞，衆則莫聞，道洽政宣，日惠于民。休茲三公，推賢有容，明明卿佐，濟濟百工。惟帝聖哲，亮功敦裕，中朝休明，四海咸乂。昊天降威，殲我顯休，於穆敬皇，遘疾彌留。乃召三公，末命是宣，玉几用憑，金縢啓緘。時維武皇，誕膺天序，彼闇伊何，敢姦國紀。公曰嗟嗟，維邦之式，邦縣典刑，其致恒辟。諫書載陳，帝始弗違。亦有讒人，啓之禍階。維闇譎譎，播時天威，李曰異哉，維裕克勝。二公曰吁，先皇有命，我躬受之，毋敢顛隕。公言益莊，闇日以昌，劉公比徂，歸公南荒。振衣姚山，濯纓虞江，位黜志申，身逸譽張。英英名胄，錮及孫子，滔滔東山，歸逾一紀。維皇中興，登賢晉明。皇曰返公，復之台衡。明明綸命，肅肅安車，行人將之，日馳以驅。衆曰其辭，公曰就途，老臣抗命，時予之辜。我公至止，皇命焞焞，國有壽耉，士有儀刑。衆曰其留，公曰歸哉，年不逮志，居功履危。出以恭令，歸以行義，皇恩不愆，始終允備，仆音自南，迺徹帝聰。帝曰嗟嗟，是惟宗功。乃召冢宰，宗伯司空，錫之塚田，崇丘隆隆，祭以天章，靈謚休封。明明敬皇，陟降在天，公拜稽首，庶無靦顔。敦節完名，範世作則，民載德音，史紀成績。緬予門墻，喬嶽具依，南望玄廬，山川間之。眷言秉紼，繫此簡書，羃觴薦藻，茹哀陳詞。

張弘道、張凝道《皇明三元考》卷七　遷學識純正，有大臣風。時同在内閣者，劉健敢於任事，而資遷之謀斷，李東陽長于爲文，而資遷之典則。遷于其間不激不隨，輔成盛治，稱賢相云。

談遷《國榷》卷五五　史臣曰：遷學術純正，有大臣風節。弘治間，與劉健、李東陽同心輔政，稱爲賢相。正德初，權奸擅政，以顧命大臣不能艱貞以濟難，雖達權不足而守正有餘，所謂以道事君，不可則止，遷蓋有焉。

查繼佐《罪惟録》列傳卷一一中　論曰：劉洛陽、謝餘姚兩恭重，以顧命臣

贊太平，頗不欲爲奇節，即逆瑾初亦頗下之。自韓户部一激，而焦芳皷焰，奄勢崩天矣。蓋王岳等之得君，未及張永也。文靖九十有三，文正八十有三，夫藩服履尊，必無短算，盛時碩輔，定獲長齡，氣運使然乎，抑有所自也？相傳木齋少館于毘陵某氏，有女年踰二十未嫁。一日，乘父母出，潛叩館門。木齋善謝之，不去，因正色嚴拒。女情熱，啗其背去。明日，束裝力辭主人還里，必不明言。楊一清入閣後，七十餘，復起三邊總制，便道謁文靖。文靖色倨，曰：「汝曾入閣來，尚出總制乎？閣體壞自汝矣。」對以簡命。曰：「進退由汝。」輒入內，令二孫陪茶。一清慙，亦服義去。以晚近論，似太倨。然此等嚴重，孟子所云世臣，又云社稷臣，長治之朝不可無此。相傳劉文靖生彌月，有僧過門，摩頂：「此兒七死不死，齒爵莫倫。」果生平遇七險獲免。

傅維鱗《明書》卷一二六 史官曰：當孝宗之朝，君明臣良，劉健相而李、謝連茹以進，所造膝密陳，皆天下大計，或謀或斷，蓋有房、杜之風焉。晚際沖主，姦閹擅朝，機事不密，幾蹈訓、注之禍。連翩去國，以明靖獻。語及顧命，未嘗不隕涕也。嗚呼忠哉。

張岱《於越有明一代三不朽圖讚》 贊曰：謚以易名，節以壹惠，文臣之謚，文正爲最。史頌木齋，端嚴清介，加税選妃，直言垂戒。忤瑾即行，毫無芥帶。如吾木齋，庶幾無愧。後之文正，取以贈賚。陳本忤瑾，即行下作。忤瑾還山，深衣博帶。如吾木齋，朝綱倚賴。後之文正，能無愧茲優賚。

湯斌《潛菴先生擬明史稿》卷一七 論曰：孝宗之世最多名臣，內閣五人，溥以寬和著，濬以博綜聞，雖各有所短，皆稱賢焉，未可執一而論也。健、遷正色直道，蹇蹇匪躬，閹豎亂政，秉義固諍，确乎其不可拔，庶幾古大臣風烈。說者謂申屠嘉之於鄧通、韓琦之於任守忠，皆能伸威廟堂，決策呼吸，似非健、遷所能及。然自太祖廢丞相，閣臣權微，與漢宋迥異，而閹豎盤結根深，武宗溺于宴佚，欲以力爭而誅其左右之近習，亦已難矣。使因羣閹之請謫之南京，俾離左右，不至蠱惑君心，或可從容得志。而幾事不密，遂令僉邪得以抵隙，示恩垂成而敗，可爲痛惜。要之，剛直之節，始終不渝，事君之道，健、遷無媿焉。兩朝章疏，載其大者，庶後有所考。東陽依違固寵，晚節不振，若當時一言相助，並出都門，何至獨蒙垢厲乎。

毛奇齡《西河文集》卷二 論曰：弘正間多名臣，而遷不務爲赫赫，自處方幅，衆莫之撓，故忠誠敦慤，始終不渝。此當時誥詞所稱「清白之操，百鍊愈精，剛毅之氣，萬人必往」者與？遷在內閣，與劉健、李東陽同官，顧健敢任事，而資遷之謀斷，東陽善文曲，而遜遷之亮直，出處可否，不激不阿，夫其抑昂于二君之間者，概可睹已。

附録 諸書載謝文正會試薦第一，因本房是兵部主事趙瑶，名位輕，故抑置第三，而墓志稱主考丘文莊賞之，拔置第三，則矛盾矣。世但以文正兩踞第一，而會試稍抑，故爲此説耳。然文正子亦解元、探花，而會試第四，亦是瑾事。餘姚薦舉人試文，用蕭傅、恭顯語刺瑾，故瑾怒，下詔獄，謫戍。而史料云，四人上疏求用，天下無未試求用者，況止求用，則瑾何必一怒至此。

《明史》卷一八一 贊曰：徐溥以寬厚著，丘濬以博綜聞。觀其指事陳言，懇懇焉爲憂盛危明之計，可謂勤矣。劉健、謝遷正色直道，蹇蹇匪躬。閹豎亂政，秉義固諍。志雖不就，而剛嚴之節始終不渝。有明賢宰輔，自三楊外，前有彭、商，後稱劉、謝，庶乎以道事君者歟。李東陽以依違蒙詬，然善類賴以扶持，所全不少。大臣同國休戚，非可以決去爲高，遠蹈爲潔，顧其志何如耳。王鏊、劉忠持正不阿，奉身早退。此誠明去就之節，烏能委蛇俛仰以爲容悅哉。

《四庫全書總目》卷一七一《歸田稿》八卷 明謝遷撰。遷字于喬，餘姚人。成化乙未進士第一，授修撰。官至户部尚書、謹身殿大學士。謚文正。事蹟具《明史》本傳。遷之在內閣也，與劉健同心輔政，史稱其秉節直諒，見事明敏，天下稱爲賢相。其文集全稿嘉靖中倭亂被燬，此集乃其致仕以後及再召時所作，自題曰《歸田稿》以授其子侄者也。國朝康熙中，其七世孫大名府同知鐘和復加釐輯，梓而傳之。集中奏疏類多晚年陳謝之作，凡在朝時嘉謨讜論，均已無存，即史所稱請罷選嬪妃、禁約內官諸疏，亦不在其間，則其散失者當復不少。然遷當歸里以後，正劉瑾、焦芳等挾怨修郄，日在危疑震撼之中，而所作詩文，大抵詞旨和平，惟惓惓寄江湖魏闕之思。老臣憂國，退不忘君，讀此一編，已足以知其忠悃矣。

陳田《明詩紀事》丙籤卷七 田按：木齋以忤劉瑾致仕，瑾意叵測，人皆危之，木齋曰：「天佑皇明，我當無他，不見劉元城之事乎？」處之裕如，日與客圍棋、賦詩。可謂雅量。

明武宗部

綜述

《武宗實録》卷一　武宗承天達道英肅睿哲昭德顯功宏文思孝毅皇帝諱厚照，孝宗建天明道誠純中正聖文神武至仁大德敬皇帝嫡長子也。母今昭聖康惠慈壽皇太后張氏。以弘治四年九月二十四日生。孝宗之在東宮也，皇太后已册爲妃。及即位後，有以選宮嬪、廣聖嗣爲請者，孝宗以三年之哀未釋不忍從。蓋久而儲貳未立，中外方竊憂之。於是上生，論者謂前此三朝皆非立嫡，而上乃出自椒寢，慶鍾軒龍。其生，所值支辰爲申酉戌亥，連如貫珠，又與聖祖高皇帝類，莫不欣欣相賀曰：「吾君有子矣。」上睟質如玉，神采焕發，自少舉止異常。〔生二歲〕，以其年三月册立爲皇太子。既冠，將就學，孝宗命〔内閣集〕九卿選置東宮，官屬必惟其人。戊午之春，〔上出閣讀書，諸儒臣更番〕入侍早午，坐講筵輒移時，容儀莊重，未嘗少肆。講官退，必張拱致恭，若相揖之狀。次日，掩卷誦所授書，甚習。不數月，翰林春坊之與講讀者皆識其姓名。或偶以他故不至，必顧問左右曰：「某先生今日安在邪？」當輟朝之日，學士有誤束花帶而入者，又謂左右曰：「是在朝班中必以失儀爲御史所糾矣。」其聰穎類此。孝宗數幸春坊，閲所業，上率宮僚趨走迎送，閑於禮節，問安視膳，恭謹無違，孝宗甚鍾愛之。有所遊幸，必從行；有所見，必隨事啓迪。爲學之暇，或聞其頗好騎射，以爲克詰戎兵，張皇六師，亦安不忘危之意，弗之禁也。孝宗大漸之際，顧命輔臣劉健等，猶極稱上質之美，欲健等以勤學輔成聖德。蓋其天資英武，剛毅有斷，足以誅鋤姦惡，戡定禍變。況承孝宗德澤涵濡之久，宜其能固結人心，而保有洪業也。

《明史》卷一六《武宗紀》　武宗承天達道英肅睿哲昭德顯功弘文思孝毅皇帝，諱厚照，孝宗長子也。母孝康敬皇后。弘治五年，立爲皇太子。性聰穎，好騎射。

十八年五月，孝宗崩。壬寅，即皇帝位。以明年爲正德元年，大赦天下，除弘治十六年以前逋賦。秋八月甲寅，尊皇太后爲太皇太后，皇后爲皇太后。冬十月丙辰，小王子犯甘肅。庚午，葬敬皇帝於泰陵。十一月甲申，御文華殿日講。

正德元年春正月乙酉，享太廟。己丑，大祀天地於南郊。二月壬子，御經筵。乙丑，耕耤田。三月甲申，釋奠於先師孔子。〔秋八月〕戊午，立皇后夏氏。〔冬十月〕戊辰，停日講。

二年春正月乙亥朔，日有食之。乙酉，大祀天地於南郊。六月甲戌，孝宗神主祔太廟。秋八月丙戌，作豹房。

三年春正月丁未，大祀天地於南郊。三月乙卯，賜吕柟等進士及第、出身有差。

四年春正月丙午，大祀天地於南郊。

五年春正月丁卯，大祀天地於南郊。六月庚子，帝自號大慶法王，所司鑄印以進。

六年春正月甲子，大祀天地於南郊。三月戊辰，賜楊慎等進士及第、出身有差。

〔七年春正月〕己未，大祀天地於南郊。〔九月〕丙申，賜義子一百二十七人國姓。

〔八年春正月〕壬午，大祀天地於南郊。乙酉，以邊將江彬、許泰分領京營，賜國姓。

九年春正月丁丑，大祀天地於南郊。庚辰，乾清宫災。二月庚子，帝始微行。三月辛巳，賜唐皐等進士及第、出身有差。〔九月〕庚午，帝狎虎被傷，不視朝，編修王思以諫謫饒平驛丞。十一月辛酉，廢歸善王當沍爲庶人，自殺。十二月甲寅，建乾清宫，加天下賦一百萬。

十年春正月癸亥，薄暮，享太廟。戊辰，薄暮，祀天地於南郊。

十一年春正月乙未，大祀天地於南郊。冬十月己酉朔，享太廟，遣使代行禮。

十二年春正月己丑，大祀天地於南郊，遂獵於南海子，夜中還，御奉天殿受朝賀。三月癸巳，賜舒芬等進士及第、出身有差。秋八月甲辰，微服如昌平。乙巳，梁儲、蔣冕、毛紀追及於沙河，請回蹕，不聽。己酉，至居庸關，巡關御史張欽閉關拒命，乃還。丙辰，至自昌平。戊午，夜視朝。癸亥，副都御史吴廷舉振湖廣饑。丙寅，夜微服出德勝門，如居庸關。辛未，出關，幸宣府，命谷大用守關，毋出京朝官。九月辛卯，河決城武。壬辰，如陽和，自稱總督軍務威武大將軍總

兵官。庚子，輸帑銀一百萬兩於宣府。冬十月癸卯，駐蹕順聖川。甲辰，小王子犯陽和，掠應州。丁未，親督諸軍禦之，戰五日。辛亥，寇引去，駐蹕大同。十一月丁亥，召楊廷和復入閣。戊子，還至宣府。十二月癸亥，羣臣赴行在請還宮，不得出關而還。閏月丁亥，迎春於宣府。

十三年春正月辛丑朔，帝在宣府。丙午，至自宣府，命羣臣具綵帳、羊酒郊迎，御帳殿受賀。丁未，罷南郊致齋。庚戌，大祀天地於南郊，遂獵於南海子。辛亥，還宮。辛酉，復如宣府。是月，振兩畿、山東水災。給京師流民米，人三斗。瘞死者。二月己卯，太皇太后崩。壬午，至自宣府。三月戊辰，如昌平。夏四月己巳朔，謁六陵，遂幸密雲。五月己亥朔，日有食之。駐蹕喜峯口。戊申，至自喜峯口。六月庚辰，太皇太后梓宮發京師，帝戎服從。甲申，葬孝貞純皇后。乙酉，至自昌平。秋七月己亥，録應州功，敍廕陞賞者五萬餘人。丙午，復如宣府。八月乙酉，如大同。九月庚子，次偏頭關。癸丑，敕曰：「總督軍務威武大將軍總兵官朱壽親統六師，肅清邊境，特加封鎮國公，歲支禄米五千石。吏部如敕奉行。」甲寅，封朱彬爲平虜伯，朱泰爲安邊伯。冬十月戊辰，渡河。己卯，次榆林。十一月庚子，調西官廳及四衛營兵赴宣、大。壬子，次綏德，幸總兵官戴欽第。十二月戊寅，渡河，幸石州。戊子，次太原。

十四年春正月丙申朔，帝在太原。甲辰，改卜郊。壬子，還宣府。二月壬申，至自宣府。丁丑，大祀天地於南郊，遂獵於南海子。是日，京師地震。己丑，帝自加太師，諭禮部曰：「總督軍務威武大將軍總兵官太師鎮國公朱壽將巡兩畿、山東，祀神祈福，其具儀以聞。」三月癸丑，以諫巡幸，下兵部郎中黄鞏六人於錦衣衛獄，跪修撰舒芬百有七人於午門五日。金吾衛都指揮僉事張英自刃以諫，衛士奪刃，得不死，鞫治，杖殺之。乙卯，下寺正周敍、行人司副余廷瓚、主事林大輅三十三人於錦衣衛獄。戊午，杖舒芬等百有七人於闕下。是日，風霾晝晦。夏四月甲子，免南畿被災税糧。戊寅，杖黄鞏等三十九人於闕下，先後死者十一人。五月己亥，詔山東、山西、陝西、河南、湖廣流民歸業者，官給廪食、廬舍，牛種，復五年。六月丙子，寧王宸濠反，巡撫江西右副都御史孫燧、南昌兵備副使許逵死之。戊寅，陷南康。己卯，陷九江。秋七月甲辰，帝自將討宸濠，安邊伯朱泰爲威武副將軍，帥師爲先鋒。丙午，宸濠犯安慶，都指揮楊鋭、知府張文錦禦却之。辛亥，提督南贛汀漳軍務副都御史王守仁帥兵復南昌。丁巳，守仁敗宸濠於樵舍，擒之。八月癸未，車駕發京師。丁亥，次涿州，王守仁捷奏至，秘不發。冬十一月乙巳，漁於清江浦。壬子，冬至，受賀於太監張陽第。十二月辛酉，次揚州。乙酉，渡江。丙戌，至南京。

十五年春正月庚寅朔，帝在南京。癸巳，改卜郊。夏四月己未，振淮、揚諸府饑。六月丁巳，次牛首山，諸軍夜驚。秋七月，小王子犯大同、宣府。八月癸未，免江西税糧。閏月癸巳，受江西俘。丁酉，發南京。癸卯，次鎮江，幸大學士楊一清第，臨故大學士靳貴喪。九月己巳，漁於積水池，舟覆，救免，遂不豫。冬十月庚戌，次通州。十一月庚申，治交通宸濠者罪，執吏部尚書陸完赴行在。十二月己丑，宸濠伏誅。甲午，還京師，告捷於郊廟社稷。丁酉，大祀天地於南郊，初獻疾作，不克成禮。

十六年春正月癸亥，改卜郊。〔三月〕庚申，改西官廳爲威武團營。乙丑，大漸，諭司禮監曰：「朕疾不可爲矣。其以朕意達皇太后，天下事重，與閣臣審處之。前事皆由朕誤，非汝曹所能預也。」丙寅，崩於豹房，年三十有一。遺詔召興獻王長子嗣位。罷威武團營，遣還各邊軍，革京城内外皇店，放豹房番僧及教坊司樂人。戊辰，頒遺詔於天下，釋繫囚，還四方所獻婦女，停不急工役，收宣府行宫金寶還内庫。庚午，執江彬等下獄。世宗入立。五月己未，上尊謚，廟號武宗，葬康陵。

焦竑《皇明人物考》卷一　武宗毅皇帝諱厚炤，孝宗第一子，太后張氏所生，立爲皇太子。孝宗崩，遂即皇帝位，改元正德。在位十六年崩，壽三十一，廟號武宗，葬康陵。皇后夏氏，慶陽伯儒之女，嘉靖十四年崩，合葬康陵，附于廟。武宗無嗣，群臣奉太后命，迎興世子而入繼大統云。

鄧元錫《皇明書》卷九《武宗毅皇帝帝紀》　武宗皇帝諱厚照，敬皇帝元子也。弘治五年五月壬寅立爲太子。上即位，上皇太后尊號慈聖康壽太皇太后，尊母后張氏爲皇太后。加少師、大學士健左柱國正一品俸，大學士東陽、遷加太傅。時健、東陽、遷柄國，而青宫閹八人日導上於狗馬、鷹兔、舞唱、角抵之戲，漸棄萬幾。舊閹段敏、黄偉以端慤，斥不用。於是健、東陽、遷共疏言：「近日視朝太遲，免朝太多，奏事太晚，嬉遊漸廣。夫奢靡玩戲非所以崇儉，彈射釣獵非所以養仁，鷹犬狐兔田野之物不可育於朝廷，弓矢甲胄戰鬬之象不可施於宫禁，正人不親，直言不聞，而此數者交雜於前，臣伏憂之。近六月中風雨飄激，雷霆震怒，正殿鴟吻、太廟春獸、天壇樹木、禁門房柱摧折燒燬，爲變異尤甚。惟陛下惕然省悟，側身勵精，庶可回天慰人。」疏上，報聞。閣學士又共疏自劾，言：「先帝

顧命惓惓，以陛下爲託，臣等痛心刻骨，誓以死報。初政竭力匡扶，未敢輕易求退。近者地動天鳴，五星凌犯，星斗晝見，白虹貫日，羣災疊異，併在一時。京城道路殺人，西北諸胡虜猖獗。民生窮苦，府藏空虚，讒謗公行，奸邪得計，變亂黑白，顛倒是非。人怨於下而不知，天變於上而不畏。臣歷閲古今蹤迹成敗，未有國如此而不亂者也。陛下即位初詔，天下延頸想望太平。而朝令夕改，廢格殆盡。憂在于民生國計若罔聞知，事涉於近幸貴戚，牢不可破。臣等叨居重地，徒擁虚銜，或旨從中出，略不預聞，或有所議擬，徑行改易，或留中不報，視之若無。如委顧命之名，不盡輔導之實，因循玩愒，竊禄苟容，既負先帝，又負陛下，天下後世謂臣等爲何。乞聖明矜察，允臣等退休，别選賢能，代兹重任。」上温旨報聞。

當是時，馬冢宰文升河南人，欲引用劉宇抑南人，大學士東陽湖廣人，爲南士所構，欲去文升，代以劉大夏，諷臺諫論列。於是文升致仕，而大夏亦力乞致仕去。侍郎焦芳以太監榮爲援，顧得入吏部爲尚書。當是時，舊閹者八人日親用，時號八虎矣。户部尚書韓文私内以爲憂，每朝退，對屬吏言輒泣，恨恨不能已。郎中李夢陽進曰：「公大臣也，義共國休戚，徒泣何益。」文曰：「奈何？」曰：「比科道章交劾閹，下閣議矣。夫三老者顧命臣也，聞持諫官章甚力。公誠及此時，率諸大臣殊死争，閣老以諸大臣争也，持必更益力，易爲辭，事或可濟也。」於是文捋鬚卬首，毅然改容曰：「善。即事弗濟，吾年足死矣。不死，不足以報國。」明日，密以叩三老，三老許諾，以倡諸大臣，諸大臣無不踴躍喜者。文大喜，乃退召夢陽，令具草，曰：「是不可文，文，上弗省也。不可多，多，覽弗竟也。」於是疏上言：「臣等伏念人主以辨姦爲明，人臣以犯顔爲忠。故羣小之奸逼近君側，勢足以危社稷、亂天下。伏未及發，是謂禍萌，而萌固不可長也。臣等幸待罪股肱，仰觀乾象，俯察物議，瞻前顧後，心焉如割，中夜起嘆，臨食而泣者屢矣。伏思與其退而泣嘆，不若昧死進言，即使進言以死，不猶愈於緘默苟容乎？此臣之志，亦臣之職也。臣等伏覩近歲以來朝政日非，號令欠當，自入秋來視朝漸晚，仰窺聖容，日漸清癯。皆言太監馬永成、谷大用、張永、羅祥、魏彬、劉瑾、丘聚等置造巧僞，淫蕩上心，或擊毬走馬，或放鷹逐犬，或俳優雜劇錯陳於前，或導萬乘之尊與外人交易，狎暱媟褻，無復禮體，日遊不足，夜以繼之，勞耗精神，虧損志德。遂使天道失序，地氣靡寧，雷異星變，桃李秋華，考厥占候，咸非吉徵。切緣此等細人惟知蠱惑君上以便己行私，不思赫赫天命、皇皇帝業在陛下一身。今大婚雖畢，儲嗣未建，萬一遊宴損神，起居失節，雖將此輩虀粉葅醢，何補於事乎。昔我高皇帝艱難百戰，取有四海，列聖繼承，傳之先帝，以至陛下。先帝臨崩，顧命之語，陛下所聞也。奈何姑息羣小，置之左右，爲長夜之遊，恣無厭之欲以累聖德乎？竊觀前古，閹宦誤國，其禍尤烈，漢十常侍、唐甘露之變，是其明驗。今永成等罪惡既著，縱而不治，爲患非細。伏望陛下奮剛斷，割私愛，以回天地之變，洩神人之憤，潛消禍萌。」初閣議，持言官章不肯下，諸閹業窘甚，相對泣。會諸大臣疏交入，上驚泣不食，遣司禮監八人齊赴閣議，諭閣臣言：「朕已悟，痛修改。所劾内官姑留。」蓋一日而遣者三。而閣學士又疏自劾乞休，諸閹益窘，求安置南京，而閣大臣顧撫几不發，獨堅持欲捕治。劉瑾者猾閹也，頗通文墨，狠戾多計數，於是蒲伏繞上前，頭觸地哭，以危言動上。上亦泣。而太監王岳前掌東廠時謂言官有言第言，乃是時又獨持閣議，諸閹因哭訴曰：「害奴儕者岳也，狗馬鷹兔岳嘗有獻否，自上心所明，今屬罪奴儕，何也。」於是伏地哭愈痛。上怒，立收岳。瑾又曰：「狗馬鷹兔，初何損萬幾。今左班官敢嘩然無忌者，司禮監無人耳。有，則惟上意欲爲，誰敢言者。」於是立詔劉瑾入司禮，兼提督團營，丘聚督東廠，谷大用督（四）〔西〕廠，張永等並司營，據要地。而竄王岳、范亨于南京，道殺之。由是大權歸瑾等，而縉紳烈禍始此矣。【略】

會有敕鎮守太監得總各省軍馬、錢糧、刑獄，便宜行，東陽乃疏言：「高皇帝之設官也，内五府六部，外都、布、按三司並列，軍馬、錢糧、刑名，各有統而不相兼，蓋分而不專，於防漸意至深。永樂後遣都御史出巡撫各省，諸邊夷置鎮守、總兵。其權則同而不專，故敕諭之辭曰『會同計處，毋相壓也』，固未有一人得專制一方者。今如敕則王府宣慰皆其總理，恐親藩、土官不服而釁生。即令地方寇盜横發，非惟事體不便，鎮巡内臣亦自難獨任也。又百五十年所未有，而一旦增添，所係不小。」於是得不專軍而便宜如故。【略】已，惡太監張永，頗忠直，有口能，得上調南京，用榜宫門，毋得輒入永。永直走御前，訴爲瑾所害，憤起搴毆之。上令諸内臣置酒解，乃罷。而瑾禍始此。【略】於是近幸者獻計言：「京軍不習戰陳，今平賊乃邊軍功，宜調各邊軍各三千人衛京師，而以京衛軍戍邊，歲番上如班操。」閣學士東陽言：「宣大京師北門，於胡虜切近，朝廷宿重兵諸鎮，分地爲防守，然且不給。近因流賊動調，乃一時權宜，萬分不得已也。今防冬正急，而邊軍内調，京軍出鎮，此祖宗百餘年所未有，臣等不敢輕議。」上不聽，趣是夕批發。東陽等乃疏十不便【略】竟不聽，以内降行。於是大同遊擊江彬因得

入，甚寵，而東陽亦請老謝事去矣。

當是時，遊擊彬與劉泰、劉暉及錢寧皆冒國姓爲義子，號外四家，權寵熏灼。【略】已，彬等導上出外爲嬉遊。初，尚憚大臣臺諫，未顯然自恣也。十二年秋七月，始馳幸南海子，獨與近幸數人者俱，已經宿未還。部院臺諫詣海子門跪請回蹕，上傳旨示期日而遣，語温甚。至期，衆欲往迎蹕，大臣有言當鎮静需之者，以爲是近郊地，祖宗常臨幸，未害無急也。居無何，出益遠，不還。閣學士復疏言：「竊惟天子出入，必備法駕，必傳警蹕，如南郊大祀不過一宿，而虎賁之旅、鷹揚之將周旋於左右，百官畢扈拱衛，警柝之聲夜以達旦，至皇城各門又勳戚重臣各司守之。祖宗之法至詳極備如此者，所以嚴至尊而防不測也。今聖駕輕身而出，率意而往，文武羣臣茫不與聞。擾擾塵埃中，萬一車馬驚蹶，奸盜竊發，出意料之所不及，不知將何以備之？雖天神協相，必無此事，而私憂過計，實切寒心。伏望陛下念祖宗付託之重，察臣民瞻戴之情，端拱穆清以保威重，節宣勞逸以順天和。嚴内外出入之防，正堂陛尊卑之分。戒非時之宴遊，屏無益之嬉戲。持剛斷以解羣疑，宗社幸甚，天下幸甚。」又不省。而遊稍遠，出關外。二疏皆學士貴筆也。

明年，駕北幸大同。南吏科給事孫懋上疏言：「自古國家信用姦邪，未有不致禍亂者。都督朱彬以梟獍之資、懷狐蠱之志，自緣進用，專事從諛，或遊衍驅馳，或聲色貨利，凡可以惑上心志者無所不用。去年導陛下幸南海子，幸功德寺，又幸昌平寺，盤遊無節，輕褻至尊，流聞四方，驚駭視聽。今又導陛下出居庸關，臨宣府，又越大同，以致虜寇深入應、蔚。當是之時，各鎮之兵未集，猖虜之衆沓來，幾何不蹈土木之往轍哉！是彬在一日爲宗社一日之憂，故議者曰：容一江彬，國之安危未可知也。」疏上，又不省。大學士楊廷和等累疏乞回鑾以安衆心，不聽。顧大起宫殿于宣府，號家裏。踰年乃還都，封彬平虜伯。已上自稱威武大將軍太師鎮國公，出巡邊，彬爲副將軍，扈行。命内閣草敕。於是大學士楊廷和、毛紀、梁儲等上疏言：「人君承天命而爲天子，四方萬國皆其臣妾。今一旦假稱威武大將軍鎮國公號名以行，俾天地易位，冠履混淆，名義乖謬，自古及今所未嘗有。或曰戲，夫天子無戲言，而可以頒詔出令哉？邇皇上時出遊畋，久曠朝政，天下人心，靡不危懼，奈何且復爲此？萬一宗藩中有援祖訓指此爲言者，陛下將何以應之？又引朝無正臣、内有奸邪之名，不知陛下左右及臣等又何辭以自解？臣等一介戮身亡家固不足恤，獨恐朝廷之上禍亂此始耳。」疏上，不省。趣草敕愈急，於是廷和稱疾不起。上御左順門，召梁儲趣草。儲頓首曰：「此敕不敢草。」上曰：「何不敢？」對曰：「陛下爲天下君，乃自卑而例於臣，臣草敕，是以臣名君，故不敢。」上大怒，手劍立曰：「不草勅，齒此劍。」儲免冠解衣帶，伏地流涕請死。上乃擲劍去，不復趣草勅。而彬扈北巡宣府、大同，過偏頭關，至榆林、山西，又踰年乃還宫。

於是，上意益侈，欲巡泰岱，歷徐揚，抵留都。已乃下蘇、浙，浮江、漢，而南登武當，偏觀中土鉅麗。時寧庶人蓄異志日久，司禮錦衣東廠大臣陸完等皆内與庶人通，禍蓄且發矣，諸大臣臺諫莫爲言。於是翰林修撰舒芬、編修馬汝驥率同館諫疏先入。明日，兵部郎黄鞏、員外陸震同疏入，考功郎夏良勝、儀制司郎中萬潮、太常博士陳九川各疏連入。又明日，吏部郎中張衍慶、禮部郎中姜龍、兵部郎中孫奉、刑部郎中顧棠等率部僚合疏入。又明日，工郎中林大輅、大理寺正周叙、行人司行人詹軾、司副余廷瓚、張岳等竝合疏入。時太醫院醫士徐鏊以醫諫，亦疏入。上大怒，下鞏、震、良勝、潮、九川、鏊于錦衣獄，諸臣門跪者六日。於是京師陰霾晝晦，海子水溢，自橋高四尺，橋下鐵柱七根齊折如斬。有金吾衛指揮張英者以是爲變故明效，言：「駕出，必不利。」乃肉袒戟刃于胸，以死諫。旨下，諸諫臣各廷杖，而駕止不行。然忠鯁摧瘁斥逐而國體大損矣。

十四年，寧王宸濠反江西，作僞檄檄天下，多指斥。於是撫南贛都御史王守仁固封上，具疏言：「陛下在位十四年，屢經變難，巡遊未反，以致宗室謀動干戈，冀竊大寶。今天下覬覦豈特一寧王，天下奸雄豈特在宗室，言念及此，凛骨寒心。昔漢武有輪臺之悔而天下復安，唐德宗下奉天之詔而列藩感泣。伏望皇上痛自克責，易轍改弦，出奸諛以回天下豪傑之心，絶巡遊以杜天下奸雄之望。宗社幸甚。」是時，諸邊將怙慣戰，欺南軍詭，欲虜濠爲功，交勸上親征。上亦喜南巡幸以快意，發京師，而守仁擒濠報已至。閣學士梁儲、蔣冕請回鑾，不聽，乃遂南。遣太監張忠、邊將許泰、劉暉領京邊軍萬餘人往江西勦捕。時江西大定，忠等搜微隱，羅平民，誅殺以爲功，又媢守仁，數危之。上在鎮江，日盤遊。百司章疏上，皆閣不省。官校四出，東南洶洶。明年三月，居守大學士楊廷和、毛紀等請回鑾，不報。大學士儲冕手回鑾疏，泣跪行宫外，自未抵酉，不退。諭之起，對曰：「未奉旨，不敢起。」乃傳旨云：「已諭，且旦夕回鑾。」初，彬倚權重，嘗叱辱諸大臣，恐一朝事變，禍不測，乃遂謀不軌，欲爲亂。一日，遣校索南京九門筦鑰甚急，督府莫能(難)〔誰〕問。兵尚書喬宇曰：「守備者所以備非常，城門管鑰

孰敢取，亦孰敢與乎？雖天子詔，毋聽可也。」事得寢。而禁衛士怨久不得歸頌，共憤怨彬。八月望，上遊牛首山。三宿不返。禁衛兵忽中夜大譟，彬懼，乃奉駕還京。

十六年春正月，上至京，卧豹房，不内。三月，不豫。丙寅，上崩于豹房。時國有大喪，無儲貳，中外危疑，而江彬握重兵居内。大學士楊廷和柄國，奉皇太后旨迎肅皇帝于興藩，入繼大統。廷和念新天子未踐祚，而彬内爲肘腋患，於是令諸邊將士咸厚賚追還，申敕嚴守邊，京營精鋭散還伍。尋以太后旨密捕彬併其黨，同日下詔獄，論死。京畿帖然。夏四月，肅皇帝自興國即位，上尊謚曰「承天達道英肅睿哲昭德顯功宏文思孝毅皇帝」，廟號「武宗」。

上性本睿智，臨朝有糾奏，或罪或釋，酬應敏甚。作詩揮筆立就，曾不搆思。惜近昵蠱惑，遠忠直而政衰以無後云。

何喬遠《名山藏》卷二〇《典謨記·武宗毅皇帝一》 武宗毅皇帝御諱厚照，孝宗嫡長子也。生二歲，立爲太子。稍長，英敏好騎射。孝宗大漸，召大學士劉健、李東陽、謝遷榻前，執健手以託。孝宗崩，上以五月壬寅即皇帝位，大赦，詔天下以明年爲正德元年，論不謹侍大行皇帝藥者罪。【略】庚申，上大行皇帝尊謚廟號，詔天下，奉安孝肅太皇太后神主於奉慈殿。八月，尊王皇太后爲太皇太后。調練武等營太監繁等於耀武等營，以尚衣等監太監祥等筦神機營，自内旨。兵部請如即位詔書，裁革諸添設監鎗，分守守備内臣，户部請裁革各倉庫監局筦事内官，皆不許。京師久雨。九月，許慶雲侯周壽、壽寧侯張鶴齡家人商人譚景清等買長蘆、兩淮鹽引。十月，祧熙祖。庚午，葬泰陵。甲戌，附孝宗敬皇帝太廟。【略】十二月，立仁壽宮十皇莊。【略】

〔元年三月〕，户部左侍郎陳清、監察御史朱廷聲乞如即位詔書，不聽。四月，五府六部臣請上勤政好學，止騎射，戒微行，毋淫于遊。上曰：「善。」廣東盜湯玄祖等平。刑科給事中湯禮敬言：「陛下更始之初，災異屢出，旱潦、蝻蝗、星變、天鼓之類疊見，京邑近者雷電交作，雨雹雜下。當六陽用事之時，陰氣與抗，得非邪佞倖用、忠鯁疎遠之應乎？聞陛下宫中走馬獵射以爲遊樂，羣臣有所論列，雖賜俞允，未見克謹消弭之道。伏願思祖宗基業之大，念先帝付託之重，講學勤政，去冗禁濫，必矜細行，無忽小民。左右咸選忠良，起居悉内於正，則中外乂安，至治可期。」報聞。劉健乞休，不許。南京兵科給事中牧相、十三道御史陸崑等上疏：「竊聞近日朝體紛更，政出多門，有不經内閣徑從中斷，有雖繇議擬旋即改易，有因事建明未蒙俞允。未及一年，抗章求退，豈無所激。大臣不可不敬，惟陛下留念。」報聞。【略】

〔六月〕辛酉，雷夜擊西中門柱脊，暴風，大祀殿齋宫獸瓦墜，郊壇樹折。劉健、李東陽、謝遷請禁奢靡，戒玩戲，罷弋獵以弭災。上曰：「朕將改過焉。」於是府部科道諸臣皆陳言。劉健摘其要者五事請省，置坐隅：一曰單騎輕出宫禁，二曰頻幸監局，三曰泛舟海子，四曰鷹犬彈射，五曰曲納内侍所獻飲食。七月，户科都給事中張文、右給事中倪議、給事中劉茝、薛金陳言五事，詞多觸忤，其一言内臣遷改增添紛然，乞減省以遵明詔。上曰：「内臣鎮守故事也，朕予奪因才。過焉，文等其自劾。」文自伏粗率，執奏如初。上責其不敬，人罰三月俸。八月，立夏氏爲皇后。大學士劉健等請早寢蚤起以勵朝政，減膳徹樂以畏天示，親告親祭以共廟祀，屏逐嗜好以存諒闇之禮，上曰：「善。」九月，免午講。劉健諫，報聞。命内官監左少監崔杲、王瓚織造於南京，工部尚書魯鐸、給事中諧、御史旻等諫止，不聽。果乞長蘆鹽引萬二千以行，許之。劉健、李東陽、謝遷不肯草勅，五府六部科道官皆諫，户部請予半。上召健等曰：「其盡與之。」健等言：「不可。」退復諫，乃從。

十月，濬滏陽河。夜以劉瑾掌司禮監事。大學士劉健、李東陽、謝遷皆辭位，上許健、遷，留東陽。於是天下事一決於瑾。以吏部尚書焦芳爲大學士。十一月，户部尚書韓文坐失覺贋金降一級，致仕户科給事中徐昂論捄，遂并文皆削職除名。十二月，給事中艾洪、李翀、劉茝，南京給事中戴銑、李光翰、任惠、徐蕃、牧相、徐暹，御史薄彦徽、貢安甫、葛浩、史良臣、李熙、姚學禮、張鳴鳳、陸崑、蔣欽、曹閔、王昭道、王宏、蕭乾光各上疏言上狎比佞倖，輕顧命臣。上大怒，廷杖之，除名爲民。南京兵部尚書林瀚聞健、遷去，對客歎息，應天府尹陸珩坐傳示京師奏稾，皆降三級。致仕兵部主事王守仁、監察御史陳琳先後疏捄，皆降邊方，守仁杖。景皇后汪氏薨。都察院右僉都御史林俊乞致仕，許之。令工部尚書兼大理卿掌寺事楊守隨、左都御史張敷華致仕，自内旨。

二年正月乙亥朔，日有食之。命甘肅鎮巡官採辦野味，捕取土豹於邊方。詔上元節勿禁民間作樂。閏正月，以故永平大長公主府第爲酒醋麪局外廠。【略】三月，取趙福等六十三人育鷹子内苑。陞皇親夏助爲錦衣衛指揮使，夏臣指揮同知，葉相、何謙正千户，葉椿、葉鏜、夏傑百户，皆世襲。封皇親都督同知夏儒爲慶陽伯。造新寺於内苑，上習佛門焉。【略】辛未，朝退，跪羣臣金水橋

南，宣勅曰：「朕幼沖嗣位，惟賴廷臣匡弼不逮，豈意奸臣范亨、王岳、徐智竊弄威福，顛倒是非，去歲私與大學士劉健、謝遷，尚書韓文、楊守隨、張敷華、林瀚，郎中李夢陽，主事王守仁、王綸、孫磐、黃昭，簡討劉瑞，給事中湯禮敬、陳廷、徐昂、陶諧、劉茞、艾洪、吕翀、任惠、李光瀚、戴銑、徐蕃、牧相、徐暹、張良弼、葛嵩、趙士賢，御史陳琳、貢安甫、史良佐、曹閔、王弘、任諾、李熙、王蕃、葛浩、陸崑、張鳴鳳、陸乾元、姚學禮、黃昭道、蔣欽、薄彦徽、潘鏜、王良臣、趙祐、何天衢、徐鈺、楊章、熊卓、朱廷聲、劉玉等彼此交通，穿鑿阿附，傷殘善類，煽動浮言。朕雖察審，尚務優容。後事跡漸露，各反側不安，朕因其自陳，俯遂休致之請，若自債，則公言其譴責之繇。今勅内未罪者，吏部其一令致仕，毋使惡稔。夫人臣忠敬爲本，不聞以阿附爲榮，朕不暴明，何從知悉？繼自今尚精白恪共，毋蹈覆轍，自貽辱累。」【略】

六月，奉安孝宗主太廟。修《歷代通鑑纂要》成。七月，罷每歲修邊役輸資京師，復開白塔河。八月，黃河清，慶雲見翼軫，世宗皇帝生于興。命江南買果品，捕禽鳥，征商使致之。修南海子殿宇、橋梁，造豹房。上自此居豹房，天下事益委瑾。九月，錦衣指揮成、藁城民增獻地爲皇莊，納之。錦衣指揮同知于永善陰道秘戲，上悦之，以爲都指揮同知，自内旨。【略】〔十一月〕以孔聞禮爲翰林院五經博士，主子思廟祀於鄒。上景皇后册寶。十二月，虜入涼州，加寧王宸濠歲禄二千石，衮龍紅文綺三疋，絹一疋，賞其承奉、長史有差，賜書旌王賢，遍諭諸宗室。册祐檡爲鄭王。于永矯旨索回回女善西域舞者十二人以進。

三年正月。三月，【略】上悦樂官臧賢，賢請增造御樂庫房，許之。【略】六月，大織造繒綺於江南，以備内廷賞賜。七月，命樂工教樂，以盛慶成之宴。民間有善眩戲者，許進之京師。【略】

四年正月，憲廟廢后吴氏薨。二月，勒故大學士劉健、謝遷爲民。著令：餘姚人毋官京師。賜劉瑾地，作玄明宫，益徙民墳斥之。三月，禁百官有名天者。【略】十一月，虜入花馬池，總制尚書才寬死之，予贈謚。閲武西内，予冒國姓稱義子者朱鐸等十一人爲錦衣衛，百户朱璽等四人爲所鎮撫。【略】

〔五年六月〕，上自命曰大慶法王，因鑄大慶法王西天覺道圓明自在大定慧佛金印，兼給誥命，鐫印曰「天一」。【略】八月，太監張永自安化還，上戎衣御東長安門，文武大臣候橋東，頌繫寘鐇，獻其俘，金鼓之聲振。上置酒勞永，諸閹侍。比夜，劉瑾先退，永密奏曰：「寘鐇以誅劉瑾爲名，致寇者瑾也。」因上其十七事，曰：「瑾且反。」上曰：「負我，負我。」永曰：「請亟之。」諸閹皆詆瑾，上自執之。夜，繫之菜廠，降爲奉御。旦，籍没之，得僞璽一，牙牌五百，扇中置刀二，及衣甲弓弩之屬。上大怒，付獄，下廷議，誅之，取其黨吏部尚書張綵及掌錦衣衛事指揮使楊玉、掌鎮撫司事指揮石文義于都察院獄，黜大學士曹元及其奸黨二十餘人皆爲民。凡瑾所更置予奪者，悉復故。復革寧王宸濠護衛。以慶王台浤不捄正寘鐇反，革護衛及禄米三之一。九月，加張永歲禄米四十八石，賞銀伍百兩，紵絲五十表裏。封仇鉞咸寧伯，其餘陞賞有差。上曰：「張永奉命出師，討畔定民，還奏逆瑾，消變甚大，歲賞止其身未稱，其下兵部議。」兵部尚書王敞會諸臣議：「永敉寧中外，兩建奇功，其兄弟竝宜封伯，以稱國家報功意。」上曰：「是。」乃封永兄富泰安伯，永弟容定安伯。復陳熊平江伯。以錦衣衛指揮使朱寧管南鎮撫司事。【略】

〔六年二月〕，增造豹房。立僧寺禁中。【略】

〔七年三月〕，吏部尚書楊一清言：「今鴻臚寺、欽天監、太醫院、中書科、錦衣衛、鎮撫司傳陞、乞陞并營繕、文思院、皮作局等衙門所副大使、副使冠帶匠官，文華、仁智二殿御用監辦事官員、監生、儒士動以千計，高者或至列卿，其他較尉、軍匠不可勝計，僧道録司號稱國師、真人、法王、佛子者出入禁闥，供饋之盛，擬於王侯。方今水旱相仍，盜賊充斥，師疲而餉絶，民困而斂煩，閭閻鮮儋石之藏，太倉無數歲之儲，廩糧柴薪日見難給。乞大奮乾綱，速賜裁罷。」上命退五人，餘如故。【略】〔五月〕，吏部尚書楊一清等上言：「視朝聽政，經筵日講，帝王成規，國家舊典也。陛下月不過一二朝，當講輒罷。而竊聞龍輿留駐豹房，練兵花苑，鼓砲之聲震駭城市，甚非所以示中外、訓來世。願自今戒無度之戲以保心體之和，遠不經之所以重社稷之身。」上曰：「朕知。」【略】

〔九月〕，以賊平，加谷大用、陸誾歲禄，蔭弟、姪各一人世襲錦衣指揮使，進封仇鉞咸寧侯，陞陸完左都御史，彭澤右都御史，皆加太子少保，各蔭子一人世襲百户，其餘蔭叙有差。賜義子百二十七人國姓，則永壽伯朱德、都督朱寧、朱安爲之首，其次朱國、朱福、朱剛皆至都督，最下鎮撫旗舍，列籍錦衣，騰驤諸衛。蓋皆中官厮養市井桀黠，偶悦上心，遂蒙收賜。而朱採、朱静、朱滿、朱恩、朱規五人者，來自亡虜，得幸於上云。賊廖麻子陷銅梁、榮昌，遂趨内江、遂寧、安岳，直入樂至、中江、金堂等縣。磔反賊趙鐩等三十七人，上命剥爲魁者六人皮以爲鞍韂，騎乘之。十月，以太監許宣鎮守涼州，調涼州太監張昭於寧夏，使甘肅鎮

守太監宋彬、大同鎮守太監梁玉互調换，自内旨。工部言豹房成造迄今五年，爲費不貲，兹復增蓋二百餘閒，國乏民貧，仰望聖明，或罷或減。不聽。上曰：「盜賊勦平，錦衣捕緝有功，朱寧、朱安、朱謙、朱剛、朱國其皆廕爲世襲錦衣衛指揮使，故有傳奉恩陞者累功加叙焉。」【略】

〔八年二月〕太監谷大用、張闓以監督賊平，請視仇鉞安化例，使其弟姪得累功承廕。下兵部議，累功非例也，平賊諸將若劉暉、郤永、時源、神周等驅馳戰陣，萬死一生，議功不過都督等官而已。始懸賞格，封拜如安化也，謂如仇鉞，獨出奇謀，削平僭亂者也。今羣賊殄滅非一人功，累功承廕，居諸將右，無以服諸將。上不許，令再議。兵部請視朱寧例加陞至右都督，毋令過諸將，又不許。命廷議，羣臣請如兵部後請，若有餘功，别廕弟姪一人。上曰：「門庭兇寇，累征不捷，二臣相繼削平之，其封谷大用弟都督僉事大亮爲永清伯，陸闓弟錦衣衛指揮使永爲鎮平伯，各賜勳階誥券，禄千石。」賊王浩八等劫弋陽、上饒等州縣，命仇鉞領操團營官軍，以許泰副之。三月，試御史孟洋論劾禮部尚書靳貴、大學士梁儲，下之獄，降爲桂林教諭。虜攻朔州，圍馬邑。改太平倉爲鎮國府，以居宣府軍。工部奏：「置府更倉，非舊也，且其位屬乾方，乾，天門也。」上曰：「天門宜闢，其如旨。」【略】九月，發太僕寺馬價銀萬兩於鎮國府買補馬匹，自内旨。姚源賊胡浩三等撫復叛，俞諫等會勦平之。上悦江彬，賜之國姓，并及領宣府軍者裨將六人。十月，虜入寧夏，以太監宋輔分守建昌行都司，自内旨。大慈恩寺灌頂大國師也舍窩死，命造塔葬之。工部及工科給事中執奏曰：「非故事。」上曰：「著爲令。」【略】

九年正月，詔所在有司存恤致仕廉吏不能自給者。戊辰，設慶成宴，炬而後莅位。土官岑濬餘黨覃恩復叛。寧王宸濠獻異燈。先是，元夕歲張燈費數萬計，至是上以寧王獻，召工入張乾清宫，燈著柱壁如晝，以氊幕承簷，貯火樹焉，火不戒，延及外宫殿。上見大燄，悦之，戲語曰：「燒棚。」大學士楊廷和、梁儲、費宏以宫災自劾，請上親廟祭，誠慈養，勤學脩政，受善任賢，革禁中市肆以肅内令。出西僧、罷皇店，停止工作，以減免織造，還兑調邊兵，以謹外防。上曰：「其令皇店戢下毋擾，工作織造，所司量緩急條奏。」户科給事中呂經言：「乾清宫陛下正寢，祖宗意欲萬世聖子神孫法天行、清海内也。陛下舍正宫而處豹房，忽儲貳而蓄義子，疎儒臣而昵番僧，棄文德而寵邊帥，忽朝政而開酒店，信童豎而事遊佚。天心赫怒，顯示譴告，臣望陛下乘此震驚，大明悔悟，講求消復之道，計論利病之源。」下所司。户科給事中石天柱言：「先帝御宇十有八年，清心守法，始終不渝，陛下所親見。今廟祭率多遣代，兩宫乘輿罕至，前星未耀，儲嗣久虚，朝儀闊絶，君臣睽隔。而外列皇店，内張酒館，寵信番僧，從其鬼教，招集邊軍，同其服色。或容結爲昺弟，或縱禁中乘馬。燕飲無復尊卑，飲食不計冷煖。數離深宫，驅馳于外，下營過隊，日常不輟。有時府衛之臣不知所在，甚非所以爲宗社生靈長久計也。變不虚兆，陛下宜急還宫，思愆改往。」不報。其餘廷臣言者皆不報。監察御史劉天和、王廷相坐忤鎮守太監廖堂，皆降爲縣丞。二月，賊首王浩八、艾茹七等伏誅。庚子，上夜微行至教坊司觀樂。【略】

〔六月〕工部主事韓邦靖言：「諸臣頃因災變，極陳闕失，未見聽納，前後以言獲罪者未蒙召用，乞開延攬採擇之門以收人心。」下錦衣獄，黜爲民，詔自今言事黜謫者毋叙。七月，虜大寇大同、懷安等處，命太監張永總制軍務，都督白玉掛印充總兵官，備禦之。使撫寧侯麒守紫荆，寧晉伯岳守古北口，崇信伯杜守居庸，保定侯永福守倒馬，指揮使寬守黄花，指揮同知英守龍泉。贈司禮監太監張淮、廖鑾父爲錦衣都指揮使，其母皆爲夫人，予祭葬。八月，辛卯朔，日有食之。虜寇白羊口及浮圖峪，連營數十里，復入寧武關、忻、定襄、寧化，殺守備指揮陳經，軍民死者相枕藉。上設東西兩官廳禁中，視團營練兵焉。以太監張忠領東，邊將許泰領西，復設勇士營，領以神周、劉暉，皆賜國姓，爲義子。四鎮兵，號外四家，復使江彬兼統之。上自領中官善騎射者爲一營，曰中軍。江彬數爲上言邊樂，上大造刀銃甲箭，將遊幸焉。

九月，虜五萬餘騎劫掠萬全右衛，（路淮）〔蹃懷〕安，超蔚州等處，三萬騎入平虜城。南都御史叢蘭、總兵官白玉詐使餉於畛，投毒焉，伏而待之，伏發，虜中毒，多死者。上爲氊宫以齋，門廡帷幕至于溷湢畢具，陝人造之一年乃成。贈御馬監太監于經父爲錦衣衛都指揮使，母爲夫人。經以開設皇店得幸，自麋白萬治塚，造香山、碧雲二寺，極宏壯。上數臨幸之，賜祠額護功。勅命鎮國府參將宗斌、楊玉，京營參將左欽、湛臣各領官軍三千餘，斌、玉上班則赴京操備，下班則回鎮聽調。欽、臣上班則赴宣府禦備，下班則交兑回京。俱以遊擊將軍體統行事。授太監張雄父千户爲後府右都督，帶俸朝參，母贈一品夫人。上入虎圈，虎傷焉。編修王思諫，降爲驛丞。十月，刑部主事李中言：「曩者逆瑾竊權，勢焰薰灼，陛下一悟，必誅無赦。天下皆謂陛下有堯、舜、湯、武之資，太平立可致也。夫何大權未收，儲位未建，義子未革，小人日進，君子日退，士氣日靡，言路

日閉，名器日輕，賄賂日行，紀綱日弛，風俗日壞，民財日殫，軍政日弊。奸逆既除，善治未舉者，良以陛下之心惑於異端也。夫以禁門之嚴，雜居邪道。護國佛寺建於西華門内，延住番僧，與親居處。異言日沃，忠言日遠，用舍顛倒，政務乖廢，豈不宜哉。我憲宗偶惑妖僧繼曉，隨悟其誣，即加斥譴。孝宗即位，重之誅戮，人心痛快。伏惟陛下追法憲、孝，博選儒臣，講求平治，則天下之政，次第舉矣。」疏入，不報者累日，尋降爲通衢驛丞。【略】

何喬遠《名山藏》卷二一《典謨記·武宗毅皇帝二》　十年正月，乙丑，將大祀，羣臣待誓戒，申刻乃免朝。戊辰，祀南郊。己巳，二鼓還。兵科給事中良佐言：「郊廟之祀，省牲誓戒，齋静以專，宵夙莅事，明信致享，期昭假也。爾者太廟之祭，日暮行禮，郊祀誓戒，百官佇集終日，忽免朝。昏暗中，執駕之人一呼而散，宿衛之士羣譟而奔。當臨齋宫，百官晨而侯駕，暮往至壇，一鼓免朝，隨即行禮，行禮方畢，隨即下營，至于次日，夜分乃返，一切非時與制矣。又凡節令大朝賀，每至昏暮，而司晨之官尚報卯刻，傳之四方，所損非細。乞自今敬時而慎禮。」不報。京師訛言選女，後宫民間女皆不如禮而嫁人。二月，保安寺大德法王綽吉我些兒爲其徒領占綽節兒、綽供劄失，請得爲正副使，還居烏思藏，比大乘法王例入貢，并給與國師誥命，得入番熬設廣茶。下禮部，尚書劉春議不可，令覆議。春執奏，詔與誥命，罷設茶勅。是時上習番經，被番僧服，綽吉我些兒輩出入豹房，參廁權貂。及領占綽節兒等歸，輜重相屬，傳郵煩費焉。【略】六月，朶顔夷分道内侵，以都指揮同知桂勇署都督僉事，充副總兵禦之。庚午，月食既，上微行西安門外，越宿歸。七月，【略】重新太素殿及御馬監、鍾鼓司、南城豹房、新房、火藥庫、天鵝房、船塢，太素殿侈於舊制。【略】十一月，嬖倖言西域胡僧有知三生者，西人謂之活佛。上使太監劉允往迎，率指揮千户百餘人，甲士千，以珠琲爲幡幢，黄金爲七供，賜法王金印袈裟及其徒饋賜鉅萬計，勅以十年往返，得便宜處置錢物，益發官軍護送之。【略】

十一年正月，監察御史程啓充言：「自古聖帝明王勤惕匪懈，所以畏天命、收人心，勵臣工，威夷狄也。正旦令節，文武百官、夷蠻之使待漏入賀，迄酉而後禮成，追散朝，則夜久矣。臣工枵腹奔命，前仆後躓，蹂躪争歸，有將軍趙朗竟死禁門，其他小臣失簪笏，毁冠裳，至以得生相慶。午門左右，吏覓其官，子呼其父，僕求其主，喧如市衢，玩莫甚焉。今郊祀在邇，駕出有期，伏望屏棄宴遊，益崇儆畏，以肅臣民觀瞻。」不報。南京六科給事中懋等言：「直隸鎮守太監于熹故違勅旨，輕舉燒荒，損折官軍，爲罪人矣。巡按御史張經劾奏，陛下置熹不問，而獨逮治經。寧波民臣爲市舶太監崔琯用事，詐取民財，姦淫婦女，殃民甚矣。知府翟唐勘臣不法，陛下置琯不問，而獨逮治唐，臣竊惜之。伏惟勅下法司，從公勘實，果其被誣，即垂寬宥。」不報。頃之，御史啓言：「經及副使胡世寧久繫獄，乞出之，奪其俸。」虜寇龍門等衛，復寇高臺、雲州二堡。二月，勅召楊廷和，廷和請終制，許之。給故右都御史熊繡養贍米月一石。令居庸關擒致生虎豹。御史居僑言：「居庸關東北陵寢地，諸兵以守關爲重，不宜使擒生。」不報。亦卜剌殘虜復寇西海，虜入清河堡。

三月，都督僉事馬昂之妹美，已適人，有身矣，江彬以聞，上召之。昂妹善騎射，解胡樂達語，上嬖焉，以昂爲右都督，賜第太平倉東，馬氏一門無大小皆賜蟒衣，宦者呼昂舅。科道官言：「昂驕淫廢將，不繇超薦，旨從中下，合朝惑駭。昂兄弟子姪出入禁闈，陛下降等削尊，與其坐起，睥睨薰灼，外人盻畏。陛下移于尤物，蓄此禍水，不韋、李園其將復見。昔王氏封侯，黄霧四塞，昂拜官之日，異亦若是。男戎曰幸，女戎曰嬖，馬昂女弟，殆女戎也。」皆不報。其後上從數騎過昂，飲酒酣，召昂妾，昂不應，上怒起，昂妹乃踈。巡按直隸御史盧雍言：「宣府北鄰醜虜，氣候風土大殊，内地城中居室稠密，下民安土重遷。近者道路傳言，朝廷欲爲離宫宣府，以備臨幸。輕出萬乘之重，怨咨窮簷之心，臣切謂不可。」不報。大學士梁儲請擇藩屬之賢者，召入京師，以備儲選。不報。【略】十二月，丁未朔，上視郊祀牲。車駕暮出夜入，邊軍馳騎擁門扈從，諸臣多蹂踐者。命左都督劉暉充總兵官，署都督僉事傅愷充左參將，都督僉事張椿充右參將，操練團營東官廳軍。復命暉選遼東精兵三千一百三十人，以參將一人統之。榆林遊擊將軍杭雄充參將，選補所部軍如遼東數，團操聽調。陞都指揮同知神周爲後府都督同知，詹冕爲都指揮僉事，自内旨。

十二年正月，丁丑朔，晡鳴鼓，漏下十刻，乃朝，朝散，百官吏卒相失譟沸，有踐死者。戊寅，召内閣府部大臣及科道官左順門，召甚急，曰：「己丑郊既，將畋南海子。」皆諫。己丑，郊畋南海，文武大臣追從駕。方縱獵，門閉，立而待。既晡，使歸，候承天門，漏下十刻，駕還宫。庚寅，御奉天殿，羣臣行慶成禮。既夜宴。辛巳，賜所獵獸於諸大臣及五品以下。二月，織造袍服於陝西。【略】三月癸巳，賜舒芬等進士及第、出身有差。先是，上騎至東西華門，閹者伏馬首諫回鑾屢矣。是日，從數人出北安，行東市，比夜乃歸，傳制。【略】七月，上幸南海

子，馳一騎而已，從近嬖數人，部院臺諫諸臣詣跪海子門，請還蹕。上使慰之，示還期。至期不至，諸臣洶洶，欲再往。諸大臣有言：「古者天子四時巡狩，南海子，堦序耳。洶洶者徒摇人心。」諸臣乃止。八月甲辰朔，上微服出德勝門，幸昌平，欲出居庸關。關御史張欽兵而立關門以攔駕，三抗章。乙巳，大學士梁儲、蔣冕、毛紀追請還蹕於沙河。不納。丙午，儲及諸臣復請，不報。己酉，上不得出關，乃往東馬房，轉通州，循南海子返。丙辰，上還豹房。戊辰，上夜視朝。庚申，梁儲等請擇宗室中親而賢者一人使司香內殿，以預儲。德王見潾薨。丙寅，上復夜出德勝門，趨居庸。辛未，上度居庸門，曰：「始張御史閉關，吾今亦來此。」遂幸宣府。令谷大用禁關。癸酉，梁儲請還蹕，不報。九月甲戌朔，上駐宣府，江彬營鎮國府第以居上。羣臣上疏，不報。壬辰，上駐蹕陽和城，自號總督軍務威武大將軍總兵官。丁酉，萬壽聖節，羣臣朝服遥賀。戊戌，虜屯五萬餘騎玉林，將入寇。命總兵官王勛、副總兵張輗、遊擊陳鉦、孫鎮軍大同，遼東參將蕭滓軍聚落，遊擊時春軍天城，副總兵陶杰、參將楊玉軍延綏，參將杭雄軍陽和，副總兵朱鑾軍平虜，遊擊周政軍威遠。庚子，獵陽和，大雨雹，士有死者。以百萬金勞軍。夜星隕。辛丑，幸大同。虜分道南下，勛、輗、鉦、鎮率部領禦之。上命春、滓往爲援，政、鑾及參將麻循、高時尾虜後。調宣府總兵朱振，參將左欽、郝勳、龐隆，遊擊靳英俱會於陽和，參將江桓、張昶爲後應。

十月癸卯朔，上駐順聖川。甲辰，勛遇虜繡女村，督兵步戰，虜南循應州去。乙巳，輗、鉦、勛遇虜應州城北，戰數十合，薄暮，虜傍東山，近圍勛。比曉，大霧，乃解。丙午，勛等遇虜澗子村，大戰，諸將兵皆至，虜以別騎迎敵，不得合。上率太監張永、魏彬、張忠，都督朱彬等兵來援，衆殊死戰。虜稍卻，軍乃合，即壘其處，止乘輿。丁未，虜來攻壘，上督諸將戰，辰及酉百餘合，乃退。戊申，引而西上，與諸將且戰且進，追至平虜、朔諸邊。會大風霧，晝晦，乃還。辛亥，虜犯暖泉溝、泥河兒，上率兵駐老王溝，虜退，還蹕大同左衛。已，虜復入玉林城西，上復分軍，諸將軍按伏待。十一月癸酉朔，上駐蹕大同。戊子，還至宣府。辛丑，冬至，羣臣朝虛，朝班行亂。十二月，諸大臣請駕居庸關，關有禁，乃還。閏十二月，丁亥，上迎春宣府，以大車數十，使僧與女共載，女執毬，車驅之，轂擊僧首，相觸或墮，上大樂焉。大學士楊廷和服闋還朝，與蔣冕請駕於居庸。上止之。

十三年正月，庚子朔，羣臣朝，不賀。賜鎮守浙江太監王堂生祠額并護勅。京畿饑，多盜，命賑饑。上將還京，使中官預言上意於羣臣，所以迎駕禮，賜羣臣衣若馬，爲御幄迎駕。所賜衣一品斗牛，二品蟒，三品飛魚，四品及翰林學士至侍讀皆麒麟，五品堂官、六科長皆獅，翰林史官、給事中、郎中、員外皆彪，獨御史豸，羣臣鳩私金，具羊酒、金、綵帛，綵帳數十，綵聯千數，帳聯皆縷金文，文柟「威武大將軍」，百官列次不稱臣。乙巳，駕次懷來。丙午，大雨雪。夜，良久，天子擁邊騎，戎衣裏赤劍而騎，炬光煜煜浴鐵閒。羣臣服曳撒大帽，衣所賜衣，繫鸞帶，叩頭迎道左。既至幄，天子下騎坐，羣臣手進紅梵夾，陳羊酒、白金、綵帛。楊廷和奉觴，梁儲注，蔣冕奉果，毛紀奉金花。天子接飲曰：「朕手斬虜首一於榆河。」皆叩頭賀。遂起馳入，宿豹房。丁未，大雪。戊申，駕出齋宮。庚戌，祀南郊，復如南海子觀獵。辛亥夜二鼓，駕還。壬子，御奉天殿，羣臣行慶成禮。夜分宴。己未，賜所獵獸如去歲。庚申，陳鹵獲器械諸物奉天門下，令羣臣縱觀之，賜銀牌，一品白金二十兩，二品、三品白金十，鏤曰慶功，飾五采，組貫朱；四品、五品及都給事中白金五兩，左右給事中四，御史三，鏤曰賞功，組貫青。各被花紅布，蓋賜如所進賀數。翰林官不賀，亦不賜。是日申刻，上單騎出德勝門，復如宣府，從者四人，餘以次追去。楊廷和與羣臣諫，不從。

二月己卯，太皇太后崩。壬午，上至自宣府，乃發喪。朱彬遣百户英捉人於平谷，御史董相杖繫之。彬以聞，下錦衣獄，已降爲州判。巡按山東御史王相禁緝非例供奉，鎮守太監黎鑑劾之，逮繫詔獄，降爲知縣。上曰：「大行皇后山陵開隧道，朕輕騎往視，且徧祭于諸陵。」羣臣諫非故事，陛下其將幸宣府，工科都給事中石天柱刺血書疏以止上行。皆不納。三月庚子，上大行太皇太后尊謚，詔天下。【略】戊辰，上如昌平。四月己巳朔，祭六陵，遂幸密雲。密雲民訛言欲括女子、斂財物進奉，皆驚疑避匿，哭泣相聞。永平知府毛思義出教：「今大喪未舉，車駕必不遠遊。我民其曠心莫業，毋信姦徒滿讕造言，敢稱駕至擾民者，太守捕治之。」或奏其言，上怒，執繫錦衣獄，已降爲邊遠知州。【略】乙未，上幸喜峰關，過灤河，見溪流沙迴，意有寶物，命取之，得異珠焉。五月己亥朔，日有食之。上幸銀山，薊、遵化，駐蹕大喜峰口。駕出口外，至于溜津，獵於古北，漁於灤澈。庚戌，打魚于偏涼汀，乘舟至北釋院口，手打捕。辛亥，觀海于泊河，觀魚于佛住山。致朵顏三衛夷納質宴勞。【略】戊申，上還京，賜羣小，賜姓者朱山等十人，俱爲錦衣衛小旗。賜西域番僧食茶八萬九千餘斤，人許帶六千斤下番，不爲例。

六月庚辰，孝貞太皇太后梓宮發引，結平臺焉。上晨出北安門迎皇太后，御

平臺候殯。復入宫，率番僧梵唄，遂親奉梓宫以朝祖，羣臣爲祖祭。上戎服馳過，顧侍從之馬逸，超騎而乘。是夜，宿清河。癸未，梓宫至山陵，奉安于獻殿，遣駙馬都尉元等分告于六陵。上忽馳至，陪祭官皆驚散，遂飲獻殿，宿焉。甲辰，梓宫葬茂陵。乙酉，上奉主還京。壬辰，陪祭執事官候于廟。酉初刻，上乃至，降輦升階，及門，大雷電，雨如注，燈燭滅，朝臣衛士奔避，班行亂，禮廢。【略】

〔七月〕庚子，晡，告廟，傳制駕陞殿，忽大雨，朝臣趦趄東角門，衛士督促就班，雨傾盆，朝臣立水中，拜興無序。未及宣制，衛卒舁寶輿出。夜深黑，喧閧如沸，羣臣靴注水，朝大喧。上自名壽，曰：「近歲虜屢犯順，承平日久，朕慮廢兵，特命總督軍務威武大將軍總兵官朱壽統率六軍，至于遼東、宣府、大同、延綏、陝西、寧夏、甘肅隨布人馬，或守或攻，內地河南、山東、西、南北直隸儻有小寇，亦便往翦削，期于殄殺腥膻，靖安民物，其即書勅付之。」遂召諭內閣及大臣科道官於左順門，皆伏門下泣諫，不納。時大學士楊廷和稱疾不出，上促梁儲、毛紀勅，儲奏不敢者再，上怒詰責儲曰：「何逆命？」儲對：「臣草勅乃名君。」因伏地泣。上大怒，手劍，良久罷。上使御史差次應州功，凡五萬六千四百四十九人，下兵部尚書王瓊議，當陞賞者九千五百五十五人。上曰：「朕親臨戰，率少擊多，振威全捷，非若承命專閫者，其如御史所差次。」六科十三道言：「是役也，斬虜首十六級，我軍死者十二人，重傷五百十二人，其閑未出國門冒者不可濫與。」上不納。於是加太監張永、魏彬、張忠歲禄二十四石，廕弟姪一人錦衣正千户。陞右都督朱彬三級，廕一子如之。給太監佛保等八人各歲禄十二石，廕弟姪一人錦衣百户。陞参將神周一級，廕一子如之。其餘總兵、副總兵、参將、督餉侍郎、巡撫都御史、巡按御史、管糧郎中、主事及官旗軍各陞賞有差。上曰：「總督軍務威武大將軍朱壽親統六師，勦除虜寇，保衆安民，邊境肅清，聖武神功，宜隆報之，其特加公爵。」上曰：「從征臣士既論功矣，尚念太監谷大用掌守關城，勤勞夙夜，蕭敬、温祥、賴義、秦文、張欽、蔣貴、韋霦、張淮、李英典司機務，慎重安詳，張鋭并都督朱寧提督官較，防察周密，兵部尚書王瓊并侍郎陳玉、王憲勤於籌議，太監于經、周昂奉命往來不懈，都督朱寧、朱洪、宋贇練士馬。大用、鋭并敬等各歲加禄米二十石，廕弟姪一人。寧、瓊各賞銀五十兩，紵絲四表裏，廕子一人俱錦衣衛世襲正千户。經、昂各加禄米十二石，廕弟姪一人。王憲各廕子一人，俱錦衣衛世襲百户。泰、洪、贇各陞一級。錦衣衛官舍朱政、朱勛、朱舍利、朱得那左右效勞，各廕爲本衛百户，世襲指揮使。」上曰：「內閣楊廷和、梁儲、蔣冕、毛紀運籌定議，協力成功，各賞銀五十兩，紵絲四表裏，廕子姪一人錦衣衛世襲正千户。文武各衙門皆供事勤勞，五府六部掌印官，都察院左右都御史等官各賞銀五十兩，紵絲四表裏。五府堂上見任并侍郎、副僉都御史、通政使、大理寺卿、錦衣衛堂上官各賞銀三十兩，紵絲二表裏。左、右通政、参議、大理少卿、寺丞并科道掌印官各賞銀二十兩，紵絲一表裏。兵部該司官郎中銀十兩，員外、主事各八兩。」羣臣諫，不聽。【略】上曰：「朕念虜警，特行邊，其令兵部治兵馬，户部治器械，各遣侍郎一人率司屬二人從朕。」丙午侵晨發，羣臣知而送者五十餘人，乃使楊廷和居守。丁未，上度居庸，復禁關，遂歷懷來、保安諸城堡，復駐蹕宣府。【略】乙酉，上自萬全右衛、懷安、天城、陽和至大同，駐蹕焉。

九月，大同鎮守太監馬錫以總兵葉椿第爲獻，遂改爲總兵府。又改都指揮俊所置二店爲酒肆，榜曰「官食」，皆使券而不價。庚子，上至偏頭關，索女樂於晉府。樂人騰妻劉良女善謳，上悦而嬖之。左右觸上怒者，陰求良女，輒一笑罷，於是近貴多掠良家子女，冀上悦。後車數十，日有死者。上曰：「總督軍務威武大將軍總兵官朱壽統領六師，掃除邊患，累建奇功，特加封鎮國公，支禄米五千石，吏部其如勅。」因封右都督朱彬爲平虜伯，左都督朱泰爲安邊伯，各食禄米千石，予世。復陞廕太監魏彬等弟姪一十五人，朱寧六歲子永安爲都督，錫蟒衣、玉帶，皆以應州功。十月戊辰，上渡黄河。己卯，駐蹕榆林。月食。十一月，上下倣邊帥體，遣夜不收持火牌調西官廳勇士、四衛二營馬隊官軍、勇士六千二百六十八人，馬六千五百七十二匹，赴宣、大按伏。徵太監清、少監漢等九十一人赴延綏，家人匠役皆給傳。壬子，上至綏德州，幸總兵戴欽第，納欽女。上將幸陝焉，御史張文明諫。文明外裁抑諸權倖，而綏德知州棟復誤上供，太監張忠言上，上怒，命執械文明、棟於京師。十二月，【略】戊寅，上自榆林歷米脂、綏德渡河，幸石州、文水諸州縣。戊子，駐蹕太原。樊鑾攻破高、慶符二縣。

十四年正月戊戌，上發太原。壬子，至宣府。皆腰弓劍，乘馬風雪中。三改郊。二月壬申，還京師，羣臣迎駕如前歲禮。上閱首虜器仗於外教場，暮乃入，賜羣臣銀牌花紅有差。皆辭，不允。造鎮國公牙牌誥券，羣臣諫。甲戌，將郊，誓戒羣臣，以夜不能待，傳制而退。乙亥夕，乃使羣臣齋。丙子，上從騎百餘人乘馬入郊壇。丁丑，郊，遂獵南海子。是日，地震風霾。戊寅，上夜還，風霾止。大學士楊廷和繳還居守勅，上曰：「其留，朕尚不時巡狩焉。」羣臣皆諫，悉留中。

刑部主事汪金疏言上不可時巡者九，宜戒者一，其一謂「九者不可，利害較然，獨竊聞乘輿居起，杯酌常隨，清晝已醺，而左右復預。既醉乍醒，罌甒續進，時輒冷飲。夫酒能令人亂性善忘，致病伐生者也，好惡愆違，可否貿亂，莫不繇此，羣小竊權之心，惟恐陛下一刻清明，不克遂奸，寧計玉體有所傷憊。乞省臣言，少垂睿戒」。不報。【略】上將南巡焉，曰：「總督軍務威武大將軍總兵官鎮國公朱壽其加太師，令往南北兩直隸、山東泰安州等處尊奉聖像，供獻香帛，以爲民祈福。工部急修黃船馬快待。」羣臣皆諫。調鎮守湖廣太監甯于福建，鎮守貴州太監鎮于湖廣，分守四川建昌太監輔于貴州，自内旨。

三月，以管家將千把總朱勇等四十七人俱填註錦衣衛帶俸，舍餘朱郭綱等千一百人各充御馬監家將、勇士，食糧。領馬騎操家將之名自此始。【略】丙午，六科給事中、十三道御史諫南巡，不報，皆伏闕俟命，辰至申，上恚甚，使宣諭，乃退。丁未月望，鴻臚寺請陞殿視朝，上曰：「朕病氣不能朝矣。」已酉，羣臣詣左順門問安。以御馬監太監忠守備紫荆關，金守備倒馬關，左監丞厚守備劉家口，御馬監太監春監督勇士營，自内旨。是時寧王宸濠久蓄異謀，有言伺上南幸，以輕舟伏甲迎駕，將爲亂。而上行意決，羣臣憂懼不知所出。癸丑，武選郎中黃鞏具諫疏，車駕員外郎陸震附名同上。既入，不報。於是吏部員外郎中夏良勝、禮部主事萬潮、太常博士陳九川三人爲一疏，翰林院修撰舒芬、編修崔桐、庶吉士江暉、王廷陳、汪應軫、馬汝驥、曹嘉七人爲一疏。明日，兵部郎中孫鳳等十六人爲一疏，刑部郎中陸俸等五十五人爲一疏。又明日，吏部郎中張衍瑞等十四人爲一疏，禮部郎中姜龍等十六人爲一疏，醫士徐鏊自爲一疏，以醫諫。上大怒，曰：「朕病未寧，不問視，乃出位妄言，多訕謗。鞏、震、良勝、潮、九川、鏊其執送鎮撫司，嚴治之；鳳、衍、龍、俸、芬等一百八人俱罰跪闕五日，卯至酉，官校時視之，待日足聞。」丙辰，行人司副余廷瓚等二十八人復爲一疏諫，上愈怒，令繫鎮撫司，嚴加掠治。明日，大理寺寺正周叙等十人爲一疏。又明日，工部主事林大輅等三人爲一疏，皆極諫。上怒益甚，命廷瓚等并鞏、震、良勝、潮、九川、鏊俱更梏拲，跪五日，廷暴之。日足，復繫詔獄，胥後命。時京師人情震駭，公卿大臣被唾罵投擲，晨夕出入，不敢待辨色。數日，陰霾晝晦，水溢南海子不了橋，高四尺，鐵柱七根，齊折如斬。金吾衛都指揮僉事張英曰：「是大變故明驗，駕出必不利。」肉袒挾兩囊土跪端門外，衛士詰之，曰：「至尊若出，生靈無依，英當隨駕，若遇變，寧死此。」即自刃其胷。衛士奪英刃，不死，亦下獄鞫治。問英何囊土爲，「恐灑血污帝廷，土掩之耳。」法司坐英妄言，擬斬，詔杖之八十，遂死。户部尚書石玠請寬諸臣罪，上怒詰責，玠自服乃罷。戊午，杖孫鳳等百七十人于午門，各三十，并陸俸、張衍瑞、姜龍、舒芬皆調之外任。諸臣言者皆及江彬，彬陰助上怒，杖甚楚，刑部主事劉校、照磨劉珏死焉。四月壬申，杖鞏、震、良勝、潮、九川、叙、大輅、廷瓚、鏊於獄中。丁丑，杖之闕下，各五十，鞏、震、良勝、潮、九川黜爲民，叙、大輅、廷瓚降三級外補，鏊戍瘴方。其餘部寺官繼上疏者各杖四十，降二級。旬日間，震、廷瓚及工部主事何遵、刑部主事劉較、評事林公黼、刑部照磨劉珏、行人詹軾、孟陽、劉棨、李紹賢、李惠、王翰等相繼死，蓋十餘人，上亦竟不言南巡事。【略】

〔五月〕，詔自今大漢將軍試百户，五年實授，著爲令。試御史蕭淮奏寧王宸濠諸圖不軌狀，遣太監賴義、駙馬都尉崔元帥、御史顔頤壽往諭之。六月，義等行未至，宸濠殺巡撫都御史孫燧、按察副使許逵以反。改總督兩廣軍務都御史爲提督軍務，避上號也。太監得玉爲故太監敏乞恩，廕授錦衣衛指揮，及僧道、醫官凡八十人。張忠復言御史張文明於上，上親鞫文明豹房，文明自分死，上忽悟，釋而謫之瘴邊。兵部集議，請命將討宸濠。上曰：「朕親征焉。」其遣安邊伯泰掛威武副將軍印，充總兵官，趨南京，太監忠提督軍務，左都督暉掛平賊將軍印，充總兵官，趨江西。令總督軍務威武大將軍總兵官後軍都督府太師鎮國公朱壽統各鎮邊兵親勦之。」羣臣諫，不聽。監察御史陳察上疏，上怒，奪其俸，曰：「再言者極刑之。」削宸濠封爵，屬籍，告天下。提督南贛都御史王守仁與吉安知府伍文定等討宸濠，平之。廠衛旗校妄言賊人劉學、孟貴等爲妖言聚衆河南，將爲亂。尋獲之，命三法司會鞫，擬凌遲處死。遂諭太監張鋭、朱寧功，加禄米歲百二十石，廕陞其弟姪一人三級。

八月，命平虜伯朱彬提督東廠、錦衣衛官校行事。上故寵鋭、寧，使鋭居東廠，寧居錦衣也，至是，命彬兼之。定乾清、坤寧二宫磉，勅廕與勞者太監張永而下二十七人有差，雖其甥表亦與。武臣則新寧伯祐、平虜伯彬、左都督寧，文臣則大學士廷和、冕、儲、紀，兵部尚書瓊、工部尚書燧皆得廕。上曰：「朕統八師，親征反者，仍託總督軍務威武大將軍總兵官鎮國公名號，其寫勅與之。」楊廷和爭，不可。上擿他事譴廷和，亦及梁儲。起用忤宸濠者前江西布政使鄭岳，副使胡世寧。癸未，上發京師，使梁儲、蔣冕扈從，命太監張永率團營邊鎮兵五百人提督贊畫機密重務，兼覈按宸濠反事。平虜伯朱彬與左都督朱周提督贊畫機密

軍務，仍軍門提督官較辦事。掌錦衣衛事左軍都督朱寧量帶官較隨駕，都督僉事朱宗同、太監劉祥、佛保統捕盗硬兵官兵五百人押船防運神器。以錦衣衛帶俸都指揮僉事朱政南鎮撫司管事。賜宣府右衛中所百户劉昱等四人國姓，皆填註錦衣衛帶俸。臧賢坐爲宸濠通賄於太監蕭敬、吏部尚書陸完、都督朱寧三人者，杖戍邊。既，遣寧使盗殺賢於途以滅口。丁亥，上至涿，留太監張忠私第。王守仁捷至，上不發而決南幸。戊子，至保定。

九月壬辰朔，上宴保定府堂，與都御史伍符爲藏鬮之戲，再不中，投鬮於地，使拾之，罰符數瓢酒。符醉，上乃喜。戊戌，至臨清。山東諸鎮巡官皆從。越三日，令進宴。宴具草，上視笑曰：「慢我太甚。」及宴，都御史王珝獻觴，步緩，上目之，神周怵珝曰：「且不測。」明日又宴，都御史龔弘趨而進，言姓名，江彬叱之，上亦自如。太監黎鑑有所索於有司，珝不可，鑑頭觸珝，遂鬬。入泣上前，上使張永止之。上南征，劉良女獻簪，上納焉，且以爲召信。上馳而失之，至臨清，使召，不至。上夜乘輕舸疾歸，與良女俱載而南。乙卯，萬壽節，至德州，不泊，從官望拜於河渚。十月己亥，月食。羣臣以宸濠就擒，請上旋師，不報。壬午，發臨清。十一月辛卯朔，過濟寧。丙申至徐。辛丑，御龍舟自徐順流下。乙巳，至淮安，幸監鎗太監張陽第。漁清江浦累日，賜所捕魚於左右，左右獻金帛謝。是時，南京、河南、山東、淮揚等處文武官皆來集，或送或迎，無貴賤戎裝徒行道路間，江彬不時傳旨，有所徵索，拷縛郡縣長吏如奴隸。又矯旨大索鷹犬珍玩於民間。壬子，冬至節，羣臣稱賀張陽第。甲寅，上屏侍衛，徒步入淮安城，幸總兵官顧仕隆第。己未，上漁范光湖。十二月辛酉朔，上至揚州，太監吴經預奪民居改爲提督府，矯旨言上將刷處女寡婦焉。知府蔣瑶爲民請命，經大怒，夜半遣騎卒開城門呼駕至，馗巷列炬，大搜婦女，破屋壞垣，必捽之，尋分送之尼寺，贖乃免。壬戌，上數騎獵城西，遂幸上方寺，自是數獵。劉良女諫，乃止。令神周取鷹犬泰州，括民百餘爲獵手，大獵三日。辛未，命明年正月郊祀於南京。梁儲、蔣冕再四諫，乃寢。戊寅，上閲妓揚州，撫按官進宴，却之，取燕直。乙卯，至儀真，禁民畜豬，曰近國姓，犯者戍極邊。癸未，漁儀真之新閘，視大江。命江彬攝祭大江神。明日，幸民昌本家，復閲妓，半送之舟中。乙酉，渡江。丙戌，至南京。丁亥，祭南京太廟。戊子，祭奉先殿。既下拜，不能興者良久。

十五年正月，庚寅朔，謁孝陵。丁酉，迎春於南京，備諸戲劇如宣府。司禮監官秀過臨淮，知縣吴鼎待之慢，入言上，逮訊之京師。命改郊先師社稷之祭，亦俟後丁戊。三月，太常寺以方禁豬，請所以供犧牲。上曰：「陵寢祭祀所從來也，仍用豬。」以太監蘭鎮守山東，兼管臨清地方，自内旨。四月，淮揚大饑，人相食。□□月食。梁儲、蔣冕以聖駕久外，乞罷免。不報。江西諸郡大水。六月，上微行至牛首山，宿衛諸軍夜驚，失上所在。七月，僰蠻平。夜有物墮上前，如豕首，其色緑。閏八月，上有游蘇、杭、泛江、浙、泝湖、湘、登武當之意。梁儲、蔣冕手奏乞迎鑾，跪泣行宫門外，未至酉。上遣中官内其奏，命之起，對曰：「未得乞。」中官傳旨曰：「已知，即回鑾。」乃起。羣黨尚欲還縱宸濠於江，天子與之遇而復擒之，張永不可，乃以大將軍鈞帖，令王守仁重上捷音。守仁約前疏，再叙羣黨功，始議北旋。壬辰，上詣孝陵，辭。癸巳，受江西俘。丁酉，旋蹕，發龍江，使宸濠舟尾御舟。辛丑，至儀真。壬寅，漁于江口。次日，如瓜洲。避雨民家，夕宿望江樓。癸卯，自瓜州濟江，登金山，遂如鎮江，幸致仕大學士楊一清第。明日，復幸，取其《册府元龜》、《文獻通考》以去。又明日，又幸焉。樂作，分題賜一清，製詩十章，命更定屬和。一清進杯，爲閫門之歌，上大悦。及駕還，凡五幸。故大學士靳貴方卒，上入其家，使番僧繞靈誦經三匝。庚子，發鎮江。壬子，復宿望江樓。癸丑，上至揚州。

九月丁巳，撫按等官進金銀牌各二、軸一、旗帳一、綵帛若干匹，設慶功之宴。戊午，發揚州。庚申，復漁范光湖。太監丘得索知府蔣瑶貢物，加糾纏焉。辛卯，上駐蹕淮安。都御史蕭蘭、總兵官顧仕隆進賀功金牌、花紅、綵帳，上戎服篸花，鼓吹騎入城。過山陽縣學，入之，視廊廡肖像移時。復入教官舍，取《通鑑》諸書出。止故尚書金濂第。癸亥，重陽，左右競進菊。丙寅，至清江浦，復幸張陽第。三日，漁積水，溺焉，出，左右呼萬歲，曰「龍也」。丙子，至東昌。戊寅，萬壽節。至臨清，羣臣稱賀鎮守太監□□第。十月庚寅，至天津。庚戌，至通州。十一月，捕交通宸濠者吏部尚書陸完、太監商忠等。十二月，平虜伯朱彬奏：「臣隨駕南征，奉總督軍務威武大將軍總兵官後軍都督府太師鎮國公朱壽指示方略，擒捕宸濠及其逆黨十五人，乞典刑殛之。」上曰：「卿承受方略，捕賊無遺，地方安毖，朕甚嘉焉。」其先加禄米歲百石，廕一子錦衣，世襲正千户，功賞行别論。召皇親、公、侯、駙馬、伯、内閣、府部大臣、科道官，於通議宸濠獄，賜宸濠死，燔之。甲午，上還宫，大耀軍俘數千人，陳東西輦道。陸完、錢寧裸反接，死者竿其首，皆標白幟，書姓名，彌望數里。上戎衣騎而閲正陽門下。良久，入

諸俘自東安門經大內出。丁巳，乃補郊。初獻，上拜伏，嘔血，扶歸於齋宫，踰宿，駕乃入，羣臣問安左順門。女直都指揮僉事速黑忒進小熊一，特納之。太監于經侍疾頑慢，上斥之，使就學内書堂。壬子，力疾視朝，降手敕，改王瓊爲吏部尚書。

十六年正月，上力疾詣奉先、奉慈二殿及皇太后宫行禮，出視朝。己未，祔孝貞純皇后神主太廟。辛丑，乃補禫。以不豫，復改郊。二月，又改郊。古田蠻賊平。虜大入威遠、松山等堡。三月癸丑朔，日食。清遠、四會二縣遺賊復起，回賊流劫山、陝界中。改團營西官廳爲威武團練營，以西官廳監督太監張忠、安邊伯朱泰、平虜伯朱彬、都督朱洪、朱暉、朱周、朱琮提督之，别闢練團營教場於他處。兵部執奏，不許。乙丑，上大漸于豹房。召司禮監使達意皇太后曰：「前多誤，天下事重，其與輔臣議處。」丙寅，上崩，殯大内。慈壽星太后命迎取興獻王長子於興，入嗣皇帝位。四月，入爲世宗皇帝。上尊謚曰「承天達道英肅睿哲昭德顯功宏文思孝毅皇帝」，廟號「武宗」。九月，葬康陵。壽三十有一。

尹守衡《明史竊》卷六《親征紀》　毅皇帝正德十二年九月，上以遊幸至陽和，會虜五萬騎入大同塞，遂親征。大同總兵王勛遇虜于應州，與戰，爲所圍，軍多殺傷。上督監軍太監張永、都督朱彬及各鎮總兵陶杰、朱鑾等自陽和赴援，自辰至酉，與虜戰百餘合，虜乃退。引而西上，與諸將且戰且逼，追至平虜、朔州。會大風黑霧，晝晦，我軍頗困，乃還。是役也，斬六級，而我軍死者五十二人，重傷者五百六十三人。命守臣告捷于朝，駕還，群臣迎賀，上語輔臣：「朕親斬虜首一級。」論功，賞賚陞蔭至九千五百五十五人。勅兵部曰：「總督軍務朱壽親統六師勦除虜寇，汛掃腥羶，安民保衆，雄威遠播，邊境肅清，神功聖武，宜加爵顯，以報其勞，今特加威武大將軍，公爵俸禄。」壽，上别名也。

十四年六月，寧王宸濠反。上親征，自稱總督軍務威武大將軍、總兵官、後軍都督府太師、鎮國公。太監張忠提督軍務，安邊伯朱泰掛威武副將軍印，左都督朱暉掛平賊將軍印，俱充總兵官，鎮守、撫按等官悉聽節制，大學士梁儲、蔣冕扈從。九月癸未，發京師。僅至良鄉，王守仁禽濠捷音至，二學士請回鑾，不聽。上欲南巡久矣，會濠反，遂得假征濠以行，故二學士雖懇請，上意不可挽。乘輿竟南。丁亥，至涿州，留宿太監張忠私第。十月壬辰朔，駐蹕保定府，張宴後堂，與巡撫都御史伍符藏鬮行觴樂也。戊戌，至臨清，山東鎮巡官皆從。越三日，傳令進宴，宴具草略，上視之，笑曰：「慢我何甚。」竟不怒。及宴，都御史王珝獻觴步緩，上目之，總兵神周因怵珝，謂上意不測。明日，復宴，都御史龔弘趨進，自言姓名，恐上以爲珝也。江彬從旁厲聲叱之，冀并罪兩人，上不爲動。太監黎鑑侵索有司，珝與争，致相忿，鑑以頭觸珝，珝擊以笏。鑑泣訴上，上曰：「此必汝有求不遂耳，巡撫何敢辱汝也。」鑑語塞而退。十一月丙申，至徐州，遂御龍舟，順流而下，至清江浦，幸太監張陽第，集漁人捕魚爲樂。從征平虜伯朱彬縱旗牌官拷縛郡縣長吏如隸卒，通判胡琮懼而自縊，南京守備成國公朱輔見即長跪，總兵鎮遠侯顧仕隆稍不爲屈，即窘辱之。遣官校四出，矯上旨索民家鷹犬珍寶古器，無得免者。甲寅，至淮安，却侍衛，步入城，遂幸顧仕隆第。己未，至寶應，漁氾光湖。十二月辛酉朔，至揚州府。明日，上以數騎獵城西，遂幸上方寺，命總兵神周搒括泰州鷹犬。癸未，至儀真，漁于新閘，因視大江，命江彬攝祭。乙酉，渡江。明日，入南京。又明日，祭太廟。會改歲，正月庚寅朔，謁孝陵。丁酉，迎春，詔執太監畢真、劉瑯、劉璟，都指揮廖鵬、齊佐、王準，都督同知王獻等下錦衣獄，以交通宸濠也。張忠、朱泰、朱暉等請往江西勦捕餘黨，時江西已寧，忠等大肆羅織，江西之民再遭屠戮。五閱月始回南京。

上在南京好出遊，嘗宿牛首山，夜半，不知上何往，諸軍驚擾，久之乃定。諸佞幸江彬最驕横，兵部尚書喬宇任留守機務，能静鎮之，彬每矯旨下諸司求索，宇必請面奏，彬以是頗嚴憚，諸司得倚宇以爲重。初，諸佞倖擁上南來，欲守仁復縱濠鄱湖，俟上親與戰，奏凱。守仁不聽，竟授俘于太監張永。諸佞倖甚恨之，每在上前媒孽守仁，幸永爲之地。守仁既已獻俘，大學士梁儲言上曰：「方今俘獲之衆，及其子女財帛載在舟中，咸艤江上，竊恐未獲之奸細豈無往來窺視，潛蓄異圖。况江多暴風，萬一賊徒因風縱火，乘機刼奪，倉卒之間，雖有强兵，急難防衛。言之可爲寒心，乞早回鑾。」不聽。諸佞幸猶欲導上復遊蘇、杭，泛湖、湘，登武當。迄于九月，儲等泣跪行宫門，不得旨不起，乃許之。上以大將軍鈞帖馳示守仁，重上捷音，仍附諸佞幸姓名，始班師北旋。壬辰，謁辭孝陵。丁酉，發龍江。辛丑，至儀真，漁于江口。次日，如瓜洲，避雨民家，夕宿望江樓。癸卯，自瓜洲濟江，登金山，遂如鎮江，幸致仕大學士楊一清第，朝一清于中堂。次日，大宴，賦詩，贈一清凡十二章，一清有厚獻焉，上大悦。又幸故大學士靳貴第，時貴卒僅踰月，上撫棺嗟悼，命番僧爲誦經薦福。至揚州及淮安，都御史及鎮兵官金牌綵帳出迎，上戎服簪花鼓吹前導。至清江浦，自汎小舟漁於積水池，舟覆溺，左右掖之而出，自是遂不豫。十月戊寅，至天津。庚辰，至通州。百官

出謁行在，列濠罪狀上之，請正典刑，賜濠自盡，焚其屍，逆黨栱㯉等皆伏誅。是日，大耀軍容，上戎服乘馬而入，以親征凱旋祭告天地、宗廟、社稷。

傅維鱗《明書》卷一二《武宗毅皇帝本紀》　帝諱厚照，孝宗嫡長子。母張皇后。弘治四年九月二十四日上生於宮中，支干類太祖。二歲，册爲皇太子。少顧視雄鷙，及出閣，聰慧喜負，罣然有勝心，頗好騎射。孝宗每曰：「東宮患聰明，柰逸樂何？」常隨事訓迪，上往往摭對稱旨。十八年五月辛卯，孝宗崩。明日，頒遺詔，以前孝宗素所擬十五事採入，頗多興革。壬寅，上即皇帝位。詔赦天下，改明年爲正德元年。壬子，嚴宮殿門禁。募宣府土兵禦敵。六月，命清查團營兵。發延綏兵策應宣府。敵犯蔚州，命守各關隘。庚申，上大行皇帝號謚。【略】八月甲寅，尊祖母王太后爲慈聖康壽太皇太后，尊母后張氏爲皇太后。【略】九月，賑延安。詔給餘鹽於房親張鶴齡。冬十月，建立皇莊七處於畿輔，以內官守之。【略】十二月，勑修《孝宗實録》。册封安南國王。立仁壽宮等處皇莊。

正德元年丙寅，春正月，上耕籍田。二月，幸太學。王鏊以上好遊逸，請復仁宗弘文館故事，不報。【略】五月，上始微行。減蘇、松織造之半。戒言官無得挾私舉劾。差內官查勘皇莊。六月，府部等衙門官張懋等疏諫馳獵。不報。大學士劉健等疏諫視朝太遲，遊幸太廣，寶玩非以崇儉，彈獵非以養仁，狗馬野物不可育於朝廷，弓矢兵戰不可施於宮禁，願親正人，聞正言。不報。秋七月。八月戊午，册立皇后夏氏及德妃沈氏等。九月，御經筵。【略】

四年己巳春正月，廣東清洞盜平。憲宗廢后吳氏薨，劉瑾欲焚之，廷臣力争，命葬之。二月，內旨命吏部不時考察京官，不必照六年例。勒前大學士劉健、謝遷爲民，著令餘姚勿得授京職。三月，敵入宣大。甲辰，御經筵。【略】夏四月，命毁《大明會典》，其預纂修官降革有差，內旨李東陽如故。五月，《孝宗實録》成，改翰林侍讀徐穆等爲南部屬。以劉宇爲大學士，入內閣。【略】

八年癸酉，春正月，詔建延壽寺於西內。殿內爲彝鬼淫褻之狀鉅細千餘，金函藏所謂佛骨之類不下千百片。【略】

九年甲戌，春正月，大觀，考察會舉將材。慶成宴始至設燭。上張花燈於乾清宮，不戒，火。【略】二月，上御豹房。【略】三月，策士，賜唐皋等進士及第、出身有差。再復寧藩護衛屯田。【略】

十年乙亥，春正月，敵入潮河川。二月，命都御史陳天祥修各關隘。三月，上出自西安門，經宿而還。廷臣諫，不報。【略】

十一年丙子，春正月，上御豹房。引邊將江彬、許泰、劉暉及錢寧皆名義子，同狎近，號外四家。二月，以王守仁巡撫南贛等處，並設東西兩官廳，以內豎及外四家統。上自統閹人有力者爲黄兵。上與諸近倖生格虎豹，爲所傷，不視朝久之。三月，武官馬昂進有娠妹，上幸之，官都督，賜第太平門。無少長，賜蟒玉。科道呂經等諫，不聽。上幸其第，酒酣，召其家婦，忤旨，上怒，疎其女弟，勒昂以病歸。【略】

十二年丁丑春，正月，大觀，考察。上獵於南苑。二月，上幸功德寺。三月，策士，賜舒芬等進士及第、出身有差，選汪佃等三十四人爲庶吉士。王守仁討信豐賊，敗之。夏四月，上微行至石經山湯泉峪，蹕玉泉亭，十餘日乃還。命大臣賑畿內。土魯番陰使寫亦虎仙以秘術進，上納之。【略】六月己巳朔，日有食之。詔許秦藩封壤。廷臣以祖宗著令不與藩封，力争，不聽。擒江西賊首陳日能，平之。秋七月，上微服幸昌平。大學士梁儲等追至沙河，諫止，不聽。己酉，上欲出居庸，巡關御史張欽諫阻閉關，上怒，還幸馬房。戊午，上夜御奉天殿視朝。賑湖廣。八月丙寅，上夜出德勝門，宿昌平。辛未，度居庸，幸宣府。命谷大用守關，毋得縱人出追。九月甲戌，上在宣府，營鎮國公府第居之。壬辰，上駐陽和，始稱總督軍務威武大將軍總兵，行印信鈞帖。丁酉，萬壽節，百官遥行賀禮。戊戌，上獵大同，遂幸陽和。是日，敵以數萬犯陽和，上命諸將擊之，敵引去。庚子，取户部銀一百萬解赴陽和。冬十月癸卯，上駐順聖川。丁未，上親督列侯諸將禦敵於應州，敵遁。辛亥，敵復入犯，尋去。十一月癸酉，上駐大同。四川蠻平。命陝西織造龍羢。戊寅，上還宣府。冬至節，上在宣府。盜焚故大學士費宏家，巡撫孫燧捕之。左溪賊平。十二月壬寅，上在宣府。復開納銀事例。廷臣至居庸請駕，不得度乃還。閏十二月，上在宣府。戒諭京城守門內官毋放廷臣出城。封江彬爲平□伯，許泰爲安遠伯。閏十二月，立春。上迎春於宣府。備諸戲劇。命大車載僧與婦女數千人褻戲，上視之大樂。

十三年戊寅，春正月，丙午，上還京郊。祀畢，復出關遊幸。江西兵平浰頭賊，及討九連山賊，平之。百官進遊幸還朝賀儀，上賜以銀牌，惟翰林官無賀儀，不賜。辛酉，上復如宣府。二月，上在宣府。己卯，慈聖康壽太皇太后王氏崩。越三日，上於宣府發喪。三月，上還京師，上太皇太后謚號孝貞純皇后。都給事中石天柱刺血上疏諫，不聽，尋內旨謫爲推官。上遣中官如烏思藏迎活佛，廷臣

屢諫，不聽。夏四月，上以大行太皇太后將祔葬，親告六陵，遂如黃花鎮等處遊獵。賑淮、徐饑。五月己亥朔，日有食之。上次喜峯，欲招三衛彝人納質宴勞，御史何士元等力諫，不報。戊申，上還京師。六月，教坊司奉鑾臧賢乞閑，温旨留用。甲申，葬太皇太后於茂陵。秋七月，録應州功，陞賞者九千五百餘員。敵犯寧夏，上復議北征。廷臣諫，不聽，仍自稱威武大將軍太師鎮國公，更名壽，巡邊，以江彬爲威武副將軍，令内閣草勅。廷臣奏：「爲邇者上時出巡邊，久不親政，天下人心無不危懼。又復爲此，萬一宗藩中或有援引祖訓，指此爲名，具本上請，不知陛下之左右及臣等代言之臣將何自解。」上不省，屢遣中官促之。於是楊廷和稱疾。上御左順門，召梁儲草勅，儲曰：「勅不敢草。陛下爲君，乃自卑而例於臣，是以臣名君，不可。」上怒，手劍曰：「不草，齒此劍。」儲免冠解衣，伏地流涕，曰：「臣逆命，願就死，勅不敢草。」良久，上擲劍起，更命廷和草之。丙午，上發京師，勅楊廷和居守。丁未，出居庸，命守關如前。命鳳陽太監兼廬、淮、揚三府督捕。上自宣府如大同。八月，上在大同。敵入陝西。九月，上在大同。庚子，至偏頭關。自改稱鎮國公。賑南畿。冬十月戊辰，上渡黃河。己卯，駐榆林。十一月，上在榆林。十二月，上在榆林。復渡河，幸石州、文水諸州縣，遂駐太原。召娼家劉良女，幸之。四川蜒蠻復叛。

十四年己卯，春正月，戊辰，上發榆林。丙子，駐宣府。詔改郊期。二月乙丑，上發宣府。先是，宣府建行宫，費不貲，實珍玩婦女於其中，上每謂曰「家裡」，欲居之，以從臣力諫，乃歸。壬申，還京。往返數千里，上御鞾，戎服，佩弓矢，乘馬，冒風雪，歷險阻。侍者病憊，上不以爲勞。内旨江彬提督團營。丁丑，郊，遂獵南海子。楊廷和上居守勅，上曰：「朕不時巡狩，可勿還。」命工部侍郎趙璜採運大木，備營建。廷臣請建皇儲以安宗社，不報。三月，詔曰：「朕欲南巡，觀風天下，歷泰、岱，經徐、揚，抵金陵，覽興龍之勝概，下蘇、杭，浮江、漢，登武當，徧觀中土，收勝繁麗，其以管家將指揮朱湧等四十七人爲錦衣官扈從，官舍一千人充御馬監勇士。」時寧藩反形已具，廷臣憂之，一時上疏諫者集闕下。陸完迎之，謂曰：「上聞直諫，取引刀作刎狀，今日撒賴矣。」以沮言者。一時言官多陸黨，遂沮。於是翰林修撰舒芬、吏部郎中夏良勝、禮部郎中姜龍、兵部郎中張鳳、刑部郎中陸鳳、兵部郎中黃鞏次第疏諫。上大怒，逮夏良勝下詔獄，命舒芬等百二十人跪午門外五日，復各杖謫有差。一時死者陸震、余廷瓚、劉校、何遵、林公輔、劉玨、孟陽、李紹賢、劉平甫、李翰臣、詹軾十有一人。是日，京師陰霾晝晦，宫内池水溢四五尺，折橋下鐵柱。有金吾衛指揮張英言：「車駕出，必不利。」乃肉袒露，亦以死諫。遂不出。夏四月，修苑中宫殿。分義子提督東西二關。五月，命安撫各處流民。勅遣太監賴義等往戒諭宸濠，革其護衛。詔發兵索宸濠偵卒於臧賢家，不獲。六月丙子，寧王宸濠反。【略】八月，下詔南征。大學士梁儲、蔣冕從，命江彬、許泰、太監張忠、張永等先率六軍由大江如江西。癸未，上發京師，以楊廷和居守。廷臣諫，不聽。王守仁上疏止駕，不聽。丁亥，上次涿州。江西平表至，留中。九月，上次保定。禁民間畜豬，著爲令。戊戌，次臨清。復單舸疾歸，至張灣，載劉良女同往。崇明海盜起。冬十月壬午，發臨清。十一月甲辰，至淮安。屏從人，步行幸總兵顧仕隆宅。命拘錢寧於臨清，收其家屬。己未，大漁於寶應氾光湖。十二月丙戌，上至南京，謁陵祭廟。太監張永還見上，言守仁之忠，并江彬等欲害之意。上不聽，命太監張忠等率兵擒宸濠餘黨。時已平，羅織死者不可勝計。詔純皇后大祥告祔及觀察策士，以次行。改王守仁巡撫江西。

十五年庚辰，春正月，上在南京。廣西兵討猺賊，破之。二月，上在南京。三月癸丑朔，日有食之。楊廷和等奏言純皇后大禮在邇，及朝覲官久集京師，殿試及期，自南巡諸司奏章八月不下，乞回鑾。不報。三月，上在南京。夏四月，弛豬禁。賑淮、揚饑。四川蜒蠻平。五月，上在南京。幸牛首山，信宿，軍中夜驚，乃還。始發大察疏。六月，上在南京。一夜，江彬索城門鑰，南兵部尚書喬宇守，弗與。宇倡百官數請回鑾，不聽。秋七月，命南巡。大學士梁儲等執奏跪宫門止之。八月，上在南京。閏八月，上在南京。九月，上在南京。以大將軍鈞帖令王守仁重奏捷。守仁節署前奏，入江彬、張忠等上之，遂受宸濠俘。駐龍江，漁。壬寅，如瓜洲。入民家，夕宿望江樓。癸卯，自瓜洲登金山，如鎮江，幸致仕大學士楊一清第。一清厚獻，上大悦，凡五幸焉。幸方故大學士靳貴第，撫柩嗟悼，命番僧誦經薦福。庚戌，發鎮江。癸丑，至揚州。庚申，至寶應，復漁氾光湖。如淮安，都御史叢蘭等進金牌花紅綵幛，上簪花騎入城。過山陽，至清江浦。幸太監張陽第。幸積水池。上自棹小舟，舟覆，溺焉，左右掖出。遂還南京。冬十月，上自南京班師凱旋。十二月，駐通州。宸濠及逆黨皆伏誅。海外佛狼機始入貢。盡召内閣府部勳戚大臣赴行在。甲午，上還京師。

十六年辛巳，春正月，免徐州、鳳陽糧税。癸亥，上不豫，寢疾豹房。廷臣請還宫，不聽。二月，陝西盜起。三月癸丑朔，日有食之。乙丑，上大漸。惟太監

陳敬、蘇進在左右，上曰：「朕疾殆不可爲矣，爾以朕意達皇太后：天下事重，其與内閣輔臣議處之。」丙寅，上崩於豹房。壽三十一。内官奔告慈壽皇太后，乃移殯於大内。是日，傳遺詔曰：「以朕疾彌留，皇儲未建，朕皇考親弟興獻王長子厚熜年已長成，賢明仁孝，倫序當立。遵奉祖訓兄終弟及之文，即日遣官迎取來京，嗣皇帝。」丁卯，遣定公光祚等詣安陸奉迎。大學士楊廷和、毛紀等奉皇太后遺旨逮江彬，籍其家，尋伏誅。罷威武團練營，官軍還各邊。革各處皇店并其官校，各邊鎮守太監留京者遣之，外彝進貢者厚賜，令還國，豹房番僧及少林寺拳和尚教坊人等遣去之。中外稱慶。五月，上號謚曰「承天達道英肅睿哲昭德顯功宏文思孝毅皇帝」，廟號「武宗」。九月庚午，葬康陵。

查繼佐《罪惟録》帝紀卷二《武宗毅皇帝紀》 武宗承天達道英肅睿哲昭德顯功宏文思孝毅皇帝，名厚照，母張皇后，干支與高皇帝類。帝既立，宣府鹵警，命保國公朱暉掛征鹵將軍，都御史史琳提督軍務，太監苗逵監之。時遊擊張雄、穆榮戰死。禮部尚書張昇請嚴宫殿門禁，斥逐真人番僧，奪印追賞，并減齋醮。報可。六月，上大行皇帝尊謚。土官岑濬作亂，總督兩廣潘蕃討平之。贈死事都指揮史韜等官。鹵入蔚州、廣昌。奉孝肅神主奉慈殿中，孝穆居左。

秋七月，進大學士劉健左柱國、太子太保，同官李東陽、謝遷並少傅、太子太傅。起許進兵部左侍郎，提督團營。八月，尊皇太后王氏曰慈聖壽康太皇太后，皇后張氏曰慈壽皇太后。遺詔裁革監鎗内官，有旨仍舊。部請減各門倉場監局内官，不報。閩賊劉宗保平。轉屠滽右都御史。賑延安府飢。傳陞右都督濬爲左。致仕尚書秦紘卒，贈少保，謚襄毅。起周經南户部尚書。哈密王陝巴卒，立其子拜牙爲忠順王。兵部請汰乞陞大漢將軍千百户韓福敬等，不允。

冬十月，榆林軍袁綬言十九事，其一勵官方。破鹵大同。改遣太常卿祭靈濟宫，太監韋興太和山司香，仍分守行都司地方。南京刑部尚書樊瑩致仕，以張敷華填之。鹵入太原、固原等處。建立皇莊七所。十二月，左都御史戴珊卒，贈太子太保，謚恭簡。

正德元年丙寅春正月，大學士李東陽以隨駕所增非名，光禄寺傳餐日加，濫錫予，疏諫。報聞。榮王乞霸州莊，不許。改南刑部尚書張敷華爲左都御史。編修何塘乞勅史官番直，隨事纂述，以慎言動。更易各處鎮守内臣。以熊繡爲都御史，總督兩廣。傳旨陝西巡撫車霆，令致仕，陞楊一清巡撫陝西，總西邊軍務。二月，開經筵。大學士劉健等極諫時政，自劾失職，一再求去，不許。陞劉宇右都御史，總宣大軍務。上行籍田禮，停止買辦。三月，視太學。録宣大禦鹵功。

夏四月，上始微行。吏部尚書馬文升爲南御史何天衢所論劾，致仕。府部官張懋等上書諫騎射，有曰：「陛下釋端拱之安，犯垂堂之險，何以慰薄海臣民之望？」姑納之。傳旨增太監分坐京營。户部右侍郎陳清、御史朱廷聲乞如即位初詔行，不聽。南兵部尚書王軾致仕。陞吏部左侍郎焦芳本部尚書。特授故衍聖公弘泰子聞詩翰林博士。刑科給事中湯禮敬言：「羣臣所論列雖賜俞允，未見克謹消弭之實。」報聞。南兵科給事中牧相、十三道御史陸崑等上疏：「朝體紛更，政出多門，有未經閣擬，竟從中斷；有雖經擬進，旋即改行。因事建明，未蒙俞答。惟陛下留意。」報聞。五月，起洪鍾都御史，總漕。給事中許誥以父進改翰林檢討。兵部尚書劉大夏致仕，以許進代之。減松、蘇織造之半。戒科道官毋得挾私舉劾。六月，□授孔子裔孫主衢祀彦純五經博士。閣臣劉健同九卿諸臣，以風雷異變，切諫時弊，温旨引過。健摘其要五事，揭省坐隅。一、單騎輕出宫禁；二、頻幸監局；三、泛舟海子；四、鷹犬彈射；五、曲納内侍所獻飲食。崇明海賊施天常平。

秋七月，都給事中張文、給事中倪議，劉茝、薛金陳五事，詞多觸忤，且言宦侍添設，非明詔。上曰：「内臣鎮守，故事也，文等其自劾。」文執奏如初，坐不敬，罰俸。加林俊副都御史，巡撫江西。八月，册夏氏爲皇后，沈氏德妃，吴氏賢妃。朝晏，大學士健等屢諫，報聞。九月，御經筵。織造太監崔果、王瓚乞長蘆鹽引，部科執奏，不聽，與十之五。前尚書致仕王恕謝存問，並及時政，不報。罷内官抽運木植。五官監侯楊源以中星動摇，疏諫，謫死河南。南京國子監祭酒章懋上疏乞休，不待報歸。

冬十月，惠潮賊陳錦平。太監劉瑾等八人用事，閣部諸臣方聯章會劾，上命瑾掌司禮監，兼提督團營，丘聚提督東廠，谷大用提督西廠。收太監王岳、李榮、范亨、徐智詔獄，充凈軍，岳、亨被殺於臨清。大學士劉健、謝遷並致仕，唯李東陽不獲所請。刑科給事中吕翀疏留健、遷，下詔獄。吏部尚書焦芳兼文淵閣大學士，尋加太子太保，改謹身殿。芳姓險愎，黨佞爲奸，凡變紊成憲，桎梏臣工，杜塞言路，酷虐軍民，皆芳主之。侍郎王鏊兼學士辦閣事。改許進吏部尚書。分遣内臣守備南京等處及各營兵馬。户科給事中劉茝極陳時政，下詔獄。十一月，南科道官戴銑、薄彦暉等二十二人，奏留大學士健、遷，因及時政，謂狎比佞

幸，輕顧命臣。上怒，咸詔獄廷杖，黜爲民。罷户部尚書韓文，以失覺贋金。户科給事中徐昂論救，坐除名。文子高唐知州士聰、刑部主事士奇並罷爲民。南户部尚書秦民悦致仕。兩廣總督熊繡轉南右都御史，尋勒歸。十二月，陞陳金兩廣都御史。户部主事蘇時秀忤監瑾，謫外通判。户部侍郎顧佐陞本部尚書。加大學士東陽少師，晉華蓋殿。封太皇太后弟王濬安仁伯。兵部主事王守仁、御史陳琳疏救戴銑等，詔獄，杖謫邊方。景皇后汪氏薨，合葬，輟朝致祭。副都御史林俊致仕。吏部左侍郎張元禎卒。時隕星彗見，雷震郊壇，地震各處，工科給事中陶諧請增修德政，屏侍從遊宴，以回天變，詔獄杖戍之。勒工部尚書兼大理卿楊守隨、左都御史張敷華致仕。自内旨歲旌節孝不以數。改中書李憲給事中。中書預科道之選，始此。

正德二年丁卯春正月朔，以日食，不御殿，免賀，視門。雍王祐枟薨，無子，國除。捕諸野味於甘肅。傳旨户部員外李夢陽降山西布政使經歷，兵部主事王綸降順德府推官，俱致仕。廣東賊襲殺韶州府同知韓銑。添各關隘守備内官。南兵部尚書林瀚聞健、遷去位，草奏，對客嘆息，應天府尹陸珩傳示京師奏稿，咸降三級致仕。南副都御史陳壽疏救瀚、珩，除名。工部尚書曹鑑致仕。少詹楊廷和署詹事，管誥勅。陞李燧工部尚書。鎮國將軍誠潡以庶長子再傳得襲封秦王。禮部、刑部尚書張昇、閔珪，咸致仕。尚寶卿崔濬、副使姚祥、工部郎中張瑋、督糧郎中劉繇，以乘轎被緝，俾荷校諸門，謫戍。二月，閣臣疏請蚤朝，報聞。大裁内外添設官百十八人。工部郎中錢仁夫得請致仕，長安人往私賀。江西巡按御史王良臣疏救戴銑等，詔獄，杖爲民。御史王時中忤内監丘聚，詔獄杖，荷校一月，謫戍。勦賀縣賊，破之。三月，給事中吉時直登聞，不受訴，其人自殘。杖時，降府知事。裁各處通判等官四百四十有五。加恩外戚，多世襲，封后父都督同知夏儒慶陽伯，妃父錦衣千户沈傳、吴讓指揮僉事，給傳、讓莊田六千五百餘頃。山東禁酤，致有縊死者，勒巡撫都御史朱欽致仕。總督都御史楊一清致仕。陞西番領占竹爲灌頂大國師，麻的實里、塔西麻、椤耶那、卜堅參及普肖藏卜爲國師，於大内建寺誦經。陞諸僧官於大功德寺。太監瑾矯旨，令文武羣臣列大學士劉健、謝遷、尚書楊文等五十六人罪，授鴻臚寺宣讀，榜其名於朝堂，名曰奸黨，頒示天下。詔曰：「朕以幼沖嗣位，惟賴廷臣輔弼不逮。乃去歲奸臣王岳、范亨、徐智等竊弄威福，顛倒是非，私與閣臣劉健、謝遷、尚書楊文、楊守隨、張敷華、林瀚，郎中李夢陽、主事王守仁、檢討劉瑞、給事中徐昂、御史陳琳等，彼此交通，穿鑿附會，傷殘善類，煽動浮言，爲禍國家。勅内未盡者，吏部察令致仕，毋俟惡稔。」鎮守太監許理里民詞訟，自内旨。師宗州土民阿本作亂。

夏四月，却鹵大同。兵部尚書閻仲宇致仕。起吏部尚書屠滽掌都察院事，轉左都劉宇爲兵部尚書兼團營。五月，度天下僧道四萬人。御史馮允中出刷卷，復命枉道，杖爲民。順天府丞周璽以文移抗錦衣衛，坐獄死。傳旨兵部主事謝迪致仕。陞南侍郎楊廷和、劉忠爲户、禮兩部尚書。改總漕都御史洪鍾於南察院，以副都王瓊代之。復寧王護衛。六月，故侍郎郝忠義子序請其父祭葬，下獄。刑部主事李璋、許承芳僅擬不應，坐杖謫外。鹵入寧夏。廣東流賊入江西。養病御史高胤先坐借官車，杖爲民。

秋七月，歲免修邊費，輸内庫。《通鑑纂要》成，以字訛，奪侍郎學士劉機以下俸，餘致仕爲民者二十餘人，李東陽等免究。巡關御史王涣失報盜情，杖爲民。勘畿内魏家店莊田，不稱旨，所遣都御史柳應辰等十餘人咸詔獄再勘。破賊阿本，擒其首張華。黜編修謝丕爲民。丕，遷之子。鹵入莊浪。八月壬戌朔，黄河清，慶雲見，翼軫分。辛巳，世廟生於安陸州。改洪鍾南刑部尚書。上暱豹房，萬機益委瑾。召南户部尚書楊廷和爲文淵閣大學士。起楊一清總制三邊，方興築河套邊牆，當寧夏花馬池要害，工未半，忤瑾逮獄，工廢。九月，吏部尚書王華、禮部尚書李傑、江西督學蔡清皆致仕。以梁儲爲吏部尚書，管誥勅。以錦衣于永善陰道秘戲，擢都指揮同知。自内旨陞太監谷大用父奉、張永父友俱錦衣衛指揮使，其贈死者如之。

冬十月，獎寧王宸濠孝行，增禄米二千石。逮遼東前後撫督張鼎、高中錫、鄧璋、王宗彝、劉大夏以下治罪罰米有差。以南京巡撫艾璞、巡按曾大有勘魏國公徐俌無錫莊田，不合，杖謫爲民。授孔氏裔孫一學録，主尼山、洙泗兩書院，一博士，主子思廟。都御史張參致仕。御史鄭陽勘徽府莊田，忤瑾，詔獄，降主簿。十二月，寧夏巡撫都御史藍章，以山險請乘肩輿，降通判。許王府無嗣者皆得代襲。鹵入定遼後衛，犯涼州。革順天府丞趙璜爲民。吏部左侍郎兼翰林院學士張元禎卒。

正德三年戊辰春正月，逮致仕李夢陽詔獄。時修撰康海與監瑾同里，不附瑾，勉爲夢陽勸瑾，釋之。附批學士吴儼，令致仕。養病御史楊南金，吴學坐違限，黜爲民。户部侍郎王儼釋獄，致仕。二月，刑部尚書屠勳及南刑部員外劉演咸致仕。大增外省解額。三月，贈劉瑾父榮都督同知，母劉氏一品夫人。勅養

病違期進士陳璋等致仕。焦芳以子黄中不得大魁，改考試官編修顧清等爲部屬。黄中係二甲第一，超爲檢討，劉宇子仁等六七人俱庶吉士。未幾，黄中、仁擢編修。上悦樂官臧賢，賢請增造御樂庫房，許之。行人劉瓚復命愆期，降縣丞。

夏四月，開武職納銀補官贖罪例。御史黄時中荷校謫戍。南司業羅欽順送親違限，革爲民。罰致仕尚書楊守隨米一千石。開武舉宴於中府。哈密使臣寫亦虎仙入貢，有寵，從遊幸。五月，寧王宸濠請入朝，止之。給事中安奎、張彧、潘希曾，御史陳玉炤、朱袞、劉子厲等，皆以參奏忤旨，詔獄荷校，爲民。調户部侍郎王瓊於南京。六月，都給事中許天錫忤瑾，慮禍，自縊死。内旨許韓邦問尚書致仕。以草場失火，逮南刑部侍郎劉憲，卒於獄。致仕尚書韓文逮獄，罰米一千石。以訊獄忤瑾，勒都御史周季麟、副使何琛、陳恪、知府劉麟等爲民，御史姚壽等降外。以競渡龍船爲犯法，籍其家。河南太監廖堂奏陞同知等官，不許。勒山西巡撫都御史徐節致仕，罰米三百石。以御道投匿名文書，詔羣臣罰跪，曝死者三人，並送鎮撫司，大學士東陽疏釋之。致仕尚書王恕、致仕左都御史張敷華並卒，恕謚端毅。

秋七月，諭慶成宴始用雜戲。陞操江都御史雍泰爲南户部尚書，越四月，内批致仕。八月，虜敗函宣大。流賊趙實起曹州。杖巡鹽御史王潤，以督價遲緩，革職。吏部尚書許進致仕，以劉宇代之。立内廠，劉瑾自領之。加楊廷和少保，兼太子太保。户部尚書顧佐致仕。追罰尚書韓文米一千石。九月，奪致仕尚書馬文升、劉大夏、許進、雍泰原官，及薦雍泰者給事中趙士賢、御史張津俱爲民，餘科道罰米者五六十人。進子誥、讚輸贖調外。籍前通政使强珍子汝學家，汝學與其弟汝忠坐斬。陞吏部郎中張綵爲左僉都御史。勒致仕南尚書樊榮、都御史高銓爲民。漕運總督張縉革職。逮劉大夏、潘蕃、總兵毛鋭詔獄，大夏、蕃謫戍，鋭革職。

冬十月，禮部尚書周經致仕。勒南户部尚書林瀚致仕。張泰陞户部尚書，致仕。復婺源縣朱熹裔孫差役。十一月，察勘遼東倉庫。罰前養病禮部侍郎謝鐸，令致仕。給事中周鑰自刎桃源舟中，未殊。鑰初請貸淮安知府趙俊千金賂瑾，許而不與，至是創甚，不能言，援筆曰：「俊誤我。」事聞，捕俊治罪。工部尚書李燧致仕。陞吴文度南侍郎，王桁南工部尚書，並勒致仕。前尚書爲民樊瑩卒。十二月，改南刑部尚書洪鍾於工部，旋改刑部。毁南户部鹽引銅牌，改隸工部。以陸完爲僉都御史，巡撫宣府。

正德四年己巳春正月，憲廟廢后吴氏薨。瑾欲火之，東陽、鏊力請，以英廟惠妃例葬祭。刑部尚書王鑑之致仕。勒南右通政程文致仕。改南吏部侍郎王瓊於南户部。坐前都御史錢鉞擅更王府禄米，籍其家，妻子皆給配。命科道官概察省直錢糧。時朝覲官賂瑾，額至二萬兩，復任每取償官庫。張綵教瑾即察官庫，於是益斂民財補庫，天下騷動。御史歐陽雲、給事中吴儀以不得納賄，坐黜爲民。二月，賜割瑾地，作玄明宫，益徙民墳斥之。勒故大學士劉健、謝遷爲民，著令餘姚人毋官京師。刑部吏董遜之許郎中周滌等擅易贓貨，滌等除名，授遜之本部司務。盜王紹吉等伏誅。陞黄寶巡撫陝西，領勅，責賂。三月，南安流賊執同知某，殺官兵。虜入宣大、延綏。甲辰，御經筵，下致仕延綏巡撫王嵩於獄，坐養盜，籍其家，謫戍。禁百官有名天者。鎮守太監羅籥請便宜行事，閣臣東陽執奏，且云：許之勢必撫按委，無從責成。議寢。

夏四月，陞王鴻儒爲祭酒。才寛以左都御史總三邊。前禮部侍郎黄景爲鄉人告訐，逮獄戍邊。延綏新任劉孟以赴任踰限，下獄。虜數寇大同。大學士王鏊致仕。五月，大徵樂户。核邊倉，前鎮撫楊一清以下三十九人罰米各有差。超副使蔡清爲國子祭酒，清先卒。南工部尚書韓重自陳免。前都御史馬中錫等坐馬草浥爛，削爲民。御史胡節以斂銀餽瑾，事發，戍肅州。六月，内批李貢巡撫遼東，尋致仕。追罰前尚書樊瑩、彭韶等米各五百石。吏部尚書劉宇兼文淵閣大學士，侍郎張綵爲吏部尚書。綵爲芳所薦，嘗婉勸瑾毋納賄，又言左右用事多壞法，有所救正，瑾頗然之。賊汪澄二叛樂平，執知縣汪和去。

秋七月，四川保寧賊劉烈轉掠漢中。其黨藍廷瑞、鄢本恕、廖惠等衆至十餘萬，掠湖廣、鄖陽等處。定親王府旁支襲封止給禄米。八月，虜入宣府。添鑄靖虜將軍印，給延綏總兵官。柳州知府劉璉爲賊所執，病死。陞國師普肖藏卜等爲法王，及諸左覺義、左正一柏尚寛等爲真人，自内旨。改翰林院官額。九月，左都御史屠滽致仕，以陳金代之。虜入延綏，總督才寛以捷聞。虜尋深入，殺寛，不利去。

冬十月，廣東僉事吴廷舉劾岷府公差之罪。十一月，以按察使王雲鳳爲國子祭酒。閱武西内。義子朱鐸、朱寧等十五人，註錦衣衛千户等官。以刑部尚書洪鍾兼左都御史，管院事。十二月，南禮部尚書孫需致仕。改吏部尚書梁儲於南吏部。右布政沈林乘驛，勒爲民。總漕平江伯陳熊戍南海。定内外鎮守養

廉地土。四川盜起，林俊都御史巡撫四川。追奪大學士劉健、謝遷、劉大夏、韓文、許進等誥命，連及者六百七十五人。選積通樂藝八百户於樂院。賑蘇、松水災。

正德五年庚午春正月，刑部尚書洪鍾督勦四川流賊，捷聞。山東巡撫而下，坐修孔廟不合旨，咸坐罰米。傳旨南給事中葉良致仕，尚書楊守隨並爲民，仍罰米。傳旨南刑部尚書王洪、右都御史張憲、大理卿吴富致仕。南户部尚書儲巏病歸。截江西解額五十名，已仕者不許除京職，亦禁萬安、新城之除京職者。籍前尚書秦紘家。二月，兵部尚書曹元改吏部，兼文淵閣大學士。召南吏部尚書劉忠兼學士，管誥勑。罰真人張彦頨米一千石，禁其家不得鬻符籙。逮廣東參議吴廷舉詔獄，荷校戍之。四川盜藍伍入陝西，掠湖廣。三月，考察各道御史，降調略盡，改各部主事爲之。京師旱，風霾，大學士東陽疏請寬政弭災。免各處逋糧五百五十餘萬。賊劉烈、藍伍、廖麻子等僭號設官。添南贛巡視都御史王哲。致仕尚書周經卒。以洪鍾總制湖廣、陝西、河南、四川，賑荒捕盜。

夏四月，給事中郗夔覈榆林功次，慮不稱旨，自經公署。慶府安化王寘鐇以劉瑾爲名，指清君側，反寧夏，殺鎮巡守臣，擅封拜。起神英封涇陽伯，充總兵官，太監張永爲總督，討之。未至，遊擊將軍仇鉞襲執寘鐇，事定。敗鹵莊浪及遼東、大同。巡撫王綸逮獄爲民。大理事評事羅僑輿櫬直言時政，改教職。五月，免端午宴。討湖廣賊劉惟華等，敗績，指揮鄧旻死之。封大能仁寺及大慶善寺那小堅參、星吉班丹等爲法王及國師、佛子禪師、左右覺義都綱。上自命曰大慶法王，因鑄大慶法王四天覺道圓明自在大定慧佛金印，兼給誥命，鐫印曰天一。定巡按御史不得侵督學事。大學士焦芳與尚書張綵不協，劉瑾亦厭之，芳遂致仕。南工部尚書俞俊致仕。劉宇展祭還朝，仍予致仕。致仕少師馬文升卒。

秋七月，討郴、永猺賊，破之。惠、潮賊林貴及沔賊平。却鹵甘肅。御史陳茂烈以便養，改本縣晉江教諭，許母終，原職起用。擒斬湖廣賊楊清、丘仁等，平之。賊藍廷瑞破通江，合鄢本恕蔓漢中。都御史林俊敗走之，擒其黨廖惠。八月，太監張永至自安化，上戎服受寘鐇之俘。永夜發劉瑾不道十七事，上親執之，籍其家，得衣甲弓弩。上怒付獄，下廷議，誅之。收其黨吏部尚書張綵及掌錦衣衛、鎮撫司兩指揮使楊玉、石文義於獄，黜大學士劉宇、曹元及逆黨二十六人，又焦芳以下數十人分別處治，芳與子侍讀黄中奪爵爲民。凡瑾所更置予奪者，悉復故。復革寧王宸濠護衛。以慶王台浤屈身逆鐇，革護衛、祿米三分之二。侍郎韓福戍邊。致仕吏部尚書許進卒。起梁儲及諸翰林官於南京，改禮部尚書劉機於吏部，召楊一清爲户部尚書，復設各省巡撫。九月，録安化功，加張永歲禄，封永兄富泰安伯，弟容定安伯；仇鉞封咸寧伯，總兵寧夏。復陳熊平江伯。賜義子錦衣衛同知武德姓朱，爲永壽伯；太監谷大用弟大玘爲永清伯；馬永成兄山平涼伯；魏彬弟英鎮安伯，各禄一千，皆世襲，自内旨。廕李東陽、楊廷和子各一人尚寶司丞，楊一清子一人中書舍人。安慶、寧國、太平大水，溺死者二萬三千餘人。死事指揮楊忠、李睿，百户張欽，贈級致祭。梁儲、劉忠俱兼文淵閣大學士。南右通致使王雲鳳、致仕禮部尚書白鉞兼學士，管誥勑。瑾兄已故都督同知景祥，有旨削棺焚屍。工部尚書畢亨罷歸，以李燧代之。起二年以來貶謫官尚書李傑等五十二人叙用。陞禮部左侍郎費宏爲本部尚書。神英涇陽伯故以賄瑾得，革之。御史張芹疏劾李東陽冒膺恩廕，不報。内侍谷大用兩疏辭免兩廠辦事，報聞。時帝以訛言欲復設西廠，内閣東陽諫止。以誅逆瑾詔布告天下。

冬十月，姚江賊汪澄三、王浩八等欵，復叛，破安仁縣。復劉大夏、楊守隨、林瀚、韓文、許進等原官。勑寘鐇自盡，焚其屍。何錦等伏誅。張綵死於獄，剉屍；籍没錦衣石文義；凌遲斬逆瑾親屬傑等十五人。釋覇州賊劉晨行七等三十四人罪，尋叛去。起侍郎儲巏於户部。十一月，起祭酒章懋南太常寺卿。免租。蘇、松、常州。賑。湖州。總制尚書洪鍾勦賊報捷。致仕侍郎謝鐸卒。十二月，四川賊曾弼等流陷江津，殺僉事吴景，僉事郝綰被執。盜入呂梁官署，榜笞劫掠。吏、刑二部尚書劉機、劉璟致仕。太監喬忠等織造南京，許帶長蘆鹽引。傳陞指揮使朱寧、馬鉞等掌錦衣鎮撫事。給番僧度牒三萬，漢僧道各五千，以廣番教。太監張永欲矯瑾奢僭之罪，以「窮苦魚菜」四字爲題，東陽及廷和等各賦詩以獻。陞廬陵知縣王守仁爲南京刑部主事。前吏部尚書許進卒。

正德六年辛未春正月，改楊一清吏部尚書，喬宇南禮部尚書。藍、鄢賊陷營山，殺僉事王源等。詔内官十人分出鎮守備，自内旨。二月，户部侍郎儲巏致仕。添蓋豹房，寺觀，閣臣東陽等疏諫，不報。巡撫林俊破四川賊，斬酋曹甫等。起左都御史陳金總江西軍務。賊汪澄三等陷安仁，指揮養勳、通判梁奎死之。時畿甸及青、萊、徐、淮、江西、福建盜賊俱起。吏部尚書楊一清薦雲南副使吴廷舉。三月，庶吉士許成名與一甲楊慎、余本、鄒守一三人讀書太學。覇州賊劉

龍、行大劉晨、齊彦明等流刧山東，殺京營指揮六人。起李夢陽江西提學副使。以戚臣惠安伯張偉爲總兵官，陞馬中錫右都御史爲提督，發京兵討河南、山東、北直隸諸賊。賊横甚，萊蕪知縣熊騶、主簿韓唐死之。據樂安，犯闕里，入孔廟，禮拜而去。轉入大名、真定，刧彰德，入延津等處，百户張世禄死之。已山東報捷，敗賊應山。江西賊入新淦、萬安、新喻諸縣治。太監廖堂及其弟錦衣指揮鵬罪，尋請復職。

夏四月，刑部員外宿進疏察瑾黨之在内侍者，上怒，杖進，黜爲民。户部主事王崇慶疏救，并詔獄，降外驛丞。參將李瑾敗賊李龍於青城。賊連破諸邑，至平度，指揮張陞、知事杜德銘死之。大學士劉忠致仕。五月，致仕兵部尚書劉大夏卒，謚忠宣。貴州苗叛。以盜賊，免各處歲辦軍需。命總制洪鍾合巡撫林俊討賊四川。川賊連陷州縣，殺茂州知州汪鳳朝，入劍州，判官羅明等力禦被害。以何鑑代王敞爲兵部尚書，敞致仕。濬縣知縣陳滯逐賊太行山，擒酋官太保，伏誅。山東賊蔓及湖廣、江西、南直隸。

六月，敗鹵延綏。山西賊李華與劉寵合，破汜水，棗强陷，知州段豸死之。四川流賊入貴州。給事中陳鼎以發廖鵬子中式鎧冒籍，反爲所中，削職。河南按察使彭澤擢僉都御史，陳盜情三事。陞禦賊有功郟城知縣唐龍、濬縣陳滯、魯縣署印知事楊謙各二級。賊楊虎抄故城等縣，入文安，與劉寵合。文安生員趙燧降賊，爲賊指畫。華林賊陳福一破瑞州府。川賊藍廷瑞被圍漢中，乞還川聽撫。山東霑化、即墨、武城、濟陽諸縣皆陷。臧賢以疾求退，上勉留之，陞爲奉鑾。河南賊入湖廣、江西，連破州縣。

秋七月，以兵荒，免河南等處税糧。官軍禦賊臨江，敗績。以討賊無功，詰問張偉、馬中錫及巡撫蕭翀、李貢、邊憲、王景等。八月，馬中錫奏劉寵、劉晨、楊虎、李龍等四十三人求降，令押赴軍前，准自首律。已復叛去。左僉都御史陸完與伏羗伯毛鋭督邊兵討賊，太監谷大用總其軍。川賊藍、鄢等窮，僞就欵，令永順土舍彭世麟僞與從，親擒之，即其地梟示，唯廖麻子惠遁去。加洪鍾太子太保，林俊右都御史。侍郎章懋致仕。賊至固安，近霸州，京師戒嚴，諸將分兵禦守。却鹵柳條灣。破賊天津，召張偉、馬中錫等回京，下獄，中錫死獄，張偉革加爵、禄米。以陸完節制諸軍。九月，流賊分爲六。廣西懷賀等縣猺賊平。賊圍滄州，不克，復入山東，連破諸縣。陞陳天祥僉都御史，天津捕賊。賊楊虎等破威縣、新河，劉寵等破日照等十餘城。廣福流賊入江西，參政趙士賢被執，贖歸。復流入湖廣。馮禎破賊於皁城，郤永破賊於棗强，復與許泰破賊於蠶老集及薛官屯。川賊餘黨復自陝西流入寧鄉、沔等州縣，扶風知縣孫璽死之。再陷綦江等處。廣東、福建流賊入江西，破州縣。

冬十月，南京吏部尚書張潔等合疏，言儲位久虚，請選立太子，不報。尋被劾，留潔，餘皆黜降。劉寵等攻濟寧，焚運艘千二百，執主事王寵，釋歸。贛州土民何積玉誘執廣賊張仕錦，誅之。鹵入大同，犯山丹、甘州、涼州，皆敗去。寇宣府，守備趙瑛戰死。山西婦女死賊被旌者三十三人。十一月，以京師地連震，下詔修省。致仕尚書吕鍾卒。賊楊虎破宿遷，執知府劉祥、知縣陳伯安，尋釋歸。以東關倉賞義子永壽伯朱德起私第，户部尚書孫交諫，不聽。十二月，陸完督諸將破賊於濰縣，陞完右都御史，馮禎、郤永都督僉事，許泰署都督僉事。以樂陵知縣許逵禦賊功，擢備兵武定州。以尚書費宏兼文淵閣大學士，侍郎傅珪爲禮部尚書，加吏部尚書楊一清少保，加兵部尚書何鑑太子太保。賊入河南，僭稱總督元帥，相戒毋妄殺，爲牌帖約官吏勿避。已而楊虎敗溺死，趙燧復推其黨劉惠爲首，破舞陽，釋囚。囚有僧德静者，僞稱唐王宫人子，留之，將以爲質。破葉及襄城，僉事孫磐使人招之，燧復書曰：「羣奸在朝，舞弄精神，禍亂海内，誅殺諫臣，屏斥元老。乞皇上獨斷，梟羣奸之首以謝天下，隨斬臣首以謝羣奸。」賊有掠縣令妻孥者，燧輒殺之。破裕州，殺都指揮詹濟及衆數千人。唐王使人謂曰：「德静非吾子，任汝爲之。」攻唐不能破，走去。伏羗伯毛鋭駐河南，太監谷大用、右都御史陸完駐畿南，仍勒各鎮協勦，連破賊蒙城。賊入泌陽，恨前大學士焦芳，發其世塚，焚之，取芳衣冠，被庭樹，數其惡而斬之。至均川，以尚書馬文升家在城，釋不攻，去之。贈死事上蔡知縣霍恩、西平知縣王佐、裕州同知郁采、登州通判邵章、萊陽縣丞陳韶、長山典史李暹等，俱加級，蔭一子。南尚書李瀚致仕。番僧請田，禮部傅珪佯曰：「誰爲大慶法王者？敢與至尊並稱，大不敬，所請不與。」

正德七年壬申春正月，敗鹵甘肅。賊犯霸州，京師復戒嚴。陷大成，殺知縣張汝舟、主簿周銓。及臨城，主簿張俊拒之，遇害。伏羗伯毛鋭戰不利，徵還。川賊麻六兒流川東，副使馮傑禦之於滄溪，死之。巡撫林俊敗賊方肆於江津。前少師、吏部尚書馬文升卒，贈太師，謚端肅。遣太監陸誾以監鎗出督諸軍，時莫敢諫，尚書傅珪獨奮曰：「今師老民疲，祇以冒功者多，致失士心。禍旦夕及宗社矣，諸公唯唯，將何待乎？」明日誾赴軍内，傅珪致仕。南昌知府李承勛會

副使周憲破賊於華林。二月，勅副都御史彭澤、延寧伯仇鉞督兵討賊。河南賊掠利津，殺都指揮周琮；犯萊州，殺指揮僉事蔡顯。於是郤永追敗賊李龍、劉寵於陳村店，於宋家莊。三月，令運船各取一人禦賊。賊連陷梁山、睢寧、蕭、碭等縣，主簿時完、金聲、丘紳等死之。賊敗，河南副總兵陳暉逐北滕、嶧，大破之。副總兵時源、馮禎等復敗之於西平。賊走，連陷州縣，圍河南，馮禎死之。攻夏邑，縣丞安宣死之。江西參政吳廷舉敗賊連河寨。廣西破賊梧州。吏部尚書楊一清疏曰：「目今鴻臚、欽天、太醫、中書、錦衣、鎮撫諸傳陞、乞陞，及營繕、文思院、皮作局等衙門大使、副使冠帶匠官，文華、仁智二殿御用監事官員監生、儒士，動以數千計，高者或至列卿，其他較尉軍職，不可勝計。僧道録司號稱國師、真人、法王、佛子者，出入禁闥，供饋之盛，擬於王侯。今水旱相仍，盜賊充斥，師疲而餉絶，民困而斂煩。幸大奮乾綱，速賜裁減。」上特命退五人，餘如故。賜故西天佛子捨剌星吉祭葬。

夏四月，分賑畿內、山東。破鹵陝西。賊楊虎自河南入山西，殘破二十州縣。參將王杲遇賊蒙村，死之。五月，巡撫陸完分諸將邀破賊寵、晨於登、萊，賊西奔。追至淮河，賊易服遁去。掠羅山縣，主簿王續宗死之。賊劉惠自遂平趨成皋，彭澤令永順宣慰使彭明輔等以土軍追擊，敗之，追奔六安、光山、羅田等處，連捷，斬溺幾萬人，惠兵潰自經死。久之，獲趙燧，檻京師。撫州賊王珏等平。吏部尚書一清等上言：「視朝聽致，經筵日講，帝皇常規，國家舊典也。陛下月不過一二朝，當講輒罷。而竊聞留御豹房，練兵花苑，鼓砲之聲，震駭城市，甚非所以示中外、訓來世也。」報聞。賊殺總督督漕都御史馬炳然於夏口，轉刼漢口，指揮滿弼追敗之。河南賊趨徐州，總兵劉暉等復敗之。妖賊周景隆別起河南，巡視侍郎叢蘭擊斬之，衆散。大帽山賊張時旺等就擒。劉寵等兵敗黄州，赴水死。閏五月，贈死事扶風知縣孫璽光禄寺少卿。僉事許逵敗賊於高苑。四川賊酋方肆伏誅。川賊廖麻子奔東流，劉晨自九江東下，彭澤、陸完夾擊之。六月，涼州兵破鹵。

秋七月，免谷大用西廠辦事。八月，御史周廣奏劾朱寧，坐降驛丞。户部主事曹褫疏救廣，亦降通判。江西副使周憲討賊，敗績死之。餘干賊平。起王雲鳳僉都御史，巡撫宣府。總督陸完逐劉晨、齊彦名於通州之狼山，滅之。九月，破鹵西寧。江西總督陳金斬華林賊首羅光權等，加太子少保。召四川總督尚書洪鍾還，陞彭澤右都御史代之。平流賊功，封太監谷大用弟大寛爲高平伯，陸誾弟永鎮平伯，世襲。咸寧伯仇鉞進封侯，陸完陞右都御史，與彭澤俱太子少保，兵部尚書何鑑加太子太保，俱廕一子世襲百户。其餘内官增禄米，廕其弟姪錦衣指揮使，凡冒功陞授者至千餘人。閣臣東陽、廷和、儲、宏各廕一子錦衣千户，固辭，許之。義子數百，皆賜國姓，永壽伯朱德、都督朱寧、朱安爲最寵，其次朱國、朱福、朱剛，並至都督，皆世襲錦衣衛指揮使。大率中官厮養，市井傑黠，偶悦上心，遂蒙收賜。而朱采等五人皆來自亡鹵，得幸於上云。拆賊魁趙燧等六人皮，以爲鞍韂，騎乘之，餘三十人皆磔於市。

冬十月，陸完還，掌院事。十一月，增葢豹房及修造大慈恩寺，工部累諫，不聽。益兵討川賊廖麻子。命營軍邊軍互换，操練京師，閣臣東陽等力諫，不聽内旨行。大同遊擊江彬遂得幸於上，司禮監張永調御用監閒住。十二月，賊廖麻子連破綿竹諸縣，指揮殷輔死之。總制尚書洪鍾、吏部侍郎羅玘、大學士李東陽咸致仕。山西妖賊李伍作亂。伍有幻術，令人照水輒得冠服狀，衆惑之，從者數萬。事敗，其黨伏法，伍竟遁去。致仕吏部尚書兼都御史屠滽卒。

正德八年癸酉春正月，建延壽僧堂佛殿於西内。江西賊王浩八欵復叛，刼上饒諸州縣。以右副都御史俞諫代陳金討之，擒浩八等，伏誅。運同劉瑄冒軍功，傳改錦衣指揮僉事。以降鹵脱脱太等充御馬監勇士，兵部諫，不聽。鹵寇大同。江西姚源賊熾，參政吳廷舉單身入撫，賊刼以威，不爲動，賦詩自解，卒賄其謀勇者，反執酋自贖。二月，川賊廖麻子惠降。倖附封賞者不可勝數。嗣封谷大用弟大亮永清伯。贈萊蕪死事知縣熊騶光禄寺丞，主簿韓塘本縣知縣，廕一子。立旌善亭，凡守節死事者碑之。三月，御史孟洋論大學士梁儲當去位，靳貴不當入閣，坐降教授。鹵一再入大同。以太平倉爲鎮國府，居宣府軍。工部曰：「此地屬乾，乾，天門也。」上曰：「乾門宜闢，其如旨。」廖麻子復叛，逮巡撫高崇熙，尋卒。

夏四月，雲南叛酋那代伏誅。廖麻子兵敗，獲斬之。五月，御史賀泰言賜姓非制，降推官。鹵入山西大掠。賊敗開化，請撫。移曲阜縣治就闕里，并爲一城。贈死事鄉御史任賢太僕少卿。給事中潘塤奏甯杲、江彬妄殺平民，不問。户部、禮部尚書孫交、傅珪致仕。平蒙自土舍禄祥之亂，贈死事知縣唐天恩光禄少卿，及致仕縣丞曾基、主簿那祥等。陞王瓊工部尚書，劉春禮部尚書。

秋七月，南京侍郎儲巏卒。巡撫林廷選討廣西賊李道實，平之。八月，擒姚源賊首劉昌等於玉山。餘賊攻瑞金，知縣萬琛死之，贈官廕子。鹵入薊州、寧

夏、遼東。賜都指揮江彬國姓，立皇莊五所。

冬十月，萬年縣賊新民撫復叛，殺副使李情等。東鄉賊平。鹵入寧夏、遼東、開原。十一月，兵部尚書何鑑致仕，陸完代之，兼督團營。塔葬灌頂大國師也舍窩，廷臣諫，不聽，曰：著爲令。十二月，追贈誠意伯劉基太師，謚文成；宋濂謚文憲；宋訥謚文恪。以都御史馬昊巡撫四川。國姓都督朱寧掌錦衣衛事。時西內創立大善殿，番僧出入其中，金銀鑄像彝鬼淫褻之狀鉅細不下千百餘，金函玉匣所藏貯名爲佛骨、佛頭、佛牙之類，枯朽摧裂，奇麗傀儡，亦不下千百片。

正德九年甲戌春正月，南科道劾寧王宸濠諸不法，不報。叛苗岑濬餘黨覃恩復叛。乾清宮災。先是，元夕歲張燈費數萬計，至是以寧王所獻倍華麗，火不戒。上見火焰，戲曰：「燒棚。」閣臣廷和等疏修省。給事中呂經上言：「陛下舍正宮而處豹房，忽儲貳而蓄義子，疎儒臣而暱番僧，棄文德而寵邊帥，忽朝政而開酒店，信童豎而酷宴遊，天心赫怒，顯示譴告。」同官石天柱復言：「朝儀闕絶，君臣睽隔，廟祭率由遣代，兩宮乘輿罕至。外列皇店，內張酒肆。寵信番僧，招集邊軍。或容結爲昆弟，或縱禁中乘馬。宴飲無復尊卑，膳食不計冷煖。數離深宮，驅馳於外。有時侍衛之臣不知所在，甚非所以爲宗社長久計也。」不報。御史劉天和、王廷相忤太監廖堂，下獄，謫縣丞。二月，廷臣請擇宗室親賢入京，不報。上微服夜行，數至教坊司宴溺。以尚書靳貴兼文淵閣大學士。陞王珝僉都御史巡撫山西。侍郎學士蔣冕管誥勅。四川賊喻思俸即喻老人。平。三月，贈死事夏邑縣丞安宣爲通判，廕子。擊斬臨川賊首陳玖、談懿昌等，及姚源賊梅憲三等。户部員外黃體行疏母子夫妻大倫，勿怠。坐妄引兩宮，黜爲民。江西副使吳世寧疏論寧藩不法，報聞。兵部尚書劉機致仕。

夏四月，旱。寧王宸濠陰結臧賢，乞原革護衛及屯田。閣臣費宏争之，言官交章論奏，閣臣廷和爲票旨。上勒宏罷歸，宏從弟編修宷亦附批致仕。以四川功，加彭澤左都御史、太子太保。五月，副使李夢陽閒住。土魯番復據哈密，以都御史彭澤總督甘肅，經略哈密。鹵入宣府，入西海子。六月，江西大池賊張元二、貴州賊鄧先皆平。工部主事韓邦靖疏：前後因言獲罪者幸賜召用。下錦衣獄，黜爲民。詔自今言事黜謫者勿敍。

秋七月，商洛盜起。宣大鹵營近邊，寇白羊石及浮屠峪。太監張永、都御史叢蘭、都督白玉總經營禦之。以江西功，加俞諫右都御史、陸完太子太保。八月，吏部主事梁穀妄言其鄉魯府歸善王當沍不軌，以兵出，無實。姑廢當沍爲庶人，幽高牆，沍宄觸牆死。穀坐誣，尋贖還職。鹵入寧武關，大掠州縣，殺指揮陳經。九月，鹵九萬騎掠萬全等處，三萬騎入平鹵城。總兵白玉投毒委鹵，鹵食之多死，伏起却之。上創爲氈宮以齋，他遊幸率居之。上搏虎被傷，編修王思疏諫，謫三河驛丞。漕運右都御史張縉加南户部尚書，致仕。雲南十八寨叛賊平。禁中練兵，以太監張忠、許泰領東西廳，神周、劉暉領勇士營，皆賜國姓。四鎮兵號外四家，江彬兼統之。上自領中官善騎射者爲中軍。彬數爲上言邊上樂，上大造刀銃甲箭，將遊幸焉。

冬十月，刑部主事李忠極言異端惑志，以致政事乖廢。又科臣張原亦以直言時政，並謫降驛丞。贈死事靈璧主簿蔣賢爲知縣，廕子。致仕南户部尚書雍泰卒。太宰許進曰：「吾至關西，遥見二高：一爲華嶽，一爲雍世隆也。」十一月，鹵入花馬池，參將尹清戰死。南工部尚書林廷選致仕。廣西蒼梧賊殺指揮李鎮等。建乾清、坤寧宫。十二月，户部侍郎馮清奏陝西邊糧皆改徵折色。諸太監出鎮爲守備，爲採珠，爲市船，其管營者，指揮以下得軍法從事。

正德十年乙亥春正月，兵科給事中良佐奏郊廟朝賀失時，不夙則暮，而司晨報刻猶依例，大乖禮制。不報。鹵入潮河川及延綏、寧夏。贈死事嘉祥主簿李錫爲知縣，廕子。二月，節烈五十六人，皆死於賊者，列旌善亭。三月，大學士楊廷和憂歸。訛言選女入宫，民間女率倉皇非禮而嫁。時上習番經，被番僧服，法王綽吉我些兒出入豹房，黎則權貂，因請給其徒領占綽節兒國師誥命，禮部尚書劉春執不可。詔與誥命，免入番焚設廣茶。主事戴冠言朝政三事，降驛丞。

夏四月，慶陽伯夏儒卒。儒以外戚，翼翼畏法，門庭蕭然。致仕尚書傅珪卒。江西副使吳世寧爲寧王所劾，自歸臺獄，詔送鎮撫司。御史徐文華疏救，不聽，戍之。陞南司業魯鐸爲南祭酒。閏四月，吏部尚書楊一清兼武英殿大學士。督漕右都御史陶琰、南兵部尚書張瀔致仕。改陸完吏部尚書。却鹵延綏。尋再入。改王瓊兵部尚書。南右都御史熊繡卒。五月，陞石玠户部尚書，改喬宇南兵部尚書，預參贊。六月，川賊雷伯友伏誅。朵顔内侵，署都督僉事桂勇禦之。總督彭澤冒奏土番復歸哈密城池，事不果。駕自西安門出，經宿而還。閣臣梁儲等疏諫，不報。雲南安撫綿捧作亂，擒之，獄死。

秋七月，斬銅仁亂苗。醴源賊徐九齡等平。破鹵甘肅，尋敗績於固原。陞毛紀禮部尚書。八月，御史張經劾太監于喜，坐下獄。上信西域有知三生者名爲活佛，命太監劉先往送番供，便迎之，勑以十年往返。大學士梁儲等諫勿遣，

不聽。帝多蓄畫眉，光禄日上食子鵝頭數千。寺卿楊瑋以浪費請減，帝怒，召瑋，瑋服白布褶跪午門，遂傳旨降二級瀘州知州。九月，鹵大入陝西，連寇隴、岷等處。士民入冰柱突中，全活者數十萬。浙江左布政使方良永疏劾朱寧鬻鈔，乞正典刑。寧黷貨，常以鈔三萬責償三倍，所在不堪。疏入，寧懼，以原責還民索鈔。良永遂乞休避禍。

冬十月，張鶴齡家奴祖玉，誣告鶴齡兄弟謀不軌，免其朝參。玉尋自殺，事寢。陞孫燧爲副都御史，巡撫江西。十一月，鹵入宣府、雲中及渾源、應州等處。淮王祐杞殺長史莊典，勅戒之。

正德十一年丙子春正月，御史程啓充上言：「正旦令節，文武百官及蠻彝使臣待漏入賀，迄酉禮成。追散朝，夜戌矣。枵腹奔命，蹂躪爭歸，將軍趙朗竟死禁門。其他小臣失簪裂裳，至以得生爲慶，殊非盛世朝儀。今郊祀在邇，勿再失期。」不報。贈死事韶州府同知韓銑知府，蔭子。以王守仁爲僉都御史，巡撫南贛等處。二月，鹽法僉都御史王雲鳳病歸。馬昂獻有娠女弟，陞昂右都督。昂妹色殊，善騎射，解胡樂達語，江彬以聞，上乃嬖焉。内侍稱昂舅氏，家無大小皆賜蟒衣，上降體削尊，與共坐起。言官吕經、張淮合諫，不報。他日，上從數騎過昂飲，酒酣，召昂姬不應。上怒起，昂妹亦疎。敗亦不剌殘寇。南京六科會奏：鎮守太監于喜、市舶太監崔瑶咸不法。巡按御史張經亦言之。詔知府翟唐即勘，坐不實。經曰：「陛下置喜、瑶不問，而獨逮治經、唐，何以服天下？」不報。上將作離宫於宣府，備臨幸。御史盧雍疏諫，不報。

夏四月，寧王宸濠營別院侈麗，上爲賜名「陽春」。大學士梁儲請擇藩屬之賢者入京師，以憑選建。不報。五月，賑河南飢。收自宫男子三千四百餘人，充海户。追贈陳選光禄寺卿，謚恭愍。致仕兵部尚書劉大夏卒。平原縣妖人胡文智伏誅。安南國王黎賙爲其臣陳暠所弑，無嗣，國人推立其兄子黎譓，僞改元光紹。暠子杲遂據諒山自王，亦改僞元天應。時江彬益與張忠、盧明、秦用、蕭敬等，及優人臧賢表裏弄權爲奸利，諸司章奏多阻不得上，而諸奸寵率出彬下。帝宿豹房，彬同卧起，練兵西内，銃砲之聲不絶於耳。或時爲角觝之戲，帝戎服臨之。彬又道帝竊出遊獵近郊。

秋七月，沛縣知縣胡守約，以夫役違忤織造太監宣過，勒爲民。出胡世寧於獄，戍之。鹵入白羊口及清河。收泰山元君香税。八月，大閱，取太僕馬二萬。致仕大學士李東陽卒，贈太師，謚文正。鹵大入宣府，與戰不利，促京營赴之。擒叛人猴兒李。尚書蔣冕兼文淵閣大學士。九月，鹵犯龍門所。上猶縣賊謝知山作亂，殺贛縣主簿吴玭。奸民朱大國疏劾大學士楊一清，一清致仕。降御史張經爲典史。進討棘蠻之亂。禮部尚書毛紀兼學士，管誥勅。岐山賊魏景陽平。

冬十月，致仕尚書屠滽、顧佐卒。御史徐文華上言太廟禮儀，忤旨，黜爲民。鹵入遼東，敗去。僉事韓邦奇忤太監王堂，黜爲民。十一月，湖賊賀章等就擒。賜祭都御史馬中錫。給事中徐之鸞請罷京師新設花酒店房，不報。十二月，終養御史陳茂烈卒，樹坊表宅，致歲祭。以修理象房工竣，賞左都督朱寧工部尚書，李鐩侍郎。以劉愷、李浩爲禮部尚書，張昱爲鴻臚寺卿，魏境爲鴻臚寺左少卿，自内旨。降吏科都給事中吕經、禮科都給事中潘塤各一級調外，自内旨。言官論奏：「用舍違宜，爵賞太濫，貪污竊位，奔競肆行，尚書以傳奉而驟獲，卿相以乞憐而苟安，銓曹失職甚矣。功次冒濫，邊備廢弛，黨逆者得襲官，失機者得倖免，推舉悉由風旨，是非不卹人言，本兵廢墮極矣。」不報。土魯番復占據哈密，縱兵犯肅州，遊擊將軍芮寧敗没，兵備副使陳九疇拒却之。

正德十二年丁丑春正月，郊，遂幸南海子觀獵。夜半入城行慶成禮，明日以所獵賜羣臣。大計，察知府張龍、孫連，内旨留之，言官再劾，不聽。連山縣野火，延入城，焚公私廨舍幾盡。二月，鹵入宣府大掠。織造袍服於陝西，科臣保忠疏諫，不報。以都察院彭澤提督三邊。鹵入開原，參將孫棠、太監三秋等追至創忽兒河，斬首八十六級。

夏四月，大學士靳貴以科場事再被劾，致仕。破土魯番於瓜州。五月，敍州棘蠻平。尚書毛紀兼東閣大學士。寧府典寶閻順、典膳陳宣及内使劉良，告王宸濠陰謀，下錦衣獄，杖發孝陵淨軍。上微行至石經山寺，陽峪山、玉泉亭，數日乃還。高牆庶人聰闊逸獄，執之。寧州盜起，官軍敗績。柳桂峒賊襲福全作亂，討之。始榷進貢番船。六月，左都御史彭澤坐擅命起釁，病歸。召大學士楊廷和還京。許泰、張洪皆賜國姓。南靖賊詹師府平。尚書李遜學兼學士，管誥勅。秦府請益地，上令閣臣草勅。梁儲輒具草危言之，得寢。

秋七月，享太廟，令會昌侯代。上馳幸南海子，從近嬖數人，羣臣羅跪海子門，請還蹕，不聽。八月甲辰朔，上微服從德勝門幸昌平，欲出居庸關。關御史張欽兵而立關門攔駕，三抗章。大學士梁儲、蔣冕、毛純追請還蹕於沙河，不納。上不得出關，乃東轉通州，循南海子而還。夜視朝，梁儲等再請擇宗賢司内殿，

不報。總督王守仁斬大庾賊陳曰能等，復平左溪蠻。建彝納欵。祭酒魯鐸致仕。丙寅，上復夜出德勝門，潛越居庸，曰：「張御史亦知朕居庸關外乎？」還幸宣府，江彬營鎮國府第以居上，輦豹房所貯諸珍玩，及巡遊所收婦女貯其中。上安之，常曰家裏。儲等力請還蹕，不報。九月，移蹕陽和城，自號總督軍務威武大將軍總兵官，行印信均帖。丁酉萬壽聖節，羣臣朝服遥賀。鹵屯五萬騎於玉林，將入寇，詔諸軍分守要害。獵陽和，大雨雹，士有死者。以帑金百萬勞軍。遂有星隕之異。幸大同。鹵分道兩下，諸軍禦之。

冬十月，上駐順聖川。總兵王勛等戰鹵應州城北，復大戰澗子村。上率太監張永、魏彬、張忠等來援，衆殊死戰，鹵稍却。上壘其處，鹵來攻壘，百戰，鹵退，逐北。會大風霧，晝晦而還。鹵復犯煖泉溝及玉林，分兵按伏以待。南吏科給事中孫懋，疏乞急除奸惡，以安宗社，有曰：「容一江彬，國之安危未可知也。」不省。十一月，上駐蹕大同，還至宣府。冬至，羣臣朝虚位，班行亂。四川叛民陳保舍伏誅。孝豐賊湯毛九平，廕死事副使馮傑子百户。四川蠻平。南京大風，拔孝陵樹二百餘。斬睢陽盜張鋭等。十二月，諸大臣至居庸請駕，有禁不得出關，乃還。閏十二月，上迎春宣府，録應川禦鹵功，太監張永、谷大用而下加歲禄米，廕弟姪一人錦衣衛官有差，得預陞賞者五萬六千四百四十九人。兵部議減，上執如初議。

正德十三年戊寅春正月，上在宣府，羣臣於奉天門行禮。破鹵遼東。提督王守仁誅賊首池大鬢，擣其巢。丙午，上還自宣府，次懷來。迎駕者定稱威武大將軍，不得稱臣。上誇斬鹵首一於榆河，皆叩首賀，已而答賀，文武百官賜銀牌，以品差，三品以上鑄曰慶功，下曰賞功，組貫朱青異，唯翰林官不賀，亦無賜。是日，上單騎出德勝門，復如宣府，從駕者四人。閣臣廷和等諫，不聽。二月，太皇太后崩，上至自宣府，乃發喪，謚曰孝貞純皇后。御史董相、張世隆、薛完、王相等，主事鄭懋德、林桂等，咸以忤權寵，詔獄外調。上輕騎出視大行皇太后山陵，給事中石天柱進血疏以諫，不納，調外。三月，上至昌平，勒致仕左都御史彭澤爲民，逮甘肅巡撫李昆、副使陳九疇於獄。貴州苗賊阿傍等平。

夏四月，祭六陵，遂幸密雲。民訛言駕至，俱號匿。永平知府毛思義出教，有造言擾民者，太守捕治之。上聞，執思義，付錦衣，謫邊州。京師獲殺人者，兵部歸功朱寧，加寧歲俸。孤旅三人入居庸關，提督谷大用逼自誣鹵間，以功加大用歲俸。復幸喜峯關，過灤河。大理寺卿陳恪卒。五月，駕出口外，獵於古北，漁於灤澈，觀海於泊河，觀漁於佛住山。致朶顔三衛彝，納質宴勞。裸縛御史劉士元之失意近倖者於行在軍門，束楊鞭之，并知縣曹俊等十餘人，檻京師。羣臣諫，不聽。戊申，駕還都。以何景明爲陝西督學副使。寧王脅中朝使行臣禮，御史范輅請遵祖制，便服稱官。奉鑾臧賢乞閑再四，不許。

秋七月，上諭閣臣：近歲鹵屢犯順，朕必發兵，特命總督軍務威武大將軍總兵官朱壽統承六師，出邊攻守，其草勅行。壽，上自名也。時内閣楊廷和稱病不出，梁儲、毛紀及大臣科道官泣諫左順門，不納，固屬儲草。儲曰：「是以臣名君，死不奉詔。」上怒，手劍督之。儲免冠解衣帶伏地流涕曰：「臣逆命有罪，願就死，勅不敢草。」久之，上悟，亦擲劍起。時朱寧入寧王宸濠賄，欲引其世子司香，而江彬又別有所主。梁儲正色曰：「皇上春秋鼎盛，建儲未易輕言。」兵部尚書王瓊、吏部尚書王鴻儀咸是儲議，事遂寢。土魯番請和，不許。上諭兵部曰：「威武大將軍朱壽親統六師，剿除鹵寇，聖武神功，宜隆報之。其特加公爵。」諸臣諫，不果行。瓦剌入貢。廣東浰賊平。丙午，駕出東安門，廷臣知而送者五十三人。出居庸，至宣府。八月，上歷萬全，至大同，設酒肆，券而不價，索女樂於晉府，嬖樂人臈妻劉氏。贈死事州同鄭寶爲知州，廕子。賜右都御史韓雍祠額，即以其謚襄毅云。河南盜王泰等伏誅。沿山賊李鎮作亂，焚大學士費宏家，殺其羣從兄弟，討平之。辛巳，聖節，羣臣於奉天門行遥賀禮。上曰：「總督軍務威武大將軍總兵官朱壽，特加封鎮國公，支禄米五千石，吏部其如勅。」因封左都督朱彬爲平鹵伯，右都督朱泰爲永定伯，各禄米一千石世襲。減租。畿內、浙江、江西、應天。賑。鳳陽等四府。

冬十一月，上渡黄河，駐蹕榆林，至綏德，幸總兵戴欽第，納欽女。上將幸陝，御史張文明諫，綏德知州吴棟復誤上供，俱執械京師。十二月，知徐州樊準發進鮮太監王敬私帶違禁諸物，兵備副使余祐頗袒準，咸坐逮，降二級邊方。上自榆林歷米脂渡河，幸石州、文水州諸處，駐蹕太原。棘蠻攻破高、慶符二縣。以災傷減税糧。十二月，棘蠻欵復叛。

正德十四年己卯春正月，上發太原，至宣府，辭輦，騎，負弓劍，如將軍馳風雪中，不憊。三改郊期。二月，還京。丁丑，郊，即日獵南海子，如故事。有旨南巡，獻香東嶽，爲民造福，加威武大將軍太師銜，造鎮國公牙牌誥券。刑部主事汪金疏不可者九，當戒者一，不報。大學士廷和繳還居守勅。報曰：「朕將不時巡狩，其勿繳。」獲近郊賊趙祥等，論功，張忠、朱聚、王憲各廕子姪一人錦衣百户

世襲，陞賞參政而下三百八十二人。已盜首六人逸獄，久乃得之。兵部尚書王瓊曰：「此朱寧功多。」復增寧歲禄米五千石，廕子加一級。賜左都督劉暉、神周、都督僉事李琮國姓。三月，叛苗入都清等處殺掠。贈死事漳浦縣丞紀鏞本縣知縣，廕子。傳旨管家將指揮朱勇等四十七人，填錦衣帶俸舍餘一千人，充御馬監勇士。丙午，六科給事中、十三道御史諫南巡，不報。翌日，鴻臚寺請視朝，上曰：「朕病憊不能朝矣。」羣臣詣左順門問安。時京師傳言寧王宸濠將半道伏甲，託迎駕，且爲亂，廷臣益憂懼。兵部郎中黄鞏、兵部員外陸震合疏諫，不報。於是吏部員外夏良勝、禮部主事萬潮，太常博士陳九川三人爲一疏，翰林院修撰舒芬、編修崔相、庶吉士江暉等七人爲一疏，兵部郎中孫鳳等十六人爲一疏，刑部郎中陸俸等五十三人爲一疏，又明日吏部郎中張衍瑞等十四人爲一疏，禮部郎中姜龍等十六人爲一疏，醫士徐鏊以醫諫，自爲一疏。上大怒曰：「朕病未寧，不問視，乃出位妄言爲訕謗。」鞏、震、良勝、潮、九川、鏊，俱執送鎮撫司嚴治之，芬、鳳、俸、衍瑞、龍等一百八人，俱罰跪闕門五日，自卯至酉，官較監視之。於是行人司副余廷瓚等二十八人復焉一疏。上愈怒，命繫鎮撫司，嚴加掠治。明日，大理寺正二十人爲一疏，又明日工部主事林大輅等三人爲一疏。上怒益甚，命廷瓚等，并鞏、震、良勝、潮、九川、鏊，俱更梏拲跪門五日，廷暴之，日足，命繫詔獄，胥後命。時京師人情震駭，公卿大臣被唾罵投擲，雜色不敢出入。數日，陰霾晝晦，水溢南海子不了橋，高四尺，鐵柱七根齊折如斬。金吾都指揮僉事張英，肉袒負二囊土，伏地端門外，號曰觀災告，隨駕出必死，寧死此，恐血污帝門，土掩之，遽出袖刀屠其胸，衛士急持之，得不殊。坐妄言宜斬，死杖下。户部尚書石玠請寬諸臣罪，上怒詰玠，自服乃罷。戊午，杖孫鳳等百七十人於午門，并陸俸、張衍瑞、姜龍、舒芬俱調外。刑部主事劉較、照磨劉珏死杖下。

夏四月，杖鞏、震、良勝、潮、九川、敍、大輅、廷瓚、鏊於闕下，各五十。敍、大輅、廷瓚降三級外補，鏊戍烟瘴，餘爲民。其餘部寺繼上疏者，各杖四十，降二級。旬日間，霞、廷瓚及工部主事何遵、評事林公黻、行人詹軾、孟暘、劉槩、李紹賢、李惠、王翰等相繼死。福州亂卒葉元保伏誅。户部尚書石玠乞休，許之。上親鞫御史張文明於豹房，謫戍煙瘴，降吴棟典史。五月，南禮部尚書吴儼卒。存恤各處流民。江西地方官報宸濠孝行。試御史蕭淮奏寧王宸濠不軌狀，遣太監賴義、駙馬都尉崔元同御史顔頤壽往諭之。六月，義等行未至，宸濠反，殺巡撫都御史孫燧、按察使許逵，取南康、九江二府，官吏皆遁去。興獻王薨。致仕侍郎羅玘卒。

秋七月，宸濠攻安慶，不克。上必親征反者宸濠，以寧晉伯聚爲威武副將軍，趨南京，太監忠提督軍務；左都督暉爲平賊將軍，趨江西。令總督軍務威武大將軍總兵官後軍都督府太師鎮國公朱壽統各鎮邊兵親勦之。羣臣復諫，不聽。御史陳察獨上一疏，奪其俸，曰：「再言者，極刑之。」進賢知縣劉源清勒兵守禦，殺濠妃弟伯及通謀人。餘干知縣馬津、龍津驛臣孫天祐皆起義兵拒敵。會總督南贛都御史王守仁與吉安知府伍文定討宸濠，平之。八月，妄坐河南人劉學孟等爲妖言，執之，置極典。稱太監張鋭、朱寧功，加禄米，陞其子侄官三級。當是時，鋭居東廠，寧居錦衣，平鹵伯朱彬兼督之。逮四川巡撫都御史馬昊。定乾清、坤寧二宮磉，敕廕有勞者太監張永而下二十七人，武臣則新寧伯祐、平鹵伯彬、左都督寧，文臣則大學士廷和、冕、儲、紀，兵部尚書瓊、工部尚書燧，皆得預。起用忤宸濠者江西布政使鄭岳、副使吴世寧等。以楊廷和、梁儲不草南巡敕，摘他事譴之。癸未，上發京師，使廷和居守，儲扈行，太監張忠等從。收交通宸濠者臧賢，杖戍邊，總督朱寧使人殺賢於塗以滅口。陞鄧璋南户部尚書。上至涿，留太監張忠私第。王守仁捷至，上不發，而決南幸。九月，至臨清。山東諸鎮巡官皆會，宴具草，上視笑曰：「慢我太甚。」太監黎鑑有所索於有司，都御史王珝不可，鑑頭觸珝，遂鬥，入泣上前。上曰：「都御史何敢辱爾，爾必有所求，自辱也。」乙卯，至德州，不泊。適聖壽節，從官望拜於河。將軍張忠、朱聚等使人語都督守仁：宜縱俘鄱陽，候御凱。守仁不聽，以俘授監永於杭州。

冬十月，羣臣以濠逆平，請旋師，不聽。至淮安，收通濠朱寧于臨清。是時，河南、山東、南京諸文武咸朝行在，江彬矯旨，酷徵索，徧搜珍玩。冬至節，羣臣稱賀張陽第。致仕尚書林瀚卒。上徒步入淮安，幸總兵官顧仕隆第，漁氾光湖。十二月，上至揚州，太監吴經先至，矯旨大搜處女、寡婦，得贖者免，至有貞忠自殺者。聚獵者大獵城西，括鷹犬，劉良女諫，乃止。諭明年正月郊祀於南京，大學士儲、冕等力勸，乃止。閱妓揚州，花粉騰價。責撫按官宴值，禁民畜猪，犯者戍極邊，以疑國姓故。癸未，大閱江，命江彬攝祭江神。乙酉，渡江。丙戌，至南京，祭太廟及奉先殿，既下拜，不能興者良久。傳旨：罪人解到，班師回京。其太皇太后大祥告祔及觀察殿試，以次行。撫督張忠等至江西，剿捕餘黨，搜求羅織，没貨浩費，五閱月，民不堪命。擢知府伍文定爲江西按察使，贛州知府邢珣爲右參政。改都御史王守仁巡撫江西。

正德十五年庚辰春正月，上在南京迎春，備諸戲劇。廣西兵討傜賊，破之。執太監畢真、劉瑯、劉璟，都指揮廖鵬。真磔死，餘斬，鵬死獄。二月，宸濠械至。太常寺請所以供犧牲者，上曰：陵寢祭祀所從來也，仍用猪。

夏四月，賑淮、揚飢。棘蠻平。五月，巡撫王守仁奏：江西大水，自劾四罪，乞罷。報聞。回賊陷汧陽，殺知縣賈鉞。六月，駕微行至牛首山。宿衛諸軍失上所在，夜驚。土魯番入貢，留速檀拜牙不遣。

秋七月，盜劫滄州。十八寨亂苗平。八月，廣東蘇峒等處賊平。閏八月，上有游蘇、杭，泛江、浙，泝湖、湘，登武當之意，閣臣儲、冕手奏，跪泣行宫門外，自未至酉，最後令中官傳旨曰：「已知，即回鑾。」二人乃起。詔孝陵辭，乃以大將軍鎮國公鈞帖，令王守仁重上捷音。守仁乃約前疏，歸功太師壽及羣小効命狀上之，上喜，受江西俘。丁酉，發龍江，漁于江口，避雨民家，夕宿望江樓。癸卯，登金山，數幸致仕大學士楊一清第。一清厚有所獻，爲詩十章賜之，命屬和。一清進杯爲門闌之歌，上大悦，取其《册府元龜》、《文獻通考》二書以去。又幸已故大學士靳貴第，使番僧繞柩誦經三匝。九月庚申，至寶應，復漁汜光湖。鎮守官丘得索知府蔣瑶貢物不得，鐵索繫瑶從事。辛酉，至淮安，都御史蕭蘭、總兵官顧仕隆進賀功金牌，花紅錦帳，上戎服簪花鼓吹騎入城。過山陽縣學，取《通鑑》諸書以出。止故尚書金濂第。丙寅，至清江浦，漁積水池，舟覆而溺，起，左右呼：萬歲龍也。上體始不豫。免租。畿南。

冬十月，上還通州，執吏部尚書陸完及太監蕭敬、李英等下獄。李承勛、姚謨以副都御史巡撫遼東、延綏，胡世寧以僉都巡撫四州。盡詔内閣府部勳戚大臣赴行在。大學士廷和、紀入見。十二月，平鹵伯朱彬奏：「臣隨駕南征，奉總督軍務威武大將軍總兵官後軍都督府太師鎮國公朱壽指示方略，擒捕宸濠及其逆黨十五人，乞正典刑。」上曰：「卿承受方略，捕賊無遺，地方安毖，朕甚嘉焉。加彬歲禄米百石，廕一子錦衣世襲正千户，賜宸濠死，焚其屍。」甲午，上還京，大耀軍俘，數千人陳東西華道。陸完、錢寧裸反接，死者竿其首，標白幟，書姓名，彌望數里。上戎服，騎而閲正陽門下，良久，分諸俘自東安門經大内出，乃補郊。初獻，嘔血，仆不起，齋宫禮不克終。踰宿入城，行慶成禮，免宴，手敕改兵部尚書王瓊于吏部。女直指揮僉事速黑忒進黑熊，納之。

正德十六年辛巳春正月，上力疾視朝。免租。鳳陽、徐州。陞石瑶禮部尚書，掌詹事府。改南吏部尚書劉春於禮部，管誥勑。以王憲爲兵部尚書。召南吏部右侍郎羅欽順爲吏部左，欽順常論久任、超陞宜互爲用。杖陸完、錢寧，戍邊。癸亥，上在豹房不豫，改卜郊。古田蠻賊平。鹵大入威遠、松山等處，寇陝西。二月，以疾罷朝。捕諸妖人段鋹、劉天録。致仕尚書石玠卒。陝西及廣東清遠、四會盗起。三月，回賊流刧山陝。河南畿内盗起。改西官廳爲威武團練營。四川流賊平。行人張岳疏請大臣待疾，以防意外。上大漸，惟太監陳敬、蘇進二人左右，上令召司禮監達意皇太后，曰：「往事多誤，天下事重，其與輔臣議處而行。」崩於豹房，殯人内。慈壽太皇后命取興獻王長子厚熜于朝，入嗣。遵遺詔，散豹房、威武團練營各官軍。其皇店官校、軍門辦事官旗校尉各色人等，俱令還衛。又番僧、少林和尚、教坊司，非隸故事者亦皆罷之。

夏四月，興長子至，不行勸進禮，即皇帝位。上大行尊謚。九月，葬康陵。

藝文

尤侗《西堂詩集・擬明史樂府・威武大將軍》 平陽侯、張公子、威武大將軍，三君一轍耳。漢家天子自待邊，大同宣府往復還。朕稱將軍封萬户，驃騎當屬江與錢。旌旗獵獵向北駐，樓船摇摇望南渡。豹房家裏樂未終，更覓春江花月處。朝登牛首山，夕宿鳳凰臺。吴陵放鷹玉兔出，龍江打魚金鰲來。鄱陽凱歌何雄哉，戎服簪花金銀牌。揚鞭却指隋隄笑，一狩江都竟不回。